《电动汽车工程手册》卷目

总主编 孙逢春（北京理工大学，中国工程院院士）

第一卷　纯电动汽车整车设计
主编　北京理工大学　林　程
主审　北京汽车集团有限公司　林　逸

第二卷　混合动力电动汽车整车设计
主编　北京理工大学　何洪文
主审　清华大学　张俊智

第三卷　燃料电池电动汽车设计
主编　同济大学　章　桐
主审　清华大学　李　骏（中国工程院院士）

第四卷　动力蓄电池
主编　中国电子科技集团公司第十八研究所　肖成伟
主审　中国科学院上海微系统与信息技术研究所　夏保佳

第五卷　驱动电机与电力电子
主编　上海电驱动股份有限公司　贡　俊
主审　中国科学院电工研究所　温旭辉

第六卷　智能网联
主编　清华大学　李克强
主审　清华大学　李　骏（中国工程院院士）

第七卷　基础设施
主编　北京交通大学　张维戈
主审　中国科学院电工研究所　王丽芳

第八卷　测试评价
主编　中国汽车工程研究院股份有限公司　周　舟
主审　湖南大学　刘敬平

第九卷　运用与管理
主编　北京理工大学　王震坡
主审　北京航空航天大学　王云鹏

第十卷　标准与法规
主编　中国汽车技术研究中心有限公司　吴志新
主审　比亚迪汽车工业有限公司　廉玉波

谨以此书献给

为中国电动汽车事业
砥砺奋进的电动汽车人！

······

HANDBOOK OF ELECTRIC VEHICLE

总主编 孙逢春 **主编** 林 程 **副主编** 王文伟 程兴群 **主审** 林 逸

Volume 1

第一卷

国家出版基金项目
NATIONAL PUBLICATION FOUNDATION

电动汽车工程手册

纯电动汽车整车设计

机械工业出版社
CHINA MACHINE PRESS

《电动汽车工程手册 第一卷 纯电动汽车整车设计》系统总结了纯电动汽车整车正向设计开发技术，详细阐述了纯电动汽车整车总体设计、电动化底盘设计、整车网络化控制系统设计、整车电力电子控制系统集成设计、整车热管理系统设计和车身结构及轻量化等关键技术。本手册在写法上注重理论与实践相结合，重点强调对工程技术人员在工程实践中的工具参考作用，既有理论，又有实例，图文并茂，所有实例均取材于真实的项目研发和工程实践，具有一定的理论参考价值和较高的工程实践指导意义。本手册不仅囊括了近几年我国的最新技术成果，还瞄准国际前沿，充分借鉴特斯拉等国外先进企业的案例以及国际标准，具有国际视野。此外，本手册还将现有的工程实践与未来发展结合起来，阐述了纯电动汽车重点关注的轻量化、网联化等前沿技术，并综合整理了行业资深专家的意见，对未来的技术发展趋势进行了展望。全书数据翔实，图表、公式丰富，可供新能源汽车行业的工程技术人员、管理人员及研究人员参考。

版权声明

本书的文字、图像、版式设计等均受《中华人民共和国著作权法》保护。未经著作权人和机械工业出版社许可，任何单位、组织、个人不得以复制、转载、选编、出版等任何方式对本书的全部或局部内容进行非法使用。

任何侵犯本书合法权益的行为，都将被依法追究法律责任。

特此声明。

图书在版编目（CIP）数据

电动汽车工程手册. 第一卷，纯电动汽车整车设计 / 林程主编. —北京：机械工业出版社，2019.12（2023.4重印）
ISBN 978-7-111-64017-2

Ⅰ. ①电… Ⅱ. ①林… Ⅲ. ①电动汽车—汽车工程—技术手册 Ⅳ. ① U469.72-62

中国版本图书馆 CIP 数据核字（2019）第 227730 号

机械工业出版社（北京市百万庄大街22号　邮政编码100037）
策划编辑：何士娟　　　　责任编辑：何士娟　孟　阳　丁　锋　母云红
责任校对：王　延　李　杉　责任印制：单爱军
北京虎彩文化传播有限公司印刷
2023年4月第1版第2次印刷
184mm×260mm・47印张・3插页・1107千字
标准书号：ISBN 978-7-111-64017-2
定价：378.00元

电话服务	网络服务
客服电话：010-88361066	机 工 官 网：www.cmpbook.com
010-88379833	机 工 官 博：weibo.com/cmp1952
010-68326294	金 书 网：www.golden-book.com
封底无防伪标均为盗版	机工教育服务网：www.cmpedu.com

《电动汽车工程手册》指导委员会

主　任： 付于武　　中国汽车工程学会

委　员：（按姓氏笔画排序）

　　　　　王传福　　比亚迪汽车工业有限公司

　　　　　朱华荣　　重庆长安汽车股份有限公司

　　　　　衣宝廉　　中国工程院院士，中国科学院大连化学物理
　　　　　　　　　　研究所

　　　　　安　进　　安徽江淮汽车集团股份有限公司

　　　　　李　骏　　中国工程院院士，中国汽车工程学会

　　　　　李开国　　中国汽车工程研究院股份有限公司

　　　　　林忠钦　　中国工程院院士，上海交通大学

　　　　　欧阳明高　中国工程院院士，清华大学

　　　　　钟志华　　中国工程院院士，中国工程院

　　　　　徐留平　　中国第一汽车集团有限公司

　　　　　曾庆洪　　广州汽车集团股份有限公司

　　　　　曾毓群　　宁德时代新能源科技股份有限公司

　　　　　魏建军　　长城汽车股份有限公司

《电动汽车工程手册》编撰委员会

（按姓氏笔画排序）

主　　任： 孙逢春

副 主 任： 王云鹏　王丽芳　王震坡　刘敬平　贡　俊　李克强
肖成伟　吴志新　何洪文　张俊智　张维戈　林　逸
林　程　周　舟　夏保佳　章　桐　温旭辉　廉玉波

常务委员： 史建鹏　李　罡　李高鹏　杨大勇　吴　凯　陈上华
武锡斌　赵子亮　郝景贤　钟益林　高立新　凌和平

委　　员： 马　英　王　兆　王　芳　王大方　王仁广　王文伟
王志福　王松蕊　王泽兴　田长青　田立庆　白　杰
白影春　冯　屹　边明远　任丽彬　刘　鹏　刘永东
刘坚坚　刘桂彬　闫紫电　阳如坤　孙　力　孙　影
孙华军　苏金然　苏常军　李　进　李　威　李玉军
李冰心　李益丰　杨　洁　杨　勇　杨子发　杨世春
杨智伟　杨睿诚　时志强　吴　川　吴大勇　吴宁宁
囯金军　何云堂　邹慧明　汪正胜　宋　珂　宋盼盼
张　雷　张舟云　张承宁　张新丰　张福元　陈　勇
陈　强　陈朝阳　陈潇凯　苗艳丽　欧　阳　罗禹贡
周　辉　单忠强　屈丽辉　孟祥峰　赵小勇　赵庆云
赵治国　赵洪辉　段秋生　侯　明　秦志东　袁国辉
袁登科　袁瑞铭　夏定国　倪绍勇　倪淮生　徐　宁
徐　斌　徐　磊　徐焕恩　殷国栋　高　石　高　波
高学平　高建平　高振海　郭景华　黄　艳　黄　彧
黄苏融　曹万科　彭剑坤　董其惠　蒋　萌　程夕明
程兴群　曾小华　谢　飞　翟　丽　熊　瑞　潘　牧
戴长松　魏跃远　糜　锋

《电动汽车工程手册》出版委员会

出版人： 李 奇

指导组： 郭 锐　朱长福　范兴国　王霄飞　牛新国　杨民强
　　　　　韩雪清　郑 丹　张祖凤　王 廷　彭晓婷　崔占军
　　　　　孙 翠　田淑华　赵海青　施 红

编审组：（按姓氏笔画排序）
　　　　　丁 锋　王 荣　王 婕　王建霞　王海霞　孔 艳
　　　　　母云红　刘 静　汤 枫　安桂芳　孙 鹏　杜凡如
　　　　　李 军　连景岩　时 静　何士娟　张周鹏　张俊红
　　　　　张淑谦　张翠翠　陈文龙　林春泉　孟 阳　赵 帅
　　　　　赵 璇　赵 慧　赵晓峰　郝建伟　侯 颖　徐 霆
　　　　　徐明煜　崔滋恩　鹿 征　章承林　董一波　曾 红
　　　　　谢 元　魏 莹

生产组：（按姓氏笔画排序）
　　　　　王 廷　石 冉　付方敏　刘雅娜　闫玥红　纪 敬
　　　　　杜雨霏　李 杉　李 婷　连美冬　宋 安　张 征
　　　　　张 博　张 薇　陈 越　陈立辉　郑 婕　贾立萍
　　　　　陶 湛　梁 静　蔡健伟　潘 蕊

营销组： 苗 强　牟小仪　黄吉安　李双雷　张 萍　张彩峰
　　　　　张敦鸿　邵 邵　危井振　张全加　齐保镇　贾贯中
　　　　　孙 翔　于 洋　陈远新　葛 龙　张 奕　邓晗男
　　　　　甄 冲　谭智慧　陈末予　刘佳佳　梁 露　董春晖
　　　　　郑 晨

序

《电动汽车工程手册》正式和广大读者见面了。这是对我国新能源科技与工程领域的一个贡献，也是我国新能源汽车产业的一项重大基础性建设。

从顶层上看，中国汽车产业发展战略一定要与国家的能源战略相契合。国家的能源战略很明确，就是立足国情，多元替代。2009年，我国将新能源汽车上升为国家战略，在全球率先启动了产业化进程。2014年，发展新能源汽车被认为是迈向汽车强国的必由之路，这更进一步坚定了相关企业的信心，汽车产业总体由燃油汽车的跟踪追赶转向新能源汽车的"换道先行"。

近几年来，我国新能源汽车技术快速发展，整体素质和实力有所增强，产品的质量和水平有较大提高，产品的门类和品种有了较快的发展，为我国社会主义现代化建设做出了应有的贡献。但是也应当看到，与国民经济蓬勃发展的需要和国际先进水平相比，我国电动汽车技术还存在着一定差距。在我国社会主义市场经济体制逐渐建立和完善的进程中，在世界范围新技术革命步伐加快的过程中，我国电动汽车工业既有机遇，又有挑战。为此，电动汽车工业发展必须真正调整到依靠科技进步和提高劳动者素质的轨道上来，要下大力气掌握和追踪新技术，开发和应用新技术，改造传统工艺，发展新兴产业，不断增强电动汽车工业在国内外两个市场的竞争能力。只有这样，才能更好地完成党和人民赋予我们的发展民族汽车工业的历史重任。

《电动汽车工程手册》正是为完成这个历史任务而诞生的。它梳理了电动汽车产业多年发展的知识积累，凝结了我国电动汽车产业近20年来自主研究的重要成果，对于总结电动汽车现有技术成果、强化关键共性技术、引领技术发展方向有重要意义；另外，它涉及的内容全面，对于推进电动汽车产业链全面发展、加快国家基础体系建设具有重要意义，对于发展新能源汽车的国家战略、加快新能源汽车的推广应用、有效缓解能源和环境压力、促进汽车产业转型升级也将起到重要的参考作用，具有非常重要的出版价值。

这部手册的编写与审稿队伍，由国内千余名有专长、有经验的学者和专家所组成。手册扼要地总结了电动汽车各个关键细分领域的科学技术成就，同时也吸收了国外的成熟经验。聚沙成塔，集腋成裘。名为手册，实为巨著。

读书不易，写书颇难，写工具书更难。为了编好这部"立足全局，勾画全貌，反映共性，突出重点"的手册，从技术全面性、知识完整性、分卷协调性的角度出发，编者们做了很大努力，从无到有，诸事草创，困难重重，艰辛备尝。值此手册出版之际，我谨向各参编单位、各审稿单位和出版印刷单位，向数以千计的全体编写、审稿人员，向遍及全国的为手册提供资料和其他便利条件的单位和同志们，表示衷心的感谢。

"大道行于百年，权宜利于一时"。《电动汽车工程手册》是积累、扩充和传播知识的工具，是新能源汽车科技领域的一项宏远工程。唯有以渊博的科学技术知识作为基础，才能不断创新。它既可供从事技术工作的各类人员在工程实践中查阅使用，也可供企事业单位从事相关管理工作的人员参考使用。读者可以从中了解相关专业领域的国内领先科技和国际先进科技，了解和把握技术动向，以便能科学、准确地做出决策和规划，使我们的工作更具系统性、预见性和创造性，更好地为汽车工业的持续、快速、健康发展服务。

实践是检验真理的唯一标准。在我国，这类工具书的编撰和出版工作刚刚开始，现在是从无到有，将来是精益求精。我们将严肃认真地听取广大读者的意见和建议，以作为评价和改进这部手册的主要依据。在新的长征途中，希望我们全体的中国汽车人勠力同心，再接再厉，去完成时代赋予我们的光荣使命。

前　言

2014年5月24日，习近平总书记在上海汽车集团考察时指出："发展新能源汽车是我国从汽车大国迈向汽车强国的必由之路。"他的重要讲话为我国汽车工业的发展指明了前进和发展方向。2010年，国家把新能源汽车列入七大战略性新兴产业之一；2015年，节能与新能源汽车列入《中国制造2025》十大重点支持领域之一。

保障我国能源安全、实现节能和环保、促进汽车产业技术革命及产业转型升级，是发展新能源汽车的国家战略和大势所趋。以新能源汽车为基础的智能网联汽车，将会在生产环节以及整个消费环节、服务环节取得全面发展。

经过国家四个"五年计划"的科技攻关，特别是通过2008年北京奥运会、2010年上海世博会，我国新能源汽车行业取得了四大标志性成果：一是新能源汽车产业规模和产销量全球第一，并占有全球50%以上市场份额，技术水平处于国际先进行列；二是充电基础设施规模全球第一；三是动力蓄电池、电机、电控等核心关键技术产品产销量全球第一；四是构建了全球领先的新能源汽车安全运行监管平台技术和标准体系。

目前，我国新能源汽车产业基本掌握了整车技术和关键零部件技术，有了一定的技术积累，进入了成长期。

成长中的中国新能源汽车，对知识的需求极度渴望。在完全开放的全球市场中，技术竞争压力越来越大，中国汽车企业亟须解决电动汽车核心关键技术。加快新能源汽车持续创新，推进中国汽车产业技术转型升级，是中国科技发展的重大战略需求。

我国新能源汽车发展了20多年，是到了一个该总结、该展望的时刻了。

《电动汽车工程手册》是一部系统概括电动汽车各专业主要技术内容的大型工具书，总结了三种电驱动车辆——纯电动汽车、混合动力电动汽车和燃料电池电动汽车相关的技术成果和知识链。

《电动汽车工程手册》的编写初衷，是响应国家建设制造强国的发展战略目标要求，系统地、完整地梳理我国电动汽车这20多年来的知识体系，对电动汽车各个关键细分领域专题技术路线进行深入剖析，总结电动汽车现有技术成果，强化关键共性技术，引领技术发展方向，希望能够从供给侧的角度推进电动汽车产业链全面发展。

根据国家电动汽车重大专项部署，依据我国科技开发和产业化"三纵三横"布局，《电动汽车工程手册》规划了10卷：《纯电动汽车整车设计》《混合动力电动汽车整车设计》《燃料电池电动汽车设计》《动力蓄电池》《驱动电机与电力电子》《智能网联》《基础设施》《测试评价》《运用与管理》和《标准与法规》。其中，前三卷为整车卷，第四卷和第五卷为关键技术卷，第六卷到第十卷涉及三种整车共同的基础建设和相关产业链。手册内容广泛，卷帙浩繁，各卷的内容又相互渗透，互为补充，构成了一个纵横交错的知识体系。

从 2016 年开始，《电动汽车工程手册》编撰委员会盛情邀请在智能网联新能源汽车研究开发和产业化领域积极进取、攻坚克难和卓有建树的相关单位和专家，积极参与《电动汽车工程手册》的编撰工作。这套手册的编撰是一个从无到有的大工程，三年来，在千余位专家学者的共同努力下，书稿终成。

本手册集成产、学、研各方力量和智慧，实属来之不易。在这里，衷心地感谢《纯电动汽车整车设计》林程主编/林逸主审、《混合动力电动汽车整车设计》何洪文主编/张俊智主审、《燃料电池电动汽车设计》章桐主编/李骏主审、《动力蓄电池》肖成伟主编/夏保佳主审、《驱动电机与电力电子》贡俊主编/温旭辉主审、《智能网联》李克强主编/李骏主审、《基础设施》张维戈主编/王丽芳主审、《测试评价》周舟主编/刘敬平主审、《运用与管理》王震坡主编/王云鹏主审、《标准与法规》吴志新主编/廉玉波主审；感谢北汽新能源、宁德时代、福田汽车、广汽新能源、宇通客车、比亚迪汽车、中国一汽、东风汽车、上汽集团、长安新能源、奇瑞新能源等知名企业的技术总监和技术专家；感谢清华大学、北京理工大学、北京航空航天大学、北京交通大学、同济大学、吉林大学、南开大学、天津大学、重庆大学、湖南大学等院校的教授和老师；感谢中国电子科技集团公司第十八研究所、中国科学院电工研究所、中国科学院理化技术研究所、中国汽车技术研究中心有限公司、中国汽车工程研究院股份有限公司等研发机构的工程师。

《电动汽车工程手册》还是一个新生儿，希望大家能够不断地对之修正补充完善，使之始终伴随并助力中国电动汽车产业的健康成长。

手册终于和大家见面了，但在总体编排和一些具体问题的处理上仍有些不尽如人意之处，欢迎广大读者批评指正，并请将意见和建议发到邮箱 evhandbook@163.com。感谢大家的支持！

本卷编写与审稿人员

主编：林程　副主编：王文伟　程兴群　主审：林逸

章号	章名	节号	编写人员	审稿人员
第1章	纯电动汽车设计概述	1.1	聊城大学：程兴群	北京汽车集团有限公司：林逸
		1.2	北京理工大学：梁晟，蔡春晨； 比亚迪汽车工业有限公司：刘坚坚，王洪军，潘洪明，姜龙	
		1.3	清华大学：张俊智； 北京新能源汽车股份有限公司：徐志峰； 北京公共交通控股（集团）有限公司：孔维峰	
第2章	纯电动汽车整车总体设计	2.1	北京新能源汽车股份有限公司：徐志峰； 郑州宇通客车股份有限公司：马英，岳佳佳，陈慧勇； 中通客车控股股份有限公司：范志先； 比亚迪汽车工业有限公司：徐金泽	清华大学：张俊智； 北京新能源汽车股份有限公司：李江柳，李立华，王立堂
		2.2	郑州宇通客车股份有限公司：马英，王梦伟，王印束	
		2.3	北京新能源汽车股份有限公司：张兆龙，徐志峰，郭云冲，肖俊远； 北汽福田汽车股份有限公司：秦志东； 郑州宇通客车股份有限公司：范小岗，魏维，张永瑞，郑维； 比亚迪汽车工业有限公司：赵炳根	
		2.4	北京新能源汽车股份有限公司：魏跃远，杨良会，胡君，贾宏涛； 郑州宇通客车股份有限公司：李嘉，韩守亮，吴小岭； 北京公共交通控股（集团）有限公司：孔维峰； 比亚迪汽车工业有限公司：凌和平，赵炳根，闫磊	
		2.5	北京理工大学：翟丽； 中国汽车技术研究中心有限公司：柳海明； 比亚迪汽车工业有限公司：凌和平，闫磊	
		2.6	LMS（北京）技术有限公司：刘伟	
第3章	纯电动汽车电动化底盘设计	3.1	郑州宇通客车股份有限公司：马英，沈丽敏，吴胜涛，岳佳佳，蔡旭东； 苏州绿控传动科技股份有限公司：李红志； 北京理工大学：李军求； 合肥工业大学：朱波	北京信息科技大学：陈勇； 北京新能源汽车股份有限公司：李江柳，李立华，王立堂
		3.2	北京理工大学：熊瑞； 北京公共交通控股（集团）有限公司：孔维峰； 中信国安盟固利电源技术有限公司：毛永志； 比亚迪汽车工业有限公司：凌和平，黄伟，熊永	
		3.3	中通客车控股股份有限公司：闽金军，王波； 清华大学：张俊智； 北京理工大学：施国标； 北汽福田汽车股份有限公司：周恩飞	
		3.4	中国科学院电工研究所：王丽芳	

（续）

章号	章名	节号	编写人员	审稿人员
第4章	整车网络化控制系统设计	4.1	北京理工大学：曹万科	哈尔滨工业大学（威海）：王大方；北京新能源汽车股份有限公司：李江柳，李立华，王立堂
		4.2	北京理工大学：曹万科，南金瑞；北京新能源汽车股份有限公司：徐志峰	
		4.3	北京理工大学：南金瑞；广州致远电子有限公司：黄敏思	
		4.4	北京理工华创电动车技术有限公司：周辉，董爱道；比亚迪汽车工业有限公司：凌和平，黄伟；北京理工大学：梁晟	
		4.5	北京理工华创电动车技术有限公司：周辉，董爱道；比亚迪汽车工业有限公司：凌和平，刘洋；北京理工大学：曹万科，梁晟	
		4.6	北京理工大学：曹万科；比亚迪汽车工业有限公司：钟益林，刘坚坚，谭易；北京新能源汽车股份有限公司：徐志峰；中通客车控股股份有限公司：刘清波，梁满志；安凯客车：陈顺东；中国科学院微电子研究所新能源汽车电子研发中心：李庆；广州小鹏汽车科技有限公司：张博蟠	
第5章	整车电力电子控制系统集成设计	5.1	北京理工大学：庄兴明；中通客车控股股份有限公司：闫金军，刘涛；比亚迪汽车工业有限公司：潘华	中国科学院电工研究所：王丽芳
		5.2	深圳陆巡科技有限公司：徐鹏华，吴文江	
		5.3	北京理工大学：邢济垒	
		5.4	北京理工大学：庄兴明	
		5.5	北京理工华创电动车技术有限公司：程远	
		5.6	北京理工大学：孙建侠	
第6章	整车热管理系统设计	6.1	中国科学院理化技术研究所：田长青，邹慧明，陈伊宇；北京理工大学：南金瑞	北京理工大学：宋盼盼
		6.2	中国科学院理化技术研究所：邹慧明，韩欣欣	
		6.3	中国科学院理化技术研究所：邹慧明，陈伊宇	
		6.4	北京理工大学：南金瑞	
		7.1	安徽江淮汽车集团股份有限公司：阚洪贵；北京长城华冠汽车科技股份有限公司：王朋波；北京理工大学：白影春；安徽安凯汽车股份有限公司：王泽平	中国汽车工程学会：杨洁；北京理工大学：陈潇凯
		7.2	北京理工大学：白影春；中国汽车技术研究中心有限公司汽车工程研究院：杨建森；中国汽车工程学会：王利刚	
		7.3	广州小鹏汽车科技有限公司：杨冰；北汽福田汽车股份有限公司：任鹏；本钢集团有限公司：刘宏亮；中国第一汽车集团有限公司：李菁华；北京理工大学：白影春	
		7.4	本钢集团有限公司：刘宏亮；中国第一汽车集团有限公司：李菁华；湖北博士隆科技股份有限公司：程志毅；上海蔚来汽车有限公司：代陈绪；重庆长安汽车股份有限公司：杨琴	
		7.5	江苏大学：徐晓明；北京理工大学：白影春	

本卷前言

自《国家"十二五"科学和技术发展规划》中明确提出新能源汽车方面要全面实施"纯电驱动"技术转型战略以来，我国纯电动汽车产业得到了快速发展，已成为新能源汽车的主流车型。据中国汽车工业协会权威发布：2018年，我国新能源汽车产销分别完成127万辆和125.6万辆，其中，纯电动汽车产销分别完成98.6万辆和98.4万辆，占比分别为77.6%和78.3%；2019年8月，纯电动汽车销量占新能源汽车比重高达81.2%。随着国家"十三五"规划纲要和《中国制造2025》战略的深入实施，纯电动汽车的市场占比将进一步提升。面对纯电动汽车技术和产业的快速发展，凝练知识体系、总结工程经验、展望技术趋势的工作变得越来越重要。本手册在此背景下应运而生。

本手册系统总结了纯电动汽车整车正向设计开发技术，详细阐述了纯电动汽车整车总体设计、电动化底盘设计、整车网络化控制系统设计、整车电力电子控制系统集成设计、整车热管理系统设计和车身结构及轻量化等关键技术。在写法上注重理论与实践相结合，重点强调对工程技术人员在工程实践中的工具参考作用，既有理论，又有实例，图文并茂，所有实例均取材于真实的项目研发和工程实践，具有一定的理论参考价值和较高的工程实践指导意义；本手册不仅囊括了近几年国内的最新技术成果，还瞄准国际前沿，充分借鉴国外先进企业的案例以及国际标准，具有国际视野；此外，本手册还将现有的工程实践与未来发展结合起来，阐述了纯电动汽车重点关注的轻量化、网联化等前沿技术，并综合整理了行业资深专家的意见，对未来的技术发展趋势进行了展望。

在本手册编撰过程中，本手册汇聚了广泛的行业资源以及知名专家学者的智慧，参与编写的高校及科研单位专家主要来自于北京理工大学、清华大学、中国科学院理化技术研究所、中国科学院电工研究所和中国汽车工程学会等，企业专家主要来自于北京新能源汽车股份有限公司、比亚迪汽车工业有限公司、郑州宇通客车股份有限公司、中通客车控股股份有限公司、北汽福田汽车股份有限公司、北京理工华创电动车技术有限公司、奇瑞汽车股份有限公司、中国汽车技术研究中心有限公司等，基本涵盖了行业各领域的重要专家和主流企业。写作团队历时3年，期间综合评审及分章节评审近30次、5次重新优化章节架构体系，最终成稿。

全书由北京理工大学林程教授主编，负责整本手册知识体系梳理、组建写作班子和书稿质量控制工作；北京理工大学王文伟副教授、聊城大学程兴群博士担任副主编，负责评审过程组织、材料整理和统稿工作。各章负责人具体情况如下：第1章由北京理工大学林程教授、北京公共交通控股（集团）有限公司孔维峰高工负责；第2章由郑州宇通客车股份有限公司马英博士、北京新能源汽车股份有限公司徐志峰博士、北京理工大学翟丽副教授和 LMS（北京）技术有限公司刘伟博士、北汽福田汽车股份有限公司秦志东教授级高工负责；第 3 章由郑州宇通客车股份有限公司马英博士、北京理工大学熊瑞教授、中通客车控股股份有限公司闫金军研究员级高工、王波高工和中国科学院电工研究所王丽芳研究员负责；第 4 章由北京理工大学曹万科副教授、南金瑞副教授、梁晟博士，北京理工华创电动车技术有限公司周辉博士、董爱道博士，以及北汽新能源汽车股份有限公司徐志峰博士、中通客车控股股份有限公司梁满志、中国科学院微电子研究所李庆教授负责；第 5 章由北京理工大学邢济垒博士、庄兴明博士、深圳陆巡科技有限公司徐鹏华高工、吴文江高工和北京理工华创电动车技术有限公司程远负责；第 6 章由中国科学院理化技术研究所田长青研究员、邹慧明研究员及北京理工大学南金瑞副教授负责；第 7 章由北京理工大学白影春副研究员和中国汽车工程学会王利刚工程师负责。

另外，感谢在书稿成稿过程中参与各章节撰写、资料整理、汇总提炼、校对排版、图表绘制的各单位专家、工程技术人员和研究生，他们是来自北京理工大学的博士研究生陈欢、李思奇、黄卓然、李宜丁、王普毅、田雨、蒋雄威以及硕士研究生潘红、陈健、高翔、赵磊、曹放、刘继志、左丰豪、张艺超、邵帅、孙路，中国科学院理化技术研究所的硕士研究生黄广艳，北京新能源汽车股份有限公司张德刚、陈文博、王立堂、徐锡军、赵春阳、陈小亮、严雅霜、白健、金鹏、刘玉辉、朱博、刘和新、刘杰、王立文，郑州宇通客车股份有限公司贾龙飞、胡伟、杨帆、孟汇、杨方影、曾升，中通客车控股股份有限公司焦南、薛守飞、刘雷、王晓彬、董开雷、尹舜宇，杭州三花研究院有限公司董军启，浙江盾安人工环境股份有限公司魏文建，上海海立新能源技术有限公司杨军，奇瑞汽车股份有限公司江天保，上海蔚来汽车有限公司程铭，湖南三合汽车新材料有限公司张青山，比亚迪汽车工业有限公司高士艳，广州小鹏汽车科技有限公司刘莉文、黄东进、王肖。感谢手册总主编孙逢春院士在书稿章节体系安排上给予的指导，感谢本书主审林逸教授以及章节主审给予的审阅意见和建议。感谢书稿中所引用文献、资料的作者。

限于编者水平有限，书中难免存在不足之处，欢迎各位同行予以批评指正。

编　者

目　　录

《电动汽车工程手册》指导委员会
《电动汽车工程手册》编撰委员会
《电动汽车工程手册》出版委员会
序
前言
本卷编写与审稿人员
本卷前言

第1章　纯电动汽车设计概述

1.1　纯电动汽车简介 …………………………………………… 1
　　1.1.1　纯电动汽车基本结构 ………………………………… 2
　　　　1.1.1.1　高压电气系统 …………………………………… 3
　　　　1.1.1.2　低压电气系统 …………………………………… 4
　　　　1.1.1.3　整车网络化控制系统 …………………………… 4
　　1.1.2　纯电动汽车发展历史 ………………………………… 4
　　　　1.1.2.1　国外纯电动汽车的发展历史 …………………… 4
　　　　1.1.2.2　国内纯电动汽车的发展历史 …………………… 8
　　1.1.3　纯电动汽车产业发展背景 …………………………… 10
　　　　1.1.3.1　能源安全和环境保护促进各国发展纯电动汽车 … 10
　　　　1.1.3.2　发展纯电动汽车是我国实现汽车强国战略的
　　　　　　　　重要路径之一 …………………………………… 12
1.2　纯电动汽车构型与分类 …………………………………… 12
　　1.2.1　纯电动汽车驱动系统构型 …………………………… 12
　　　　1.2.1.1　集中式驱动 ……………………………………… 12
　　　　1.2.1.2　分布式驱动 ……………………………………… 14
　　1.2.2　纯电动汽车分类介绍 ………………………………… 15
　　　　1.2.2.1　纯电动乘用车 …………………………………… 15
　　　　1.2.2.2　纯电动商用车 …………………………………… 17
1.3　发展纯电动汽车需要解决的基本问题及关键技术 ……… 21
　　1.3.1　发展纯电动汽车需要解决的基本问题 ……………… 21
　　　　1.3.1.1　续驶里程问题 …………………………………… 21
　　　　1.3.1.2　能量补充不便问题 ……………………………… 22
　　　　1.3.1.3　动力蓄电池环境适应性问题 …………………… 23
　　　　1.3.1.4　安全性问题 ……………………………………… 23

	1.3.1.5	电磁兼容问题	24
1.3.2		纯电动汽车发展的关键技术	26
	1.3.2.1	高能量、高安全动力电池技术	26
	1.3.2.2	全气候动力电池及动力电池热管理技术	26
	1.3.2.3	高效电驱动技术	27
	1.3.2.4	高带宽整车智能电控平台技术	29
	1.3.2.5	基于电动助力的能量回馈式制动技术	30
	1.3.2.6	基于超轻质材料的轻量化技术	31
	1.3.2.7	车内声品质优化设计技术	32
	1.3.2.8	基于人工智能的自动驾驶技术	33
	1.3.2.9	基于5G的纯电动汽车网联化技术	34

参考文献 ········ 35

第2章 纯电动汽车整车总体设计

2.1 纯电动汽车总体设计概述 37
  2.1.1 纯电动汽车总体设计要点 37
  2.1.2 纯电动汽车开发流程 40
    2.1.2.1 传统内燃机车企的整车开发流程 40
    2.1.2.2 纯电动汽车整车开发流程 41
    2.1.2.3 纯电动汽车全新车型开发 42
    2.1.2.4 纯电动汽车架构平台化开发 44
2.2 纯电动汽车性能参数匹配计算 45
  2.2.1 纯电动汽车测试工况 45
    2.2.1.1 轻型汽车 47
    2.2.1.2 重型商用车 49
    2.2.1.3 工况分析 54
  2.2.2 整车动力系统匹配 54
    2.2.2.1 确定整车动力性设计目标 54
    2.2.2.2 整车动力系统匹配 55
    2.2.2.3 工况在整车经济性中的应用 57
2.3 整车总体方案设计 61
  2.3.1 整车总布置设计 61
    2.3.1.1 纯电动乘用车整车布置设计 61
    2.3.1.2 纯电动商用车整车布置方案 78
  2.3.2 高低压电气系统设计 80
    2.3.2.1 纯电动乘用车高压电气系统方案 80
    2.3.2.2 纯电动乘用车低压电气系统方案 89
    2.3.2.3 纯电动客车高压电气系统方案 101
    2.3.2.4 纯电动客车低压电气系统方案 108
2.4 整车安全性设计 115
  2.4.1 碰撞安全性能设计 115
    2.4.1.1 碰撞安全概述 115
    2.4.1.2 碰撞安全性能设计流程 115

		2.4.1.3 碰撞安全法规体系	116
		2.4.1.4 纯电动乘用车碰撞安全设计	119
		2.4.1.5 纯电动客车动力蓄电池系统碰撞安全设计	123
	2.4.2	高压安全设计	127
		2.4.2.1 高压安全概述	127
		2.4.2.2 防触电安全设计要求	128
		2.4.2.3 电气安全设计要求	130
		2.4.2.4 防水设计要求	132
		2.4.2.5 防火阻燃设计要求	133
		2.4.2.6 充电安全要求	133
		2.4.2.7 电机系统高压安全设计	133
		2.4.2.8 操作安全和功能防护	136
	2.4.3	功能安全设计	137
2.5	整车电磁兼容性设计		139
	2.5.1	整车电磁兼容性要求	139
		2.5.1.1 整车 EMC 标准	139
		2.5.1.2 整车 EMC 要求	140
	2.5.2	整车电磁耦合途径	153
		2.5.2.1 传导耦合	154
		2.5.2.2 辐射耦合	155
	2.5.3	电磁干扰抑制措施	156
		2.5.3.1 通用抑制技术	156
		2.5.3.2 关键部件电磁干扰抑制	158
	2.5.4	整车电磁辐射测试与抑制案例	159
		2.5.4.1 整车电磁辐射测试	159
		2.5.4.2 整车电磁辐射抑制	163
		2.5.4.3 整车电磁辐射抑制措施试验验证	164
	2.5.5	纯电动汽车电磁兼容技术发展趋势	165
		2.5.5.1 逐渐完善的标准体系	165
		2.5.5.2 系统仿真与实践充分结合	168
		2.5.5.3 企业正向开发能力逐步健全	168
2.6	整车声品质优化技术		169
	2.6.1	纯电动汽车声品质评价方法	169
		2.6.1.1 纯电动汽车常用的声品质客观评价指标	169
		2.6.1.2 纯电动汽车声品质主客观评价试验方法	174
	2.6.2	纯电动汽车电机噪声预测及评价方法	178
		2.6.2.1 电机电磁力分析	179
		2.6.2.2 电动汽车车内电机噪声预测	182
	2.6.3	电动汽车行人警示声系统设计方法	187
		2.6.3.1 行人警示声目标声音设计	189
		2.6.3.2 行人警示声系统的工作原理	192
		2.6.3.3 行人警示声系统硬件设计	193
		2.6.3.4 行人警示声系统软件设计	194
参考文献			195

第 3 章 纯电动汽车电动化底盘设计

- 3.1 电驱动总成设计 ·················· 199
  - 3.1.1 电驱动系统概述 ············ 199
  - 3.1.2 集中式驱动系统 ············ 201
    - 3.1.2.1 电机直驱 ············· 201
    - 3.1.2.2 电机 + 变速器（AMT） ············· 226
    - 3.1.2.3 电机 + 减速器 ············· 245
    - 3.1.2.4 电机 + 车桥（同轴、平行轴集成式电驱动桥）··· 250
    - 3.1.2.5 其他集中式驱动构型 ············· 252
  - 3.1.3 分布式驱动设计 ············ 252
    - 3.1.3.1 轮边驱动（独立悬架、刚性桥） ············· 252
    - 3.1.3.2 轮毂电机驱动 ············· 253
    - 3.1.3.3 分布式控制 ············· 254
  - 3.1.4 典型案例 ················ 259
- 3.2 纯电动汽车电源系统设计 ·················· 260
  - 3.2.1 系统概述 ················ 260
    - 3.2.1.1 技术发展历程及趋势 ············· 260
    - 3.2.1.2 系统功能与结构组成 ············· 263
    - 3.2.1.3 动力蓄电池的基本性能参数 ············· 265
  - 3.2.2 动力蓄电池系统总体方案设计 ············ 267
    - 3.2.2.1 整车应用需求 ············· 267
    - 3.2.2.2 动力蓄电池系统的开发流程 ············· 269
    - 3.2.2.3 动力蓄电池选型和系统参数匹配 ············· 273
    - 3.2.2.4 动力蓄电池成组方式和不一致性筛选 ············· 278
    - 3.2.2.5 系统高压设计与安全 ············· 280
    - 3.2.2.6 电动汽车充换电技术 ············· 286
  - 3.2.3 动力蓄电池系统的结构设计 ············ 288
    - 3.2.3.1 结构设计概述 ············· 288
    - 3.2.3.2 电池模块结构设计 ············· 289
    - 3.2.3.3 电池箱体设计 ············· 294
    - 3.2.3.4 系统热管理设计 ············· 295
    - 3.2.3.5 碰撞安全性能设计 ············· 301
    - 3.2.3.6 系统结构轻量化 ············· 305
  - 3.2.4 动力蓄电池管理系统 ············ 306
    - 3.2.4.1 系统概述 ············· 306
    - 3.2.4.2 BMS 硬件 ············· 308
    - 3.2.4.3 BMS 控制 ············· 315
  - 3.2.5 动力蓄电池 - 超级电容复合电源系统 ············ 326
    - 3.2.5.1 复合电源系统构成 ············· 327
    - 3.2.5.2 系统拓扑结构 ············· 330
    - 3.2.5.3 系统能量管理策略 ············· 331
    - 3.2.5.4 复合电源系统控制案例 ············· 334
- 3.3 辅助动力系统设计 ·················· 338
  - 3.3.1 辅助动力系统概述 ············ 338
    - 3.3.1.1 电动助力转向系统 ············· 339

3.3.1.2	电动制动系统	347
3.3.2	辅助动力系统设计方法	353
3.3.2.1	电动转向泵设计	353
3.3.2.2	电动制动系统设计	357
3.3.3	典型设计方案	362
3.3.3.1	电动转向系统典型设计方案	362
3.3.3.2	电动制动系统典型设计方案	364

3.4 车载充电系统设计 368
 3.4.1 车载充电系统概述 368
 3.4.2 车载充电系统的电气特性 369
 3.4.3 车载充电系统与动力蓄电池管理系统（BMS）
   之间的通信协议要求 372
 3.4.4 车载充电系统的环境适应性要求及设计 375
 3.4.5 车载充电系统的电气安全及保护要求及其设计 377
 3.4.6 车载充电系统的发展趋势 378

参考文献 379

第4章 整车网络化控制系统设计

4.1 概述 381
 4.1.1 功能、组成及发展 381
 4.1.2 纯电动汽车的需求特点 383
 4.1.3 内容及原理 384
 4.1.4 技术趋势 385
4.2 整车电子电气架构设计 386
 4.2.1 概述 386
 4.2.2 设计的基本流程与主要内容 387
  4.2.2.1 车型定位 387
  4.2.2.2 需求分析 388
  4.2.2.3 逻辑功能架构设计 389
  4.2.2.4 物理架构设计 394
  4.2.2.5 架构评估 396
  4.2.2.6 架构测试 397
4.3 车载网络通信系统设计 398
 4.3.1 概述 398
  4.3.1.1 关键技术问题 398
  4.3.1.2 整车网络设计开发 399
 4.3.2 物理层设计 406
  4.3.2.1 概述 406
  4.3.2.2 CAN总线电平及网络信号评价指标 406
  4.3.2.3 传输介质的要求 408
  4.3.2.4 总线终端 410
  4.3.2.5 最大传输距离和节点数确定 411
  4.3.2.6 非终端支线电缆长度 414
  4.3.2.7 屏蔽地 415

		4.3.2.8	插接器 ································	415
		4.3.2.9	网络拓扑 ······························	416
		4.3.2.10	物理层仿真优化方法 ··············	418
	4.3.3	链路层设计 ································		426
	4.3.4	应用层设计 ································		427
		4.3.4.1	信号定义 ······························	427
		4.3.4.2	参数组定义 ···························	428
		4.3.4.3	诊断故障代码定义 ··················	429
		4.3.4.4	参数组诊断定义 ·····················	430
	4.3.5	仿真与测试 ································		430
		4.3.5.1	仿真测试方法 ·························	430
		4.3.5.2	仿真测试工具 ·························	432
4.4	整车控制器设计 ······································			435
	4.4.1	概述 ··		435
	4.4.2	硬件设计流程及选型简介 ··············		435
		4.4.2.1	产品定位 ······························	436
		4.4.2.2	系统需求 ······························	437
		4.4.2.3	系统方案概述 ·························	438
		4.4.2.4	芯片选型与成本分析 ··············	438
		4.4.2.5	原理图设计 ···························	440
		4.4.2.6	电路仿真 ······························	443
		4.4.2.7	PCB 布局与布线 ····················	448
		4.4.2.8	整车控制器的测试验证 ············	448
4.5	整车控制策略 ··			453
	4.5.1	概述 ··		453
		4.5.1.1	软件需求开发 ·························	454
		4.5.1.2	系统框架设计 ·························	454
		4.5.1.3	模型开发 ······························	454
		4.5.1.4	代码集成 ······························	454
		4.5.1.5	模型在环 ······························	455
		4.5.1.6	硬件在环 ······························	455
		4.5.1.7	台架与实车标定测试 ··············	456
	4.5.2	基本功能设计 ·····························		456
		4.5.2.1	VCU 软件总体设计原则 ···········	456
		4.5.2.2	接口设计 ······························	457
		4.5.2.3	上下电功能设计 ·····················	457
		4.5.2.4	驱动踏板转矩解析 ··················	459
		4.5.2.5	充电功能设计 ·························	460
	4.5.3	动力学控制 ································		466
		4.5.3.1	动力性 ··································	467
		4.5.3.2	经济性 ··································	470
		4.5.3.3	稳定性 ··································	473
	4.5.4	常用控制方法 ·····························		474

| 4.5.4.1 PID 控制 …………………………………………… 474
        4.5.4.2 模糊控制 …………………………………………… 474
        4.5.4.3 滤波方法 …………………………………………… 474
    4.5.5 故障诊断功能设计 ………………………………………………… 475
        4.5.5.1 故障等级划分 ………………………………………… 475
        4.5.5.2 故障灯显示 …………………………………………… 476
        4.5.5.3 故障警示 ……………………………………………… 477
        4.5.5.4 UDS 协议简介 ………………………………………… 477
    4.5.6 整车控制器参数标定功能设计 ……………………………………… 481
    4.5.7 重编程（Bootloader）功能设计 …………………………………… 484
        4.5.7.1 上电流程 ……………………………………………… 484
        4.5.7.2 地址分配 ……………………………………………… 485
        4.5.7.3 S19 文件解析 ………………………………………… 485
        4.5.7.4 安全密钥 ……………………………………………… 486
        4.5.7.5 UDS 流程设计 ………………………………………… 486
        4.5.7.6 程序文件校验 ………………………………………… 488
        4.5.7.7 应用程序的匹配 ……………………………………… 489
        4.5.7.8 Bootloader 测试 ……………………………………… 489
        4.5.7.9 Bootloader 上位机及操作示例 ……………………… 489
4.6 主要网络部件的设计与选型 ……………………………………………………… 491
    4.6.1 概述 ……………………………………………………………………… 491
    4.6.2 网关 ……………………………………………………………………… 492
        4.6.2.1 概述 …………………………………………………… 492
        4.6.2.2 网关设计要求 ………………………………………… 493
        4.6.2.3 网关设计实例 ………………………………………… 495
    4.6.3 Tbox ……………………………………………………………………… 496
        4.6.3.1 概述 …………………………………………………… 496
        4.6.3.2 设计要求 ……………………………………………… 497
        4.6.3.3 Tbox 的设计与选型 ………………………………… 497
    4.6.4 仪表板 …………………………………………………………………… 501
        4.6.4.1 概述 …………………………………………………… 501
        4.6.4.2 设计要求 ……………………………………………… 502
        4.6.4.3 仪表界面的设计与选型 ……………………………… 503
    4.6.5 中控屏 …………………………………………………………………… 504
        4.6.5.1 概述 …………………………………………………… 504
        4.6.5.2 设计要求 ……………………………………………… 505
        4.6.5.3 中控屏的设计与选型 ………………………………… 506
    4.6.6 域控制器 ………………………………………………………………… 510
        4.6.6.1 概述 …………………………………………………… 510
        4.6.6.2 设计要求 ……………………………………………… 510
        4.6.6.3 设计与选型 …………………………………………… 511

参考文献 ………………………………………………………………………………… 512

第 5 章 整车电力电子控制系统集成设计

- 5.1 概述 515
  - 5.1.1 车用微电子控制器 515
  - 5.1.2 功率半导体器件 516
    - 5.1.2.1 功用与特点 516
    - 5.1.2.2 类型 518
  - 5.1.3 整车电力电子系统架构及发展趋势 519
- 5.2 车载高低压电源变换器（DC/DC 变换器） 523
  - 5.2.1 DC/DC 变换器的分类和组成 523
    - 5.2.1.1 DC/DC 变换器的分类 523
    - 5.2.1.2 DC/DC 变换器典型的系统构成 525
  - 5.2.2 DC/DC 变换器的关键技术 527
  - 5.2.3 车载 DC/DC 变换器的性能评价 531
    - 5.2.3.1 相关标准 531
    - 5.2.3.2 性能指标 531
    - 5.2.3.3 相关技术要求 533
  - 5.2.4 DC/DC 变换器的匹配 535
  - 5.2.5 DC/DC 变换器的典型案例 536
  - 5.2.6 DC/DC 变换器的发展趋势 537
- 5.3 用于辅助电机的车载逆变器（DC/AC 变换器） 538
  - 5.3.1 DC/AC 变换器的基本功能 538
  - 5.3.2 DC/AC 变换器的关键技术 539
    - 5.3.2.1 双闭环控制系统 539
    - 5.3.2.2 PWM 逆变技术 540
    - 5.3.2.3 无位置/速度传感器的电机控制技术 542
  - 5.3.3 DC/AC 变换器的性能评价 543
    - 5.3.3.1 性能指标 543
    - 5.3.3.2 相关技术要求 544
  - 5.3.4 DC/AC 变换器的匹配 544
  - 5.3.5 DC/AC 变换器的典型案例 545
  - 5.3.6 DC/AC 变换器的发展趋势 546
- 5.4 主驱动电机控制器 547
  - 5.4.1 主驱动电机控制器的功能及原理 547
    - 5.4.1.1 主驱动电机控制器的功能 547
    - 5.4.1.2 不同类型电机的控制原理 549
  - 5.4.2 主驱动电机控制器的关键技术 558
    - 5.4.2.1 功率器件驱动技术 558
    - 5.4.2.2 热管理技术 559
    - 5.4.2.3 高效高精度控制技术 562
  - 5.4.3 主驱动电机控制器的性能评价 563
  - 5.4.4 主驱动电机控制器的匹配与选型 565

- 5.4.4.1 主驱动电机控制器的匹配 ······ 565
- 5.4.4.2 主驱动电机控制器零部件选型的应用 ······ 569
- 5.4.5 主驱动电机控制器的发展趋势 ······ 573

5.5 绝缘监控模块 ······ 574
- 5.5.1 绝缘监控模块的原理及功能 ······ 574
  - 5.5.1.1 辅助电源式（绝缘监控模块） ······ 575
  - 5.5.1.2 电流传感式（绝缘监控模块） ······ 576
  - 5.5.1.3 桥式电阻式 ······ 577
  - 5.5.1.4 低频电压注入式 ······ 577
- 5.5.2 绝缘监控模块的设计规则 ······ 578
- 5.5.3 绝缘监控模块的性能评价 ······ 578
  - 5.5.3.1 绝缘监控模块设计参考标准 ······ 578
  - 5.5.3.2 高低压电气间隙要求 ······ 579
  - 5.5.3.3 绝缘报警等级判定 ······ 579
  - 5.5.3.4 绝缘监控模块对被测系统泄漏电容 C_e 的适应性 ······ 579
- 5.5.4 绝缘监控模块的发展趋势 ······ 579

5.6 电力电子系统集成设计技术 ······ 580
- 5.6.1 电力电子系统集成理论 ······ 580
  - 5.6.1.1 系统组成 ······ 580
  - 5.6.1.2 系统模型 ······ 582
  - 5.6.1.3 基本要求 ······ 583
- 5.6.2 电力电子系统集成设计 ······ 583
  - 5.6.2.1 总体设计方案 ······ 583
  - 5.6.2.2 设计原则和评价指标 ······ 585
  - 5.6.2.3 关键器件的工作原理及选型 ······ 587
  - 5.6.2.4 关键技术 ······ 591
  - 5.6.2.5 测试方案 ······ 598
- 5.6.3 电力电子系统集成设计案例 ······ 602

参考文献 ······ 604

第 6 章 整车热管理系统设计

6.1 概述 ······ 607
- 6.1.1 整车热管理系统组成 ······ 607
  - 6.1.1.1 车室空调 ······ 607
  - 6.1.1.2 动力蓄电池温控 ······ 612
  - 6.1.1.3 电机及控制器散热 ······ 617
  - 6.1.1.4 一体式热管理系统 ······ 618
  - 6.1.1.5 系统控制 ······ 619
- 6.1.2 热管理系统设计要求 ······ 623
  - 6.1.2.1 车内热湿环境设计要求 ······ 623
  - 6.1.2.2 车窗除霜防雾设计要求 ······ 624

　　　　6.1.2.3　整车制冷性能测试条件要求 ……………………… 625
　　　　6.1.2.4　控制系统设计要求 …………………………………… 626
　　6.1.3　整车热管理系统发展趋势 …………………………………… 629
　　　　6.1.3.1　全气候条件下的高效节能运行 ……………………… 629
　　　　6.1.3.2　环保工质替代 …………………………………………… 629
　　　　6.1.3.3　智能化控制技术 ………………………………………… 630
6.2　负荷计算 …………………………………………………………………… 630
　　6.2.1　车室空调负荷 ……………………………………………………… 630
　　　　6.2.1.1　冷负荷 ……………………………………………………… 630
　　　　6.2.1.2　热负荷 ……………………………………………………… 633
　　6.2.2　动力蓄电池温控负荷 ……………………………………………… 635
　　　　6.2.2.1　电池散热负荷 ……………………………………………… 635
　　　　6.2.2.2　电池预热负荷 ……………………………………………… 637
　　6.2.3　电机及控制器散热负荷 …………………………………………… 637
6.3　热管理系统设计 …………………………………………………………… 639
　　6.3.1　车室空调系统设计 ………………………………………………… 639
　　　　6.3.1.1　电动汽车空调系统形式确定 ………………………… 639
　　　　6.3.1.2　电动汽车空调系统参数匹配 ………………………… 640
　　　　6.3.1.3　系统部件选型 ……………………………………………… 642
　　6.3.2　动力蓄电池温控系统设计 ………………………………………… 655
　　　　6.3.2.1　动力蓄电池温控系统形式的确定 …………………… 655
　　　　6.3.2.2　动力蓄电池温控系统的参数匹配 …………………… 655
　　　　6.3.2.3　动力蓄电池温控系统部件选型 ……………………… 657
　　6.3.3　电机及控制器散热系统设计 ……………………………………… 657
　　　　6.3.3.1　电机及控制器散热系统形式确定 …………………… 657
　　　　6.3.3.2　电机及控制器散热系统参数匹配 …………………… 658
　　　　6.3.3.3　电机及控制器散热系统部件选型 …………………… 658
6.4　热管理控制系统设计 ……………………………………………………… 658
　　6.4.1　空调控制方法 ……………………………………………………… 658
　　　　6.4.1.1　控制方法选择 ……………………………………………… 659
　　　　6.4.1.2　电动空调模糊方案 ……………………………………… 659
　　　　6.4.1.3　PID 控制设计 ……………………………………………… 662
　　　　6.4.1.4　风机转速控制 ……………………………………………… 663
　　　　6.4.1.5　复合控制模型 ……………………………………………… 663
　　6.4.2　蒸发器除霜控制 …………………………………………………… 664
　　　　6.4.2.1　复合除霜系统原理 ……………………………………… 664
　　　　6.4.2.2　复合除霜起止时刻控制策略 ………………………… 668
　　　　6.4.2.3　复合除霜模式切换控制策略 ………………………… 669
　　6.4.3　空调除湿控制 ……………………………………………………… 671
　　6.4.4　开关逻辑控制 ……………………………………………………… 671
　　6.4.5　参数标定及故障诊断 ……………………………………………… 671
参考文献 ………………………………………………………………………… 674

第7章 车身结构及轻量化

- 7.1 纯电动汽车车身结构及发展趋势 …… 677
  - 7.1.1 纯电动乘用车与燃油乘用车的差异 …… 677
    - 7.1.1.1 动力系统布置 …… 678
    - 7.1.1.2 碰撞安全性设计 …… 678
    - 7.1.1.3 疲劳耐久性设计 …… 679
  - 7.1.2 纯电动乘用车车身结构特点 …… 679
    - 7.1.2.1 地板纵梁正面碰撞结构设计特点 …… 680
    - 7.1.2.2 侧面碰撞结构设计特点 …… 680
    - 7.1.2.3 前纵梁根部结构设计特点 …… 681
    - 7.1.2.4 地板结构设计特点 …… 681
    - 7.1.2.5 车身后部结构设计特点 …… 682
  - 7.1.3 典型的纯电动乘用车车身结构 …… 682
    - 7.1.3.1 以钢为主的纯电动乘用车车身结构 …… 682
    - 7.1.3.2 钢铝混合车身 …… 684
    - 7.1.3.3 全铝车身 …… 685
    - 7.1.3.4 铝塑混合车身 …… 686
  - 7.1.4 纯电动乘用车车身结构的发展趋势 …… 687
  - 7.1.5 纯电动客车与传统燃油客车的车身结构差异 …… 687
- 7.2 纯电动汽车车身结构优化设计 …… 689
  - 7.2.1 结构优化设计主要方法 …… 689
    - 7.2.1.1 拓扑优化 …… 689
    - 7.2.1.2 尺寸优化 …… 691
    - 7.2.1.3 形状优化 …… 691
  - 7.2.2 典型结构优化设计平台 …… 691
  - 7.2.3 车身结构优化的一般流程 …… 692
  - 7.2.4 车身结构优化典型实例 …… 694
    - 7.2.4.1 工程案例1 …… 694
    - 7.2.4.2 工程案例2 …… 696
- 7.3 纯电动汽车车身材料 …… 697
  - 7.3.1 常见材料及属性 …… 697
    - 7.3.1.1 高强度钢 …… 697
    - 7.3.1.2 铝合金 …… 697
    - 7.3.1.3 镁合金 …… 697
    - 7.3.1.4 非金属材料 …… 697
  - 7.3.2 不同材料在纯电动乘用车车身部件中的典型应用 …… 703
    - 7.3.2.1 铸铝合金结构件 …… 703
    - 7.3.2.2 镁合金结构件 …… 703
    - 7.3.2.3 复合材料结构件 …… 704
  - 7.3.3 纯电动乘用车车身选材原则 …… 705
    - 7.3.3.1 车身覆盖件的性能要求和选材原则 …… 705
    - 7.3.3.2 车身结构件的性能要求和选材原则 …… 706
    - 7.3.3.3 不同车身材料的减重效果和成本分析 …… 707

  7.3.4 纯电动乘用车车身用材发展趋势 …………………………………… 707
    7.3.4.1 车身用钢板的发展趋势 ………………………………………… 708
    7.3.4.2 车身用铝合金的发展趋势 ……………………………………… 708
    7.3.4.3 车身用镁合金材料的发展趋势 ………………………………… 709
    7.3.4.4 车身用复合材料的发展趋势 …………………………………… 709
  7.3.5 典型纯电动客车车身部件 …………………………………………… 709
    7.3.5.1 车身侧围结构 …………………………………………………… 709
    7.3.5.2 动力蓄电池防撞机构 …………………………………………… 710
    7.3.5.3 顶盖骨架 ………………………………………………………… 711
    7.3.5.4 地板骨架 ………………………………………………………… 712
    7.3.5.5 典型车身覆盖件 ………………………………………………… 712
    7.3.5.6 铝车身典型车身部件 …………………………………………… 713
    7.3.5.7 车身选材原则 …………………………………………………… 714
    7.3.5.8 纯电动客车车身用材发展趋势 ………………………………… 715
7.4 纯电动汽车车身工艺 ……………………………………………………………… 716
  7.4.1 材料成形工艺 ………………………………………………………… 716
  7.4.2 连接工艺 ……………………………………………………………… 717
    7.4.2.1 机械连接工艺 …………………………………………………… 717
    7.4.2.2 热连接工艺 ……………………………………………………… 718
    7.4.2.3 胶接工艺 ………………………………………………………… 720
    7.4.2.4 胶铆复合连接工艺 ……………………………………………… 721
7.5 动力蓄电池系统的轻量化技术 …………………………………………………… 722
  7.5.1 动力蓄电池箱体轻量化 ……………………………………………… 722
    7.5.1.1 成形工艺 ………………………………………………………… 722
    7.5.1.2 接合方式 ………………………………………………………… 723
    7.5.1.3 结构优化 ………………………………………………………… 723
  7.5.2 动力蓄电池箱新材料应用 …………………………………………… 724
    7.5.2.1 聚双环戊二烯（PDCPD）工程塑料 ………………………… 724
    7.5.2.2 泡沫铝 …………………………………………………………… 725
    7.5.2.3 SMC 碳纤维增强复合材料 …………………………………… 725
参考文献 ………………………………………………………………………………… 726

第1章 纯电动汽车设计概述

随着全球汽车保有量的不断攀升,汽车带来的环境污染、能源短缺和气候变化等问题已经受到国际社会的广泛关注。作为解决这些问题的主要措施之一,纯电动汽车的发展颇受重视,世界各主要汽车生产和消费国家都以积极的态度予以支持,使纯电动汽车的市场份额不断扩大。各整车和零部件企业为满足市场发展的需要,正在不断进行新技术研发和新产品开发。中国作为最大的汽车生产和消费国,将纯电动汽车作为战略性新兴产业的重要方向,给予了大力支持,使整个汽车产业面临着深刻的变局。

本章将从行业发展及历史纵深角度,对纯电动汽车设计所涉及的基本概念和需要面对的主要问题进行介绍。首先,阐述纯电动汽车的基本含义、基本结构及历史发展进程,分析当前纯电动汽车行业的发展方向和机遇;其次,基于典型车型介绍纯电动汽车的分类,并介绍电驱动系统的不同构型及其性能特点;最后,从多个维度分析纯电动汽车当前发展亟待解决的关键技术问题。

1.1 纯电动汽车简介

纯电动汽车是驱动能量完全由电能提供的、由电机驱动的汽车。电机的驱动电能来源于车载可充电储能系统或其他能量储存装置。

自20世纪90年代开始兴起的传统汽车向新能源汽车变革的本质特征,是汽车动力系统的电动化,形成了以电驱动、动力蓄电池(以下简称动力电池)和电控三大核心技术为支撑的电动化平台,如图1-1所示。

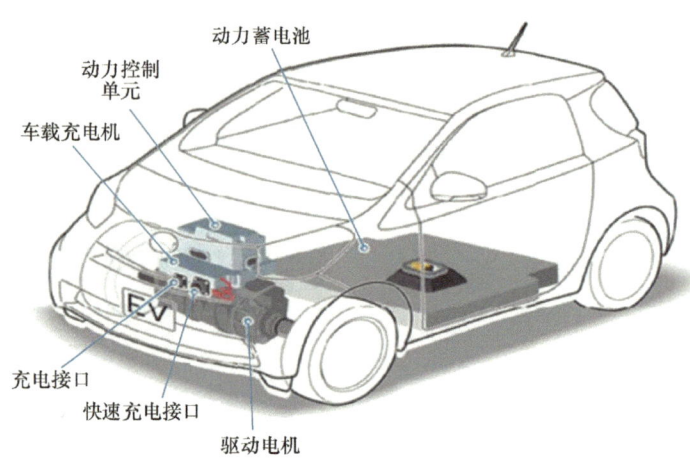

图 1-1 纯电动汽车的电动化平台

与传统汽车相比，纯电动汽车以电机为动力源，仅靠车载动力电池等能量源供给电能，具有以下特点[1]：

1）纯电动汽车的驱动能源来源于动力电池，可实现电能的双向流动，既能在汽车驱动时输出电能，也能在制动时回收制动能量，这是汽油、柴油等能源所不具备的特点，因此纯电动汽车可与能源网结合起来，作为与绿色能源、智能电网连接在一起的一个移动节点，从而推动能源革命。

2）驱动电机输出特性具有低速恒转矩、高速恒功率的特点，不搭载变速器即可满足汽车的基本行驶需求，且不需要维持怠速的装置，结构较简单。另外，驱动电机还具有控制快速精确、转矩转速信息可知等特点，能方便快捷地将电控系统解析出的驾驶人需求信息转化为汽车的行驶驱动转矩，提高汽车的驾驶乐趣。

3）纯电动汽车的电控系统是包括整车控制器、电机控制器和动力电池管理系统等的网络化控制系统，通过 LIN、CAN、FlexRay 和 MOST 等车载总线进行通信。纯电动汽车的网联化控制系统可与信息网结合起来，使纯电动汽车作为与新一代移动通信、共享出行进行连接的节点，从而推动汽车的信息革命。

4）纯电动汽车结构简单且零部件数量少，相比传统汽车，动力总成可自由布置。驱动系统的布置方式（例如集中式驱动和分布式驱动等）会使不同纯电动汽车的结构产生很大差异，采用不同类型的电机（如直流电机和交流电机）和储能装置（如蓄电池和复合电源系统）会影响纯电动汽车的重量、尺寸和形状。纯电动汽车的能量主要通过柔性电线而不是刚性机械部件传递，因此其各部件的布置具有很大的灵活性，可实现与传统汽车完全不同的造型设计。

1.1.1 纯电动汽车基本结构

如图 1-2 所示，纯电动汽车动力系统一般可分为三个子系统，即电力驱动子系统、主能源子系统和辅助控制子系统。其中，电力驱动子系统由驱动电机、电控单元、功率变换器和机械传动装置等组成。主能源子系统一般由动力电池及其管理系统和充电系统等构成。辅助控制子系统具有动力转向、温度控制和辅助动力供给等功能。根据从制动踏板和加速踏板输入的信号，电子控制器发出相应的控制指令来控制功率转换器的功率装置通断。功率转换器的功能是调节电机和电源之间的功率流。当纯电动汽车制动时，再生制动的动能被电源吸收，此时功率流是反向的。动力电池管理系统和电控系统一起控制再生制动及其能量的回收。动力电池管理系统和充电器一同控制充电并监测电源的使用情况。辅助动力供给系统为电动汽车辅助系统提供不同等级的直流或交流电源，给动力转向、空调、制动及其他辅助装置提供动力。除从制动踏板和加速踏板给纯电动汽车输入信号外，转向盘输入也是一个很重要的输入信号，动力转向系统根据转向盘的角位置实现纯电动汽车的灵活转向。

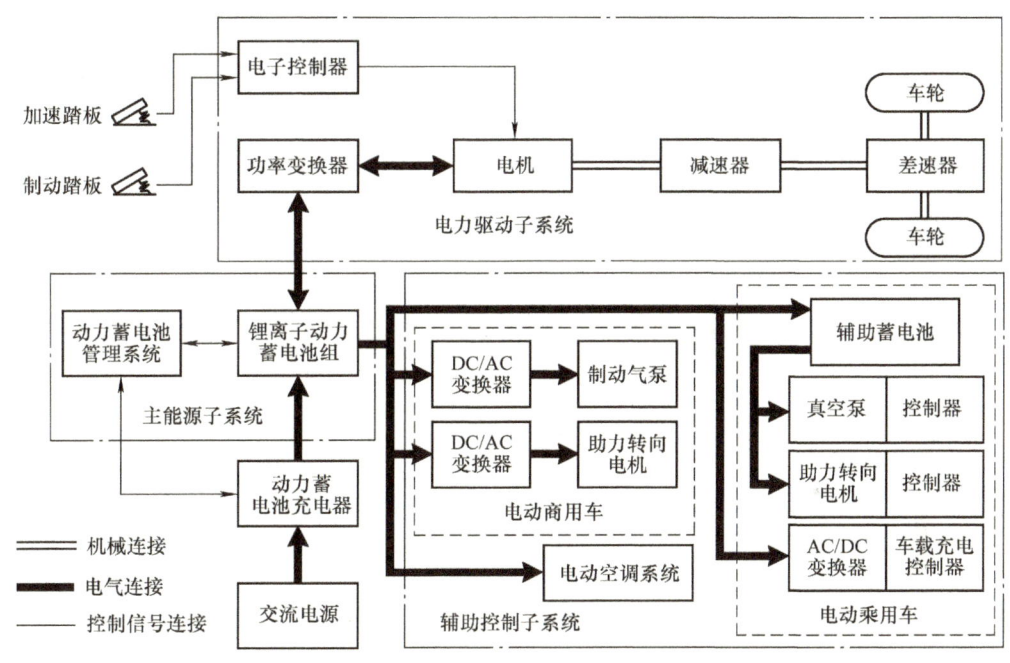

图 1-2　纯电动汽车基本结构

电气系统是纯电动汽车的"神经"，承担着对电能传递、变换、控制，以及对信息进行处理的功能，对纯电动汽车的动力性、经济性和安全性等有很大影响。电气系统主要由高压电气系统、低压电气系统和整车网络化控制系统等组成。

1.1.1.1　高压电气系统

高压电气系统主要由动力电池、驱动电机、高压配电箱（PDU）、DC/DC 变换器、电动压缩机、车载充电器（OBC）和高压线束等部件组成，其主要功能是根据车辆行驶的功率需求完成从动力电池到驱动电机的能量传输与变换。为提高能效，对于功率较大的子系统，例如纯电动商用车制动系统、转向系统和电动空调系统一般也采用高压供电。

根据 GB/T 31466—2015《电动汽车高压系统电压等级》推荐的高压电气系统的直流电压等级见表 1-1。

表1-1 高压电气系统的直流电压等级

高压电气系统直流电压等级					
144V	288V	317V	346V	400V	576V

注：随着纯电动汽车技术的发展，实际应用时也可采用偏离此电压等级的其他电压。

直流电压等级的选取需要综合考虑关键零部件的电压、效率、成本和高压部件设计匹配之间的关系。一般而言，纯电动商用车的功率需求较大，为降低线路电流和成本，推荐选用576V或更高电压等级平台。纯电动乘用车功率需求小于纯电动商用车，因此目前普遍选用300~500V之间的电压等级平台。

1.1.1.2　低压电气系统

低压电气系统采用直流12V或24V电源，主要由辅助蓄电池、DC/DC变换器和辅助系统等低压电器（例如灯光系统、仪表系统、娱乐系统、电动车窗、刮水器、除霜设备、AMT换挡电机等）组成。其中，12V或24V低压电源除对上述低压电器供电外，还为整车控制器等控制单元、高压电气系统的控制电路和辅助部件供电。纯电动汽车的低压电气控制系统与燃油汽车相比，主要区别如下：

① 辅助蓄电池通过DC/DC变换器由动力电池组进行充电，而燃油汽车则由与发动机相连的发电机充电。

② 燃油汽车的电动助力转向系统、制动系统等主要由低压电气控制系统供电，而纯电动汽车中，制动系统等功率较大的子系统一般采用高压供电。

1.1.1.3　整车网络化控制系统

纯电动汽车整车网络通信及控制系统主要包括整车控制器、车载总线、车载网络、车载仪表及显示系统和车载通信终端等。整车网络化控制系统的主要作用是对各子系统进行协调控制。其中，整车控制器是整车网络化控制系统的核心，负责汽车内部的数据交换与管理、故障诊断、安全监控和驾驶人意图识别等功能。各子系统之间的信息传递通过网络信息系统实现，目前常用的通信协议是CAN通信协议，它具有数据传输效率较高、可靠性高、实时性好、有一定容错性和简化整车线束等优点。

1.1.2　纯电动汽车发展历史

世界范围的气候变化、环境污染和局部地区的能源短缺等因素，以及新一轮科技革命，特别是电驱动相关的电力电子等技术迅猛发展，正促使世界汽车产业进入电动化的重大转型期[2]。从汽车技术发展史的角度看，纯电动汽车并不是新鲜事物，它具有比燃油汽车更悠久的发展历史[3]。图1-3所示为纯电动汽车的基本发展历程简图。

1.1.2.1　国外纯电动汽车的发展历史

1873年，英国人罗伯特·戴维森（Robert Davidsson）制造出世界上最早的可供实用的纯电动汽车（图1-4），该车采用一次电池作为动力源。

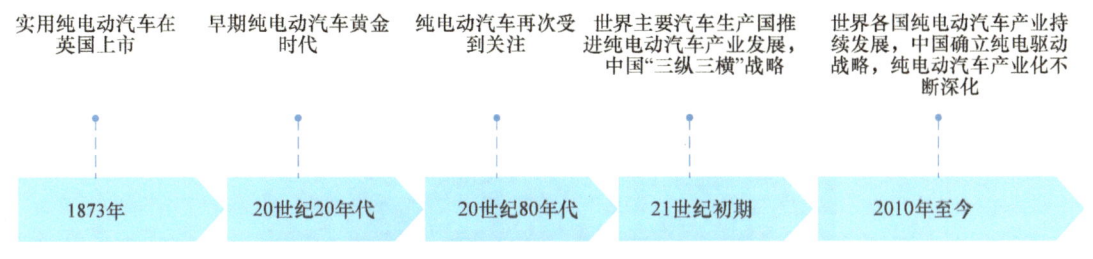

图 1-3 纯电动汽车基本发展历程

1881年，法国工程师古斯塔夫·特鲁夫（Gustave Trouvé）首次将直流电机和可充电的铅酸蓄电池用于私人车辆，这标志着世界上第一辆真正意义上的纯电动汽车的诞生。特鲁夫在次年的巴黎国际电器展览会上展出了一辆能实际操作使用的电动三轮车，如图 1-5 所示。

图 1-4 早期纯电动汽车

图 1-5 早期电动三轮车

19世纪末到20世纪20年代是纯电动汽车发展的第一个黄金期。这期间，由于车用内燃机技术还相当落后，燃油汽车存在行驶里程短、故障多和维修困难等问题，其性能远不及纯电动汽车，因此纯电动汽车得到了普遍认可，美国、英国和法国的许多公司都开始生产纯电动汽车。

1896—1920年，美国 Riker 公司生产了很多类型的纯电动汽车。1897年，英国的伦敦电动出租汽车公司生产了15辆纯电动出租车，如图 1-6 所示。1898年，美国康涅狄格州的 Pope 制造公司生产了大约 500 辆 Columbia 纯电动汽车。

1899年，由比利时工程师卡米乐·热纳茨（Camille Jenatzy）设计的铝质车身汽车，是世界上第一辆车速超过 100km/h 的纯电动汽车，如图 1-7 所示。

1907—1938年，美国底特律电气公司生产的纯电动汽车不但无噪声、清洁可靠，而且最高车速达到 40km/h，续驶里程可达 129km。1912年，美国注册有 34000 辆纯电动汽车。

20世纪20年代，纯电动汽车的发展进入瓶颈期，在蓄电池技术和降低制造成本方面没有明显进步。相比之下，内燃机技术达到了一个新水平，装备内燃机的汽车速度更快，因此到 1940 年左右，纯电动汽车基本从欧美汽车市场中消失了。

图 1-6　1897 年英国伦敦的纯电动出租车

图 1-7　1899 年比利时的铝质车身纯电动汽车

20 世纪 80 年代，由空气质量和温室效应所引发的环境问题，让人们对纯电动汽车相较燃油汽车的优势有了新的认识，因此纯电动汽车再获生机。

1990 年 1 月的洛杉矶车展上，通用汽车公司发布了一款名为 Impact 的纯电动概念轿车。同年，宝马公司发布了两门四座的纯电动汽车 E1，随后又在 1992 年发布了四门四座纯电动汽车 E2。与此同时，德国开始组织各种类型的纯电动汽车进行运行试验，众多公司的纯电动汽车纷纷投入市场，纯电动汽车保有量在 1995 年达到了 4700 辆。1993 年，法国开始在拉罗谢尔市进行纯电动汽车运行试验，并在该市组建了纯电动汽车出租车队。

1996 年，通用汽车推出一款两座双门、前置前驱的纯电动汽车 EV1（图 1-8）。第一代 EV1 由铅酸蓄电池供电，蓄电池容量 16.5~18.7kW·h，整车总质量 1400kg，续驶里程为 112~160km。1999 年，通用汽车发布配有镍氢蓄电池的第二代 EV1，动力电池容量提高至 26.4 kW·h，整车总质量 1319kg，续驶里程为 160~230km。2001 年，法国推出采用铅酸和镍铬蓄电池的纯电动公交客车（图 1-9），并配套建设了超过 3000m² 的充换电站。

图 1-8　通用纯电动汽车 EV1（1996 年）

图 1-9　法国铅酸和镍铬蓄电池纯电动公交客车

进入 21 世纪，随着各国对纯电动汽车技术研发投入的不断加大，车用动力电池、电机及其控制系统等技术取得了重大进展，电力电子、控制和信息技术的广泛应用使纯电动汽车技术深入发展、日臻完美，产品的可靠性、寿命得到明显提升，成本得到有效控制，纯电动汽车技术在世界范围内得到快速发展。

2008 年，宝马公司发布纯电动汽车 MINI E，完成了量产车型研发的主要阶段，其续驶里程达到 170km。同年，特斯拉公司推出了纯电动跑车 Roadster，它是首款使用锂离子动力电池的量产纯电动跑车，续驶里程达到 320km。2009 年的法兰克福车展上，多家汽车公司推出了新款纯电动汽车，例如，雷诺公司发布了纯电动汽车 Fluence Z.E.；大众公司发布了纯电动汽车 E-Up，其百公里加速时间仅为 11.3s；特斯拉公司发布了 Model S 原型车，其续驶里程达到 613km。2010 年，日产公司在北京车展上推出纯电动汽车聆风（Leaf，图 1-10），并在日本和美国市场上市，该车由层叠式紧凑型锂离子蓄电池驱动，电机的输出功率为 80kW，峰值转矩为 280N·m，续驶里程达 160km。同年，在底特律国际车展上，宝马公司推出了纯电动车型 Concept Active E。2011 年的德国国际车展上，宝马公司首次推出了纯电动汽车 i3，并于 2013 年在德国莱比锡实现量产。通用公司先后于 2013 年和 2016 年推出了雪佛兰 SPARK EV 和 BOLT EV 两款纯电动汽车。2016 年，特斯拉公司发布了纯电动汽车 Model S P100D，其 0→100km/h 加速时间仅为 2.7s。同年，该公司又发布了纯电动汽车 Model 3，该车基本具备了全自动无人驾驶功能。

图 1-10　日产聆风（Leaf）

1.1.2.2　国内纯电动汽车的发展历史

自"十五"以来，我国开始实施国家电动汽车重大科技专项，作为其中重要的战略发展方向，纯电动汽车在整车技术、关键零部件技术等方面获得了长足进步。在政策驱动下，国内研究机构和生产企业构建了电动汽车产学研联合研发创新体系，在乘用车及商用车方面均已实现大规模产业化[4]。

在纯电动乘用车的发展历程中，比亚迪于2004年在北京车展推出了纯电动概念车比亚迪ET。2009年3月，众泰推出了搭载聚合物锂离子动力电池的2008EV，获得了我国第一个纯电动乘用车目录公告。2010年，比亚迪推出纯电动汽车e6（图1-11），该车采用高能量密度、高安全性的磷酸铁锂动力电池，单次充电续驶里程达到300km，成为当时全球续驶里程最长、首款大批量面向私人用户发售的纯电动乘用车型。2012年的北京国际车展上，比亚迪与德国戴姆勒公司联合推出了纯电动汽车腾势，并于2014年投放市场。2014年，北汽新能源汽车公司推出纯电动汽车EV200（图1-12）。2015年，长安逸动纯电动型正式上市。2017年，吉利帝豪EV300纯电动汽车正式上市，其续驶里程可达300km。2017年，上汽正式发布纯电动汽车荣威ERX5，其综合工况续驶里程达320km，等速最大续驶里程则可达425km。

图 1-11　比亚迪 e6

图 1-12　北汽 EV200

在纯电动客车发展历程中,早在 1994 年,北京理工大学团队就研发出我国第一辆纯电动客车"远望"号(图 1-13)。2000 年,两辆具有完全自主知识产权的纯电动公交客车开始在北京 121 路公交线试验运营。2005 年,约 40 辆纯电动客车在北京 121 路公交线和密云开发区开展了当时世界上最大规模的纯电动公交客车示范运营工作。2008 年北京奥运会期间,北京理工大学团队研发的 50 辆支持换电模式的锂离子电池纯电动低地板公交客车在奥运核心区运行(图 1-14),并设计建设了世界上首座大型公交换电站,成功实现了奥运期间电动客车 24h 连续运营。加上后续上海世博会、广州亚运会和部分城市示范运营等重大应用项目的推动,为我国纯电动客车技术发展积累了数千万千米的宝贵运行经验和数据。近年来,随着政府政策的持续推动,我国主要地区均出台了新能源公交车采购更新计划,例如广东、河北、河南均要求"十三五"期间,本地公交车要实现 80% 以上的电动化替换。深圳市在 2017 年就已实现了公交 100% 电动化。目前,国内新能源客车更加注重产品升级和技术升级。在市场方面,2017 年,我国新能源客车累计推广超过 30 万辆,推广规模全球第一。以大中型纯电动客车产品为主,宇通、比亚迪等新能源客车凭借高可靠性、安全性等成为出口的主流产品。在技术方面,2016—2018 年,新能源客车的能耗平均降低幅度接近 10%,动力电池系统能量密度提升幅度平均超过 25%。

图 1-13 "远望"号纯电动公交客车(1994 年)

图 1-14 2008 年北京奥运会纯电动客车

1.1.3 纯电动汽车产业发展背景

1.1.3.1 能源安全和环境保护促进各国发展纯电动汽车

1. 能源安全

第二次世界大战结束后，发达国家对石油产品的依赖不断增强。从地缘政治角度而言，减少对外部能源，尤其是化石能源供应的依赖，是提升能源安全和国家安全的重要途径。世界石油储量分布不均加剧了亚太地区的石油供应问题，图 1-15 所示为 2017 年及历年石油分布区域图。目前，石油输出国组织成员国占有全球石油探明储量的 71.8%。随着一些地区石油资源的枯竭，各国、各地区间的石油贸易量将进一步增大，石油运输需求也相应增大，石油储运设施及供应安全等问题日益严峻。

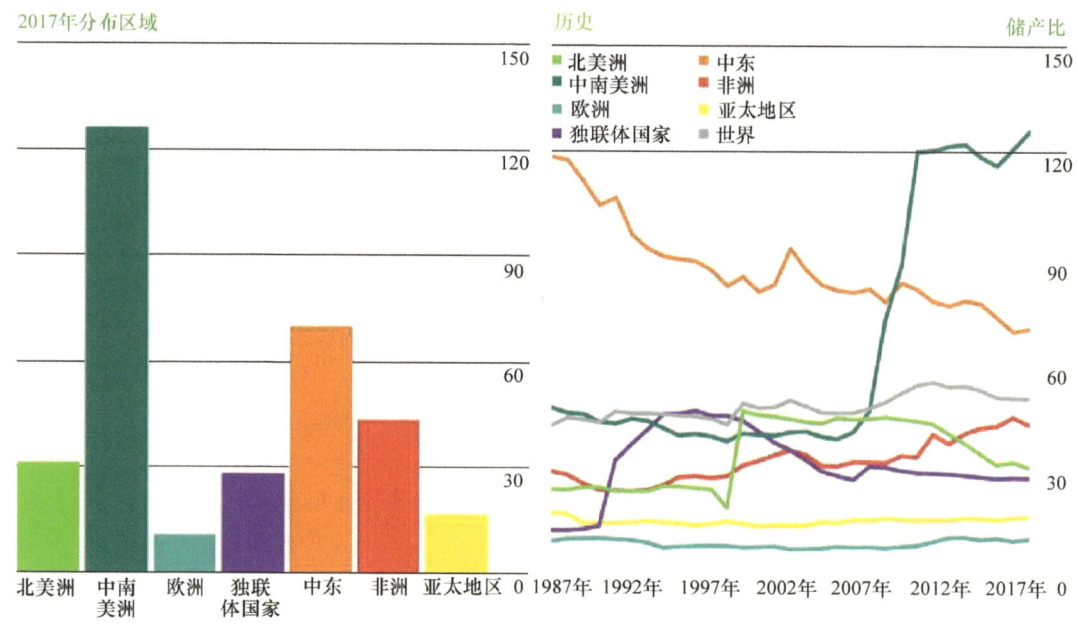

图 1-15　2017 年及历年石油分布区域

为减少对石油的过分依赖，各国都在努力寻找替代能源，大力推广与发展纯电动汽车。2010 年，日本政府发布了《日本新一代汽车战略》，计划到 2020 年将 200 万辆电动汽车投入使用。由于日本电动汽车发展速度较快，其 2013 年的销量就已经达到预期目标。2016 年，美国政府发布了支持电动汽车产业发展的一系列计划，建立了电动汽车发展联盟，同时制定了《推动电动汽车与充电设施的指导原则》，倡议电动汽车企业加大生产力度，福特、通用及特斯拉等企业纷纷响应美国政府的号召，并表示将尽快向市场推出更多有竞争力的纯电动汽车产品。在欧洲，荷兰、挪威计划从 2025 年起禁止销售燃油汽车。

我国是当今世界三大石油消费国之一，2018年，我国石油消费占世界总消费量的13%。同年，我国石油进口量为4.62亿t，较10年前增长了1倍多，对外依存度已达70.9%，而10年前仅为50%左右。随着我国汽车保有量的快速增长，汽车产业已经成为石油资源的第一大消费领域。由此可见，快速增长的汽车燃油消耗已经成为影响我国能源安全的重大问题，必须加快改变汽车能源过度依赖石油的状态。

2. 环境保护

燃油汽车完全依赖于汽油、柴油等石油提炼物，这些燃料的燃烧不可避免地会产生空气污染，并给周围环境带来严重的噪声污染。燃油汽车不仅会释放出有毒的气体和粉尘污染当地环境，还会释放出导致全球变暖的温室气体。据统计，全球16%的CO_2排放来自于汽车尾气[5]。除此之外，燃油汽车尾气还含有以CO、HC、NO_x和微粒为主的有害物质，大中型城市空气污染中，CO、NO_x和微粒的污染占比分别达到80%以上、40%以上和20%以上[6]。

除汽车尾气污染外，城市区域主要交通道路上汽车产生的噪声也成为市内噪声的主要来源。据统计，城市区域主要交通道路上，汽车产生的噪声可达65~75dB（A），汽车鸣笛频繁的区域甚至高达80dB（A）以上，占市区噪声的40%以上，这对市民的正常生活和工作产生了明显的影响[7]。

从环保的角度看，纯电动汽车是零排放的市区交通工具。如图1-16所示，如果在能源全生命周期内对燃油汽车和纯电动汽车的排放进行对比分析，就可发现，在全球范围内，纯电动汽车产生的有害排放物要比燃油汽车少很多。

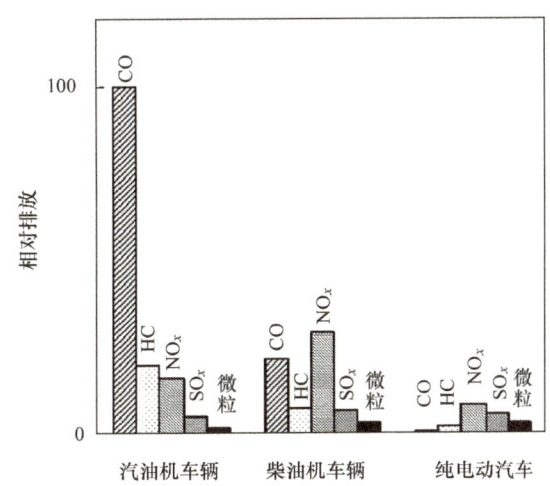

图1-16 各种车辆在能源全生命周期内的有害排放物比较

大力发展纯电动汽车，实现交通能源转型和交通可持续发展已成为国际共识。为降低或至少控制由道路交通所造成的空气污染恶化速度，1990年，美国加州大气资源管理局（CARB）颁布了一项法规，规定1998年在加州出售的汽车中有2%必须是零排放车辆（ZEVs），到2003年零排放车辆占比应达到10%。受美国加州法规的影响，众多国家都开始制定类似法规。

随着我国经济发展和汽车保有量的持续增长，环保压力日益增大。虽然近两年我国加大了环境保护的力度，全国城市平均空气质量明显好转，但目前的大气污染程度仍然与理想的空气环境有一定差距。汽车尾气排放已成为大城市本地污染物的主要来源。根据原环境保护部（现生态环境部）2016年的报告，北京31.3%、上海29.2%、杭州28%的细颗粒物来自机动车。

1.1.3.2 发展纯电动汽车是我国实现汽车强国战略的重要路径之一

我国大规模发展乘用车工业不过 20 年，汽车技术，尤其是内燃机技术与世界先进水平相比有较大差距。而我国在纯电动汽车领域的技术差距较小，因此汽车工业发展在面临挑战的同时，也获得了缩小与世界先进水平差距的机遇。

世界汽车工业正进入一个以电动化、智能化、共享化为标志的变革时代，汽车技术、运用方式与消费理念都会产生重大改变，这必将引发全球汽车产业结构的大调整与市场重塑。我国在新能源汽车领域已经取得巨大成就。2018 年，我国新能源汽车产销分别完成 127 万辆和 125.6 万辆，比上年同期分别增长 59.9% 和 61.7%。其中，纯电动汽车产销分别完成 98.6 万辆和 98.4 万辆，比上年同期分别增长 47.9% 和 50.8%。2018 年，全球新能源汽车累计销量突破 564 万辆，我国占比达 52.8%，为节能减排、应对气候变化做出了重要贡献。

随着纯电动汽车的普及，汽车将演变为数量可观的有利用价值的分布式储能系统，成为智能电网的重要组成部分，促进能源体系的变革。电动化是智能化的最佳载体，尽管各国对共享化未来发展的规模与愿景有不同预期，但可以预测，应用电动化与智能化成果实现一定范围的共享化将成为未来汽车运用的重要发展趋势。我国已在十多年前统一认识、制定规划、实施有效政策，大力推动电动化，取得了令人瞩目的成果，带动了我国汽车整车、关键零部件与基础设施技术的发展，走到了国际前列。

1.2 纯电动汽车构型与分类

1.2.1 纯电动汽车驱动系统构型

纯电动汽车的驱动系统主要包括驱动电机和传动系统，根据驱动电机的分布、传动系统的形式可分为多种不同的构型。

驱动系统构型一般分为两类，即集中式驱动和分布式驱动。其中，集中式驱动只有一个动力源，通过传动系统将动力分配至各驱动轮，而分布式驱动具有多个驱动电机，且每个驱动电机对单个车轮进行独立驱动。

1.2.1.1 集中式驱动

集中式驱动是目前广泛应用于纯电动汽车的一类驱动系统构型，其布置形式所需底盘与燃油汽车底盘相比改动较小，以集中式电驱动总成代替燃油汽车的发动机及变速器，再通过传动系统将动力分配于各驱动轮上。随着纯电动汽车产业的发展，集中式驱动构型技术也在不断变革。在发展过程中，根据驱动电机个数的不同以及传动系统形式的区别，集中式驱动衍生出了多种不同的驱动系统构型，可满足乘用车、商用车和特种车等多种类型纯电动汽车的动力性需求。

单电机直驱是目前应用较广泛、技术发展相对成熟的一种集中式驱动系统构型。单电机直驱构型结构如图 1-17 所示，主要由驱动电机、固定传动比减速器以及差速器构成。其驱动方式较为简单，驱动电机输出动力，经过减速器将输出转矩放大后传至差速器，最后通过差速器分配给驱动轮。这种构型结构简单紧凑，易于布置，由于不需要换档，驱动系统的控制也较为简单，在软、硬件和成本方面都具有一定的优势。但这种构型的传动系统传动比固定，不能选择变速档位，因此驱动电机要保证纯电动汽车能在起动、加速和爬坡等不同工况下的动力性需求，这就要求驱动电机具备较高的起动转矩和较大的后备功率。

另一种应用范围较广的驱动系统构型是单电机+变速器，其基本结构如图 1-18 所示。这种构型与单电机直驱构型的主要区别是将固定传动比减速器替换为变速器，在其基础上增加了多个档位，通过换档来满足不同工况下的动力需求。这种构型可满足更多工况下的动力需求，拓宽了驱动系统的转矩输出范围，对整车动力性有较大提升。同时，由于具有多个档位，其对驱动电机的要求也相对较低。但相比单电机直驱构型，其结构较复杂、尺寸较大，需要通过电机和变速器的一体化设计等方式来降低布置难度。此外，其控制相对复杂，控制过程中需要综合考虑电机控制及换档规律、换档平顺性等问题。总之，单电机+变速器构型具有更好的动力性，但受结构及控制特点影响，其成本高于单电机直驱构型。

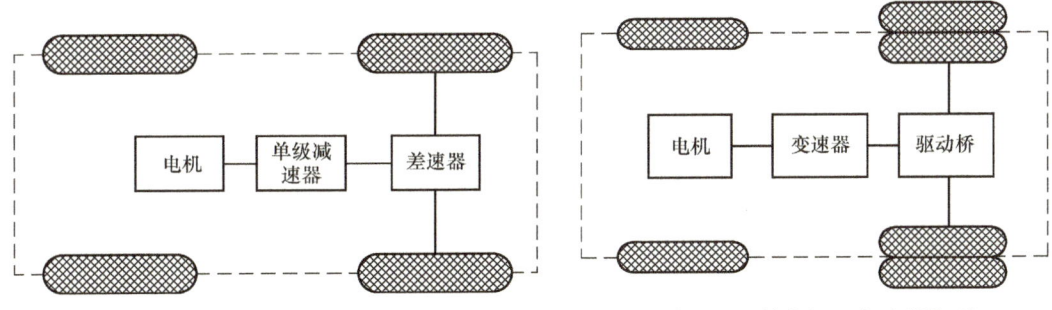

图 1-17　单电机直驱构型　　　　图 1-18　单电机+变速器构型

近年来，由于纯电动汽车的整车动力性需求有所提升，发展出一种多电机耦合驱动构型。多电机耦合驱动构型种类繁多，各具优势。如图 1-19 所示，根据耦合方式的不同，可分为多电机直接串联耦合驱动、多电机+动力耦合装置等多种驱动系统构型。总体来说，相对目前广泛应用的单电机直驱构型与单电机+变速器构型，多电机耦合驱动构型有以下特点：

1）可达到更高的功率及更大的转矩输出范围。

2）通过改变动力耦合方式可实现多种不同的动力特性，适用于更多车型。

3）控制更加灵活，可通过多电机、多档位协调控制，将各电机的输出动力进行合成与分解，达到最佳动力性能。

4）可通过合理、高效的动力分配实现驱动系统能量管理，降低能耗。

由于其结构复杂度高，为保证结构紧凑、降低布置难度，对零部件的加工精度及装配精度也有了更高的要求。同时，其控制难度大，控制策略的优劣将直接影响动力输出。一旦出现控制不合理的情况，各电机就可能互相干涉，影响整车可靠性。因此，多电机耦合驱动构型的研发及制造成本相比前两种构型都有一定程度的提高。

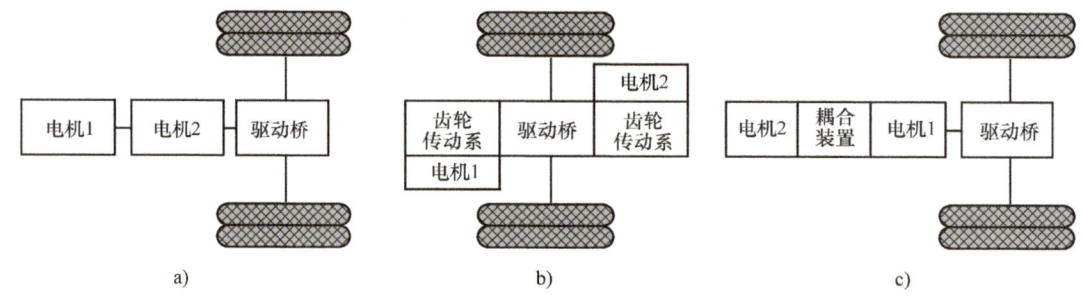

图 1-19 多电机耦合驱动系统构型
a) 多电机直接串联耦合驱动　b) 多电机+齿轮传动系　c) 多电机+动力耦合装置

1.2.1.2 分布式驱动

分布式驱动构型一直是纯电动汽车领域的研究热点，近年来也开始逐步实现产业化。分布式驱动是指整车动力需求由多个电机共同满足，且每个驱动电机对单个车轮进行独立驱动的一类构型。根据驱动电机的分布形式及布置方式，主要可分为轮边电机驱动构型和轮毂电机驱动构型。由于分布式驱动构型具有多电机独立控制的特点，其与传统汽车只有单一动力源的底盘结构形式差别较大，故需要对底盘进行重新设计以满足布置需求。

轮边电机驱动构型与轮毂电机驱动构型可实现单个车轮的独立驱动，其传动系统一般采用固定传动比减速器，也有个别车型应用了多档变速器。相比其他构型，其主要特点如下：

1) 取消了机械差速器等传动系统的组成部分，进一步缩短了传动链，提高了传动效率，降低了传动噪声。

2) 简化了传动系统，在重新对底盘结构进行合理设计后，布置更加方便，能节省更多空间。

3) 每个驱动轮独立控制，不受机械差速器固有工作特性的限制，能更精确地调节驱动轮动力输出，通过多电机协调控制实现电子差速控制、驱动防滑控制和横摆力矩控制等，更容易实现汽车底盘集成控制，能在各种复杂工况下达到更好的整车控制效果，改善车辆的行驶性能和主动安全性。

4) 可实现电动轮制动能量回收的独立控制，与其他驱动系统构型相比，具有更高的能量回收效率，有助于提高纯电动汽车续驶里程。

这两种构型对整车控制策略的要求很高，驱动控制问题尚未完全解决。此外，由于其布置形式的特殊性，必须对底盘进行重新设计，研发制造成本均高于其他构型。

轮边电机驱动构型的结构如图 1-20 所示，其驱动电机布置于车轮附近，动力经过固定传动比减速器、驱动半轴传至驱动轮，甚至取消驱动半轴，动力直接通过布置在车轮轮边或车轮内部的减速器进行传递。轮毂电机驱动构型的结构如图 1-21 所示，其驱动电机及减速器直接集成于车轮中。这二者相比，轮边电机驱动构型对轴向布置空间的要求较高，传动链也较长。轮毂电机驱动构型虽然结构十分紧凑，传动链最短，但其驱动电机与传动系统均属簧下质量，可能影响整车的垂向动力学特性。此外，由于电机布置在轮毂内，这种构型对电机的可靠性要求也更高。

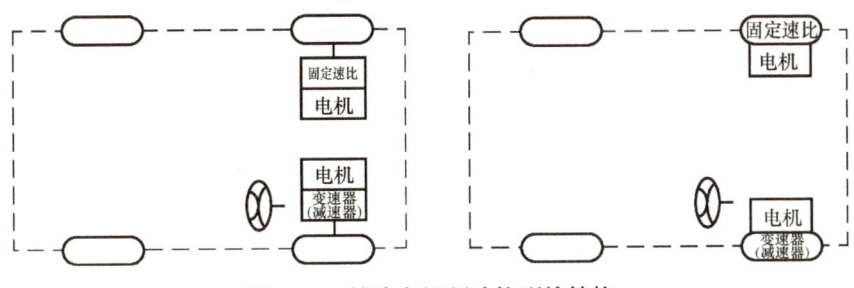

图 1-20　轮边电机驱动构型的结构

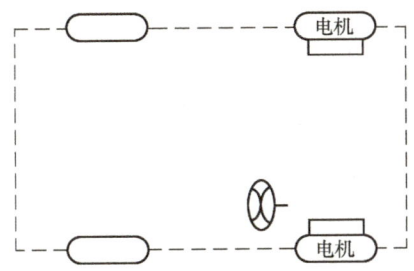

图 1-21　轮毂电机驱动构型的结构

1.2.2　纯电动汽车分类介绍

根据车辆用途划分，纯电动汽车主要可分为纯电动乘用车和纯电动商用车两大类。

1.2.2.1　纯电动乘用车

国内市场在售的纯电动乘用车多为单电机集中式驱动构型，例如比亚迪秦 EV、宋 EV、元 EV 系列，以及北汽新能源 EU、EC 系列等。下面选取近年来的代表车型进行介绍。

以国内畅销的北汽新能源 EU5 R550（图 1-22）为例，其电机最大功率为 160kW，最大转矩可达 300N·m，最高安全车速可达 155km/h，0→100km/h 加速时间仅 7.8s，主要参数见表 1-2。

图 1-22　北汽新能源 EU5 R550

表 1-2　北汽新能源 EU5 R550 主要参数

长 /mm× 宽 /mm× 高 /mm	轴距 /mm	综合工况续驶里程 /km	电机最大功率 /kW	电机最大转矩 /N·m	电机类型
4650×1820×1510	2670	460	160	300	永磁同步

　　作为国内新能源乘用车厂商的代表之一，比亚迪开发了秦 EV、宋 EV、元 EV 和秦 PRO EV 等不同级别纯电动汽车。图 1-23 所示为比亚迪秦 PRO EV500，表 1-3 为其主要参数，电机最高转速可达 15000r/min，配合紧凑高效的变速器，可适应较大速度区间，最高安全车速可达 150km/h，0→100km/h 加速时间只需 3.7s。

图 1-23　比亚迪秦 PRO EV500

表 1-3　比亚迪秦 PRO EV500 主要参数

长 /mm× 宽 /mm× 高 /mm	轴距 /mm	综合工况续驶里程 /km	电机最大功率 /kW	电机最大转矩 /N·m	电机类型
4765×1837×1515	2718	420	120	280	永磁同步

　　除上述车型外，还有采用多电机集中式驱动构型的车型，例如上汽荣威 MARVEL X（双电机耦合驱动），如图 1-24 所示。其动力源由两个永磁同步电机并联组成，最大输出功率分别为 85kW 和 52kW，最大转矩分别为 255N·m 和 155N·m，总功率为 137kW，峰值转矩为 410N·m。两个电机之间通过电控耦合机构连接，在一般工况时会断开小功率电机，急加速或激烈驾驶时两台电机一起工作。上汽荣威 MARVEL X 主要参数见表 1-4。

图 1-24　上汽荣威 MARVEL X（双电机耦合驱动）

表1-4 上汽荣威MARVEL X主要参数

长/mm×宽/mm×高/mm	轴距/mm	综合工况续驶里程/km	电机最大功率/kW	电机最大转矩/N·m	电机类型
4678×1919×1618	2800	403	137	410	永磁同步

国外的纯电动乘用车代表车型为特斯拉Model 3，如图1-25所示。该车为前后轴双电机全轮驱动。Model 3的动力系统分别由驱动前轮的交流感应电机和驱动后轮的永磁同步电机组成，前驱电机的最大功率为144kW，后驱电机的最大功率为192kW，动力系统总功率336kW。其最高续驶里程可达499km，百公里加速时间仅3.5s。特斯拉Model 3主要参数见表1-5。

图1-25 特斯拉Model 3

表1-5 特斯拉Model 3主要参数

长/mm×宽/mm×高/mm	轴距/mm	综合工况续驶里程/km	电机最大功率/kW	电机最大转矩/N·m	电机类型
4694×1933×1443	2875	499	144/192	218/420	交流感应/永磁同步

1.2.2.2 纯电动商用车

纯电动汽车在商用车领域的推广主要集中在公交客车、通勤客车、物流车和环卫车等方面。郑州宇通、比亚迪、山东中通、北汽福田、厦门金旅等国内企业在纯电动客车领域均有重要地位，具有较丰富的新能源客车开发经验与技术储备，销量在国内处于领先水平。

宇通E8为8m纯电动公交客车，如图1-26所示，续驶里程为135~165km（C-WTVC工况）。宇通E8公交车主要参数见表1-6。

中通LCK6850EVGA1型纯电动公交客车，如图1-27所示，专门针对城市公交市场，采用全承载车身、锂离子动力电池组，二级踏步，大空间。多种动力电池组合，续驶里程可达120km以上，具体参数见表1-7。

福田BJ6123EVCA纯电动城市客车，如图1-28所示，它采用纯电直驱结构，动力布置紧凑，能量利用率高。此外，还采用轻量化车身技术，整备质量小，具体参数见表1-8。

图 1-26 宇通 E8 公交车

表 1-6 宇通 E8 公交车主要参数

整备质量/kg	长/mm×宽/mm×高/mm	轴距/mm	最高车速/(km/h)	电机额定功率/kW	电机类型
7040	8505×2500×3195	4300	69	100	永磁同步

图 1-27 中通 LCK6850EVGA1 纯电动公交客车

表 1-7 中通 LCK6850EVGA1 纯电动公交客车参数

整备质量/kg	长/mm×宽/mm×高/mm	轴距/mm	最高车速/(km/h)	电机额定功率/kW	电机类型
9300	8545×2480×3280	4200	69	150	永磁同步

图 1-28 福田 BJ6123EVCA 纯电动城市客车

表1-8　福田 BJ6123EVCA 纯电动城市客车参数

整备质量/kg	长/mm×宽/mm×高/mm	轴距/mm	最高车速/(km/h)	电机额定功率/kW	电机类型
12350	12000×2550×3250	5900	69	150	永磁同步

金旅 XML6122JEV 纯电动客车，如图 1-29 所示，其续驶里程可达 250km，采用智能节能系统和 APS 自适应动力转向稳定系统，具体参数见表 1-9。

图 1-29　金旅 XML6122JEV 纯电动客车

表1-9　金旅 XML6122JEV 纯电动客车参数

整备质量/kg	长/mm×宽/mm×高/mm	轴距/mm	最高车速/(km/h)	电机额定功率/kW	电机类型
13300	12000×2550×3600	6300	100	100	永磁同步

比亚迪 K9 为 12m 纯电动公交客车，如图 1-30 所示，它搭载了比亚迪自主研发的核心三电技术，采用比亚迪轮边驱动电机、六合一集成控制器、高性能客车专用动力电池及动力电池管理系统等，续驶里程为 350km（我国典型公交工况），具体参数见表 1-10。

图 1-30　比亚迪 K9 纯电动公交客车

表1-10　比亚迪 K9 纯电动公交客车参数

长/mm×宽/mm×高/mm	轴距/mm	最高车速/(km/h)	电机额定功率/kW	电机类型
12000×2550×3360	6050	69	100×2	永磁同步

除客车以外，环卫、物流等领域的商用车也在逐步实现电动化。

福田欧马可智蓝纯电动厢式物流车如图 1-31 所示。该车车身强度满足 ECE R29 标准，货箱容积达 18.3m³，电机峰值功率可达 100kW，峰值转矩 1000N·m，具体参数见表 1-11。该车支持车联网系统，可远程实时监控车辆运行状态，支持远程刷写、远程控制和远程诊断。

图 1-31　福田欧马可智蓝纯电动厢式物流车

表 1-11　福田欧马可智蓝纯电动厢式物流车参数

整备质量/kg	长/mm×宽/mm×高/mm	最高车速/(km/h)	整车电量/kW·h	续驶里程/km	电机额定功率/kW	电机类型
2990	5995×2240×2980	90	104.7	410	60	永磁同步

比亚迪 T10ZT 是一款纯电动智能自卸车，如图 1-32 所示。该车驱动形式为 8×4，最大总质量 31t，采用磷酸铁锂动力电池、电机集成驱动桥、多合一控制器等技术，整车电量 435.2kW·h，最大爬坡度 50%，实际营运工况续驶里程超过 280km，具体参数见表 1-12。

图 1-32　比亚迪 T10ZT 纯电动智能自卸车

表 1-12　比亚迪 T10ZT 纯电动智能自卸车参数

整备质量/kg	长/mm× 宽/mm× 高/mm	轴距/mm	最高车速/(km/h)	整车电量/kW·h	续驶里程/km
18300	9610×2550×3110	1850/3200/1350	85	435.2	>280

1.3　发展纯电动汽车需要解决的基本问题及关键技术

新能源汽车是我国战略新兴产业之一。"十五"期间，科技部设立电动汽车重大专项，提出"三纵三横"研究开发布局，以纯电动汽车、混合动力电动汽车、燃料电池电动汽车三种整车研究为核心，开展相关研究工作。北京奥运会成功应用纯电动汽车后，在重大利好政策的刺激下，我国纯电动汽车产业化工作进入快车道。

纯电动汽车基本问题如图 1-33 所示。相较燃油汽车，纯电动汽车在环保、能量效率、构型选择和智能化等方面均有较大优势。但是，受限于当前的动力电池和储能系统技术、电机驱动技术和基础设施等，纯电动汽车存在续驶里程短、能量补充困难和环境适应性差等缺点，这影响了它的成本和用户认知度，进而阻碍了其产业化发展。为解决这些问题，近年来，电动汽车行业积极抓住新材料、网联化和智能化等新一轮技术革命所带来的机遇，大力推进电动汽车高能材料、高效驱动、新型电力电子、轻量化和智能网联等关键技术的发展，实现电动汽车在低能耗、高安全、高可靠、全气候和智能化五个方面的性能提升。

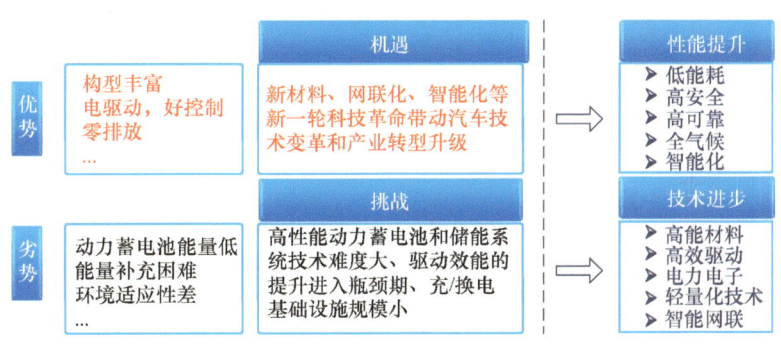

图 1-33　纯电动汽车基本问题解析图

1.3.1　发展纯电动汽车需要解决的基本问题

1.3.1.1　续驶里程问题

续驶里程是制约纯电动汽车产业化的关键因素之一。作为燃油汽车的替代工具，纯电动汽车研发的主要目标之一就是在续驶里程方面与燃油车基本一致。经过近几年动力电池及电机技术的发展，纯电动汽车续驶里程逐渐接近燃油汽车单次满油续驶里程。如图 1-34 所示，通过对截至 2019 年 4 月底累计发布的 24 批《免征车辆购置税的新能源汽车车型目录》中的 1013 款纯电动乘用车与 4758 款纯电动商用车进行统计，我国纯电动乘用车和商用车的平均续驶里程已由 2014 年的 160km 和 234km 分别增长至 364km 和 445km，提前实现了《节能与新能源汽车技术路线图》中提出的到 2020 年纯电动乘用车平均纯电续驶里程达到 300km 的目标[8,9]。

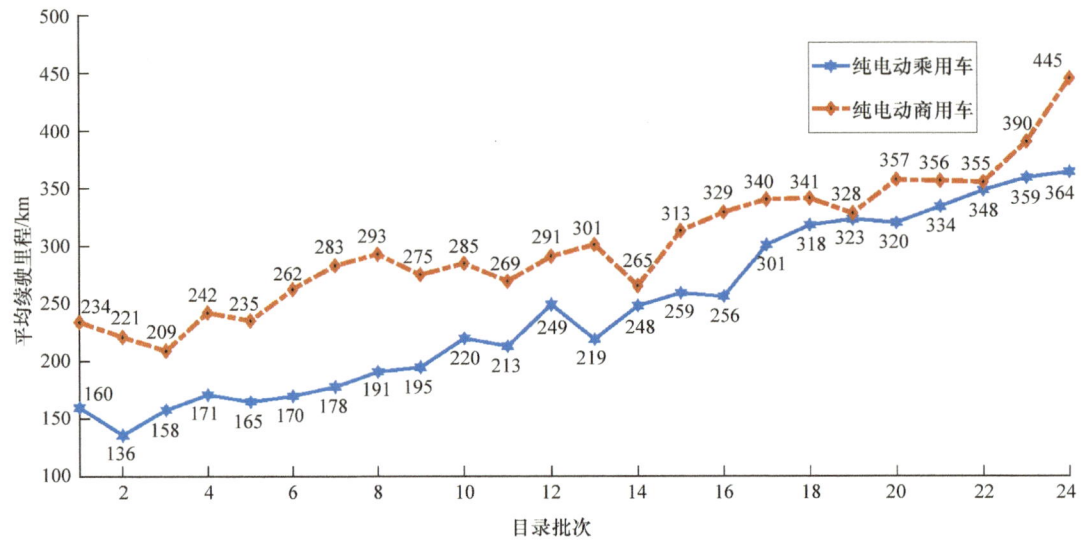

图 1-34　第 1~24 批免征购置税目录中纯电动乘用车与商用车平均续驶里程

提升纯电动汽车续驶里程最简单的方式就是增加动力电池容量，但这会带来以下困难：

1）车辆成本提高。
2）车辆整备质量提升。
3）车辆布置困难。
4）车辆能耗增加。

从长远发展的角度看，最佳解决方案是提升动力电池组的能量密度[10]。制约纯电动汽车续驶里程提高的最主要因素就是动力电池组的比能量，近年来动力电池组的能量密度已经获得了一定幅度的提升，但提升速度没有达到我国发展规划的要求[11]。根据 2012 年国务院印发的《节能与新能源汽车产业发展规划（2012—2020 年）》要求，纯电动汽车动力电池模块比能量在 2015 年应达到 150W·h/kg，到 2020 年应达到 300W·h/kg。截至 2018 年，我国主流车辆的动力电池系统能量密度为 140~150W·h/kg，略低于 2015 年要求的水平，而磷酸铁锂动力电池单体的能量密度已达到 160W·h/kg，三元锂动力电池单体的能量密度已达 240W·h/kg。

1.3.1.2　能量补充不便问题

纯电动汽车充电时间长、能量补充慢的问题，也是制约其发展的关键因素[12]。首先，纯电动汽车能量补充的形式，决定了其能量补充速度很难与燃油汽车媲美。最近几年发展迅速的动力电池快充技术，将充电时间逐渐缩短到 30min 以内，在很大程度上加速了纯电动汽车的发展和普及，各车型充电时间如图 1-35 所示。

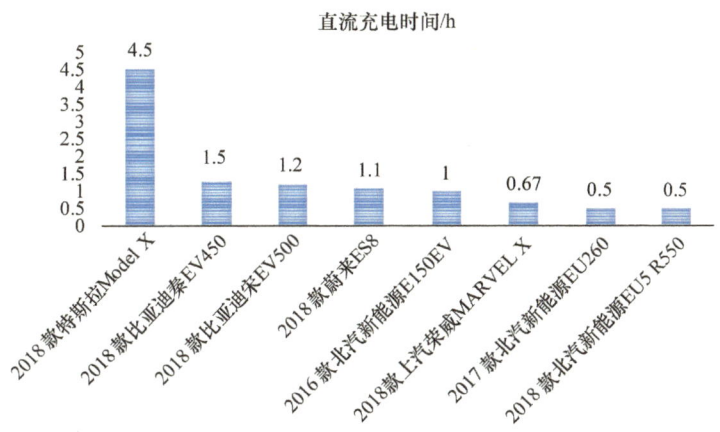

图 1-35　各车型充电时间

此外，能量补充基础设施建设未能跟上纯电动汽车数量增长的步伐，也加剧了纯电动汽车能量补充问题[13]。传统汽车的能量补充设施经过多年建设已经形成了非常完善的体系，而纯电动汽车基础设施发展时间较短，能量补充设施数量及分布都跟不上需求，造成了纯电动汽车能量补充困难的问题。但与传统汽车不同，纯电动汽车的能量补充方式有一定多样性，例如充电及换电两种方式，可根据车型及具体需求选择不同的能量补充方式，以提高能量补充效率。

近年来，纯电动汽车的能量补充设施正在逐步完善，并朝着进一步多样化的趋势发展。除此之外，相关的政策也在推进能量补充设施的发展，例如北京市住房与城乡建设委员会开展的"社区自用充电设施电源建设示范"工作，截至 2016 年底，已协调 5000 余个小区安装了自用充电桩 2.6 万个，并于 2017 年继续投放了 500 个移动充电设备。

1.3.1.3　动力蓄电池环境适应性问题

纯电动汽车是一种采用电力驱动的全天候多地形交通工具，其采用动力电池作为能量源，因此动力电池的环境适应性直接影响纯电动汽车在各种气候环境下的使用稳定性。受动力电池技术限制，当冬季气温过低时，其活性降低，充电能力随之降低，具体表现是充放电效率大幅下降，续驶里程锐减[14]。美国 AAA 汽车研究中心最新的研究表明，当温度降至 -6℃ 时，续驶里程比常温工况（25℃）下降约 41%。

影响纯电动汽车环境适应性的不仅是低温下动力电池性能表现降低，从节能增效方面考虑，现有电动客车冬季采暖方案为 PTC 电阻加热，无法满足采暖负荷要求，且电阻加热能耗大，冬季制热消耗电能可达 1/3 以上，严重制约纯电动汽车续驶里程。

因此，低温下的纯电动汽车，为保证动力充足，减少能量消耗，需从动力电池、车身保温密封和整车热管理等方面提出更高的设计要求。

1.3.1.4　安全性问题

纯电动汽车与传统汽车相比，能量源、驱动系统结构都发生了极大改变。纯电动汽车装有驱动电机系统和动力电池系统等高电压部件，车辆超过 300V 的电压可能危及人身安全和高压零部件的使用安全。因此相对传统汽车来说，对纯电动汽车的高压安全防护提出了更高的要求。根据纯电动汽车的整车布置和高压电路特点，设计合理安全的防护系统，是确保驾乘人员和车辆设备运行安全的关键。

纯电动汽车安全事故很多来自碰撞后的动力电池热失控。清华大学欧阳明高院士提出，动力电池有三种主要热失控机理：第一种是负极析活性锂，就是快充或过充引起的；第二种是隔膜刺穿导致内短路引发热失控；第三种是高比能量动力电池正极析活性氧，析氧密度随着比能量提升不断下降。针对第一种机理和第二种机理主要是预防诱因，即动力电池充电析锂与快充控制。保障动力电池系统安全性的核心，除提高产品生产工艺水平外，研发先进的动力电池管理系统至关重要。短期内，液态电解液的锂离子动力电池是主流，通过动力电池管理系统和热蔓延的抑制来防止安全事故发生，这类动力电池能满足电动汽车 500km 续驶里程的要求。中长期，从液态电解质电池逐步过渡到全固态电解质电池。据估计，2030 年全固态动力电池将得到产业化应用。固态锂动力电池具有高能量密度、高安全性和长循环寿命等优点。固态锂动力电池的固态电解质能与正极形成稳定的界面，同时能阻挡锂枝晶的穿刺，使采用高电压的正极材料和高能量密度的锂金属负极成为可能。在提高安全性的同时提升了锂动力电池的能量密度，极大提升了新能源汽车的经济性和环保性。

近年来，为敦促生产企业不断提升新能源汽车产品的核心竞争力和安全性能，国家标准化管理委员会等颁布 GB/T 31498—2015 等一系列针对新能源汽车碰撞电安全相关的法规及标准。2018 版 C-NCAP 将纯电动汽车碰撞电安全性能正式纳入星级评价规程。由此可见，我国对纯电动汽车碰撞安全性能的重视度和要求不断提升。对纯电动汽车来说，发生碰撞后如果动力电池包损坏，则车辆存在发生燃烧甚至爆炸事故的可能。而在纯电动汽车专属平台上制造的产品，动力电池、电机和变换器等设备一开始就被整合进整车结构之中，因此动力电池和相关组件属于承受碰撞负荷的一部分，在设计过程中需要考虑碰撞过程中分配冲击负荷，使伤害最小化。因此，车辆的结构设计在很大程度上决定了其是否安全。

1.3.1.5 电磁兼容问题

电磁兼容一般意义上指设备或系统在其电磁环境中能正常工作，且不对该环境中任何事物构成不能承受的电磁骚扰的能力。传统汽车的发动机控制系统、自动变速系统、制动系统、空气调节系统以及行驶系统中有很多电子设备，不可避免地会产生电磁干扰问题。纯电动汽车的电子器件更多，且配备有高压电气元件，会对周围环境产生更强的电磁干扰。特别是采用大量功率半导体器件（例如 IGBT、MOSFET 等），功率半导体器件的快速通断会产生较高的电流变化率 di/dt 和电压变化率 du/dt，是传导发射和辐射发射的根源。由于纯电动汽车中电能应用区域较多，不可避免地使各区域之间的电磁兼容处理难度提高。同时，随着网联化和智能化的发展，更多低压电气元件得到应用，这些部件本身对复杂电磁环境的承受能力较弱，降低了纯电动汽车的抗干扰能力。未来高功率密度电驱动系统、智能化控制系统的发展，对于纯电动汽车电磁兼容性的要求也日益严格。

电磁干扰的来源主要有车体静电干扰源、车外电磁干扰源以及车内电磁干扰源。车体静电干扰指汽车在高速行驶过程中,车体与空气不断摩擦产生静电,当电荷积累到一定数量且外在条件合适时,就会发生放电现象,同时产生高频辐射。车外电磁干扰主要发生在某些特定环境下,例如无线电发射基站和变电站等强辐射源附近。车内电磁干扰指汽车内部的电子电气设备在正常工作时产生的电磁干扰,充电系统和电驱动系统等强电设备在运行过程中都会产生强烈的电磁辐射,并对车内其他部件产生严重的电磁干扰,这是车内电磁干扰的主要来源,也是目前纯电动汽车电磁兼容问题的主要研究对象。无论哪种干扰都严重影响着纯电动汽车行驶的安全性和可靠性。

传统汽车的某些电磁兼容整车测试标准也适用于纯电动汽车,除此之外,还加入了专门针对纯电动汽车的测试标准,两者构成了纯电动汽车电磁兼容整车测试标准。电磁兼容试验方法众多,所遵从的标准也不尽相同。表1-13为国内外纯电动汽车的电磁干扰、电磁兼容测试标准。

表1-13 电磁干扰、电磁兼容测试标准

类别	产品	国际标准	国内标准	国内标准名称
EMI	整车	CISPR12	GB 14023—2011	车辆、船和内燃机 无线电骚扰特性 用于保护车外接收机的限值和测量方法
			GB/T 18387—2017	电动车辆的电磁场发射强度的限值和测量方法
	零部件	CISPR25	GB/T 18655—2018	车辆、船和内燃机 无线电骚扰特性 用于保护车载接收机的限值和测量方法
EMS	整车	ISO11451-1 ISO11451-2 ISO11451-3 ISO11451-4	GB/T 19951—2005	道路车辆 静电放电产生的电骚扰 试验方法
			GB/T 21437.2—2008	道路车辆 由传导和耦合引起的电骚扰 第2部分:沿电源线的电瞬态传导
	零部件	ISO 7637-1 ISO 7637-2 ISO 7637-3 ISO 11452-1 ISO 11452-2 ISO 11452-3 ISO 11452-4 ISO 11452-5 ISO 11452-6 ISO 11452-7 ISO 11452-8 ISO 10605	GB/T 17619—1998	机动车电子电器组件的电磁辐射抗扰性限值和测量方法
			GB/T 33014.1—2016	道路车辆 电气/电子部件对窄带辐射电磁能的抗扰性试验方法 第1部分:一般规定
			GB/T 33014.2—2016	道路车辆 电气/电子部件对窄带辐射电磁能的抗扰性试验方法 第2部分:电波暗室法
			GB/T 33014.4—2016	道路车辆 电气/电子部件对窄带辐射电磁能的抗扰性试验方法 第4部分:大电流注入(BCI)法
			GB/T 36282—2018	电动汽车用驱动电机系统电磁兼容性要求和试验方法
			GB/T 21437.3—2012	道路车辆 由传导和耦合引起的电骚扰 第3部分:除电源线外的导线通过容性和感性耦合的电瞬态发射

通过大量EMC测试发现,许多产品不能满足EMC标准要求,采取的工程措施大多是外围整改,不能根本、有效地解决问题。因此,电磁干扰的产生机理、预测和抑制方法对纯电动汽车的电磁兼容性是非常重要的。对纯电动汽车整车及零部件进行EMC正向开发,是提升电磁兼容性和质量的保证。

1.3.2 纯电动汽车发展的关键技术

纯电动汽车是一个涉及多学科技术的复杂系统，包括汽车技术、电气技术、电子技术、信息技术和电化学技术等。为实现纯电动汽车高效节能与安全舒适，就要突破高能量、高安全及全气候动力电池技术、高效电驱动及智能网联等一系列关键技术。

1.3.2.1 高能量、高安全动力电池技术

动力电池是纯电动汽车的动力源，对纯电动汽车普遍采用的锂离子动力电池系统的要求为高比能、高安全、高可靠、高稳定、长寿命、宽温区以及低成本等。

国家"十三五"规划对单体电池的技术目标为：能量密度大于300W·h/kg，循环寿命大于1500次，成本低于0.8元/W·h。对全固态锂离子动力电池的技术目标为：能量密度大于500W·h/kg，循环寿命大于1500次或60万km。这就要求从动力电池本体研发上，改良正负极材料、隔膜和电解液，并提高制造工艺。

为保证持续高效的动力，不仅动力电池技术需要提高，动力电池管理系统也很重要。如果动力电池管理不当，则会严重影响使用安全和循环寿命。例如低温环境、热冲击等都会加剧单体差异化，使动力电池寿命缩短，而锂离子动力电池连接或充放电不当都可能导致严重的安全问题。因此，鲁棒性高的动力电池连接、充放电控制以及合理的热管理和能量管理都是保证动力电池寿命，规避安全隐患的关键技术。

宁德时代高比能快充锂离子动力电池采用石墨负极材料，运用孔道优化和"快离子环"技术，在石墨表面打造一圈高速通道，大幅提高了锂离子在石墨负极的嵌入速度，可实现10~12min充电80%SOC，结合正负极极片的晶体取向和容量过量系数等参数调配，配套机械件、热管理和快充BMS设计，使化学体系和动力电池设计参数达到最优匹配，在实现快充的同时保持高能量和长寿命等特点。图1-36所示为高比能快充锂离子动力电池。

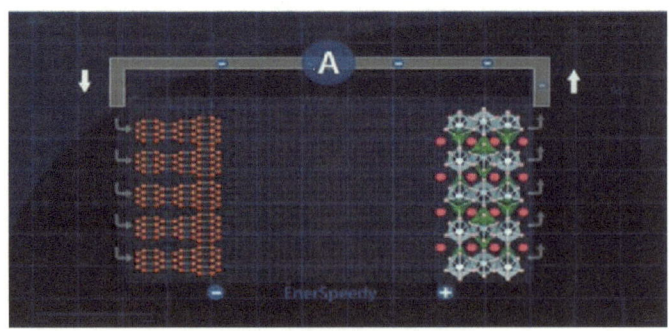

图1-36 高比能快充锂离子动力电池

1.3.2.2 全气候动力电池及动力电池热管理技术

相较燃油汽车，纯电动汽车耐低温性能差，低温工况容易出现续驶里程缩短及动力性

能降低等问题。动力电池低温性能差是导致这些问题的主要原因。如何提高动力电池的低温性能，开发全气候动力电池系统，成为纯电动汽车研究的关键问题之一。

全气候动力电池系统研发主要包括全气候动力电池组及动力电池管理系统研发。在全气候动力电池组研发方面，通过动力电池加热技术，可在低温环境下将动力蓄电池温度在短时间内加热至适合其工作的温度，从而提升动力电池组的低温性能。目前主要有电阻加热、液冷式加热以及新型全气候动力电池组应用的内电阻自加热等方式。其中，电阻式是采用流过电阻时产生的大量欧姆热，通过电阻与动力电池直接接触对动力电池进行加热。目前，常采用金属膜加热，通过外部加热电源对金属膜通电，实现低温加热过程。液冷式加热是与动力电池液冷系统集成实现的低温加热方案。低温环境下，外部热源对液冷系统中的液体进行加热，高温液体通过动力电池系统内部的液冷管道流动，实现对动力电池的低温加热过程。除此之外，北京理工大学孙逢春院士团队与中信国安盟固利公司合作开发的新型全气候动力电池组，从新型内阻自加热单体电池、先进成组技术以及动力电池加热回路等方面入手，实现了动力电池的快速加热。内阻自加热单体电池在现有锂离子动力电池结构的基础上，增加了一个第三极，即快速加热极（金属箔），其结构如图1-37所示。

在低温条件下，当需要进行动力蓄电池加热时，开关闭合，电流被强制流过金属箔，产生大量欧姆热，动力蓄电池快速加热。加热到最佳工作温度后，开关断开，锂离子动力蓄电池正常工作。

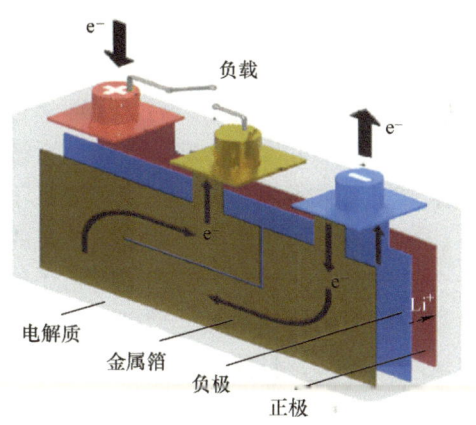

图1-37 全气候电池内部结构

目前电动汽车行业对动力蓄电池常用的三种热管理方式的优缺点与加热性能见表1-14。

表1-14 动力蓄电池热管理技术对比

外部电阻式加热	液体传热	内部电阻式自加热
电流流过加热装置时产生的大量欧姆热，通过加热装置与动力电池直接接触对其进行加热	1）低温环境下，外部热源对动力蓄电池热管理装置中的传热液体进行加热，再将热量传导给动力蓄电池 2）高温环境下，动力蓄电池的热量传导给动力蓄电池热管理装置中的传热液体，外部散热器对传热液体进行散热	1）采用电池单体内部加热极进行加热 2）加热开关闭合，电流被强制流过加热极，产生大量的欧姆热，动力蓄电池快速自加热
加热速率0.35℃/min，处于行业中等水平	性能与外部电阻式相似	加热速率3℃/min以上，可实现快速加热

1.3.2.3　高效电驱动技术

电驱动系统利用动力电池提供的能量，通过包括驱动电机、电机控制器和传动系统在内的一系列零部件实现车轮驱动及车辆行驶。作为车辆关键系统，电驱动系统决定了纯电动汽车的动力性、经济性等重要性能指标。在纯电动汽车续驶里程较短及能量补充不便的背景下，电驱动系统的高效运行显得尤为重要。近年来，基于碳化硅（SiC）材料的功率逆变控制技术、一体化动力传动技术和分布式驱动技术等成为研究应用热点。

基于 SiC 材料的宽禁带半导体与常规半导体器件对比如图 1-38 所示。SiC 材料应用是实现功率逆变控制器功率密度提升、效率提升和成本减半的关键要素。全 SiC 控制器功率密度比 Si 控制器提升 2 倍以上，采用 SiC 半导体的功率逆变控制器将进一步提升电驱动系统性能。特斯拉开发并量产了基于 SiC MOSFET 的大功率电机控制器，它具有开关频率高、耐热性能好、损耗低的优势，并可使电机进一步小型化和轻量化，已大批量应用于 Model 3 纯电动汽车。

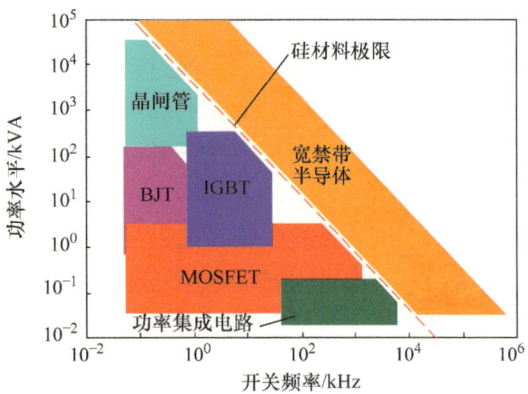

图 1-38 基于 SiC 材料的宽禁带半导体与常规半导体器件对比

驱动转矩从电机输出后，还要经过变速器、传动轴等才能传递到车轮上，高效传动是高效驱动必不可少的一部分。传动系统采用变速器不仅能为车辆行驶提供行驶动力，还能根据驾驶人意图和车辆行驶状态提供不同的行驶档位，以提高纯电动汽车的动力性与经济性。作为纯电动汽车，传动系统匹配的好坏直接影响电机的功率能否最优发挥，以及电机是否经常在效率最高的转速范围内工作，因此选择良好的换档控制策略至关重要。为提高效率，可选用自动机械变速器（AMT），实现车辆动力性的大幅提高，使低速加速和爬坡电流降低 50%，且能耗降低 5%~10%。

此外，动力系统构型的演化历程由直驱发展到带自动变速器的动力总成、无动力中断的动力总成、分布式驱动系统等多种构型。而构型多样化的同时，也带来了整车控制策略要求更高、驱动控制问题复杂等难题。

在分布式驱动技术方面，米其林研发出一款将轮毂电机和电子主动悬架都整合到轮内的驱动 / 悬架系统，如图 1-39 所示。比亚迪汽车高效大功率轮边驱动系统如图 1-40 所示，

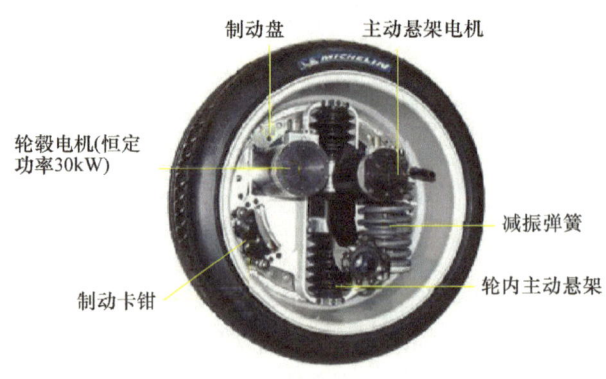

图 1-39 米其林轮毂驱动 / 悬架系统

其关键技术包括电机与驱动桥轮边深度集成技术、电机铁心直冷技术、分布式精准控制技术和IGBT复用融合技术等先进创新技术，解决了纯电动城市客车全通道低地板的技术难题，已大批应用在纯电动城市客车上。

1.3.2.4 高带宽整车智能电控平台技术

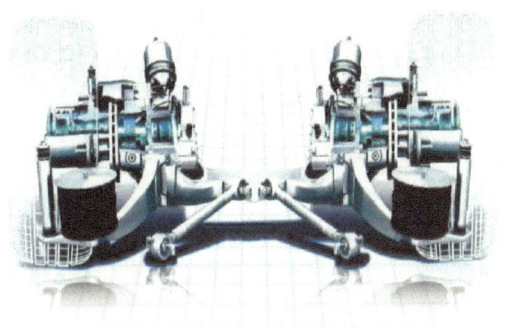

图1-40 比亚迪汽车高效大功率轮边驱动系统

随着电子电气技术的不断发展，纯电动汽车相继引入了动力电池及充放电控制、驱动电机控制、电动空调、电动助力制动及电动助力转向控制等系统/装置，以及车辆关键状态数据上传与存储等功能。这些电控功能的引入，使车辆控制部件越来越多，相互之间的通信与控制传输需求增大。

在此背景下，大量数据的快速交换、高可靠性及成本要求使电动化底盘必然向深度网联化的方向发展，高速CAN FD总线通信、以太网通信和域控制器等先进技术正走向大规模产业化应用，纯电动汽车的整车电控平台需要有更高的功能带宽[15]。图1-41所示为博世（BOSCH）提出的整车电子电气架构规划。

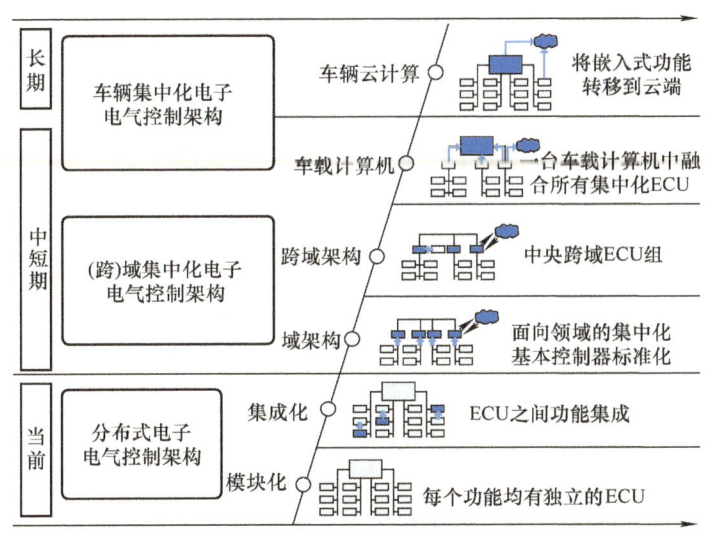

图1-41 博世整车电子电气架构规划

整车智能电控平台的关键技术包括动力与底盘控制器、高级辅助驾驶控制器等域控制器技术，以及以太网、CAN FD等新型通信总线技术等。域控制器能融合本域内所有相关传感器信息，进行控制决策后，将执行命令发送到执行器。因此，要求域控制器具有较高的数据运算与处理能力，且具备多路通信接口、控制线接口。以自动驾驶域控制器为例，它需要具备多传感器融合、定位、路径规划、决策控制、无线通信和高速通信能力。通常需要外接多个摄像头、毫米波雷达、激光雷达以及IMU等设备，完成的功能包含图像识别、数据处理等。为满足可靠、高效数据传输需要，CAN FD 通信总线以其高速率、低成本、高可靠性的优点，正越来越多地应用于车辆实时控制。此外，更高速率的以太网通信也已经在部分量产车型上应用。

1.3.2.5 基于电动助力的能量回馈式制动技术

在城市行驶工况中，直接驱动车辆运行的能量大约有 1/3 ~1/2 在制动过程中耗散。能量回馈式制动技术可对这部分耗散的能量加以回收利用，显著延长纯电动汽车一次充电的续驶里程。

由于来自电驱动系统的回馈制动力受到车辆状态、动力电池和电机特性的影响，需实时对摩擦制动力进行调节，以满足总制动力需求，这是能量回馈式制动系统要重点关注的问题。能量回馈式制动系统的两个主要任务是调节轮缸制动压力和维持制动踏板感觉。近几年，出现了一种基于电动助力的能量回馈式制动技术，并开始在纯电动汽车上应用。不同于基于 EHB 的能量回馈式制动技术，基于电动助力的能量回馈式制动技术采用电机直接推动制动主缸的思路，摒弃了高压蓄能器，避免了泄漏风险。

基于电动助力的能量回馈式制动系统（图 1-42）利用踏板行程传感器感知驾驶人制动需求，进而控制电机直接驱动传动机构，与制动踏板推杆一起，经过耦合机构，一同推动制动主缸活塞建立制动压力，制动主缸中的制动液经过液压调节单元进入制动轮缸。位于耦合机构中的踏板力补偿器可消除踏板力的变化，保证制动踏板感觉。当压力供给单元失效时，制动踏板仍可直接推动制动主缸，产生足够的制动力来满足制动法规。

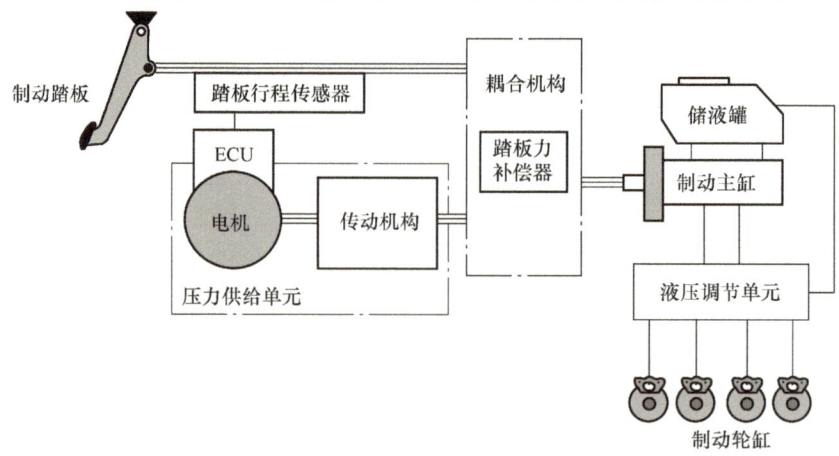

图 1-42　基于电动助力的能量回馈式制动系统示意图

基于电动助力的能量回馈式制动技术的难点在于电机和减速机构，要求电机体积小、转速高（超过 10000r/min）、转矩大、散热好，还要求减速机构加工精度高，同时要与主缸液压系统一起进行系统优化。

目前，该技术的典型产品有德国 Continental 公司的 MK C1（图 1-43）和 BOSCH 公司的 iBooster（图 1-44）。博世（BOSCH）公司的系统方案是由 iBooster 提供电动助力，由 ESP 进行轮缸制动力调节。而 Continental 公司的 MK C1 则更进一步，电动助力机构与摩擦制动力调节机构被高度集成至一个小型轻量级制动模块中。

图 1-43 Continental 公司 MK C1

图 1-44 BOSCH 公司 iBooster

基于电动助力的能量回馈式制动技术高度匹配纯电动汽车制动系统的需求，消除了对电动真空泵助力的依赖，实现了制动踏板与制动系统执行机构的解耦，解决了摩擦制动力调节与制动踏板感觉模拟的矛盾，为制动能量回收提供了最佳解决方案，是未来电动汽车制动技术的发展方向之一。

1.3.2.6 基于超轻质材料的轻量化技术

汽车的轻量化是指在保证汽车的强度和安全性能的前提下，尽可能地降低汽车的整备质量。在纯电动汽车领域，车身及动力电池的轻量化，能有效提升整车的续驶里程及能量利用率。相关研究表明，纯电动汽车每减少 100kg 质量，续驶里程可提升 10%~11%，还可减少 20% 的动力电池成本及 20% 的日常损耗成本[16]。即在不考虑其他影响因素的情况下，轻量化可有效提高纯电动汽车的续驶里程，减少全生命周期对动力电池的消耗量和动力电池使用成本。续驶里程的增加和动力电池使用成本的减少，都促使消费者购买和使用纯电动汽车的意愿增加，从而推动纯电动汽车的市场化进程，这使在轻量化方面的改进更加迫切。从国际上看，包括宝马 i3、特斯拉 Model 系列等产品都已经实现了轻量化材料的规模化应用，而在国内，包括吉利、北汽等一大批自主品牌车企都在轻量化道路上进行了一系列积极探索。

采用轻量化材料是车身轻量化设计的重要入手点之一。轻量化材料主要包括超高强度钢、轻质合金和非金属复合材料等，通过使用高比强度、高比模量的材料替换传统汽车用材，实现零件或系统的轻量化。表 1-15 为典型车用金属材料和非金属材料性能。

表 1-15 典型车用金属材料和非金属材料性能对比

材料种类	密度/(g/cm³)	拉伸强度/GPa	拉伸模量/GPa	比强度/(GPa·cm³/g)	比模量/(GPa·cm³/g)
普通钢	7.8	0.32	205	0.04	26
超高强钢	7.8	1.4	210	0.18	27
铝合金	2.7	0.29	68.9	0.11	26
镁合金	1.8	0.19	45	0.11	26
SMC	1.7	0.14	70	0.08	41
CFRP	1.5	0.8	65	0.53	43

从力学性能对比方面不难发现，碳纤维复合材料（CFRP）比强度、比模量高，力学性能突出。同时，其设计自由度高、易于集成，且耐疲劳度强、耐蚀性好，更易满足汽车

各项性能需求，达到显著的轻量化效果。近几年，CFRP在轻量化车身中的应用比例逐渐增加，同时，应用范围从非结构件向次结构件、结构件逐步拓展，已成为先进轻量化材料的应用热点。以宝马为例，在i3、i8等车型中大量应用了CFRP。其中，i3首次采用CFRP单体式车身，其整备质量仅为1250kg，较传统电动汽车减重250~350kg。实现车身轻量化后，宝马i3获得了更多的动力电池空间及续驶里程，操控稳定性和动力性能也得到显著提升。

应用CFRP轻量化技术是纯电动汽车轻量化的有效手段，但成本高和成型效率低是该技术实现大批量应用的主要阻碍。三维编织（3D-braiding）技术具有材料利用率高、成型效率高两大优势，可使材料利用率从传统成型方法的70%提高至90%，大幅降低材料成本，同时省去传统复合材料部件成型中的"裁剪"和"铺覆"两个加工环节，大幅提高部件成型效率。因此可实现CFRP技术在汽车轻量化领域大批量应用的"降本增效"。北汽新能源基于该技术开发了碳纤维侧围加强梁与前防撞梁部件，如图1-45所示。

图1-45　应用三维编织碳纤维工艺制作的侧围加强梁与前防撞梁部件

1.3.2.7　车内声品质优化设计技术

与传统内燃机汽车不同，纯电动汽车取消了发动机，电机及相关附件总声压级显著降低，动力系统振动量级约为发动机的1/10，动力系统NVH性能有所提升。但由驱动电机取代发动机，又会带来定子和转子谐波激励噪声问题，例如电机48阶、96阶啸叫。此外，在30~100km/h匀加速时，纯电动汽车内部噪声比常规内燃机汽车低8dB（A），声压仅为普通内燃机汽车的40%。同时，内部噪声频率成分也有差异，内燃机汽车中低频动感十足，能感受速度的变化。纯电动汽车无法感知速度变化，缺乏驾驶激情，还会有烦躁的高频声干扰。纯电动汽车存在高频电磁噪声，高频噪声（大于1000Hz）所占比例越高，驾驶中给人的感觉就越"吵"。在消除了发动机噪声后，空调噪声、助力转向泵的噪声反而凸显。受车内热负荷变化的影响，压缩机吸气口附近会产生气流脉动，使压缩机振动加剧，并通过管路传至乘客舱。吸气单向阀可减小此脉动产生的振动和噪声。电子液压助力泵通过支架安装在左前轮前方、左纵梁下侧，通过高压油管及回油管与转向机相连。转向系统采用EHPS电子液压助力转向泵，噪声较大[17]。

驾驶人对纯电动汽车的噪声抱怨已不再是噪声级的高低，而是声品质的水平。提高纯电动汽车乘坐舒适性，离不开上述声品质问题的优化设计。当前，除常规NVH降噪方法外，主动降噪、主动悬置和主动悬架减振技术也开始应用于纯电动汽车车内声品质优化领域。Bose公司在CES2019上发布了QuietComfort主动路噪消减技术，其原理如图1-46所示。根据路噪与车内噪声传感器探测到的噪声信息，降噪控制器控制车内扬声器发出与路噪反向的声学信号，最终消减车内声音。

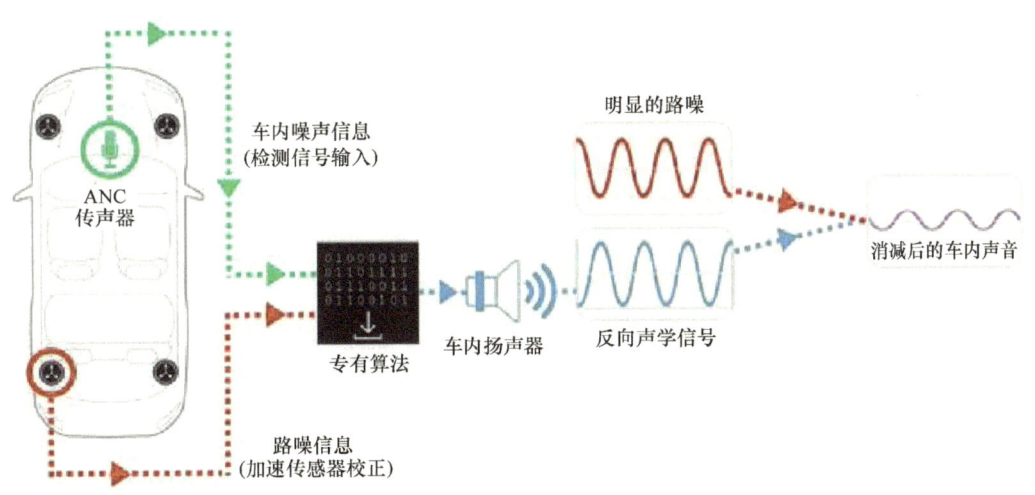

图 1-46 Bose 主动路噪消减技术原理

1.3.2.8 基于人工智能的自动驾驶技术

纯电动汽车的发展，使汽车实现了由机械化向电气化的转型，为下一步向智能网联化的转型提供了电动化的基础平台。线控技术在纯电动汽车上的广泛应用也助力了纯电动汽车的智能化发展。按照 SAE L0~L5 级自动驾驶分级标准[18]，自动驾驶车辆要有自动制动、自动转向的能力。具体分级依据见表 1-16。线控化底盘以其响应迅速等优势，能满足车辆智能化要求。

表 1-16 自动驾驶分级

L0（无自动化）	车辆完全由驾驶人操控，包括具有主动安全系统的车辆
L1（辅助驾驶）	自动驾驶系统通过驾驶环境对车辆的纵向运动或侧向运动的其中一项提供辅助操控，其余由驾驶人操控
L2（部分自动驾驶）	自动驾驶系统对车辆的纵向运动与侧向运动提供辅助操控
L3（有条件自动驾驶）	自动驾驶系统在驾驶人对环境提供适当应答后，可决定车辆的所有驾驶操作
L4（高度自动驾驶）	自动驾驶系统不需要驾驶人对环境的应答即可决定车辆的所有驾驶操作，限定道路及环境条件
L5（完全自动驾驶）	自动驾驶系统不需要驾驶人对环境的应答即可决定车辆的所有驾驶操作，不限定道路及环境条件

在目前人工智能、计算机视觉和电子通信等技术快速发展的背景下，国内外研究机构都在重点研究复杂交通环境下的环境信息感知及处理技术、车辆定位技术，以及包括车辆决策、控制技术在内的自动驾驶技术。目前，一些企业的产品已实现 L2 级自动驾驶，未来将全面向 L3 及更高等级的自动驾驶技术发展。

特斯拉 Model 3 的 Autopilot 系统目前已实现 L2 级自动驾驶，在驾驶人主动监控的条件下，可实现车道内自动辅助转向、自动辅助加速和辅助制动。传感器包括 8 个摄像头、12 个超声波传感器及前置雷达，各传感器的探测范围如图 1-47 所示。完全自主驾驶所需硬件已经搭载于特斯拉旗下所有新款车型，未来可向更高等级的自动驾驶技术升级。

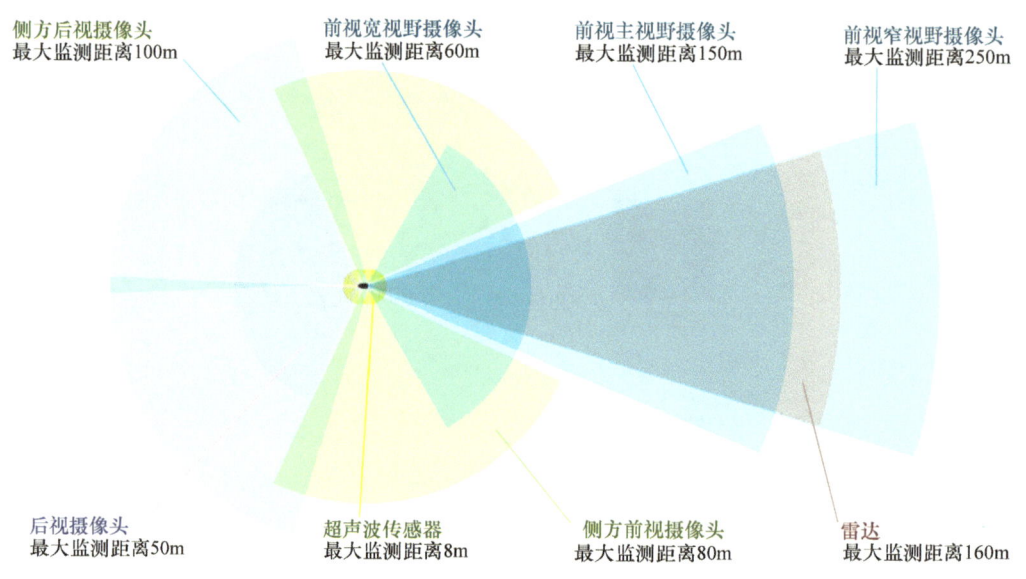

图 1-47　特斯拉 Model 3 传感器探测范围

1.3.2.9　基于 5G 的纯电动汽车网联化技术

在复杂交通环境下实现无人驾驶，需要实时处理大量道路环境信息，因此在 5G 技术发展的背景下，纯电动汽车也将逐步向网联化方向发展，使纯电动汽车逐渐成为移动互联网、物联网、车联网、云计算、能源存储和可再生能源等先进技术的应用平台，为安全、舒适、节能、环保的驾驶方式和交通出行提供综合解决方案。纯电动汽车可通过整合全球定位系统（GPS）导航技术、车对车交流技术、无线通信及远程感应技术和智能交通技术等，实现人与车、车与车、车与充电网络等之间的互动，将道路、交通、车辆和充电网络等全置于计算机的控制下，构成一个复杂且高效的管理系统，形成以城市交通网及车辆之间的信息实时交互为基础的智慧交通平台，向人们提供更为安全、高效的汽车交通网际互联平台[18]。

华为推出的车路一体化网联技术（C-V2X）是基于已有移动带宽网络（3G、4G 及 5G）的一种车联网技术，总体架构如图 1-48 所示。未来将构建包括车用无线通信技术、亚米级（甚至厘米级）高精度定位技术、高精度地图生成与更新技术、包括 V2V 和 I2V 等部分的车路协同自动驾驶技术、安全隐私技术、人车交互技术、交通状况全面感知技术以及交通信号优化技术等关键技术的协同式智能交通新体系。

总之，纯电动汽车作为新一轮工业革命的标志性、引领性产品，是智能交通（图 1-49）、智慧城市的基本单元，是把绿色能源、智能电网、新一代移动通信和共享出行连接在一起的节点，从而推动能源革命、信息革命、交通革命和消费革命，重塑未来愿景。

第1章 纯电动汽车设计概述

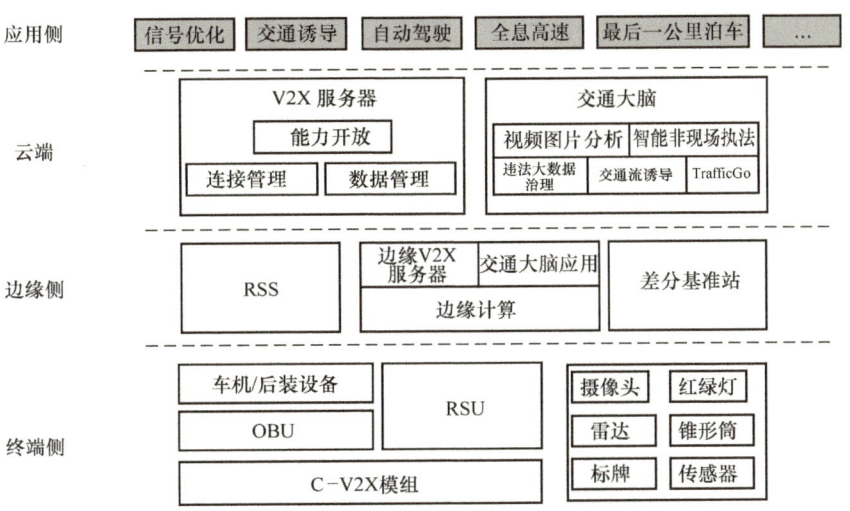

图 1-48　华为 C-V2X 技术总体架构

图 1-49　智能交通

参考文献

[1] 陈清泉，孙逢春，祝嘉光. 现代电动汽车技术 [M]. 北京：北京理工大学出版社，2004.

[2] 万钢. 促进新能源汽车产业健康发展 [J]. 变频器世界，2018（12）：51-52.

[3] 王文伟，毕荣华. 电动汽车技术基础 [M]. 北京：机械工业出版社，2010.

[4] 欧阳明高. 中国新能源汽车的研发及展望 [J]. 科技导报，2016，34（6）：13-20.

[5] 蔡月萍. 新能源汽车产业发展与政策支持的研究 [J]. 中国商论，2016（10）：147-148.

[6] 姜顺明. 新能源汽车基础 [M]. 北京：北京大学出版社，2015.

[7] 陈红. 城市声环境影响分析及控制策略研究 [J]. 中国高新技术企业，2013（03）：94-96.

[8] 顾瑞兰. 促进我国新能源汽车产业发展的财税政策研究 [D]. 北京：中国财政科学研究所，2013.

[9] 岳欣，王运静，吴倩，等. 我国新能源汽车发展分析 [J]. 环境保护，2016，44（09）：27-30.

[10] 孙逢春，何洪文. 电动商用车系统工程技术体系及关键技术研究 [J]. 中国工程科学，2018，20

（01）：59-67.

[11] 万钢，许倞. 实施重大科技专项，促进企业自主发展 [J]. 机械工程学报，2005（12）：1-2.

[12] 陈中，黄学良. 电动汽车规模化发展所面临的挑战与机遇 [J]. 电气工程学报，2015，10（04）：35-44.

[13] 韩逸飞. 充电桩产业仍存六大难题 [N]. 中国能源报，2019-07-01（018）.

[14] 王文伟，孙逢春. 全气候新能源汽车关键技术及展望 [J]. 中国工程科学，2019（3）：47-55.

[15] 孙小红. 车联网的关键技术及应用研究 [J]. 通信技术，2013，46（04）：47-50.

[16] 王隆宇，王帅. 基于复合材料的超轻量化电动汽车 [J]. 汽车实用技术，2019（11）：203-205.

[17] 张守元，李玉军，杨良会. 某电动汽车车内噪声改进与声品质提升 [J]. 汽车工程，2016，38（10）：1245-1251.

[18] 刘锦秀. 智能电动化对汽车生活影响的初步研究 [J]. 上海汽车，2017（9）：31-34.

第2章 纯电动汽车整车总体设计

整车总体设计是汽车正向设计开发的核心环节，对产品质量和开发周期起着至关重要的作用。本阶段进行的性能参数匹配与总体方案设计等研发活动直接融入了整车企业特有的研发理念和品牌特色，体现了整车企业的自主创新能力与核心知识产权。本章将系统介绍纯电动汽车整车总体设计要点、开发流程、性能参数匹配计算方法和整车总体方案设计，并对影响整车品质的安全性、电磁兼容性（Electromagnetic Compatibility，EMC）和声品质优化技术进行详细阐述，获得整车设计系统级目标需求，并为各总成系统的设计与匹配提供依据和约束条件。

2.1 纯电动汽车总体设计概述

2.1.1 纯电动汽车总体设计要点

纯电动汽车不仅需要配置传统燃油汽车上的车身控制、信息娱乐控制、辅助驾驶控制等功能，还因其搭载动力蓄电池系统、驱动电机系统等特有系统会带来驱动型式、总体布置、充放电控制、高压安全以及电磁兼容、电磁噪声等新问题[1,2]。纯电动汽车的总体设计有以下要点：

1. 电驱动系统型式及布置方案设计

对于传统燃油汽车，转向、制动、空调、低压发电、冷却等附件依靠发动机的动力进行工作，且受限于发动机外特性，传动系统复杂、体积庞大。这些因素带来的复杂机械连接需求限制了发动机的布置位置，进而限制了传统燃油汽车的构型与空间布置。与传统燃油车相比，电动汽车的转向、制动、空调、低压发电、冷却等附件借助自带电机工作，且得益于驱动电机外特性，其减速器传动比比档位少（甚至为1）、体积小，这使得电动汽车上各子系统间机械耦合少，布置灵活。如何充分利用电动汽车在构型上的灵活性优势进行布置方案设计，是电动汽车研发的首要问题。

在进行动力电池和驱动电机布置时，首先应遵循轴荷分配的约束，以使质心位置与中性转向点、风压中心等一致[3]；布置高压控制器时，应在考虑高压安全约束的前提下，尽量缩短线束、节省成本；布置充电座时，既要考虑减少车身覆盖件模具费用，又要考虑用户日常停车习惯[4]；而车身、内外饰设计还应考虑动力电池对地板高度的影响，以及电动汽车特有功能带来的按键开关的布置需求。

2. 动力蓄电池安全及极端环境应对设计

动力蓄电池的安全设计是整车设计阶段必须重视的设计要点。当前广泛使用的锂离子动力蓄电池存在热失控的风险，而碰撞挤压带来的电解液泄漏、过充电或长期过放电带来的极柱析锂等，是动力蓄电池热失控的主要原因[5,6]。如何进行安全防护设计，确保动力蓄电池不至于在用户使用中轻易受到碰撞、挤压，是电动汽车整车布置及结构设计时需要重点考虑的内容之一。动力蓄电池包由体积较小、形状规则的单体电池（电芯）构成，可设计成扁平的长方体或设计成多个分箱体方便灵活布置，乘用车多布置于车辆的底部，商用车可布置于底部、座椅下或车顶。在布置动力蓄电池箱体时，需要满足离地间隙在13cm以上，且需要根据刮底和撞底两种失效模式进行设计阶段的仿真计算及后期实车试验。动力蓄电池包还应设计安全机制，以防止出现过充电、长期过放电等情况。GB 38031—2020《电动汽车用动力蓄电池安全要求》为动力电池的安全设计和使用提供了重要依据。

动力蓄电池系统设计还应考虑极端使用条件下动力蓄电池的性能与安全问题。作为纯电动汽车的唯一能量源，动力蓄电池系统必须保证在各种极端使用条件下的安全性，且性能不大幅度下降。温度对动力蓄电池的性能与安全有很大影响，如图2-1所示。对于高温、严寒等极端温度条件，通过设计动力蓄电池热管理系统来确保电池的性能和安全性。

3. 整车电子电气架构设计

在车辆功能需求确定后，要进行整车的电子电气架构设计[7,8]。作为整车级电控系统集成方案，电子电气架构设计应在电控零部件开发之前进行。按照业务开展顺序，功能需求梳理与实现架构设计、电控部件接口设计、整车通信与控制网络设计、整车高低压线束原理设计，是整车电子电气架构设计的主要内容。

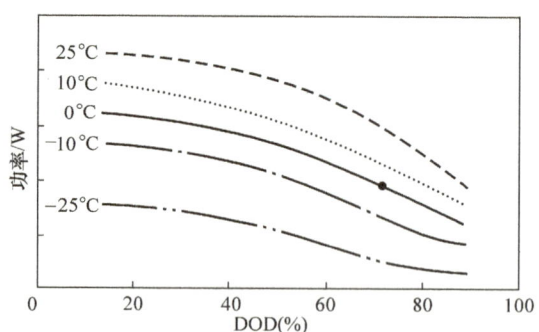

图2-1 温度对动力蓄电池功率特性的影响
注：DOD为Depth of Dischange的缩写，表示电池放电量与电池额定容量的百分比。

整车电子电气架构设计的起始工作，是梳理功能需求，并结合当前零部件资源最终确定单个功能的实现架构。此部分工作的开展，需要综合考虑技术趋势、技术成熟度、零部件成本、供应商资源等因素最终确定设计，是架构设计的难点之一。此外，近些年来随着车辆智能网联功能增多，电子电气架构设计越来越注重功能安全和信息安全。功能架构确定后，整车高低压供电原理、控制器唤醒与休眠原理也确定下来，电控部件接口随之确定。接下来根据电控部件间通信与控制资源需求，进行整车通信与控制拓扑设计，完成电气特性匹配、部件选型后，整车高低压线束设计冻结。

合理的电子电气架构，应在满足整车功能搭载及扩展需求的前提下，最大限度考虑通信及控制安全可靠性、控制部件集成化、线束连接简洁化，进而提升车辆的整体性能，降低成本。

4. 高压安全设计

高压用电安全是电动汽车大规模市场应用的前提。目前纯电动汽车电压等级较高，GB/T 31466—2015《电动汽车高压系统电压等级》推荐采用的电压等级和实际应用的电压均超出了人体所能承受的安全电压范围，这就要求电动汽车必须配置严格的高压暴露检测、绝缘检测以及高压切断控制功能。

目前，高压暴露检测多通过高压互锁机制实现。即，在高压带电部件的盒盖、高压线束插接器中，同步并联一路低压检测电路，以在高压部件盒盖被打开或者高压插接器被拔开时，高压控制系统能够及时切断动力蓄电池的输出。在设计高压互锁回路时，为防止误报、漏报问题发生，插接器质量、检测回路连接形式、互锁故障时高压切断控制逻辑等是设计难点。整车高压绝缘检测是电动汽车必备的另一个基本安全机制，主要由动力蓄电池管理系统在控制高压上电时执行，绝缘无问题后才进行整车高压回路连接，并在绝缘发生故障时切断高压连接。考虑到绝缘故障造成伤害时的容忍时间短，需要对绝缘检测的周期进行约束。根据绝缘检测机制，对高压回路中的阻容进行选型需要特别注意对绝缘检测的影响。碰撞时高压回路自动切断，不仅能防止动力蓄电池短路起火，同时也是防止高压线断开或高压部件破裂造成高压暴露的重要机制，这需要在设计高压控制器环节进行设计[9,10]。

此外，纯电动汽车的安全性设计也需要考虑碰撞事故后的高压安全，GB 38032—2020《电动客车安全要求》和 GB 18384—2020《电动汽车安全要求》为整车安全性设计提供了重要技术依据。

5. 电磁兼容设计

对于纯电动汽车，除了驱动部件，电动助力转向、电子制动系统等采用电力电子组件的辅助控制装置也越来越多。这些车载电动装置的使用可以提高控制性能，但也会带来电磁兼容问题。电力电子设备依靠金属-氧化物半场效晶体管（Metal-Oxide-Semiconductor Field-Effect Transistor，MOSFET）和绝缘栅双极型晶体管（Insulated Gate Bipolar Transistor，IGBT）的高速开关动作来控制高电压和大电流，这种急速变化的电压和电流会使电路中的电感元件积蓄能量，产生高频噪声，影响其他电气设备的信号接收。EMC 问题已经成为纯电动汽车现阶段的重要技术课题[11, 12]。

当前，整车电磁兼容问题主要集中于以下几种模式：

① 零部件 150kHz~30MHz 频段辐射发射或传导发射不满足发射要求。
② 高压部件工作关联性大，需要设置电容元件或加装磁环等进行解耦。
③ 进行零部件测试时，缺乏整车电磁环境模拟测试。
④ 零部件电磁兼容特性设计指标不完善。

⑤装车部件一致性问题导致批量装车后出现电磁兼容问题。

⑥在线束走向设计、搭铁点、导电性设计环节缺乏对电磁兼容的考虑。

在进行整车电磁兼容设计时，需要重点考虑、解决以上问题。

6. 整车声品质设计

与传统内燃机汽车不同，纯电动汽车取消发动机，使得动力系统NVH性能有所提升，但由驱动电机取代发动机，又出现了定子和转子谐波激励噪声问题。纯电动汽车还存在高频电磁噪声，驾驶中给人的感觉会有点"吵"。此外，在缺少了发动机噪声后，空调噪声、助力转向泵的噪声反而凸显出来。顾客对电动汽车的噪声抱怨已不再是噪声级的高低，而是声品质的水平。

上述声品质问题的优化设计，需要基于声品质客观评价与主观评价进行对应部分的优化设计。当前，电动汽车常用声品质评价指标主要有A计权声压级、响度与脉冲度、尖锐度与音调度、粗糙度与抖动度和语音清晰度等。声品质主观评价主要通过主观评价实验完成。驱动电机噪声是电动汽车声品质的主要影响因素，因此，整车声品质设计需要进行专门的电机电磁力分析及车内电机噪声预测，并据此进行隔声设计及主动降噪设计。此外，有的电动汽车上还装配有行人提醒警示装置，也是电动汽车低速工况下声品质的重要影响因素，行人警示声需要与车内噪声结合起来进行优化设计[13]。

2.1.2 纯电动汽车开发流程

内燃机汽车经过100多年的持续研发与应用，相关部件和整车技术早已成熟，在此基础上，内燃机汽车的相关开发流程也已经趋于完善。电动汽车的研发与传统燃油车类似，但纯电动汽车是以电力电子和信息技术深度应用为主要特征的车辆产品组成，相应动力蓄电池、驱动电机、整车电控、电助力制动、电动助力转向、电动空调等高低压电动化部件的搭载，对整车的设计与验证环节提出了新的需求。各纯电动汽车研发生产企业在制定开发流程时，多是在世界知名内燃机汽车研发生产经验的基础上，针对纯电动汽车的特性进行了更改升级。

2.1.2.1 传统内燃机车企的整车开发流程

通用汽车的整车开发流程（GVDP）、大众汽车的整车开发流程（PEP）和丰田的精益整车产品开发流程，都是得到实践验证的整车正向开发流程，并成为全球范围内各主机厂制订自主整车开发流程的主要参考对象。

图2-2所示为通用汽车整车正向开发流程图。在车型产品开发项目的初期，首先要进行架构设计、战略规划和概念设计。

①架构设计是整车开发过程中的先导工作，主要是根据性能能力和带宽要求，完成架构开发及验证，同时发布整车结构件初版数据，为下一步项目论证和产品开发明确前提。

②战略规划阶段是产品型谱向产品项目的转化阶段。在这个阶段，需要完成公司对原有产品型谱和未来产品战略的再平衡，决定是否启动产品项目的开发工作。这一阶段的工作重点是更为深入地分析产品在产品型谱中的定位和产品项目需要达到的边界条件，比

如销量、投资、成本、产品特征、开发周期、赢利能力等。

③ 概念设计阶段是在产品战略明确并且可行性得到批准的基础上，完成产品项目方案的开发。这些方案包括动力总成的方案、整车技术规范（Vehicle Technical Specification，VTS）目标、全尺寸主题模型、关键零部件的设计、整车的物料成本、制造规划方案、产品质量目标等。

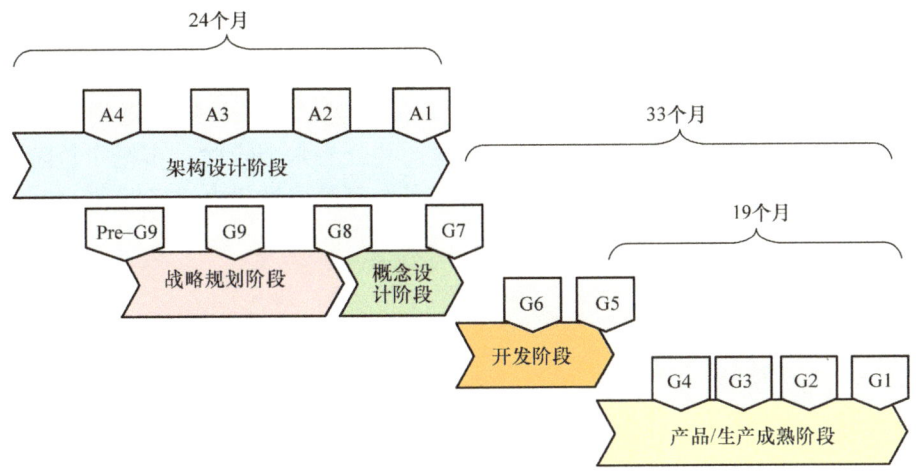

图 2-2　通用汽车整车正向开发流程图

概念设计完成后，车型开发正式开始。开发阶段的工作是对产品概念的实现，通过产品工程、制造工程、前期质保和采购的同步工作完成产品概念的早期验证，最终完成产品数据冻结。

最后的产品/生产成熟阶段主要是完成产品本身的设计有效性验证，同时推动零部件和整车达到制造质量成熟的状态，实现产品的批量生产制造[14]。

2.1.2.2　纯电动汽车整车开发流程

纯电动汽车的开发流程大致分为两种：

① 由燃油汽车平台衍生而来的纯电动汽车平台，即衍生改造平台。随着我国电动汽车市场产品种类的不断增多，竞争越来越激烈，且国家及地方政府推出一系列电动汽车推广政策，促使衍生改造成为我国车企向新能源汽车市场进军的"快行道"。所谓衍生改造平台，是指利用现有燃油汽车平台，在车体结构基本不变的情况下将包括发动机在内的动力总成换为包括动力蓄电池、电机在内的电动动力总成，车辆外观、内饰等方面与原型燃油车基本没有区别，如图 2-3 所示的利用大众 MQB⊖ 燃油平台改造研发的 e-Golf。

图 2-3　在大众 MQB 燃油平台改造研发的 e-Golf

⊖　MQB 平台是指横置发动机模块化平台，是 Modular Querbaukasten 的缩写。

② 完全正向开发专用于纯电动汽车的平台，例如大众/奥迪汽车的MEB⊖平台、长城汽车的ME平台等，绝大部分造车新势力车企都采用这种路线。接下来将重点讲述纯电动汽车全新平台的开发流程。

2.1.2.3 纯电动汽车全新车型开发

纯电动汽车全新平台是指采用新技术、新设计构思、研制、生产专门应用电动架构的汽车平台。虽然各汽车公司对电动汽车整车开发阶段各有侧重，但是其项目开发的思想和方法却十分相似。如图2-4所示，整车开发流程包括从项目启动直到标准作业流程（Stanclard Operation Procedure，SOP）整个过程，共分为六个阶段：市场定位阶段、项目立项阶段、方案和造型阶段、详细设计阶段、产品验证阶段和量产准备阶段。

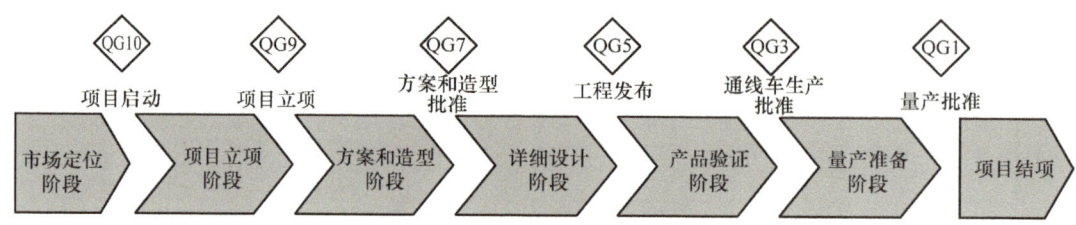

图2-4 新产品开发流程框架

一般而言，在一套完整的正向电动汽车整车开发流程中，各阶段的主要工作应具备以下共同点：

1. 市场定位阶段

QG10之前的阶段为市场定位阶段，通过分析国家政策、基础设施、市场及客户需求、竞争态势，结合车企自身能力和战略，制订和描绘出在目标市场上战胜竞争对手的初步整车方案，并基于历史数据和经验进行评估修正。

① 在此阶段应规划车型的续驶里程、能耗等指标。

② 在配置规划时需要考虑目标区域的能量补充设施完善程度，以确定车辆能否配置换电、直流充电等。

③ 针对目标客户群体明确应用的商业模式，据此规划纯电动汽车的功能配置、续驶里程目标等。

④ 在面向分时租赁市场需求进行设计时，应预留防盗防劫报警器的安装接口、第三方行驶记录与远程控制接口等；在电动商用车应用于公交车、团体客户时，应注意在车辆布置阶段考虑载客量需求，并根据行驶距离设计续驶里程。

⑤ 根据确立的当前市场的先进竞争车型进行项目定位，是本阶段重要的工作内容。当前市场有一定销量的车型在政策符合性、能量补充便利性、商业模式等方面已被市场认可，具有重要的参考价值。

2. 项目立项阶段

QG10之后、QG9前的阶段为项目立项阶段。本阶段的工作目标是明确车辆概念的可

⊖ MEB平台是指模块化电动工具，是Modular Electrification Toolkit的德语缩写。

实现性、投资合理性、各类计划是否可行,要针对整个开发周期中所有工作目标、方案和计划进行梳理,确认项目管理基线。

在本阶段,需要评审当前型谱设定的产品是否具备条件进入项目前期的论证阶段,从产品战略和公司目标来考量其必要性,做出是否启动立项研究的决定。本阶段需要开展以下的关键控制活动:

① 批准初始的项目生命周期及产品定位。
② 批准初始的车身型式及品牌。
③ 批准初始的业务计划。
④ 申请项目代号。
⑤ 批准初始目标市场和主要竞品。
⑥ 批准项目立项工作计划、费用概算及资源需求。
⑦ 批准项目总监和立项准备工作小组的建议人选。

3. 方案和造型阶段

QG9 之后、QG7 前的阶段为方案和造型设计阶段。在此阶段,通过概念设计来修订及最终确定整车及零部件的造型、结构、工艺、技术、品质等方案的可执行性,以及理论上可达到目标的程度及风险。整车概念设计包括造型设计、架构设计、总布置设计、整车匹配仿真、第一批 FP Car(Function Prototype Car-1,在项目 QG7 前支持电动汽车电驱动系统初始验证和标定工作的样车)试制等工作,并最终冻结数据。电动汽车搭载较多高压及低压零部件,在确定总体方案时,需要特殊考虑动力蓄电池、驱动电机、电动空调系统的布置及由此带来的对整车布置的影响。此外,整车高压及低压电气系统设计的主体工作也在本阶段完成。

4. 详细设计阶段

QG7 之后、QG5 前的阶段为详细设计阶段。在此阶段,首先进行第二批 FP Car(Function Prototype Car-2,为支持整车/系统方案进一步的设计和验证,包括整车布置、电气原理、电驱动系统匹配、电辅助系统及全车通信联合验证的样车)试制。

在此基础上,需要完成工程数据及零部件设计,并试制以完成结构和功能验证,进行第一批 EP Car(Engineering Prototype Car-1,结合零部件设计进展,进行整车设计方案全面优化,满足整车及零部件设计规范和整车产品技术条件要求,进行零部件调试等的样车)试制,最终完成工程数据发布及开模指令发布。

此阶段工作是明确产品的图样结构得到验证,图样和技术协议已确定并满足供应商和工艺部门针对工装设计及制造的要求,关键属性初步验证达到指标或风险较小。

电动汽车上配备包括动力蓄电池、电机以及电控系统的"大三电",以及包括电制动、电转向、电空调的"小三电"等特有的零部件及系统。这就要求在详细设计阶段,除了传统的材料、功能、尺寸等方面的验证和确认外,还需要对高压、低压有关的电性能方面进行设计、分析及认可。此外,根据《新能源汽车动力蓄电池回收利用管理暂行办法》,动力蓄电池系统在设计阶段需要为车辆报废后的梯次利用或回收预留接口。

5. 产品验证阶段

QG5 之后、QG3 前的阶段为产品验证阶段,主要工作内容有开展模具制造、OTS

（硬模件）生产、法规认证、工装验证。在此阶段进行第二阶段 EP Car（Engineering Prototype Car-2，用于零部件精细调试、公告法规验证等的样车）试制及 PPV Car（Production Process Validation Car，用于总装顺序验证、生产线工艺验证等的样车）小批量装车验证，启动产品推广及营销策划。

此阶段需明确产品的结构、性能、品质、可靠性和成本已达到项目目标，生产线、工装、器具和设备已验证并准备就绪，以确定车辆是否可以批量生产。在产品验证阶段，电动汽车与传统燃油汽车相比，由于搭载较多的电气件，更强调基于整车网络的整车功能性及可靠性表现。另外，由于电动汽车的结构特殊性，法规认证及准入也是产品认证阶段的重中之重。

6. 量产准备阶段

QG3 之后、QG1 前的阶段为量产准备阶段，主要工作内容是开展生产线验证，进行工装验收、生产培训、销售培训、上市推广方案实施及上市准备情况检查，验证零部件厂商的爬坡能力和零部件生产一致性能力。此阶段通过 PP Car（Pre-Pilot Car，使用工装件按照工艺要求在生产线上装配，以完成产品和/或过程的最终验证和认可的样车）、P Car（Pilot Car，主要用于验证完全工装和工艺条件下批量提供的零部件质量的样车）生产，最终明确项目目标达成、上市准备度检查及产品可以批量生产销售。电动汽车在准备量产阶段与传统燃油汽车基本类似。

QG1 节点通过后进入正式投产，同时进行项目总结。

2.1.2.4 纯电动汽车架构平台化开发

纯电动汽车架构平台化开发需求主要是在新车型开发前期的市场定位阶段确定的。产品规划负责人根据市场调查、行业趋势和产品技术趋势分析，从覆盖市场不同车型、配置需求，降低成本，缩短各车型开发周期的角度，制定新产品平台开发需求。需求包括平台下基础车型的外形尺寸变换、主要功能配置扩展计划等。在整车总体和部件系统开发负责人开展设计时，需要满足平台化需求，各阶段设计需要覆盖本平台下不同车型配置的需求，注重通用性，并在所采用设计标准、规范及工具应用方面做到各车型统一。其中，整车驱动构型方案、悬架形式、电压平台方案，以及动力蓄电池、电驱动系统、高压附件等开发是电动汽车平台化开发特有的重要环节。

当前，国内车企的车型平台化开发主要以关键部件系统平台化为着手点，在驱动电机及控制系统、动力蓄电池系统、整车控制架构及控制器等关键部件上实现多车型共用，并通过控制器写入配置字进行具体车型的配置。在整车平台化开发方面，大众汽车公司是平台化开发最成功的汽车制造商之一。它于 2018 年推出了应用于纯电动汽车产品的 MEB 平台，如图 2-5 所示。该平台采用模块化设计，尺寸可被缩短、伸长或进行其他修改，其特点如下：

① 该平台可用于多种汽车制造，按尺寸划分，囊括了从 SUV 到掀背式轿车的各种车型，规划未来有 1500 万辆电动汽车将基于此平台开发。

② MEB 平台具有前舱短、轴距长、质心低、空间大、坐姿高的特点。为了配合电池包的布置，轮胎尺寸规划为 18~21in（1in=2.54cm）。

图 2-5 大众 MEB 纯电动汽车平台

③ MEB 平台采取后驱形式,车辆的前后重量接近 50∶50,更利于驾驶性能提高。

④ 车身及底盘整体材料采用轻量化结构,并以钢为主要材料,而电池箱体采用铝合金为主要材料。

⑤ 通过轴距拉伸和轮距拓宽,MEB 平台能够满足不同车型的变换需求。

2.2 纯电动汽车性能参数匹配计算

2.2.1 纯电动汽车测试工况

与传统的内燃机汽车相比,纯电动汽车在行驶过程中车轮与地面之间相互接触、相互作用,其力学过程本质上并没有发生变化。它们之间主要的差别在于采用了不同的动力源。电动汽车全部或部分采用动力蓄电池提供电能,通过驱动电机和传动系统驱动汽车行驶,因此电动汽车的操纵稳定性、平顺性及通过性与传统内燃机汽车基本一致。但是由于受到动力蓄电池等因素的制约,当前的纯电动汽车在动力性、续驶里程、成本和可靠性等方面和传统汽车有较大差距。为了设计出性能优越的纯电动汽车,首先需要对电动汽车的具体使用工况进行详尽调研,然后进行有针对性的设计,使整车的动力系统可以工作在较优的工作范围之内。在进行电动汽车的整车参数匹配时,首先要确定整车动力性能设计指标,根据指标要求确定整车动力系统需求参数,然后结合运行工况进行仿真优化,从而完成整车系统参数匹配过程[15,16]。

目前国内通用的纯电动汽车动力性测试工况要求见 GB/T 18385—2005《电动汽车 动力性能试验方法》。该标准规定了纯电动汽车的加速特性、最高车速和爬坡能力等的试验方法,是整车动力系统设计的基本依据。

纯电动汽车经济性测试工况要求见 GB/T 18386—2017《电动汽车 能量消耗率和续驶里程试验方法》,该标准规定了纯电动汽车的能量消耗率和续驶里程的试验方法,是进行动力系统优化设计的依据。该标准对不同种类、不同最大设计总重量的车型规定了不同的工况法和等速法测试工况。标准中等速法规定 M1 车、N1 车、最大设计总质量不超过 3500kg

的 M2 车进行等速试验的车速为（60±2）km/h，其他车型等速试验车速为（40±2）km/h；工况法规定 M1 车、N1 车、最大设计总质量不超过 3500kg 的 M2 车按照新欧洲驾驶工况（New European Driving Cycle，NEDC）循环进行测试，其他车型中，城市客车采用中国典型城市公交循环（CCBC 或 C-WTVC）进行测试，其他车辆采用 C-WTVC 循环工况进行测试。

NEDC 测试循环由 4 个市区循环和 1 个市郊循环组成，理论试验距离为 11.02km，时间 1180s，图 2-6 给出了 NEDC 测试循环曲线。

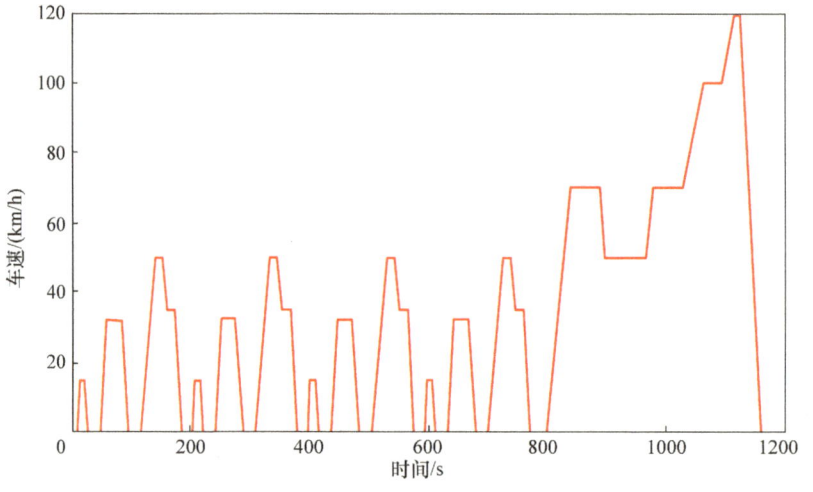

图 2-6　NEDC 测试循环曲线

中国典型城市公交循环（CCBC）运行时间为 1314s，怠速时间为 381s，运行距离为 11.6km，最高车速为 60km/h，平均车速为 15.9km/h，最大加速度为 0.914m/s^2。CCBC 测试循环曲线如图 2-7 所示。

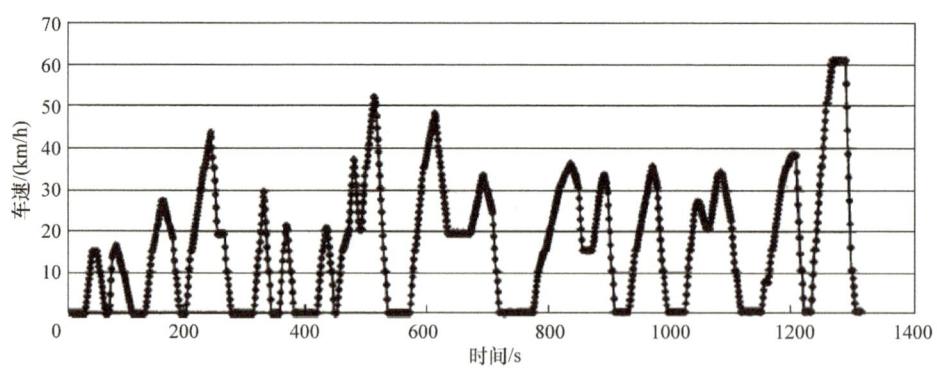

图 2-7　CCBC 测试循环曲线

C-WTVC 循环由市区、公路和高速工况组成，运行时间为 1800s，怠速时间为 186s，运行距离为 20.51km，最高车速为 87.8km/h，平均车速为 40.997km/h，最大加速度为 0.917m/s^2。C-WTVC 测试循环曲线如图 2-8 所示。

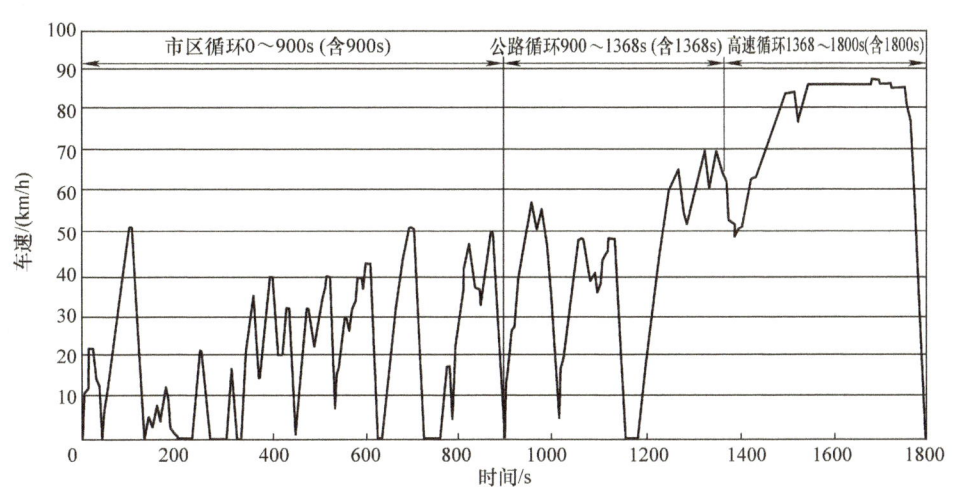

图 2-8 C-WTVC 测试循环曲线

2015 年起，我国开始着手建立中国工况。经过三年多的努力，形成《中国汽车行驶工况》（以下简称《中国工况》）初稿，并于 2018 年 8 月 1 日，由全国汽车标准化技术委员会发出"汽车推荐性国家标准《中国汽车行驶工况》第 1 部分～第 2 部分征求意见的函"。在《中国工况》中，将测试车辆主要分为轻型汽车和重型商用车两大部分，并分别在第 1 部分和第 2 部分对"中国轻型汽车行驶工况"（China Light-duty-vehicle Test Cycle，CLTC）以及"中国重型商用车行驶工况"（China Heavy-duty-commercial-vehicle Test Cycle，CHTC）两种中国汽车典型工况做出具体规定。

本卷主要适用对象是纯电动汽车，同样划分为轻型汽车和重型商用车两大类。其中，轻型汽车采用《中国工况》第 1 部分乘用车工况和轻型商用车工况作为典型工况，重型商用车采用第 2 部分客车工况作为典型工况。

2.2.1.1 轻型汽车

1. 乘用车（CLTC-P 工况）

CLTC-P 工况包括低速、中速和高速三个速度区间，工况时长共计 1800s，其中低速区间时间比例为 37.4%，中速区间时间比例为 38.5%，高速区间时间比例为 24.1%，平均车速为 29.0km/h，最大车速为 114.0km/h，怠速比例为 22.1%。CLTC-P 行驶工况曲线如图 2-9 所示，CLTC-P 行驶工况曲线统计特征参数见表 2-1。

2. 轻型商用车（CLTC-C 工况）

CLTC-C 工况共包括低速、中速和高速三个速度区间，工况时长共计 1800s，其中低速区间时间比例为 40.8%，中速区间时间比例为 34.2%，高速区间时间比例为 25.0%，平均车速为 32.9km/h，最大车速为 92.0km/h，怠速比例为 20.3%。CLTC-C 行驶工况曲线如图 2-10 所示，CLTC-C 行驶工况曲线统计特征参数见表 2-2。

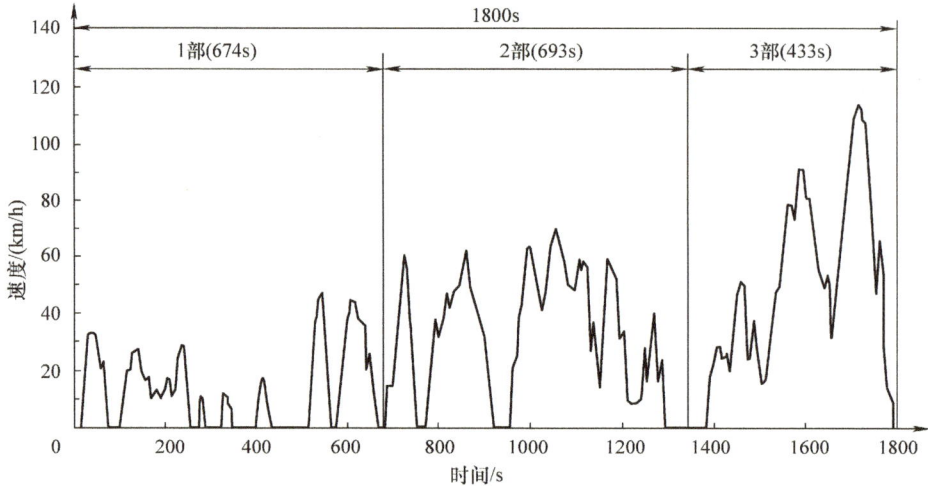

图 2-9 CLTC-P 行驶工况曲线

表 2-1 CLTC-P 行驶工况曲线统计特征参数

区间	运行时间/s	里程/km	最大速度/(km/h)	最大加速度/(m/s²)	最大减速度/(m/s²)	平均速度/(km/h)	运行平均速度/(km/h)
总体	1800	14.48	114.00	1.47	-1.47	28.96	37.18
1部	674	2.45	48.10	1.47	-1.42	13.09	20.19
2部	693	5.91	71.20	1.44	-1.47	30.68	38.24
3部	433	6.12	114.00	1.06	-1.46	50.90	53.89

区间	加速段平均加速度/(m/s²)	减速段平均减速度/(m/s²)	相对正加速度/(m/s²)	加速比例(%)	减速比例(%)	匀速比例(%)	怠速比例(%)
总体	0.45	-0.49	0.17	28.61	26.44	22.83	22.11
1部	0.42	-0.45	0.14	22.26	21.51	21.07	35.16
2部	0.46	-0.50	0.16	30.45	28.43	21.36	19.77
3部	0.46	-0.54	0.18	35.57	30.95	27.94	5.54

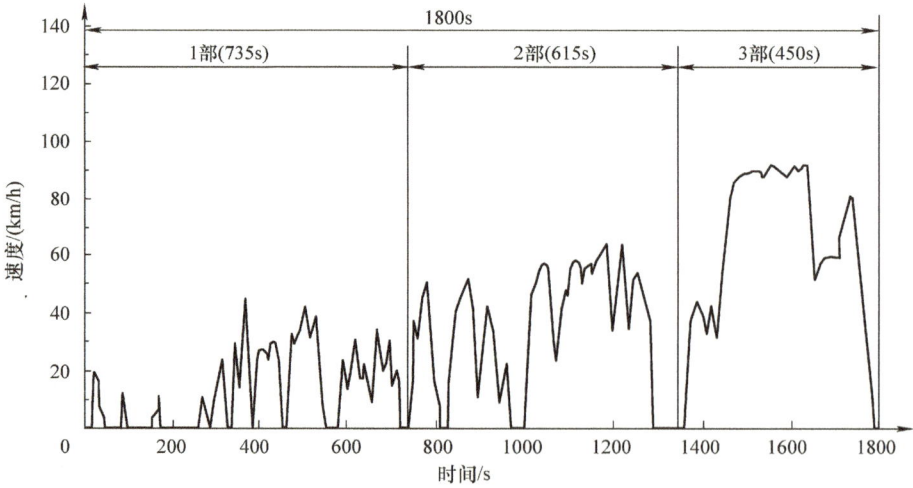

图 2-10 CLTC-C 行驶工况曲线

表 2-2 CLTC-C 行驶工况曲线统计特征参数

区间	运行时间/s	里程/km	最大速度/(km/h)	最大加速度/(m/s²)	最大减速度/(m/s²)	平均速度/(km/h)	运行平均速度/(km/h)
总体	1800	16.43	92.00	1.36	-1.39	32.87	41.25
1 部	735	2.69	45.80	1.36	-1.22	13.18	19.61
2 部	615	5.73	65.00	1.33	-1.39	33.53	40.75
3 部	450	8.01	92.00	0.86	-1.10	64.12	66.48

区间	加速段平均加速度/(m/s²)	减速段平均减速度/(m/s²)	相对正加速度/(m/s²)	加速比例(%)	减速比例(%)	匀速比例(%)	怠速比例(%)
总体	0.47	-0.48	0.11	23.28	23.67	32.72	20.33
1 部	0.49	-0.45	0.15	22.04	23.67	21.50	32.79
2 部	0.49	-0.52	0.14	27.32	26.67	28.29	17.72
3 部	0.41	-0.44	0.08	19.78	19.56	57.11	3.56

2.2.1.2 重型商用车

1. 城市客车（CHTC-B 工况）

CHTC-B 工况共包括两个速度区间，工况时长共计 1310s，其中低速区间时间比例为 30.5%，高速区间时间比例为 69.5%，平均车速为 15.1km/h，最大车速为 45.6km/h，怠速比例为 24%。CHTC-B 行驶工况曲线如图 2-11 所示，CHTC-B 行驶工况曲线统计特征参数见表 2-3。

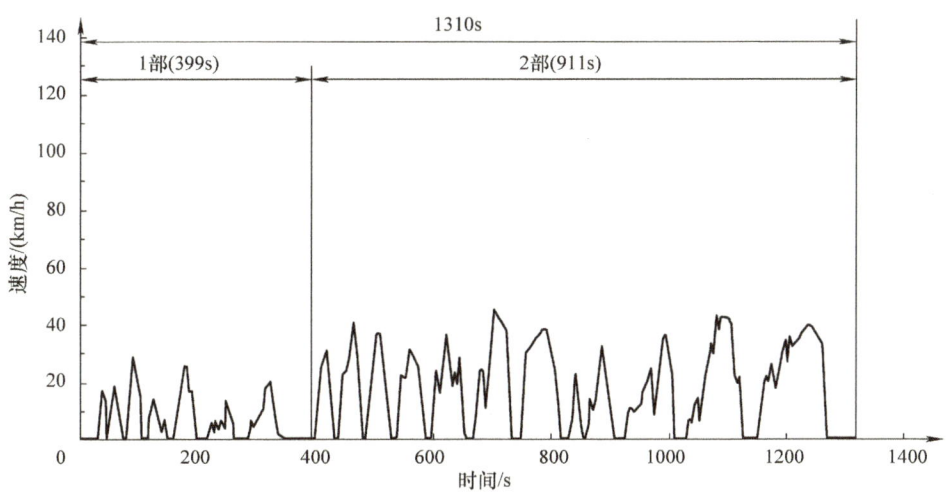

图 2-11 CHTC-B 行驶工况曲线

表 2-3 CHTC-B 行驶工况曲线统计特征参数

区间	运行时间/s	里程/km	最大速度/(km/h)	最大加速度/(m/s²)	最大减速度/(m/s²)	平均速度/(km/h)	运行平均速度/(km/h)	加速段平均加速度/(m/s²)
总体	1310	5.49	45.60	1.26	-1.32	15.08	19.43	0.48
1 部	399	0.74	27.70	0.99	-1.24	6.71	10.06	0.45
2 部	911	4.75	45.60	1.26	-1.32	18.75	22.78	0.49

2. 客车（不含城市客车，CHTC-C 工况）

CHTC-C 工况共包括三个速度区间，工况时长共计 1800s，其中市区区间时间比例为 16.9%，城郊区间时间比例为 49.6%，高速区间时间比例为 33.5%，平均车速为 39.2km/h，最大车速为 95.7km/h，怠速比例为 19.3%。CHTC-C 行驶工况曲线如图 2-12 所示，CHTC-C 行驶工况曲线统计特征参数见表 2-4。

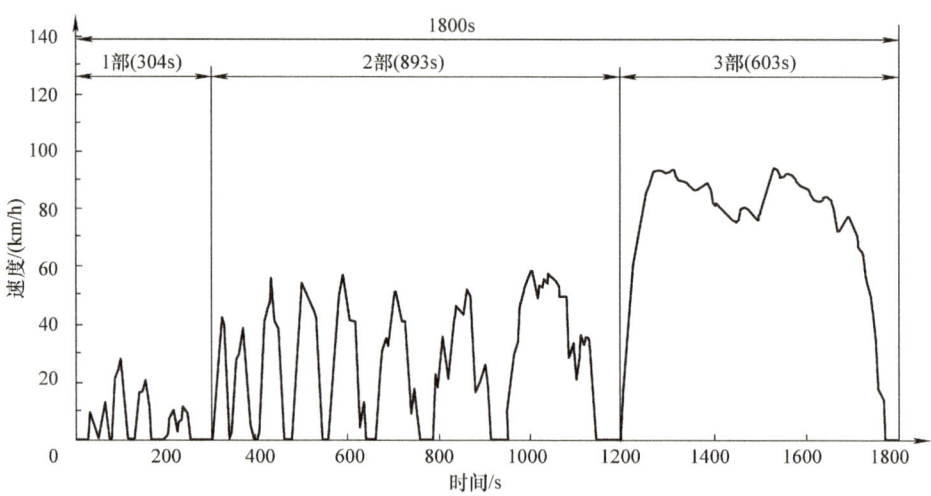

图 2-12 CHTC-C 行驶工况曲线

表 2-4 CHTC-C 行驶工况曲线统计特征参数

区间	运行时间 /s	里程 /km	最大速度 /(km/h)	最大加速度 /(m/s²)	最大减速度 /(m/s²)	平均速度 /(km/h)	运行平均速度 /(km/h)
总体	1800	19.62	95.70	1.25	−1.28	39.24	47.98
1 部	304	0.46	28.50	1.01	−1.06	5.47	9.78
2 部	893	6.67	59.10	1.25	−1.28	26.88	33.39
3 部	603	12.49	95.70	1.17	−1.15	74.56	77.65

区间	加速段平均加速度 /(m/s²)	减速段平均减速度 /(m/s²)	相对正加速度 /(m/s²)	加速比例 (%)	减速比例 (%)	匀速比例 (%)	怠速比例 (%)
总体	0.43	−0.49	0.10	26.22	22.44	33.11	18.22
1 部	0.39	−0.44	0.15	21.05	19.08	15.79	44.08
2 部	0.48	−0.59	0.16	32.14	25.98	22.40	19.48
3 部	0.32	−0.31	0.07	19.40	18.91	57.71	3.98

3. 货车（GVW⊖ > 5500kg，CHTC-HT 工况）

CHTC-HT 工况共包括三个速度区间，工况时长共计 1800s，其中市区区间时间比例为 19.0%，城郊区间时间比例为 54.9%，高速区间时间比例为 26.1%，平均车速为 34.7km/h，最大车速为 88.5km/h，怠速比例为 14.3%。CHTC-HT 行驶工况曲线如图 2-13 所示，CHTC-HT 行驶工况曲线统计特征参数见表 2-5。

⊖ GVW 是 Gross Vehicle Weight 的缩写，表示车辆总质量。

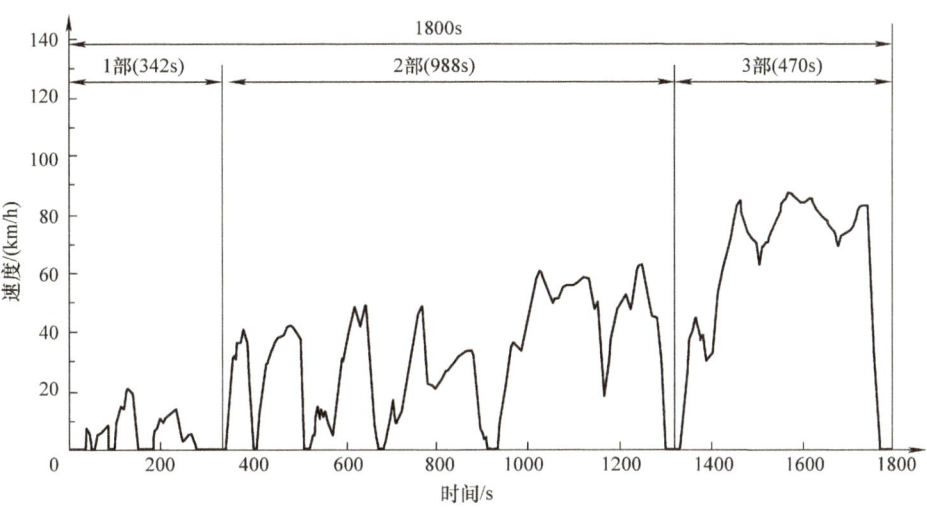

图 2-13　CHTC-HT 行驶工况曲线

表 2-5　CHTC-HT 行驶工况曲线统计特征参数

区间	运行时间/s	里程/km	最大速度/(km/h)	最大加速度/(m/s²)	最大减速度/(m/s²)	平均速度/(km/h)	运行平均速度/(km/h)
总体	1800	17.32	88.50	1.14	−1.21	34.65	40.16
1部	342	0.48	21.40	0.89	−1.08	5.09	8.84
2部	988	8.59	64.00	1.14	−1.21	31.28	34.04
3部	470	8.25	88.50	0.85	−1.10	63.22	66.92

区间	加速段平均加速度/(m/s²)	减速段平均减速度/(m/s²)	相对正加速度/(m/s²)	加速比例(%)	减速比例(%)	匀速比例(%)	怠速比例(%)
总体	0.31	−0.45	0.09	24.28	18.11	43.89	13.72
1部	0.32	−0.33	0.08	13.45	13.74	30.41	42.40
2部	0.31	−0.49	0.10	27.94	19.64	44.33	8.10
3部	0.31	−0.44	0.08	23.62	18.09	52.77	5.53

4．货车（GVW ≤ 5500kg，CHTC-LT 工况）

CHTC-LT 工况共包括三个速度区间，工况时长共计 1652s，其中市区区间时间比例为 18.7%，城郊区间时间比例为 58.9%，高速区间时间比例为 28.4%，平均车速为 34.6km/h，最大车速为 97.0km/h，怠速比例为 13.4%。CHTC-LT 行驶工况曲线如图 2-14 所示，CHTC-LT 行驶工况曲线统计特征参数见表 2-6。

5．自卸汽车（CHTC-D 工况）

CHTC-D 工况共包括两个速度区间，工况时长共计 1300s，其中低速区间时间比例为 41.5%，高速区间时间比例为 58.5%，平均车速为 23.2km/h，最大车速为 71.4km/h，怠速比例为 21%。CHTC-D 行驶工况曲线如图 2-15 所示，CHTC-D 行驶工况曲线统计特征参数见表 2-7。

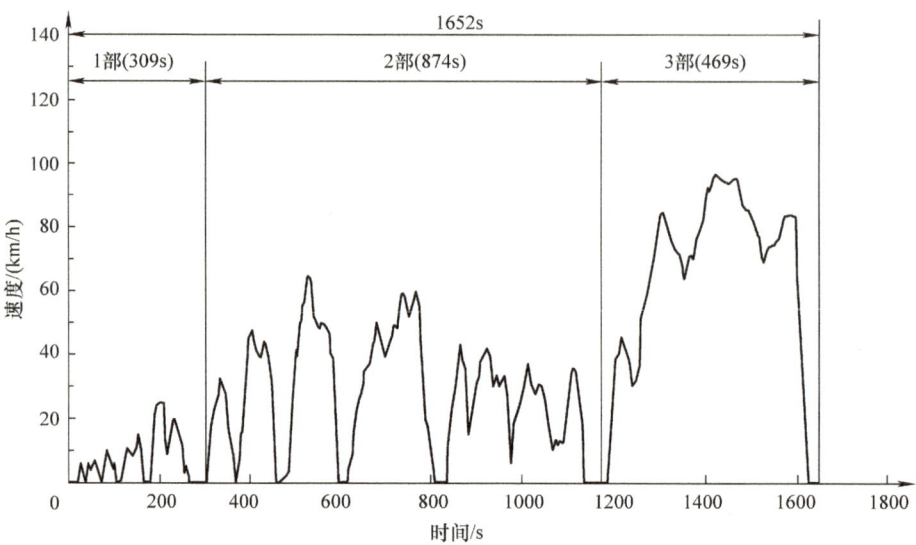

图 2-14 CHTC-LT 行驶工况曲线

表 2-6 CHTC-LT 行驶工况曲线统计特征参数

区间	运行时间/s	里程/km	最大速度/(km/h)	最大加速度/(m/s²)	最大减速度/(m/s²)	平均速度/(km/h)	运行平均速度/(km/h)
总体	1652	15.88	97.00	1.14	−1.17	34.62	39.49
1部	309	0.61	25.70	0.90	−1.17	7.14	9.89
2部	874	6.97	65.40	1.14	−1.17	25.77	29.95
3部	469	8.51	97.00	0.85	−1.13	65.32	69.00

区间	加速段平均加速度/(m/s²)	减速段平均减速度/(m/s²)	相对正加速度/(m/s²)	加速比例(%)	减速比例(%)	匀速比例(%)	怠速比例(%)
总体	0.34	−0.41	0.10	27.78	23.55	36.32	12.35
1部	0.31	−0.34	0.10	23.30	20.39	28.48	27.83
2部	0.36	−0.42	0.12	28.03	26.08	31.93	13.96
3部	0.32	−0.43	0.09	26.01	20.04	48.61	5.33

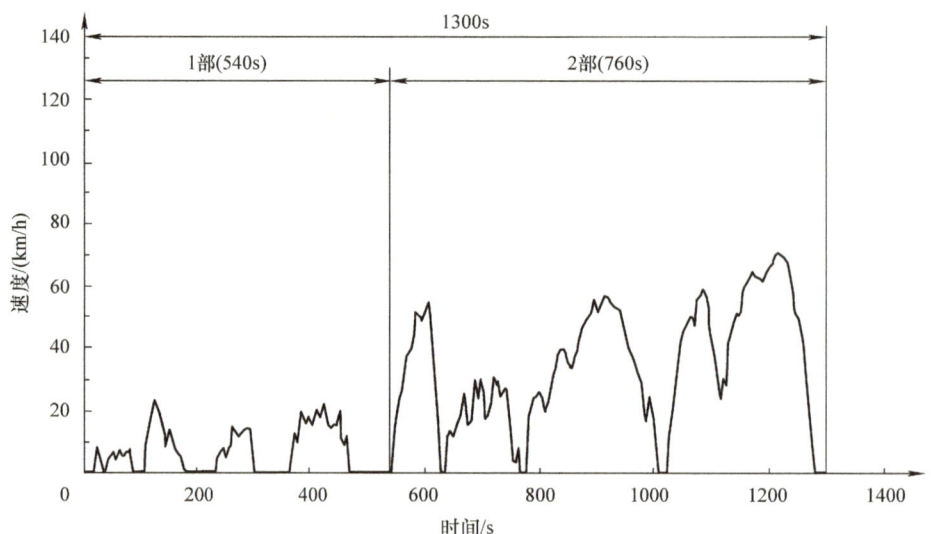

图 2-15 CHTC-D 行驶工况曲线

表 2-7　CHTC-D 行驶工况曲线统计特征参数

区间	运行时间 /s	里程 /km	最大速度 /(km/h)	最大加速度 /(m/s²)	最大减速度 /(m/s²)	平均速度 /(km/h)	运行平均速度 /(km/h)
总体	1300	8.37	71.40	1.24	−1.08	23.18	29.06
1 部	540	0.98	23.70	0.75	−1.08	6.52	11.03
2 部	760	7.39	71.40	1.24	−1.03	35.03	37.13

区间	加速段平均加速度 /(m/s²)	减速段平均减速度 /(m/s²)	相对正加速度 /(m/s²)	加速比例 (%)	减速比例 (%)	匀速比例 (%)	怠速比例 (%)
总体	0.36	−0.40	0.11	24.00	22.08	33.69	20.23
1 部	0.36	−0.34	0.10	14.81	16.67	27.59	40.93
2 部	0.36	−0.44	0.11	30.39	25.92	38.03	5.66

6. 半挂牵引车（CHTC-S 工况）

CHTC-S 工况共包括两个速度区间，工况时长共计 1800s，其中低速区间时间比例为 26.3%，高速区间时间比例为 73.7%，平均车速为 46.6km/h，最大车速为 88.0km/h，怠速比例为 9%。CHTC-S 行驶工况曲线如图 2-16 所示，CHTC-S 行驶工况曲线统计特征参数见表 2-8。

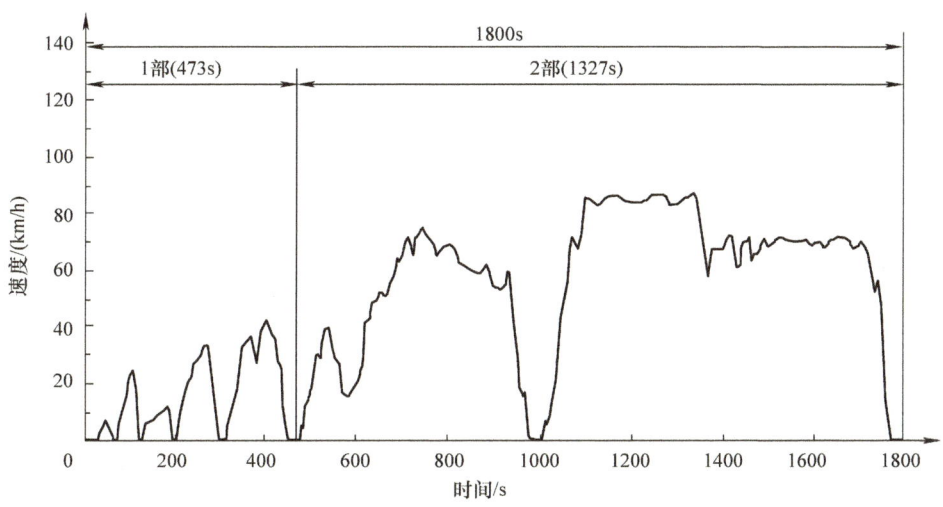

图 2-16　CHTC-S 行驶工况曲线

表 2-8　CHTC-S 行驶工况曲线统计特征参数

区间	运行时间 /s	里程 /km	最大速度 /(km/h)	最大加速度 /(m/s²)	最大减速度 /(m/s²)	平均速度 /(km/h)	运行平均速度 /(km/h)
总体	1800	23.29	88.00	0.93	−1.04	46.58	50.97
1 部	473	1.92	42.20	0.76	−0.94	14.61	18.63
2 部	1327	21.37	88.00	0.93	−1.04	57.97	60.43

区间	加速段平均加速度 /(m/s²)	减速段平均减速度 /(m/s²)	相对正加速度 /(m/s²)	加速比例 (%)	减速比例 (%)	匀速比例 (%)	怠速比例 (%)
总体	0.31	−0.36	0.06	16.78	16.00	58.61	8.61
1 部	0.28	−0.38	0.09	23.47	18.60	36.36	21.56
2 部	0.33	−0.35	0.06	14.32	15.07	66.54	4.07

2.2.1.3 工况分析

由上文可知，《中国工况》包括八类工况，分别适用于轻型汽车和重型商用车；而目前采用的经济性测试工况 GB/T 18386—2017《电动汽车 能量消耗率和续驶里程试验方法》包括三类工况，分别适用于轻型汽车和重型商用车。

① 针对轻型汽车，以经济性测试工况中的 NEDC 和《中国工况》中的 CLTC-P 为例进行对比分析。由表 2-9 可知，CLTC-P 的最高车速比 NEDC 的最高车速减小了 5%，而最大加速度和最大减速度分别提升了 41.1% 和 6.5%。

② 针对重型商用车，以经济性测试工况中的 C-WTVC 和《中国工况》中的 CHTC-B 为例进行对比分析。由表 2-9 可知，CHTC-B 的最高车速比 C-WTVC 的最高车速减小了 48.1%，而最大加速度和最大减速度分别提升了 37.4% 和 28.26%。

总体而言，《中国工况》与经济性测试工况相比，最高车速有所减小，而最大加速度和最大减速度有较大提升。

同时，在进行电动汽车性能参数匹配计算过程中，可利用上述工况进行经济性校核，从而对系统的匹配参数进行验证并提出优化方案[17]。

表 2-9 汽车行驶工况数据统计

工况			运行时间 /s	运行距离 /km	最高车速 /(km/h)	平均车速 /(km/h)	最大加速度 /(m/s²)	最大减速度 /(m/s²)	急速时间比例 (%)
经济性测试工况	轻型汽车	NEDC	1180	11.02	120	33.29	1.042	−1.38	24.9
	重型商用车	CCBC	1314	11.6	60	15.9	0.914	−1.54	29
		C-WTVC	1800	20.51	87.8	40.99	0.917	−1.03	10.3
中国汽车行驶工况	轻型汽车	CLTC-P	1800	14.48	114	28.96	1.47	−1.47	22.11
		CLTC-C	1800	16.43	92	32.87	1.36	−1.39	20.33
	重型商用车	CHTC-B	1310	5.49	45.6	15.08	1.26	−1.32	24
		CHTC-C	1800	19.62	95.7	39.24	1.25	−1.28	18.22
		CHTC-HT	1800	17.32	88.5	34.65	1.14	−1.21	13.72
		CHTC-LT	1652	15.88	97	34.62	1.14	−1.17	12.35
		CHTC-D	1300	8.37	71.4	23.18	1.24	−1.08	20.23
		CHTC-S	1800	23.29	88	46.58	0.93	−1.04	8.61

2.2.2 整车动力系统匹配

对整车动力系统进行匹配时，首先需确定整车动力性设计目标；然后按照整车动力性目标，计算动力系统性能基本参数（包括动力系统额定功率、峰值功率、额定转矩、峰值转矩和车轮转速）；最后初步确定整车动力匹配参数[18-21]。

2.2.2.1 确定整车动力性设计目标

根据产品市场定位和客户需求，结合企业自身的设计水平，按表 2-10 对整车的动力性制定设计目标，并确定整车的基本参数，见表 2-11。

表2-10 动力性关键指标

序号	指标内容
1	最高车速/(km/h)
2	最大爬坡度（%）
3	加速时间/s

表2-11 整车参数

参数项	符号	单位
整车最大质量	M	kg
整备质量	m	kg
迎风面积	A	m^2
空气阻力（风阻）系数	C_D	—
车轮半径	r	m
滚动阻力系数	f	N/kN
旋转质量换算系数	δ	—

2.2.2.2 整车动力系统匹配

1. 数学模型

根据汽车行驶方程式，进行整车的动力性计算：

$$F_t = F_f + F_w + F_i + F_j \tag{2-1}$$

式中 F_t——驱动力（N）；

F_f——滚动阻力（N）；

F_w——空气阻力（N）；

F_i——坡度阻力（N）；

F_j——加速阻力（N）。

（1）滚动阻力

滚动阻力 F_f 的计算公式为

$$F_f = Gf\cos\alpha \tag{2-2}$$

式中 G——车辆重量（N）；

α——道路坡度（°）；

f——滚动阻力系数（N/kN）。

若无试验得到的准确滚动阻力系数值，可利用经验公式大致估算，如在良好道路上货车轮胎的滚动阻力系数为

$$f = 0.0076 + 0.000056u \tag{2-3}$$

式中 u——货车当前车速（km/h）。

（2）空气阻力

空气阻力 F_w 的计算公式为

$$F_w = \frac{C_D A}{21.15} u^2 \tag{2-4}$$

式中 C_D——空气阻力系数；

A——迎风面积（m^2）。

汽车的空气阻力系数 C_D 和迎风面积 A 的数据，见表 2-12。

表 2-12 汽车的空气阻力系数 C_D 与迎风面积 A

车型	A/m^2	C_D
典型轿车	1.7~2.1	0.28~0.41
货车	3~7	0.6~1.0
客车	4~7	0.5~0.8

（3）坡度阻力

坡度阻力 F_i 的计算公式为

$$F_i = G\sin\alpha \tag{2-5}$$

（4）加速阻力

加速阻力 F_j 的计算公式为

$$F_j = \delta m \frac{du}{dt} \tag{2-6}$$

式中　δ——汽车旋转质量换算系数；

　　　m——整备质量（kg）；

　　　$\dfrac{du}{dt}$——行驶加速度（m/s²）。

2. 动力系统需求计算

根据以上公式计算电动汽车驱动系统参数，使其输出的最大功率与峰值转矩能够满足整车动力性需求。

主要参数与各工况需求的关系如下：

（1）最高转速

根据最高车速 u_m 计算车轮最高转速 n_m（r/min）为

$$n_m = \frac{u_m}{0.377r} \tag{2-7}$$

式中　u_m——最高车速（km/h）；

　　　r——车轮半径（m）。

（2）额定功率

根据最高车速和持续爬坡度计算整车需求的额定功率 P_e（kW）：

① 根据最高车速计算整车需求的额定功率 P_{ve}（kW）：

$$P_{ve} = Gf\frac{u_m}{3600} + \frac{C_D A}{76140}u_m^3$$

② 根据持续爬坡度计算整车需求的额定功率，kW：

$$P_{ie} = \left(Gf\cos\theta + \frac{C_D A u_{ic}^2}{21.15} + G\sin\theta\right)\frac{u_{ic}}{3600}$$

式中　θ——持续爬坡度（建议选三个不同常用值）；

　　　u_{ic}——持续爬坡度对应的爬坡车速（km/h）。

故额定功率为

$$P_e = \text{Max}\{P_{ve}, P_{ie}\} \tag{2-8}$$

（3）峰值功率

根据最大爬坡度和加速性能计算整车需求的峰值功率 P_m（kW）：

① 根据最大爬坡度计算整车需求的峰值功率 P_{im}（kW）：

$$P_{im} = \left(Gf\cos\beta + \frac{C_D A u_{im}^2}{21.15} + G\sin\beta + \delta m \frac{du}{dt}\right)\frac{u_{im}}{3600}$$

式中　u_{im}——最大爬坡度对应车速，（km/h）；

　　　β——最大爬坡度。

② 根据加速性能计算整车需求的峰值功率 P_{um}（kW）：

$$P_{um} = \left(Gf + \frac{C_D A u_{end}^2}{21.15} + \delta m \frac{du}{dt}\right)\frac{u_{end}}{3600}$$

式中　u_{end}——整车在加速过程末时刻对应的车速（km/h）。

故峰值功率 P_m 为

$$P_m = \text{Max}\{P_{im}, P_{um}\} \tag{2-9}$$

（4）额定转矩

根据持续爬坡度计算整车需求的额定转矩 T_e（N·m）：

$$T_e = r\left(Gf\cos\theta + \frac{C_D A u_{ic}^2}{21.15} + G\sin\theta\right) \tag{2-10}$$

（5）峰值转矩

根据最大爬坡度和加速性能计算整车需求的峰值转矩 T_m（N·m）：

① 根据最大爬坡度计算整车需求的峰值转矩 T_{im}（N·m）：

$$T_{im} = r\left(Gf\cos\beta + \frac{C_D A u_{im}^2}{21.15} + G\sin\beta + \delta m \frac{du}{dt}\right)$$

② 根据加速性能计算整车需求的峰值转矩 T_{um}（N·m）：

$$T_{um} = r\left(Gf + \frac{C_D A u_{end}^2}{21.15} + \delta m \frac{du}{dt}\right)$$

故峰值转矩 T_m 为

$$T_m = \text{Max}\{T_{im}, T_{um}\} \tag{2-11}$$

动力系统输出参数见表 2-13。

表 2-13　动力系统输出参数

参数类型	单位
轮端最高转速	r/min
整车额定功率	kW
整车峰值功率	kW
整车额定转矩	N·m
整车峰值转矩	N·m

2.2.2.3　工况在整车经济性中的应用

1. 动力电池电量计算

动力蓄电池包的电量是影响纯电动汽车续驶里程的决定性因素。在进行新产品开发时，应根据客户需求及产品定位设定续驶里程目标，从而根据续驶里程目标计算动力蓄电池包的电量[22-25]。

动力蓄电池包的电量计算步骤如下：

1）计算工况下的动力系统耗电量 q（kW·h）：

$$q = \frac{1}{3600^2} \int_0^t F_t u \mathrm{d}t \qquad (2\text{-}12)$$

式中　t——工况下的行驶时间（s）。

2）计算工况下的平均电耗 e（kW·h/km）：

$$e = \frac{q + q_f}{l} \qquad (2\text{-}13)$$

式中　q_f——工况下的整车电附件耗电量（kW·h）；
　　　l——工况下的行驶里程（km）。

3）计算动力蓄电池包的电量 Q（kW·h）：

$$Q = eS \qquad (2\text{-}14)$$

式中　S——续驶里程（km）。

在实际运营条件下，纯电动汽车续驶里程的影响因素有环境温度、运营工况、驾驶习惯、电池衰减等，与标准工况续驶里程存在差异。主要表现如下：

1）低温环境或高温环境时，锂离子电池相对常温下可充放电倍率减小、效率降低，导致电池制动能量回收减少。

2）低温环境时，电池加热时间长且车内取暖设备耗电大幅增加，导致续驶里程大幅减少。

3）高温环境时，冷却电池时间长，且空调制冷能耗高，导致高温环境下续驶里程减少。

4）运营工况拥堵/顺畅、载客量、常用车速、平均车速、起停频率等因素均影响续驶里程。例如，急加速会增大放电电流、减小放电效率；急减速会影响制动能量回收且增加电动空压机能耗；车速过低或过高、不良驾驶习惯等均会减少续驶里程。

因此，在设计动力蓄电池包的电量时应全面考虑，最终确定的电量应是在计算结果的基础上留出一定余量。

动力蓄电池包的主要技术指标见表2-14。

表2-14　动力蓄电池包的主要技术指标

参数类型	单位	备注（动力蓄电池相关参数对整车动力性和经济性的影响）
峰值放电功率	kW	影响驱动系统峰值输出功率
峰值放电功率持续时间	s	影响驱动系统峰值输出功率持续时间
峰值充电功率	kW	影响能量回收
峰值充电功率持续时间	s	—
持续放电功率	kW	影响驱动系统持续输出功率
持续充电功率	kW	影响能量回收
电池充放电效率	—	—
电池可用电量	kW·h	影响续驶里程

2. 经济性仿真分析

根据运行工况及经济性指标，由上述初步匹配结果，采用计算机仿真的手段进行经济性仿真，从而对系统的参数匹配结果进行验证并提出优化方案[26-29]。

例如，影响汽车能耗的因素有滚动阻力系数、空气阻力系数、整车最大质量、电驱动系统效率等参数。从原理上分析，降低滚动阻力系数、空气阻力系数和整车最大质量，可以减少汽车能量消耗，提高电驱动系统效率，并使行驶过程中的轮端对应的电驱动系统工作点尽可能处于电驱动系统高效区附近，也可以降低汽车能耗。

以适用于城市客车的中国汽车行驶工况 CHTC-B 和中国典型城市公交循环工况 CCBC 为例，对电机直驱的纯电动车进行 Cruise 仿真能耗分析，采用的整车（某 8m 纯电动客车）参数见表 2-15。

表 2-15 整车参数

参数项	数值	参数项	数值
整车正投影面积 /m²	6.8	轮胎型号	245/70R19.5
最大总质量 /kg	10000	轮胎滚阻系数 /(N/kN)	6.01
整备质量 /kg	6800	风阻系数 C_D	0.55

整车参数一致时，采用 CHTC-B 工况行驶（图 2-17）比 CCBC 工况（图 2-18）行驶时的能耗低 1.98%，即采用 CHTC-B 工况行驶，能量消耗更少。

CHTC-B 工况和 CCBC 工况驱动轮工作点分别如图 2-19 和图 2-20 所示。由图可知：

1）对于 CHTC-B 工况，驱动轮工作点的主要分布范围是，驱动时转矩为 830~1530N·m，转速为 0~120r/min；制动时转矩（反向）为 40~300N·m，转速为 100~217r/min。故在设计电驱动系统时，应使电驱动系统的高效区主要分布在该区域内，从而可降低汽车能耗。

2）对于 CCBC 工况，驱动轮工作点主要分布范围是，驱动时转矩为 950~1530N·m，转速为 100~190r/min；制动时转矩（反向）为 64~360N·m，转速为 115~240r/min。故在设计电驱动系统时，应使电驱动系统的高效区主要分布在该区域内，从而可降低汽车能耗。

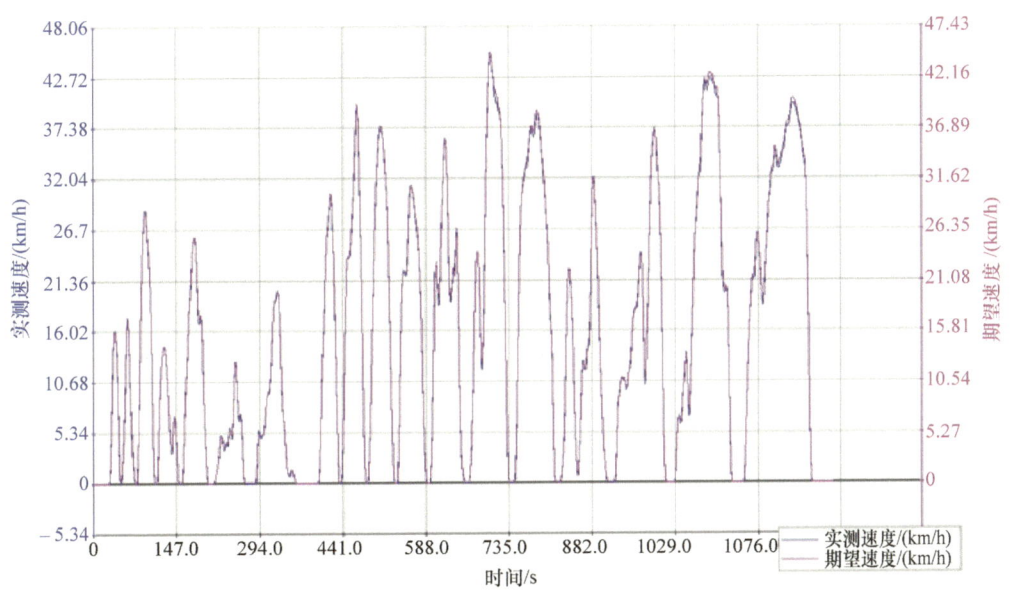

图 2-17 CHTC-B 工况车速跟随曲线

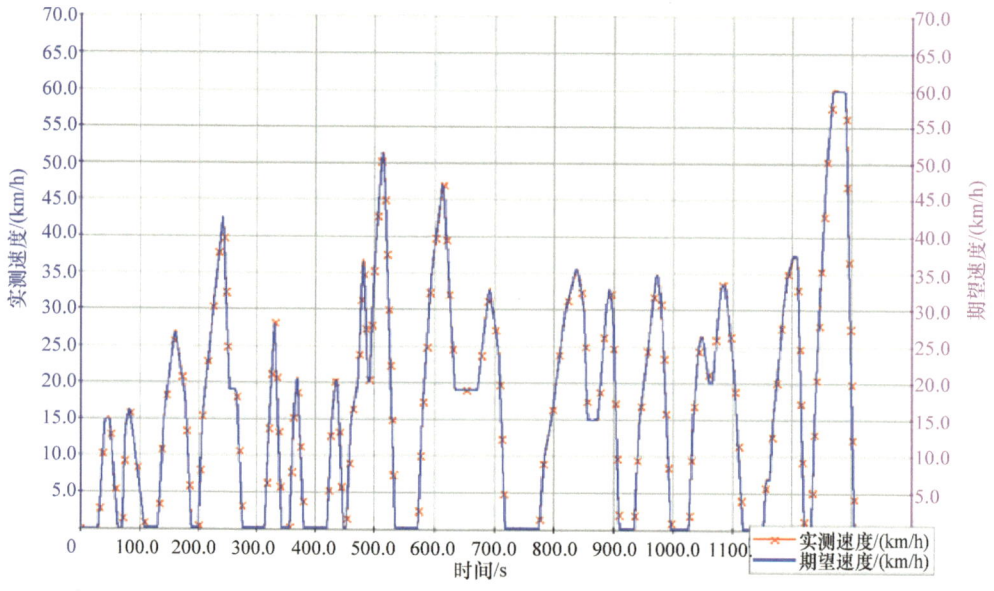

图 2-18 CCBC 工况车速跟随曲线

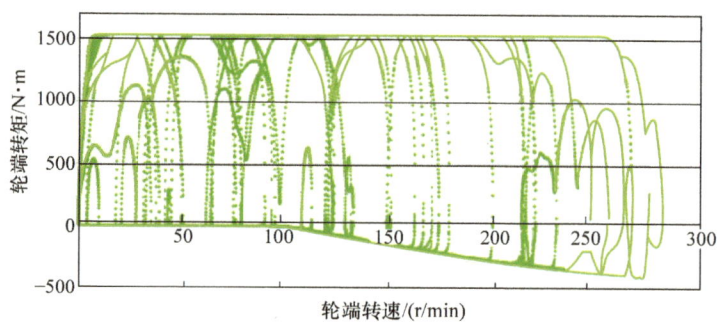

图 2-19 CHTC-B 工况驱动轮工作点

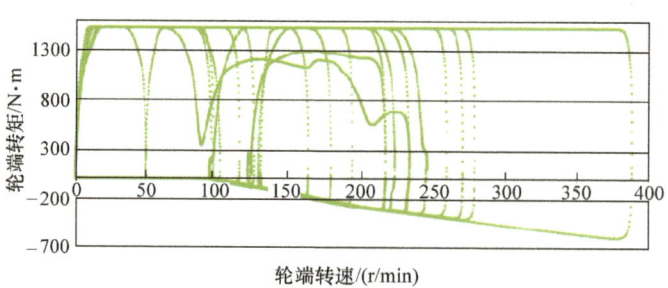

图 2-20 CCBC 工况驱动轮工作点

分别降低滚动阻力系数（f）、空气阻力系数（C_D）、整车最大质量（M）时对整车能耗的影响见表 2-16。从表 2-16 可以看出，当降低相同比例的参数值时，整车最大质量对百公里能耗的影响最大，其次是空气阻力系数，最后是轮胎滚动阻力系数。

表 2-16　分别降低 f、C_D、M 时对整车能耗的影响

影响因素	影响因素参数值降低 5% 时，百公里能耗减少率	
	CHTC-B	CCBC
整车最大质量	4.25%	2.69%
滚动阻力系数	0.59%	0.57%
空气阻力系数	0.81%	1.01%

采用上述手段，通过反复校核修正相关影响参数，从而使整车达到最佳匹配效果。

2.3 整车总体方案设计

整车总体方案设计主要包括整车概念设计、总布置设计和高低压电气系统方案设计等。其中，整车概念设计工作又分为造型设计、人机工程设计和油泥模型模拟设计等工作，该部分的工作与传统内燃机汽车的区别较小，本书不再赘述。本节主要论述整车总体方案设计的整车总布置设计和高低压电气系统设计内容，围绕这两部分的设计工作，详细论述其内容、业务流程、设计及验证要点、参考图表和经验公式，并列举典型设计案例。

2.3.1 整车总布置设计

整车总布置设计是汽车设计前期的首要工作，是车型平台化设计的重要着手点。进行整车总布置设计时，首先需要明确设计内容以及布置参考的规范、标准、业务流程等。在此基础上，进行具体设计，需要在满足法规和基本布置需求的前提下，综合考虑尺寸目标达成、安全可靠性、使用便利性、驾驶乘坐及行李舱空间舒适性、轻量化、装配维修便利性、平台化扩展性等要求[30-32]。本节将围绕设计要点给出常用方法的详细论述，包括参考图表及经验公式，并列举设计实例。

2.3.1.1 纯电动乘用车整车布置设计

1. 整车总布置概述

（1）纯电动乘用车总布置的特殊性

纯电动汽车与燃油汽车的主要差异在机舱布置和底盘（地板下）布置。纯电动汽车与燃油汽车相比，机舱布置少了发动机、进排气等部件，但需要增加电机、电机控制器、DC/DC 变换器、充电机、整车控制器（VCU）、高压线束等部件的布置。其他零部件布置与燃油车基本一致，如熔断器盒、蓄电池、洗涤壶、制动主缸等。图 2-21 和图 2-22 是某燃油汽车和某纯电动汽车的机舱布置概况对比。

图 2-21　燃油汽车机舱布置

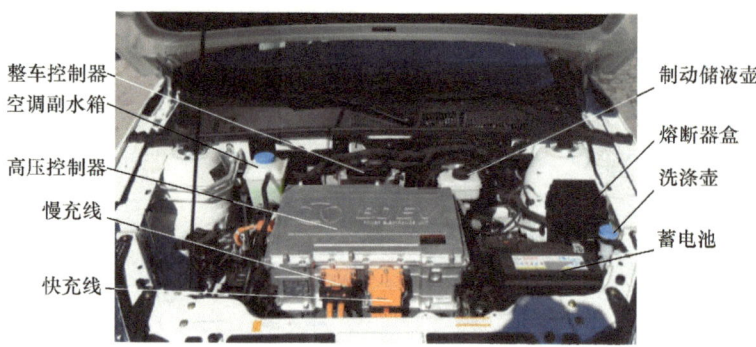

图 2-22 纯电动汽车机舱布置

纯电动汽车与燃油汽车相比，底盘布置少了油箱、排气管等部件的布置，但需要增加动力蓄电池包的布置（纯电动乘用车动力蓄电池包一般都布置在整个地板下）。图 2-23 和图 2-24 所示为某燃油汽车和某纯电动汽车的底盘布置概况。

基于以上所分析的纯电动汽车与传统内燃机汽车在布置上的不同之处，本节将针对纯电动乘用车布置设计，论述整车总布置的内容，包括业务开展流程、参考标准，具体设计工作中的设计要点及对应方法等，并以某车型应用来举例。

（2）纯电动乘用车概念设计内容

整车总布置设计中要综合考虑尺寸目标达成、安全可靠性、使用便利性、驾驶乘坐舒适性及行李舱空间合理性、轻量化、装配维修便利性、平台化扩展性等要求，对总成和部件进行空间布置，形成最佳组合方案。反映这一工作结果的图面就是总布置图，各总成部件在总布置图上的空间条件就是各总成、部件工程师进行相关设计的前提条件。

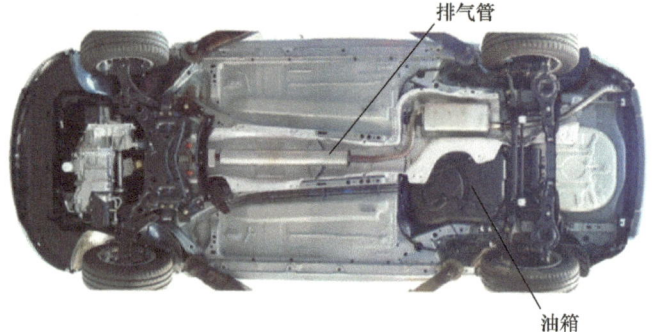

图 2-23 燃油汽车底盘布置

图 2-24 纯电动汽车底盘布置

在总布置设计的概念设计阶段，应规划整车驱动形式、布置形式和基本尺寸。

① 车辆用途、通过性要求及动力性要求是影响选取驱动形式的主要因素，增加驱动轮数能够提高车辆的通过能力或动力性能，但驱动轮数越多，车辆结构越复杂，成本、能耗越高。

② 布置形式，是指动力总成、驱动轮和驾驶室的相互关系和布置特点。纯电动乘用车的布置形式主要有动力总成前置前轮驱动结构、动力总成后置后轮驱动结构、动力总成前后分置四轮驱动结构和分布式轮毂电机驱动结构。

③ 基本尺寸包括以下方面：外形尺寸，即长、宽、高、轴距、轮距、前悬长、后悬长；室内空间，即室内长、宽、高，腿部空间，头部空间及行李舱空间等；外形设计的硬点，即前后风窗的上、下端位置，车身中部高度，散热器前端位置等。

在布置之初，先设定总布置的主要构成要素并进行布置，然后验证这种布置是否达到原设定的主要尺寸、性能等目标。一般要反复修改多次才能逐渐接近原定目标。为了确定车辆总布置，需要同时进行局部空间布置，如机舱布置、驾驶室人机布置和底盘布置等。

（3）整车总布置业务流程

总布置业务主要围绕整车三维数据开展工作。通过前期对标杆车的研究来确定硬点，然后组织协调各专业工程师一起进行初步和细化的总布置方案设计，完成整车总布置三维数据装车前的固化，最后经过试制装车及试验验证进行必要的总布置数据的调整，完成整车开发流程中的总布置业务。具体工作为：总布置工程师负责组织各专业技术部门按照《整车产品设计任务书》的要求进行三维结构设计，负责对各专业系统的三维结构设计进行合理性审查，统筹考虑布置空间、布置美观度、工艺执行方便性、维修方便性等因素，整体把控结构设计和性能，进行动态、静态校核，进行人机工程校核，并组织评审。

整车开发过程中的总布置业务流程如图2-25所示。

（4）纯电动乘用车整车布置标准

纯电动乘用车整车布置除了要基于传统燃油汽车总布置标准（纯电动汽车不涉及的除外，如关于发动机、进排气的）进行设计外，还要遵守及参考关于纯电动汽车的专有标准（如关于充电口的）。常用的标准有：

SAE J1100—2009《机动车尺寸标准》；

GB/T 17346—1998《轿车 脚踏板的侧向间距》；

GB 1589—2016《汽车、挂车及汽车列车外廓尺寸、轴荷及质量限值》；

GB 4785—2007《汽车及挂车外部照明和光信号装置的安装规定》；

GB 11566—2009《乘用车外部凸出物》；

GB 11552—2009《乘用车内部凸出物》；

GB 11562—2014《汽车驾驶员前方视野要求及测量方法》；

GB 15084—2013《机动汽车间接视野装置性能和安装要求》；

GB 14167—2013《汽车安全带安装固定点》；

GB 11551—2014《汽车正面碰撞的乘员保护》；

GB 20071—2006《汽车侧面碰撞的乘员保护》；

GB 15741—1995《汽车和挂车号牌板（架）及其位置》；

GB 7063—2011《汽车护轮板》；

GB 7258—2017《机动车运行安全技术条件》；

GB 17354—1998《汽车前、后端保护装置》；

GB/T 24550—2009《汽车对行人的碰撞保护》；
GB/T 28382—2012《纯电动乘用车技术条件》；
GB/T 20234.2—2015《电动汽车传导充电用连接装置 第 2 部分：交流充电接口》；
GB/T 20234.3—2015《电动汽车传导充电用连接装置 第 3 部分：直流充电接口》。

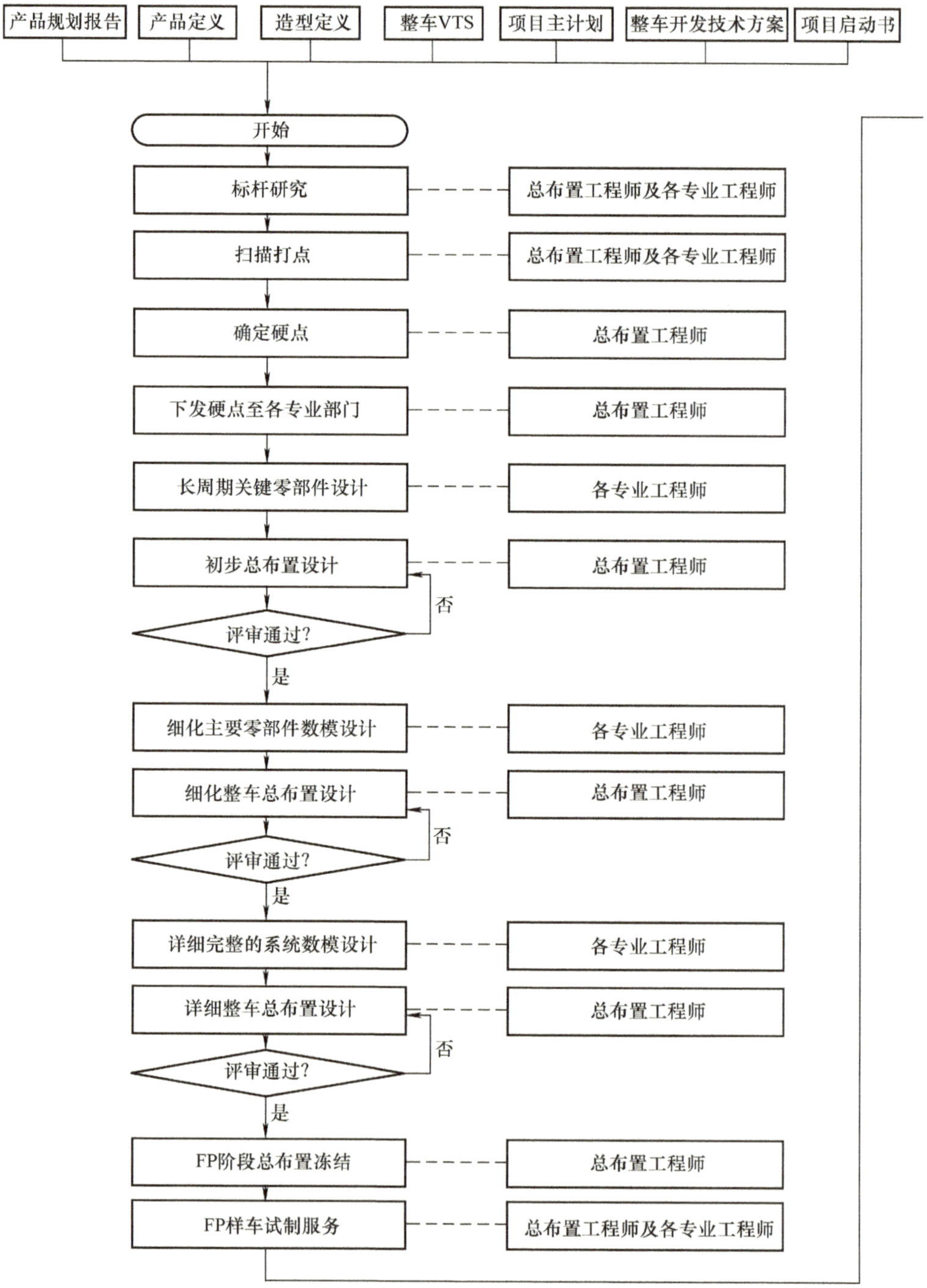

图 2-25 总布置

注：AUDIT 指汽车行业

（5）纯电动乘用车整车坐标系

在最初设计阶段，需要确定三个正交平面组成整车坐标系统（图2-26），以作为三维设计的基础。三个基准平面分别如下：

① Y 基准平面：车辆纵向对称面。

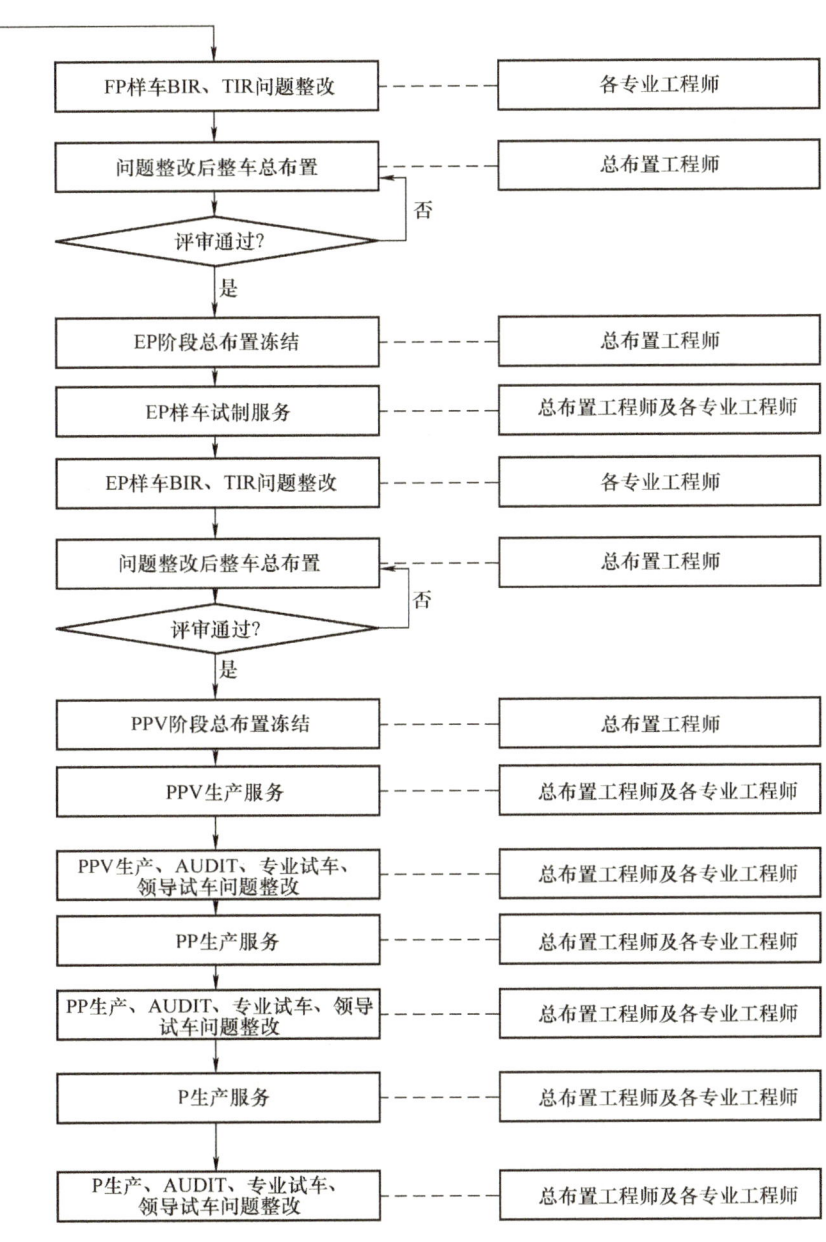

业务流程
通用的质量检验方法。

② X 基准平面：垂直于 Y 基准平面并通过设计载荷下前轮轮心连线与 Y 基准平面交点的垂直平面。

③ Z 基准平面：垂直于 X 基准平面和 Y 基准平面并通过地板主平面或纵梁上平面的水平平面。

④ 规定 X 基准平面后方，Y 基准平面右方，Z 基准平面的上方为正值，反方向为负值。

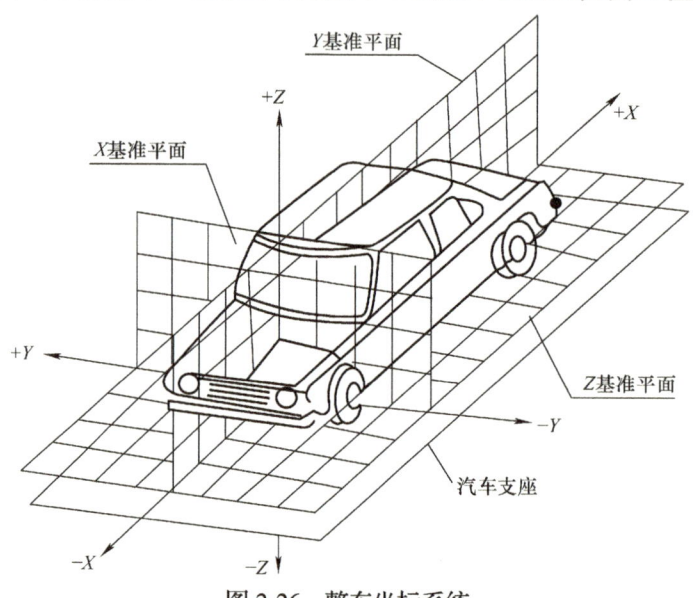

图 2-26 整车坐标系统

一般有车架时，以车架上的平面为 XY 面；无车架（承载式车身）时，以车身地板主平面为 XY 面。但当车架上表面是复杂面时，也可以用车身地板主平面作为 XY 面。设计中允许独立总成建立自己的坐标系。

值得注意的是，XY 面与地面之间应当保持一个 0°~1.5° 的倾角，汽车处于前低后高的状态，使车辆在行进中给人以强劲有力的感觉。

（6）纯电动乘用车整车轴荷分配设计

1）轴荷分配对整车总布置设计的影响。轴荷分配是整车总布置设计的基础，需要在前后轴之间合理分配整车载荷。整车质量状态详见表 2-17。

表 2-17 整车质量状态

项目		各质量状态情况							
	座位数	体重/kg× 人数	行李质量/kg× 件数	冷却液	制动液	洗涤液	润滑剂	随车工具	备胎
整备	—	无	无	正常	正常	正常	正常	有	出厂配置
半载①	2~3 个	68×2	7×2	正常	正常	正常	正常	有	
	4~5 个	68×3	7×3	正常	正常	正常	正常	有	
	6~7 个	68×4	7×4	正常	正常	正常	正常	有	
	8~9 个	68×5	7×5	正常	正常	正常	正常	有	
满载	—	68× 额定人数	7× 额定人数 + 额外质量	正常	正常	正常	正常	有	

① 半载质量乘员分配如下：对于 2 个和 3 个座位，2 人在前排；对于 4 个和 5 个座位，2 人在前排，1 人在第 2 排；对于 6 个和 7 个座位，2 人在前排，2 人在第 2 排；对于 8 个和 9 个座位，2 人在前排，3 人在最后排；当最后排只有两个座位时，1 人应坐在倒数第 2 排。

轴荷分配对汽车轮胎使用寿命和实用性有很大影响。

① 考虑轮胎胎面磨损均匀，寿命相近，各轮胎负荷相差不大。

② 为了使汽车具有良好的动力性和通过性，驱动桥应当有足够大的负荷，从动轴上的负荷应适当减小。

③ 为使汽车具有良好的操纵稳定性，转向轴负荷不应过小，质心分布应该接近整车中性转向中心和风压中心。

这就要求设计时要充分考虑整车的性能要求、使用条件，合理选取轴荷分配。

在进行整车布置时，需要考虑布置结果对应的整车质心位置对整车转向和受到侧风时的稳定性的影响。质心布置应接近整车的中性转向点。本书重点描述质心布置与风压中心的一致性问题与解决原则，如图 2-27 所示。图中 CP 点为合力在汽车上的作用点，称为风压中心（Center of Pressure）；CG 为汽车的质心（Center of Gravity）。风压中心的位置对汽车空气动力稳定性的影响较大。当风压中心靠近汽车前轴时，以指向 Y 轴相反方向的风为例，横摆力矩 $M_z=F_y X_c$ 使汽车绕 Z 轴顺时针方向转动，即顺侧向风转动，进一步增大了侧向风力的作用，从而导致恶性循环使汽车失稳。若风压中心在质心之后，则横摆力矩 M_z 使汽车产生逆时针方向转动，从而削弱了侧向风力的作用，使汽车趋于稳定。因此，在整车造型已经确定的情况下，应合理布置整车，使质心处于在风压中心之前的位置。

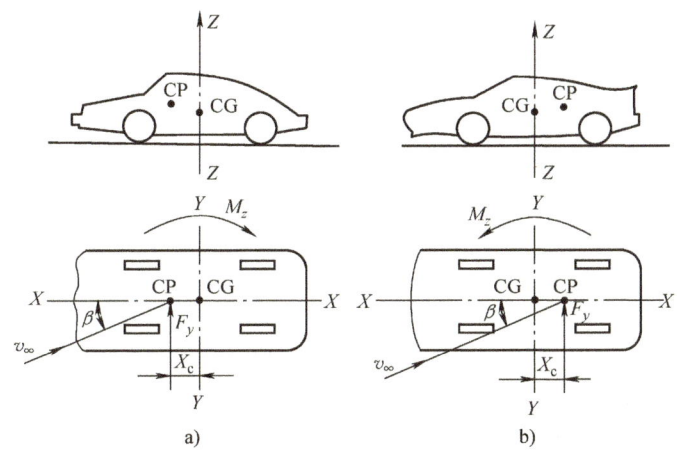

图 2-27 整车质心位置设计参考点

2）整车轴荷分配计算。在设计阶段，整车质心轴荷采用统计法计算得出。

① 专业工程师根据实测或对比估算的方法统计出所有零部件或总成的质量，然后在数模中根据布置位置测量零部件或总成的质心，按总布置工程师提供的模板整理成表格，由总布置工程师汇总。

② 总布置工程师将整车所有零部件或总成的质量、质心统计出来，参考表 2-18 的格式进行整理，计算出整备状态的质心。

表 2-18 整备质心计算参考模板

序号	部门	零部件	质量		质心坐标			低配			高配		
			低配	高配	X	Y	Z	mX	mY	mZ	mX	mY	mZ
1	底盘	左前轮胎											
2		右前轮胎											
…		…											
21	车联网	组合仪表总成											
22		中控信息娱乐系统总成											
…		…											
26	电子电器	灯具系统											
27		开关系统											
…		…											
49	电驱动	驱动电机											
50		减速器总成											
51		MCU 总成											
52		PDU 总成											
…		…											
54	电池	锂离子动力电池系统总成											
55	车身	前防撞梁总成											
56		后端纵梁总成											
…		…											
158	内外饰	前行李箱总成											
159		后行李箱总成											
…		…											
209	整备	质量合计											

注：mX、mY、mZ 分别表示整备质量 m 与质心坐标 X、Y、Z 的乘积。

整车整备质心坐标计算公式为

$$X = \frac{\sum m_i X_i}{\sum m_i} \tag{2-15}$$

$$Y = \frac{\sum m_i Y_i}{\sum m_i} \tag{2-16}$$

$$Z = \frac{\sum m_i Z_i}{\sum m_i} \tag{2-17}$$

式中　X_i，Y_i，Z_i——零部件或总成的质心坐标值；

　　　m_i——零部件或总成的质量（kg），i 表示各零部件或总成。

整备轴荷计算公式为

$$M_R = M \frac{X}{L} \tag{2-18}$$

$$M_F = M - M_R \tag{2-19}$$

式中　M——整车整备质量（kg）；
　　　M_F——前轴荷（kg）；
　　　M_R——后轴荷（kg）；
　　　L——轴距（mm）。

前轴轮荷计算公式：

$$M_{Fr} = M_F \frac{\frac{L_F}{2} + Y}{L_F} \tag{2-20}$$

$$M_{Fl} = M_F - M_{Fr} \tag{2-21}$$

式中　M_{Fl}——前轴左轮荷（kg）；
　　　M_{Fr}——前轴右轮荷（kg）；
　　　L_F——前轮距（mm）。

后轴轮荷的计算公式与前轴轮荷的计算公式相同。

3）半载、满载质心轴荷轮荷计算。计算出整车整备质心轴荷之后，加载相应的乘员及随车行李质量、额外行李质量，计算整车半载、满载的质心轴荷，参考表2-19。

表2-19　半载、满载质心计算参考模板

部门	零部件	质量		质心坐标			低配			高配		
		低配	高配	X	Y	Z	mX	mY	mZ	mX	mY	mZ
整备	质量											
半载	驾驶人											
	前排乘客											
	后排中间乘员											
	质量合计											
满载	后排左边乘员											
	后排右边乘员											
	质量合计											

半载、满载的最大设计总质量轴荷、轮荷计算公式与整备轴荷、轮荷计算公式相同。

根据GB/T 29120—2012《H点和R点确定程序》的规定，各乘员质心及行李质心位于规定的范围内：

① 不可调座椅：垂直通过位于相应座椅$R^\ominus$点前50mm的点。

② 可调座椅：垂直通过位于相应座椅R点前100mm或最靠近锁紧位置的点。

根据GB/T 29120—2012，行李质心规定范围为：标准行李的质心设在垂直通过位于车辆纵向中心平面上的行李舱的最大有效长度在水平面上投影的中点处。对于具有前行李舱的车型，按项目定义加载。

乘用车行李质量的中心分布如图2-28所示。对于具有前行李舱的车型，参考后行李舱加载。

计算完成之后，汇总计算结果输出给底盘设计部门、性能设计部门等需求专业部门。

$\ominus$ 汽车在总布置设计时，根据要求确定一个座椅调至最后、最小位置时的"基准点"，即为R点。

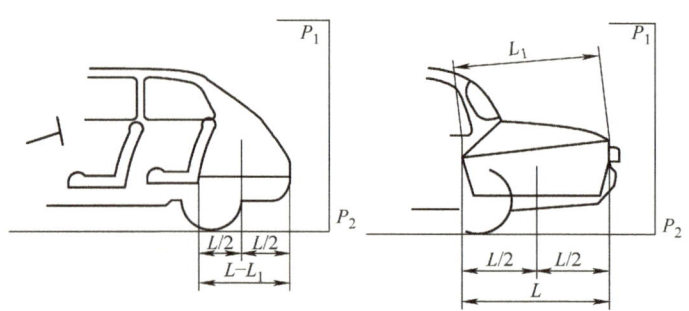

图 2-28　乘用车行李质量的中心分布

2. 整车总布置设计

下面将详细论述相关系统的布置原则、布置方式及发展趋势。

（1）动力总成布置

电机是电动汽车的核心部件之一。纯电动乘用车一般将单级减速器与电机装配在一起构成动力总成实现驱动功能。

动力总成的布置位置有以下几种：

1）动力总成布置在前机舱的横置方式。这是经济型纯电动乘用车的主流布置方式，如图 2-29 所示。

图 2-29　前机舱布置方案示意图

2）动力总成布置在前排座椅下的纵置方式，多为 MPV、M1 类车型布置方式，如图 2-30 所示。

图 2-30　动力总成布置在前排座椅下的纵置方案示意图

3）动力总成布置在后排座椅下或后机舱的横置方式，即后置后驱。这是纯电动平台新的发展趋势，如图 2-31 所示。

图 2-31　动力总成布置在后排座椅下的布置方案示意图

4）分布式轮毂电机方式,这是未来车型发展方向,如图 2-32 所示。

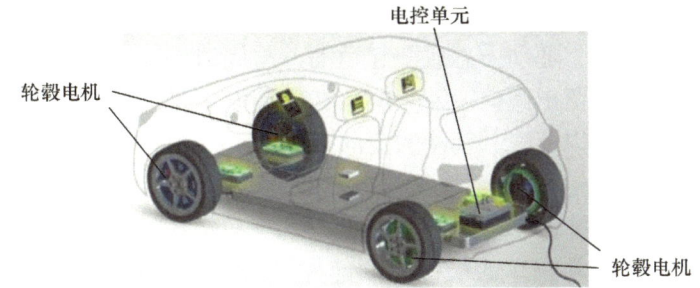

图 2-32　分布式轮毂电机布置方案示意图

动力总成布置应遵循的原则:
① 在侧视图中,动力总成输出轴一般布置在整备轮心之上。
② 驱动轴夹角在整备、半载、满载状态下都较小,提高驱动轴使用寿命。
③ 动力总成应高于副车架或车身横梁。
④ 减速器角度在供应商许可的范围内。
⑤ 满足动力总成周边安全间距要求:根据动力总成的运动特点和总装工艺要求确定实际的安全间距。

（2）高压控制器的布置

高压控制器的布置位置有以下几种:

1）高压控制器布置在前机舱的方案如图 2-33 所示。

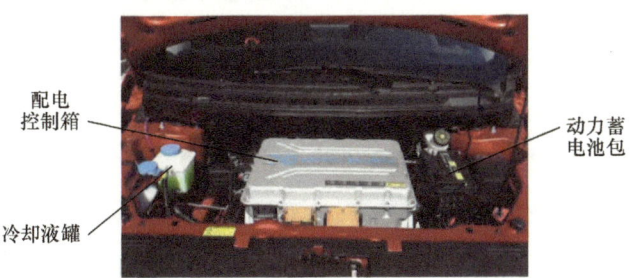

图 2-33　高压控制器布置在前机舱的方案

2）高压控制器布置在后排座椅下或后机舱的方案如图 2-34 所示。

图 2-34 高压控制器布置在后机舱的方案

高压控制器布置原则：

① 布置在前机舱时，考虑行人保护要求，根据 CAE 分析，与机盖之间留出安全间隙。
② 与动力总成集成时，随动力总成一起运动，与周边零部件留出运动间隙。
③ 在控制器前后方向留出碰撞溃缩空间，在碰撞发生时，不能侵入驾驶舱。
④ 考虑高、低压线束以及冷却管路的走向空间。
⑤ 考虑插接器的插拔空间。

（3）动力蓄电池包布置

动力蓄电池包是纯电动汽车的最核心的部件之一，它为整车提供能量，决定了纯电动汽车的续驶里程，影响电机的输出功率。由于目前动力蓄电池包的能量密度较低，仅为传统化石燃料的几十分之一，这就决定了要达到较高的续驶里程，需要庞大的动力蓄电池包。

动力蓄电池包的布置有以下要求：

① 需要比较齐整的空间。
② 具有承载动力蓄电池包重量的车身结构。
③ 满足碰撞防护的要求。
④ 具有一定隔热、防火的要求。

动力电池布置，应兼顾以下几项原则：

① 碰撞安全性：保证动力蓄电池包在碰撞时不发生损坏。
② 平台兼容性：与选定底盘平台结构相匹配，保证整车电量需求及电压需求。
③ 统筹性能，兼顾平衡：优先满足各系统性能确定动力蓄电池包的性能参数，平衡各系统性能间的矛盾，统筹确定性能增减，以达到整体最优。
④ 装配及检修的方便性：必须满足工艺对各零部件装配方便性的要求，以及线路连接、充电、检查和装卸时的高压安全和方便。

目前，大多数纯电动乘用车将动力蓄电池包布置在车底位置，如图 2-35 所示。

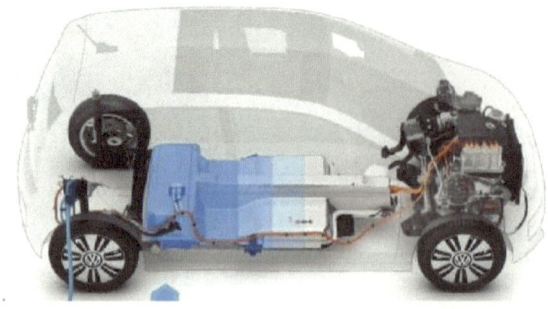

图 2-35 动力蓄电池包布置在车底位置示意图

其布置要点如下：

① 动力蓄电池包上方与地板间隙控制在 5~10mm。

② 动力蓄电池包前后与副车架间隙控制在 20mm 以上，以满足动力蓄电池包对碰撞防护的要求。

③ 动力蓄电池包与车身横梁、纵梁或门槛梁间隙控制在 15~20mm，满足装配间隙的要求。

④ 动力蓄电池包与门槛梁外侧间隙要求在 200mm 以上，或以 CAE 分析结果指导设计，以满足侧碰安全的要求。

（4）充电座布置

动力蓄电池是纯电动汽车的唯一能量供应，在使用一段时间以后，需要进行充电以补充能量。充电方式分为快充和慢充两种：快充需要专门的设备，一般在充电站进行充电时使用；慢充需要车载充电器，使用 220V 电压。

充电座的布置形式比较多，目前主流的布置方式主要有以下几种：

① 快慢充电座集中布置在充电口位置，对应于传统燃油汽车的加油口位置。

② 快慢充电座分开布置在充电口位置，车身左右一边一个，对应于传统燃油汽车的加油口位置。

③ 慢充电座布置在充电口位置，对应于传统燃油汽车的加油口位置；快充电座布置在前格栅位置。

④ 快慢充电座集中布置在前格栅位置。

⑤ 快慢充电座分开布置在翼子板位置，车身左右一边一个。

在实际应用中发现：

① 将充电座布置在前格栅，不利于行人保护。

② 将充电座布置在前格栅或翼子板处，进入停车位较困难，但对于高压部件布置在前舱的车型，可以缩短高压线束长度，降低装配难度与成本；对于高压部件位于后机舱的车型，充电座布置在后侧围上更有利，既能缩短线束长度，又方便进入停车位。

（5）车身、内外饰布置设计

电动汽车仪表板布置需要在传统燃油汽车的基础上对组合仪表、中控显示屏、空调箱、换档系统、转向管柱等进行电动化设计，并且电动汽车更追求智能科技的设计，主要体现在电动汽车的仪表板更追求一体化大屏幕，甚至曲面屏设计，并且仪表板区域物理开关按键逐渐减少更改为触摸按键，或者集成在显示屏内进行屏幕操作。

仪表及中控台位置布置示例如图 2-36 所示。

仪表板区域布置：

1）纯电动汽车的组合仪表布置与传

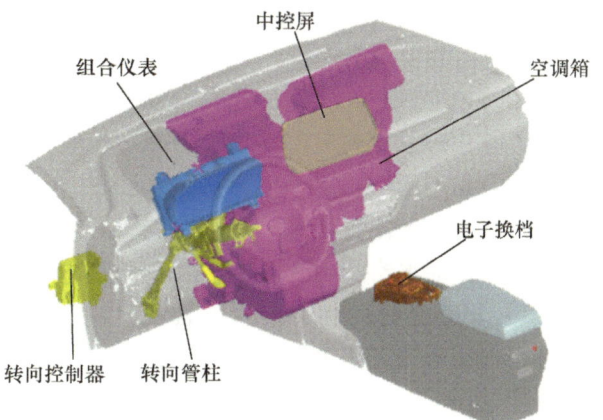

图 2-36　仪表及中控台位置布置示例

统燃油汽车的要求基本一致，主要考虑：

① 仪表视野不能被转向盘遮挡。

② 通过整车玻璃照射的自然光线不能反射到人眼而使驾驶员产生眩目。

③ 夜间，仪表在前风窗玻璃上产生的影像不能影响驾驶员驾驶，在侧风窗玻璃成像不能影响驾驶员观察外后视镜。

2）中控屏幕（一体化大屏，图 2-37）需要满足：

① 驾驶员坐在驾驶位置上能够方便地进行触控操作，如不满足则需要对人机接口（Human Machine Interface，HMI）中可触控的信息进行校核确认。

② 前风窗玻璃上入射光线不能反射到人眼而使驾驶员产生眩目。如存在眩目现象，则屏幕需要进行贴膜处理，结合实车模型评审最终确认屏幕位置及状态。

③ 夜间，仪表在前风窗玻璃上产生的影像不能影响驾驶员驾驶，在侧风窗玻璃成像不能影响驾驶员观察外后视镜。

a)　　　　　　　　　　　　　　　b)

图 2-37　一体化大屏布置示意图

a）大屏幕　b）物理按键减少

3）与传统燃油汽车相比，电动汽车只能选择电动助力转向系统，管柱轴线需要满足转向系统的力矩波动要求，转向控制器可以根据不同品牌控制器选型的要求进行布置调整。

（6）乘客舱区域布置

电动汽车注重智能化、电动化设计，如高级驾驶辅助系统（Advanced Driving Assistant System，ADAS）、道路救援（T-BOX）、行人预警、对外充电等功能，因此会相应地增加辅助控制器来实现具体功能。在整车上布置各辅助控制器（图 2-38）时，须根据具体供应商的要求来进行。

1）自动驾驶摄像头布置。自动驾驶摄像头布置在前风窗玻璃上，尽可能居中靠上水平布置，摄像头布置不能影响前方上视野及玻璃透明区的设计，且在刮水器刮刷区域之内。

2）智能座舱控制器布置。智能座舱控制器布置在座椅下方，方便拆卸维修。

3）T-BOX 布置。T-BOX 布置在

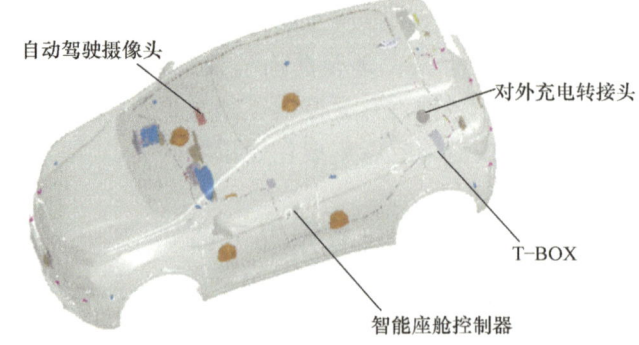

图 2-38　各辅助控制器布置位置示意图

侧围、仪表台内均可，避免与大电流电气元器件布置在一起，防止电磁干扰，同时方便与天线及多媒体主机进行通信。

4）对外充电转接设备。纯电动汽车通常会配有对外输出的充电设备，如车对车充电设备、车对用电器充电设备等。通常将对外充电转接设备布置在行李箱内，与充电工具放置在一起。

（7）行李舱区域布置

与传统燃油车相比，纯电动汽车行李舱一般会取消备胎、千斤顶等设计，取而代之的是充气泵和补胎液，并配有充电枪等工具方便用户充电使用。为了实现轻量化，行李舱地板采用注塑件的设计也比较常见。这种设计打破了常规的钣金件冲压深度的限制，增大了行李舱空间。

行李舱区域布置示例如图2-39所示。

图2-39 行李舱区域布置示例

在动力总成体积明显减小的状态下，可以设计一个前行李舱进一步增大行李舱容积（图2-40）。

（8）天窗布置（图2-41）

在纯电动汽车中，由于地板下方布置动力蓄电池系统，同时在外观造型上追求主流流线型，所以在高度方向（人机高度）受到

图2-40 前行李舱布置示例

压缩。在高度空间一定的条件下，为了平衡人机内部空间和整车高度的矛盾，在天窗布置上会打破常规设计，如采用大玻璃顶天窗或者与风挡组成贯通式全景天窗。

图2-41 天窗布置区域方案

（9）人机工程布置分析

纯电动汽车将传统燃油汽车的动力总成发动机和变速箱更改为电机和减速器，为提升整车纵向空间利用率提供了基础。对于纯电动汽车，主要通过减小前悬架尺寸（图2-43）、增大轴距来增加乘员纵向空间，提高纵向空间的利用率如图2-42所示。

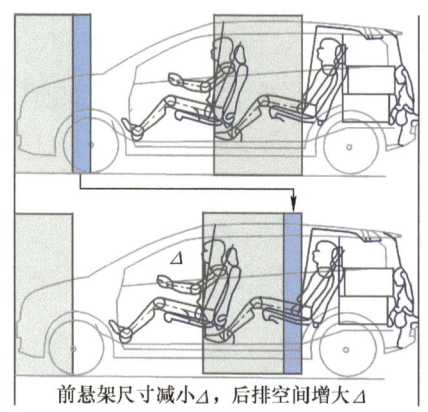

图2-42 前悬架尺寸减小带来的后排空间增大示意图

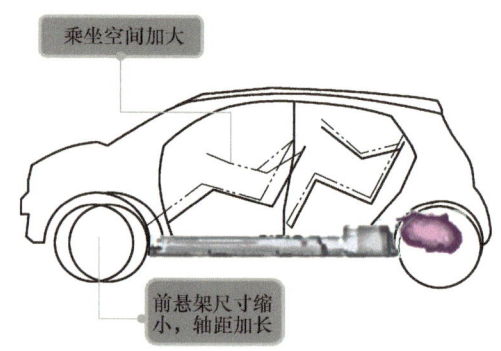

图2-43 前悬架尺寸减小带来的乘坐空间变大示意图

如图2-44所示，前悬架尺寸主要来源于碰撞对溃缩空间的要求（前悬架尺寸＝前保险杠至防撞梁距离＋A区距离＋B区距离＋电机本体部分）。在整体碰撞吸能区（A+B+D）必须保证足够尺寸空间的基础上，减小前悬架尺寸主要通过减少C来实现。减少C最有效的方式是将驱动形式由前置前驱（FF）更改为后置后驱（RR）。大众汽车MEB平台为改善非吸能区（C）碰撞吸能特性采用后置后驱动，如图2-45所示。

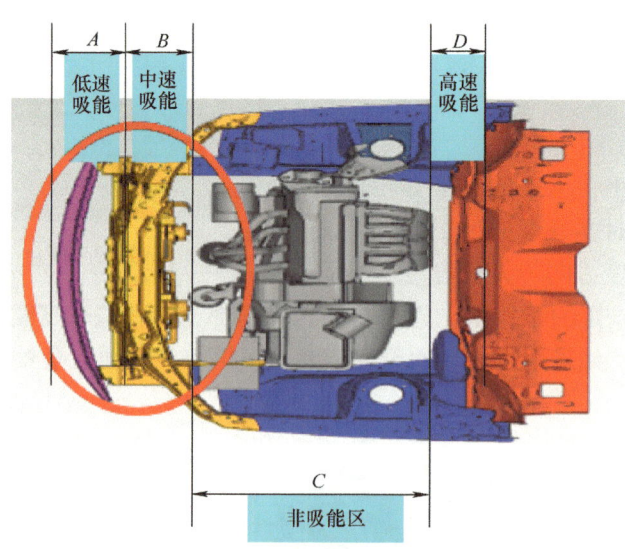

图2-44 碰撞时吸能区示意图

针对FF车型，可通过采用同轴电机来缩小非吸能区的尺寸（同轴电机的尺寸C较平行轴电机减少约60~80mm）。

图 2-45　大众汽车 MEB 平台为改善非吸能区碰撞吸能特性采用后置后驱

纯电动汽车相较于传统燃油车另一个主要特点是由于动力蓄电池包布置对整车 Z 向空间有一定影响（图 2-46），导致整车高度较传统燃油汽车高。

由于造型美观等原因，纯电动汽车的整车高度尽可能接近燃油汽车。为了不过多牺牲人体坐高和头部空间，纯电动轿车一般采用玻璃顶结构，以减小顶部的厚度。电动 SUV 多采用偏轿车化的低坐姿降低人体高度从而降低整车高度。

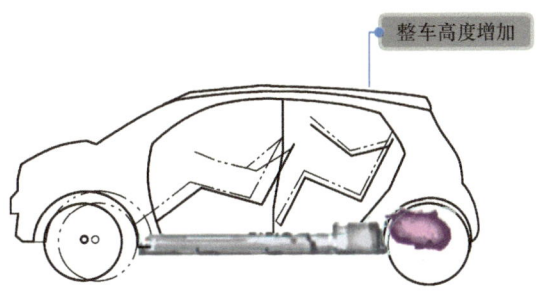

图 2-46　动力蓄电池包布置对整车高度的影响

全新开发的 A 级和 A0 级纯电动汽车与燃油汽车的高度对比分别如图 2-47 和图 2-48 所示。

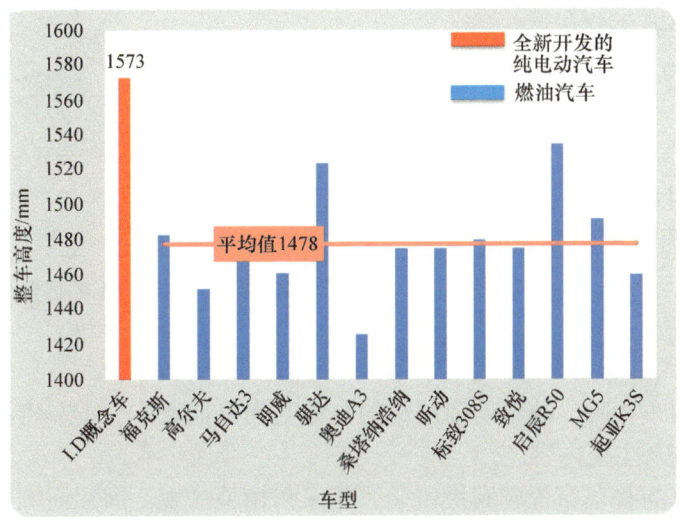

图 2-47　全新开发的 A 级纯电动汽车与燃油汽车的高度对比

3. 整车总布置图

根据新产品规划和概念设计确定车身总布置方案，然后绘制总布置草图，最后开始进一步的造型设计。其中，整车总布置草图是后期的开发设计的依据，起指导作用，下面将以某车型项目总布置图为例进行说明。

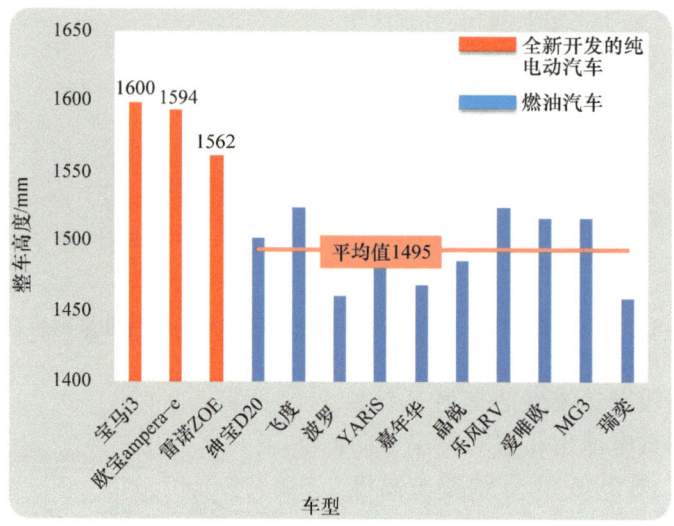

图 2-48 全新开发的 A0 级纯电动汽车与燃油汽车的高度对比

总布置图中，主要体现如下内容：

① 整车外廓尺寸，包括长、宽、高、轮距、轴距、前悬、后悬。
② 整备、半载、满载状态下的地面线，车轮静力半径，通过性参数。
③ 法规要求及设计目标。
④ 驾驶员及乘客 H 点（驾驶员或乘客躯干和大腿的旋转中心）坐标、人机内部空间等相关参数。
⑤ 踏板位置关系。
⑥ 前机舱盖、后行李舱盖或尾门开闭的方便性。
⑦ 关键零部件的状态及其他细节。

纯电动汽车的造型与布置特殊性如图 2-49 所示。

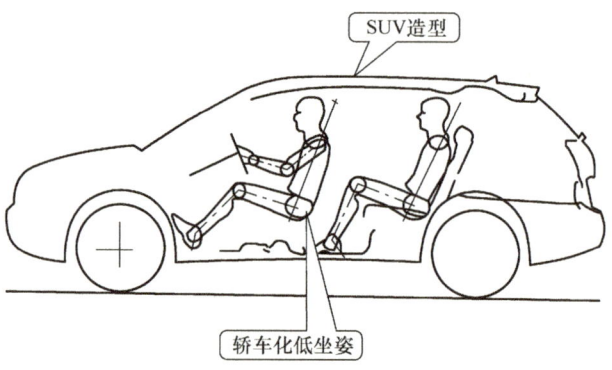

图 2-49 纯电动汽车的造型与布置特殊性

2.3.1.2 纯电动商用车整车布置方案

与纯电动乘用车相比，纯电动商用车的布置空间更加宽裕。本节将简要论述纯电动商用车整车布置原则及主要内容。

纯电动商用车的整车布置应满足安全、环保和相关法规、国际惯例要求，以及相应的功能、性能要求。整车的总体平衡是车辆布置的基础，设计时应把使用性能放在首位，然后按照制造、维修、外形的顺序来考虑问题，使整车好用、好修、好造、好看。整车布置应配合协调，与外形构思相适应。纯电动商用车应重点考虑高压元器件防水、防尘、防火等性能，符合造型的风格和要求，充分考虑车身与底盘、高压元器件的装配要求。

纯电动商用车的高压元器件主要由电驱动系统、储能装置、电附件、电控单元、受电装置等相关高压零部件组成，各系统之间通过电控单元保证整车安全运行。

① 动力蓄电池包等储能装置根据市场需求主要有底置中段加后段和顶置加底置后段布局形式；底置应充分考虑储能装置散热、保温需求以及防碰撞要求，顶置储能装置应增加相应防护罩。

② 电附件、电控单元主要集中布置在车辆末排座椅下方及后高压元器件舱体，电控单元与后围保证一定的安全距离。

③ 如有受电装置，则一般将受电装置布置于车顶。

低地板或低入口纯电动客车的设计应符合国家标准 GB 19260—2016《低地板及低入口城市客车结构要求》，布置整车高压元器件时应保证轮罩间通道的宽度与坡度、一级踏步离地高度以及车厢内高度等整体空间设计要求。

其中，前轮罩间宽度的要求具体如下：

① 对于车长 ≤ 9m 的低地板、低入口客车，前轮罩间的通道宽 ≥ 550mm。

② 对于车长 > 9m 的低地板客车，前轮罩间通道宽 ≥ 800mm。

③ 对于车长 > 9m 的低入口客车，前轮罩间通道宽 ≥ 600mm。

后轮罩间的通道宽 ≥ 500mm；轮罩间通道宽度应在地板面至上方 1800mm 的范围内测量。通道坡度在车辆处于正常行驶质量且车身升降系统不工作时，纵向坡度应不超过 8%，横向坡度应不超过 5%。

一级踏步离地高度应在车身处于正常行驶质量且放置在平整水平面时测量，具体要求如下：

① 低地板客车的一级踏步离地距离 ≤ 360mm。

② 采用空气悬架的低入口客车的一级踏步离地距离 ≤ 360mm，采用机械悬架的一级踏步离地距离 ≤ 380mm。

低地板、低入口客车车厢内高度要求见表 2-20。

表 2-20 低地板、低入口客车车厢内高度要求

分类		车厢高度要求 /mm	分类		车厢高度要求 /mm
单层客车	车长 ≤ 9m	≥ 2000	双层客车	下层低地板区域	≥ 1800
	车长 > 9m	≥ 2200		上层低地板区域	≥ 1680

注：低地板区域指无踏步的单一地板通道区域。

低地板纯电动客车高压元器件的典型布置方式如图 2-50 所示，动力蓄电池包一般布置于后段底部及座椅下方底部空间或车顶，电驱动系统布置于后段底部，整车电控部件布置于后方高压电器件舱体。

纯电动载货汽车采用电驱动桥方案，动力蓄电池包可布置在底盘两纵梁中间位置或两侧以及驾驶室后部，动力蓄电

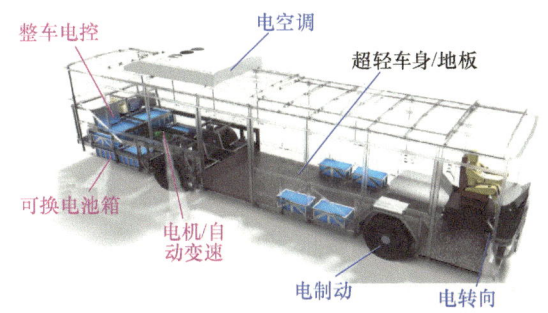

图 2-50 低地板纯电动客车高压元器件的典型布置图

池包布置应满足上装空间的要求（图 2-51），应避开车辆底盘上的运动部件并考虑车辆的重心分布和整车载荷分布。此外在动力蓄电池包和整车之间需要提供可靠的机械连接和电气连接，并充分考虑散热、保温需求。载货汽车的外廓尺寸、轴荷及质量限值应符合 GB1589—2016《汽车、挂车及汽车列车外廓尺寸、轴荷及质量限值》的要求，并满足以下条件：

① 应不超过前轴最大允许轴荷限值。
② 应不超过后轴（组）最大允许轴荷限值。
③ 应不超过车辆最大设计总质量。
④ 转向轴的最小轴荷应满足车辆设计要求。
⑤ 驱动轴（组）的最小轴荷应满足车辆设计要求。

图 2-51 纯电动载货汽车高压元器件的典型布置示意图

2.3.2 高低压电气系统设计

纯电动汽车与传统燃油汽车的区别，主要体现在高低压电气系统方面。纯电动汽车上有动力蓄电池包、驱动电机、车载充电机、电动压缩机等高压部件，又有充放电控制、上下电控制等相关的低压电控部件，相关设计内容都具有特殊性。本节将从总体设计的角度，论述纯电动乘用车及商用车高低压电气系统的组成及分类，明确电气系统方案设计的内容，如参考标准和业务开展流程，并分别列举具体车型应用实例。

2.3.2.1 纯电动乘用车高压电气系统方案

1. 纯电动乘用车高压电气系统概述

（1）高压电气系统的组成

纯电动乘用车高压系统分为五部分，即动力蓄电池系统、驱动系统、电源系统、空调系统和高压配电系统[7]，如图 2-52 所示。

（2）高压控制原理设计内容及流程

高压电气系统设计分为两个主要部分：高压控制原理设计；高压线束拓扑设计及器件选型。

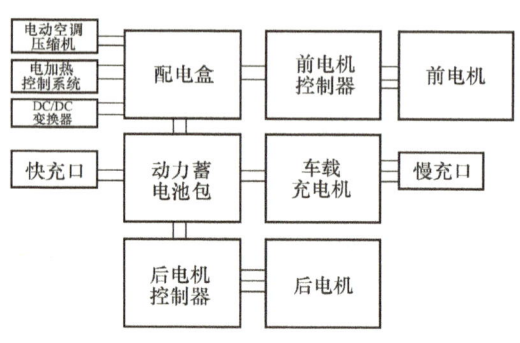

图 2-52 纯电动乘用车高压电气系统

高压控制原理设计主要包括：

① 整车电压平台选取设计。

② 高压电网架构设计，互锁网络连接架构设计，以及 X 电容和 Y 电容匹配选型设计等设计内容和相关的电安全测试、整车绝缘测试内容。车辆技术标准输入内容见表 2-21。

表 2-21 车辆技术标准输入内容

指标项			参考值
充电时间要求			交流充电 < 9h，直流充电（SOC 由 30% 充至 80%）< 30min
绝缘电阻要求	最大工作电压下整车绝缘电阻要求 /（Ω/V）		>500
	整车开始发生绝缘故障后，绝缘电阻监测装置上报绝缘故障时间 /s		< 2
	涉水工况绝缘电阻要求 /（Ω/V）	水深 150mm 时，车速（30±3）km/h，涉水时间 10min	≥ 500
		水深 220mm 时，车速（20±2）km/h，涉水时间 10min	≥ 500
		水深 300mm 时，车速（20±2）km/h，涉水时间 10min（轿车）	≥ 500
	淋雨工况绝缘电阻要求 /（Ω/V）		≥ 500
电位均衡要求	所有导电壳体与车身连接阻抗阻值 /Ω		< 0.1
	任意两个导电壳体之间电阻 /Ω		< 0.2
主动放电功能	整车主动放电时间 /s		< 3.0
被动放电功能	整车被动放电时间 /min		< 5
高压警示标识	所有高压零部件的高压警示标识要求		满足国标《电动汽车安全要求》（报批稿）
高压插接器要求	所有高压插接器的要求		
遮拦 / 外壳要求	遮拦和外壳的要求		
互锁功能	所有高压插接器互锁要求		

根据车辆技术规范所提的要求，进行整车电压平台选取论证，高压部件架构设计，满足绝缘检测、预充时间、残余电量等要求的阻容匹配设计，最后根据整车高压控制原理进行设计验收。

（3）高压线束拓扑设计及器件选型内容及流程

下面介绍高压配电系统中高压线束布置、高压线缆、高压熔断器、高压接触器等部分设计要点。

高压线束布置时需要满足以下要求：

1）根据整车高压线束走向、选型确定的导线、插接器来布置高压线束，增加固定点、固定支架、导向槽等。

2）所有插接器在拆装时应有足够的手动空间，根据 SAE J833 标准规定，手掌宽度取 110mm，手动空间取 150mm。

3）布置插接器时尽量避开水能溅到的地方。布置在车身下部或水能溅到的地方都应有特殊的设计对线束及插接器进行防护，如增加挡板等。

4）在进行线束布置时，应避免线缆的弯曲半径过小，一般最小弯曲半径 ≥ 5× 电缆直径；避免在插接器 50~100mm 处进行线束弯曲布置，防止插接器密封件受力变形而漏水。

5）在对车辆悬架等有较大振动的部位进行布线时，所有的电缆及线束都要有适当的防振防护，如使用橡胶件、套管、波纹管等，尽量避免将线束固定在相对运动的部件上。

6）线束的固定方法应该有防止结构的错误安装。

7）线束与其他运动件间保证 50mm 以上的间隙，与无相对运动的零件间保证 25mm 以上的间隙。

8）插接器放于一起或交叉布置时，应使用标记或类似方法进行区分。

整车高压线束架构布置如图 2-53 所示。

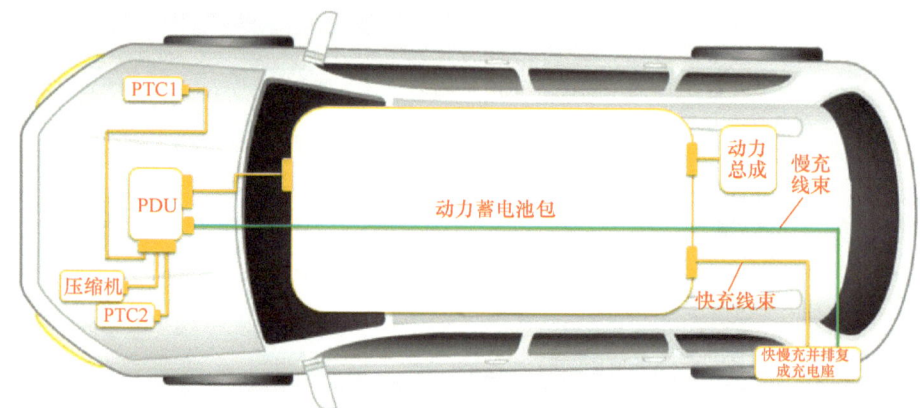

图 2-53 整车高压线束架构布置

（4）设计参考标准（表 2-22）

表 2-22 整车高压控制原理设计参考标准

序号	参考标准及名称	内容概述
1	GB/T 5465.2—2008《电气设备用图形符号 第 2 部分：图形符号》	图形、符号的参考
2	GB/T 17627.2—1998《低压电气设备的高电压试验技术 第二部分：测量系统和试验设备》	测量试验设备的要求
3	《电动汽车安全要求》（报批稿）	规定了操作安全和故障防护的要求，并规定了电动汽车电力驱动系统和与其传导连接的辅助系统防止触电的要求
4	GB 4208—2017《外壳防护等级（IP 代码）》	高压电气系统密封要求
5	GB/T 20234.1—2015《电动汽车传导充电用连接装置 第 1 部分：通用要求》	国标充电接口要求
6	GB/T 20234.2—2015《电动汽车传导充电用连接装置 第 2 部分：交流充电接口》	国标充电接口要求
7	GB/T 20234.3—2015《电动汽车传导充电用连接装置 第 3 部分：直流充电接口》	国标充电接口要求
8	IEC60512-5-2《电子设备用连接器的测试及测试方法》	高压连接器测试方法及要求
9	SAE J1742《道路上车辆高压连接器的电气线束的测试方法和一般性能要求》	高压线束及连接器测试方法及性能要求
10	QC/T 1037—2016《道路车辆用高压电缆》	高压电缆技术要求
11	QC/T 1067.1—2017《汽车电线束和电气设备用连接器 第 1 部分：定义、实验方法和一般性能要求》	高压线束设计标准，测试方法及性能要求
12	GB/T 30512—2014《汽车禁用物质要求》	高压线束禁用物质要求

2. 整车高压控制原理设计

本节以高压系统接口定义为输入，参考《电动汽车安全要求》（报批稿），设计整车高压电气原理，主要包括整车电压平台选取设计、高压控制原理图设计和电阻电容选型设计。

（1）整车电压平台选取设计

在满足驱动电机峰值功率需求、电流不至于过大的前提下，当前电压平台宜选在300~450V之间。

① 如果电压等级太低，则电功率一定时，整车主回路电流大，电效率低。

② 如果电压等级太高，则高压器件爬电距离大，绝缘保障要求高，当前主流供应商产品难以满足，需要特殊定制开发。当前主流供应商电机控制器电压范围见表2-23。

③ 选取电压平台时还需要考虑高压部件效率的影响。车载充电机效率随电压平台变化的曲线如图2-54所示。DC/DC变换器效率随电压平台变化的曲线如图2-55所示。

表2-23 当前主流供应商电机控制器的电压范围

供应商	电压平台/V
西门子	220~450
ZF	220~420
大陆	120~450
博世	240~500
麦格纳	150~450

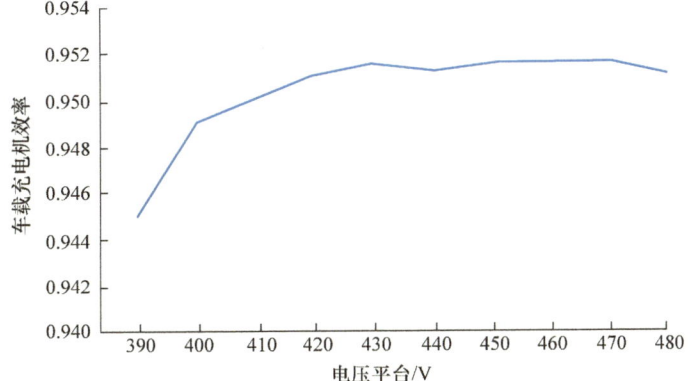

图2-54 车载充电机效率随电压平台变化的曲线

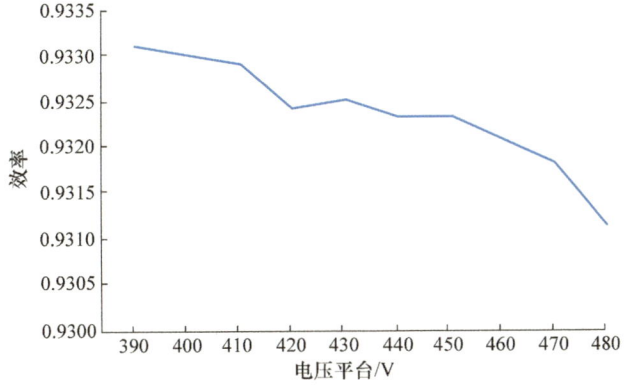

图2-55 DC/DC变换器效率随电压平台变化的曲线

④ 此外，应考虑各车型不同动力蓄电池包电量需求下，电压平台范围应相近，如特斯拉主要车型电压平台在264~403V之间，如图2-56所示。

（2）高压安全设计

纯电动汽车的高压系统不同于传统汽车的电气系统，需要增加额外的安全防护措施以确保车辆和人员的安全，如高压零部件及高压线束的警示标识要求、遮拦和外壳方面的IP防护等级要求、主动放电要求、电位均衡要求、整车高压互锁（通过低压信号监测整车高压系统连接完整性）要求、整车绝缘监控要求。通过多方面的安全防护措施，保证纯电动汽车的安全性和可靠性[9,33,34]。

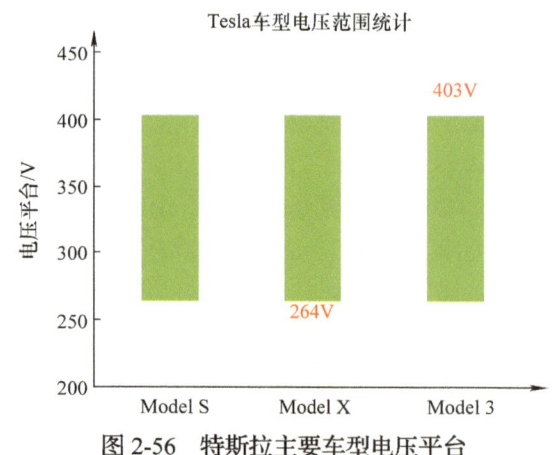

图2-56 特斯拉主要车型电压平台

1）整车高压互锁设计。纯电动汽车上高压回路互锁，是将高压接插器、高压零部件盒盖等用低压线串接起来，当插接器公母端分离或高压部件盒盖打开时，低压线路同时被切断；此时，低压回路检测控制器发出警报，警示当前处于高压暴露状态；高压电控制系统将切断整车高压回路，防止人员触电[35,36]。

图2-57所示为某纯电动汽车应用的高压互锁回路。

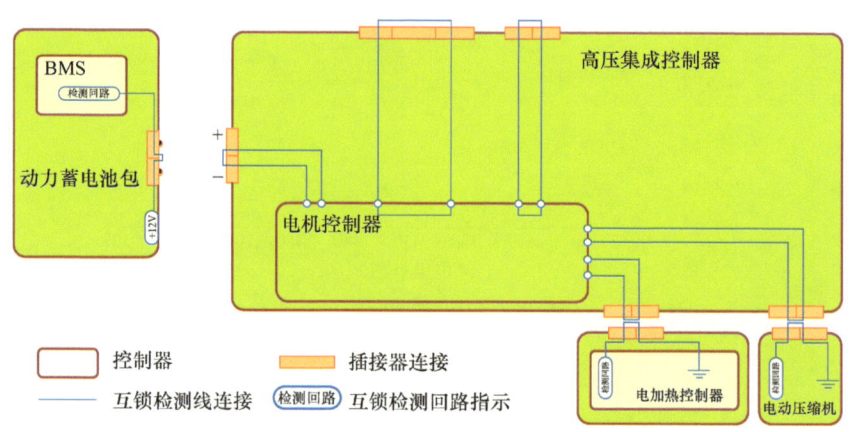

图2-57 某纯电动汽车应用的高压互锁回路

2）整车绝缘监控设计。纯电动汽车绝缘监测系统如图2-58所示，电阻R_n、R_p分别为动力蓄电池包负极、正极对地等效电阻值，绝缘监测电路（IMD）基于电桥法测量出R_n、R_p，集成于动力蓄电池管理控制器内部。

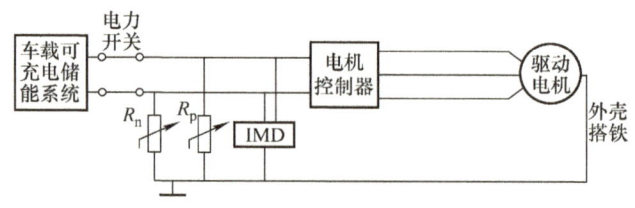

图2-58 纯电动汽车绝缘监测系统

（3）高压控制原理设计

纯电动乘用车高压控制原理如图 2-59 所示。

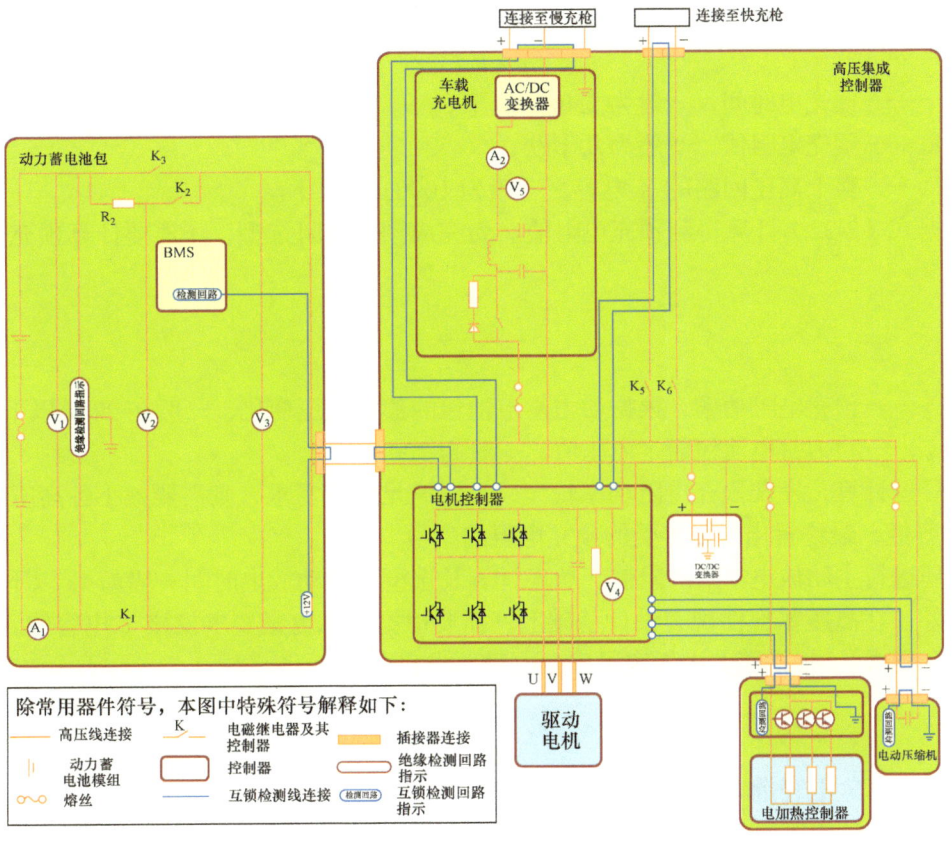

图 2-59　纯电动乘用车高压控制原理

图 2-59 中包含的高压部件有动力蓄电池包、车载充电机、驱动电机及其控制器、DC/DC 变换器、电加热控制器、电动压缩机共六个。该图除展示出各系统间高压连接架构外，还展示了内部互锁回路连接情况。

动力蓄电池包内部 K_1 为负极继电器，K_2 为预充电继电器，K_3 为正极继电器。图中电压和电流采集点（传感器位置）说明见表 2-24。

表 2-24　电压和电流采集点说明

序号	标号	名称	所在部件
1	V_1	动力蓄电池内部总电压 V_1	动力蓄电池包
2	V_2	动力蓄电池外部总电压 V_2	动力蓄电池包
3	V_3	动力蓄电池外部总电压 V_3	动力蓄电池包
4	V_4	电控单元输入端电压	高压集成控制器
5	V_5	车载充电机输出端电压	高压集成控制器
6	A_1	动力蓄电池充电/放电电流	动力蓄电池包
7	A_2	车载充电机输出端电流	高压集成控制器

（4）电阻电容参数选择

首先根据各高压部件现有的 X 电容值情况，进行预充电阻的阻值计算、功率计算和选型，依据以下公式进行：

$$\tau = R_p C_X \quad (2\text{-}22)$$

式中　τ——预充电时间，一般为 250ms 以下；
　　　R_p——预充电阻值，一般为几十欧；
　　　C_X——整个高压回路的 X 电容，一般为 1000μF 以下。

根据式（2-22）计算得到预充电阻值。为完成预充电阻选型，还需要计算预充电组的功率：

$$P_p = \frac{U_b^2}{R_p} \quad (2\text{-}23)$$

式中　P_p——预充电阻功率，根据动力蓄电池包的额定电压变化，一般在 2kW 以下；
　　　U_b——动力蓄电池包额定电压值，一般为 300~400V。

若经过计算，发现预充电阻功率较大，难以满足布置需求，则需要减小各高压部件内的 X 电容值，最终得出可以接受的预充电阻的型号。

同理进行主动放电电阻的阻值、功率计算及选型，主动放电时间一般为 1s 以下。

此外，在高压零部件现有设计基础上，需要根据残余电量要求校核 Y 电容值。《电动汽车安全要求》（报批稿）中规定了残余电量要求，即

$$W_Y = \frac{1}{2} C_Y U_b^2 \quad (2\text{-}24)$$

式中　W_Y——Y 电容带来的残余电量，要求小于 0.2J；
　　　C_Y——Y 电容值。

（5）应用举例

在某纯电动乘用车型项目中，部分高压零部件电容、电阻参考值见表 2-25。

表 2-25　部分高压零部件电容、电阻参考值

零部件	参数值			
	电控单元	车载充电机	DC/DC 变换器	电动空调压缩机
X 电容 /μF	660	100	10	1
Y 电容 /nF	470	0.22	40	1
预充电阻 /Ω	60			

主要高压零部件熔断器参数见表 2-26。

表 2-26　高压零部件熔断器参数

熔断电流 /A，电压 /V				
动力蓄电池包		配电控制箱，电加热控制系统，电动空调压缩机		
主熔断器	加热膜熔断器	车载充电机	DC/DC 变换器	电动空调压缩机 / 电加热控制系统
500，500	30，500	30，500	50，500	50，500

3. 高压控制系统拓扑及器件选型设计

下面论述高压配电系统中铜排、熔断器、继电器、高压线缆等部分设计要点[37-40]。

（1）高压线缆的选型要求

高压电缆是传输电流的导体，选型时主要考虑温升、电阻率、耐压、绝缘、热延伸、热收缩、低温拉伸等性能。高压线缆载流量参考曲线如图2-60所示。

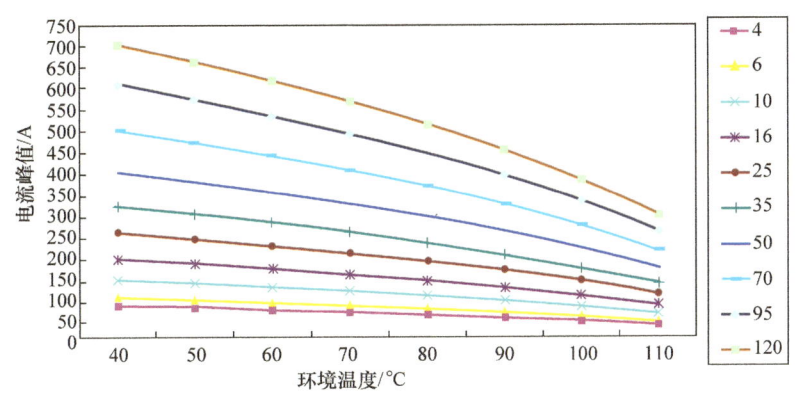

图2-60 高压线缆载流量参考曲线（车内温度为125℃）

（2）高压熔断器的选型要求

高压熔断器主要是用来保护电路的功能器件，防止在整车过电流、过电压的情况下对整车用电回路造成损伤。选型需要考虑如下条件：

1）整车相关因素：
① 整车电压等级、熔断器的电压等级必须大于整车最大可持续电压。
② 最大预期短路电流、最小预期断路电流、熔断器分断能力验证。
③ 连接方式、环境温度等。

2）负载相关因素：
① 负载额定电压、额定电流和额定功率。
② 最大可持续电压、电流及最大可持续电流时间。
③ 峰值电压、电流及峰值电流持续时间。
④ 寿命期脉冲冲击次数。
⑤ 故障电流源。

3）回路相关因素：
① 继电器最大可持续电流及持续电流时间。
② 电缆线径和长度。
③ 回路电容。

（3）高压继电器的选型要求

高压继电器是实现电路通断功能的器件，主要用于电池内部、快充电、加热器和压缩机等回路。选型主要考虑如下条件：

① 线圈额定参数，匹配对应的控制系统需求。

② 触电参数，根据所使用的功能判断继电器接触电阻、额定电压、额定负载、最大分断电流、最大切换电压、适用负载、电流耐受等是否满足负载需求。

③ 寿命，主要包含电耐久性和机械耐久性，根据负载控制逻辑及使用频次判断。

④ 性能，主要包含绝缘电阻、介质电压、时间参数、振动冲击、电冲击等。

⑤ 装配性，满足装配空间、尺寸需求。

⑥ 环保要求，满足禁用物质标准要求。

（4）熔断器选型举例

以某纯电动乘用车型 PTC 回路电缆和熔断器选型为例，额定电压为 410V，PTC 回路额定电流为 20A，I_{max} 及持续时间为 30A/500ms。

电缆选型举例：整车电压为 410V，额定电流为 20A，经过查表，电缆选择 600V 屏蔽电缆，线径 2.5mm²。

1）额定电压的选型。

根据整车电压范围，要求回路中的最大应用电压（U_{max}）小于熔断器额定电压。一般预留 15% 以上安全裕量。通过查询熔断器规格书，500V 熔断器满足设计要求。

通过查询 PTC 规格书，回路中不存在瞬时电压高于整车电压范围的情况，熔断器无需修正选型。

2）额定电流的选择。

$$I_{n1} = I_s / K$$

式中　I_{n1}——根据熔断器规格书序列取整；

　　　I_s——熔断器持续工作电流（数分钟持续通过电流的有效值，整车电压下的额定电流）；

　　　K——持续工作电流降容系数，是一个综合应用系数。根据相关条件（如环境温度、导线降容、应用时间等）变化。

降容系数 K 为

$$K = K_t K_m K_b K_n K_v k$$

式中　K_t——温度校正系数，根据熔断器规格书选择；

　　　K_m——插接器热传导系数；

　　　K_b——海拔校正系数，根据熔断器规格书进行校正确定；

　　　K_n——综合降容系数，负载矫正，一般情况下，波动平稳为 0.75，波动较大为 0.6；

　　　K_v——风冷却系数；

　　　k——若熔断器规格中列出额外干扰系统或补偿系数，按要求计算。

通过查询熔断器规格书，环境温度为 50℃时，$K_t=0.9$；额定电流为 20A、线缆线径为 2.5mm² 时，$K_m=1$；无风冷却，$K_v=1$；海拔不超过 2000m，$K_b=1$；$K_n=0.75$；$k=1$。

$$K = K_t K_m K_b K_n K_v k = 0.9 \times 1 \times 1 \times 1 \times 0.75 \times 1 = 0.675$$

$$I_{n1} = I_s / K = 20/0.675 \text{A} = 29.6\text{A}$$

通过查询规格书，选择 30A 熔断器。

通过查询规格书，在 30A/500ms 冲击电流下，该型号不会熔断。

2.3.2.2 纯电动乘用车低压电气系统方案

1. 概述

（1）低压电气系统的组成（图2-61）

纯电动汽车车载电源系统主要指将高压系统的电力转换为低压电源向低压电器设备供电的系统，由蓄电池、DC/DC变换器、熔断器、开关（或继电器）、导线和电器负载等连接而成。其中，蓄电池、DC/DC变换器为低压电源系统；熔断器、开关（或继电器）和导线组成电源的分配系统[41,42]。

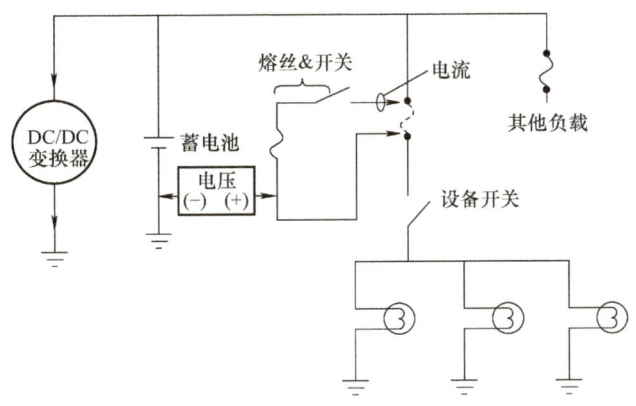

图2-61 低压电气系统

（2）低压电气系统的设计内容及流程

低压电气系统设计内容包括蓄电池选型设计、整车电源分配设计、整车电气原理图设计、线束设计及附件设计等。低压电气系统的设计流程如图2-62所示。

（3）设计参考标准

整车低压电气系统设计参考标准见表2-27。

表2-27 整车低压电气系统设计参考标准

序号	标准号	标准名称
1	QC/T 29106—2014	汽车电线束技术条件
2	QC/T 707—2004	车用中央电气接线盒技术条件
3	QC/T 1067.1~5—2017	汽车电线束和电气设备用连接器
4	QC/T 413—2002	汽车电气设备基本条件
5	QJQ 4003—2006	汽车用线束集成式熔丝盒标准（ES91810—00）
6	QC/T 420—2004	汽车用熔断器
7	QC/T 695—2018	汽车用继电器
8	QC/T 797—2008	汽车塑料件、像胶件和热塑性弹性体件的材料标识和标记
9	MS300—08	内饰材料的阻燃性
10	MS300—34	汽车内饰材料气味的测试方法

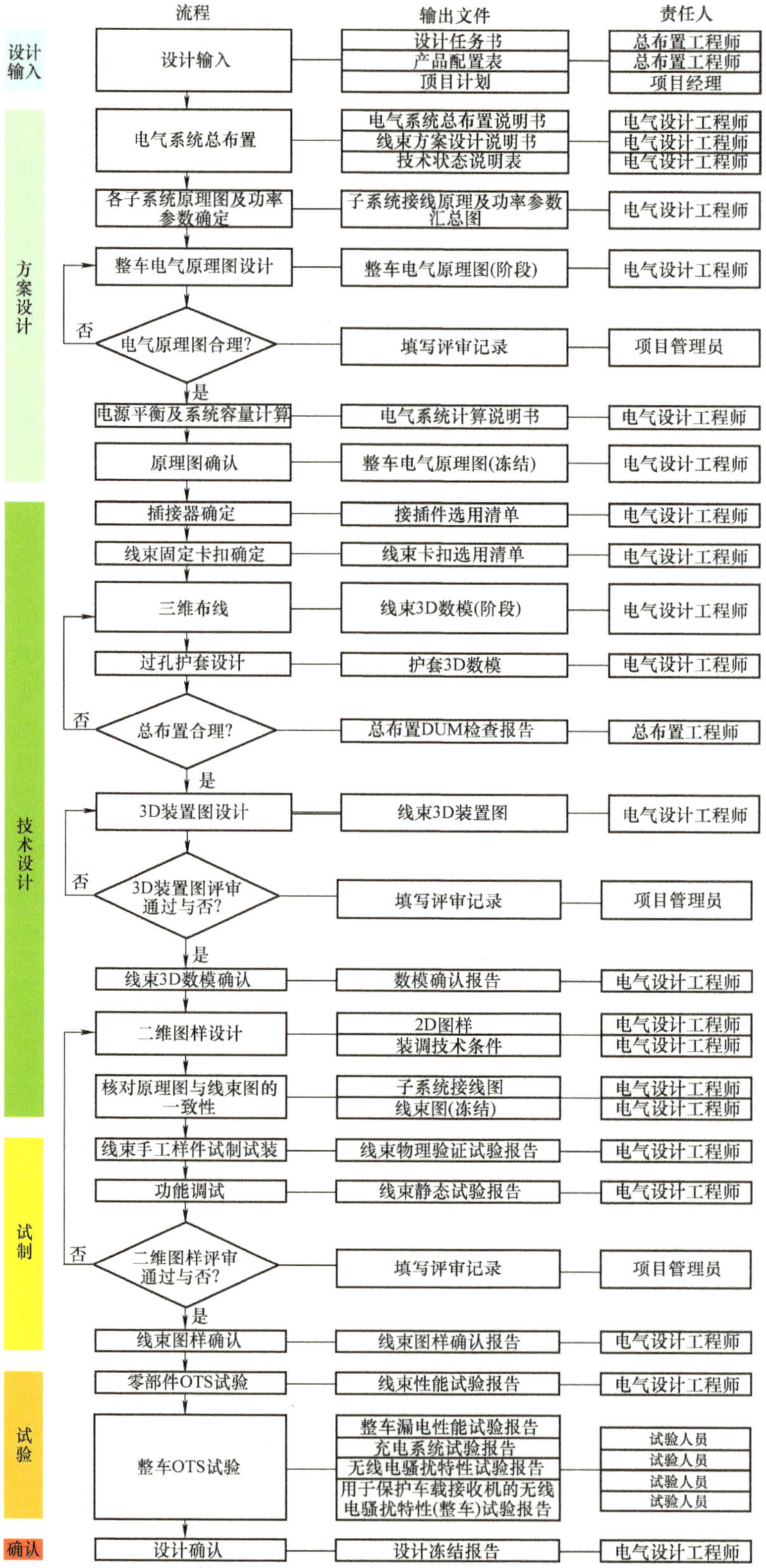

图 2-62 低压电气系统设计流程图

2. 整车低压控制原理设计

（1）DC/DC 变换器、蓄电池选型设计

DC/DC 变换器除了为整车的低压系统提供电能外，还需要给低压蓄电池充电。DC/DC 变换器的选型需满足以下要求：

① 提供当前负载需求的所有电流。
② 提供蓄电池充电需求的全部电流。
③ 在车辆的各种状态下，提供稳定的电流。
④ 运行可靠、安静，有一定的抗污染能力，维护成本低。

对蓄电池进行选型时，须满足以下几个要求：

① 在各种极端情况下均能起动车辆。
② 车辆起动后，能够有效地稳定正常电源。
③ 车辆开启电器负载总功率较大时，蓄电池能够提供部分电能。
④ 车辆停放时，在车辆设计的静置时间内确保车辆必需的控制器和防盗系统能正常工作，且能正常起动车辆。
⑤ 应急情况下的短时行驶容量需求。

此外，在对纯电动汽车蓄电池进行选型时，还需要以下设计内容：

① 静态电流：设计初期统计整车各电气部件静态电流，一般不大于 20mA。
② 静置天数：车辆在静置规定天数后可以正常起动，一般要求 42 天。

蓄电池容量计算公式：

$$C = \frac{(I_{qc} \times 24 \times t)/1000}{\left[\dfrac{(SOC_1 - SOC_2)}{100} - t \times \dfrac{SD}{30} \times \dfrac{1}{100}\right]} \tag{2-25}$$

式中　C——蓄电池容量（A·h）；
　　　I_{qc}——整车静态电流（mA）；
　　SOC_1——放电初始状态（%），一般取 80%；
　　SOC_2——放电终止状态（%），一般取 30%；
　　　t——静置天数（天）；
　　　SD——电池自放电率（%/42 天），一般取 4%。

电动汽车起动电流需求较小，30%SOC 可满足车辆起动需求。

同时考虑国外车企一般选用高速上出现故障时短时行驶电源供电（夏季雨夜）依次满足以下要求：

① 120km/h 下由最内车道变到最外应急车道，180s。
② 缓慢减速直至停车，90s。
③ 呼叫道路救援，300s。
④ 等待道路救援时的必要电源供给，120min。

综上，综合考虑计算得出所需电量，对照蓄电池规格进行选型。

（2）电源与接地分配设计

1）整车低压电源分配设计的主要内容包括：电器分析，熔断器和继电器选型匹配设

计，电器盒选型及布置，试验验证。

① 电器分析指在车型开发初期对车型电器配置和电器件电源模式的分析，对车型电器配置及相关电器特性有初步的概括。

② 熔断器和继电器选型匹配设计的主要工作为：熔断器与电器件的匹配、熔断器与线束的匹配、继电器的选型匹配；对回路电器间的匹配进行初步的选型计算。

③ 电器盒选型的主要工作是确定电器盒的数量、电器盒的类型、熔断器的布置、继电器的布置，在合理利用空间的同时达到电器性能最优化效果。

④ 试验验证指对各电器件选型和电器间的匹配关系进行系统性验证，保障电源分配设计的合理性和安全性，主要试验包括电源分配试验和电器回路短路过流试验。

2）整车用电器的供电模式分为常电、ACC 电、IG1 电、IG2 电和 READY 电。根据电器件的功能用途，从电源模式上对电器件进行区分。

① 常电：蓄电池直接供电，中间未经过继电器或控制开关；需要有记忆功能的模块或在车辆下电后需要工作的电器，如 BCM、无钥匙进入/启动系统（Passive Entry Passive Start，PEPS）等电器的供电端为常电。常电负载同时需要考虑对整车静态电流的影响。

② ACC 电：通过点火开关 ACC 供电，与主电源间通过 ACC 继电器控制通断；行车前需要用到的电器件和音响系统由 ACC 供电，如多媒体音响系统、点烟器、后视镜调节等。

③ IG1 电：通过点火开关 IG1 供电，与主电源间通过 IG1 继电器控制通断；一般车辆动力系统工作时必须工作的电器件的供电为 IG1 电，如倒车灯、转向灯、组合仪表等。

④ IG2 电：通过点火开关 IG2 供电，与主电源间通过 IG2 继电器控制通断；功率比较大的、不是车辆动力系统工作时必须工作的电器件的供电端为 IG2 电，如鼓风机、后除霜等。

⑤ READY 电：通过点火开关及制动信号，整车上高压电状态，在此电源模式下可以操作行车。

说明：整车供电模式根据车辆功能设计需求设定不同电源模式，有以下组合方式：

① BATT，ACC，IG1，IG2，READY；
② BATT，ACC，IG，READY；
③ BATT，IG，READY；
④ BATT，IG1，IG2，READY。

3）接地设计要求如下：

① 整车地：就是整车电路的地，是由蓄电池负极直接接到车身，使车身成为一个大的负极。所有用电器的搭铁都是通过车身搭铁，因此汽车电路中的接地又被称为搭铁。

② 电源地：指低压电器和负载的电流回路地，这里指负极搭铁，主要是指大功率用电器的搭铁，例如冷却风扇、刮水器电动机、玻璃升降电动机、空调鼓风机、座椅调节电动机、天窗电动机、门锁电动机、电动助力转向电机、电子驻车电机等。这些用电器的电流一般较大，会对其他弱电流或信号线产生干扰。

③ 信号地：指的是模块或系统间通信信号回路的参考地。该参考地一般在模块内和

信号供电负极地等电位连接，根据信号类型可分为数字地和模拟地。信号地一般指小电流信号的搭铁，有模拟信号、数字信号等，信号一般比较敏感，容易被干扰。

④ 屏蔽层地：对于360°全景影像系统、娱乐系统天线及高电压工作用电器，因为其工作过程中对周围电磁场影响较大，或受周围电磁场影响较大，所以必须采用屏蔽线，以达到保证接收信号准确，且对周围线束电磁场影响最小的作用。而屏蔽线的屏蔽层，直接通过搭铁点接到整车地。

4）搭铁方式设计要求如下：根据车载用电器部件低压端负极回路电流流向，如图 2-63~ 图 2-65 中的 I_1~I_{10} 所示，负极搭铁方式可分为串联搭铁、并联搭铁和混合搭铁。其中，Z1~Z10 代表搭铁线束上的阻抗。后两种搭铁方式又可分为单点搭铁和多点搭铁两种情况：当低压端负极回路电流的最高频率不大于10MHz时，单点搭铁效果较好；当低压端负极回路电流的最高频率大于10MHz时，地线阻抗变得很大，此时应尽量减小地线阻抗，就近多点搭铁效果较好。

串联搭铁方式容易导致公共阻抗耦合干扰问题，低压端功率级别相差很大的电器部件之间不宜采用该搭铁方式，若设计中不得不采用该搭铁方式，则应将低压端功率较大电器尽量布置于图 2-63 中电器件 1 的位置。并联搭铁方式可减小公共阻抗耦合干扰，在相对较大的搭铁系统中可能需要较多的搭铁线束。

纯电动汽车电气系统的负极搭铁方式一般采用多点并联搭铁（图 2-64）。根据整车特殊需求，局部可采用串联搭铁（图 2-63）或混合搭铁（图 2-65）。

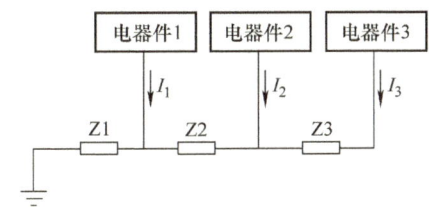

图 2-63 串联搭铁

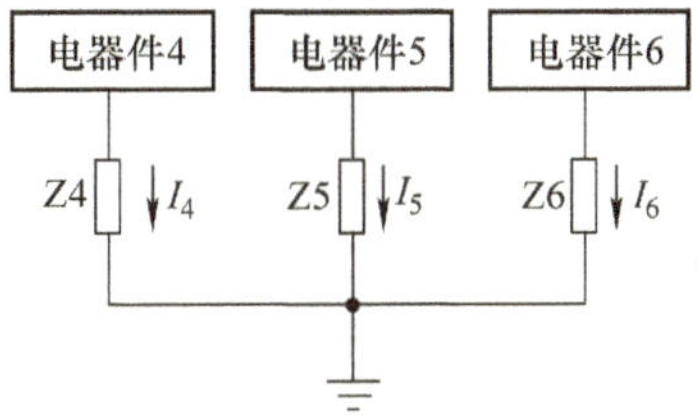

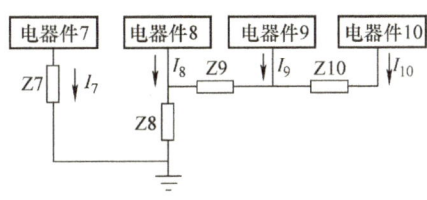

图 2-64 并联搭铁

图 2-65 混合搭铁

搭铁分配原则如下：

① 强弱电流分开搭铁原则。如电动机类产品：冷却风扇、刮水器电动机、玻璃升降电动机、空调鼓风机、座椅调节电动机、天窗电动机、门锁电动机、电动助力转向电机、电子驻车电机等，属于大电流用电器；如控制器，传感器等，属于小电流用电器；大电流用电器搭铁要与信号线或控制回路等小电流用电器搭铁分开。

② 安全件单独搭铁原则。如安全气囊模块、制动防抱死系统、电动助力转向系统等对整车性能及安全等级要求高，且对外界影响因素有要求的模块，要采用单独搭铁。为确保系统准确及时地工作，还需要有备用搭铁作为备用方案；针对前照灯搭铁，考虑一个搭铁失效后，另一个可以继续使用，因此必须将左、右前照灯分开搭铁。

③ 就近搭铁原则：考虑到经济性、压降小及最小电磁干扰，搭铁尽量靠近用电器端，

这样搭铁线短，导线成本低，线束回路压降小，被干扰的可能性也随之降低，特别是针对弱电流信号搭铁，以保证信号的真实传递。

除以上三个基本原则外，根据用电器特性还有以下几点情况：

① 所有搭铁都要避免喷漆污染，避免电泳、钝化等防腐镀层影响导通性，避免搭铁位置低于涉水高度。

② 蓄电池负极线、DC/DC 变换器搭铁线等导线截面较大，一定要控制好线长和走向，减少设计成本，减小电压降。

（3）配电盒设计开发

配电盒是一个继电器和熔丝的载体，由壳体、印制电路板、电器盒、母线、熔丝、插座、外接插头等组成。母线、插座和外接插头设置在电路板上；电路板设置在壳体内，壳体上对应于电路板上的插座、外接插头的位置处设有插孔和安装孔，电器盒、熔丝通过壳体上的插孔与插座插接连接。

配电盒应能够满足各种汽车电器的连接和控制，电路简便、集中，便于安装和检修，可以减少运行故障的发生，有利行车安全。

配电盒分为集线式配电盒、PCB⊖配电盒、智能电器盒（集成车身控制器）。考虑到电器件布置及电源线束回路走向原则，整车配电盒一般采用前舱配电盒和室内配电盒组合设计。

PCB 配电盒的结构组成如图 2-66 所示。

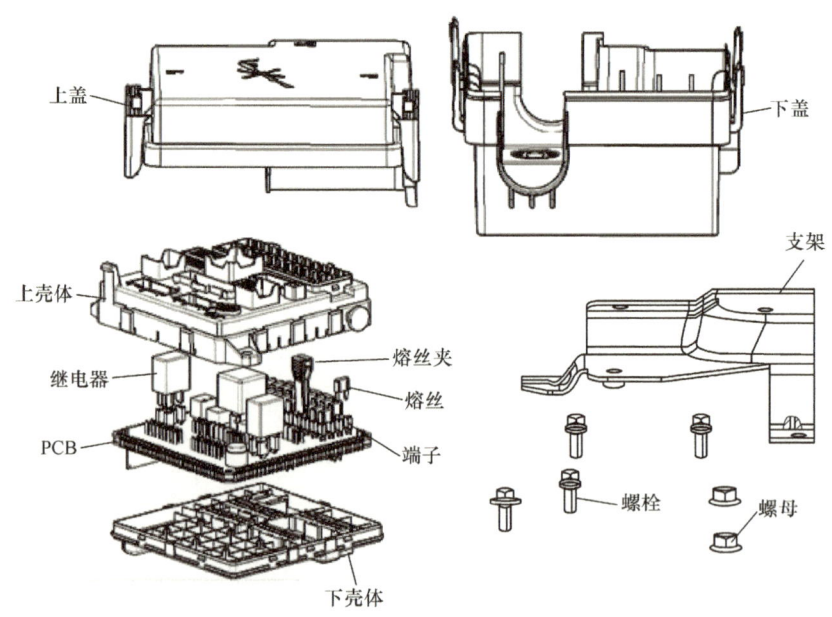

图 2-66　PCB 配电盒的结构组成

（4）设计参考标准

① QC/T 707—2004《车用中央电气接线盒技术条件》。

⊖ PCB 为 Printed Circuit Board 缩写，中文名称为印制电路板。

② QC/T 413—2002《汽车电气设备基本技术条件》。

3. 低压线束拓扑及器件选型设计

（1）整车线束基本组成

线束是汽车的网络神经，实现汽车上的电源和各个电器零部件的电路物理连接，负责整个电器零部件之间信息的传递。纯电动汽车上的低压线束一般分为前舱线束总成、仪表板线束总成、车身线束总成、车门线束总成、车顶线束总成、气囊线束总成和保险杠线束总成等，如图2-67所示。

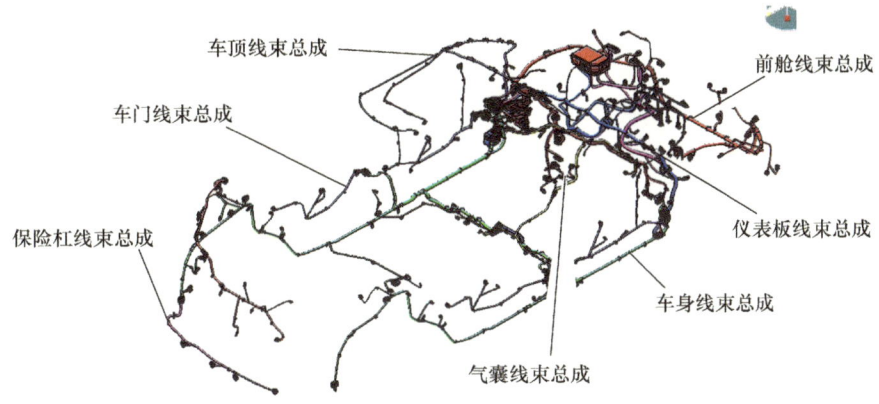

图2-67 整车低压线束示意图

低压线束子系统由插接器、导线、胶带、固定卡子、线束保护套（护板、胶套、波纹管等）等部件组成。线束包含几条主线束和多条分支线束。低压线束子系统的组成如图2-68所示。

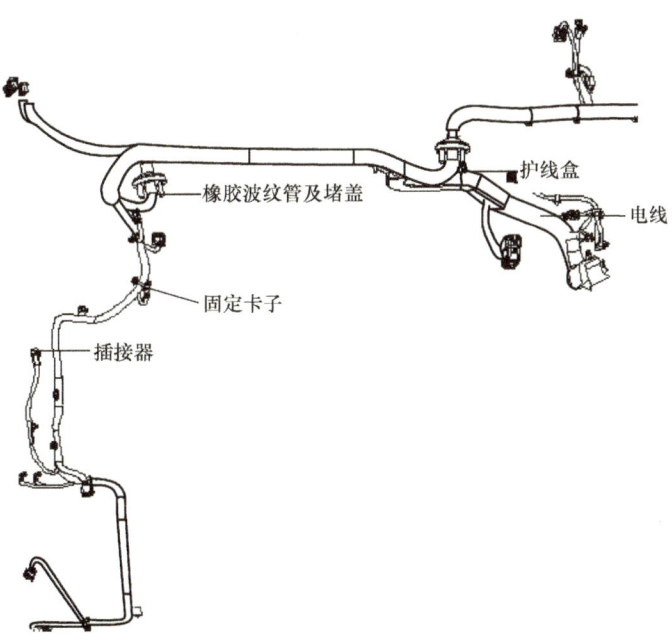

图2-68 低压线束子系统的组成

（2）线束布置设计

线束布置区域按照干湿区不同可分为干区、湿区，按照温度不同可分为高温区、低温区。整车线束布置区域呈复合特征，可划分为高温湿区、低温干区、低温湿区等区域。线束布置区域的特性如图 2-69 所示。

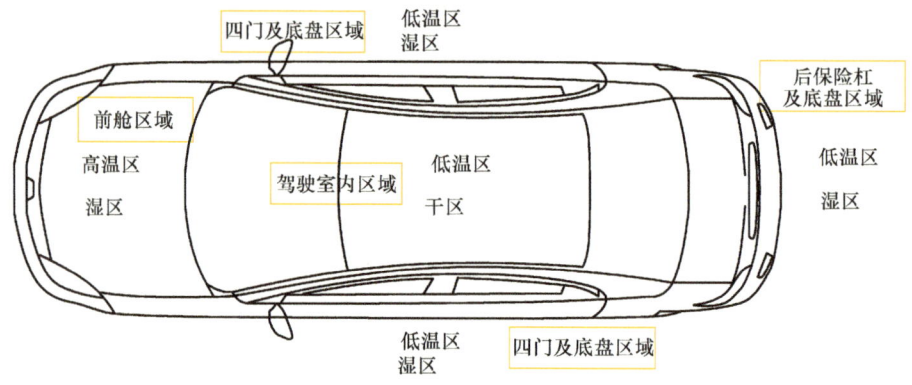

图 2-69　线束布置区域的特性

整车线束按照布置区域及功能不同可以分为图 2-70 所示的几段。

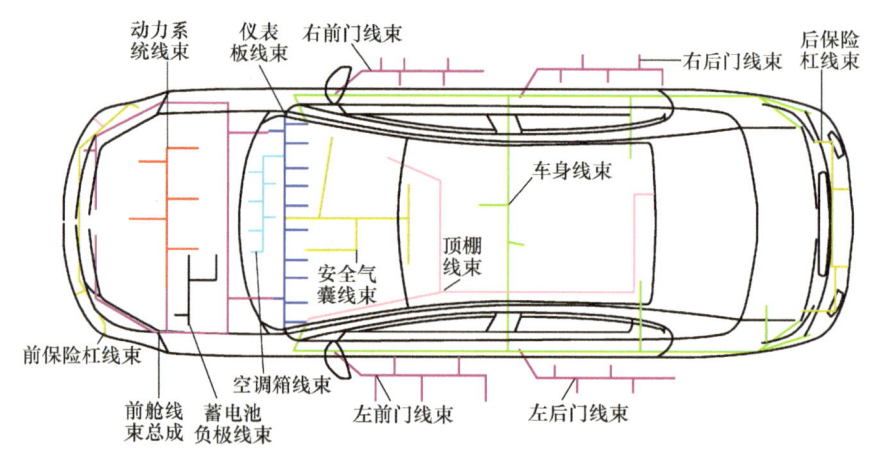

图 2-70　整车低压线束布置分段

线束布置需要符合表 2-28 所示的参考指标。

表 2-28　线束布置指标

序号	线束特征	布置要求
1	线束干线长度	≥100mm，且为 10 的倍数
2	线束保护套长度	≥100mm，且为 10 的倍数
3	线束支线长度	≥30mm
4	线束接点与支点间距	≥50mm
5	线束绝缘套长度	≥20mm
6	线束弯曲半径	≥线束半径的 1.5 倍
7	线束尾部缠绕胶带要求	缠绕胶带距插接器尾端距离不小于插接器横向距离

线束布置需要注意以下原则：

1）线束需要合理分段，为方便装配要尽量减少分段，但是在有必要分段时务必分段。比如，前舱线束和仪表线束虽然连接回路较多，但是也需要分为两段。因为前舱线束需要装在前舱内，仪表线束需要装在转向支撑上，若不分段就必须要在防火墙上开一个巨大的孔，而且装配性很差。

2）布置线束时需要考虑生产、装配和维修的操作方便性，防止出现盲操作等在操作时容易造成损坏线束的情况出现。

3）布置线束时尽量减少没有承载的斜向走线，避免空中飞线；多股线束走线时要注意美观性，尽量平行走向，走线需要平顺。

4）线束走向不能有交叉，不能出现锐角布线，避免电线折断；若无法避免，则应增加固定，避免悬空布线。

5）布置线束时需要考虑运动件，与运动件包络的间隙需要在25mm以上。

6）线束应沿着车身及其他附着件进行走线，避免线束飞线等情况出现而造成线束受力。

7）同一个分支点上线束分支数量不应该大于四个，以方便线束生产及整车线束装配。

8）线束尽量采用隐藏式走线：

① 车内不允许有任何可见线束。

② 前舱内线束尽量布置在方便操作而且有隐藏效果的地方。

③ 在整车所有车门、罩关闭之后不允许有可见线束。

9）避免线束通过法兰边、翻边、金属过孔或者尖锐物旁边，在无法避免的情况下必须采取可靠的保护措施，并经过评审和试验方可布线。

10）插接器应布置在易于拆卸的位置。

11）湿区必须选用防水插接器，防护等级不低于IP67。特殊位置需要超过IP67的按照每个项目要求及布置位置确定。此区域插接器应该尽量水平布置，防止竖直布置造成防水栓位置存水等情况出现。

12）插接器必须进行固定，可以通过自带固定结构的插接器固定到钣金件上，或者通过卡子固定在钣金件上。

13）布置线束时尽量借用车身钣金件等作为防护，防止受外界电磁干扰等。

14）布置线束时应尽量避免贴近高温区域，比如转向电机表面、驱动电机表面、充电机表面、电机控制器表面等高热发热源附近；若实在无法避开，则要求距离其20mm以上。

15）对于相对运动件、开闭件的线束，需要根据最大距离设计好长度。

16）对于线束跨接相对运动的零部件时，需要留有足够余量，并校核好运动包络。

17）线束在过孔时应该有橡胶套的防护。

18）需要先连接插接器，再塞回固定的线束（需要留有足够的操作长度，但是不能过长）。线束需要有保护，防止与附近钣金件干涉等，如仪表开关盒、中控单元等。

19）在线束、插接器有可能与其他部件产生碰撞时，需要将其用布基胶带或者海绵包裹，降低噪声。

20）线束与固定件间的间隙大于 15mm。

21）线束与运动件间的间隙大于 25mm。

22）线束与钣金件或者焊缝之间的间隙大于 15mm。

23）线束一般 200mm 左右有一个固定点。

24）线束上使用扎带时，尾端留 3~5mm，扎带在线束上可以转动但不可移动。

（3）熔断器、熔丝匹配设计

1）连续负荷相关器件熔丝设计。连续负荷是指在特定条件下进行连续通电的负荷，如空调、音响及夜间行驶时的近光灯、远光灯、后位灯等。表 2-29 为某车型主要长期负荷情况统计表。

表 2-29 某车型主要长期负荷情况统计表

电器或设备	功率 /W
音响系统	150
前照灯（远光 / 近光）	（60+55）×2=230
前位灯	5×2=10
后位灯	5×4=20
前雾灯	55×2=110
后雾灯	21×2=42
散热风扇	120
空调及加热器系统（最大值）	345+120

对于连续负荷的熔丝，有以下经验计算公式：

$$I_{\text{fuse}} = I_{\text{load}}/a \quad (2\text{-}26)$$

式中　I_{fuse}——计算所得的熔丝电流，定格计算时，将小数位全部进位为整数，以确保安全；

　　　I_{load}——负载的电流；

　　　a——熔丝负荷率，依经验取为 70%。

在某车型项目中，由式（2-26）计算得以下负荷熔丝型号需求：

① 前雾灯：（110/12）/0.7A=13.1A，所以该熔丝应选为 15A。

② 后雾灯及倒车灯：（84/12）/0.7A=5.5A，所以该熔丝应选为 10A。

③ 电子风扇：（130/12+120/12）/0.7A=29.7A，所以该熔丝应选为 30A。

④ 刮水器：（116/12）/0.7A=9.6A，所以该熔丝应选为 10A。

2）间断负荷相关器件熔丝设计。间断负荷是指动作时间短或断断续续通电的负荷，如扬声器、门锁、转向灯等。由于间断负荷很少单独配熔丝，对于连有间断负荷的熔丝有以下计算经验公式：

$$I_{\text{fuse}} = I_{\text{load}}/a = (I_1 + I_2)/a \quad (2\text{-}27)$$

式中　I_{fuse}——计算所得的熔丝电流，定格计算时，将小数位全部进位为整数，以确保安全；

　　　I_{load}——负载的电流；

　　　I_1——连续负荷；

　　　I_2——间断负荷；

　　　a——熔丝负荷率，依经验取为 90%。

3) DC/DC变换器熔丝设计。DC/DC变换器熔丝负荷被设定为DC/DC变换器过电保护电流，对其定格计算有经验公式：

$$I_{fuse} = I_{power} a \quad (2\text{-}28)$$

式中 I_{fuse}——计算所得的DC/DC变换器熔丝电流，定格计算时，将小数位全部进位为整数，以确保安全；

I_{power}——DC/DC变换器额定输出电流容量；

a——熔丝安全系数。

计算得出所需要的熔丝电流，按照熔丝规格选取。

（4）线束导线选型设计

线束的设计是依据其上游的熔丝而设计的，其熔断电流值必须大于其上游熔丝的值，以保证不会烧线。线束发热量为

$$Q = I^2 R \quad (2\text{-}29)$$

式中 Q——发热率；

I——通过线的电流；

R——熔丝电阻。

而，

$$R = \alpha(L/S) \quad (2\text{-}30)$$

式中 L——线长；

S——线的横截面积；

α——电阻率，与线的材料有关，汽车电气线束都为铜丝。

将式（2-30）代入式（2-29）得

$$Q = I^2 \alpha(L/S) = (\alpha I^2 L)/S \quad (2\text{-}31)$$

设 $\beta = \alpha I^2 L$，则式（2-31）为

$$Q = \beta/S \quad (2\text{-}32)$$

由式（2-32）可知，线束的发热率与线束的横截面积（线径）成反比。为保证不烧线，电流越大，线径越大。熔丝选定后，其下游线束一般有以下经验关系，见表2-30。

表2-30 熔丝与下游线径 d 对应关系表

熔丝/A	线径/mm	熔丝/A	线径/mm
5	$0.3 < d \leq 0.5$	20	$1.25 < d \leq 2.0$
10	$0.5 < d \leq 0.85$	30	$2.0 < d \leq 3.0$
15	$0.85 < d \leq 1.25$		

该车前雾灯所选熔丝为15A，因此其线径可选0.85mm；刮水器所选熔丝为10A，因此其线径可选0.85mm。

可以参考表2-31所示的载流量参考表。该表描述了不同规格导线对应的性能参数，可在选择导线线径时参考。

表 2-31 导线载流量参考表

序号	型号	标称截面积 /mm²	20℃时导体最大直流电阻 /(Ω/m)	载流量（%）	标准长度 /m
1	AV	0.3	50.2		1000
2		0.5	32.7	12	1000
3		0.85	20.8	16	800
4		1.25	14.3	21	600
5		2	8.81	28	500
6		3	5.59	38	300
7		5	3.52	51	200
8		10	1.84	78	2500
9		15	1.38	94	2000
10		20	0.887	121	1500
11	AVS	0.3	50.2	9	1500
12		0.5	32.7	12	1000
13		0.85	20.8	16	800
14		1.25	14.3	20	600
15		2	8.81	27	500
16		3	5.59	37	300
17		5	3.52	50	200
18	AVSS	0.3	50.2	8	1500
19		0.5	32.7	11	1000
20		0.85	21.7	14	1000
21		1.25	14.9	19	800
22		2f	9.5	26	500
23	AVSSX	0.5f	34.6	10	1000
24		0.75f	23.6	13	1000
25		1.25f	14.6	18	800
26		2f	9.5	25	500
27	AVX	0.5f	36.7	11	1000
28		0.75f	24.4	14	500
29		1.25f	14.7	19	500
30		2	8.81	26	300
31		3	5.59	36	200
32	AEX	0.5f	38.6	10	1000

注：长时工作电器设备可选用实际载流量为 60% 的导线，短时工作设备可选用实际载流量为 60%～100% 之间的导线。

（5）线束插接器选型设计

线束插接器设计主要包括护套、端子及导线的设计三部分，原则上采用"导线—端子—护套"的设计方法。根据工作环境、负载情况选取导线的材料和线径，依据导线的线径、工作环境、电器件和负载大小选取端子的匹配型号。最后，在已选定的导线和端子的基础上，根据工作环境、安装位置确定护套的型号。线束插接器的设计流程如图 2-71 所示。

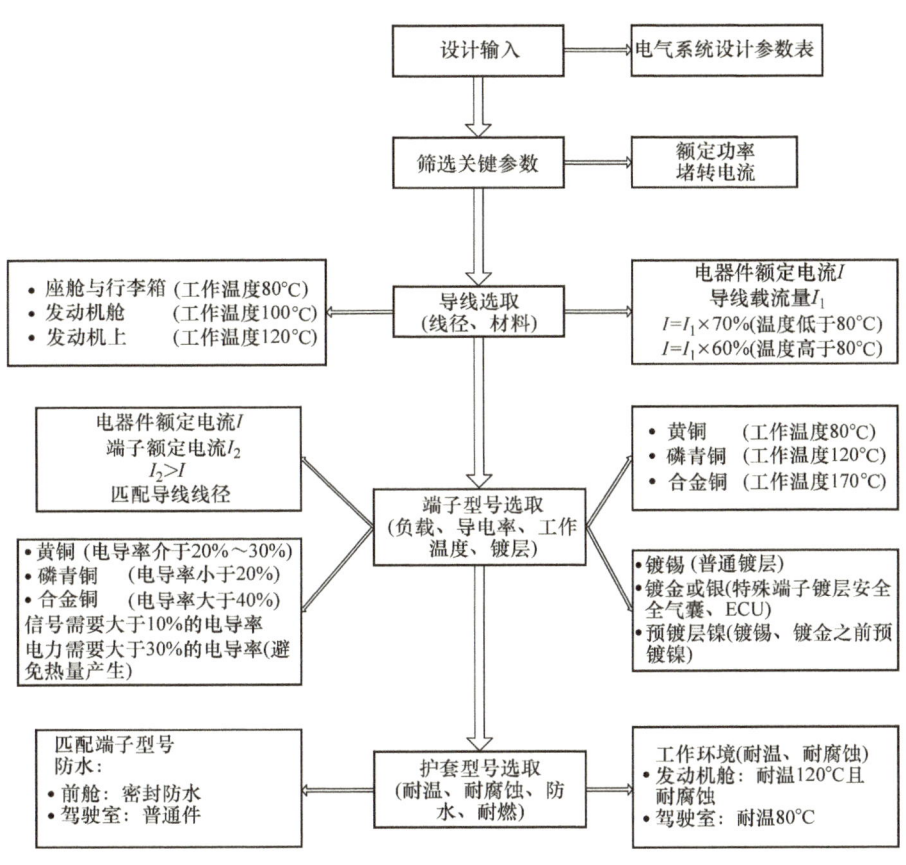

图 2-71 线束插接器的设计流程

2.3.2.3 纯电动客车高压电气系统方案

1. 概述

相对于燃油客车，纯电动客车尤为显著的区别就是采用了大容量、高电压的动力蓄电池包及高压电驱动系统，以及高压电动辅助系统等高压电气部件。高压电气系统是整车上由高压电气部件构成的电源回路的统称，通常由可充电储能系统、高压配电系统、电驱动系统、电动辅助系统及充电系统组成。各系统之间通过电路连接及控制交互保证整车可靠安全运行。

由于高压电气安全的特殊性，该系统应满足相应的法规或标准，主要内容梳理见表2-32。

根据电源控制变换模块及用电负载的组合结构的形式不同，高压电气系统主要分为两种构型：集中式和分布式。

① 在集中式构型（图2-72）中，高压控制变换模块集成在一起组成集成控制器，动力蓄电池包直接连接集成控制器（含驱动电机控制器、转向电机控制器、空压机电机控制器等），由集成控制器输出连接各用电负载（驱动电机、转向电机、空压机电机等）。该构型控制模块便于集成设计，控制模块环境适应性要求低，用电负载设计简单，但交流电路较多，电磁兼容问题较突出。

表2-32 高压电气安全法规或标准

序号	标准名称	指标项目	适用零部件
1	GB/T 18384.3—2015《电动汽车 安全要求 第3部分：人员触电防护》	触电防护	高压电气系统所有部件
2	工信部装[2016]377号文《电动客车安全技术条件》	防水防尘、防火、充电安全	高压电气系统所有部件
3	GB/T 18488.1—2015《电动汽车用驱动电机系统 第1部分：技术条件》	电机及驱动系统性能	电机及电机控制器
4	GB/T 18487.1—2015《电动汽车传导充电系统 第1部分：通用要求》	充电系统连接结构及电路要求	充电接口、充电机
5	GB/T 20234.1—2015《电动汽车传导充电用连接装置 第1部分：通用要求》	充电接口结构及性能要求	充电接口
6	GB/T 20234.2—2015《电动汽车传导充电用连接装置 第2部分：交流充电接口》	交流充电接口结构及定义	交流充电接口
7	GB/T 20234.3—2015《电动汽车传导充电用连接装置 第3部分：直流充电接口》	直流充电接口结构及定义	直流充电接口
8	QC/T 1037—2016《道路车辆用高压电缆》	高压电缆技术要求	高压电缆
9	GB/T 31465.2—2015《道路车辆 熔断器 第2部分：用户指南》	熔断器选型	熔断器

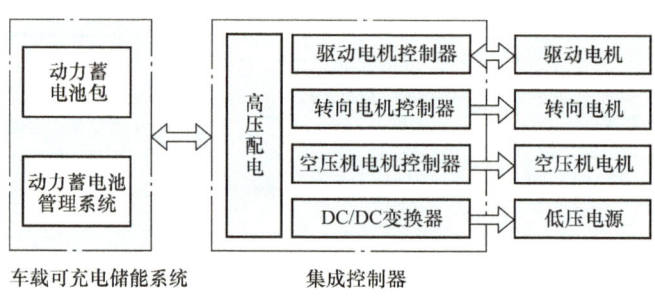

图2-72 集中式构型

② 在分布式构型（图2-73）中，各高压控制变换模块分别与对应用电负载集成，动力蓄电池包输出经配电后直接连接用电负载。该构型配电线路简单，均为直流电路，但用电负载集成化设计难度较高，对控制模块环境适应性要求高。

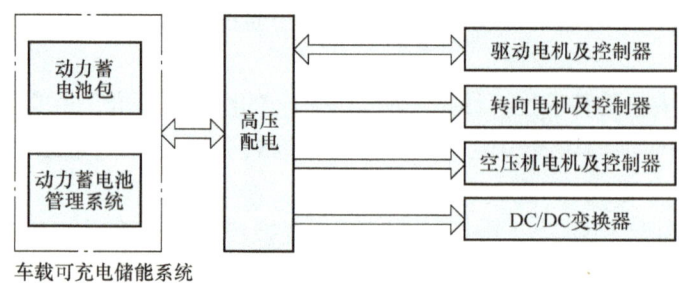

图2-73 分布式构型

在实际应用过程中，根据整车需求及零部件开发状态结合两种构型进行综合设计，整车高压电气系统的基本原理如图2-74所示。

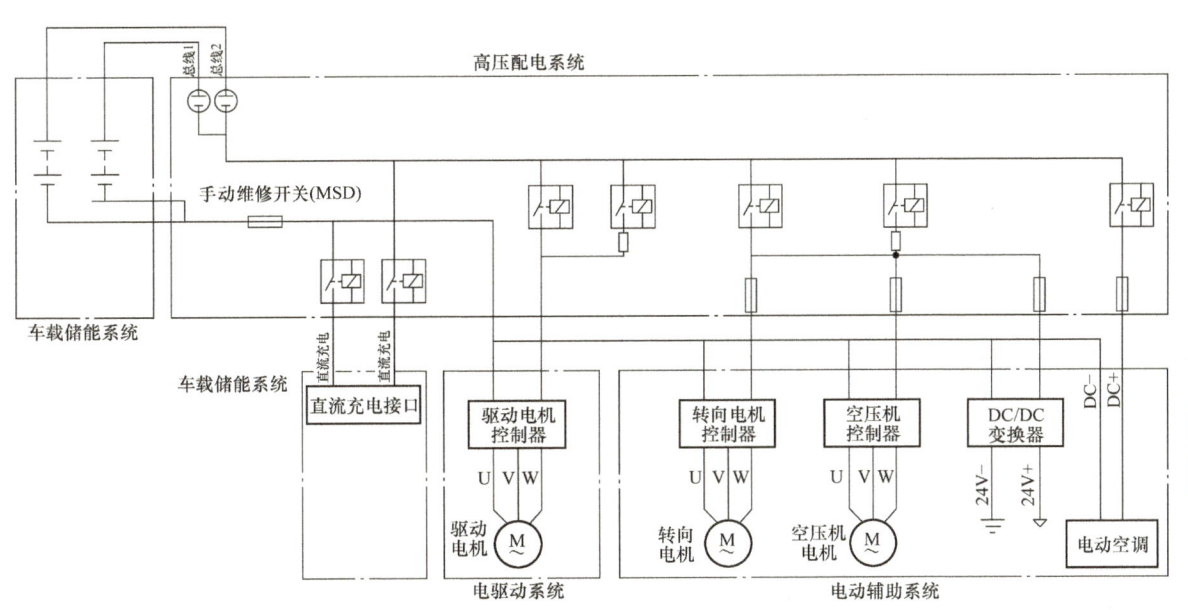

图 2-74 整车高压电气系统原理

① 可充电储能系统是整车电能存储系统，是整车驱动的能量源。该系统主要由动力蓄电池包与动力蓄电池管理系统（BMS）组成。BMS 主要通过采集、分析动力蓄电池电压、温度、电流等信息，实现高压安全管理、电池状态分析、能量管理、故障诊断管理、电池信息管理等功能，从而实现对动力蓄电池系统的安全有效管理，避免电池过充电、过放电，延长动力蓄电池的寿命。

② 高压配电系统的功能是实现整车各个高压部件电能管理与分配，并能可靠地接通及断开，实现整车高压电气系统的安全高效运行。该系统主要由接触器、熔断器、功率电阻及导电铜排、高压线束连接组件等组成。

③ 电驱动系统作为整车驱动动力源，通过将车载能源的直流电转换为交流电来控制驱动电机旋转，提供整车驱动力。该系统主要由动力电机及其控制器组成。

④ 电动辅助系统是为保证整车的正常运行及舒适性而提供辅助功能的附件系统。该系统主要由电动助力转向电机及电机控制器、电动空气压缩机及控制器、电动空调/电除霜器、DC/DC 变换器等组成。

⑤ 充电系统是车载能源系统的能量补充渠道与接口，实现外部电能的转换与补充，保证整车的持续运行。该系统主要由充电接口、车载充电机（交流充电配置）及相应的连接与控制保护电路组成。

2. 高压电气系统方案设计要点

高压电气系统方案需根据整车动力性、舒适性等指标确定的高压用电负载进行设计，例如车载储能系统的电压、电量、最大充放电功率，电驱动系统及其他用电设备功率等参数。其设计开发流程与乘用车电气系统设计基本一致，主要步骤如下：

① 需求分析：整车需要实现什么功能、安装要求是什么、工作环境情况（温度、湿度、振动等）、外接电网设备的要求、使用频率等。

② 功能设计：对满足需求的功能进行分配，形成功能清单，如空调系统制冷、采暖的不同设定要求。

③ 系统方案设计：确定电气系统的指标，制定电气系统的拓扑结构方案，根据用电负载制定电气系统原理图，输出主要零部件的选型，原理图上需体现各部件连接关系及主要规格（线径、接口、熔断器、继电器电流等）。

高压电气系统设计原则为：工作部件稳定供电，不工作不带电，支路故障由支路保护，主电路须有熔断器与维修开关，外部接口精简化。根据客车的动力蓄电池包配置特点，兼顾电量、电流与效率，高压电气系统电压等级普遍在500V以上，最大工作电压不超过750V。设计过程主要从以下方面开展：电路的功率匹配设计、特性参数匹配设计、连接线路及接口设计、电磁兼容性设计。

（1）功率匹配设计

对于电气系统上的载流部件，其功率的匹配按照负载的工作需求来确定，功率电气回路上主要包含电缆导线、熔断器、高压继电器等主要部件。其匹配主要根据以下参数确定：

- 工作环境温度：电气部件正常工作的最大环境温度范围。
- 工作电压：电路的最大电压范围，电缆、熔断器及继电器额定电压应不小于该值。
- 工作电流：电气部件工作的额定持续电流和峰值电流，对于熔断器的匹配还应考虑电缆的熔断电流。
- 工作寿命：主要是高压继电器的触点寿命应满足整车电气系统设计寿命的要求。

1）熔断器的选型。熔断器额定电压不应小于系统的最大工作电压，通常为DC 750V或DC 800V。电流须按照稳定工作电流进行额定电流初选。

$$I_n = \frac{I_s}{K} \quad (2-33)$$

式中 I_n——熔断器额定电流；
I_s——熔断器持续工作电流（数分钟持续通过电流的有效值）；
K——持续工作电流降容系数，根据相关条件变化，K需要调整，常为0.6~0.8倍，其计算公式为

$$K = K_t K_m K_b K_n \quad (2-34)$$

式中 K_t——温度降容系数（图2-75）；
K_m——插接器热传导系数（图2-76）；
K_b——海拔校正系数（海拔每升高1000m，额定电流降容2%~5%）；
K_n——综合降容系数（长期应用，约为0.7~0.8）。

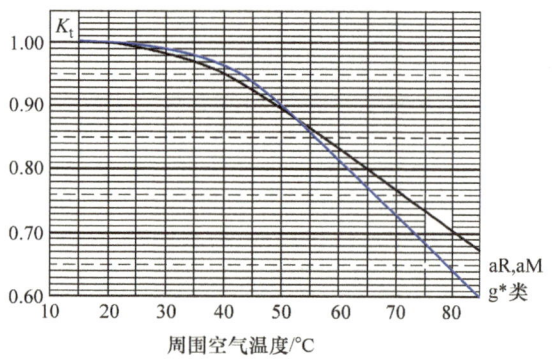

图2-75 温度降容系数曲线

注：aR是部分范围分断能力半导体保护熔断器；aM是部分范围分断能力无延时保护熔断器；g*类是全范围分断能力保护熔断器。

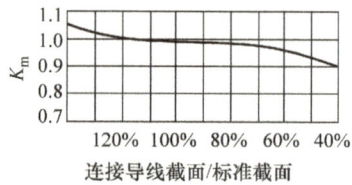

图2-76 插接器热传导系数

其中，标准连接铜导线截面积见表 2-33。

表 2-33 标准连接铜导线截面积

电流 /A	截面积 /mm²	电流 /A	截面积 /mm²	电流 /A	截面积 /mm²
2，4，6	1	80	25	400，425	240
8，10，12	1.5	100	35	500	300
16，20	2.5	125	50	630	370
25	4	160	70	800	480
32	6	200，224	95	1000	600
40，50	10	250，280	120	1250	800
63	16	315，350	185		

注：电流 1250A 以上，取 1.0~1.6A/mm²。

然后须根据脉冲电流（零部件峰值及冲击电流）进行熔断器寿命的校核。不同品牌型号的熔断器的热能值不同，须根据其熔断曲线确定，必须预留足够的安全系数。

$$I^2t = \frac{I_r^2 t}{I_f^2 t} \tag{2-35}$$

式中 $I_f^2 t$——熔断器熔断所需的能量；

$I_r^2 t$——冲击脉冲释放的能量。该值与熔断器寿命关系密切，熔断器品牌型号不同，该值也不同。某品牌型号参数见表 2-34。

2）电缆导线的选型。

① 高压电缆和线束外皮选用橙色；高压线束带屏蔽结构；高压线束选用编制密度不小于 85% 高压电缆；高压线束采用 360° 环绕屏蔽锁紧头或 360° 环绕屏蔽插接器与电气设备进行连接。根据车用电缆电压等级，因纯电动客车电压平台较高，故通常选用 DC 1500V 高压电缆。

表 2-34 某品牌型号熔断器的脉冲电流与寿命关系

脉冲电流	寿命
$I_r^2 t \leq 30\% I_f^2 t$	100000 次
$I_r^2 t \leq 38\% I_f^2 t$	10000 次
$I_r^2 t \leq 48\% I_f^2 t$	1000 次

② 电缆的线径选取：根据高压线束连接电气设备的工作特性确定高压电缆负载电流，据负载电流大小及工作环境选择合适的导体截面积，根据高压导线工作温升和电压损失进行校验。

纯电动客车在不同工况运行时，电气设备的用电负荷变化较大，高压线束设计需要综合考虑电气负载的额定电流、峰值电流及工作时间等参数。

负载电流 I（A）为

$$I = \frac{P}{U} \tag{2-36}$$

式中 P——电气的额定功率（W）；

U——电气的工作电压（V）。

要满足发热条件的要求，负载电流必须满足下面的条件：

$$I \leq I_n \tag{2-37}$$

式中 I_n——允许负载电流值（A）。

高压线束工作环境条件的差异较大，例如，前舱温度较高，导线要长时间承受高温，选择导线截面积时要注意导线安装的环境温度。为此，导线有一个参数为允许负载电流值,即导线在其所能够承受的最高温度的情况下,允许连续通过的最大电流。某型号高压线束导线截面积允许负载电流值(供参照)如图 2-77 所示。

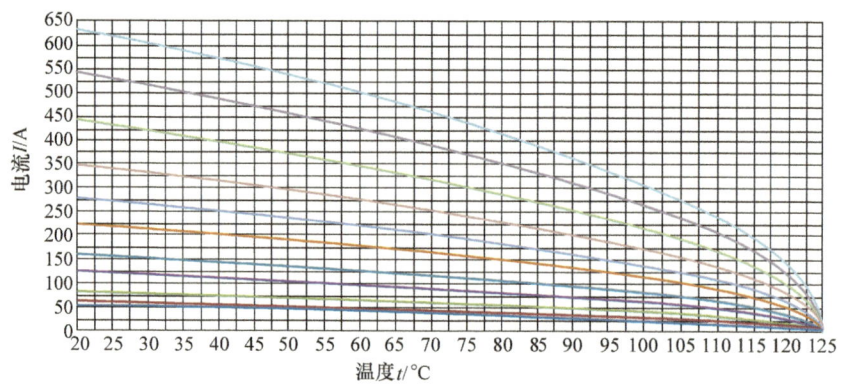

图 2-77　某型号高压线束导线截面积允许负载电流值(供参照)

3)熔断器与电缆的匹配。

在熔断器和电缆选型中须对回路过载或短路电流进行匹配。在回路存在过电流时,熔断器的熔断时间必须小于电缆导线的发烟时间。30A 熔断器熔断时间与导线的发烟时间如图 2-78 所示。

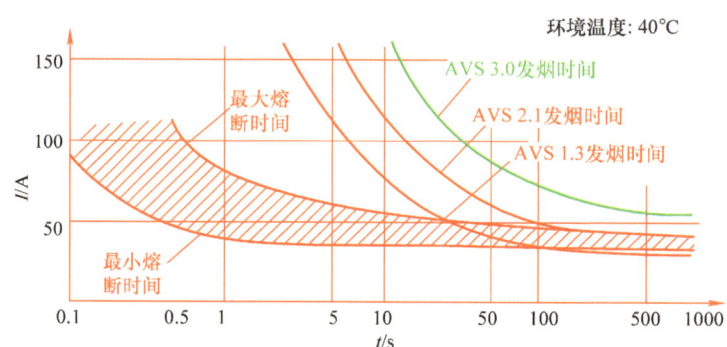

图 2-78　30A 熔断器熔断时间与导线的发烟时间

4)熔断器、继电器与电缆匹配校核(图 2-79)。

(2)特性参数匹配设计

高压用电负载,按其接口电路特征主要可分为以下类型:阻性负载、电源变换模块类容性负载和电机负载(表 2-35)。

表 2-35　高压用电负载分类

负载的种类	冲击电流
阻性负载	稳态电流的 1 倍
电机负载	稳态电流的 5~10 倍
容性负载	稳态电流的 20~40 倍

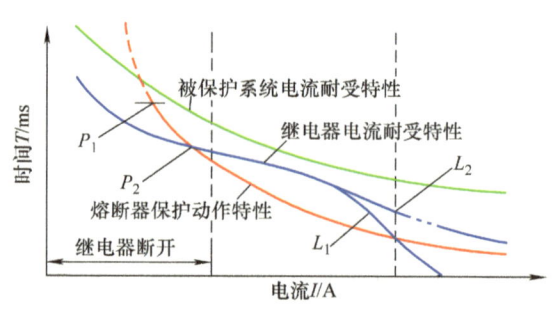

图 2-79　熔断器、继电器与电缆匹配图
P_1—熔断器最小保护特性点(最小分断能力)
P_2—熔断器保护动作特性与继电器的电流耐受特性交点
L_1—继电器的电流耐受特性曲线(功能/安全曲线)
L_2—继电器的电流耐受特性曲线(不爆炸/烧毁曲线)

阻性负载和电机负载可按照功率匹配的原则进行选型设计，但电源变换模块类部件的高压配电电路因其内部接口电路上具有大容量支撑电容而导致冲击电流过大，需专门设计预充电回路（图 2-80）。预充电回路中电阻的匹配须根据上电时间要求及负载支撑电容确定，其计算方法与乘用车一致。

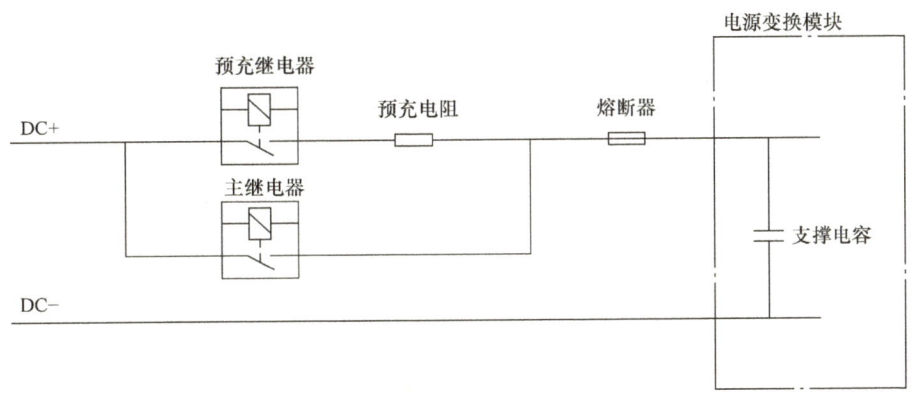

图 2-80　预充电回路原理图

继电器的选型（图 2-81）应充分考虑其触点的状态，且根据继电器状态的监测要求设置粘连检测相关电路，可通过其自带辅助触点或电路电压检测来实现。

继电器选型应从额定控制容量、接触电阻、电气寿命几方面入手，焦点集中于：

① 充分考虑触点的负载大小、种类、极性、冲击电流、开闭频率等。

② 考虑接触器在电路中的位置和连接方式。

③ 接触器的寿命与其使用设备寿命是否平衡。

④ 考虑实际使用中的环境温度。

⑤ 要在实际使用条件下（实际电路、实际负载等）加以确认。

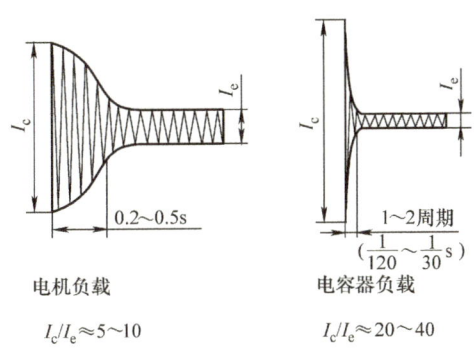

图 2-81　继电器的选型
I_c—冲击电流　I_e—额定电流

（3）连接线路及接口设计

高压电路接口按照连接形式不同主要分为插接式和螺栓紧固式。根据其不同部位的结构不同，主要有以下三类应用产品：

① 插接式连接接口：导电端子及密封安装结构均为插接式（图 2-82a）；

② 端子螺栓接口：导电端子采用螺栓紧固，密封安装为格兰头紧固（图 2-82b）；

③ 端子过孔连接器接口：导电端子采用螺栓，密封安装为一体式面板（图 2-82c）。

进行匹配设计时应根据载流能力、操作便利性及成本可靠性等维度综合考虑选取：螺栓紧固式载流能力较强，成本较低；插接式载流能力较小，成本较高，但操作便利性好。

 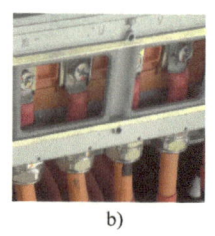 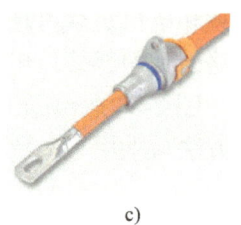

图 2-82　高压电路接口

a）插接式　b）端子螺栓　c）端子过孔连接器

（4）MSD 匹配设计

手动维修开关（Manual Service Disconnect，MSD）用于检修电动汽车时，为了确保人车安全，通过手动的方式将高压系统的电源断开，使高压回路出现明显可视的断点。目前，MSD 主要有两种产品形式：内嵌熔断器 MSD（图 2-83a）和无熔断器 MSD（图 2-83b）。其中，无熔断器 MSD 体积重量较小，其主要匹配参数包括额定电压、额定电流、工作环境温度和插拔寿命。

图 2-83　MSD 产品形式

a）内嵌熔断器 MSD　b）无熔断器 MSD

用于实现整车 MSD 功能的部件，其插拔寿命通常应不低于 500 次，插拔方式应为免工具操作，且满足拔开后带电部分符合防护等级（IP 代码）IPXXB 防止手指接近的要求。

（5）电磁兼容性设计

由于高压电气系统存在电压高、电流大的电源及工况多变的负载，所以电磁干扰风险较高。除了在系统各部件设计过程中减少本身干扰发射外，还应从系统传播途径上进行优化设计抑制干扰的传播，常用的方法有屏蔽和接地。

① 屏蔽。高压线束与低压信号线（CAN 线束、监控线束、通信线束等）分开布置，间距不小于 20mm，同一回路高压正负极线束集中布置走线，高压线束采用屏蔽网编制密度不小于 85% 的屏蔽高压线束，高压线束与高压零部件的连接部位应满足 360° 屏蔽连接要求。360° 屏蔽连接器须满足线束屏蔽层与高压部件外壳搭铁接地点接触电阻小于 0.1Ω。

② 接地。高压线束连接的各高压部件可导电壳体上任一点与外壳接地点的电阻不大于 0.1Ω，且应使用接地线连接接地点，与整车搭铁后接地电阻值不大于 0.1Ω。

2.3.2.4　纯电动客车低压电气系统方案

1. 纯电动低压电气系统概述

低压电气系统是纯电动客车的核心控制系统，涵盖供电分配、整车控制、驾驶交互、通信管理等多项功能。作为车辆电气化、信息化、智能化功能体现的重要载体，低压电气系统的设计质量至关重要。

低压电气系统包括车载总线、低压电源及供电系统、充电系统、电机冷却系统、组合仪表、整车控制器、监控主机、档位面板等。纯电动客车低压电气系统的结构原理如图2-84所示。

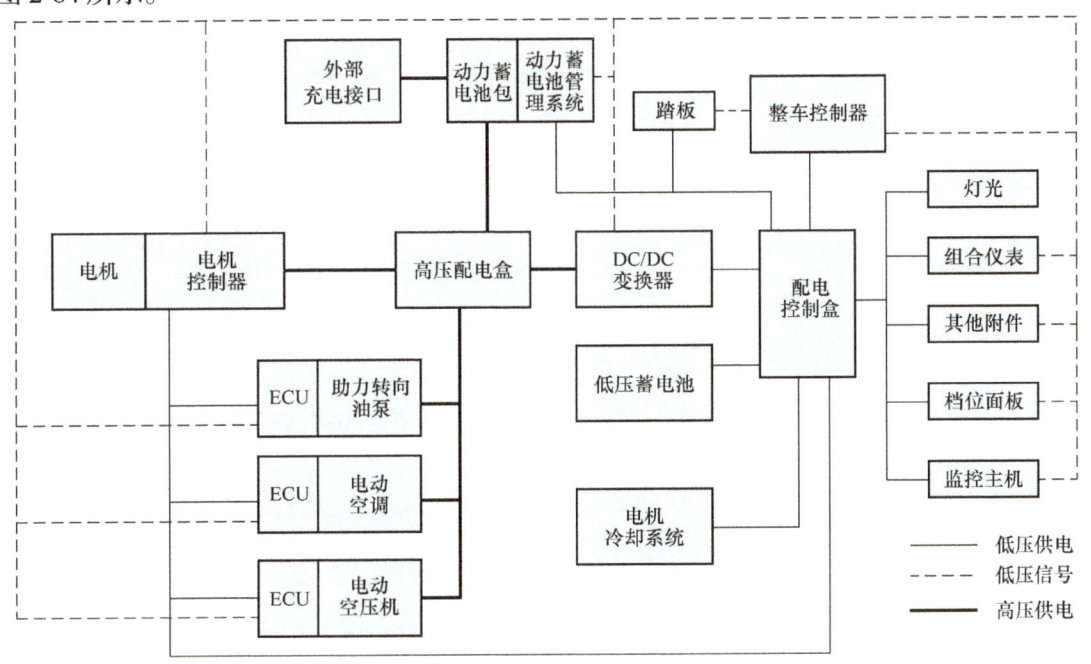

图2-84　纯电动客车低压电气系统的结构原理

低压信号主要包括车载总线、硬线连接信号，其中车载总线指车内网络系统，是保证纯电动客车各关键部件的信息交互的传播载体，如目前通用的CAN总线技术，可为动力蓄电池管理系统、电机控制器、电动空压机、电动空调、助力转向油泵、组合仪表、整车控制器等提供可靠稳定的信息交互路径。

整车控制器是纯电动客车的核心控制部件，它通过采集加速踏板信号、制动踏板信号及其他部件信号，并做出相应判断后，控制下层的各部件控制器的动作驱动汽车，实现整车驱动控制、能量优化控制、制动回馈控制和部分网络管理等功能。

监控主机是用于采集及保存整车及系统部件的关键状态参数并发送到监控平台的装置或系统，具体指标需满足GB/T 32960—2016《电动汽车远程服务与管理系统技术规范》的要求，见表2-36。

纯电动客车与传统燃油汽车低压电气系统的主要区别在于以下几个方面：

① 纯电动客车的辅助蓄电池由动力蓄电池通过DC/DC变换器来充电，传统燃油汽车的辅助蓄电池由与发动机相连的发电机来充电。

② 纯电动客车低压电气系统采用直流12V或24V电源，一方面为车辆的常规低压电器（如灯光装置）供电，与传统燃油汽车一致；另一方面还需为整车控制器、高压电气设备的控制电路和辅助部件供电。

表 2-36 纯电动客车低压电气系统相关的标准要求

序号	标准法规编号	标准法规名称	相关零部件
1	GB/T 32960.1—2016	电动汽车远程服务与管理系统技术规范 第1部分：总则	监控主机
2	GB/T 32960.2—2016	电动汽车远程服务与管理系统技术规范 第2部分：车载终端	监控主机
3	GB/T 32960.3—2016	电动汽车远程服务与管理系统技术规范 第3部分：通信协议及数据格式	监控主机
4	QC/T 413—2002	汽车电气设备基本技术条件	整车控制器、监控主机、档位面板等
5	QC/T 29106—2014	汽车电线束技术条件	线束
6	GB/T 4094.2—2017	电动汽车 操纵件、指示器及信号装置的标志	组合仪表
7	GB 34660—2017	道路车辆 电磁兼容性要求和试验方法	整车控制器、档位面板、电机控制器、电池管理系统等

③ 根据法规要求，电动客车有独立的行车记录仪，相对传统燃油车增加了监控主机，用于整车关键状态的监控和管理。

④ 电动客车零部件之间的控制和通信方式是基于车载总线的，区别于传统燃油车以硬线、继电器为主的控制和信息交互方式。

2. 低压电气系统方案设计要点

纯电动客车低压电气系统方案设计流程与乘用车基本一致，设计过程主要包括低压电气原理设计、低压负荷匹配设计和整车网络架构设计三大方面。

（1）低压电气原理设计

低压电气原理设计是整车低压系统及其与高压系统（电机控制器、BMS 等）交互控制的基础，其质量好坏关系到整车电气系统的功能正确性、稳定性和安全性。其中，整车控制器是低压电气系统的核心单元。控制器通过对相关输入信息进行综合分析后，对高低压部件进行控制，因此该原理图（图 2-85）需重点体现整车控制器的输入/输出信息、相关部件的供电和使能控制电路。

其中，钥匙点火信号、驻车制动信号、冰雪模式开关、DBR 信号（防抱死制动系统激活状态信号）等通过传统电器部分的线束接入整车控制器；档位面板、加速踏板、制动踏板信号，相对传统燃油汽车均接入发动机电子控制单元，纯电动客车须都接入整车控制器。此外，图 2-85 涵盖了整车控制器对高压部件控制单元及其相关附件的供电控制和使能控制设计电路，包括高压配电及控制盒的供电控制电路、电机冷却水泵使能控制电路、空压机风扇使能控制电路、动力蓄电池管理系统与充电插座间的交互电路等。

（2）低压负荷匹配设计

纯电动客车汽车低压电器负荷的统计是 DC/DC 变换器选型等的重要依据。因纯电动客车的特性及相关法规要求，在充电期间整车下电，需工作设备的用电从外部充电机获取。故在正常状态下其负荷匹配与电器配置、使用工况有关。

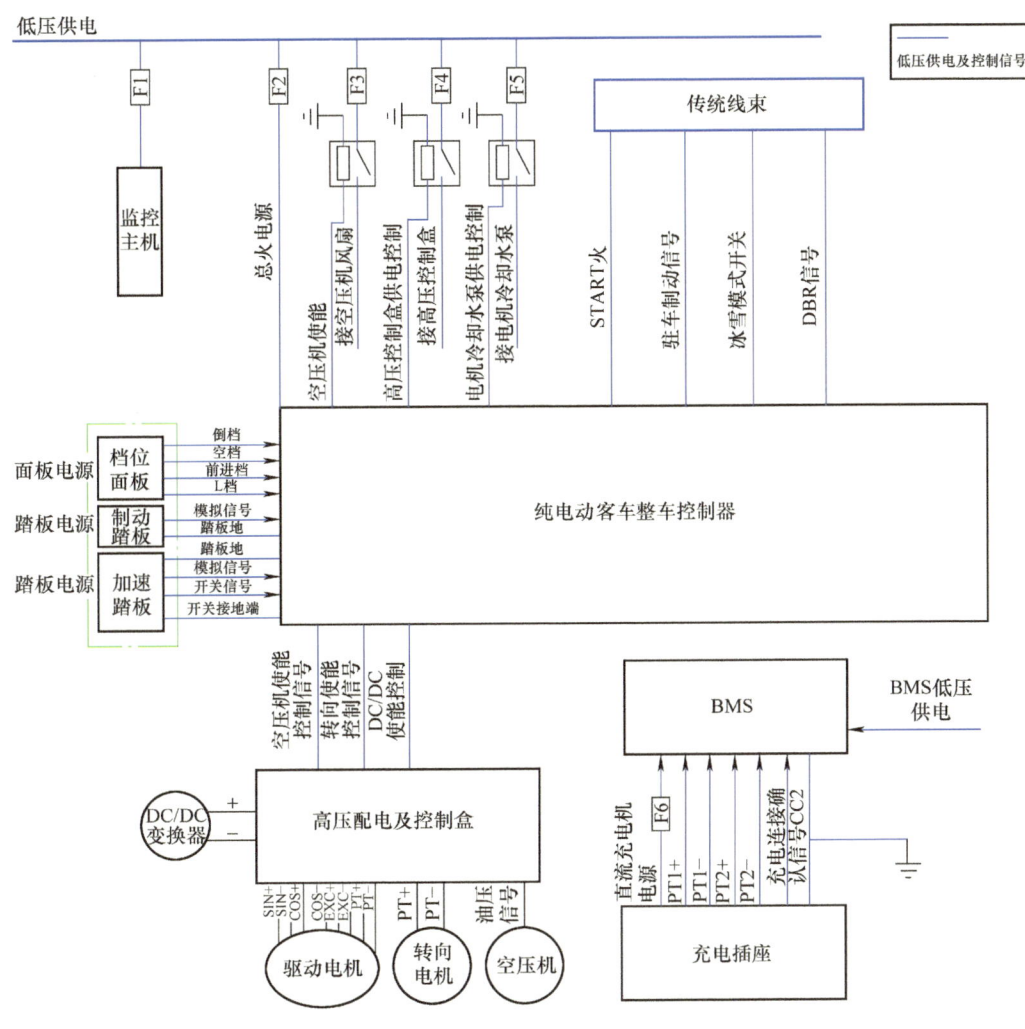

图 2-85 某款纯电动客车基本的低压电气控制原理

整体来讲，针对纯电动客车低压电器负荷的供电匹配原则为各个工况下整车输出的最大功率不小于整车相对应工况的整车用电需求：

$$P_{DC}=P_G \geqslant P_L+P_S+P_N+P_Q \quad (2-38)$$

式中 P_{DC}——DC/DC 变换器能够提供的最大输出功率；

P_G——某一工况下整车能够提供的功率，不同工况功率值不同；

P_L——长期行驶必须使用的用电器的额定功率；

P_S——安全行驶必需的短期使用电器额定功率；

P_N——电动部分低压电气额定功率；

P_Q——整车其他低压系统在不同工况所需的额定功率。

某款纯电动客车低压电器设备运行的统计见表 2-37。

表 2-37　某款纯电动客车低压电器设备运行的统计表

序号	分类	车载用电器	额定功率 /W	使用频度系数	加权功率 /W
1	长期行驶必需的用电器	组合仪表	25	1.00	25.00
2		电子冷却风扇	900	1.00	900.00
3	安全行驶必需的短期使用电器	近光灯	40	1.00	40.00
4		远光灯	60	0.50	30.00
5		前雾灯	24.00	0.40	9.60
6		前示廓灯	1.60	0.70	1.12
7		前转向灯（左/右）	9.60	0.10	0.96
8		前位灯	24.4	1.00	24.40
9		侧转向灯	3.00	0.10	0.30
10		侧标志灯	11.20	0.70	7.84
11		侧标志灯	0.24	1.00	0.24
12		后转向灯	4.00	0.10	0.40
13		后雾灯	9.00	0.40	3.60
14		后示高灯	1.60	1.00	1.60
15		牌照灯	0.58	1.00	0.58
16		制动灯	12.00	0.50	6.00
17		倒车灯	9.00	0.05	0.45
18		警灯	9.00	0.50	4.50
19		喇叭	216.00	0.50	108.00
20		刮水器	216.00	0.50	108.00
21		倒车蜂鸣器	3.00	0.05	0.15
22		专用蜂鸣器	15.00	0.30	4.50
23		电子制动系统	480	0.10	48.00
24		冷凝器	20	0.10	2.00
25		干燥器	100	0.30	30.00
26	行驶舒适性随机使用电器	电除霜	180.00	0.50	90.00
27		扬声器	240.00	0.50	120.00
28		应急出口背光灯	120.00	0.50	60.00
29		乘客门上流水灯	60.00	0.50	30.00
30		USB①充电模块	400.00	0.50	200.00
31		长条灯或厢灯	276.48	0.30	82.94
32		驾驶照明灯、门灯	10.92	0.90	9.83
33		收放机	100.00	0.90	90.00
34		前舱灯	8.00	0.20	1.60
35		电动后视镜	120.00	0.20	24.00
36		换气扇	40	0.20	8.00
37	选装配置使用电器	公交报站系统（前侧后路牌、车内屏、节站屏）	184	1.00	184.00
38		集中润滑	40	1.00	40.00
39		电子钟	3	1.00	3.00
40		倒监	36	1.00	36.00
41	预留配置使用电器	监控一体机	10	1.00	10.00
42		广告灯箱（灯箱警示牌）	6	0.50	3.00

（续）

序号	分类	车载用电器	额定功率 /W	使用频度系数	加权功率 /W
43	智能感知系统	超声波雷达 X3	6	1.00	6.00
44	新能源低压电器	整车控制器	50	1.00	50.00
45		五合一（开模件）	75	1.00	75.00
46		单电机控制器	75	1.00	75.00
47		电池管理系统	50	1.00	50.00
48		水泵（电机冷却）	230	1.00	230.00
49		监控主机	6.5	1.00	6.50
50		空压独立风扇	30	1.00	30.00
51		电空调、除霜、加热接触器	13.2	1.00	13.20
52		档位面板	0.5	1.00	0.50

① USB 为 Universal Serial Bus 的简称，中文名称为通用串行总线。

因此，整车正常行驶时所需功率为 4564.82W，加权功率为 2885.81W。

考虑到安全性，该车可选额定功率为 4.5kW、峰值功率为 4.8kW 的 DC/DC 变换器，既可以满足不同行驶需求下整车加权功率需求，也可以满足整车最大功率需求。

（3）整车网络架构设计

相对传统燃油汽车，纯电动客车的整车网络架构设计需满足接口标准化、软件功能易升级、高容错的要求，以保证各子系统的可靠通信及产品不断迭代升级的需要。纯电动客车目前主要采用车载 CAN 总线控制技术实现整车控制，采用 CAN 总线的电气系统更加简洁，布置更加简单。

图 2-86 所示为基于 CAN 总线技术的纯电动客车通用网络架构。

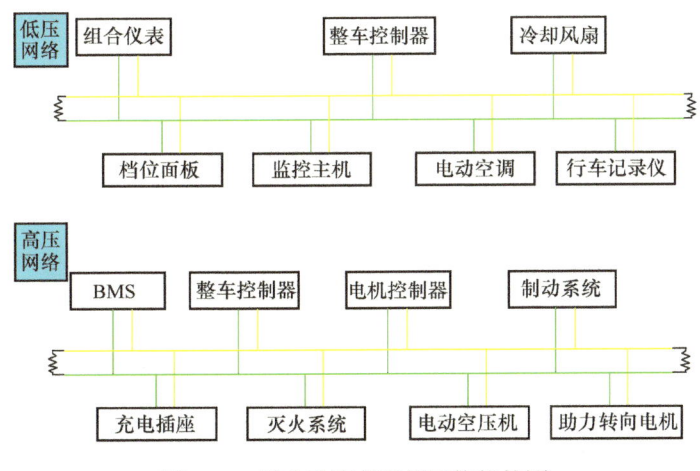

图 2-86 纯电动客车通用网络架构图

该架构将整车高低压系统各子系统分为两个网络进行管理，高低压数据传输相互独立，能够减小因单网络负载率过高带来的潜在风险，同时整车控制器作为高低压间的网关，可根据整车需求有效保证两个网络间各子系统的数据交互。

3. 低压电气系统典型案例

（1）典型案例

图 2-87 所示为国内某纯电动客车的电气架构图，其低压电气系统与通用系统方案一致。整车控制器为该系统的核心部件，通过采集档位、加速踏板、制动踏板、动力蓄电池管理系统及整车其他信息，控制驱动电机控制器进而驱动车辆行驶，同时实时将整车状态传递给仪表进行状态显示，传递给监控主机用于后台信息监控。

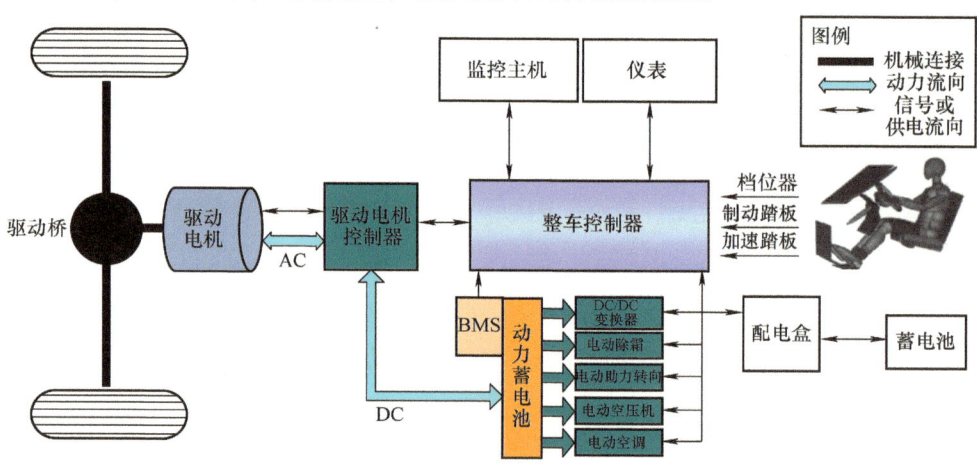

图 2-87　某纯电动客车低压电气架构

图 2-88 所示为基于"域"互联的纯电动客车整车 CAN 网络架构示例。它将车辆分为人机交互域、网联域、车身域、动力系统域、智能感知域等不同域区间，各域之间通过以整车控制器为核心的中央网关进行连接，实现不同域之间的信息交互。

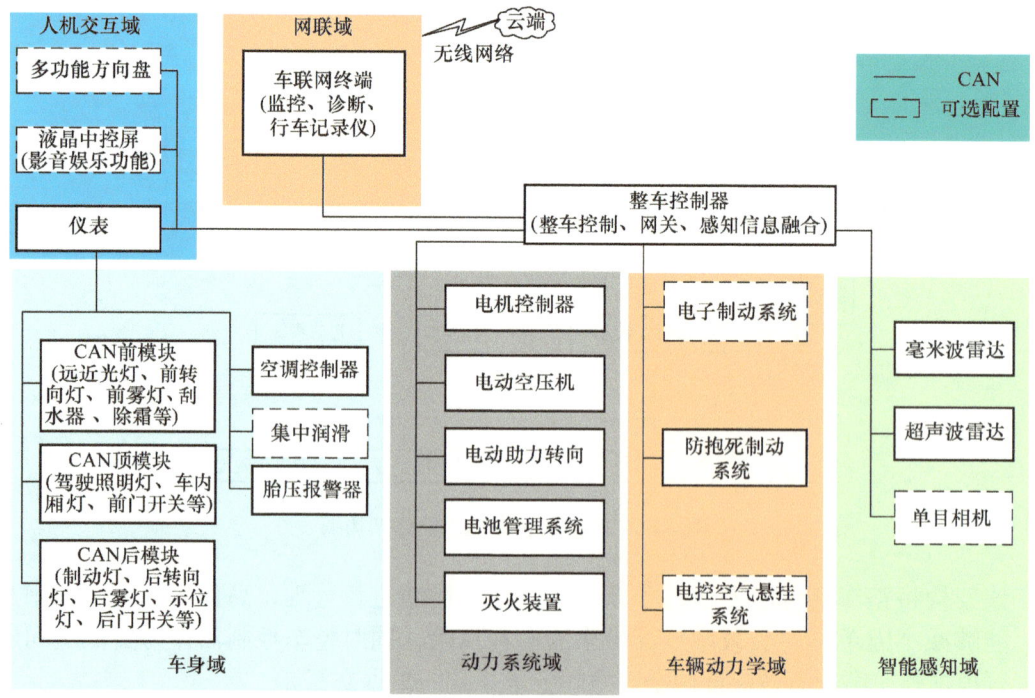

图 2-88　基于"域"互联的纯电动客车整车 CAN 网络架构示例

（2）发展趋势

随着汽车智能化、网联化进程的加快，面向未来更加高效、安全的交通体系升级，对纯电动客车整车低压电气系统的软硬件升级、通信容错和吞吐能力、诊断技术、网络安全等功能需求日益提高。越来越多的整车企业、高校及科研院所争相研究的重点主要有：

① 整车功能安全和故障诊断技术。
② 电子电器自身的节能化以及车辆各系统的电控管理优化。
③ 支持高度自动驾驶的智能域控制器开发等。

此外，针对车载终端产品，开发主动智能信息服务技术日益成为研发热点，如利用云端计算资源和智能算法，适应复杂交通环境和不断变化的驾驶状况，根据驾驶需求主动提供精确的信息服务。

2.4 整车安全性设计

2.4.1 碰撞安全性能设计

2.4.1.1 碰撞安全概述

研究表明，车辆的防撞设计是减少道路交通死亡事故的最有效措施，电动汽车碰撞安全设计分类如图 2-89 所示。传统燃油汽车碰撞安全性能设计包括主动安全设计和被动安全设计，其中被动安全设计又包含结构耐撞性设计、约束系统集成、行人保护设计；对于电动汽车而言，还包含碰撞后的高压电安全。高压电安全包括触电保护、动力蓄电池包安全和断电策略[43-45]。

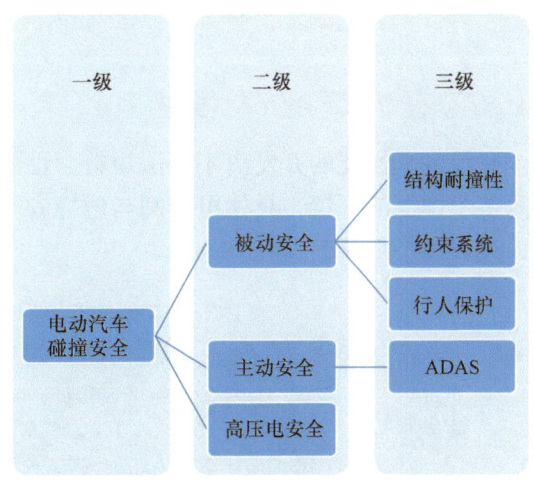

图 2-89 电动汽车碰撞安全设计分类

2.4.1.2 碰撞安全性能设计流程

在车型开发立项之初，就需要明确车型的市场定位和碰撞安全目标。碰撞安全目标确定之后，碰撞安全性能的设计开发也就开始了。在碰撞安全性能开发过程中，需要经过竞品车调研、对标车数据分析、CAE 虚拟仿真概念设计、总布置安全分析、结构细化数据设计及虚拟仿真分析、优化设计、约束系统集成、零部件安全性能试验、样车整车碰撞试验、被动安全性能及高压电安全验证评估等环节。整车碰撞安全性能在满足传统燃油汽车所涉及的相应法规的同时，还必须符合 GB/T 31498—2015《电动汽车碰撞后安全要求》、GB/T 18384—2015《电动汽车 安全要求》等国家标准中有关条款的规定。开发中，除了技术上的设计，还需对碰撞安全性能开发成本进行预估和核算，并制定合理的开发计划。图 2-90 所示为电动汽车碰撞安全设计流程 V 形图。

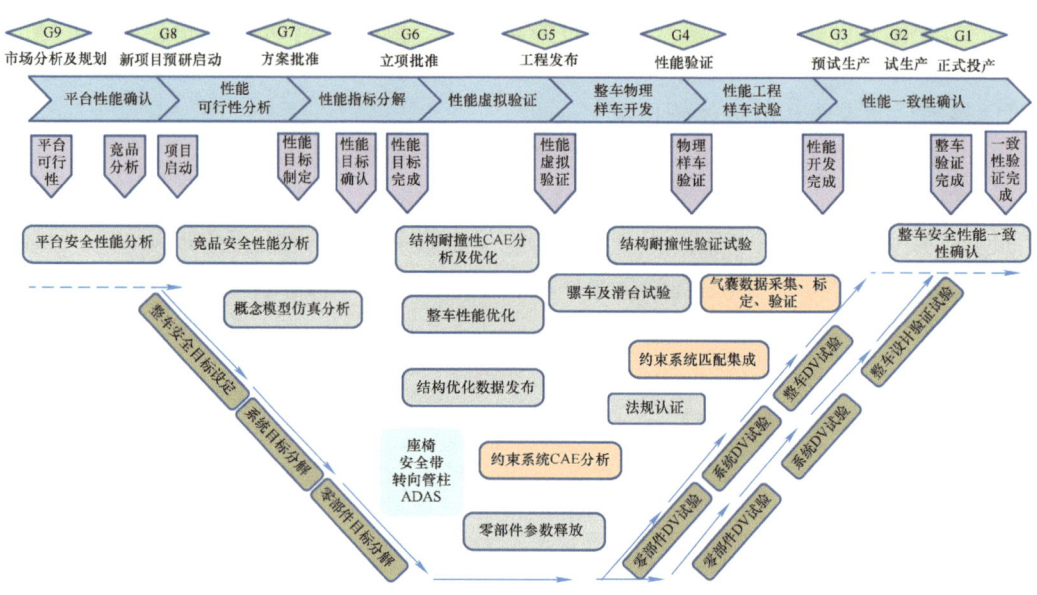

图 2-90　电动汽车碰撞安全设计流程 V 形图

2.4.1.3　碰撞安全法规体系

碰撞安全性能的开发离不开法规符合性的审查、安全认证、保险系统评定以及用户评价等多个体系的评价，具体可查阅与碰撞安全相关的国内外法规及主流评价体系和评价方法，见表 2-38~表 2-42。

表 2-38　与碰撞安全相关的中国国家标准（GB）

序号	分类	代号	名　称
1	电动汽车安全准则	GB/T 31498—2015	电动汽车碰撞后安全要求
2		GB/T 18384—2015	电动汽车 安全要求
3	被动安全	GB 11551—2014	汽车正面碰撞的乘员保护
4		GB 20071—2006	汽车侧面碰撞的乘员保护
5		GB 26134—2010	乘用车顶部抗压强度（2018 修订中）
6		GB 11557—2011	防止汽车转向机构对驾驶员伤害的规定
7		GB 15086—2013	汽车门锁和门保持件的性能要求和试验方法
8		GB/T 20913—2007	乘用车正面偏置碰撞的乘员保护
9		GB 15743—1995	轿车侧门强度（2018 修订中）
10		GB 11552—2009	乘用车内部凸出物
11		GB 7258—2017	机动车运行安全技术条件
12		GB 17354—1998	汽车前、后端保护装置（2018 修订中）
13	约束系统	GB 14167—2013	汽车安全带安装固定点、ISOFIX 固定点系统及上拉带固定点
14		GB 15083—2006	汽车座椅、座椅固定装置及头枕强度要求和试验方法

第 2 章 纯电动汽车整车总体设计

（续）

序号	分类	代号	名　称
15	约束系统	GB 11550—2009	汽车座椅头枕强度要求和试验方法
16		GB 14166—2013	机动车乘员用安全带、约束系统、儿童约束系统 ISOFIX 儿童约束系统
17		GB 27887—2011	机动车儿童乘员用约束系统
18		GB/T 19949—2005	道路车辆 安全气囊部件
19		报批中	汽车安全气囊系统误作用试验的方法和要求
20	行人保护	GB/T 24550—2009	汽车对行人的碰撞保护
21	主动安全	报批中	道路车辆 自动紧急制动系统（AEBS）技术要求及试验方法
22		报批中	盲区检测 BSD 性能要求
23		报批中	自动泊车系统 技术要求
24		报批中	车道保持辅助系统（LKAS）性能要求和试验方法
25		报批中	紧急转向辅助系统
26		报批中	车门开启盲区提醒系统
27		报批中	后部穿行提醒系统
28		报批中	全景环视系统
29		报批中	驾驶员疲劳监测系统
30		报批中	夜视系统
31		报批中	限速提醒系统

表 2-39　碰撞安全欧洲标准（ECE）

序号	代号	名　称
1	ECE R11	门锁和车门保持件方面批准车辆的统一规定
2	ECE R12	碰撞中防止转向机构伤害驾驶员方面批准车辆的统一规定
3	ECE R14	安全带固定点、ISOFIX 固定系统和 ISOFIX 顶部系带固定点方面批准车辆的统一规定
4	ECE R16	机动车辆乘员用安全带、约束系统、儿童约束系统和 ISOFIX 儿童约束系统
5		装有安全带、约束系统、儿童约束系统和 ISOFIX 儿童约束系统的车辆的统一规定
6	ECE R17	座椅、座椅固定点和头枕方面批准车辆的统一规定
7	ECE R25	批准与车辆座椅一体或非一体的头枕的统一规定
8	ECE R26	外部凸出物方面批准车辆的统一规定
9	ECE R32	追尾碰撞中被撞车辆的结构特性方面批准车辆的统一规定
10	ECE R33	正面碰撞中被撞车辆的结构特性方面批准车辆的统一规定
11	ECE R44	批准机动车儿童乘客约束装置（儿童约束系统）的统一规定
12	ECE R42	车辆前、后保护装置（保险杠等）批准车辆的统一规定
13	ECE R58	1. 批准后下部防护装置（RUPDs） 2. 后下部防护装置的安装 3. 后下部防护装置方面批准车辆的统一规定
14	ECE R93	1. 前下部防护装置（FUPDs） 2. 前下部防护装置的安装 3. 前下部防护方面批准车辆的统一规定
15	ECE R94	前碰撞中乘员防护方面批准车辆的统一规定
16	ECE R95	侧碰撞中乘员防护方面批准车辆的统一规定
17	ECE R100	结构、功能安全性和氢排放的特殊要求方面批准蓄电池电动车辆的统一规定
18	ECE R114	1. 更换性气囊系统用气囊组件 2. 装有气囊组件的更换性转向轮 3. 安装在转向轮以外部位的更换性气囊系统的统一规定

表 2-40 碰撞安全美国标准（FMVSS）

序号	标准代号	法规名称
1	FMVSS 201	乘员在车内碰撞时的防护
2	FMVSS 202	头枕
3	FMVSS 203	驾驶员免受转向控制系统伤害的碰撞保护
4	FMVSS 204	转向控制装置的向后位移
5	FMVSS 206	车门锁及车门固定组件
6	FMVSS 207	座椅系统
7	FMVSS 208	正面碰撞标准
8	FMVSS 209	座椅安全带总成
9	FMVSS 210	座椅安全带总成固定点
10	FMVSS 213	儿童约束系统
11	FMVSS 214	侧面碰撞标准
12	FMVSS 216	轿车车顶抗压强度
13	FMVSS 224	后面碰撞标准
14	FMVSS 225	儿童约束系统固定点

表 2-41 国际 NCAP 评价体系

序号	地区或国家	名称
1	C-NCAP	中国新车评价规范
2	E-NCAP	欧洲新车评价规范
3	U.S.-NCAP	美国新车评价规范
4	J-NCAP	日本新车评价规范
5	K-NCAP	韩国新车评价规范
6	Latin NCAP	拉丁美洲新车评价规范
7	ASEAN NCAP	东南亚国家新车评价规范
8	A-NCAP	澳大利亚新车评价规范

表 2-42 保险指数及维修评价体系

序号	机构代号	机构名称
1	RCAR	国际汽车维修研究理事会
2	CRIR	中国汽车技术保险协会
3	IIHS	美国公路安全保险协会
4	AZT	德国安联技术中心
5	THATCHAM	英国汽车保险维修研究中心
6	CESVIMAP	西班牙汽车维修研究中心
7	KART	韩国保险业汽车维修技术研究及培训中心
8	JKC	日本自研中心（The Jiken Center）
9	IAG	澳大利亚汽车保险研究中心
10	CESVI	法国 CESVI 维修公司
11	MRC	马来西亚汽车保险维修研究中心
12	GENERALICAR	意大利通用汽车维修创新中心
13	MPI	加拿大 Manitoba 公共保险公司

2.4.1.4 纯电动乘用车碰撞安全设计

1. 纯电动乘用车结构耐撞性设计

车身结构是车辆发生碰撞事故时对乘员的第一道保护屏障，因此车身结构的耐撞性能设计也就显得尤为重要，是整车安全设计的基础。

通常把车辆与外界障碍物之间发生的碰撞称为"一次碰撞"，通过车身耐撞性解决其吸能问题；把乘员与乘员舱内部发生的碰撞称为"二次碰撞"，可通过合理的约束系统匹配解决该部分问题，从而在车辆碰撞过程中将乘员的伤害降到最低。

车内乘员受到伤害的原因主要有两个：一是由于碰撞过程中车身结构变形侵入生存空间而引起的；二是由碰撞加速度对人体器官造成的伤害。

根据表2-38中所列举的电动汽车碰撞安全性相关标准法规，从上述碰撞过程及伤害形式可知，车身结构耐撞性的总体设计原则如下：

① 车辆前、后端及侧面应有足够的吸能空间和吸能装置，如图2-91所示，以便将碰撞发生时车辆的动能有效地转化为车体结构的变形能，从而使传入乘员舱的动能降低到最小。典型的前舱吸能结构如纵梁溃缩区特殊结构，需保持合理的刚度及溃缩方式。

② 车辆乘员舱应保持足够的刚度及强度，以便在碰撞事故发生时为乘员提供足够的生存空间，减少因侵入量过大造成的伤害；同时，避免乘员因碰撞加速度过大而被抛出车外，并且保证碰撞后车门可开启以便乘员安全撤离或顺利救援。

③ 根据GB/T 31498—2015《电动汽车碰撞后安全要求》有关条款规定，电动汽车的正面与侧面车辆碰撞试验形式和试验方法应分别按照GB 11551—2014与GB 20071—2006的相关要求进行。在碰撞试验后，车辆包括可充电储能系统在内的高压系统应符合GB/T 31498—2015中的要求。

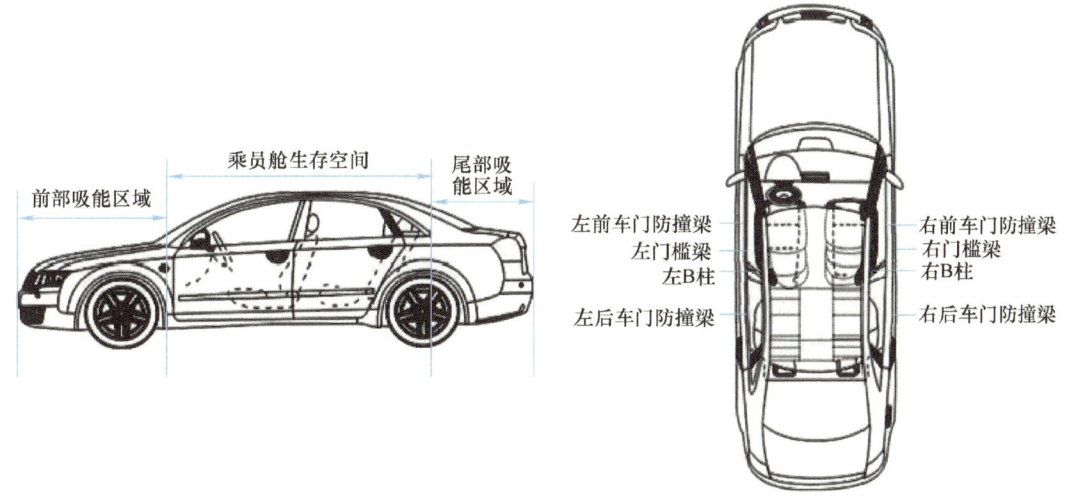

图2-91 吸能空间分布示意图

对于电动汽车前舱的空间尺寸布置，和传统燃油汽车有着类似的要求（图2-92）。

① 对于整车坐标系下 Y 向轮毂到变速器的距离小于车辆宽度40%的设计，L_2+L_3 一般要求大于 500~700mm，L_2 一般要求大于 400~550mm，L_3 一般要求大于 100~200mm；

② 对于 Y 向轮毂到变速器的距离大于车辆宽度 40% 的设计，L_2+L_3 一般要求大于 450~650mm，L_2 一般要求大于 400~500mm，L_3 一般要求大于 100~150mm。

具体设计目标还需根据车辆市场定位、碰撞安全性能设计指标和所选用材料共同确定，并经过概念设计阶段及标杆车的 CAE 仿真分析结果预判。

总体布置原则为前舱吸能空间尽可能大，如图 2-92 所示，并尽量避免前舱内电机、减速器、充电机、DC/DC 变换器、转向机等刚度较大的零部件之间在碰撞过程中直接接触，以免影响溃缩与吸能。

车辆在碰撞过程中的侵入量，直接影响乘员的生存空间及伤害情况。因此，在车辆设计过程中控制好车身结构的变形量及乘员空间的侵入量是非常重要的。整车前部碰撞工况包括 50km/h 100% 正面碰撞及 64km/h 40% 偏置碰撞。与传统燃油汽车类似，一般前部碰撞设计目标要求见表 2-43。

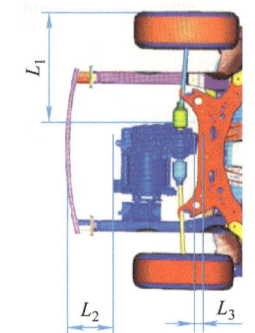

图 2-92　前舱空间尺寸示意图
L_1—Y 向轮毂到变速器距离
L_2—防撞梁到电机 X 向的距离
L_3—变速器到前围板 X 向的距离

表 2-43　前部碰撞设计目标要求

侵入量 /mm	设计目标值 /mm	
	50km/h 100% 正面碰撞	64km/h 40% 偏置碰撞
门框变形量	< 15~45	< 15~45
IP 梁后退量	< 25~55	< 25~55
管柱跳动量	< 70~110	< 70~110
前围侵入量	< 80~120	< 100~1140

对于侧碰，一般将 B 柱和车门侵入量作为评价指标，设计目标参考值分别为 100~160mm 及 150~210mm。同样，具体设计目标还需根据车辆市场定位、碰撞安全性能设计指标和所选用材料共同确定，并经过概念设计阶段及标杆车的 CAE 仿真分析结果预判。

总体的设计原则是：乘员舱的侵入量越小，对假人的伤害越小，对乘员的保护越有利。

车辆在碰撞过程中产生的加速度，即制动减速度，是造成乘员伤害的最主要原因。从直觉感受讲，加速度值越大，乘员感受到的碰撞冲击越猛烈。整车的加速度曲线也是整车结构及车辆约束系统集成的纽带，是车辆约束系统集成的重要设计参数。适当降低车身结构加速度峰值及设计合理波形是降低乘员伤害的有效措施。加速度控制范围参考如图 2-93 所示。

综上所述，电动汽车整车结构耐撞性设计主要内容包含：开发性能管理流程、开发目标制定、开发设计总原则、布置及吸能空间要求，以及碰撞发生后侵入量和加速度控制。

2. 碰撞安全性能设计

纯电动汽车碰撞事故的后果有别于传统燃油汽车。纯电动汽车在碰撞时不仅会造成车体变形和乘员机械伤害，且动力蓄电池包在遭受挤压、碰撞的时候，由于电芯变形、箱体内部短路或高压系统的窜动、挤压、开裂、短路，会发生漏电、热冲击、爆炸、燃烧等，乘员就有可能受到电伤害、化学伤害、电池爆炸伤害以及燃烧伤害等。当前大部分纯电动汽车的动力蓄电池包是固定在底盘上的，这种设计本身就容易遭遇各种环境风险。对于动力蓄电池包的碰撞安全设计，应当遵循"自上而下，层层加强"的原则，从整车到电芯内部实现逐级防护。在碰撞安全设计中，应当满足 GB/T 31498—2015 的要求。

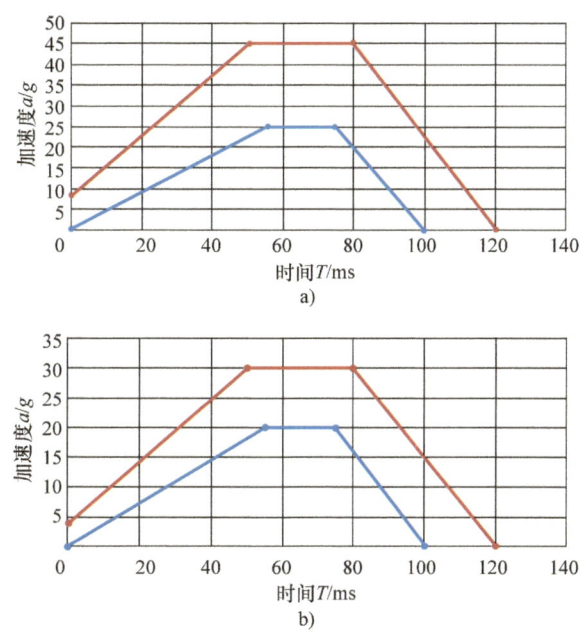

图 2-93 加速度控制范围参考图
a）X 向加速度范围　b）Y 向加速度范围

设计流程一般为：设计目标确认，建模及仿真，仿真结果分析，碰撞防护设计。下面主要介绍碰撞防护设计。

（1）碰撞防护设计层次

对于平板式动力电池蓄系统的碰撞防护设计应从三个层级出发：

① 第一层级：整车防撞设计。这需要车身对于动力蓄电池包有良好的防护，在面对异物冲击或者碰撞的时候，能够最大限度地使冲击力避开动力蓄电池系统，使其功能保持完好。对于整车级别的防护，较常见的做法是在动力蓄电池系统周围施加防撞梁，以及加强纵梁和车前后部结构。纵梁外偏角不小于 21°，动力蓄电池包前端至防火墙及搭接位置距离建议在 200mm 以上，后缘距离后扭梁前至少 90mm，地板纵梁和横隔梁之间的距离在 80mm 以上，且之间有支撑件，以有效吸能。

② 第二层级：动力蓄电池包壳体结构防护。动力蓄电池包整体框架要稳定，在受到外力冲击的时候尽可能地避免损伤电芯和内部电路。对于动力蓄电池包自身的加强，一方面需要在动力蓄电池包的上盖和箱体选型的时候选择柔韧度和硬度合适的材料，例如铝型材箱体、片状模塑料（SMC）上盖等，同时在箱体内部可设计一些横梁，其安装吊点等位置的强度不应超过材料的拉伸极限，避免碰撞时松脱。

③ 第三层级：电芯本身的安全设计以及内部高压电气件的稳定设计。在布置位置上，高压电气件应该避开碰撞吸能区。电芯及高压件也应该具备一定的防穿刺能力和抗变形能

力,在遭遇极端情况的时候,即使电芯或者高压回路遭受了冲击,也能具备一定的防护作用,从而降低起火风险。

(2)碰撞防护设计目标

对于纯电动汽车而言,除传统燃油汽车开发常用的正碰、偏置碰、侧碰和后碰工况外,还应考虑高速追尾、柱碰以及托底等工况。对于动力蓄电池包在整车中的不同布置位置,所需要的防护等级要求不尽相同。当前主流的布置方式是放在地板下方,可细分为前座椅下方、后座椅下方、中通道位置以及脚踏位置。其中,中通道位置对于电池高度的限制最小,但是可利用的空间也最小,但受到整车端的防护是最强的。其他位置则面临的风险稍大一些。当碰撞发生时,能量将直接通过横向或者纵向的方式传递到动力蓄电池包中去,因而要根据不同的位置去选择性地进行增强防护。乘用车不同碰撞位置的能量分布示意图,如图2-94所示。

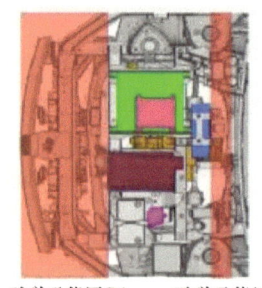
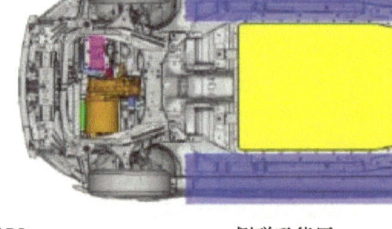

正碰吸能区 $D1$　　正碰吸能区 $D2$　　侧碰吸能区　　后碰吸能区

图2-94　不同碰撞位置的能量分布示意图

(3)仿真建模及模拟碰撞

对于动力蓄电池包在整车上的模拟通常是通过仿真软件来实现的。通过设置各材料参数,在施加碰撞应力的时候测试动力蓄电池包的响应,如图2-95所示。

模拟碰撞测试是通过台架模拟来实现整车发生正面、后面或侧面高速碰撞时动力蓄电池包的响应,测试装置如图2-96所示。动力蓄电池包安装在台车上,分别施加 X 向和 Y 向的脉冲。

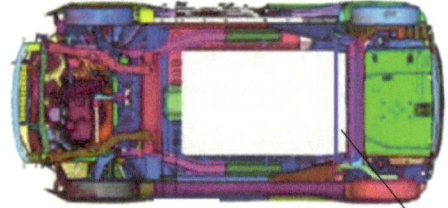

动力蓄电池包

图2-95　碰撞建模示意图

图2-96　模拟碰撞测试装置

高速碰撞发生后，车辆受损严重，动力蓄电池包需要更换或者全面检查维修，因此不要求模拟碰撞试验后动力蓄电池包的功能正常，只要求不发生电解液或冷却液泄漏、外壳破裂、起火或爆炸等情况。仿真分析也只要求动力蓄电池壳体结构不发生破裂，建议目标值设置为壳体材料等效塑性应变 < 0.8A（A 为材料断后延伸率）。模拟碰撞仿真采用 LS-DYNA 等显式有限元软件，将动力蓄电池包模型约束到一个代表台车的刚性体上，然后施加加速度载荷。因为台车正碰和侧碰试验都要求用同一个试验对象，所以仿真时也要在同一次分析里先后施加 X 和 Y 向加速度载荷。按照 GB 31467.3—2015《电动汽车用锂离子动力蓄电池包和系统》规定，X 向载荷加速度最大值为 $28g$，Y 向载荷加速度最大值为 $15g$，如图 2-97 所示。

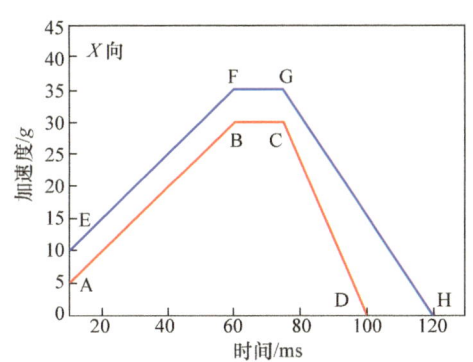 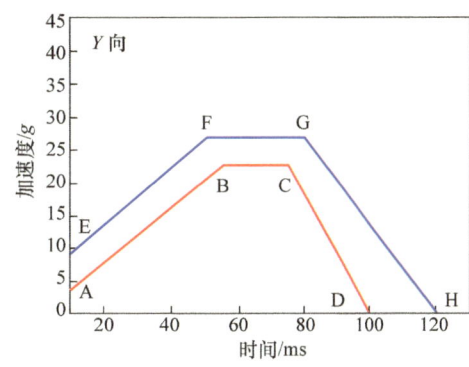

图 2-97 国标规定的模拟碰撞试验波形

在建模仿真过程中，需要考察动力蓄电池系统在受到碰撞时各个组件的受损程度。要求如下：

① 在整车级别能有效吸能，使碰撞能量尽可能避开动力蓄电池系统。

② 电池包自身的防护等级要求是不破裂、不起火、不爆炸，内部可轻微变形，主被动防护装置起作用。

③ 电芯及模组的要求是不破裂、不漏液，可变形但无其他危害现象发生。

2.4.1.5 纯电动客车动力蓄电池系统碰撞安全设计

纯电动客车的动力蓄电池系统由多箱电池、高压配电及管理系统构成。电池箱通常布置在底盘前后轮中间、后轮后、尾舱、车顶等位置。高压配电部分通常布置在尾舱位置。在汽车碰撞事故中，电池箱或高压附件有可能受到挤压而严重变形，也有可能在无明显变形的情况下发生冲击过载，使动力蓄电池包存在热失控或高压出现短路造成整个动力蓄电池系统起火爆炸等安全事故。实际上，绝大多数的碰撞起火不是因为碰撞加速度的大小导致，而是因为碰撞导致蓄电池包的结构变形，使电池内部电芯或高压部件受到挤压而造成短路，最后引发动力蓄电池和车辆着火。

依据道路行驶过程中轿车、客车、载货车等车辆追尾、侧碰等场景开展电池系统防撞结构设计，控制动力蓄电池包的变形量，尽可能避免内部元器件受到挤压，是保证整车电池系统安全的有效措施之一。

1. 设计原则及流程

根据纯电动客车的结构特点，动力蓄电池系统的碰撞防护结构设计应综合考虑电池包所在位置的舱门大小、舱门强度、电池包与防撞梁间隙、防撞梁强度等因素，在碰撞区域内设计逐层防护结构，包括防撞横梁、舱门结构、电池包结构等，实现动力蓄电池系统中电池箱体及高压配电部分不被挤压、侵入或少量侵入时不影响车辆安全。工程实施应依据法规规定、产品开发确定的防碰撞工况、保护范围目标，结合市场实际应用场景进行结构设计、仿真分析、实车验证、结构优化并输出设计方案。碰撞防护结构设计流程图如图 2-98 所示。

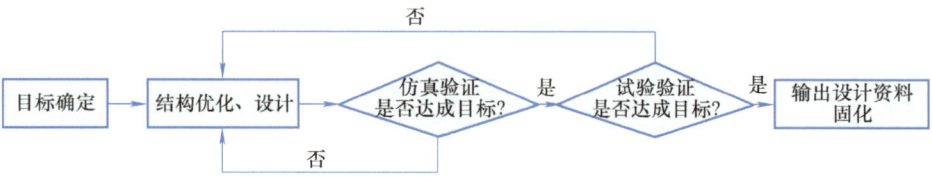

图 2-98 碰撞防护结构设计流程

首先应通过电池箱挤压试验确定安全挤压范围，基于目标车型确定电池箱在整车状态下的溃缩距离。依据公交车、载货车等大车追尾电动公交车场景进行结构设计，根据载货车前部大梁高度及公交车后部车架高度，确定设置吸能结构覆盖区域为离地 500~1000mm；根据车辆工况选取有效碰撞速度（据论文资料数据显示，城市公交车的运行速度差为 20~40km/h，因此将 30km/h 作为有效碰撞速度），通过防撞梁结构和支撑结构设计，提高动力蓄电池舱体结构强度与刚度满足溃缩距离目标要求；按照国家要求的碰撞工况进行仿真分析，满足整车侧面撞击下电池箱变形量在安全范围内，实车或使用等效结构模型进行工况试验验证，根据试验结果优化并固化设计方案。纯电动公交车尾部碰撞防护结构和侧面碰撞防护结构件如图 2-99 所示。

图 2-99 纯电动公交车碰撞防护结构

2. 碰撞防护设计目标的确认

从典型纯电动公交车碰撞防护结构来看，其中侧面碰撞防护结构经仿真及试验验证，可满足 950kg 可变形移动壁障以 50km/h 速度撞击侧面电池箱部位。电池箱最大形变量在电池包允许变形范围内，且有一定冗余。尾部碰撞防护结构经整车碰撞仿真分析，可满足整车被公交车、载货车等最大总重量不大于10t的车辆以30km/h的速度追尾时，动力蓄电池不出现着火、爆炸。

3. 建模及仿真

车辆碰撞仿真一般是基于有限元方法的空间域离散技术和基于有限元差分法的时间域离散技术。仿真建模一般以CAD模型为基础，建立有限元分析模型进行仿真计算；计算分析后利用Hypermesh软件或其他软件进行有限元前处理，完成整车骨架与车架、动力蓄电池包、移动壁障有限元网格划分；将建立好的有限元分析模型导入LS-DYNA软件进行碰撞仿真求解计算；根据计算结果进行后处理分析，继而进行防撞结构固化或进一步优化。台车碰撞示意图如图2-100所示。

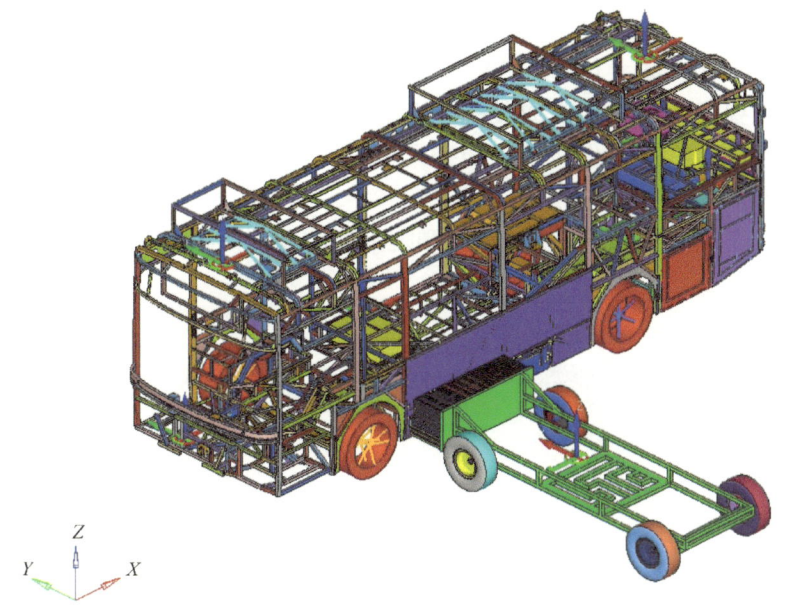

图2-100　台车碰撞示意图

4. 仿真结果分析

碰撞过程中动能与内能相互转化，最终趋于稳定，总能量基本保持平衡。滑移能与沙漏能均不超过总能量的3%。如图2-101所示，从能量曲线的变化情况可以认为计算过程较为稳定。BMS安装在电池箱最靠近防撞梁的位置，距防撞梁仅100mm，因此防撞梁的变形程度直接影响到动力蓄电池系统的安全。从图2-101防撞梁侵入时间历程曲线可以看出，在碰撞接触后的第40ms后，侵入距离达到100mm，开始接触电池箱前面板，直至第70ms前防撞梁持续侵入电池箱安全空间。因此在实际中，这部分动能将转嫁到电池箱中，电池及其管理系统的安全将难以保证。仿真结果表明，舱门及防撞梁的变形较为严重。

5. 碰撞防护设计

从以上分析结果可以看出，防撞梁刚度偏低，变形过大，难以保证动力蓄电池的安全。通常有两种减小碰撞变形的措施：第一是增加结构刚度，但是容易产生较大瞬时冲击加速度；第二是加装吸能装置，可在降低冲击的同时减少结构件的变形。但是因为电池箱的空间有限，所以只能采取第一种措施。

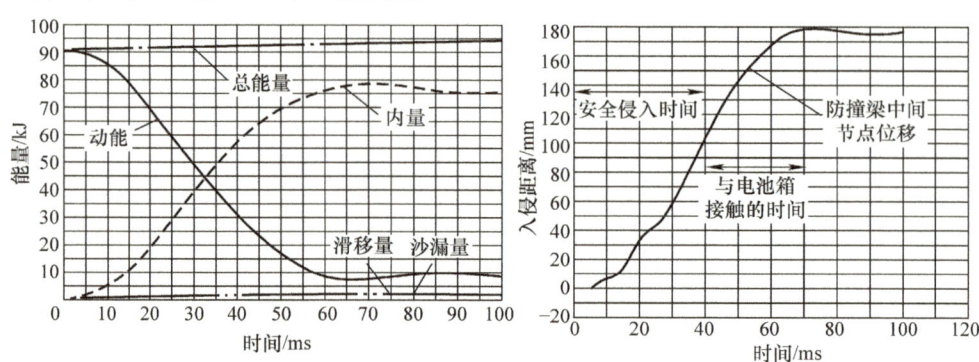

图 2-101 台车碰撞仿真结果

（1）侧面碰撞防护设计（图 2-102）

侧围骨架主要由型材焊接组成或铆接组成。建立侧围骨架有限元模型后，根据 CAE 仿真分析结果，综合考虑入侵距离、防撞梁重量、防撞梁布置、动力蓄电池包位置等因素，选取最优防撞梁结构。

① 电池舱门的开口宽度（B）对舱门和防撞梁的变形影响很大，设计时应保证电池舱门洞口宽度尽量小。

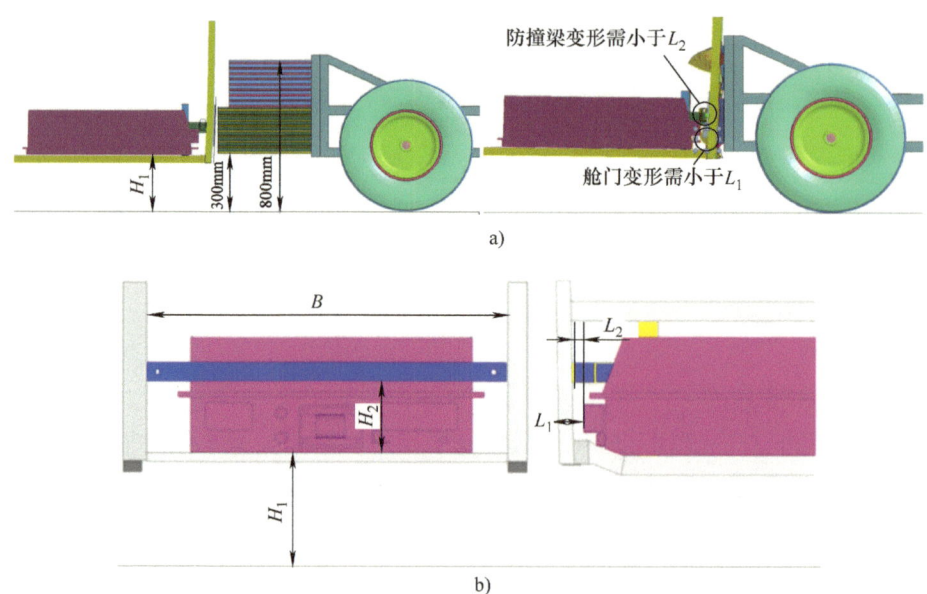

图 2-102 侧面碰撞防护设计
H_1—电池包安装面离地高度　H_2—防撞梁距电池箱底部距离　B—舱门宽度
L_1—电池箱体外沿到舱门外沿距离　L_2—电池箱体外沿到防撞梁外沿距离

② 电动客车安全技术条件中侧面碰撞移动壁障高度为 300~800mm，需重点关注电池箱安装面离地高度（H_1）在 800mm 以内的侧面防护。

③ 整车布置时应要求电池箱尽量靠近车内布置，电池箱体外沿到舱门及防撞梁应有

足够的距离，确保碰撞变形后电池箱体不受到挤压。

④ 在整车布置确定后，通过仿真与试验相结合的方法设计防撞结构，确保舱门变形量小于 L_1，防撞梁变形量小于 L_2。

（2）尾部碰撞防护设计

建立尾部骨架有限元模型后，根据 CAE 仿真分析结果，综合考虑高压部件位置、高压线束位置及布置方式、防撞梁重量等因素，选取最优防撞结构。因车辆尾部高压部件和高压线束较多，需考虑侵入量不会挤压高压部件和线束，避免因其他高压部件挤压或线束挤压变形导致整个高压回路短路。

（3）防护结构的操作方便性等其他要求

碰撞防护结构应不影响周边其他部件的安装及维修便利性。侧面碰撞防护结构中防撞梁应拆卸方便，不影响电池箱体检修、高低压线束连接、插接件插拔等；尾部碰撞防护结构中后挡板开豁口，不应影响空气滤清器的维修便利性。

2.4.2 高压安全设计

2.4.2.1 高压安全概述

纯电动汽车的电安全是电动汽车各项指标中最重要、最基础的一项。现阶段行业内纯电动乘用车整车动力系统电压一般为 200~500V，纯电动商用车整车动力系统电压一般为 300~700V。随着电压等级的提升，同样的功率需求下可以减小电池的充放电电流，从而提高动力蓄电池寿命，并且电压等级的提升可以降低系统能耗，故纯电动汽车的系统电压有进一步提高的趋势[46,47]。

整车动力系统电压范围按 GB/T 18384.1—2015《电动汽车安全要求 第 1 部分：车载可充电储能系统（REESS）》中的电压等级划分属 B 级电压范围。

在设计阶段应充分考虑车辆正常工况下高压系统运行的安全及异常工况下高压系统的安全控制策略，避免车辆高压系统造成人身伤害和车辆财产损失。因此整车高压安全设计应从防触电安全、防水安全、防火阻燃、电气安全和充电安全五个方面提出设计要求（图 2-103），同时五个方面的设计要求应贯穿整车开发整个过程，从整车、系统、零部件逐级细化到整车所有 B 级高压零部件（图 2-104）。

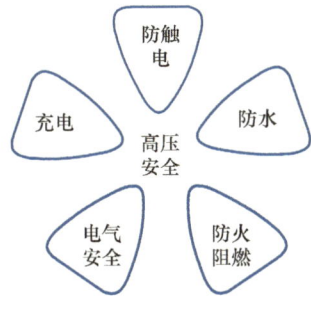

图 2-103 电安全要求项

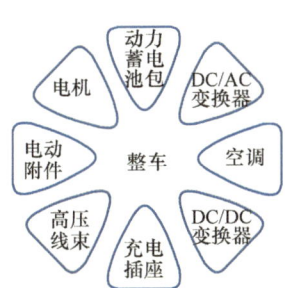

图 2-104 电安全标准分解

整车高压安全的开发应按照法规要求进行，与高压安全相关的国家标准见表2-44。

表2-44 与高压安全相关的国家标准

序号	分类	代号	名称
1	电动汽车安全准则	GB/T 18384.1—2015	电动汽车 安全要求 第1部分：车载可充电储能系统（REESS）
2		GB/T 18384.2—2015	电动汽车 安全要求 第2部分：操作安全和故障防护
3		GB/T 18384.3—2015	电动汽车 安全要求 第3部分：人员触电防护
4		GB/T 13869—2008	用电安全导则

2.4.2.2 防触电安全设计要求

1. 外观标识要求

用户与维修人员在对B级电压相关零部件或者系统进行操作时，应对其进行安全警示。根据 GB/T 18384.1—2015 要求，整车B级电压零部件应在明显位置设置高压警示标识，标识的底色为黄色，边框和箭头为黑色，如图2-105所示。参照 GB 2893—2008《安全色》、GB 2894—2018《安全标志及其使用导则》和 GB/T 5465.2—2008《电气设备用图形符号 第2部分：图形符号》的规定，当移开遮栏或外壳露出B级电压带电部分时，遮栏和外壳上也应有同样的符号清晰可见。当评估是否需要此符号时，应当考虑遮栏/外壳可进入和可移开的情况。建议标记附近增加有明显可见的安全操作注意项目的提醒，如"电机控制器开盖要等10min后，测量母线电压值为安全电压后方可操作"。

图2-105 高压警示标识

根据 GB/T 18384.3—2015 要求，B级电压电路中电缆和线束的外皮应用橙色加以区别，外壳里面或遮栏后面的外皮建议也用橙色加以区别。B级电压插接器可通过与之连接的线束区分。

2. 直接接触防护要求

直接接触防护是指通过绝缘材料、外壳或遮栏实现人体与B级电压带电部件的物理隔离，外壳或遮栏可以是导体，也可以是绝缘体。对于具体部件的直接接触防护要求应满足：对于M2、M3类车型，如果在车顶布置有顶部充电装置，则当从车辆入口最底部台阶处到顶部充电装置的外露B级电压带电部分的最短路径长度不小于3m时，顶部充电装置的外露B级电压带电部分可不满足直接接触防护要求，如图2-106所示。

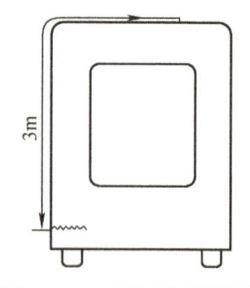

图2-106 最短路径测量示意图

（1）遮栏及外壳要求

如果通过遮栏或外壳提供触电防护，则B级带电部分应当布置在外壳里或遮栏后，防止从任何方向上接近带电部分。

遮栏和外壳需要满足如下两点要求：

① 乘客舱内、货舱内的遮栏和外壳应满足 IPXXD 防护等级要求，乘客舱外、货舱外的遮栏和外壳应满足 IPXXB 防护等级要求。

② 通常，遮栏和外壳只能通过工具才能打开或者去掉；若遮栏和外壳在不使用工具的情况下可以打开或者去掉，则要有某种方法使其中的 B 级电压带电部分在遮栏和外壳打开后 1s 内至少满足如下两种要求之一：

——交流电路电压应降到不超过 AC 30V，直流电路电压应降到不超过 DC 60V。

——B 级电路存储总能量小于 0.2J。

（2）高压插接器防护要求

高压插接器在不使用工具的情况下应无法打开，但以下三种情况除外：

① 高压插接器分开后，满足 IPXXB 的防护等级要求。

② 高压插接器至少需要两个不同的动作才能将其从相互的对接端分离，且高压插接器与其他某个机构有机械锁止关系，在高压插接器打开前，该锁止机构必须要使用工具才能打开。

③ 在高压插接器分开之后，插接器中带电部分的电压能在 1s 内降低到不大于 AC 30V 且不大于 DC 60V。

（3）高压维修断开装置要求

推荐在电池箱输出端、高压配电箱输入端均设置维修开关，在检修或维护时能断开电路，以防止对人员、车辆和环境造成危害；推荐动力蓄电池系统的每条支路上至少有一个维修开关上有熔断器，能在短路情况下断开装置。

若 MSD 的上盖不是用螺栓固定，则 MSD 底座的防护等级应满足 GB/T 4208—2017《外壳防护等级（IP 代码）》中规定的 IPXXB 的要求。

对于装有高压维修断开装置的车辆，高压维修断开装置在不使用工具的情况下，应无法打开或拔出，但以下两种情况除外：

① 高压维修断开装置打开或者拔出后，其中的 B 级电压带电部分满足 GB/T 4208—2017 中规定的 IPXXB 的防护等级要求。

② 高压维修断开装置在分离后，1s 内其 B 级电压带电部分电压降低到不大于 AC 30V 且不大于 DC 60V。

3. 间接接触防护要求

（1）绝缘电阻要求

① 根据 GB/T 18384.3 要求，在最大工作电压下，直流电路绝缘电阻的最小值应至少大于 $100\Omega/V$，交流电路绝缘电阻的最小值应至少大于 $500\Omega/V$。整个电路为满足以上要求，依据电路的结构和组件的数量，每个组件应有更高的绝缘电阻。如果上述电路最小绝缘电阻无法在所有的运行条件和全生命周期中满足要求，则应至少采取以下措施的一种或多种来确保安全：

——应持续或间接地监测绝缘电阻，如发现绝缘电阻损失，应有适当的警告；根据车辆的运行状态可关闭 B 级电压系统，或限制 B 级电压系统的激活。

——用双重绝缘或加强绝缘代替基本绝缘。

——在基本防护之上增加一层或多层绝缘、遮栏或防护。

——在车辆整个使用寿命中，使用有足够机械强度和耐久性的刚性遮栏 / 外壳。

② 如果直流和交流的 B 级电压电路可导电地连接在了一起（图 2-107），则应满足以

下两种选择中的一种：

——选择1：组合电路至少满足 500Ω/V 的要求。

——选择2：如果交流电路至少应用了一种 GB/T 18384.3—2015 规定的交流电路的附加防护方法，则组合电路应至少满足 100Ω/V 的要求。

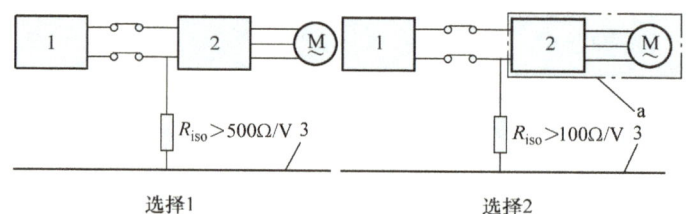

图 2-107　直流、交流电路传导连接的 B 级电压系统绝缘电阻的要求
1—动力蓄电池或高压电源　2—逆变器　3—电平台　a—交流电路

③ 交流电路的附加防护，应用以下方法的一种或多种方法附加或替代直接接触防护来起到间接接触失效后的防护作用：

——用双重绝缘或加强绝缘替代基本绝缘。

——附加一层或多层绝缘体、遮栏和 / 或外壳。

——在车辆的整个寿命期间，采用有足够的机械强度和耐久度的刚性遮栏 / 外壳来应对故障。

④ 交流充电插座绝缘电阻要求：车辆交流充电插座应有端子将电平台与电网的接地部分连接。车辆交流充电插座的绝缘电阻，包括充电时传导连接到电网的电路，当充电接口断开时应不小于 1MΩ。

⑤ 直流充电插座绝缘电阻要求：车辆直流充电插座应有端子将车辆电平台和外接电源的保护接地相连接。车辆直流充电插座的绝缘电阻，包括充电时传导连接到车辆直流充电插座的电路，当充电接口断开时应不小于 100Ω/V。

（2）电位均衡要求

为避免单点失效可能引起的接触触电，用于防护与 B 级电压电路直接接触的外露可导电部分，例如可导电外壳和遮栏，应传导连接到电平台。连接方式可以使用电导线或接地电缆进行螺栓联接或焊接，且满足以下要求：

——所有外露导电体与电平台间的连接阻抗应不超过 0.1Ω。

——电位均衡通路中，任意两个可以被人同时触碰到的外露可导电部分，即距离不超过 2.5m 的两个可导电部分间的电阻应不超过 0.2Ω。

2.4.2.3　电气安全设计要求

1. 过载 / 短路检测及保护要求

B 级电压电路中应设置过载或短路检测及保护部件，如设置霍尔传感器、熔断器和接触器，当发生过载或短路时能及时预警，并安全脱开故障回路。

2. 接触器触点状态监测保护要求

应对 B 级电压电路中的高压接触器触点状态进行安全有效的实时监控，并对故障、异常状态有预警及保护动作，避免可能引起的车辆不正常起动、工作，以及动力蓄电池过放电、起火等。

3. 电容耦合要求

电容耦合应至少满足以下要求之一：

① B 级电压电路中，任何 B 级电压带电部件和电平台之间的总电容在其最大工作电压时存储的能量应不大于 0.2J。0.2J 为对 B 级电压电路正极侧 Y 电容或负极侧 Y 电容最大存储电能的要求。此外，若有 B 级电压电路相互隔离，则 0.2J 为单独对各相互隔离的电路的要求；

② B 级电压电路至少有绝缘层、遮栏或外壳，或布置在外壳里或遮拦后，且这些外壳或遮栏应能承受不低于 10kPa 的压强，不发生明显的塑性变形。

4. 主被动放电要求

车辆应具备主被动放电功能，保证车辆在高压下电后，动力蓄电池外部高压回路母线电压迅速卸放降至 DC60V 安全电压水平以下，且在主动放电失效时，被动放电依旧可以保证车辆在一定时间内将母线电压卸放至安全电压水平以下，防止维修人员发生触电。充电系统应参照 GB/T 18487.1—2015《电动汽车传导充电系统　第 1 部分：通用要求》，主动放电执行机构在 1s 内将母线电压卸放至 DC 60V 以下；电机系统应有主动放电或被动放电功能，当 B 级电压系统断电后，主动放电在 3s 内或被动放电在 5min 内，直流母线电压卸放至 DC 60V 以下。

出现问题的 B 级电压电路可用监测电路内的故障或发现事故作为判断条件，由车辆的控制者选择采用断电的方式作为保护措施，且在故障（比如绝缘、短路等影响安全的故障）未解除的情况下，车辆应禁止再次上 B 级电压操作。

5. 绝缘电阻检测要求

车辆应有绝缘电阻监测功能，并能通过 GB/T 18384—2015《电动汽车 安全要求》所要求的绝缘监测功能验证试验。在车辆 B 级电压电路接通且未与外部电源传导连接时，该装置能够持续或者间歇地检测车辆的绝缘电阻值。当该绝缘电阻值小于制造商规定的阈值时，应通过一个明显的信号（如声或光信号）装置提醒驾驶人，并且制造商规定的阈值不应低于 GB/T 18384—2015《电动汽车安全要求》的要求。

6. 高压互锁要求

① B 级电压带电回路中的关键电路插接器建议结合整车控制系统实现软件或硬件互锁、联锁功能。

② 高压互锁通过使用电平或者 PWM 波等低压信号来检查整个高压部件、导线、插接器及护盖的电气系统连续性。当检测到某处连接断开或某处连接异常时，建议整车控制单元可以切断相关动力电源的输出并发出报警，直到该故障完全排除。

7. 交流耐压要求

车载 B 级电压部件中，非传导连接到电网的组件，各带电回路之间、各独立带电回路与地（金属外壳）之间，应考虑 GB/T 16935《低压系统内设备的绝缘配合》相关要求，设置试验电压和持续时间；传导连接至电网的组件，应按照 GB/T 18384.3 的要求施加频率为 50~60Hz 的交流电压 1min：

——如果采用基本绝缘，则施加（2U+1000）V 的交流电压。

——如果采用双重绝缘和加强绝缘，则施加（2U+3250）V 的交流电压。

其中 U 为组件所连接的电路的最大工作电压，单位为 V。

8. 上下电逻辑要求

高压上电逻辑顺序为先低压后高压，由整车层级控制器发出指令，由高压配电系统层先执行至各零部件逐级执行。推荐流程：车辆触发上电指令时（如处于"ON"档），整车控制器和 BMS 等控制系统首先上电自检，然后进入高压上电程序；由整车控制器向 BMS 发送上电指令；当 BMS 自检高低压系统无故障后，闭合主负继电器，再闭合预充继电器，给电机控制器并联电容充电；预充电结束后，闭合主正控制器，并上报整车控制器"上电完成"。

高压下电逻辑顺序为先高压后低压，由整车层级控制器发出指令，各零部件先执行，高压配电系统后执行。推荐流程：车辆触发下电指令时（钥匙被打到"OFF"档），整车控制器给电机发送输出转矩为 0 的指令，达到下电状态判断条件后间断开电机控制器供电；控制 DC/DC 变换器和附件 DC/AC 变换器停止工作，延时后断开回路供电；整车控制器收到各回路供电断开的反馈信号后，给 BMS 发送下电指令；BMS 收到下电指令，一般按照主正、主负的顺序断开断路器。

2.4.2.4　防水设计要求

1. B 级电压部件防水设计要求

① B 级电压部件间插接器的防护等级应达到 GB/T 4208 规定的 IP67（充电口和受电装置除外）。

② B 级电压部件上使用的 A 级电压插接器及由此所组成的系统，防护等级应达到 IP67。

③ B 级电压部件的防水等级建议不低于 IPX8，零部件及系统的防护等级按 GB/T 4208—2017 的试验条件进行，浸水时间建议不小于 24h。

——安装在客舱地板以下且距地面 500 mm 以下的 B 级电压电气设备和与 B 级电压部件相连的插接器（充电口除外）。

——安装在车顶且无防护装置的 B 级电压电气设备（受电装置除外）。

2. 整车涉水要求

车辆应在 300mm 水深的水池中，以 5~10km/h 的速度行驶 500m，完成涉水试验，时间 3~5min；若水池长度小于 500m，则需要进行几次，总时间（包括在水池外的时间）应不少于 10min。车辆涉水试验完成后 10min 内，按照 GB/T 18384.3—2015 中 7.2 的绝缘电阻测量方法完成测量，总绝缘电阻值应大于 1 MΩ。

3. 整车浸水要求

安装在客舱地板以下且距地面 500mm 以下的 B 级电压电气设备和与 B 级电压部件相连的插接器（充电口除外），需进行浸水试验。车辆在退电状态，在水深 500mm 水池浸泡 24h，之后打开总火开关，并将点火开关开至 ON 档，2h 内车辆应不冒烟、不起火、不爆炸。

2.4.2.5　防火阻燃设计要求

① B级电压部件所用绝缘材料的阻燃性能应符合GB/T 2408规定的水平燃烧HB级，垂直燃烧V-0级。B级电压电缆防护用波纹管及热收缩双壁管的温度等级应不低于125℃，热收缩双壁管的性能应符合QC/T 29106—2004《汽车低压电线束技术条件》中附录B的要求，波纹管的性能应符合QC/T 29106中附录D的要求。

② 可充电储能系统内应使用阻燃材料，阻燃材料的阻燃等级应达到GB/T 2408规定的水平燃烧HB级，垂直燃烧V-0级。

③ 可充电储能系统（或安装舱体）与客舱之间应使用阻燃隔热材料隔离。阻燃隔热材料的燃烧性能应符合GB 8624中规定的A级要求，并且按GB/T 10294—2008《绝热材料稳态热阻及有关特性的测定防护热板法》进行试验，在300℃时导热系数应小于等于0.04 W/(m·K)。

2.4.2.6　充电安全要求

1. 充电插座要求

整车充电接口不执行充电工作时应不带电。整车具备多个充电接口时，不执行充电工作的充电接口应不带电。

车辆充电插座与车辆充电插头在断开时，应至少满足以下一种要求：

① 在断开后1s内，充电插座B级电压带电部分电压降低到不大于AC 30V且不大于DC 60V或电路存储的总能量小于0.2J。

② 满足GB/T 4208中规定的IPXXB的防护要求并在1min的时间内，充电插座B级电压带电部分的电压降低到不大于AC 30V且不大于DC 60V，或电路存储的总能量小于0.2J。

2. 锁止要求

充电界面应按照GB 18487.1要求，具备锁止功能或其他措施避免意外带电断开。交流充电电流大于16A时，供电接口和车辆接口应具有锁止功能。锁止功能应符合GB/T 20234.1的相关要求。供电插座和车辆插座应安装电子锁止装置，防止充电过程中的意外断开。当锁止装置未可靠锁止时，车辆应停止充电或不起动充电。

3. 通信、故障预测及相应要求

BMS的通信协议应符合GB/T 27930、GB/T 18487相关要求。过程中检测绝缘电阻、电芯电压、温度、SOC，并在异常状态时具备充电继电器故障检测与报警功能，具备充电插座温度传感器故障检测、高温报警和降流功能，具备DC/DC变换器故障检测与报警功能。

2.4.2.7　电机系统高压安全设计

1. 电机控制器高压安全

主要分为以下几个方面：设计上消除危险；加防护，隔离危险；功能上避免危险；粘贴警示标识。

（1）设计上消除危险

1）绝缘性能。电机控制器动力端子与外壳、信号端子与外壳、动力端子与信号端子之间的冷态及热态绝缘电阻均应不小于1MΩ，满足 GB/T 18488.1《电动汽车用驱动电机系统 第1部分：技术条件》中 5.2.7.3 的相关规定。

2）防护等级。电机控制器的防护等级当前设计达到 IP68，且应满足《电动客车安全技术条件》里规定的涉水要求。

3）电气间隙和爬电距离。在设计中要考虑高压对控制器设计的主要影响就在于电气间隙与爬电距离。控制器与高压相关的部分主要有：

① 与高压相关的电路板，如驱动板、接触器板、高压滤波板等。

a. PCB 设计电气间隙与爬电距离判定标准（表 2-45）。

表 2-45　PCB 设计电气间隙与爬电距离判定标准　　（单位：mm）

测量项目		额定电压等级			
		AC 220V	AC 380V	AC 690V	AC 1140V
主回路输入输出对 PE 地	电气间隙	3.0	3.0	5.5	9.1
	爬电距离	3.0	4.0	7.0	12.0
直流母线对 PE 地	电气间隙	3.0	3.0	5.5	9.5
	爬电距离	3.5	6.0	11.0	19.0
主回路输入输出功能绝缘	电气间隙	3.0	3.0	5.5	9.1
	爬电距离	3.0	4.0	7.0	12.0
直流母线功能绝缘	电气间隙	3.0	3.0	5.5	9.5
	爬电距离	3.5	6.0	11.0	19.0
一次电路和二次电路之间的加强绝缘	电气间隙	5.5	5.5	8.0	17.0
	爬电距离	5.5	8.0	12.6	17.0

b. 电路板上各高压器件如变压器端子间距、光耦原副边间距、高压相关插接器管脚间距、PCB 高低压部分间距等，都需按表 2-45 的电压等级对应考虑安全的电气间隙和爬电距离。

② 各高压主回路器件，如接触器、熔断器、电容、IGBT 等。

a. 结构铜件电气间隙与爬电距离判定标准（表 2-46）。

表 2-46　结构铜件电气间隙与爬电距离判定标准

额定绝缘电压 /V		额定电流 ≤ 63A		额定电流 > 63A	
交流	直流	电气间隙 /mm	爬电距离 /mm	电气间隙 /mm	爬电距离 /mm
> 60~250	> 75~300	3	4	5	8
> 250~380	> 300~450	4	6	6	10
> 380~500	> 450~600	6	10	8	12
> 500~660	> 600~700	6	12	8	14
> 660~750	> 700~800	10	14	10	20
> 750~1140	> 800~1200	14	20	14	28

注：参考 GB/T 12668—1990 中的 4.3.13。

b. 各主回路各部件（包括各高压铜排、接触器触点、电容高压端子等）正负之间及对地，都需按表 2-46 的电压等级对应考虑安全的电气间隙和爬电距离。

c. 关于主回路高压器件：接触器触点和线圈之间需按电压等级考虑安全规定距离，薄膜电容需按电压等级设计薄膜厚度（考虑薄膜击穿电压），IGBT 须按电压等级选型，考虑 VCE 尖峰电压。

③ 各高压电气线缆和高压插接器。

a. 电机控制器内 B 级电压部件所用塑料材料（包含线束、电子器件外壳塑料材料、密封胶条、防水胶塞等）的阻燃性能应符合 GB/T 2408—2008 规定的水平燃烧 HB 级，垂直燃烧 V-0 级。B 级电压电缆防护用热收缩的温度等级应不低于 125℃，热收缩双壁管的性能应符合 QC/T 29106—2014 中附录 B 的要求。

b. 电机控制器插接件具有触电防护功能及高压部件的绝缘。发生故障时，应具备防止人员与外露可导电部件接触而导致的触电危害的防护功能，触电防护应符合 GB/T 18384.3—2015《电动汽车　安全要求　第 3 部分：人员触电防护》相关要求。

其中，触电防护等级要求如下：B 级电压连接部分，在未连接的情况下应符合 IPXXB 防护等级要求，壳体满足 IPXXD 的防护等级要求。

主要参考标准有 GB/T 25085—2010《道路车辆　60V 和 600V 单芯电线》、GB/T 25087—2010《道路车辆　圆形、屏蔽和非屏蔽的 60V 和 600V 多芯护套电缆》、QC/T 1037—2016《道路车辆用高压电缆》。

（2）加防护，隔离危险

① 结合整车，考虑布置的合理性、检修的方便性，注意整车舱体的密封、内饰隔声、舱体散热、热源隔离（距热源距离≤150mm 时应安装隔热材料隔离，且不应布置于热源上方。热源是指 Q/ZK JS100.2《整车设计规范　第 2 部分：客车防火设计》中规定的高温热源）、涉水设计、电机兼容等设计。

② 电机控制器安装。电机控制器高压出线周围应布置防撞梁，避免意外碰撞引起系统高压安全问题。

（3）功能上避免危险

① 电机控制器应具有故障保护功能：电机/控制器在过温、过电流、过电压、欠电压、相间短路、工作时负载突变（负载断开）等，应确保电机系统及时停机，避免系统因过热、过电流、过载、过电压等现象而造成的损坏。

② 电机控制器设计应满足 GB/T 18488.1—2015《电动汽车用驱动电机系统　第 1 部分：技术条件》5.5.3 中驱动电机控制器支撑电容被动放电在 5min 或主动放电时间在 3s 内，直流母线电压降至 DC60V。

（4）粘贴警示标识

应在醒目的位置按 GB 2894—2008《安全标志及其使用导则》的规定设置当心触电的警示标识，并在当心触电的警告标志旁边注明必要的安全操作提示。

2. 电机高压安全

（1）设计标准

依据 GB 14711—2013《中小型旋转电机通用安全要求》、GB 755—2008《旋转电机定额和性能》、GB/T 18488—2015《电动汽车用驱动电机系统》等标准中关于使用环境和电气安全的要求。

（2）设计方法

电机主要从防水、阻燃、防电晕、抗凝露等功能方面进行高压安全设计。

1）防水。电机零部件防护等级从 IP67 提升至 IP68，满足车辆 300mm 短时涉水和 24h 泡水等工况需求，提升整车涉水安全性。主要措施：采用自润滑、磨损量自动补偿的动密封，轴伸端增加防泥沙装置。

2）阻燃。B 级电压器件内非金属材料均采用高性能阻燃材料，阻燃性能达到水平 HB、垂直 V-0 级。

3）防电晕。

① 采用变频电机专用漆包线，使漆包线能有效抵抗高频脉冲。

② 绝缘结构的耐热等级 H 级，耐压等级 1000V，均高于电机实际工况需求，使绝缘材料的寿命大大增加。

③ 接线盒及电机内通电导体与裸露金属的电气间隙和爬电距离不小于 17mm，这样可以满足电机在海拔 5500m、空气稀薄的情况下不会发生漏电。

④ 接线盒和出线装置以及电机外壳的防腐等级 C3，防止电机在高湿度或空气严重污染的环境内，导线及其连接体发生腐蚀导致导电截面积减少、导体过热进而烧毁。

⑤ 电机内部接线端头与外接电源接线端头分别固定在不同位置且有放松措施。当松开电源线时，电机内部接线端头不会松动。

⑥ 电机在端盖上设专用的保护接地螺钉。

⑦ 接线盒及电机外壳均采用高强度铝合金，T5 处理，可以承受电动汽车正常行驶过程中受到外物冲击时不变形、不减少电气间隙。

4）抗凝露。采用抗凝露结构，电机在低温、高湿条件绝缘电阻达到 500MΩ。主要措施：进行透气阀选型、抗凝露材料选型、薄壁件结构优化。

2.4.2.8　操作安全和功能防护

为保护车辆内外的人员的安全，针对电动汽车所特有的危险规定了操作安全和故障防护的要求。

1. 驱动系统电源接通和断开程序

车辆从驱动系统电源切断状态到"可行驶模式"应至少经过两次有意识的不同动作。例如：踩制动踏板，按起动按键，再挂档；踩制动踏板，插入钥匙，拧钥匙，再挂档。

从"可行驶模式"到驱动系统电源切断状态只需要一个动作。

应连续地或间歇地向驾驶人指示，车辆已经处于"可行驶模式"。当驾驶人离开车辆时，如果驱动系统仍处于"可行驶模式"，则应该通过一个明显的信号（如声或光信号）装置提醒驾驶人。

车辆停止时，驱动系统自动或手动关掉后，只能通过上述程序重新进入"可行驶模式"。

2. 反向行驶

如果是通过改变电机旋转方向来实现前进和倒车两个行驶方向转换的，应满足以下要求，以防止当车辆行驶时意外切换到反向行驶：

——前进和倒车两个行驶方向的转换，应通过驾驶人两个不同的操作动作来完成。

——如果仅通过驾驶人的一个操作动作来完成，则应使用一个安全措施，使模式转换只能在车辆静止或低速行驶时才能够完成。

如果前进和倒车两个行驶方向的转换不是通过改变电机的旋转方向来实现的，则目前用于内燃机车辆的国家相关规定适用于电动汽车。

3. 功率降低提示

如果电驱动系统采取了自动限制和减少车辆驱动功率的措施，而且驱动公路车的限制和降低影响到了车辆的行驶，则应通过一个明显的信号装置向驾驶人提示。

4. REESS 低电量提示

如果 REESS 的低电量影响到车辆的行驶，则应通过一个明显的信号（如声或光信号）装置向驾驶人提示。

5. REESS 热事故报警

如果 REESS 发生或将要发生热失控或热扩散的安全事故时，应通过一个明显的信号（如声或光信号）装置向驾驶员人提示。

6. 驻车

切断电源后，车辆不能产生由自身电驱动系统造成的不期望的行驶。

7. 传导连接锁止

当车辆传导连接到位置固定的外部电源或负载时，车辆不能通过其自身的驱动系统移动。

2.4.3 功能安全设计

安全是未来汽车发展的关键问题之一，不仅在驾驶人辅助和动力驱动领域，而且在车辆动态控制和主被动安全系统领域，新的功能越来越多地触及系统安全工程领域。这些功能的开发和集成将强化对安全的系统开发流程的需求，及提供证据证明全部合理的系统安全目标得到满足的需求。

随着技术日益复杂，软件内容和机电一体化应用不断增加，来自系统性失效和随机硬件失效的风险逐渐增加。ISO 26262 通过提供适当的要求和流程来避免风险。系统安全是通过一系列安全措施实现的。安全措施通过各种技术（例如，机械、液压、气压、电子、电气、可编程电子等）实现且应用于开发过程中的不同层面。ISO 26262 提供了一个基于其他技术的与安全系统相关的框架。ISO 26262 基于 V 模型为产品开发不同阶段提供过程参考，其整体架构如图 2-108 所示。

ISO 26262 主要包括：

① 提供了一个汽车安全生命周期（管理、开发、生产、运行、维护、报废），并支持在这些生命周期阶段内对必要活动的剪裁。

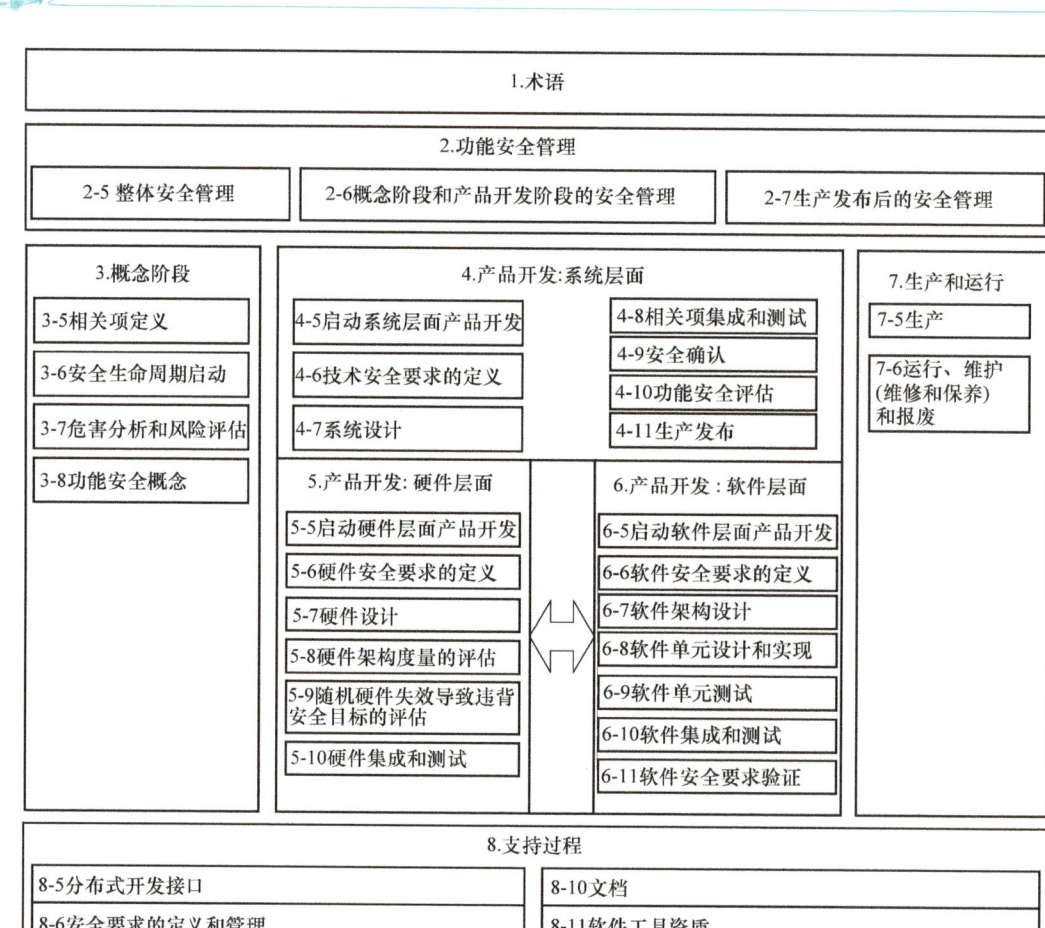

图 2-108　ISO 26262 的整体架构

② 提供了一种汽车特定的基于风险的分析方法，以确定汽车安全完整性等级（ASIL）。

③ 运用汽车安全完整性等级（ASIL）定义 ISO 26262 中适用的要求，以避免不合理的残余风险。

④ 提供了对于确认和认可措施的要求，以确保达到一个充分、可接受的安全等级。

⑤ 提供了与供应商关系的要求。

功能安全受开发过程（如包括需求规范、设计、实现、集成、验证、确认和配置）、生产过程、维护过程和管理过程的影响。安全问题与常规的以功能为导向和以质量为导向的开发活动和工作成果相互关联。ISO 26262 可以为涉及与安全相关的开发活动提供安全保证。

根据《电动汽车安全要求》《电动客车安全要求》与 ISO 26262 等标准中对汽车功能安全的规定，总结电动汽车功能安全设计原则如下：

① 功能安全是避免因电气／电子系统故障而导致的不合理风险，设计人员应当在设计具体细节前充分考虑功能安全的需求，并按照 ISO 26262 标准的规定建立汽车安全完整性等级，以确定安全功能能够完整执行的可能性，并制定完整的故障处理程序。

② 电动汽车在驻车、起动和行驶等状态下的动作应满足国家标准《电动汽车安全要求》《电动客车安全要求》中规定的电动汽车功能安全防护要求。在电动汽车充电安全方面，当整车具备多个充电接口时，不执行充电工作的充电接口应不带电，并且充电插座应配备温度监控装置，用于实现车辆充电接口的温度监测和过温保护功能。

2.5 整车电磁兼容性设计

整车电磁兼容性（Electromagnetic Compatibility，EMC）设计是电动汽车关键技术，对整车的电磁兼容性和电气功能安全具有重要的作用。国内外标准化委员会和一些著名车企制定了整车 EMC 标准，为 EMC 设计提供了设计规范和依据。通过分析整车上存在的电磁干扰源、电磁干扰传导和辐射两种传播路径，采用屏蔽、滤波和接地等电磁干扰抑制方法和整车分层设计方法进行 EMC 综合设计，以满足 EMC 标准的要求[48]。

2.5.1 整车电磁兼容性要求

2.5.1.1 整车 EMC 标准

整车 EMC 测试内容主要包括整车辐射发射和抗扰性测量，主要相关标准见表 2-47。

表 2-47 整车 EMC 标准

序号	试验项目	法规/标准			
		国家标准	国际标准	欧盟法规	美国标准
1	电动车辆的电磁场发射强度（150kHz~30MHz）	GB/T 18387—2017	CISPR36/CD	—	SAE J551-5
2	保护车外接收机的车辆无线电骚扰特性测量（30~1000MHz）	GB 14023—2011	CISPR12	ECE R10	—
3	保护车载接收机的车辆无线电骚扰特性测量（150kHz~2.5GHz）	GB/T 18655—2018	CISPR25	ECE R10	SAE J551-41
4	车辆对窄带辐射电磁能的抗扰性－车外辐射源法（10kHz~18GHz）	GB/T 33012.2—2016	ISO11451-2	ECE R10	SAE J551-11
5	车辆对窄带辐射电磁能的抗扰性－大电流注入（BCI）法（1MHz~400MHz）	GB/T 33012.4-2016	ISO11451-4	ECE R10	SAE J551-13
6	整车电源线磁场抗扰性（60Hz~30kHz）	—	—	—	SAE J551-17
7	车辆对窄带辐射电磁能的抗扰性－车载发射机模拟法（1.8MHz~5.85GHz）	—	ISO11451-3	—	SAE J551-12
8	整车静电放电抗扰性	GB/T 19951—2005	ISO 10605	—	SAE J551-15
9	车辆电磁场相对于人体曝露的测量（10Hz~400kHz）	GB 37130—2018	IEC 62764/CD	—	—

2.5.1.2 整车 EMC 要求

1. 电动汽车电磁场发射强度的限值要求 [49]

GB/T 18387—2017《电动车辆的电磁场发射强度的限值和测量方法》规定测试场地为装有吸波材料的屏蔽室或满足标准要求的户外试验场地，采用电场天线和磁场天线在车辆外部的四个位置分别测量电场强度和磁场强度。天线距离车辆的最近部分 3m±0.3m，位于车辆横向和纵向中心线上，测量布置如图 2-109 所示。车辆分别以低速（16km/h）和高速（70km/h）模式满载运行时，在车辆最大发射侧面进行电场峰值扫描和磁场峰值扫描，发射限值不能超出表 2-48 和表 2-49 规定的限值。

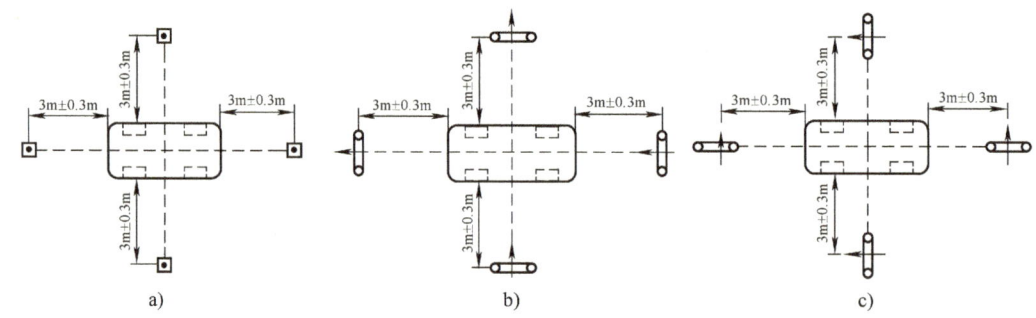

图 2-109 测量布置图
a）电场天线的位置　b）磁场环天线径向方向和位置　c）磁场环天线横向方向和位置

表 2-48 电场强度的发射限值

频率 f/MHz	峰值限值 /dB（μV/m）
$0.15 < f \leq 4.77$	$88.89 - 20\lg(f)$
$4.77 < f \leq 15.92$	$116.05 - 60\lg(f)$
$15.92 < f \leq 20$	$67.98 - 20\lg(f)$
$20 < f \leq 30$	41.96

表 2-49 磁场强度的发射限值

频率 f/MHz	峰值限值 /dB（μV/m）
$0.15 < f \leq 4.77$	$37.36 - 20\lg(f)$
$4.77 < f \leq 15.92$	$64.52 - 60\lg(f)$
$15.92 < f \leq 20$	$16.45 - 20\lg(f)$
$20 < f \leq 30$	-9.57

2. 保护车外接收机的车辆无线电骚扰特性测量 [50]

为了对居住环境中使用的广播接收机在 30~1000MHz 范围提供保护，标准 CISPR 12 和 GB 14023—2011《车辆、船和内燃机 无线电骚扰特性 用于保护车外接收机的限值和测量方法》规定了由内燃机驱动、电驱动或混合动力的车辆的辐射发射限值。

整车辐射发射测试通常在户外试验场地（图 2-110）或装有吸波材料的屏蔽室进行。电场天线应布置在车辆的左右两侧进行测量（图 2-111 和图 2-112）。

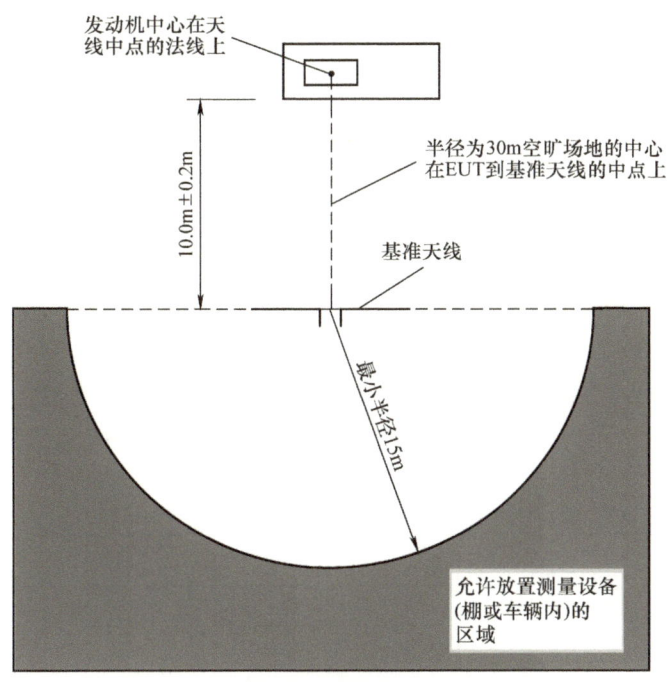

图 2-110　车辆的测量场地（户外试验场地）

对纯电动汽车进行 30~1000MHz 辐射骚扰测试时，在车辆左右两侧分别进行电场峰值和平均值扫描，被测车辆应在空载测功机或非导电轴架上以 40km/h 的恒速运行；如果最高车速达不到 40km/h，则以最大车速运行。天线距离为 10m 的试验限值如图 2-113 和图 2-114 所示。若天线测量距离为 3m，则限值应增加 10dB。

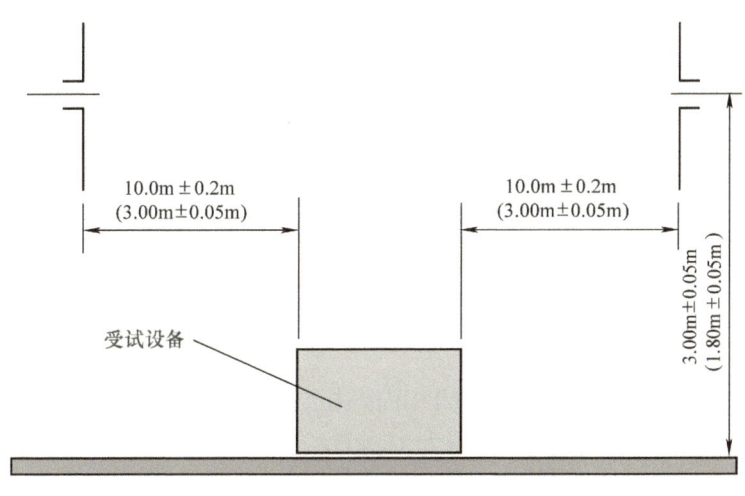

图 2-111　测量辐射骚扰的天线位置——垂直极化

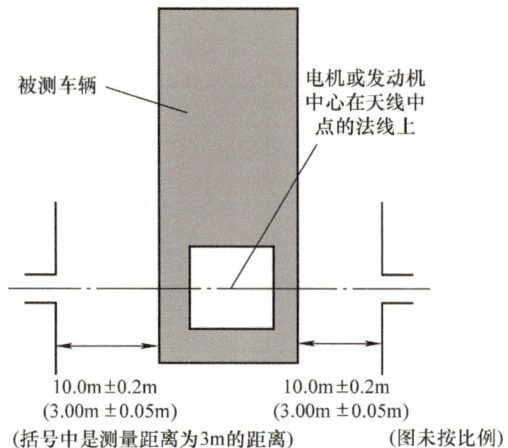

图 2-112　测量辐射骚扰的天线位置——水平极化

限值 L_{tw} [dB(μV/m)]——带宽、检波器和频率 f(MHz)的函数

带宽	30~75 MHz	75~400 MHz	400~1000 MHz	测量方式
120kHz	$L = 34$	$L = 34 + 15.13 \lg(f/75)$	$L = 45$	准峰值
120kHz	$L = 54$	$L = 54 + 15.13 \lg(f/75)$	$L = 65$	峰　值
1MHz	$L = 72$	$L = 72 + 15.13 \lg(f/75)$	$L = 83$	峰　值

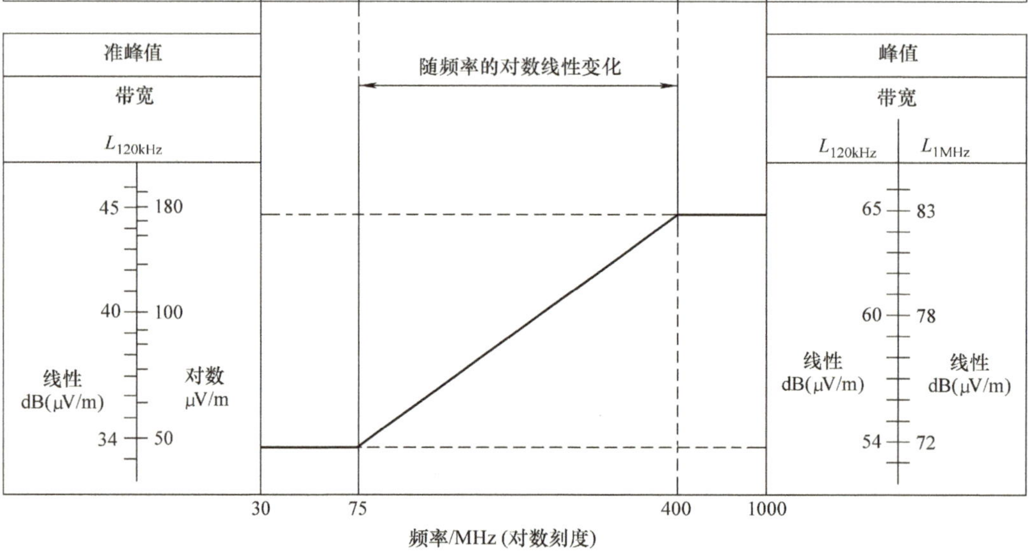

图 2-113　天线测量距离为 10m 的宽带骚扰限值（峰值和准峰值检波器）

3. 保护车载接收机的车辆无线电骚扰特性测量[51]

标准 GB/T 18655—2018《车辆、船和内燃机　无线电骚扰特性　用于保护车载接收机的限值和测量方法》规定了频率范围为 150kHz~2500MHz，通过车上天线传输到无线电接收机处的最大允许骚扰电压限值，用于保护车载接收机。按实际安放天线的位置，在无线电接收天线的末端测量骚扰电压，如图 2-115 所示（采用单极天线的视图）。车辆充电模式下的试验布置和试验方法参考 GB/T 18655—2018。为了在车内获得良好的无线电接

收效果,天线电缆末端的骚扰电压应不超过表2-50所示的限值。使用不同的接收机或电磁骚扰传播的耦合方式不同,限值可以更改,需要车辆制造厂说明。

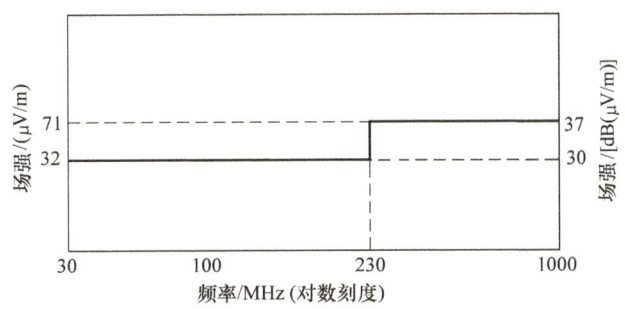

图2-114 天线测量距离为10m的宽带骚扰限值(平均值检波)

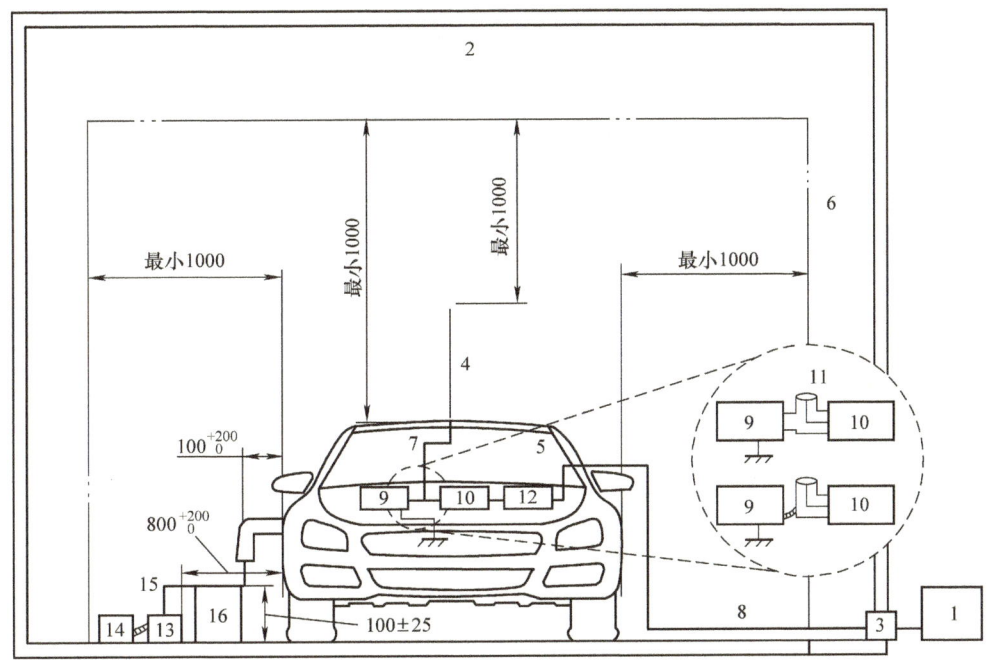

图2-115 车辆辐射发射试验布置实例(采用单极天线的视图)

1—测量仪器 2—电波暗室 3—隔板连接器 4—天线 5—被测车辆 6—吸波材料 7—天线同轴电缆 8—高质量双层屏蔽同轴电缆 9—车载接收机外壳 10—阻抗匹配单元(需要时) 11—改进同轴"T"连接器 12—调幅广播波段地隔离网络(需要时) 13—人工电源网络(仅对充电模式) 14—充电电源(仅对充电模式) 15—充电电缆(仅对充电模式) 16—绝缘支撑(仅对充电模式)

4. 车辆对窄带辐射电磁能的抗扰性 – 车外辐射源法[52]

车辆对窄带辐射电磁能的抗扰性 – 车外辐射源法试验环境是外场或电波暗室,利用天线或传输线系统模拟车外辐射骚扰源向被测车辆发射窄带骚扰,电场的场强严酷等级(例如L4等级为100V/m)和推荐频段(10kHz~18GHz)见GB/T 33012.2(ISO 11451-2),车辆应处于典型负荷和和正常工作条件。图2-117和图2-118所示为GB/T 33012.2(ISO 11451-2)车辆外部骚扰源辐射电磁耐受测试的配置图。

表 2-50 骚扰限值 – 整车法

业务 / 波段[①]		频率 /MHz	接收机天线末端骚扰电压 /dB(μV)		
			峰值	准峰值	平均值
广播	LW[②]	0.15~0.30	26	13	6
	MW[②]	0.53~1.8	20	7	0
	SW[②]	5.9~6.2	20	7	0
	FM[②]	76~108	26	13	6
	TV 频段 Ⅰ[③]	48.5~72.5	16	—	6
	TV 频段 Ⅲ[③]	174~223	16	—	6
	DAB Ⅲ	171~245	10	—	0
	TV 频段 Ⅳ/Ⅴ[③]	470~566	16	—	6
		606~806	16	—	6
	DTTV	470~566	20[④]	—	10[④]
		606~806	20[④]	—	10[④]
	DAB 1.频段	1447~1494	10	—	0
	SDARS	2320~2345	16	—	6
移动业务	VHF[②]	30~54	20	7	0
	VHF[②]	68~87	20	7	0
	VHF[②]	142~175	20	7	0
	模拟 UHF[②]	380~512	20	7	0
	RKE[⑤]	314~316	20	—	6
	RKE[⑤]	430~440	20	—	6
	模拟 UHF[②]	820~960	20	7	0
	EGSM/GSM 900	930~960	26	—	6
	BDS,BII[⑥]	1553~1569	—	—	−4.5
	GPS L1 民用[⑦]	1567~1583	—	—	0
	GLONASS L1[⑧]	1591~1617	—	—	0
	GSM 1800（PCN）	1805~1850	26	—	6
	3G/IMT 2000	1880~1920	26	—	6
	3G/IMT 2000	2010~2025	26	—	6
	3G/IMT 2000	2110~2170	26	—	6
	蓝牙 /802.11	2400~2500	26	—	6

① LW：长波；MW：中波；SW：短波（调幅，AM）；VHF：甚高频；UHF：超高频（调频 FM）；DAB：数字音频广播；TV：电视；DTTV：数字地面电视广播；RKE：遥控门禁系统；GPS：全球定位系统；GLONASS：全球卫星导航系统；BDS，B11：北斗卫星导航系统；GSM：全球移动通信系统；3G：第三代移动通信。

② 此模拟量信号服务中，对于短时骚扰，峰值和平均值限值可以放宽 6dB [如短时骚扰 PK（或 QPK）限值 = PK（或 QPK）限值 +6dB]。

③ 仅模拟 TV。

④ 本限值不如模拟量 TV 限值要求高，仅用在模拟 TV 不再使用的情况下。

⑤ RKE 的限值被定义在一个较广的频段内。如需对 RKE 系统中的一些敏感的工作频率附近的平均值限值进行修正，则应在试验计划中注明。

⑥ 表中规定限值适用于 1559.052~1563.114MHz，完整的 BDS.B11 频段限值见图 2-116a。

⑦ 表中规定限值适用于 1574.42~1576.42MHz，完整的 GPS L1 频段限值见图 2-116b。

⑧ 表中规定限值适用于 1597.781~1609.594MHz，完整的 GLONASS L1 频段限值见图 2-116c。

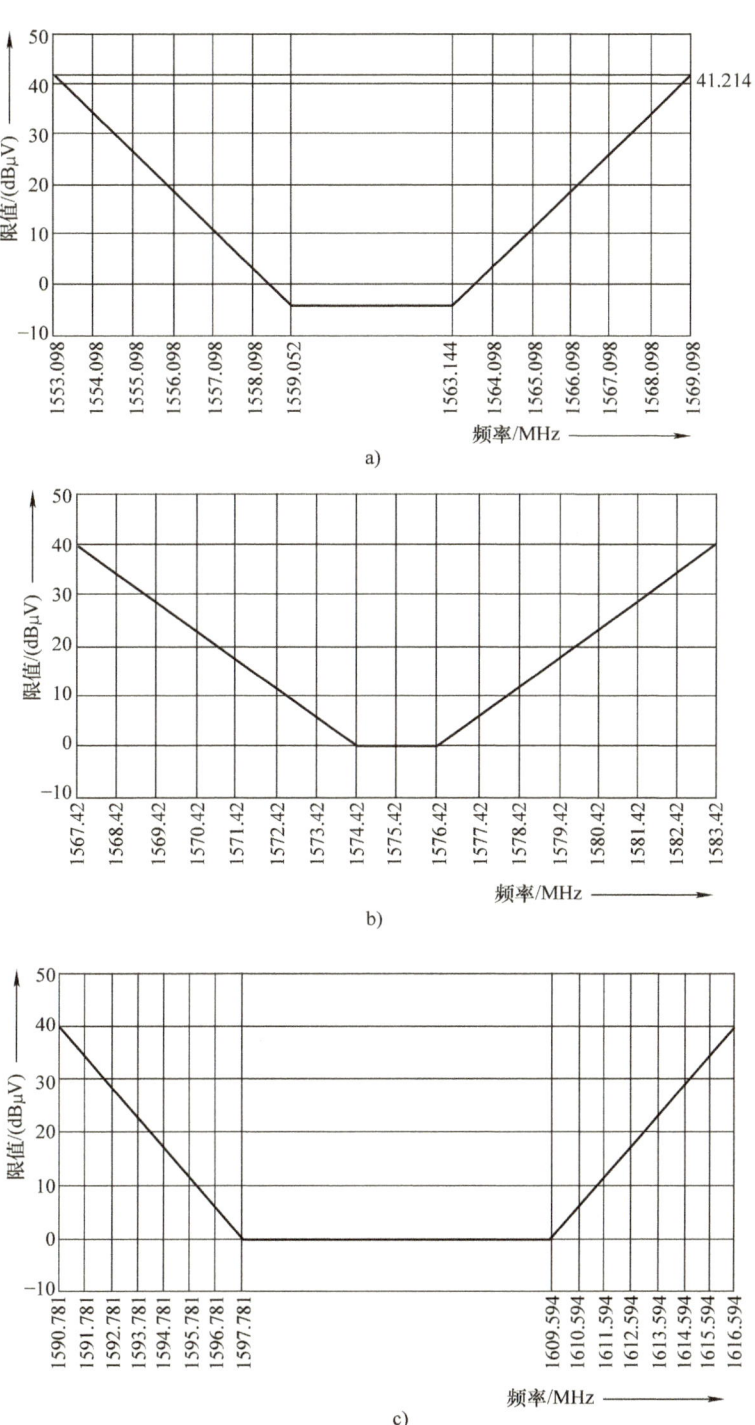

图 2-116　整车在卫星定位波段辐射骚扰平均值限值
a）BDS.B11 频段 1553.098~1569.098MHz
b）GPS L1 频段 1567.42~1583.42MHz　c）GLONASS L1 频段 1590.781~1616.594MHz

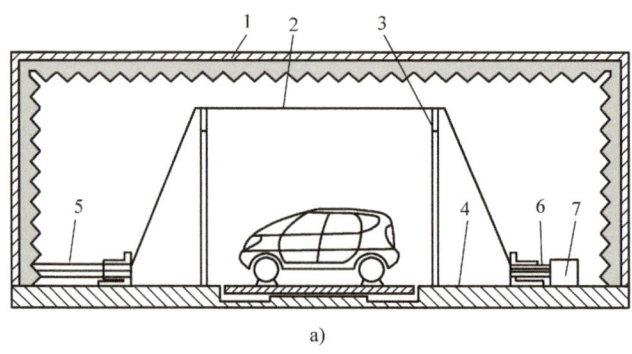

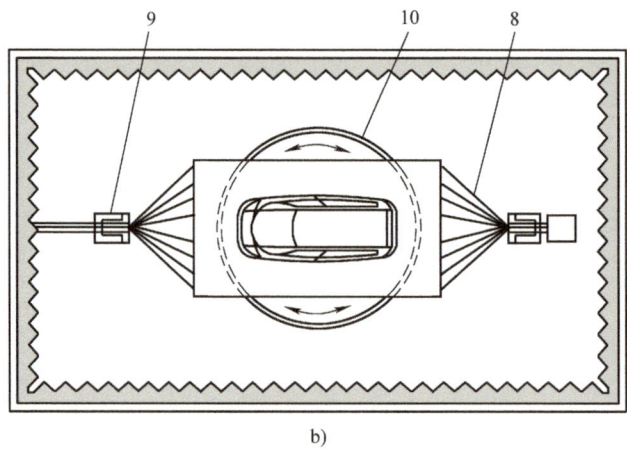

图 2-117 平行板式传输线系统示例

a）主视图 b）俯视图

1—屏蔽室（允许铺设吸波材料） 2—导电板（或导线组） 3—非金属支架 4—屏蔽室地板
5—信号源馈线 6—同轴电缆 7—负载 8—导线 9—馈源连接装置 10—转台

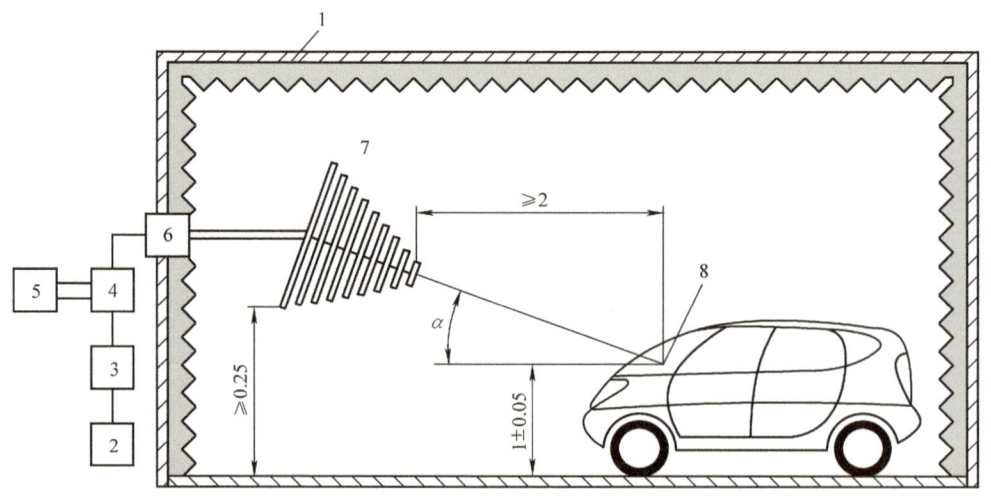

图 2-118 GB/T 33012.2 车辆整车外部骚扰源辐射电磁耐受测试的配置图

1—吸波材料隔离室 2—射频信号产生器 3—功率放大器 4—双向耦合器 5—功率计
6—同轴注入装置 7—场强发生器 8—车辆参考点

5. 车辆对窄带辐射电磁能的抗扰性－大电流注入（BCI）法[53]

GB/T 33012.4—2016《道路车辆 车辆对窄带辐射电磁能的抗扰性试验方法 第 2 部分：车外辐射源法》（ISO11451-4：2006）规定了车辆对连续窄带辐射骚扰的抗扰性——大电流注入（BCI）法的测量内容。大电流注入法是利用电流注入探头直接将骚扰信号耦合到被测车辆线缆上，对测试中汽车的工作状态、性能评价指标等进行评价。BCI 测试推荐严酷等级（如 L4 等级电流为 100mA）和推荐频段（1~400MHz）见 GB/T 33012.4—2016《道路车辆 车辆对窄带辐射电磁能的抗扰性试验方法 第 4 部分：大电流注入法》（ISO 11451-4：2006）。图 2-119 所示为 ISO11451-4 要求的车辆 BCI 试验布置图。

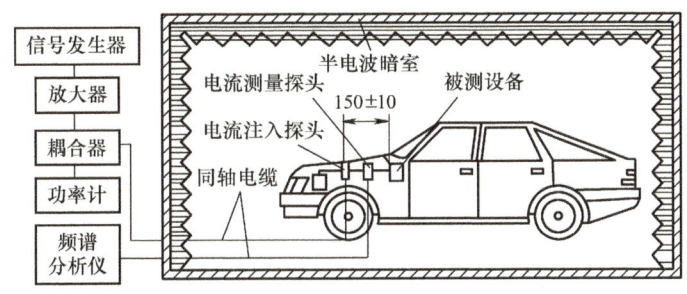

图 2-119　ISO 11451-4 要求的车辆 BCI 试验布置

6. 整车电源线磁场抗扰性

SAE J551-17—2010《机动车电磁免疫性的电力线电磁场》规定了测试乘用车和商用车对于由输电线路和发电站产生的磁场的抗扰性的测试方法和程序。线圈可以放置在汽车的纵轴或横轴上，测量布置图如图 2-120 所示，将车辆放置在磁线圈之间，按图 2-121 规定的磁场强度级别，将被测车辆暴露在每个级别的磁场中至少 30s。如果观察到性能下降，则减少磁场强度来确定易感性阈值。

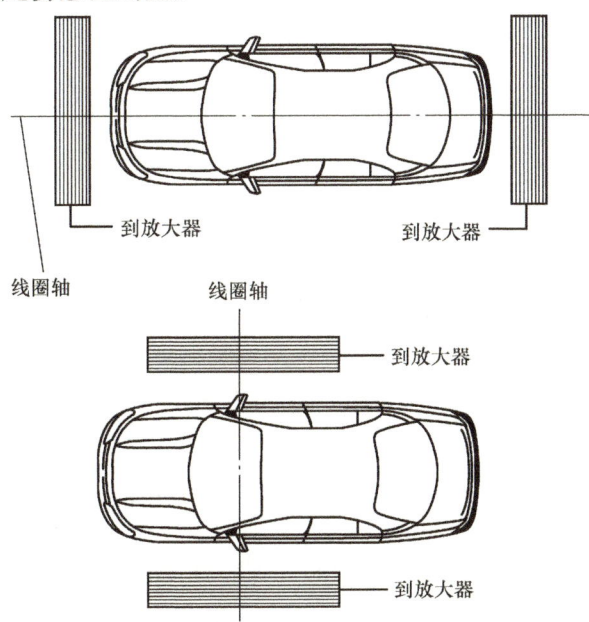

图 2-120　电源线磁场抗扰性测量布置图

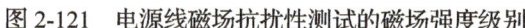

图 2-121　电源线磁场抗扰性测试的磁场强度级别

7. 车辆对窄带辐射电磁能的抗扰性——车载发射机模拟法

ISO 11451-3（GB/T 33012.3—2016）规定了测试乘用车和商用车对来自连接到外部天线的车载发射机和具有集成天线便携式发射机的电磁干扰抗扰度的方法，规定的适用频率为 1.8MHz~5.85GHz。图 2-122 和图 2-123 分别为测试天线位于车外和车内的布局图。通过抗干扰测试可以检测到车载发射机天线位于车外和车内时对整车性能的影响，特别是检测其驱动系统是否能正常工作（例如火花点火发动机、柴油发动机、电机）。

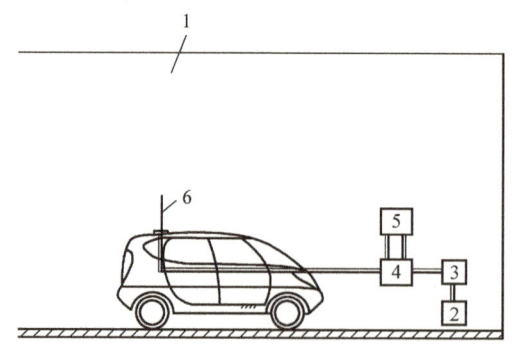

图 2-122　ISO 11451-3 模拟车载发射机和
试验天线的布置示例（车外）
1—电波暗室　2—射频信号发生器　3—功率放大器
4—定向耦合器　5—功率计　6—试验天线

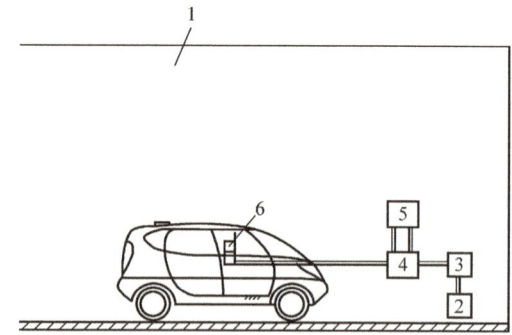

图 2-123　ISO 11451-3 模拟车载发射机和
测试天线的测试设置示例（车内）
1—电波暗室　2—射频信号发生器　3—功率放大器
4—定向耦合器　5—功率计　6—模拟便携式发射机

带车外天线的发射机的典型特性见表 2-51，带车内天线的发射机的典型特性见表 2-52。

表 2-51 带车外天线的发射机的典型特性

发射机类型	频率范围 /MHz	功率 /W	典型发射机调制	测试调制
短波	1.8~30	100（RMS）	Telegraphy, AM, SSB, FM	AM 1kHz，80%
8m	30~50	120（RMS）	FM	CW
6m	50~54	120（RMS）	Telegraphy, AM, SSB, FM	AM 1kHz，30%
4m	68~87.5	120（RMS）	FM	CW
2m	142~176	120（RMS）	Telegraphy, AM, SSB, FM	CW
70cm	410~470	120（RMS）	Telegraphy, AM, SSB, FM	CW
TETRA/TETRAPOL	380~390 410~420 450~460 806~825 870~876	20（Peak）	TDMA/FDMA, Tetra：π/4 DQPSK	PM 18Hz，50% 占空比
AMPS/GSM850	824~849	20（Peak）	GMSK, PSK, DS	PM 217Hz，50% 占空比 或 PM 217Hz, Ton = 577Hz $t = 4600\mu s$
GSM900	876~915	20（Peak） 或 8（Peak）	GMSK	PM 217Hz，50% 占空比 或 PM 217Hz, Ton = 577Hz $t = 4600\mu s$
23cm	1200~1300	25（RMS）	Telegraphy, AM, SSB, FM	CW
PCS.GSM1800/1900	1710~1785 1850~1910	2（Peak） 或 1（Peak）	GWSK	PM 217Hz，50% 占空比 或 PM 217Hz, Ton = 577Hz $t = 4600\mu s$
IMT-2000	1885~2025	1（Peak）	QPSK	PM 1600Hz, 50% 占空比
LTE800	832~862	4（Peak）	QPSK	PM 1000Hz，10% 占空比
LTE2600	2500~2620	4（Peak）	QPSK	PM 1000Hz，10% 占空比

表 2-52 带车内天线的发射机的典型特性

发射机类型	频率范围 /MHz	功率 /W	典型发射机调制	测试调制
10m	26~30	10（RMS）	Telegraphy, AM, SSB, FM	AM 1kHz，80%
2m	146~174	10（RMS）	Telegraphy, AM, SSB, FM	CW
70cm	410~470	10（RMS）	Telegraphy, AM, SSB, FM	CW
TETRA/TETRAPOL	380~390 410~420 450~460 806~825 870~876	10（Peak）	TDMA/FDMA, Tetra：π/4 DQPSK	PM 18Hz，50% 占空比
AMPS/GSM850	824~849	10（Peak）	GMSK, PSK, DS	PM 217Hz，50% 占空比 或 PM 217Hz, Ton = 577Hz $t = 4600\mu s$

（续）

发射机类型	频率范围/MHz	功率/W	典型发射机调制	测试调制
GSM900	876~915	16（Peak）或 2（Peak）	GMSK	PM 217Hz，50%占空比或 PM 217Hz，Ton = 577Hz $t = 4600\mu s$
PDC	893~898 925~858 1429~1453	0.8（Peak）	TDMA	PM 50Hz，50%占空比
PCS.GSM1800/1900	1710~1785 1850~1910	2（Peak）或 1（Peak）	GWSK	PM 217Hz，50%占空比或 PM 217Hz，Ton = 577Hz $t = 4600\mu s$
IMT-2000	1885~2025	CW-1（RM） PM-1（Peak）	QPSK	CW and PM 1600Hz，50%占空比
Bluetooth/WLAN	2400~2500	0.5（Peak）	QPSK	PM 1600Hz，50%占空比
IEEE 802.11a	5725~5850	1（Peak）	QPSK	PM 1600Hz，50%占空比
LTE800	832~862	4（Peak）	QPSK	PM 1000Hz，10%占空比
LTE2600	2500~2620	4（Peak）	QPSK	PM 1000Hz，10%占空比

8. 整车静电放电抗扰性[54]

GB/T 19951—2005《道路车辆 静电放电的电骚扰试验方法》/ISO 10605—2008 规定了安装在电驱动道路车辆内的电子模块和系统的静电放电（Electrostatic Discharge，ESD）的试验方法，包括在台架和整车两种状态下评价电子模块的性能。对于驱动电机控制器等高压部件的 ESD 测试，需要制订详细的测试计划。

整车 ESD 试验布置如图 2-124 所示。试验开始时，将 ESD 模拟器接地电缆与乘客车厢内的车身部分电气连接。建议连接到金属座椅调节轨道或底盘上。在乘客车厢内各试验点处，用空气放电的方法模拟真实的 ESD 活动。模拟器充分充电后，以不大于 5mm/s 的速度缓慢接近放电点，直至产生放电。

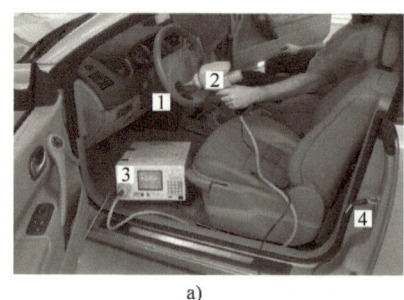 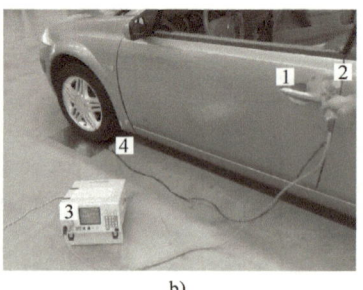

a) b)

图 2-124 整车 ESD 试验布置
a）车内测试点 b）车外测试点
1—被测设备 2—ESD 模拟器 3—ESD 模拟控制器 4—ESD 模拟器接地点

使用 330pF、330Ω 放电端，4kV、8kV 和 15kV 电压，对车内可触及的全部放电点进行试验。另外，使用 150pF、330Ω 放电端，25kV 电压，对站在车外（此时人体等效电容减小）及进入车内过程中可方便触及的放电点进行试验，如前照灯开关、点火开关。各放电试验点在每种电压等级下承受至少三次正电压放电和三次负电压放电，放电间隔至少

5s，试验参数见表 2-53。在每种电压等级下，整车的全部放电试验点应先承受一种极性的放电试验，再承受反极性的放电试验。试验期间应保持各个系统（如加热器控制、空调控制、收音机控制、数显等）的运行，以确定其响应。

表 2-53 整车试验严酷程度等级

试验放电点	严酷程度等级 /kV					最少放电次数[①]
	自选等级	试验等级				
		I	II	III	IV	
仅车内可触及	x[②]	±4	±8	±14	±15	3
从车外可触及	x[②]	±4	±8	±15	±25	

注：全部是空气放电。
① 最小放电间隔时间为 5s。
② 整车制造商和供应商协议值。

9. 车辆电磁场相对于人体曝露的测量[55]

标准 GB/T 37130—2018《车辆电磁场相对于人体曝露的测量方法》规定了人体所处车辆环境的低频磁场发射，频率范围为 10Hz~400kHz。车辆测量可在室内测功机和室外平坦干燥路面上进行。M 类商用车（客车）静止状态和行驶状态测量位置如图 2-125 所示。测试点距离地板垂直高度为 0.9m 和 1.5m。M 类商用车（客车）充电状态测量位置如图 2-126 所示。充电接口区域：测量探头可接触区域，以及充电接口后 0.5m 范围内的充电线缆四周，充电线缆垂直悬挂部分距车 100~300mm。

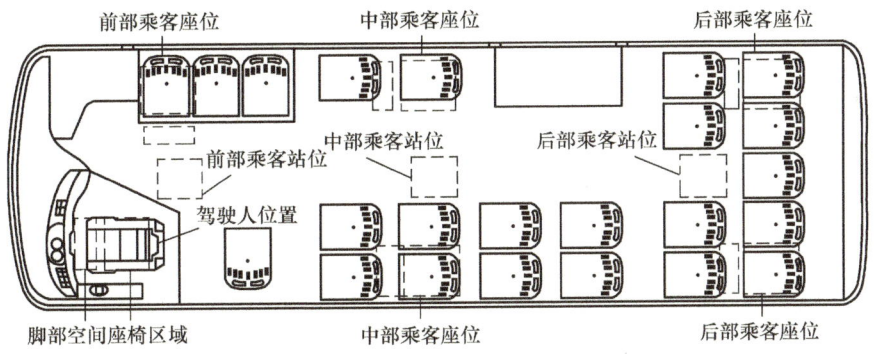

图 2-125 M 类商用车（客车）静止状态和行驶状态测量位置图示例

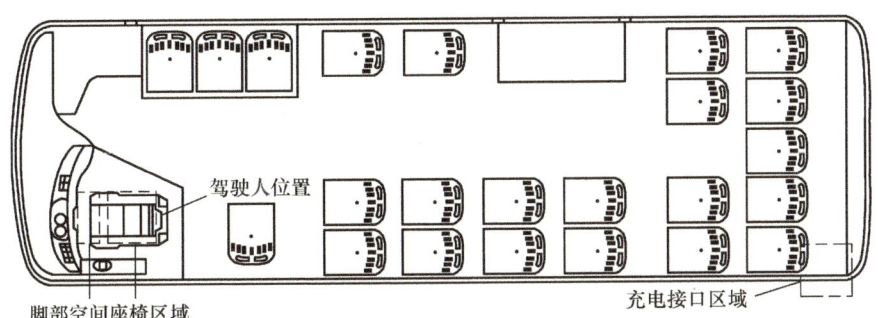

图 2-126 M 类商用车（客车）充电状态测量位置图示例

车辆的状态为：由驾驶人或乘客手动打开，且持续工作时间超过 60s 的车载电器都应处于典型的负载状态，如前照灯、仪表灯、空调、刮水器电机、收音机灯。电动汽车的荷电状态应为 20%~80%。车辆行驶状态包括匀速状态（时速为 40km/h）、加速状态（$\geq 2.5\text{m/s}^2$ 的加速度，从静止开始加速到 90km/h 或达到最高车速）和减速状态（$\geq 2.5\text{m/s}^2$ 的减速度，从 90km/h 或最高车速开始减速直到停车为止）。

选定 GB 8702—2014《电磁环境控制限值》作为测量参考限值，采用频域测量方法进行，使频率范围内的所有频点测量结果应低于限值要求。GB 8702—2014 规定了电磁环境中控制公众曝露的电场、磁场、电磁场（1Hz~300GHz）的场量限值，见表 2-54。

表 2-54 公众曝露控制限值

频率 f 的范围	电场强度 $E/(\text{V/m})$	磁场强度 $H/(\text{A/m})$	磁感应强度 $B/\mu\text{T}$	等效平面波功率密度 $S_{eq}/(\text{W/m}^2)$
1~8Hz	8000	$32000/f^2$	$40000/f^2$	—
8~25Hz	8000	$4000/f$	$5000/f$	—
0.025~1.2kHz	$200/f$	$4/f$	$5/f$	—
1.2~2.9kHz	$200/f$	3.3	4.1	—
2.9~57kHz	70	$10/f$	$12/f$	—
57~100kHz	$4000/f$	$10/f$	$12/f$	—
0.1~3MHz	40	0.1	0.12	4
3~30MHz	$67/f^{①②}$	$0.17/f^{①②}$	$0.21/f^{①②}$	$12/f$
30~3000MHz	12	0.032	0.04	0.4
3000~15000MHz	$0.22f^{①②}$	$0.00059f^{①②}$	$0.00074f^{①②}$	$f/7500$
15~300GHz	27	0.073	0.092	2

注：1. 100kHz 以下频率，需同时限制电场强度和磁感应强度；100kHz 以上频率，在远场区可以只限制电场强度或磁场强度或等效平面波功率密度，在近场区需同时限制电场强度和磁场强度。
2. 架空输电线路线下的耕地、园地、牧草地、畜禽饲养地、养殖水面、道路等场所，其频率 50Hz 的电场强度控制限值为 10kV/m，且应给出警示和防护指示标志。
① 频率 f 的单位为所在行中第一栏的单位。
② 0.1MHz~300GHz 频率，场量参数是任意连续 6min 内的方均根值。

对于脉冲电磁波，除满足上述要求外，其功率密度的瞬时峰值不得超过表 2-54 中所列限值的 1000 倍，或场强的瞬时峰值不得超过表 2-54 中所列限值的 32 倍。

当公众曝露在多个频率的电场、磁场、电磁场中时，应综合考虑多个频率的电场、磁场/电磁场所致曝露，以满足以下要求。

在 1Hz~100kHz 之间，应满足以下关系式：

$$\sum_{i=1\text{Hz}}^{100\text{kHz}} \frac{E_i}{E_{L,i}} \leq 1 \quad (2\text{-}39)$$

和

$$\sum_{i=1\text{Hz}}^{100\text{kHz}} \frac{B_i}{B_{L,i}} \leq 1 \quad (2\text{-}40)$$

式中 E_i——频率 i 的电场强度（V/m）；

$E_{L,i}$——表 2-54 中频率 i 的电场强度限值（V/m）；

B_i——频率 i 的磁感应强度（μT）；

$B_{L,i}$——表 2-54 中频率 i 的磁感应强度限值（μT）。

在 0.1MHz~300GHz 区间，应满足以下关系式：

$$\sum_{j=0.1\text{MHz}}^{300\text{GHz}} \frac{E_j^2}{E_{L,j}^2} \leqslant 1 \qquad (2\text{-}41)$$

和

$$\sum_{j=0.1\text{MHz}}^{300\text{GHz}} \frac{B_j^2}{B_{L,j}^2} \leqslant 1 \qquad (2\text{-}42)$$

式中　E_j——频率 j 的电场强度（V/m）；

$E_{L,j}$——表 2-54 中频率 j 的电场强度限值（V/m）；

B_j——频率 j 的磁感应强度（μT）；

$B_{L,j}$——表 2-54 中频率 j 的磁感应强度限值（μT）。

2.5.2　整车电磁耦合途径

整车电磁干扰的传播途径有两个：

① 传导发射，电磁干扰噪声通过高低压线缆束和金属连接体（如金属机箱、金属连接件等）进行传播。

② 辐射传播，电磁干扰噪声以电磁感应和电磁辐射两种方式进行传播。因此，电磁干扰耦合途径分为传导耦合和辐射耦合。图 2-127 中给出了这两种耦合途径的分类。

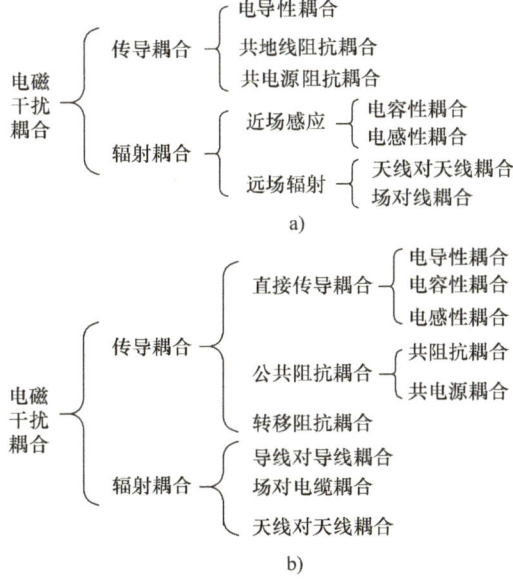

图 2-127　传导耦合与辐射耦合不同分类示意图

a）按传播介质　b）按传播装置

2.5.2.1 传导耦合

传导耦合可分为电导性耦合、电容性耦合和电感性耦合及公共阻抗耦合。

1. 电导性耦合

电导性耦合是最常见的传导耦合方式，其中至少存在两个相互耦合的电路。图 2-128 所示的电路就是一种典型的通过接地阻抗的传导耦合方式，其等效电路如图 2-129 所示。整车的接地点和接地方式会影响电导性耦合。

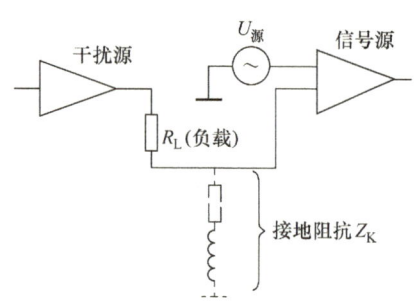

图 2-128　接地电导性耦合典型电路　　图 2-129　公共接地耦合阻抗等效电路

2. 电容性耦合

电容实际上是由两个导体构成的，因此两根导线就构成了一种电容，这种电容是导线之间的寄生电容。图 2-130a 表示一对平行导线所构成两回路通过线间的电容性耦合，其等效电路如图 2-130b 所示。线缆束之间、线缆与金属车体之间和不同空间安装的控制器金属机箱之间通常存在电容性耦合。

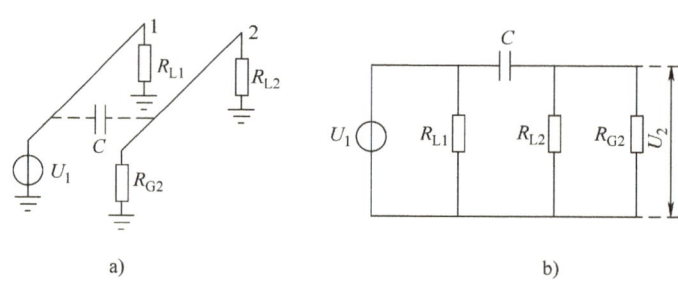

图 2-130　电容性耦合模型
a）耦合模型　b）等效电路

3. 电感性耦合

通过交变电流的导体在其周围会产生交变磁场，进而在周围的电路产生感应电动势，即电感性耦合。两电路间的电感性耦合如图 2-131 所示。I_1 是干扰电路中的电流，M 是两电路间的互感。线缆束之间，特别是高低压线束之间通常存在电感性耦合。

4. 公共阻抗耦合

车辆内多个电子电气部件使用同一车载低压电源或高压动力蓄电池供电，电源的内阻抗及它们所共用的电源线的阻抗就成为这些部件的公共阻抗。如果多个部件使用同一条地线接地，则地线的阻抗也会成为这些部件的公共阻抗。常见的公共阻抗干扰有共电源阻抗干扰（图 2-132）和共地线阻抗干扰（图 2-133）。

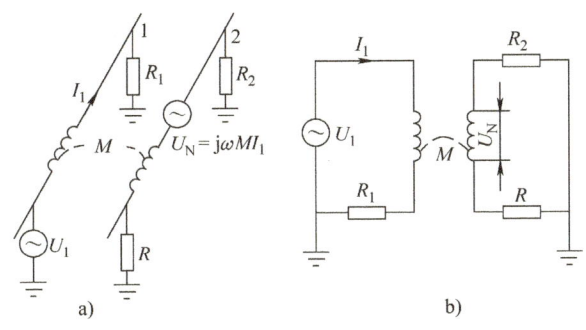

图 2-131 两电路间的电感性耦合
a）实际电路 b）等效电路

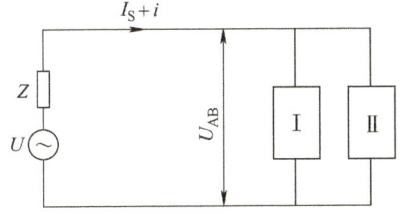

图 2-132 共电源阻抗干扰解析图

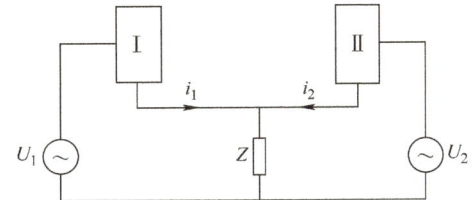

图 2-133 共地线阻抗干扰解析图

2.5.2.2 辐射耦合

当敏感部件处于电磁骚扰源的远场区时，电磁骚扰以空间电磁波的形式耦合到敏感部件，这种传输方式称为辐射耦合。

1. 天线对天线的耦合

天线耦合就是经过天线接收电磁波。各种天线是电磁波辐射效果最大的设备，布线、结构件、元件和部件等只要满足辐射条件，就会起到发射天线与接收天线的作用。在实际工程中，车辆内存在大量的天线耦合。例如，长的电源线、信号线、控制线、输入/输出引线等具有天线效应，能够接收电磁骚扰，形成天线辐射耦合。

2. 场对线的耦合

许多电磁干扰是通过电磁场对电缆导线的耦合途径发生的，其耦合机理比较复杂，干扰传播途径也比较隐蔽，包括感应耦合、高频辐射场、孔缝泄漏场对线的耦合等。场对线可能存在的多种耦合组合如图 2-134 所示。

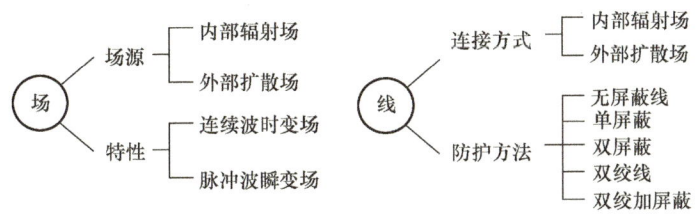

图 2-134 场对线可能存在的多种耦合组合

3. 导线对导线的耦合

电缆中导线之间的耦合干扰是最常见的干扰耦合模式之一。它是对系统内部设备之间进行电磁兼容分析的典型干扰方式。各种电磁干扰耦合途径的统计结果如图2-135所示。由图可知，导线间的耦合最为严重，占60%，是电磁兼容设计中必须认真对待的问题之一。

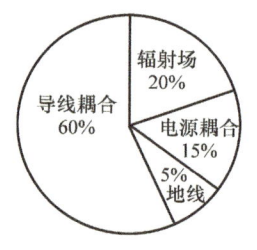

图2-135 各种电磁干扰耦合路径的统计结果

2.5.3 电磁干扰抑制措施

2.5.3.1 通用抑制技术

1. 滤波

在电磁兼容领域，滤波是指从混有噪声或干扰的信号中提取有用信号分量的一种方法或技术。实现滤波功能的滤波器可以对某一频率范围的传输能量衰减很小，使能量容易通过；而对另一频率范围的传输能量有很大的衰减，从而抑制了能量的传输。

（1）反射式滤波器

反射式滤波器通常由电抗元件（如电感和电容）组合构成（理想情况下，这些元件是无耗的），其在滤波器的通带内提供低的串联阻抗和高的并联阻抗，而在滤波器的阻带内提供大的串联阻抗和小的并联阻抗。这种滤波器不是靠消耗能量，而是通过将不需要的频率成分的能量反射回信号源来达到抑制电磁干扰的目的。其种类有四种：低通滤波器、高通滤波器、带通滤波器和带阻滤波器。

（2）吸收式滤波器

吸收式滤波器的原理是将不希望有的干扰频率成分的能量损耗在滤波器内（使之转化为热能），而不是反射回去。因此，这种滤波器又称为有耗滤波器，其中包括有源滤波器。

（3）电源线电磁干扰滤波器

选择和使用电源线电磁干扰滤波器时，考虑最主要的特性参数有额定电压、额定电流、插入损耗、泄漏电流、阻抗匹配、工作环境条件（温度等），另外还要考虑体积、质量和可靠性等。

（4）信号线电磁干扰滤波器

信号线电磁干扰滤波器的主要作用是解决空间电磁干扰问题，如设备向空间辐射较强的电磁干扰或者设备对空间的电磁干扰敏感等问题。信号线电缆和电源线电缆之间的耦合导致传导发射高频干扰超标的现象，就是由于信号线上的高频干扰通过空间耦合到了电源线上造成的。出现这种现象是因为信号电缆本身就是一条效率很高的辐射和接收天线。

2. 电磁屏蔽

电磁屏蔽就是对两个空间区域进行金属的隔离，以控制电场、磁场由一个区域对另一个区域的感应和辐射。

（1）静电屏蔽原理

在屏蔽罩接地后，干扰电流经屏蔽外层流入大地导体空腔内，无其他带电体的情况下，导体内部和导体的内表面上处处皆无电荷，电荷仅仅分布在导体外表面上。

（2）电磁场屏蔽

近场电屏蔽的一种方法就是在感应源与受感器之间加一个接地良好的金属板，把感应源的寄生电容短接到地，通过抑制寄生电容耦合，达到电场屏蔽的目的。在远场中，电场与磁场方向相互垂直，但相位相同，以电磁波的形式在空间向周围辐射能量，需要设计屏蔽体对电磁波进行屏蔽。

（3）磁场屏蔽

① 静磁场的情况：电磁铁或直流线圈产生的磁场均在空间分布磁力线或磁通。磁力线主要集中在低磁阻（高磁导率）的磁路通过。对磁场的屏蔽主要利用高磁导率的材料，如铁、镍钢等，磁力线将"封闭"在屏蔽体内，起到磁屏蔽作用。

② 低频交变磁场：磁屏蔽的原理与静磁屏蔽一样，利用高磁导材料作为屏蔽体，将磁场约束在屏蔽体材料内，如铁磁性材料。

③ 高频磁场屏蔽：主要靠屏蔽壳体上感生的涡流所产生的反磁场起排斥原磁场的作用。涡流越大，屏蔽效果越好。应选用良导体材料，如铜、铝或铜镀银等。频率越高，磁屏蔽效果越好。另外，由于趋肤效应，涡流只会在材料的表面流动，因此，只需一层很薄的金属材料就足以屏蔽高频磁场。

④ 交变电磁场屏蔽：一般采用电导率高的材料作为屏蔽体，并将屏蔽体接地。

3. 接地

接地是减小噪声的主要方法之一，正确使用接地技术能够解决多数噪声问题。

（1）安全地

安全接地的目的是为了使设备与大地有一条低阻抗的电流通路，以保证人身安全和设备的安全。而接地是否有效主要取决于接地电阻，接地电阻的大小与接地装置及环境条件等因素有关，阻值越小越好。

（2）信号地

简单地说，信号地的接法有单点接地、多点接地、混合接地和隔离。

① 单点接地。所有电路的地线接到公共地线的同一点称为单点接地，它可以划分成两类：串联单点接地和并联单点接地，如图 2-136 所示。

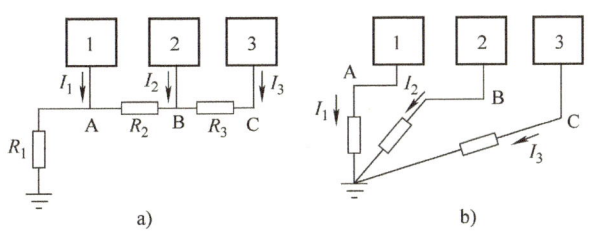

图 2-136　两种类型的单点接地连接

a）串联单点接地　b）并联单点接地

② 多点接地。多点接地是指设备（或系统）中凡是需要接地的点都是直接接到离它最近的接地平面上（就近接地），这样做可以使接地线的长度最短，接地线上的电感也最小。然而，多点接地时容易产生公共阻抗耦合问题。

多点接地如图 2-137 所示。

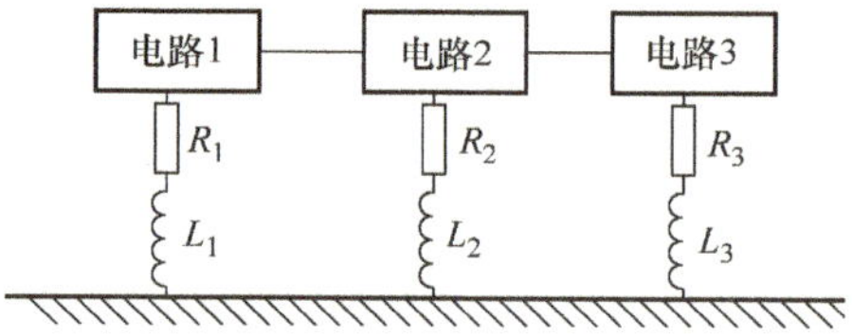

（3）混合接地

所谓混合接地，就是要求设计人员对系统各部分工作情况作一个分析，只将那些需要就近接地的点直接接地，而其余各点都采用单点接地的办法，或将需要高频接地的点通过旁路电容与接地平面相连，如图 2-138 所示。

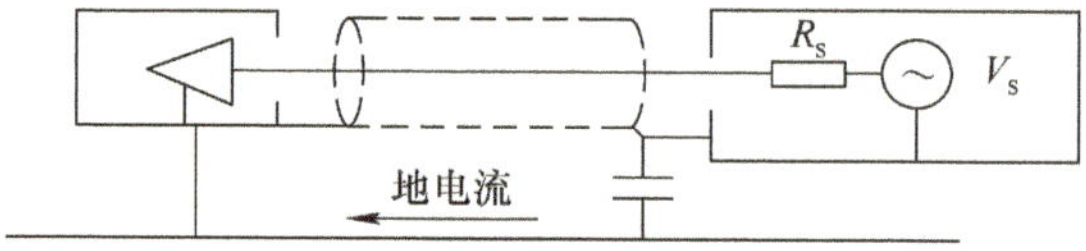

图 2-137　多点接地

图 2-138　混合接地系统

2.5.3.2　关键部件电磁干扰抑制

1. 电磁干扰源部件

由图 2-139 可知，整车既有电机系统、DC/DC 变换器、车载充电机等开关电源设备，又有带有高频特性的仪表、导航类电器部件，具体总结如下：

1）电机部件：驱动电机、油泵、气泵、刮水器电机、暖风电机、散热器风扇、换气扇等。

2）继电器部件：闪光继电器、空调压缩机等。

3）内部带有控制电路的部件：刮水器控制器、空调控制器、电子路牌等。

4）内部带有微处理器的部件：整车控制器、电池管理系统、倒车监控、监视主机、车载影音、电子时钟、组合仪表、车载终端等。

5）内部带有功率变换器件的部件：DC/DC 变换器、DC/AC 变换器、电机控制器、二合一集成控制器、五合一集成控制器等。

6）带有天线的部件：GPS、GPRS、收音机、车载导航仪等。

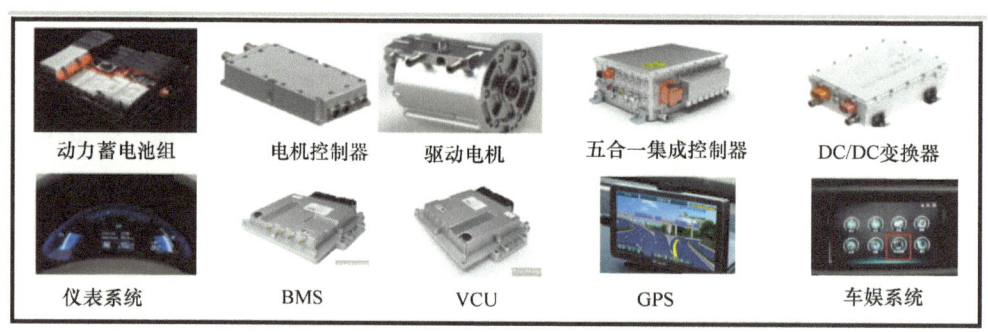

图 2-139　电动汽车车载电控部件

最为关键的是这些部件共用低压或部分共用高压电源，电磁环境复杂，零部件 EMC 和整车 EMC 关联性解析难度大。

2. 电磁干扰抑制措施

（1）采用集成化设计

多功能电路及系统的集成，如将双向 DC/DC 升/降压变换器、DC/DC 低压充电机、车载快速充电器、发电机与电动机变换单元等功能电路集成，可减少线缆用量，同时提高整车的 EMC 性能。还有其他集成装配制造技术，如薄膜电容与叠层母排一体化设计、动力线缆与传感器的集成设计等。

（2）分区预测和分层设计

对于整车 EMC 防护技术采用分区预测和分层设计，可按照高低压系统、直流和交流系统、车内和底盘等分区设计，一般分为 A 区、B 区、C 区、D 区、E 区和 F 区，如图 2-140 所示。再采用接地、滤波和屏蔽分层设计，如图 2-141 和图 2-142 所示[56]。

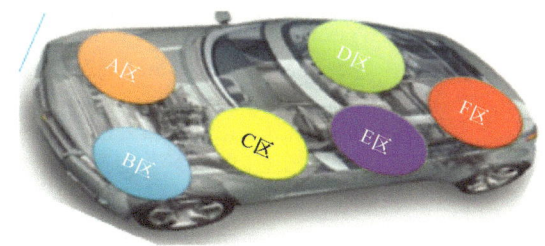

图 2-140　分区预测和分层设计

图 2-141　控制器高压线束屏蔽与接地

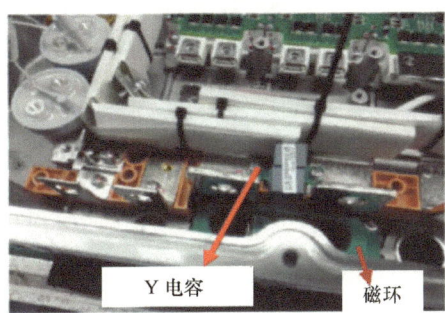

图 2-142　滤波技术

2.5.4　整车电磁辐射测试与抑制案例

2.5.4.1　整车电磁辐射测试

1. 9kHz~30MHz 电磁辐射

采用标准 GB/T 18387—2017《电动车辆的电磁场发射强度的限值和测量方法》测量整车在频段 150kHz~30MHz 的电磁场强度，电场和磁场测试布置如图 2-143 所示。在车速分别为 16km/h 和 64km/h 时，整车电场强度的测试结果如图 2-144 和图 2-145 所示。总体来看，电场辐射超标比较严重，超标的频段主要集中在 13MHz 附近及 20~30MHz 之间。整车磁场强度的测试结果如图 2-146 和图 2-147 所示。可以看出，磁场强度出现多处超标。

a)　　　　　　　　　　b)

图 2-143　电场测试照片和磁场测试照片

a）电场测试照片　b）磁场测试照片

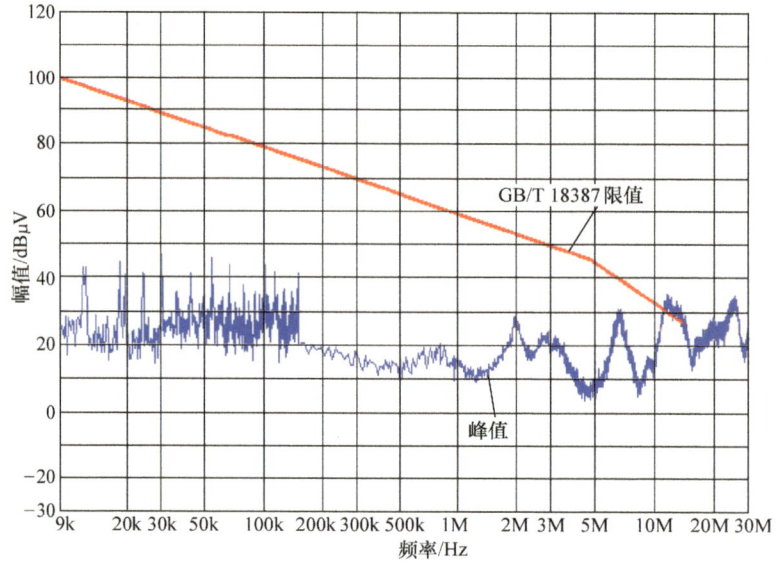

图 2-144 车速为 16km/h 时整个电场强度的测试结果

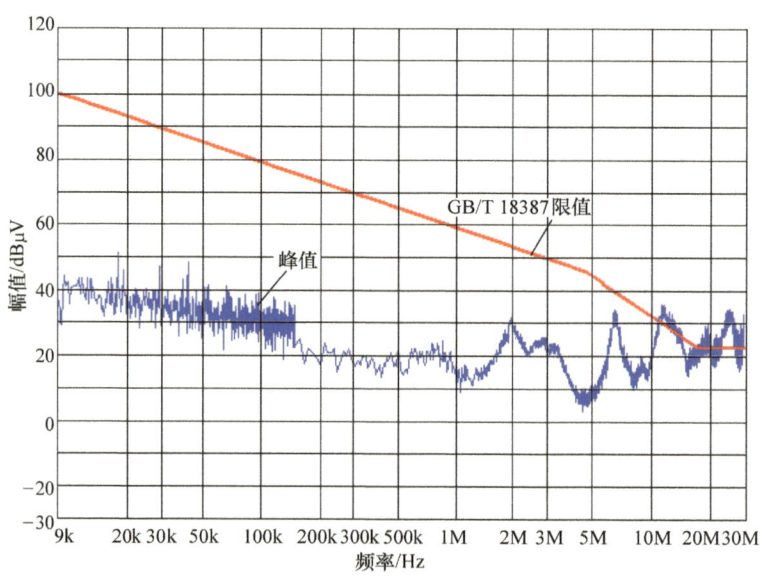

图 2-145 车速为 64km/h 时整个电场强度的测试结果

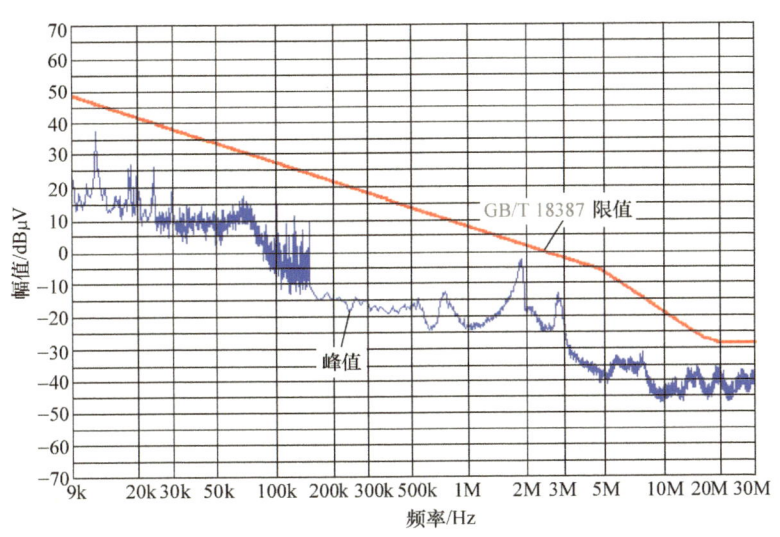

图 2-146　环天线 X 方向布置：16km/h 测试

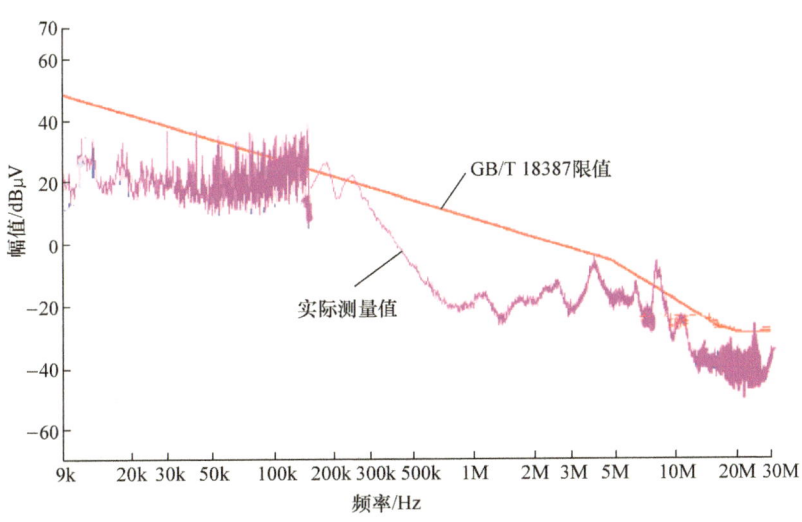

图 2-147　环天线 X 方向布置：64km/h 测试

2. 30MHz~1GHz 电磁辐射

采用 GB 14023—2011 测量整车在频段 30MHz~1GHz 时的电场强度。宽带辐射发射测试时，车辆运行状态为：车速设置为 40km/h 恒速运行；近光灯、危险警告灯、前雾灯工作；前刮水器最大速度工作；收音机工作；空调工作（制冷、温度为 low、风速最大、内循环、风向为头部和脚部）；电动车窗在中间位置；驾驶人座椅位置固定。从测量结果图（图 2-148 和图 2-149）可知，在驱动电机系统工作时，整车在 30MHz~40MHz 频段辐射发射比较大，峰值测量结果超过了准峰值限值，但没有超过峰值限值。在 100MHz 频点附近（图 2-148）和 700MHz 频点附近（图 2-149）的峰值测量结果与准峰值之间的限值相比，其裕量较小，但是与峰值限值相比具有较大裕量。

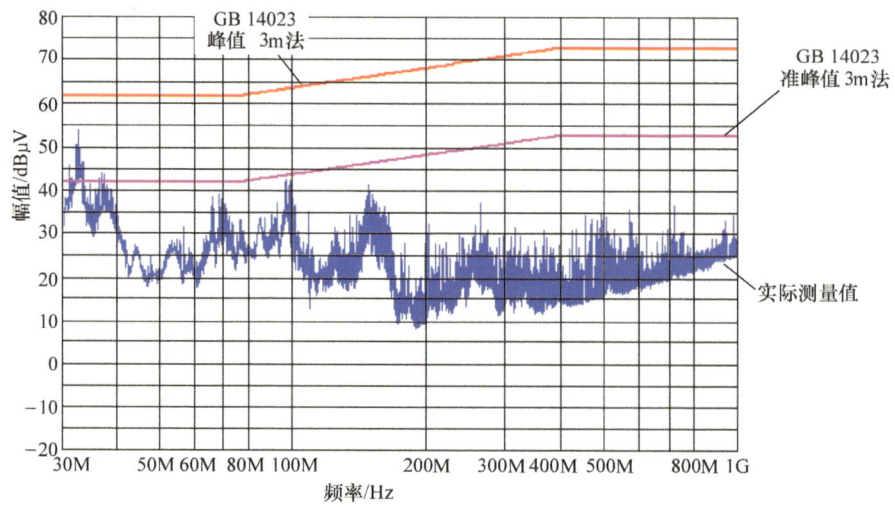

图 2-148　电场强度（车辆左侧，天线水平极化）

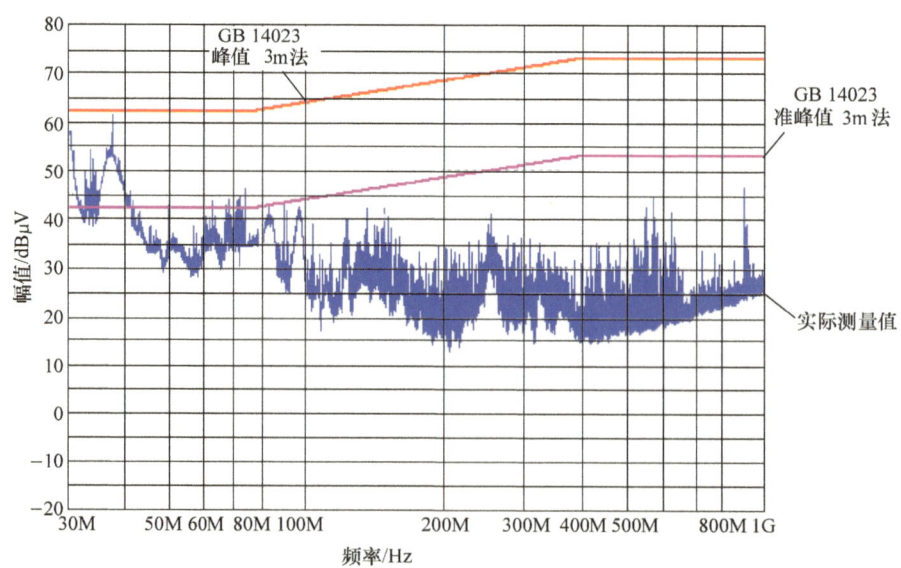

图 2-149　电场强度（车辆左侧，天线垂直极化）

2.5.4.2 整车电磁辐射抑制

1. EMC 设计

整车 EMC 性能改善的设计方法如下：

1）整车高压线束全部采用屏蔽线束，屏蔽层需要良好接地，建议采用单端搭铁方式。

2）电机控制器、二合一和五合一集成控制器及高压控制盒的高压插接件和紧锁器也采用屏蔽部件，并做好良好接地。

3）高压线的屏蔽层要搭铁良好，做好单端或双端接地。

4）整车 CAN 线屏蔽层要搭铁良好，做好单端或双端接地。

5）电机控制器的旋变线屏蔽层要搭铁良好，做好单端或双端接地。

6）电机控制器和五合一集成控制器等高压控制器箱体需要良好接地，缝隙处及预留高压端口需要做电磁屏蔽密封处理。

7）整车线束优化布局，减小电磁干扰耦合路径，减少实际工作不必要的线束，在满足电气性能的前提下，尽量缩短线束长度，减小环路面积。

8）要求零部件供应商进行高压和低压零部件 EMC 设计，在控制器内部做好相应的滤波、屏蔽和接地。例如，PCB 的优化设计、电路拓扑优化设计、在控制器内部加磁环和滤波电容等。

9）低压线束走线尽量远离高压线束，避免线线之间的相互耦合干扰。

10）要保证各高压零部件接地阻抗尽量小，搭铁建议尽量用短而宽的线或者编织带。

11）各高压部件（电机逆变器、DC/DC 变换器等）的高压电路回路面积（不管是外部线束还是产品内部走线）尽量小。

2. 电动客车 EMC 整改案例

在整车系统安装方面，首先对其布置安装进行 EMC 设计整改：将原有的控制器更换为使用了新滤波器的高压功率集成控制器，将高压连接线束更换为高压屏蔽线束，线束接口方面采用带有 360° 屏蔽的锁紧头，其他高压部件也增加独立加强接地，将搭铁线更换为铜编织带，详见图 2-150 所示[12]。

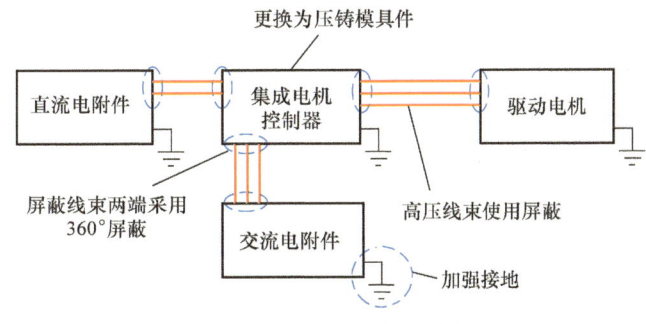

图 2-150　整改项示意图

如图 2-151 所示，更换压铸件控制器可以有效控制控制器内部电路对外发射，但与之连接的高压线束则需要采用屏蔽线。同时，采用 360° 锁紧头实现屏蔽的完整性，将屏蔽延伸至电机、交直流电附件，其中，锁紧头结构示意如图 2-151 所示，对驱动电机系统及其他电附件实施一体化屏蔽，并可靠接地，减小回路面积，降低对外发射。实车主要实施措施如图 2-152 所示。

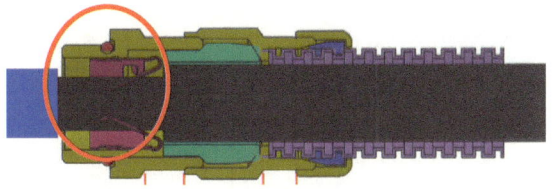

图 2-151　360° 屏蔽锁紧头示意图

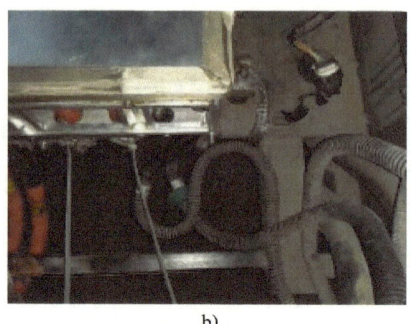

图 2-152 部件安装方式整改图

a) 更换开模件控制器，实施 360° 屏蔽　b) 加强控制器接地

2.5.4.3　整车电磁辐射抑制措施试验验证

进行 EMC 整改后，高压功率集成控制器已基本达到标准 CISPR 25 的三级限值要求，在部件电磁兼容性提高的基础上，采用 GB/T 18387—2017 标准对该车进行电磁场辐射测试。该车在前期整改前，电场、磁场均超标情况严重，整改前车辆在 30~150kHz、200kHz、250kHz、300kHz、4MHz、8MHz 和 26MHz 均超出限值要求。在此基础上将加装有新滤波器的高压功率集成控制器更换上并进行测试，结果如图 2-153 所示。

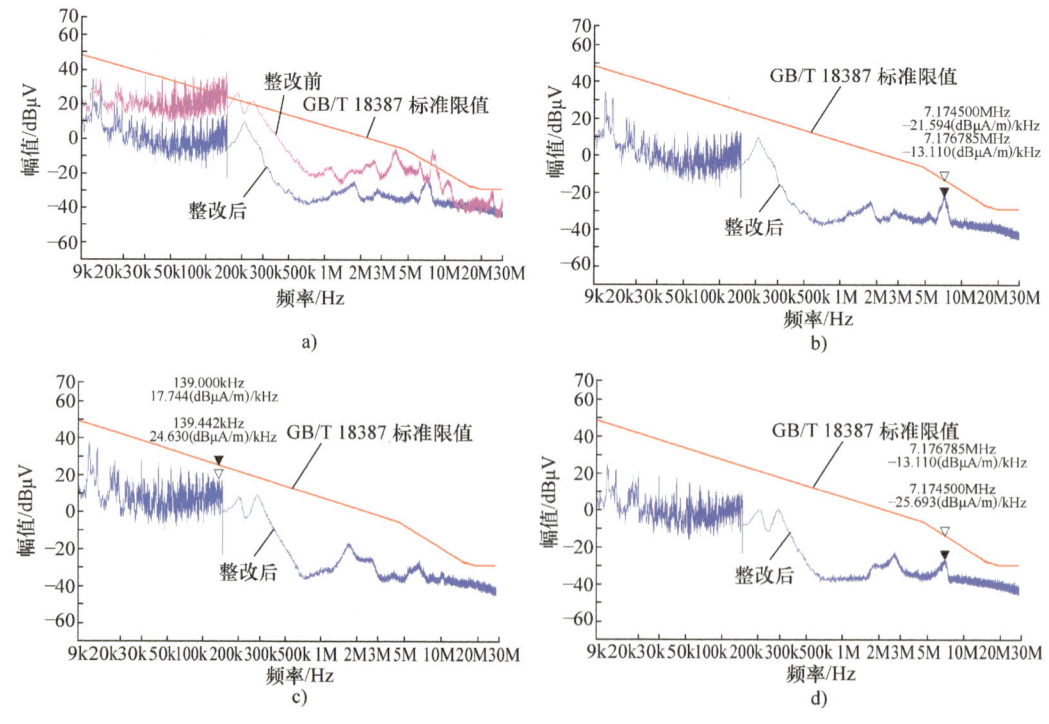

图 2-153　试验车型整改前电磁场强度测试结果

a) 车头左侧，磁场天线 X 方向　b) 车头左侧，磁场天线 X 方向
c) 车头左侧，磁场天线 Y 方向　d) 车头左侧，磁场天线 Z 方向

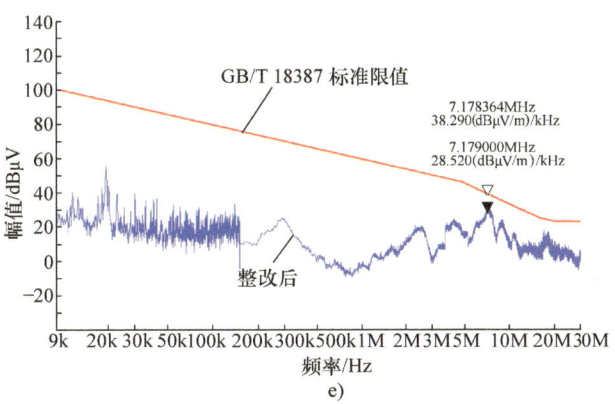

图 2-153 试验车型整改前电磁场强度测试结果（续）
e）车辆车头，天线电场

图 2-153a 所示为车头左侧整改前后测量结果对比。该车为前置车，高压功率集成控制器及电机均布置在前侧，故整体车辆左前、右前、正前测试结果高于尾部。整改前，低频 150kHz 范围内超标严重，此外，由于在高频产生了谐振，使测试结果在高频处超标。通过对高低压线束进行屏蔽和接地整改，可以发现车辆 150kHz~30MHz 范围内电场、磁场对外辐射都有较大程度的降低。其中，高压功率集成控制器 IGBT 开关造成的电场和磁场发射降低明显，衰减近 20dB；高频区域谐振点在采用屏蔽线及 360° 屏蔽锁紧头后有较大改善，低于限值且裕量达 6dB 以上。测试结果裕量统计见表 2-55。

表 2-55 GB/T 18387—2017 测试裕量统计表

测试点	频点 /MHz	限值	实测
车头左侧磁场 X	7.17	−13.11(dBμA/m)/kHz	−21.59(dBμA/m)/kHz
车头左侧磁场 Y	0.139	24.63(dBμA/m)/kHz	17.74(dBμA/m)/kHz
车头左侧磁场 Z	7.17	−13.11(dBμA/m)/kHz	−25.69(dBμA/m)/kHz
车头左侧电场	7.17	38.29(dBμV/m)/kHz	28.52(dBμV/m)/kHz

由表 2-55 测试结果可以得出，车辆通过对高压功率集成控制器这个主要干扰源的改进，结合整车在布置安装、连接线束方面的改善，该车的电磁兼容性能大幅提升。整改方案有效解决了低频磁场和高频电、磁场超标问题，车辆顺利通过了 GB/T 18387—2017 测试。

2.5.5 纯电动汽车电磁兼容技术发展趋势

2.5.5.1 逐渐完善的标准体系

随着我国技术水平的不断提高和经验的积累，汽车电磁兼容标准体系将在全方位多层次得到不断完善，图2-154从研究的频率范围、测试手段、规范性、研究对象、应用场景等几个研究方面进行了概述。随着智能化、网联化的发展，汽车电磁兼容需要考虑的频率范围越来越广。在可预见的几年中，相应的EMC标准规定的测试频率将从目前的2.5GHz扩展到6GHz甚至更高。电磁兼容的测试手段也将更加丰富，更多低成本高性能的验证方法如混响室法将被纳入标准规范。标准规定方法也将更加规范、严谨，例如正在修订中的CISPR12、CISPR25都将在下一版本中增加不确定度评估的要求。研究对象和应用场景随着发展的需求将不断扩充，包括芯片级器件的测试评价、无线充电和智能网联应用场景下的电磁兼容要求都会逐渐在标准中体现。

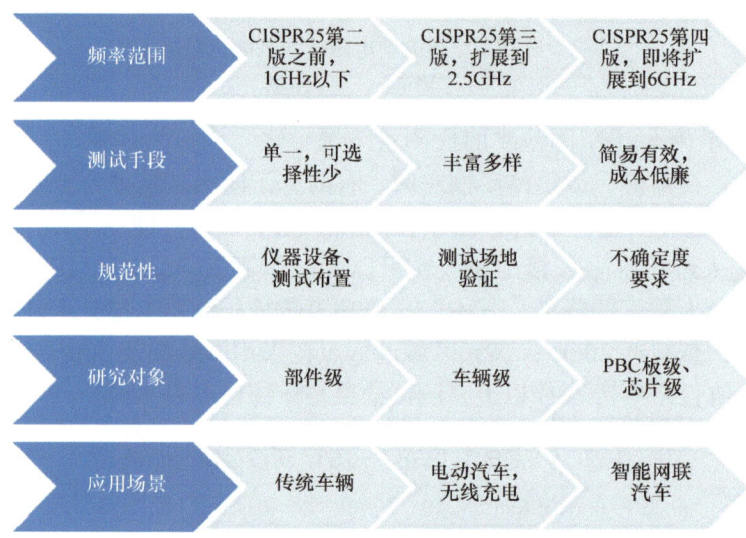

图2-154　汽车EMC标准发展趋势

除了公开发布的标准法规之外，企业标准、企业技术规范将作为国家标准和国际标准的有力补充。企业标准和规范会增加更多特殊的技术内容或要求，以解决特定情形下的EMC问题。如福特汽车企业标准规定的瞬态传导干扰波形，有别于国际标准或国家标准规定的脉冲1~脉冲5，其自行定义的A1波形、A2波形、C波形，正逐步被更多企业所采纳。

例如，日本丰田提出了电动汽车存在的两种波形α、β。

① 波形α考虑的情况如下：模拟的是当开关接触和断开时会产生电弧，从而使感性负载（比如电机或螺线管）产生的反向电动势引起的负瞬态浪涌效应[5]，如图2-155所示。连接该动力线的部件会被此类瞬态浪涌所干扰。

② 波形β考虑的情况如下：模拟的是开关触点电弧和在电感负载切换过程中触点弹跳，以及由MOSFET开关产生的振铃噪声共同作用而产生的瞬态电压波形，如图2-156所示。该瞬态特性是串联线路电感和（在发生电弧或触点反弹时产生的，或在MOSFET开关过程中产生的）电流的函数[5]。其参数见表2-56。

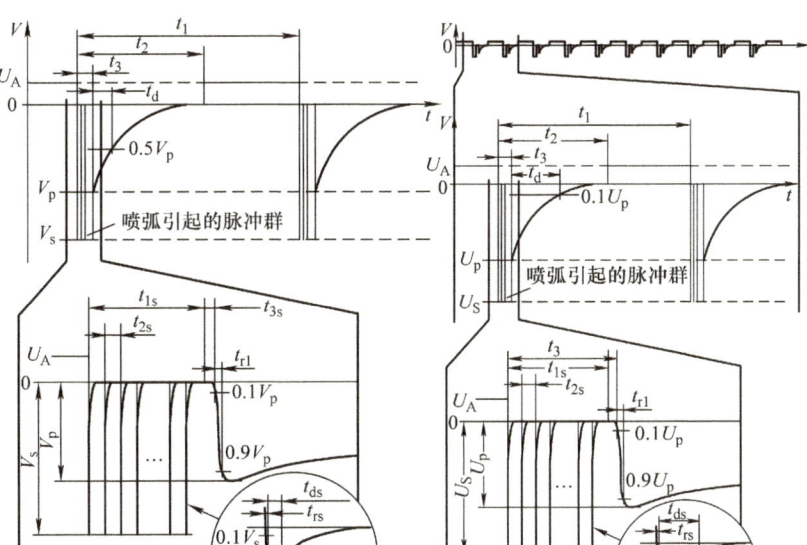

图 2-155 脉冲波形 α

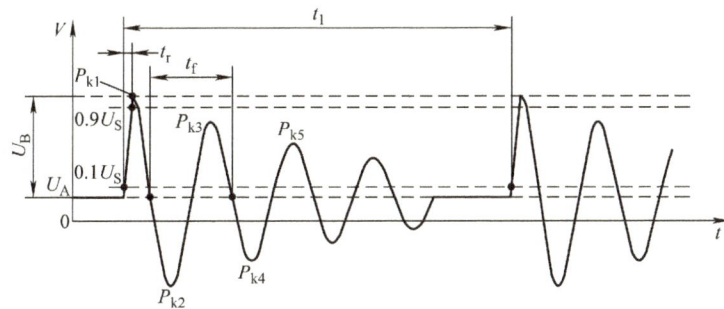

图 2-156 脉冲波形 β

表 2-56 脉冲波形 β 的参数

参数	$1/t_f$ 100kHz	$1/t_f$ 1MHz	$1/t_f$ 5MHz	$1/t_f$ 10MHz	$1/t_f$ 30MHz
U_S	100~400V				
R_p	50Ω				
t_r/ns	40~50	5~10	5~10	5~10	5~10
$1/t_f$	90~110kHz	0.9~1.1MHz	4.5~5.5MHz	9.0~11.0MHz	27~33MHz
t_1	50ms（20Hz）	10ms（100Hz）	1ms（1kHz）	1ms（1kHz）	0.1ms（10kHz）
阻尼比	15%~45%（P_{k5}/P_{k1}）×100				

注：1. 参数值应该在连接 1kΩ 负载情况下获取。
2. 阻尼比被定义为（P_{k5}/P_{k1}）×100%。

从这些获取的信息可以看出，国外一流车企在 EMC 技术上率先开展了较为细致深入的研究。

2.5.5.2 系统仿真与实践充分结合

软件仿真对预测 EMI 和 EMC 设计具有重要作用，发展潜力很大。首先，各种商业软件的开发越来越成熟，集成了更多常见问题及模型，方便应用；其次，随着技术人员技术和经验的积累，软件仿真的准确度会不断提升，用软件仿真分析研究问题与测试验证比成本更低，更能直观地分析出问题本质。软件仿真将成为汽车电磁兼容设计开发不可或缺的一个工具。当软件仿真在系统级 EMC 问题上大规模应用时，可以与现有的各种系统级测试手段相互验证，协同使用，从而真正实现建立模型、仿真预测、实验验证再到模型修改的闭环改进流程。

虚拟测试的基本流程如图 2-157 所示，通过虚拟测试及验证确认，申请权威机构对车辆车型的授权批准。如果这种方式一旦获得共识，电磁兼容仿真验证的结果将可以用于车型认证，对汽车电磁兼容的发展将产生深刻的影响。电磁兼容专家已在讨论，拟在 UN ECE R10 国际标准法规中增加。

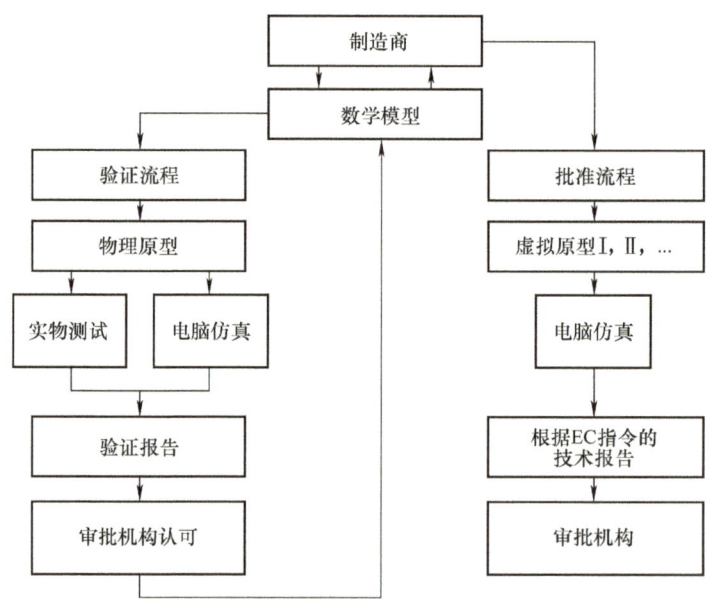

图 2-157 虚拟测试基本流程

2.5.5.3 企业正向开发能力逐步健全

与以往相比，国内企业对车辆电磁兼容的重视程度越来越高，投入的人力物力越来越多，技术水平提升很快。预计在未来 3~5 年，将有多家企业逐步建立电磁兼容正向开发体系。无论从标准规范、研发设计，还是流程管理、试验验证等各方面都会有大幅的提升。更多平台化的产品将在完善的正向开发体系下进行，以降低开发成本，降低电磁兼容风险。

2.6 整车声品质优化技术

与传统内燃机汽车进行比较，纯电动汽车没有了发动机噪声，相应地也没有了进排气噪声，它的车内噪声主要是由驱动电机、空调风扇、辅助控制器件、车身振动、传动系统等产生的，此外还有风噪声、路面轮胎噪声。尽管纯电动汽车车内噪声声压级相对传统内燃机汽车有较大的降低，但因为存在"独特"的驱动电机噪声，所以如果设计或控制不当，它将会产生比传统内燃机汽车还要差的噪声品质。纯电动汽车的噪声问题主要表现为[57]：

① 由于整车内外声学环境的本底噪声趋于减小，导致整车声学特性的变化。原来内燃机汽车对车内外噪声贡献最大的发动机以及进排气系统或者被完全取消，或者使用状况发生很大的变化，而路面激励引起的噪声以及轮胎噪声等保留，车辆行驶和怠速时主要噪声源的噪声降低，这是电动汽车整车噪声水平较低的根本原因所在。但是，噪声水平的降低与特性的改变，将使电动汽车各个噪声源的贡献比重发生重要的改变，从而对电动汽车车内声学品质和车外噪声等级产生重要影响。

② 噪声源分布更加分散，且容易引发新的异常噪声问题。传统内燃机汽车最主要的运动系统和部件集中在发动机舱内，以内燃机为动力的各种辅助系统也同样集中在内燃机体附近。电动汽车的主要辅助系统基本安装在前舱内，但是动力蓄电池以及其他大功率元件由于体积和重量的限制，或者由于特殊的技术要求，大都分散布置在车身底板下或者行李舱内，其附加的冷却、通风等系统在整车上分散布置，由此形成多声源散布的特点。而且，各种电动化系统和部件不同的工作特性、不同的安装位置和不同的工作时序，将会导致整车振动和声学特性具有更多瞬态特色，加上整车本底噪声的降低，各个部件的工作振动和噪声容易被乘客注意，甚至被认为是异常振动和异响，产生非常不利的影响。

③ 高频噪声现象突出。主驱动电机、各种辅助系统的驱动电机容易发生高频的电磁噪声，加上电动汽车线束系统数量多，分布区域广，需要大量的间隙或者空洞走线，这对于隔离高频噪声造成较大的难度。而且各种功率控制器件也会发生更高频率的噪声，在人类听阈上限附近或者更高的频率范围内会对人体产生影响。对于器件来说，是电磁兼容问题，对于乘客和车外人员来说，就是如何控制高频电磁环境污染和伤害的问题。

噪声是汽车 NVH 研究的一个重点，目前国内外绝大多数有关噪声的标准或准则都是以 A 计权声压级为基础制定的。电动汽车车内噪声值比传统内燃机汽车的噪声值小很多，传统方法以 A 计权声压级作为评价标准已逐渐不能满足电动汽车的研究，使用以主观评价为基础的声品质对噪声分析评价为电动汽车噪声研究提供了一个新的途径。

2.6.1 纯电动汽车声品质评价方法

2.6.1.1 纯电动汽车常用的声品质客观评价指标

与传统内燃机汽车相比，纯电动汽车在 NVH 特性上存在十分明显的区别。由于纯电动汽车采用电机驱动，消除了传统汽车的发动机噪声，因此车内噪声环境比传统汽车安静。

但是纯电动汽车驱动电机产生的高频电磁噪声，在所谓"安静"的车内环境中更加刺耳，令人十分烦躁。电机噪声成为纯电动汽车特有的 NVH 特性。在传统汽车中，这些噪声对车内声品质影响较小，但是对于安静的纯电动汽车，应重视这些噪声。尽管纯电动汽车要比传统汽车安静，但是纯电动汽车驾乘人员反馈说，在某些工况下经常受"啸叫声"和"嗡嗡声"所困扰，因此纯电动汽车还存在许多声学问题需要改善。目前消费者也越来越追求汽车的舒适性，纯电动汽车声音品质已成为产品竞争力以及用户认可度的关键要素之一。

声品质是标识声音给人主观感觉好坏的量度，声音的大小不是评价声品质的唯一评判标准。客观心理声学参量能够对不同声音给人带来不同的主观感受进行系统的描述，它对人耳的听觉特性与声音的物理特性进行了综合考量。因此声品质客观评价首先需要对这些客观参量进行分析，然后得到不同声音特性的描述。下文列出了目前常用的纯电动汽车声品质客观评价指标[58]。

1. A 计权声压级

声场中某一瞬时的声压值定义为瞬时声压。声压有效值定义为一定时间间隔 T 中声压对时间的均方根值，用 p_e 表示。声压有效值其实就是人们经常所说的声压（Pa）。其计算公式为

$$p_e = \sqrt{\frac{1}{T}\int_0^T p^2(t)\mathrm{d}t} \quad (2\text{-}43)$$

A 计权声压级（简称 A 声级）模拟人对 40 方响度的感觉，对 1000Hz 以下的低中频段衰减，其结果与人对声音的感知十分相近。这是因为这一过程是利用人感觉的主观声音对不同频率下的声压级进行加权。作为广受欢迎的声级标准，它能够较好地反映人对噪声的主观评价。在无特殊说明的情况下都用 A 声级，单位为 dB（A），反映噪声大小。

连续稳定的噪声用 A 声级能够较好地反映，但是不适用随时间起伏的或不连续的噪声。间歇接触噪声与一直接触噪声对人的影响是不一样的。一段时间内的噪声能量的均值，仍使用 A 声级，被称为等效连续 A 声级。A 声级可以直接测量，也可以利用不同倍频程下的声压级进行计算：

$$L_A = 10\lg\left[\sum_{i=1}^n 10^{0.1(L_{pi}+\Delta A_i)}\right] \quad (2\text{-}44)$$

式中　L_A——A 声压级值；

　　　n——总倍频带数；

　　　L_{pi}——第 i 个倍频带的声压级；

　　　ΔA_i——第 i 个倍频带的 A 计权修正值。

2. 响度与脉冲度

能够将人耳对声音强弱的主观感受程度进行反映的参量称为响度（Loudness）。这种客观评价参量介于主观与客观之间，属于声品质评价中较为关键的特征量。通常，声音品质会随着响度值的增大而变得越差，这也会越激增人们的烦躁情绪，但是却不能将其作为评定噪声声品质的唯一标准。与 A 声级相比，响度可以对人耳感知到的声音强弱做出更加准确的反映，这是因为响度考虑到了以下几个方面：

① 人耳掩蔽效应对声音的作用。
② 声音的物理特性。
③ 频谱分布。

宋（sone）为响度的单位，频率为1kHz、40dB 参考纯音的响度则被定义为 1 sone。如果和参考纯音相比，一个声音响亮程度增加了 1 倍，那么便记作 2 sone。响度在构造的过程中只能依赖幅度估计方法等，而无法仅仅依靠声强听阈曲线获得。

响度与激励的声强有关，响度（sone）的计算公式为

$$N_x = b\left(\frac{I_x}{I_0}\right)^a \tag{2-45}$$

式中　　I_0——声强基准量；
　　　　I_x——对应的声强；
　　　　a、b——常数。

以 Zwicker 提出的理论为基础，对于稳态噪声，$a=0.23$，$b=2/3$，$I_x/I_0>10^6$；对于 1kHz 纯音，$a=0.3$，$b=1/16$，$I_x/I_0>10^4$。这一估算响度的方法可用于计算平坦频谱的扩散声场，对混响声场以及自由声场并不适用。通常采用国际标准 ISO 532B 中规定的响度模型来计算，该模型以 Zwicker 理论为基础。

当声音信号有较大的时变响度值时，说明这个声音信号中存在脉冲信号。脉冲有可能是单个信号，还有可能是多重信号，可以是周期的也有可能是非周期的。通常用脉冲度（Impulsiveness）来度量声音的脉冲特性。时变统计响度值 N_1 和 N_5 能够估算含有脉冲声音的响度。目前研究旨在将以下两个方面进行有机结合，包括人的主观反映和脉冲声信号的特性。对于信号 $S(t)$，通过脉冲度算法将其变为

$$S(t) = f(t)[(1-a)+ai(t)] \tag{2-46}$$

式中　　a——脉冲高度，也是脉冲度需要计算的目标量；
　　　　$i(t)$——脉冲函数（通常为方波、三角波或者高斯脉冲函数）；
　　　　$f(t)$——载波信号（通常为白噪声或者正弦信号）。

脉冲度与脉冲重复频率有关，与声压级、相对脉冲宽度 p 和过冲 $[a/(1-a)]$ 成正比。

3. 尖锐度与音调度

声音中所包含的频率成分对人耳主观感知起到很大的作用。如果声音信号中含有较多低频成分，那么声音听起来像咆哮声或者隆隆声，令人感到十分低沉；如果声音信号中含有较多高频成分，那么听起来就会像鸣鸣声或者嘶嘶声，令人感到异常刺耳。对声音的高频成分中所占比例进行描述的参量称为尖锐度（Sharpness），它能够对声音信号的刺耳程度做出客观反映。频谱包络和中心频率是影响噪声尖锐度的最主要因素。声音高频成分在频谱结构中所占比例越大，尖锐度就越高，声音听起来会越刺耳，那么人的主观感知就越加烦躁。

尖锐度的单位为 acum，定义中心频率为 1kHz、带宽为 160Hz 的 60dB 窄带噪声的尖锐度为 1acum。以响度模型为基础可以建立起尖锐度的数学模型，常用 Zwicker 模型来计算尖锐度（acum），公式如下：

$$S = k \frac{\int_0^{24\text{Bark}} N'(z) z g(z) \mathrm{d}z}{N} \quad (2\text{-}47)$$

式中 S——尖锐度；

$N'(z)$——临界频带的特征响度；

N——总响度表示；

z——临界频带 Bark 数；

k——加权系数，一般取 0.11。

不同临界频带的加权函数用 $g(z)$ 表示，$g(z)$ 关于 Bark 域的表达式为

$$g(z) = \begin{cases} 1 & z \leqslant 16 \\ 0.0625 \cdot e^{0.1733z} & z > 16 \end{cases} \quad (2\text{-}48)$$

用来对声音信号频谱中纯音成分所占比例进行度量的参量称为音调度（Tonality），其单位为 tu。声压级为 60dB，并且频率为 1kHz 的纯音信号的音调度为 1tu。Terhardt 和 Aures 提出的公式可以用来对音调度值进行计算，并通过一个 4096 点的快速傅里叶变换和一个汉宁窗来实现，其计算公式如下：

$$T = \sqrt{\sum_{i=1}^{N} \left[W_1(\Delta z_i) W_2(f_i) W_3(\Delta L_i) \right]^2} \quad (2\text{-}49)$$

式中 $W_3(\Delta L_i)$——第 i 个单频分量其声级盈余量效应用；

$W_2(f_i)$——频率与第 i 个单频分量的关系；

$W_1(\Delta z_i)$——临界频带与第 i 个单频分量的差异关系。

4. 粗糙度与抖动度

当一个声音信号满足以下条件时便可以用其调制频率来表示，即除因非稳态音调而引起响度的变化以外，它以某一周期变化。声音的调制包括幅度上或者是频率上的调制，在心理声学中，粗糙度是指当处理超过 20Hz 调制频率的声音信号时所采用的调制声学参量。若声音信号的调制频率处在 0~20Hz 以内，则采用抖动度这种声学调制参量。下面对这两个参量的计算模型进行具体介绍。

人耳的听觉系统想要跟踪超过 20Hz 调制频率的信号是十分困难的，但人们的声学感知却会受到这种波动的影响。在音乐理论中，平滑的声音听起来较为和谐，而粗糙的声音听起来并不和谐。粗糙度（Roughness）是一种客观心理声学参量，能够对以下特征做出客观反映，包括：

① 调制幅度大小。

② 调制频率分布。

③ 调制程度。

它对 200Hz 调制频率以下的声音都能保证评价的准确性，特别是对于 70Hz 附近的声音，粗糙度能够起到十分显著的评价效果。粗糙度的单位为 asper，若声压级为 60dB 且频率 1kHz 纯音，经过 100% 幅值调制以及 70Hz 频率调制时，那么它的粗糙度为 1asper。粗糙度计算公式为

$$R = 0.3 f_{\text{mod}} \int_0^{24\text{Bark}} \Delta L_E(z) \text{d}z \qquad (2\text{-}50)$$

式中　R——粗糙度（asper）；

　　　f_{mod}——调制频率；

　　　ΔL_E——声音信号激励级的变化量。ΔL_E 定义为

$$\Delta L_E(z) = 20\lg\left(\frac{N'_{\max}(z)}{N'_{\min}(z)}\right) \qquad (2\text{-}51)$$

式中　$N'_{\max}(z)$——z 号 Bark 域内特征响度的最大值；

　　　$N'_{\min}(z)$——z 号 Bark 域内特征响度的最小值。

抖动度（Fluctuation Strength）能够对人耳主观感觉到的声音信号的起伏强弱做出客观反映，对 20Hz 以下低频调制的声音信号的评价较为适用，用于描述人耳对缓慢移动调制声音的感受程度。抖动度大的声音听起来要比粗糙度大的声音烦躁得多。抖动度的单位为 vacil。1 vacil 是指 60dB、1kHz 的纯音经 4Hz、100% 幅度调制后的声音的起伏程度。对抖动度起到影响作用的因素包括：

① 声压级大小。

② 调制频率。

③ 信号的时域结构。

④ 调制的程度。

⑤ 带宽。

抖动度的数学模型为

$$F = 0.008 \frac{\int_0^{24\text{Bark}} \Delta L_E(z)\text{d}z}{(f_{\text{mod}}/f_0) + (f_0/f_{\text{mod}})} \qquad (2\text{-}52)$$

式中　F——抖动度（vacil）；

　　　f_0——调制基频，f_0=4Hz。

5. 语音清晰度

在心理声学中，在噪声环境下能够对说话的清晰度进行评价描述的客观心理声学参量叫作语言清晰度（Articulation Index），也可称为 AI 指数。语言清晰度取值范围在 0~1 之间，越接近 1 说明语言清晰度越高。语言清晰度依赖于背景噪声的频率和声压级。车内噪声对于影响车内乘客之间交谈的语言清晰度有着显著的影响。人们听觉的可听范围和言语范围，在噪声的频谱图中表现为 200~6300Hz 的一个区域，随着声压的增高，车内乘客交谈变化从低声耳语到高声喊叫，如图 2-158 所示。在语言频带范围内，噪声的 1/3 倍频程谱的成分会影响到语言交谈，当噪声的频谱接近语言区域的上限时，将会从很大程度上影响交谈效果，此时语言清晰度可低至 0%；当噪声的频谱落在语言区域的下限时，则对交谈无明显影响，语言清晰度高达至 100%。总的语言清晰度可通过对每个频带的语言清晰度的百分数进行平均得到。

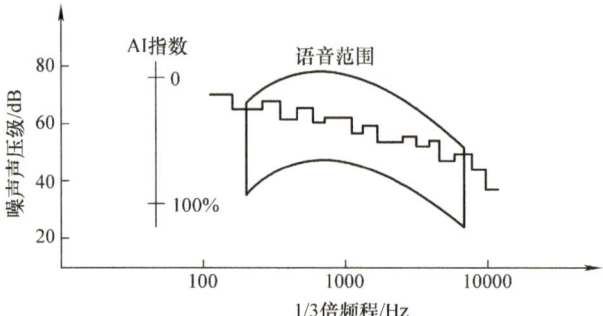

图 2-158 背景噪声频谱中的语音频带范围

2.6.1.2 纯电动汽车声品质主客观评价试验方法

尽管纯电动汽车声品质客观心理声学参量评价方法实现了长足的发展，使声品质评价成本大大降低，效率也有很大的提高，但是客观心理声学参量评价不能成为主观评价的完全替代品。与客观心理声学参量评价相比，人耳（主观评价）对声音的主观感知特性能够在主观评价中得到更加准确的反映。另外，声品质客观评价参量并不能完全描述声音品质，主观评价是客观评价的基础。

目前，纯电动汽车声品质主观评价主要通过评审团进行听测试验这种方法来实现，也就是说评价过程建立在人对声音质量感受的基础之上。声品质主观评价是一个复杂的心理和生理过程，其结果因人而异，因此它的一致性较差。评价前的培训、评价主体的背景、评价方法和周围环境等因素都直接影响评价结果。主观评价过程设计至关重要，因此在评价指标、评价方法、评价主体、评价环境、评价设备、声音回放顺序和分析方法等方面应该十分谨慎地选择[59]。

声品质主观评价具体的流程如图 2-159 所示。首先应当以消费者的需求为中心展开市场调研，从而掌握用户对车内部声音环境的期望与反馈。同时，还应当对市场上其他具备竞争力的车辆进行搜索比对，然后针对所研究车辆的类型特点，以及其消费群体等因素并且结合研究目的来选择确定声品质主观评价指标（例如烦躁度、偏好性、愉悦感、豪华感和动力感等）。然后应当对车辆进行试验，这就要求采集并处理车内声音。这一过程应当建立在所需工况基础之上，然后对样本进行编辑保存。在主观评价试验之前，还应该确定以下两个方面：

① 挑选评价主体人员。
② 确定主观评价方法，然后组织评价人员进行评价前的培训和试听。

最后，在特定试验环境下组织评审人员进行评价试验，并对评价结果统计和进行数据检验，最终获得各样本的主观评价值。

1. 声音样本采集及处理

为获得足够多的电动汽车车内声音样本，并对比国内外电动汽车车内声音品质，可选取国内外市场上比较热门的电动汽车作为样车，针对不同工况，记录各试验条件下样车的车内声音。通过样本筛选，然后组织评审团进行主观评价试验，并对各声音样本的客观心理声学评价参量进行计算。

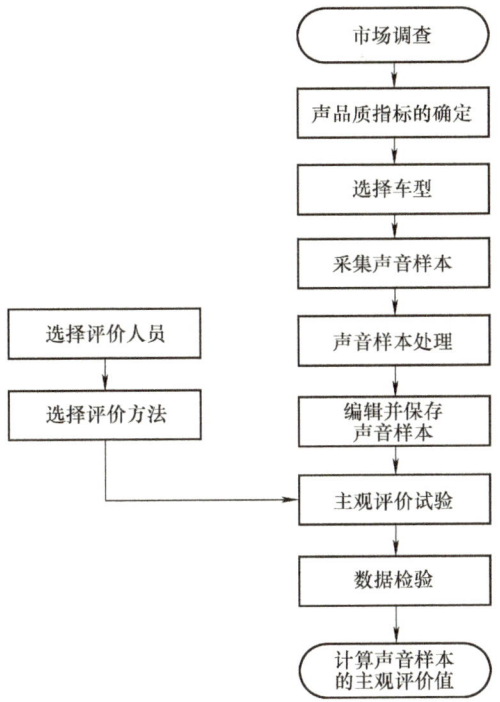

图 2-159　主观评价试验流程

所采集的声音样本须准确地反映纯电动汽车车内声音的真实声学特性，并且对主观评价试验成功与否起到关键作用。如图 2-160 所示，用于声品质测试的人工头布置在前排乘客座位上，座椅表面中线与靠背表面中线交点以上（0.7±0.05）m 处为人工头（耳）垂直坐标，试验参照 GB/T 18697—2002《声学　汽车车内噪声测量方法》，汽车进行 D 档匀速行驶，试验时同步记录车内噪声与车速信号，各工况每次记录时间应当超过 30s，并重复四次。

图 2-160　人工头位置布置示意图

2. 纯电动汽车声品质主观评价试验

挑选出不同速度下每辆车的最佳声音样本，筛选采集到的各工况下的车内声音样本，最终确定样本个数。为保证评价者能够更加细致地区分声音不同特点，而不是单纯地受响度影响而评分，需要对样本进行等响处理。在截取声音样本时应当遵循国际标准，将声音样本长度截取为5s。另外，应当对每个声音样本进行随机排序，这样可以在评价者并不了解每个样本所属车速以及车型的基础上，保证主观评价实验过程的准确性，避免主观臆断对声音样本的判断造成影响。

为最大程度保证理想的听音效果，一般建议选取配有功率放大器的高保真耳机作为声音回放设备。良好和舒适的听音环境有助于评价者对样本的主观评价，为规避环境噪声对评价试验的影响，评价者主观评价过程须在声品质主观评价消声室中完成。在声品质评价过程中，为规避评价者受到周围环境影响而降低注意力，应当保持室内湿度稳定在44%~50%，温度恒定在21℃左右，应保持室内环境舒适、空气通风良好、灯光明亮。主观评价试验环境及仪器设备如图2-161所示。

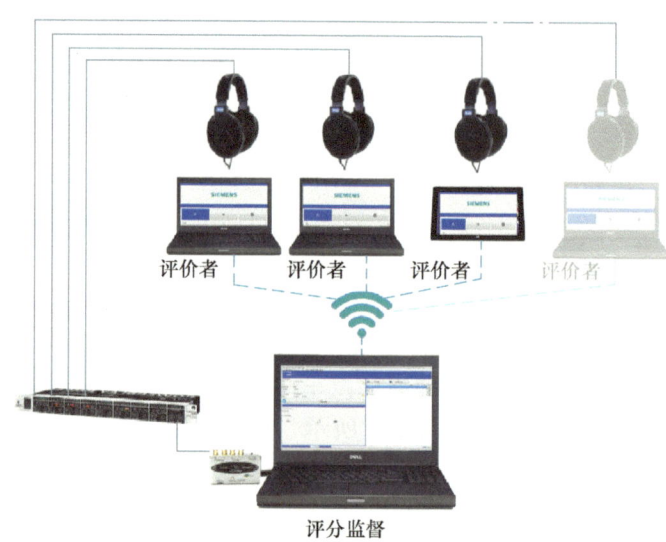

图2-161　主观评价试验环境及仪器设备

根据驾乘人员对电动汽车舒适平稳性以及车内环境的反馈与期望，选择烦躁度作为声品质评价指标。一般可采用等级评分法，通过多组噪声样本数据相互比较的方法进行训练试听。由表2-57可见，声品质主观烦躁度的等级综合了以往经验和国际标准共分为11个等级。

主观评价试验的核心环节便是挑选评价人员，为保证评价者选择过程的科学性与合理性，应从以下三个方面着手：

① 统计学经验。

② 听声经验。

③ 产品经验。

3. 纯电动汽车声品质主客观评价结果分析

声品质客观心理声学评价参量对以下两个方面进行了综合考量：

① 人耳的听觉特性。

② 声音的物理特性。

表 2-57　主观评价烦躁度等级对照表

评分值	主观感受
1	非常坏
2	坏
3	很差
4	差
5	不满意
6	可接受
7	满意
8	较好
9	好
10	很好
11	极好

另外能够对人在不同声音影响之下产生的主观感受差异做出系统的描述，声品质客观评价就是通过分析这些客观参数来获取不同声音的特性描述。获得各样本的主观评价后，还需对各样本进行客观评价。

在国内某纯电动汽车声品质评价案例中，选取的评价人员包括：多年驾龄的驾驶人、多年从事汽车 NVH 工程技术人员以及声学专家，共计 48 名。选取了 8 个客观参量来对样本进行评价，包括尖锐度、AI 指数、音调度、响度、粗糙度、A 声级、脉冲度和抖动度。这些参量基本能全面地反映出电动汽车特有的声音特性。各样本的主客观评价结果见表 2-58。

表 2-58　各种样本的主客观评价结果

编号	A 声级 / dB（A）	响度 / sone	脉冲度 / iu	尖锐度 / acum	抖动度 / vacil	粗糙度 / asper	音调度 / tu	AI 指数（%）	主观评分
1	67.9	19.3	0.412	0.986	0.0543	0.965	0.0433	87.3	8.6
2	68.3	22.6	0.368	1.756	0.0631	1.931	0.0354	84.8	7.9
…	…	…	…	…	…	…	…	…	…
99	70.2	30.5	0.409	1.035	0.0487	2.113	0.0289	79.9	7.1
100	71.8	32.6	0.413	1.354	0.0349	1.968	0.318	73	6.3

在获得了主观评价值与声品质客观参数之后，需了解各客观参数与主观评价值之间的关系，即客观参数中哪些因素对主观评价值的影响较大。一般工程上，可通过多元线性回归分析建立主观等级评分法得分和客观心理声学参数的评价模型。在国内某案例中，以主观等级评分的结果作为模型的因变量，以客观心理学参量为自变量，进行多元线性回归分析。分析界面如图 2-162 所示。

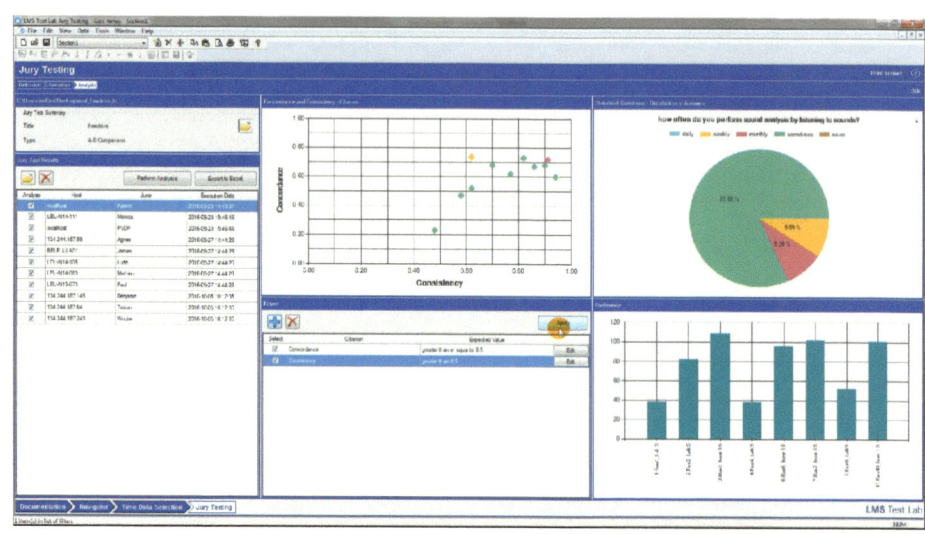

图 2-162　声品质客观参数值与主观评价值之间的相关性分析

在本案例中，从图 2-162 中可以看出响度、粗糙度、A 声级与主观评价值的相关性较高。这些参数的好坏将对声音品质的好坏具有决定性的作用。语言清晰度（AI 指数）与声品质主观评价值的相关性也具有很强的相关性，而尖锐度和抖动度值与主观评价值的相关性较弱。

得出主客观评价结果的相关性后，可以结合客观评测数据，对电动汽车声品质做更细致的主客观结合评价。各样车声品质客观评价参量对比如图 2-163 所示，图中不同颜色曲线代表了不同品牌的纯电动车型评分结果。

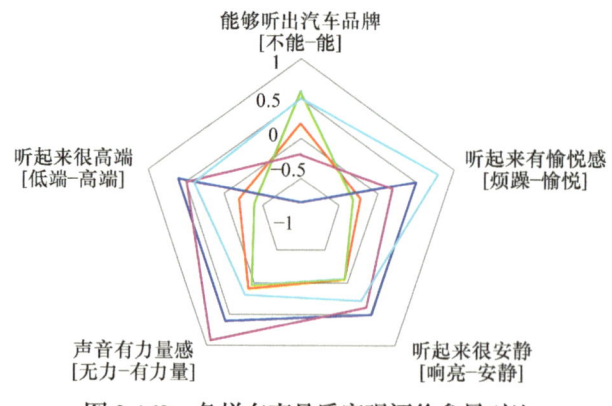

图 2-163　各样车声品质客观评价参量对比

2.6.2　纯电动汽车电机噪声预测及评价方法

和普通的工业电机相比，纯电动汽车对驱动电机的性能提出了更高的要求，这是由于电机构成了电动汽车驱动系统的关键部件。纯电动汽车驱动电机有以下几个特点：

① 驱动电机应当具有较好的效率特性与功率密度，从而实现延长续驶里程和减轻车重的目的。

② 电动汽车驱动电机调速范围宽且负载变化大。

③ 电动汽车驱动电机通常要求较高的电机散热能力与可靠性，并且采用变频调速，这主要是因为其工作环境较为恶劣且安装空间较为狭小[60]。

驱动电机的辐射噪声对电动汽车车内的声学环境产生了重要影响。电机定子、转子之间的气隙中产生了大量的谐波磁场，这些磁场相互交叉作用从而产生电磁力。电磁力作用在电机定、转子结构上，使电机产生电磁振动并辐射电磁噪声。电磁噪声是电机噪声的主要组成部分，备受国内外企业和研究机构的关注。驱动电机的电磁噪声问题难以解决的原因在于以下两因素的特殊性：

① 纯电动汽车的工作环境。

② 纯电动汽车驱动电机性能要求。

为增加电机电磁力波的含量并增强电机在大负载工作点的饱和程度，取较高的电密与磁密，从而提升其过载能力。和一般工业驱动电机相比，电动汽车驱动电机的扼部厚度等电机结构参数取值较小，因此电机结构的刚度和电机振动幅值分别呈现出减小和增大的现象。电机结构固有模态的分析难度受到其复杂紧凑的结构特性的影响而增大，这主要是因为恶劣的工作环境和狭小的安装空间；电磁力波的含量因变频调速增加了电源谐波含量而表现出丰富性。

分析电机电磁噪声时，通常采用两种方法：解析法和数值计算方法。解析法虽然计算方便，节省时间和硬盘空间，各个物理量之间关系清晰；但是采用简化的数学模型，忽略了铁心饱和、阻尼、温度等因素对电机辐射噪声的影响，计算存在较大误差。为了能更准确地预测电机的声压分布，工程上一般使用边界元法计算电机电磁噪声。可基于商用软件建立电机三维边界元模型，精确计算电机声压级分布，并建立模型来分析电机表面振动、电机结构模态与电机电磁噪声的关系。

2.6.2.1 电机电磁力分析

产生电机电磁噪声振动的根本原因便是电磁力，电机工作过程中会产生一系列谐波磁场以及一个基波磁场，它们存在于定子与转子间的气隙中。电磁力便是在磁场之间的相互作用下形成的，具体可分为两种：

① 切向电磁力，导致定子齿根根部发生弯曲变形。

② 径向电磁力，作用于定子铁心。

因为电机内部的径向电磁力远大于切向电磁力，所以二者分别构成电磁噪声的首要与次要因素。通过麦克斯韦尔定律可得出径向电磁力为

$$P_r = \frac{B^2(\theta,t)}{2\mu_0} \tag{2-53}$$

式中　θ——机械角位移；

　　　B——磁通密度；

μ_0——真空磁导率；

P_r——径向电磁力。

以永磁同步电机为例，时步有限元法作为目前应用广泛的数值计算方法，通过适当加密有限元剖分网格，全面地考虑了电机开槽、电机饱和和转子运动的影响。时步有限元法计算电机电磁力流程图如图 2-164 所示。

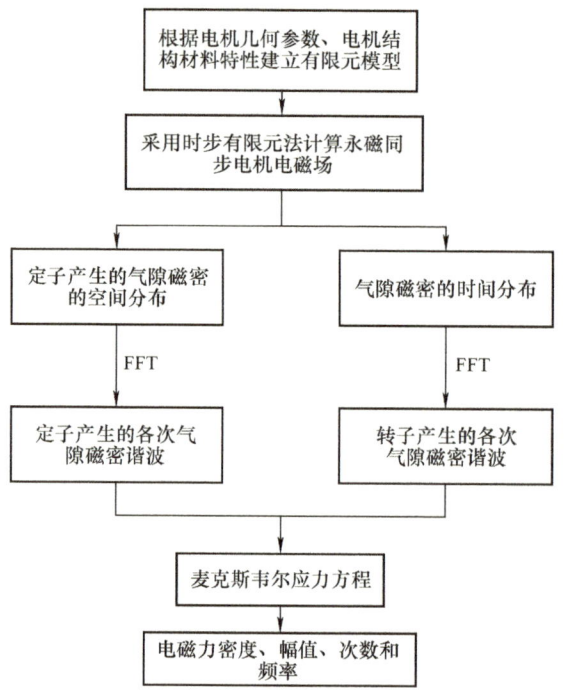

图 2-164 时步有限元法计算电机电磁力流程图

计算作用于定子铁心表面的各次电磁力波密度的麦克斯韦应力方程为

$$P_r(x,t) = P_r \cos(rx - \omega_r t - \psi_r) = \frac{B_{\mu i} B_{\lambda j}}{2\mu_0} \cos(rx - \omega_r t - \psi_r) \quad (2\text{-}54)$$

式中 $B_{\mu i}$——定子产生的气隙磁密谐波幅值；

ψ_r——力波初相角；

$B_{\lambda j}$——转子产生的气隙磁密谐波幅值；

r——力波次数，$r = \mu_i \pm \lambda_j$；

λ_j——转子产生的力波次数；

μ_j——定子产生的力波次数；

ω_r——力波角频率。

为求出作用于定子铁心表面各次径向电磁力波，应当计算定子和转子产生的各次气隙磁密谐波的频率、次数和幅值。

目前，已经有许多成熟的有限元分析软件来分析电机电磁力，如 ANSOFT MAXWELL 软件、JM AG Designer 和 FLUX 软件等。例如 ANSYS 软件，一般都提供了虚功法和麦克斯韦应力法。对于二维电磁场计算，麦克斯韦应力法在求取电磁力的过程中需要选取一个包围求解电磁力区域的封闭曲线；而虚功法需要选取一个包围求解电磁力区域的封闭曲面，只通过一步场的计算结果便可得到该步下所计算的电磁力。这种方法主要采用虚位移原理，易于与有限元程序进行有机结合。只需要在计算电磁力的部分设置标志，即可求得需要的电磁力。

在某案例中，通过 JMAG Designer 软件进行驱动电机电磁场及电磁力的计算，采用二维瞬态场路耦合分析方法。图 2-165a、b 所示为其有限元分析模型和网络剖分模型。本例中沿气隙长度方向将气隙均匀分为 7 等份，在圆周方向每 1° 圆周角剖分 1 个网格从而达到提高气隙磁密分析精度的目的。当转子位置在 0° 时，通过计算得到的电机磁力线分布和磁密云图如图 2-165c 所示。

电磁激振力源于定子、转子气隙磁场谐波的相互作用，电磁激励作用于定子齿部，是导致电机表面产生振动和噪声的首要原因。利用场路耦合时步有限元法计算出永磁同步电动机的二维瞬态磁场，并根据麦克斯韦定律，计算出作用于定子齿部的电磁激振力。定子齿表面径向电磁力随时间的变化如图 2-165d 所示。

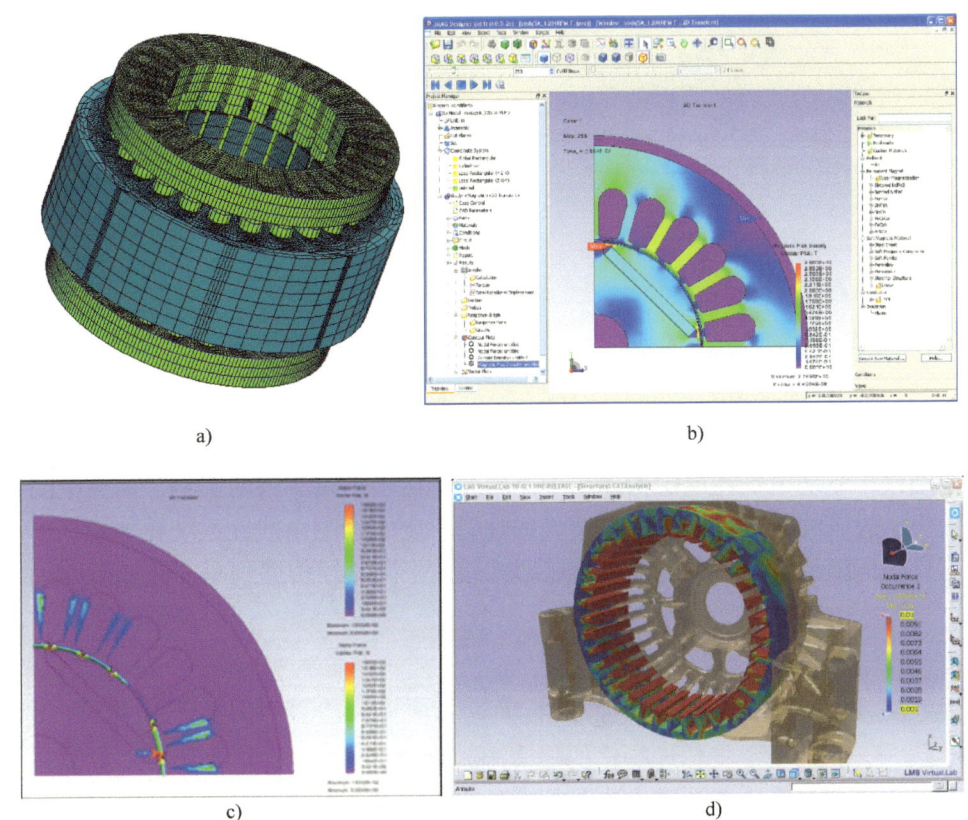

图 2-165 基于有限元法的电机电磁力分析结果
a）驱动电机网格剖分模型　b）驱动电机 1/4 空载磁力线图
c）驱动电机 1/4 空载磁密云图　d）定子齿表面径向电磁力

2.6.2.2 电动汽车车内电机噪声预测

电动汽车车内噪声的组成较传统汽车有很大的区别，电动汽车车内空气传播噪声主要来自驱动电机电磁噪声、轮胎噪声、油泵噪声以及电池组冷却通风系统的风扇噪声等。结构传播噪声则由路面激励、动力总成的振动经悬架、悬置和底盘传至车身，引发车身振动发声而成。电动汽车车内总噪声包含空气传播噪声和结构传播噪声。电动汽车噪声传递路径示意图如图 2-166 所示。

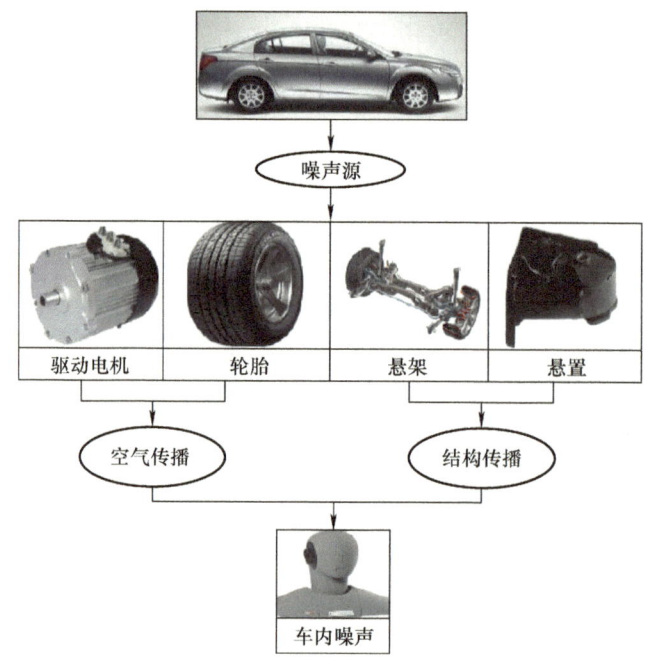

图 2-166　电动汽车噪声传递路径示意图

纯电动汽车驱动电机在电磁力作用下产生的电磁噪声对车内的影响，研究范围属于空气传递噪声。假设纯电动乘用车的噪声为线性时不变的，则由线性系统叠加原理可知，车内目标点处的声压为各噪声源以空气传递形式通过不同路径传递到车内叠加而成：

$$P_{\text{interior}} = \sum P_{i,\text{air}} = \sum H_{i,\text{air}} \times P_{i,\text{source}} \tag{2-55}$$

式中　P_{interior}——车内目标点处噪声；

　　　$P_{i,\text{air}}$——第 i 噪声源空气传递噪声；

　　　$P_{i,\text{source}}$——第 i 个空气传递噪声的噪声源激励；

　　　$H_{i,\text{air}}$——第 i 个噪声源到车内目标点的空气传递函数。

驱动电机空气传递函数测量采用空气传播噪声量化分析（Airborne Source Quantification，ASQ）方法，可以准确测量并分析各独立噪声源表面板块对总体噪声影响的大小。空气声传递原理如图 2-167 所示。

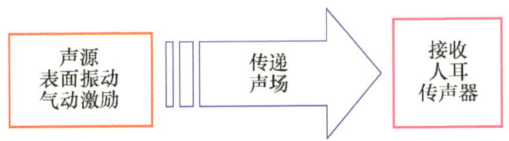

图 2-167　空气声传递原理

声源激励特性用体积加速度（m^3/s^2）或体积速度（m^3/s）进行描述，目标点响应是通过传声器测得的声压（Pa）来表示的。电机表面当然不能当做一个单一的声源来处理，因此将电机表面划分成对应的等面积的网格，每一个网格等效为一个点声源，其声源强度为网格中心的加速度乘以网格的表面积。网格划分的一般原则是网格中心间距小于对应频率声波波长的 1/2。

选取某纯电动汽车测试案例，测量空气传递函数须在整车半消声室内进行，背景噪声小于 25dB（A），将中高频声源布置在图 2-168 中所示的各个试点附近，进行白噪声发声，用传声器记录下各噪声源处的声信号及在车内目标点、参考点的声信号，然后估计每个噪声源到车内目标点的传递函数。采用的中高频管噪声源（200~8000Hz）如图 2-169 所示。

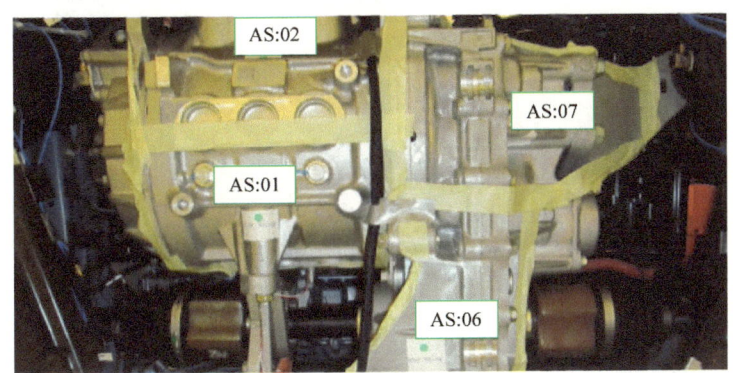

图 2-168　电机网格划分图

图 2-169　中高频管噪声源

本案例中，通过试验来测量电机表面到车内目标点的空气传递函数。试验在消声室内进行，如图 2-170 所示。选择驾驶人右耳旁处作为车内目标点。车内目标点传感器布置位置图如图 2-171 所示。

图 2-170　整车测试环境

因为在实车上电机左端与减速器相连，研究中不考虑左端盖对车内电机电磁噪声的贡献，所以不对电机左端盖进行区间划分，只是将电机机壳和电机右端盖及接线盒进行了区间划分（图 2-172）。电机机壳表面沿轴向被划分为 3 个宽度相等的区域，即机壳左端、机壳中部及机壳右端；电机机壳表面沿周向被划分为 9 个宽度相等的区域。因此，机壳表面被划分为 27 个面积相等的区域，27 个区域分别编号。

图 2-171　车内目标点传感器布置位置图

图 2-172　电机表面测点分布图

将估算的电机噪声源点 1 到车内目标点的空气传递函数列举出来，如图 2-173 所示。

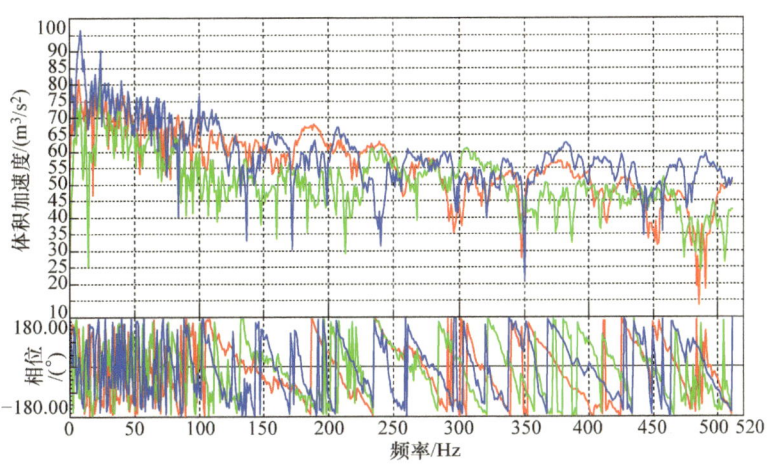

图 2-173　电机空气传递函数示意图

计算电动汽车驱动电机电磁噪声采用间接边界元方法，并对其辐射噪声特性进行计算求解。声波是媒质质点振动的传播，普遍描述声波特性的物理量是声压。声学方程在小压力扰动情况下是线性的，这就可以将机械结构表面处振动（输入量）和声场中某点处的声压建立起线性的关系。本例子中利用声学间接边界元方法（IBEM）中的声学传递向量法，建立实际声场中具体一点的声压和模型中节点振动速度之间函数关系式：

$$P(\omega) = \{ATV(\omega)\}^{\mathrm{T}} \{v_{ns}(\omega)\} \quad (2\text{-}56)$$

式中　$P(\omega)$——与频率有关的辐射场点的声压；

$\{ATV(\omega)\}$——与频率有关的声学传递向量；

$\{v_{ns}(\omega)\}$——与频率有关的结构法向振动速度。

然后将结构有限元分析中得到的表面节点电磁振动速度施加到声学边界元模型上，从而求出电机各个频率的辐射声场。

电机辐射声场中特定位置的声压级，是评价电机辐射噪声的指向性噪声指标。可根据 ISO 3744—1994 国际标准建立场点网格，声压测试点取在距离电机外壳左、右、上、下、前、后 1m 远的 6 个节点处，每个节点在正方平面中心位置，如图 2-174 所示。

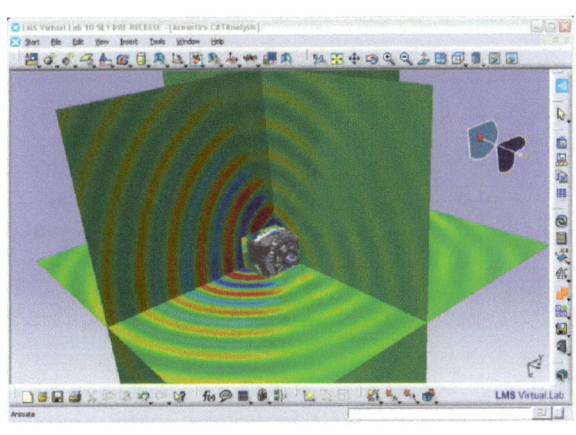

图 2-174　电机声压级测点布置图

图 2-175 列举了电机在电磁力作用下的振动位移和电磁噪声声场。图 2-176 所示为该电机某测点的分析与测试所得噪声声压级频谱对比图。

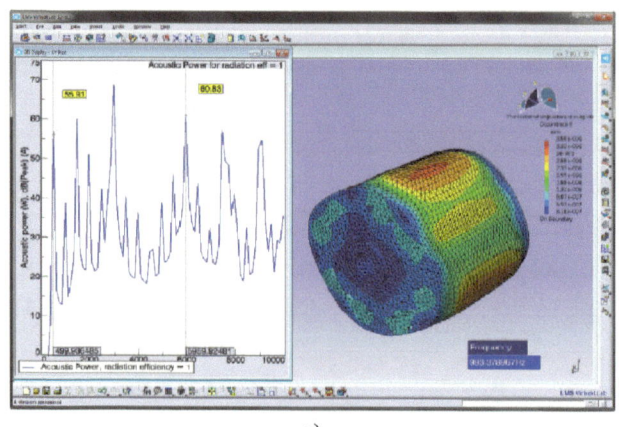

a)

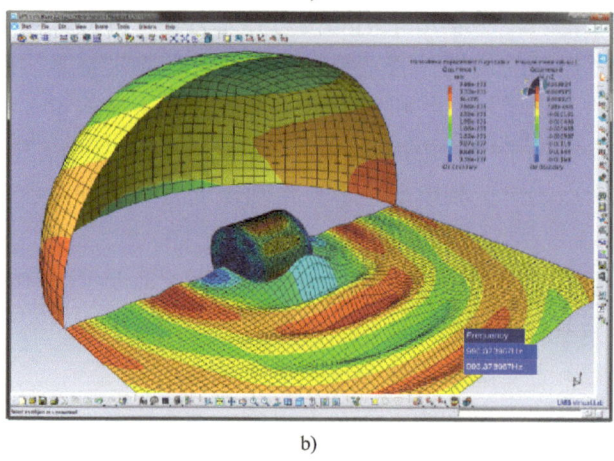

b)

图 2-175　电机在电磁力作用下的振动位移和电磁噪声声场分布云图
a）电机电磁振动响应位移　b）电机电磁噪声辐射声场

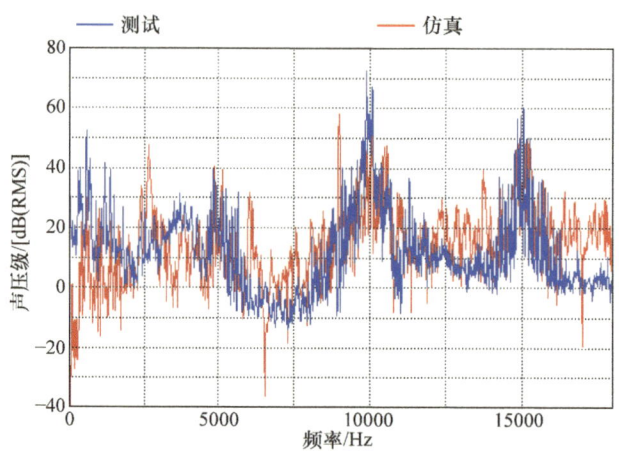

图 2-176　电机某测点的分析与测试所得噪声声压级频谱对比图

本例中纯电动乘用车的驱动电机为永磁同步电机。为计算电机的电磁噪声，建立了完整的电机三维结构模型并进行网格划分和各部件的材料赋予，按电机在纯电动乘用车中的实际安装条件赋予其约束，并基于商用软件 Nastran 计算了驱动电机的固有频率和模态振型。将通过 JMAG 软件计算得到的电磁力加载到电机结构有限元模型的定转子上，采用模态叠加法计算了电机表面的振动响应（电磁振动加速度），并建立了计算电机电磁噪声的边界元模型。将电磁振动加速度作为边界条件加载到电机边界元模型上，按照 ISO 3744—1994 国际标准，定义场点分布，然后采用多极边界元法计算电机电磁噪声辐射声场。

在整车开发前期阶段，车内电机电磁噪声的预测对电动汽车整车 NVH 目标设定、电动汽车子系统选型、整车 NVH 问题风险评估具有重要意义。

2.6.3 电动汽车行人警示声系统设计方法

传统内燃机汽车在低速（车速低于 30km/h）行驶时，虽然车外整体声音的声压级较低，但仍然有比较明显的发动机声音，促使车外行人及其他道路使用者能够及时注意到附近行驶的车辆而有效地避让。电动汽车以电机代替发动机作为动力源，在低速行驶时由于电机辐射的噪声较低，电动汽车车外相对安静，道路使用者很难觉察到它的存在，这将给行人及其他道路使用者带来安全隐患，如果持续按喇叭不仅给环境带来较大的噪声污染，同时也会使道路使用者受到惊吓而更容易导致交通事故的发生。当车速高于 30km/h 时，电动汽车外的风噪声及轮胎噪声将达到较大水平，这足以对过往的行人及其他道路使用者起到警示作用，从而有效地避让行驶的车辆，保证安全。

为保证电动车在低速行驶时能及时有效地提醒车外道路使用者避让行驶的车辆，需在电动汽车低速行驶时对其添加一个额外的警示声，建立电动汽车行人警示声系统（Acoustic Vehicle Alerting System，AVAS），以达到警示行人的目的。调查显示，相较于其他声音，人们更加希望在电动汽车上所添加的声音与目前传统燃油汽车所发出的声音类似。因为人们已经习惯了发动机的声音，在听到类似声音的时候就会本能地意识到有车辆驶来，从而在第一时间做出有利于安全的反应。如果使用其他声音作为警示声，将不会达到这种效果。

人耳只对某些频段的声音敏感而对许多频段的声音不敏感，同时有些频段的声音还会对环境产生噪声污染。直接以发动机声作为警示声虽然达到了警示行人的目的，但不能达到噪声污染最小的目的。因此需要进行警示声设计，提高敏感段声音的幅值，降低易产生噪声污染段的幅值。

自 2009 年以来，日本政府、美国国会和欧盟委员会在不断探索制定纯电动汽车运行时声音声压级的最小值要求，让盲人及其他行人和骑自行车的人可以及时通过声音探听到车辆的靠近。2010 年 12 月 9 日，美国参议院通过了《行人安全增强法案 2010》。2011 年 1 月 4 日，奥巴马总统签署了该法案，使其正式成为法律。2013 年 1 月，美国国家公路交通安全管理局草拟了相关规则的具体内容。规则要求混合动力电动汽车和纯电动汽车在以低于 30km/h 的速度行驶时必须发出警告信号，而且在相应的背景环境噪声下，行人必须能够及时探知到车辆的靠近。电动汽车行人警示声系统的作用如图 2-177 所示。

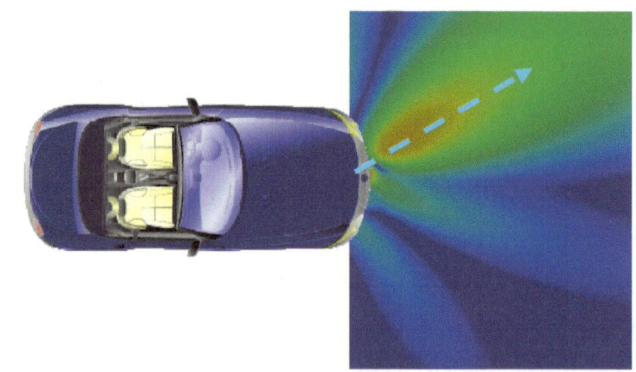

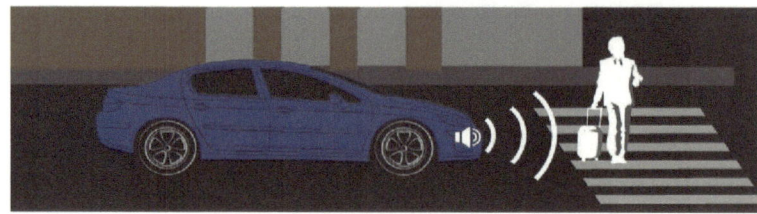

图 2-177　电动汽车行人警示声系统的作用

下面以欧盟标准为基准，探讨 AVAS 行人警示声系统的具体技术指标。主要的技术指标如下[61]：

① 速度范围：在 0~20km/h 有效。
② 最小整体声压级要求见表 2-59。
③ 倒车时声压级大于 47dB。
④ 模拟声声调（阶次中心频率）应该能随车速变化。
⑤ 频移分辨率要小于 0.8km/h。
⑥ 车辆怠速时可以发声（可选）。
⑦ 驾驶人能够选择不同风格的发动机模拟音（可选）。
⑧ 可以暂停（可选）。
⑨ 整体声压级小于 75dB。

从上面的调查和各个国家的重视程度不难看出加装 AVAS 的必要性，继美国、欧盟以及日本颁布 AVAS 相关法规要求后，我国也将很快出台相关的强制性法规要求。

表 2-59　欧盟法规最小整体声压级要求

频率 /Hz		最低声压限值 /dB（A）		
		匀速向前行驶，车速 10km/h	匀速向前行驶，车速 20km/h	倒档行驶
1/3 倍频程	加权声压（总声压）	54	60	51
	160	49	54	—
	200	48	53	
	250	47	52	
	315	48	53	

(续)

频率 /Hz	最低声压限值 /dB（A）		倒档行驶
	匀速向前行驶，车速 10km/h	匀速向前行驶，车速 20km/h	
400	49	54	—
500	49	54	
630	50	55	
800	50	55	
1000	50	55	
1250	50	55	
1600	48	53	
2000	46	51	
2500	43	48	
3150	40	45	
4000	38	43	
5000	35	40	

2.6.3.1 行人警示声目标声音设计

声音设计的目标是为 AVAS 设计一个符合要求的声音源文件。而对于车外警示声系统而言，就是要保证行人能够尽可能早地发现车辆的靠近，同时保证声压级不过分高、声音不过分恼人。通过主客观评价方法挑选出得分最高的、经过前期处理的几个声音，并将其作为系统音源样本。

声音设计的目标可分为两个方面：

① 可探知性，具体是指行人可以及时通过警示声系统发出的声音判断出是车而不是别的事物在靠近。

② 可接受度，包括对车外环境的噪声污染、对车内舒适性的影响、艺术性和技术可实现性。

为了满足第一方面的要求，可选择将发动机声音作为基础，同时要求声音的频率成分位于人耳敏感的部分。要实现第二个方面的要求，就要能够任意地去修饰发动声音各个阶次成分能量的大小，同时让设计出来的声音尽可能小地影响车内噪声环境，并且对车外的行人来说足够舒适[62]。

在国内某警示声设计案例中，通过模拟发动机的声音来实现系统声音设计。图 2-178 所示为发动机频谱图（加速工况）。首先来探讨发动机声音的本质。声音从本质上来说无非是空气的振动带动的耳膜振动在大脑中的印象。发动机周期性地做功，引发周期性的振动，带动周围空气的振动，从而产生了声音，那么这种周期性振动的周期便会形成主阶次的概念。又由于发动机及其周围空气相当于一个非线性系统，从频域来看会形成主阶次和其倍频所构成的云图，声音的能量主要集中在发动机主阶次和其倍频上，会显示出如图 2-178 所示高亮的颜色。从图中可以看出，在不同车速下，发动机各个阶次的成分是有变化的。各个阶次的明暗或者强弱程度决定了整体声音给人造成的主观印象。如何找到两者间的关系或者阶次与声音给人的主观印象间的关系，以及怎么去调节阶次成分以满足声音设计要求，就是声音前处理和目标声音设计的内容。

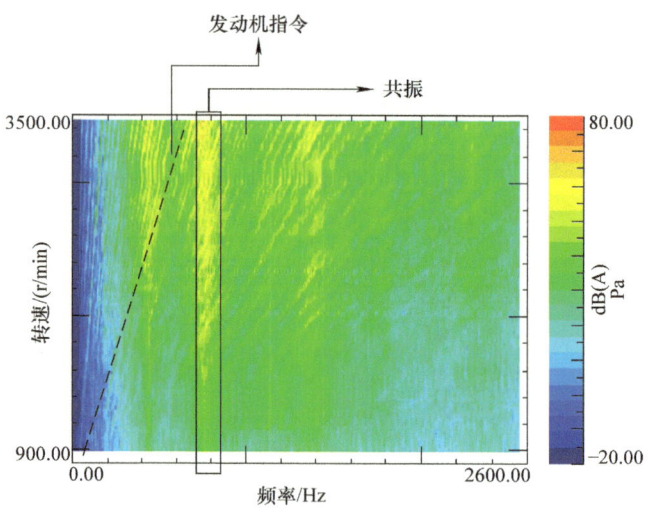

图 2-178　发动机频谱图（加速工况）

汽车的声音关系到消费者对汽车的主观印象，是决定汽车销量的一个重要因素，同时在现在汽车品牌越来越趋同的大趋势下，声音也是汽车的一个重要品牌特性，是汽车的一个重要特性。消费者更加喜欢什么样声音特性的汽车是声音设计者必须考虑的一个因素。将音乐学理论运用到汽车主动声音设计中，不仅对车外的主动声音设计有很好的作用，对于车内的主动声音控制也有很好的指导意义。

将一组音（八度关系）频率分为 12 个音程，每个音程被称为一个半音，如图 2-179 所示。图中 G（即 5th，约等于 1.5）对应纯五度关系，纯五度关系为完美和谐关系。除此之外，和谐音程关系还有 F（4th）和八度（即 Octave）。声音频率满足这几种关系声音时听起来最为和谐。与完美和谐音比较，不完美和谐音的和谐程度相对较低，但在可以接受的范围内，不和谐音的和谐程度次之，最不和谐音的和谐程度最差（英文有个俗称，译为"乐音中的恶魔"）[63]。

音名	C	#C	D	#D	E	F	#F
频率	1	$(3^7)/(2^{11})$	$(3^3)/(2^3)$	$(3^9)/(2^{14})$	$(3^4)/(2^6)$	$(2^2)/(3)$	$(3^6)/(2^9)$
音名	G	#G	A	#A	B	C	
频率	3/2	$(3^8)/(2^{12})$	$(3^3)/(2^4)$	$(3^{10})/(2^{15})$	$(3^5)/(2^7)$	2	

图 2-179　十二平均律频率

通过对频谱的修改，可以通过乐音和谐理论来修饰频谱，使得设计出的汽车声音更加动人。可以对那些靠近完美和谐音和不完美和谐音的阶次进行适当的增强处理，对那些靠近不和谐音的阶次进行适当抑制，而那些靠近最不和谐音（Tritone）的阶次应该被强烈抑制。图 2-180 清晰地展示了汽车各个阶次在十二平均律图上的分布，其他例如六缸发动机和八缸发动机以及十二缸发动机也是如此绘制。只不过缸数越多，分布越紧密。

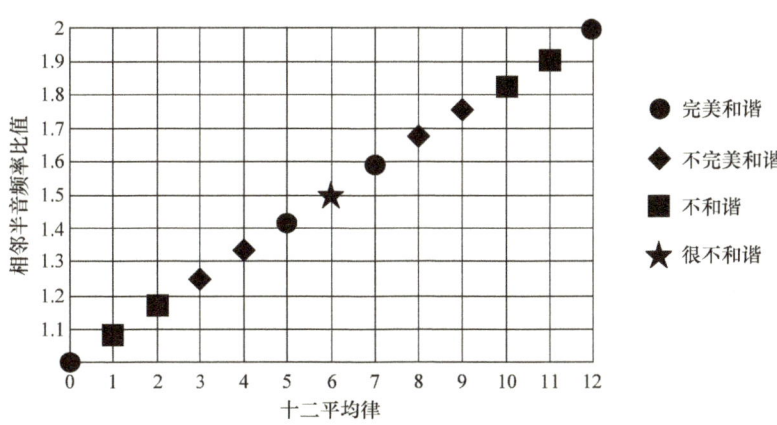

图 2-180　发动机阶次与十二平均律和谐关系

通过前面的论证，可以得出如下的声音设计指导方案：在整体上应该保证设计出来的声音具有柔软含蓄、丰富、有点阴暗但又不过分粗糙的特点，同时声音应该具备足够的声压级；在频率成分上，或者说在阶次上，应该以乐音和谐理论为基础，适度增加完美和谐和不完美和谐的成分，抑制不和谐成分，去除 Tritone 最不和谐声成分。

在声音设计过程中，发动机声音信号前处理的流程包括：发动机频谱分析、阶次跟踪和阶次信号提取、离线滤波和阶次增强或者衰减。

① 发动机频谱分析，就是能够给出发动机声音的频谱云图，这是声音设计的基础。

② 阶次跟踪是为了能够定位到各个阶次频率中心在频谱云图的位置，没有阶次跟踪就无法定位，更谈不上对频谱进行修饰。

③ 阶次信号提取能够单独提取出各个阶次信号在任意时刻的时域信号，进而计算各个阶次的分贝值。声音设计的最终输出是经过频谱修饰的声音，目标是让各个阶次在任意时刻的能量逼近目标声音相应阶次相应时刻的能量，所以必须知道原声音相应时刻、相应阶次与目标声音相应时刻、相应阶次的能量，从而计算两者之间的差值，作为阶次衰减和增强滤波器的增益。

④ 离线滤波和阶次增强、衰减就是利用滤波器去增强和衰减某些阶次，这是修饰频谱的直接手段。

音源阶次能量的衰减和增强依赖于对每个阶次信号幅值和相位的提取，即计算出每个阶次信号的幅度和相位。有两种方式可实现这一点：一是使用 LMS Test.lab 这样的商用软件的阶次跟踪功能得到；二是利用如 MATLAB 软件编程实现。

在进行 AVAS 设计之前，需要得到一个能够满足要求的目标声音，这个声音是作为系统的声源文件存储在外部的 FLASH 中的。目标声音的声音设计指导原则分为两个方面：

① 行人的可探知性，这是 AVAS 最基本也是最重要的属性，因为 AVAS 的功能就是用来警示行人的。

② 可接受度要求，主要包括对车外环境的噪声污染、对车内舒适性的影响、艺术性

和技术可实现性。其中对车外环境的噪声污染、对车内舒适性的影响以及艺术性关系到品牌的形象和销量，要给予充分的关注；而技术可实现性就是要求在尽可能低的成本下实现系统的功能和性能要求，这就要求更好的算法和硬件设计。在本例中，原发动机声音图谱和经过声音主动设计后生成的新频谱图如图 2-181 所示。

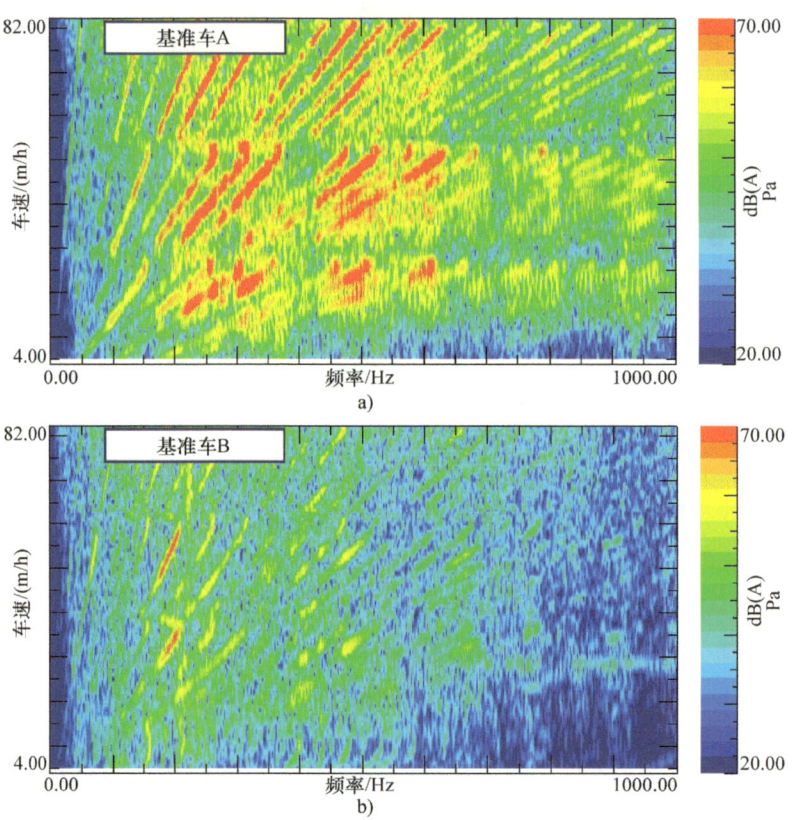

图 2-181 原发动机声音图谱与经过声音主动设计后生成的新频谱图
a）原声音图谱 b）主动声音设计图谱

2.6.3.2 行人警示声系统的工作原理

AVAS 的设计不仅包含警示声的设计与选取，还包含控制系统的设计。首先通过声音的采集与合成，得到大量的警示声样本；然后通过声品质的主客观评价实现通过分值这一客观参量来表示人们对不同声音样本的烦躁度程度，实现了警示声样本的选取；接下来将进行 AVAS 的总体方案设计、硬件系统和软件系统的设计，同时还将通过试验验证警示声的警示效果及 AVAS 工作的实时性和可靠性[64]。

图 2-182 所示为 AVAS 控制逻辑图。当车辆低速行驶时，AVAS 处于开启状态（图中阴影区域）；当车速超过 30km/h 时，由于胎噪及风噪等噪声足以起到警示作用，且此时车辆多处于无行人路段，因此此时 AVAS 处于关闭状态。车辆在减速过程中，当车速低于 30km/h 时，AVAS 自动打开，直到车辆停止。当车辆倒车时，AVAS 始终处于工作状态。

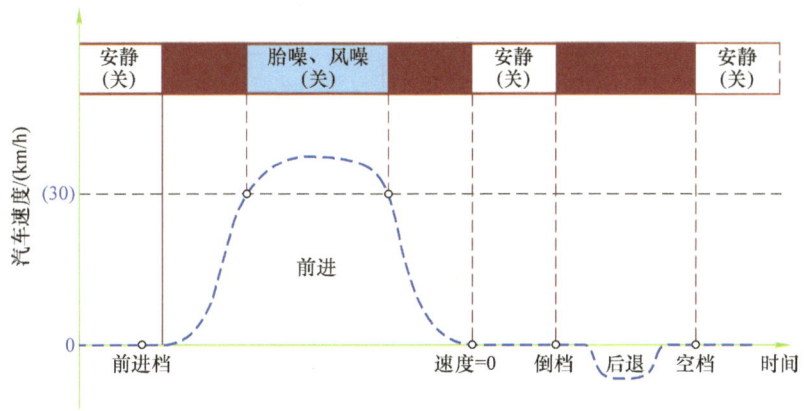

图 2-182 AVAS 控制逻辑图

AVAS 应该能够根据车速的大小，智能地选择合适的警示声进行播放。即当车速处于 0~10km/h 时，选择播放 DSP 外扩 FLASH 中存储的 10km/h 中主观评分值最高的声音样本进行播放；当车速处于 10~20km/h 时，选择播放 DSP 外扩 FLASH 中存储的 20km/h 中主观评分值最高的声音样本进行播放；当车速处于 20~30km/h 时，选择播放 DSP 外扩 FLASH 中存储的 30km/h 中主观评分值最高的声音样本进行播放。另外，AVAS 能够根据背景噪声量级的不同，合理控制功放电路的增益倍数。AVAS 模拟声声调应该能随车速变化，且频移分辨率要小于 0.8km/h。

2.6.3.3 行人警示声系统硬件设计

在硬件选型之前，首先依据欧盟法规要求确定所需要的器件。图 2-183 所示为 AVAS 所需要的主要器件和电路。整车控制器完成所有的数据采集、逻辑计算和放大器的输入控制。SBC CAN 相当于 CAN 接口驱动电路，同时承担电压转换、电源管理的任务。一般，主控单元内置 8 位或者 12 位精度的 DAC，几乎没有 16 位的，但是欧盟法规要求 DAC 精度要满足 16 位精度，因此需要外置 DAC 模块。主控单元与 DAC 间通过 SPI 通信。为了满足整车厂对音源数据库的要求，外置 FLASH 存储器，用于存储音源数据，主控单元与 FLASH 间通过 SPI 进行通信。供电保护和滤波电路为系统提供稳定可靠、波动较小的电源。LED 故障指示灯用于指示系统有无故障，在系统发生故障时，指示灯亮。MCU 控制开关电路，用于当主控单元监控到系统电压异常时，切断放大器与电源的连接，保护电路。放大器错误提示和 LED 故障指示都是提供给主控的、用于诊断的信号。

AVAS 主要用到的芯片和元器件有主控单元（MCU）、外部存储器件 FLASH、电源管理芯片、DAC 模块、放大器等。依据芯片元器件应用场景的不同，其级别可分为商业级、工业级、汽车级、军品级。等级的划分主要是根据使用温度范围和抗干扰能力确定的，随着等级的提高，芯片的耐温度特性和抗干扰能力依次增强。

需要注意的是，汽车级芯片的温度适用性和抗干扰能力通常比商业级和工业级更好，但是封装和重量通常比商用级和工业级别更大，同时成本也更高。因为事关乘员和行人的安全，所以汽车产品对稳定性要求是很高的。因此在选择相关的芯片时，要尽可能选择汽车级芯片，这是芯片选型应该考虑的一个非常重要的因素。

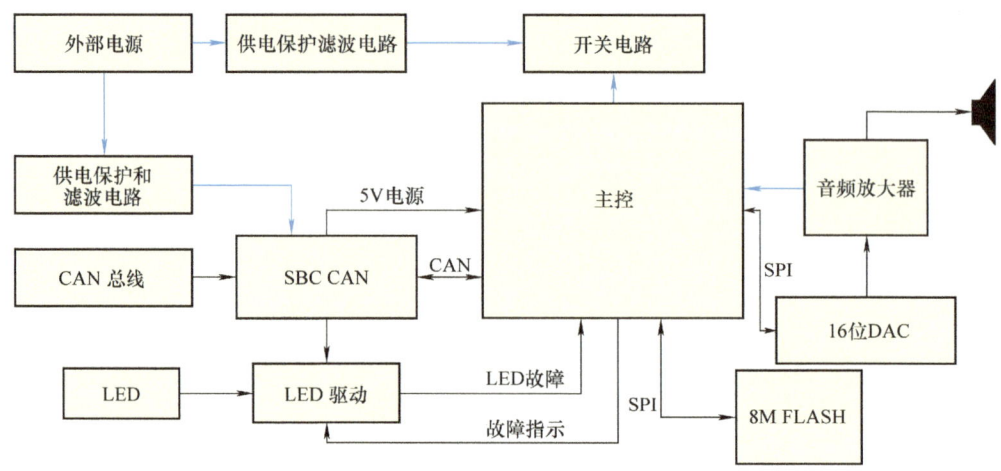

图 2-183　AVAS 硬件原理图

AVAS 是运用于电动汽车上的，因此主控芯片必须选择汽车级芯片。选择 AVAS 时还有一个要考虑的主要因素是 MCU 的计算能力。由于系统算法逻辑较为复杂，像数字滤波和变调等算法计算量也比较大，算法涉及一定的浮点运算，因此对 MCU 的计算能力有一定的要求。MCU 应该具备数字信号处理能力和浮点运算能力。在考虑主控的选择时还要考虑接口的因素，I/O 口是 MCU 与外界信息传递的通道。系统涉及的主要接口有 CAN 接口、普通 I/O 口、SPI 接口、ADC 和 DAC 接口。其中，CAN 接口主要用于从整车 CAN 总线上获取车速、电机功率、加速度和踏板开度信号，并为系统提供诊断服务接口。普通 I/O 口主要涉及 LED 错误指示灯，由于 AVAS 使用到的普通 I/O 口较少，这个需求一般 MCU 都能满足。SPI 接口主要用于 MCU 与电源管理芯片间的通信、外部存储芯片与 MCU 间的通信以及外部 DAC 与 MCU 间的通信。由于涉及从外部实时读取音频文件，为性能考虑在 MCU 内存上开辟一段空间作为缓存。缓存的数据通过 DMA 的方式从 FLASH 上读取出来，因此 MCU 应该具备直接内存访问 DMA 功能。

2.6.3.4　行人警示声系统软件设计

AVAS 软件主要由初始化程序、CAN 接收中断函数（接收车速信息报文）、增益判断函数、播放程序等组成。其主程序流程图如图 2-184 所示。首先进行初始化操作，然后依据 CAN 总线提供的车速信息判断车速区间，根据车速区间选择存储在外扩 FLASH 中的警示声，同时主控芯片根据背景噪声测量电路测得的背景噪声的量级来控制播放电路的增益倍数，最后通过功放电路进行警示声的播放。

警示声播放函数是通过 CAN 总线读取的车速来判断车辆运行状态。当车辆处于低速或倒车运行时，将选择存储在外扩 FLASH 中对应的警示声样本进行播放，并且还根据背景噪声的量级对功放电路的增益倍数进行控制，再由扬声器播放警示声。警示声播放程序的具体流程如图 2-185 所示。

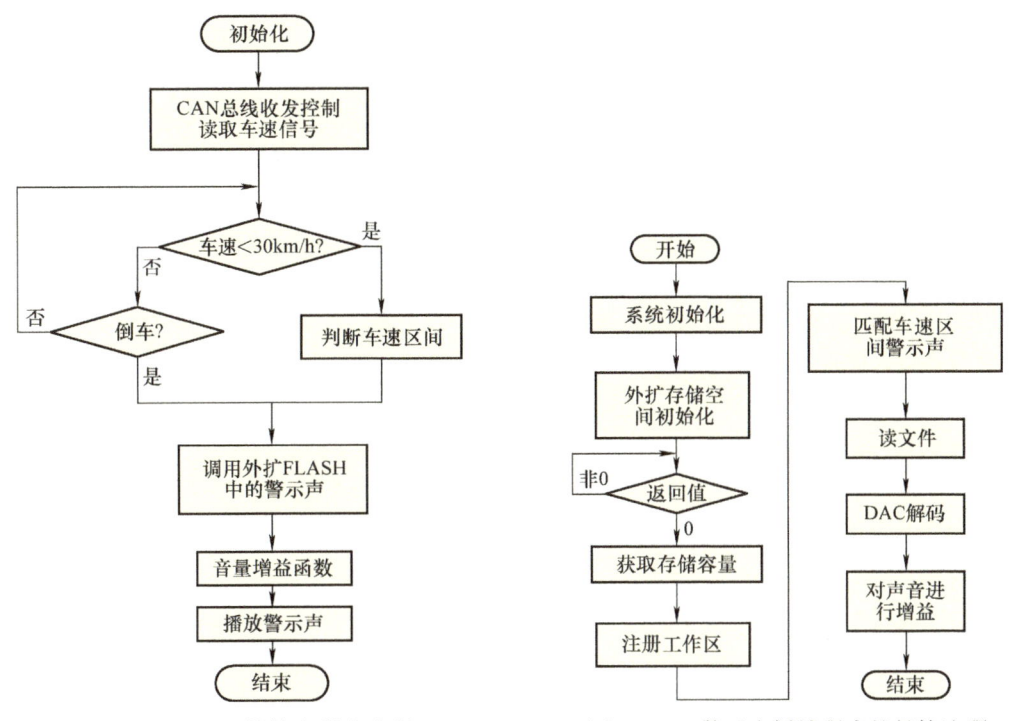

图 2-184　AVAS 软件主程序流程　　　图 2-185　警示声播放程序的具体流程

为评价 AVAS 的性能是否满足要求，在本例中，首先设计了相应的上位机程序，用于向 AVAS 发送相关的参数来实时改变 AVAS 的运行。通过上位机和 AVAS 的联合调试，在全消声实验室验证了 AVAS 的功能和性能指标的达标情况。

在计算机上安装好上位机后，可以通过计算机向 AVAS 设备发送相应的 CAN 信号，例如车速、踏板信号（这些信号也可以是从实车上记录下来的 CAN 信号，转换成 TXT 格式后可以导入 AVAS 上位机），也可以通过诊断设备向 AVAS 设备发送相应的诊断请求，改变设备内部的参数设置（如音调和音量控制权重表、渐入渐出时间等）后，便可以在消声室里进行相应的试验，确定是否满足法规的强制性要求。

参考文献

[1] 赵云. 电动汽车结构布置及设计 [J]// 机电技术，2004(B10):60-68.

[2] 张华清. 纯电动汽车的整车布置 [J]. 汽车工程师，2018，(9):47-49.

[3] 孙永将. 纯电动载货汽车的匹配研究 [J]. 轻型汽车技术，2013，(5):7-11.

[4] 甄溢军. 电动汽车充电器布置研究 [J]. 汽车实用技术，2019，(7):26-28.

[5] 张明轩，冯旭宁，欧阳明高，等. 三元锂离子动力电池针刺热失控实验与建模 [J]. 汽车工程，2015，(7):743-750，756.

[6] 欧阳陈志，梁波，刘燕平，等. 锂离子动力电池热安全性研究进展 [J]. 电源技术，2014，38(2):382-385.

[7] 李田田，金启前，冯擎峰. 纯电动汽车高压电气构架的设计 [J]. 汽车工程师，2013，(11):49-51.

[8] 赵洪林,关志伟,杜峰,等.智能电动汽车电子电气架构的设计与优化措施[J].汽车零部件,2019,(6):20-23.

[9] 邹利宁,胡艳峰,郑欣,等.电动汽车高压电安全设计浅析[J].汽车电器,2018,(10):3-5.

[10] 杨国亮,齐同启,柳熹,等.纯电动汽车高压电气系统安全设计[J].汽车工程师,2015,(11):41-44.

[11] 张浩,刘桂彬,徐枭,等.电动汽车常见电磁兼容问题与解决方法[J].汽车实用技术,2018,(8):18-20.

[12] 石也.纯电动汽车电磁兼容问题分析与研究[J].汽车电器,2018,(1):1-3.

[13] 陈燕虹,赵健,梁杰,等.电动轿车警示声设计方法研究[J].汽车工程,2018,40(4):482-487,456.

[14] 高新华.轿车燃油经济性开发的关键技术研究——以某款A级车为例[D].合肥:合肥工业大学,2016.

[15] 周美兰,张小明,刘占华,等.电动汽车道路工况模拟测试平台[J].哈尔滨理工大学学报,2018,23(1):81-86.

[16] 安江敏.国内外电动汽车续驶里程测试方法对比研究[C]//中国标准化协会.第十二届中国标准化论坛论文集.2015:874-878.

[17] 王慧怡,郭崇.电动汽车动力性及经济性综合评价研究[J].建筑工程技术与设计,2015,(21):2074-2076.

[18] 郭敏锐,杨勇.纯电动汽车动力系统匹配设计及多工况仿真[J].现代制造工程,2018,(12):62-65,88.

[19] 杨世安,张鹏.纯电动汽车动力学匹配与仿真[J].汽车实用技术,2017,(15):85-86,97.

[20] 朱日莹,赵桂范,杨娜,等.电动汽车动力系统参数匹配及优化[J].哈尔滨工业大学学报,2013,45(7):90-95.

[21] 黄鼎友,曾文杰,曾发林.某纯电动汽车动力系统参数匹配与仿真分析[J].机械制造与自动化,2018,47(6):130-133.

[22] 杨培善,白银.电动汽车动力电池SOC估计算法分析[J].汽车实用技术,2019,(15):15-17.

[23] 宫学庚,齐铂金,刘有兵,等.电动汽车动力电池模型和SOC估算策略[J].电源技术,2004,28(10):633-636.

[24] 华周发,李静.电动汽车动力蓄电池SOC估算方法综述[J].电源技术,2013,37(9):1686-1689.

[25] 刘文涛.电动汽车动力电池SOC测量技术[J].汽车工业研究,2018,(7):55-60.

[26] 李胜琴,汤亚平.基于效率最优的双电机四驱汽车转矩分配策略研究[J].重庆理工大学学报(自然科学版),2019,33(7):12-20.

[27] 邓建明,龚循飞,于勤,等.基于Cruise和Simulink的纯电动车联合仿真分析[J].汽车实用技术,2019,(12):15-16.

[28] 牛秦玉,李珍惜,王智超,等.电动汽车动力传动系统参数匹配与优化[J].机械传动,2019,43(2):129-136.

[29] 刘璐明.基于Cruise的某款纯电动客车动力系统匹配与性能仿真[J].机电技术,2019,(1):72-74.

[30] 林洋.电动汽车整车总布置参数计算[J].数字化用户，2014，(24):198-198.

[31] 陈子晃.浅析纯电动新能源汽车整车正向开发总布置设计[J].机电技术，2017，(1)：107-109.

[32] 王现武.我国纯电动新能源汽车整车正向开发总布置设计[J].内燃机与配件，2018，(17):35-36.

[33] 唐瑜亮.电动汽车高压电气系统安全性研究[J].汽车电器，2014，(5):41-43.

[34] 张甜，宋庭新，朱清波，等.电动汽车电气系统安全性分析及标准制定研究[J].标准科学，2018，(3):47-51.

[35] 佘小芬.纯电动汽车高压互锁及失效问题分析[J].内燃机与配件，2019，(8):53-54.

[36] 张俊，谢伟东.纯电动汽车高压回路安全监测系统设计[J].机电工程，2013，30(3):364-367.

[37] 周红斌.电动汽车的高压线束研究[J].汽车实用技术，2012，(9):73-76.

[38] 施爱伟.电动汽车用高压电缆的设计和开发[J].福建质量管理，2016，(15):163.

[39] 龙成冰，吴森，付翔.电动汽车用电流熔断器的选型与试验研究[J].武汉理工大学学报：信息与管理工程版，2015，(1):73-77.

[40] 谢小锋.纯电动汽车用高压直流熔断器选型计算[J].汽车实用技术，2017，(19):84-86.

[41] 王斌，赵雷雷.电动汽车电气系统简析[J].汽车实用技术，2013，(3):32-35.

[42] 杨国亮，柳熹，马宇坤.纯电动汽车低压供电系统的选型和分析[J].汽车工程师，2014，(12):48-51.

[43] 彭新.电动汽车防碰撞安全技术综述[J].科学技术创新，2019，(14):142-144.

[44] 缪文泉，接桂利，沈剑平，等.电动汽车碰撞电安全性风险分析[C]//中国汽车工程学会.2014第十七届汽车安全技术学术会议论文集.北京：机械工业出版社，2014.

[45] 陆中奎，陈勇，刘天鸣.纯电动汽车碰撞高压安全系统设计及控制策略[J].重庆理工大学学报（自然科学版），2019，33(3):86-90.

[46] 秦振海，耿志勇，李隽杰.电动汽车高压电安全系统设计要求（接触防护）[J].汽车电器，2018，(11):1-5.

[47] 伍理勋，陈建明，陈磊，等.电动汽车电机驱动控制器功能安全架构研究[J].控制与信息技术，2018，No.453（03）:5-9.

[48] 翟丽，等.车辆电磁兼容基础[M].北京：机械工业出版社，2012.

[49] 全国汽车标准化技术委员会.电动车辆的电磁场发射强度的限值和测量方法：GB/T 18387—2017[S].北京：中国标准出版社，2017.

[50] 全国无线电干扰标准化技术委员会.车辆、船和内燃机无线电骚扰特性 用于保护车外接收机的限值和测量方法：GB 14023—2011[S].北京：中国标准出版社，2012.

[51] 全国无线电干扰标准化技术委员会.车辆、船和内燃机无线电骚扰特性 用于保护车载接收机的限值和测量方法：GB/T 18655—2018 [S].北京：中国标准出版社，2018.

[52] 全国汽车标准化技术委员会.道路车辆 车辆对窄带辐射电磁能的抗扰性试验方法 第2部分：车外辐射源法：GB/T 33012.2—2016 [S].北京：中国标准出版社，2016.

[53] 全国汽车标准化技术委员会.道路车辆 车辆对窄带辐射电磁能的抗扰性试验方法 第4部分：大电流注入法：GB/T 33012.4—2016[S].北京：中国标准出版社，2016.

[54] 全国汽车标准化技术委员会.道路车辆 静电放电产生的电骚扰试验方法：GB/T 19951—

2005[S]. 北京：中国标准出版社，2006.

［55］ 全国无线电干扰标准化技术委员会. 车辆电磁场相对于人体曝露的测量方法：GB 37130—2018 [S]. 北京：中国标准出版社，2019.

［56］ 宋超. 电动汽车电机驱动系统传导电磁干扰与抑制方法研究 [D]. 北京：北京理工大学，2018.

［57］ 钱堃. 电动汽车声品质评价分析与控制技术研究 [D]. 长春：吉林大学，2016.

［58］ 马大猷，沈豪. 声学手册 [M]. 修订版. 北京：科学出版社，2004.

［59］ 高印寒，孙强，梁杰. B级轿车车内噪声品质的主观评价研究 [J]. 噪声与振动控制，2010，30（4）：115-118.

［60］ 王立成. 基于混合-试验模型纯电动轿车车内电机电磁噪声的预测研究 [D]. 长春：吉林大学，2015.

［61］ KONET H, SATO M. Development of approaching vehicle sound for pedestrians（VSP）for quiet electric vehicles[J]. SAE International Journal of Engines，2011，4（1）：1217—1224.

［62］ 葛林鹤. AVAS 行人警示音系统设计方法研究 [D]. 长春：吉林大学，2018.

［63］ 陈小平. 音乐声学与心理声学 [M]. 北京：人民邮电出版社，2010.

［64］ 赵健. 电动轿车警示音声品质设计方法研究 [D]. 长春：吉林大学，2017.

第3章 纯电动汽车电动化底盘设计

区别于传统汽车底盘，纯电动汽车电动化底盘是依靠电能作为唯一能源，实现车辆驱动、转向、制动等功能的集成系统，保证纯电动汽车安全、高效地正常行驶。电动化底盘包括电驱动系统、动力蓄电池系统或动力蓄电池-超级电容复合电源系统、车载充电系统以及包含转向系统、制动系统在内的辅助动力系统。本章针对纯电动汽车电动化底盘四大系统中关键零部件的参数确定、设计要点、试验检测方法进行阐述，并给出了一些典型设计方案，供读者参考。

3.1 电驱动总成设计

3.1.1 电驱动系统概述

电驱动系统是纯电动汽车的心脏，把电能转化为机械能驱动车辆行驶，与传统动力系统主要区别在于动力源由电机替代发动机，传统驱动系统中的离合器、变速器、传动轴和驱动桥等总成部件在不同类型的电驱动总成中得到了简化。

电驱动系统由驱动电机、电机控制器和减变速机构组成，通过高低压线束、冷却管路与整车其他系统连接。其作用是在驾驶人的控制下，高效率地将动力蓄电池的能量转化为车轮的动能，或者将车轮上的动能回馈到动力蓄电池中。

电驱动系统较传统驱动系统总成具有体积小、功率密度高、布置空间需求小的特点，因此在整车上的布置方式非常灵活，可以很容易地布置在前桥或后桥上以实现前轮驱动、后轮驱动和四轮驱动这三种模式。当前电驱动系统在整车上的布置构型有三种：前置前驱、后置后驱和前后桥双电驱动系统（四驱），如图 3-1 所示。

图 3-1a 所示为前置前驱的整车电驱动系统布置构型，将电驱动总成直接布置在前桥上，分别驱动两侧半轴实现整车行驶。

图 3-1b 所示为后置后驱的布置构型，与前置前驱的工作模式相同。

图 3-1c 所示为前后桥双电驱动系统布置四驱的整车布置构型。此种构型不仅可以实现整车四轮驱动，同时可以实现单独前轮驱动模式和单独后轮驱动模式，适应性强，具有根据整车实际工况灵活调整驱动方式的优势。

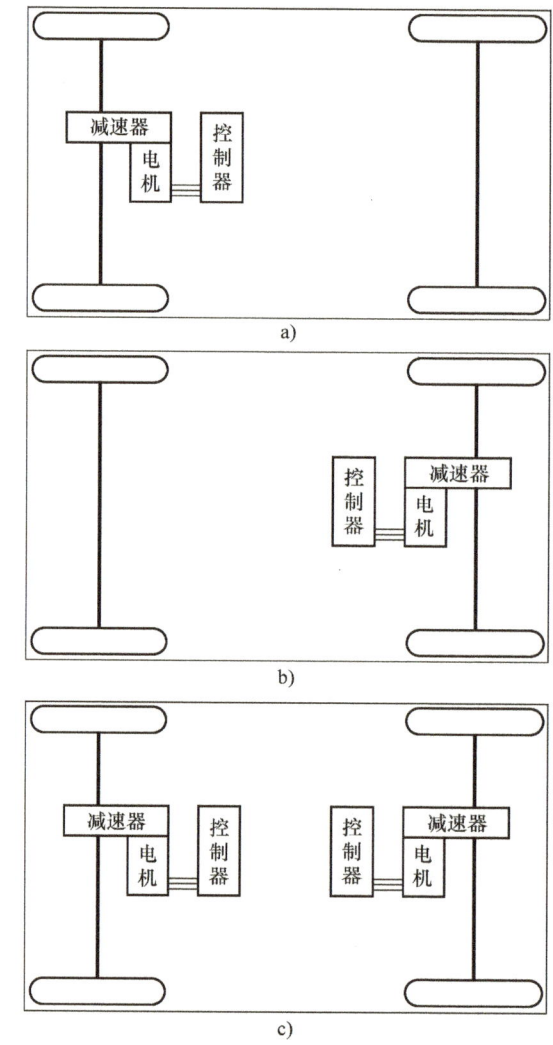

图 3-1 整车电驱动系统布置构型
a）前置前驱 b）后置后驱 c）四驱

纯电动汽车的驱动方式主要有两大类：集中式驱动和分布式驱动。

① 集中式驱动对车辆本身改动小，开发周期短，难度小，是目前纯电动汽车的主流驱动系统，其中轿车多采用单电机 + 减速器 / 变速器系统，客车多采用电机与车桥连接的

系统。集中式驱动系统关键零部件由分体式向集成式发展，需要对电机系统与减速器/变速器和驱动桥深度集成技术进行深入研究，以提升加工制造水平。

② 分布式驱动传动链简化，整车空间利用率高，动力性能和控制性能优越。随着电机集成及控制技术的不断提高和对车辆布置空间要求的进一步提升，分布式驱动构型将会是纯电动汽车的发展方向。

电驱动方式的发展趋势如图 3-2 所示。

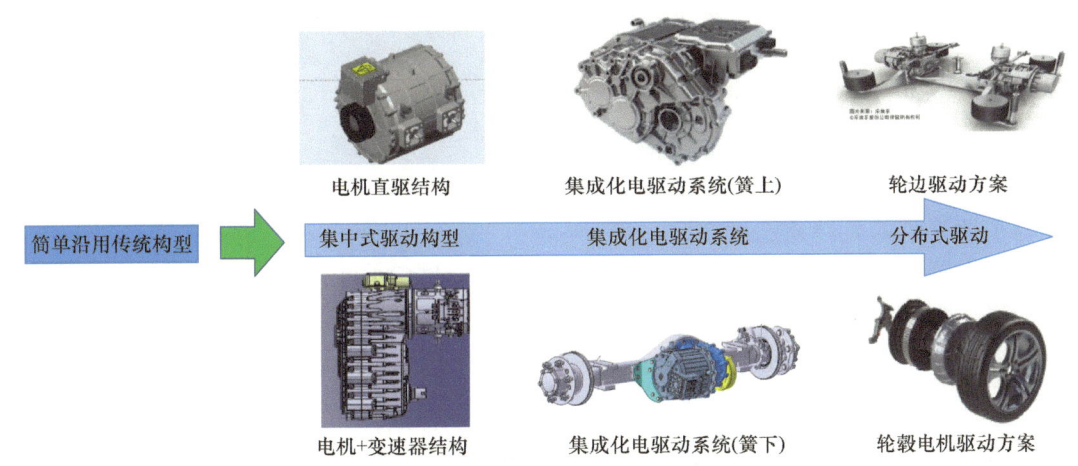

图 3-2　电驱动方式的发展趋势

电驱动系统设计原则：
① 满足整车动力性要求，如爬坡度、加速性能等。
② 满足整车经济性要求，在大部分工况下保持较高的系统工作效率，以提升纯电动汽车的续驶里程。
③ 功率密度高，调速范围大，稳定性和控制精度好。
④ 体积小，重量轻，成本低。
⑤ 可靠性高，安全性高，寿命长，噪声低。

电驱动总成的设计是根据整车工况和目标需求，确定选定系统构型和总成参数，根据总成及部件设计要点进行设计后试验验证。

3.1.2　集中式驱动系统

集中式驱动系统是目前国内外市场上纯电动汽车的主要动力系统形式。轿车多采用电机、减速器和电机控制器三合一的电驱动系统构型；商用车集中式驱动系统主要有电机直驱、电机 + 变速器型式；商用载货车多采用电机 + 车桥集成的电驱动桥构型。目前集中式驱动主要分为电机直驱、电机 + 减速器 /AMT 系统、三合一系统和电驱动桥系统四大类。

3.1.2.1　电机直驱

1. 参数选定及校核

电机直驱构型中取消了传统燃油汽车的发动机、离合器、变速器等动力传动部件，使动力系统结构简化，维修保养方便。如图 3-3 所示，在驱动电机端盖的输出轴处通过传动轴连接后桥的主减速器和差速器组成驱动部分，通过后桥主减速器对驱动电机输出动力减速增矩。这种布置形式具有结构简单以及传动部分布置紧凑、可靠性高、无级变速、驱动效率高等优点，且部件基本成熟，整车故障率低。但该系统成本相对较高、重量较重、功率冗余。

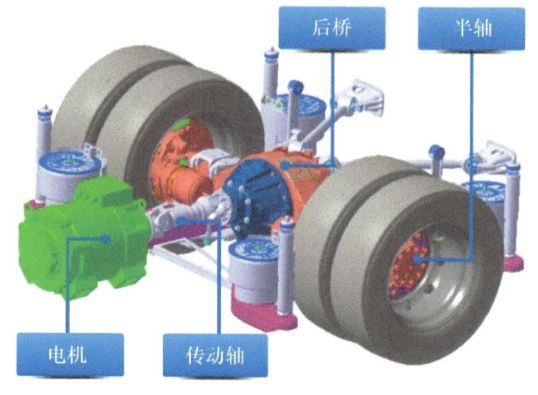

图 3-3　电机直驱构型

直驱系统的匹配计算流程如图 3-4 所示。主减速器速比是直驱系统后桥中主减速器的齿轮传动比，等于传动轴的旋转角速度与车桥半轴的旋转角速度之比，也等于转速之比。后桥中主减速比的选择根据车辆布置、后桥承受转矩范围来选定。客车中主减速器速比为 3.0~6.33，在已知主减速比 i_0 的前提下，根据第 2 章中得出的整车动力需求选择电机，然后对动力性能指标进行校核，最后根据校核结果进行优化。

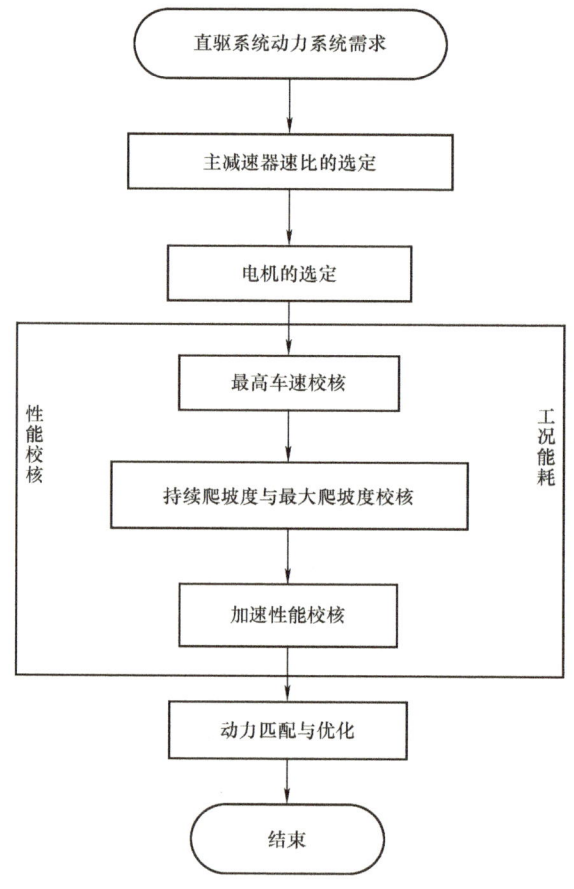

图 3-4　直驱系统的匹配计算流程

(1) 电机直驱系统参数选定

在纯电动汽车能量转化中，电机担负着将电能向机械能转化的职责，通过电机控制器对动力蓄电池的电能转化进行控制，使电机处于运行要求的最佳工作状态，以满足汽车实际行驶工况的需求。因此，电机的参数直接影响整车的动力性和经济性，纯电动汽车驱动电机参数匹配就是在满足整车动力性能要求的基础上合理选择电机的参数，降低成本，提高续驶里程。目前纯电动汽车传动系统的匹配大多都是根据整车的性能指标和汽车动力学方程计算得到的。为了获得较高的能量转化效率，充分利用纯电动汽车有限的能量源，应使驱动电机在实际运转中尽可能处在高效率的区域。驱动电机的参数设计主要包括：峰值功率、额定功率、峰值转速、额定转速、峰值转矩和额定转矩等。

1）电机的额定功率。

电机的额定功率也称为持续功率，指规定的最大、长期工作的功率，要满足整车的动力性要求，即满足最高车速要求、持续爬坡性能要求。根据直驱系统的额定功率 P_e 来确定电机的额定功率 P_{ee}，由下式得：

$$P_{ee} = \frac{P_e}{\eta} \tag{3-1}$$

式中 η——直驱系统的传动效率。

2）电机的峰值功率。

整车的加速工况和最大爬坡工况属于短时工作特性，由电机的峰值功率和峰值转矩决定。根据已求出的满足要求的驱动系统的峰值功率 P_m，得出电机的峰值功率 P_{mm}：

$$P_{mm} = \frac{P_m}{\eta} \tag{3-2}$$

3）电机的转速。

根据第 2 章中工况常用的轮端基速点 n_j，得到电机额定转速为

$$n_e = i_0 n_j \tag{3-3}$$

电机的峰值转速为

$$n_m = \beta n_e \tag{3-4}$$

式中 n_e——电机额定转速（r/min）；

n_m——电机峰值转速（r/min）；

β——电机扩大恒功率区系数，是指电机最高转速和额定转速的比值范围。

β 与电机转矩有密切联系，β 越大，电机低速的转矩越大，车辆低速下的加速和爬坡性能越好。但 β 值过大，会导致功率损耗。β 一般选为 2~4。

4）电机额定转矩。

由整车需求的额定转矩 T_e 得出电机的额定转矩 T_{ee}：

$$T_{ee} = \frac{T_e}{i_0 \eta} \tag{3-5}$$

5）电机峰值转矩。

由整车最大爬坡度时需求的峰值转矩 T_m 求出电机的峰值转矩：

$$T_{mm} = \frac{T_m}{i_0 \eta} \tag{3-6}$$

驱动电机与传动系统协调工作，才能实现纯电动汽车良好的经济性能和动力性能。电机的选型与传动系统的传动比设计应同时进行，在电机转速和转矩的参数计算过程中，应同时考虑传动系统传动比的选择是否合理。

在满足电机参数的基础上对电机进行寻源，选定符合性能要求的电机类型。直驱系统输出参数见表 3-1。

表 3-1 直驱系统输出参数

参数	定义
i_0	主减速器速比
P_{ee}/kW	电机额定功率
P_{mm}/kW	电机峰值功率
n_e/(r/min)	电机额定转速
n_m/(r/min)	电机峰值转速
T_{ee}/N·m	电机额定转矩
T_{mm}/N·m	电机峰值转矩

（2）电机直驱系统性能校核

通过最高车速、持续爬坡度、最大爬坡度、加速性能来校核电机直驱系统的选定是否满足要求。

1）最高车速。

根据选定电机的最高转速 n_m、传动比 i_0，由式（3-7）得出最高车速 u_{n_m}，应大于等于整车动力性设计的最高车速指标 u_m。

$$u_{n_m} = \frac{0.377 \times r n_m}{i_0} \geqslant u_m \tag{3-7}$$

校核整车以最高车速运行时，选取电机的额定功率 P_{ee} 和额定转矩 T_{ee} 是否满足。求出下述方程式中的 u_o，如果 $u_o \geqslant u_m$，即满足要求。

$$\left(Gf \frac{u_o}{3600} + \frac{C_D A}{76140} u_o^3\right) / \eta = P_{ee} \tag{3-8}$$

2）最大爬坡度。

根据选定电机的峰值转矩依次代入式（3-8）~式（3-12）中校核 i_{m_podu}，应大于等于整车动力性指标的最大爬坡度 i_m。

$$F_{mm} = \frac{T_{mm} i_0 \eta}{r} \tag{3-9}$$

$$D_m = \frac{F_{mm} - F_w}{G} \tag{3-10}$$

$$\alpha_{\mathrm{m}} = \frac{\arcsin\left(D_{\mathrm{m}} - f\sqrt{1 - D_{\mathrm{m}}^2 + f^2}\right)}{1 + f^2} \quad (3\text{-}11)$$

$$i_{\mathrm{m\_podu}} = 100 \times \tan\alpha_{\mathrm{m}} \geq i_{\mathrm{m}} \quad (3\text{-}12)$$

3）加速性能。

根据选定电机的峰值功率 P_{mm}，由式（3-13）得出加速时间 t_{f}，应满足小于等于整车动力性指标的加速时间 $t_{\max}$。

$$t_{\mathrm{f}} = \int_0^{u_{\mathrm{e}}} \frac{\delta m}{\frac{P_{\mathrm{mm}}}{u_{\mathrm{j}}} - mgf - \frac{C_{\mathrm{D}}}{21.15}u^2} du + \int_{u_{\mathrm{e}}}^{u_{\mathrm{f}}} \frac{\delta m}{\frac{P_{\mathrm{mm}}}{u} - mgf - \frac{C_{\mathrm{D}}}{21.15}u^2} du \leq t_{\max} \quad (3\text{-}13)$$

式中　u_{f}——加速时间内应达到的车速，一般取 50km/h；

u_{e}——电机额定转速 n_{e} 所对应的车速，$u_{\mathrm{e}} = \frac{0.377 r n_{\mathrm{e}}}{i_0}$，其中 i_0 为主减速比。

以上所述是直驱系统选定后的校核过程，如果其中有一项指标达不到，则需重新选定电驱动系统参数，直至达到目标要求。

2. 系统设计要点

（1）电机类型

在电驱动系统中所采用的驱动电机主要有永磁同步电机、交流异步电机和开关磁阻电机，其比较见表3-2。

表 3-2　常见驱动电机的比较

电机类型	功率密度	峰值效率	过载能力	维修性	可靠性	结构紧固性	外形尺寸	整机重量	控制操作性能
永磁同步电机	高	优	良	良	优	良	小	轻	优
交流异步电机	中	良	优	优	良	优	大	重	优
开关磁阻电机	较高	优	优	优	良	优	小	轻	优

1）永磁同步电机。

永磁同步电机是通过永磁体励磁所产生同步旋转磁场的一种同步电机，主要由定子、转子以及定子和转子之间的气隙三大主体构成[1]。永磁体作为转子产生旋转磁场，当定子侧通入三相对称电流时，空间位置上相差120°的三相定子电流在空间中产生旋转磁场，转子的旋转磁场则受到电磁力作用而运动，此时电能转化为机械能，电机输出功率和转矩。

永磁同步电机具有功率效率高、功率因数高、发热少、冷却结构简单、体积小、噪声小、免维护、可靠性高、功率密度高等优点。当前电驱动产品的驱动电机多采用永磁同步电机，应用广泛。

随着电机技术的快速发展，还出现一种新型扁铜线电机。扁铜线电机属于一种新型高

功率密度电机,其扁铜线绕组与传统圆铜线绕组比较优势明显,主要体现在以下四方面:

① 能明显增加铜线在定子铁心的槽满率,有效提升电机的整体性能。

② 减小定子的尺寸及重量。

③ 增加散热面积和电流密度。

④ 提高功率密度和转矩密度。

当前扁铜线电机成本相对较高,在实际电驱动系统总成中应用较少,但其优越的性能必然会随着技术的成熟和成本的下降逐步被广泛应用。

2)交流异步电机。

交流异步电机主要由定子、转子以及定子和转子之间的气隙三大主体构成。当定子绕组通入三相交流电源后,产生旋转磁场并切割转子,此时电能转化为机械能,电机输出功率和转矩。

三相交流异步电机具有结构简单、效率高、冷却特性好、可靠性高、使用寿命长、价格便宜、过载能力强,以及使用、安装、维护方便等优点,被广泛应用于各个领域。

3)开关磁阻电机。

开关磁阻电机是继永磁同步电机和交流异步电机之后发展起来的新一代调速电机。结构上,它的定子和转子均由普通硅钢片叠压而成,转子上无绕组和永磁体,只在定子上绕有集中绕组[2]。

开关磁阻电机因其调速系统兼具直流和交流两类调速系统的优点,当前被公认是一种极有发展前途的电动汽车用驱动电机。开关磁阻电机的优点有:结构简单,成本低;起动转矩大,低速性能好,调速范围广,在宽广的转速和功率范围内都有很高的效率,能适应高温和强振动的工作环境;控制灵活,易于实现各种特殊要求的转矩 - 转速特性。

(2)电机主要参数定义

① 电机额定功率:也称为持续功率,指规定的最大、长期工作的功率。

② 电机峰值功率:在规定的持续时间内,电机允许的最大输出功率。

③ 电机额定转矩:电机在额定功率和额定转速下的输出转矩。

④ 电机峰值转矩:电机在规定的持续时间内允许输出的最大转矩。

⑤ 电机转速:单位时间内(每分钟)旋转的转数,分为电机额定转速(额定功率下电机的最低转速)和最高工作转速(一般对应于电动汽车最高设计车速的电机转速)。

⑥ 转速控制精度:转速实际值与转速期望值的偏差,或转速实际值与转速期望值的偏差占转速期望值的百分比。

⑦ 转矩控制精度:转矩实际值与转矩期望值的偏差,或转矩实际值与转矩期望值的偏差占转矩期望值的百分比。

⑧ 转速响应时间:电机控制器从接收到指令信息开始至第一次达到规定容差范围的期望值所经过的时间。

⑨ 转矩响应时间:电机控制器从接收到指令信息开始至第一次达到规定容差范围的期望值所经过的时间。

⑩ 高效区:指在额定电压下,电机驱动系统或系统内各零部件效率 MAP 图中按照技术文件规定的某一效率值所构成的等高线所围成的区域。

⑪ 转矩波动：指在任一稳定工况点，在指定时间段内，驱动电机系统输出转矩波动波峰或波谷最大值与指定时间段内平均值的差值。

（3）电机结构设计

依据 GB 14711—2013《中小型旋转电机通用安全要求》、GB 755—2008《旋转电机 定额和性能》、GB/T 18488.1—2015《电动汽车用驱动电机系统 第1部分 技术条件》、GB/T 18488.2—2015《电动汽车用驱动电机系统 第2部分：试验方法》等标准中关于使用环境和电气安全的要求，电机高压安全是电动汽车电驱动系统的设计重点。电机主要从防水、阻燃、防电晕等功能方面进行结构设计。

1）防水。

电机零部件采用自润滑、磨损量自动补偿的动密封、轴伸端增加防泥沙装置等主要措施提升整车涉水安全性，满足车辆短时涉水和泡水等工况需求。

2）阻燃。

B级电压器件内非金属材料均采用高性能阻燃材料，阻燃性能达到水平HB级、垂直V-0级。

3）防电晕。

① 采用变频电机专用漆包线，使漆包线能有效抵抗高频脉冲。

② 绝缘结构的耐热等级H级、耐压等级1000V，均高于电机实际工况需求，大大延长了绝缘材料的寿命。

③ 接线盒及电机内通电导体与裸露金属的电气间隙和爬电距离设计，应考虑电机在高海拔空气稀薄的情况下不会发生漏电。

④ 接线盒和出线装置以及电机外壳的防腐等级为C3，防止电机在高湿度或空气严重污染的环境内，导线及其连接体发生腐蚀导致导电截面积减小、导体过热进而烧毁。

⑤ 电机内部接线端头与外接电源接线端头分别固定在不同位置，且有防松措施。当松开电源线时，电机内部接线端头不会松动。

⑥ 电机在端盖上设有专用的保护接地螺钉。

⑦ 接线盒及电机外壳均采用高强度铝合金，T5处理，可以使电动汽车在正常行驶过程中受到外物冲击时不变形、电气间隙不减小。

4）电机控制器。

电机控制器通过逆变桥调制输出正弦波来驱动电机，可分为单体控制器和集成式控制器。采用单体控制器的纯电动汽车，还需要独立的高压配电柜、DC/DC变换器等高压部件。高压连接点多、重量重、占用布置空间多。集成式控制器的集成形式多样，如三合一控制器（EHPS控制器+电机控制器+DC/DC变换器集成）、五合一控制器（EHPS控制器+电机控制器+DC/DC变换器+高压配电+空压机控制器集成）、乘用车控制器（电机控制器+DC/DC变换器集成）等。集成式控制器重量轻、体积小、高压连接点少、防护等级高，在纯电动汽车上被广泛应用。多合一的集成式控制器包括配电回路、IGBT驱动回路、DSP电路、结构与散热系统等。

整车实际运行环境复杂，工况比较恶劣，对集成式控制器的热设计提出了很高要求。需要开展器件级和系统级热仿真，对集成控制器各个功能模块不同工况组合情况下的热场进行仿真分析和测试，并进行高效热交换冷却液道的优化设计。

另外，为使电控系统效率达到最优，可以通过载频动态调整、DPWM 发波技术、过调制技术进行优化。载频动态调整能够根据工况合理地选择载波频率，可以有效降低控制器损耗，提高控制器效率；DPWM 发波技术能有效降低开关损耗；过调制技术可以提高基波电压，减小电机电流，提高电机最高效率，拓宽高效区范围，如图 3-5 所示。

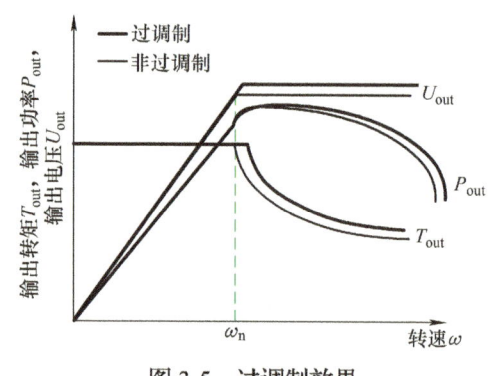

图 3-5　过调制效果

5）电机悬置设计。

动力系统是汽车振动和噪声最主要的激励源，为了减少动力系统传递到车身的振动，一般在车身和动力系统之间设置悬置[3]。悬置系统分为悬置支架和悬置软垫两大类：悬置支架是指连接电机与悬置之间及车架与悬置之间的结构件；悬置软垫是指连接悬置上下之间的弹性元件装置。悬置的作用是实现动力总成与车架之间的力和力矩传递，并把电机传递到支撑系统或将支撑系统传递到电机的振动减到最低。

① 悬置系统的功能。

a. 支撑重量：保证动力装置的重量尽可能均匀地分布到各个悬置上。

b. 抑制动力装置的运动，保证动力装置在受到冲击时，不至于运动幅度过大而与其他部分碰撞。

c. 吸振和隔振，降低动力装置振动向车身传递。

② 悬置系统的设计目标：

a. 能在所有工况下承受动、静载荷，并使系统在所有方向上的位移处于可接受的范围内，不与底盘上的其他零部件发生干涉。

b. 能充分地隔离动力系统的振动，减少它向车架及驾驶室、车厢内传递。

c. 能充分地隔离由于地面不平产生的、通过悬置传向动力系统的振动。

d. 保证在整车寿命内，悬置及悬置支架的可靠性符合要求。

③ 设计悬置系统时需关注的主要因素有：

a. 确认动力系统重量、质心、转动惯量。

b. 对悬置承受载荷、软垫压缩量进行分配设定。

c. 悬置软垫的性能应满足设计要求：可以从软垫结构、材质、硬度方面进行考虑。

d. 悬置支架孔的安装精度：悬置的安装误差不能过大，且其中一侧悬置软垫安装位置须可调节。

e. 设计完成后须对悬置系统进行模态分析，使悬置系统有较好的 NVH（噪声与振动）特性。

6）传动轴设计。

电机与后桥的转速及转矩传递主要靠传动轴连接，直驱电机的输出端一般预留法兰安装面以便于传动轴安装。设计传动轴需考虑主要因素有：

① 适用环境、车辆用途、销售地区等。

② 传动系统的布置方式，如单节布置、多节布置等。
③ 传动系统的布置参数，如万向节夹角、传动轴吊架位置、传动轴保护带位置等。
④ 传动系统的相关匹配参数，如电机最大转矩、电机最高转速、后桥主减速比、轮胎滚动半径等。
⑤ 整车质量参数，如满载时驱动轴上的负荷、轮胎与地面的附着系数等。
⑥ 整车通过性要求。

在传动轴的布置及设计应注意：传动轴的长度不宜过长，过长的传动轴应增加辅助支撑；尽量保证传动轴动力中心线重合，与周围零件留够间隙，避免在整车运动中与其他零部件干涉。

3. 系统零部件试验验证

直驱系统关键零部件指电机系统，车桥及主减速器的验证可参考传统车。直驱系统主要测试项目及参考标准见表3-3。

表3-3 直驱系统主要测试项目及参考标准

序号	测试项目	相关标准
1	电机定子绕组的冷态直流电阻值测试	GB/T 18488.2—2015《电动汽车用驱动电机系统 第2部分：试验方法》
2	控制器壳体机械强度测试	GB/T 18488.1—2015《电动汽车用驱动电机系统 第1部分：技术条件》
3	电机及控制器绝缘电阻	GB/T 18488.2—2015《电动汽车用驱动电机系统 第2部分：试验方法》
4	电机及控制器液冷系统冷却回路特性要求	GB/T 18488.2—2015《电动汽车用驱动电机系统 第2部分：试验方法》
5	安全性	GB/T 13422—2013《半导体变流器 电气试验方法》 GB/T 18488.2—2015《电动汽车用驱动电机系统 第2部分：试验方法》
6	电机及控制器温升试验	GB 755—2008《旋转电机 定额和性能》 GB 14711—2013《中小型旋转电机通用安全要求》
7	输入输出特性	GB/T 18488.2—2015《电动汽车用驱动电机系统 第2部分：试验方法》
8	电机噪声测试	GB 10069.3—2008《旋转电机噪声测定方法及限值 第3部分：噪声限值》
9	工作环境	GB/T 18488.2—2015《电动汽车用驱动电机系统 第2部分：试验方法》
10	电机及控制器耐振动	GB/T 28046.3—2011《道路车辆 电气及电子设备的环境条件和试验 第3部分：机械负荷》
11	防水、防尘	GB/T 4942.1—2006《旋转电机整体结构的防护 等级（IP代码）分级》 GB 4208—2008《外壳防护等级（IP代码）》
12	电机系统可靠性	GB/T 29307—2012《电动汽车用驱动电机系统可靠性试验方法》
13	电机及控制器防火安全要求	GB/T 2408—2008《塑料 燃烧性能的测定 水平法和垂直法》

（1）电机定子绕组的冷态直流电阻值测试

电机定子绕组冷态直流电阻宜在实际冷状态下测量，并记录测量时的环境温度数值。

将电机在温度均匀的空间中放置一段时间，使电机内外部和环境温度一致，记录问题数值。判断温度一致的标准满足下列条件之一即可：

① 用温度计（或埋置检温计）测量电机绕组、铁心和环境温度，所测温度与环境温度之差应不超过 2K。必要时，温度计应有与外界隔热的措施，且放置温度计的时间不少于 15min。测量绕组温度时应根据电机的大小，在不同部位测量绕组端部和绕组槽部的温度（如有困难，可测量铁心齿和铁心轭部表面温度），取其平均值作为绕组实际冷却状态下的温度。

② 电机处于不工作状态且在环境温度稳定的空间中放置时间超过 12h，使用微欧计测量绕组直流电阻。测量时，驱动电机转子静止不动，通过绕组的试验电流应不超过其额定电流的 10%，通电时间不超过 1min。绕组各相各支路的始末端均引出时，应分别测量各相各支路的直流电阻。如果各相绕组在电机内部连接，那么应在每个出线端间测量电阻。对于三相电机，各相电阻值可参考 GB/T 18488.2—2015 中的 5.6 节进行计算。

（2）控制器壳体机械强度测试

应分别在控制器壳体三个方向上，按照 GB/T 18488.1—2015 中 5.2.4 节的规定，缓慢施加相应压强的砝码。其中砝码与控制器壳体的接触面积应不小于 5cm×5cm，控制器壳体应能够承受不低于 10kPa 的压强，且不发生明显的塑性变形。

（3）电机及控制器绝缘电阻

参考 GB/T 18488.2—2015 中 5.7 节绝缘电阻测试方法，电机及电机控制器应满足如下绝缘阻值要求。

1）电机绕组对机壳的绝缘电阻。将电机在温度稳定的空间静止放置不少于 12h，记录此时电机所处空间的温度后进行该项测试。电机定子绕组对机壳的冷态绝缘电阻应不低于 20MΩ。

2）电机定子绕组对温度传感器的绝缘电阻。若电机的温度传感器固定于定子绕组中，将电机在温度稳定的空间静止放置不少于 12h 后，记录测试电机所处空间温度后进行该项测试。电机绕组对温度传感器的冷态绝缘电阻值应大于 20MΩ。

3）控制器绝缘电阻。按照 GB/T 18488.2—2015 中的 5.7.1 节、5.7.2 节和 5.7.5 节进行测试，控制器动力端子与外壳、信号端子与外壳、动力端子与信号端子之间的冷态及热态绝缘电阻均应不小于 1MΩ。

（4）电机及控制器液冷系统冷却回路特性要求

1）电机及控制器冷却回路密封性能。按照 GB/T 18488.2—2015 中的 5.5 节对液冷电机或控制器进行冷却回路密封性能试验，应能承受不低于 200kPa 的压力至少 15min，无渗漏。

2）电机及控制器冷却回路流阻特性。按照冷却系统零部件开发指标，对最终批准批量生产样件进行流量-水阻曲线测试，测试进水流量宜从 5L/min 开始，取 5L/min 测试间隔，测试至需求流量值 +10L/min 流量点，根据测试各稳定流量下冷却回路阻力，绘制流量-水阻曲线，需求流量点稳定水阻值应小于产品开发技术文件要求。

（5）安全性

1）电机及控制器安全接地检查。参考 GB/T 13422—2013 中的 5.1.3 测量电机系统的接地电阻，要求电机及其控制器中能触及的可导电部分与外壳接地点处的电阻不应大于 0.1Ω。接地点应有明显的接地标志。若无特定的接地点，则应在有代表性的位置设置接地标志。

2）控制器支撑电容放电时间。当对电机控制器有被动放电要求时，参考 GB/T 18488.2—2015 中的 8.3 节进行测试，要求电机控制器支撑电容放电时间应不大于 5min；当对电机控制器有主动放电要求时，电机控制器支撑电容的放电时间应不超过 3s。

3）控制器保护功能及容错功能。电机控制器应尽量避免或防止因硬件或软件单点失效所引起的不希望的加速、减速及倒车等故障。控制器的保护及容错功能要求见表 3-4。

表 3-4 控制器的保护及容错功能要求

序号	功能描述	备注
1	故障保护	电机控制器应具有故障保护功能：电机/电机控制器过温、过电流、过电压、欠电压、缺相等，应确保电机系统及时停机，避免系统因过热、过电流、过载、过电压等现象而损坏
2	故障保护复位	可实现对非致命故障保护的复位操作
3	电压跌落保护	根据 GB/T 28046.2—2011《道路车辆 电气及电子设备的环境条件和试验 第 2 部分：电气负荷》4.6 节要求，在电机控制器正常工作状态，当检测到输入电压跌落至按照技术协议确定的欠电压保护策略跌落电压值、持续时间超过技术文件规定数值时，允许电机控制器保护性关管，电压跌落故障排除后，通过整车重新上、下电，电机控制器功能应自动恢复到正常设计值，无损坏
4	控制器旋变电角度容错控制	在电机旋变电角度偏差在 ±3° 内，电机控制器应能容错运行，不发生逐波限流、过电流等故障
5	接触器粘连检测	电机控制器应具有接触器粘连检测功能

（6）电机及控制器温升试验

测试过程中，电机系统应带有与实际使用条件相同的或可以达到整车同等条件的冷却设施，控制器输入母线电压为设计额定电压值。根据 GB 755—2008 中规定的各种绝缘等级，针对 H 级绝缘，采用埋置检温计（ETD）法，所测得的最高温度不按双方技术协议约定执行；其他热要求参考 GB 14711—2013 中第 21 项执行。

1）电机及控制器连续工作特性及额定工作工况温升测试。按照温升测试条件，在电机系统整个运行转速范围内均匀取点，最低测试转速不高于峰值转速的 10%，转速间隔不大于峰值转速的 10%；所选取转速点必须包含额定转速点和峰值转速点，整个测试特性曲线上测量转速点应不少于 10 个；测试电动汽车用电机驱动系统极限冷却液温度和需求流量条件下，电机系统达到热平衡而不超过产品技术协议规定的限功率温度值可以达到的最大持续输出功率，绘制持续输出转速、转矩、功率曲线。在相同温升测试冷却条件下，额定工作工况测试点包含：额定转速、额定转矩运行工况点；峰值转速、额定功率工况点（电机控制器允许使用双方约定的等效工况点代替）。图 3-6 所示为某电机额定状态下测试的温升曲线。

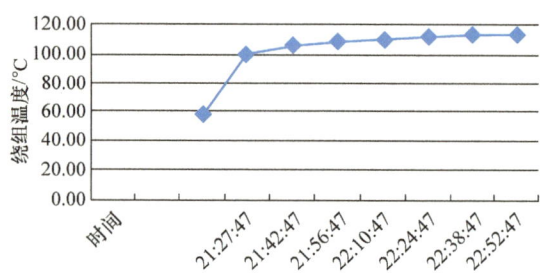

图 3-6　某电机额定状态下测试的温升曲线

2）电机及控制器峰值工作特性下的温升测试。从冷态开始，使电动汽车用电机系统运行在极限冷却液温度和需求流量条件下，测试并记录峰值工作工况点持续运行不超过产品技术协议规定的限功率温度值的持续时间，各测试转速点峰值输出工况应能至少持续 1min（特殊测试评价要求，按照提供的测试指标评价）。当峰值工况持续时间超出 1min 时，记录系统不超过产品技术协议规定的限功率温度值而能持续输出达到的最长时间。测试参数应包括：额定转速、峰值转矩工况点；峰值转速、峰值功率工况点（电机控制器允许使用双方约定等效工况点代替）。图 3-7 所示为某电机峰值转矩状态下的温升曲线。

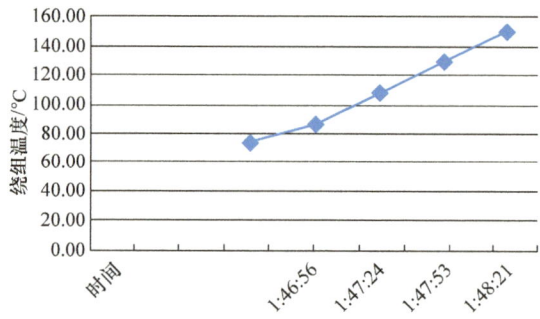

图 3-7　某电机峰值转矩状态下的温升曲线

（7）输入输出特性

输入输出特性表示电机及其控制器的转速、转矩、功率、效率、电压、电流等参数间的关系，见表 3-5。

表 3-5　电机及其控制器输入输出特性

序号	性能项目	指标
1	工作电压范围	符合产品技术文件规定
2	转矩 - 转速特性	符合产品技术文件规定
3	持续转矩	符合产品技术文件规定
4	持续功率	符合产品技术文件规定
5	峰值转矩	符合产品技术文件规定
6	峰值功率	符合产品技术文件规定。电机在规定的峰值功率工况下、规定的运转时间内应无任何异常现象
7	堵转转矩	符合产品技术文件规定

（续）

序号	性能项目	指标
8	最高工作转速	在额定电压下，电机带负载运行所能达到的最高转速，应符合产品技术文件规定
9	电机系统效率	符合制造商和用户之间协商确定的值
10	控制精度	符合产品技术文件规定
11	转速/转矩响应时间	符合产品技术文件规定
12	控制器持续/短时/最大工作电流	符合产品技术文件规定
13	馈电特性	符合产品技术文件规定

1）工作电压范围。

台架试验时，将电机系统的直流母线电压分别设定在最高工作电压处和最低工作电压处。在不同工作电压下，测试在不同工作转速下的最大工作转矩，记录稳定的转速和转矩数值。在电机系统转速范围内的测量点数不少于10个，绘制转速-转矩特性曲线，检查转矩输出能否符合产品技术文件的规定。图3-8所示为某电机在一定工作电压下的转速-转矩特性曲线。

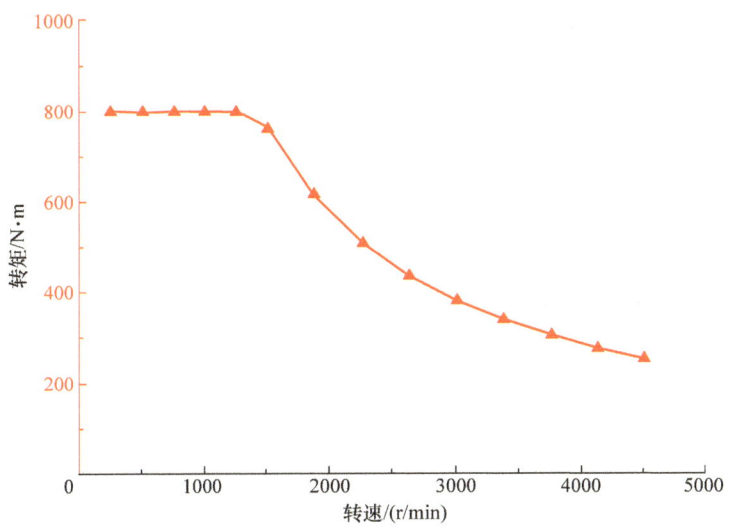

图3-8 某电机在一定工作电压下的转速-转矩特性曲线

2）转矩-转速特性及效率。

① 测试点的选取。

a. 转速测试点的选取。试验时，在电机系统工作转速范围内一般取不少于10个转速点，最低转速点宜不大于最高工作转速的10%，相邻转速点之间的间隔不大于最高工作转速的10%。选择测试点时应包含额定工作转速点、最高工作转速点、持续功率对应的最低工作转速点以及其他特殊定义的工作点。

b. 转矩测试点的选取。在电机系统电动或发电状态下，在每个转速点上一般取不少于十个转矩点。对于电机高速工作状态，在每个转速点上选取的转矩点数可以适当减少，但不宜低于五个。选择测试点时应包含持续转矩数值处的点、峰值转矩（或最大转矩）数值处的点、持续功率曲线上的点、峰值功率（或最大功率）曲线上的点以及其他特殊定义的工作点。

② 测量参数的选择。试验时，根据试验目的，在相关的测试点处可以全部或者部分选择测量下列数据：

a. 控制器直流母线电压和电流。

b. 电机的电压、电流、频率及电功率。

c. 电机的转矩、转速及机械功率。

d. 电机、控制器或电机系统的效率。

e. 电机电枢绕组的电阻和温度。

f. 冷却介质的流量和温度。

g. 其他特殊定义的测量参数等。

③ 试验方法。测量仪表应具有足够准确度，但不能低于 GB/T 18488.2—2015 中 4.2.1 节的要求。非特殊说明，宜使用测功机或具备测功机功能的设备作为负载。

试验时，可以根据试验目的设置试验条件：电机系统可以在实际冷状态或者热状态条件下试验；控制器的直流母线电压可以设置在最高工作电压、最低工作电压、额定工作电压或其他工作电压处；试验的转速和转矩可以是一个工作点，也可以是一条特性曲线或者全部工作区。必要时，需要在试验报告中记录相应的试验条件。控制器输入/输出功率可以通过测量控制器输入/输出的电压和电流计算获得。测量时，电压和电流的测量点应在控制器靠近接线端子处。控制器输入功率和输出功率也可以使用功率表直接测量获得。

一般情况下，控制器和电机之间的电力传输线缆不会对测量结果产生明显影响。如果线缆的长度或阻抗严重影响了被测系统的工作特性，则需要调整线缆，或者对测量结果予以修正，以避开或减少影响。在试验过程中，为保证测量的精度，电机的工作转矩和转速宜直接在电机轴端测量。此时，电机轴端和转矩转速测量设备之间应是刚性连接。如果可以忽略联轴器的传动效率和中间的风摩损耗，则可以在电机轴端与转矩转速测量设备之间放置联轴器，此时转速转矩测量设备的读数即为电机轴端的输出值。对于需要考虑的联轴器的传动效率和试验过程中的风摩损耗的情况，参照 GB/T 18488.2—2015 附录 A 的方法对试验结果进行修正。在试验过程中，应防止被测电机系统过热而影响测量的准确性。必要时，转矩-转速特性曲线可以分段测量。

④ 效率的测量。

a. 控制器效率。控制器效率分为电机系统电动状态时的效率和电机系统发电状态时的效率。该值应根据控制器输出功率和输入功率的比值计算确定。

控制器效率按下式计算：

$$\eta_c = \frac{P_{co}}{P_{ci}} \times 100\% \tag{3-14}$$

式中 η_c——控制器效率；

P_{co}——控制器输出功率（kW）；

P_{ci}——控制器输入功率（kW）。

b. 电机效率。电机效率分为电机系统电动状态时的效率和电机系统发电状态时的效率。该值应根据电机输出功率和输入功率的比值确定。

电机效率按下式计算：

$$\eta_m = \frac{P_{mo}}{P_{mi}} \times 100\% \qquad (3-15)$$

式中　η_m——电机效率；
　　　P_{mo}——电机输出功率（kW）；
　　　P_{mi}——电机输入功率（kW）。

c. 电机系统效率。将电机系统总成放在试验台架上进行试验，根据电机系统输入/输出参数的测量和计算获得电机系统的效率。电机系统处于电动工作状态时，输入功率为控制器直流母线输入的电功率，输出功率为电机轴端的机械功率，电机系统电动工作状态下的效率为

$$\eta = \frac{Tn}{9.55UI} \times 100\% \qquad (3-16)$$

电机系统处于发电工作状态时，输入功率为电机轴端的机械功率，输出功率为驱动控制器直流母线输出的电功率，电机系统发电工作状态下的效率为

$$\eta = \frac{9.55UI}{Tn} \times 100\% \qquad (3-17)$$

式中　η——电机系统的效率；
　　　n——电机转速（r/min）；
　　　T——电机轴端转矩（N·m）；
　　　U——控制器直流母线电压平均值（V）；
　　　I——电机控制器直流母线电流平均值（A）。

图 3-9~图 3-11 所示为某电机电动特性测试曲线及电动效率 MAP 图。

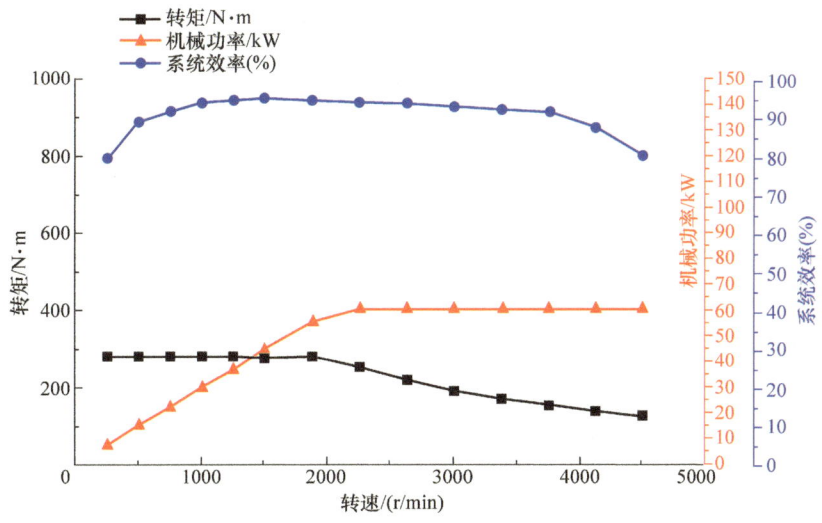

图 3-9　某电机额定电动特性测试曲线

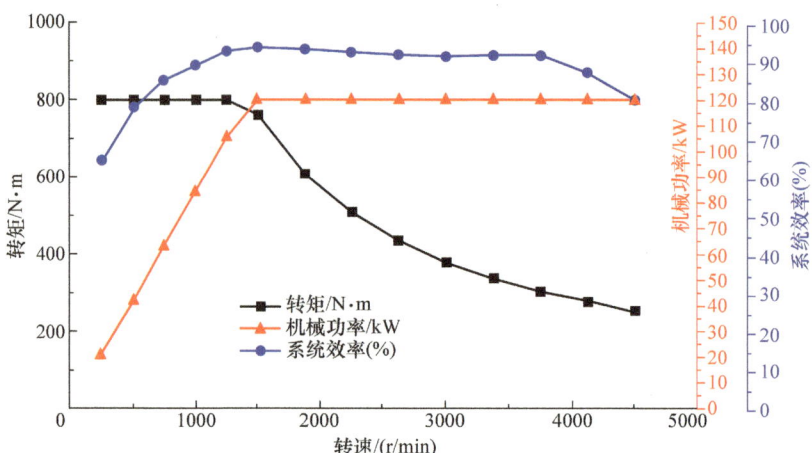

图 3-10 某电机峰值电动特性曲线

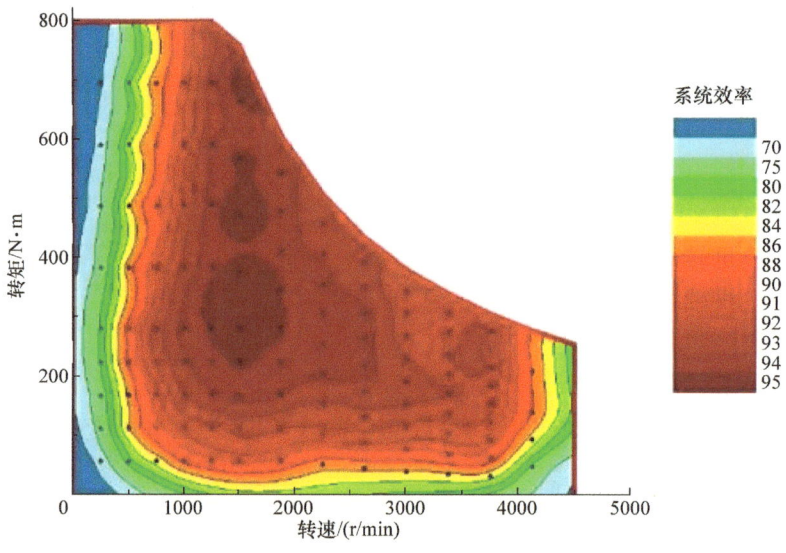

图 3-11 某电机电动状态效率 MAP 图

⑤ 关键特征参数的测量。

a）持续转矩。除非特殊说明，在试验过程中，控制器直流母线电压设定为额定电压，电机系统可以工作于电动或发电状态。试验时，使电机系统工作于 GB/T 18488.1—2015 中 5.4.3 节规定的转矩和转速条件下，利用转矩 - 转速特性及效率试验方法进行试验和测量。电机系统应能够长时间正常工作，并且不超过电机的绝缘等级和规定的温升限值。

b）持续功率。按照上节获得的持续转矩 T 和相应的工作转速 n，利用下式即可计算获得电机在相应工作点的持续功率：

$$P_\mathrm{m} = \frac{Tn}{9550} \tag{3-18}$$

式中 P_m——驱动电机轴端的持续功率（kW）。

c）峰值转矩。可以在电机系统实际冷态下进行峰值转矩试验。除非特殊说明，在试验过程中，控制器直流母线电压设定为额定电压，电机系统可以工作于电动或发电状态。试验时，使电机系统工作于 GB/T 18488.1—2015 中 5.4.5 节规定的峰值转矩、转速和持续时间等条件下，对转矩 - 转速特性及效率进行试验和测量，同时记录试验持续时间。电机系统应能够正常工作，并且不超过电机的绝缘等级和规定的温升限值。

如果需要多次进行峰值转矩的测量，则需将电机恢复到实际冷态，再进行第二次试验测量。如果用户或制造商同意，则可以在不降低试验强度的情况下，允许电机没有恢复到冷态时开始第二次试验测量。如果这样调整后，试验测量得到的温升值和温度值较大，或者超过了相关的限值要求，则不应做这样的调整，以确保试验结果的准确性。

峰值转矩试验持续时间可以按照用户或制造商的要求进行，建议制造商提供驱动电机系统能够持续 1min 或 30s 工作时的峰值转矩作为参考，并进行试验测量。

作为峰值转矩的一种特殊情况，可以试验电机系统在每个转速工作点的最大转矩。在试验过程中，在最大转矩处的试验持续时间可以很短，一般情况下远低于 30s，根据试验数据绘制电机系统转速 - 最大转矩曲线。

d）峰值功率。按照上节获得的峰值转矩和相应的工作转速，利用式（3-18）即可获得电机系统在相应工作点的峰值功率。峰值功率应与试验持续时间相对应。

e）堵转转矩。除非特殊说明，在试验过程中，控制器直流母线电压设定为额定电压。试验时，应将电机转子堵住，使电机系统工作于实际冷状态下，通过控制器为电机施加所需的堵转转矩，记录堵转转矩和堵转时间。

改变电机定子和转子的相对位置，沿圆周方向等分取五个堵转点，分别重复以上试验。每次重复试验前，宜将电机恢复到实际冷状态，每次堵转试验的堵转时间应相同。在五次测量结果中，将堵转转矩的最小值作为该驱动电机系统的堵转转矩。

f）最高工作转速。在试验过程中，将控制器直流母线电压设定为额定电压，电机系统宜处于热工作状态。试验时，匀速调节试验台架，使电机的转速升至最高工作转速，并施加不低于产品技术文件规定的负载。电机系统工作稳定后，在此状态下的持续工作时间应不少于 3min。

按照"转矩 - 转速特性及效率"中的试验方法进行试验测量，每 30s 记录一次电机的输出转速和转矩。必要时，可以参照 GB-T 18488.2—2015 附录 A 的方法对转矩试验结果予以修正。

g）高效工作区。在电机系统转速转矩的工作范围内，按照"转矩 - 转速特性及效率"中的测试点选取方法选择测试点。测试点应分布均匀，并且数量不宜低于 100 个。被测驱动电机系统应达到热工作状态，控制器的直流母线工作电压为额定电压，电机系统可以工作于电动或发电状态。

在不同的转速点和不同的转矩点进行试验，根据需要记录电机轴端的转速、转矩，以及控制器直流母线电压和电流、交流电压和电流等参数。必要时，可以参照 GB/T 18488.2—2015 附录 A 的方法对转矩予以修正。

根据上文中所说的效率的测量方法计算各个试验点的效率。按照 GB/T 18488.1—2015

中 5.4.9.2 对高效工作区的要求，统计符合条件的测试点数量，其值和总的试验测试点数量的比值，即为高效工作区的比例。

h）最高效率。可以按照制造商或产品技术文件提供的最高效率工作点进行测试，或者选择高效工作区效率最高值为最高效率。

3）控制精度。

① 转速控制精度。试验时，控制器直流母线电压宜设定为额定电压，电机系统宜处于空载、热态、电动工作状态。

对有转速控制功能的电机系统，在 10%~90% 最高工作转速范围内，均匀取十个不同的转速点作为目标值。按照某一转速目标值设定控制器或上位机软件，电机由静止状态直接旋转加速，并至转速稳定状态，此过程中不应对控制器或上位机软件做任何调整，记录电机稳定后的实际转速，并计算实际转速与目标转速的差值，或者实际转速与目标转速的偏差占目标转速值的百分数，此值即为这一转速目标值对应的转速控制精度。

对每一个转速目标值均进行以上试验，选取转速控制精度中的误差最大值作为电机系统的转速控制精度。对于无转速控制功能的电机系统，不进行该项试验。

② 转矩控制精度。试验时，控制器直流母线电压宜设定为额定电压，电机系统宜处于热态、电动工作状态。

对具有转矩控制功能的电机系统，在设定转速条件下的 10%~90% 峰值转矩范围内，均匀取十个不同的转矩点作为目标位。按照某一转矩目标值设定电机控制器或上位机软件，电机输出由零转矩直接工作至转矩和转速稳定状态。此过程中不应对控制器或上位机软件做任何调整，记录电机系统的实际转矩值，并计算实际转矩值与目标转矩的差值，或者实际转矩与目标转矩的偏差占目标转矩值的百分数。此值即为在特定转速条件下，这一转矩目标值对应的转矩控制精度。

对每一个转矩目标值均进行以上试验，选取转矩控制精度中的误差最大值，即为特定转速条件下电机系统的转矩控制精度。在加载过程中，电机的工作转速会发生变化，其设定转速可以由测功机设定并控制。对于无转矩控制功能的电机系统，不进行该项试验。

4）响应时间

① 转速响应时间。试验时，控制器直流母线电压宜设定为额定电压，电机系统宜处于空载、热态、电动工作状态。

对具有转速控制功能的电机系统，按照转速期望值设定控制器或上位机软件，电机由静止状态直接旋转加速。在此过程中不应对控制器或上位机软件做任何调整，记录控制器从接收到转速期望指令信息开始至第一次达到规定容差范围的期望值所经过的时间。

试验时，应改变驱动电机定子和转子的相对起始位置，沿圆周方向等分取五个点，在同一转速期望值条件下分别重复以上试验，取五次测量结果中记录时间的最大值作为驱动电机系统对该转速期望值的转速响应时间。对于无转速控制功能的电机系统，不进行该项试验。

② 转矩响应时间。试验时，控制器直流母线电压宜设定为额定电压，电机系统宜处

于堵转、热态、电动工作状态。

对具有转矩控制功能的电机系统，在堵转状态下，按照转矩期望值设定控制器或上位机软件，对电机进行转矩控制，使电机输出转矩从零快速增大。此过程中不应对控制器或上位机软件做任何调整，记录控制器从接收到转矩期望指令信息开始至第一次达到规定容差范围的期望值所经过的时间。

试验时，应改变电机定子和转子的相对起始位置，沿圆周方向等分取五个点，在同一转矩期望值条件下分别重复以上试验。取五次测量结果中记录时间的最大值作为该电机系统对该转矩期望值的转矩响应时间。对于无转矩控制功能的电机系统，不进行该项试验。

5）控制器工作电流。

① 试验方法。将控制器与对应的电机连接后一并进行台架试验。组成的电机系统可以工作于电动或发电状态。

试验时，按照制造商或者产品技术文件的规定设置台架试验条件，如控制器直流母线电压、电机工作转速和转矩、试验持续时间等，电机系统应能够在规定的试验时间内正常稳定地工作，并且不超过电机的绝缘等级和规定的温升限值。

按照"转矩-转速特性及效率"中的试验方法测量驱动电机控制器工作电流的均方根值。

② 控制器持续工作电流。在一定的台架试验条件下，如果电机系统能够长时间持续稳定工作，则此时测量得到的电流为控制器持续工作电流。

③ 控制器短时工作电流。按照制造商或者产品技术文件的规定，通过改变台架试验条件增大控制器的工作电流，使得电机系统能够在较短的时间内正常稳定工作，此时测量得到的电流为控制器在对应工作时间内的短时工作电流。控制器短时工作电流的持续时间宜不低于30s。

④ 控制器最大工作电流。按照制造商或者产品技术文件的规定，改变台架试验条件进一步增大驱动电机控制器的工作电流，试验持续时间可以很短，一般情况下远低于30s，此时测量得到的电流为驱动电机控制器最大工作电流。

6）馈电特性。

"转矩-转速特性及效率"中的试验方法等，同样适用于发电特性试验过程。

试验时，被测电机系统由原动机（测功机）拖动，处于发电状态，根据试验目的和测量参数的不同，控制器工作于设定的直流母线电压条件下，电机在相应的工作转速和转矩负载下进行馈电试验。

记录发电状态时控制器的直流母线电压、直流母线电流、电机各相的交流电压、交流电流，以及电机轴端的转速和转矩等参数，同时计算获得功率、发电效率等数值，绘制相关曲线。必要时，应参照 GB/T 18488.2—2015 中的附录 A 对试验结果进行修正。

（8）电机噪声测试

电机噪声测试参考 GB 10069.3—2008《旋转电机噪声测定方法及限值 第3部分：噪声限值》。噪声限值应满足产品技术协议要求。

（9）环境适应性（表3-6）

表3-6　电机及其控制器的性能要求

性能	具体要求
海拔	电机及其控制器应能在5500m及以下海拔范围内满功率输出
温度	-40℃≤环境温度≤55℃时，电机及其控制器动力输出满足整车给定需求；55℃≤环境温度≤85℃时，允许降功率输出，输出功率不低于目标功率的85%
湿度	电机及其控制器在相对湿度不超过100%的情况下能正常工作，即使电机及其控制器在表面产生凝露也能安全工作
防腐要求	电机及控制器的抗盐雾能力，应满足GB/T 2423.17—2008《电工电子产品环境试验　第2部分：试验方法　试验Ka：盐雾》的有关规定，试验周期不低于48h。试验后，电机及电机控制器恢复1~2h后，能正常工作

1）低温。

① 电机及控制器低温贮存。若无特殊规定，电机及电机控制器应能承受-40℃±2℃、持续时间2h的低温贮存试验。在低温贮存2h期间，电机及电机控制器为非通电状态。低温贮存持续2h后，箱内复测绝缘电阻应符合3.1.2.3小节中3的相关规定。恢复常态后，电机及电机控制器应能在额定电压、持续转矩、持续功率下正常运行。

② 电机及控制器低温起动。若无特殊规定，电机及电机控制器在-40℃±2℃的低温下保持2h后应能正常起动。试验后，箱内复测绝缘电阻应符合3.1.2.3小节中3的相关规定。

2）高温。

① 电机及控制器高温贮存。若无特殊规定，电机及电机控制器应能承受85℃±2℃、持续时间为2h的高温贮存试验。在高温贮存2h期间，电机及电机控制器为非通电状态。电机内的轴承油脂不允许有外溢。高温贮存持续2h后，箱内复测绝缘电阻应符合3.1.2.3小节中3的相关规定。恢复常态后，电机及电机控制器应能在额定电压、持续转矩、持续功率下正常运行。

② 电机及控制器高温工作。电机及电机控制器应能在55℃±2℃的工作环境下，在额定母线电压、峰值转速、额定功率、60℃进水温度、需求进水流量条件下，持续工作2h无故障。试验后，在此环境条件下静置2h（此时应下电停止电机及电机控制器工作并停止冷却系统运行），箱内复测绝缘电阻应符合3.1.2.3小节中3的相关规定。若有特殊要求，按照表3-7规定的温度限值，根据具体技术要求确定的试验要求追加试验。

表3-7　高温工作限值　　　　　　　　（单位：℃）

产品的安装部位	上限工作温度
装在发动机上的产品	120，105，90
装在发动机里或受日光照射的产品	85，70
装在其他部位的产品	65，55

③ 电机及控制器湿热特性。若无特殊要求，电机及电机控制器应承受40℃±2℃、相对湿度为90%~95%环境条件下、48h的恒定湿热试验，电机及电机控制器应无明显的外表质量变坏及影响正常工作的锈蚀现象。试验后，在此环境条件下箱内复测电机的绝缘电

阻。电机控制器中各动力线与地（外壳）之间的绝缘电阻应符合 3.1.2.3 小节中 3 的相关规定。恢复常态后，电机及电机控制器应能在额定电压、持续转矩、持续功率下正常运行。

④ 电机及控制器耐腐蚀。电机及电机控制器的抗盐雾能力应满足 GB/T 2423.17—2008 的有关规定，盐溶液的质量分数应为 5%±1%，试验周期不低于 48h。试验后，电机及电机控制器恢复 1~2h 后，能正常工作。

（10）电机及控制器耐振动

1）电机及电机控制器扫频振动。

电机及电机控制器应能经受 X、Y、Z 三个方向的扫频振动试验，若无特殊规定，根据安装部位，电机及电机控制器扫频振动试验的严酷度等级应满足表 3-8 的规定。图 3-12 所示为电机振动试验台。

图 3-12　电机振动试验台

表 3-8　扫频振动试验严酷度等级

产品安装部位	频率 /Hz	振幅 /mm	加速度 /（m/s²）	扫频速度 /（cot/min）	每个方向的时间 /h
发动机上	10~50	2.5	—	1	8
	50~200	0.16	—		
	200~500	—	250		
其他部位	10~25	1.2	—	1	8
	25~500	—	30		

注：1. 表中振幅和加速度适用于 Z 方向，对于 X 和 Y 方向，其振幅允加速度可以除以 2。
　　2. 振动检验时 Z 方向的规定为安装在发动机上的产品与发动机缸孔轴线方向平行的方向；安装在其他部位的产品则为与汽车的垂直方向平行的方向。

电机及电机控制器通常在不通电状态下经受试验。振动试验的检测点一般定为试验夹具与试验台的结合处。电机与电机控制器经振动试验后，零部件应无损坏，紧固件应无松脱现象；应能在额定电压、持续转矩、持续功率下正常工作。

2）电机及电机控制器随机振动。

电机及电机控制器经受 X、Y、Z 三个方向的随机振动试验。若无特殊规定，根据安装部位，电机及控制器随机振动的严酷度限值及试验持续时间参照 GB/T 28046.3—2011《道路车辆电气及电子设备的环境条件和试验　第 3 部分：机械负荷》第 4.1.2.7 项要求进行。

电机及电机控制器通常在不通电的状态下经受试验。振动试验的监测点一般定为试验夹具与试验台的结合处。电机及电机控制器经振动试验后，零部件应无损坏，紧固件应无松动现象，应能在额定电压、持续转矩、持续功率下正常工作。图 3-13 和图 3-14 所示为某一电机 X 轴线振动测试曲线。

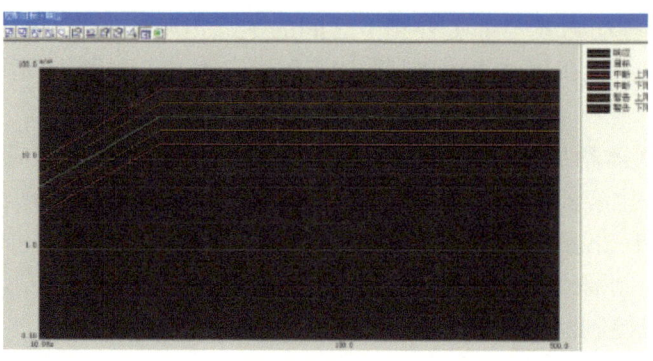

图 3-13　电机 X 轴线：扫频振动曲线

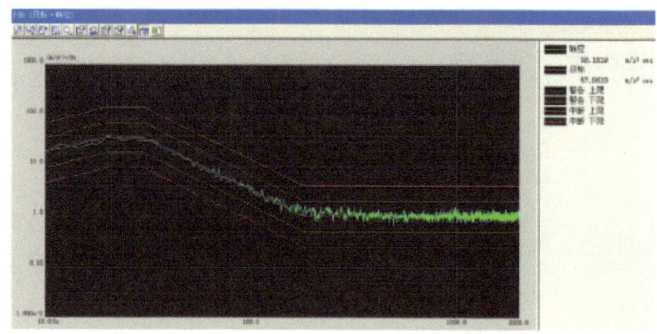

图 3-14　电机 X 轴线：随机振动曲线

3）电机及电机控制器机械冲击。

电机及电机控制器的耐机械冲击性能参考 GB/T 28046.3—2011 中的 4.2.2 项执行。

（11）电机及电机控制器防水、防尘

电机（含接线盒、插接件）及电机控制器（含插接件）整机均应满足 GB/T 4942.1—2006 和 GB 4208—2008 规定的等级要求。电机及电机控制器每一项防水防护等级试验后，均应复测零部件绝缘电阻，应符合 3.1.2.3 小节中 3 的相关规定。

（12）电机系统可靠性

根据 GB/T 29307—2012 第 6 条规定的试验方法对电机及电机控制器进行可靠性测试，测试结果满足 GB/T 29307—2012 第 9 条要求。

（13）电机及电机控制器防火安全要求

产品线束、插接件和其他部件，在电路短路、高温、振动和冲击等环境下，不能发生电火花以及产生明火现象。线束及产品其他部件用塑料材料的阻燃性能应符合 GB/T 2408—2008 规定的水平燃烧 HB 等级、垂直燃烧 V-0 等级。

4. 动力性、经济性验证

（1）整车动力性试验

依据 GB/T 18385—2005《电动汽车　动力性能　试验方法》有关试验规定，对最高车速、加速性能和坡道起步能力进行验证。

1）最高车速试验。

在直线跑道或环形跑道上将试验车辆加速,使汽车在驶入测量区之前能够达到最高稳定车速,并且保持这个车速持续行驶 1km(测量区的长度)。记录车辆持续行驶 1km 的时间 t_1,随即做一次反方向的试验,并记录通过的时间 t_2,按下式计算试验结果:

$$u = 3600/t \tag{3-19}$$

式中　　u——实际最高车速(km/h);

t——持续行驶 1km 两次试验所测时间的算术平均值 $(t_1+t_2)/2$ (s)。

如果考虑风速,则最高车速应该按下式修正:

$$u_i = u_r \pm u_V f \tag{3-20}$$

$$u_r = 3600/t \tag{3-21}$$

式中　　u_r——每次测量的最高车速(km/h);

t——通过测量区的时间(s);

u_V——风的水平分量(m/s);

f——修正系数为 0.6。

如果风的水平分量与车辆行驶方向相反,则选 +;如果风的水平分量与车辆行驶方向相同,则选 -。

2)加速性能试验。

下面以 M1、N1 类纯电动汽车为例,进行加速性能试验。

① 0→50km/h 加速性能试验。

将试验车辆加载到试验质量,载荷应合理分布;将试验车辆停放在试验道路的起始位置,并起动车辆。将加速踏板快速踩到底,使车辆加速到(50±1)km/h,记录从踩下加速踏板到车速达到(50±1)km/h 的时间;以相反方向行驶再做一次相同的试验。0→50km/h 加速性能是两次测得时间的算术平均值(单位:s)。

② 50→80km/h 加速性能试验。

将试验车辆加载到试验质量,增加的载荷应合理分布;将试验车辆停放在试验道路的起始位置,起动车辆,使车辆加速到(50±1)km/h,并保持这个车速行驶 0.5km 以上;将加速踏板快速踩到底,使车辆加速到(80±1)km/h,记录从踩下加速踏板到车速达到(80±1)km/h 的时间。如果最高车速小于 89km/h,则应达到最高车速的 90%,并应在报告中记录下最后的车速。以相反方向行驶再做一次相同的试验,50→80km/h 加速性能是两次测得时间的算术平均值(单位:s)。

3)坡道起步能力试验。

将试验车辆加载到最大设计总质量,选定的坡道应有 10m 的测量区。测量区前应提供起步区域。将试验车辆放置在起步区域,选定的坡度角尽可能地近似于 α_0。如果该坡道坡度与厂定最大爬坡度对应的坡度有差别,则可根据下式通过增减装载质量的方法进行试验:

$$\Delta M = M \frac{(\sin\alpha_0 - \sin\alpha_1)}{(\sin\alpha_1 + R)} \tag{3-22}$$

式中　　M——试验时车辆的最大设计总质量(按 GB/T 3730.2 定义,kg);

R——滚动阻尼系数,一般为 0.01;

α_1——实际试验坡道所对应的坡度角(°);

α_0——制造厂技术条件规定的最大爬坡度对应的坡度角（°）。

载荷应该均布于乘客室和货厢中，至少以 10m/min 的速度通过测量区。如果车辆装有变速器，则应用最低档起动车辆并以至少 10m/min 的速度通过测量区。

已知最大动力轴转矩，计算车轮的转矩：

$$C_r = C_a T \eta_\tau \qquad (3\text{-}23)$$

已知轮胎动载半径，计算平衡力：

$$F_t = \frac{C_r}{r} = Mg(\sin\alpha_0 + R) \qquad (3\text{-}24)$$

从式（3-24）中可计算出 α_0，最大爬坡能力用 $100 \times \tan\alpha_0$ 表示。

式中 C_r——车轮转矩；

   C_a——最大动力轴转矩；

   T——总的齿轮传动比；

   η_τ——齿轮传动效率；

   F_t——平衡车辆载荷所要的牵引力矩（N·m）；

   r——轮胎动负荷半径（m）；

   g——重力加速度（m/s^2）。

（2）整车经济性试验

试验方法依据 GB/T 18386—2017《电动汽车能量消耗率和续驶里程试验方法》。确定能量消耗率和续驶里程的步骤如下。

1）对动力蓄电池进行初次充电。

除非车辆制造厂或者动力蓄电池制造厂有其他规定，否则动力蓄电池的初次充电是指接收车辆以后的动力蓄电池第一次充电。如果所规定的几个试验或测量连续进行，则第一次充电可认为是初次充电。

① 试验车辆以最高车速的 70%±5% 的稳定车速行驶，使车辆的动力蓄电池放电，车辆不能达到最高车速的 65% 或行驶里程达到 100km 时认为放电结束。

② 充电。按照车辆制造厂的充电规定，使动力蓄电池达到完全充电状态，或者在环境温度为 20~30℃ 时用车载充电器、制造厂推荐的外部充电器为动力蓄电池进行常规充电。12h 的充电即为充电结束的标准。如果仪器发出明显的信号提示驾驶人蓄电池没有充满，在这种情况下，最长充电时间为

$$3 \times \text{制造厂规定的动力蓄电池能量} / \text{电网提供功率}$$

2）续驶里程试验。

在动力蓄电池充电结束时记录该时刻，在此之后 12h 之内开始按照规定的试验程序进行试验，确保车辆在 20~30℃ 的温度条件下设置。

以最大总质量超过 3500kg 的 M2 类车为例，行驶阻力测定及在底盘测功机上模拟按照 GB/T 27840—2011《重型商用车辆燃料消耗量测量方法》中附录 C 的方法进行测量，或按照 GB/T 18386—2017《电动汽车能量消耗率和续驶里程试验方法》中附录 A 的重型商用车辆行驶阻力系数推荐方案进行。在进行道路试验和底盘测功机的滑行试验时，均应

把制动能量回收系统功能屏蔽。道路试验和底盘测功机滑行试验,汽车的其他部件都应当处于相同的状态(如空调关闭等)。

① 工况法。依据 GB/T 18386—2017 和《中国工况》中有关工况的规定,按照车辆类别采用相应的工况进行测试。

以最大总质量超过 3500kg 的 M2 类车为例,在车辆充电位置与底盘测功机不在一起的情况下,如果使用车辆自身动力在两者之间移动,则要求车辆用不大于 30km/h 的车速尽量以匀速的方式在两者之间移动,尽量减少电能的消耗。两者之间移动的距离不超过 3m,其他类型车辆则不需要。在测试过程中应实时记录蓄电池端的电压和电流值。试验结束时,记录车辆试过的距离 $D_{试验阶段}$。在 C-WTVC 循环工况结束、车辆停止时,分别记录试验车辆驶过的市区部分距离 $D_{市区}$、公路部分距离 $D_{公路}$ 和高速部分距离 $D_{高速}$,同时记录所用的时间。

② 等速法。按照分类对车辆进行对应的等速试验,试验中允许停车两次,每次停车不允许超过 2min,达到要求的车速后停止。记录试验期间停车次数和停车时间,车辆停止时记录车辆行驶的距离 D(km)。该距离为等速法测出的续驶里程,同时记录时间。等速法试验仅因其他标准的引用而保留,不作为标准续驶里程试验的结果输出。

3)动力蓄电池充电和能量消耗率计算。

完成试验后 2h 内将车辆与电网连接,按照充电章程充电。在充电期间测量来自电网的能量 $E_{电网}$。如果电网断电,则其断开的时间应该根据停电时间适当延长相应时间。车辆制造厂和技术服务部门应探讨充电的有效性。

① 工况法。

a. 适用于中国典型城市公交循环工况的计算方法。使用下式计算该工况的能量消耗率 C,并取整。

$$C = \frac{\int_{试验开始}^{试验结束} UI \mathrm{d}t}{\int_{移动开始}^{移动结束} UI \mathrm{d}t + \int_{试验开始}^{试验结束} UI \mathrm{d}t} \times \frac{E_{电网}}{D_{试验阶段}} \quad (3\text{-}25)$$

并使用下面公式计算续驶里程:

$$D = E_{电网}/C \quad (3\text{-}26)$$

b. 适用于 C-WTVC 循环工况的计算方法。使用下式计算该工况的能量消耗率 C,并取整。

$$C_{市区} = E_{市区}/D_{市区} \quad (3\text{-}27)$$

$$C_{公路} = E_{公路}/D_{公路} \quad (3\text{-}28)$$

$$C_{高速} = E_{高速}/D_{高速} \quad (3\text{-}29)$$

$$E_{市区} = \frac{\int_{市区开始}^{市区结束} UI \mathrm{d}t}{\int_{移动开始}^{移动结束} UI \mathrm{d}t + \int_{试验开始}^{试验结束} UI \mathrm{d}t} \times E_{电网} \quad (3\text{-}30)$$

$$E_{公路} = \frac{\int_{公路开始}^{公路结束} UIdt}{\int_{移动开始}^{移动结束} UIdt + \int_{试验开始}^{试验结束} UIdt} \times E_{电网} \qquad (3\text{-}31)$$

$$E_{高速} = \frac{\int_{高速开始}^{高速结束} UIdt}{\int_{移动开始}^{移动结束} UIdt + \int_{试验开始}^{试验结束} UIdt} \times E_{电网} \qquad (3\text{-}32)$$

$$C = C_{市区}K_{市区} + C_{公路}K_{公路} + C_{高速}K_{高速} \qquad (3\text{-}33)$$

式中 $K_{市区}$，$K_{公路}$，$K_{高速}$——市区、公路、高速路段比例系数；
　　　$E_{市区}$，$E_{公路}$，$E_{高速}$——市区、公路、高速部分来自电网的能量（W·h）；
　　　$C_{市区}$，$C_{公路}$，$C_{高速}$——市区、公路、高速部分能量消耗率（W·h/km）。
续驶里程的计算参照式（3-34）。

② 等速法。
续驶里程即为上述等速法试验中车辆驶过的距离 D。使用下式计算能量消耗率 C，用 W·h/km 表示。

$$C = E_{电网}/D \qquad (3\text{-}34)$$

式中 $E_{电网}$——充电期间来自电网的能量（W·h）；
　　　D——续驶里程（km）。

3.1.2.2　电机+变速器（AMT）

电机+变速器构型与纯电直驱构型相比，增加了变速器，驱动电机输出动力通过变速器和主减速器传动至车轮，驱动车辆行驶。相对于电机直驱构型增加了变速比，兼具低速爬坡和高速行驶能力。电机+AMT 变速器系统构型如图 3-15a 所示；电机+2 档 AMT 变速器系统构型如图 3-15b 所示。纯电动客车变速器一般采用 AMT 变速器，也称机械式自动变速器，能根据车速、加速踏板、驾驶人命令等参数确定最佳档位，实现自动换档。

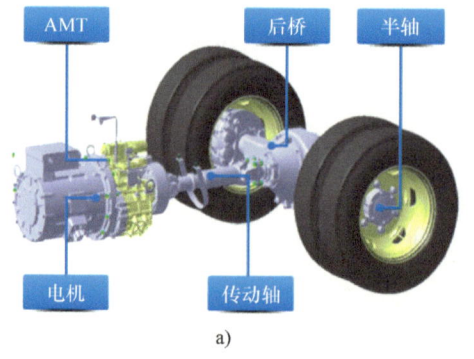
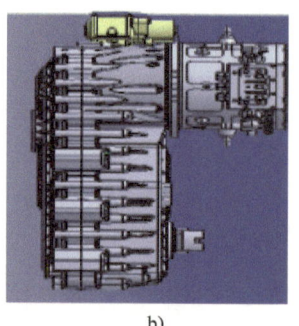

图 3-15　电机+AMT 变速器系统构型
a）电机+AMT 变速器系统构型　b）电机+2 档 AMT 变速器系统构型

图 3-16 所示为电机 +AMT 变速器系统参数选定及校核流程，主减速器速比和电机的选定流程与直驱系统相同。在主减速比 i_0 和电机参数已知的前提下，选定 AMT 变速器档位及其传动比。

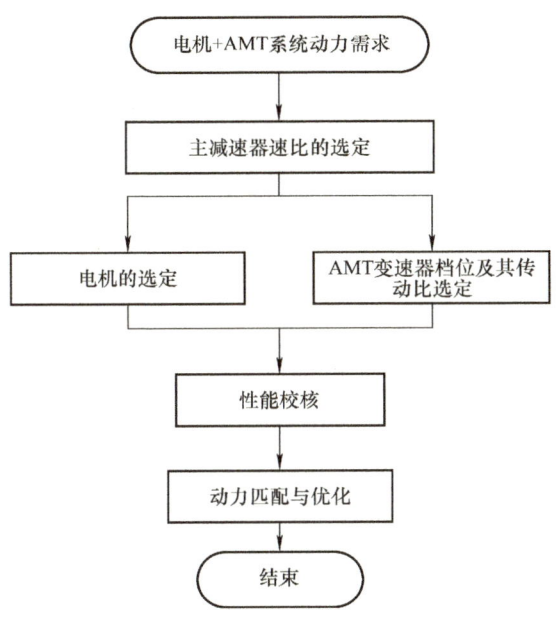

图 3-16　电机 +AMT 变速器系统参数选定及校核流程

1. 电机 +AMT 变速器系统参数选定及校核

（1）电机的选定

1）电机功率的选择。

电机 +AMT 系统中电机的额定功率和峰值功率选定，同电机直驱系统，根据第 2 章系统的额定功率和峰值功率，求得电机的额定功率和峰值功率。

$$P_{ee} = \frac{P_e}{\eta} \tag{3-35}$$

$$P_{mm} = \frac{P_m}{\eta} \tag{3-36}$$

2）电机转速的选择。

电机的最高转速为

$$n_{mm} = n_m i_{g\_min} i_0 = \frac{u_m}{0.377r} i_{g\_min} i_0 \tag{3-37}$$

式中　u_m——最高车速（km/h）；

　　　r——车轮半径（m）；

　　　i_0——主减速比；

　　　i_{g_min}——变速器最高档位速比，一般情况为直接档，即速比为 1。一般认为，74% 的轿车的最小传动比范围为 0.9~1.1，5.5% 的轿车为 1.1~1.39，17.5% 的轿车为 0.7~0.9，3% 的轿车低至 0.5~0.7。

电机的额定转速为

$$n_e = \frac{n_{mm}}{\beta} \quad (3-38)$$

式中　n_e——电机额定转速（r/min）；

n_{mm}——电机最高转速（r/min）；

β——电机扩大恒功率区系数，是指电机最高转速和额定转速的比值范围。β 与电机转矩密切相关，β 越大，电机低速的转矩越大，车辆低速下的加速和爬坡性能越好。但 β 值过大，会导致功率损耗。β 一般为 2~4。

3）电机转矩的选择。

根据电机额定功率 P_{ee} 和电机基速点 n_e 的转速确定额定转矩：

$$T_{ee} = \frac{9550 P_{ee}}{n_e} \quad (3-39)$$

根据电机峰值功率 P_{mm} 和电机基速点 n_e 确定额定转矩为

$$T_{mm} = \frac{9550 P_{mm}}{n_e} \quad (3-40)$$

（2）AMT 变速器档位及其传动比选定

当前电机和单级减速器组成的电驱动系统虽然能够满足车辆在道路上行驶的全部工况，但很难保持电机长时间工作在高效率区，即难以兼顾动力性和经济性。比如高速行驶过程中动力性不足，以及由于电机高速运转带来的效率降低和耗能增大等。但增加一个自动变速器（两档/多档）便可明显改善这种情况，速比的可调不仅可以降低对电机性能的要求（最高转速和最大转矩），同时可以兼顾整车的动力性和经济性。

1）最大传动比的选定。

最大传动比应满足最大爬坡度的要求，根据汽车行驶方程式推导出的最大传动比的计算公式为

$$i_0 i_{g\_max} \geq \frac{r}{T_{mm}\eta}(mgf\cos\alpha + mg\sin\alpha + \frac{C_D A}{21.15}u_{im}^2) \quad (3-41)$$

2）档位数的确定。

变速器的档位数决定着纯电动客车的动力性和经济性。目前大多数纯电动客车采用固定速比的减速器，要达到整车性能指标需要电机有更大的功率及转矩，这对电机的性能要求更高，增加了成本和制造难度。而且采用更大功率的电机，容易造成功率浪费，造成经济性不佳。自动变速器的档位数越多，电机工作在高效区的概率越大，纯电动客车的经济性越好，同时通过低档的转矩放大功能能够提高纯电动客车的动力性能。但是档位数越多，变速器的结构越复杂，质量越大，成本越高，传动效率越低；而且电机不同于发动机，其调速特性十分优秀，因此纯电动客车的档位数不宜过多，一般不多于四个。

综上所述，电机+AMT 系统输出参数中电机参数与直驱系统相同，变速器需要输出的参数见表 3-9。

表 3-9　AMT 变速器输出参数

档位数	速比
1	i_1
2	i_2
n	i_3

（3）电机 +AMT 变速器系统参数校核

1）最高车速、最大爬坡度、持续爬坡度。

校核电机是否满足动力性指标与直驱系统相同。应注意的是，在校核最高车速和持续爬坡度时，应根据驱动系统的具体形式选取传动比计算，采用最高车速校核则应选用最高档传动比；校核最大爬坡度时采用最低档传动比。

2）加速能力。

由于变速器不同档位传动比也不同，所以这里以三个档位为例，加速时间为

$$t_n = \int_0^{u_1} \frac{\delta_1 m \mathrm{d}u}{\dfrac{T_{mm}i_0 i_{g1}\eta}{r} - mgf - \dfrac{C_D A}{21.15}u^2} + \int_{u_1}^{u_2} \frac{\delta_2 m \mathrm{d}u}{\dfrac{T_{mm}i_0 i_{g2}\eta}{r} - mgf - \dfrac{C_D A}{21.15}u^2} + \int_{u_2}^{u_3} \frac{\delta_3 m \mathrm{d}u}{\dfrac{T_{mm}i_0 i_{g3}\eta}{r} - mgf - \dfrac{C_D A}{21.15}u^2}$$

（3-42）

式中　u_1——一档换二档的车速；

　　　u_2——二档换三档的车速；

　　　u_3——加速达到的车速，一般取 50km/h；

　　　i_0——主减速比；

　　　i_{g1}——一档传动比；

　　　i_{g2}——二档传动比；

　　　i_{g3}——三档传动比。

2. 两档（多档）变速器设计要点

因为纯电动汽车的驱动电机可以实现正反转，所以其变速器较传统燃油汽车所用的相比不需要倒档的功能，只需要实现减速增矩功能。相对于传统燃油汽车而言不用设计倒档齿轮，使变速器的空间布局更加紧凑。

与传统燃油汽车相比，纯电动汽车的驱动电机可从零转速开始进行全动力输出，没有怠速问题，初始动力也较大。但由于取消了离合器、液力变矩器等扭转部件，变速器需要承受更大的冲击力，所以对变速器耐冲击性能要求比传统燃油汽车更高。因为电机转速高，所以变速器需选取高速轴承。在选取高速轴承的配合和游隙时需考虑到它由常温升至高温时的尺寸变化和硬度变化，以及高速下离心力所引起的力和形状变化。同时，高速轴承要求轴承安装部位的尺寸精度及几何精度高于传统燃油汽车的要求[4]。

在纯电动汽车上，变速器换档机构可以通过 AMT 控制器和电机控制器的一体化进行控制，根据电机转速进行换档，使得换档机构的冲击性低于传统燃油汽车的换档机构，换档机构及同步器的寿命得到了极大的提高。

两档（多档）变速器（图 3-17）较单档减速器的优势在于可以根据车辆行驶需求相应

地改变传动比，配合电机的输出特性，使电机尽可能工作在高效区域，减小电机的工作负荷并降低整车对电机的性能要求，间接地降低电机成本，并提升系统的动力性和经济性。但是当前两档（多档）变速器的成本相对偏高，它带来的电机成本降低还不足以弥补替换单档减速器的成本提升。同时，随着电机技术的快速发展，电机性能方面还有很大的提升空间，成本的优势也越来越大。因此当前的两档（多档）变速器的应用很少，但不可否认，其优势将随着纯电动汽车的发展成熟而逐渐突显出来。

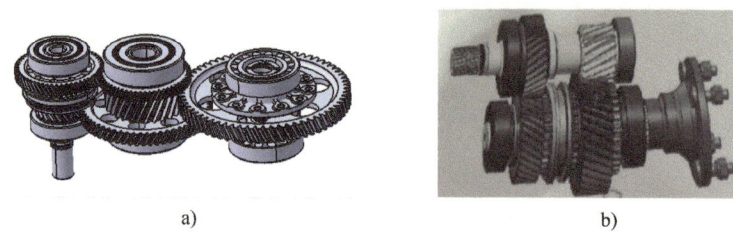

图 3-17 两档变速器

a) 两档变速器带差速器结构 b) 两档变速器带法兰结构

（1）AMT变速器设计流程

AMT变速器的设计开发是一个复杂的系统工程（图3-18），需要参与的工作较多，从接到变速器的设计任务开始，根据设计输入要求，对变速器载荷谱进行处理，确定整体的结构形式及传动比分配；然后对变速器的壳体、齿轮、轴、轴承、同步器、连接部件等零部件进行详细的设计计算。样机装配完成后，须进行可靠性及性能试验。

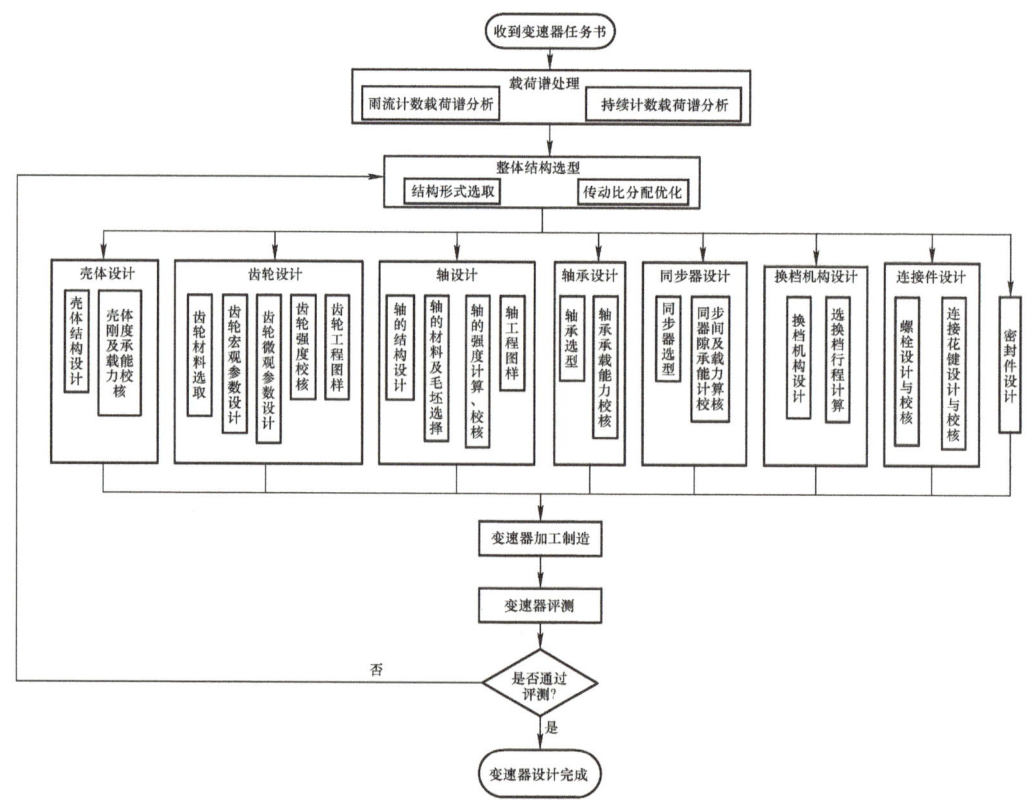

图 3-18 AMT变速器设计流程

（2）变速器需求输入

变速器需求输入包括设计寿命和质保要求，并采集或选取典型路况载荷谱；满足功能、性能要求，根据产品开发需求满足输出转矩、转速、噪声、效率等；符合检修方便性要求。设计前须从总布置及设计任务书获取以下信息：

① 适用环境，区域信息，车辆用途，使用地区政策法规。

② 传动系统布置方式，与电机、扭转减振器、悬架和传动轴的连接方式及接口尺寸等。

③ 变速器空间尺寸约束。

④ 变速器结构形式（如双行星排结构、行星排+两档AMT结构），特性参数（如速比等）。

⑤ 整车对变速器设计寿命、效率、NVH指标、重量、维护方便性等方面的要求。

国家法规强制要求应满足GB 7258—2017《机动车运行安全技术条件》。

（3）载荷谱处理

原始载荷谱体现了传动系统在设计使用寿命内将承受的所有载荷，包括正常运行载荷和由于紧急制动、电机短路等非正常工况引起的瞬时峰值载荷。原始载荷谱应实地测试或通过相关软件仿真模拟获得。

依据载荷变化频率与零部件本身载荷变化频率的对比关系，对正常运行的载荷进行处理得到载荷持续分布（Load Duration Distribute, LDD）谱和雨流计数载荷（Rain Flow Counting, RFC）谱两种疲劳载荷谱。载荷持续分布谱主要用于设计校核齿轮、轴、轴承等旋转件的疲劳强度，雨流计数载荷谱主要用于设计校核箱体、行星架等零部件的疲劳强度[5]。

瞬时峰值载荷虽持续时间极短或出现概率极低，但可能对传动系统产生极具破坏性的影响。因此，将瞬时峰值载荷作为静强度载荷对传动系统进行静强度的设计校核。

齿轮疲劳当量载荷根据等效累积损伤理论和齿轮疲劳特性，可将齿轮LDD载荷谱中的载荷等级T_i的循环次数N_i转换到下一级载荷等级T_{i+1}的损伤等效循环次数N'_{i+1}：

$$N'_{i+1} = N_i \left(\frac{T_i}{T_{i+1}} \right)^P \tag{3-43}$$

式中　T_i——齿轮LDD载荷谱中的载荷等级T_i的转矩值（N·m）；

P——齿轮材料特性指数；

N_i——齿轮LDD载荷谱中的载荷等级T_i的循环次数；

N'_{i+1}——载荷等级T_i的循环次数N_i转换至下一级载荷等级T_{i+1}的循环次数。

齿轮材料特性指数P和载荷循环次数N_{Lref}的关系见表3-10。

表3-10　齿轮材料特性指数P和载荷循环次数N_{Lref}的关系

热处理	接触		弯曲	
	P	N_{Lref}/次	P	N_{Lref}/次
渗碳	6.610	5×10^7	8.738	3×10^6
调质	6.610	5×10^7	6.225	3×10^6
渗氮	5.709	2×10^6	17.035	3×10^6
碳氮共渗	15.715	2×10^6	84.003	3×10^6

（4）结构设计

变速器箱体结构设计主要取决于齿轮传动方案，结构尺寸则由承受载荷的大小决定。结构形式确定后，根据设计空间确定中心距、传动级数，根据输入、输出匹配确定连接尺寸，根据目标重量、使用环境、成本等确定箱体材料和壁厚。

纯电动汽车变速器箱体一般采用铝合金箱体，承重箱体一般用球铁。若选用球铁，则必须二次退火，特别是粗加工后第二次退火；若为分体式箱体，则必须将机体和机盖粗加工，把合箱螺栓松开，使机体、机盖处于自由状态去退火。壳体强度校核用有限元软件仿真，边界条件用最大载荷和最大加速度。球铁应满足 GB/T 1348 球墨铸铁件标准要求，铝合金应符合 GB/T 15115 压铸铝合金标准。

变速器箱体的设计应遵循以下原则：

① 箱体内部空间应布置紧凑，腔体内部采用圆角过度，避免采用较大加强筋影响齿轮油流转（特定导油润滑结构除外）。

② 保证前后箱体基础壁厚均匀一致。

③ 箱体宜采用上下分型，尽量较少采用侧面分型，同时考虑分型方向的拔模斜度。

④ 箱体内高强度螺栓的安装方向应优先使螺纹承受拉应力。

⑤ 箱体的模态应避开常用工况的频率。

⑥ 考虑强度、刚度以及散热问题，箱体外部应适当增加加强筋。

（5）齿轮设计

1）齿轮材料的选取。

汽车齿轮常用材料有渗碳淬火钢、渗氮钢、表面感应与火焰淬火钢。齿轮材料的冶金质量控制，可从原材料牌号及化学成分、原材料的硬度及机械性能试验、热处理工艺控制、工件特征、最终产品的冶金检验、显微组织、试样方面考虑。齿轮材料应符合 GB/T 3077 合金结构钢要求，国外牌号材料应符合相应国家标准或企业标准要求，原则上力学性能等要求不能低于国标要求。

2）齿轮宏观参数设计。

齿轮的设计应遵循：

① 相啮合的一对齿轮齿数应互质。

② 各齿轮的阶次应避免过于接近。

③ 中间轴的齿轮旋向应保持一致。

④ 齿轮精度等级应选取 GB/T 10095.1—2008 和 GB/T 10095.2—2008 中的 6 级精度或大于 6 级精度等设计原则。

对齿轮疲劳载荷进行处理，按照累积损伤理论求出每个齿轮的设计载荷点。首先根据齿轮的接触强度理论确定单个齿轮的分度圆直径，根据弯曲强度理论确定单个齿轮的模数；然后按照相关匹配条件确定每个齿轮的齿数，按照等滑动率条件确定变位系数；最后综合考虑重合度条件、外径限制条件、法向齿顶宽条件等对齿轮参数进行优化，得到满足要求的齿轮宏观参数。

3）齿轮微观参数设计。

齿轮的工作条件决定了齿轮副的侧隙。设计中所选的最小极限侧隙应足以补偿齿轮传动时温度上升所引起的变形并保证正常的润滑。应根据使用要求、工艺水平、成本等确定齿轮等级。前期根据仿真软件对齿轮进行修形，后期根据试验情况对修形进行调整。

4）齿轮校核。

① 齿轮接触强度采用赫兹应力评价齿面接触强度，计算接触应力 σ_H 取小轮/大轮单对齿啮合区内界点处应力，小轮和大轮的接触极限应力须分别计算。具体参照 GB/T 3480 渐开线圆柱齿轮承载能力计算方法。

② 齿轮弯曲强度采用齿根弯曲应力评价轮齿弯曲强度，计算齿根应力 σ_F 时取载荷作用于单齿啮合区外界点时的最大齿根应力，小轮和大轮的弯曲极限应力须分别计算。具体参照 GB/T 3480 渐开线圆柱齿轮承载能力计算方法。

当齿轮在多工况载荷下工作时，应按 Palmgren-Miner 准则校核齿轮在不同工况下的应力以及根据疲劳累积损伤计算出的强度安全系数。

（6）轴的设计、校核

1）轴的材料和毛坯选取。

轴所承受的载荷复杂多变，因此轴的材料应具有高强度、抗冲击、耐磨损等较好的综合力学性能。毛坯的选择主要取决于形状、功能、承载等因素，一般采用锻件。

2）轴的设计原则。

① 通过紧凑的总体结构设计，减小轴承间的跨距。

② 各轴段的刚度分布应均匀，直径相差较大的相邻轴径之间应增加过渡直径段。过渡部分最好采用锥形设计，或采用大的曲率半径。

③ 与其他零件刚性连接时，可采用花键连接、过盈连接或其他精度较高的连接方式，应避免采用平键连接。

④ 轴肩处应降低切口效应。

⑤ 应减小轴上安装的零件的转动惯量。

3）轴的强度计算、校核。

轴径初步设计时，应遵循大于等于在承受纯转矩载荷下满足强度要求最小轴径的原则，依据承载纯转矩载荷估算轴的最小直径，根据实际载荷谱，详细校核轴的承载能力，对转速较高的轴应进行临界转速计算分析，具体方法参照 DIN743 并结合有限元仿真、现有产品对比进行。

（7）轴承的可靠性设计

1）轴承的选取。

轴承的选型指标有：

① 受力方向。根据受力方向和大小选择径向轴承或推力轴承。

② 极限转速。根据极限转速大小和持续时间选择用球轴承、圆柱滚子轴承还是其他轴承。

③ 根据承载能力、安装方便性、成本等选取合适的轴承和轴承厂家。

2）轴承的选取原则。

① 滚针轴承和轴套应优先考虑选配成套使用。

② 空套齿轮的支承方式应优先选用滚动轴承。

③ 高转速轴承除了进行可靠性计算外，还应进行动力学仿真。

④ 根据冷却、润滑、密封条件选取。

3）轴承的校核。

轴承的静载荷根据最大转矩校核；动载荷根据处理后的载荷谱计算各工况下的损伤，最后叠加计算。具体参照 ISO 76—2006（Rolling Bearings-Static Load Ratings）、ISO 281—2007（Rolling Bearings-Dynamic Load Ratings and Rating Life）。

（8）同步器设计规范

1）同步器设计技术要求。

同步器设计必须满足用户对换档力、换档时间、换档平顺性、二次冲击力（小于最大换档力 F_1 的 50%）的要求，且无卡滞。单个同步器设计必须满足换档寿命要求。

2）同步器初步设计。

① 摩擦锥面设计：同步环材料、锥面数、锥面角大小、锥面平均直径、锥面宽度、同步环螺纹及容油槽。

② 锁止角设计：锁止角大小、锁止面平均直径。

③ 换档行程设计。

④ 同步器滑块设计：滑块的材料、形状、大小。

⑤ 同步器花键设计：齿套与齿毂之间、同步器与轴之间的连接花键的设计及强度校核。

3）同步器细节设计。

① 同步器轴向间隙设计：各零件轴向尺寸及公差分配。

② 同步器径向间隙设计：各零件径向尺寸及公差分配。

③ 同步器其他详细尺寸设计：考虑功能、加工工艺性及装配工艺性的设计。

④ 同步器热处理方式确定。

（9）花键设计和强度校核

1）花键设计。

为了动力系统匹配的通用性、方便性，进行花键设计时应优先选用现有产品中转矩接近的花键，优先选择国标推荐的花键参数，具体可参照 GB/T 3478 圆柱直齿渐开线花键进行。

2）花键强度校核。

花键强度指标有齿面接触强度、齿根弯曲强度、齿根剪切强度、齿面耐磨损能力、长期无磨损能力。不强制要求安全系数都大于 1，可类比现有成熟的花键产品，具体参照 GB/T 17855—2017《花键承载能力计算方法》。

（10）变速器润滑

1）润滑油黏度。

选取润滑油黏度时需要综合考虑各方面因素。油膜的承载能力随着润滑油黏度的增大而提升，因此齿轮啮合需要润滑油有较高的黏度。对于轴承来说，为了在滚动体和滚道之间的接触部位形成足够厚的油膜，润滑油也必须能在达到正常工作温度时保持一定的最低黏度。然而，在高速齿轮传动中，尤其是轴承载荷高和滑动轴承线速度高的情况下，轴承产生的热量较大，这就需要较低黏度的润滑油来冷却轴承。综合考虑，润滑油黏度可选取两者中的较大值，以同时满足齿轮和轴承对黏度的要求。

2）润滑形式和油量。

变速器一般采用飞溅润滑，加油量可采用试验的方法，原则上保证所有齿轮和轴承能得到充分润滑的最少油量。

（11）变速器热承载能力计算

变速器在某一稳定的油箱（池）温度下运行时，散发的热量 P_Q 等于产生的热量 P_v 的状态被称为齿轮箱的热平衡状态。变速器的功率损失计算采用机械设计标准的方法。设计手册中齿轮的功率损耗按 Anderson-Loewenthal 公式及其推衍出的公式计算。变速器的总功率损失是齿轮功率损失、轴承功率损失、油泵功率损失和油封功率损失的总和。变速器的散热量包括箱体本身的散热量 P_{Q1} 和外置冷却器的散热量 P_{Q2}（由供方提供），总散热量为

$$P_Q = P_{Q1} + P_{Q2} \tag{3-44}$$

详细参考相关机械设计手册中齿轮的功率损耗和 ISO/TR 14179-1—2004（Gear Reducers-Thermal Capacity）。

（12）换档操纵机构设计

对于纯电动汽车，由于电机转速范围远比发动机宽，且电机高效区较宽，所以纯电动车型通常采用较少的档位。目前市场上，小型纯电动车型通常用减速器，中型纯电动车型通常用两档变速器，只有在爬坡度要求较大且最高车速较高的大型车上才会用多档位变速器。

两档变速器由于只有两个换档位置，故只需要一个换档电机即可实现。而多档变速器则需要两个电机才能实现换档。

无论两档变速器还是多档变速器，纯电动车型的典型应用都是驱动电机输出轴通过花键连接变速器的输入轴。

1）两档变速器换档操纵机构设计。

两档变速器换档机构（图 3-19）代替机械换档机构能够根据变速器控制单元（Transmission Control Unit, TCU）的控制要求快速准确地完成换档动作。换档部分主要由换档驱动电机、蜗杆、蜗轮、缓冲组件、齿轮轴和角位移传感器组成。两档变速器利用齿轮齿条配合的方式，将换档驱动电机的转动实现为进出档所需要的平动，其内部结构如图 3-20 所示。

图 3-19 两档变速器换档机构总成三维图

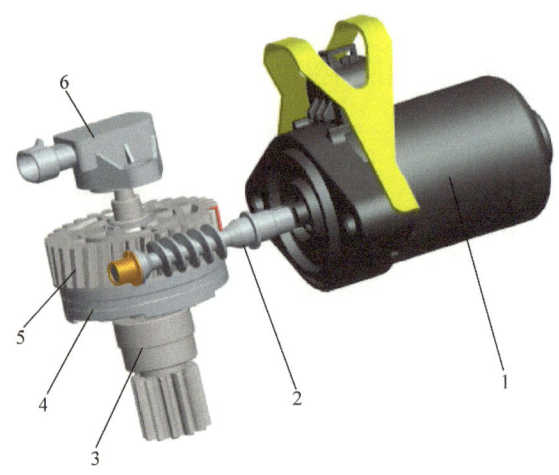

图 3-20 两档变速器换档机构内部结构

1—换档驱动电机 2—蜗杆 3—齿轮轴 4—缓冲组件 5—蜗轮 6—角位移传感器

两档变速器换档机构采用的是蜗轮蜗杆传动，驱动电机直接驱动蜗杆，蜗杆带动蜗轮转动，蜗轮通过缓冲组件与齿轮轴接合，齿轮轴随蜗轮转动，进而带动换档轴齿条平动，齿轮轴直接连接传感器，将角位移信号传递给传感器。两档变速器换档机构动力传动路线如图 3-21 所示。

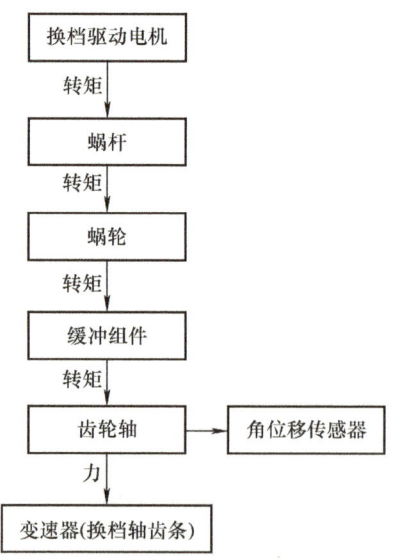

图 3-21 两档变速器换档机构动力传动路线

2）XY 轴式选换档操纵机构设计。

XY 轴式选换档机构（图 3-22）代替机械换档机构能够根据 TCU 的控制要求快速准确地完成选换档动作。其中换档部分主要由换档驱动电机、滚珠丝杠副、推块、主轴、换档拨头和角位移传感器组成，选档部分由选档驱动电机、蜗轮蜗杆、齿轮齿条、选档拨头和角位移传感器组成。其内部结构如图 3-23 所示，其动力传动路线如图 3-24 所示。

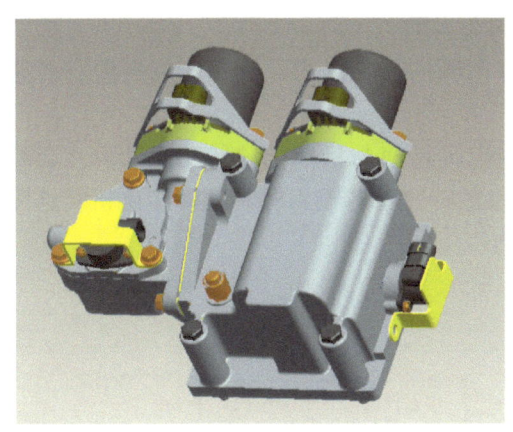
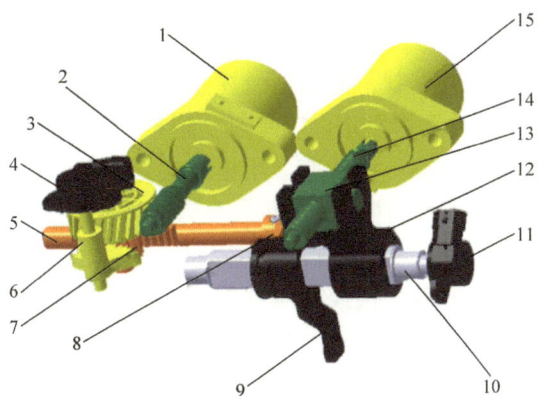

图 3-22 XY 轴式选换档操纵机构三维图

图 3-23 XY 轴式选换档机构内部结构

1、15—选换档驱动电机　2—选档蜗杆　3—选档蜗轮
4、11—选换档位置传感器　5—选档齿条
6—选档传感器扇齿　7—选档齿轮　8—选档拨头
9—换档拨头　10—主轴　12—推块
13—滚珠丝杠螺母　14—滚珠丝杠

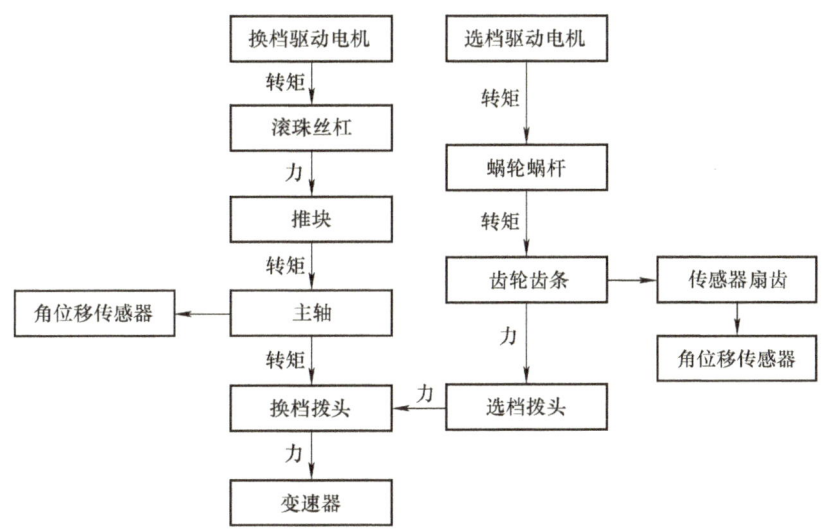

图 3-24 XY 轴式选换档机构动力传动路线

3. 变速器换档控制

（1）换档点的选择

基于 AMT 纯电动汽车，VCU 换档点的设定主要考虑动力源的转速保护、车辆动力性、换档是否频繁、经济性等因素。按以下步骤计算 VCU 的换档点：

① 根据输出轴转速，由瞬时能量最优（ECMS）策略计算出能够使动力源工作在较优经济区域的初始换档点。若为单电机驱动的纯电动汽车，则以电机的经济区域为基准进行计算；若为多个电机构型的纯电动汽车，则综合考虑各个电机的经济区域。

② 计算能够满足驾驶人需求转矩的档位限制。

③ 为避免换档过于频繁，VCU 根据实际的在档时间对换档点进行限制，从上一个进

档完成开始计时，一段时间内禁止换档，档位限制为当前档位。

④ 通过当前车速、坡度、加速度等参数计算车辆的行驶阻力。计算能够克服行驶阻力的档位限制，根据档位显示来决定换档点。

⑤ 通过电机的转速限制降档点。根据当前输出轴转速与目标档位传动比计算在目标档位上的输入轴转速。用电机的最高转速限制输入轴转速，若输入轴转速高于电机转速限制，则不允许降档。

（2）换档过程控制

变速器换档控制流程如图 3-25 所示。

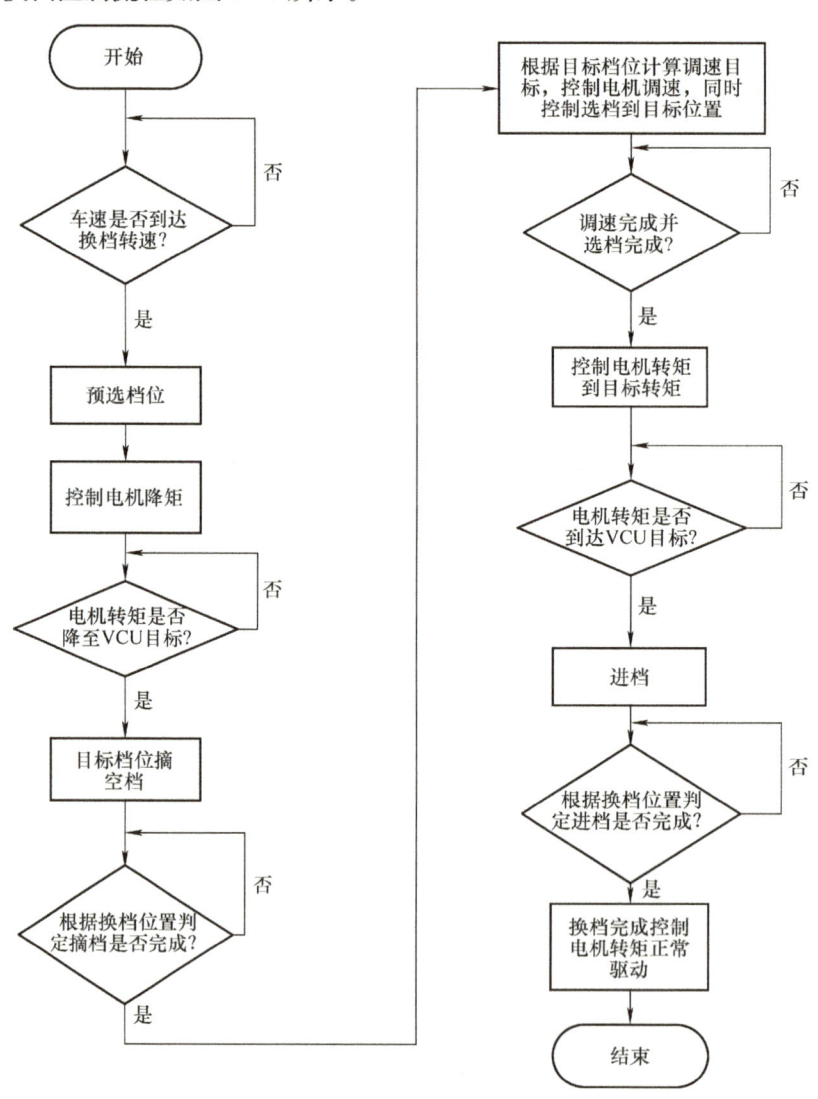

图 3-25　变速器换档控制流程

（3）AMT 换档策略案例介绍

下面以单电机 +AMT 换档策略开发为例对 AMT 变速器换档策略进行简介。

电驱动系统+AMT的纯电动客车的动力传动系统的工作原理如图3-26所示。AMT控制器根据操纵手柄位置、制动信号、电机转速和加速踏板位置计算合适的档位。当需要进行换档操作时，AMT控制器会控制电机控制器的工作模式、转速和转矩，进而通过电动选换档实现换档操作。换档过程中对电动选换档执行机构和整车驱动电机进行准确控制，以保证整车的舒适性和动力性。

通过电机控制系统与传动控制系统一体化控制技术，纯电动客车AMT动力传动系统可省去离合器，驱动电机与变速器直接连接。

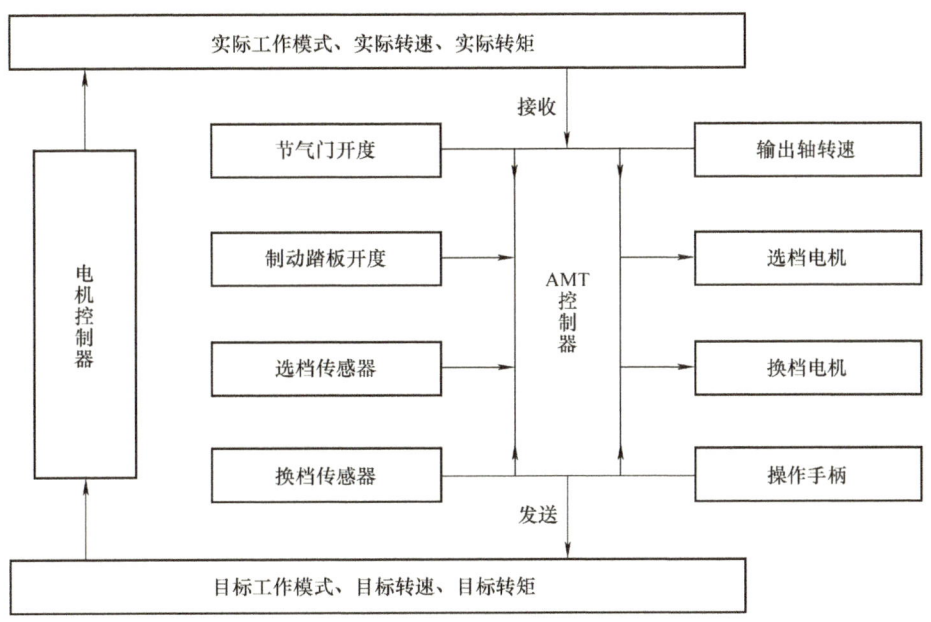

图3-26 纯电动客车动力传动系统的工作原理

动力传动系统简化模型如图3-27所示，J_1为换算至变速器输入轴（无离合器时等同于电机转子）上的转动惯量；J_2为换算至变速器输出轴上的转动惯量；ω_e、ω_1和ω_2分别为电机、变数器输入轴角速度和输出轴的角速度；M_e、M_1和M_2分别为电机的输出转矩、变速器输入轴转矩及输出轴转矩；M_d为地面阻力矩；i_g为变速器传动比；i_0为主减速器传动比。如果无离合器，则$M_e = M_1$，$\omega_e = \omega_1$。换档过程分为下述几个阶段。

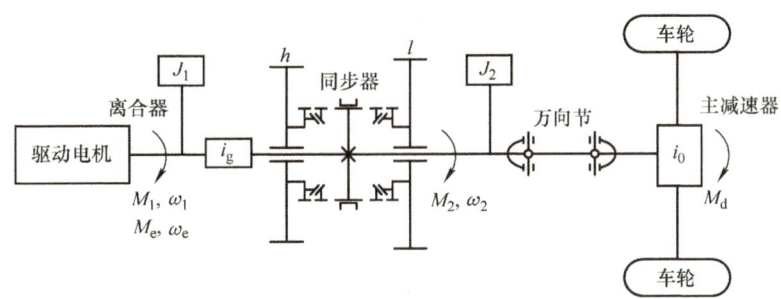

图3-27 动力传动系统简化模型

1）换档前。

此阶段电机动力输出端至车轮间的运动学和动力学关系是确定的，即

$$J_1\omega_1 = M_1 - M_2/i_{g0} \tag{3-45}$$

$$J_2\omega_2 = M_2 - M_d/i_0 \tag{3-46}$$

式中 i_{g0}——变速器原档位传动比。

2）摘空档。

此阶段电机动力输出端至车轮间的运动学和动力学关系仍如式（3-45）和式（3-46）所示。但通过主动控制，控制电机输出转矩减小至0，此时变速器的输入轴转矩较小，输入轴和输出轴齿轮间啮合力较小，可以实现摘空档操作。

3）空档。

此阶段电机与汽车间的动力传递完全被切断。在此阶段对驱动电机进行调速，调速的目标是使同步器主、从动部分的转速满足新档位传动比的要求，这时才可以进行换档。目标调速值的计算值为

$$\omega_{aim} = \omega_2 i_{gn} \tag{3-47}$$

式中 i_{gn}——变速器目标档位传动比。

在空载状态下，驱动电机可实现转速的快速调整，通过电机控制器主动控制 ω_1 达到期望的 ω_{aim}，即通过电机控制器控制电机转速实现主动同步。摘空档后还应同时进行选档操作。

$$J_1\omega_1 = M_1 \tag{3-48}$$

$$J_2\omega_2 = -M_d/i_0 \tag{3-49}$$

4）换档。

当电机转速接近目标调速值后，再次控制电机输出转矩为0，进行换档操作。换档阶段可以分为同步器同步阶段和换入目标档阶段。在同步阶段有

$$J_1\omega_1 = \lambda M_s/i_{gn} \tag{3-50}$$

$$J_2\omega_2 = -\lambda M_s - M_d/i_0 \tag{3-51}$$

式中 λ——符号函数的值，$\lambda=\mathrm{sgn}(i_{gn}-i_{g0})$，$\mathrm{sgn}(x)$ 为符号函数，升档时 $\lambda=-1$，降档时 $\lambda=1$。

显然，如果 J_1 足够小，同步力矩 M_s 就可以实现快速同步。电机调速后达到的转速与目标转速越接近，同步力矩 M_s 越小。

当转速完全同步后，可顺利挂入目标档位，此时有

$$J_1\omega_1 = -M_2/i_{gn} \tag{3-52}$$

$$J_2\omega_2 = M_2 - M_d/i_0 \tag{3-53}$$

5）换档后。

此阶段与换档前相同，汽车恢复正常行驶状态通过AMT控制器和电机控制器的一体化控制，可以实现无离合器换档。但这对电机控制器的控制提出了更高的要求，如要有短的调速时间和精准的调速转速，以保证换档速度、减小换档冲击和同步器滑摩等。单电机+AMT

换档控制流程如图3-28所示。

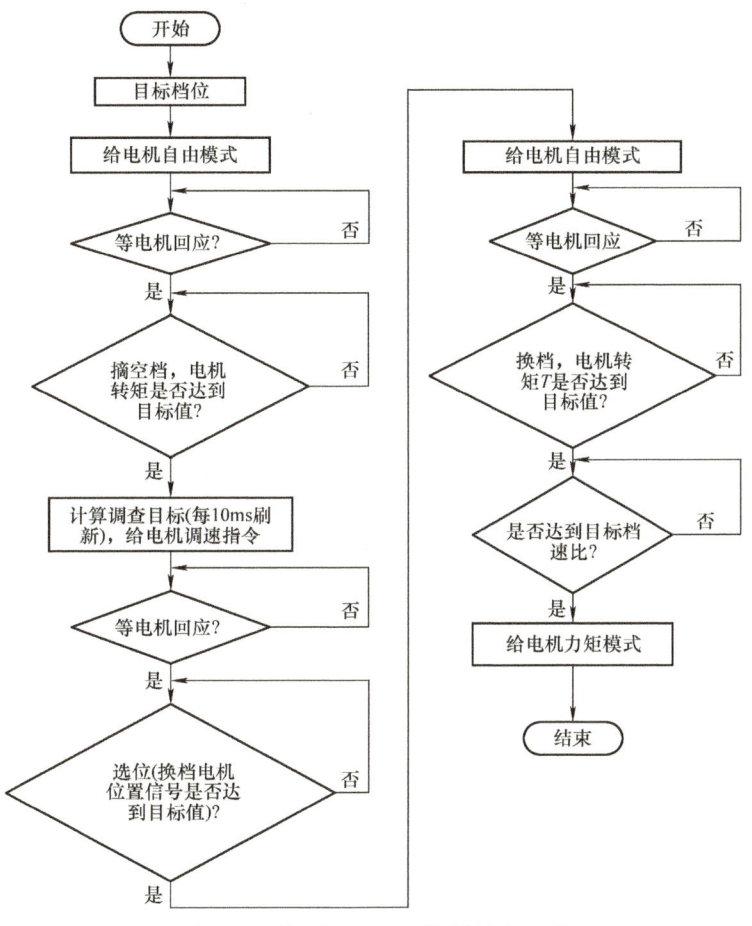

图3-28 单电机+AMT换档控制流程

4. 变速器总成试验

（1）静扭强度试验

1）试验条件。

输出轴固定，输入轴扭转转速不超过15r/min。输入轴和输出轴只承受转矩，不允许有附加的弯矩作用。轮齿受载工作面与正驱动工况相同。

2）试验步骤。

将变速器接入最低档，开机加载，直至损坏或达到规定的转矩为止，然后卸载到0，记录出现损坏或达到规定的转矩时的输入转矩及转角。每台测试一次，测三台，取最小值。

3）试验结果。

静扭强度后备系数K为

$$K = \frac{M}{M_{cmax}} \tag{3-54}$$

式中 M——试验结束时记录的转矩；

M_{cmax}——最大输入转矩。

（2）疲劳寿命试验

1）试验条件。

试验油温为80℃±5℃，通过LDD算法对变速器进行路谱分析，并结合材料的 S-N（应力极限对应循环次数）曲线确定循环次数及对应的转矩。台架考核寿命按照设计寿命进行。试验按先正转后反转的顺序，整个试验可分为十个循环进行。

2）试验结果。

按规定的疲劳寿命试验指标或根据需方要求完成试验，主要零部件不应有损坏，如断裂、齿面严重点蚀（点蚀面积超过 $4mm^2$ 或深度超过 0.2mm）、剥落、轴承卡滞等。变速器疲劳寿命指标中的输入转矩、输入转速及循环次数应根据变速器的设计寿命及使用工况进行确定。某两档AMT变速器的疲劳寿命指标见表3-11。

表3-11 某两档AMT变速器的疲劳寿命指标

档位	转矩	转速	正转正驱/循环次数	正转反驱/循环次数	反转反驱
一档	电机最大转矩	最大转矩点对应的最高输入转速	$3×10^6$	$0.5×10^6$	—
二档	电机最大转矩	最大转矩点对应的最高输入转速	$4.8×10^7$	$0.43×10^7$	—

（3）动态密封试验

1）试验目的。

考核变速器总成的密封性能。

2）试验方法。

① 动态密封性能。起动变速器试验台，使变速器输入转速为设计最高输入转速。按表3-12所规定的顺序和条件完成五个循环，整个试验过程中各密封件不应有"滴"状渗漏油发生。若有条件，则可在试验过程中增加喷淋试验。

表3-12 动态密封性能试验条件

试验阶段	旋转方向	试验油温	输入转速	每循环试验时间/h
1	正转	90℃±5℃	最高输入转速	13
2	反转	90℃±5℃	最高输入转速30%	0.4
3	正转	设计最高许用油温（110℃）	最高输入转速	5
4	反转	设计最高许用油温（110℃）	最高输入转速30%	0.2
5	冷却阶段		0	3.5

② 气密法。将有碍变速器内部升压的通口均以堵塞或密封装置密封，将压力不小于25kPa的滤水压缩空气平缓送入变速器内，并关闭送气阀6s，测定其内压力。内压力下降不大于10%为合格。

③ 浸水法。将有碍变速器内部升压的通口均以堵塞或密封装置密封，将压力不小于22kPa的滤水压缩空气送入变速器内。在连续通气的情况下将总成没入具有防锈功能的溶液中，无明显气泡溢出为合格。

（4）传动效率试验

① 按规定加注润滑油。

② 试验转速：从500r/min到最高输入转速范围内均匀取五个转速，其中应包含最高输入转速。

③ 试验需测试的转矩：输入转矩为变速器最大输入转矩的50%、100%。

④ 将油温控制在变速器工作温度范围下进行试验（例如：60℃±5℃、80℃±5℃、100℃±5℃）。

⑤ 试验仅测量正转方向，结合转速、转矩、油温组合的要求依次测定。

⑥ 试验结果处理。

将所测得的结果绘制成正转在试验温度下，传动效率-转速、传动效率-转矩的曲线图；变速器综合传动效率取同温度下不同转速及不同转矩下所有检测的传动效率的平均值，按式（3-55）计算判定。

$$\eta = \frac{\sum_{m=1}^{2}\sum_{n=1}^{5}\eta_{mn}}{10} \tag{3-55}$$

式中　η——五种试验转速在两种转矩下所测的传动效率的平均值，即变速器综合传动效率。

（5）噪声试验

1）噪声测试。

① 试验测量场所要求。在消声室内测量。在无消声室的情况下，测量时应选在本底噪声和反射声影响较小的室内进行。测量场地周围2m之内不得放置障碍物，测量试验台与墙壁之间的距离不得小于2m，变速器输入轴线距地面距离不得小于400mm。

② 加载噪声试验步骤。在正式测量变速器噪声之前应先测量本底噪声。测量方法：将被测变速器安装到试验台之前，按表3-13规定的测量距离在变速器上、左、右、后四处布置噪声检测仪器。噪声检测仪器指向变速器输入轴轴线，其中左、右、后三处检测仪器应与输入轴轴线在同一水平面上，上方传感器应垂直指向输入轴轴线。这时按表3-13规定的转速和测距测量的噪声即为本底噪声。

油温升到60℃±5℃时，按表3-13规定测量并记录噪声值，测试持续时间不小于30s。

表3-13　噪声测试条件

旋转方向	测试距离/mm	输入转速/(r/min)	输入转矩/N·m
正转正驱	1000±10	70%设计最高转速±10	最大输入转矩的10%、20%及对应最大功率点的转矩
正转反驱	1000±10	70%设计最高转速±10	最大输入转矩的10%、20%及对应最大功率点的转矩
反转	1000±10	30%设计最高转速±10	最大输入转矩的10%、20%、30%、40%±5%及对应最大功率点的转矩

③ 试验结果：使用"A计权网络"进行评价。对于噪声检测仪器，当数值波动小于3dB时，应取最大值、最小值的平均值；当数值波动大于3dB时，应取最大值、最小值的均方根值；当被测变速器各测点所测的噪声值与该点的本底噪声值之差小于3dB时，该测量值无效；当数值等于3~10dB时，按表3-14修正。

变速器噪声以四测点中最大读数并经修正后的值作为噪声值。

2）滑行噪声试验。

① 试验流程。将变速器安装在试验台上，变速器输入端装有驱动装置，输出的两端装有储能飞轮半轴机构，按规定加注润滑油。开启驱动装置，由变速器带动半轴机构转动，当输入转速达到3000r/min时，测取噪声值。迅速切断动力，由储能飞轮带变速器运转，从切断动力瞬间开始测取噪声值，直至变速器停止转动。

表3-14 声级计修正 （单位：dB）

声级差	修正值
3	-3
4	-2
5	-1
6	-1
7	-1
8	-1
9	-1
10	0

② 试验结果。记录变速器切断动力前和切断动力后的噪声值。

（6）高速性能试验

高速性能测试试验条件详见表3-15。

表3-15 高速性能测试试验条件

旋转方向	输入转速/（r/min）	最大输入转矩/N·m	持续时间/h
正转	最高输入转速±5%	最大功率点转矩±5%	≥5
反转	最高输入转速50%±5%	额定功率点转矩±5%	≥0.17（10min）

（7）超速性能试验

将变速器安装在试验台上，按规定加注润滑油，试验油温90~110℃。按表3-16规定的旋转方向和输入转速，运转到规定的时间。

表3-16 超速性能试验方法

旋转方向	输入转速/（r/min）	最大输入转矩/N·m	持续时间/min
正转	最高输入转速120%±5%	空载	≥2

（8）高温性能试验

① 按规定加注润滑油。

② 在整个试验期间变速器的油温不低于设计最高许用温度的120%。

③ 变速器在输入转矩为最大输入转矩的50%、额定功率点对应转速的工况下运转。

在2h试验期间内，如果没有发生渗漏油现象，且轴承、齿轮、油封等零件没有发生烧蚀或影响变速器运转的损坏，则说明变速器试验合格。

（9）温升性能试验

① 环境温度保持为25℃±5℃，从油温与环境温度相差±2℃开始试验。

② 测量整个试验期间变速器的油温，测量的时间间隔不超过10min。

③ 变速器在额定功率情况下，每个档位以最高输入转速运转。

④ 记录整个试验过程中变速器油温的变化情况。温升性能判定按表3-17的规定进行。

表 3-17 温升性能判定

试验时间	油温	判定
2h	在 2h 内稳定在最高许用油温以下的某个温度 0.5h 以上	合格
	不高于最高许用油温	合格
	高于最高许用油温	不合格

（10）换档寿命试验

1）试验设备：一般采用换档试验台或专用的同步器性能试验台。换档机构采用 AMT 上的原装换档电机。

2）试验步骤。

① 将电机 + 变速器安装在试验台上，按规定加注润滑油。

② 试验油温不进行控制，但不得高于 90℃。

③ 换档频率不高于 10 次 /min。

④ 换档转速同实车标定的转速点，并按照实际最大转速滑差点。

⑤ 试验时可采用相邻两档间交替换档或单向换档方式进行。

⑥ 直至换档机构出现失效（出现换档失效或连续五次出现换档冲击声）或达到规定的换档次数时停止试验，并记录换档次数或试验时间。

⑦ 换档机构失效后，更换新的换档机构，用之前的换档电机继续试验。

⑧ 记录试验完成后的换档次数。

按照上述规定的方法进行试验，试验期间任一档不得出现失效（连续三次挂档或摘档失败）或连续五次冲击声，定义 1 档—2 档—1 档为一次；换档寿命不低于设计要求，试验完成后齿套、接合齿、拨块等零件不应有烧蚀或影响变速器正常换档的损坏。

（11）清洁度检测

按照 QC/T 572—1999《汽车清洁度工作导则 测定方法》的规定进行检测：
变速器总成不解体清洁度为

$$G \leq KL_e \tag{3-56}$$

式中　G——实测的变速器总成杂质质量（mg）；

　　　K——清洁度客观评价系数，此处 K=50mg/L；

　　　L_e——变速器总成润滑油额定容积（L）。

3.1.2.3　电机 + 减速器

1. 三合一电驱动系统介绍

电动汽车三合一技术是指将电控单元、电机和减速器集成为一体的技术。随着计算机技术与电气技术的不断发展，集成化设计将成为未来的趋势，尤其适用于轿车和轻型商用车。在这一领域国内厂商有所涉及，国外的吉凯恩（GKN）、采埃孚（ZF）、博世等公司相对走在前列。如图 3-29 所示，比亚迪公司的三合一电驱动桥将电机、电控单元和减速器置于同一封装空间。

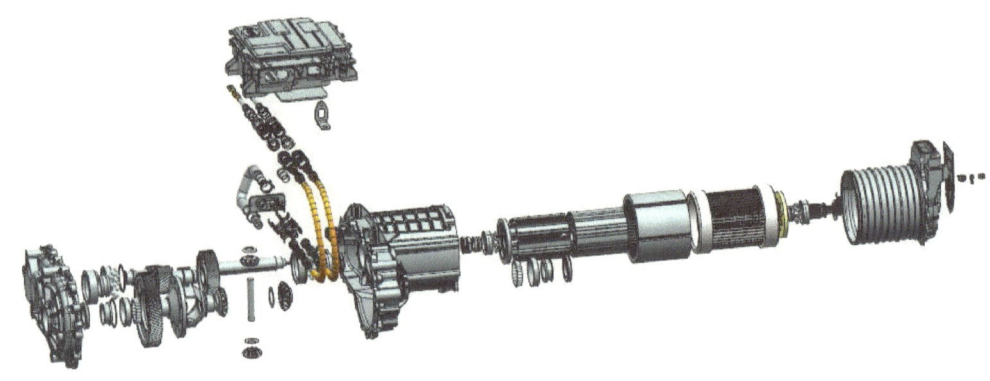

图 3-29 比亚迪公司的三合一电驱动桥

经过优化的电动轴驱动系统已装备于小型汽车，采用轻量化设计的传动部件实现了 12.5 ：1 的传动比，这种设计可适应更高的电机转速。该系统可提供高达 2000N·m 的转矩和 70kW 的功率，足以使车辆在纯电动模式下达到 125km/h 的最高速度。此外，在全轮驱动（AWD）模式下，纯电动模式的提速能力比传统机械系统的强很多。整套装置的质量只有 20.2kg 且体积较小，长为 457mm，宽为 229mm，高为 259mm，便于在有限空间内安装。在不需要纯电动或混合动力驱动时，可以通过一个集成的切断装置（机电驱动离合器）将电机从传动系统中断开。GKN 还对齿轮和轴承布置进行了优化，以实现更高的效率、更好的 NVH 性能和耐久性。

2. 电机 + 减速器驱动系统参数选定及校核

电机 + 减速器驱动系统与电机 + 变速器驱动系统的构型类似，不同之处是采用高转速电机，将变速器换为固定速比的减速器，驱动电机通过减速器和后桥主减速器驱动车辆行驶。相对于电机直驱而言，增加固定速比减速器，可大幅降低电机转矩，进而降低电机的重量和成本。固定速比减速器加速平顺，不存在动力中断，且由于高转速电机高效区范围更宽，整车能耗也具备优势，所以可在传统燃油汽车的基础上对动力系统进行改造。

图 3-30 所示是电机 + 减速器驱动系统的选定及校核流程图，主减速器速比的确定方法和电机直驱系统相同。在主减速比 i_0 已知的前提下，确定主减速器输入端的动力需求和电机功率。

（1）主减速器输入端动力需求的确定

由第 2 章已知的整车中轮端的最高转速和基速可求得主减速器输入端的最高转速 n_{m0} 和基速 n_{e0}：

$$n_{e0} = i_0 n_j \quad (3\text{-}57)$$

$$n_{m0} = i_0 n_m \quad (3\text{-}58)$$

同样，根据第 2 章所述的整车转矩需求，求得主减速器输入端的峰值转矩 T_{m0} 和额定转矩 T_{e0}：

$$T_{m0} = \frac{T_m}{i_0 \eta} \tag{3-59}$$

$$T_{e0} = \frac{T_e}{i_0 \eta} \tag{3-60}$$

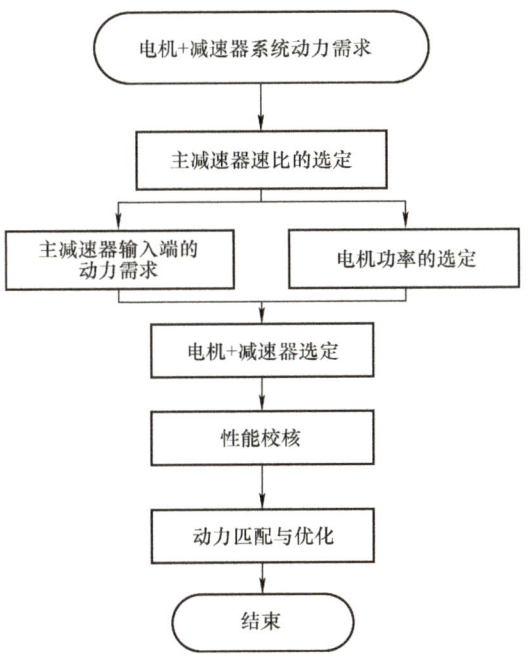

图 3-30　电机 + 减速器驱动系统的选定及校核流程

（2）电机功率的确定

根据已求出的满足要求的驱动系统的额定功率 P_{e0} 和峰值功率 P_{m0} 可得

$$P_{e0} = \frac{P_e}{\eta} \tag{3-61}$$

$$P_{m0} = \frac{P_m}{\eta} \tag{3-62}$$

式中　η——主减速器的传动效率。

（3）电机和减速器的选定

根据上述参数选取电机和减速器。驱动系统的总功率需求一定，为保证动力系统输出端的转矩和转速，大速比减速器要匹配中高速小转矩电机，小速比减速器要匹配中低速大转矩电机。

中高速电机的转速高，体积小，功率密度高，可以有效地节约材料，但对电机温升性能、NVH 性能要求较高。与之匹配的大速比减速器输入端的转速高、输出端的转矩大，对轴承、齿轮的可靠性要求较高。中低速电机技术较为成熟，但是电机的体积大，功率密度低，高效区范围较窄，工况适应性差。

除此之外还要结合整车布置方式、空间尺寸约束来进行选择。

3. 系统减速器设计要点

减速器是纯电动汽车发展过程中新设计的重要总成之一，它把电机与车轮刚性地连接起来。通过减速增矩来保证汽车的正常行驶。试验表明，减速器对汽车的行驶动力性、经济性、通过性等多种使用性能都有重要影响。

（1）减速器的种类

当前匹配电驱动系统的单档减速器按照齿轮布置方式划分为两类：定轴齿轮减速器和行星轮减速器。其中定轴齿轮减速器又可分为平行轴式单级定轴齿轮减速器、平行轴式双级定轴齿轮减速器（图 3-31a）和同轴双级定轴齿轮减速器三类。

当前定轴齿轮减速器应用较为广泛，它具有结构简单、可靠性高、成本低、转矩容量大的特点。行星轮减速器（图 3-31b）的优势在于布置灵活、布置空间较小、速比调节方便等，但成本相对较高，转矩容量较低。

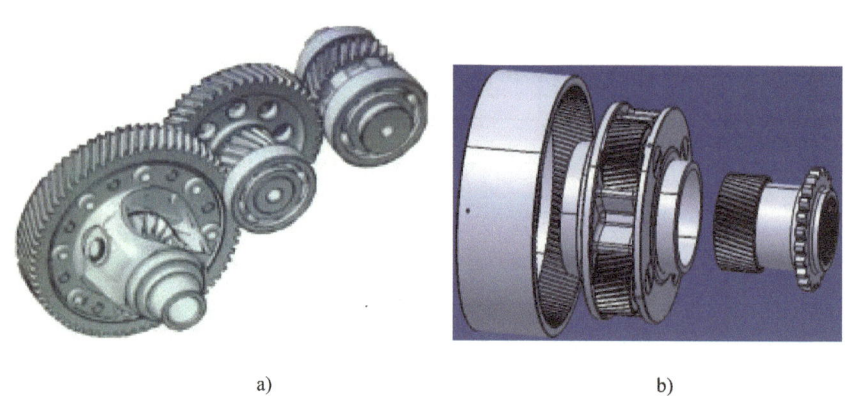

图 3-31 单档减速器

a）平行轴式双级定轴齿轮减速器示意图　b）行星轮减速器示意图

（2）减速器设计开发流程

减速器的开发是一个复杂的系统工程，需要参与的工作较多，需要有完善的开发流程进行支撑。减速器设计开发流程如图 3-32 所示，设计规范可参照 3.1.2.2 小节中 AMT 变速器设计规范进行。

4. 减速器总成试验

减速器的静扭强度试验、动态密封试验、传动效率试验、噪声试验、高速性能试验、超速性能试验、高温性能试验、温升性能试验、清洁度检测均可参照 3.1.2.2 小节中变速器总成试验进行。

（1）疲劳寿命试验

减速器疲劳试验条件和试验结果与两档（多档）变速器一致，但因减速器为固定速比，故疲劳试验指标稍有不同。纯电动乘用车减速器疲劳寿命指标见表 3-18，具体细节可参照 QC/T 1022—2015《纯电动乘用车用减速器总成技术条件》中的疲劳寿命试验。

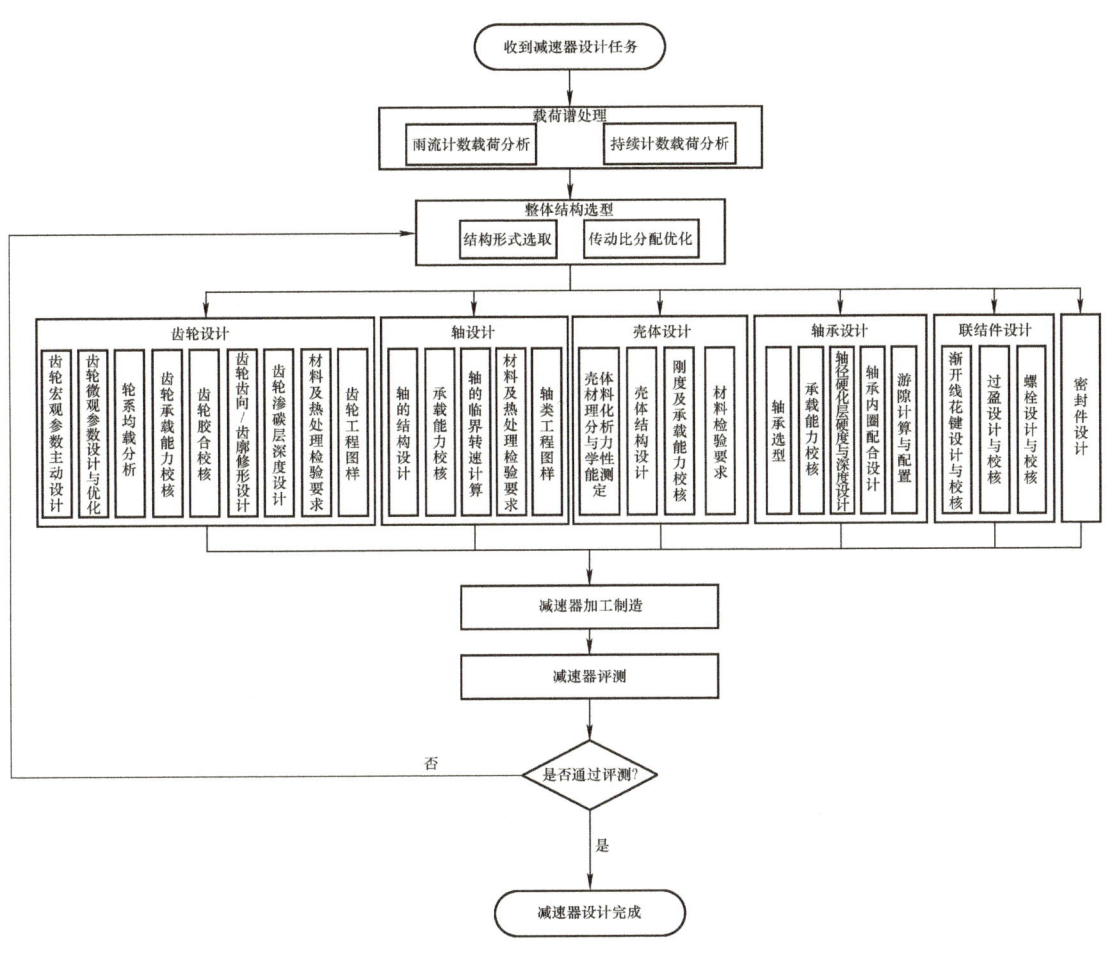

图 3-32 减速器设计开发流程

表 3-18 纯电动乘用车减速器疲劳寿命指标

试验条件				寿命指标－输出端转速/（r/min）		
				正转正驱动	正转反驱动	反转正驱动
高扭工况	1	输入转速	最大功率点转速 ×（1±5‰）	≥80×10⁵	—	0.35×10⁵
		输入转矩	最大输入转矩 ±5N·m			
	2	输入转速	（最大功率点转速 ÷ 减速比）×（1±5‰）	—	≥10×10⁵	—
		输入转矩	（最大输入转矩 × 减速比）±5N·m			
高速工况	3	输入转速	最高输入转速 ×（1±5‰）	≥40×10⁵	—	—
		输入转矩	最大功率点转矩 ±5N·m			

注：1. 高扭工况中最大功率点转速是指最大输入转矩时最大功率下的转速，高速工况中最大功率点转矩是指最高输入转速时最大功率下的转矩。
2. 乘用车、商用车、载货车等其他类型的车辆因实际运行工况及设计寿命不同，各个工况下的正转正驱、正转反驱、反转正驱的循环次数也有所不同，计算疲劳寿命时请根据实际的设计目标进行验证。

（2）差速可靠性试验
若减速器带有差速器，则需要进行差速可靠性试验，试验规范如下。

1）磨合。保持其中任一个输出端固定不能转动，另一个输出端可自由转动；油温控制在 95~105℃，正转，空载；以（2000±10）r/min 的输入转速运转不少于 30min，磨合完成后更换润滑油。

2）试验流程。将减速器安装在试验台上，按规定加注润滑油，将试验油温控制在 90~110℃。

① 高速低扭工况。正转，保持最高输入转速的 50%~55%、最大输入转矩的 25%~35%，其中任一个输出端固定不能转动，另一个输出端可转动，时间不少于 30min（15min 后可将固定端和转动端对调）。

② 低速高扭工况。正转，保持最高输入转速的 20%±10r/min，差速率 12%~15%，输入转矩按表 3-19 所规定的顺序和条件进行试验，每一循环的时间不大于 3min，总循环次数不少于 200 次。

表 3-19 低速高扭试验条件

试验阶段	输入转矩 /N·m	试验时间 /min
1	从 0 升到 75% 最大输入转矩 ±5N·m	≤ 1
2	75% 最大输入转矩 ±5N·m	≥ 1
3	从 75% 最大输入转矩 ±5N·m 降到 0	≥ 1

3.1.2.4　电机＋车桥（同轴、平行轴集成式电驱动桥）

集成式电驱动桥是近几年兴起的新型驱动构型，与传统集中式驱动构型相比，减少了传动轴、主减速器等机构，把高转速电机和减速器/变速器与车桥集成，使动力传动系统大幅简化，提升了底盘总装效率，具有结构紧凑、传动效率高、质量小、体积小、安装方便等优点。但因为电机和减速器集成到车桥，所以增加了簧下质量，降低了整车平顺性。图 3-33 所示为同轴式驱动桥，图 3-34 所示为平行轴式驱动桥。

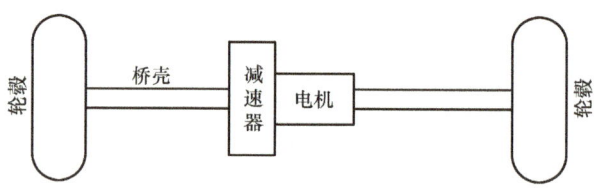

图 3-33　同轴式驱动桥

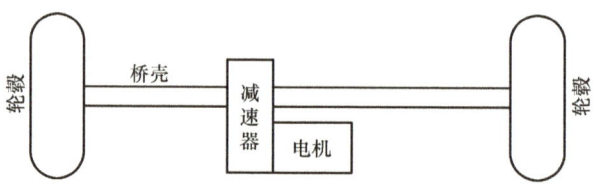

图 3-34　平行轴式驱动桥

1. 电机＋车桥系统选定和校核

电机＋车桥系统选定和校核流程如图 3-35 所示。电机＋车桥系统没有主减速器

（$i_0=1$），系统选定及校核过程选定同电机＋减速器系统的选定。

2. 同轴式驱动桥设计要点

（1）驱动桥壳设计

驱动桥是车辆的主要零件之一，图3-36所示为一种同轴式电驱动桥构型。桥壳既是底盘的承力部件，也是传动系统的壳体，故驱动桥壳的设计非常重要，应满足以下条件：

① 有足够的强度和刚度：驱动桥壳要承受作用于路面和车架或车身之间的垂向力、纵向力和横向力，以及制动力矩和反作用力，因此须保证足够的设计强度。

② 在满足强度和刚度的前提下尽量降低驱动桥重量：因同轴式驱动桥布置在整车簧下，对整车的平顺性有不良影响，故应进行桥壳轻量化设计。

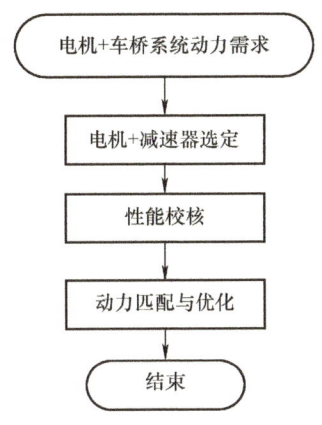

图3-35 电机＋车桥系统选定及校核

③ 驱动桥设计完成后，须与整车驱动系统进行模态分析，避免整车底盘系统共振。

④ 为便于工艺加工实现，结构设计须尽量简单。

⑤ 维修方便性：驱动桥设计时需考虑便于维修、拆卸。因动力系统集成于驱动桥内，一旦有零部件损坏，须拆卸驱动桥壳进行维修，故易损件应布置在易检修位置。

⑥ 根据驱动桥搭载车型、使用工况合理性选取驱动桥壳材料及加工工艺。

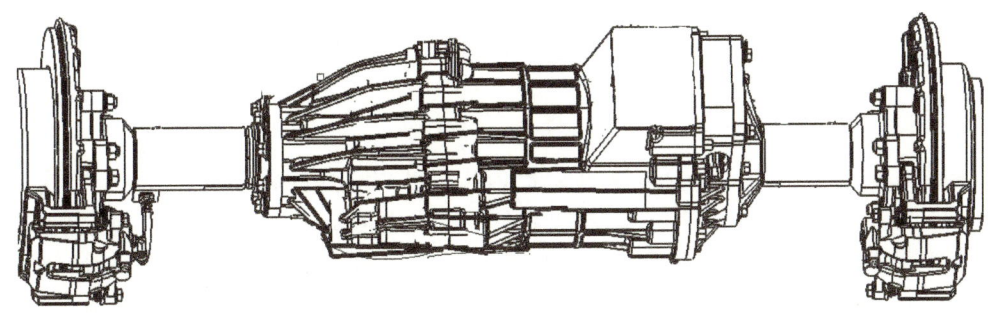

图3-36 同轴式电驱动桥构型

（2）驱动桥其他参数设计

电机、控制器、减速器相关参数可根据需求参数、参考3.1.2.4小节中的电机＋车桥系统选定及校核进行确认。

电机系统及减速器设计可参照3.1.2.1小节中系统电机设计要点和3.1.2.2小节中系统减速器设计要点。

（3）驱动桥验证

驱动桥的试验可参照QC/T 533—1999《汽车驱动桥台架试验方法》、QC/T 534—1999《汽车驱动桥台架试验评价指标》，以及3.1节的相关内容进行综合验证。

3.1.2.5 其他集中式驱动构型

在单电机直驱系统构型的基础上开发的双电机串联直驱系统（图 3-37），能满足对动力性需求更高的大爬坡工况。与电机 +AMT 变速器系统相比，双电机串联直驱系统无换档动力中断，平顺性好，可靠性好。

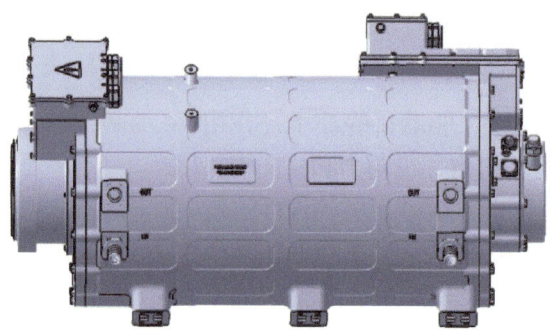

图 3-37 双电机串联直驱系统

3.1.3 分布式驱动设计

① 动力系统设计：由于轮边动力系统的深度集成，各个零部件总成需要高度配合，特别是电机与减速器，由于涉及转矩及转速的传递，如果配合不好，就会影响动力系统的 NVH 性能及疲劳寿命。

② 零部件设计：电机及减速器设计规范可参照 3.1.2 节的内容。

3.1.3.1 轮边驱动（独立悬架、刚性桥）

与集中式驱动系统相比，轮边驱动系统（图 3-38）将动力系统深度集成于轮边，简化传动系统，提高传动效率，多用于纯电动客车，可实现低地板大通道宽度。轮边驱动系统便于实现电子差速与转矩协调控制，可回收制动能量，具有能量利用率高的独特优势。轮边驱动系统相对于电机直驱系统具有以下优点：

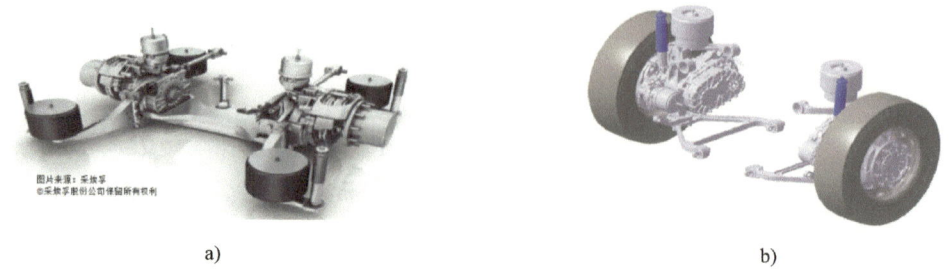

a)   b)

图 3-38 轮边驱动系统
a）轮边驱动刚性桥系统   b）单胎独悬轮边驱动系统

① 以电子差速控制实现转弯时内外车轮不同转速运动，而且精度更高。

② 取消机械差速装置有利于动力系统减轻质量，提高传动效率，降低传动噪声。

③ 有利于整车总布置的优化和整车动力学性能的匹配优化。

④ 降低对电动汽车电机的性能指标要求，且具有冗余可靠性高的特点。

轮边驱动系统的缺点：

① 采用两个电机、两个控制器，为满足各轮运动协调，对两个电机的同步协调控制要求高，增加了电控系统的设计难度。因此将两个电机控制器融合在一起，做成双电机控制器是非常有必要的。

② 电机的分散安装布置提出了结构布置、热管理、电磁兼容以及振动控制等多方面的技术难题。

目前商用车用轮边驱动桥主要分为刚性桥和单胎独悬轮边驱动桥两种。采埃孚轮边低地板刚性电驱动桥的特点是车桥承载力大多用于 10m 及以上的商用车；单胎独悬轮边驱动桥具有重量轻、平顺性好、便于车宽布置的优势，多用于 10m 及以下商用车。

3.1.3.2 轮毂电机驱动

轮毂电机驱动作为最先进的电动汽车驱动技术，是将动力总成布置于车轮内部，动力、传动、制动装置都整合在轮毂内，将电动汽车的机械部分大大简化。轮毂电机驱动系统（图 3-39）分为两种：低速电机直驱和高速电机集成减速机构[6]。

低速电机直驱多采用低速大转矩外转子电机，转子与轮辋连接，车轮的转速与电机相同，也称外转子式轮毂驱动。但是外转子电机的结构特性决定了其体积较大，导致占用空间大、重量偏大，这是其最大的问题。

高速电机集成减速机构，即高速带减速轮毂驱动，也称内转子式轮毂驱动，是在电机和车轮之间安装固定速比减速器。为获得较高的功率密度，电机的转速可高达 10000r/min。随着结构更为紧凑的行星轮减速器的出现，内转子式轮毂电机在功率密度方面比低速外转子式更具竞争力。

轮毂驱动进一步缩短了电机到车轮的动力传动路径，减小了动力系统在轮边的占用空间。在控制方面，轮毂驱动和轮边驱动均具有力矩独立控制、整车控制性能优越、可承载更多智能驾驶功能的优点。但轮毂电机将机电结构集成于轮毂内，应用环境恶劣，振动、冲击、防水、润滑等问题导致机电耦合结构设计难度高、加工制造困难。具体设计难点如下：

① 轮毂驱动系统集驱动、制动、承载等多种功能于一体，优化设计难度大。

② 车轮内部空间有限，对电机功率密度要求高，设计难度大。

③ 电机与车轮集成导致非簧载质量较大，恶化悬架隔振性能，影响不平路面行驶条件下的车辆操控性和安全性。同时，轮毂驱动系统将承受很大的路面冲击载荷，对抗振要求较苛刻。

④ 车辆大负荷低速爬长坡工况下容易出现冷却不足导致的轮毂电机过热烧毁问题，因此需要重视电机的散热和强制冷却问题。

⑤ 水和污物等容易集存在车轮部位，导致驱动系统腐蚀破坏，寿命可靠性受影响。

⑥ 驱动系统运行转矩的波动可能会引起汽车轮胎、悬架以及转向系统的振动及噪声。

图 3-39 轮毂电机驱动系统
a）上海电驱动直驱轮毂电机 b）Protean 外转子轮毂电机

3.1.3.3 分布式控制

由于采用电机独立驱动，且电机转矩可以精确控制，所以分布式驱动电动汽车可以充分利用自身独特的优势实现很多安全性方面的控制。与传统内燃汽车相比，各个车轮的驱动电机均能独立控制，在其能力范围内各车轮转矩可按照任意比例分配，甚至一侧驱动一侧制动，增强了直接横摆力矩控制能力，减小了制动横摆力矩控制中对车辆的减速作用，提高了过弯车速。通过对单个车轮驱动力和制动力的独立控制，可以实现制动防抱死、驱动防滑、差动驱动助力转向，同时结合电机转矩信息获得路面附着系数等环境参数，改善车辆动力学性能；独立驱动、制动过程中对悬架产生的垂向反作用力可以控制俯仰、侧倾、垂向等车身姿态，改善车辆的平顺性。

1. 驱动防滑控制

针对分布式驱动车辆，在开发动力学控制策略时通常采用分层控制思路，图 3-40 给出了一种分布式四轮驱动的动力学控制策略执行流程。

① 期望横摆力矩以及总驱动力制定层。该层通过接收驾驶人操作信息以及车辆反馈回来的状态参数，制订出当前工况下车辆需求的总驱动力以及期望的横摆力矩。

② 基于目标函数的驱动力分配层。该层通过预先设定的基于某种目的的目标函数以及根据车辆和路面的信息，在一定的约束条件下计算出四个车轮的目标输出转矩。

③ 驱动防滑控制层。该层通过控制车轮的滑转率实现驱动防滑功能，增强车辆的行驶稳定性。

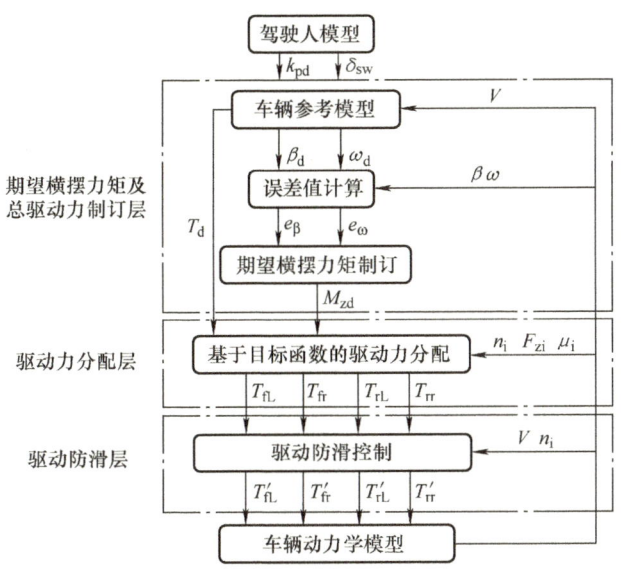

图 3-40 分布式四轮驱动的动力学控制策略执行流程

早期的分布式驱动纯电动汽车各驱动轮的输出转矩采用平均分配的控制策略,各电机的输出转矩直接由整车需求转矩除以驱动轮个数计算获得。这种平均分配的控制策略非常简单,并且在路面附着良好的情况下具有比较好的控制效果。但实际路面状况较为复杂,在湿滑路面或积雪路面等低附着路面上时,平均分配的控制策略会导致驱动轮发生较为严重的滑转,进而使得车辆行进困难,甚至失稳发生危险。同时,车辆行驶时滑转/滑移率过大还会导致轮胎磨损,因此驱动防滑的控制主要思路是对各驱动电机的输出转矩进行合理分配,调整每个驱动轮的滑转率/滑移率,以实现转向和低附路面时的电子差速功能以及更好地满足正常行驶时的动力性需求。如图 3-41 所示,由于轮胎的非线性动力学特性,只有滑转率达到某个数值时,纵向附着系数才会达到峰值,此时的驱动力也会随之达到峰值。目前比较常用的驱动防滑控制策略是以车轮滑转率作为控制目标,将各车轮的滑转率调整至当前路面对应的最佳滑转率附近。

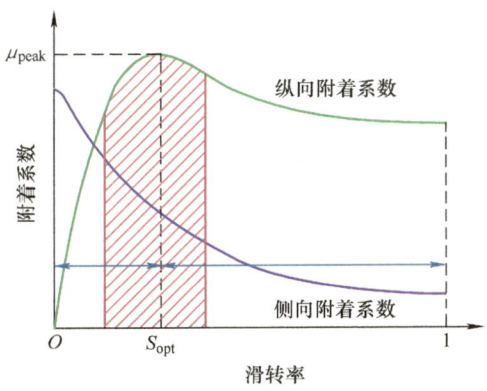

图 3-41 车轮滑转率与附着系数的关系

整个驱动防滑控制过程可以分解为以下三部分。

(1) 驱动轮滑转率识别

在进行驱动防滑控制之前,需要采集车速与轮速信息,对当前各驱动轮的滑转率进行计算,以获取车轮的运动状态,计算方式为

$$s = \frac{\omega r - u_x}{\max\{u_x, \omega r\}} \times 100\% \tag{3-63}$$

式中　ω——车轮转速(rad/s);
　　　r——轮胎滚动半径(m);
　　　u_x——车速(m/s)。

其中的难点之一是车速信息的获取。车速信息的准确性直接影响了驱动防滑的控制效果,因此如何获得准确的车速信息是一个重要的问题。目前常用的方法有根据非驱动轮轮速信息估计车速以及通过采集加速度信号和轮速信号构造状态观测器估计车速等。

(2) 当前路面最佳滑转率辨识

图3-42所示为车轮滑转率与纵向附着系数的关系,不同路面下差异较大。曲线极值点是最佳滑转率点。在实施滑转率控制时,应识别出路面情况,找出相应的最佳滑转率点作为控制目标。

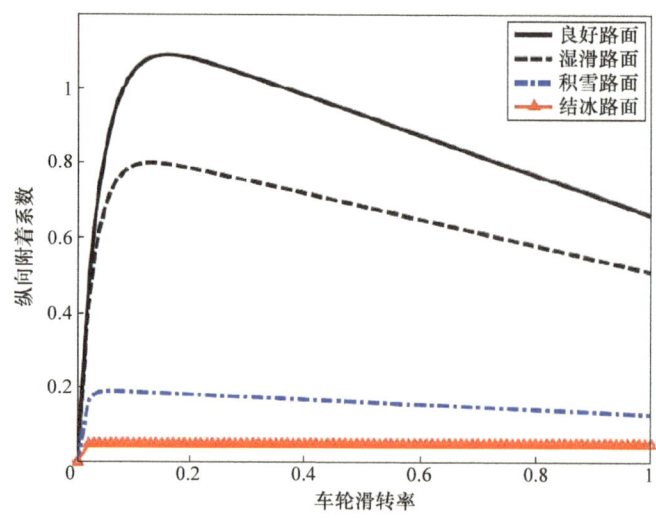

图3-42　不同路面下车轮滑转率与纵向附着系数的关系

(3) 牵引力控制

获得当前车轮运动状态与路面最佳滑转率后,需要进行牵引力控制,适当改变电机转矩,将车轮滑转率调整至最佳滑转率附近。一般来说,当各驱动轮滑转率低于最佳滑转率点时,整车的行驶性能比较理想。因此一般的控制方法是当滑转率超出最佳滑转率点时,适当地减小驱动电机的输出转矩以降低滑转率,保证整车的行驶性能。

在正常行驶工况下,路面情况经常发生变化,如图3-43所示,汽车行驶在对接路面时路面附着系数会发生变化,这导致控制目标也会随之变化。如图3-44所示,此时的牵引力控制方法应保证较快的收敛速度,以适应路面变化。

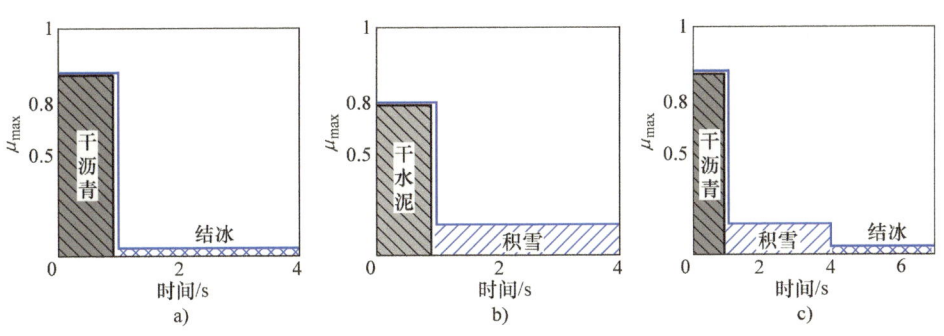

图 3-43 对接路面附着系数变化情况

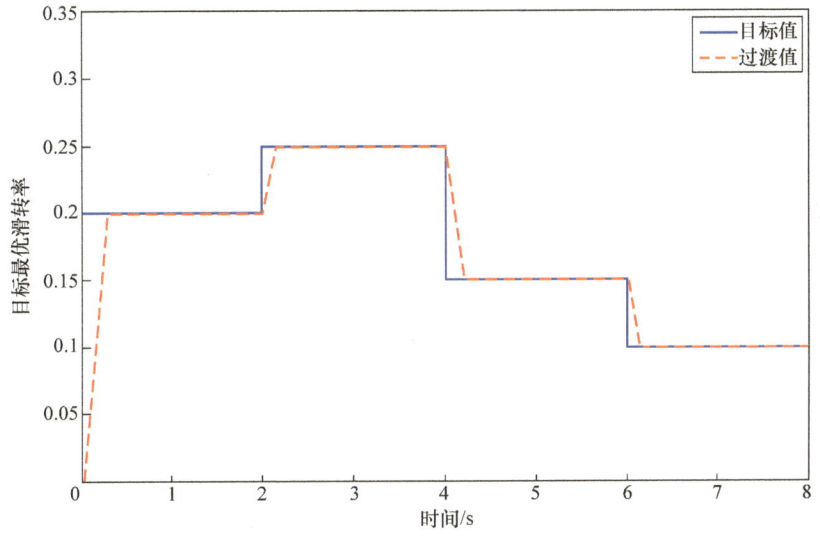

图 3-44 路面情况变化时的牵引力控制

另一方面,如图 3-45 所示,当车辆行驶在对开路面等较复杂路面时,不同驱动轮所处的路面附着情况会有所不同,因此在实施驱动防滑控制时应单独考虑每个驱动轮,进行独立控制,以满足所有驱动轮的控制要求。

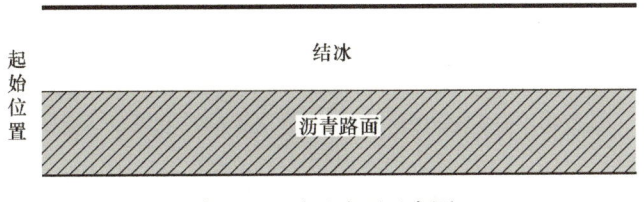

图 3-45 对开路面示意图

2. 驱动转向集成控制

汽车转向系统的性能对汽车的安全性、操纵稳定性以及驾驶乐趣有重要的影响。汽车转向系统从最初的机械转向系统发展至今,性能日益优良。液压助力转向系统解决了机械转向系统操纵费力的问题;电动助力转向系统解决了液压助力转向系统无法调节、低温助力性能差、液压油易产生污染等问题。但是电动助力转向系统依然无法调节转向系统的传动比，即无法从根本上解决转向系统"轻"与"灵"的矛盾。

而汽车线控转向技术则从根本上解决了这一矛盾。由于汽车线控转向系统解耦了转向盘和转向车轮，即取消了转向盘和转向车轮之间的机械连接，就可以利用电子控制的方法根据车速等汽车运行状态的不同调节转向系统传动比的大小。该系统一方面可以改善转向力和转向响应时间的矛盾，有效地提高低速时的转向灵活性和高速时的操纵稳定性；另一方面，智能化的线控转向控制系统还可以对驾驶人的操作做出相应的优化，进而提高驾驶乐趣。同时，由于去除了转向柱等机械连接，有效避免了碰撞事故中转向柱对驾驶人的伤害；而且线控转向系统通过控制器和汽车总线连接，也为将来汽车线控底盘的发展和汽车一体化控制技术提供了有利条件。分布式驱动转向集成控制目前只有少量应用于纯电动跑车等高性能纯电动汽车上的案例，还处于初期发展阶段，目前主流的控制策略架构为分层控制架构。图3-46所示为一个4×4轮边驱动轿车的分层架构控制策略示意图。整个控制器分为两层：上层控制器接收驾驶人踏板开度信息（图中θ_{ac}与θ_{br}分别对应加速踏板开度与制动踏板开度）以及转向盘转角信息（对应图中δ_{sw}），并采集车辆当前车速等状态信息，最终计算出纵向车速、侧向车速和横摆角速度的目标值（对应图中d_1、d_2、d_3），作为下层控制器的控制目标；下层控制器则负责计算出合理的电机输出转矩（图中T_{fL}代表左前轮电机转矩，T_{fr}代表右前轮电机转矩，T_{rL}代表左后轮电机转矩，T_{rr}代表右后轮电机转矩），以跟随控制目标，达到转向集成控制的效果。

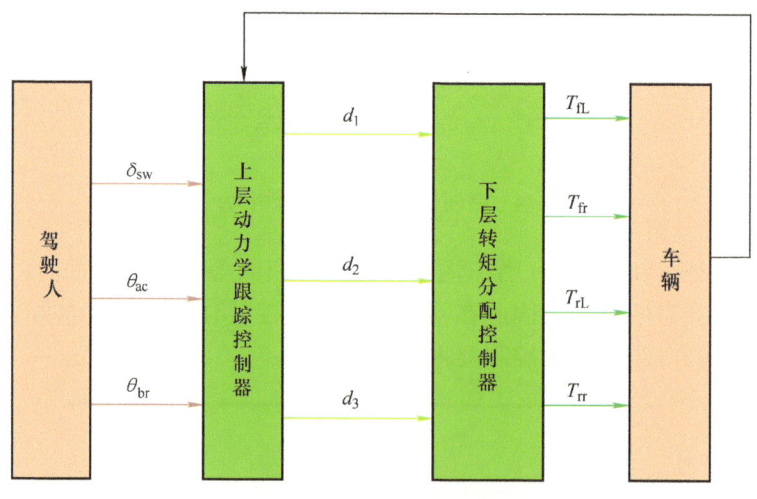

图3-46　4×4轮边驱动轿车的分层架构控制策略示意图

在转向集成控制系统中，由于控制目的与驱动防滑控制有所差别，所以很难在全部情况下对二者进行兼顾。因此较为常见的思路就是通过判断车辆的行驶状态，使得转向集成控制系统仅在车辆特定状态下起作用。这就需要一个车辆稳定性判据来判断进入操纵稳定性控制的时机。常用的方法有根据质心侧偏角及其变化率的大小、根据车轮的附着椭圆来估算车轮是否存在侧滑风险等方法等。设计一个合理的车辆稳定性判据对分布式驱动转向集成控制至关重要。

在分层控制架构下,根据执行器的不同,分布式转向控制方法也可分为多个种类。目前最常见的有两种:一种是主动转向控制,靠转向助力系统改变车轮转向角来实现;另一种是直接横摆力矩控制,通过改变各电机转矩来改变整车的横摆力矩,以达到控制目标。也有同时使用主动转向控制和直接横摆力矩控制两种方法的控制策略,使控制效果进一步提高。因此在设计下层控制器时,还需考虑具体的执行器种类,制订合适的控制策略。

3.1.4 典型案例

纯电动构型主要分为集中式驱动和分布式驱动。集中式驱动主要包括电机直驱系统、电机+减速器/AMT系统、三合一系统和电驱动桥系统。其中,电机直驱系统是现有纯电动客车的主流系统构型,电机+AMT系统也已在纯电动客车市场得到小批量应用,乘用车多采用三合一系统匹配独立悬架,电驱动桥系统主要在小吨位城市物流车和轻型载货车上进行了批量应用。表3-20列出了部分典型的集中式电驱动系统。

分布式驱动主要分为轮边驱动(刚性桥和独悬)和轮毂驱动,因效率较高、布置灵活优势而被公认为是纯电动驱动系统的未来发展趋势。其中,刚性桥轮边驱动的代表是采埃孚公司的轮边低地板电驱动桥,在我国比亚迪已实现在电动公交车上的批量应用;独悬轮边驱动系统可实现更宽通道、全低地板布置,系统重量和成本优势明显;轮毂驱动系统传动效率最高,但现有轮毂电机转矩的密度和可靠性等性能难以满足纯电动商用车的需求。表3-21为分布式电驱动系统对比,列出了部分典型的分布式电驱动系统。

表3-20 集中式电驱动系统对比

构型	实物图	速比	最高转速/(r/min)	峰值转矩/N·m	峰值功率/kW
电机直驱系统		—	3000	2400	240
电机+减速器/AMT系统		13/5	7500	450	120
三合一系统		9~11.2	1380(电机为15000)	348~433	200
电驱动桥系统		15.22	4870	110	10000

表 3-21 分布式电驱动系统对比

构型	实物图	速比	最高转速 / (r/min)	峰值转矩 / N·m	峰值功率 / kW
轮边驱动刚性桥		22.66	10300	2×485	2×125
轮边独悬		18.5	10000	2×550	2×135
轮毂电机		—	1600	2×1250	2×80

3.2 纯电动汽车电源系统设计

3.2.1 系统概述

纯电动汽车电源系统是向纯电动汽车提供电能的电储能系统和辅助部件的总称。电储能系统是通过电能与化学能互相转化实现电能存储和利用的装置。目前纯电动汽车电源系统通常由具有高比能量特性的动力蓄电池作为储能系统。该系统主要包括动力蓄电池组、蓄电池管理系统（BMS）、机械结构、冷却系统等，能够满足纯电动汽车长续驶里程的需求。然而，单一电源系统难以兼顾部分类型车辆对高比能量和高比功率的双重需求。为解决该问题，某些电源系统由两种或两种以上的电源组成，如动力蓄电池和超级电容器、能量型和功率型动力蓄电池等。在以下电源系统描述中，如不做特殊说明，均为单一电源系统。

3.2.1.1 技术发展历程及趋势

动力蓄电池作为纯电动汽车电源系统的核心，主要为整车行驶提供能量，相关研发制造技术产业是我国新能源产业链中的重要一环。自 19 世纪可充电电池出现以来，动力蓄电池技术不断革新，种类也日益繁多。常见的储能电池主要有铅酸蓄电池、镍氢蓄电池和锂离子蓄电池，此外还有镍铬蓄电池、金属 - 空气蓄电池等。

1. 铅酸蓄电池

铅酸蓄电池（Lead-acid Battery）价格低廉，制造和维护成本低，自放电率小，高低温特性好，但比能量低，循环寿命短，在制造和使用过程中存在污染。目前，由于成本较低，铅酸蓄电池仍然在很多领域中被大量应用，比如用于传统燃油汽车的起停系统中。

铅酸蓄电池主要由正极板、负极板、电解液、隔板、槽和盖等组成。正、负极板都浸入在一定浓度的硫酸水溶液中，使用电绝缘材料的隔板将正、负极隔开。正极活性物质为PbO_2，负极活性物质为海绵状金属铅，电解液为硫酸。正、负两极活性物质在电池放电后都会转化为硫酸铅（$PbSO_4$），这就是"双硫酸盐化"过程。铅酸蓄电池充/放电过程的电化学反应方程式如下：

负极反应 $\quad Pb + HSO_4^- - 2e^- \underset{充电}{\overset{放电}{\rightleftharpoons}} PbSO_4 + H^+$

正极反应 $\quad PbO_2 + 3H^+ + HSO_4^- + 2e^- \underset{充电}{\overset{放电}{\rightleftharpoons}} PbSO_4 + 2H_2O$

电池总反应 $\quad Pb + PbO_2 + 2H_2SO_4 \underset{充电}{\overset{放电}{\rightleftharpoons}} 2PbSO_4 + 2H_2O$

经过100多年的发展，铅酸蓄电池技术大概经历了以下几个阶段：开口式铅酸电池、阀控式密封铅酸蓄电池（Valve Regulated Lead Acid Battery，VRLAB）以及近年来兴起的铅碳蓄电池。由于在负极加入了活性碳，铅碳蓄电池的循环寿命、能量密度、充放电倍率性能等均有大幅度的提升。早期的开口式铅酸蓄电池，在电池充电过程中，当正极板的荷电状态达到70%左右时，水开始分解产生氧气。因为氢气和氧气析出并从电池中逸出，不能进行气体的再复合，所以需要在日常使用过程中对电池加酸加水进行维护。阀控密封式铅酸蓄电池能够做到氧气的再利用，同时抑制氢气的析出，克服了传统铅酸蓄电池的缺陷。在这种类型的电池中，产生的氧气迁移到负极并被海绵状金属铅还原。

2. 镍氢蓄电池

与铅酸蓄电池相比，镍氢蓄电池（Ni-MH Battery）具有容量大、结构坚固、充/放电循环次数多等优点。同时，镍氢蓄电池具有良好的低温放电特性，自放电率小，价格便宜。但镍氢蓄电池有记忆效应，相对于锂离子蓄电池能量密度仍然较低，充电速率较慢。

镍氢蓄电池是新型环保的二次碱性电池，与传统铅酸蓄电池相比具有更高的能量密度和循环寿命。镍氢蓄电池正极活性物质为氢氧化亚镍（NiOOH，放电时）和氢氧化镍[Ni（OH）$_2$，充电时]，称为氧化镍电极；负极活性物质为金属氢化物时称为储氢合金；电解液为30%的氢氧化钾。充电时，负极析出的氢气储存在容器中，正极由氢氧化亚镍变成Ni（OH）$_2$和水；放电时，氢气在负极被消耗掉，正极由Ni（OH）$_2$变成NiOOH。镍氢蓄电池充/放电过程的电化学反应方程式如下：

负极反应 $\quad \frac{1}{2}H_2 + OH^- \underset{充电}{\overset{放电}{\rightleftharpoons}} H_2O + e^-$

正极反应 $\quad NiOOH + H_2O \underset{充电}{\overset{放电}{\rightleftharpoons}} Ni(OH)_2 + OH^- - e^-$

电池总反应 $\quad \frac{1}{2}H_2 + NiOOH \underset{充电}{\overset{放电}{\rightleftharpoons}} Ni(OH)_2$

镍氢蓄电池在过充电时，正极析出氧气，负极析出氢气。因为有催化剂的氢电极面积大，同时氧气能随时扩散到氢电极表面，所以在电池内部的氢气和氧气容易再化合成水，保持容器中内部气压不变。

3. 锂离子蓄电池

锂离子蓄电池是一种高容量可充电电池，以工作电压高、能量密度大、功率密度高、质量轻、体积小、循环寿命长、无记忆效应、自放电率低、绿色环保等优点而被广泛关注。

锂离子蓄电池采用一种锂离子嵌入和脱嵌的金属氧化物或硫化物作为正极，有机溶剂-无机盐体系作为电解质，碳材料作为负极。充电时，Li^+ 从正极脱出嵌入负极晶格，正极处于贫锂态；放电时，Li^+ 从负极脱出并插入正极，正极为富锂态。为保证电荷平衡，充/放电过程中应有相同数量的电子经外电路传递，与 Li^+ 同时在正负极迁移，使负极发生氧化还原反应，保持一定的电位。锂离子蓄电池的工作原理如图3-47所示，充/放电过程的电化学反应方程式如下。

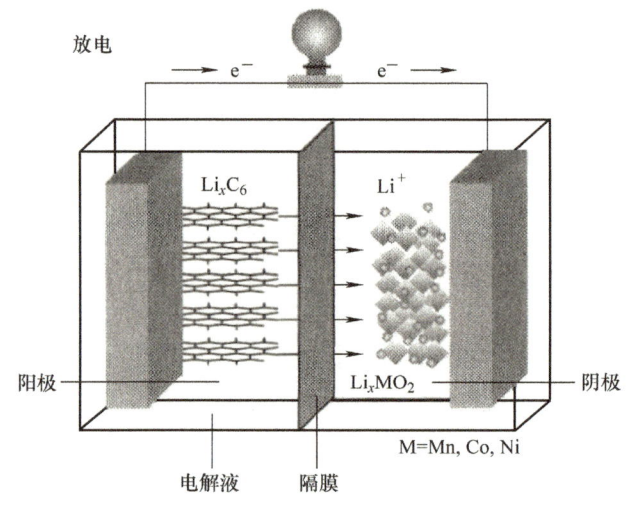

图3-47 锂离子蓄电池的工作原理

负极反应　　　　　　　　$Li_xC_6 \underset{充电}{\overset{放电}{\rightleftharpoons}} 6C + xLi^+ + xe^-$

正极反应　　　　　　　　$Li_{1-x}M_yO_z + xLi^+ + xe^- \underset{充电}{\overset{放电}{\rightleftharpoons}} LiM_yO_z$

电池总反应　　　　　　　$Li_xC_6 + Li_{1-x}M_yO_z \underset{充电}{\overset{放电}{\rightleftharpoons}} 6C + LiM_yO_z$

根据锂离子蓄电池正极材料的不同，动力蓄电池可分为钴酸锂电池（$LiCoO_2$）、锰酸锂电池（$LiMn_2O_4$）、磷酸铁锂电池（$LiFePO_4$）、镍钴铝酸锂三元锂电池 [Li（NiCoAl）O_2] 和镍钴锰酸锂三元锂电池 [Li（NiCoMn）O_2] 等。常见的锂离子蓄电池的性能特点见表3-22。目前，钴酸锂电池和锰酸锂电池的热稳定性能较差，很少被应用于电动汽车领域。相比之下，磷酸铁锂电池和三元锂电池具有更好的安全性能，在电动汽车领域被广泛应用。磷酸铁锂电池的理论容量为170mA·h/g，目前实际容量已经超过140mA·h/g，循环性能好，安全性高，可在 $1C$~$2C$ 甚至 $3C$ 倍率下持续充放电，且放电平台稳定，平台电压3.2V。但磷酸铁锂电池的低温特性较差，过于平坦的电池放电平台导致电池管理系统难以高精度监控动力蓄电池状态，蓄电池系统中的电芯电量不一致性问题有待改善。三元锂电池以镍、钴和锰（或铝）三种材料作为锂离子蓄电池正极材料，融合了三种材料的优点。根据三种材料的质量分数不同可分为333、532、622、811体系等，不同的质量分数下的蓄电池性能略有差异。相较于磷酸铁锂电池，三元锂电池的平台电压可达到3.6~3.7V，同时能量密度更高，功率密度更大，更有利于纯电动汽车的应用。但在目前的技术条件下，三元锂电池的循环寿命仍然难以满足市场要求，电池技术发展还有很长的路要走。

表3-22 常见的锂离子蓄电池的性能特点

电池名称	英文缩写	锂离子蓄电池的性能特点
钴酸锂电池	LCO	电芯电压高，能量密度高存在起火的安全隐患，寿命短
锰酸锂电池	LMO	电压、能量密度与LCO相近，容量衰退速度快，热稳定性差
磷酸铁锂电池	LFP	安全性好，成本低，循环性能优异，功率密度高，材料热稳定性较好
镍钴铝酸锂三元锂电池	NCA	能量密度高、电压略低于LCO，安全性优于LCO并差于LFP，循环寿命特性好
镍钴锰酸锂三元锂电池	NMC	安全性介于NCA和LMO之间，容量衰退速度比NCA快

为了更好地发展纯电动汽车技术，近年来，在国家战略层面上，由国家主导发布的纲领性文件对我国节能与新能源汽车产业技术的发展路线做了详细的规划。更进一步的，纲领性文件同时对纯电动汽车电源系统中动力蓄电池及模块的技术指标和路线建立了明确的目标。动力蓄电池及模块的技术发展指标（到2020年）见表3-23。

表3-23 动力蓄电池及模块的技术发展指标（到2020年）

新能源汽车政策规划	2020年技术指标要求
2012年6月28日发布的《节能与新能源汽车产业发展规划（2012—2020年）》	模块能量密度≥300W·h/kg 模块成本≤1.5元/W·h
2016年10月26日发布的《节能与新能源汽车技术路线图》	纯电动汽车续驶里程>300km 新能源汽车在汽车年度销量的占比达到7%~10%，保有量>500万辆 电芯能量密度≥350W·h/kg，模块能量密度≥250W·h/kg 电芯成本≤0.6元/W·h，模块成本≤1元/W·h 电芯循环寿命≥4000次/10年，模块循环寿命≥3000次/10年
2017年3月1日发布的《促进汽车动力电池产业发展行动方案》	电芯能量密度≥300W·h/kg 模块能量密度≥260W·h/kg，模块成本≤1元/W·h 使用环境温度达到-30~55℃，充电能力可达到3C 动力蓄电池总产能达到100GW·h，行业领军企业产能达到40GW·h

3.2.1.2 系统功能与结构组成

1. 系统功能

纯电动汽车电源系统的主要功能和要求包括：
① 为整车驱动提供能量，并支持整车高压附件系统的正常工作。
② 可利用交流和直流电源进行充电。
③ 在车辆制动阶段可回收整车再生制动能量。

④ 可长期稳定地储存能量，不发生明显的系统自放电现象。
⑤ 满足宽温度和不同海拔条件下的工作环境要求。
⑥ 满足驱动电机、系统控制器等部件对工作电压的需求。
⑦ 具备一定的使用寿命和存储寿命。
⑧ 符合国家标准的力学性能（如刚度、强度等）和安全性能（如抗冲击、抗挤压、防水防尘等）。
⑨ 满足国家标准的阻燃性能、耐腐蚀性能、电磁兼容要求。
⑩ 可制造性和可维护性满足国家和行业要求。
⑪ 满足其他相关国家法律法规、行业标准与相关政策的要求。

2. 结构组成

不同企业、不同车型的电源系统的总体构成基本相同，但结构和设计上有差别。比如电动商用车，尤其是电动客车的布置空间大，搭载的动力蓄电池模块多，通常由多个动力蓄电池模块和独立的高压箱组成；而电动乘用车，受限于布置空间，动力蓄电池模块少，布置的结构也比较紧凑。按照结构组成划分，纯电动汽车电源系统由蓄电池模块、电池箱体结构组件、电子电气组件、热管理系统组件、功能辅助组件等组成，部分纯电动汽车中还包括车载充电机。图3-48所示为某款纯电动汽车动力蓄电池系统的示意图。

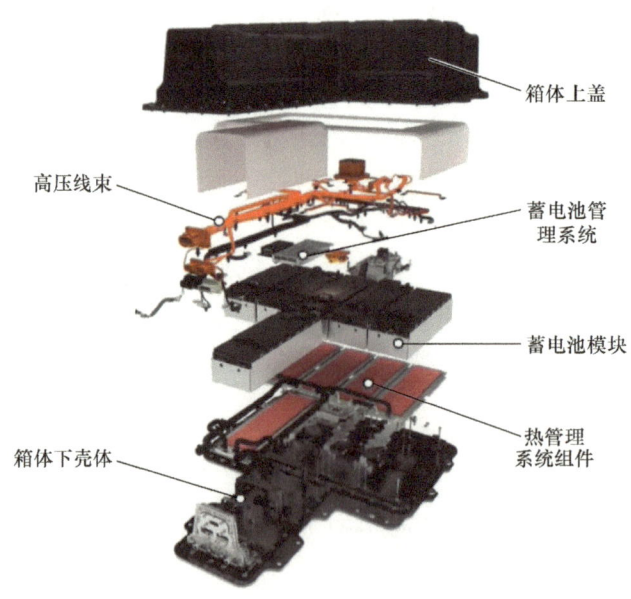

图3-48 某款纯电动汽车动力蓄电池系统的示意图

（1）电芯及动力蓄电池模块

电芯（也称为单体蓄电池）是组成蓄电池模块和蓄电池系统的基本单元。蓄电池模块由复杂串并联方式排布的电芯、模块结构件（如端板、侧板、底板、盖板、绝缘、导热部件等）、电池参数检测传感器（如温度、电压采样传感器及线束等）、电气连接部件（如电芯串并联汇流排、模块输出极等）等组件构成。

（2）电池箱体结构组件

由动力蓄电池箱体（上盖、下壳体）、固定/支撑结构部件（支架、压板/压条等）、密封组件（如密封条）、平衡阀（具有防爆功能）、标准件（如螺栓、螺母、垫片等）等组件构成。

（3）电子电气组件

由蓄电池管理系统、继电器、熔丝、电流传感器、预充电阻、高/低压线束、插接器等组件构成。

（4）热管理系统组件

热管理系统组件由冷板、软管、管接头、弹性支撑、电阻丝/加热膜等组件构成。

（5）功能辅助组件

功能辅助组件由卡扣、扎带、密封圈/垫、密封胶、导热胶等组件构成。

此外，在动力蓄电池-超级电容器复合电源系统结构中，还包括超级电容模组和DC/DC变换器。

3.2.1.3 动力蓄电池的基本性能参数

纯电动汽车电源系统的核心部分为蓄电池系统：首先由电芯组成动力蓄电池模块，然后由动力蓄电池模块形成整个动力蓄电池系统。动力蓄电池为电动汽车提供功率，是电动汽车的能量存储装置，其性能直接影响电动汽车的整体性能。动力蓄电池的性能参数主要包括电压、容量、内阻、能量、功率、输出效率、自放电率、使用寿命等。

1. 电池电压

对于动力蓄电池而言，电压可分为端电压、开路电压、额定电压（平台电压）和充电/放电截止电压。

① 端电压：正极和负极之间的电位差称为端电压。

② 开路电压：没有负载情况下的端电压称为开路电压。

③ 额定电压：动力蓄电池工作输出的标准电压称为额定电压，也称为平台电压。

④ 充电/放电截止电压：电池充电/放电时，电压上升/下降到电池不宜再继续充电/放电的最高/低工作电压值，即为电池的充电/放电截止电压。不同类型及不同充电/放电条件的电池，其截止电压不同。

2. 容量

容量单位一般为 A·h（安时），在实际应用中又有额定容量和实际可用容量的区别。额定容量是指充满电的动力蓄电池在实验室条件下（较理想的温度、湿度环境），以某一特定的放电倍率放电到截止电压时，所能够提供的总电量。在通常情况下，实际可用容量不等于额定容量，它与温度、湿度、充电/放电倍率等因素有关，某些情况下甚至比额定容量小很多（低温下）；同时，随着充电/放电循环次数的增加，实际可用容量逐渐减小。图3-49所示为不同放电倍率条件下某3.0A·h锂离子动力蓄电池的容量衰减特性。

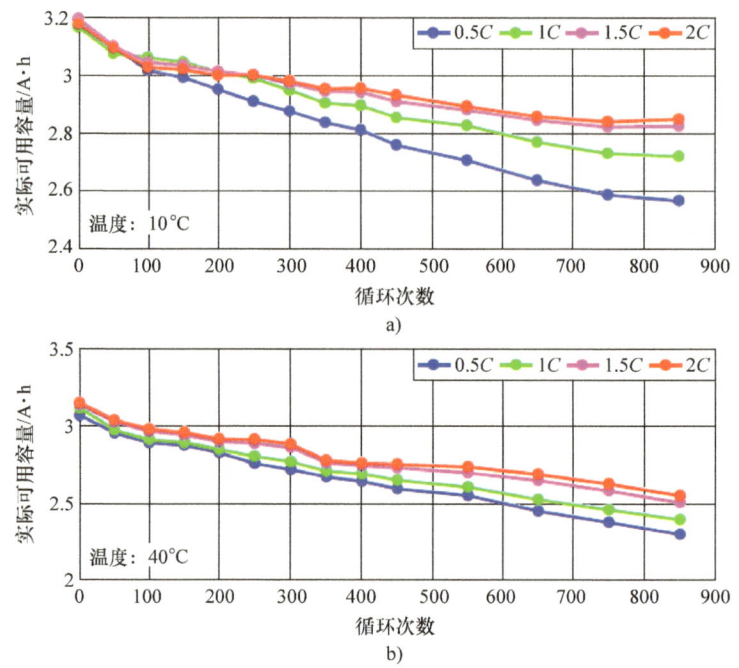

图 3-49 不同放电倍率条件下某 3.0A·h 锂离子动力蓄电池的容量衰减特性

3. 荷电状态

荷电状态（State of Charge，SOC）是用来表示电池内部剩余电量的参数。此参数与电池的充电/放电历史和充电/放电电流的大小有关。荷电状态一般用百分比的方式来表示，取值为 0~100%，对于以额定电流充满电的电池，SOC=100%。电池荷电状态值可表示为

$$\text{SOC} = \frac{C}{C_r} \times 100\% \tag{3-64}$$

式中 C——电池剩余的可用容量（A·h）；
C_r——电池的额定容量（A·h）。

4. 充电/放电倍率

电池充电/放电倍率常用 C（C-rate 的简写）表示，比如 $1/5C$、$1C$、$5C$、$10C$ 等。假设某动力蓄电池的额定容量 C 是 20A·h，如果将其充/放电倍率设置为 $0.5C$，那么此型号的电池将以 10A 的电流进行充电/放电。如果其最大放电倍率是 $3C$（10s），则表示该电池能够以 60A 的电流持续放电 10s。

5. 能量密度

能量密度指单位体积或单位质量的动力蓄电池能够存储或释放的电量。能量密度有质量能量密度和体积能量密度之分，其单位分别为 W·h/kg 和 W·h/L。在电动汽车上，动力蓄电池的质量能量密度指标比体积能量密度指标更为重要，因为动力蓄电池质量能量密度影响电动汽车的整车质量和可行驶里程，而体积能量密度只影响动力蓄电池的布置空

间。质量能量密度是评价电动汽车的能量源能否满足预定的续驶里程的重要指标。目前，车用动力蓄电池的能量密度与传统燃油汽车的能量密度相比，差距明显。

6. 放电深度

放电深度（Depth of Discharge，DOD）是指在动力蓄电池充满电的情况下，以一定的放电电流对动力蓄电池进行放电，放出的电量占总容量的百分比。例如 30%DOD 放电，表示充满电后放出 30% 的容量。与 SOC 的定义不同，SOC 的计量起点为动力蓄电池电量空态，DOD 的计量起点为满态。

7. 功率密度

充电/放电功率是指在一定的充电/放电条件下，单位时间内动力蓄电池输入/输出的能量，单位为 W 或 kW。质量功率密度是指单位质量的动力蓄电池输入/输出的功率，也称为比功率，单位为 W/kg；体积功率密度是指单位体积的动力蓄电池输入/输出的功率，单位为 W/L。功率密度是评价动力蓄电池系统是否满足电动汽车加速和爬坡能力的重要指标。常见的磷酸铁锂电池或三元锂电池均为电化学电池，其功率密度与电池的放电深度密切相关。

8. 电池的自放电率

动力蓄电池的自放电率是指动力蓄电池在存放或静置期间存储电量的衰减率，即动力蓄电池无负荷时自身放电使容量损失的速度。自放电率用单位时间内容量下降的百分数表示。锂离子动力蓄电池自放电率的原因有两个：物理微短路和化学反应。物理微短路时电池的表现为在常温、高温存储一段时间后，电池电压低于正常截止电压。与化学反应引起的自放电相比，物理微短路引起的自放电不会造成锂离子蓄电池不可逆的容量损失。

9. 循环使用寿命

动力蓄电池随着充电/放电循环次数的增加而逐渐老化、容量降低，循环使用寿命（State of Health，SOH）即为表征动力蓄电池在衰减到最低可用容量的使用次数。动力蓄电池的寿命分为循环寿命和日历寿命。

① 循环寿命一般以"次"为单位，表征为动力蓄电池可以循环充电/放电的次数。动力蓄电池的循环使用寿命通常是在理想的温度/湿度下，以额定充电/放电电流进行深度的充电/放电（满充、满放或 80% 容量的充电/放电），计算容量衰减到额定容量的 80% 时所经历的循环次数。

② 日历寿命是从生产日期至到期日期的时间，以年为计量单位。该期间包括搁置、老化、高低温、循环、工况模拟等不同测试环节。

3.2.2 动力蓄电池系统总体方案设计

3.2.2.1 整车应用需求

动力蓄电池系统总体方案设计是在允许的尺寸、重量、电量范围内进行系统参数配置、结构工艺设计，使其满足整车系统的安全需求、功率需求、容积需求、开发周期要求和其他方面的需求：

① 从整车的性能需求考虑动力蓄电池系统的工作电压、可用能量、充电/放电倍率。

② 满足整车安全的需求，包括电气安全、机械安全、化学安全及功能安全要求。

③ 考虑质量要求和可能的成本，包括购买成本和综合使用成本使用。

④ 保证可制造装配性、可采购性、可测试性、包装运输与售后、可回收性等要求。

⑤ 保证重量、允许的运行条件及环境温度范围等要求。

对于以上需求，须按照国家标准、相关法规，对影响整车经济性、可靠性、工艺性、安全性等方面的因素优先予以考虑和满足。在现有的技术条件下，采用整体系统设计的方法，在高能量、高安全性、高可靠性、轻重量、低成本、易维护、易实现梯次利用等方面综合平衡考虑，为整车提供具有最佳综合使用性能的动力蓄电池系统产品。

开发纯电动汽车动力蓄电池系统的主要原因是节油和环保。与传统能源相比，动力蓄电池的能量转换效率具有明显的优势。但是其能量密度、功率密度、成本、工作温度等与传统能源相比仍然存在较大的差距。因此，在动力蓄电池系统设计过程中，需要从多个方面同时考虑，尽可能提高系统的性能。不同能量源的特性对比见表 3-24。

表 3-24 不同能量源的特性对比

能量源密度	特性							
	功率密度/(W/kg)	能量密度/(W·h/kg)	循环寿命/次	能量转换效率（%）	环保性	成本	安全性	建议工作温度范围/℃
汽油	—	12777.8	—	25~40	差	低	好	
柴油	—	11847.8	—	30~45	差	低	好	
铅酸蓄电池	200~400	35~40	350~500	60~80	较差	低	好	-30~50
镍氢蓄电池	250~480	60~80	1000~1500	65~90	较好	较低	好	-20~40
锂离子蓄电池	400~800	120~200	500~2000	65~95	好	高	略差	-20~50
超级电容器	500~50000	0.5~20	>100000	80~95	好	高	好	-40~70

电动汽车的性能受动力蓄电池系统的性能影响很大：如系统能量密度决定了车辆的续驶里程；系统功率密度决定了整车的动力性；循环寿命的长短和成本的高低直接影响电动汽车整车成本和使用经济性。为了满足电动汽车的动力性、安全性和经济性，车用动力蓄电池系统应当满足以下应用要求：

（1）能量密度高

车载能量满足行驶里程要求。目前常用的磷酸铁锂和三元锂电池在成组后由于辅助部件的增加，系统的能量密度比电芯的能量密度降低 20% 左右，相对于传统燃油汽车的能量密度大大降低。电源系统总能量难以满足车辆长续驶里程的要求，这是限制电动汽车广泛应用的主要因素之一。因此，提高动力蓄电池的能量密度能够大大改善目前电动汽车续驶里程较短的弱点，同时也有助于减小整车的质量和体积。

（2）功率密度大

功率密度直接关系到汽车的起动、爬坡、加速特性和效率特性等，提高动力蓄电池的功率密度能够有效改善电动汽车的整车动力性，使车辆获得良好的加速性能。目前动力蓄电池的功率密度基本能够满足车辆的使用，甚至对于某些性能较好的电动汽车，能够在很短的时间内完成百公里加速。

（3）使用寿命长

目前常用的磷酸铁锂电池的循环寿命为 800~2000 次，三元锂电池的循环寿命为 500~1500 次。相对于传统燃油汽车，锂离子蓄电池的循环寿命短是目前限制电动汽车广泛应用的主要因素之一。延长动力蓄电池的使用寿命能够大大降低动力蓄电池的使用和维护成本，从而降低整车的使用成本。

（4）安全性高

安全性高的电动汽车能够有效降低因漏液、短路、碰撞等引起的车辆起火爆炸等危险事故的发生概率，保障用户的生命安全，降低财产损失。安全性是所有汽车的最基本要求，电动汽车电源系统应满足 GB/T 18384.1—2015《电动汽车　安全要求　第 1 部分：车载可充电储能系统（REESS）》的要求，同时满足常规车辆的碰撞、侧翻等要求。此外，动力蓄电池的安全性还要满足 2006 年开始实施的汽车行业相关动力蓄电池标准。

（5）可靠性高

提升动力蓄电池系统应对车辆复杂工况的适应能力，能够有效防止动力蓄电池因工作环境剧烈变化、人为操作失误而导致的性能突变。

（6）高低温性能好

电动汽车的应用环境和地域比较广泛，因此需要动力蓄电池系统具有很强的适应能力，以在较宽的温度变化区间内正常工作。锂离子蓄电池受温度影响较大，这就要求电源系统中有性能良好的热管理系统，包括散热系统和加热系统。

（7）系统自放电率低

动力蓄电池系统自放电包括 BMS 的自耗电和电池的自放电，其中 BMS 自放电是由静态功耗、系统可能存在的漏电情况等引起。自放电大小直接影响系统的待机性能、正常使用过程中的系统效率以及动力蓄电池组中电芯的均衡能力。

（8）价格低廉

目前，相较于传统燃油汽车，电动汽车的成本和销售价格具有明显劣势。电动汽车 40%~50% 的成本来源于动力蓄电池系统，因此在设计和制造过程中，降低动力蓄电池系统的成本能够有效降低整车成本，提高电动汽车的产品竞争力。

3.2.2.2　动力蓄电池系统的开发流程

动力蓄电池系统的开发流程参考"V 字形"开发模式，从系统需求的描述和分析开始，逐步迭代到子系统、零部件，分层分级进行设计、验证，然后进行系统集成设计与验证，最后进行针对需求的测试验证。

1. 动力蓄电池系统功能分析

动力蓄电池系统的需求定义是基于用户需求，对动力蓄电池系统的逻辑体系结构进行详细的定义说明。

系统逻辑体系结构包括功能界面、功能网络界面和整车中各项与动力蓄电池相关的通信协议的详细定义。通常将国标及法律法规要求、整车技术规范（Vehicle Technical

Specification,VTS)要求、布置及接口要求、应用环境要求等作为输入，以用户产品开发需求说明（Specification of Requirements，SOR）的形式发布。动力蓄电池系统厂家可根据 SOR 需求逐一分解，最后形成动力蓄电池系统的参数表。此过程不对具体的技术实现方案做任何决定，但需考虑制定动力蓄电池系统的测试标准和方法。用户需求确认阶段重点关注接口、通信协议、外特性、应用环境、安全性、可靠性、成本等。

在动力蓄电池系统功能需求的确认过程中，系统设计需要确定的参数如图 3-50 所示。厂家需根据要求整理出动力蓄电池系统的参数表作为主要设计目标，此外还要确定成本目标。

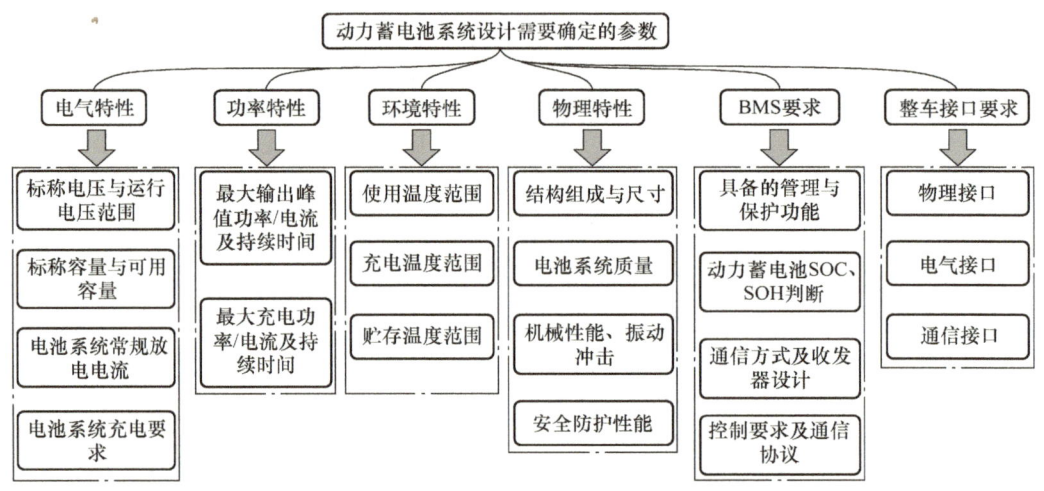

图 3-50　动力蓄电池系统设计需要确定的参数

2. 子系统分解及设计

动力蓄电池系统由动力蓄电池模块、蓄电池箱体结构组件、电子电气组件、热管理系统组件、功能辅助组件等组成。动力蓄电池模块是动力蓄电池系统的核心部件之一，图 3-51 所示为动力蓄电池模块构成示意图。

（1）动力蓄电池模块设计中需要考虑的内容

① 动力蓄电池成组要根据动力蓄电池系统设计的整体要求，选定电芯固定和电连接结构方案。

② 动力蓄电池模块的装配要求松紧度适中，各结构部件具有足够的强度，防止因动力蓄电池内外部力的作用而发生变形或破坏。例如，可在电芯间安装泡棉以抵消部分电池的膨胀变形。

③ 电芯与电池模块要有专门的固定装置，结构紧凑且要根据动力蓄电池箱体的散热情况设置通风散热通道，可选择液冷、直冷、热管传热、相变吸热等冷却方式的结构。

④ 电芯之间的导线连接距离尽量短，连接可靠，各导线连接部位的导电能力要满足用电设备的最大过电流能力，连接工艺可采用激光焊、超声焊、螺栓压接、电阻焊、电磁焊等。

⑤ 充分考虑电池串/并联、高压连接之间的绝缘保护问题。例如，设计合理的绝缘间隙和爬电距离等。

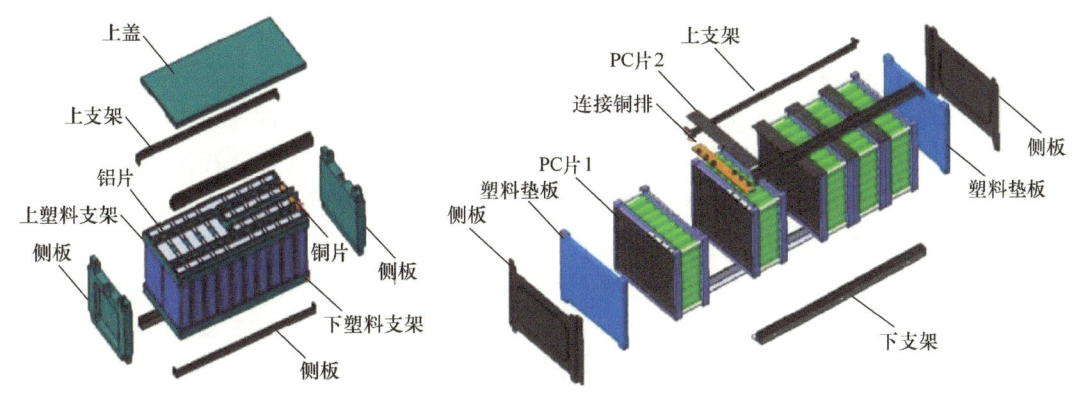

图 3-51 动力蓄电池模块构成示意图

（2）动力蓄电池系统外壳的设计

① 要保证其结构牢固，可抵抗车辆振动、冲击、撞击的需求。

② 要达到防尘防水等级（IP 等级）要求，耐蚀性、轻量化、抗石击、抗火烧等。

③ 电池箱体要设置有可靠的等电势点，保证与底盘的可靠电连接。

④ 密封电池箱（IP67 及以上）要设有平衡透气阀以保持电池箱体内外气压平衡，防止由于内外压差导致的变形。此外，防水透气阀还应具有箱体防爆功能。

（3）动力蓄电池的高压控制盒集成单元（Power Distribution Unit，PDU）

设计原则是器件布置紧凑，体积小，易于拆卸和装配。由于 PDU 空间较小，电流较大，设计时应注重散热布置，避免温度聚焦升高导致潜在的安全隐患。对保证整个高压系统及各个电器设备的安全性、系统绝缘、电磁干扰及耐振动等具有很高的要求。PDU 将朝体积小、轻量化、智能化方向发展。

3. 系统集成设计与验证

系统集成设计与验证主要面向 BMS 设计、机械集成及热管理设计、电气系统集成设计。系统集成设计分类如图 3-52 所示，各部分设计准则和方法将在对应的小节分别描述。

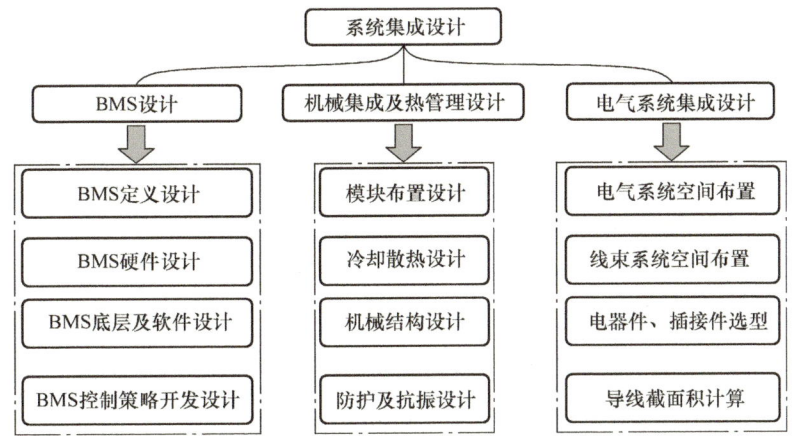

图 3-52 系统集成设计分类

BMS 的设计包括定义设计、硬件设计、底层及软件设计和控制策略开发设计。BMS 由各类传感器、执行器、固化有各种算法的控制器及信号线等组成。作为纯电动汽车动力蓄电池系统中重要的组成部分，BMS 的主要任务是确保动力蓄电池系统的安全可靠，提供汽车控制和能量管理所需要的动力蓄电池系统状态信息，并且能够在出现系统异常情况时对动力蓄电池系统采取适当的干预措施。BMS 的主要功能包括数据采集、状态检测、安全保护、充电控制、能量控制管理、均衡管理、温度检测与热管理以及信息管理。

机械集成及热管理设计包括动力蓄电池模块布置设计、模块冷却与散热设计、机械结构设计、防护及抗震设计。动力蓄电池系统由大量的电芯组成，在实际应用中，电芯的串并联方式、电池组的布置、工作环境温度等因素对整个电源系统的性能有重要影响，良好的集成系统和均匀的环境温度能够大大提高系统性能、延长系统使用寿命。此外，动力蓄电池的安全性和稳定性易受外界环境的影响，因此合理安全的防护和抗震设计是系统安全使用的重要条件之一。

电气系统集成设计包括电气系统的空间布置、线束系统空间布置、电器和插接件布置等。电气系统集成设计优化能够减小整个电源系统的占用空间，同时也是系统安全使用和稳定运行的重要条件。

4. 动力蓄电池系统的布置方案

动力蓄电池系统的布置方案应充分考虑整车能耗、续驶里程、车身地板结构（SUV/轿车结构框架特点等）、底盘（前悬架/后悬架的结构形式等）、轴距、内外饰件等的影响，分析相关需求并进行设计。

（1）安全需求

确定需要满足的法规要求、安全距离要求（如满载离地高度、碰撞对动力蓄电池与前/后副车架的空间距离）等。

（2）功率需求

结合整车需要满足的各种工况（如 NEDC 工况、WLTC 工况等）、动力系统的电压平台要求，将之转化成对动力蓄电池系统的功率要求及电压平台要求。

（3）容积需求

根据车辆能耗和续驶里程设计目标确定需求电量范围，考虑初定的动力蓄电池系统空间，估算出需求电芯的体积/能量密度水平。然后，根据电压平台选择电芯节数、电芯容量，结合初定的动力蓄电池系统空间、电芯选型、热管理空间需求、电气安全需求、电池管理的布置空间、工艺装配需求（机械安装接口、电气连接接口及装配操作间隙）等，修正动力蓄电池系统的空间需求，并将之与整车进行对接，直至确定动力蓄电池系统的空间边界、电压、容量等参数。

（4）信息交互需求

确定整车需要的动力蓄电池系统交互的信息，明确各接口信息的规范要求（如通信速率、软件协议等），根据动力蓄电池系统各零部件的分布，完成相关抗干扰设计（如在动力蓄电池系统各零部件的布置上，尽可能避免恶劣的通信环境等）等工作。

通常，动力蓄电池箱体的整体排布要求为：

① 系统排布规整对称。

② 预留安全距离。
③ 高低压线路排布规整。
④ 电气件、模组隔离。
⑤ 考虑热管理系统结构。

电箱内部的模组排布需尽量规整和对称，使动力蓄电池系统的重心尽量在几何中心或在电箱的对称轴上。图 3-53 所示为某电动商用车动力蓄电池系统的布置。

图 3-53　某电动商用车动力蓄电池系统的布置

3.2.2.3　动力蓄电池选型和系统参数匹配

1. 动力蓄电池选型

与铅酸蓄电池、镍氢蓄电池相比，锂离子蓄电池具有工作电压高、能量密度大、功率密度高、质量轻、体积小、循环寿命长、无记忆效应、自放电率低等优点，是目前公认的比较适用于电动汽车的动力蓄电池类型。由于电动汽车产品需求的不断提升和技术进步，现有的锂离子动力蓄电池产品的技术水平仍存在较大的限制，不仅是在产品性能和安全性方面，还包括产品的成本因素等。因此，提高锂离子动力蓄电池的能量密度、使用寿命和安全性，降低成本，既是动力蓄电池研究的热点，也是选型考虑和设计优化的重点[9]。

在动力蓄电池包产品的设计中，电芯的设计或选型最为关键。在锂离子动力蓄电池选型过程中，需要重点关注动力蓄电池特点的差异性，包括不同正负极材料体系和结构形式的动力蓄电池产品，它对应不同的产品性能、安全性、产品技术和工艺成熟度、产品价格、产能保证能力以及环保因素等方面。锂离子动力蓄电池的分类有多种形式，通过不同形式的分类，可以对比得到适合于系统应用的动力蓄电池类型。

根据锂离子动力蓄电池电芯结构形式的不同，可以分为圆柱形、铝塑膜软包、方形硬壳电池。常见电芯的结构形式见表 3-25。典型的锂离子动力蓄电池的结构类型及其优缺点见表 3-26。圆柱形电池根据结构尺寸的不同又可分为 18650、21700、26650 等型号。其中，18 表示直径为 18mm，65 表示长度为 65mm，0 表示为圆柱形电池。铝塑膜软包、方形硬壳电池两种形式的电芯，通常根据容量大小再进行细分。

表 3-25 常见电芯的结构形式

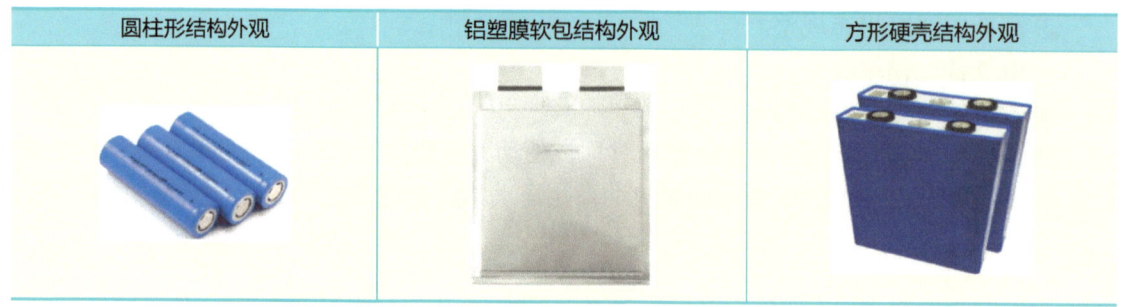

圆柱形结构外观	铝塑膜软包结构外观	方形硬壳结构外观

表 3-26 典型的锂离子动力蓄电池的结构类型及其优缺点

电池结构	优点	缺点	应用建议
圆柱形	壳体以钢为主，结构成熟，工艺制造成本低 自动化生产工艺成熟度高、生产效率高 成品率及电芯一致性高	一个电池包中所需要的电芯量非常大，达到上万只，成组成本相对较高 圆柱电芯的循环寿命较短，NCM 电芯寿命约 800~1200 次 能量密度相对较低 机械结构的高功率限制	纯电动汽车应用，适用于中低端乘用车、物流车、微型车、低速车 纯电续驶里程 150~200km，适用于个人用户，不推荐应用于出租车 成组设计应避免汇流排上电流密度分布不均匀，以改善散热路径
铝塑膜软包	重量轻，软包电池重量较同等容量的钢壳电池轻 40%，较铝壳电池轻 20% 体积能量密度高，采用软包装电芯可节约体积 20% 以上 可根据客户的需求定制，开发新的电芯型号	电芯壳体力学性能较弱，容易发生漏液 配套设备还未完全形成自动化 对外部模组保护结构的要求较高，成组工艺相对复杂 封口工艺难度高，易漏液	纯电动汽车应用为主，少量可满足插电式混合动力汽车，适用于中高端乘用车、商用车等 需要配合成熟可靠的模组和电池包设计 应改善散热路径 改善绝缘防护设计
方形硬壳	壳体以铝合金为主，结构可靠性高 电芯循环寿命较长，NCM 电芯寿命约 3000~4000 次，LFP 电芯寿命已经有超过 6000 次产品	壳体较重，导致电池组能量密度有限，自动化生产程度因素导致生产效率较低 配套设备还未完全形成自动化 机械结构组件成本较高	应用于纯电动和混合动力电动汽车，适用于中高端乘用车、商用车等 电池成组应用需要重点考虑电芯的膨胀

动力蓄电池系统应用温度范围的设定主要考虑温度对电池充电/放电功率和能量的影响，高温条件下则主要考虑对电池寿命和安全特性的影响。为避免由于温度过高引起电池寿命的快速衰减和出现热失控，根据电池的温度特性及动力蓄电池系统产品的使用经验，需要确定应用温度范围上限值。

三元锂离子动力蓄电池被广泛应用于纯电动乘用车领域，而磷酸铁锂电池被广泛应用在纯电动商用车和部分纯电动乘用车中。三元锂离子动力蓄电池在纯电动乘用车的部分应用见表 3-27。磷酸铁锂动力蓄电池在纯电动乘用车的部分应用见表 3-28。

表 3-27 三元锂离子动力蓄电池在纯电动乘用车的部分应用

生产厂商	车型名称	电池容量/kW·h	续驶里程/km
北汽新能源	EU5	53.6	570
	EU400	54.4	360
	EX360	48	390
	EC200	20.5	200

（续）

生产厂商	车型名称	电池容量/kW·h	续驶里程/km
长安汽车	逸 EV300	45	360
	CS15EV	45	360
广汽新能源	传祺 GE3	47	475
吉利新能源	帝豪 GSe	52	460
	帝豪 EV	52	450
上汽乘用车	荣威 ei5	35	401
	荣威 ERX5	48.3	425
特斯拉汽车	Model S 100D	100	632
	Model X 100D	100	565

表 3-28　磷酸铁锂动力蓄电池在纯电动乘用车的部分应用

生产厂商	车型名称	电池容量/kW·h	续驶里程/km
北汽新能源	EC180	20.3	202
比亚迪	e5	43	360
	e6	82	400
	秦 EV300	47	300
江淮汽车	iEV40	23	260
	iEVA50 豪华	46.5	390
	iEV6E 豪华	29.2	310
	iEV7	24	250
众泰汽车	5008EVL	32	200
	M300EV	32	200

根据整车质保时间和质保里程的要求，基于大数据统计分析不同用途车型的运行工况，其中包括每月搁置时间、每月充电时长、每月行驶时长、每月搁置温度分布，通过动力蓄电池日历寿命模型估算车辆质保期内存储容量损失。动力蓄电池日历寿命模型如图 3-54 所示。

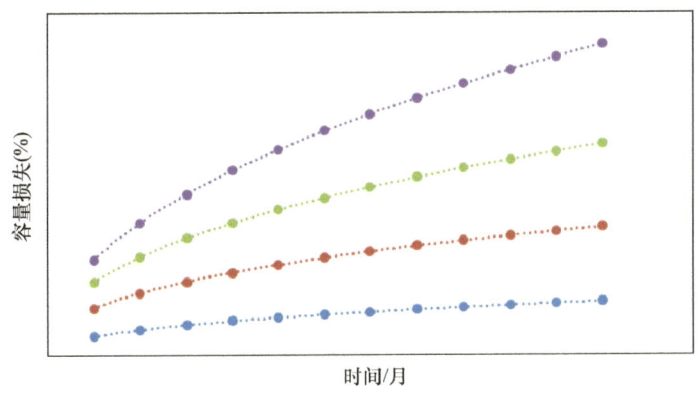

图 3-54　动力蓄电池日历寿命模型

由于寿命期间总容量损失由日历损失和动力蓄电池循环使用寿命损失共同决定，结合整车质保里程，动力蓄电池系统循环次数 = 质保里程 / 续驶里程，预选动力蓄电池的循环寿命应除以经验转换系数，如 24 万 km 质保里程，续驶里程为 300km，则循环寿命为 800

次，预选动力蓄电池的循环寿命应不低于 1000 次。

2. 系统参数匹配

（1）系统额定电压

动力蓄电池系统的额定电压及实际电压工作范围必须与整车所选用的电机和电机控制器的工作电压相匹配。为保证整车动力系统的可靠运行，需要根据电动汽车电机的电压等级及工作电压范围要求，选择合适的动力蓄电池的类型（如化学体系、额定电压、容量规格等）并确定电芯的串并联数量、系统额定电压及工作电压范围。对于纯电动汽车动力蓄电池系统的额定电压等级，参照 GB/T 31466—2015《电动汽车高压系统电压等级》可选择 144V、288V、320V、346V、400V、576V 等。微型低速电动汽车动力蓄电池系统的电压等级，100V 以下主要包括 48V、60V、72V 和 96V 等。动力蓄电池系统的电压范围一定要大于用电部件的工作电压范围。

（2）系统与电芯容量

从车辆的额定质量、最大质量和预先设定的典型工况出发，根据综合工况条件下纯电蓄驶里程目标、整车动力性能（最高车速、爬坡度、加速时间等）要求，可计算出纯电动汽车行驶所需搭载的系统总能量。根据整车选用的电机和电机控制器的额定工作电压，可知电源系统的总容量为

$$\text{系统容量} = \frac{\text{总能量}}{\text{系统额定电压}} \tag{3-65}$$

基于系统并联数计算电芯容量：

$$\text{电芯容量} = \left(\frac{\text{系统容量}}{\text{电池并联数}} \right) \div \text{CTP系数} \tag{3-66}$$

由于系统存在电芯一致性、温度分布、放电工况等问题，电芯容量与蓄电池系统容量存在一定差别，应该除以电芯到模组（CTP）的经验系数。另根据 GB/T 31486—2015《电动汽车用动力蓄电池电性能要求及试验方法》5.1.4 节，容量应不低于额定容量，并且不超过额定容量的 11%，所有电芯测试对象初始容量极差不大于初始容量平均值的 5%。

基于动力蓄电池系统设定的额定电压和不同材料体系电芯的额定电压，可以确定系统的电芯串联数量 n：

$$\text{电芯串联数量 } n = \frac{\text{电池系统额定电压}}{\text{电芯额定电压}} \tag{3-67}$$

（3）峰值功率

根据整车在不同温度、不同 SOC 下加速和回馈功率的需求，电芯的峰值功率为

$$\text{电芯放电峰值功率 } P_{\max-}(T, \text{SOC}, t) = \frac{\text{整车加速功率}}{\text{电芯数量}} \tag{3-68}$$

$$\text{电芯充电峰值功率 } P_{\max+}(T, \text{SOC}, t) = \frac{\text{整车回馈功率}}{\text{电芯数量}} \tag{3-69}$$

其中，整车指定的温度、SOC 和加速时间分别对应电芯峰值功率测试时的温度 T（℃）、SOC 和脉冲时间 t（s）要求。因为动力蓄电池在高、低温状态下具有相对较差的工作状态，所以需要基于具体类型的电芯温度和功率特性，结合温度区间对在低温、低 SOC 状态下

动力蓄电池放电功率能力和高温、高 SOC 状态下的充电功率能力进行限制。

基于动力蓄电池系统的能量密度要求以及现有系统成组的效率水平（75%~80%），电芯能量密度应不低于：

$$电芯能量密度 \geq \frac{系统能量密度}{系统成组效率} \tag{3-70}$$

（4）充电/放电倍率

在指定温度下，根据蓄电池系统充电时间（min）和充电过程中需求的 SOC 范围 $SOC_1 \sim SOC_2$（如未指定，充电 SOC 范围定义为 5%~80%），电芯等效充电倍率为

$$电大充电倍率 = 60 \div \frac{充电时间}{\Delta SOC} \tag{3-71}$$

此外，充电过程中电池正负极极耳、电池侧面的温度应不超过 65℃。

在指定温度下，当 SOC > 10% 时，纯电动汽车需满足 30min 内以最高车速匀速行驶、一定车速持续爬坡等多种恒流放电工况要求，当 SOC ≤ 10% 时整车持续放电功率需满足 NEDC 峰值恒流放电功率要求，电芯允许的最大放电倍率为

$$电大放电倍率 = \frac{最大恒流放电功率 \times 单位时间}{3600 \times 电池系统电量} \tag{3-72}$$

（5）直流内阻

参考美国《Freedom CAR 电池测试手册》中混合动力脉冲能力特性（Hybrid Pulse Pouer Characteristic, HPPC）测试中峰值功率计算公式，基于指定温度 T、SOC 和脉冲时间 t 电芯峰值功率的要求，电芯的直流内阻为

$$放电直流内阻\ R_{in-}(T, SOC, t, C) = V_{min}(OCV - V_{min})/P_{max-} \tag{3-73}$$

$$充电直流内阻\ R_{in+}(T, SOC, t, C) = V_{max}(V_{max} - OCV)/P_{max+} \tag{3-74}$$

式中　C——脉冲倍率；

V_{min}——电机加速过程要求最低电压和电池系统规定的下限电压的较大值；

V_{max}——电池系统规定的上限电压。

3. 电池系统 SOC 的应用范围

动力蓄电池系统 SOC 的应用范围会使系统可用总能量发生变化，直接影响到产品设计过程中电芯的选型及数量要求，也会对动力蓄电池箱体的包络尺寸设计、内部布置及安装空间间隙以及对总体成本等方面产生最直接的影响。动力蓄电池系统 SOC 应用范围的选择首先要考虑整车对充电/放电功率和可用能量等方面的需求，同时结合电芯在不同温度条件下的充电/放电能力（功率和能量）、存储性能（自放电率）、寿命、安全特性，以及动力蓄电池管理系统的 SOC 估算精度等影响因素来确定。在低温、低 SOC 条件下，动力蓄电池的放电功率会受到限制；在低温、高 SOC 条件下，电芯的充电/制动回收功率会受到限制。

动力蓄电池系统在其 SOC 应用范围内必须满足负载的峰值放电功率要求，保证动力蓄电池系统的峰值放电能力大于负载的最大功率需求；同时，为了尽可能多地回收车辆制动的能量，应满足所设定的系统峰值充电功率/制动回收功率要求。因此，需要结合整车动力系统峰值（充电/放电）功率需求，定义 SOC 可用范围。

为了更好地保护动力蓄电池系统，并延长其使用寿命，通常充电时不能将其充满电（充至100% SOC），放电时也不能完全放电（例如，放至不低于15%SOC），否则可能会缩短其使用寿命甚至损坏电池。如果仅仅为了延长动力蓄电池的使用寿命而减小SOC使用区间，则会增加动力蓄电池系统设计总能量，对系统成本和空间布置都会产生不利影响。由于动力蓄电池均存在一定程度的自放电，为避免因自放电导致电芯过放电的情况，所以通常动力蓄电池系统SOC的设计下限应不低于10%~15%。综上所述，动力蓄电池系统SOC使用区间的选择应该综合权衡以上各因素，确定SOC使用区间的最佳方案。

3.2.2.4 动力蓄电池成组方式和不一致性筛选

1. 动力蓄电池成组方式

动力蓄电池系统成组方式有多种，不同的成组方式可以满足不同的用电需求。电芯串联成组可以提高动力蓄电池组的工作电压，满足电动汽车对高工作电压的需求；并联成组可以提高动力蓄电池组容量，满足电动汽车的大容量需求；由串联和并联结合的混联方式可以同时兼顾电动汽车对高电压和高容量的双重需求。在实际应用中，电池模块的串并联数量可以记作 XPXS，P 代表并联数（Parallel），S 代表串联数（Series），X 为数量。

考虑到动力蓄电池工作电压和电流的一致性，不同并数的模块之间无法串联，不同串数的模块之间无法并联。动力蓄电池组多种成组方式见表3-29，包括直接串联、先串后并、先并后串等形式。通常情况下，先将数量较少的电芯通过一定的串/并方式组成模块（方形、软包电芯常见数量为4~16个），一定数量的模块再通过一定的串/并联方式组成电池包，形成动力蓄电池包的并数为：模块内并数×并联模块数量，串数为：模块内串数×串联模块数量。

表3-29 动力蓄电池组多种成组方式

直接串联连接示意图	先串后并连接示意图	先并后串连接示意图

（1）直接串联

直接串联的成组方式，具有连接方便、形式简单、易于设计的优点。在实际设计过程中，可以根据空间排布需求，设计不同串数模块，最终再将所有模块串联成电池包，空间利用率较高。在这种成组方式下，模块内的连接片最多只连接两个电芯极柱，在激光焊接极柱的时候，由于极柱高度差导致的焊接不良率大大降低，良品率较高。但是，由于所有电芯均为直接串联成组，某个电芯发生脱焊时，电池包回路会因此断开而彻底失效。同时成组容量受单个电芯制约，无法满足特定容量需求。

以大容量方形电芯为例：常见大容量方形电芯规格有100A·h、120A·h、150A·h等，某个动力蓄电池包的需求容量120A·h、额定电压345.6V，因此可以选用120A·h方形三元电芯（额定电压为3.6V）直接串联的方式进行成组。一般先将四个电芯串联成

1P4S 的模块，然后将 24 个相同的模块再次进行串联，最终形成 1P96S 的动力蓄电池包。但是，当需求动力蓄电池包容量达到 180A·h 以上时，一般不使用该方式进行成组。

（2）先并后串

先并后串是目前最为常用的成组方式，其结构形式见表 3-29。此形式模块组成方式为：首先将多个电芯正、负极分别相连，形成 XP1S 的模块，然后将若干个该类型模块进行串联，形成动力蓄电池包。并联模块端电压相等，只需监测一个电芯的端电压，不需要增加复杂开关或电压监测电路模块，因此经济性较好。各并联模块相互独立，利于电芯之间的自均衡，对电芯可用容量及内阻的不一致性协调度较高。同时，并联模块是电芯直接并联，端电压低，即使电芯的端电压有偏差，并联时影响也较小，安全性较高。由于模块之间是从头到尾串联而成的，连接方式简单，走线容易，可以衍生出各种串并联方式的方案。另外适用范围广，常见的圆柱形、方形、软包电芯均可以使用这种成组方式。

以软包电芯为例：某个动力蓄电池包需求容量 120A·h，额定电压 345.6V，可以选用 30A·h 软包三元电芯（额定电压 3.6V）先并后串的方式进行成组。先将四个电芯进行并联成 4P1S 的模块，然后将 96 个该类型模块进行串联，形成 4P96S 的动力蓄电池包。此外，还可将该方案进一步优化，由于软包电芯厚度较薄，先将 24 个电芯组成 4P6S 的模块，然后将 16 个该类型模块进行串联，形成 4P96S 的动力蓄电池包。

不过，此结构形式的模块内并数较多，往往一个连接片需要与 4~8 个电芯进行焊接。焊接质量受极柱高度差影响较大，合格率较低，在模块设计上需要通过工艺优化提高良品率，通过减少模块和结构件的数量来提高成组率。

（3）先串后并

先串后并的结构形式见表 3-29。此结构形式为：首先将多个电芯的正负极依次相连，形成 1PXS 的模块，然后将若干个该类型模块进行并联，形成动力蓄电池包。此方案一般用于设计大模块场景，如一个动力蓄电池包只用 2~4 个大模块成组。

先串后并的单个模块均是并联在电路中，当某个电芯或某一并联的电芯与电池回路脱开时，其他并联模块依旧可以正常工作，提供电流，并且工作电压不变，只是容量降低，可以继续使用。由于每个串联模块中电芯的数目一般较多，在串联模块并联前需对各模块电压进行有效均衡，否则即使较小的电芯端电压差异，成组后也会产生较大的并联支路间的电压偏差，可能引发安全事故。此外，由于先串后并的成组方式中每一个模块必须由相同数量的电芯组成，所有模块尺寸大小相同，无法设计成不同串数的模块进行排布，所以空间利用率低。先串后并的方式在实际生产应用中使用较少。

2. 电池不一致性筛选

电动汽车用动力蓄电池组由大量的电芯组成，由于制造工艺和使用环境的差别，它们在工作过程中不可避免地会存在电池容量、内阻、开路电压的不一致。不同内阻的电池的发热量和工作电压均有差别，造成功率输出和寿命衰减速率不一致。相关数据表明，对于同一种型号（同一种封装）的标准电池，其容量差异最大可达 10%~20%，而串并联大量电芯的动力蓄电池系统存在"木桶效应"，性能较差的电芯会严重影响动力蓄电池包的性能。因此，动力蓄电池的不一致性也会影响电动汽车的性能，给动力蓄电池生产工艺、筛选、BMS 性能提出了较高的要求。

在动力蓄电池系统设计中，主要考虑电池的一次不一致性，这主要由其生产制造过程中工艺误差等不可控因素造成，因此难以避免。电动汽车复杂的使用环境和电芯存在的不一致性，严重制约了动力蓄电池组的能量/容量利用率，会极大降低动力蓄电池组的可靠性，也会加速动力蓄电池的老化。

作为提高动力蓄电池系统在电动汽车上的工作效率和可靠性的主要方法，电池的筛选聚类技术可以有效降低组内电芯间的一次不一致性，减少因一次不一致性引起的动力蓄电池性能退化。常用的筛选方法依据不同的筛选参数或特征曲线信息可以分为单参数分选法、多参数分选法、曲线特征分选法和电化学阻抗谱分选法。四种电池筛选方法的分析对比见表 3-30。电芯筛选可以选用作为表征其不一致特性的开路电压、可用容量、内阻等参数。GB 31241—2014《便携式电子产品用锂离子电池和电池组 安全要求》给出了简化的电池筛选的标准。

表 3-30 四种电池筛选方法的分析对比

筛选方法	优势	局限性
单参数分选	方法简易，数据量低，挑选效率高	信息单一，对使用环境局限性高
多参数分选	参数信息全面，数据处理手段成熟	不能反映动态特性变化，需要进行多次测量获取筛选量
曲线特征分选	反应信息全面	曲线识别数据量大，聚类繁杂，工作量大
电化学阻抗谱分选	物理意义强	测试设备要求高，条件苛刻，批量检测可操作性差

3.2.2.5 系统高压设计与安全

1. 系统高压设计

动力蓄电池系统中的电气系统主要由高压电气系统、低压电气系统和控制器局域总线通信网络（Controller Area Network，CAN）系统组成。高压电气系统主要包括接触器、预充电阻、电流/电压传感器、高压线缆或铜巴、汇流排、熔丝或手动服务开关（Manual Service Disconnect，MSD）、高压插接件。动力蓄电池系统输出的高压直流电通过电机控制器驱动电机转动，同时通过直流电压变换器或逆变器向空调压缩机、油泵电机、气泵电机提供电能。

高压电气系统的设计目标是满足整车高压系统电能的传输要求，确保高压系统安全可靠地运行。高压电气系统的设计主要包括高压电气部件的选型和设计、高压部件和高压线束的防护与标识、预充回路保护、高压过载/短路保护。

电动汽车动力蓄电池系统的高压原理如图 3-55 所示。动力蓄电池系统内模块串联，线路上串联熔断器和分流器，电池内有总正继电器和总负继电器，在总正继电器回路中并联预充电回路，防止总正继电器粘连。同时，系统还有充电回路接口和加热回路接口。部分动力蓄电池系统还有 DC/DC 变换器输出（接低压电源）、DC/AC 变换器（接空压机）输出、助力转向输出、除霜器输出、电暖风输出等接口。

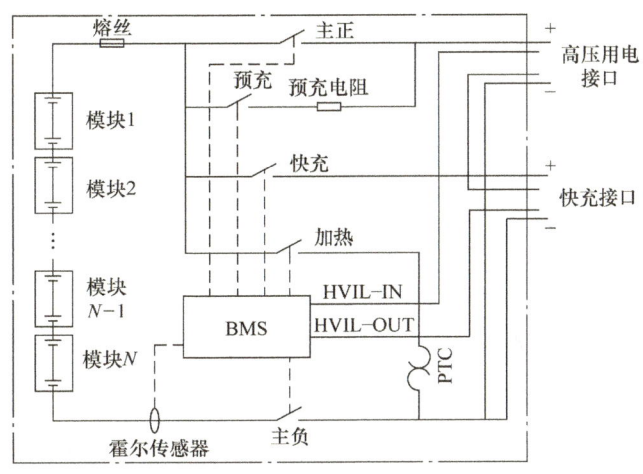

图 3-55 电动汽车动力蓄电池系统高压原理

（1）高压安全设计

高压安全设计主要包括原理设计、工艺设计、结构设计和零部件设计。图 3-56 所示为高压安全设计分类。动力蓄电池系统高压设计要注意以下几个方面：

① 各高压部件应确保不工作不带电，动力蓄电池系统内部应设置继电器等电隔离器件。

② 各高压部件的熔丝盒必须与动力蓄电池系统隔离，避免熔丝更换对动力蓄电池包防护等级的影响。

③ 工作步调相近、功率相近的部件尽量共用一套接触器和熔断器，减少接触器和熔断器数量。

④ 尽量减少动力蓄电池系统电气接口的数量，以免降低系统设计的防护等级。

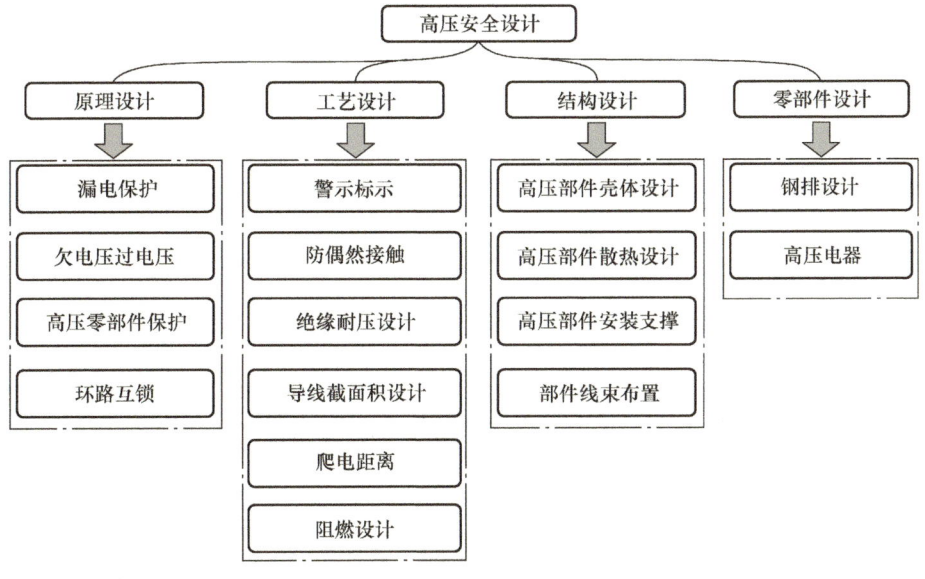

图 3-56 高压安全设计分类

（2）高压电电磁兼容性

① 设计高压线束时，电源线与信号线尽量采用隔离或分开配线。

② 电源线两端考虑采用隔离接地，以免接地回路形成的共同阻抗耦合将噪声耦合至信号线。

③ 输入信号线与输出信号线应避免排布在一起。

④ 输入信号线与输出信号线尽量避免在同一个接头上，如不能避免，则应将输入信号线与输出信号线错开放置。

2. 系统高压安全

（1）动力蓄电池系统防护与标识

动力蓄电池系统防护主要包括防水、机械防护及高压警告标识。为提示和警示用户和维修人员，高压线束应采用橙色线缆并用橙色波纹管对其进行防护。同时高压插接器也应标识为橙色，并且所选高压插接器应达到 IP67 防护等级及以上。

动力蓄电池高压电气系统的带电部件，应具有屏护防护（包括使用外壳和保护盖等），防止直接接触带电部件。外壳和保护盖的具体要求如下：

① 导电外壳、保护盖应使人员不可接触带电部件。

② 带电部件的保护盖应固定牢固，并且在操作中不能松动。

③ 只能通过工具才能移动和打开保护盖。

④ 可导电外壳、保护盖应依据 I 类⊖ 设备来设计；不导电外壳、保护盖应依据 II 类⊖ 设备来设计，带双重或加强绝缘。

高压电气系统带电部件的壳体防护应在任何情况下满足 GB/T 30038—2013《道路车辆电气电子设备防护等级（IP 代码）》中 IPXXD 防护等级的要求，同时规定在动力蓄电池系统上的插接器或线束断开时应满足 IPXXB 防护等级的要求。

（2）预充电回路保护

因为高压设备控制器输入端存在大量的容性负载，直接接通高压主回路可能会产生高压电冲击，故为避免接通时的高压电冲击，高压系统需采取预充电回路的方式对高压设备进行预充电。纯电动汽车高压系统预充电回路的原理如图 3-57 所示。

在总正继电器闭合之前，闭合预充电继电器，待其电容电压达到

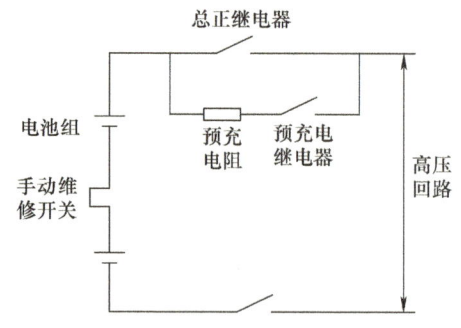

图 3-57　纯电动汽车高压系统预充电回路的原理

一定动力蓄电池电压比例（通常为 80%~100%）后，闭合总正继电器，断开预充继电器。自预充继电器闭合后电容上的电压、电流为

⊖　I 类设备是依靠基本绝缘对带电部件进行防触电保护，并将该设备中外露可导电部件与保护导体相连的设备。

⊖　II 类设备是使用双重绝缘或加强绝缘进行防触电保护的设备。

$$U_c = U_s(1-e^{-\frac{t}{\tau}})$$
$$i = (U_s e^{-\frac{t}{\tau}})/R \tag{3-75}$$

式中 U_s——电池电压（V）；

τ——时间常数（s），$\tau=RC$；

t——闭合预充继电器为起点的时间（s）。

当电容电压 U_c 达到95%时，即 $1-e^{-\frac{t}{\tau}}=0.95$ 时，计算得 $t=3s$。

经过预充电阻上的峰值电流为继电器闭合瞬间电流：U_s/R。在选用预充电阻时峰值电流按此选取，峰值电流时间可按 1τ 选取，取符合上述两个条件的最小电阻为预充电阻。例如：$U_s=360V$，$R=50\Omega$，$C=3300uF$，则 $1\tau=RC=0.165s$，峰值电流 $I=U_s/R=7.2A$。

（3）耐电压和绝缘电阻

动力蓄电池系统内部可导电部件应避免尖角设计，防止发生放电击穿拉弧现象，边缘和表面应控制毛刺和金属浮粉，防止耐压测试时出现拉弧等风险。动力蓄电池系统的高压电路与低压电路之间、高压电路与电池箱体之间应有足够的耐电压等级。动力蓄电池系统的耐电压等级应满足GB/T 18384.3—2015《电动汽车 安全要求 第3部分：人员触电防护》的相关规定。

动力蓄电池系统的绝缘阻值应在系统全生命周期内和最坏环境条件下（如车辆冷热交替和绝缘耐压测试后）满足动力蓄电池系统的输出端（正极和负极）与电池箱体之间的绝缘电阻大于 $2.5M\Omega$ 的要求，或者满足GB/T 18384.3—2015规定的高压电气回路绝缘电阻要求。要求能实时测量高压动力母线正负极、充电机正负极（充电时）和车底盘之间的绝缘电阻状态，按照相关标准对绝缘进行分级：

① 正常：$\geq 500\Omega/V$。

② 轻微绝缘故障：$100\sim500\Omega/V$。

③ 严重绝缘故障：$\leq 100\Omega/V$。

在工作状态下能对整车高压电系统（直流母线）的绝缘电阻进行周期性测量，测量值应可以通过CAN总线发送到整车网络；要求在高压上电后能实现对绝缘电阻的检测；在进行绝缘检测时不能降低整车的绝缘性能。绝缘电阻测量范围为 $0\sim5M\Omega$，全工况范围内有效的绝缘阻值采集时间不大于3s。

（4）高压互锁

危险电压闭锁回路也称高压互锁回路（HVIL），通过电气信号检查整个模块、导线及插接器的电气完整性。动力蓄电池系统外部高压插接器件应具备机械互锁装置，并且只有HVIL回路先行断开后才能断开插接器。高压互锁回路检测原理如图3-58所示。

（5）等电位设计

在GB/T 18384.3—32015中，将等电位连接（电位均衡）定义为：电气设备外露可导电部分之间电位差最小化，欧姆阻抗不超过 0.1Ω。等电位连接后，可防止系统电源线路中的故障电压导致电击事故，同时可减少电位差、电弧、电火花发生的概率，避免接地故障引起的电气火灾事故和人身电击事故。部分厂商制定的等电位连接要求比该标准更严格，比如要求等电位连接的欧姆阻抗必须小于 0.01Ω。

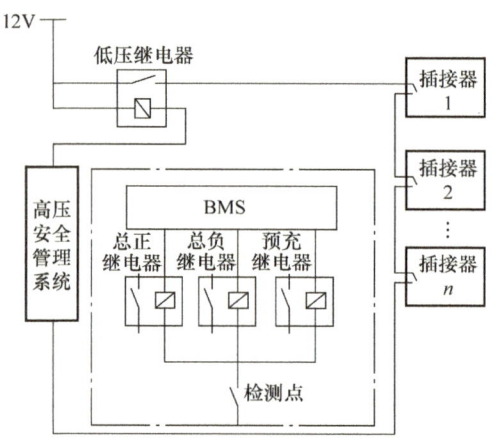

图 3-58　高压互锁回路检测原理

动力蓄电池箱的壳体必须与车辆的地（车辆壳体）实现等电位连接，箱体上应至少留出一个等电位点，可以采用地线连接等电位点与车身。用于等电位连接的导体的截面积和接触面面积都必须保证不低于高压线束的截面积。连接点需特殊处理，避免不同材料间的电位差带来的腐蚀作用。

（6）电气间隙和爬电距离要求

动力蓄电池系统的最小间隙设计应考虑工作条件和环境条件的影响。例如，振动等外力可能会导致电气间隙变化，且电气间隙不应受到材料表面污染程度的影响。另外，动力蓄电池系统的电气间隙会受到海拔的影响，须按照海拔 5000m 来设计。动力蓄电池系统导电部件的最小电气间隙应满足 GB/T 18384.1—2015《电动汽车 安全要求 第 1 部分：车载可充电储能系统（REESS）》的要求，导电部件之间的最小电气间隙为 2.5mm。最小爬电距离规范见表 3-31。

对于正常使用时不会发生电解液泄漏的动力蓄电池系统，应该按照 GB/T 16935.1—2008《低压系统内设备的绝缘配合 第 1 部分：原理、要求和试验》的要求，将污染度控制在适当的范围内。

表 3-31　最小爬电距离规范

额定绝缘电压 /V	最小爬电距离 /mm							
	污染等级							
	1	2			3		
	所有材料组别 /mm	材料组别 /mm			材料组别 /mm		
		I	II	III	I	II	III
250	1.5	1.25	1.8	2.5	3.2	3.6	4.0
320	1.5	1.6	2.2	3.2	4.0	4.5	5.0
400	1.5	2	2.8	4.0	5.0	5.6	6.3
500	1.5	2.5	3.6	5.0	6.3	7.1	8.0
630	1.8	3.2	4.5	6.3	8.0	9.0	10.0
800	2.4	4.0	5.6	8.0	10.0	11.0	12.5
1000	3.2	5.0	7.1	10.0	12.5	14.0	16.0

对于满足 GB/T 30038—2013 防护等级 IP6K（防尘试验）/IP9K（防水试验）的高压元器件，如果没有内部因素，则按照 GB/T 16935.1—2008 要求，污染等级应至少为 2 级。对于防护等级小于 IP6K（防尘试验）/IP9K（防水试验）的高压元件，污染等级应至少为 3 级。

材料组别应按下列绝缘材料组选用。这些绝缘材料组是根据绝缘材料的相对漏电指数（Comparative Tracking Index，CTI）值确定的，见表 3-22。

表 3-32 绝缘材料 CTI 值

材料组别	CTI 值
绝缘材料组 I	$600 \leqslant CTI$
绝缘材料组 II	$400 \leqslant CTI < 600$
绝缘材料组 IIIa	$175 \leqslant CTI < 400$
绝缘材料组 IIIb	$100 \leqslant CTI < 175$

如果有发生电解液泄漏的可能，则参考 GB/T 18384.1—2015 建议爬电距离满足以下要求：

① REESS 连接端子间的爬电距离（mm）：

$$d \geqslant 0.25U+5$$

② 带电部件与电平台之间的爬电距离（mm）：

$$d \geqslant 0.125U+5$$

其中，U 表示 REESS 两个连接端子间的最大工作电压（V）。

（7）残余电压

当高压系统断开时，动力蓄电池的残余电压应满足下述要求：

① 电压应永远低于 GB/T 18384.1—2015 规定的 B 级电压，不应出现交流电压。

② 正常操作造成的储存能量或储存残余能量的高压源，应在断开开关的 3s 内将电压降至 B 级电压以下，且不再放电，直流高压电路的所有极点应断开。若动力蓄电池内部集成高压负载，则残余电压需要满足被动放电要求，即残余电压需要在 5min 内降低至 DC 60V 以下或负载存储的能量小于 0.2J。

（8）过载/短路保护

高压电气系统中所有的零部件都必须满足整车典型行驶工况的动力负载要求，并且具有一定的过电流能力，禁止在典型行驶工况条件下出现过热导致高压部件绝缘层融化、冒烟甚至起火等情况。动力蓄电池系统内部须布置熔丝进行短路保护。熔丝主要是在高压回路发生过载或短路现象时，能对高压线束以及高压电气部件起到保护作用，同时避免动力蓄电池系统发生热失控，保证乘客安全。熔丝选型时需要考虑以下情况：整车系统最大连续电流、整车系统峰值电流、工作环境温度、电流频率、熔丝冷却情况等。熔丝的选型还需要考虑整车长期使用情况下的耐久问题，需要保证整车在正常运行状态下不会出现熔丝熔断的现象。另外，动力蓄电池系统长期使用后，会出现电芯容量衰减或电芯鼓包现象，此时电芯内阻会增大，短路后电流会变小。在这种情况下，熔丝的选型需要保证在出现短路时能够正常熔断。

3.2.2.6 电动汽车充换电技术

1. 电源系统充电方式

电源系统充电方式正逐步向快速化、通用性、智能化、集成化和网络化发展。电源系统充电速度的理想状态是能快速充电,甚至达到和传统燃油汽车加油一样的速度。但是,目前还未有任何一种车载电源系统能够达到此要求。根据充电时动力蓄电池组是否与电动汽车分离,动力蓄电池的充电方式可分为整车充电和快换(换电)充电两种方式。

(1)整车充电方式

整车充电方式是指采用交流充电桩、车载充电机、非车载充电机等充电设备直接对电动汽车车载动力蓄电池进行充电。根据充电装置和汽车受电装置的连接形式不同,可分为传导式充电和感应式充电两种;根据充电时间的长短,可分为交流慢充和直流快充两种。其中,交流慢充是指电源系统设计目标中设定的以较低倍率进行充电的制式,直流快充是指电源系统设计目标中设定的以较高倍率进行快速充电的制式。

交流慢充通常是利用交流电动汽车充电桩,即慢充充电桩进行充电。慢充充电桩是与交流电网(AC 220V)连接,为电动汽车车载充电机(即固定安装在电动汽车上的充电机)提供交流电源的供电装置。交流充电桩提供给车载电源系统的是交流电,需要车载电源再转化为直流电才能提供给电池。直流快充通常是利用充电站的直流电动汽车充电桩,即快充充电桩进行充电。快充充电桩与交流电网连接,输入电压采用三相四线 AC 380×(1±15%)V,频率 50Hz,输出为可调直流电,直接为电动汽车的动力蓄电池充电。

对应两种充电方式或充电桩的车用充电插头也有所不同,图 3-59 所示为车用充电插头。

a)　　　　　　　　　　　　　　　　b)

图 3-59　车用充电插头
a)慢充口　b)快充口

相对于慢充技术,快充技术只是相对加快了充电速度,缩短了充电时间,一般也不会将电源系统完全充满。另外,快充技术还会加快电源系统的寿命衰减。未来,家用慢充和充电站快充的形式相结合,是电动汽车普及的关键技术之一。图 3-60 所示为两种充电形式。对于出租、公交、物流等领域的营运车辆来说,快充的重要性远远大于慢充,因为充电期间是无法载客或载货的,充电时间越长,意味着运营效率越低,损失越大。电动乘用车充电方式预测见表 3-33。

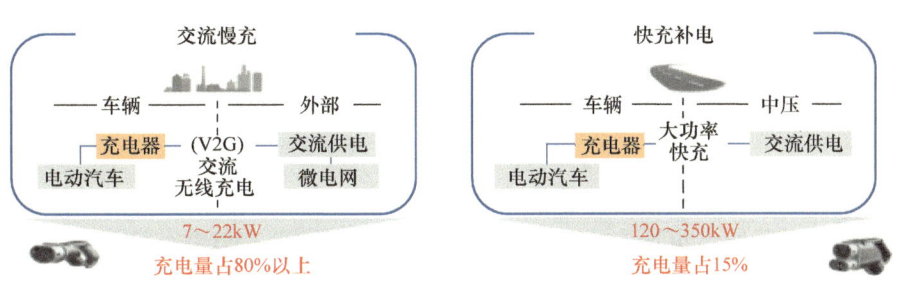

图 3-60 两种充电形式

表 3-33 电动乘用车充电方式预测

关键指标	未来 2~3 年	未来 3~5 年	未来 5~10 年
充电时间	白天快充：30min（40%SOC） 夜间慢充：5~8h	白天快充：30min（60%SOC） 夜间慢充：5~8h	白天快充：15min（75%SOC） 夜间慢充：5~8h
快充场景	城市公交快充站，高速路快充站，出租车专营厂站		
充电模式	夜间慢充为主，日间快速补电为辅	夜间慢充为主，日间快速补电为辅，长途快充	夜间慢充为主，停车即充，电能交互交易，长途超级快充

（2）快换（换电）充电方式

电池快换充电是指用充满电的动力蓄电池组更换车上需要充电的动力蓄电池组，实现电动汽车能源的快速补给。这种充电方式是以换电站为载体的，站内包括供电系统、充电系统、电池更换系统、监控系统、电池检测和维护管理系统等部分。电池换电方式可以利用电网需求低谷时段给动力蓄电池组充电，同时又能够在很短的时间内完成对电动汽车的补电过程。快换充电方式提高了车辆使用效率，减少了电池充电的时间成本，同时可计划性地为动力蓄电池充电，减轻了电网的压力。目前，我国在北京、上海、杭州等城市已经建设有商用车和乘用车的电池更换站[11]。整车充电方式和电池快换充电方式的优缺点见表 3-34。

表 3-34 整车充电方式和电池快换充电方式的优缺点

优缺点	整车充电方式	快换充电方式
优点	充电设备相对简单 充电接口的国家标准化程度较高	提高了车辆的使用效率，方便用户日常使用[12] 更换的动力蓄电池组可以在城市用电低谷时段进行计划性充电，降低了充电成本，提高了车用电能的使用经济性 解决了充电时间长、续驶里程短等难题 便于动力蓄电池组的维护和管理，提高了动力蓄电池组的使用寿命 有利于废旧电池的回收和再利用
缺点	交流慢充方式充电时间长、用户使用便利性差，充电的时间成本大 直流快充会加速车用动力蓄电池寿命的衰减 用户集中时间充电对电网负荷的冲击大，会降低电网运行效率和安全性	需要配备动力蓄电池和专业动力蓄电池更换设备，换电站的建造成本大大高于充电设施的成本 不同车企、不同车型的动力蓄电池组的设计标准和参数不同，种类多样，换电技术实施难度大

2. 电池换电技术对电源系统设计的影响

乘用车和电动商用车的结构明显不同，因此动力蓄电池组更换方式和设计方式均有所差别。为了电动汽车充、换电设施的发展需要，保证充电、换电基础建设的规范化和标准化，GB/T 33341—2016《电动汽车快换电池箱架通用技术要求》规定了电动汽车快换电池箱架的环境条件、功能要求、技术要求等，Q/GDW 11173—2014《电动汽车快换电池箱检验试验规范》规定了电动汽车快换动力蓄电池箱（简称电池箱）、插接器件和机械附件的检验规则。

针对纯电动乘用车，根据电池箱在车辆中的部位，电池更换方式可分为底盘更换和行李舱更换两种。对于底盘更换方式，电池箱安放在车辆底盘，与乘客舱有效隔离，同时不会占用行李舱的有效使用空间，整车重量分布更加均匀，前后轴负荷比例更加合理，车辆行驶的安全性和舒适性更好。图3-61所示为电动乘用车电池箱布置图。但是，在底盘更换方式中电池箱的标准化难度较高，设计难度较大。对于行李舱更换方式，电池箱的安装占用了行李舱的有效使用空间，同时没有与乘员舱实现有效隔离，整车重量分布后移，车辆的行驶稳定性下降。这种形式的优点是整车电源系统设计的难度较小，容易实现。

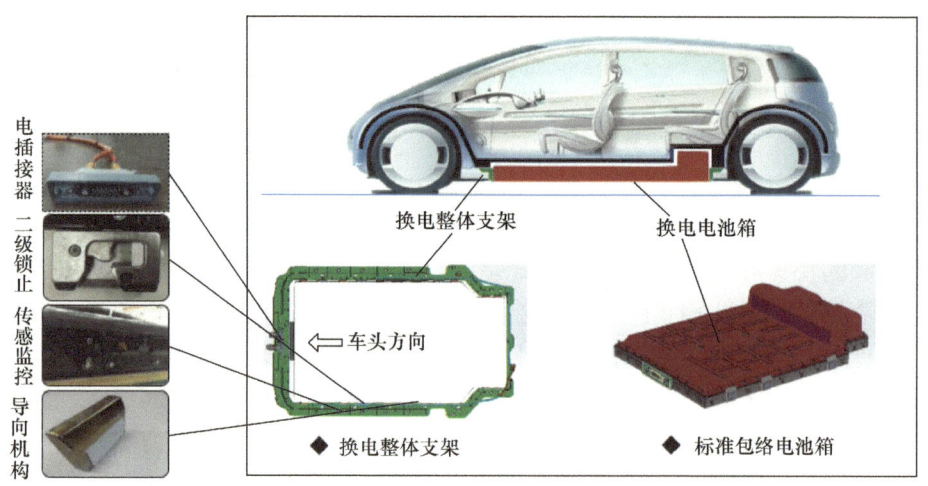

图3-61　电动乘用车电池箱布置图

针对电动商用车，根据车辆的结构，电池箱一般位于车辆的两侧，更换设备从车辆的两侧完成动力蓄电池组的更换。由于商用车电池箱的质量较大，每辆车电池箱的数量较多，为了提高动力蓄电池组的更换效率，因此多采用自动化设备进行更换。

3.2.3　动力蓄电池系统的结构设计

3.2.3.1　结构设计概述

动力蓄电池系统（以下简称电池系统）的机械结构主要包括动力蓄电池模块（以下简称电池模块）、热管理系统、动力蓄电池管理系统（以下简称电池管理系统）、电气系统、动力蓄电池箱（以下简称电池箱）体等。进行电池系统结构设计时需要先进行电池总体布置方案设计，根据整车电量、功率、性能及空间要求，初步确定电池系统电芯选型、电芯节数和电池系统外形尺寸；然后依次考虑电池模块结构设计、系统热管理设计、电池管理系统和高压配电设计、电池箱体设计。

① 电池模块结构设计主要考虑将电芯以一定的固定方式（结构胶粘或护板螺栓连接）固定成组，同时考虑空间尺寸、电气安全和机械安全等要求设计出电池模块。

② 系统热管理设计主要综合考虑动力蓄电池高低温充放电性能、电池冷却加热需求和电池箱体内部空间等方面影响进行设计。

③ 电池管理系统和高压配电结构简单紧凑，可单独设计放入电池箱体内部，也可安装在整车靠近电池箱体附近。电池系统设计过程中还需要考虑机械安全、电气安全、环境安全等内容。

④ 电池箱体设计主要包括电池模块结构尺寸、系统热管理结构尺寸和整车空间包络尺寸设计。

在进行结构设计时，不仅要考虑基本功能，还需要考虑成组效率、机械安全、电气安全、热管理、电磁兼容、电磁屏蔽等各个方面。电池系统机械结构设计的通用要求应满足相关标准，如 QC/T 989—2014《电动汽车用动力蓄电池箱通用要求》。

1. 一般性要求

① 系统维护方便。

② 在车辆发生碰撞或动力蓄电池发生自燃等意外情况下，具有能够防止烟火、液体、气体等进入车厢的结构或防护措施。

③ 电池箱外露面应留有铭牌与安全标志布置位置，给熔丝、动力线、采集线、各种传感元器件的安装留有足够的空间和固定基础。

④ 所有无级基本绝缘的插接件、端子、电触头应采取加强防护。在插接件、端子、电触头接合后应符合 GB/T 4208—2008《外壳防护等级（IP 代码）》防护等级为 3 的要求。

⑤ 结构轻量化，选择强度较高的轻质材料，如铝合金、铝镁合金、塑料、碳纤维等，尽量减少材料的使用，节约成本并保证电池系统的能量密度高，成组率高，实现系统的轻量化。

2. 外观与尺寸

① 外表面无明显的划伤、变形等缺陷，表面涂、镀层应均匀。

② 零部件紧固可靠，无锈蚀、毛刺、裂纹等缺陷和损伤。

3. 机械强度

① 耐振动强度和耐冲击强度，在试验后不应有机械损坏、变形和紧固部位的松动现象，锁止装置不应受到损坏。

② 采取锁止装置固定的电池箱，锁止装置应可靠，具有防误操作措施。

4. 安全要求

① 在振动试验后，电池箱防护等级不低于设计的等级。

② 人员触电防护应符合相关要求。

3.2.3.2　电池模块结构设计

电池模块作为动力蓄电池包（简称电池包）三个层级的中间环节，是承上启下的关键部件，要保障电芯在模块中的稳定性，减少或屏蔽外界的影响，同时为电池包的电连接、机械连接提供相应的机械结构。因此，模块在设计过程中需要充分考虑电芯与电池箱体的因素。

模块的边界尺寸、安全设计、散热方式受电芯材料体系、结构特点、尺寸规格、安全性能等的影响较大。在模块设计的过程中，需要针对电芯的特点，扬长避短地进行设计。例如，软包电芯的鼓胀率较大，模块设计时需要预留充分的空间用于电芯鼓胀。

模块的电气接口、安装固定点、正负极引出位置受电池箱体的影响较大。电池箱的布置、内部空间的形状、高压回路的排布方式都会影响到模块的设计。

在模块设计过程中，需要考虑以下的设计要点。

① 机械结构：振动、冲击、挤压、穿刺、鼓胀、可维护。

在机械结构方面，进行模块设计时应该选用螺栓连接这类可靠的连接方式，并且在紧固件的安装面使用钢或铝合金确保连接强度，模块固定点的数量应根据模块重量合理选用，分布均匀，从而保证在振动、冲击过程中模块不发生损伤。固定电芯之间需要预留空间用于吸收电芯在充电/放电过程中产生的鼓胀效应。模块尽量选用卡扣、螺栓连接等可反复拆卸的方式，保障可维护性。

② 能量密度：减重孔、空间利用率。

在能量密度方面，模块设计应避免采用大面积金属板、大块塑料等形式，根据强度需要在金属板上开孔减重，在塑料结构上通过多开减重孔、减重槽等措施优化造型结构，提高强度。

③ 电气：绝缘、爬电距离、防误触。

在电气方面，电芯之间或与模块框架接触的部位必须设计绝缘材料，可以使用 PET、PI 绝缘膜，也可以使用 PC、ABS、PPO 等塑料结构进行绝缘防护。电芯连接片与其他金属材料之间的距离应考虑电气间距及爬电距离。如果无法满足要求，则需增加绝缘结构进行防护。电芯之间电连接的连接片应该有绝缘盖或绝缘罩的保护，防止在搬运过程中人员误触碰导致触电。

④ 安全：短路、过充电、过放电、运输。

在安全方面，应减少电芯直接裸露在外界环境的情况，通过隔热片、绝缘片进行防护，避免短路、过充电、过放电引起的连锁反应，造成更大的损失。注意考虑模块在运输过程中的码放方式，在易破损、易磕碰的地方加强防护。

⑤ 热管理：散热、加热。

在热管理方面，一方面需要考虑电芯散热的问题，通过合理排布、使用铝合金材料加大导热系数、涂抹导热胶等方式提高散热能力；另一方面，需要考虑模块的加热方式及加热区域，尽量做到电芯能够均匀受热，在电芯和加热片之间涂抹导热胶提高加热效率。

⑥ 可靠性：电连接、机械连接、过流能力、防松。

在可靠性方面，电连接应尽可能选用焊接或螺栓连接。注意如果选用螺栓连接，则在连接面需要有镀层进行保护，避免表面氧化造成电阻增大，发热量增多。机械连接需要根据不同部位的连接强度与连接需求选用不同的连接方式。例如：上盖与模块连接强度要求低，可使用卡扣形式；电芯之间需要绝缘连接，可使用胶粘的形式；模块框架需要满足强度要求，具有可维护性，采用螺栓的方式最佳。螺栓选用需要将防松胶和法兰面或弹平垫组合，防止螺栓松动。

⑦ 制造性：工艺、效率、成本。

在制造性方面，需要设计者对模块各零部件的成型方式有初步了解，避免设计出无法加工制造的零部件。例如：钣金冲压件避免出现锐角；塑料件壁厚均匀，需要设计拔模角度。模块组装工艺尽可能简单，所使用工具的自动化程度要高，从而提高生产效率。成本也是设计中需要考虑的重要因素，应使用较少的材料、简单的工艺降低模块成本。

⑧ 结构选型：尺寸、空间体积利用率、公差等级。

在结构选型方面，选择合适尺寸和形状的电芯，合理利用电池箱内部优先的安装布置空间，最大限度地提高电池箱的空间体积利用率。结合电芯数量、电池容量和空间布置确定最优电池尺寸。参考 GB/T 34013—2017《电动汽车用动力蓄电池产品规格尺寸》中 4.1 尺寸公差要求"按照 GB/T 1804 中关于线性尺寸的极限偏差的规定，选取精密 m 公差等级"及 4.2 尺寸范围要求（表 3-35），确定电芯尺寸范围。

表 3-35 电芯尺寸范围要求

产品尺寸 /mm	尺寸范围 /mm
< 10	±0.5
≥ 10，< 100	±2.0
≥ 100，< 500	±5.0
≥ 500	±10.0

1. 圆柱形电池模块设计

（1）电芯固定方式

在圆柱形电池模块中，固定电芯时需要考虑电芯的自转问题，主要使用有圆柱形凹槽的电芯固定架将电芯包裹固定，一般凹槽的尺寸略大于电芯尺寸，并使用结构胶固定。图 3-62 所示为圆柱形电池模块工艺示例。

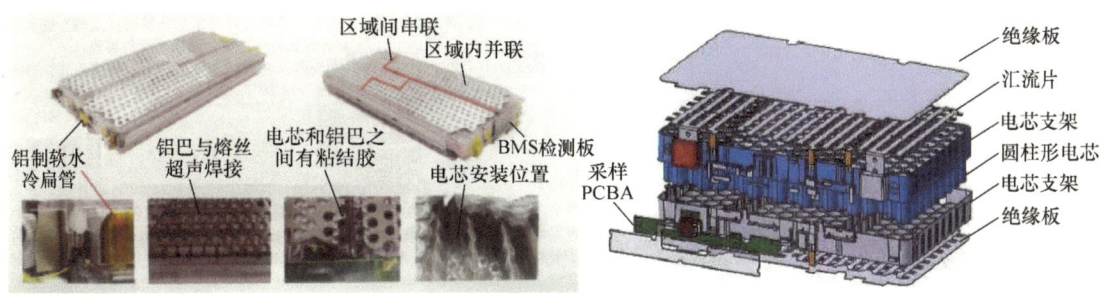

图 3-62 圆柱形电池模块工艺示例

（2）电芯连接方式

圆柱形电池模块的电芯连接方式主要有两种：一种是比较常见的电阻焊；另一种是比较新颖的铝丝键合焊。电阻焊设备成本低；工艺成熟，设计技术完善，但成本较高。铝丝键合焊是近年来兴起的加工工艺，通过铝丝超声焊接的方式连接电芯正/负极与连接排。这种工艺加工效率高，自动化程度高，用料少，成本低；但利用铝丝键合焊形成的电路连接强度弱于电阻焊，失效率较高，还有待提高工艺水平。

（3）热管理方式

圆柱形电池模块的热管理方式主要是使用波纹状冷却管路围绕在电芯中，相比于方形和软包模块的冷却方式，冷管加工的工艺复杂，成本高，空间占用大。

（4）电池模块固定方式

圆柱形电池模块在电池箱中的固定方式有两种。一类是在电芯固定架上设计螺栓固定点，直接用螺栓将电芯固定架固定在箱体上。这种方式可以有效减少零部件数量，减轻重量，但是对电芯固定架的强度要求较高。另一类是通过框架、夹板或其他固定机构，把电芯固定架固定在箱体上，使紧固力通过外接结构分散开，避免电芯固定架的载荷集中。

2. 方形电池模块设计

（1）电芯固定方式

方形电池有外部铝壳作为容器，同时也提供一定机械强度保护内部极片，使得方形电池模块的结构强度较高。电芯固定主要通过外部框架实现，电芯之间通过胶或带黏性的材料相互粘接在一起，并用相同的方式把电芯固定在框架上。由于方形电芯形状规整，模块框架设计相对简单，所以将电芯逐个装入固定即可。考虑电芯鼓胀问题，需要在电芯之间增加间隙来吸收鼓胀形变，从而提高安全性和循环寿命。图3-63所示为方形电池模块工艺示例。

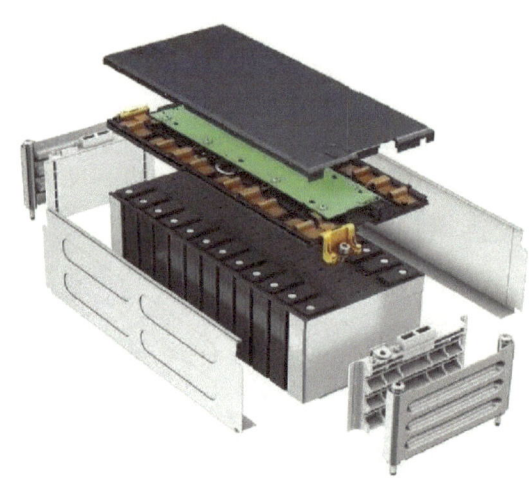

图3-63 方形电池模块工艺示例

（2）电芯连接方式

方形电池模块的电芯连接方式主要有两种：螺栓连接和焊接。螺栓连接常见于早期的电芯产品，在电芯极柱上自带螺栓或螺纹孔，通过连接片和电芯连接。这种连接方式对设备要求低，操作简单；但是可靠性较差，成本高，生产效率低，接触电阻大，目前逐步被淘汰。

（3）热管理方式

方形电芯模块的热管理方式主要是使用平板贴于模块预留的电芯外露区域，结构简单，安装方便。可以使用口琴管、预埋管、冷却板、吹胀板等诸多形式实现，成本较低。

（4）电池模块固定方式

方形电池模块与电池箱的固定方式比较容易设计。由于电池模块的框架强度较大，一般在模块四个角设计固定点，通过螺栓与电池箱连接。如果模块较大或较重，则可以在模块中间适当增加固定点，提高连接强度。

3. 软包电池模块设计

软包电池模块在结构上可以视作简化版的方形电芯：将方形电芯的铝壳替换成铝塑膜，将极柱改为极片，减少防爆阀等非必需结构。结构的简化大大提高了电池模块的能量密度，降低了整体重量与成本，但电池模块本身的强度会相应降低。因此，在系统设计中需要在模块结构中增加防护强度。软包电池模块的设计难度相比于方形电池模块的要高。图 3-64 所示为软包电池模块工艺示例。

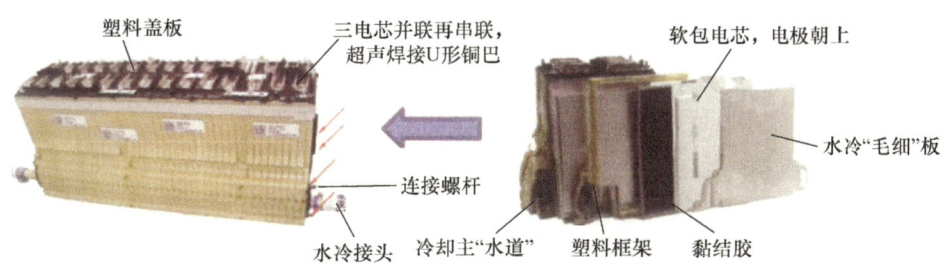

图 3-64 软包电池模块工艺示例

（1）电芯固定方式

在电芯固定上，由于电池表面不规整、自身强度低，需要结合外部保护壳将一个或多个电芯保护起来。保护外壳也可以作为热传递的路径。通常将两个电芯组成一个电芯单元，这样一个单元的两个大面分别就是两个电芯的散热面，可以将这样一个小单元视为一个方形电芯进行模块设计。因此，软包电池模块通常只有偶数并联的方式。

（2）电芯连接方式

软包电池模块的电芯连接主要通过焊接的形式实现。由于电芯的极耳多为铝片或铜片，通常采用折弯的方式贴合在连接片上，再通过焊接形式固定在一起。极耳厚度较薄，对焊接设备稳定性的要求较高，需要优化焊接工艺，提高良品率。

（3）热管理方式

软包电池模块的热管理方式主要是通过电芯之间的导热板将热量导出，再通过热交换系统把热量交换出去。该方式设计简单，不易漏水，冷却效果好。

（4）电池模块固定方式

软包电池模块与电池箱的连接与方形电池模块类似，比较容易设计，可以在每一个小单元的保护壳上设计安装孔进行安装；也可以将多个小单元先固定在一起形成大模块，然后在端板或者外壳上设计固定孔进行固定。

3.2.3.3 电池箱体设计

1. 箱体结构设计

电池箱体是电池系统总成的骨架，电池箱体的作用就是为电池系统提供一个环境，保证电池系统能够安全可靠地运行。电池箱体对产品的安全运行和防护起着关键作用，直接影响整车的安全性。电池箱体的结构设计主要包括电池箱上壳体、下壳体等部件壳体材料的选择、制造工艺方案的选择等。电池箱的外观设计主要从材质、颜色、表面防腐蚀处理、产品标志、标识等方面进行设计。电池箱体的设计目标要满足强度、刚度要求和电气设备外壳防护等级 IP67 的设计要求，并且整车需提供碰撞保护，电池箱内的电池模块在底板固定，线束走向合理、美观且固定可靠。

设计电池系统外壳时，首先要保证其结构牢固，可抵抗车辆振动、冲击、撞击的需求；其次，要满足防尘防水等级（IP 等级）要求，满足轻量化要求，耐蚀性、抗石击、抗火烧等；电池箱体还要设置有可靠的等电势点，保证与车底盘可靠的电连接。

电池系统设计开发过程中，电池包的容量和电量是整车动力性和经济性的重要参数，而电池箱的体积和重量与电池包的电量有着密切的联系。同时，箱体的重量与电池包的能量密度相关联。能量密度是目前衡量电池系统设计水平的一个重要指标。

通常，电池箱体空间布置设计分为三个阶段：

① 第一阶段为概念设计阶段，整车总布置部门需要确定整体系统体积参数给电池系统设计部门。设计数据必须满足整车离地间隙及周边件的间隙要求。初步方案设计需要满足整车动力性和经济性的设计目标，并得到电池研发部门的认可。

② 第二阶段为数据设计定稿阶段。在这个阶段设计的系统参数需要尽量详细，设计过程中进行数据变更的登记管理，设计由供应商、电池研发部门、总布置共同完成。经过整车的数据装配检查、工艺工装检查、样件装车适配检查，最终完成数据发布。

③ 第三阶段为数据的扩展延伸阶段。由于市场环境的模块化和平台化，电池箱体数据需要微调以满足不同项目的需求。这个阶段电池箱体数据的扩展延伸必须通过设计变更审批流程，最终落实。

2. 电源系统与整车的连接

电源系统与整车的机械装配有两种方式：固定式和快换式。

（1）固定式

固定式是指电源系统通过螺栓等紧固件固定在整车上的装配方式。

对于采用固定式装配方式的车辆，电池系统的高压和低压分别与整车的高压和低压通过插接器建立连接。插接器的插头和插座带有防错设计及限位设计（卡位、限位）。当插头与插座对插到位后，插接器的插头与插座不再发生相互运动。

（2）快换式

快换式是指电源系统与整车不建立固定装配，双方通过锁止机构建立联系，通过锁止机构的锁止和解锁实现电池更换的装配方式。快换式的锁止机构和快换插接器是设计开发过程中的重要任务。

对于采用快换式装配方式的换电车辆，锁止机构的开发需要考虑锁止机构的工作原理、对车身离地间隙的影响、安全可靠性、与人的交互、使用寿命等。电池系统的高压和低压接口集成在一个快换插接器上，并且设计开发对应的用于整车端的快换插接器。

国家标准规定，固定不动端为插座，运动端为插头。快换插件的插座与插头具有防错设计，但是没有限位设计。在换电过程中，插座与插头伴随着锁止机构的锁止和解锁，发生相对运动。因此，快换插接器的设计需要考虑安全防护（IP）、高压安全（绝缘、爬电距离等）、使用寿命、温升等。锁止机构和快换插接器的开发是目前换电方式开发的重点和难点。

为满足对换电车辆锁止机构的控制，整车控制或者单独通道的控制系统相对于固定式装配方式的控制方式，要更加复杂，更加精细。

3.2.2.3.4 系统热管理设计

1. 概述

一般情况下，电池系统要求在 -20~60℃外部环境温度中能正常工作。在低温条件下，电池系统由于受到电池功率特性的限制，很难满足整车正常条件下的峰值放电或峰值回馈充电的功率需求。在高温条件下，电池系统由于受到电芯温升特性、安全及可靠性、应用温度范围等因素的限制，不能按峰值放电或峰值回馈充电功率进行工作。

电池系统所处环境及自身温度直接影响其正常运行、循环寿命、输出功率、可用能量、安全性和可靠性。为了使电池系统达到最佳的性能和寿命，需要引入热管理系统对电池包进行低温加热、高温散热以及保温管理。动力蓄电池热管理通过结构和电气设计，对电池系统进行散热和加热控制，使电池包始终处于一个合适的工作温度区间，并且控制电池包温差不超过限值，保证电池包的性能和寿命。详细来讲：

（1）性能影响

在电池充电/放电过程中，由于阻抗的存在，电芯内部会产生热量；此外，电芯内部的电化学反应也会产生一定的热量。电池系统温度的上升会影响电池包的工作特性参数，如内阻、电压、SOC、可用容量、充电/放电效率。另外，电池包充电也会受到温度影响，低温下充电速度较慢。

（2）寿命影响

环境温度对电池包的循环寿命具有明显的影响，图3-65所示为温度对电芯循环寿命的影响。从图中可以看出：环境温度越高，电芯最大可用容量衰减越快。为了使电池包性能最优化，需要设计热管理系统确保各电芯工作在一个合理的温度范围内。电池系统在低温下功率也会下降，尤其影响到电能回收制动效果，放电容量变小，充电电流小，充电时间长，充入电量少。

（3）安全性影响

电芯的温度直接影响了电池包的安全性，温度过高时容易发生热失控。必须严格按照电池包的热管理设计流程、系统及零部件类型、零部件选型及系统的性能评估等多个方面进行电池系统热管理的设计和验证，才能保证电池包的安全性。因此，良好的热管理设计对电池包的性能、寿命甚至整车行驶里程都十分重要。

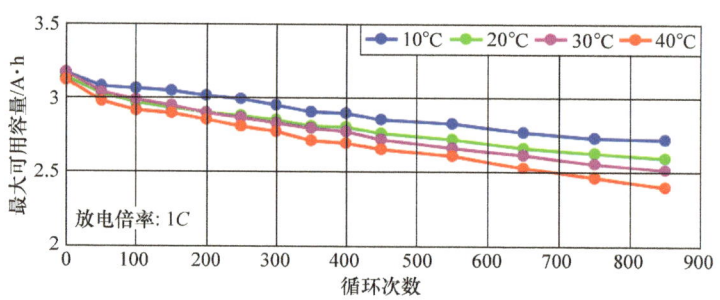

图 3-65　温度对电芯循环次数的影响

2. 热管理开发流程

动力蓄电池包热管理系统（简称电池热管理系统）的开发流程应与电池包的开发流程保持一致。热管理系统的设计贯穿于整个电池包的设计过程中，参与整车开发每个阶段的设计、更改、试制以及验证。设计性能良好的电池热管理系统，要采用系统化的设计方法。电池热管理系统设计的过程包括如下步骤。

（1）确定电池包最优工作温度范围

根据不同销售地区环境温度变化范围、整车高温最严苛工况、低温充电工况，结合所使用电池的高温及低温性能，提取出电池组热管理需求数据，如电池包内电芯温度最高限额、电芯间温差范围以及冷却速率或加热速率等。比如，根据锂离子蓄电池出厂规格标准，确定某电池包最佳工作温度为 20～35℃，充电在 0℃以上。

（2）建模仿真流程确定

通过数学模型仿真计算电池包内部的温度场，预测电芯的热行为，对于设计电池热管理系统是不可或缺的环节。目前仿真方式主要分为一维和三维两种，产品开发过程中需要两种仿真方式结合，共同完成性能评估。两种建模仿真流程如图 3-66 所示。

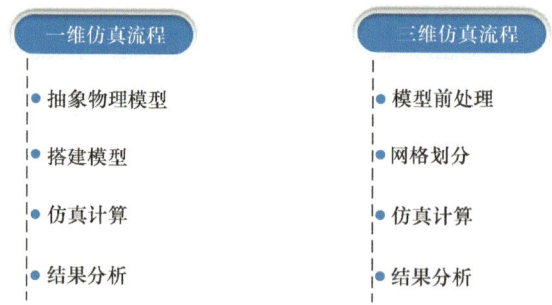

图 3-66　两种建模仿真流程

（3）电池包热场计算及温度预测

电芯不是热的良导体，电芯表面温度分布不能充分说明电芯内部的热状态，通过数学模型计算电芯内部的温度场，预测电芯的热行为，这对于设计电池热管理系统是不可或缺的环节。电芯温度预测通常使用如下公式进行计算：

$$\rho C_\mathrm{p} \frac{\partial T}{\partial t} = k_x \frac{\partial^2 T}{\partial x^2} + k_y \frac{\partial^2 T}{\partial y^2} + k_z \frac{\partial^2 T}{\partial z^2} + q \quad (3\text{-}76)$$

式中　　　T——温度；
　　　　　ρ——电芯平均密度；
　　　　　C_p——电芯比热；
　　　k_x、k_y、k_z——电芯在 x、y、z 方向上的热导率；
　　　　　q——电芯单位体积的生热速率。

（4）散热结构设计

一般情况下，在电池箱内或模块内中间位置电池的散热性能较差，边缘电池的散热较好。在进行电池模块结构布置和散热设计时，要尽量保证电池模块散热的均匀性。以空冷散热为例，通风方式一般有串行和并行两种，如图3-67所示。

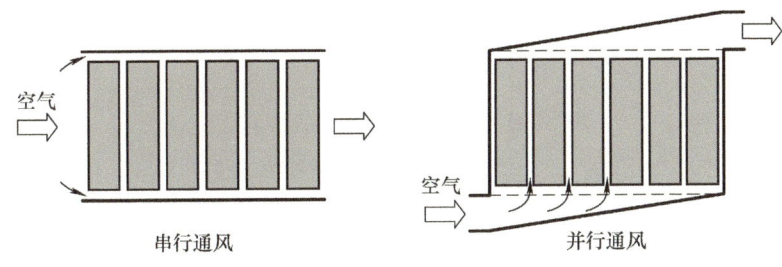

图3-67　散热通风方式示意图

串行通风方式下，冷空气从左侧吹入右侧吹出。空气在流动过程中不断地被加热，系统右侧的冷却效果比左侧差，电池箱内电池的温度从左到右依次升高。

并行通风方式使得空气流量在电池模块间分布得更均匀。在并行通风道设计中，楔形的进排气通道使得不同模块间缝隙上下的压力差基本保持一致，吹过不同电池模块的空气流量近似相同，从而保证了电池包温度场分布的一致性。

（5）测温点选择

设计风冷散热系统时，在保证一定散热效果的情况下，应该尽量减小流动阻力，降低风机噪声和功率消耗，提高整个系统的效率。可以用试验、理论计算和流体力学CFD仿真（例如采用FloEFD软件）的方法，通过估计压降、流量来估计风机的功率消耗。当流动阻力小时，建议选用轴向流动风扇；当流动阻力大时，建议选用离心式风扇。当然也要考虑到风机占用空间的大小和成本的高低。寻找最优的风机控制策略也是热管理系统的功能之一。

电池箱内电池模块的温度分布一般是不均匀的，因此需要根据不同条件下电池模块热场分布以确定危险的温度点。利用有限元分析、红外热成像或实时的多点温度监控的方法可以分析和测量电池包、电池模块和电芯的热场分布，决定测温点的个数，找到不同区域合适的测温点。一般的设计应该保证温度传感器不被冷却风吹到，以提高温度测量的准确性和稳定性。同时，温度传感器也不能紧挨加热器件或液冷板，避免测量结果受到干扰。在设计电池模块时，要预留测温传感器空间，比如可以在适当的位置设计合适的孔穴。

（6）热管理系统性能评估

通过仿真计算与试验测试数据结合，评估目前采用的热管理方式能否满足需求的加热、冷却速率，电池包最高温度、温差是否在要求范围内，以及电池包保温性能能否满足设计要求。根据目前已有的风冷和水冷项目经验，仿真可以完成如下工作：

① 水冷系统冷却板的压降计算以及冷却水流动一致性的计算。
② 电池包热性能评估计算。
③ 空气冷却系统优化计算。

3. 冷却系统设计

按照冷却介质的不同，现阶段已经有实际应用的冷却系统，主要有空气冷却、液体冷却和相变材料冷却。这三种冷却系统的散热能力依次增强，但结构复杂度也依次增加。按照冷却方式分类，主要有自然冷却、强制风冷、液冷和直冷。这四种冷却方式的冷却效率依次增强。冷却效率主要是通过对流换热系数来表征，一般情况下根据整车使用环境、整车工况和电芯特性确定系统所需要的对流换热系数，然后综合质量、空间和成本等因素确定冷却方式。不同冷却方式的特点对比见表 3-36。

表 3-36 不同冷却方式的特点对比

冷却方式	换热系数 /[W/(m²·K)]	系统复杂性	成本
自然冷却	5~25	低	低
强制风冷	20~100	一般	较低
液冷	500~15000	高	较高
直冷	2500~25000	高	较高

（1）直接空气冷却系统

自然冷却散热是典型的以空气作为传热介质的被动散热方案，即直接让电池箱体内部的空气穿过电池模块，通过空气与电池、电池箱体等导热部件之间的对流换热实现对电池进行冷却的目的。空气自然冷却系统具有系统简单、空气温度可控以及成本低等优点。空气自然冷却系统原理如图 3-68 所示。

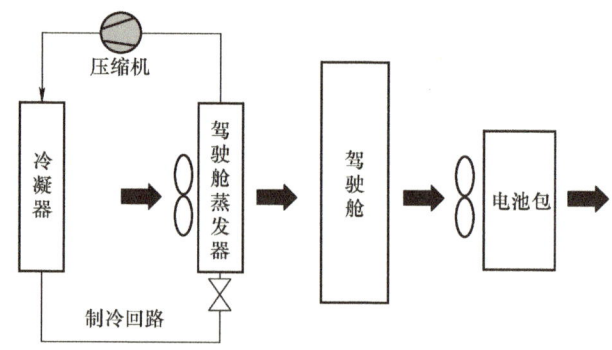

图 3-68 空气自然冷却系统原理

（2）低温散热器冷却系统

低温散热器冷却系统是电池系统的一个单独系统，由散热器、水泵和加热器组成。低温散热器冷却系统的原理如图 3-69 所示。该冷却系统具有结构简单、成本低、低温环境下经济节能等优点；但该系统也有冷却性能低、夏天水温高、使用易受天气环境限制等缺点。

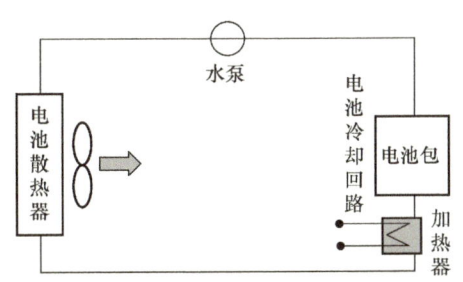

图 3-69　低温散热器冷却系统的原理

（3）直接冷却液冷却系统

直接冷却液冷却系统的原理如图 3-70 所示。该系统具有结构紧凑、冷却性能好以及工业应用范围广等优点；但该系统零部件比直冷系统多，系统复杂、燃料经济性差且压缩机负荷高。此类型的冷却系统是目前最常用的电池热管理系统之一。

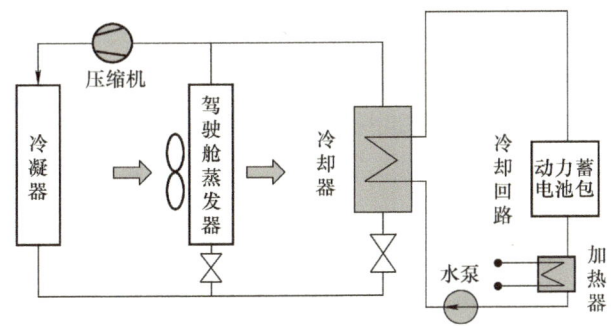

图 3-70　直接冷却液冷却系统的原理

（4）空冷/水冷混合冷却系统

空冷/水冷混合冷却系统如图 3-71 所示。空冷/水冷混合冷却系统具有结构紧凑、性能好且低温环境下经济节能等优点；但该系统控制复杂、成本高且可靠性要求高。

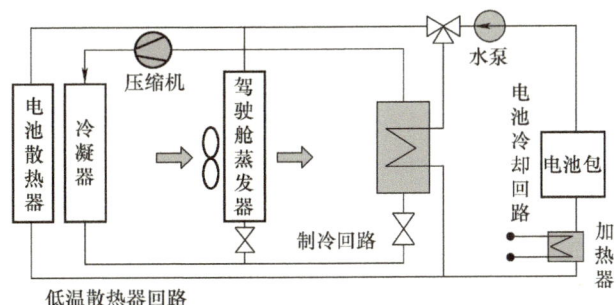

图 3-71　空冷/水冷混合冷却系统

（5）直冷系统

直冷系统是将空调冷凝器直接通入电池箱内冷却电池。直冷系统工作原理如图 3-72 所示。直冷系统具有结构紧凑、重量轻、性能好的优点；但该系统是一个双蒸发器系统，无电池制热和冷凝水保护功能，制冷剂温度不易控制且制冷蒸发器寿命短。

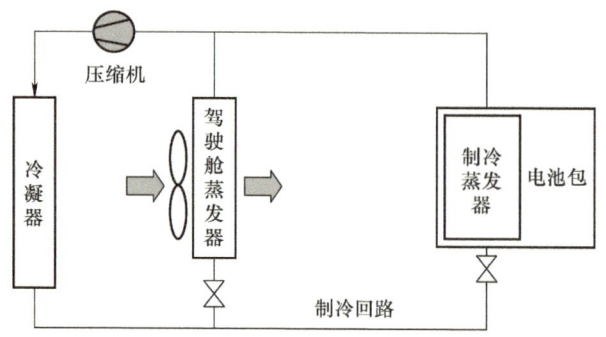

图 3-72　直冷系统工作原理

4. 加热系统设计

国内外对动力蓄电池低温加热的研究主要分为两类：内部加热和外部加热。其中，外部加热方法主要有空气加热法、电加热膜加热法（如宽线金属膜加热法）以及其他的外部加热方式；内部加热方法主要有交流电加热法和内部自加热法。低温加热方法分类如图3-73所示。

（1）空气加热法

该方法通过车内空气调节系统对空气进行加热，再利用热空气对电池组进行加热。在低温情况下，外界空气经由车载加热器进行加热，在车内流动后再与电池组之间产生热交换，实现对电池组的加热。

（2）电加热膜加热法

该方法利用电阻丝产热的原理，将宽线金

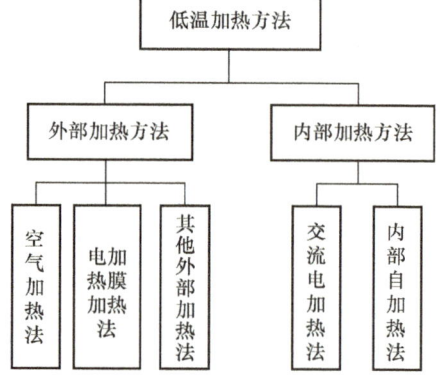

图 3-73　低温加热方法分类

属膜产生的热量对电池进行加热。比如使用铜线制作的宽线金属膜，由于铜线具有电阻，电流通过铜线时，铜线发热，产生的热量通过另一侧的铜膜平面均匀地传给电池，从而实现对电池的加热。

（3）交流电加热法

该方法是通过交流电直接对电芯内部进行加热。在低温情况下，交流电源输出交流电，使得电流不断流经电芯内部因内阻而生热，从而实现对电池内部的加热。交流加热法有较长的发展历史，目前采用交流加热的温升速率可以达到3℃/min，是一种重要的电池低温快速加热方法。

（4）内部自加热法

该方法是通过电流流经电芯内部加设的镍片产生欧姆热来实现对电芯自身加热。采用在电芯内部加装一片镍片的结构，当温度低于设定温度时，开关断开，电流流经镍片产生热量；当温度高于设定值时，开关闭合，停止加热。内部自加热法实现了对电芯低温加热的可控性。

3.2.3.5 碰撞安全性能设计

电动汽车电池系统由多个电池模块或电芯直接构成。在汽车碰撞事故中，电池系统有可能受到挤压而严重变形，或在无明显变形的情况下发生过载冲击，存在热失控风险。产生热失控的主要原因是电芯受到碰撞、挤压后造成的内部短路，引起电芯内部产生并积累了大量的热能，从而造成电池系统热失控。

电池系统是能量储存装置，包括电芯、电压温度采集部件、高压电路、短路保护装置及与其他外部系统（如冷却、高压、辅助低压和通信等）的接口。对于大于 DC 60V 的电池包，应增加手动断开装置（如维修开关）。所有部件应该被安装在防撞电池箱内。该电池箱的安全设计应当满足机械冲击、跌落、翻转、碰撞和挤压等要求。电池系统的原理如图 3-74 所示。其结构组成如图 3-75 所示。试验方法及要求参照 GB 31467.3—2015《电动汽车用锂离子动力蓄电池包和系统 第 3 部分：安全性要求与测试方法》开展相关测试工作。

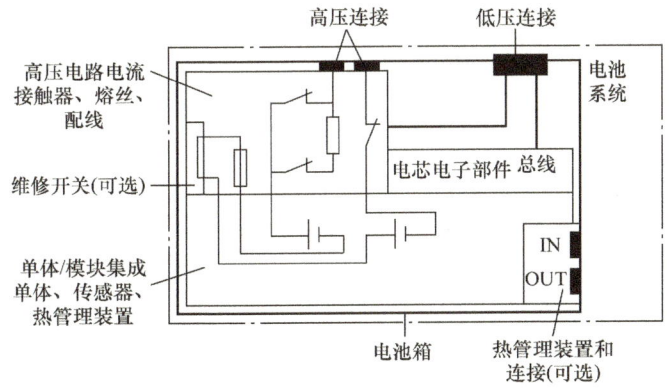

图 3-74 电池系统的原理

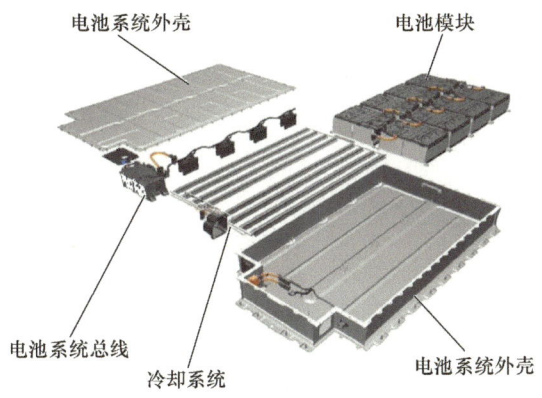

图 3-75 电池系统的结构组成

1. 机械冲击

测试方法：测试对象为电池包或系统，对测试对象施加 25g、15ms 的半正弦冲击波形，z 轴方向冲击 3 次，观察 2h。

要求：电池包或系统无泄漏、外壳破裂、着火或爆炸等现象。试验后的绝缘电阻不小于 100 Ω/V。

2. 跌落

测试方法：测试对象为电池包或系统，对测试对象以实际维修或安装过程中最可能跌落的方向，如沿 z 轴方向，从 1m 高度处自由跌落到水泥地面上，观察 2h。

要求：电池包或系统无电解液泄漏、着火或爆炸等现象。

3. 翻转

测试方法：测试对象为电池包或系统，测试对象绕 x 轴先以 6°/s 的速度转动 360°，然后以 90° 增量旋转，每隔 90° 增量保持 1h，旋转 360° 停止，观察 2h。测试对象绕 y 轴先以 6°/s 的速度转动 360°，然后以 90° 增量旋转，每隔 90° 增量保持 1h，旋转 360° 停止。观察 2h。

要求：电池包或系统无泄漏、外壳破裂、着火或爆炸等现象，并保持连接可靠、结构完好，试验后的绝缘电阻不小于 100 Ω/V。

4. 模拟碰撞

测试方法：测试对象为电池包或系统，测试对象水平安装在带有支架的台车上，根据测试对象的使用环境给台车施加模拟碰撞试验脉冲参数（表 3-37）和图 3-76 中规定的加速度脉冲（汽车行驶方向为 x 轴，垂直于行驶方向的水平方向为 y 轴），观察 2h。

表 3-37 模拟碰撞试验脉冲参数

脉宽/ms	脉冲参数					
	$m \leq 3.5t$		$3.5 < m \leq 7.5t$		$m > 7.5t$	
	x 向	y 向	x 向	y 向	x 向	y 向
20	0g	0g	0g	0g	0g	0g
50	20g	8g	10g	5g	6.6g	5g
65	20g	8g	10g	5g	6.6g	5g
100	0g	0g	0g	0g	0g	0g
0	20g	4.5g	5g	2.5g	4g	2.5g
50	28g	15g	17g	10g	12g	10g
80	28g	15g	17g	10g	12g	10g
120	0g	0g	0g	0g	0g	0g

注：m 为汽车整备质量。

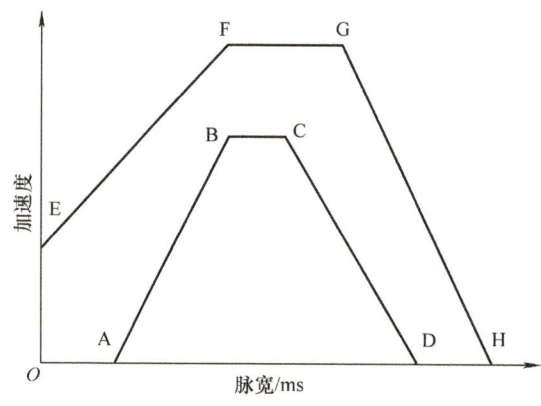

图 3-76 加速度脉冲示意图

要求：电池包或系统无泄漏、外壳破裂、着火或爆炸等现象，试验后的绝缘电阻不小于 100Ω/V。

5. 挤压

测试方法：电池包或系统。按下列条件进行挤压。

① 挤压板形式：半径 75mm 的半圆柱体。半圆柱体的长度大于测试对象的高度，但不超过 1m。

② 挤压方向：x 和 y 方向（汽车行驶方向为 x 轴，另一垂直于行驶方向的水平方向为 y 轴）。

③ 挤压程度：挤压力达到 200kN 或挤压变形量达到挤压方向整体尺寸的 30% 时停止挤压。保持 10min，观察 1h。

6. 碰撞安全设计方法

从研究现状看，电池碰撞安全研究包括电池材料、电芯、电池模块与防护结构等各个层次。电池碰撞安全设计内容应包括电池箱体结构强度，尽可能保证在机械载荷下不会影响到内部电芯。

① 研究机械载荷下电芯的变形与失效特征以及与内短路触发的关联性，最终建立电芯、模块或电池包的损伤判据和损伤容限。

② 建立兼顾计算精度与计算效率的有限元仿真模型，指导电池包防护结构设计。

（1）电池材料研究

正极、隔膜和负极组成的层叠结构是电池的基本组成单元。

其中正负极由金属集流体和涂敷在表面的涂层组成。电芯组分材料的力学性质，包括金属集流体、正负极涂层和隔膜的力学性质以及涂层与集流体之间的界面性质，直接决定了电芯的力学行为。与传统金属材料类似，金属集流体的力学行为表征包括其塑性、韧性断裂以及各向异性和率相关性，以上参数数据需要通过试验获取。

隔膜主要起到隔离正负极的作用，因此其力学行为特别是断裂行为直接导致了电池内短路的发生。隔膜通常为高分子材料（PE、PP），其力学行为的表征较为复杂，包括弹性、塑性、断裂以及材料方向、温度和时间相关性等因素。目前常用方式是将电池正负极以及隔膜看作一个整体进行力学性能的研究分析，其材料属性多使用泡沫材料属性来进行替代分析。

（2）电芯研究

电芯是电池包的最小组成单元，在试验方面，为研究电的机械失效模式及其与内短路发生的关联，并且考虑到实际碰撞事故中，电芯受到的加载工况较为复杂，需要进行不同形式加载工况的试验。图 3-77 所示为电芯加载工况。电芯典型的加载工况包括面内方向挤压、面外方向挤压（球形加载头、圆柱面加载头）和三点弯等。除了加载形式，还需要考虑电芯带电量以及加载速度对

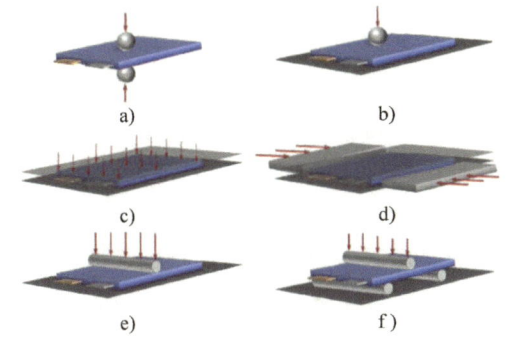

图 3-77 电芯加载工况
a）对称挤压　b）半球挤压　c）面外方向挤压
d）面内方向挤压　e）圆柱挤压　f）三点弯

电芯结构和力学性能的影响。

（3）电池模块研究

与电芯类似，电池模块需要根据电池系统在实际过程中的使用情况考虑不同加载形式、带电量和加载速度下的机械失效和热失控现象。电池模块通常由成组的电芯和其他附件组成，组成结构较多且整体能量较高，试验和仿真的成本大大增加，同时不同冲击方向下电池模块的机械破坏与热失控现象也有较大差别。图3-78所示为电池模块加载工况。目前公开发表的文献中关于电池模块试验和仿真的内容仍比较少。

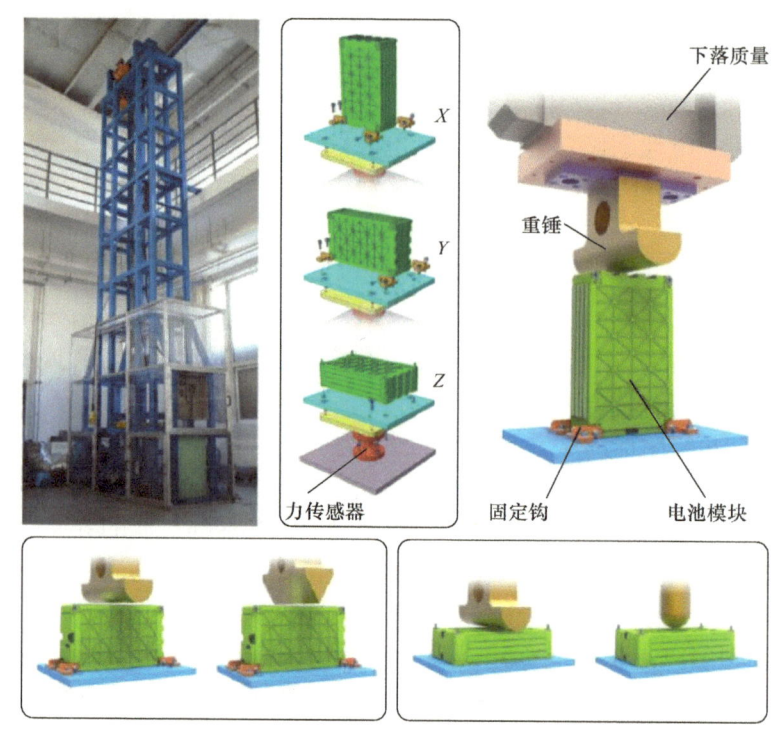

图3-78 电池模块加载工况示意图

电池系统的结构设计流程如图3-79所示。

7. 预防措施及预警方法

电池包物理碰撞所引起的安全问题的直接原因在于物理滥用导致电池热失控。目前，比较常用的方法有加强电池外部防护以及热失控电池的隔离和阻断，防止热失控的发生。

电池模块外部防护一般使用加强外壳强度、双层结构、NavTruss夹层（折叠式夹层）等防护形式。电池模块防护结构如图3-80所示。

此外，在车辆运行过程中，通过电池管理系统实时监测电池电压、温度情况，若发现电池系统电压、温度异常，则将采取限制车速/功率或断电等紧急措施。同时对驾驶员进行预警，为驾驶员逃生提供充足的时间。

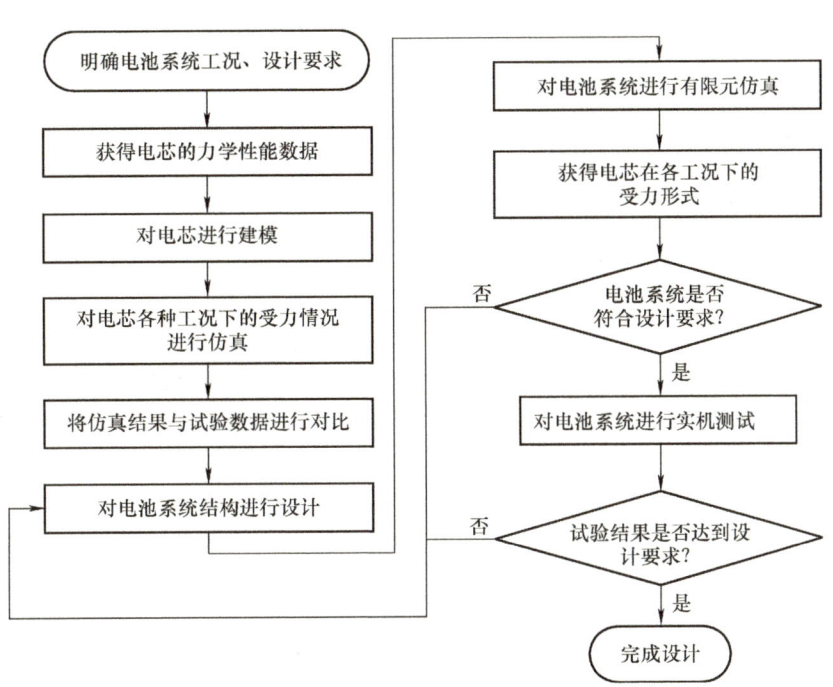

图 3-79 电池系统结构设计流程

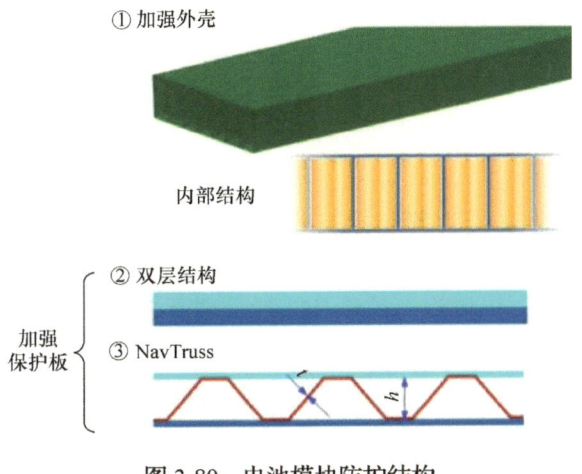

图 3-80 电池模块防护结构

3.2.3.6 系统结构轻量化

随着电池包设计技术的发展,相关法规标准不断推出,市场对电池包能量密度的要求越来越高。目前,主要从三个方面提高电池系统的能量密度:

① 提高电芯的能量密度。

② 优化系统的布置方案，提高空间利用率。

③ 系统结构件轻量化，通过提高成组率从而提高能量密度。

轻量化设计主要包括成组方式优化、新型材料的应用和极限设计。下面介绍成组方式优化。

成组效率是评价电池包轻量化水平的重要参数，是电芯能量密度与电池系统能量密度之比，也可表示为所有电芯的质量和与电池包的质量之比。现有的电池包大部分采用三级结构，即模块级、电箱级（高压盒）和系统级——先把若干个电芯组成模块，再由若干模块组合成电箱。在这种设计中，在不算高压盒的情况下，系统级别的成组效率等于模块级的成组效率（电芯占模块的重量百分比）与电箱的成组效率的乘积。

① 设计大电芯、大模块。增大电芯尺寸，增加每个模块的电芯数量，从而减少分摊到每个电芯上的结构件重量，能够进一步提高成组率。但是，该方案需要在大模块、大电芯的基础上保持较高的空间利用率。这是一个需要注意的问题。

② 采用框架薄壁设计。其核心思路是在承重部位加强设计，在非承重部位使用薄壁材料，通过不同厚度的材料搭配完成轻量化。这对设计准确度要求较高，需要辅以CAE的分析手段来提高设计准确性。

③ 减少中间层级。三级结构中的模块级和电箱级的作用基本相同，都是给电芯提供机械、电气连接，保障电芯稳定工作。可以通过减少中间层级，将电芯直接固定在电池箱中，减少模块结构零部件，从而大大提高成组率。但是，这种方式牺牲了实际生产的可制造性、可维护性、工艺性，会增加制造难度和维护成本。

3.2.4 动力蓄电池管理系统

3.2.4.1 系统概述

动力蓄电池管理系统（Battery Management System，BMS），简称电池管理系统，是以某种方式对动力蓄电池进行管理和控制的产品或技术。BMS由各类传感器、执行器、固化有各种算法的控制器以及信号线等组成，其主要任务是确保动力蓄电池系统（本节简称电池系统）的安全可靠，提供汽车控制和能量管理所需的状态信息，而且在出现异常的情况下对电池系统采取适当的干预措施；通过采样电路实时采集电池模块以及电芯的端电压、工作电流、温度等信息，并运用既定的算法和策略进行电池模块SOC、SOH、SOP以及剩余寿命（Remaining Useful Life，RUL）等的估计，输出到整车控制器，为电动汽车的能量管理和动力分配控制提供依据。

电动汽车电池管理系统的工作原理示意图如图3-81所示[2]。

GB 31241—2014《便携式电子产品用锂离子电池和电池组 安全要求》对车载锂离子蓄电池和电池组保护电路、安全测试等模块的要求作了详细说明[5]。BMS主要功能包括数据采集、状态监测、安全保护、充电控制、能量控制管理、均衡管理、温度检测与热管理以及信息管理等。

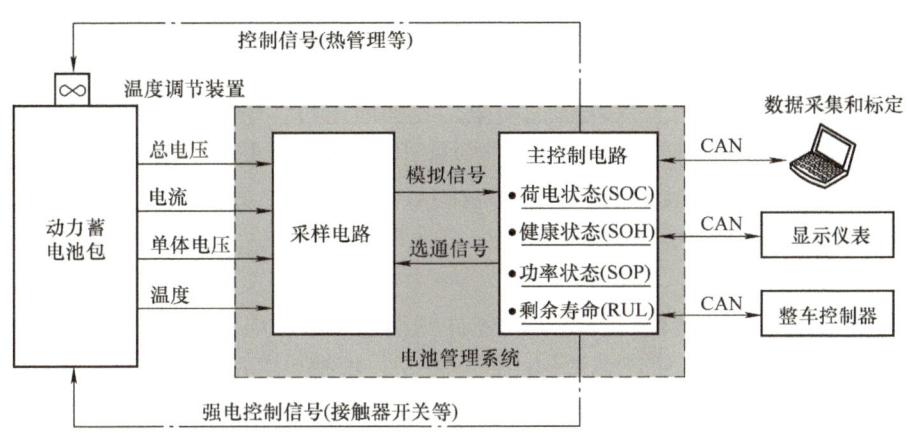

图 3-81　电动汽车电池管理系统的工作原理

1. 数据采集

动力蓄电池包（本节简称电池包）在电动汽车中的工作环境及工作状况十分复杂。电动汽车需要适应复杂多变的气候环境，这意味着电池包的运行需要常年面对复杂多变的温湿度环境。此外，随着路况和驾驶员操作的改变，电池包需要时刻适应急剧变化的负载。为了准确获取电池包的工作状况，更好地实施管理对策，BMS 需要通过采样电路实时采集电池包以及电芯的端电压、工作电流、温度等信息。

2. 状态监测

电池包是一个复杂的非线性时变系统，具有多个实时变化的状态量。准确而高效地监测电池包的状态量是电源系统及电池成组管理的关键，也是电动汽车能量管理和控制的基础。因此，BMS 需要基于实时采集的电池数据，运用既定的算法和策略进行电池组的状态估计，从而获得每一时刻动力蓄电池的状态信息，具体包括动力蓄电池的 SOC、SOH、SOP 以及能量状态（State of Energy，SOE）等，为动力蓄电池的实时状态分析提供支撑。

3. 安全保护

动力蓄电池安全保护功能主要指电芯及模块的实时故障诊断及安全控制。动力蓄电池的在线故障诊断是指通过采集到的传感器信号，通过诊断算法诊断故障类型。BMS 需要诊断的故障通常包括过电压（过充电）、欠电压（过放电）、烟雾、过电流、超高温、短路故障、接头松动、绝缘降低以及电解液泄漏，还涉及传感器、执行器以及控制器等电子元器件的故障。在诊断出故障类型后，BMS 需要进行早期预警，并尽可能采取相应的措施进行及时干预，以保证电动汽车的行驶安全。比如，根据 GB/T 18384.1—2015《电动汽车安全要求　第 1 部分：车载可充电储能系统（REESS）》以及 GB/T 18384.3—2015《电动汽车安全要求　第 3 部分：人员触电防护》的要求，需要在 BMS 中设计一个安全监测模块，对系统中的绝缘电阻进行实时监测。

4. 充电控制

电池包的充电过程将直接影响到电池的寿命和安全。因此，BMS 通常需要集成一个充电管理模块，根据动力蓄电池的实时特性、温度高低以及充电机的功率等级，控制充电机给电池包进行安全充电。

5. 能量控制管理

电动汽车的行驶工况十分复杂，急加速、急制动、上下坡等驾驶操作的随机触发将造成复杂多变的动态负载。为了保证车辆安全、经济地运行，BMS 需要根据采集到的数据和实时状态信息，合理控制动力蓄电池的能量输出以及再生制动的能量回收。若电动汽车存在复合电源，BMS 还需根据复合电源各自的状态信息优化分配各自的能量，以保证复合电源的最佳性能。

6. 均衡管理

由于生产工艺、运输储存以及电子元器件的误差积累，电芯之间难免存在不一致性。为了充分发挥电芯的性能，保证电池包的使用安全，根据电芯的信息，采取一定的措施尽可能缩小电芯间的不一致性。主要采用对部分或全部电芯充电/放电的形式，尽可能缩小电芯之间的端电压或 SOC 差值。适当的均衡管理能够提高电池组容量、优化电池组整体放电效能，延长电池组整体寿命。

7. 温度检测与热管理

动力蓄电池在正常工作中不仅受环境温度的影响，还受自身充电/放电产热的影响。因此，BMS 需要集成电池热管理系统，根据电池组内温度分布信息及充电/放电需求，决定主动加热/散热的强度，使得动力蓄电池尽可能工作在最适合的温度，充分发挥动力蓄电池的性能，延长动力蓄电池的使用寿命。

8. 信息管理

BMS 需要集成多个功能模块，并合理协调各模块之间的通信工作。由于运行的数据量庞大，BMS 需要对动力蓄电池的运行数据进行处理和筛选，储存关键数据，并保持与整车控制器等网络节点进行通信。随着大数据时代的来临，BMS 还需要与云端平台进行实时交互，以便更好地处理动力蓄电池的管理问题，提高管理品质。BMS 价格与电芯的类型、电量、电压等有关，通常来讲，每辆车的 BMS 价格在 3000~20000 元不等，客车电池包容量大，电压等级高，BMS 较贵。乘用车和专用车电压等级较低，价格也相对便宜。目前，我国涉及 BMS 的企业有近百家，从目前情况来看，在动力蓄电池产业链各个环节均有相关企业参与布局，总体可以分为三类企业。BMS 企业类型及特点见表 3-38。

表 3-38　BMS 企业类型及特点

企业类型	主要特点	代表性企业
专业第三方 BMS 企业	由传统数码电池及 BMS 企业转型而来，具有明显的技术优势	科列技术、冠拓、力高新能源、亿能电子、均胜电子等
动力蓄电池企业	大多是"BMS+模组"模式，掌握了动力蓄电池电芯到电池包的整套核心技术，具有较强的竞争实力	比亚迪、CATL、中航锂电、国轩高科等
整车企业	对电芯的参与较少，通常是通过兼并购、战略合作等方式进入。BMS 领域为大型企业的重点考虑领域，有专门的研发团队进行 BMS 的研发	北汽、长安、吉利等

3.2.4.2　BMS 硬件

1. 拓扑结构

BMS 的拓扑结构直接影响系统成本、可靠性、安装维护便捷性以及测量准确性。一一般情况下，电池监测回路（Battery Monitoring Circuit，BMC）与电池组控制单元（Battery Control Unit，BCU）共同构成 BMS 硬件电路部分。根据 BMC、BCU 与电芯三者之间的结构关系，BMS 可分为集中式拓扑结构和分布式拓扑结构。

BMS 集中式拓扑结构中的 BMC 和 BCU 集成在单个电路板上，实现采集、计算、安全监控、开关管理、充电/放电控制以及与整车控制器通信等功能，一般应用于电池容量低、总电压低、电池系统体积小的场合。BMS 集中式拓扑结构如图 3-82 所示，所有电芯的测量信号均被集中传输到单个电路板。

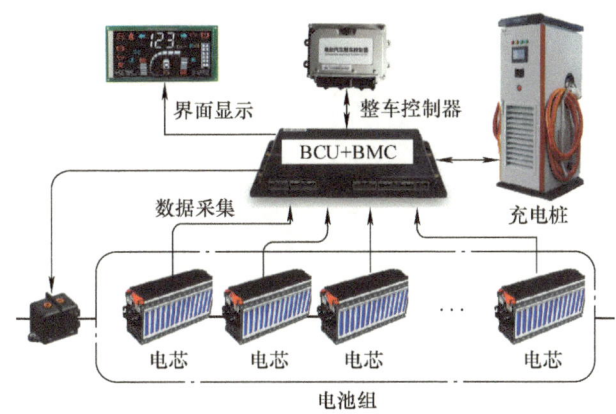

图 3-82 BMS 集中式拓扑结构

BMS 集中式拓扑结构一般具有如下优点：
① 高速的板内通信有利于保证数据的同步采集。
② 结构紧凑，抗干扰能力强。
③ 成本较低，仅使用一个封装即可完成 BMS 的全部工作。
同时，BMS 集中式拓扑结构也存在以下缺点：
① 产生大量复杂的线束及插接器。
② 当系统的不同部分发生短路和过电流时难以保护电池系统。
③ 考虑到高压安全问题，不同通道之间必须保留足够的安全间隙，最终导致电路板的尺寸过大。
④ 所有的组件都集中在单一电路板上，导致可扩展性和可维护性差。

与集中式拓扑结构不同，BMS 分布式拓扑结构中的 BCU 与 BMC 是分开布置的，图 3-83 所示为 BMS 分布式拓扑结构。BCU 主要负责故障检测、电池状态估计、开关管理、充电/放电控制以及与整车控制器通信。BMC 则用于实现电芯电压、电流和温度的采集以及安全性和一致性的管理。BCU 和 BMC 之间通过 CAN 总线连接，任何 BMC 都可以与 BCU 通信。此外，每一块 BMC 电路板都属于 CAN 总线的一个节点，且单独与对应的电芯建立连接。因此，BMC 与 BMC 之间同样可以建立通信。

BMS 分布式拓扑结构一般具有如下优点：
① 采集与计算功能分离，故障排查容易，计算效率高。
② 极大地简化了系统的结构，布置位置灵活，适应性好。

③ 可扩展性更强，若想增加或减少管理的电池数量，只需要在相应电池附近布置或移除 BMC 电路板，再将其与预留的 CAN 总线接口相连或解开即可。

同时，BMS 分布式拓扑结构也存在以下缺点：

① 部件增多，增加了电路板数量和安装、调试与拆解的步骤。

② 通信网络设计要求高，易形成网络延时，影响采集数据的同步性。

目前，BMS 分布式拓扑结构在电动汽车领域中的应用广泛。例如，特斯拉 Model S、宝马 i3、荣威 eRX5 以及比亚迪秦等电动汽车均采用了这类结构。

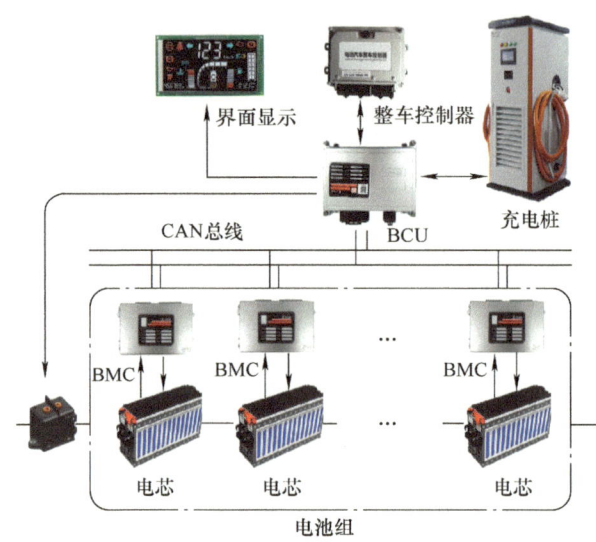

图 3-83　BMS 分布式拓扑结构

2. 电池监测电路

电池监测电路组成结构如图 3-84 所示，其一般安装在对应的电池箱里，具备以下功能：

① 采集电池箱体中电芯的电压和温度数据。

② 估算电池组的 SOC。

③ 对电池箱体中电池一致性进行判断，并完成不一致电芯之间的均衡。

④ 接收 BCU 指令，执行热管理命令（风机控制）等。

⑤ 实时故障检测。

⑥ 发送采集数据和故障信息至 BCU。

（1）常见电压采集方法

常见电压采集方法分为继电器阵列电压采集方法与恒流源电压采集方法。

1）继电器阵列电压采集方法如图 3-85 所示。继电器阵列法通过单片机控制继电器阵列中各继电器的接通与断开，分别接通各个通道，经 A/D 转换芯片将模拟量转换为数字量后通过隔离电路被单片机读取。

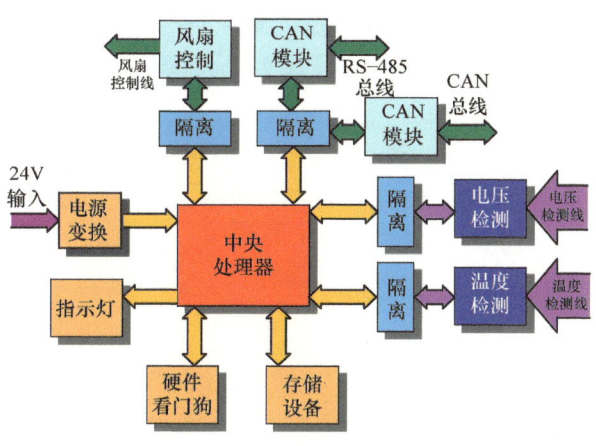

图 3-84　电池监测电路组成结构

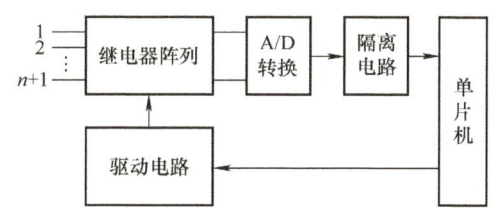

图 3-85　继电器阵列电压采集方法

2）恒流源电压采集方法如图 3-86 所示。恒流源电路进行电池电压采集的基本原理是在不使用转换电阻的前提下，将电池端电压转化为与之成线性变化关系的电流信号，以此提高系统的抗干扰能力。

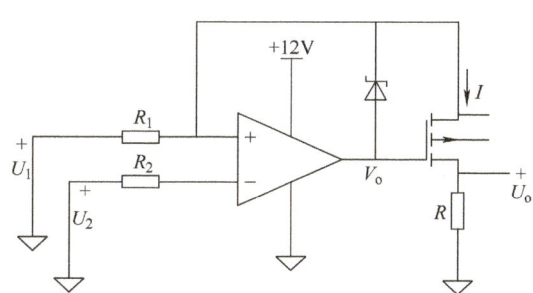

图 3-86　恒流源电压采集方法

（2）常见电流采集方法

相对于电压、温度等物理量，电流监测具有以下特点：

① 电流的采样通道少。在电池组中，由于电池个数多，电压采样点和温度采样点较多；而多个电池往往串联使用，串联支路电池的工作电流相同，只需要对串联后的总电流进行监测，因此采样通道较少。

② 电流的采样频率高。电流的采样频率对电池剩余电量的估计精度及系统安全性有重要的影响，因此采样频率要求更高。电流采集方法比较见表 3-39。

表 3-39 电流采集方法比较

比较项目	分流器	互感器	霍尔元件
插入损耗	有	无	无
布置形式	插入主电路	开孔、导线传入	开孔、导线传入
测量对象	直流、交流、脉冲	交流	直流、交流、脉冲
电气隔离	无	有	有
方便性	需放大隔离处理	较简单	简单
适用场合	小电流、控制测量	交流测量	控制测量
价格	较低	低	高
普及程度	普及	普及	较普及

（3）常见温度采集方法

常见温度采集方法分为热敏电阻采集法、热电偶采集法与集成温度传感器。

1) 热敏电阻采集法。利用热敏电阻的阻值随温度的变化而变化的特性，用一个定值电阻和热敏电阻串联起来构成一个分压器，从而把温度的高低转化成为电压信号，再通过模数转换得到温度的数字信息。

2) 热电偶采集法。双金属体在不同温度下会产生不同的热电动势，通过采集这个电动势的值就可以通过查表得到温度的值。

3) 集成温度传感器。基于热敏电阻式温度传感器，在生产的过程中进行校正，精度可以媲美热电偶，而且直接输出数字量，很适合在数字系统中使用。

某 BMS 信息采集板控制器如图 3-87 所示。

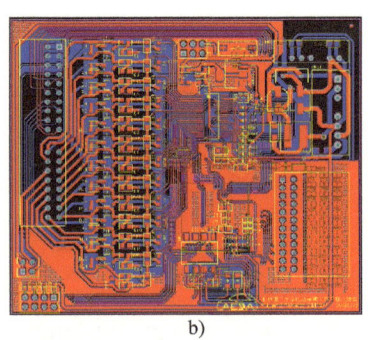

a)   b)

图 3-87 某 BMS 信息采集板控制器

a) 实物图 b) 印制电路板（Printed Circuit Board，PCB）图

（4）电池均衡系统

电池均衡系统设计主要分为均衡电路拓扑结构设计和均衡策略设计。

根据结构形式分类，均衡电路拓扑结构可以分为集中式与分布式。集中式指一对一均衡，每一个电芯都配置一个均衡电路，均衡效率高。分布式指利用一组开关阵列为若干块电芯配置一个均衡模块，通过均衡变量控制开关的导通，让电量较低的电芯实现均衡。根据系统中元器件类型，也可以大致分为基于电容、电感以及变压器的拓扑结构。比如基于电容的开关电容结构，基于电感的 BOOST（升压式）和 BUCK-BOOST（升降压式）结构，基于变压器的升压变换器和斜坡变换器结构以及复合结构等。

电池均衡策略设计按照能源流通分类分为能量耗散型、能量转移型（或非耗散型），以及补充充电型。能量耗散型是将能量较高的电芯的能量通过电阻分流的方式转化为热能耗散掉，直到这些电芯的能量与能量较低的电芯基本一致。能量转移型是指能量可以在电芯间相互转化的均衡结构，包括电池组与电芯间的转换和电芯与电芯之间的转换，这种方法能量损失很小甚至几乎没有能量损耗。补充充电型是利用外部额外的电源为电量低的电芯进行充电，以使其达到平均水平。不同电池均衡策略的特性比较见表 3-40。

表 3-40 不同电池均衡策略的特性比较

均衡策略		储能 / 耗能元件	复杂度	均衡工作阶段	成本
耗散	电阻	电阻	很易	充电	很低
	模拟器件	模拟器件	易	充电	低
非耗散	单开关电容	电容	中	充/放电	低
	开关电容阵	电容	中	充/放电	低
	BUCK-BOOST	电感	中	充电	中
	BOOST	电感	中	充电	中
	BUCK	电感/电容	高	充/放电	中
	共振转换器	电感/电容	很高	充电	高
	升压变换器	变压器	高	充电	很高
	多绕组变换器	变压器	高	充电	很高
	斜坡变换器	变压器	很高	充电	高
	复合变压器	变压器	高	充电	高
	开关变压器	变压器	高	充电	高

电池均衡策略设计的核心在于均衡判据的选择，目前比较成熟的均衡判据有电池端电压和 SOC 两种。

1）端电压。基于端电压的均衡方法由于计算量小、参数易于获得、可监控参数可靠等优点，相较于基于 SOC 来说易于实现。但是当工况运行时，电池电压波动较大，同时电池内部结构复杂，电池端电压并不能很好地反映电池状态的变化，因此单纯基于电压的均衡会出现不稳定、波动较大的情况。

2）SOC。SOC 可以很好地反映电池的剩余容量，但是 SOC 估计精度不足和算法的复杂程度是其作为均衡判据的主要限制因素。

3. 电池组控制单元

电池组控制单元（BCU）组成结构如图 3-88 所示，主要包括通信接口电路、充电/放电控制电路、绝缘检测模块和温度管理模块。BCU 的功能包括：

① 收集 BMC 的数据，并对电池数据进行集中分析和处理。
② 处理故障信息，进行故障处理和报警。
③ 完成电池组工作电流的测量。
④ 实现整个电池系统的充电/放电控制与能量管理。
⑤ 实现整个电池系统的温度管理。
⑥ 电池组与车身之间的绝缘监测。
⑦ 综合利用电池系统的数据进行状态估测并对电池的一致性进行评价。

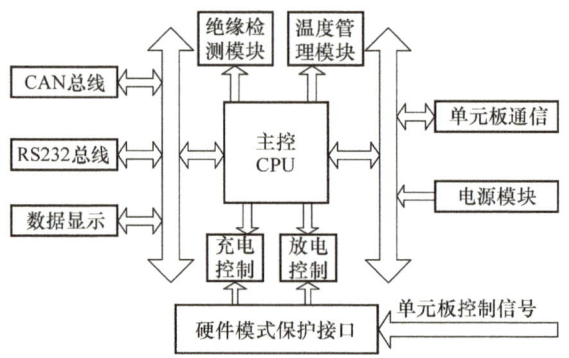

图 3-88　电池组控制单元组成结构

某 BMS 主控制器如图 3-89 所示。

 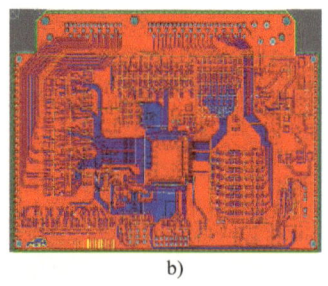

a)　　　　　　　　　　　　b)

图 3-89　某 BMS 主控制器
a）实物图　b）PCB 图

（1）充电/放电控制与能量管理

对于充电控制，在充电过程中，BMS 通过监测电池当前状态（如电池总电压、电流、电池包温度、电芯电压等），计算出当前电池允许的最大充电电流，通过通信电路将监测的数据共享；充电机根据这些数据来制定充电策略，控制输出电流的大小。当充电机设计的最大输出电流小于 BMS 计算出的最大允许充电电流时，按照充电机设计的最大输出电流进行充电；当电池出现电压和温度预警时，BMS 检测到后及时通知充电机，充电机改变输出电流，使之不超过 BMS 最大允许充电电流，这可以防止电池过充电。一旦出现故障，BMS 将最大允许充电电流设为 0，使充电机停止工作，避免发生事故，保障安全。充电机不需要区分电池的类型，只需要得到 BMS 提供的电流指令就能够实现快速、安全的充电，提高了充电的安全性和智能化水平，同时简化了工作人员设置充电参数等烦琐的工作。

对于充电要求，在 QC/T 743—2006《电动汽车用锂离子蓄电池》[6] 的 6.2.4 蓄电池充电部分，按厂家提供的专用规程进行充电。若厂家未提供充电器，在 20℃±5℃ 条件下，蓄电池以 $1/3C$（A）电流放电，至蓄电池电压达到 $n×3.0V$（n 为模块中的电池单体个数）时或电芯电压低于 2.5V 时停止放电；然后在 20℃±5℃ 条件下以 $1/3C$（A）恒流充电，至蓄电池电压达到 $n×4.2V$ 时转恒压充电，充电电流降至 $1/30C$（A）时停止充电；若充电过程中有电芯电压达到 4.3V 时则停止充电，其中 C 表示放电倍率。

对于放电控制，BMS 在监测到车钥匙起动信号后，首先要判断充电继电器是否吸合，以避免充电还在进行时起动汽车；根据电池的状态（电池总电压、SOC、电芯电压、温度），判断电池是否满足放电要求；在放电过程中，一旦监测到电池包维修开关或继电器被拔出、熔丝开路时，应立即断开继电器，以免造成人身危险。电池管理系统要接受车身控制器的放电请求，并根据电池当前状态反馈最大允许放电电流，在放电过程中向用户显示电池的总电压、SOC 和续驶里程。当电芯出现过放电或温度预警时，应及时限制电池放电电流，严重时停止供电，以防止出现电池损坏和安全问题。

（2）温度检测与管理

电动汽车动力蓄电池对环境温度较为敏感，较大的温度波动对电池性能影响明显，因而动力蓄电池需要可靠的热管理控制系统。为了获取电池包的实时温度，需要进行包含电芯和电池模块内部的温度检测，以及电池系统内部特殊点位的温度检测。由于电池模块内部温度分布的不均匀性，因此除了选择温度传感器之外，温度采集点位的选择必须能反映电芯整体温度的实时变化，能体现电池模块内部的极限温度，具备断线和短路故障检测能力。通常设计要求电池温度采集范围为 -40~125℃，采集周期不大于 1s，全温度范围内采样误差不大于 ±2℃，0~50℃ 范围内采样误差不大于 ±1℃。

动力蓄电池热管理控制系统的主要功能包括：

① 电池温度的准确测量和监控。

② 电池组温度过高时的有效散热和通风。

③ 低温条件下的快速加热。

④ 有害气体产生时的有效通风。

⑤ 保证电池组温度场的均匀分布。

（3）故障检测

动力蓄电池常见故障主要包括高温/低温故障、温度不均衡、电压不均衡、电芯过电压故障、电芯欠电压故障、总电压过电压故障、总电压欠电压故障、过充电故障、过放电故障、SOC 过高故障、SOC 过低故障、绝缘故障等。故障检测设计要求可参考 GB/T 18487.1—2015《电动汽车传导充电系统 第 1 部分：通用要求》。

3.2.4.3 BMS 控制

1. 电池模型与参数辨识

（1）电池模型

常见的电池模型可分为电化学模型、黑箱模型和等效电路模型。电化学模型基于电池内部真实的化学反应关系建立，模型参数具有很强的物理含义，能够很大程度反映电池内部真实的状态，因此具有较高的精度和可靠性，但是其求解的复杂性和实时性制约了其在嵌入式系统中的应用。以基于神经网络、机器学习算法搭建的黑箱模型能够很好地反映电池非线性的特性，通过良好的训练可以获得极高的精度，但是其需要庞大的实验数据作为支撑，否则会出现模型适用性差、输出误差增大等问题。相较于上述两种模型，基于少量实验数据、采用常见电子元器件对电池外特性进行拟合的等效电路模型，虽然无法准确描述电池内部的化学反应状态，但是模型输出精度能够在大多数情况下满足对状态估计算法的需求，而且结构简单易于求解，能够很好地适用于嵌入式系统，因此在实际中得到广泛应用。

等效电路模型借助传统的电阻、电容、电压源等电路元器件组成电路网络来描述动力蓄电池的外特性，通常使用电压源表示动力蓄电池的热力学平衡电势差、使用电阻-电容（Resistor-Capacitance，RC）电路网络描述动力蓄电池的动力学特性。常见的等效电路模型是 n 阶 RC 模型，它由开路电压模块、内阻模块以及 RC 网络模块三部分组成。考虑到动力蓄电池充电/放电过程中的滞后现象，并将这种现象结合到 n 阶 RC 模型中，从而得到带迟滞的 n 阶 RC 模型。图 3-90 所示为考虑迟滞的动力蓄电池等效电路 n 阶 RC 模型结构。图中 i_L 为动力蓄电池的工作电流（放电时电流为正，充电时电流为负），U_t 为端电压、U_{dn} 为极化电压，R_{dn} 为极化内阻，C_{dn} 为极化电容，R_i 为欧姆内阻，OCV（Open Circuit Voltage）为开路电压，其中 $n=1, 2, 3\cdots$。

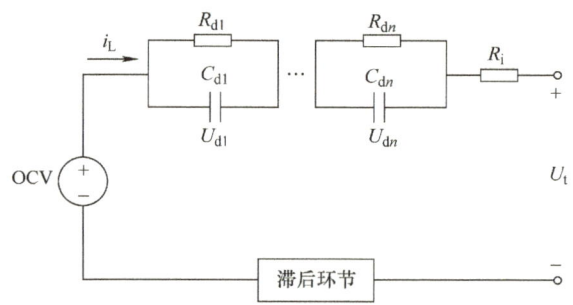

图 3-90　考虑迟滞的动力蓄电池等效电路 n 阶 RC 模型结构

1）开路电压。对于动力蓄电池模型，由于存在极化作用，开路电压为充电/放电结束并静置足够长时间后的端电压，可近似视为 SOC 的单调函数。对于同一电芯而言，开路电压随动力蓄电池 SOC 变化关系曲线（SOC-OCV 曲线）相对稳定，因而常常被用来标定 SOC。OCV 与 SOC 的关系为

$$U_{oc,k} = \alpha_0 + \alpha_1 z_k + \alpha_2 (z_k)^2 + \alpha_3 (z_k)^3 + \frac{\alpha_4}{z_k} + \alpha_5 \ln(z_k) + \alpha_6 \ln(1-z_k) \tag{3-77}$$

式中　z_k——动力蓄电池 k 时刻的 SOC 值；

$\alpha_0 \sim \alpha_6$——拟合系数。

2）欧姆内阻。欧姆内阻指动力蓄电池电极材料、电解液、隔膜电阻及各部分零件的接触电阻之和，常用 R_i 表示。欧姆内阻部分的分压可表示为

$$U_{i,k} = R_i i_{L,k} \tag{3-78}$$

式中　$U_{i,k}$——k 时刻的欧姆压降。

3）RC 网络。通过极化内阻 R_{dn} 和极化电容 C_{dn} 来描述动力蓄电池的动态特性。RC 网络两端电压即为动力蓄电池的极化电压，可由以下递推公式计算：

$$U_{dn,k+1} = \exp\left(\frac{-\Delta t}{\tau_{dn}}\right) U_{dn,k} + \left[1 - \exp\left(\frac{-\Delta t}{\tau_{dn}}\right)\right] i_{L,k} R_{dn} \tag{3-79}$$

式中　$U_{dn,k+1}$——$k+1$ 时刻的极化电压；

　　　Δt——采样时间间隔；

　　　τ_{dn}——时间常数；且 $\tau_{dn} = C_{dn} R_{dn}$。

n 不能无限大，过大的 n 值将导致模型的复杂度增加，不利于算法的在线应用，因此通常在研究中仅讨论 $n=0，1，2$ 的情况。同时，根据模型中是否添加滞后环节，将模型分为带滞后的等效电路模型与无滞后的等效电路模型两类。

（2）电池参数辨识

电池参数辨识可分别基于离线和在线数据进行。基于离线数据驱动的参数辨识方法是一种利用 BMS 存储的数据来更新和标定参数的方法，其依据设计者的意图和 BMS 的需要定期自动更新，并可以根据实际电池类型和应用特点重新进行模型阶次的选择，实现模型精度和复杂度的平衡计算。五步骤动力蓄电池模型参数辨识方法，能够实现动力蓄电池模型参数的自动更新和优化，避免复杂而繁琐的标定操作。五步骤动力蓄电池模型参数辨识方法如图 3-91 所示。

该方法的具体实现步骤如下：

1）算法启动、确定参数更新区域。完成寄存器和变量的清零，从系统中提取参与模型参数标定的测量数据，并搜寻 SOC 的范围（z_s，z_e），确定参数更新区域并计算参数表的组数 N。例如，以 5% 的 SOC 间隔计算 N，SOC 的区间选为 10%~100%，则 N 为 19，起始 SOC-z_s 为 10%，末端 SOC-z_e 为 100%。程序开始时，设置当前组数 $m=1$。

2）初始化系统辨识工作。判断参数辨识是否完成，如果已经完成，则开始模型评估；若未完成，则初始化系统初始值。其中，λ 为增大 SOC 区域的次数，∂ 用于确定选定 SOC 点时的搜寻范围。

3）动力蓄电池模型参数辨识。首先，计算本次参数辨识的 SOC 区间。例如，此算例中，[$z_s+(m-1)\times 5\%$　$z_s+(m-1)\times 5\%+\partial$] 以此确定参数与此次系统辨识的电流和电压等数据。其次，基于建立的 n-RC 等效电路模型的数学方程，应用多元线性回归方法辨识不同阶次 n（$n=0，1，\cdots，5$）的模型参数。接着，基于 R^2 判断所获得系统参数的可靠性，设定其阈值为 0.98。当 $R^2 \geq 0.98$ 时，认为参数可靠，参数辨识完成；若 $R^2 < 0.98$，则增大值，获得更多的数据再进行一次辨识。如果五次参数辨识均没有获得 $R^2 \geq 0.98$ 的参数，则选

取五次内 R^2 最大的结果。最后，保存参数，准备下一时刻的参数辨识或者模型评估。

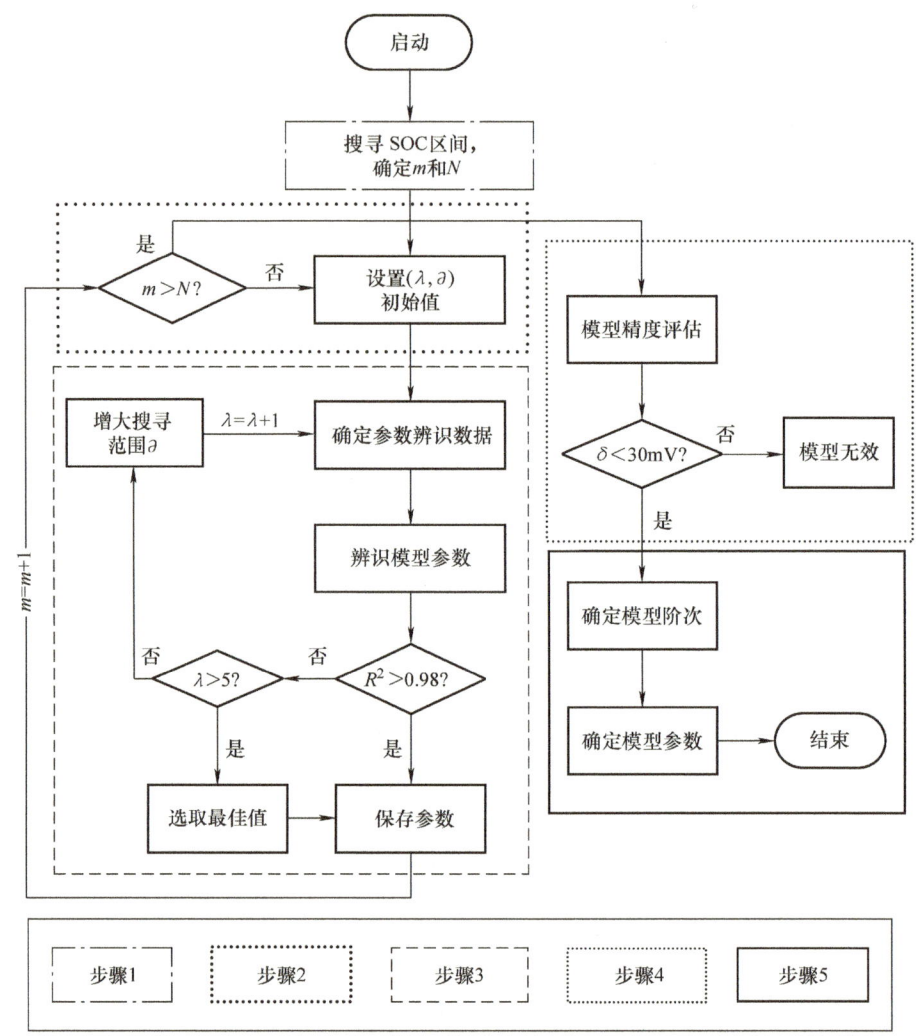

图 3-91　五步骤动力蓄电池模型参数辨识方法

4) 模型参数评估与优化。以 30mV 为阈值来判断模型的精度。若误差 δ 小于 30mV，认为模型精度合理；若误差 δ 大于 30mV，则可认为该模型不可用。剩余模型则用于下一步模型阶次比较。

5) 模型阶次确定与系统参数更新。基于赤池信息量准则（Akaike Information Criterion，AIC），对于所得到的不同阶次的模型（除无效阶次模型以外），评价模型的精度与复杂度。由于模型阶次 n 远小于数据长度 L_D 且在最优参数下的残差平方的平均值 $<\hat{s}_k^2< 1V^2$，AIC 准则可以简化如下：

$$AIC = 2\log \hat{s}_k^2 + 2n \quad (3-80)$$

其中 $\hat{s}_k^2$ 的计算方法如下：

$$\hat{s}_k^2 = \frac{1}{L_D}\sum_{k=1}^{L_D}\{y_k - \hat{y}_k\}^2 \tag{3-81}$$

式中 $\hat{y}_k$ ——模型的端电压估计值。

与传统建模方法不同,上述方法不仅可用于辨识模型参数,还能够进行模型结构和复杂度的权衡计算、确定最佳模型结构,并对不精确的模型进行优化,提高模型的预测精度。

事实上,如果动力蓄电池的应用环境发生较大变化,那么基于先前数据所建立的模型也难以保证其可靠性,此时可以应用基于在线数据驱动的参数辨识方法提高模型的实时预测精度。基于自适应滤波理论发展而来的带遗忘因子的递推最小二乘算法,是一种常用的模型参数辨识和数据挖掘方法。

2. 电池状态估计

电池状态作为电动汽车能量管理重要的决策因素之一,对优化电动汽车能量管理、提高电池容量和能量利用率、防止电池过充电和过放电、保障电池在使用过程中的安全性和长寿命等起着重要的作用[7]。但是,电池状态多为隐含量,难以直接测试。因此,成熟的电池管理系统离不开准确可靠的电池状态估计方法。在电动汽车上,常见的电池状态包括荷电状态、健康状态和峰值功率[8]。

(1)荷电状态估计

荷电状态(SOC)是用来表示电池内部剩余电量的参数,此参数与电池的充电/放电历史和充电/放电电流大小有关。荷电状态是一个相对量,一般用百分比来表示,其取值为 $0\% \leq SOC \leq 100\%$。对于以额定电流充满电的动力蓄电池,SOC=100%。实际的动力蓄电池荷电状态值可表示为

$$SOC = \frac{C}{C_r} \times 100\% \tag{3-82}$$

式中 C ——电池剩余的按额定电流放电的可用容量(A·h);
C_r ——电池容量(A·h)。

常用的 SOC 估计方法根据计算原理不同可分为四类:安时积分法、基于表征参数的方法、基于现代控制理论的方法以及基于数据驱动的方法。

1)安时积分法。安时积分法是目前最常应用的 SOC 估计方法,且常与其他方法组合使用,如安时-充电末端修正法。组合算法通常比单纯使用安时积分法精度更高,同时还考虑了对电池的温度补偿、自放电和老化等多方面因素。

安时积分法的计算公式如下所示:

$$SOC_k = SOC_0 - \sum_{t_0}^{t_k} \eta I_L(t)dt / Q \tag{3-83}$$

式中 SOC_k,SOC_0 ——SOC 的当前值和初始值;
t_0 ——初始时刻;
t_k ——当前时刻;
η ——动力蓄电池的库仑效率;
I_L ——动力蓄电池电流;
Q ——动力蓄电池最大可用容量。

需要指出的是，也可使用动力蓄电池额定容量定义安时积分法。考虑到电池可用容量受其健康状态和操作温度影响，这里推荐使用最大可用容量定义 SOC。需要指出的是，安时积分法往往会造成误差的积累，安时-充电末端修正法则能尽可能削弱这种误差的积累。其原理是，按照标准慢充充电，直至电芯最高电压等于电芯上截止电压，此时认为电池已基本充满电，同时将动力蓄电池 SOC 设置为 100%。建议电动汽车每行驶一定的里程进行一次完全充电。

2）基于表征参数的方法。该方法主要分为两步：

① 建立动力蓄电池表征参数与 SOC 的离线关系。

② 实时计算动力蓄电池表征参数值，并以之标定动力蓄电池 SOC。

该方法的应用需满足两个前提：所建立表征参数与 SOC 的离线关系应该相对稳定、所选表征参数应该是易获取的。表征参数包括当前剩余容量、阻抗谱、OCV 等。

由于 OCV 与 SOC 呈现单调递增的关系，因此常被用来作为 SOC 估计的修正参数。OCV 随温度变化明显，需要预先进行动力蓄电池的 OCV 试验。获取的锂离子动力蓄电池 OCV-SOC-温度的三维曲面如图 3-92 所示。

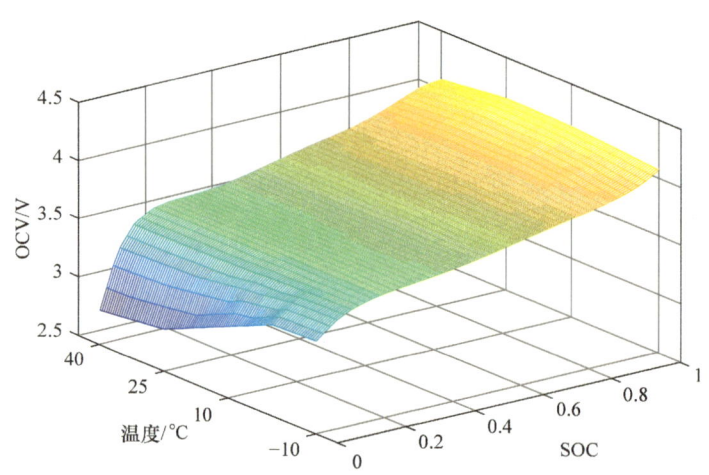

图 3-92　锂离子动力蓄电池 OCV-SOC-温度的三维曲面

3）基于现代控制理论的方法。为提高动力蓄电池 SOC 估计精度，抑制测量噪声对估计结果的影响，现代控制理论中的相关方法为准确的 SOC 估计提供了一条新的途径。基于模型的方法是一种闭环的方法，其通过不断地修正 SOC 估计值，使得算法具有一定的鲁棒性。一般来说，基于模型的估计方法的性能同时取决于模型与状态估计算法两者的性能，当信任安时积分法的估计结果（SOC 预估值较准）时，可适当地减小增益修正；否则应增大增益修正，但是过大的修正会使得 SOC 值波动剧烈，具体应该根据实际情况调整。

卡尔曼滤波（Kalman Filter，KF）类算法是动力蓄电池 SOC 估计中使用最多的算法。KF 是由美国学者 Kalman 在 20 世纪 60 年代初提出的一种最小方差意义上的最优估计方法，便于计算机实时处理。它提供了直接处理随机噪声干扰的解决方案，将参数误差看作噪声以及把预估计量作为空间状态变量，充分利用测量数据，用递推法将系统及随机测量噪声滤掉，得到准确的空间状态值。但是，最初的 KF 仅适用于线性系统，扩展卡尔曼滤波（Extended Kalman Filter，EKF）算法的提出使 KF 的应用推广到了非线性系统。EKF 应用泰勒展开将动力蓄电池模型线性化，但在线性化的过程中会带来截断误差，进而增大 SOC 估计误差，在某些初值设置不当的情况下甚至会造成发散。为此，需要对动力蓄电池模型进行改进和优化，或者使用改进后的 KF 算法提高状态估计系统的精度和鲁棒性。由于 KF 在使用时需要预设噪声初值信息，不合适的噪声初值信息会使得估计结果发散，因此基于噪声信息协方差匹配算法的自适应扩展卡尔曼滤波（Adaptive Extended Kalman Filter，AEKF）算法被提出。基于城市道路循环（Urban Dynamometer Driving Schedule，UDDS）工况的电压和 SOC 的估计如图 3-93 所示。

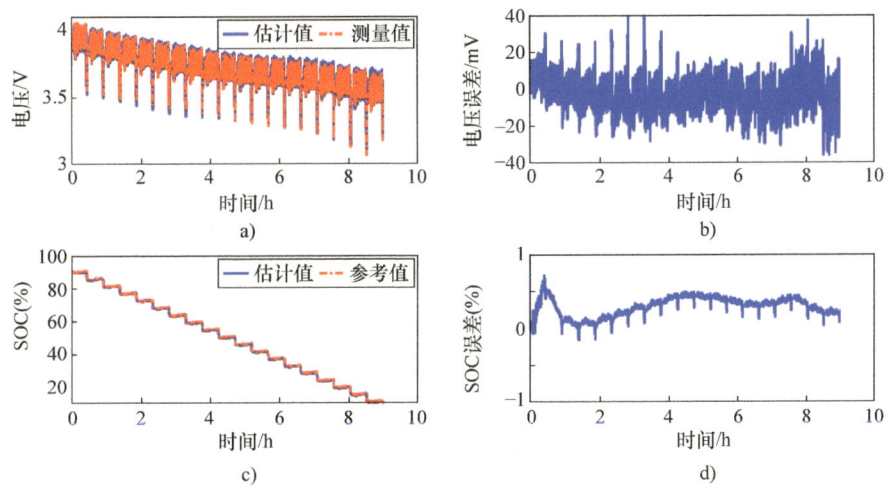

图 3-93 基于 UDDS 工况的电压和 SOC 的估计
a）电压测量值与预测值对比 b）电压预测误差
c）SOC 参考值与估计值对比 d）SOC 估计误差

4）基于数据驱动的方法。基于数据驱动的方法对解决强非线性问题有特别的优势，估计精度高，但是其往往需要大量的实验数据作为先验知识，且所用的实验数据应能充分反映动力蓄电池特性，否则极易造成模型的过拟合。同时，所建模型的复杂度、所选训练函数与训练截止条件等也会直接影响模型的估计精度与泛化能力。

这类方法的典型代表是神经网络模型，该方法几乎不需要考虑动力蓄电池的内部化学反应细节，它的拟合能力极强，理论上适用于任何种类动力蓄电池的 SOC 估计。但是近年来，人们发现单一地增加神经网络的隐含层层数或单层神经元个数，往往会使得模型参数飞速增加，进而导致模型容易出现过拟合现象，因此神经网络的研究也逐渐转移到了泛化能力更强的深度学习网络上。

上述四类 SOC 估计方法的优缺点及估计精度和鲁棒性的评价见表 3-41。

表 3-41　四类 SOC 估计方法的优缺点及估计精度和鲁棒性的评价

方法	优点	缺点	精度	鲁棒性
安时积分法	简单易实现 计算成本低 实时性出色	对准确 SOC 初值的依赖 开环计算方法需要定期的修正 容易受到电流漂移、噪声、老化因素的影响	一般	差
基于表征参数的方法	简单易实现 计算成本低 实时性好	易受不确定性因素影响，比如温度、工况、老化程度等 需要定期校准 OCV 或者电化学阻抗谱（Electrochemical Impedance Spectroscopy,EIS）信息 需要精密的测量仪器	差	好
基于现代控制理论的方法	估计精度高 采用闭环反馈控制 实时性好 自适应性强	对模型的准确度依赖性强 计算成本比较高 初值不当造成估计结果发散	优秀	优秀
基于数据驱动的方法	估计精度高 善于处理非线性问题	算法复杂度高 对训练数据的依赖程度高	优秀	差

（2）健康状态估计

1）健康状态定义。健康状态（State of Health，SOH）即在标准放电条件下，电池从充满状态以一定倍率放电到截止电压所放出的容量与其所对应的标称容量的比值。健康状态同样是一个相对量，一般用百分比来表示。对于电动汽车而言，通常认为电池容量衰减到初始容量的 80% 时即需要更换电池，因而在此定义下 SOH 取值范围一般为 80% ≤ SOH ≤ 100%，新电池 SOH 通常认为等于 100%。对于某些种类的电池，在使用初期会出现标准放电条件下的电池放电容量大于标称容量的情况，此时认为 SOH=100% 即可。

$$SOH = C_M/C_N \tag{3-84}$$

式中　C_M——标准放电条件下的测量容量（A·h）；

　　　C_N——电池标称容量（A·h）。

对于动力蓄电池系统的寿命测试，建议以 GB/T 31484—2015《电动汽车用动力蓄电池循环寿命要求及试验方法》中的工况寿命测试方法为基础。工况寿命测试可以在一定程度上体现在快速充电/放电模拟工况下动力蓄电池系统的寿命变化趋势。工况寿命测试过程中，获取的容量、能量、功率和内阻可以对动力蓄电池系统的基本性能进行参数标定，并将容量、能量、内阻、功率等参数作为动力蓄电池系统寿命变化的表征参数。简单来说，SOH 等于电池在使用一段时间后某些可直接测量或可间接计算得到的性能参数的实际值与标称值的比值。例如，根据电池内阻来定义 SOH：

$$SOH = (R_{EOL} - R)/(R_{EOL} - R_{NEW}) \tag{3-85}$$

式中　R——当前电池内阻（Ω）；

　　　R_{NEW}——新电池的内阻（Ω）；

　　　R_{EOL}——电池报废时的电池内阻（Ω）。

对于电动汽车而言，一般认为电池内阻增加到新电池内阻的 1.2 倍时即需要更换电池，即 $R_{EOL}=1.2R_{NEW}$。

2）健康状态估计方法。SOH 估计方法可分为两大类，即实验分析法和基于模型的方法。实验分析法指通过分析采集得到的电池电流、电压、温度等实验数据,相对直接地获取某些能反映电池衰减的特性参数,从而实现电池 SOH 的标定。根据所选电池参数的不同,实验分析法又可以分为直接测量法和间接测量法。基于模型的方法采用电池模型对所选电池参数进行估计,以实现电池 SOH 的标定。根据所选估计方法的不同,基于模型的方法又可以分为自适应 SOH 估计方法和基于数据驱动的方法。SOH 估计方法分类如图 3-94 所示。

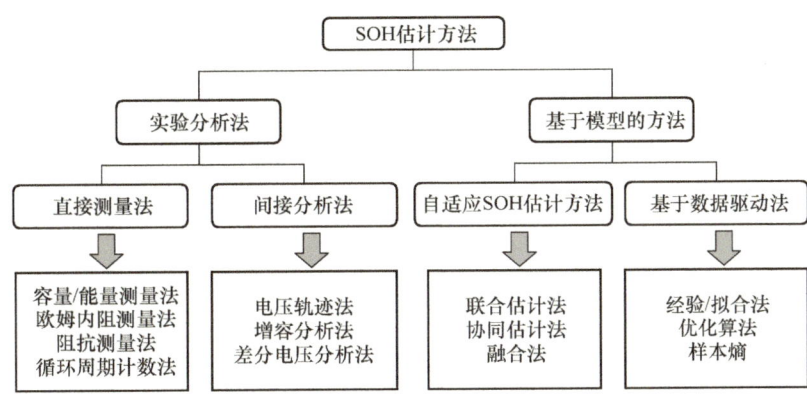

图 3-94　SOH 估计方法分类

(3)峰值功率估计

峰值功率(State of Power,SOP)是在预定时间间隔内,动力蓄电池所能释放或吸收的最大功率。进行电池峰值功率估计可评估电池在不同 SOC 和 SOH 条件下的充电/放电功率极限能力,实现电池系统与汽车动力性能间的最优匹配关系,以满足电动汽车加速和爬坡性能,最大程度发挥驱动电机制动再生性能。具体来讲,电池组功率预测即为基于当前电池组状态,预测出电池组在瞬时或者持续 Δt 时间内最大输出功率能力与最大吸收功率能力,而不超出电池组的当前约束条件。其中,瞬时 SOP 是指在下一时刻电池所能充电或放电的最大功率,估计方法包括如下四类:

1)混合脉冲功率特性法(Hybrid Pulse Power Characterization Test,HPPC)。该方法基于电池上下截止电压,计算电池的瞬时峰值电流和功率。由于算法简单,广泛用于车辆能量管理领域。

2)基于 SOC 约束的预测方法。该方法基于许用最大和最小 SOC 约束实现电池峰值电流预测,常与其他方法组合使用。

3)基于电压约束的预测法。该方法克服了 HPPC 法的不足,考虑了峰值功率预测周期内电池 OCV 的变化,预测结果更为可靠。

4)多约束动态法(Multi-Constrained Dynamics,MCD)。该方法综合多个约束变量,如端电压、电流、SOC 等,实时预测电池系统 SOP;同时综合考虑电化学动力学、热力学、迟滞效应等动态响应特性对 SOP 预测结果的影响。

为充分考虑动力蓄电池设计电压、电流和功率的限值以及电动汽车控制系统设定的 SOC 工作区间的约束,需要采用多参数约束条件下峰值功率能力预测方法。

峰值功率估计过程中的电池组约束条件包括：
① 任意电芯电压不超出许用范围。
② 任意电芯 SOC 不超出许用范围。
③ 任意电芯充电/放电功率不超出许用范围。
④ 任意电芯充电/放电电流不超出许用范围。

实车使用过程中，电芯电压的限制往往直接制约了电池峰值功率的大小，特别是在电池 SOC ≤ 10% 或 SOC ≥ 90% 时。此方法需要与电池模型结合，常常采用最简单的 Rint 模型。为了方便描述，假设电池组由 n 个电芯组成，对于任意电芯 k，其电流应满足：

$$\begin{cases} I_{\text{cell,chg}} = (\text{OCV}(\text{SOC}) - u_{\min})/R_{\text{chg}}(\text{SOC}) \\ I_{\text{cell,dis}} = (\text{OCV}(\text{SOC}) - u_{\max})/R_{\text{dis}}(\text{SOC}) \end{cases} \quad (3\text{-}86)$$

式中　　$I_{\text{cell,chg}}$，$I_{\text{cell,dis}}$——考虑电芯电压的限制条件下，电芯最大充电电流与最大放电电流；

OCV（SOC）——电芯 k 在当前荷电状态下的开路电压，其为 SOC 的函数；

R_{chg}（SOC）与 R_{dis}（SOC）——电池充电内阻与放电内阻，可通过 HPPC 求得，一般也为 SOC 的函数；

$u_{\max}$ 与 $u_{\min}$——电芯的充电/放电截止电压。

结合其他约束条件，可直接得到电池组的峰值功率：

$$\begin{cases} P_{\text{chg}} = \min\left(\min\left(|I_{\text{cell,chg}}|,|I_{\max,\text{chg}}|\right)u_{\max},|P_{\max,\text{chg}}|\right)n_{\text{s}}n_{\text{p}} \\ P_{\text{dis}} = \min\left(\min\left(|I_{\text{cell,dis}}|,|I_{\max,\text{dis}}|\right)u_{\min},|P_{\max,\text{dis}}|\right)n_{\text{s}}n_{\text{p}} \end{cases} \quad (3\text{-}87)$$

式中　$I_{\max,\text{chg}}$，$I_{\max,\text{dis}}$——电芯最大充电限制电流与最大放电限制电流；

$P_{\max,\text{chg}}$，$P_{\max,\text{dis}}$——电芯最大充电限制功率与最大放电限制功率；

P_{chg}——电池组充电峰值功率；

P_{dis}——电池组放电峰值功率；

n_{s}——电池系统串联数；

n_{p}——电池系统并联数。

峰值功率的估计值会因不同的计算方法而产生差异，为统一评价计算结果的有效性，国家制定了相关的测试规范。按照《电动汽车用电池管理系统技术条件（工作组草稿）》附录 C 中 SOP 测试通则，动力蓄电池 SOP 测试环境采用 10℃±2℃、25℃±2℃、40℃±2℃ 三个温度，动力蓄电池 SOC 设定为 80%、50%、30%，分别进行充电/放电实验。

3. 动力蓄电池充电控制

根据对锂离子动力蓄电池的充电电压和电流的控制，其充电过程可分为恒流充电、恒压充电、恒压-恒流充电、脉冲充电、智能充电和均衡充电。

（1）恒流充电

恒流充电即表示电流维持恒定电流值的充电过程，包括恒流和分阶段恒流。这种充电过程控制简单，缺点是当电流以一个恒定电流 I_1 充电时，到即将充满时需要降低充电电流值以降低动力蓄电池的端电压，否则会损坏动力蓄电池。

（2）恒压充电

恒压充电表示动力蓄电池维持恒定端电压值的充电过程。其优点是随着动力蓄电池荷电状态的变化能够自动调节电池充电电流；如果设计的恒定电压值较为合适，就能够保证动力蓄电池的完全充电；缺点是动力蓄电池在低 SOC 时的充电电流值较大，可能会损坏动力蓄电池。

（3）恒压-恒流充电

采用恒压-恒流充电过程相结合的方式，当动力蓄电池接入充电设备后，首先以规定小倍率的电流进行充电，当其电压上升到恒流门限时，开始进入恒流充电阶段，以较高的恒定电流对动力蓄电池进行快速充电。当动力蓄电池电压到达恒压门限时，转入恒压充电阶段，充电电流不断降低；当充电电流降到 $C/10$ 或 $C/15$ 时，则认为充电终止。动力蓄电池的恒压-恒流充电过程如图 3-95 所示。此方法弥补了前两种方法的缺点，但是不能消除动力蓄电池充电过程中的极化效应，同样会影响充电效果。

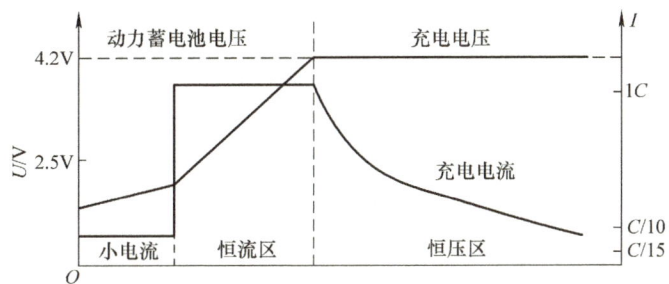

图 3-95　动力蓄电池的恒压-恒流充电过程

（4）脉冲充电

动力蓄电池脉冲充电过程如图 3-96 所示。与图 3-95 对比，脉冲充电过程主要在动力蓄电池恒压充电区域进行。在脉冲充电过程中，充电电源间歇性地对动力蓄电池以恒流充电，这种方式主要是为了降低动力蓄电池的极化电压。随着动力蓄电池电量的逐渐增加，充电时间越来越短，停充时间越来越长。

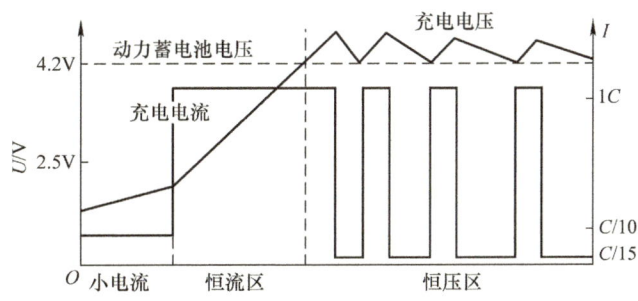

图 3-96　动力蓄电池脉冲充电过程

（5）智能充电

智能充电是目前较为先进的充电方法，其原理是在充电过程中动态跟踪动力蓄电池可接受的充电电流值，以使充电电流值始终保持在动力蓄电池可接受的最优电流曲线附近。最优电流曲线通常结合充电时间、动力蓄电池充电过程的产热、动力蓄电池使用寿命等多个优化目标完成确定。由于这种方法与动力蓄电池的性能密切相关，当动力蓄电池随着老化过程而发生性能改变时，其最优电流曲线也随之发生改变，因此此方法较为复杂。动力蓄电池智能充电过程如图 3-97 所示。

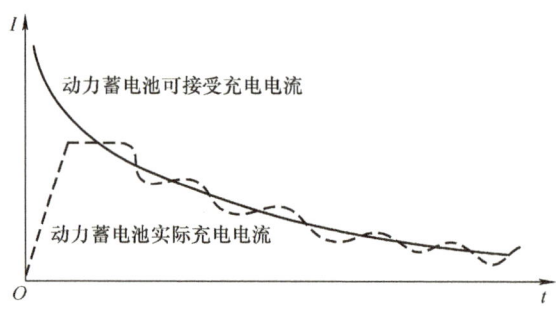

图 3-97　动力蓄电池智能充电过程

3.2.5　动力蓄电池 - 超级电容复合电源系统

由于电动汽车频繁起动和停车，电源系统的放电过程变化很大。在正常行驶时，电动汽车从动力蓄电池中得到的平均功率很低，而在加速和爬坡时动力蓄电池的峰值功率又特别高。一辆高性能的电动汽车，其峰值功率与平均功率之比可达到 16：1。事实上，电动汽车在行驶中，用于加速和爬坡时所消耗的能量占总能量的 2/3。在现有动力蓄电池技术条件下，锂离子动力蓄电池性能已经大大提高，具有诸多优点，但其作为车载储能的单一能量源系统仍存在高功率与高能量密度不可兼得、寿命短、重量与体积较大等缺点。为了解决电动汽车续驶里程与加速爬坡性能之间的矛盾，可以采用两套能源系统。

超级电容循环寿命长、功率密度高、工作温度范围宽、低温起动优势明显，但其能量密度较小，难以维持长时间大功率的放电状态。因此，具有互补特性的动力蓄电池 - 超级电容复合电源系统应运而生，它可以充分发挥动力蓄电池高能量密度与超级电容高功率密度的优势，弥补两种储能装置的缺陷。

在动力蓄电池 - 超级电容复合电源系统中，动力蓄电池用于提供平均负载功率和低频功率，超级电容用于提供峰值负载功率及高频功率，以及吸收制动能量。超级电容在复合电源系统中实际上主要作为电力缓冲装置，起到"削峰填谷"的作用。作为系统的辅助功率源，超级电容能够避免动力蓄电池大电流工作和频繁充电 / 放电，保护动力蓄电池以延长其使用寿命，提高系统工作效率，降低电源系统使用成本。图 3-98 所示为动力蓄电池 - 超级电容复合电源系统功率分配示意图。

当电动汽车在正常行驶的情况下，由动力蓄电池通过 DC/DC 变换器为电动机供电；当汽车处于加速或上坡状态时，动力蓄电池的能量不足以为其供给电能，因此由动力蓄电池和超级电容共同供能；当汽车处于减速和下坡状态时，电机工作模式由电动机转换为发电机，所产生的能量通过功率变换器由超级电容和动力蓄电池共同回收。复合结构电源形式利用超级电容和动力蓄电池各自的特性，就可以构造出具有高比能量和高比功率的动力蓄电池系统，并延长整个动力蓄电池组的使用寿命。

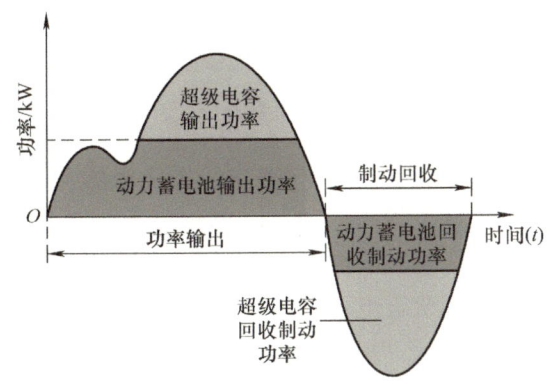

图 3-98　动力蓄电池 - 超级电容复合电源系统功率分配示意图

动力蓄电池 - 超级电容复合电源系统的设计理论具体如下：

① 根据设计需要，确定车载复合电源的合理布局形式。

② 明确整车性能需求，具体包括最高车速要求、最大爬坡度要求、加速性能要求，并且明确整车的循环燃油经济性设计目标。

③ 确定整车行驶循环工况的电能需求和平均电功率需求。

④ 根据"削峰填谷"思想，以动力蓄电池高效满足循环工况平均电功率需求为指导，设定效率的约束条件，进而匹配复合电源中能量源—蓄电池的各项参数，包括单体蓄电池容量和功率密度等。单体蓄电池串联的数量则要服从电机电压等级的约束。

⑤ 由"峰高谷深"的需求，对复合电源中的"功率源"超级电容进行参数匹配。

3.2.5.1　复合电源系统构成

复合电源系统由动力蓄电池、超级电容器、DC/DC 变换器构成，以下简要介绍超级电容与 DC/DC 变换器。

1. 超级电容

超级电容又称为电化学超级电容、双电层超级电容或法拉超级电容，是一种介于传统超级电容器与动力蓄电池之间、具有特殊性能的电源。其储能的过程并不发生化学反应，而是通过极化相应的电解质来进行储能。这种储能过程是可逆的，反复充电 / 放电甚至可达数十万次，因此具有许多传统蓄电池所不具备的优势。

QC/T 741—2006《车用超级电容器》中明确规定了超级电容的分类和型号。

① 电动道路车辆用电容器分为能量型电容器和功率型电容器。

② 定义 UC 代表超级电容器，P 代表功率型电容器，E 代表能量型电容器，F 代表方形单体电容器，Y 代表圆柱形单体电容器。超级电容器型号解释如图 3-99 所示。

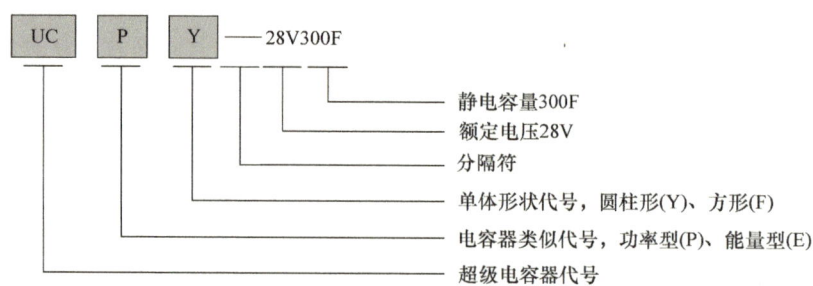

图 3-99 超级电容器型号解释

超级电容容量大且内阻小，使其可以有很高的工作电流和数倍于工作电流的峰值电流，因此具有很高的比功率，这个特点使超级电容非常适合在大电流频繁充电/放电的工况下使用。对于电动汽车而言，超级电容的这些特性可以满足其起步、加速和制动等工况下对大电流高功率的需求。由于超级电容采用的是物理储能方式，不涉及化学反应，因此理论上超级电容不存在过放电问题，可以一直放电到 0V 而不会损坏。国际上，美国、日本、瑞士、俄罗斯、法国、韩国等国家的一些公司凭借多年的技术和经验积累在超级电容的研发上占据领先地位。国外主要超级电容厂商产品性能见表 3-42。

表 3-42 国外主要超级电容厂商产品性能

品牌	额定电压 /V	容量 /F	内阻 /mΩ	比能量 /(W·h/kg)	比功率 /(W/kg)	峰值比功率 /(W/kg)	质量 /kg	体积 /L
Maxwell	2.7	2800	0.48	4.45	900	8000	0.475	0.32
Nesscap	2.7	5080	0.24	4.3	958	8532	0.89	0.712
Ashahi Glass	2.7	1375	2.5	4.9	390	3471	0.21	0.151
Panasonic（复合碳电极）	2.5	2500	0.43	3.7	1.35	9200	0.395	0.245
EPCOS	2.7	3400	0.45	4.3	760	6750	0.6	0.48
Okamura Power Sys.	2.7	1350	1.5	4.9	650	5785	0.21	0.151
ESMA	1.3	10000	0.275	1.1	156	1400	1.1	0.547

作为一种短时间输出功率高、寿命长、充电/放电过程快的储能电源，超级电容也有自身的缺点：储电能力差、续驶里程短。因此超级电容一般只用在充电容易、耗能需求低的场合。未来超级电容主要有三个技术发展方向：①提高单体额定电压；②提高超级电容容量和比能量；③降低超级电容成本。

2. DC/DC 变换器

复合电源系统中动力蓄电池和超级电容具有不同的电压特性，以缓解动力电池负荷为目的主动控制超级电容电流，需要在复合电源系统中增加 DC/DC 变换器。DC/DC 变换器是一个电力电子元件，在两个直流电压源（或存储系统）之间起到升压和降压的作用。

DC/DC 变换器在复合电源系统中的功用主要有：

① 将多个直流电压源进行隔离工作。

② 控制功率源的充电/放电电流值，合理控制复合电源工作状态。

③ 调节低能量密度功率源的电压值，优化复合电源工作效率。

DC/DC 变换器种类众多，目前常见的多种分类方式主要有：

① 按照能量流动方向，分为双向式和单向式。

② 按照输入输出电压之间的关系，分为升压式（Boost）、降压式（Buck）、升降压式（Buck-Boost）式。

③ 按照电路的输入输出拓扑结构形式，分为隔离式和非隔离式。

④ 按照 DC/DC 变换器的驱动方式，分为推勉式、半桥式、全桥式。

构成复合电源系统的两个或多个电压源具有不同的电压特性，在复合电源系统中增加 DC/DC 变换器，能够使各电压源协调高效率地工作，同时能够通过控制部件对复合电源系统进行主动控制。目前，DC/DC 变换器的性能能够满足车载需求，而效率特性是决定复合电源系统的关键因素。影响 DC/DC 变换器工作效率的因素主要有：开关管（IGBT 或 MOSFET）的通态电阻、缓冲超级电容和缓冲电阻；电感和滤波超级电容的寄生电阻；开关管的控制信号频率。可将上述三种影响因素归纳为三类损耗，即传导损耗、电感超级电容等原件损耗和开关损耗。

目前，DC/DC 变换器在峰值功率处的传递效率可以达到 98% 左右，某型号 DC/DC 变换器效率特性如图 3-100 所示。由 DC/DC 变换器的效率曲线可知，其曲线的变化趋势是效率随功率的增加先升高后稍微降低，在峰值功率处效率达到最大。此外，动力蓄电池与超级电容的电压比也对 DC/DC 变换器的效率有影响：当动力蓄电池与超级电容的电压接近时，整个效率曲线均在较高位置，电压比增加，DC/DC 变换器效率逐渐降低。

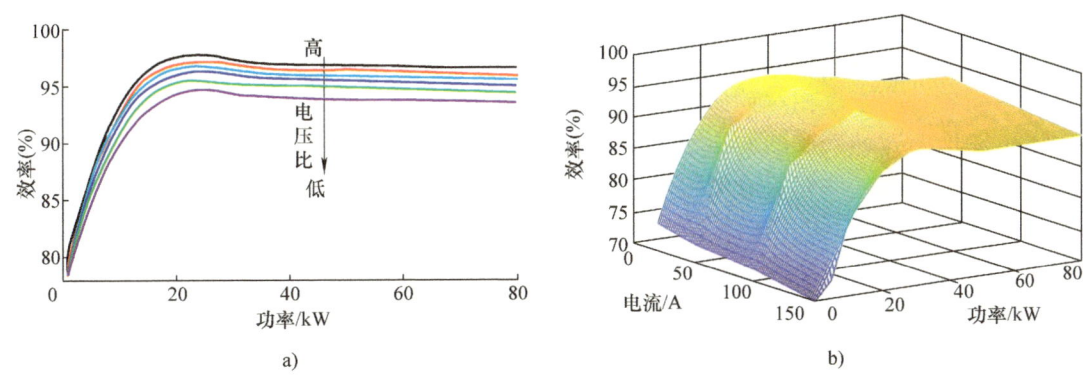

图 3-100 某型号 DC/DC 变换器效率特性

a）二维特性图 b）三维特性图

作为分配并传输系统功率的关键部件，DC/DC 变换器在不同条件下的工作效率直接影响了系统能量管理策略的制订。DC/DC 变换器特性复杂，其工作效率受到工作电压、工作电流、开关频率、开关设备材料、占空比和温度等诸多因素的影响，存在众多不利因素。为了降低其模型复杂度，应提高系统参数优化和能量管理策略设计过程中的仿真效率。在实际过程中，通常采用 DC/DC 变换器的台架实验来获取 DC/DC 变换器的复杂工作特性。

3.2.5.2 系统拓扑结构

锂离子动力蓄电池、超级电容和 DC/DC 变换器根据结构形式的不同，形成了多种类型的复合电源拓扑结构，不同的复合电源拓扑结构具有不同的成本、控制方法、适应性、性能表现和能量转换效率等特征。一般可分为三种类型：被动并联结构、全主动结构和半主动结构。锂离子动力蓄电池 + 超级电容的复合电源系统拓扑结构分类如图 3-101 所示。

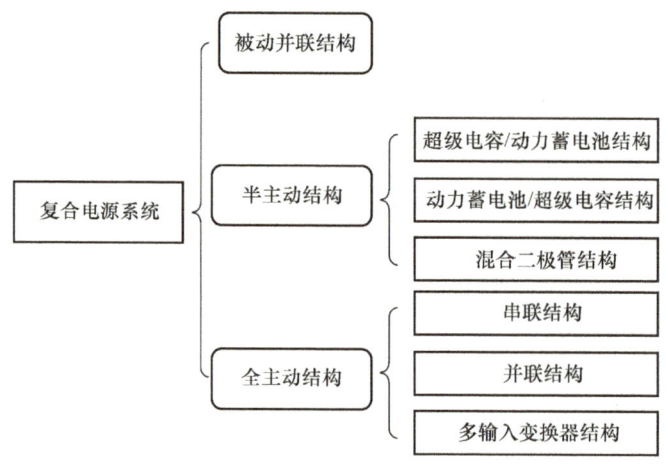

图 3-101　锂离子动力蓄电池 + 超级电容的复合电源系统拓扑结构分类

1. 被动并联结构

被动并联结构如图 3-102 所示。在该结构中，动力蓄电池和超级电容直接并联在一起，然后与直流母线相连。它不包含 DC/DC 变换器，因此形式最为简单，成本也相对较低。超级电容在该结构中主要扮演低通滤波器的角色。与其他拓扑结构相比，动力蓄电池和超级电容的功率分配在很大程度上由它们各自的内阻值决定，而非控制系统。由于该复合电源系统不能被有效地控制和

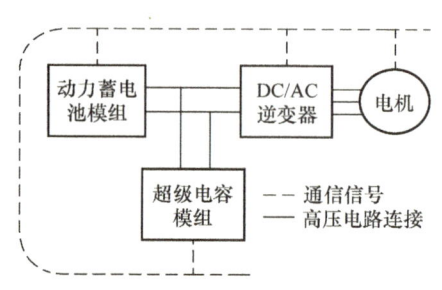

图 3-102　被动并联结构

管理，导致动力蓄电池承担了加速和制动过程中的部分大电流与高频电流，这不利于动力蓄电池高效、健康的使用。与此同时，由于超级电容电压与动力蓄电池电压需要始终保持一致，超级电容电压的变化幅度、频率受到极大的限制，从而导致超级电容的使用效率不高，不能充分发挥其在高功率方面的优势。

2. 半主动结构

半主动结构主要是指动力蓄电池或者超级电容中的一个能量源通过 DC/DC 变换器与直流母线实现解耦，常见的类型有超级电容/动力蓄电池结构、动力蓄电池/超级电容结构。超级电容/动力蓄电池结构如图 3-103a 所示，它由动力蓄电池、超级电容和一个双向 DC/DC 变换器组成。其中，DC/DC 变换器与超级电容串联，动力蓄电池与直流母线直接相连。因此，这类结构的直流母线不能承受大范围的电压波动，一旦变化过于频繁，将会

严重影响动力蓄电池的使用寿命。动力蓄电池/超级电容结构如图3-103b所示，在这种结构中，DC/DC变换器与动力蓄电池串联，超级电容与直流母线直接连接。该结构的直流母线电压可以在一定范围内波动，超级电容具有低通滤波器的作用，可吸收由波动引起的高频电流和峰值电流，这有助于提升整个系统的效率。由于动力蓄电池与直流母线实现了解耦，所以动力蓄电池可以承受较大的充电/放电电流，但是该结构需要DC/DC变换器具备更快的响应速度和较大的工作功率。

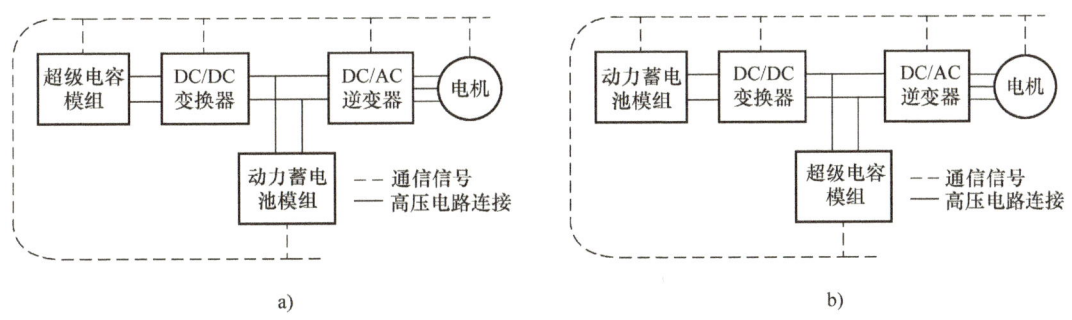

图3-103 半主动结构

a）超级电容/动力蓄电池结构 b）动力蓄电池/超级电容结构

3. 全主动结构

全主动结构是指采用一个或多个DC/DC变换器实现动力电池和超级电容解耦的拓扑结构。全主动拓扑结构如图3-104所示，并联结构有两个参数不相同的DC/DC变换器。由于超级电容的电压变化范围较大，所以将一个DC/DC变换器连接在母线与超级电容之间，另一个DC/DC变换器连接在动力蓄电池与直流母线之间，这样的结构更容易稳定动力电池端和母线端的电压。此种结构的系统能量损失进一步加大，效率降低，但是动力蓄电池组和超级电容组与负载完全解耦，便于控制。

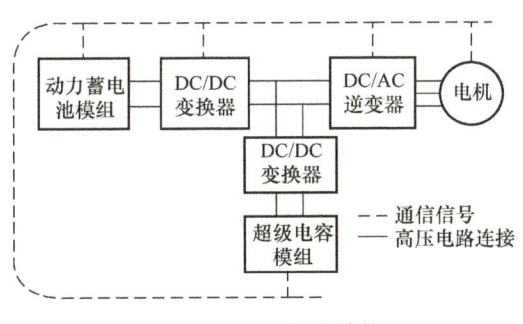

图3-104 全主动结构

3.2.5.3 系统能量管理策略

为了达到降低动力蓄电池组充电/放电倍率和浪涌电流，提高系统的大功率充电/放电能力的目的，能量管理策略要求在系统工作过程中动力蓄电池组提供稳定和低频的需求功率，超级电容组提供短时间的峰值功率、高频功率以及回收大部分的制动能量。

概括地说，复合电源能量管理的目的是分配两者的输入、输出功率，同时通过控制动力蓄电池和超级电容的输入、输出电流及工作电压来提高系统效率、系统动态性能，延长动力蓄电池使用寿命。目前，复合电源能量管理策略主要可以分为三大类：基于规则的能量管理策略、基于优化的能量管理策略和基于人工智能的能量管理策略，图3-105所示为复合电源能量管理策略分类。

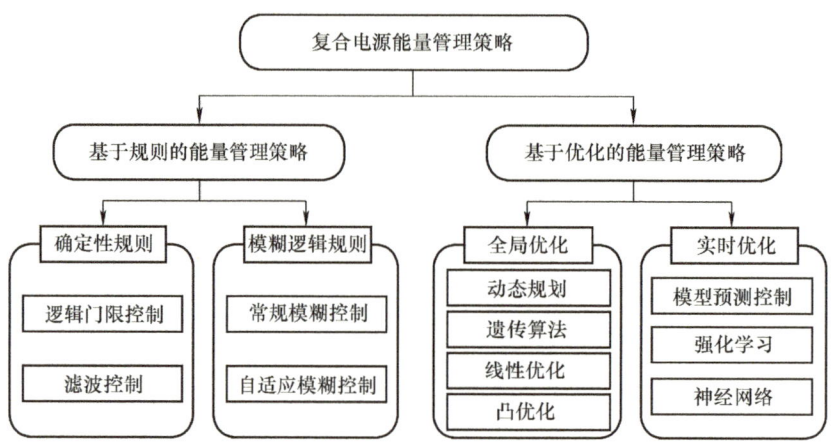

图3-105 复合电源能量管理策略分类

1. 基于规则的能量管理策略

基于规则的能量管理策略具有运算量低、实时响应性好、鲁棒性强和可靠性高的优点，目前在工程实践中被广泛应用。但是由于复合电源动态特性复杂，基于规则的能量管理策略控制不能较好地随复合电源动态特性变化来实时调整，系统控制效率较差，且对设计人员的工程经验有较强依赖性。一般来说，这类能量管理策略可以分为基于确定性规则的能量管理策略和基于模糊逻辑规则的能量管理策略。

（1）基于确定性规则能量管理策略

该策略又称为逻辑门限的规则能量管理策略，是依据复合电源中动力蓄电池与超级电容的时间常数，以及超级电容的峰值功率助力时间来分配功率，达到让动力蓄电池提供平均功率、超级电容提供峰值功率的目的。复合电源中超级电容能量有限，因此上一时刻的系统工作状态和超级电容容量状态将直接影响下一时刻的系统控制状态，一般通过预测下一时刻的系统工作状态，或以表征车辆状态的值来估计当前时刻超级电容的容量状态理想值，以实现系统工作状态的优化。根据复合电源中动力蓄电池与超级电容分别在能量密度和功率密度方面的优势，引入基于频率谱的滤波器，将系统需求功率的高频部分由超级电容组承担，而低频部分由动力蓄电池组来承担。通常，对于确定性工况可采用不断调试的方法来达到滤波控制优化。

（2）基于模糊逻辑规则能量管理策略

模糊逻辑控制具有与人脑类似的特征，它是一种基于工程经验、知识、推理技术及控制系统状态条件而不依赖于物理过程的，以模糊集合论、模糊语言变量和模糊逻辑推理为基础的智能控制方法。在设计基于模糊逻辑规则的能量管理策略时，通常以需求功率、动力蓄电池荷电状态和超级容量状态特征作为模糊逻辑控制器的输入,以超级电容或动力蓄电池的系统需求功率作为输出。在模糊推理系统中,根据使用模糊规则的形式不同,模糊逻辑控制系统可分为两类:基于 Mamdani 模型的模糊逻辑控制器和基于高木-关野模型的模糊逻辑控制器。

模糊逻辑控制的最大优势是可以根据设置的工作区域实现各区域、各状态间的平滑过渡,同时可将一些无法通过规则确定的模糊概念表现出来。基于标准模型的模糊逻辑控制系统应用广泛,在 MATLAB 模糊逻辑工具箱中已经为此种类型控制器提供了使用平台。MATLAB 模糊逻辑控制工具箱主要包括:模糊推理系统编辑器、隶属函数编辑器、模糊规则编辑器、模糊规则浏览器和用于模糊推理的输入、输出函数曲面浏览器。

基于逻辑门限的能量管理策略对动力蓄电池组和超级电容组有更严格的约束。两者只能够按照事先制订好的确定规则进行能量管理,这将导致某些时刻动力蓄电池组处于大电流放电状态。在模糊控制器中,通常选择系统需求功率 P_{req}、车辆行驶速度 u_a、动力蓄电池组 SOC、超级电容组 SOV 作为输入语言变量,选择超级电容组工作功率作为输出语言变量。

2. 基于优化的能量管理策略

相对于基于规则的能量管理策略,基于优化的能量管理策略下的复合电源控制效果更佳、能耗更低。虽然优化控制方法具有相对较高的计算负担,但是由于其能够指导基于规则的能量管理策略和基于其他优化控制的能量管理策略的设计,所以随着控制算法的优化将会有较好的在线应用前景。一般来说,这类能量管理策略可以分为基于全局优化能量管理策略和基于实时优化能量管理策略。

1)基于全局优化的能量管理策略。对于一个确定性系统,动态规划能够以设计的代价函数为目标确定最优的控制输入值。相对于其他优化控制理论,动态规划的优势在于其能够处理多状态和多输入下的复杂线性与非线性系统,且具有全局最优性。动态规划可以通过系统优化设计来提供一个目标最优性能的基准,在复合电源控制中应用非常广泛。动态规划需要已知车速信息和未来道路信息,很难直接实时应用,只能用于确定性系统的优化设计。此外,动态规划需要遍历大量数据,计算量较大,特别是在多状态、多输入的情况下,由于变量过多以及计算网格划分过细,从而计算量会急剧增加。

遗传算法能够处理非线性、多模型、多目标的函数优化问题,具有相当强的通用性和鲁棒性。作为一种全局优化算法,遗传算法在能量管理控制中也有较多应用。遗传算法能够很好地处理系统的多目标与非线性问题,也被应用于多能量源的参数匹配和优化中。除此之外,线性优化、凸优化、粒子群算法等其他一些全局优化算法,也可应用在电动汽车复合电源能量管理策略中。

2)基于实时优化的能量管理策略。模型预测控制又称为滚动时域控制,其控制算法主要包括建立预测模型、在线优化、反馈校正三个部分。模型预测控制的性能主要取决于两个方面:预测精度和能量管理策略的优化。为了能够更好地提高复合电源工作效率、优化系统能量管理策略的实时性和鲁棒性,可建立基于车辆行驶工况预测和系统需求功率预测的复合电源能量管理策略。模型预测控制具有系统预测的优势,在进行复合电源系统控制时,首先以马尔科夫过程等方法预测短时间有限时域车辆的信息,然后通过二次规划、动态规划等优化算法来优化控制系统的功率分配。为了提高系统模型和预测控制的精度，通常需要建立复杂的非线性系统模型或细化 DC/DC 变换器模型，但由于计算量大，只能通过高性能实验台进行模拟验证。

神经网络类似于大脑的计算和思考过程，可通过模拟人类大脑神经元活动的特征获得相关输出信息，能够很好地处理非线性问题，同时具备高速处理控制系统的能力，在系统控制、模式识别、状态预测、参数优化等多个方面得到广泛的应用。由于神经网络需要大量数据集进行训练和学习，因此在利用神经网络进行复合电源能量管理时，需预先获取大量的优化控制数据集，在完成神经网络训练后，采用另外一部分数据集进行泛化能力验证。

人工智能亦称机器智能，是计算机科学的一个分支，是指通过计算机实现的人类智能技术。该领域的研究包括机器人、语言识别、图像识别、自然语言处理和专家系统等。近年来，随着机器学习等人工智能算法的发展，强化学习等新兴智能算法也被运用于复合电源的能量管理控制中。强化学习可以通过观测和分析控制系统当前行为，在未知系统结构与参数的情况下逐渐学习，做出优化决策来控制系统。目前，强化学习在系统自动控制、人工智能算法、机器学习等领域中得到了广泛应用。

3.2.5.4 复合电源系统控制案例

针对如图 3-106 所示复合电源系统拓扑结构，进行基于逻辑门限的能量管理策略仿真分析。对于此类拓扑结构的复合电源而言，超级电容组的工作电流不可控，只能通过控制动力蓄电池组工作电流实现对复合电源内部的功率分配。在有外部功率需求时，根据系统能量管理信号控制 DC/DC 变换器进行升降压变换，对动力蓄电池组的充电/放电功率进行主动控制，而超级电容组则根据电路电压被动工作。图 3-106 中，P_{req} 为复合电源系统的需求功率，P_{uc} 为超级电容组工作功率，P_{bat} 为动力蓄电池组工作功率。

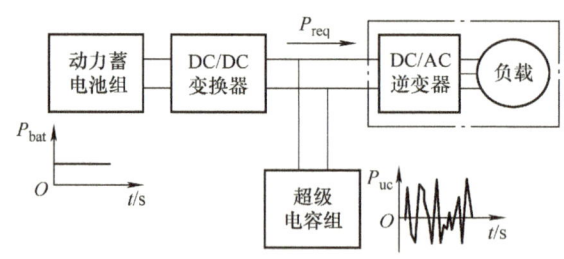

图 3-106 复合电源系统拓扑结构示意图

为降低系统的复杂度和仿真计算负担，模型假设动力蓄电池组和超级电容组中的单体均为同一型号、同一批次，且不考虑单体之间的不一致性，即仿真建立的动力蓄电池组模型和超级电容组模型均为"大单体模型"。动力蓄电池选用 1 阶 RC 模型建模，超级电容选用 Rint 模型建模。

1. 系统参数

以某插电式混合动力公交车为例，对纯电动模式时的复合电源能量管理进行分析。目标车型的整车参数见表 3-43。

表 3-43 目标车型的整车参数

参数	指标
整车质量 /kg	16500
传动系统效率	0.93
滚动阻力系数	0.011
迎风面积 /m²	6.6
空气阻力系数	0.55
旋转质量相关系数	1.03

进行系统性能需求分析的车辆工况选择中国典型城市公交循环（Typical China Urban Bus Driving Cycle，CUDC）工况，如图 3-107 所示。

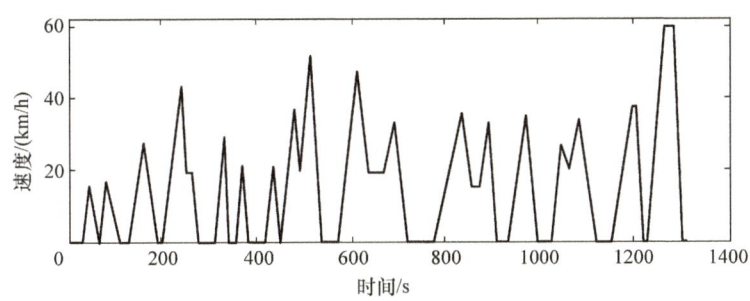

图 3-107 CUDC 循环工况

复合电源系统中各部件参见表 3-44。根据此表参数可获知，动力蓄电池组电压平台为 580.9V，能量为 39kW·h，超级电容组最大电压为 576V。选用 DC/DC 变换器的额定功率为 25kW，其工作效率在额定功率点附近可以达到 96%~98%，DC/DC 变换器效率见表 3-45。表中，$I_{DC/DC}$ 为 DC/DC 变换器工作电流（输出端），$P_{DC/DC}$ 为输出功率值，η 为效率值。

表 3-44 复合电源系统中各部件参数

部件	参数	指标
动力蓄电池组	类型	锂离子动力蓄电池
	模组连接方式	157 串 2 并
	单体电压平台 /V	3.7
	单体容量 /A·h	35
超级电容组	品牌	Maxwell
	模组连接方式	12 串 1 并
	单个模组容量 /F	165
	单个模组最大电压 /V	48
	单个模组的等效内阻 /mΩ	6.3
DC/DC 变换器	额定功率 /kW	25
	峰值功率 /kW	50（持续 60s）

表 3-45　DC/DC 变换器效率

$I_{DC/DC}$	DC/DC 变换器效率 η（%）						
	$P_{DC/DC}=$ 0kW	$P_{DC/DC}=$ 10kW	$P_{DC/DC}=$ 20kW	$P_{DC/DC}=$ 25kW	$P_{DC/DC}=$ 30kW	$P_{DC/DC}=$ 40kW	$P_{DC/DC}=$ >50kW
0A	50	50	50	50	50	50	50
10A	75	92	95	97	95	94	93
50A	73	89	93	96	93	92	90
100A	72	88	91	95	92	91	89
200A	70	82	89	92	91	90	87
>400A	56	66	71	74	73	72	70

2. 策略确定

通常可根据不同时刻的动力蓄电池组 SOC、超级电容组 SOV 和车辆运行状态来确定不同动力源之间的功率分配。定义 SOC_H 和 SOC_L 分别为动力蓄电池组荷电状态的上、下限约束值，SOV_H 和 SOV_L 分别为超级电容组电压状态的上、下限约束值。若将复合电源系统工作模式分为五种，则基于逻辑门限策略的复合电源系统工作模式见表 3-46。

表 3-46　基于逻辑门限策略的复合电源系统工作模式

动力蓄电池组不充电/放电	当超级电容组 SOV 大于 SOV_L 时，则需求功率 P_{req} 由超级电容组提供，否则整个复合电源系统不输出功率
需求功率小于 0	当超级电容组 SOV 大于 SOV_H 时，将基于峰值充电功率与动力蓄电池组 SOC 的函数关系确定回收制动能量
需求功率小于动力蓄电池组的平均功率	当超级电容组 SOV 小于 SOV_L 时，动力蓄电池组将提供全部的需求功率；当动力蓄电池组 SOC 小于 SOC_L 且超级电容组 SOV 大于 SOV_L 时，超级电容组将提供全部的需求功率；当动力蓄电池组 SOC 大于 SOC_L 且超级电容组 SOV 大于 SOVL 时，动力蓄电池组将提供全部的需求功率
需求功率大于动力蓄电池组的平均功率且小于最大放电功率	根据复合电源系统的控制原则，将需求功率分为循环工况平均功率 P_{ave} 和不足功率，由动力蓄电池组和超级电容组分别提供
需求功率大于动力蓄电池组的最大放电功率	当超级电容组 SOV 大于 SOV_L 时，动力蓄电池组提供其可输出的最大放电功率，不足功率由超级电容组提供；当超级电容组 SOV 小于 SOV_L 时，为了保证车辆在特殊工况下能继续运行，需要限制复合电源系统的输出功率，动力蓄电池组将提供其可输出的最大功率，此时不能满足需求功率的全部要求，车辆应降低其速度和需求功率

首先，定义 U_{batmin}、U_{batmax} 分别为动力蓄电池组最小、最大电压限制；I_{batmin}、I_{batmax} 分别为动力蓄电池组最小、最大工作电流限制；SOC_H、SOC_L 分别为动力蓄电池组上、下限约束值；U_{UCmax}、U_{UCmin} 分别为超级电容组最小、最大电压限制；I_{UCmin}、I_{UCmax} 分别为超级电容组最小、最大电流限制；SOV_H、SOV_L 分别为超级电容上、下限约束值。系统约束条件为

$$\begin{cases} U_{\text{batmin}} < U_{\text{bat}} < U_{\text{batmax}} \\ I_{\text{batmin}} < I_{\text{bat}} < I_{\text{batmax}} \\ \text{SOC}_L < \text{SOC} < \text{SOC}_H \\ U_{\text{UCmin}} < U_{\text{UC}} < U_{\text{UCmax}} \\ I_{\text{UCmin}} < I_{\text{UC}} < I_{\text{UCmax}} \\ \text{SOV}_L < \text{SOV} < \text{SOV}_H \end{cases} \quad (3\text{-}88)$$

设置超级电容组 SOV 变化范围为 48%~90%,动力蓄电池组 SOC 变化范围为 20%~90%,动力蓄电池组最大输出功率 P_{batmax} 为 150kW。根据 CUDC 循环工况和整车动力性指标,计算功率需求大于 0 时的平均需求功率 P_{ave} 为 38.6kW。设定的逻辑门限的门限值见表 3-47。

表 3-47 逻辑门限的门限值

参数	门限值	参数	门限值
SOV_L	48%	SOV_H	90%
SOC_L	20%	SOC_H	90%
P_{batmax}	150kW	P_{ave}	38.6kW

3. 结果分析

在 CUDC 循环工况下,基于逻辑门限的能量管理策略的仿真结果如图 3-108~图 3-110 所示。图 3-108 为复合电源系统的动力蓄电池组 SOC 和超级电容组 SOV 变化。结果表明,基于逻辑门限的能量管理策略的动力蓄电池组 SOC 变化较为平稳,超级电容组 SOV 主要在大于 50% 的区域内波动。图 3-109 和图 3-110 分别为动力蓄电池组和超级电容组的电流、电压的变化,由图可见,电流和电压变化平缓。这表明该策略避免了大幅及高频电流对动力蓄电池组内部结构产生的冲击,能够延长动力蓄电池组的使用寿命。在整个循环工况过程中,超级电容组电压变化幅度大,满足了大电流充电/放电以及高频电流的需求,回收了较大的车辆制动功率,极大地降低了复合电源系统制动能量损失,提高了复合电源系统的响应速度。

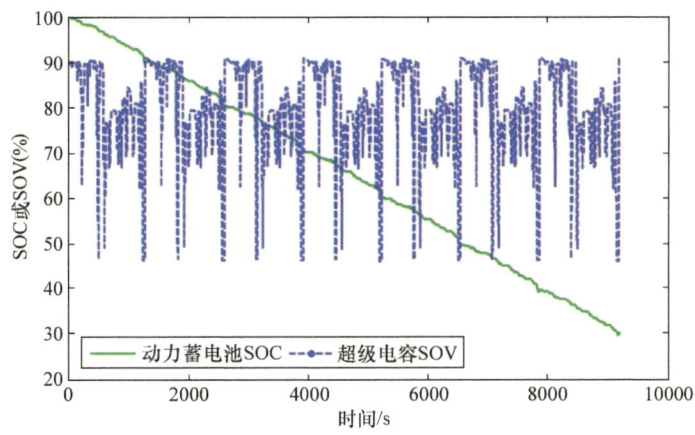

图 3-108 基于逻辑门限策略的动力蓄电池组 SOC 与超级电容组 SOV

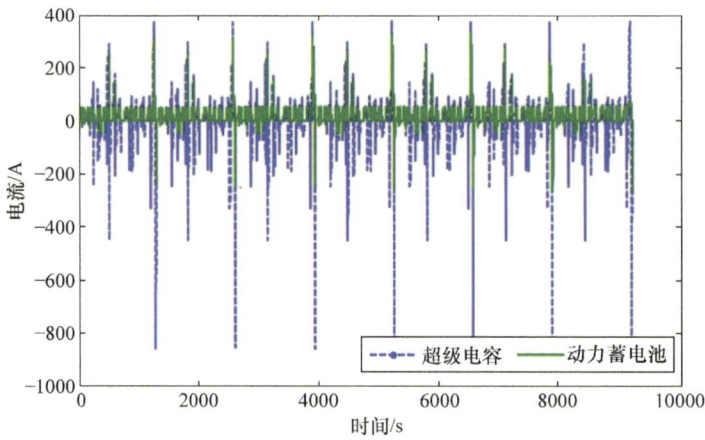

图 3-109 基于逻辑门限策略的动力蓄电池组与超级电容组电流

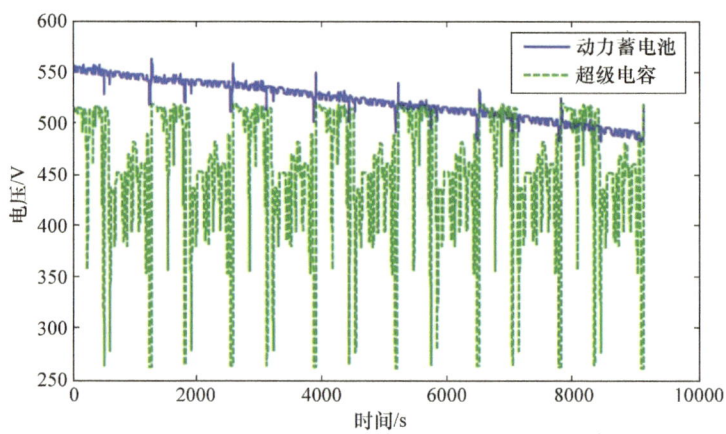

图 3-110 基于逻辑门限策略的动力蓄电池组与超级电容组电压

以上仿真结果表明，基于逻辑门限的能量管理策略具有控制方法简单、易实现、较优的计算空间需求和较低的计算时间成本等优点。不过，由于逻辑门限值通常依赖于工程经验，所以设计控制参数需要随工况类型变化进行实时调整。

3.3 辅助动力系统设计

3.3.1 辅助动力系统概述

辅助动力系统主要包含助力转向系统和制动系统，是汽车底盘的重要组成部分[13]，其性能好坏直接影响汽车的行驶安全性、操纵稳定性和驾驶舒适性，对确保车辆的制动和转向过程安全、保护驾驶人的人身安全、改善驾驶人的工作条件以及减少交通事故起着重要作用。常规车辆的助力转向泵和空气压缩机（以下简称空压机）均通过传动带或齿轮由发动机驱动，并为转向系统和制动系统提供动力。在电动汽车底盘电动化的过程中，由于不再有发动机提供动力源，因此需要实现包含转向系统和制动系统在内的辅助动力系统电动化。

3.3.1.1 电动助力转向系统

按照助力源种类来分，纯电动汽车的助力转向系统通常采用电控液压助力转向系统（Electronic Hydrautic Power Steering，EHPS）、电动助力转向系统（Electronic Power Steering，EPS）两种方式[14]。

1. 电控液压助力转向系统（EHPS）

纯电动商用车的助力转向系统以 EHPS 为主，是在常规车辆液压助力转向系统（Hydraulic Power Steering，HPS）的基础上，将转向油泵改由转向电动机驱动，带动液压油为整车转向系统提供稳定、舒适的转向助力。

（1）EHPS 的组成

通常，EHPS 的结构包含转向盘、转向管柱、转向传动轴、动力转向器、转向垂臂、转向直拉杆、转向油罐、转向管路等传统液压助力转向系统的零部件，电动部分包括电动助力转向装置、转向控制器等。

此类 EHPS 将液压助力转向与电动助力转向匹配集成在一起，图 3-111 所示为 EHPS 转向系统原理图，图 3-112 所示为 EHPS 转向器实物，主要包括循环球式液压助力转向装置、电动助力转向装置和转向控制器。

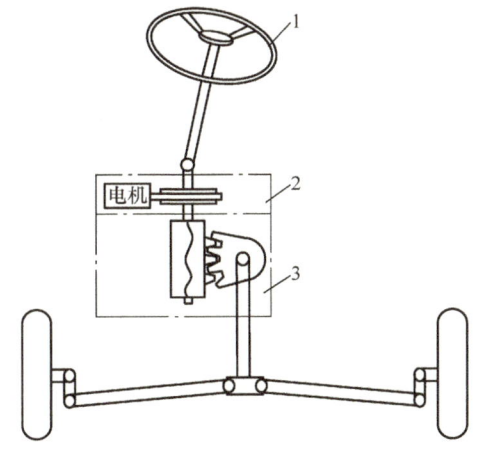

图 3-111　EHPS 转向系统原理
1—转向盘　2—电动助力转向装置
3—循环球液压助力转向装置

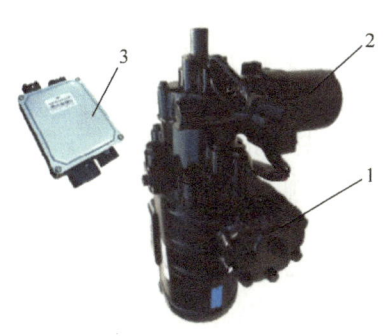

图 3-112　EHPS 转向器实物
1—循环球式液压助力转向装置　2—电动助力转向装置
3—转向控制器

1）循环球式液压助力转向装置由传统的整体液压助力式循环球转向器经过改进设计而来，驾驶人对转向盘施加的转矩与电动助力装置产生的转矩经过叠加后，通过扭杆传递给转向螺杆，扭杆的变形量直接控制转阀的工作状态。

2）电动助力转向装置主要包括转矩和转角传感器、永磁同步电动机、蜗轮蜗杆减速机构。永磁同步电动机通过蜗轮蜗杆减速机构连接到转向轴上，电动助力的输出轴与液压助力转向器的输入轴连接，蜗轮蜗杆减速机构设计为可逆的传动比，即使电动机不工作，驾驶人仍然能够依靠手力和液压助力转动转向盘。

3) 转向控制器。在常规助力模式下，根据采集到的转向盘转矩、车速等车辆信息，在助力特性曲线的基础上，加上系统的摩擦、惯性、阻尼和回正补偿得到电动机的助力电流，达到随速助力和主动回正的功能。在转角伺服（自动转向）模式下，则根据总线传递来的转角信号和转速信号，对转向盘的位置进行控制，对于无刷电动机的控制具体需要执行位置环、速度环和电流环的三环控制。

（2）EHPS 的功能

1) 电动助力转向功能。

① 转向更轻便：在液压系统基础上加入电动助力使转向助力明显改善。

② 助力随速可变：系统根据车速和转向盘转矩信号控制电动机助力，达到低速转向轻便、高速转向稳定的良好转向特性。

③ 主动回正控制：系统能够采集转向盘转角，通过控制电动机可以实现液压系统不能够实现的主动回正控制。

④ 应急转向：车辆在液压失效时，也能够提供足够大的电动助力让驾驶人顺利地到达安全地带或维修地点。

2) 辅助驾驶功能。

① 直行保持：车辆具有更好的直线行驶能力的潜力。首先转向盘的转角传感器提供绝对的中位位置，该位置能够通过相应的策略进行标定。如果能够通过总线提供更为详尽的车辆姿态信息，车辆可以解决因车辆本身或路面不平度造成的直行能力差等问题。更有意义的是，可以提供车道保持功能。摄像头获取车道标线的信息，计算车身与车道标线的接近速率，在系统被激活的状况下，在驾驶人注意力不集中或疲劳驾驶出现车辆偏转时，系统可进行主动修正、转向干预。可选用转矩或转角模式进行车道保持功能的实现。

② 侧风补偿：支持实现侧风补偿功能。首先由于侧风驾驶人持续地修正力矩，控制器被动地提供叠加的力矩来维持车辆的直线行驶能力，如果车辆能够提供更多的信息来判断侧风的存在和量级，可以进一步完善此功能。

3) 自动转向功能。根据接收到的整车控制器总线发出的转向角指令，执行转向角指令驱动车轮转向，并实时反馈转向盘位置。

另一种商用车常用的电动助力转向系统将原发动机转向泵直接更换为电动转向泵，由电动转向泵连接传统转向系统的进、出油管，结合油罐、动力转向器等零部件的辅助以实现转向功能。电动助力转向系统原理如图 3-113 所示，其他部分与传统转向系统相同。

电动助力转向系统的主要部件及其作用如下：

① 动力蓄电池：为电动助力转向泵提供电能。

② 逆变器：将直流电转变为交流电。

③ 油壶和滤芯：两者组成储存和过滤低压油的装置。

④ 电动转向油泵：由高压交流电驱动电动机，带动电动助力转向油泵产生高压油，产生转向助力的动力源。

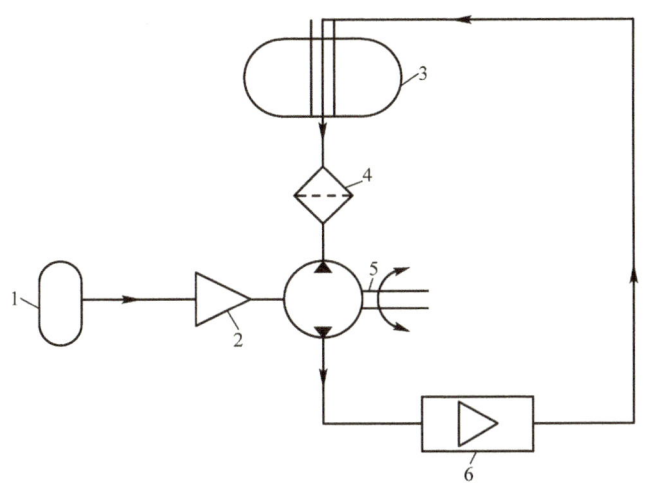

图 3-113 电动助力转向系统原理
1—动力蓄电池 2—逆变器 3—油壶 4—滤芯 5—电动转向油泵 6—方向机

⑤ 方向机：蜗杆轴转动，带动与其相啮合的两个指销转动，两个指销又固定在摇臂轴上，从而带动摇臂轴转动，摇臂轴与转向垂臂相连，实现汽车的转向。图 3-114 所示为转向系统示意图。

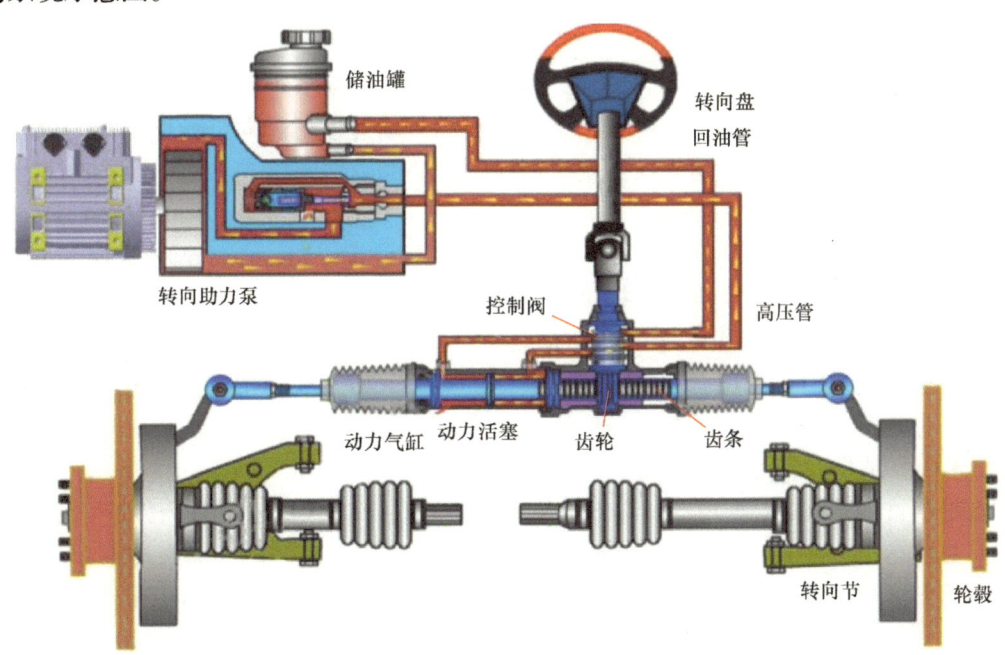

图 3-114 电动助力转向系统示意图

电动助力转向系统工作原理是，动力蓄电池将高压直流电传递给逆变器，逆变器将高压直流电转变为交流电驱动电动助力转向油泵工作。此时油液开始流动，助力转向油泵将油壶里的低压油经过叶片压缩成高压油液。通过管路将高压油液送入方向机内，使转向变得轻便。经过方向机，油液从高压状态变为低压状态，流回油壶。该系统电动化助力装置为电动转向油泵，它主要包含液压泵和电动机两部分，如图3-115所示。

（3）EHPS控制模式

EHPS控制主要包括三种模式：电动助力转向模式、力矩叠加模式、自动转向模式。

1）电动助力转向模式：电动机提供助力，与液压系统共同工作，可以实现车辆的随速助力转向，系统根据车速和转向盘转矩信号控制电动机助力，达到低速转向轻便、高速转向稳定的良好转向特性。而且，系统能够采集转向盘转角，通过控制电动机可以实现主动回正控制。

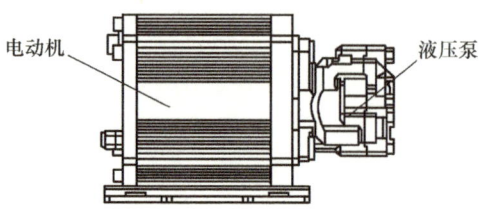

图3-115 电动助力转向油泵

2）力矩叠加模式：控制器能够接收叠加的力矩信号，对转向轴施加一个主动的转向力矩，适用于车道保持系统，在车道偏离报警系统上进一步升级，摄像头获取车道标线的影像，检测道路/车道两边喷涂过的路边标线，计算车身与车道标线的接近速率，在系统被激活的状况下（加速至指定车速以上），如果车辆接近或越过一条路边标线，在没有开启相应方向的转向灯的情况下，发出车道偏离警告（有可能是振动或是提示声响）。当驾驶人没有采取任何转向修正动作时，EHPS会下达修正方向的指令，使车辆保持在当前的车道。在驾驶人注意力不集中或疲劳驾驶出现车辆偏转时，系统进行主动修正、转向干预。

3）自动转向模式：通过给控制器发送转角指令，结合转向盘转角指令信号对前轮位置伺服，实现无人驾驶功能。也可以指定转向盘的转动速度对转向进行更平稳的控制。此外，在紧急状态下驾驶人手动介入，及时切换到电动助力转向模式。

2. 电动助力转向系统（EPS）

纯电动乘用车的助力转向系统以电动助力转向系统（Electric Power Steering，EPS）为主。EPS是一种直接依靠电动机提供辅助转矩的动力转向系统，具有能耗低、低速转向轻便、高速转向稳定、回正性能好、结构紧凑、质量轻、无须更换液压转向油[15]、系统电机及控制器免维护等优点；但基于输出转矩的限制，EPS在商用车上大范围应用还有一定的局限性。

（1）EPS结构及特点

如图3-116所示，根据电动机布置位置和转向器的不同，EPS可分为如下类型：

① C-EPS：为转向轴助力式EPS，电动机固定在转向轴一侧，通过减速机构与转向轴相连，直接驱动转向轴助力转向；适用于前轴负荷较小的乘用车和商用车。

② P-EPS：为齿轮助力式EPS，电动机和减速机构与齿轮齿条转向器的小齿轮相连，直接驱动小齿轮助力转向；适用于前轴负荷适中的乘用车。

③ R-EPS：为齿条助力式EPS，电动机和减速机构为直接驱动齿轮齿条转向器中的齿条提供助力；适用于前轴负荷较大的乘用车。

④ RB-EPS：为循环球助力式EPS，电机和减速机构为直接驱动循环球转向器中的螺杆提供助力；适用于前轴负荷较小的商用车。

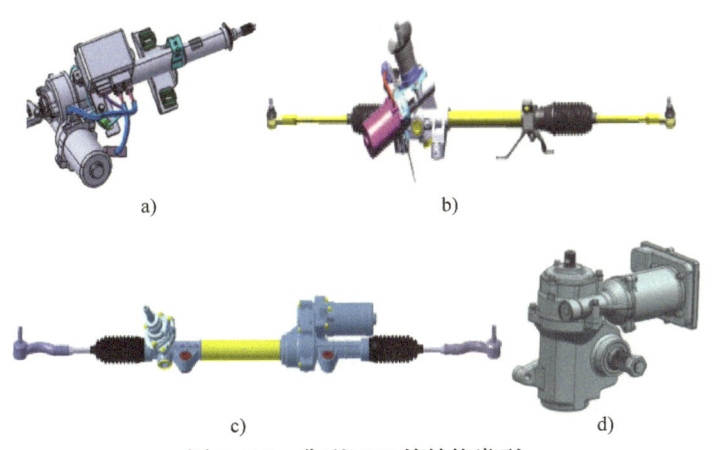

图 3-116 典型 EPS 的结构类型
a) C-EPS b) P-EPS c) R-EPS d) RB-EPS

1) EPS 的结构组成。EPS 一般由转矩转角传感器、电动机、减速机构和电子控制单元等组成。图 3-117 所示为电动助力转向系统的结构组成。

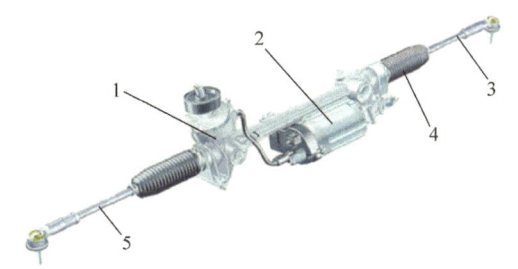

图 3-117 电动助力转向系统的结构组成
1—转向盘转矩传感器　2—电动机及减速机构（带控制器）　3—转向左拉杆　4—防尘罩　5—转向右拉杆

① 转向盘转矩传感器：检测转向盘输入力矩。
② 车速传感器：输入车速信号，实现随速助力功能。
③ 电动机及减速机构：电动机输出力矩经减速机构作用于转向系统，实现助力功能。
④ 控制器：检测传感器信号，控制电动机输出助力，并具有诊断、通信功能。

2) EPS 的特点。

与液压助力转向系统相比，EPS 具有以下特点：

① EPS 系统能在各种行驶工况下提供合理的助力，减小由路面不平所引起的对转向系统的扰动，改善汽车的转向特性，减轻汽车低速行驶时的转向操纵力，提高汽车高速行驶时的转向稳定性，进而提高汽车的安全性。EPS 可通过设置不同的转向手力特性来满足不同使用对象的需要。

② EPS 只在转向时电动机才提供助力（不像液压助力转向系统，即使在不转向时，油泵也一直运转），因而能减少能量消耗。

③ EPS 取消了油泵、传动带、带轮、液压软管、控制阀、油罐、液压油及密封件等，只需增加电动机、减速机构、离合器、传感器及电子控制单元等，零件减少，质量更轻、结构更紧凑，在安装位置选择方面也更容易。

④ EPS 没有液压回路，更易调整和检测，装配自动化程度更高，并且可以通过设置不同的程序，快速与不同车型匹配，因而能缩短生产和开发周期。

⑤ EPS 不存在渗油问题，可大大降低保修成本，减小对环境的污染。

（2）EPS 的工作原理

EPS 是一种由电动机直接提供辅助转矩的助力转向系统，EPS 组成框图如图 3-118 所示[16]。不同类型的 EPS 的基本原理是相同的：转矩传感器与转向轴（小齿轮轴）连接在一起，当转向轴转动时，转矩传感器将输入轴和输出轴在扭杆作用下产生的相对转动角位移变成电信号传给控制器，控制器根据车速传感器和转矩传感器的信号确定电动机的旋转方向和电流大小，实时控制助力大小。EPS 可实现车速不同时提供不同的助力效果，保证汽车在低速转向行驶时轻便灵活、高速转向行驶时稳定可靠。因此，EPS 助力特性的设置具有较高的自由度。

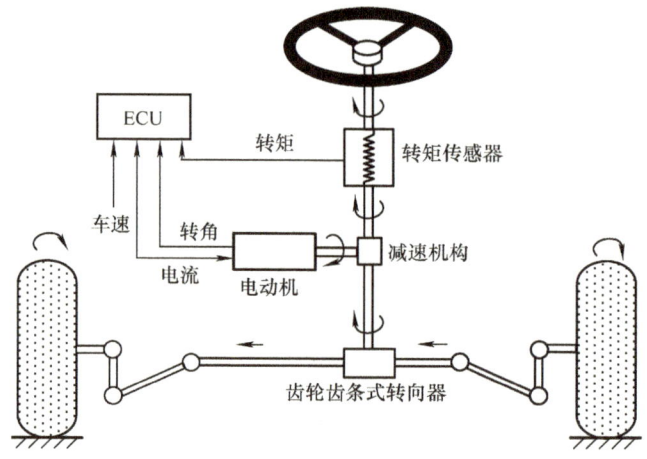

图 3-118　EPS 组成框图

EPS 关键部件的特性如下：

1）转向盘转矩传感器。转向盘转矩传感器输出的力矩信号是 EPS 控制用关键信号，有的还集成了角度信号，主要有接触式和非接触式两大类。接触式转矩传感器早期应用较广泛，主要有微电位计式传感器；非接触式传感器主要有霍尔式传感器、电感式传感器、光电式传感器等。

2）电动机及减速机构。电动机的性能直接影响 EPS 的助力性能。EPS 电动机具有以下特点：

① 短时工作制：S2 短时工作制。

② 工况不稳定：没有额定工况，转速和输出力矩不恒定，时刻变化，控制特性类似伺服电动机。

③ 转动惯量小：电动机转动惯量影响电动助力转向系统的动态性能，为此电机的体积应尽可能小，密度大，瞬时功率大。

④ 减速机构传动比适中：传动比过大会导致机械惯量大，过小则会导致助力不足，传动比常为 13~20。

⑤ 经常处于堵转：在电动机堵转时也要能够提供输出力矩，并能较长时间工作。

因此，EPS 电动机要具备快速响应能力强、转动惯量小、调速范围宽、控制特性好、低速运行平稳、力矩波动小等特点。

3）控制器。控制器的功能是根据转矩传感器信号和车速传感器信号进行逻辑分析与计算，然后发出指令，控制电动机工作。此外，控制器还要有安全保护和自我诊断功能，控制器通过采集电动机的电流与电压、发动机工况等信号判断系统工作状况是否正常，一旦系统工作异常，助力将自动取消，同时电子控制单元将进行故障诊断分析。控制器应有较强的抗干扰能力，以适应汽车多变的行驶环境。控制算法应快速正确，以满足实时控制的要求。

（3）EPS 的控制

EPS 的控制是指电动助力转向控制器根据转向盘转矩、转角、车速等信号控制电动机电流，获得期望助力的控制逻辑，包括两个方面：一是根据整车和转向系统相关参数，对期望的助力进行决策，属于 EPS 的上层控制策略，是 EPS 控制的关键；二是对电动机电流进行控制，获得期望的助力。图 3-119 所示为 EPS 控制逻辑，EPS 控制策略包括基本助力控制、惯性补偿、阻尼补偿、摩擦补偿、主动回正控制、电动机电流控制等。

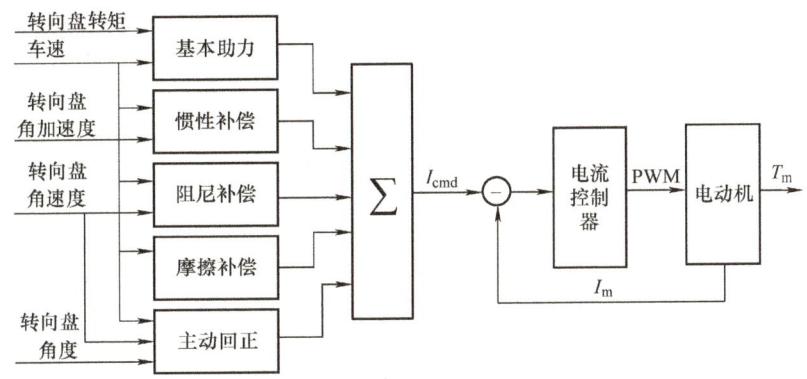

图 3-119　EPS 控制逻辑

1）基本助力控制。

基本助力控制模式是 EPS 最基本的控制模式，它主要解决转向轻便性和路感问题。助力控制模式包括基本助力控制和补偿控制。基本助力控制不考虑转向时的动态效果，它只根据转向盘转矩信号和车速信号，从事先制订好的基本助力特性表中查取相应的目标助力电流 I_B，然后利用下层控制策略实现对目标电流的跟踪控制。补偿控制用来对基本助力控制进行补偿控制，目的是为了改善汽车转向的动态效果。补偿控制主要包括惯性补偿控制、转向盘转速补偿控制和摩擦补偿控制。

2）惯性补偿。

为了克服电动机和蜗轮蜗杆的转动惯量对助力转向动态响应的影响，需进行惯性补偿，惯性补偿电流与电机的角加速度有关，按下式计算：

$$I_j = K_j \frac{d\omega_m}{dt} \qquad (3-89)$$

式中　I_j——惯性补偿电流；

ω_m——电机转速；

K_j——惯性补偿系数，与车速有关。

3）阻尼补偿。

依据电动机转速大小进行阻尼补偿控制，阻尼补偿电流按下式计算：

$$I_d = K_{ts}K_d\omega_m \tag{3-90}$$

式中　I_d——阻尼补偿电流；

ω_m——电动机转速；

K_{ts}——转向盘转矩系数；

K_d——阻尼补偿系数，与车速相关。

4）摩擦补偿。

为了克服电动机和蜗轮蜗杆的摩擦对助力转向动态响应的影响，需进行摩擦补偿，摩擦补偿电流与电动机的转速方向有关，按下式计算：

$$I_f = K_f\text{sign}(\omega_m) \tag{3-91}$$

式中　I_f——摩擦补偿电流；

ω_m——电机转速；

K_f——摩擦补偿系数，与车速有关。

5）主动回正。

车辆在回正工况时，回正力矩促使汽车转向盘回到中位。在车辆结构参数一定的情况下，回正力矩的大小还与前轮负荷、路面条件、轮胎气压、车速等有着密切的关系。EPS由于增加了电动机和减速机构，系统的转动惯量和摩擦增加，对转向回正不利。为了改善汽车转向系统的回正性能，使汽车在高速和低速转向时均有理想的回正能力，有时必要对EPS进行回正控制。

进行主动回正控制时，系统中需要有转向盘角度信号，主动回正控制策略实际上就是一个PI调节器⊖，即：

$$u_1 = K_p(0-\theta_s) + K_i\int(0-\theta_s)dt \tag{3-92}$$

式中　K_p——比例系数；

K_i——积分系数。

6）电机电枢电流控制。

电机电枢电流控制方法利用电机转矩和电机电流成比例的特性，由转矩信号和车速信号（输入控制器中），根据"转矩-目标电流表"确定出电机助力的目标电流；电流检测电路将电机电枢电流反馈到控制器中并与电机目标电流比较，利用PID调节器进行调节后输出PWM信号给驱动电路进行助力；PID调节器使得二者之间的误差能够减少到足够小，使系统尽快达到稳定状态。该控制方法可省去安装转向盘转速传感器，采用电机电流闭环控制，具有控制精度高、抗干扰性强的优点。

（4）EPS主要性能参数及技术要求

EPS的主要性能参数包括总成参数、电动机参数和转向传感器参数。总成参数包括电动机减速机构传动比、转向器传动比、最大输出力或力矩等，电动机参数包括电动机最大功率、电动机额定电压、电动机额定电流、电动机额定力矩、电动机额定转速、空载转速等，转向传感器参数包括传感器供电电压、输出信号、测量精度等。

⊖ PI调节器为线性控制器，英文名称为Proportional Integral Controller。

满足车辆转向助力要求的 EPS 应满足如下技术要求：
① 具有足够的电动机功率，满足转向轻便性要求。
② 具有助力随车速变化功能，满足转向手力线性感要求。
③ 具有转向补偿控制功能，保证助力转向动态响应能力。
④ 具有转向回正控制功能，保证转向回正能力。
⑤ 具有热保护功能，避免电动机和控制器过热失效。
⑥ 具有故障诊断和保护功能，保证转向安全性。
⑦ 电动助力功能失效后，仍可保持机械转向功能。
⑧ 具有故障报警和故障码显示功能。

3.3.1.2 电动制动系统

电动制动系统的核心作用是，使行驶中的汽车按照驾驶人的意图进行强制减速甚至停车，使已停驶的汽车在各种道路条件下（包括在坡道上）实现稳定，使下坡行驶的汽车速度得到稳定控制。目前，电动制动系统主要有气压制动系统和液压制动系统。气压制动则是以高压气体为制动介质，再通过管路送到各个制动分泵达到制动效果；液压制动是由制动总泵以制动液为制动介质，通过制动管路输送到每个制动分泵，从而达到制动效果[17]。

1. 气压制动系统

气压制动系统是基于传统气压制动系统，以电子元件代替部分机械元件，并由电控部件和电动机带动压缩机产生压缩气体，来提供气压制动力的系统。

（1）气压制动系统组成

纯电动商用车气压制动管路图如图 3-120 所示。

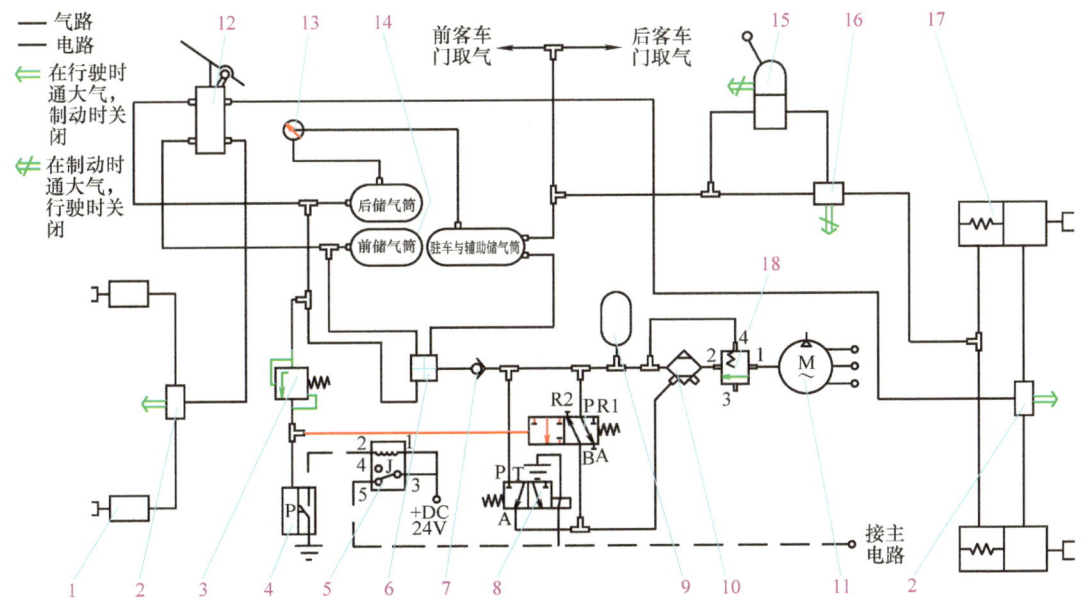

图 3-120　纯电动商用车气压制动管路图

1—前制动气室　2—快放阀　3—调压阀　4—压力继电器　5—继电器　6—四回路保护阀　7—单向阀　8—电磁阀　9—湿储气筒　10—干燥器　11—电动空压机　12—制动总泵　13—气压表　14—储气筒　15—驻车制动阀　16—继动阀　17—弹簧蓄能式制动气室　18—安全调压阀

主要关键部件包括：

1）快放阀。快放阀结构图如图 3-121 所示，其工作原理为：气路中没有压力时，阀片 a 在本身弹力的作用下，使进气口和排气口处于关闭状态；制动时，压缩空气从 1 口进入，将阀片 a 紧压在排气口上，气流经 A 腔从 2 口进入制动气室；解除制动时，1 口压力下降阀片 a 在气室压力作用下，关闭进气口，气室压力从 2 口进入 3 口迅速排入大气。

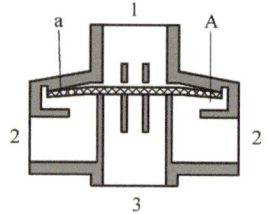

图 3-121 快放阀结构图

2）冷凝器。冷凝器结构如图 3-122 所示。冷凝器的功用是：在空压机和干燥器之间增加冷凝器，可以增加制动系统的排水能力，每一次制动都伴随着冷凝器的排水过程；同时冷凝器还可以有效降低干燥器进气口温度，防止因温度过高，造成干燥器干燥效果降低。

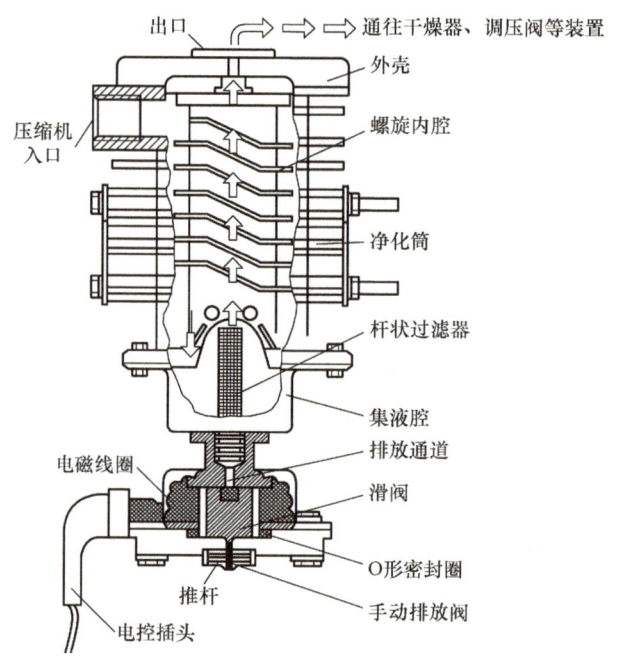

图 3-122 冷凝器结构

3）干燥器。干燥器结构图如图 3-123 所示，其工作原理为：在输送过程中，由空压机输出的压缩空气经过接口 1 进入 A 室。这时由于温度下降，会产生冷凝水，冷凝水经过通道 C 到出口阀 f。

空气经过滤器 i 和环形室 k 流到颗粒干燥筒上端 a。当空气流经颗粒干燥筒 b 时，水分被脱掉并滞留在颗粒干燥筒的上层。干燥处理过的空气经过单向阀门 c、接口 21 和串联的制动机构流进空气储存器，同时干燥的空气经过节流阀 d 和接口 22 导向再生罐。

当整个系统中的压力升高到关闭值时，关闭压通过斜孔 x 进入 D 室，作用于弹簧隔膜 m。当压力超过弹簧力时，进口 n 打开，活塞 e 和出口阀 f 受压而开启。由空压机输入的空气经过接口 1、通道 C 和排泄口 3 流出干燥器，同时再生罐里的气压反冲干燥剂带走水和杂物，从排泄口 3 排出。

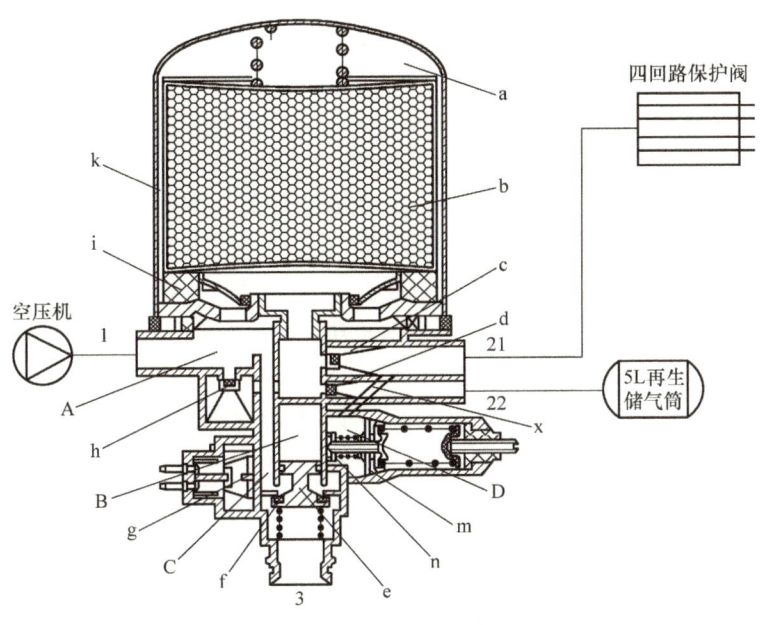

图 3-123 干燥器结构

安装一个加温器，防止活塞 f 被冻住，从而可以避免工作故障发生。

4）四回路保护阀。四回路保护阀结构及原理示意图如图 3-124 所示，其工作原理为：来自调压阀的压缩空气通过 1 口进入四回路保护阀，通过旁通孔（a, b, c, d）和单向阀（h, j, q, r）进入系统的四条回路；同时，在阀门（g, k, p, s）下也建立起压力，当达到设置的开启压力（保护压力）时，阀门打开，膜片（f, i, o, t）再次克服弹簧（e, m, n, u）力鼓起；然后压缩空气通过 21、22 口流入行车制动系统的 1 回路贮气筒和 2 回路贮气筒，通过 23、24 口进入 3、4 回路，3 回路给汽车的驻车制动系统供气，4 回路为辅助制动系统供气。

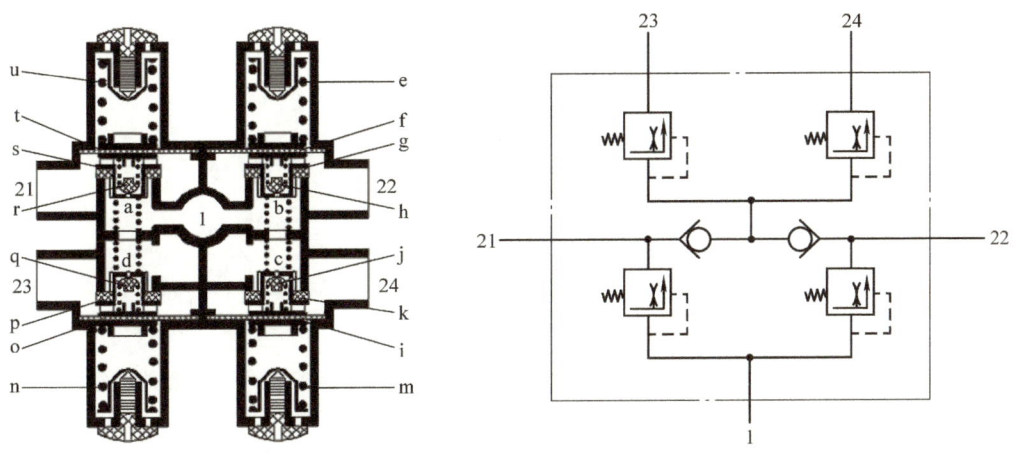

图 3-124 四回路保护阀结构及原理示意图

如果行车制动系统的一条回路失效，其他三条回路的空气从失效回路中泄漏，直到达到动态关闭压力。弹簧力使得阀门（e，m，n，u）关闭，2、3、4回路中空气泄漏将再一次被充入，直到达到失效回路的设置开启压力。如果其他回路失效，完好回路的压力保护过程以同样的方法进行。

5）制动总泵。制动总泵结构如图 3-125 所示，其工作原理为：在顶杆座 a 施加制动力，推动活塞 c 下移，关闭排气口 d，打开进气门 j，从 11 口来的压缩空气到达 A 腔，随后从 21 口输出到制动管路 I；同时气流经孔 D 到 B 腔，作用在活塞 f 上，使活塞 f 下行，关闭排气孔 h，打开进气门 g，由 12 口来的压缩空气到达 C 腔，从 22 口输出送到制动管路 II。

解除制动时，21、22 口的气压分别经排气门 d 和 h 从排气口 3 排向大气。

当第一回路失效时，阀门总成 e 推动活塞 f 向下移动，关闭排气门 h，打开进气门 g，使第二回路正常工作。当第二回路失效时，不影响第一回路正常工作。

6）手制动阀。手制动阀用于操纵具有弹簧制动器的车辆的紧急制动和驻车制动，通过向弹簧制动器的弹簧气室充气和放气来实现。

手制动阀的结构如图 3-126 所示，其工作原理为：当手柄处于 0°~10° 时进气阀门 A 全开，排气阀门 B 关闭，压缩空气从 1 口输入，从 2 口输出，汽车处于完全解除制动状态；当手柄处于 10°~55° 时，在平衡活塞和平衡弹簧的作用下，2 口压力 p_2 随手柄转角的增加而呈线性下降至零。当手柄处在紧急制动止推位置时，整个汽车处于完全制动状态。

当手柄越过止推点达到停车制动锁止位置时，手柄锁死，整个车辆处于完全制动状态，此时进气门关闭，排气门打开，控制口余气由 3 口排出。

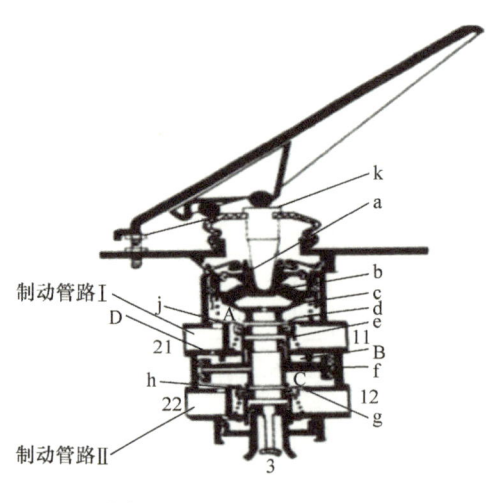

图 3-125 制动总泵的结构

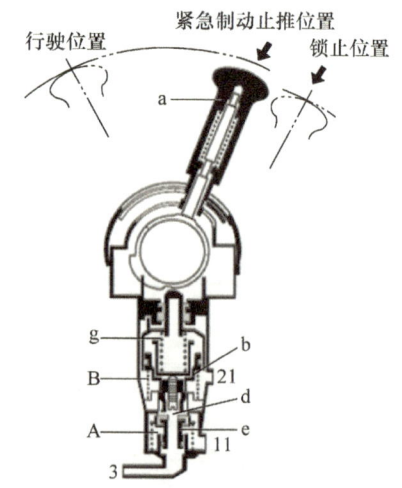

图 3-126 手制动阀的结构

当手柄越过止推点达到停车制动锁止位置时，手柄锁死，整个车辆处于完全制动状态，此时进气门关闭，排气门打开，控制口余气由 3 口排出。

7）继动阀。继动阀结构及原理如图 3-127 所示，其工作原理为：汽车正常行驶时，从贮气筒来的压缩空气从 1 口进入，进气阀门 5 关闭，排气阀门 6 开启，与气室相连的 2 口通大气；当制动时，从制动阀来的压缩空气从 4 口进入 A 腔，使活塞 7 下行关闭排气阀门 5，压缩空气经 1 口从 2 口输向制动气室，达到平衡时进气阀门，排气阀门同时关闭。当解除制动时，A 腔

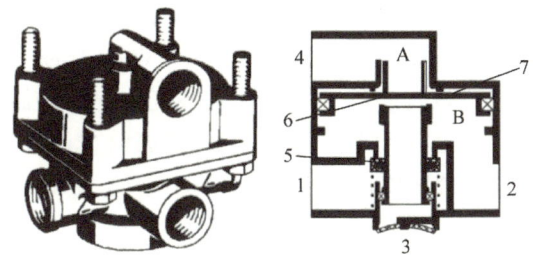

图 3-127　继动阀结构及原理

气压为零，活塞 7 上升，排气阀门 6 打开，进气阀门 5 关闭，气室气压经 2 口，排气阀门和排气口 3 迅速排入大气，起快放作用。

（2）制动系统原理

电动空气压缩机将压缩空气经冷凝管（冷凝器）首先输入干燥器，压缩空气在干燥器内冷却并进行油水分离之后，进入四回路阀，分成四个回路：一个回路经前制动储气筒、双腔制动阀的后腔和快放阀通向前制动气室；另一个回路经后制动储气筒、双腔制动阀的前腔和继动阀通向后制动气室；其余两个回路分别用于驻车制动及为其他总成提供气源，当其中一个回路发生故障失效时，另一个回路仍能继续工作，以维持汽车具有一定的制动能力，从而提高汽车行驶的安全性。

气压制动系统简易原理如图 3-128 所示。图中储气筒中的压缩空气一路供气至制动踏板入口，另一路供气至压力控制模块入口。当驾驶人踩下制动踏板后，电子控制单元根据制动踏板位移传感器的信号感知驾驶人制动意图，同时根据压力控制模块发送的车轮速度传感器信号和制动器摩擦片磨损传感器信号计算制动气室中需要的气压，电子控制单元通过 CAN 总线发送控制信号至压力控制模块使其打开，压缩空气经过压力控制模块进入制动气室中，从而实现对制动气室压力的控制。

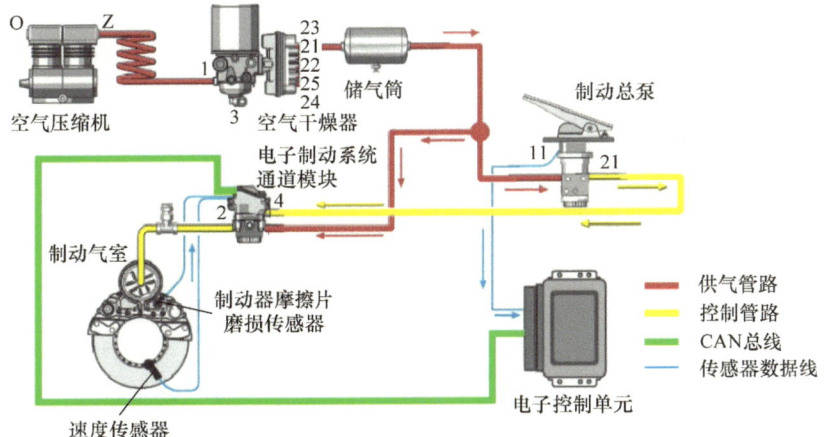

图 3-128　气压制动系统简易原理

当制动系统电控部分失效时，随着驾驶人踩下制动踏板，制动踏板入口处供气管路中的压缩空气进入控制管路，从而控制压力控制模块出口打开，压缩空气同样可以经过压力

控制模块进入制动气室中，促动制动器施加摩擦制动力矩。

气压制动系统特点如下：不同于传统气压制动系统通过气压控制管路控制制动气室上游的电磁阀动作，气压制动系统中电子控制单元发出的控制信号在极短的时间内传输到制动气室上游的电磁阀处，并控制其执行相应动作，缩短了踩下制动踏板后气压到达制动气室的"建压时间"，缩短了制动距离，从而提高了制动安全性。

2. 液压制动系统

液压制动系统是基于传统液压制动系统，以电子元件代替部分机械元件，由电控部件产生液压制动力的制动系统。

（1）液压制动系统组成

液压制动系统一般由制动踏板、踏板行程传感器、踏板感觉模拟器、压力供给单元、液压调节单元、电子控制单元、压力传感器、制动主缸、制动轮缸、储液罐、制动管路等组成。

压力供给单元为制动管路建立制动压力，按照建立制动压力的方式不同，压力供给单元可以分为两类：基于高压蓄能器的压力供给单元和基于电动制动主缸的压力供给单元。

① 基于高压蓄能器的压力供给单元。基于高压蓄能器的压力供给单元由电动机、泵、高压蓄能器组成，储液罐中的制动液经过电动机、泵进入高压蓄能器，建立制动压力。

② 基于电动制动主缸的压力供给单元。基于电动制动主缸的压力供给单元由电动机、传动机构（滚珠丝杠或蜗轮蜗杆）、制动主缸组成。电动机转矩经过滚柱丝杠或蜗轮蜗杆转化为直线推力，同时滚珠丝杠和蜗轮蜗杆作为减速器，将电动机转速降低来增大转矩，推动主缸活塞，建立制动压力。

（2）液压制动系统原理

基于高压蓄能器的液压制动系统示意图如图3-129所示。压力供给单元中的高压蓄能器中始终储存着高压制动液，当压力不足时，由电动机带动泵，将储液罐中的制动液抽入高压蓄能器中，建立制动高压源。当驾驶人踩下制动踏板时，储液罐中的制动液经过制动主缸进入踏板感觉模拟器，踏板感觉模拟器为驾驶人提供与传统制动系统相似的踏板感觉。同时，电子控制单元根据踏板行程传感器信号感知驾驶人的制动意图，控制液压调节单元中的电磁阀组，从而控制由高压蓄能器进入制动轮缸中的制动液，最终实现对轮缸制动压力的控制。

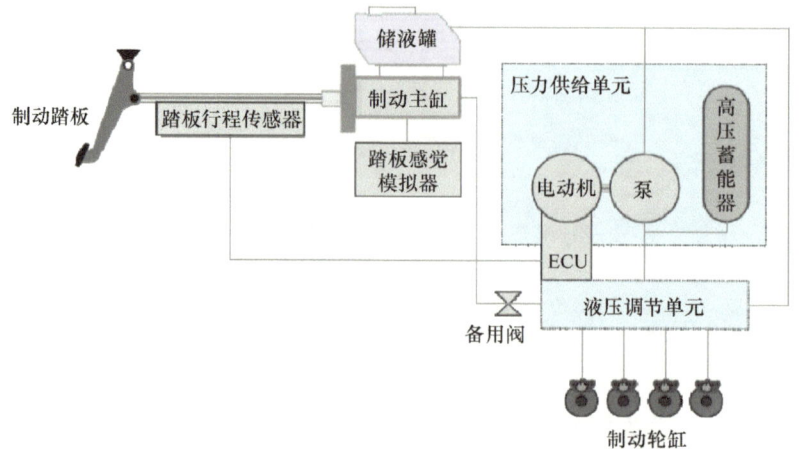

图3-129　基于高压蓄能器的液压制动系统示意图

当压力供给单元失效时，备用阀打开，制动主缸中的制动液可以进入制动轮缸，保证车辆仍有一定的制动力。

基于电动制动主缸的液压制动系统示意图如图 3-130 所示。驾驶人的制动需求通过踏板行程传感器检测并输入电子控制单元中，电子控制单元控制电动机直接驱动传动机构，与制动踏板推杆一起，经过耦合机构，一同推动制动主缸活塞建立制动压力，制动主缸中的制动液经过液压调节单元进入制动轮缸。位于耦合机构中的踏板力补偿器可消除踏板力的变化，从而保证驾驶人一定的制动踏板感觉。

当压力供给单元失效时，制动踏板仍可以直接推动制动主缸，产生足够的制动力来满足制动要求。

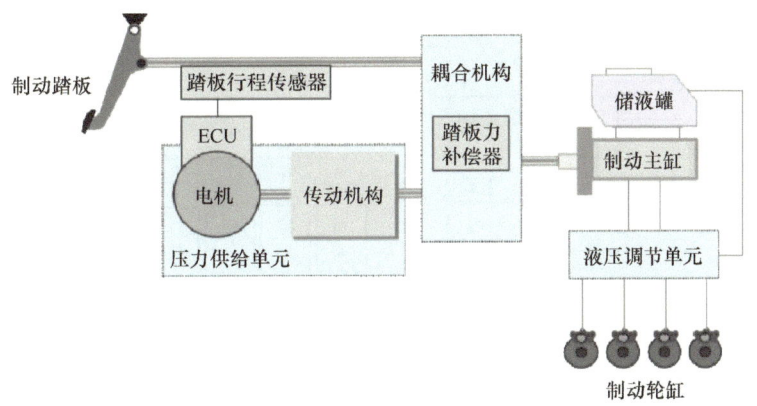

图 3-130　基于电动制动主缸的液压制动系统示意图

对于上述两种液压制动系统，当需要独立调节某个车轮的制动力时，液压调节单元中与该车轮轮缸对应的电磁阀组将根据该轮缸压力传感器信号和目标轮缸压力完成增压、减压或保压的控制，实现对该车轮制动力的控制。

（3）液压制动系统特点

液压制动系统由于改变了压力建立方式，解耦式制动踏板力不再影响整车制动力，可以与制动防抱死控制、驱动防滑控制、车辆稳定性控制、再生制动协调控制、自动紧急制动控制、电子驻车制动等多种车辆控制功能融合。

3.3.2　辅助动力系统设计方法

本节以商用车常用辅助动力系统形式为例简述其基本设计思路方法。

3.3.2.1　电动转向泵设计

1. 设计流程

① 根据整车设计任务书（载荷、转向要求、整车电压平台）确定转向机及电动转向系统参数。

② 根据结构方案对电动转向泵进行选型分析。

③ 根据电动转向系统参数对电动转向泵的压力、流量需求进行设计、计算。

④ 根据总布置设计要求，确立电动转向泵的安装位置及结构方案。

⑤ 根据试制、试验情况进行完善、定型。

电动液压助力转向油泵的设计流程如图 3-131 所示，电动转向泵的设计流程可参照执行。

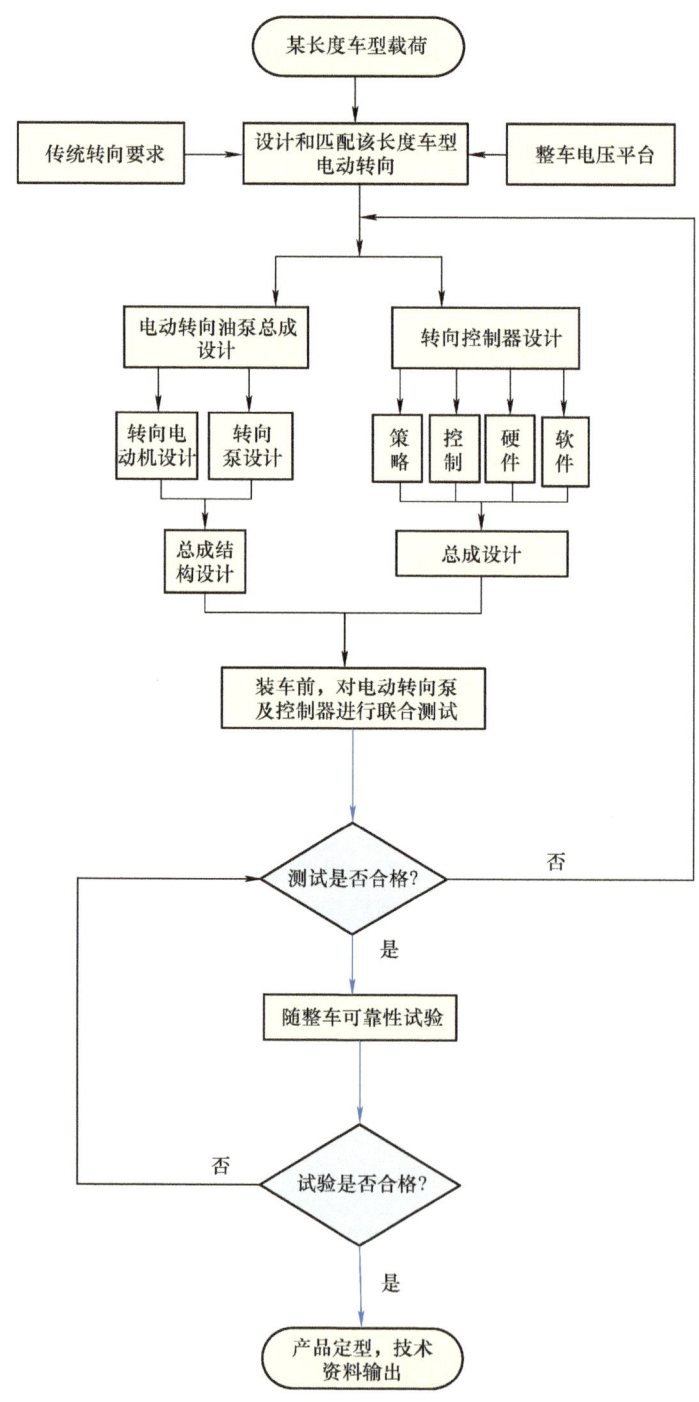

图 3-131　电动液压助力转向油泵的设计流程

2. 参数设计

在进行电动液压助力转向泵设计时，需要先按照以下步骤计算出泵头的参数和所需的电机输出功率。

（1）转向阻力矩 M_r 计算

转向阻力矩 M_r 按下式计算：

$$M_r = f(G_1^3/P)^{1/2}/3 \tag{3-93}$$

式中　M_r——在沥青或混凝土路面上的原地转向阻力矩（N·m）；
　　　f——轮胎与地面间的滑动摩擦系数，取 0.7；
　　　G_1——转向前桥负荷（N）；
　　　P——轮胎气压（Pa）。

（2）转向所需最小工作压力 P_{min} 计算

转向所需最小工作压力根据由式（3-93）计算的力矩 M_r 和所选动力转向器的缸径按下式计算：

$$P_{min} = 1000 M_r / [R_F(S_0 - S_1)] \tag{3-94}$$

式中　P_{min}——转向所需的最小工作压力（MPa）；
　　　M_r——在沥青或混凝土路面上的原地转向阻力矩（N·m）；
　　　R_F——扇形齿分度圆半径（mm）；
　　　S_0——动力转向器油缸工作面积（mm²）；
　　　S_1——螺杆外径所占面积（mm²）。

（3）理论流量 Q_0 计算

理论流量 Q_0 根据转向盘最大瞬时转速按下计算：

$$Q_0 = 60ntS/10^6 \tag{3-95}$$

式中　Q_0——理论流量（L/min）；
　　　n——汽车转向盘最大瞬时转速（r/s），轿车取 1.5，其他车辆取 1.25；
　　　t——动力转向器螺杆螺距（mm）；
　　　S——动力转向器油缸实际工作面积（mm²）。

（4）转向泵的最大压力 p_{max} 设计

式（3-94）算出的是转向所需的最小工作压力，由于转向泵具有安全保护作用，必须保证其工作压力不得大于转向泵的最大压力，设计的工作压力应不大于 $0.85 p_{max}$。例如，转向泵工作压力为 8MPa，那么转向泵的最大压力则设计为 10MPa。

（5）转向泵的流量匹配设计

根据式（3-95）计算的流量，还必须考虑系统泄漏，按式（3-96）计算实际需要流量。

$$Q_1 = (1.5 - 2)Q_0 + Q_2 \tag{3-96}$$

式中　Q_1——实际需要流量（L/min）；
　　　Q_0——理论流量（L/min）；
　　　Q_2——转向器内泄漏量（L/min）。

（6）转矩 T 计算

$$T = pq/2\pi\eta \tag{3-97}$$

式中　T——转矩（N·m）；

　　　p——转向泵压力（MPa）；

　　　q——转向泵排量（mL/r）；

　　　η——总成效率。

（7）电动机转矩和功率计算

在进行电动液压转向泵电动机匹配时，首先保证 $T_0 > T$，根据式（3-98）可求出所需电动机的功率为

$$P = nT_0/9550 \tag{3-98}$$

式中　P——电机功率（kW）；

　　　n——电机转速（r/min），$n = Q_1/q$；

　　　T_0——电机输出转矩（$T_0 > T$）（N·m）。

（8）转向电动机参数确定

转向电动机功率的确定：

$$W = W_m + W_p \tag{3-99}$$

$$W_p = 2T/d_1 \tag{3-100}$$

$$W_p = 2M/d_2 \tag{3-101}$$

式中　W——理论输出力；

　　　W_m——机械输出力；

　　　W_p——电动机动力输出力；

　　　T——驾驶人的转向力矩；

　　　M——电动机输出转矩；

　　　d_1——齿轮节圆直径；

　　　d_2——转向盘直径。

根据下列公式可求出所需要电机的功率为

$$P = nM/9550 \tag{3-102}$$

式中　P——电动机功率（kW）；

　　　n——电动机额定转速（r/min）；

　　　M——电动机输出转矩（N·m）。

在计算出电动机的输出功率后，需要选取大于所需功率的电动机，同时转矩和转速满足以上计算值。

3. 控制策略

在控制策略上，在满足上述参数的情况下尽量使电动机工作在 MAP 图的高效区以节约电能。如需进一步节约电能，则可根据车速和实时电流值实行变频控制。由于电动机多采用永磁电动机，则为防止退磁，应增加温度控制保护的控制策略。

（1）起动条件

无四级故障（松驻车制动操作杆或者非空档）、动力蓄电池 Ready（完成上高压操作后，挂档或者松驻车制动操作杆，电动助力转向泵开始工作，回空档且拉驻车制动操作杆

后，停止工作）。

（2）特殊条件

有车速时不允许关闭助力转向。根据电动客车安全技术条件，车辆在行驶过程中，出现需要整车主动切断B级高压电的车辆异常情况时，在车速大于5km/h时应保持转向系统维持助力状态或至少保持转向助力状态30 s后再切断B级电）。

（3）关闭条件

四级故障或者拉上驻车制动操作杆。

4. 结构及布置设计

① 结构设计时参见整车总布置并考虑装配空间及拆卸空间，布置时需注意做好防水、防尘、通风、散热，尽量避免与高低压配电箱同处一舱。

② 电动液压助力转向泵尽量不要布置在驾驶人附近，以减少噪声对驾驶人的影响。

③ 转向器在车架上与刚性固定件之间间隙不小于5mm，与车架有相对运动件之间不小于10mm；运动部件要进行运动干涉校核。

④ 针对EPS，根据转向盘布置形式，确定转向器是左置还是右置。

⑤ 整机防护等级在IP67以上。

⑥ 电动液压助力转向泵电动机通常为高压电动机，其壳体需设计可靠的接地保护线接线柱，其高压接口一般为带屏蔽航空插件。

⑦ 转向泵电动机所用绝缘材料的阻燃性能应符合GB/T 2408—2008《塑料 燃烧性能的测定水平法和垂直法》规定的水平燃烧HB级，垂直燃烧V-0级。

⑧ 接线盒端盖需留有不小于100mm空间，油泵进出油口要便于拆卸。

⑨ 应保证电动机有良好的通风条件，四周预留的空间不得小于50mm。

⑩ 油杯的液面必须高于转向泵进油口300mm以上。

5. 可靠性验证

在整车装配完成后，需要验证在极端情况下助力转向是否可靠。需要在车辆满载的情况下，测试其原地打转向盘的力度，以及快速打转向盘是否流畅。而后进行路试，在路试后转向盘无卡顿、反弹等现象，则说明匹配无问题。

3.3.2.2 电动制动系统设计

1. 设计流程

根据整车设计任务书，确定储气筒容量及建压时间（从0至达到起步气压的时间，起步气压是指车辆制造厂家标明的车辆能够满足正常工作要求的储气筒最小压力）。电动制动系统设计流程框图如图3-132所示。

① 计算并确定空压机的压力、流量。

② 进行空压机总成结构设计。

③ 根据试制、试验情况进行完善、定型。

2. 性能参数设计

（1）容积流量

根据以下公式计算出空压机容积流量。

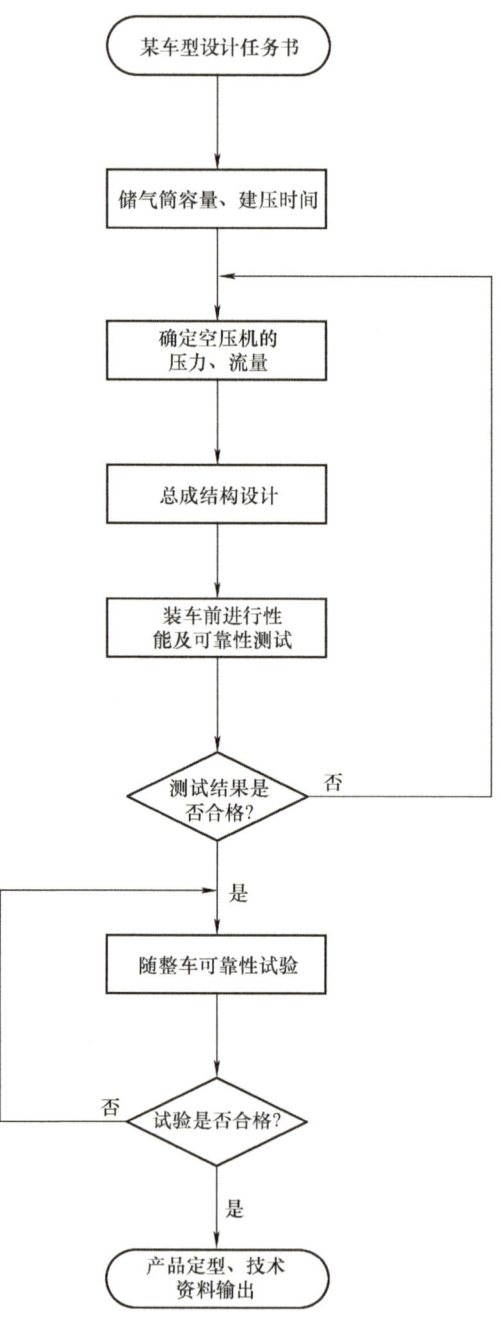

图 3-132 电动制动系统设计流程框图

根据车型设计任务书和总体布置,空压机应避免与容易受高温影响的部件同舱。从任务书得知储气筒的容量、干燥器的泄压压力值,以及对于空压机泵气时间要求,整车气压从 0.69MPa 到 1MPa 需要在 90s 以内完成,从 0 到 1MPa 需要在 240s 以内完成。空压机最大压力值应大于 1.1 倍的干燥器泄压压力值。

根据 GB/T 15487—2015《容积式压缩机流量测量方法》，空压机的容积流量为

$$Q_0 = \frac{V_K T_{X1}}{t P_{X1}} \left(\frac{P_{K2}}{T_{K2}} - \frac{P_{K1}}{T_{K1}} \right) \tag{3-103}$$

式中　Q_0——未计冷凝水的压缩机容积流量（m³/min）；

　　　V_K——储气筒容积（m³）；

　　　t——打气时间（min）；

　　　P_{X1}——压缩机1级吸气压力（MPa）；

　　　T_{X1}——压缩机1级吸气温度（K）；

　　　P_{K1}——打气开始时储气筒内气体压力（MPa）；

　　　T_{K1}——打气开始时储气筒内气体温度（K）；

　　　T_{K2}——打气终止，热平衡后储气筒内气体温度（K）；

　　　P_{K2}——打气终止，热平衡后储气筒内气体压力（MPa）。

（2）最高压力

空压机的最高工作压力应不小于储气筒的气压上限。以10m客车为例，一般采用的储气筒气压上限压力定义为1MPa，对应的空压机工作压力为

$$p \geqslant 1\text{MPa}$$

（3）电机匹配

电动空压机系统中电机的主要作用是带动空压机运转。根据空压机的技术参数，匹配电机时主要考虑电机的功率、转速、转矩等参数。

1）电机功率。根据 JB/T 4253—2013《一般用喷油滑片空气压缩机》的推荐，对于排气量为 300 L/min 的空压机，一般选用额定功率为 3kW 的电机进行驱动，即需求的 Ge≈3kW。同时考虑空压机的最高压力（1.0MPa）与常用输出压力（0.86 MPa）的比值，电机峰值功率选定 Gemax≈3.5kW。

2）电机的转速

电机的转速需要与空压机打气的转速同步协调，同时还需要考虑电机本身的特性。其转速 n 为

$$n = 60f/P(1-s)$$

式中　f——电源频率；

　　　P——电机极对数；

　　　s——转差率。

目前电动客车电动空压机常用的电机为三相永磁同步电机，多数为50Hz定频电机，极对数2对极，永磁电机转差率为0。代入公式计算 n=1500r/min。

3. 空压机其他设计要求

① 结构设计时参见整车总布置并考虑装配空间及拆卸空间；布置时需注意做好防水、防尘、通风、散热，尽量避免与高低压配电箱同处一舱。

② 空压机周边间隙尽可能大于 30mm；需要维护的部件要预留出足够的维护空间，

运动部件要进行运动干涉校核。

③ 整机防护等级在 IP67 以上。

④ 空压机电动机通常为高压电动机，其壳体需设计可靠的接地保护线接线柱；其高压接口一般为带屏蔽航空插接件。

⑤ 电机所用绝缘材料的阻燃性能应符合 GB/T 2408—2008 规定的水平燃烧 HB 级，垂直燃烧 V-0 级。

⑥ 接线盒端盖需留有不小于 100mm 空间。

⑦ 应保证电动机有良好的通风条件，四周预留的空间不得小于 100mm。

⑧ 保持空滤器滤芯的清洁，正确安装滤芯，并及时清理和更换滤芯。

⑨ 保证进气管路系统的流通面积（最小管径应不小于 20mm），不允许有硬弯。

⑩ 进气管路要有足够的刚度，防止工作中吸气变形。

⑪ 用与汽车同寿命的管卡等附件并保证可靠固定。

⑫ 进气系统总体的吸气阻力（从大气至进气口）应小于 4kPa。

⑬ 靠近空压机进气口的管路应耐温 ≥ 110℃。

⑭ 空压机若有外吹风式侧置散热器，要求散热器一侧预留空间 150mm 以上的空间。

⑮ 空压机的舱门以及舱门正对的里挡板处应有散热格栅，散热格栅的正对面积不低于泵头截面积的 90%。

⑯ 空压机应有带载起动的能力。

⑰ 要求空压机的容积比功率 ≤ 12kW·min/m^3，噪声值小于 75dB，振动烈度小于 28mm/s。

⑱ 在高寒地区（一年内连续 5 天以上，最低温度低于 -20℃），需要装备的空压机在 -35℃ 的温度下，排气温度在两个工作循环（工作 2min，停 10min）以内高于 55℃。

⑲ 有滑片的空压机控制策略如下：

a）每天首次上高压（从零点开始计时），7s 后开始输出压力，强制运行 20min（如车辆运行达不到 20min 下高压时，此次作废，直至某次高压运行时间达到 20min，空压机完成强制运行 20min 后，后续不再强制运行），延时 200ms 之后，开始判断贮气筒压力。若压力小于 $6.9×10^5$Pa，再次上电工作，直到组合仪表接收到干燥器排气信号，延时 15s，停止工作。

b）第二次上高压及以后，根据贮气筒压力 p 判断：若 $p < 6.9×10^5$Pa，则再次上电工作，直到组合仪表接收到干燥器排气信号，延时 6~15s，停止工作；若 $p ≥ 6.9×10^5$Pa，则空压机不工作，如此往复。

c）若空压机使能信号持续运行超过 30min，需进行声光报警。

d）在延时 15s 过程中，无论有无干燥器，排气开关信号都不做响应。

⑳ 非滑片的空压机无须强制运行 20min 的程序。

4. 实车下线测试

在实车下线后，需要测试装车后打开和关闭舱门状态下距离空压机的 1m 处的噪声，乘客区距离空压机最近点、乘客区中间位置、驾驶人处的噪声。同时，实车测试气压为 0~0.69MPa、0.69~1MPa 的情况下打气时间是否满足要求。建议不同位置的噪声标准见表

3-48，建议不同压力值对应的打气时间见表 3-49。

无卸荷阀的空压机需要测试带载起动能力，即在未达到起动气压值（暂为 0.69MPa）时，关闭 ON 档电，而后再次起动车辆，观察空压机是否能够正常打气。

5. 电动乘用车真空助力制动系统要求 [21]

真空助力制动系统理论匹配的重要环节是计算真空助力器真空消耗量与真空泵的抽真空量能满足制动要求。在进行理论计算时，空气阀关闭时间、空行程、不同真空度下空气分子数均为一定值或者不考虑，但理论计算与实际情况有较大偏差，难以满足先期设计需求。因此在全新车型开发前期，可对选定的真空助力系统参数（真空助力器规格、主缸直径、行程、电动真空泵规格）安装规

表 3-48　建议不同位置的噪声标准

噪声位置	标准噪声值 /dB
打开舱门状态下	≤ 80
关闭舱门状态下	≤ 75
乘客区距离空压机最近点	≤ 65
乘客区中间位置	≤ 60
驾驶人处	≤ 60

表 3-49　建议不同压力值（p）对应的打气时间

压力值 p/MPa	打气时间 /s
$0 < p \leq 0.69$	≤ 150
$0.69 < p \leq 1$	≤ 90

定的标准规范进行匹配测试，检测单次/连续制动时真空消耗情况，同时也可以对真空泵不同的启/停值进行设置，循环试验，初步选定合适的值。测试结果可初步用来支撑整车制动测试时相关要求，这样可避免方案确定、试件制作完成后进行实车测试而不满足性能要求而需重新验证的问题，也避免了反复变更、再测试导致开发周期长与研发成本高昂的问题。

对纯电动汽车制动系统真空助力系统的全新设计在理论上计算有难度的情况下，可以通过对真空助力系统进行先期台架测试，掌握在不同启/停值下的真空变化情况，为真空助力系统中真空助力器、电动真空泵选型和匹配，以及是否增加真空储能装置提供依据。经过测试经验，有以下要求需要重点注意：

① 将传统燃油汽车的真空助力系统匹配至纯电动车时，因为真空源提供部件发生了变化，所以对真空助力系统的匹配要求更高。

② 电动真空泵的不同启停/阈值对连续制动时的真空需求匹配至关重要，但同时也要考虑高启/停阈值策略下对电动真空泵寿命的影响。

③ 选择合适的真空储存装置，能有效延迟电动真空泵的寿命，保证其可靠性；但真空系统部件的性价比需要同步考虑。

④ 真空的启/停阈值的设定，需要考虑整车制动性能的需要，结合电动真空泵的抽气特性曲线，选择最佳的抽气效率段。

1）电动真空泵典型的抽气性能曲线如图 3-133 所示。

在环境温度（25℃）下，额定电压为 14V，测试容器为 4.0L；从环境压力达到 50kPa，时间 ≤ 3.5s；从环境压力达到 30kPa，时间 ≤ 7.0s。

2）电动真空泵。

① 膜片泵对布置高度无要求，叶片泵要求离地间隙 ≥ 600mm。

② 为解决噪声问题，真空泵布置在大质量块的零部件上，如电动机。

③ 一般将电动真空泵布置在机舱。

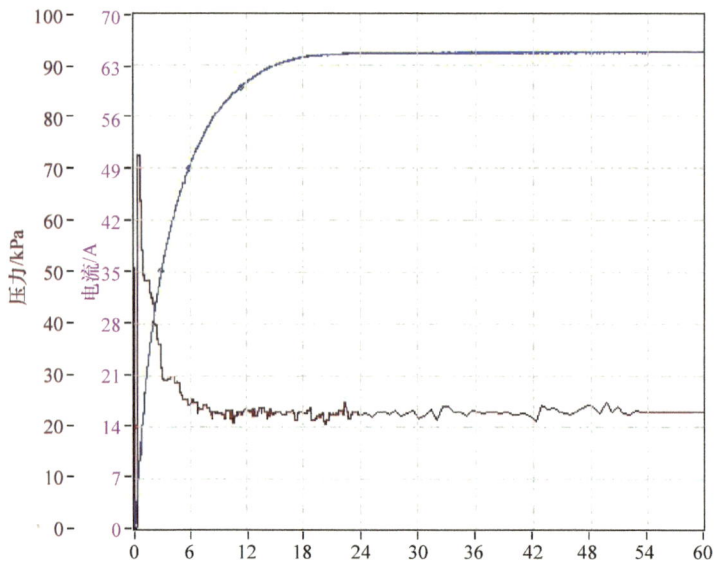

图 3-133　电动真空泵典型的抽气性能曲线

3.3.3　典型设计方案

3.3.3.1　电动转向系统典型设计方案

1. 电动液压助力转向系统（EHPS）

电动助力转向油泵的设计排量宜按表 3-50 选择。

表 3-50　电动助力转向油泵的设计排量　　（单位：mL/r）

车型	排量					
商用车	10	14	16	18	20	22

电动助力转向油泵最大压力宜按表 3-51 选择。

表 3-51　电动助力转向油泵最大压力　　（单位：MPa）

车型	最大压力				
商用车	10	13	15	17	

注：建议大于 15MPa 的压力转向泵不带安全阀，由转向器或在液压管路中设置卸荷阀。

电动助力转向油泵电机功率一般按表 3-52 选择。

表 3-52　不同车长下电动助力转向油泵电机功率推荐表

车长 L/m	电机功率 /kW	车长 L/m	电机功率 /kW
$6 < L \leq 8$	1.5	$10 < L \leq 12$	3
$8 < L \leq 10$	2.2	$L > 12$	4

2. 电动助力转向系统（EPS）

（1）转向轴助力式电动助力转向系统

转向轴助力式电动助力转向器（C-EPS）的助力电机固定在转向柱的一侧，通过减速增矩机构与转向轴相连，直接驱动转向轴助力转向。C-EPS 的结构示意图如图 3-134 所示，其结构简单紧凑，易于安装，现在多数 EPS 采用这种结构形式。此外，C-EPS 的助力提供装置可以设计成适用于各种转向柱，如固定式转向柱、斜度可调式转向柱以及其他形式的转向柱。但由于助力电机安装在驾驶舱内，受到空间布置、NVH 要求、力矩波动等方面的制约，电机的体积较小，输出转矩不大，一般用在小型及紧凑型车辆上。

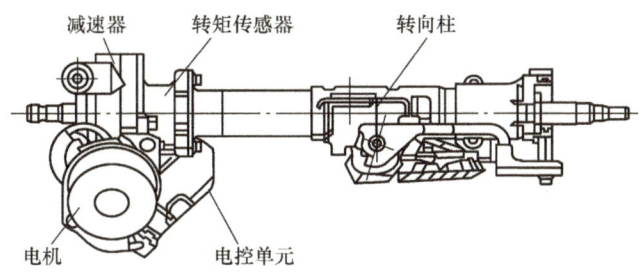

图 3-134　C-EPS 的结构示意图

（2）转向齿轮助力式电动助力转向系统

齿轮助力式电动助力转向器（P-EPS）的助力电机和减速增矩机构与小齿轮相连，直接驱动齿轮实现助力转向。P-EPS 的结构示意图如图 3-135 所示。因为助力电机不是安装在乘客舱内的，所以可以使用较大的电机以获得较高的助力转矩，而不必担心电机转动惯量太大产生的噪声。该类型转向器可用于中型车辆，以提供较大的助力。

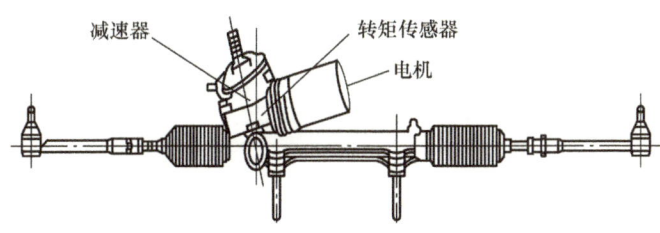

图 3-135　P-EPS 的结构示意图

（3）转向齿条助力式电动助力转向系统

齿条助力式电动助力转向器（R-EPS）的助力电机和减速增矩机构直接驱动齿条提供助力。R-EPS 的结构示意图如图 3-136 所示。因为助力电机安装于齿条上的位置比较自由，所以在汽车底盘上布置时非常方便。与 C-EPS 和 P-EPS 相比，可以提供更大的助力值，因此一般用于大型车辆上。

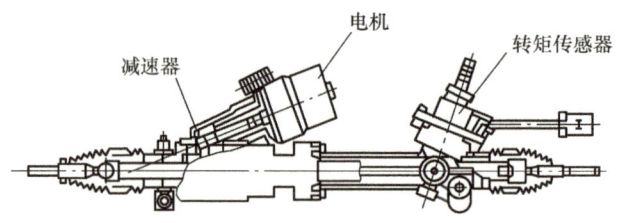

图3-136 R-EPS结构示意图

3.3.3.2 电动制动系统典型设计方案

1. 滑片式空气压缩机

空气经过空气过滤器总成的过滤后,由进气阀总成进入空气压缩机。转子在定子中偏心旋转,其表面开有垂直的槽,滑片置放于槽内,并在离心力的作用下紧贴定子的内壁。由此,定子、转子和滑片就形成了一系列的压缩腔,空气在压缩腔中被压缩。随着转子的转动,相邻两个滑片与定子形成的压缩腔体积减小,从而完成压缩过程。

压缩过程中的润滑和冷却是由一个高效的注油系统来完成的,该系统可以保证在较低的润滑油消耗水平下很好地完成过程控制。系统在转子内壁上形成的油膜避免了金属部件的接触,从而消除了磨损现象。被压缩的油气混合物经过多重分离后含油量(质量分数)小于 $3×10^{-6}$,分离后的纯净空气经过最小压力阀最终排出。滑片式空气压缩机结构示意图如图3-137所示。

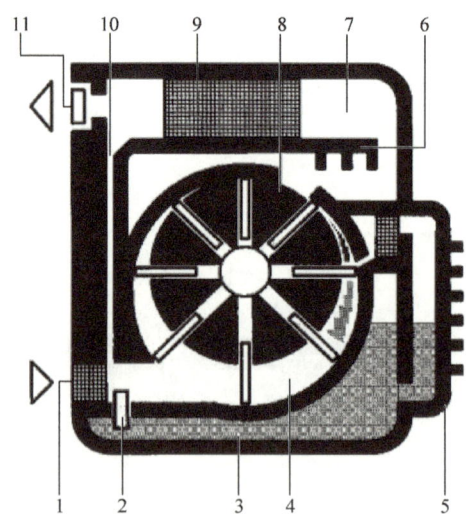

图3-137 滑片式空气压缩机结构示意图
1—空气滤清器 2—进气阀 3—油腔 4—压缩腔 5—油冷却器 6—迷宫式分离腔
7—压缩空气 8—转子 9—油气分离 10—回油阀 11—最小压力阀

2. 涡旋式空气压缩机

涡旋式空气压缩机由函数方程型线的动、静涡旋相互啮合而成。在吸气、压缩、排气工作过程中,静涡旋盘固定在机架上,动盘由偏心轴驱动并由防自转机构制约,围绕静盘基圆中心，做很小半径的平面转动；气体通过空气过滤器吸入静盘的外围，随着偏心轴旋转；气体在动静盘啮合所组成的若干对月牙形压缩腔内被逐步压缩，然后由静盘部位的轴向孔连续排出。涡旋式空气压缩机的结构示意图如图3-138所示。

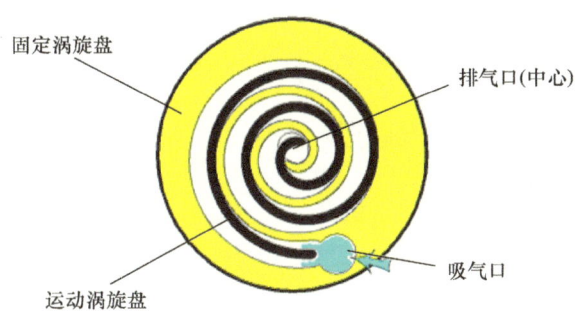

图 3-138　涡旋式空气压缩机结构示意图

3. 无油活塞式空气压缩机（图 3-139~图 3-142）

当空气压缩机的曲轴旋转时，活塞通过连杆的传动做往复运动，由气缸内壁、气缸盖和活塞顶面所构成的工作容积则会发生周期性的变化。压缩机的活塞从气缸盖处开始运动时，气缸内的工作容积逐步增大，这时气体沿着进气管推开进气阀而进入气缸，直到工作容积变到最大为止，进气阀关闭；压缩机的活塞反向运动时，气缸内工作容积缩小，气体压力升高；当气缸压力达到并略高于排气压力时，排气阀打开，气体排出气缸，直到活塞运动到极限位置为止，排气阀关闭。当空气压缩机的活塞再次反向运动时，上述过程重复出现。总之，空气压缩机的曲轴旋转一周，活塞往复一次，气缸内相继实现进气、压缩、排气的过程，即完成一个工作循环。

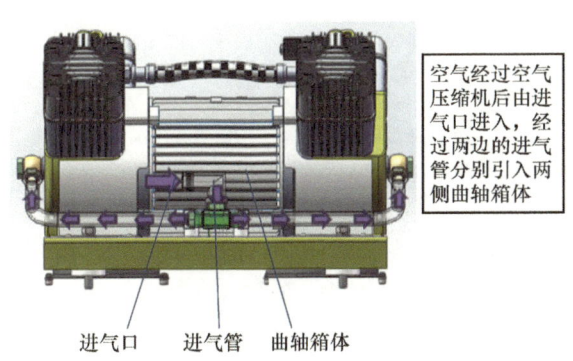

图 3-139　无油活塞式空气压缩机结构示意图（一）

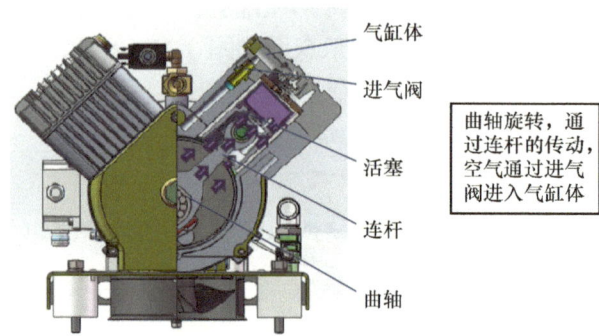

图 3-140　无油活塞式空气压缩机结构示意图（二）

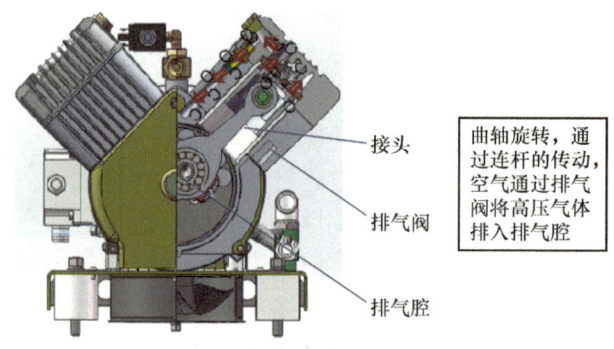

图 3-141　无油活塞式空气压缩机结构示意图（三）

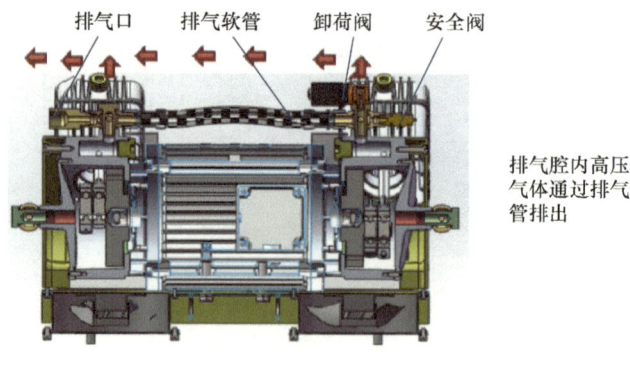

图 3-142　无油活塞式空气压缩机结构示意图（四）

4. 螺杆式空气压缩机（图 3-143）

螺杆式空气压缩机的气缸内装有一对互相啮合的螺旋形阴阳转子，两转子都有几个凹形齿，两者互相反向旋转。转子之间和机壳的间隙仅为 0.5~1mm，主转子（又称阳转子或凸转子）被驱动时，另一转子（又称阴转子或凹转子）由主转子端和凹转子端的同步齿轮驱动，每个啮合的转子形成一个密闭的压缩腔。当气体压缩达到保压阀压力时，高压气体排出。

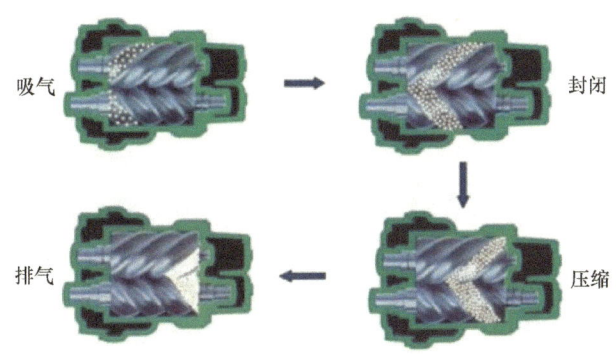

图 3-143 螺杆式空气压缩机工作原理示意图

5. 几种不同型式空气压缩机的性能参数及对比选型

几种空气压缩机的性能参数见表 3-53~表 3-57。

表 3-53 滑片式压缩机性能参数

性能 /kW	排气量 /（m³/min）	额定工作压力 /MPa	噪声 /dB	振动 /（mm/s）	工作温度 /℃
2.2	0.2	1.0	70	11.2	−40~65
3	0.32	1.0	70	11.2	−40~65
4	0.38	1.0	72	11.2	−40~65

表 3-54 螺杆式压缩机性能参数

性能 /kW	排气量 /（m³/min）	额定工作压力 /MPa	噪声 /dB	振动 /（mm/s）	工作温度 /℃
2.2	0.2	1.0	73	15	−40~60
3	0.3	1.0	73	15	−40~60
4	0.36	1.0	73	15	−40~60

表 3-55 有油活塞式压缩机性能参数

性能 /kW	排气量 /（m³/min）	额定工作压力 /MPa	噪声 /dB	振动 /（mm/s）	工作温度 /℃
2.2	0.18	1.0	75	40	−40~50
3	0.25	1.0	75	40	−40~50
4	0.38	1.0	75	40	−40~50

表 3-56 无油活塞式压缩机性能参数

性能 /kW	排气量 /（m³/min）	额定工作压力 /MPa	噪声 /dB	振动 /（mm/s）	工作温度 /℃
2.2	0.18	1.0	74	20	-40~65
3	0.28	1.0	74	20	-40~65
4	0.38	1.0	74	20	-40~65

表 3-57 涡旋式压缩机性能参数

性能 /kW	排气量 /（m³/min）	额定工作压力 /MPa	噪声 /dB	振动 /（mm/s）	工作温度 /℃
2.2	0.18	0.9	75	18	-40~50
3	0.25	0.9	75	18	-40~50
4	0.33	0.9	75	18	-40~50

3.4 车载充电系统设计

3.4.1 车载充电系统概述

车载充电系统是指安装在电动汽车上，将交流或直流输入电源调整为校准的电压/电流，为电动汽车动力蓄电池提供电能，也可额外地为车载电气设备供电的系统。与传统工业级产品不同的是，车载充电系统作为汽车级产品，它的要求更高，制作难度更大。

交流车载充电系统由车载充电系统及控制引导装置构成。其中，车载充电系统由交流输入接口、功率单元、控制单元、直流输出接口等部分组成，如图 3-144 所示。在充电过程中，车载充电系统提供动力蓄电池管理系统（BMS）、充电接触器、仪表盘、冷却系统等低压用电源。控制引导装置的结构将在 3.4.2 节中介绍。

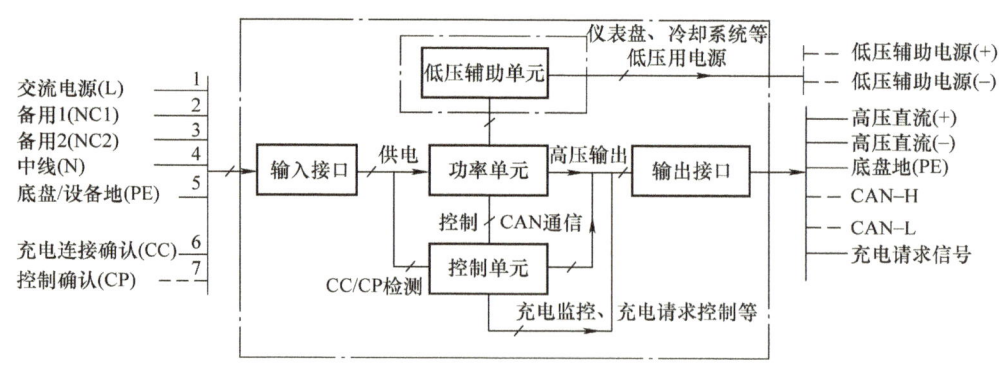

图 3-144 车载充电系统结构示意图

交流输入接口包含 7 个引脚，分为三类连接，包括高压电源连接（L/NC1/NC2）、高压中性线（N）；车辆底盘地（PE）；低压信号的充电连接确认和控制确认（CC/CP）。标准的输入接口采用工频单相输入 220V 电压。如果功率需要，则可以启用两个备用引脚，可以实现三相 380V 输入。

在控制单元中，采样输出的电流和电压经过处理后将实时值传递给控制回路，由控制器比较测量值与期望值之间的差距，再将调节要求传递给 PWM 回路（脉冲宽度调制技术）或 PFM 回路（脉冲频率调制技术），用脉冲变化去控制高压回路中功率器件的开关占空比或者频率，最终实现输出电流和电压尽量接近于主控系统要求的数值。

低压辅助单元是一个标准低压电源，输出电压 12V 或者 24V，用于充电期间给电动汽车上的用电器供电，比如动力蓄电池管理系统、热管理系统、汽车仪表等。

功率单元电路结构如图 3-145 所示，一般包括输入整流、PFC（功率因数校正）、逆变和输出整流电路四个部分。它将输入的工频交流电转化成适合动力蓄电池系统能够接受的适当电压的直流电进行充电。

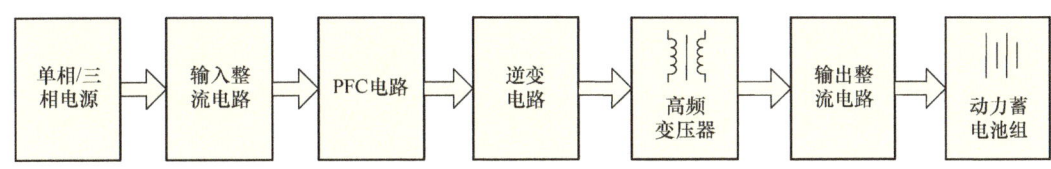

图 3-145　功率单元电路结构图

直流输出接口包括低压辅助电源正负极两个引脚、高压充电回路正负极两个引脚、底盘地、通信线 CAN-H 和 CAN-L 两个引脚、充电请求信号引脚。其中，高压充电回路两个引脚与动力蓄电池系统相连；充电请求信号线用于充电系统的输入端口与外部电源之间完成充电连接确认以后，通过"充电请求信号"引脚向车辆控制器发送充电请求信号。

3.4.2　车载充电系统的电气特性

车载充电系统的电气参数主要包括额定输入/输出电压电流、额定频率、效率、功率因数、电磁兼容等电气参数。

1. 车载充电系统的额定输入/输出电压电流及额定频率

通常，车载充电系统的额定输入电压电流见表 3-58，允许电压波动范围为标称电压（1±15%），额定频率为 50Hz±1Hz。

表 3-58　车载充电系统的额定输入电压电流

输入电压等级	额定输入电压 /V	额定输入电流 /A
1	单相 220	16
2	单相 220	32
3	三相 380	16
4	三相 380	32
5	三相 380	63

车载充电系统的输出电压等级见表 3-59 所示。

表 3-59　车载充电系统的输出电压等级

输出电压等级	输出电压范围 /V	标称电压输出推荐值 /V
1	25~65	48
2	55~120	72
3	100~250	144
4	200~420	336
5	300~570	348、480
6	400~750	640

2. 车载充电系统的充电效率和功率因素

① 车载充电系统在额定输入电压、额定负载的状态下，效率应不低于 90%。

② 车载充电系统在额定输入电压、额定负载的状态下，功率因数应不低于 0.92。

3. 车载充电系统的电磁兼容要求

（1）抗电磁干扰性能

① 静电放电抗扰度要求达到空气放电 8kV，接触放电 4kV，在测试后车载充电系统应能正常工作。

② 电源电压谐波。交流电网供电的电动汽车充电系统应具有承受电网中 50~2000Hz 范围内电压谐波的能力，通常该谐波由于电网中接入其他的非线性负载引起。

③ 低频传导干扰抗扰度、电源电压暂降和中断参考 GB/T 17626.11—2008《电磁兼容　试验和测量技术　电压暂降、短时中断和电压变化的抗扰度试验》中 5.1 的要求，车载充电系统功能或性能暂时丧失或降低，但在骚扰停止后能自动恢复，不需要操作者干预。

④ 高频传导干扰抗扰度快速瞬变脉冲群，电压为 2kV、5kHz 脉冲重复率，持续 1min 以上，在测试后车载充电系统应能正常工作。

⑤ 高频传导干扰抗扰度电压冲击 1.2/50μs 冲击，共模状态下 2kV，差模状态下为 1kV。车载充电系统在控制下能恢复，允许功能暂时失效。

⑥ 辐射电磁场抗扰度 3V/m 在 80~1000MHz 频率范围内，车载充电系统应能连续正常工作；10V/m 在 80~1000MHz 频率范围内，在测试后应能正常工作。

（2）产生的电磁干扰

① 低频传导干扰。在额定输入、额定负载工况下测试电动汽车充电器输入电流谐波极限值。依据输入额定电流的等级，应满足表 3-60~ 表 3-62 的限值要求。

表 3-60　限值谐波电流发射限制（每相输入电流≤ 16A）

输入特性	谐波次数 n	最大允许谐波电流 /A
	奇次谐波	
限值谐波电流发射限值（设备每相输入电流≤ 16A）	3	2.30
	5	1.14
	7	0.77
	9	0.40
	11	0.33
	13	0.21
	15 ≤ n ≤ 39	0.15 × 15/n

（续）

输入特性	谐波次数 n	最大允许谐波电流 /A
	偶次谐波	
限值谐波电流发射限值（设备每相输入电流≤16A）	2	1.08
	4	0.43
	6	0.30
	8≤n≤40	0.23×8/n

注：参考 GB 17625.1—2012《电磁兼容 限值 谐波电流发射限值（设备每相输入电流≤16A）》中 A 类设备的限值。

表 3-61 限值谐波电流发射限制（每相输入电流 >16A，第一级）

输入特性	谐波次数 n	最大允许谐波电流 /A
限值谐波电流发射限值（设备每相输入电流 >16A 第一级）	3	21.6
	5	10.7
	7	7.2
	9	3.8
	11	3.1
	13	2
	15	0.7
	17	1.2
	19	1.1
	21	≤0.6
	23	0.9
	25	0.8
	27	≤0.6
	29	0.7
	31	0.7
	≥33	≤0.6
	偶次	≤8/n 或 ≤0.6

注：参考 GB 17625.6—2003《电磁兼容 限值 对额定电流大于 16A 的设备在低压供电系统中产生的谐波电流的限制》表 1，第一级简化连接设备的谐波电流法设值。

表 3-62 限值谐波电流发射限制（每相输入电流 >16A，第二级）

输入特性	R_{SCe} 最小值	谐波电流畸变率（%）		各次谐波电流值 I_n/I_1（%）					
		THD	PWHD	I3	I5	I7	I9	I11	I13
设备每相输入电流 >16A 第二级	66	25	25	23	11	8	6	5	4
	120	29	29	25	12	10	7	6	5
	175	33	33	29	14	11	8	7	6
	250	39	39	34	18	12	10	8	7
	350	46	46	40	24	15	12	9	8
	450	51	51	40	30	20	14	12	10
	600	57	57	40	30	20	14	12	10

注：1. 相关的偶次谐波分量不能超过 16/n%。
2. 允许相邻的各值之间采用线性插值。
3. 对于不平衡三相设备，这些值适合于每一相。
4. 参考 GB 17625.6—2003 表 2，第二单相、相间及不平衡三相设备的谐波电流发射值。

② 传导发射干扰。在额定输入、额定负载工况下测试电动车充电器输入端传导发射干扰应满足表 3-63 中的限值要求。

表 3-63 传导发射限值

频率	电压 /mV
450kHz~1.705MHz	1
1.705~30MHz	3

注：参考 GB/T 18387—2017《电动车辆的电磁场发射强度的限值和测量方法》。

③ 辐射发射干扰。在额定输入、额定负载工况下测试电动汽车充电气辐射发射干扰，应满足表 3-64 和表 3-65 中的限值要求。

表 3-64 电场强度发射限值

频率	电压 /dB（μV/m/kHz）
9kHz~4.77MHz	99.9-20lg[Freq(MHz)/0.009]
4.77~15.92MHz	154.4-40lg[Freq(MHz)/0.009]
15.92~20MHz	89.4-20lg[Freq(MHz)/0.009]
20~30MHz	22.5

注：参考 GB/T 18387—2017。

表 3-65 磁场强度发射限值

频率	电压 /dB（μV/m/kHz）
9kHz~4.77MHz	48.4-20lg[Freq(MHz)/0.009]
4.77~15.92MHz	102.9-40lg[Freq(MHz)/0.009]
15.92~20MHz	37.9-20lg[Freq(MHz)/0.009]
20~30MHz	−29.0

注：参考 GB/T 18387—2017。

3.4.3 车载充电系统与动力蓄电池管理系统（BMS）之间的通信协议要求

1. 车载充电系统的充电方式

常见的车载充电系统的充电方式有恒压充电、恒流充电、脉冲充电、阶段性充电等。

① 恒压充电：在整个充电过程中充电电压保持不变，充电电流随着充电时间的增加而逐渐减小，当充电电流小于一定值后停止充电。

② 恒流充电：开始时以恒定的电流为动力蓄电池组充电，将要充满时，改用恒定的小电流进行浮充充电，用来充足剩余电量和补偿电池自放电，当充电电压达到额定电压时停止充电。

③ 脉冲充电：通常用于快速充电中，有利于电池内部的活性物充分反应，有效地减少和消除极化现象的发生，并可以采用较大的电流充电，能有效提高充电效率、缩短充电时间、延缓电池寿命。

④ 恒流恒压两阶段充电方式：综合了恒压充电方式和恒流充电方式两者的长处。在充电的初始阶段采用恒流限压充电方式，避免了单纯恒压充电时电流过大的缺点；当电压达到一定值时，改为恒压限流充电方式，解决了单纯恒流充电后期电池对输入能量的接受能力不足的问题。目前，恒流恒压两阶段充电是车载充电系统普遍采用的充电方式，其充电过程的电压电流曲线如图3-146所示。

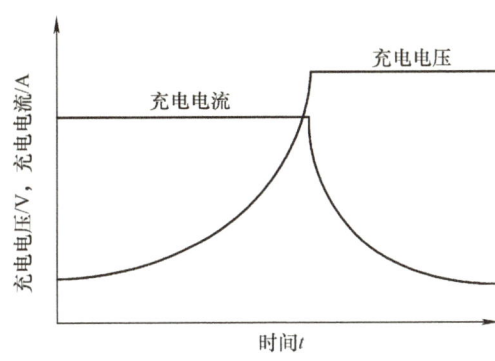

图3-146 车载充电系统恒流恒压两阶段充电过程的电压电流曲线

通常，车载充电系统的输出电压电流控制采用逆变电路PWM（脉冲宽度调制技术）或PFM（脉冲频率调制技术）控制方式，控制单元依据采样反馈值调节逆变电路中功率器件的开关占空比或者频率大小，实现输出电压电流按照充电曲线对动力蓄电池组充电。

2. 车载充电系统的控制引导

车载充电系统输入控制引导电路如图3-147所示。在充电插头与插座插合时，输入控制引导电路具有使车辆处于不可行驶状态的功能，车辆控制装置通过检测点3的电压值，能够判断车辆充电接口插头与插座是否完全连接，车辆控制装置通过检测点2的PWM信号，能够判断车辆充电连接装置是否完全连接。

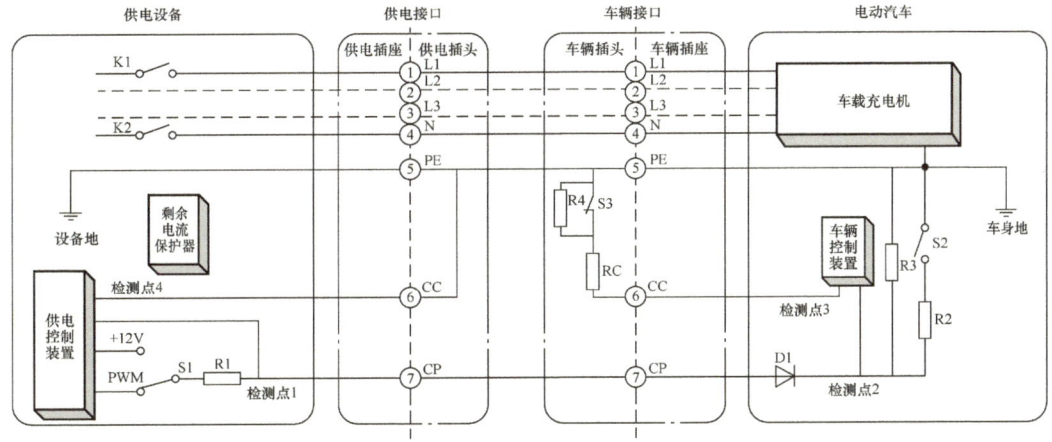

图3-147 车载充电系统输入控制引导电路

车载充电系统输出控制引导电路如图 3-148 所示。在供电设备和电动汽车建立电气连接后，车载充电系统给车辆控制装置发送充电请求信号，并给车辆控制装置供电。根据图 3-147 中检测点 2 和检测点 3 的信号比较供电设备、车辆连接装置和车载充电系统的额定输入电流，将其最小值确定为车载充电系统最大允许输入电流。当充电连接装置完全连接并完成了充电系统最大允许输入电流设置后，车辆控制装置控制图 3-147 中的接触器闭合，车载充电系统开始对电动汽车充电。在充电过程中，车辆控制装置可以对图 3-147 中检测点 3 的信号的 PWM 占空比进行监测，当在充电完成或其他不满足充电条件时，车辆控制装置发出充电停止信号给车载充电系统，车载充电系统停止直流输出、CAN 通信和低压辅助电源输出。

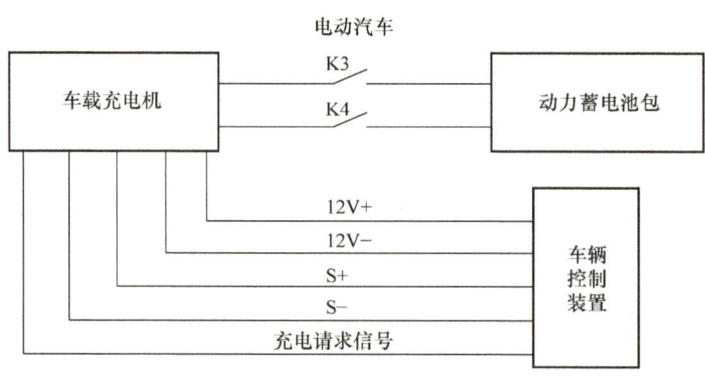

图 3-148 车载充电系统输出控制引导电路

目前，绝大多数的车载充电系统都采用智能化的工作方式给动力蓄电池充电，这直接关系着动力蓄电池的寿命和充放电过程中的安全性。电动汽车的动力蓄电池组是由多个单体电池封装而成的。虽然通过单体电池的电流相同，但是各单体放电的深度会有所不同。深度放电会对电池造成损耗。如果深度放电后的电池仍然按照常规的电流值充电，那么将对电池造成进一步的损耗。因此，BMS 是电动汽车的一个重要部分，实现对动力电池电压及剩余容量（SOC）等数据的监控和管理。图 3-149 所示为典型的车载充电系统和 BMS 之间的工作流程。由该图可见，当车载充电系统接上交流电后，并不是立刻将电能输出给动力蓄电池，而是通过 BMS 首先对电池的状态进行采集分析和判断，进而调整充电系统的充电参数。

例如，在充电前，BMS 先对电池电压进行检测，当检测到电池处于深度放电状态出现电压过低时，先要用小电流对其进行修复性充电；若检测电池电压在正常范围内，则可直接进入恒流充电模式。车载充电系统和 BMS 均采用 CAN 总线通信方式，车载充电系统除具备通信功能之外，还具备故障报警等机制。

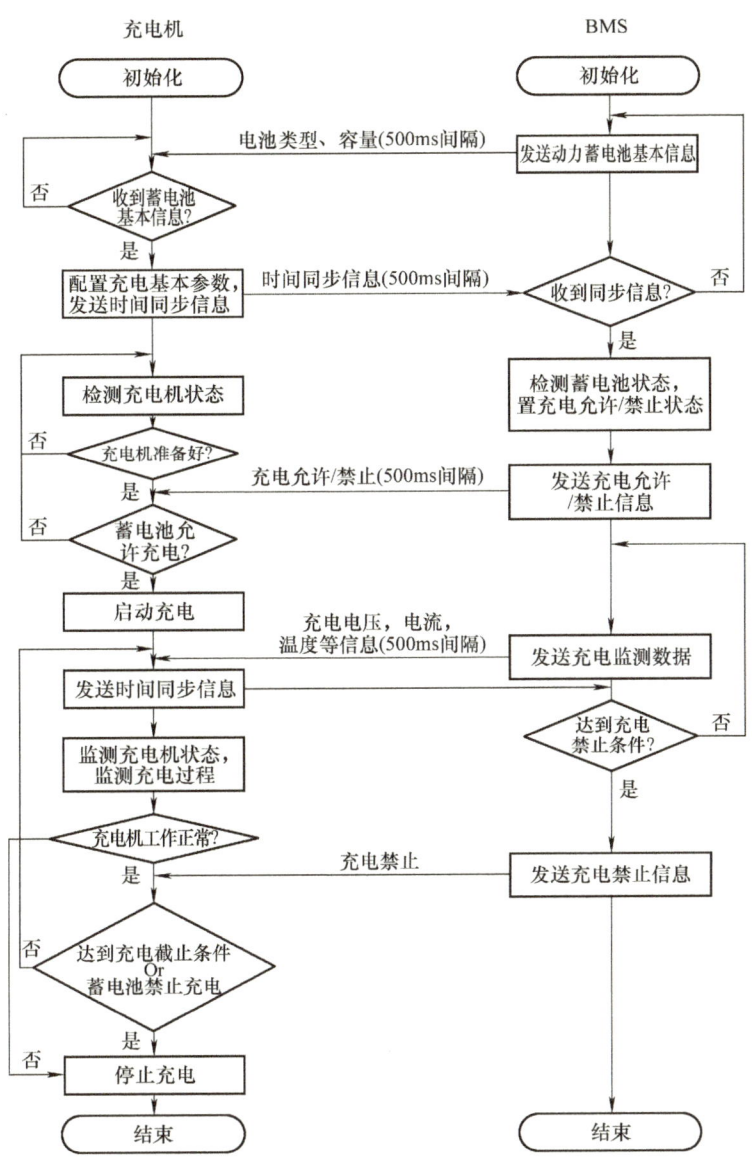

图 3-149 典型的车载充电系统和 BMS 电池管理系统之间工作流程

3.4.4 车载充电系统的环境适应性要求及设计

为保证车载充电系统的正常安全可靠使用，车载充电系统须满足一定的环境适应性要求，具体主要包含防护等级等方面。

1. 防护等级
车载充电系统的防护等级按照车身布局的要求来设定，最低不可低于 IP20。

2. 抗振动性测试
按 QC/T 413—2002《汽车电气设备基本技术条件》中 3.12 的规定进行 X、Y、Z 三个方向的扫频振动试验。产品经振动试验后,零部件应无损坏,紧固件应无松脱现象,性能应符合规定。

3. 机械冲击试验

试验实施参照 EN 60068-2-27 中的要求,具体过程按照如下 a~e 步骤实施。

a. 工作类别为系统功能和组件功能可以满足相应条款中的工作要求和控制要求。

b. 冲击形式为半正弦。

c. 技术要求为等级 3:25g,15ms。

d. 冲击方向为在该处空间的六个方向都要进行试验。

e. 等级对应的冲击次数为等级 3:空间的每个方向上冲击 132 次。

试样在试验过程中和试验结束后的所有功能都应符合设计要求。

4. 气候、环境试验技术要求

① 低温存储,在最低贮存温度下贮存 48h。试验结束后恢复常温,产品可以正常工作。

② 高温存储,在最高贮存温度下贮存 48h。试验结束后恢复常温,产品可以正常工作。

③ 低温工作,在最低工作温度下工作 24h。在试验中和试验结束后应能正常工作,功能无异常。

④ 高温工作,在最高工作温度下工作 96h,在试验中和试验结束后应能正常工作,功能无异常。

5. 湿热循环试验时间

10 个周期,每个周期为 24h,试验条件如图 3-150 所示,湿度为 90%~95%,常温放置 2h 后可正常工作,功能无异常。

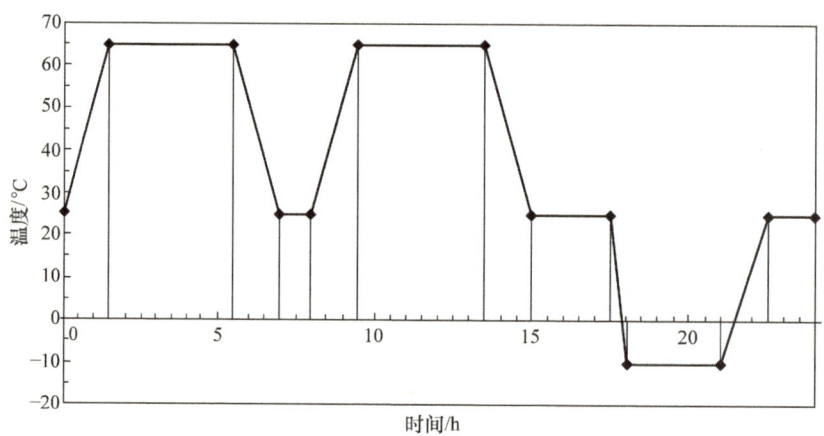

图 3-150 湿热循环试验温度曲线

6. 耐温度变化试验

在非工作状态 350 次循环:低温 -30℃暴露 30min,高温 65℃暴露 30min;温度转换时间为 20~30s;试验后,外观无损伤和可见变形,功能无异常,应通过最终功能测试。

7. 盐雾试验

进行 6 个周期的 24h 盐雾试验试验后,要求功能无异常。

8. 低气压试验

低压贮存，气压 11kPa；时间 16h。试验后，产品可以正常工作。

9. 低压工作

气压 59kPa；时间 16h。每 15min 进行一次功能检查，检验时产品可以正常工作。

10. 耐久试验

500h 高温耐久试验，产品在试验过程中应能持续正常工作。

3.4.5　车载充电系统的电气安全及保护要求及其设计

车载充电系统的工况比较复杂，存在诸多不确定因素，因此，车载充电系统应具备以下电气保护功能及安全要求，以确保其安全正常工作。

1. 输出过压保护

输出大于等于设定电压值时关闭输出。

2. 过流保护

输出电流大于设定电流值时关闭输出。

3. 短路保护

输出短路时，应自动进入输出限流保护或关闭状态；故障排除后，应能自动恢复工作。

4. 过温保护

当温度超过过温保护限值时，充电系统应自动进入过温保护状态，当温度恢复正常后，充电系统应能自动恢复工作状态。

5. 输入电压保护

输入大于等于设定电压值时关闭输出；输入小于等于设定电压值时可关闭输出或降低输出功率。

6. 车载充电系统接地连接

有可能连到电源的所有电动汽车的外露导电部分应当连在一起；当出现故障时，它们能有效地导电，使存在的故障电流流入大地（检验连接性能应当用 16A 的直流电流源，该电源产生不低于 12V 的电压；所有外露导电部分和接地回路间的电阻值不应超过 0.1Ω）。

7. 耐电压（输入/输出对地）

将电动汽车控制信号电路的所有外部连接点接地，在电动汽车的交流/直流输入端和接地端之间加 2U+1000V 的试验电压（U 是 50Hz 的交流输入电压，至少 1500V），持续时间 1min。在试验期间，测试端子间不应出现电晕、电离、飞弧或击穿现象，漏电流小于 10mA。试验后，检查连到电源设备上的电路，基本性能应完好。

8. 绝缘电阻

各独立电路与地以及各独立电路之间的绝缘电阻应不小于 10MΩ。

3.4.6 车载充电系统的发展趋势

1. 功能集成化

电动汽车的功率部件主要包括电机控制器、车载充电系统、DC/DC 变换器等部分，这些往往是作为独立的部件应用于整车上的，但这样的方式在成本上、体积上都不具备优势。因此将这些功率部件有效地集成为一个整体，共用其中部分的电路和冷却基板等，是当前比较明显的发展趋势[10]。

当然，在实现集成化的过程中也有一个程度控制的问题。如果集成不充分，则降本成效不显著；如果集成的部件太多，则产品灵活性不足，不容易成为标准化产品。另外，这种集成不能只是物理集成，必须是系统集成才能够将体积、成本优势发挥出来。目前来看，将电机控制器、DC/DC 变换器和车载充电系统集成到一起，是较为可行的方案之一。

2. 大功率高效率化

目前多数车载充电系统的功率由 3.3kW 级别向 6.6kW 升级，6.6kW 已经是单相交流充电的一个极限，再上升的空间非常有限了。因此发展三相交流车载充电系统将成为实现高功率充电的有效途径。三相交流车载充电系统一般可达 20~40kW 的充电功率。美国、欧洲和中国的充电额定电压、电流和功率见表 3-66。从表中可以看出，采用三相供电方式能够提高车载充电系统的功率等级。

表 3-66 美国、欧洲和中国的充电额定电压、电流和功率

电源类型	国家或地区	额定电压 /V	额定电流 /A	额定功率 /kW
单相交流	美国	120	16	1.9
		240	80	19
	欧洲	220	63	14
	中国	220	32	7
三相交流	美国	480	63	52
	欧洲	400	63	44
	中国	380	63	41

3. 高效热管理

车载充电系统的工作效率一般为 95%，随着其整体功率性能的上升，系统发热量也更加显著。车载充电系统的最大充电功率受到其散热需求的限制。同时，电动汽车上的其他发热部件对散热的需求也越来越大，这就对热管理系统提出了更高的要求。从目前来看，液冷散热方式具备更加高效的散热能力，将代替风冷散热方式成为更主流的热管理手段。

4. 双向充放电功能

对于装载动力蓄电池容量不大的车辆（如插电式混合动力汽车、小型电动汽车等），它们对充电功率的要求不高，为了有效地控制成本，单向低功率车载充电系统仍将大范围应用。但是随着电动汽车搭载动力蓄电池组的容量的不断提升，用户对电动汽车的

双向充放电的需求也越来越大。电动汽车的双向充放电技术不仅可将交流电转化为直流电为动力蓄电池充电,同时也可将动力蓄电池的直流电转化为交流电对外进行功率输出。通过双向逆变技术,车辆可实现V2G(Vehicle to Grid)为电网反馈电能和V2V(Vehicle to Vehicle)为其他电动汽车充电。双向充放电功能将会是未来车载充电系统的标配功能之一。

5. 无线充电系统

无线充电系统的基本组成如图3-151所示,它通过电能发送线圈和接收线圈进行能量传递,代替了传导式充电插头,因此可以很好地提升充电方便性和安全性。另外,无线充电技术和未来的无人驾驶技术结合,能够进一步提升充电的便捷性。

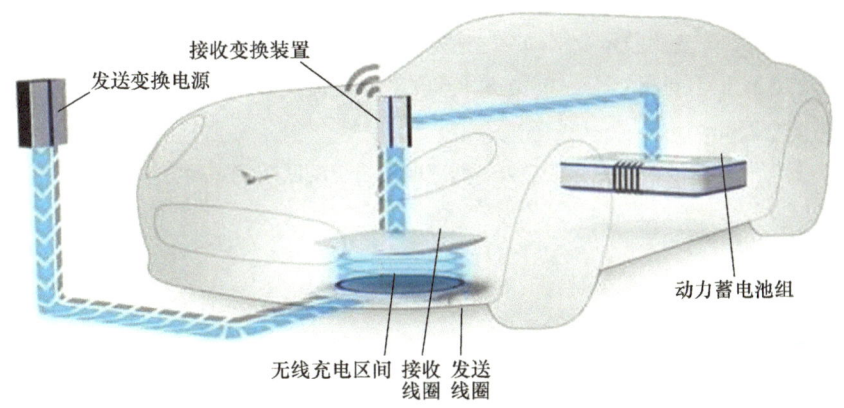

图3-151 无线充电系统的基本组成

无线充电的充电方式可以分为静态充电(例如停车位上充电)、半动态充电(例如红灯等候区域充电)和动态充电(例如行驶过程中实时充电)。目前无线充电的充电效率可达90%左右,功率也达到了数十千瓦级别。但目前在技术的成熟度验证、相应的标准制定以及成本控制上还有需要进一步完善。

参考文献

[1] 唐任远. 现代永磁电机理论与设计 [M]. 北京:机械工业出版社,2016.
[2] 吴建华. 开关磁阻电机设计与应用 [M]. 北京:机械工业出版社,2000.
[3] 庞剑,谌刚,何华. 汽车噪声与振动 [M]. 北京:北京理工大学出版社,2006.
[4] 邓四二,贾群义,薛进学. 滚动轴承设计原理 [M]. 北京:中国标准出版社,2014.
[5] 赵少汴. 抗疲劳设计 [M]. 北京:机械工业出版社,1994.
[6] 何洪文. 电动汽车原理与构造 [M]. 北京:机械工业出版社,2012.
[7] 陈清泉,孙逢春,祝嘉光. 现代电动汽车技术 [M]. 北京:北京理工大学出版社,2002.
[8] 王芳,夏军. 电动汽车动力电池系统设计与制造技术 [M]. 北京:科学出版社,2017.
[9] 李相哲,苏芳,林道勇. 电动汽车动力电源系统 [M]. 北京:化学工业出版社,2011.
[10] 许晓慧,徐石明. 电动汽车及充换电技术 [M]. 北京:中国电力出版社,2012.

[11] 国家电网公司营销部. 电动汽车智能充换电服务网络建设与运营 [M]. 北京：中国电力出版社，2013.

[12] 何春林，戚佳金，郑正仙. 电动汽车快换动力电池成组技术 [M]. 北京：中国电力出版社，2017.

[13] 海兴. 汽车底盘手册 [M]. 北京：机械工业出版社，2012.

[14] 赵万忠. 汽车动力转向技术 [M]. 北京：清华大学出版社，2018.

[15] 孙仁云，付百学. 汽车电器与电子技术 [M]. 北京：机械工业出版社，2006.

[16] 李果. 汽车转向、制动系统协同控制理论与应用 [M]. 北京：国防工业出版社，2014.

[17] 方泳龙. 汽车制动理论与设计 [M]. 北京：国防工业出版社，2005.

[18] 姜久春. 电动汽车充电技术及系统 [M]. 北京：北方交通大学出版社，2017.

[19] 王震坡. 电动汽车充电技术及基础设施建设 [M]. 北京：机械工业出版社，2018.

[20] 余贵珍，丁能根，刘峰，等. EPS 电机驱动的反馈电流控制方法研究 [J]. 汽车电子，2008，24（5-2）：250-252.

[21] 李航，吴海军，张波波，等. 纯电动车真空助力系统的匹配测试研究 [J]. 汽车实用技术，2019（4）：25-27.

第4章 整车网络化控制系统设计

电控是纯电动汽车"三电"技术体系中承担控制与管理功能/角色的部分。整车网络化控制系统是实现纯电动汽车"电控"技术的载体，它对整车动力性、经济性、安全性及舒适性等都具有直接影响。相比传统汽车，纯电动汽车的电控系统不仅在功能方面要实现动力蓄电池管理、驱动电机控制、充电设备及功率转换设备的监控等，导致电控单元之间信息交换量大、类型多；同时在性能上还要满足高压安全性、电磁兼容性等多种要求，导致网络系统设计困难。整车网络化控制系统设计成为纯电动汽车工程实践中既至关重要又颇具挑战性的任务。

本章重点论述纯电动汽车整车网络化控制系统的设计，主要包括概述、整车电子电气架构设计、车载网络通信系统设计、整车控制器设计、整车控制策略、主要网络部件的设计与选型。

4.1 概述

4.1.1 功能、组成及发展

汽车电子控制技术的迅速发展给汽车技术带来了全新的概念。电子控制装置在汽车上的应用领域在不断拓展。当前使用电子控制装置的汽车应用领域主要包括动力控制、底盘控制、车身控制、信息与娱乐、安全与诊断以及辅助驾驶等多个方面。汽车电子控制系统发展的总体趋势是获取内外部的信息越来越多，功能越来越强，智能化程度越来越高，正朝着多目标综合化控制及智能化控制的方向发展。为了适应这种综合化、智能化控制的需要，引入车载网络将分散在各处的汽车电子控制装置相互连接，形成一种综合化乃至整车级的汽车分布式控制系统，成为目前设计中普遍采用的手段，由此形成了汽车整车网络化控制系统。

汽车整车网络化控制系统是车载网络通信技术与汽车电子控制技术相结合的产物，是实现汽车整车级控制、管理、维护、故障诊断、软件更新以及智能化等功能的重要部件。由于其对整车动力性、经济性、安全性、环境适应性、使用便捷性以及功能扩展性等均具有直接影响，被认为是汽车产品获取市场竞争力的关键核心部件之一，也是极具技术发展前景和潜在经济价值的领域之一。

当前，汽车整车网络化控制系统通常由多条总线及其系统互联形成，主要包括：
1）动力控制总线及其系统。
2）底盘控制总线及其系统。
3）车身控制总线及其系统。
4）测试诊断标定总线及其系统。
5）信息娱乐与网联总线及其系统。
6）智能驾驶车载高速总线及其系统。

图 4-1 所示为某汽车的整车网络化控制系统[1]。

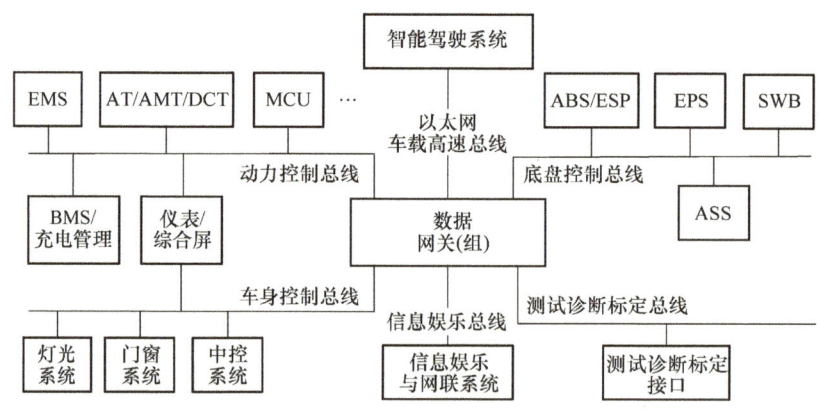

图 4-1　某汽车整车网络化控制系统

汽车整车网络化控制系统的发展是随着汽车工业的发展而不断发展的。

车载网络真正在汽车上使用可以追溯到 20 世纪 80 年代。当时，随着数字电子技术的快速发展和日渐成熟，汽车电子装置及电子控制单元不断增多，采用串行总线（代替平行专线）实现多路传输，成为一种既可靠又经济的做法。由此，汽车控制系统在经历了由机械式向电子式的转变后，再次向网络化控制迈进。但早期的车载网络通常采用一些现有的常规标准，如通用异步串行通信，没有发展自身的网络规范与标准，可靠性与开放性较差。

20 世纪 90 年代，一批新型的车身网络和连接一些电控单元的动力底盘控制网络，包括故障诊断通信系统，在多种车型上开始广泛应用，如 CAN 和 SAE J1850 等。特别是，

1993 年 CAN 被接收为 ISO 11898 标准,从此为车载网络的广泛应用铺平了道路。汽车电子控制系统正式迈向基于车载网络互连的整车综合控制时代。

2000 年后,随着多种细分领域成熟以及车载网络标准如 LIN、MOST、FlexRay 的采用,基于车载网络连接开展整车级控制系统集成进而实现整车级功能综合式控制,成为一种常规手段,从而形成了整车网络化控制系统。

随着汽车智能化、网联化的进一步发展,新型的高性能车载网络如车载以太网等,以及与车外系统互连的通信技术如 V2X、4G/5G 等的相继推出及应用,汽车将进入整合车内、车外信息资源的智能网联化控制时代。

一些汽车专家认为,与汽车电子技术在 20 世纪 70 年代引入集成电路、80 年代引入微控制器一样,车载网络的引入是汽车电子技术发展的一个里程碑。

汽车电子控制系统的发展如图 4-2 所示。

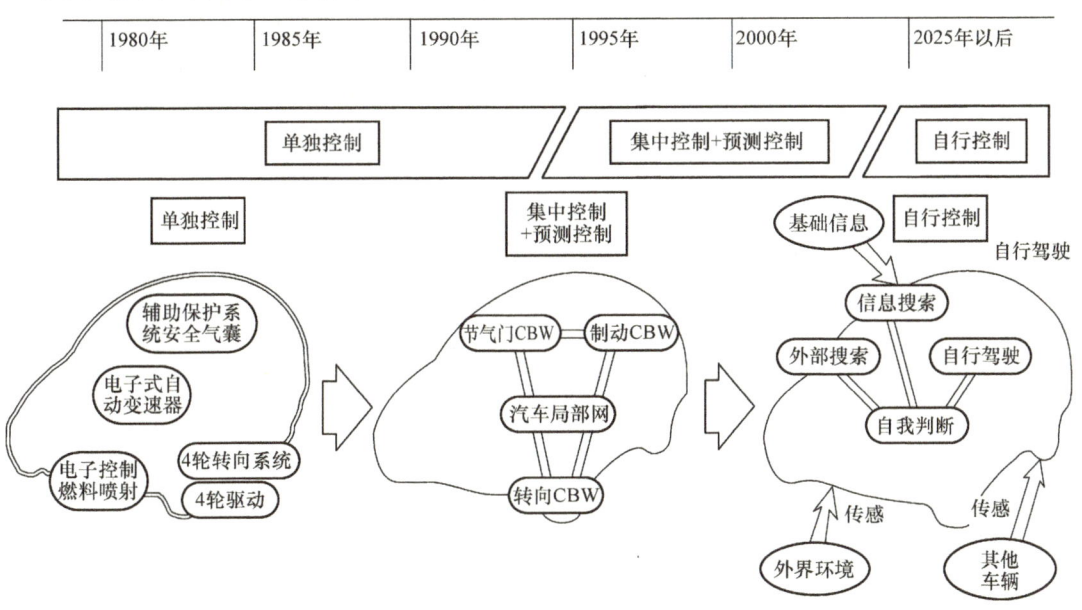

图 4-2 汽车电子控制系统的发展

纯电动汽车作为近年来重新兴起的汽车类型,也采用车载网络作为电控系统集成的手段,如北京理工大学早在 2003 年研发的纯电动客车上就采用 CAN 总线作为动力系统通信网络,是最早使用车载网络技术的国内新能源汽车研究单位之一。

4.1.2 纯电动汽车的需求特点

相比于传统汽车,纯电动汽车在控制功能和性能方面具有不同的需求,主要包括:

1)首先,如 GB/T 19596—2017[2] 所述,纯电动汽车的驱动电能来源于车载可充电储能系统或其他能量储存装置。目前最常用的车载可充电储能系统为动力蓄电池系统,其通常由数千块单体蓄电池串并联组合而成。为了保证动力蓄电池系统安全,大量单体蓄电池状态需要监控并实时调控。电池监控节点的增加导致信息量暴增、数据量大。

2）其次，电动汽车是由电机驱动的汽车，能量完全由电能提供。为了满足动力性要求，车用大功率驱动电机和高频功率开关器件的使用将不可避免地产生电磁干扰，从而导致电磁环境变差，影响汽车的控制性能乃至安全。为了保证电磁兼容性，GB/T 36282—2018《电动汽车用驱动电机系统电磁兼容性要求和试验方法》[3]和 GB/T 18487.2—2017《电动汽车传导充电系统 第 2 部分：非车载传导供电设备电磁兼容要求》[4]给出了具体的规定。

3）纯电动汽车还面临着环境适应性挑战。动力蓄电池系统在低温环境下无法正常充放电，高温环境下存在热失控风险，导致纯电动汽车的区域适应能力、季节适应能力低。实现合理有效的热管理是纯电动汽车不可或缺的新增功能。

4）纯电动汽车的续驶里程和充电时间仍是有待解决的瓶颈问题。受制于当前的动力蓄电池系统能量密度和充电性能，续驶里程短、充电时间长仍是纯电动汽车被人诟病的问题。实现高效的电驱动控制和自适应、多模式的充电管理是实现纯电动汽车健康发展的重要手段之一。

5）纯电动汽车的动力蓄电池需要梯次利用，GB/T 32960《电动汽车远程服务与管理系统技术规范》[5]和工信部监管机构对动力蓄电池信息的溯源管理制定了严格规定。实现车内控制系统与车外监管系统的网联化功能是纯电动汽车的新要求。

此外，纯电动汽车的电驱动系统具有控制精度高、灵活性强等特点，被认为是更适合智能化的车辆。增加辅助驾驶功能、实现纯电动汽车智能化是极具前景和经济价值的趋势。

综上，纯电动汽车的主要需求特点见表 4-1。

表 4-1 纯电动汽车的主要需求特点

	项目	内容
功能需求	能源管理	实现动力蓄电池系统安全、高效的管理
	电驱动控制	实现驱动电机系统安全、高效、精准的控制
	充电服务	实现安全、便捷的多模式能源补充
	热管理	实现安全、高效、舒适的车内热环境调节
	维护、诊断及更新	实现远程、智能化的系统维护、故障诊断和软件更新
	智能化、网联化	主要实现车辆监管和使用的智能化、网联化体验
性能需求	安全性	纯电动汽车发展的第一要务，产品投放市场的红线
	经济性	纯电动汽车使用和推广的关键任务之一
	可靠性	纯电动汽车健康发展和产业化的重要保证
	电磁兼容性	考验纯电动汽车绿色、环保、稳定运行的重要指标
	便捷性	纯电动汽车大规模应用和提升用户体验的重要性能

4.1.3 内容及原理

为了满足如上分析的诸多需求，纯电动汽车的功能配置越来越高，导致电子电气系统越来越复杂，系统之间传输的信息越来越多，控制器之间的功能复杂度及耦合度日益增加。这些因素使得纯电动汽车整车网络化控制系统相比传统汽车具有较大复杂性。

整车网络化控制系统的设计方法通常可分为自下而上的设计和自上而下的设计。

1）自下而上的设计，其原理是在分析现有系统基础上，根据扩展需要直接增加新的功能项，并重新评估已扩展系统的性能。该方法简单、易行、效率高、成本低，适合改进型、小规模式产品的研发需求；缺点是系统性、全局性、综合性较差，不利于系统综合优化及未来扩展。

2）自上而下的设计，其原理是在需求分析基础上，将设计分为架构设计和具体设计两个阶段，其中架构设计属于顶层规划，不涉及具体的设计细节，而具体设计则基于架构设计的结果开展具体系统的细节设计。该方法具有系统性、全局性、综合性、扩展性好的优点，适合创新型、大规模式产品的研发需要；缺点是复杂、难度高、前期投入高。

这里介绍自上而下的纯电动汽车整车网络化控制系统设计方法。考虑到纯电动汽车整车网络化控制系统的复杂性，将其设计分为架构设计和具体设计两个阶段，其中架构设计又称整车电子电气架构设计阶段，具体设计阶段则为系统子部件的专项设计阶段。由此，纯电动汽车整车网络化控制系统设计的主要内容可概括为：

1. 整车电子电气架构设计

首先，全面、系统地分析纯电动汽车的功能和性能需求，开展整车电子电气（E/E）架构规划与设计，并开展方案性能评价与测试。本阶段重在对系统的架构进行规划性设计，不涉及具体系统子部件的细节设计。具体见第 4.2 节。

2. 车载网络通信系统设计

在架构设计的基础上，具体针对车载网络通信系统开展协议、标准、接口等专项细节设计，包括物理层、数据链路层和应用层协议开发，并对设计的通信协议开展仿真、测试分析，完善通信系统设计。具体见第 4.3 节。

3. 整车控制器设计

在架构设计的基础上，具体针对整车控制单元（Vehicle Control Unit，VCU），又称整车控制器开展专项设计，具体包括整车控制器系统方案设计、软件设计、硬件设计以及测试、调试及综合等。具体见第 4.4 节。

4. 整车控制策略

在架构设计和整车控制器设计的基础上，具体、深入地开展整车控制策略开发，主要包括整车控制的各种常规功能、算法、故障诊断及维护等。具体见第 4.5 节。

5. 主要网络部件的设计与选型

在架构设计的基础上，具体针对各种网络部件开展专项设计及选型，主要网络部件包括网关、Tbox、仪表板、中控屏以及域控制器等。具体见第 4.6 节。

4.1.4 技术趋势

随着人们生产与生活需求的进一步提升，纯电动汽车的配置和性能在快速发展，日益增长的信息量又导致了新的通信需求。同时，先进的信息技术如 5G、车联网、智能驾驶等的发展，又为纯电动汽车的发展提供了新的技术手段。

纯电动汽车控制技术未来的发展趋势主要包括以下方面：

纯电动汽车整车设计

1. 车-储-充一体化技术

纯电动汽车的动力蓄电池组一方面可以作为大电网系统的储能辅助设备，实现削峰填谷功能，另一方面又可以作为其他移动式用电装置的充电电源，实现用户电子设备如智能手机、智能办公设备等的移动式充电。车-储-充一体化的技术趋势对纯电动汽车控制系统设计提出了新要求。

2. 车载高速网络技术

纯电动汽车大量新增功能节点必然导致信息量增加，不断增长的通信需求需要更高带宽的车载网络出现，车载以太网技术近年来获得了快速发展。车载网络速率的提高对实现纯电动汽车功能扩展具有重要意义。

3. （跨）域控制架构技术

传统的分布式控制架构已经很难满足纯电动汽车控制系统综合化、智能化及网联化的需求。（跨）域控制架构技术的出现，可为设计模块化、规范化、系统化、综合化的整车网络化控制系统提供有力支撑，是研发高水平、智能化、网联化纯电动汽车不可或缺的关键性、基础性技术。（跨）域控制架构技术对纯电动汽车网络化控制系统的设计及发展具有重大意义。

4. V2X 无线通信技术

V2X 无线通信技术的发展，可以实现车内与车外实时系统的通信与互操作，对于纯电动汽车的安全、效率及便捷性提升具有重要意义。基于 V2X 技术实现纯电动汽车车载网络系统与车外系统如车、人、地面固定设施及监控中心的数据交换，是极具前景、同时也是有待深入研究的新课题。

5. 5G 联网技术

主要用于实现与移动通信及云端监控中心的高速、实时、可靠的联网及数据交换，对于纯电动汽车监管具有重要意义。

6. 智能网联控制

实现纯电动汽车的智能化、网联化驾驶，进而实现高度自治的智能交通系统、智慧城市系统，是纯电动汽车发展长期追求的目标。

4.2 整车电子电气架构设计

4.2.1 概述

整车电子电气架构设计是整车网络化控制系统自上而下设计开发过程中最重要的部分之一，其是指在功能需求、法规、设计要求等特定约束下，通过对功能、性能、成本、装配等各方面进行分析，求取优化的整车电子电气系统模型及解决方案，用于指导系统具体设计开发的顶层设计环节。

开展整车电子电气架构设计的意义在于通过对日益复杂的汽车电子控制系统设计开发进行总体规划研究，寻找优化的系统级解决方案，及早发现潜在问题并在规划设计阶段予以解决,以避免在后期开发及生产阶段造成巨大损失。这样可以大大缩短产品试制和开发的周期,降低成本,以适应日新月异的市场需求。

整车电子电气(E/E)架构设计是对汽车完整的电子电气系统开发进行总体规划的过程,必须由知识全面的工程师来执行这一部分的工作,因为其对于汽车各个方面的了解必不可少。

E/E架构开发的目标为制定一套优化的系统级解决方案,以保证所开发车辆控制功能的正常、可靠、高效运行,并使整车成本最低。它将直接影响到整车控制系统具体功能的定义、分配、数据网络的规划以及用电功率的分配。

在当今竞争激烈的市场环境中,汽车产品,尤其是新能源汽车,往往面临着开发周期长、开发成本高、性能与品质要求严格等多重挑战。为了应对此挑战,国外许多汽车厂商通常研发并拥有自己的汽车电子电气架构平台以及设计流程。国内对此项技术的研发还有待进一步提升。我国主机厂尚需重视并加速研发,以建立自主的整车电子电气架构平台及设计流程,提升整车电子电气系统的正向设计开发能力。

4.2.2 设计的基本流程与主要内容

整车电子电气架构设计的具体过程因开发目的及开发者不同而异,这里仅给出一个基本流程,如图4-3所示,主要包括车型定位、需求分析、逻辑功能架构设计、软件架构设计、硬件架构设计、架构评估、架构测试、输出设计文件。

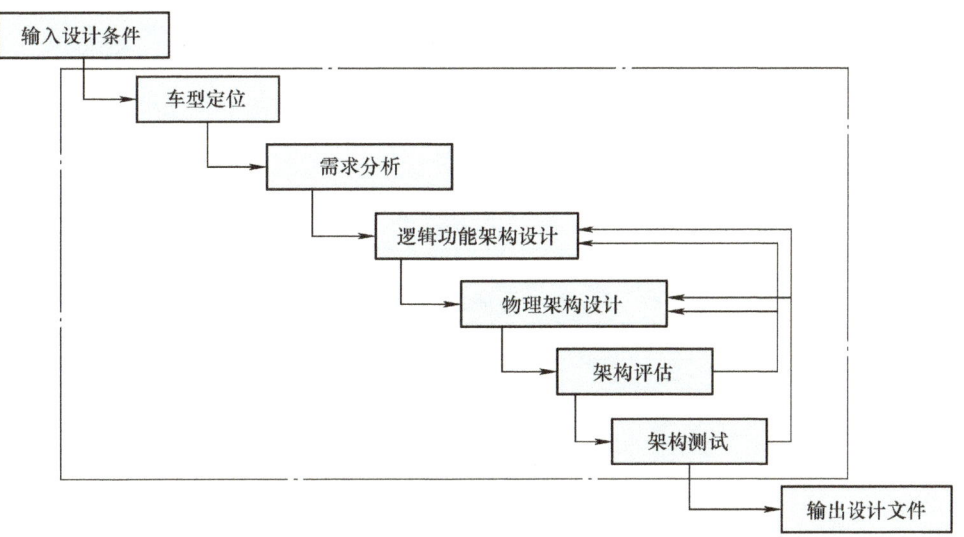

图4-3 一个整车电子电气架构设计基本流程

4.2.2.1 车型定位

车型定位是整个开发计划的起步,也是决定整车电子电气系统开发复杂程度的第一步。车型定位通常由市场企划部门、商品开发部门等综合当前市场状况、销售人群需求及对未来市场的评估，确定待开发车型的风格、外形、预销售地区、市场前景等内容。

如某新能源汽车公司，近期做出的一款新车产品的车型定位见表 4-2。

表 4-2 某汽车公司车型定位

序号	项目
1	纯电驱动型
2	面向城市上班族
3	经济型
4	中国北方地区
5	里程范围 300km
6	价格区间十万元左右
…	…

4.2.2.2 需求分析

需求分析首先是确定哪些需求要包含在所设计的架构中，这点对于保证系统开发的品质非常重要。需求通常包括操作性需求和功能性需求。操作性需求通常是系统的所有外部需求，主要包括商业、客户及法律法规等方面的需求。功能性需求通常是系统的内部需求，也就是为了满足系统的外部需求而需要系统本身完成的工作。需求分析的结果可用表格表示。表 4-3 为某汽车企业的需求分析表。

表 4-3 某汽车企业制定的需求分析表

项目	内容	备注
功能需求	客用	是
	货用	
	客货两用	
配置需求	制动能量回收	必备
	自动变速	必备
	自适应巡航	可选
	辅助驾驶	可选
	…	
法规需求	电磁兼容	强制
	安全	强制
	监管要求	强制/推荐
	…	
性能需求	动力性	
	经济性	
	续驶里程	300km
	温度适应性	−25~55℃
	…	

需求分析的第二步是确定功能配置清单，并建立完整的需求分析描述文件，同时制订验证整车及部件需求是否实现的测试规范与方法。

功能配置清单通常可依据对标车型、供应商、车型高低配等综合因素制定。表 4-4 为某纯电动汽车车型的功能配置清单（部分）。

表 4-4　某纯电动汽车车型的功能配置清单（部分）

功能配置	高配	低配
制动能量回收	有	有
无线充电	有	
电池快换	有	
电池热管理	有	有
远程监控	有	
远程软件更新	有	
远程故障诊断	有	
有线快/慢充电	有	有
胎压检测系统	有	
全景天窗	有	
无钥匙进入	有	
电动空调	有	有
紧急制动	有	有
电子驻车	有	有
倒车影像	有	有

4.2.2.3　逻辑功能架构设计

在需求分析的基础上，进一步开展逻辑功能架构设计。逻辑功能架构设计的内容主要包括逻辑功能定义、功能安全设计、信息安全设计、功能网络设计、功能分配等。

1. 逻辑功能定义

逻辑功能定义的任务是确定各子系统功能的逻辑或抽象描述，主要包括逻辑传感器、逻辑功能块、逻辑执行器等的描述。一般使用逻辑功能框图表示。图 4-4 所示为某汽车企业采用的逻辑功能定义示例。

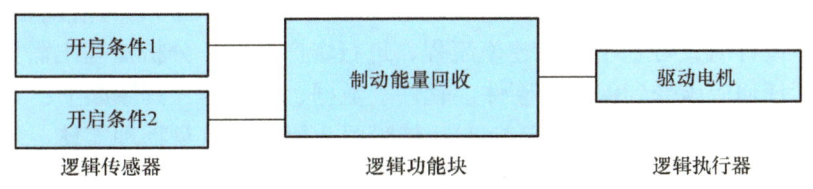

图 4-4　制动能量回收逻辑功能定义示例

2. 功能安全设计

功能安全设计可根据 ISO 26262：2011 进行功能安全分析，确定功能安全等级及对应的冗余需求。

功能安全等级的确定主要依据电控功能的失效危害及风险程度进行。功能安全等级的定义与设置可参考 ISO 26262：2011，通常分为四个等级，如图 4-5 所示（图中 ASIL 表示汽车安全完整性等级，QM 表示质量管理），如 ASIL A、ASIL B、ASIL C 和 ASIL D。具体可参见 ISO 26262：2011。

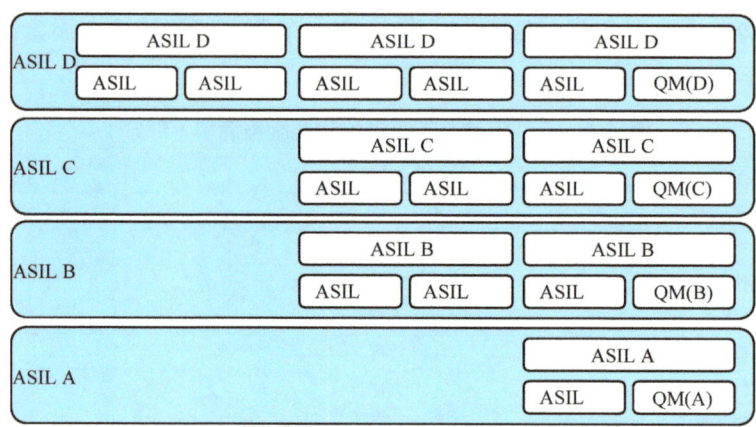

图 4-5　ISO 26262：2011 安全等级框图

在高度安全的应用中，一般为 ADAS-L3 及以上功能设计中，需要开展控制回路及供电回路冗余设计。图 4-6 所示为博世提出的 ADAS 冗余控制方案，该方案包含备份控制单元、备份网络、辅助执行器等。

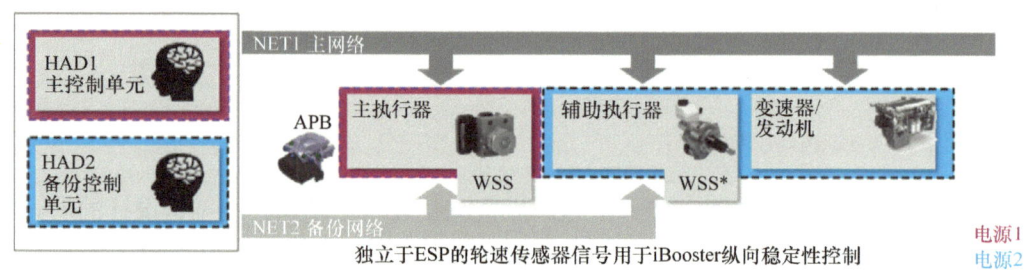

图 4-6　博世 ADAS 冗余控制方案

3. 信息安全设计

对于有外接通信接口的车辆子系统功能 / 控制器，信息安全也是需要考虑的，此部分的信息安全设计主要体现在功能 / 控制器本身与功能 / 控制器之间的通信校验机制等环节。

信息安全设计时，可基于系统建模流程，进行资产分解，分析梳理出需要保护的关键件，主要包括任何应该受到保护的硬件、软件、数据、服务等，具体如下：

1）车载电子功能组件，如特定 ECU、传感器、执行器自身物理实体、软件或本地数据资源、用户隐私数据、系统核心数据、运行日志文件等。

2）车载电子功能组件之间的信息流、通信矩阵及网络拓扑结构等。

3）车载远程功能或服务，如远程起动、远程开空调、蓝牙钥匙、远程下载更新（OTA）等。

4）车辆与外部连接的物理接口、公 / 私有协议或服务端口等。

信息安全的设计可按照威胁严重等级进行分级设计，可在有效保证整车信息安全的同时保证研发资源的合理利用。

威胁的严重等级，可从功能安全、隐私、财产和操作四个评估维度进行分析，将其分为 5 个等级，从低到高分为 S0~S4。表 4-5 为某汽车企业制定的信息安全分级表。

表 4-5　某汽车企业制定的信息安全分级表

分级	威胁严重度	隐私	经济	操作性
S0	无伤害	没有非授权的数据访问	没有经济损失	对操作性能没有影响
S1	轻微或中度伤害	仅对匿名数据（无特定的车辆驾驶人数据）的非授权访问	低等级的经济损失	产生对驾驶人不明显的影响
S2	严重伤害（可能生还），或对多辆车的轻微或中度伤害	对车辆的标识或多个车辆的匿名数据的非授权访问	中度经济损失或对多辆车的低等级经济损失	驾驶人能感知到性能的降低或对多个车辆不明显的影响
S3	威胁生命（不确定是否能生还），或对多辆车的严重伤害	对驾驶人或车辆的跟踪标识，或对多个车辆的非授权访问	重大的经济损失或对多车辆的中度经济损失	对性能产生重大的影响或对多辆车有显著性能影响
S4	威胁生命，或对多辆车的致命伤害	对多辆车的驾驶人或车辆的跟踪信息的非授权访问，获取多辆车的驾驶人或汽车的轨迹	对多辆车的重大经济损失	对多辆车的重大性能影响

4. 功能网络设计

功能网络的设计是对逻辑功能块间建立联系的设计过程。功能网络的设计需要分析各个功能子系统包含的完成功能块、逻辑传感器、逻辑执行器及其连接关系，比如制动能量回收，需要制动系统、发电系统、动力蓄电池系统及仪表协同工作实现，其功能网络的设计如图 4-7 所示。

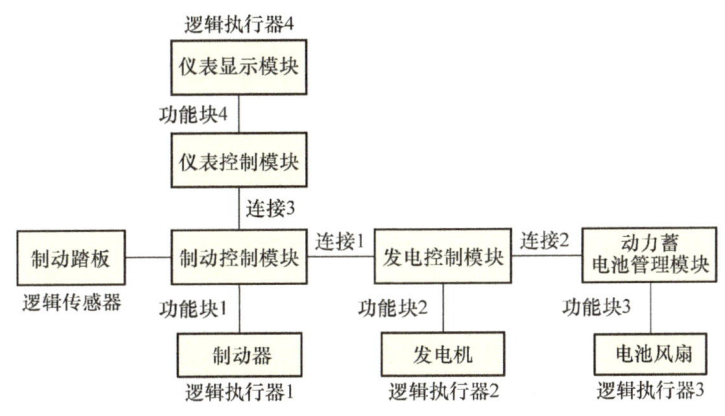

图 4-7　制动能量回收功能网络的设计

5. 功能分配

功能分配是将逻辑功能块分散到各个具体的硬件功能模块中的过程，其是电子电气架构设计最重要的环节之一。功能分配结果将对硬件部件、信息通信、功率分配以及线束设计带来直接影响。功能分配的结果也决定了电子电气架构的特性。

功能分配遵循的原则通常有：
1）功能集中原则。
2）位置集中原则。
3）电气特性需求原则。
4）成本原则。
5）维护方便性原则等。图 4-8 所示为博世公司发布的汽车电子电气架构发展趋势。

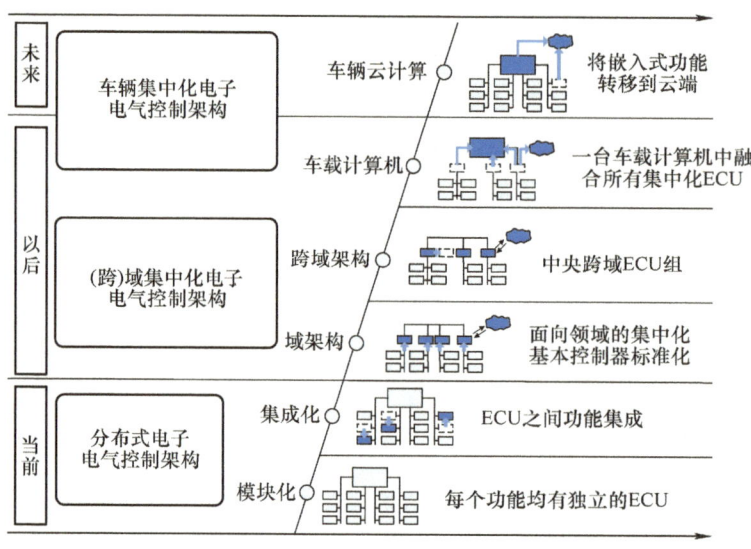

图 4-8 博世公司发布的汽车电子电气架构发展趋势

如图 4-8 所示,汽车电子电气架构的发展分为三个大的阶段:分布式电子电气控制架构、(跨)域集中化电子电气控制架构和车辆集中化电子电气控制架构。

其中分布式的架构又分为早期的模块化模式和近期的集成化模式,如图 4-9 和图 4-10 所示。前者的功能分配特征为:每个功能均由独立的电子控制单元(ECU)实现,即每一个功能都被分配给一个独立的 ECU,各 ECU 分布在不同的位置,相互之间可通过通信实现协同工作;后者则实现了部分功能的小规模集成,即多个功能运行在一个 ECU 上,如集成电机控制和变速器控制功能的功率控制器(PCU)等。

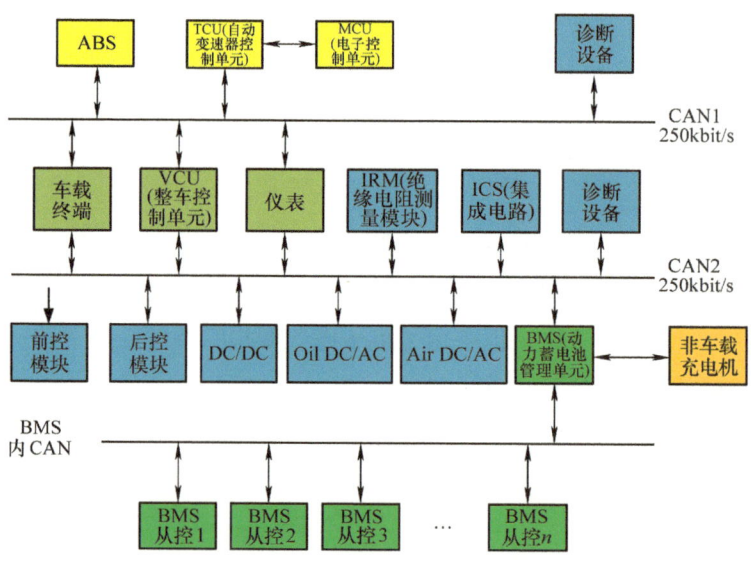

图 4-9 福田纯电动客车的多 CAN 分布式架构车载网络示意图

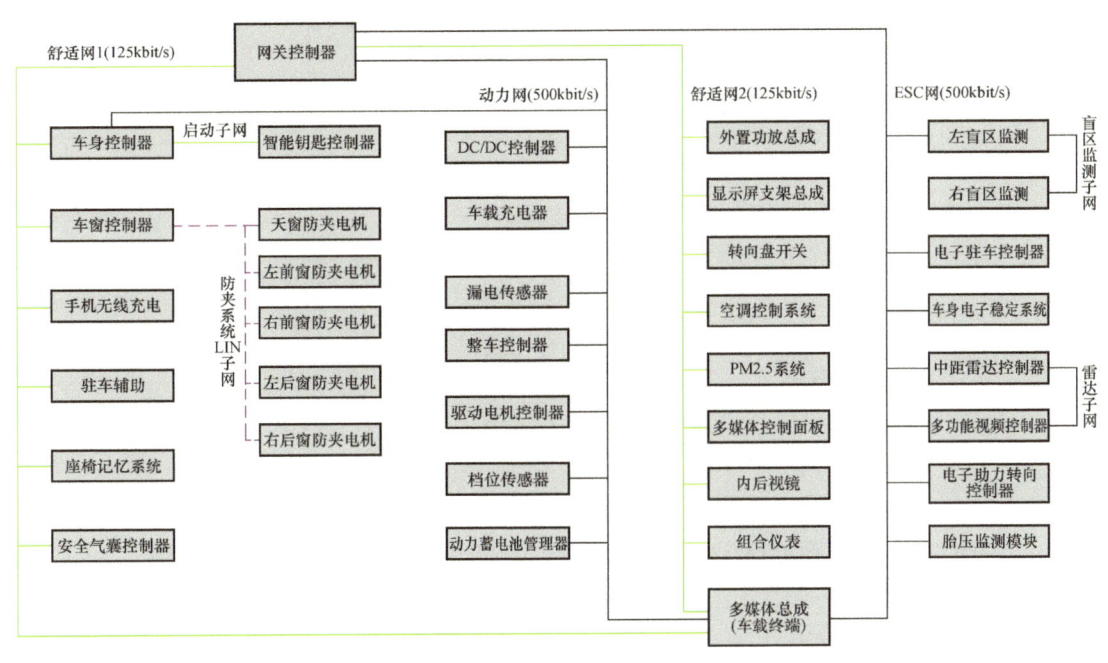

图 4-10 比亚迪纯电动汽车的多 CAN 分布式架构车载网络示意图

（跨）域集中式架构阶段，根据功能的集中程度，可分为域架构模式和跨域架构模式。其中域架构模式下，由域控制器（Domain Control Unit，DCU）实现一个域内各种功能的集成管理，各个 DCU 之间又通过高速车载网络互连；跨域架构模式下，则进一步实现了两个及以上域功能的集中化，形成跨域控制器（Cross-DCU）。图 4-11 所示为某国外汽车企业采用的域控制架构方案。

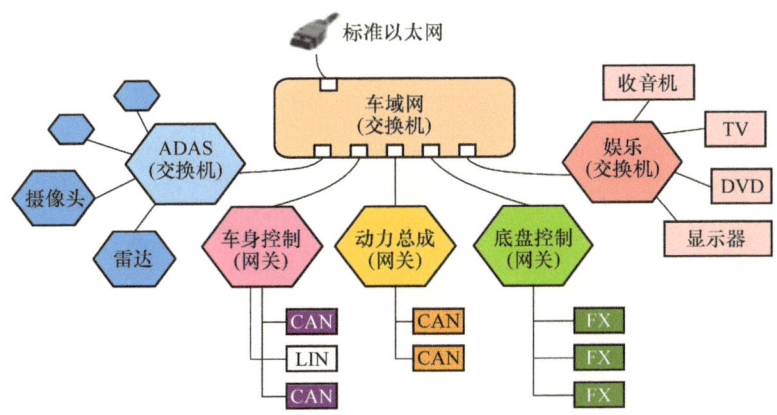

图 4-11 某国外汽车企业采用的域控制架构方案

车辆集中式架构阶段，则由一台中央车载计算机集中化处理车辆的所有核心功能，并且随着信息与网联系统的发展，未来将由云计算来协同处理先进的车辆功能。图 4-12 所示为国外某纯电动汽车公司在新型车上采用了中央控制单元及集中式网络化控制架构。

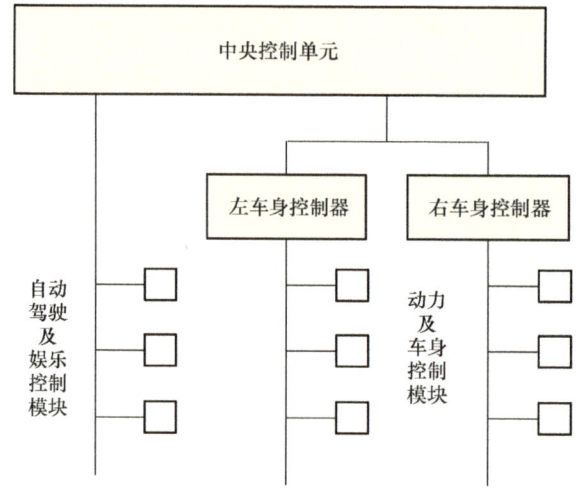

图 4-12　国外某纯电动汽车公司采用的中央控制单元及集中式网络化控制架构

4.2.2.4　物理架构设计

物理架构设计主要是指将逻辑功能架构设计映射到实体系统的规划性开发过程。在这一环节，需要根据逻辑功能架构设计中的各种逻辑功能定义及其连接关系描述等信息，结合法规、成本要求，编写实体系统规划性设计规范文件。物理架构设计的主要内容可包括电能分配规划设计、网络拓扑规划设计、软件架构设计、硬件架构设计等。

1. 电能分配规划设计

电能分配规划设计的主要任务是对整车电气/电子系统的供电线路及上电时序进行分配的规划性描述。电能分配规划设计通常采用表格表示。表 4-6 为某品牌汽车电能分配规划表格。

表 4-6　某品牌汽车电能分配规划表格

	VCU	BMS	MCU	EPS	DC/DC变换器	高压接触器	电机接触器	充电接触器	充电机
OFF（关）									
ACC（巡航）	●	●			●	●			
ON（开）	●	●	●	●	●	●	●		
CH（充电）	●	●						●	●

注：● 表示供电。

2. 网络拓扑规划设计

网络拓扑规划设计的主要任务是对整车电子电气系统的通信线路及其拓扑结构方案设计进行规划性描述。网络拓扑规划设计是开展网络系统设计的工程原理图。图 4-13 所示为某品牌纯电动汽车网络拓扑规划原理图。

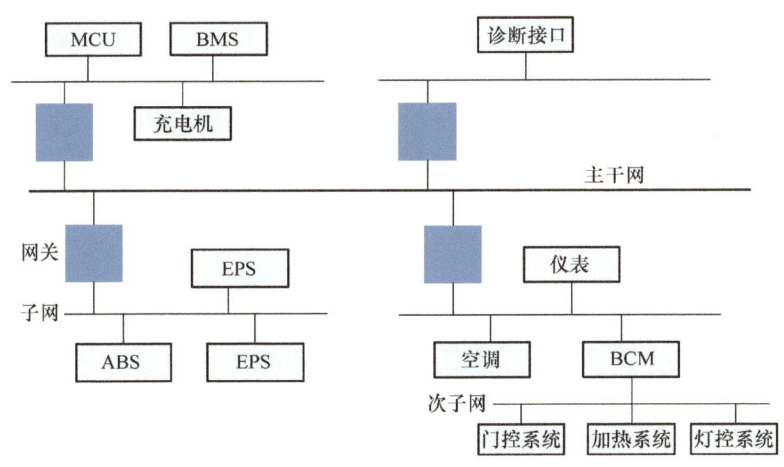

图 4-13 某品牌纯电动汽车网络拓扑规划原理

3. 软件架构设计

软件架构设计的任务是为各车载 ECU 的软件开发制定或选定一套框架级指导标准及开发、测试规范。对于有实力的汽车企业，可以根据具体需要规划、开发最优化的软件架构，以应对快速发展的汽车控制技术需要。而对于大多数纯电动汽车企业，则可以直接选用国际上主流的开放式架构标准。目前纯电动汽车通常可选用的开放式架构标准主要有 OSEK、AUTOSAR 等。

图 4-14 所示为某汽车企业采用的基于 AUTOSAR 的软件架构原理示意图。

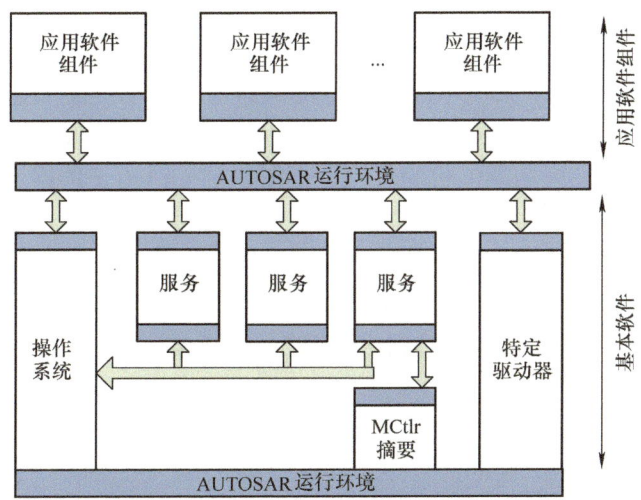

图 4-14 基于 AUTOSAR 的软件架构原理示意图

4. 硬件架构设计

硬件架构设计的主要任务是根据逻辑功能架构设计中的各种逻辑功能定义及其连接关系描述等信息，结合法规、成本要求，编写车载 ECU 硬件功能结构与接口规范描述。为了生产及售后的方便，有时还需要考虑是否具备诊断、刷写以及编码等功能。如果需要，在零部件的硬件功能结构与接口规范中进行清晰描述。规范文件明确了各部件需要实现的功能并规定好系统之间的接口，可用于指导各实体零部件的具体设计。

图 4-15 所示为某汽车企业制定的 VCU 硬件功能结构和接口规范方案原理图。

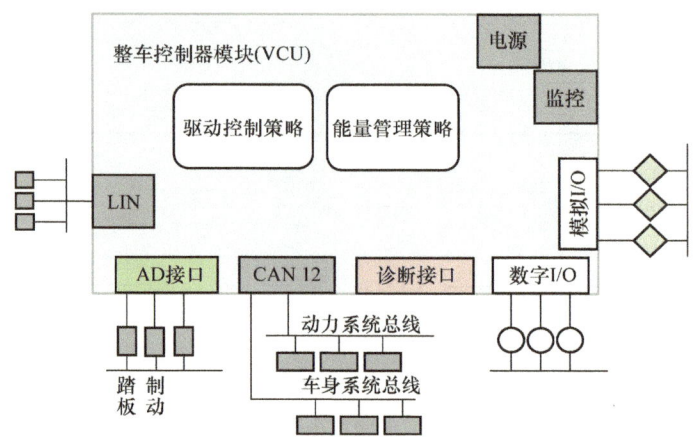

图 4-15　VCU 硬件功能结构和接口规范方案原理图

4.2.2.5　架构评估

架构评估是对设计的架构模型进行评估和变型比较的过程。

架构评估可采用基于评判准则的表格法和基于技术指标的雷达图分析法。

1. 基于评判准则的表格法

评判准则由企业内部相关领域的专家共同制订，主要包括选定的指标因素和选定评价指标因素的权重。

如某汽车企业基于以下因素考虑：

1）市场上用户使用及未来需求的变化。根据当前电控功能配置趋势，在电子电气架构设计时应充分考虑当前车型量产时，应具备的电控功能搭载需求，即保证架构的扩展性，比如预留网段用于扩展功能信号的传输，预留通信接口用于扩展功能的通信等。

2）开发成本。整车成本是车辆能否被市场充分认可的关键因素，影响架构成本的因素包括控制器数量及成本，线束长度及类型，通信形式等。

由此，评估准则表可以制定为：以可扩展性、成本为主指标因素，以车型定位（经济型）设定主权重系数，可扩展考虑次指标因素及其权重系统。表 4-7 为某汽车企业制订的架构评估准则表格。

表 4-7　某汽车企业制订的架构评估准则表格

序号	主指标因素	得分	主权重	次指标因素	得分	子项权重	备注
1	可扩展性	90	0.5	总线负载	90	0.3	百分制/分级制
				各网段 ECU 数量	90	0.3	
				ECU 的硬件可扩展性	80	0.4	
2	成本	80	0.5	材料成本	80	0.5	…
				人力成本	90	0.3	
				能源成本	70	0.2	
…	…	…	…	…	…	…	…
最终得分	（注：为各主指标因素得分的加权求和）						

2. 基于技术指标的雷达图分析法

对于更一般意义上的架构评估，可主要集中于架构成本、架构拓展性、架构灵活性、架构安全性、架构可靠性、整车能源管理、子系统间的关联性、网络负载情况、零部件平台化、售后检测维修和整车布置 11 个可选技术指标。工程中可以利用雷达图分析方法，将上述指标量化并合并在一起，进行直观的评估。图 4-16 所示为某电动汽车企业针对车载网络开发采用的 6 指标评价法雷达图。

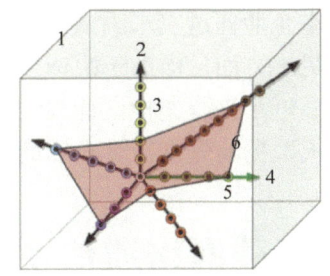

图 4-16 某电动汽车企业采用的车载网络架构评价雷达图
1—成本 2—扩展性 3—灵活性 4—负载情况
5—售后检测维修 6—整车能源管理

4.2.2.6 架构测试

架构测试是对设计的架构进行功能和性能检验的过程。
架构测试通常分为仿真测试和实车测试。

1. 仿真测试

架构设计往往比整车开发提前 2~3 年，此时并无实际车辆可供架构测试验证。考虑到验证周期越长，存在的风险越大，仿真测试是一个比较快速、高效的手段。

架构测试的仿真可以借助成熟的仿真软件如 MATLAB/Simulink 构建系统模型开展，也可以进一步采用硬件在环实时仿真设备进行，其原理与车载 ECU 的仿真测试类似，一般流程包括概念设计、分析与设计、建模与仿真、硬件 I/O 设置、功能实现、实时硬件下载、实时监控与调节测试、自动化测试等。

图 4-17 所示为某汽车企业搭建的基于 dSPACE 的架构测试的仿真流程示例[6]。

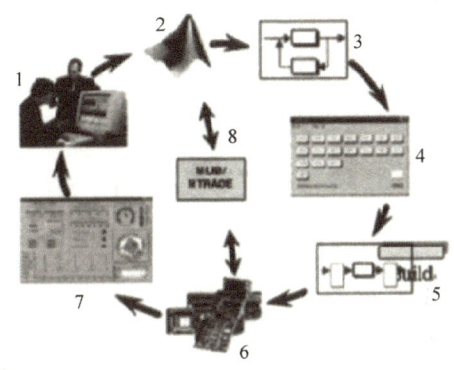

图 4-17 基于 dSPACE 的架构测试仿真流程
1—概念设计 2—分析与设计 3—建模与仿真
4—硬件 I/O 设置 5—功能实现 6—实时硬件下载
7—实时监控与调节测试 8—自动化测试

2. 实车测试

实车测试准确性高，是整车企业研发工作的重要内容。国外大多数实力雄厚的汽车企业都拥有庞大、系统的架构测试团队及设备。整车架构实车测试的主要内容包括功能测试、性能测试、网络测试、诊断测试、EMC（电磁兼容性）测试，其具体内容及说明见表 4-8。

表 4-8 架构测试具体内容及说明

测试内容	说明
功能测试	整车级集成功能测试、系统级集成功能测试、功能接口测试等
性能测试	整车电气系统性能测试等
网络测试	物理层测试、通信层测试和网络管理测试等
诊断测试	系统参数配置、软件刷新、DTC 测试、I/O 控制测试、传输服务测试等
EMC 测试	EMI（电磁干扰）测试和 EMS（电磁敏感度）测试

汽车企业通过实车测试可以获得大量车辆运行实际参数，一方面可以对被测车型进行评估，另一方面，借助于快速发展的大数据分析技术，可为设计更合理的电子电气架构提供支持。近年来，架构设计与测试越来越受到汽车企业的重视，架构设计者应尽快适应掌握基于大数据的先进计算机辅助设计方法。

4.3 车载网络通信系统设计

制定一个整车网络通信协议主要内容是参照 ISO/OSI 参考模型的网络层次结构对整车网络的物理层、数据链路层和应用层进行设计。

整车网络 CAN 的层结构如图 4-18 所示。

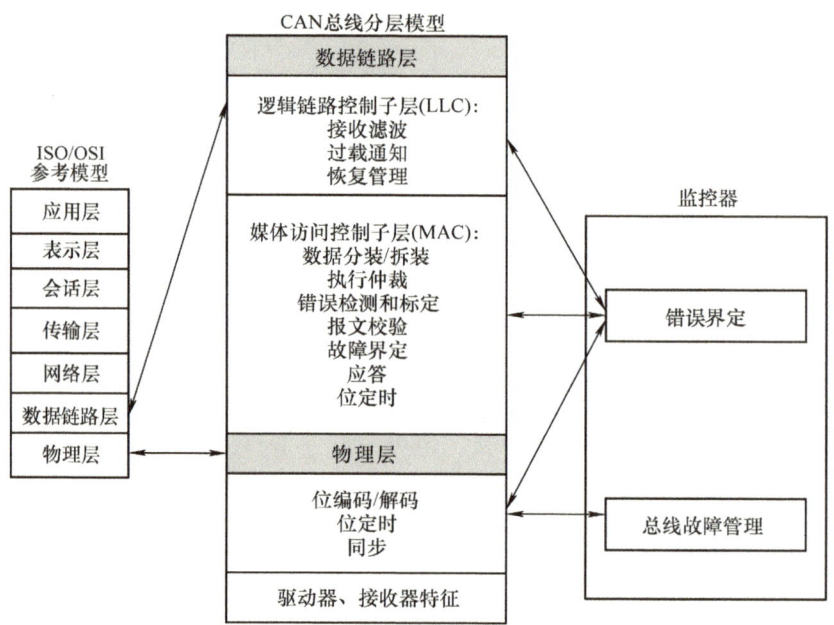

图 4-18 整车网络 CAN 的层结构

4.3.1 概述

4.3.1.1 关键技术问题

构建一个现场总线网络，需要解决的关键技术问题有：
1）总线传输信息的速度、容量、优先等级、节点容量等。
2）高电磁干扰环境下的可靠数据传输。
3）最大传输距离和延时大小的确定。
4）网络的容错技术。
5）网络的监控和故障诊断功能。

要解决以上问题，需要充分考虑现场总线网络所采用的总线类型，因为以上问题和总线的性能特点是密切相关的，下面就看一下 CAN 总线的上述特性：

1）CAN 总线网络传输速度最高可达 1Mbit/s，并采用无损仲裁，通过报文标识符指示报文优先级。

2）CAN 总线采用差分信号传输，并采用可靠的数据校验和错误检测机制。

3）CAN 总线采用帧传输，每个报文允许传输最多 8B，帧结构有严格规定，能够确定最大传输延时。

4）CAN 总线具有可靠的错误机制和检测机制，发送的信息遭到破坏后可以重新发送。

5）节点在错误严重的情况下，具有自动退出总线的功能。

6）可以通过制定 CAN 总线应用层协议解决网络监控和诊断。

CAN 报文的分配包含报文标识符的分配和报文数据的分配，报文格式的定义，实质是将 CAN 报文的分配规则进行详细的描述。

报文 ID 的定义：CAN2.0A 帧，11 位 ID；CAN2.0B 帧，29 位 ID。

报文数据的定义：每帧报文最多包含 8B 数据。

在 CAN 网络中通过报文的标识符进行信息的区分，因此通过报文的各种标识符分配来达到建立信息链接的目的。报文有周期性报文和问答性报文。

4.3.1.2 整车网络设计开发

进行整车网络设计开发分为如下六个步骤。

1. 确定网络物理层

1）网络拓扑结构（网络中有几个控制器）。
2）网络执行的是 CAN2.0A 还是 CAN2.0B。
3）确定通信速率（商用车一般采用 250kbit/s，乘用车一般采用 500kbit/s）。
4）采用的线缆型号。
5）干线和分支线的长度（表 4-9）。
6）总线的终端电阻及其接入方式。

表 4-9 多个 ECU 的 CAN 网络拓扑结构干线和分支线的长度参数举例

参数	符号	最小值	正常值	最大值	单位	备注
电缆线总长度	L_Σ	—	—	25	m	主干线以及所有分支电缆的长度总和
ECU 分支电缆长度	L_1	0	—	1	m	
汽车上诊断口电缆长度	L_6	0	—	1.5	m	
离线测试工具端电缆长度	L_5	0.1	—	1.5	m	

经过整车网络需求分析，提取出满足整车功能开发所需要的全部网络节点，搭建网络拓扑则是接下来最重要的一步。为了兼顾经济性、提升网络开发效率，主机厂往往把信号交互依赖度高、信号交互实时性要求相似、控制功能定义分类相同的控制器放到同一网段，不同网段的信号交互则通过网关（GW）进行信号中转，网关则提前定义好路由类型。图 4-19 所示是北汽某车型的网络拓扑结构。

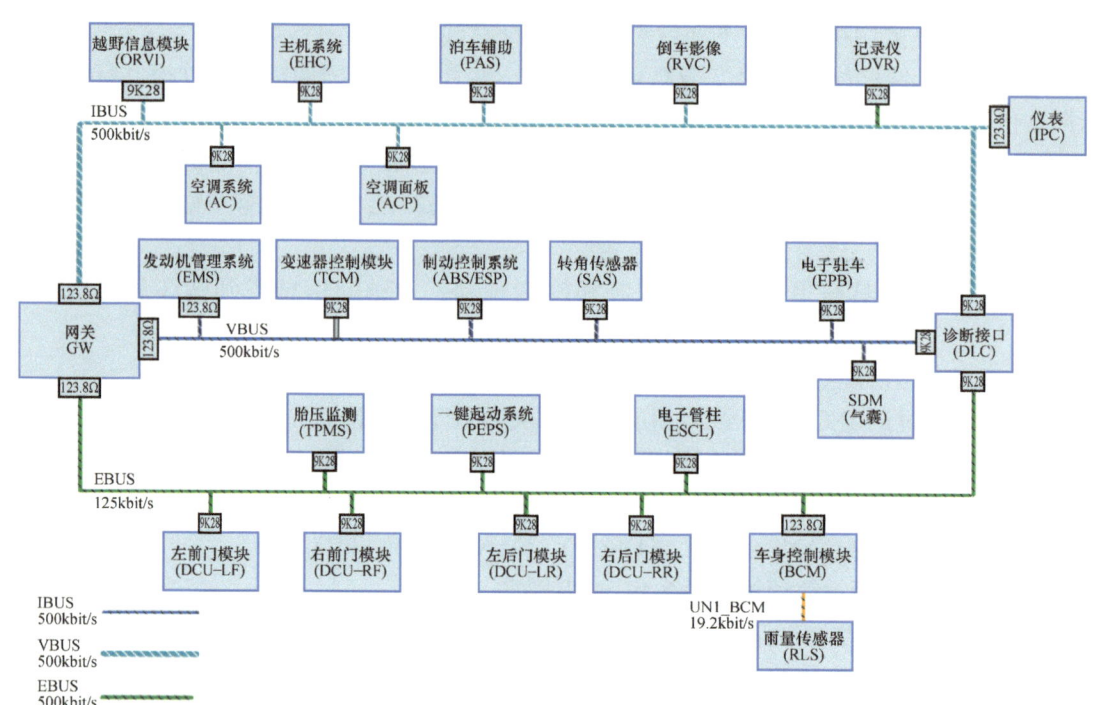

图 4-19 北汽某车型网络拓扑结构

基于 ISO 11898：2015 总线型的网络拓扑，为保证网络正常工作，选择合适的终端电阻显得特别重要。由于高频信号传输时，信号波长相对传输线较短，信号在传输线终端会形成反射波，干扰源信号，所以需要在传输线最远端加终端电阻，使信号到达传输线末端后不反射。

归纳起来，CAN 终端电阻有两个作用：吸收信号反射和回波。如果没有终端电阻，总线相当于处于开环状态，根据产生信号反射的来源，这种连接方式会导致单线上阻抗更加不连续，在末端阻抗突然变为 0，会导致反射成倍增加，信号质量变差。

因此，在每个网段上选择相对传输线距离最长的两个网络节点作为匹配电阻的网络节点，根据 ISO 11898-2（高速媒介访问单元），静态状态下总线上需要保持 60Ω 电阻。为了保证规范性和标准化，经过计算，统一取终端节点电阻为 123.8Ω，总线上其他网络节点电阻值保持为 9.28kΩ。

多个 ECU 的 CAN 网络拓扑结构参数如图 4-20 所示。

其他要求：

1）电缆类型：双绞线，45~60 绞 /m。
2）电缆单位长度特征电阻要求：< 60mΩ/m。
3）电缆单位长度传输延迟：< 5.5ns/m。
4）线芯截面面积最小值 0.35 mm^2，最大值 0.5 mm^2。
5）为装配插接器，电缆可以被拆开 50mm（最好拆开长度不超过 25 mm）。
6）L1、L2、L3、L4 互不相等。
7）D1、D2、D3 互不相等。

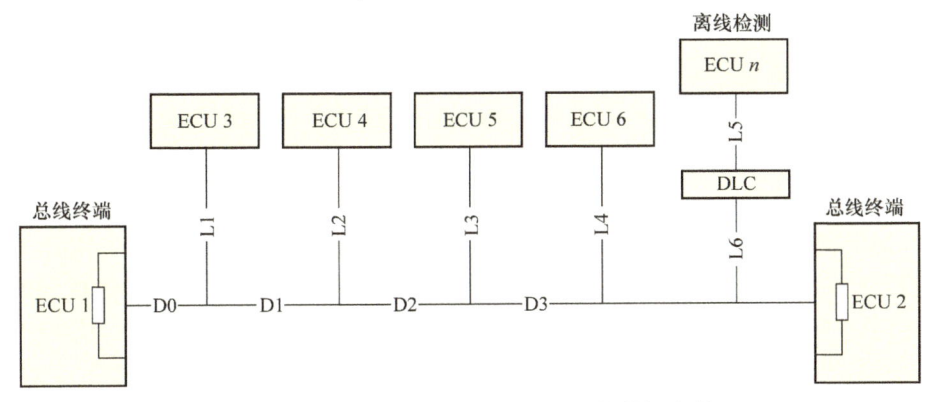

图 4-20 多个 ECU 的 CAN 网络拓扑结构参数

8) 总线终端的位置要根据拓扑结构定，可以布置在 ECU 内部，终端应该在两个距离最远的 ECU 上。通常要求发动机控制器内部集成终端电阻。所以在决定终端位置时，需线束工程师提供整车布置情况。CAN 接口工程师根据线束工程师提供的拓扑结构，确定终端电阻在哪个 ECU 上。

2. 确定每个控制器的收发信号、信号的类型（偏移量和比例因子或分辨率）和发送周期

通信协议是各个网络节点信息交互规则和标准的集合，要实现车内多个 ECU 之间的正确通信，由于网络通信数据量巨大，必须制定正确的规则，才能使信号简单易懂。一般网络上传输的信号有状态信号、开关量信号、标志位信号、警报信号和命令信号等。某车型项目开发网络信号命名规则见表 4-10。

表 4-10 信号命名规则

信号总类缩写	缩写类别	信号全称
MessageName_Sw_	Switch	SDM1_Sw_frontFogLamp
MessageName_St_	Status	SDM1_St_FrontCrash
MessageName_Cmd_	Command	BCM2_Cmd_LFDoorLock
MessageName_N_	Number	SDM2_N_DriverPosition
MessageName_W_	Warning	SDM1_W_SystemLamp
MessageName_F_	Failure	SDM1_F_System
MessageName_RollingCounter	Rolling Counter	SDM1_RollingCounter
MessageName_Checksum	Checksum	SDM1_Checksum
NM_{control-unit}	NetworkManagement request	NM_EMS
Diag_Req_{control-unit}	Diagnosis request	Diag_Req_EMS
Diag_Resp_{control-unit}	Diagnosis response	Diag_Resp_EMS

在上述信号规则的约束下，例如远光灯打开信号就可以定义为 BCM1_Cmd_HighBeem；发动机转速信号为一个具体的数值，则可以定义为 EMS1_N_EngineSpeed，由于发动机转速涉及安全等级，则发动机转速具有标志位，可以根据本规则定义为 EMS1_F_EngineSpeed。

网络开发过程中，通信信号的定义通常是为保障某一项功能正常工作而开发的，单个控制器肯定不会单独存在。首先，需要确定该控制器的输入和输出，即需要哪些传感

器、开关、执行器,需要有哪些操作和如何执行。然后,分析该控制器所需信号中哪些从CAN网络上获得,哪些从硬线获得,哪些可以发到CAN网络上。

信号定义主要包括信号名称、信号周期、信号发送节点、信号接收节点、比例因子、发送格式(Motorola、Intel)、周期或者时间、信号在报文中位置以及在报文中的长度,对于报文安全等级高的信号还需要CRC校验,以及发送rollingcounter值校验报文是否丢帧。

由于CAN总线上传输的数据最多8B,每个字节实际范围为0~255,实际工程量数据是浮点型的,有正负,有小数点,通过比例因子和偏移量将具体的工程量信号转换为CAN总线能发送的数据信息。计算为公式

$$工程量 = (CAN 数据 + 偏移量) \times 比例因子 \qquad (4-1)$$

比如纯电动汽车动力蓄电池充放电电流偏移量是-400A,分辨率是0.1A/位,则实际电流=(CAN数据×0.1)-400。

以EMS为例,设计EMS报文时首先要考虑其他控制需要EMS提供哪些信号(需要EMS发送出来)、其他控制器需要提供哪些信号给EMS、EMS信号安全等级是否符合要求等。通常EMS接收大量传感器信号,并对整车转矩输入、输出实时性有着严格要求,因此周期一般定义为10~50ms。

通过需求分析,EMS需要发送加速踏板、发动机转速、实际转矩、请求转矩、目标怠速、节气门状态、环境温度、环境压力、制动踏板、目标档位、实际档位、巡航开关、燃油消耗、暖机循环状态、油压状态、发动机运行状态、压缩机状态、燃油质量、发动机故障灯、发动机转矩、发动机防盗认证信息等。

EMS正常工作需要接收变速器发送的档位状态、需求转矩、节油提示、油温信号、TCU运动模式指示、换档过程状态、输入输出轴转速、发动机转速提升请求、发动机转速下降请求;ESP发送的发动机转矩请求、最大转矩、最低转矩、四个轮速;仪表发送的燃油液位;AC发送的环境温度、压缩机请求、中压开关;EPB发送的驻车信号、巡航取消控制信号;SDM发送的碰撞信号;PEPS发送的整车电源状态信号、允许发动机起动信号、IMMO认证信号等。另外,GW为网关,IPC为仪表,BCM为车身控制器,ESP为车身电子稳定系统,CAPE为总线标定设备。

因为发动机涉及整车安全,所以每一帧信号里面都有checksum和rollingcounter,定义信号的时候要定义清楚无效值和最大值以及初始值,任何一个技术细节的缺失都将导致整车功能的紊乱。图4-21所示为EMS信号交互图。

3. 确定每个控制器收发报文的ID

网络ID是在网段上传输的唯一表示符。根据ISO 11898,ID数值越小,则优先级越高,因此在ID制定时必须遵循一定的原则,对周期要求实时性比较高的报文,ID尽量小,报文实时性要求不高的,则可以适当放大。网络ID包含应用型报文、网络管理报文、诊断报文,各个类型的ID应用规则不一致,场合也不相同。单个控制器可能会有多个ID,这些ID具有唯一属性,虽然不同网段之间网段ID相同不会引起冲突,但是为了日后平台化开发,在最初制订ID时尽量保证单个ID的唯一属性。

某车型三个网段的ID定义规则见表4-11。在开发初期为控制器定义好ID范围,需要定义报文时严格按照表4-11执行。

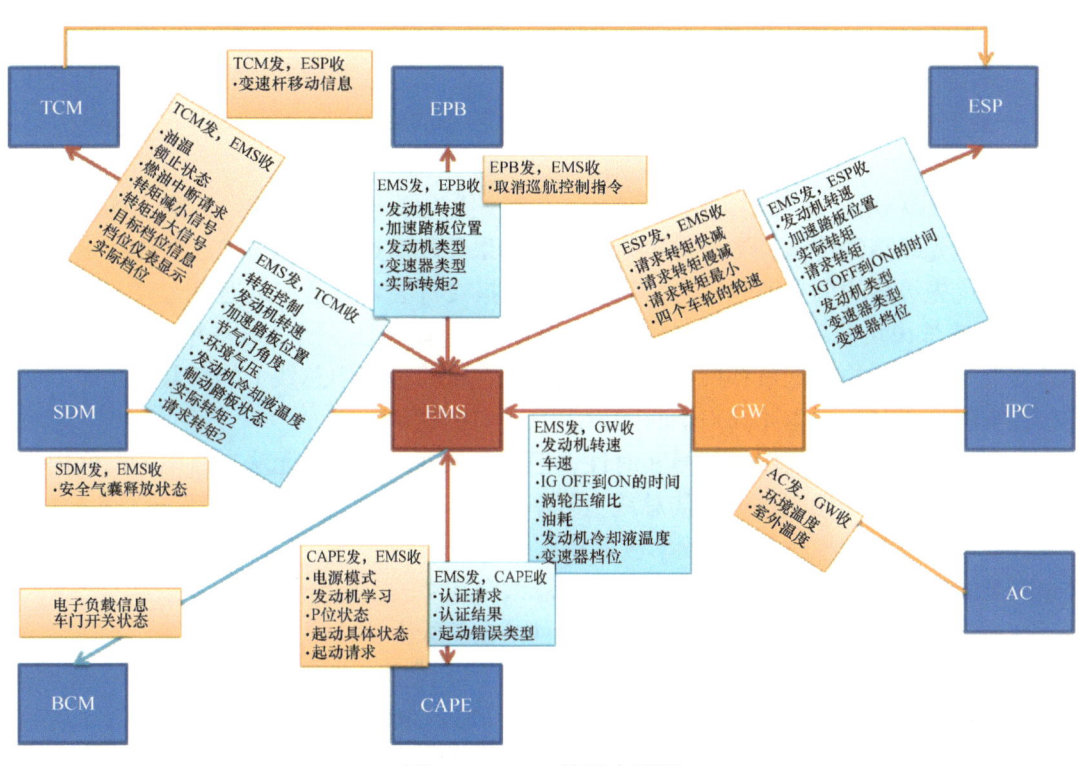

图 4-21 EMS 信号交互图

表 4-11 ID 定义规则

序号	网段	节点名称	应用 ID 范围	网络管理 ID	诊断 ID
1	VBUS（动力 CAN）	EMS	0xA0~0xA5	无	0xE0
2		TCM	0xE0~0xE1	无	0xE1
3		EPB	0x10~0x11	无	0x18
4		ESP（ABS）	0x40~0x42	无	0x10
5		SAS	0x43~0x43	无	0x14
6		SDM	0x30~0x30	无	0x21
7	IBUS（信息 CAN）	ORIV	0xF0~0xF1	x2C	0x2C
8		EHC	0x22~0x22	x2D	0x2D
9		PAS	0x90~0x91	x28	0x28
10		AC	0x75~0x76	x23	0x23
11		ACP	0x77~0x78	x30	0x30
12		RVC	0x94~0x94	x27	0x27
13		DVR	0x96~0x97	x40	0x40
14		IPC	0x20~0x21	x24	0x24
15	EBUS（车身 CAN）	BCM	0x60~0x62	x25	0x25
16		PEPS	0x70~0x81	x29	0x29
17		ESCL	0x71~0x71	x2A	0x2A
18		DCU-LF	0x63~0x64	x2E	0x2E
19		DCU-RF	0x65~0x66	x2F	0x2F
20		DCU-LR	0x67~0x68	x38	0x38
21		DCU-RR	0x69~0x6A	x39	0x39
22		TPMS	0x72~0x72	x22	0x22

为了保障固定范围内 ID 唯一，网络管理报文中 X 定义为 4，诊断报文中 X 定义为 7，其他字符段则根据不同的控制器选择不同的字符（X=0 一般预留，优先级特别高的时候使用），一般 EMS、TCU 优先级较高，则 X 选择比较小的数字。

4. 进行网络负载率等仿真分析

CAN 总线利用仲裁机制进行网络信号传输，优先级高的报文优先传输，优先级低的报文则等优先级高的传输完毕后再进行传输。如果负载率过高，则总线上优先级低的报文为了保证优先级高的报文先行发送，优先级低的报文将会大大增加延迟发送时间。

首先是总线负载率的计算：CAN 总线负载率是总线上各帧总线占用的百分比之和，即总线上实际传输的数据量和标称位速率之比，在传输过程中总线上的负载率是时刻变化的，在实际计算时，只能计算一个时间段内的平均负载率。

负载率越低，则越能保证信号实时性，但是负载率太低，就无法在有限的时间内传输足够的数据。根据经验理论，最佳总线负载率为 30% 左右。总线负载率表征了 CAN 总线的工作状况，通常 CAN 总线负载率应保持在一个较低的水平，这样即使优先级较低的报文也能及时发送出去，或等待很少的延时。总线负载率的上限经验值为 30%[7]。

在分析完几种帧的结构后，开始分析每种帧在总线上传播时所占用的位。

1）标准帧所占用的长度为：1（帧起始）+11（11 位 ID）+1（RTR）+1（IDE）+1（保留 0）+4（数据长度）+8×dlc（数据长度，每个 8bit）+15（CRC）+1（CRC 界定符）+1（应答间隙）+1（应答界定符）+7（帧结尾）+3（帧间空间），即 47+（8×dlc）。

2）扩展帧所占用的长度为：1（帧起始）+11（11 位 ID）+1（SRR）+1（IDE）+18（扩展 ID）+1（RTR）+1（保留 1）+1（保留 0）+4（数据长度）+8×dlc（数据长度，每个 8 位）+15（CRC）+1（CRC 界定符）+1（应答间隙）+1（应答界定符）+7（帧结尾）+3（帧间空间），即 67+（8×dlc）。

3）错误帧所占用的长度为：6（错误标志）+8（错误界定符），即 14。

在计算 CAN 总线的负载时还需要注意的一个问题是实际的编码，编码即位流编码（Bit Stream Coding）。帧的部分，诸如帧起始、仲裁场、控制场、数据场以及 CRC 序列，均通过位填充的方法编码。无论何时，发送器只要检测到位流里有 5 个连续相同值的位，便自动在位流里插入一补充位。

数据帧或远程帧（CRC 界定符、应答场和帧结尾）的剩余位场形式固定，不填充。错误帧和过载帧的形式也固定，但并不通过位填充的方法进行编码。

最好的情况是没有位填充，最坏的情况是所有需要进行编码的位均需要进行位填充，这时，标准帧里填充的位数最大不超过 $\lfloor [34+(8×dlc)-1]/4 \rfloor$（$\lfloor \rfloor$ 表示向下取整），同样，扩展帧里需要填充的位数最大不超过 $\lfloor [54+(8×dlc)-1]/4 \rfloor$。

因此在完成对数据帧的位数分析后，可以开始对负载率进行计算。在程序中编写一个程序，收到每个帧后对当前平均负载率进行计算。

这里需要借助第三方软件进行 DBC 文件建模，进行编程仿真报文的收发，后续章节有详细介绍。

5. 网络测试和监控

测试包括单件测试和整车测试，网络开发和网络测试同时进行，一般会针对单个控制器进行最少3轮台架测试，并进行若干轮回归测试。测试问题要及时记录文档并注明测试日期，对网络开发测试问题及时汇总的好处是显而易见的，既可以形成经验积累，又可以避免其他控制器开发过程中出现类似问题。每个网络节点开发进度不一致，很容易导致开发状态不一等问题，因此在开发过程中要随时对单个控制器开发状态进行监控。

比如PEPS系统在D位可以起动车辆（网络初始化时间不正确）问题的解决：众所周知，车辆的起动涉及包括行人在内的生命安全，因此为了安全考虑，整车厂都将整车起动策略定义为：AT车辆，只有在N位或者P位，踩制动踏板允许起动；MT车辆，在空档，踩离合器踏板才允许车辆起动。在EP1阶段，挂D位，车辆按下点火按键，车辆能起动。经过分析，在按下点火按键后，整车从IG OFF电上IG ON电，此时TCU开始通信并在200ms内发送初始值（为了安全考虑，TCU档位初始值定义为P），此时造成PEPS误认为该时刻为P位，允许发动机起动。详见图4-22所示PEPS判定时序图。经过修改PEPS判定时间，待整车初始化完成（200ms）后进行判定，成功解决此问题。

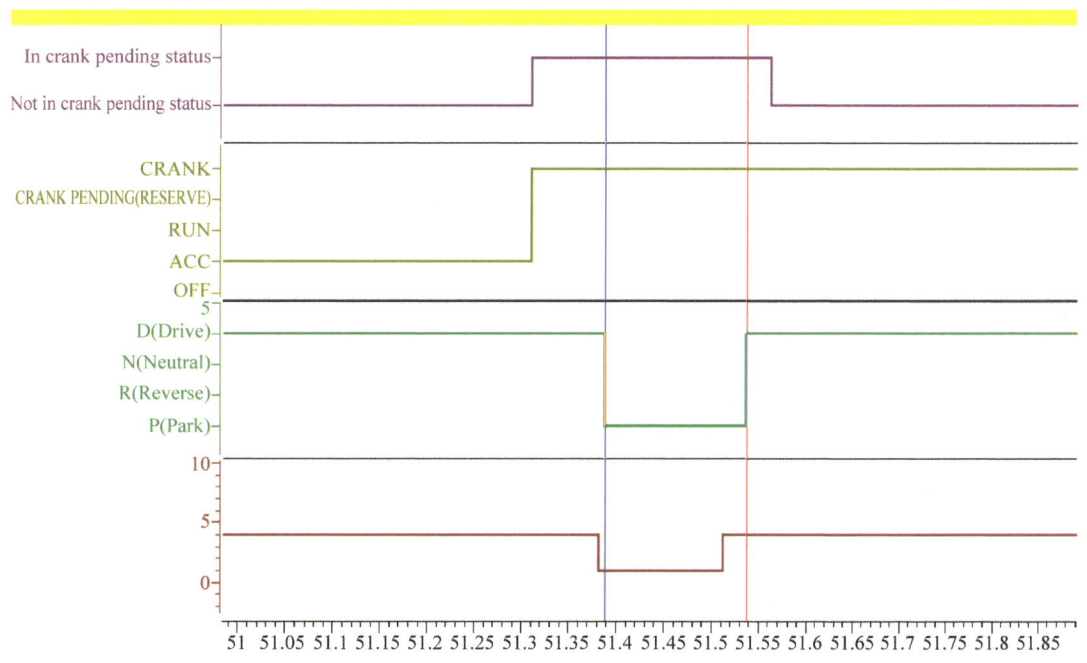

图4-22　PEPS判定时序图

RUN—运行开关　ACC—预备开关　OFF—熄火开关　D—驱动　N—空档　R—倒车　P—驻车

6. 通过网络进行整车故障诊断

后续章节中将介绍故障诊断协议，在此基础上进行故障诊断系统的开发，实现车辆的故障诊断。

4.3.2 物理层设计

4.3.2.1 概述

CAN 网络物理层的研究涉及物理层电路、网络拓扑等方面，物理层的规定主要参考 CAN2.0 规范，商用车由专用的 SAE J1939—1996 进行了详细的规定。常规性规定如下：

1）考虑到总线上的电气负担，最大 ECU 数为 30。
2）传输介质：特征阻抗为 120Ω 的屏蔽双绞线 STP。
3）终端电阻为 120Ω。
4）位时间（bit time）：即每一位占用的时间。这个时间可以由 CAN 协议来设定。网络上所有节点的位时间必须设置为相同值。商用车 SAE J1939 推荐位时间为 4μs，对应的传输速率为 250kbit/s，网络长度为 40m。乘用车目前一般为 500kbit/s，各个企业执行企业标准。
5）拓扑结构：网络的接线拓扑应该是一个尽量紧凑的线形结构以避免电缆反射。ECU 接入总线主干网的电缆要尽可能短。为使驻波最小化，节点不能在网络上等间距接入，接入线也不能等长，且接入线的最大长度应小于 1m。
6）屏蔽终端：屏蔽终端是一点接地。
7）物理层上的总线故障：节点与网络连接断开；电源或地断线；屏蔽断线；开路或短路故障。

4.3.2.2 CAN 总线电平及网络信号评价指标

1. CAN 总线电平

CAN 总线电平及耐压要求参见 SAE J1939-11，有详细说明。

如图 4-23 所示，V_{CAN_H} 的最小值是由 V_{CAN_L} 的最小值加上 V_{diff} 的最小值决定的。V_{CAN_L} 的最大值是由 V_{CAN_H} 的最大值减去 V_{diff} 的值决定的。

由于 R_{diff} 的增加，总线的负荷随着网络上 ECU 数目的增加而增加。从而导致了 V_{diff} 的增加。V_{diff} 的最小值决定了总线上允许的最多 ECU 的数量。V_{diff} 的最大值由仲裁期间的上限来决定。单个操作的 V_{diff} 的最大值必须小于 3V。

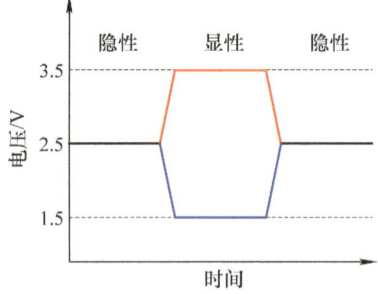

图 4-23 总线电平

2. 总线信号要求

信号质量即信号的品质。当信号从发送端发出，经传输后，若接收节点能够不失真（或在可接受的失真范围内）接收到发送节点发出的信号，满足系统对时效性及准确性的要求，则该信号在信号质量方面得到保证，称信号是完整的[8]，信号质量较好。

上升时间越短，信号的响应越快，品质越好，但信号上升时间越短，其中包含的高频成分越多，当信号的上升时间短到一定范围时，过多的高频成分的相互作用有可能引发信号产生严重的变形。另外,信号在传输过程中,信号的反射现象也会影响信号质量,使其趋于恶化。反射是传输线使用过程中不可避免的一种效应,信号凭借传输线缆进行传输时,当某一时刻瞬态阻抗不匹配时,便会发生信号的反射现象。这种阻抗不匹配可能是由于传输线缆的阻抗具有不连续的特性造成的。另外,在信号传输的中途或末端经过其他元器件如电容器、电感器、接插件等,以及连接线接线处都有可能造成阻抗的突变,影响信号质量。信号在传输过程中,由于阻抗不匹配,而且瞬态阻抗值比目前设置的阻抗高时,信道中将发生正方向的反射。此时,信号边沿的变化范围大幅增加,信号的边沿处将会出现过冲现象。过冲即指接收信号的第一个峰值(上升沿)或者谷值(下降沿)超过稳定高电压或者低于稳定的低电压。当信号在传输过程中,碰到瞬态的阻抗比目前设置的阻抗低时,此时信号边沿的幅度减小,信号发生负向反射现象,边沿处将出现台阶,将此现象称为欠冲现象[9];在一个时钟周期中,如果信号反复出现过冲、欠冲现象,即为振铃现象。信号反射如图4-24所示。

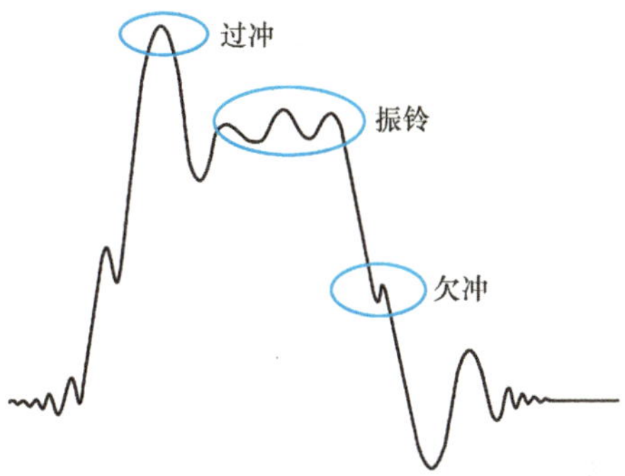

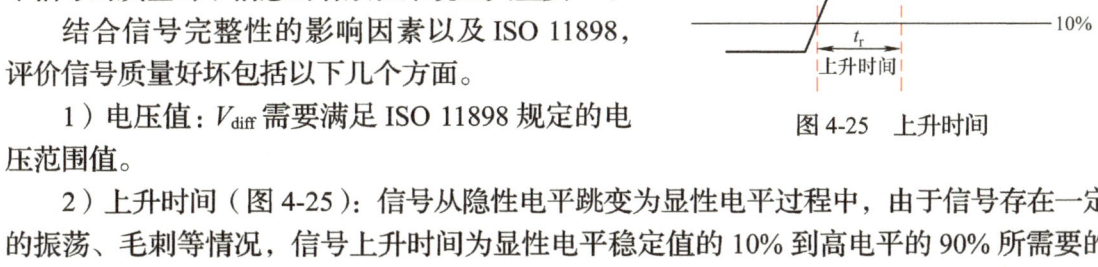

图4-24 信号反射

在评价信号质量方面常常通过检验信号完整性来对其进行评估。电子控制单元在物理层上通过CAN网络来实现信息的交互。为保证信息的有效性,应保证传输至接收过程中信号的完整性。CAN网络通过差分电平来承载和传递通信信息,高低电平信号的质量对于信息的有效性来说至关重要[10]。

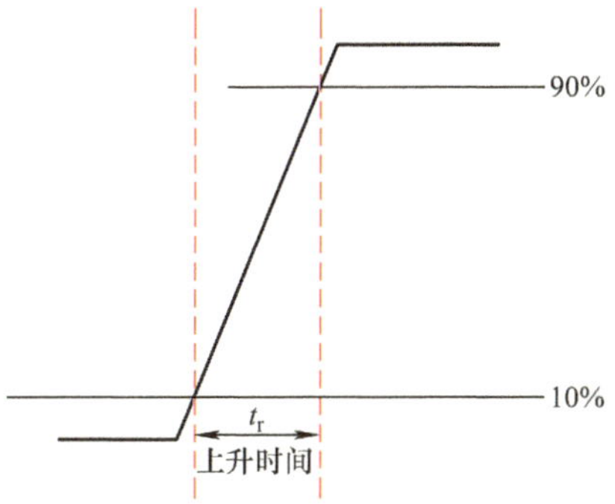

结合信号完整性的影响因素以及ISO 11898,评价信号质量好坏包括以下几个方面。

1)电压值: V_{diff} 需要满足ISO 11898规定的电压范围值。

图4-25 上升时间

2)上升时间(图4-25):信号从隐性电平跳变为显性电平过程中,由于信号存在一定的振荡、毛刺等情况,信号上升时间为显性电平稳定值的10%到高电平的90%所需要的时间 t_r。上升时间 Δt 越小,响应越快,信号响应越好。但上升时间越短,产生的高频信号越多,引起信号的振荡越严重,反而会影响信号质量。参考相关测试内容,下限限定在20ns。

$$t_r = t_{V{\rm dominant}}(90\%) - t_{V{\rm dominant}}(10\%) \quad (4\text{-}2)$$

式中 $t_{V{\rm dominant}}(90\%)$——信号到达高电平稳定值90%的时刻;

$t_{V{\rm dominant}}(10\%)$——信号到达高电平稳定值10%的时刻。

最大超调量(图4-26):信号幅值反复波动过程中,电压幅值最大值超过稳态值的百分比(Q)

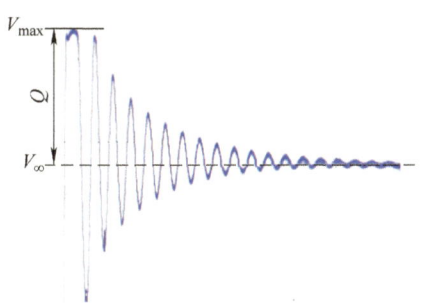

图4-26 超调量示意图

越小，信号质量越好。

$$Q = \frac{|V_{max} - V_\infty|}{V_\infty} \quad (4-3)$$

式中　V_{max}——差分电压的最大电压幅值；

　　　V_∞——稳态的差分电压的电压幅值。

ISO 11898 规定见表 4-12。

表 4-12　ECU 从总线上断开时的 AC 参数

参数	符号	最小值	平均值	最大值	单位	附加条件
位时间	tB	3.995	4.000	4.005	ms	250kbit/s
内部延迟时间	tECU	0.0		0.9	ms	
内部电容	Cin	0	50	100	pF	CAN_H 和 CAN_L 接地
差动内部电容	Cdiff	0	25	50	pF	
有效时间	Tavail	2.5			ms	40m 总线长度

最短的内部延迟时间可能是 0，最大误差值由位时间和总线延迟时间决定。表 4-12 中除了内部电容电阻外，总线连接应该还有尽可能低的电感应。Cin 和 Cdiff 的最小值可能为 0，最大误差值由位时间和网络拓扑决定。如果发生电缆共振波，则在单个 ECU 上不能制止显性差分电压水平低于 V_{diff}=1V，并且不能使隐性差分电压水平上升到 V_{diff}=0.5V。有效时间产生于协议的位时间单元。例如，该时间在大多数显性与 TCSG1 一致。由于不同步，它可能会丢掉 SJW 的长度。所以具有一个不同步的有效时间是 TSEG1-SJW。当 tq 为 250ns 并且 SJW=1tq，TSEG1=13tq，TSEG2=2tq 就会得到 TSEG1-SJW = 12tq=3.00μs。

线性总线在每一末端都以电阻 R_L 结束。这些电阻制止了反射。如果所有 ECU 的总线传导体都关闭的话，总线就处于隐性状态。在这种情况下，平均总线电压就会由总线上所有 ECU 里的潜在偏心电路而产生。在图 4-27 所示的电阻网络等效电路中，电阻网络为接受操作定义了参考。如果至少一个单元的总线启动电路关闭，那么一显性比特就发送到总线上。这就导致了在终端电阻上的电流。并且因此导致了两线路之间的差动电压。显性和隐性状态经过一电阻网络而通过，此电阻网络经过接收电路把总线上的差动电压变化成合适的隐性电压和显性电压水平。

4.3.2.3　传输介质的要求

物理层的要求基本上借鉴 ISO 11898 标准，物理层媒介一般采用屏蔽双绞线，建议采用铜导线。两端连接终端电阻，典型阻值为 120Ω。如图 4-28 所示，两线使用差分信号驱动（CAN_H，CAN_L）。

屏蔽双绞线的物理介质参数见表 4-13。

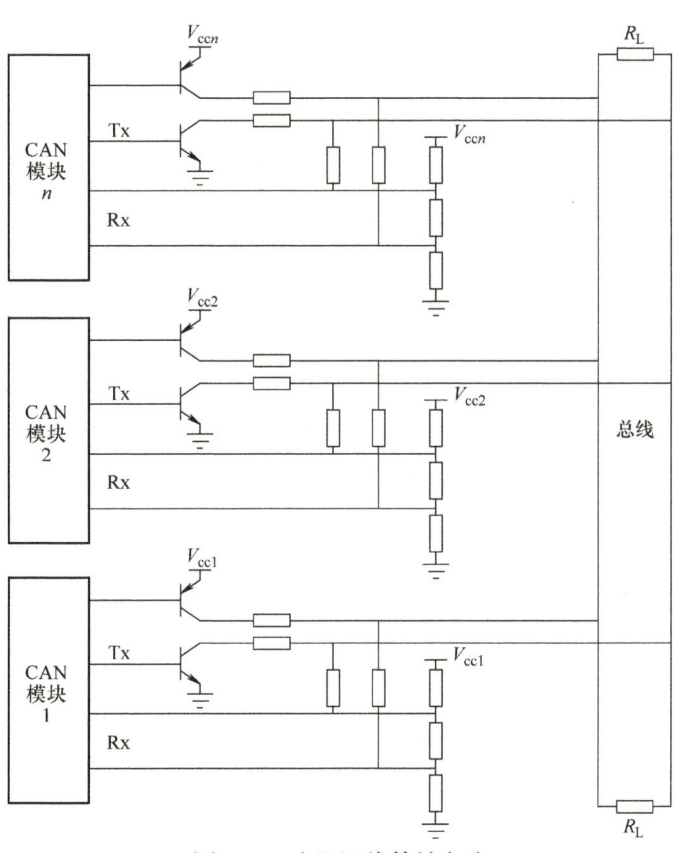

图 4-27 电阻网络等效电路

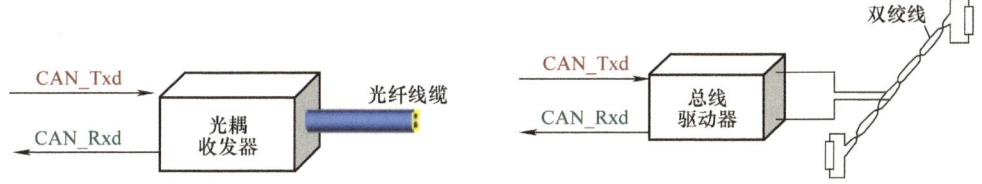

图 4-28 CAN 总线的传输介质

表 4-13 屏蔽双绞线参数（引自 SAE J1939-11）

参数	符号	最小值	正常值	最大值	单位	状态
阻抗	Z	108	120	132	Ω	在有屏蔽层的两个信号线之间以 1MHz 的频率测量
特殊电阻	R_b	0	25	50	$m\Omega/m$	
特殊延时	T_p		5.0		ns	
特殊电容	C_b	0	40	75	pF/m	导线间
	C_s	0	70	110	pF/m	导线与屏蔽层间
导线尺寸	A_e		0.5		mm^2	截面积
导线直径	D_c	6.0		8.5	mm	
	D_{ci}	2.9	3.3	3.7	mm	
屏蔽层绝缘尺寸			200		$m\Omega/m$	表面传输阻抗
有效性						高于 1MHz
总线长度	L	0		40	m	不包括线尾
线尾长度	I	0			m	
节点距离	D	0.1		40	m	

4.3.2.4 总线终端

一般来说，CAN 高速标准 ISO 11898 采用总线结构作为网络拓扑，在总线的两端分别接有一个终端电阻。然而，在实际情况中网络拓扑并非严格的总线结构，有些节点具有一定的支线长度（几米）。另外，在某些应用中，从 EMC 的角度考虑，对终端网络做一些调整效果可能会更好。

1. 分离终端

这是一种不用改变终端电缆 DC 特性而能增强 EMC 性能的终端配置方法。如图 4-29 所示，该方案一般是将单个终端电阻分成两个阻值相等的电阻，例如将一个 124Ω 的电阻由两个 62Ω 电阻替换。这种方法的特点是可以在两个分离终端的中间抽头上得到所谓的共模信号。理想情况下共模信号就是 DC 电压信号，并可以通过一个 10nF 或 100nF 的电容将中间抽头接地。当然，电容应该连接到真正的地电平上。例如，如果终端位于总线节点内部，则建议通过单独的地线与插接器的地引脚相连。

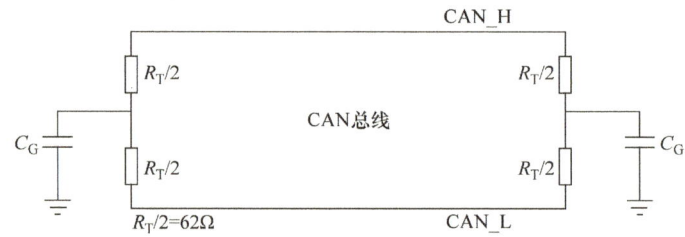

图 4-29 分离终端连接图

通常情况下，下面提到的分离终端的两种连接方法各有优点和缺点。第一种方法是将两个终端均采用分离形式并单独接地。对于优化高频性能，这是一种更好的方法。但是，将两个终端电阻都接地以后，可能会通过地电流形成干扰性的回路电流。在这种情况下可以考虑第二种方法，就是只将一个终端电阻接地。这种接法在中频到低频的范围内，特性会更好。正如上所说，这种接法并没有改变终端电缆的 DC 特性。

2. 多终端

这种接法可以与上面提到的分离终端接法组合在一起应用，所形成的网络拓扑将不同于总线结构。在某些应用中，需要采用不同于总线结构的拓扑结构。如图 4-30 所示，具有 3 个分支的星形拓扑结构就是这种情况。为了适应这种拓扑结构，可以考虑采用多终端接法。这种接法一般要求总的终端电阻（60Ω）被分成两个以上的电阻，但总的等效终端电阻不变。以具有 3 个分支的星形拓扑结构为例，可以将每个分支都视为一个终端，其终端电阻为总的终端电阻的 3 倍（180Ω）。采用这种接法，总的等效终端电阻（所有电阻并联在一起）必须与总线驱动器的输出驱动能力相匹配。

假如某个分支是可选的（如临时接上总线的诊断设备），这种情况总线将只有两个固定

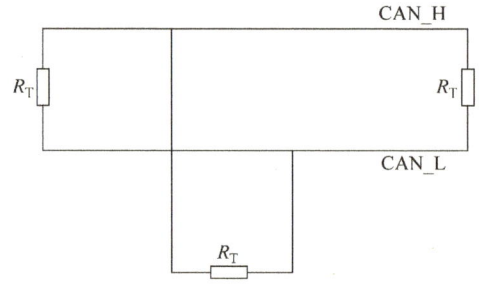

图 4-30 多终端连接图（举例）

的180Ω的终端电阻，可选分支应该提供另一个180Ω的终端电阻。很明显，这种接法意味着线路特性阻抗与终端电阻存在某种不匹配。但是，如果在CAN位定时参数上留有足够的余地，这个问题并不严重。根据经验，这种接法的总线长度（包括所有分支在内）将比相同配置下采用总线拓扑结构的总线长度要短。例如，总线长度为100m的总线结构网络，若采用3分支的星形拓扑结构，每个分支的终端电阻为180Ω，那么每个分支的长度将会小于33 m。一般建议，除可选终端以外的基本网络至少应保留总终端数目的50%以上。当所有的可选终端都脱离总线以后，要求保留的基本终端电阻小于120Ω（如2×180Ω或3×240Ω等）。

3. 单终端

在某些情况下，仅仅只有一个终端电阻（124Ω或62Ω）位于主节点中。从CAN位定时要求方面来考虑，如果系统配置提供了足够的安全余地，则这种接法也是允许的。但根据经验，采用单终端接法的网络总线长度将小于正常终端接法总线长度的50%。

4. 非匹配终端

这种接法是有意使终端电阻与线路的特性阻抗不匹配。该接法可减少对线路双绞的要求，从而在同等配置下增加驱动能力或降低功耗。实质上，这种接法的终端电阻阻值高于电缆的特性阻抗值。从CAN位定时要求方面来考虑，如果系统配置提供了足够的安全余地，那么也允许采用这种接法。采用这种接法与采用标准终端接法相比，位速率或总线长度将会急剧地降低。主要是由于这样一个原因，当终端电阻增大时，相应的总线延时将会急剧地增加。

建议不论何种情况，不同终端的等效电阻都应小于500Ω。例如2×1kΩ被认为是终端电阻的上限，这与采用的位速率无关。应注意到，双向总线的传输延迟时间与总线的时间常数有关，时间常数等于整个网络的电容值和等效放电电阻值（如60Ω）的乘积。同时也应考虑到，各总线节点之间的地偏置电平也会增加网络电容的放电时间。

线性总线主支的每个末端都必须以一个适当的电阻而结束，以提供CAN_H和CAN_L导线的正确终止。这些终端电阻应该连接在CAN_H和CAN_L导线之间。终端电阻应该满足表4-14中的特性。

表4-14 终端电阻参数

参数	符号	最小值	正常值	最大值	单位	状态
电阻	R_l	110	120	130	Ω	最小耗散功率400mW
电感				1	mH	

4.3.2.5 最大传输距离和节点数确定

在CAN总线系统的实际应用中，经常会遇到要估算一个网络的最大总线长度和节点数的情况。下面分析当采用PCA82C250作为总线驱动器时，影响网络的最大总线长度和节点数的相关因素以及估算的方法。若采用其他驱动器，则也可以参照该方法进行估算。ISO-IS 11898规定的总线电平如图4-31所示。

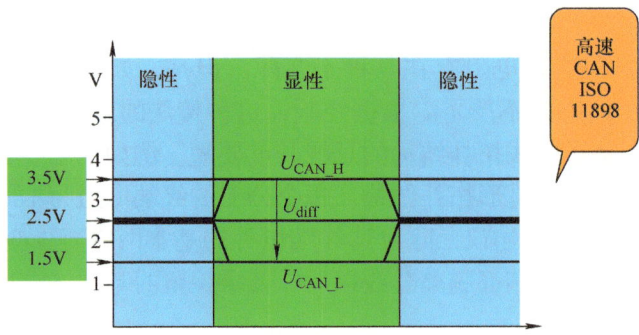

图 4-31　总线电平

由 CAN 总线所构成的网络，其最大总线长度主要由以下三个方面的因素所决定：

1）互连总线节点的回路延时（由 CAN 总线控制器和驱动器等引入）和总线线路延时。

2）由于各节点振荡器频率的相对误差而导致的位时钟周期的偏差。

3）由于总线电缆串联等效电阻和总线节点的输入电阻而导致的信号幅度的下降。

传输延迟时间对总线长度的影响主要是由 CAN 总线的特点（非破坏性总线仲裁和帧内应答）所决定的。例如在每帧报文的应答场（ACK 场），要求接收报文正确的节点在应答间隙将发送节点的隐性电平拉为显性电平，作为对发送节点的应答。因为这些过程必须在一个位时间内完成，所以总线线路延时以及其他延时之和必须小于 1/2 个位时钟周期。非破坏性总线仲裁和帧内应答本来是 CAN 总线区别于其他现场总线最显著的优点之一，在这里却成了一个缺点。缺点主要表现在它限制了 CAN 总线速度进一步提高的可能性，当需要更高的速度时则无法满足要求。表 4-15 是最大总线长度与位速率之间的关系，也体现了这种缺点。关于前两种因素对总线长度的影响，不在此讨论，下面仅对总线电缆电阻对总线长度的影响做一个分析。

表 4-15　位速率与最大总线长度的关系

位速率 /（kbit/s）	总线长度 /m
1000	30
500	100
250	250
125	500
62.5	1000

在静态条件下，总线节点的差动输入电压由流过该节点差动输入电阻的电流所决定。如图 4-32 所示，节点的差动输入电压主要取决于以下因素：发送节点的差动输出电压 $V_{\text{diff.out}}$，总线电缆的电阻 $R_W=\rho L$ 和接收节点的差动输入电阻 R_{diff}。当发送节点在总线的一端而接收节点在总线的另一端时为最坏情况，这时接收节点的差动输入电压为

$$V_{\text{diff\_in}} = \frac{V_{\text{diff\_out}}}{1+2R_W \times \left(\dfrac{1}{R_T} + \dfrac{n-1}{R_{\text{diff}}} \right)} \tag{4-4}$$

式中　R_W——总线电缆电阻（Ω）；
　　　R_T——终端匹配电阻（Ω）；
　　　R_{diff}——差动输入电阻（Ω）；
　　　n——节点总数。

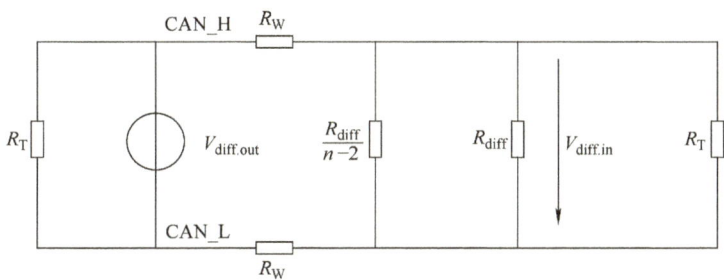

图 4-32　网络分布等效电阻

当差动输入电压小于 0.5V 或 0.4V 时，接收节点检测为隐性位；当差动输入电压大于 0.9V 或 1.0V 时，接收节点检测为显性位。因此，为了正确地检测到显性位，接收节点必须能接收到一定的差动输入电压，这个电压取决于接收显性位的阈值电压 V_{TH} 和用户定义的安全区电压。所需的差动输入电压可表示为

$$V_{diff.in.req} = V_{TH} + K_{SM}(V_{diff.out} - V_{TH}) \tag{4-5}$$

其中 K_{SM} 为决定安全区电压的差动系数，在 0~1 之间取值。由于接收的差动输入电压必须大于检测显性位所需的电压，在极限情况下，可以得到如下表达式：

$$V_{diff.in.min} = \frac{V_{diff.out.min}}{1 + 2R_{W.max}\left(\dfrac{1}{R_{T.min}} + \dfrac{n_{max}-1}{R_{diff.min}}\right)} \geq V_{diff.in.req} \tag{4-6}$$

根据关系 $R_{W.max} = \rho_{max} L_{max}$，式（4-6）经变换后可得到：

$$L_{max} \leq \frac{1}{2\rho_{max}} \left[\frac{V_{diff.out.in}}{V_{TH.max} + K_{SM}(V_{diff.out.min} - V_{TH.max})} - 1 \right] \times \frac{R_{T.min} R_{diff.min}}{R_{diff.min} + (n_{max}-1) R_{T.min}} \tag{4-7}$$

式中　　n_{max}——系统接入的最大节点数；
　　　　ρ_{max}——所用电缆的单位长度的最大电阻率；
$V_{diff.out.min}$（1.5V）——输出显性位时最小差动输出电压；
$V_{TH.max}$（1V）——接收显性位最大阈值电压；
$R_{diff.min}$（20 kΩ）——节点最小差动输入电阻；
$R_{T.min}$（118Ω）——最小终端电阻。

从式（4-7）可以很清楚地看出，最大总线长度除了与终端电阻、节点数等有关外，还与总线电缆单位长度的电阻率成反比。因为不同类型电缆的电阻率不同，所以其最大总线长度也有很大差别。若差动系数 K_{SM} 为 0.2，在最坏情况下，可得出总线电缆电阻 R_W 必须小于 15Ω。在正常情况下（$V_{diff.out}$ 为 2V，V_{TH} 为 0.9V，R_{diff} 为 50kΩ，R_T 为 120Ω），在差动系数 K_{SM} 为 0.2 时，总线电缆电阻 R_W 小于 45Ω 即可。表 4-16 列出了几种不同类型

的电缆和节点数条件下最大总线长度的情况。最大总线长度是在最坏情况下计算得到的。

表 4-16　不同类型的电缆和节点数条件下的最大总线长度

电缆类型	最大总线长度 /m（$K_{SM}=0.2$）		
	$n=32$	$n=64$	$n=100$
DeviceNetTM（细缆）	200	170	150
DeviceNetTM（粗缆）	800	690	600
0.5mm²（或 AWG20）	360	310	270
0.75mm²（或 AWG18）	550	470	410

上面所讲的是总线电缆电阻与总线长度之间的关系，那么网络中所能连接的最大节点数又与什么因素有关呢？下面分析这样一个问题。一个网络中所能连接的最大节点数主要取决于 CAN 驱动器所能驱动的最小负载电阻 $R_{L.min}$。CAN 驱动器 PCA82C250 提供的负载驱动能力为 $R_{L.min}=45\Omega$。用于计算最大节点数的关系式如下（假设总线电阻 R_W 为 0，此时为最坏情况）：

$$\frac{R_{T.min}R_{diff.min}}{(n_{max}-1)R_{T.min}+2R_{diff.min}} > R_{L.min} \Rightarrow n_{max} < 1 + R_{diff.min}\left(\frac{1}{R_{L.min}} - \frac{2}{R_{T.min}}\right) \quad (4-8)$$

假设 PCA82C250 的最小差动输入电阻为 $R_{diff.min}=20k\Omega$，当 $R_T=118\Omega$ 和 $R_L = 45\Omega$ 时，能连接的最大节点数为 106 个；当 $R_T = 120\Omega$ 和 $R_L = 45\Omega$ 时，则为 112 个。其实影响节点数多少的除了 PCA82C250 的驱动能力以外，还与总线长度有密切关系。只有总线长度在合适的范围内时，才有可能达到上面的最大节点数。从表 4-16 中也可以看出这一点。

4.3.2.6　非终端支线电缆长度

CAN 总线的基本拓扑结构被近似看作总线结构。但在某些情况下，可能需要不同于这种拓扑的网络结构，如临时连上总线的诊断设备。同时也经常有某些总线节点，通过非终端的支线电缆连上总线。当接有某些非终端的支线电缆时，在总线上将会产生反射作用。由于网络提供了某种可靠性，如驱动器的滞后特性和 CAN 协议的重同步规则，反射不一定就会产生干扰。反射波一旦到达总线终端（该终端电阻与电缆特性阻抗匹配）就会消失。在一定总线和支线长度下，反射是否能容忍，实际上取决于位定时参数。

一般情况下，建议为支线和所谓的累计支线长度指定一个上限。累计支线长度是所有支线电缆长度之和。下面的关系式可用于支线电缆长度的粗略计算：

$$L_u < \frac{t_{PROPSEG}}{50t_p} \quad (4-9)$$

式中　$t_{PROPSEG}$——位周期中传输段长度，也就是时间段 1（TSEGI）的长度减去重同步跳转宽度（SJW）；

t_p——单位长度特定线路延时（如 5ns/m）；

L_u——非终端电缆支线长度。

累计支线长度则可用以下表达式粗略计算：

$$\sum_{i=1}^{n} L_{ui} < \frac{t_{PROPSEG}}{10t_p} \quad (4\text{-}10)$$

除上面提到的以外，总线的实际传输延时应该是基于总的线路长度（即干线长度和全部支线长度之和）进行计算的。在同等位速率情况下，由于实际累计支线电缆长度的影响，会使最大干线长度明显降低。如果上面的表达式能得到满足，那么反射造成的影响可认为很小。下面提供一个计算支线长度的例子。

例：位速率 = 500kbit/s，$t_{PROPSEG}$=12×125ns，t_p = 5ns/m。

$$L_u < \frac{t_{PROPSEG}}{50t_p} = \frac{1500\text{ns}}{50 \times 5\text{ns/m}} = 6\text{m}$$

$$\sum_{i=1}^{n} L_{ui} < \frac{t_{PROPSEG}}{10t_p} = \frac{1500\text{ns}}{10 \times 5\text{ns/m}} = 30\text{m}$$

根据上面的粗略估算，对于一个CAN传输段（PROP_SEG）延时长度为1500ns的系统，其非终端支线电缆长度应该小于6m，累计支线电缆长度应该小于30m。

4.3.2.7 屏蔽地

屏蔽应该通过一电线导体而终止，并且在一点处直接接地。接地点应尽可能接近于车辆电池底部。

总线上的每一个节点也应该提供一保护接地。然而，在节点内的屏蔽层的连接应该通过一系列电阻和电容来达到最好的接地。推荐值为 R=1Ω 和 C=0.68μF。

4.3.2.8 插接器

插接器和它们相关的电路插头应该满足SAEJ1939-11中限定的电要求。插接器应该用在两个或更多电缆终止的所有节点处。这些插接器应该具备锁定、偏振和保持装置，以便于满足确定应用的要求。这些插接器也应该将应用和环境保护结合起来。

为了将CAN作为一个开放性系统的工业现场总线来使用，CAN在自动化用户组织（CAN in Automation user's group，CiA）创立了一个标准，即CiA DS 102-1，它是一个基于ISO 11898的标准。在该标准里一个重要的规定是建议使用9针的SUB-D型插头作为节点的插接器，与CAN总线连接如图4-33所示。

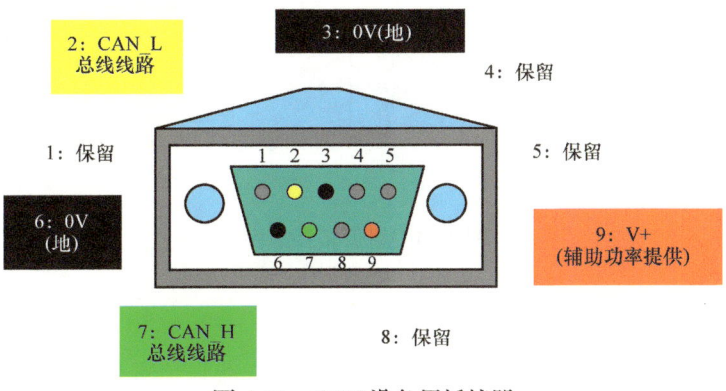

图4-33 CAN设备用插接器

4.3.2.9　网络拓扑

在车载网络中，大多数情况下都是由多个节点构成的网络。网络的拓扑结构有很多种，包括环形拓扑结构、星形拓扑结构、总线型拓扑结构、树形拓扑结构等。对于车载网络来说，环形、树形拓扑结构应用较少，本文中不具体展开介绍。

1. 星形拓扑结构

星形拓扑结构多用于局域网，属于集中控制型网络[111]。这种拓扑结构有一个中心节点，其他各个节点与中心节点通过点对点的方式连接。此种拓扑结构在具体应用时，中央节点多为集线器或某个 ECU 单元，网络中的节点数相对较少、通信速度相对较低，以避免过多节点通信造成的中央节点负荷过重。该种拓扑结构的终端电阻一般匹配在每个直线近节点端。

任意两个节点之间的通信都要通过中心节点来实现，中心节点作为整个网络控制管理中心，对所有节点实行中央集权的通信控制管理方式。发送信息的节点将要发送的信息传送到中心节点，由中心节点作为转接路由，将信息数据传送到目的节点。中心节点的主要作用是为需要通信的节点之间提供物理连接：

1）当某个节点有通信需求发出通信请求时，控制器会检查中央节点处是否处于空闲状态，能否建立通信。

2）当两个节点通过中心节点建立连接后，在正常通信时中心节点要维持这一通信回路不被中断。

3）当通信过程结束或者通信过程失败需要拆除形成的通信回路时，中心节点则会拆除两节点之间形成的通信回路。

4）星形拓扑结构如图 4-34 所示。LIN 总线网段中一般以一个节点为主节点，其他节点为从节点，使用星形拓扑结构较多，部分 CAN 总线、FlexRay 总线所在的网络中也有使用。

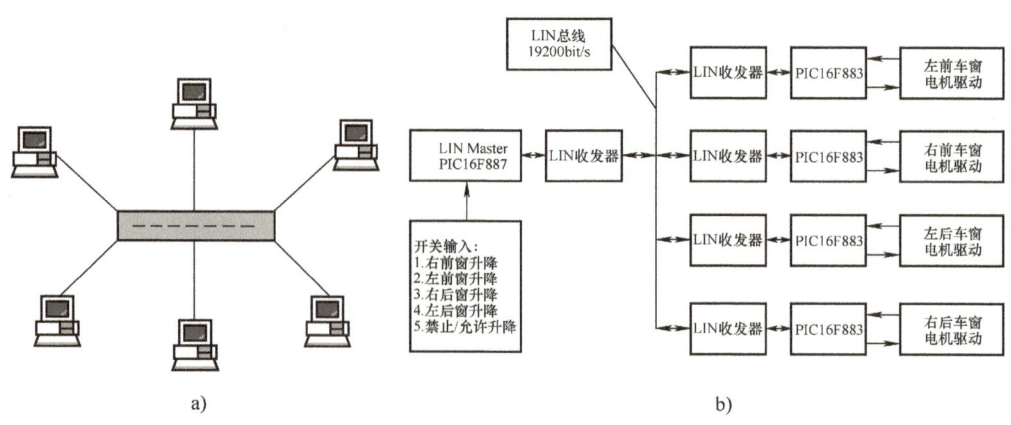

图 4-34　星形拓扑结构
a）示意图　b）星形拓扑应用

星形拓扑结构的特点是：

1）中心节点比较复杂，负担较重，而其他各个节点只负责自己的通信内容，负担比较小。

2）该种拓扑结构只需要满足简单的通信连接要求，每个节点通过各自的线缆连接到中心设备，分支线相对较长，便于节点的布置，且当某条传输线缆出现问题时，除了该节点，其他节点的工作不会受到影响。

3）星形网络拓扑结构使用的介质访问协议比较简单，有利于网络监控和管理。

但中心节点对网络的整体性能影响很大，一旦中心节点出现故障、无法维持正常通信，整个星形网络系统将处于无法工作状态；节点与中心节点建立物理连接时需要大量线缆，使用和维护过程比较复杂。尽管在星形拓扑下，线缆的实施费用高于总线型拓扑结构，但星形拓扑结构仍有布置灵活方便、公共线缆长度短、保证各节点工作的独立性等优势，有一定的适用场合。为避免中心节点故障而引起整个网络瘫痪[12]，衍生出了一种扩展星形拓扑结构，通过中心节点的冗余设计来保证通信的可靠性。

2. 总线型拓扑结构

总线型拓扑结构在车载网络系统中应用较为广泛，其将各个节点均通过硬件接口以并行的方式挂接在一个通信信道上。这条用来传输信息的通信信道将作为公共传输媒体来实现各个节点间的信息交互，这一公共传输媒体即称为总线[13]。该种拓扑结构的终端电阻一般匹配在总线两侧的末端。总线上多个节点并列排列，当总线上任意一个节点向总线发送报文时，发送的信号沿着总线以类似广播的形式从发送节点向两端辐射传输，与总线相连的其他任意节点都可以接收到报文。

总线型拓扑结构中所有节点共享一条信息传输线路，任何时刻只允许传输总线上的其中一个节点发送报文，当多个节点同时向总线发送报文时，总线会通过相应的仲裁机制来决定哪个节点将获得总线的使用权，其他发送报文的节点将处于等待状态，其能否获得介质使用权将再次通过仲裁机制来决定，以防止总线的使用冲突。总线型网络拓扑结构如图4-35所示。

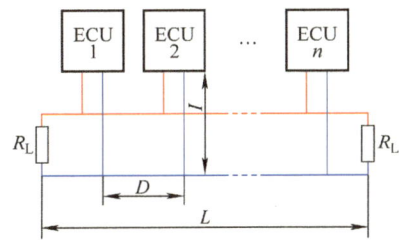

参数	符号	单位	数值		
			最小	名义	最大
总线长度	L	m	0		40
支线长度	I	m	0		0.3
节点距离	D	m	0.1		40
终端电阻	R_L	m	100	120	130

图 4-35 总线型网络拓扑结构

这种拓扑结构的优点是：

1）各个节点之间连接结构简单，容易实现，节约了传输线缆的铺设成本，布线难度较小，可靠性较好。

2）各个节点连接到网络或者断开与网络的连接都比较方便，增加或减少节点比较方便，网络的可扩展性较好。

3）由于各个节点是以并行方式连接到总线上，当某个节点出故障或者损坏时，不会对其他节点的正常工作产生影响。

4）但公共的传输线缆出现故障将影响整个网络的工作状态[14]。

总线型拓扑结构应用较为基础，使用广泛，目前乘用车由于整车中需要通信的节点数较多，一般将节点根据功能划分为不同网段，总线型拓扑结构多使用在各个网段中，或者在节点数较少的商用车上也会采用该种拓扑结构。若支线长短为 0，这种拓扑为手牵手方式，纯电动客车电池管理多采用这种接线方式。

3. 并接点型拓扑结构

随着车载电子技术的发展，车载网络中的 ECU 越来越多，对整个车载网络使用一个总线型拓扑结构不利于节点的布置，因此在总线型拓扑结构上出现了扩展拓扑应用，并接点型拓扑结构就是其中一种。并接点型拓扑结构是在总线型拓扑结构的基础上进行改进，具有星形拓扑结构公共线缆少、方便布置（一部分布置在驾驶舱，另一部分布置在发动机舱）的优点。双并接点型拓扑结构如图 4-36 所示，其形式与星形拓扑结构相似，从两个并接点发出多个节点，除两个并接点之间的线缆外，某个节点或分支线的故障不会影响其他节点的正常工作；从本质上看属于总线型拓扑结构。

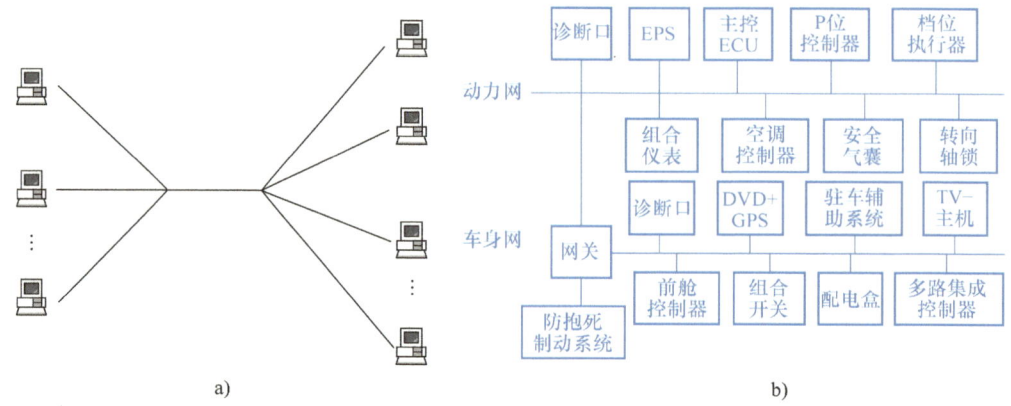

图 4-36 双并接点型拓扑结构
a）示意图 b）双并接点型拓扑应用

乘用车上采用并接点型拓扑结构较多，奥迪、大众、丰田生产的车型都有较多的应用，包括不同网段之间或者同一个网段内为便于节点布置，并接点型拓扑结构都有一定程度的使用。例如，在带有独立网关的车载网络中，网关相当于各个并接点的连接桥，各个网段汇集到一处与网关连接，网关的出现从某种程度上助力了并接点型拓扑结构的发展。

图 4-37 所示为低速容错 CAN 拓扑结构，执行的标准是 ISO 115192。

4.3.2.10 物理层仿真优化方法

1. CAN 总线容错

图 4-38 中给出了一些可能导致高速 CAN 总线故障的外部事件并讨论如下。

【例 1】CAN_H 被切断。一个中断器相反侧的节点间数据通信必定中断。中断器同侧的节点间数据通信可能正常，但信噪比降低。

【例 2】CAN_L 被切断。一个中断器相反侧的节点间数据通信必定中断。中断器同侧的节点间数据通信可能正常，但信噪比降低。

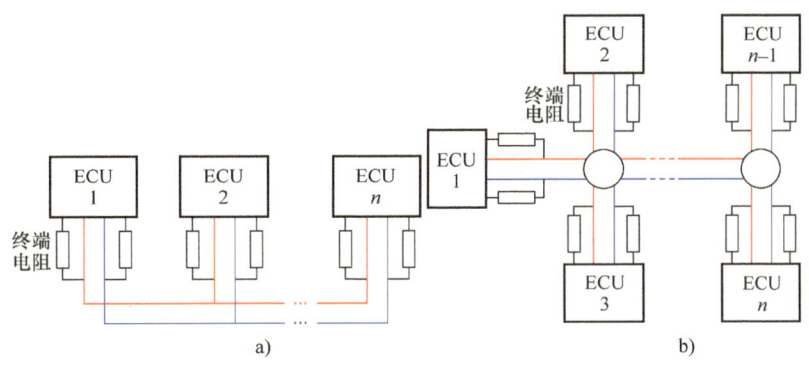

图 4-37 低速容错 CAN 拓扑结构
a）总线型 b）星形

【例3】CAN_H 被短接到 V_{bat}。如果 V_{bat} 高于最大允许标准模式总线电压，数据通信则必定中断。

【例4】CAN_L 被短接到 GND。数据通信是可能的，因为总线电压在允许的标准模式电压范围内。信噪比降低并且辐射增强，抗干扰性下降。

【例5】CAN_H 被短接到 GND。数据通信必定中断。

【例6】CAN_L 被短接到 V_{bat}。数据通信必定中断。

【例7】CAN_H 被短接到 CAN_L。数据通信必定中断。

【例8】两条总线都在相同的地方被切断。在中断器相对侧的节点数据通信必定中断。中断器同侧的节点间数据通信可能正常，但信噪比降低。

【例9】终端电阻丢失 - 通过总线的数据通信可能正常，但信噪比降低。

【例10】拓扑参数违规（例如：总线长度、电缆长度、节点分布）。通过总线的数据通信可能正常，但信噪比降低。

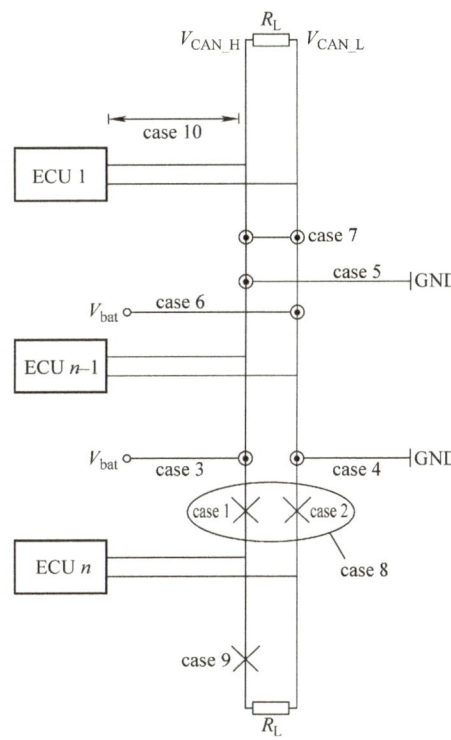

图 4-38 高速 CAN 总线故障分析

1）当一个节点失去和网络的联系时，其他的节点将继续保持通信。

2）当一个节点失去供电或在低电压条件时，网络不会过载，其他节点将继续保持通信。

3）当一个节点失去接地时，网络不会发生偏心，其他的节点仍会保持通信。

4）当在一个节点断开屏蔽时，通信是可能的，但电磁干扰将增加。通常在屏蔽和线路之间将存在模式电压。在正常操作中，几个影响操作的总线故障可能同时发生。

低速容错 CAN 总线可能的故障如图 4-39 所示。

【例1】CAN_H 开路，可以正常通信。
【例2】CAN_L 开路，可以正常通信。
【例3】CAN_H 对 V_{bat} 短路，可以正常通信。
【例4】CAN_L 对 GND 短路，可以正常通信。
【例5】CAN_H 对 GND 短路，可以正常通信。
【例6】CAN_L 对 V_{bat} 短路，可以正常通信。
【例7】CAN_H 对 CAN_L 短路，可以正常通信。
【例8】CAN_H 和 CAN_L 开路，无法通信。

2. 仿真分析计算

（1）CAN 控制器模型

在实际研究中，关注点是通过 CAN 控制器产生既定的位流，对信号在发送过程中质量的好坏无影响，在物理层的数学模型中不包括此结构，有关 CAN 控制器的介绍在后面章节中。物理层的数学模型中包含总线收发器、电缆和终端电阻。

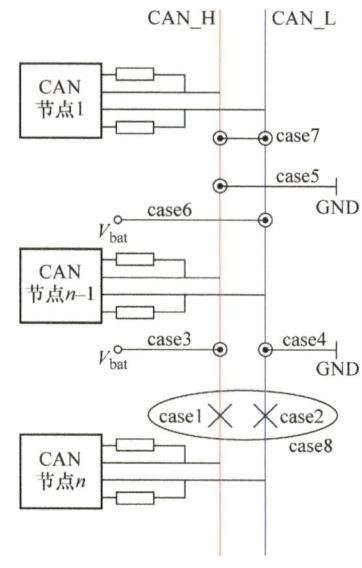

图 4-39 低速容错 CAN 总线可能的故障

（2）CAN 收发器

通过 CAN 收发器功能框图（后续章节介绍）可以看出，收发器的驱动部分由一个 PNP 晶体管和一个 NPN 晶体管组成，两个晶体管的导通与否与发送信号有关。

1）当 CAN 控制器通过其上的发送（TXD）引脚向收发器发送隐性电平"1"时，TXD 引脚为逻辑高电平，两个晶体管截止，总线上显示隐性电平，CAN_H 与 CAN_L 输出电平为 2.5V，差分电压接近 0V。

2）当控制器向 CAN 网络上发送显性电平"0"时，TXD 为逻辑低电平，两个晶体管导通，电平信号经过转换电路之后，变为差动信号，传输到物理总线上。此时 CAN 网络显示显性电平状态，CAN 网络上的输出电平 CAN_H 接近 3.5V，CAN_L 接近 1.5V，差分电压接近 2V。

收发器以 TJA1050 为例的简化电路模型如图 4-40 所示。

在图 4-40 所示的电路结构中，R_H、R_L 与两个晶体管作用一致，随 TXD 变化。当 CAN 控制器向收发器发送显性逻辑电平时，即 TXD 输入为"0"，R_H、R_L 很小，相当于两个晶体管导通，CAN_H 表现为高电平，CAN_L 表现为低电平，V_{CAN_H} 和 V_{CAN_L} 分别接近 3.5V 和 1.5V，差分电压 V_{diff} 接近 2V；当 CAN 控制器向收发器发送隐性逻辑电平时，即 TXD 输入为"1"，R_H、R_L 很大，相当于两个晶体管截止，CAN_H 表现为低电平，CAN_L 表现为高电平，V_{CAN_H} 和 V_{CAN_L} 接近 2.5V，差分电压 V_{diff} 接近 0V。RXD 为收发器的接收端，用来接收总线上的信号，传递给控制器。

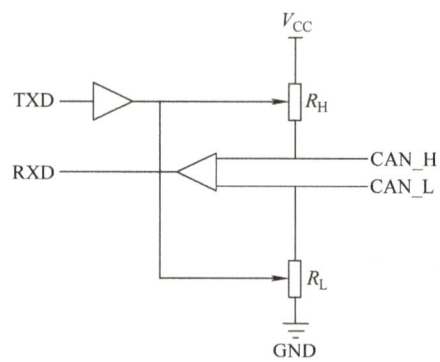

图 4-40 TJA1050 简化电路模型

（3）传输介质

传输线缆是用来传输数据信息的物理媒介，其通过传送高低电平信号来传送信息数据。CAN 网络通信常用的传输介质是双绞线，虽然双绞线相比于其他传输介质在传输数据速率、传输距离方面受到一定制约，但安装和使用成本相对低廉，这里的物理层结构中选用双绞线为传输介质。双绞线将两根铜线按照一定密度相互绞接在一起，其中一根铜线辐射出来的电磁波会与另一根铜线辐射出来的电磁波相互抵消，有利于提高信号传输过程中系统的抗干扰性能[15]。

双绞线的一些基本参数有电阻（R）、电感（L）、电容（C）、电导（G）等。对于 CAN 通信来说，这里选用 Tja1050 收发器，其通信产生的电平值不超过 5V，电压比较小，且通信距离不超过 100m。在此种条件下忽略传输介质的电导（G），简化后的双绞线模型如图 4-41 所示。

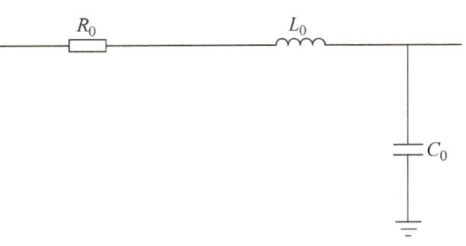

图 4-41　双绞线简化电路模型

（4）收发器外围电路

通常在 CAN 收发器和物理总线之间还有一部分电路结构，用来削弱控制器之间进行通信时受到的干扰，保证电子控制单元间能够维持正常通信，提高物理层通信的抗干扰能力。阻抗的匹配一般通过这部分电路结构来实现，其电路结构中各元器件的参数选择会影响 CAN 网络的信号质量。结合前面信号质量研究可知，当阻抗不匹配时，一般可以通过以下几种方法来进行阻抗的匹配：

① 使用变压器来做阻抗转换。

② 串、并联电容或电感。

③ 串联或并联电阻，如一些驱动器的阻抗比较低，可以串联一个合适的电阻来匹配特征阻抗，当一些接收器的输入阻抗比较高时，则可以通过并联电阻的方法来匹配特征阻抗。

结合 CAN 收发器输入阻抗较高的特点及 CAN 总线通信外围电路常见结构，这里选用并联电阻的方法来匹配阻抗，在每个节点处并联终端电阻，避免阻抗不匹配时信号被不断反射。

1）并联电阻。终端匹配电阻是一个电阻器，其作用是吸收、消耗信号传输过程中产生的反射波，减少反射波对信号的影响，以并联方式连接在 CAN_H、CAN_L 之间。由于线缆每一小段都有其瞬态阻抗，当电平信号在传输线中传送时会经过线缆中的不同位置，其每个时刻经过的线缆对应的阻抗可能会发生变化。这时其中一些信号将沿着原来的传播方向继续传播，而另一部分信号则被反射，沿着与原传播方向不同的方向回传。反射的这部分信号将会产生振铃，若振铃幅度过大则会影响信号质量。为了将回传的这部分能量吸收，改善信号质量，提高抗干扰能力，使得电平信号快速进入下一个电平状态，在物理层电路中可通过设置单个电阻或分裂式电阻作为终端电阻，尽量避免振铃的产生。若设置分裂式电阻，两者为等值电阻，呈对称状，中间加置一个电容器以提高抗干扰性能，如图 4-42 所示。

2）引脚电容。在 CAN 通信物理层的外围电路中，可以在控制器的 CAN_H 和 CAN_L 输出端分别接一个电容器 C_1 和 C'_1，有助于去除信号中的尖端毛刺，提高芯片抗电磁干扰能力，如图 4-43 所示。随着收发器制造技术及功能的提升，有些收发器的外围电路中不再使用引脚电容。

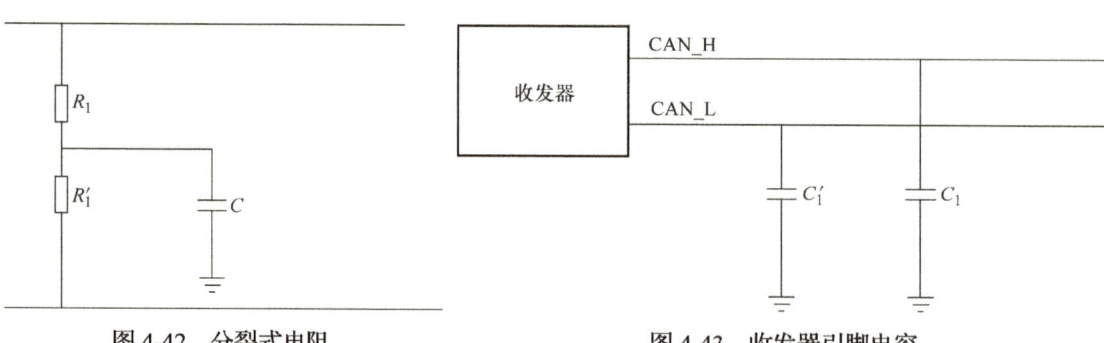

图 4-42　分裂式电阻　　　　　　图 4-43　收发器引脚电容

3）扼流线圈。扼流线圈是一个共模干扰抑制器件，可将其看作线圈，两个线圈的绕制方向相反，其中产生的磁场能够彼此抵消，可根据传输信号特点选择共模扼流线圈。对于 CAN 总线差分信号来说，共模信号为干扰信号，加置扼流线圈能够对共模干扰信号起到有效的抑制作用，而对差动信号没有影响，有助于提高电路抗干扰性。在本章的分析中，将其简化为电感元件处理。

扼流线圈及其等价电路示意图如图 4-44 所示。

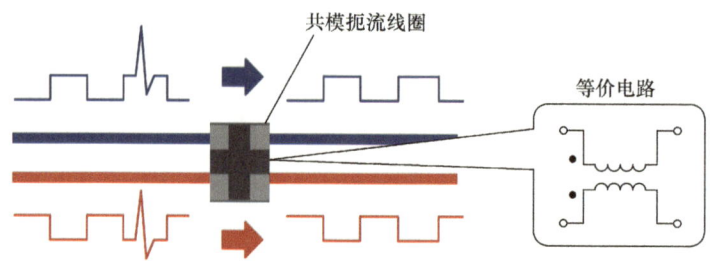

图 4-44　扼流线圈及其等价电路示意图

结合以上元器件，在本章分析中，为尽可能多地包含各类元器件成分来对通信质量影响因素进行分析，收发器外围电路结构如图 4-45 所示。其中，电阻 R_2、R'_2 的作用是共模取压，用来稳定电平。

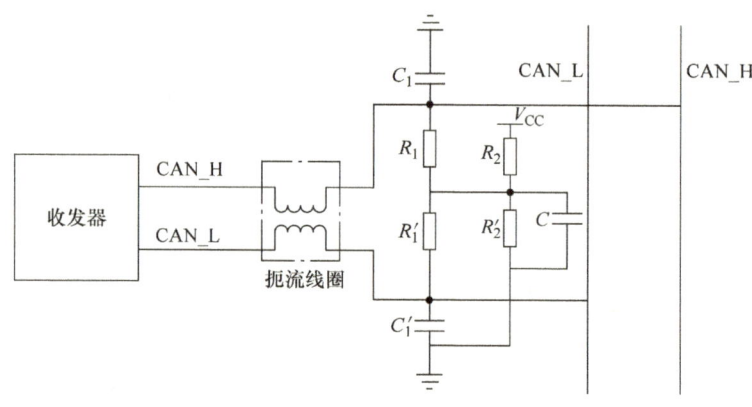

图 4-45　收发器外围电路结构

CAN 控制器相当于一个信号发生、控制器，控制信号发送内容，对信号在发送过程中质量的好坏无影响，且本章探究的信号质量不涉及多节点报文的竞争、报文管理等方面的内容。故在本章中对 CAN 网络通信物理层电路结构进行讨论分析时，不涉及控制器等效建模。并接点型拓扑结构下具有 n 个节点的 CAN 网络通信物理层电路示意图如图 4-46 所示，其中 m 个节点并接后，经过传输线缆与另外并接的 $(n-m)$ 个节点相连接。

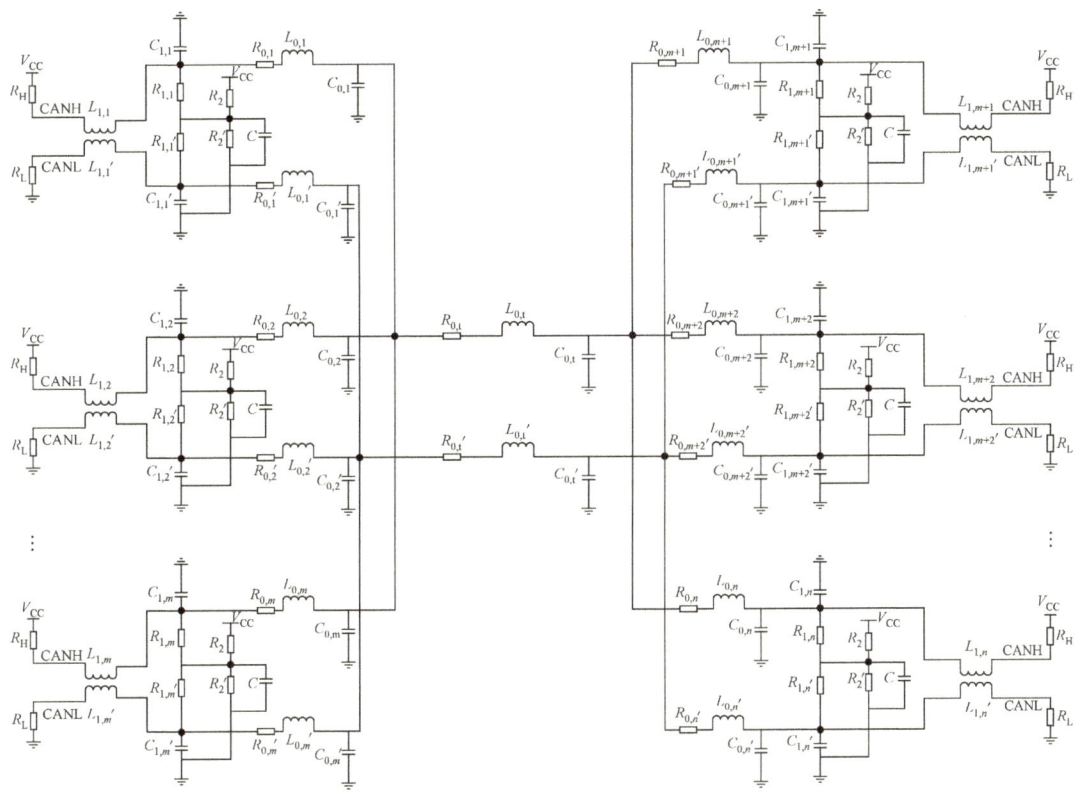

图 4-46 n 个节点 CAN 物理层等效电路模型

根据 n 个节点 CAN 网络物理层电路示意图、收发器等效模型和传输线缆简化模型，建立出并接点型拓扑结构下 n 个节点的 CAN 物理层等效电路模型。

将图 4-46 中串联或并联的电容、电阻和电感进行合并，以第 $k(1 \leqslant k \leqslant m)$ 个节点作为发送节点，第 p 个节点为接收节点，合并后的简化电路结构如图 4-47 所示。

在图 4-47 中，R_3 为图 4-46 所示电路中 R_H、$R_{0,t}$、R_0 串并联后的结果，R_3' 与 R_3 性质相似；L_2 为图 4-46 所示电路中 L_1、L_0 串并联后结果，L_2' 与 L_2 性质相似；C_2 为图 4-46 所示电路中 C_1、C_0 串并联后结果，C_2' 与 C_2 性质相似；R 为图 4-46 所示电路中 R_1 并联后结果，R' 与 R 性质相似；R_4 为图 4-46 所示电路中 R_2 并联后结果，R_4' 与 R_4 性质相似；C' 为图 4-46 所示电路中 C 并联后结果，计算式如下：

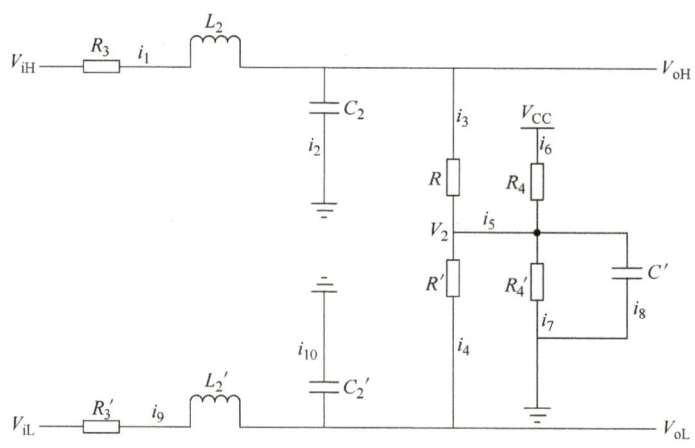

图 4-47　CAN 物理层简化电路模型

$$\begin{cases} R_3 = \dfrac{nR_\mathrm{H}}{m(n-m)} + R_{0,\mathrm{t}} + \dfrac{1}{\sum\limits_{i=1}^{m}\dfrac{1}{R_{0,i}}} + \dfrac{1}{\sum\limits_{j=m+1}^{n}\dfrac{1}{R_{0,j}}}, R'_3 = \dfrac{nR_\mathrm{L}}{m(n-m)} + R'_{0,\mathrm{t}} + \dfrac{1}{\sum\limits_{i=1}^{m}\dfrac{1}{R'_{0,i}}} + \dfrac{1}{\sum\limits_{j=m+1}^{n}\dfrac{1}{R'_{0,j}}} \\ L_2 = L_{0,\mathrm{t}} + \dfrac{1}{\sum\limits_{i=1}^{m}\dfrac{1}{L_{0,i}+L_{1,i}}} + \dfrac{1}{\sum\limits_{j=m+1}^{n}\dfrac{1}{L_{0,j}+L_{1,j}}}, L'_2 = L'_{0,\mathrm{t}} + \dfrac{1}{\sum\limits_{i=1}^{m}\dfrac{1}{L'_{0,i}+L'_{1,i}}} + \dfrac{1}{\sum\limits_{j=m+1}^{n}\dfrac{1}{L'_{0,j}+L'_{1,j}}} \\ C_2 = C_{0,\mathrm{t}} + \sum\limits_{i=1}^{m} C_{0,i} + \sum\limits_{j=1}^{n} C_{1,j}, C'_2 = C'_{0,\mathrm{t}} + \sum\limits_{i=1}^{m} C'_{0,i} + \sum\limits_{j=1}^{n} C'_{1,j} \\ C' = nC \\ R = \dfrac{1}{\sum\limits_{i=1}^{n}\dfrac{1}{R_{1,i}}}, R' = \dfrac{1}{\sum\limits_{i=1}^{n}\dfrac{1}{R'_{1,i}}} \end{cases} \quad (4\text{-}11)$$

后面可以根据所建立的数学模型进行仿真分析计算，通过试验验证，最终完成网络物理层中网络拓扑结构、线缆和终端电阻的计算。

3. 试验分析

搭建图 4-48 所示的网络拓扑试验环境，需要的仪器设备材料有试验控制器（若干）、线缆（长度根据需求）、CAN 卡、示波器。

实验结果显示：

1）在原始网络的基础上改变终端电阻的位置，不能明显改善通信情况，CAN 卡不能接收到任何报文。

2）在支线长度减少到 20m 时，16 个节点才可以同时通信。

3）增加并接点可以稍微改善通信情况，CAN 卡可以接收到 1 个节点的报文。

4）减少节点数也可以改善通信质量，连同节点支线一同移除对通信质量的改善优于只移除节点不移除支线的情况。

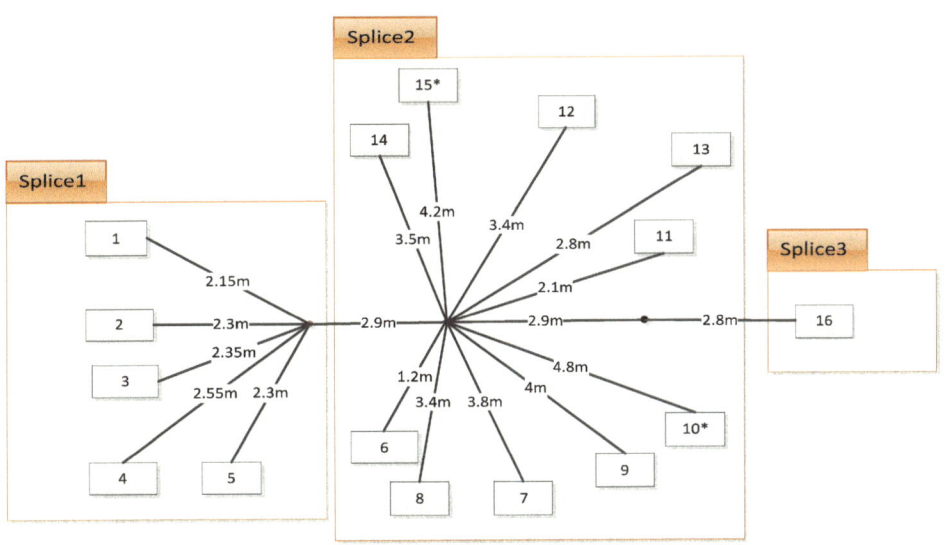

图 4-48　网络拓扑环境

图 4-49~图 4-51 所示分别为 CANH、CANL 和差分信号的波形图。

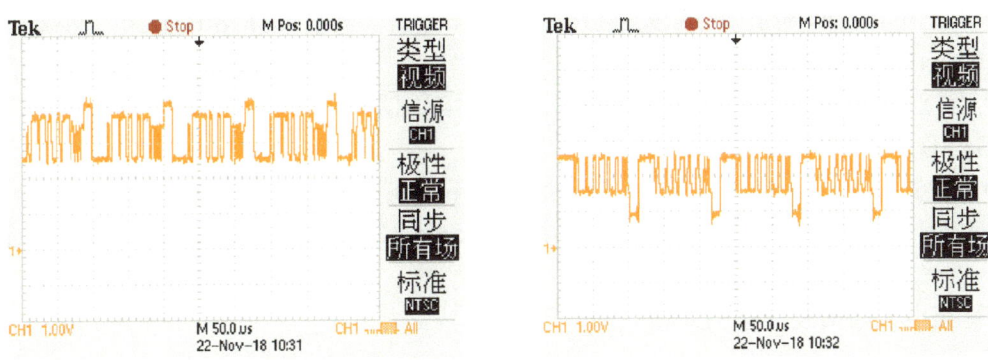

图 4-49　CANH 波形图　　　　　　图 4-50　CANL 波形图

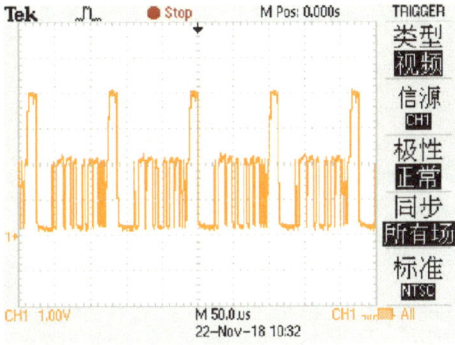

图 4-51　差分信号波形图

4.3.3 链路层设计

数据链路层包括 LLC 子层和 MAC 子层的服务及功能，在 CAN2.0 技术规范中有详细说明。其具体应用设计主要内容是传输协议功能的应用，具有两大主要功能：消息封装和重组、连接管理。在下面的章节里，发送端是指发送“请求发送”消息的 ECU 或设备，响应端就是指发送“允许发送”消息的 ECU 或设备。具体参见 SAE J1939-21。

下面以 GB/T 27930—2015 [16] 进行说明：

1）充电机发送 CRM 报文（ID：1801F456），其中第一个字节为 01（表示此时充电机主动发送识别，请求握手）。

2）当 BMS 收到充电机的 CRM 报文后，启动数据传输协议 TCPM（由于数据长度大于 8 位，共 41 位）传输电池组身份编码信息 BRM。

① 首先 BMS 发送 RTS 报文（ID：1CEC56F4），通知充电机准备发送多少包数据。

② 当充电机收到 BMS 发送的 RTS 报文后，做出应答信号，回复 CTS 给 BMS（ID：1CECF456）。

③ 当 BMS 接收到充电机的应答报文 CTS 后，开始建立连接发送数据 DT（数据长度为 43B，共分为 7 包，ID：1CEB56F4）。

④ 当充电机接收到了 BMS 发送的数据报文 DT 后，回复 CM 给 BMS 用于消息结束应答（ID：1CECF456）。

3）当充电机接收到了 BMS 发送的电池身份编码信息 BRM 后，回复辨识报文 CRM 给 BMS（ID：1801F456 第一个字节为 AA）。

4）若上述 3 步中任何步骤出现异常，通信将不能往下进行，等待超时复位。

握手阶段 CAN 卡接收数据解释：充电机为 56H，BMS 为 F4H，FFH（255）为全局地址。

国标充电机通信过程举例如图 4-52 所示。

	A	B	C	D	E	F
1	序号	传输方向	时间标识	帧 ID (HEX)	数据 (HEX)	报文描述
2	1	接收	26.54049454	1826f456	01 01 00	充电机握手(CHM 9728)
3	2	接收	26.79046554	1826f456	01 01 00	充电机握手(CHM 9728)
4	3	发送	26.99361754	182756f4	88 13	车辆握手(BHM 9984)
5	4	接收	26.99421029	1801f456	00 01 00 00 00 ff ff ff	充电机辨识报文(CRM 256)
6	5	发送	27.24549204	1cec56f4	10 31 00 07 ff 00 02 00	BMS和车辆辨识报文(BRM 512)RTS
7	6	接收	27.25360454	1cecf456	11 07 01 ff ff 00 02 00	BMS和车辆辨识报文(BRM 512)CTS
8	7	接收	27.25418479	1801f456	00 01 00 00 00 ff ff ff	充电机辨识报文(CRM 256)
9	8	发送	27.25691054	1ceb56f4	01 00 01 00 02 88 13 88	DT
10	9	发送	27.26835729	1ceb56f4	02 13 00 01 02 00 03 98	DT
11	10	发送	27.28024879	1ceb56f4	03 fb ae 0c 07 1c 01 00	DT
12	11	发送	27.29122254	1ceb56f4	04 00 00 01 00 00 f4 28	DT
13	12	发送	27.30239279	1ceb56f4	05 00 00 f4 28 00 3d 9f	DT
14	13	发送	27.31461304	1ceb56f4	06 e5 00 00 00 00 b0 ff	DT
15	14	发送	27.32647229	1ceb56f4	07 ff ff ff ff ff ff ff	DT
16	15	接收	27.39359204	1cecf456	13 31 00 07 ff 00 02 00	BMS和车辆辨识报文(BRM 512)ACK
17	16	接收	27.39416429	1801f456	aa 01 00 00 00 ff ff ff	充电机辨识报文(CRM 256)
18	17	发送	27.39785779	1cec56f4	10 0d 00 02 ff 00 06 00	动力蓄电池充电参数报文(BCP 1536)RTS
19	18	接收	27.41358579	1cecf456	11 02 01 ff ff 00 06 00	动力蓄电池充电参数报文(BCP 1536)CTS
20	19	发送	27.41656304	1ceb56f4	01 b0 04 a0 0f 28 23 88	DT
21	20	发送	27.42809779	1ceb56f4	02 13 c8 f4 01 88 13 ff	DT
22	21	接收	27.45358104	1cecf456	13 0d 00 02 ff 00 06 00	动力蓄电池充电参数报文(BCP 1536)ACK
23	22	接收	27.48357854	1807f456	ff ff ff ff ff ff ff	充电机发送时间同步信息(CTS 1792)
24	23	接收	27.48413079	1808f456	4c 1d e8 03 d8 0e a0 0f	充电机最大输出能力(CML 2048)
25	24	发送	27.48819729	100956f4	aa	电池充电准备就绪状态(BRO 2304)
26	25	接收	27.50333279	100af456	aa	充电机输出准备就绪状态(CRO 2560)
27	26	发送	27.73922229	1cec56f4	10 09 00 02 ff 00 11 00	电池充电总需求(BCL 4352)RTS

图 4-52 国标充电机通信过程举例

4.3.4 应用层设计

4.3.4.1 信号定义

首先定义传输信号的类型、范围和精度,可以参考 SAE J1939-71 的信号定义方法。

信号定义包括作为参考的数据长度、数据类型、分辨率、范围和标识符。比如加速踏板位置——加速踏板实际位置与加速踏板最大位置的比值。此项参数除作为确定动力传动系统要求的输入之外,还向变速器及 ASR 系统提供驾驶人动作的预测信息。

数据长度:1B。

分辨率:0.4% 增益,0% 补偿。

范围:0~100%。

类型:计量量。

表 4-17 是某车厂定义的纯电动客车主要的信号列表。

表 4-17 主要的信号列表

信号	范围	信号	范围
对地绝缘电阻 /kΩ	0~50000	电机交流电流 /A	0~1000
绝缘故障等级	0~4	驱动电机温度 /℃	−40~215
加速踏板(%)	0~100	电机控制器温度 /℃	−40~215
制动踏板(%)	0~100	电机转矩上限 /N·m	0~5000
瞬时电耗 /(kW·h/100km)	0~500	电机转矩下限 /N·m	−5000~0
档位	−1~10	电机故障等级	0~4
车速 /(km/h)	0~250	电机直流电压 /V	0~1000
仪表里程 /km	0~21055406	电机直流电流 /A	−1000~1000
DC-DC 变换器输入电压 /V	0~1000	主接触器控制指令	0~1
DC-DC 变换器输出电压 /V	0~50	接触器电池端电压 /V	0~1000
DC-DC 变换器输出电流 /V	0~200	接触器电机端电压 /V	0~1000
DC-DC 变换器散热器温度 /℃	−40~150	最大单体电压 /V	0~60
DC-DC 变换器输入电流 /A	0~25	最小单体电压 /V	0~60
电动转向泵 DC/AC 变换器输入电压 /V	0~1000	单体累计电压 /V	0~1200
电动转向泵 DC/AC 变换器输出电压 /V	0~1000	充电电流限制(10/30s 脉冲估算值)/A	0~500
电动转向泵 DC/AC 变换器输出电流 /A	0~50	放电电流限制(10/30s 脉冲估算值)/A	0~500
电动转向泵 DC/AC 变换器散热器温度 /℃	−40~150	电池总电流 /A	−400~400
目标转速(VCU 发给 MCU)/(r/min)	−15000~15000	充电功率限制 /kW	0~250
目标转矩(VCU 发给 MCU)/N·m	−5000~5000	放电功率限制 /kW	0~250
电机当前转速 /(r/min)	−15000~15000	可允许持续回馈电流(>30s)/A	0~500
电机当前转矩 /N·m	−5000~5000	可允许持续放电电流(>30s)/A	0~500

(续)

信号	范围	信号	范围
电池类型	0~15	最低单体电压编号	1~1000
电池外并数量	0~10	最高单体温度编号	1~250
单体标称电压 /V	0~5	最低单体温度编号	1~250
单体额定容量 /A·h	0~500	最高单体电压所在箱体编号	1~250
电池总能量 /kW·h	0~642	最低单体电压所在箱体编号	1~250
电池串联数量	0~250	最高单体温度所在箱体编号	1~250
电池并联数量	0~250	最低单体温度所在箱体编号	1~250
SOC 最低限值（%）	0~100	极柱最高温度限值 /℃	−40~210
最高温度限制 /℃	−40~210	电池箱接线柱最高温度 /℃	−40~210
单体电池最高温度 /℃	−40~210	最高接线柱温度所在箱体编号	1~250
单体电池最低温度 /℃	−40~210	单体电压 1/V	0~60
主正接触器状态	0~3	单体电压 2/V	0~60
主负接触器状态	0~3	单体电压 3/V	0~60
预充接触器状态	0~3	单体电压 4/V	0~60
充电接触器状态	0~3	单体电压 n（以此类推）/V	0~60
电池电量状态（SOC）（%）	0~100	单体温度 1/℃	−40~210
电池寿命状态（SOH）（%）	0~100	单体温度 2/℃	−40~210
电池状态	0~15	单体温度 3/℃	−40~210
电池故障等级	0~4	单体温度 4/℃	−40~210
充电枪连接状态	0~1	单体温度 n（以此类推）/℃	−40~210
电池剩余能量 /kW·h	0~500	车辆充电状态	0~15
最高单体电压编号	1~1000		

注：充电过程产生的信号参考 GB/T 27930—2015《电动汽车非车载传导式充电机与电池管理系统之间的通信协议》。

4.3.4.2 参数组定义

信号参数应当按下列原则归入参数组中：

1）以功能（如机油、冷却液、燃油等）而不以类型（温度、压力、速度等）。
2）以同样的刷新率（以最小化不必要的处理）。
3）以共同的子系统（用来计量和发送数据的设备）。

网络中的实际刷新率应为名义速率（基于微控制器系统中的时钟有波动）。比如电机转速超过 500r/min 时，报文传输的脉冲调制时间不应超过 12ms。在较高的转速下，通过固定计量周期获得发动机转速信息的系统有较少的延时。转速高于 1000r/min 时，举例来说，报文传输的脉冲调制时间范围为 5~30ms。由于较高转速下计量周期需要较少时间，则调制时间也相应减少。节省的时间长短取决于完成计量周期所用的曲轴转角度数。

CAN 总线数据字段的大小是 8B。长度在 0~8B 的参数组利用数据链路层（参见 SAE J1939-21 标准）。对于超过 8B 的参数组或参数组定义中定义参数组的字节大小是变化的，就要利用传输协议了。

举例：SAE J1939-71 中定义的转矩/转速控制 1 #：TSC1。

变速器发送频率：　　激活时，每 10ms 发送给发动机，每 50ms 发送给减速器。

数据长度：　　　　　8B

数据页数：　　　　　0

协议数据单元格式：0

协议数据单元特性：目标地址

默认优先级：　　　　3

参数组号：　　　　　0（000000$_{16}$）

字节：　　　　　　　1—控制位。其中 8、7 未定义；6、5 表示优先控制模式优先级（见 4.2.3.3 节）；4、3 表示要求的转速控制状况（见 4.2.3.2 节）。2、1 表示优先控制模式（见 4.2.3.1 节）

2，3　　　　　　　　要求的转速/转速极限值

4　　　　　　　　　　要求的转矩/转矩极限值

5—8　　　　　　　　未定义

用于 SAE J1939 网络的参数组不指明原地址，任何控制器根据自己采集的信号和需求都可以发送这个参数组。

4.3.4.3　诊断故障代码定义

诊断故障代码以每个代码 4B 的形式传送。诊断故障代码由三个要素组成（表 4-18）：

1）待检参数号（SPN）。

2）错误模式标识符（FMI）。

3）发生值（OC）。

表 4-18　诊断故障代码

待检参数号（SPN），19bit	错误模式标识符（FMI），5bit	保留位，1bit	发生值（OC），7bit
故障诊断代码值为 4B			

诊断故障代码示例（这是一个 SAE J1587 标准的参数）：

　　　　　　　SPN=91　　待检参数是加速踏板位置
　　　　　　　FMI=3　　　错误模式表明电压高于正常值
　　　　　　　OC=5　　　发生值说明故障出现 5 次

1. 待检参数号（SPN）

这个 19bit 的参数表示是哪一个子系统出现了故障。待检参数号的分配是根据被控制器（源地址和名称）检测到和分隔的故障进行的。待检参数号与报文的源地址无关。但是，必须检测是网络上哪一个控制器在进行检测。待检参数号分配给已经包括在参数组中的参数（信号），即使这个参数在网络中不可用，但是仍可以由链接在网络上的控制器检

测并分隔。

前 511 个待检参数号保留分配给 SAE J1587 标准中的参数标识符。例如，待检参数号 91 作为加速踏板故障在 SAE J1587 标准中是参数标识符 91。所有其他待检参数号从 512 开始分配。详情参阅 SAE J1939 标准附录 C。

  数据长度：19bit
  分辨率： 1 待检参数号 / 位
  数据范围：0~524287
  类型： 状态量

2. 错误模式标识符（FMI）

错误模式标识符定义了在由待检参数号标识的子系统中检测到的错误类型。FMI 和 SPN 组合成为一个给定的故障诊断代码。保留分配的 FMI 由 SAE 控制和通信子委员会分配。

  数据长度：5bit
  分辨率： 1FMI/ 位
  数据长度：0~31
  类型： 状态量

具体定义参见 SAE J1939-73。

3. 发生值（OC）

7 位发生值域含有一个错误从活性到前一个活性出现的次数。如果发生值不可用，则这个域的值全为 1。

  数据长度：7bit
  分辨率： 1OC/ 位
  数据长度：0~126，值 127 保留用于表示不可用
  类型： 状态量

4.3.4.4 参数组诊断定义

车用的故障诊断参数组可以参照 SAE J1939 活性故障诊断代码（DM1）进行定义。

4.3.5 仿真与测试

4.3.5.1 仿真测试方法

利用工具进行网络仿真测试与开发，可分为四个阶段：

1. 结合某车载电控部件的网络建立 DBC 文件（图 4-53）

首先要明确整个系统的全部需求，根据提前确定的某车载电控部件的应用场景、协议和规范设计相关参数，对子系统进行一系列相关的定义。例如：总线的比特率、每个节点的模型、对信号进行定义、手动计算网络负载等。通过总线监控器观测仿真的实时数据，分析其结果，根据初步的仿真结果，进一步完善通信网络的数学模型。

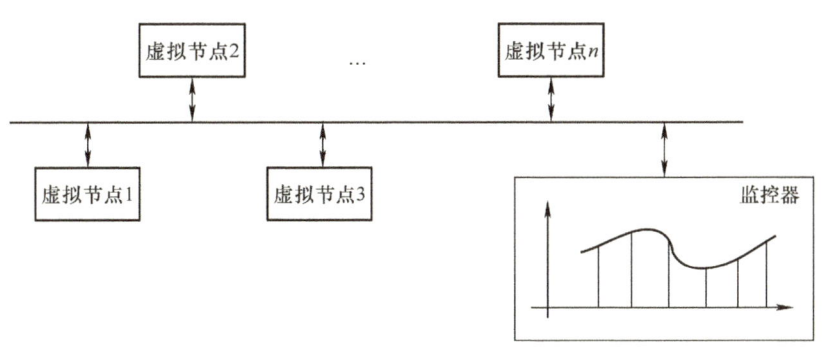

图 4-53　网络系统仿真

2. 对整个车载网络实施半实物仿真（图 4-54）

在项目网络设计初期，将整个虚拟节点和网络系统调节完成之后，选择某个车载网络节点，将其用实际物理节点替代进行系统调试；通过使用第一阶段完成的仿真节点来逐步将系统内的节点替换为物理节点，把已经完成的节点和虚拟节点组合在网络中，形成一个半实物的整体系统。仿真的主要目的是通过对仿真模型的测试，检验已经设计完成的节点在网络中是否能够完成自身应有的功能，在与虚拟节点的通信过程中是否能够实时地传输正确的报文和信号，从而验证整车上已有真实节点的正确性，同时也检测了仿真模型中虚拟节点与实物通信的实时性和可行性。

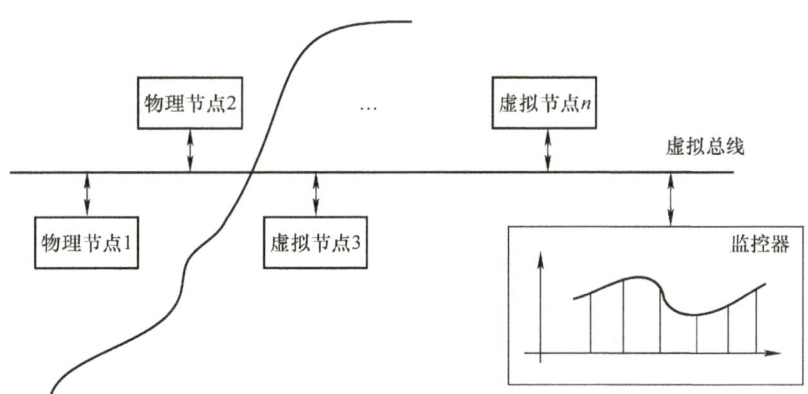

图 4-54　网络系统半实物仿真

3. 网络中均采用真实的节点，对整个实际网络进行监控（图 4-55）

网络中所有节点用真实节点进行替代，形成一个网络化的平台。通过仿真环境来分析、监测实际网络的运行情况。主要目的是在真实的负载情况下，实时监测其通信能力，并与前两个阶段进行对比分析，验证整个仿真平台的网络性能以及完整的功能。

建立仿真测试平台，首先对各个节点的需求进行分析，根据需求定义整个网络的通信结构，完成数据库的建立；然后利用工具软件建立仿真模型和仿真环境。

纯电动汽车整车设计

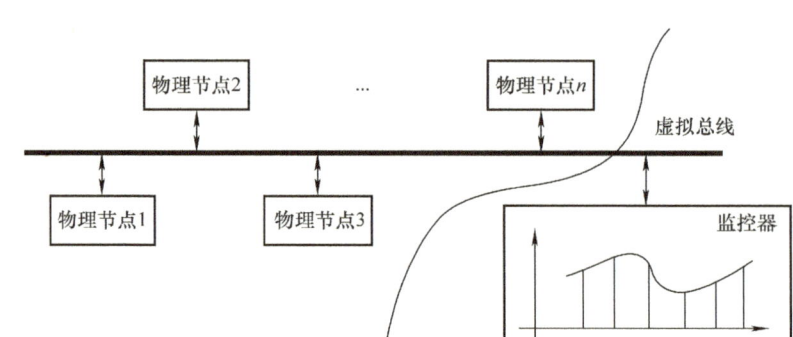

图 4-55 网络实物仿真

4. 网络化平台的搭建与验证（图 4-56）

将总线系统的所有设备连接在一起置于实际工作环境中，并编写测试用例对单节点和网络系统进行验证性试验，同时编写通信功能模拟系统进行联调，主要目的是对整个系统的协调性进行测试。使用工具软件对网络通信情况进行监控，测试系统的抗干扰能力，验证总线系统是否满足预期功能，同时用实际节点验证仿真结果。

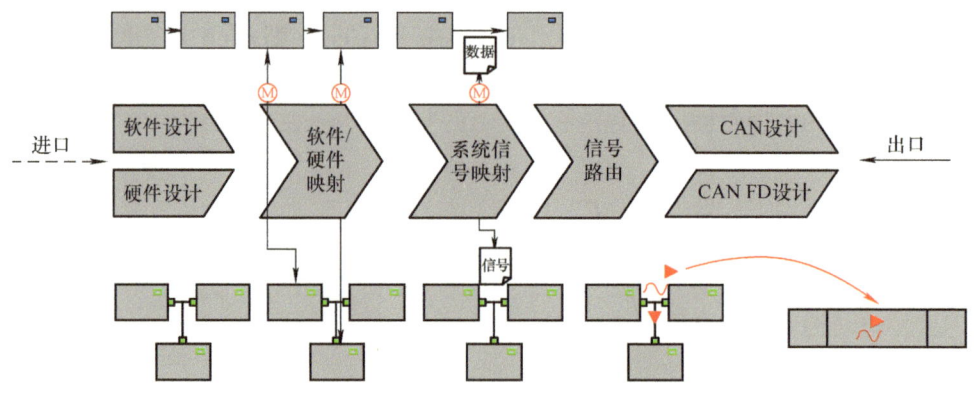

图 4-56 网络化平台设计流程

利用该平台对总线通信情况进行监控，并且测试系统的抗干扰能力。根据实车工作的真实工况和运行环境，该平台使系统测试更加直观和便捷，而且在发现错误后可以及时方便地更改。网络化平台构型如图 4-57 所示。

4.3.5.2 仿真测试工具

1. VBA

VBA（Vehicle Bus Analyzer）是由恒润自主研发的、可用于单个 ECU 或整车网络开发、测试和分析的综合性总线工具。VBA 支持同时配置多路 CAN、LIN 网络及多媒体数据源（摄像头、GPS 等），可同时对多路数据进行监控、记录与仿真。它的主要功能见表 4-19。

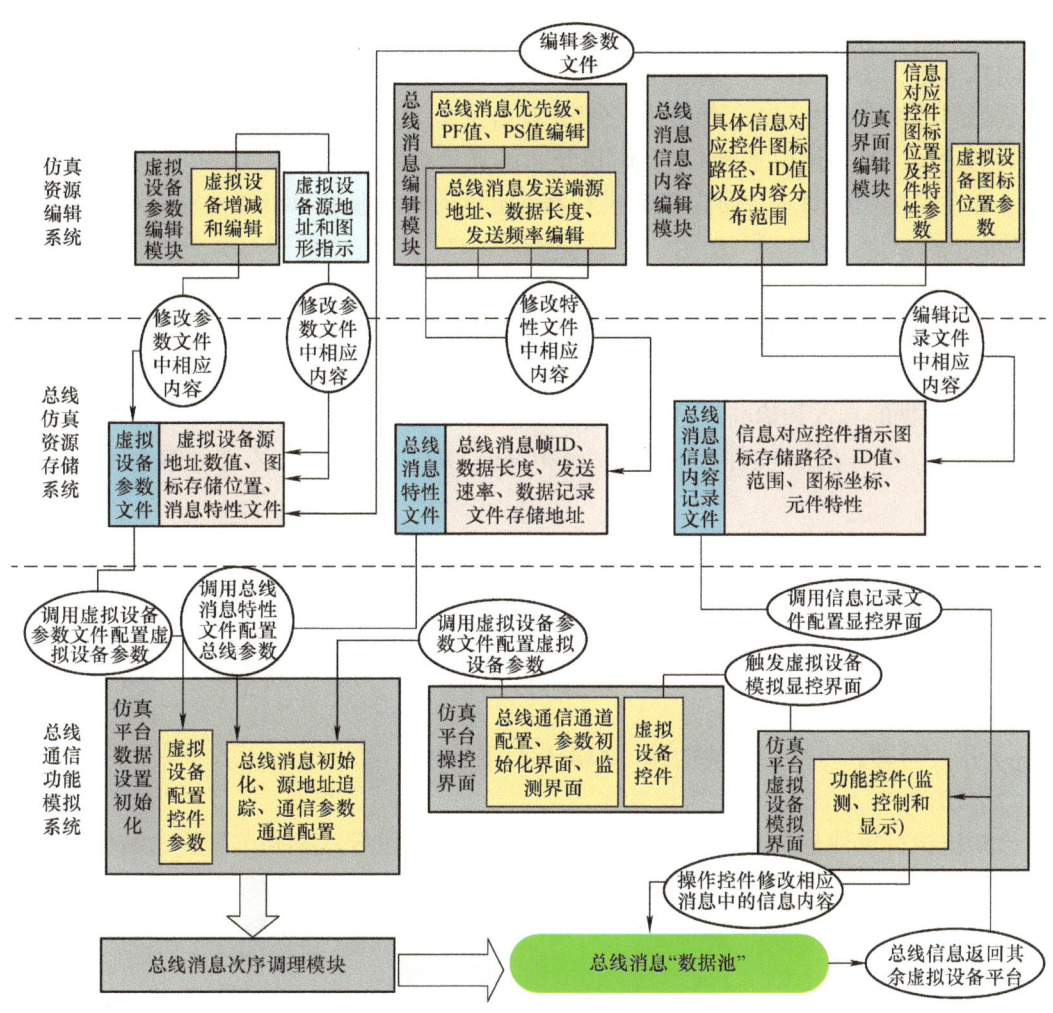

图 4-57 网络化平台构型

表 4-19 VBA 的主要功能

功能	描述
工程管理	支持多个 CAN、LIN 网络的创建 支持导入 DBC、LDF 数据库 支持各个节点的动态启用、禁用
数据监控	Trace，以表格的形式实时展示总线报文数据 Graphic，以折线图的形式实时展示信号的变化趋势 负载分析，实时统计各网段的数据发送/接收及总线负载情况 过滤模块，支持对以上模块分别配置不同的过滤条件
报文仿真	CAN Generator，配置要发送的 CAN 报文 LIN Generator，配置要发送的主机报文与从机报文 LIN Schedule，仿真 LIN 调度表功能
记录回放	Logger，记录总线报文 摄像头，实时监控和记录摄像头数据 GPS，实时监控和记录 GPS 数据 同步回放，支持对多种数据源监控的数据进行同步回放
故障诊断	支持 ISO 15765 协议 支持导入 ODX/PDX 诊断数据库 支持诊断参数的配置（P2、P2*、Stmin、Block Size 等） 支持诊断服务的发送 支持整车 DTC 的读取

2. 基于 ODX 解析技术的诊断工具产品（OBT）

ODX 标准（ISO 22901）标准化了诊断通信协议相关的数据，使得研发、测试、生产及售后部门和供应商之间的诊断数据交换变得容易且不易出错，可以显著提高效率，降低诊断数据管理成本。使用基于 ODX 解析技术的新型诊断工具可以大幅度缩短整车故障诊断系统开发的迭代周期，从而为整车开发赢得宝贵的时间并显著节省开发成本。产品具有如下功能：

（1）OBT_Config 诊断功能配置软件

OBT_Config 诊断仪配置一套 B/S 架构的软件，可满足多人同时在线管理不同车型平台的诊断数据以及相应的诊断仪功能，可生成针对某一车型的诊断仪配置。软件支持 PDX/ODX 数据的导入和诊断序列的搭建以及诊断功能的配置。

1）导入/解析 PDX 文件，可导入/解析符合 ODX 标准的 PDX 文件包并保存到 ODX 数据库。

2）配置通用的诊断服务功能，通过此功能可配置故障码读清、冻结帧数据读取等。

3）配置自定义的诊断服务序列，通过图形化界面配置诊断服务序列和参数。

4）配置程序刷写功能，可配置刷写流程、安全算法和 CRC 算法。

5）诊断功能配置导出管理，从已经配置的诊断服务功能中挑选需要导出的配置项生成诊断配置包。

6）用户管理，支持用户的创建、编辑和权限管理。

（2）OBT_Tester 诊断功能执行软件

诊断仪执行软件是一套通用的诊断仪框架软件，通过导入不同车型的诊断仪配置，使自身具备相应车型的诊断仪功能，主要用于开发阶段 ECU 及整车的诊断功能验证和测试。

1）管理/执行 OBT_Config 配置的诊断功能，包括读写 DID、读清故障码、程序刷写等。

2）显示诊断服务数据，按照 PDX 中的定义解析并显示诊断服务响应中的数据和 PDU（协议数据单元）。

3）导入/变更刷写文件，可灵活导入/变更驱动和应用程序。

4）跟踪记录功能，诊断功能序列执行过程带 CAN 报文跟踪功能，并可以保存到文件。

5）支持通过以太网执行诊断服务（DoIP）。

（3）DPS 诊断协议栈

1）应用层（ISO 14229-1，ISO 15765-3，ISO 14230-3）。

2）传输层/网络层（ISO 15765-2，ISO 13400-2）。

3）K 线数据链路层（ISO14230-2）。

（4）TESTBASE-VCI

1）通信方式支持 USB/WIFI。

2）4 路 CAN、1 路 LIN、1 路 K。

3. CANoe

VECTOR 提供了一个系统级的开发环境，包括网络开发全过程的仿真、网络在线仿真、网络总线的数据记录和分析以及网络系统的标定和测试。

全过程包括：

1）VECTOR 数据库进行数据分析和定义（节点数、报文数、信号内容和长度等）。

2）通过 CAPL 语言在 CANOE 环境中进行功能建模和仿真。即利用软件进行系统的虚拟仿真来检验各个节点功能的完善性以及网络的合理性。

3）利用 VECTOR 硬件接口卡工具，将自己开发的节点连入虚拟的网络中进行半实物仿真。

4）利用 VECTOR 的其他测试和分析工具对整个真实的网络进行测试、分析和标定。

VECTOR 产品支持的总线系统包括 CAN、LIN、MOST、FlexRay、TTCAN 等。

由于它具有开放式架构，能够解决复杂的任务，并适用于特殊的应用。CANoe 为整个分布式网络的仿真和分析，提供了基于图像和基于文本的建模和评估窗口。针对监控和控制任务，以及生产装配过程，还能创建直观的用户控制平台。CANoe 提供针对产品生产周期中所有阶段的专业功能，包括模型创建、仿真、功能测试、诊断和分析。

该系统的软件测试环境提供了友好的用户界面和图形化的显示方式，提供了图形化显示功能模块和评估模块。在测试过程中，显示每条报文中的不同信号的数值，总线上所有活动的列表，包括报文、错误帧和超载帧；总线统计表显示报文速率、错误率、总线负载和 CAN 控制器状态。另外，针对汽车应用提供了相应的仪表库，模拟真实的驾驶室内仪表显示。

CANoe 具有可编程能力，意味着用户可以按自己的要求对 CANoe 的功能进行扩展。在数据流程图的任意节点里都可以插入模块模型，并且可以编写用户自己的程序来实现功能。CAPL 就是用来实现可编程能力的编程语言，它是面向应用的类 C 语言，并且包含了交互式的开发环境。在这个环境下，用户可以很容易地创建、修改、编译 CAPL 的程序。

CANoe 可支持多种协议：LIN、MOST、FlexRay、TTCan、CANopen、J1939、NMEA2000、ISO 11783 和 osCAN 库等。

4.4 整车控制器设计

4.4.1 概述

本节阐述了整车控制器产品从概念到最终量产的各个流程，为工程师进行整车控制器的硬件设计提供指导。

4.4.2 硬件设计流程及选型简介

在进行控制器类产品的硬件设计之前，了解一款硬件设计产品从概念设计到最终产品量产实现的流程是十分必要的。

整车控制器的硬件设计流程如图 4-58 所示。

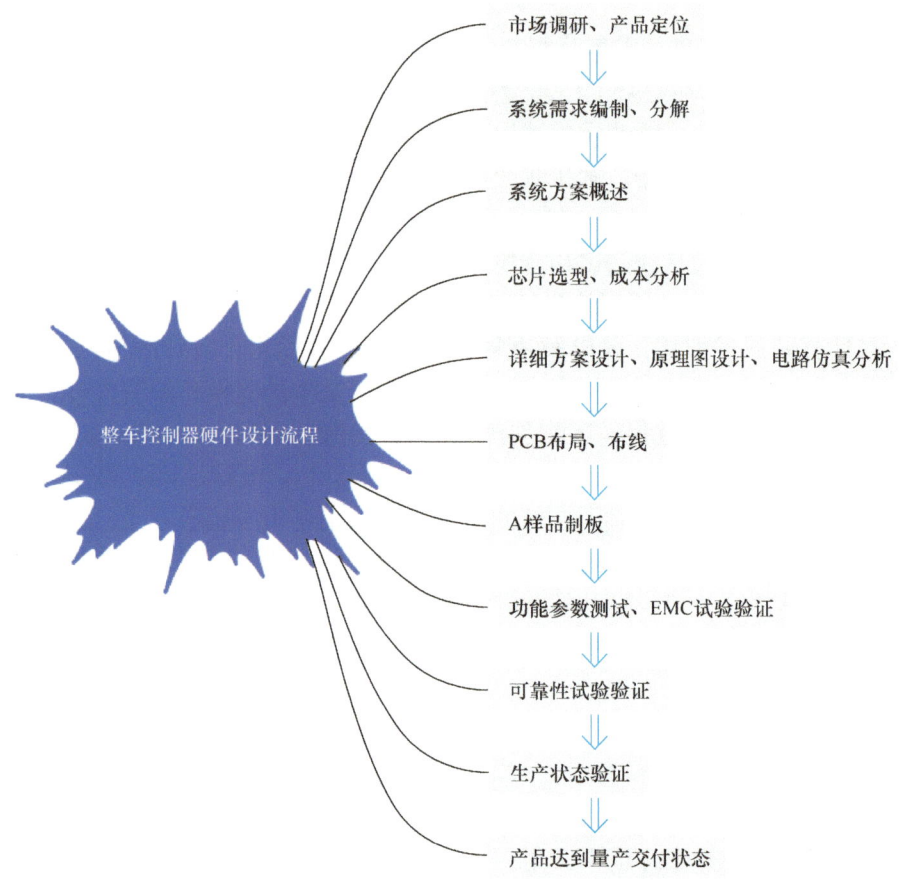

图 4-58　整车控制器硬件设计流程图

4.4.2.1　产品定位

当前绝大多数整车厂在进行硬件设计之前，都需要对当前市场同类型的产品进行市场调研。这项工作一般由产品规划部门进行，主要的调研工作包括以下几个方面：

1）当前国家政策环境，即与产品相关的法律法规。
2）当前主要技术状态以及未来技术发展趋势。
3）主要生产厂家的供货情况及趋势预测。
4）当前现有产品的价格特性。
5）对应产品的市场需求分析及预测。
6）当前产品存在的主要问题及对策。

整车生产厂家根据当前市场环境下的调研以及预测结果，结合自身的时间成本、人力成本等原则综合决定是由公司内部开发、外协开发或采用现有产品。

本节主要从新产品开发的角度，讲述整车控制器硬件设计的每一个环节和步骤，同时根据市场产品调研的结果，采用相关信息对产品技术指标、产品成本、应用状态进行设计定位。

4.4.2.2 系统需求

系统需求是整个产品开发的前提，在进行硬件设计之前需要对整个产品的技术指标做出明确的规定。系统需求描述产品开发的目标，包含产品的基本功能、基本配置、主要性能指标、运行环境、约束条件以及开发经费和进度等要求。

作为硬件设计工程师，其中十分重要的一项工作就是能够从产品的系统需求中分解出硬件设计需求。硬件设计需求是我们在硬件开发过程中一切工作的指导性文件。一份详细的硬件设计需求能够为后续的产品设计、验证环节提供良好的保障。整车控制器的硬件系统需求主要应包含以下几个方面。

1. 整车控制器的主要功能模块

功能模块是指整车控制器要实现哪些具体的功能。依据当前新能源汽车整车结构中对于整车控制器的定位，整车控制器的主要功能模块有：

1）电源模块。
2）单片机模块。
3）外部传感器供电模块。
4）开关量信号采集模块。
5）模拟量信号采集模块。
6）PWM（脉宽调制）信号采集模块。
7）继电器驱动模块。
8）电机驱动模块。
9）通信模块。
10）存储模块。
11）其他特殊模块。

2. 整车控制器的产品性能指标

产品性能指标是指整车控制器产品需要满足的技术方面的要求，主要包含：

1）正常工作电压范围、静态功耗。
2）产品的正常运行环境温度、产品的存储温度。
3）产品的尺寸、结构、安装方式、安装位置。
4）产品的外部防护等级（防水以及防尘要求）。
5）产品的安全可靠性、试验验证需求。
6）产品的设计使用寿命。本部分主要规定了整车控制器的使用环境，大部分数据由相应的整车方面给出。上述只列出了大概，其中很多具体的要求未详细列出。
7）整车控制器的引脚定义。引脚定义部分需要整车方面提供与整车控制器连接的所有外部零部件的数据手册或参数指标要求，便于整车控制器接插件的选取、引脚的分配、功能模块的设计等。例如：整车控制器中对于温度的采集，需要外部温度传感器的数据手册才能够正确进行内部电路的设计；整车控制器中用于驱动外部继电器的电路需要根据外部继电器工作电压、电流特性设计相应的驱动电路。

4.4.2.3 系统方案概述

如果说系统需求是整车方面对于整车控制器提出的需要满足的要求，那么系统方案就是每一条系统需求所实现的方法。可以结合前期的市场调研或者芯片供应商提供的最新的、性价比最高的方案进行评估，符合市场技术发展趋势的同时保持自身的特色。

由于系统方案与系统需求具有紧密的对应关系，同时系统方案又因为产品的不同存在较大的差异，暂不对系统方案进行过多的描述。

4.4.2.4 芯片选型与成本分析

芯片选型可以说是硬件电子工程师必备的技能，一个好的芯片选型方案能够大大节省产品开发的时间成本、人力成本。在进行芯片选型时需要关注以下几方面：

1. 功能需求

在选择芯片的时候，功能需求往往是我们关注的第一位。因为选择何种芯片首先取决于对功能的需求。需要的是单片机、低边功率驱动还是通信芯片，每一种不同功能对应不同类型的芯片与厂家。功能需求包括芯片的主要功能、工作温度、存储温度、功耗、使用寿命、是否属于汽车级芯片、是否符合 RoHS 认证等。

2. 成本

芯片的成本在一定程度上决定了产品的最终成本，因此芯片选型时必须要考虑成本问题。硬件工程师往往需要在芯片的功能与成本之间进行取舍。成本比较高的往往功能比较全面，故障保护做得比较好，检测功能比较全面。在保证满足功能需求、总体成本限制的基础上选择性价比最高的产品，并能够做出相应的功能或者设计参数预留。

3. 典型应用是否方便

典型应用就是指芯片的典型应用电路是否简洁，如果芯片只需要很少元件即能正常工作，那么选型时应该考虑使用这样的芯片，这时只需要在芯片原有基础上稍加上保护电路即可应用于产品设计中。如果芯片典型电路的外围电路很多，那么不仅布局布线会很麻烦，而且也不利于产品的小型化设计和低成本设计理念。

4. 芯片的封装

由于现在的产品都偏向于小型化设计，而芯片的封装在一定程度上决定了产品的最终尺寸，所以选择芯片时应考虑封装问题。大的封装便于 PCB 布线、焊接及维修，但会加大板子尺寸从而增加产品成本，小的封装可以减小板子尺寸、降低产品成本，但会加大PCB 布线、焊接以及维修的难度。选型时应分别对待，如果没有特殊要求，建议选择中等封装（SOT23、TSSOP、LQFP、SOIC 等）。

5. 货源是否充分

货源是否充分是指不要选很冷门的芯片。如果选择的芯片各方面都很不错，但是货源很少或者很难买到，那么这样的选型方案也是不可取的。首先会因为没有货源或者供货周期太长而影响整个项目的进度，其次会因为产品的售后维修不便而带来很大的隐患。具体芯片选型时可以让电子元器件的分销商进行推荐，然后再根据上述讨论确定最终的芯片选型。下面以常用的器件为例说明芯片选型时需要注意的参数。

（1）电阻（选择现阶段汽车电子控制器最常用的贴片电阻）

1）电阻阻值、精度误差、耐压、元器件封装、功耗、温漂。

2）常用生产厂家：YAGEO、ROHM、VISHAY 等。

（2）电容（选择现阶段汽车电子控制器最常用的陶瓷贴片电容）

1）电容容值、器件封装、耐压值、精度误差、温度系数。

2）常用生产厂家：MURATA、TDK、VISHAY 等。

（3）电感

1）电感值、精度误差、器件封装、电流值、谐振频率。

2）常用生产厂家：MURATA、TDK、VISHAY 等。

（4）二极管

在进行二极管的选型之前，首先要清楚使用的二极管类型，如稳压二极管、整流二极管、肖特基二极管、开关二极管等。现以整流二极管为例，说明在选取时需要注意的参数。

1）最大反向峰值电压、正向平均电流、非重复性正向峰值电流、存储温度、运行温度、功耗、正向导通电压降。

2）常用生产厂家：FAIRCHILD、INFINEON 等。

（5）单片机

单片机的选型相对来说是比较复杂的一项，除了要考虑硬件资源是否足够外，还需要考虑其软件结构、运行速度内存等与软件运行相关的方面，主要参数包括：

1）单片机架构、位数、主频、单核或者多核、FLASH 存储容量、RAM 存储容量、EEPROM 存储容量等。

2）通用 GPIO 口、ADC 模块、PWM 模块、串口通信、CAN 通信、LIN 通信、PIT、SPI、eTimer 等硬件资源是否足够。

3）与单片机配套的软件开发工具是否使用方便。

4）电压平台、功耗、封装等。

5）常用生产厂家：NXP、INFINEON、FREESCALE 等。

（6）电源芯片

电源芯片在整车控制器中的重要性仅仅次于单片机。电源的选择需要从整车控制器电源网络进行考虑，将整车控制器上面所有的电源网络的电压平台、电源网络的功耗全部考虑在内，同时还需要评估电源芯片通信、唤醒等附加功能的需求。下面以某款电源芯片 MC33FS6500 为例，阐述一款电源芯片都需具备哪些功能。

1）具备电压传感器以及多路电源输出。

2）适配与单片机内核电源要求的电压输出 1~5V，以及 SMPS（0.8 A、1.5 A、2.2 A）或 LDO（0.5 A）。

3）36V 最大输入电压范围。

4）线性电压调节器可应用于外部传感器供电输出，适用于 5V 或 3.3V 电压平台。

5）提供给单片机 ADC 模块以及 GPIO 模块供电的线性电压输出。

6）低电压模式下激活线性电压调节器，为 EEPROM 存储器供电的 3.3V 电源。

7）在低电量模式下多个唤醒源：CAN、LIN、IOs、LDT。

8）5 路可配置的 GPIO 口。

4.4.2.5 原理图设计

在确定硬件总体方案后就可以进行原理图方面的设计。

原理图的设计采用 EDA 工具，当前比较流行的原理图设计软件有 Protel、Altium Designer、Cadence 等。一些电路板加工厂商还保留使用 Protel 软件。Cadence 在设计高速信号的场景下使用比较广泛，一般的厂商多采用 Altium Designer。原理图设计就是通过网表的形式将所使用的电子元器件组成相应的连接关系。在电路设计中，使用某种符号代表相应的器件，使用连线代表电气连接关系等，这样可以将所有器件的连接关系表述出来。下面以 Altium Designer 为例说明原理图设计的一般步骤。

1）创建一个工程文档：File → New → Project → PCB Project。

2）创建一个原理图文件：File → New → Schematic。

3）设置图纸大小：右击图纸→ Options → Document options → Standard style →选择图纸大小。

4）放置元器件符号：Libraries →选择合适的原理图库（若在原理图设计时所需要的器件是全新的原件，在原理图库中不存在相应的文件，即需要自己在原理图库中建立代表元件相应的符号）。

5）元件布局与电气连接：使用鼠标拖动相应的器件放置到合适的位置，利用连线或者网络等实现连接关系。

6）给元器件添加注释：在原理图完成相应的连接关系后，需要对原理图中所有的元器件进行编号处理，以便于导入到 PCB 时区分不同的器件，操作方式为 Tools → Annotation。

7）检查错误：右击原理图的空白处→ Workspace panels → Design compile → Compile errors。在弹出的 Compile errors 卡上面没有错误提示，说明编译通过，保存全部文档。

8）BOM 输出：BOM 是进行原理图设计时所用到的所有的元器件清单，包括使用元器件的所有信息，即元器件名称、数量、厂家、唯一物料编码等。在进行原理图设计后，相关人员需要根据 BOM 表进行元器件的采购。

上述步骤是使用电路图设计软件进行原理图设计的一般过程。在实际的工程应用中，通常根据外部资源确定整车控制器所需要的资源以及每一部分功能模块来进行原理图实现。以某款整车控制器为例，整车架构上规定与整车控制器相连接的外部电气原理图如图 4-59 所示。

在获取整车方面对于整车控制器的电气要求后，逐步分析每一个外围连接的信号或电子元器件，判断我们需要的功能，并设计相应的电路。下面用几个小模块的电路图说明如何进行原理图的设计。

1. 数字信号采集电路

根据上述外部连接器件的参数要求整理出以下需求（表 4-20）：

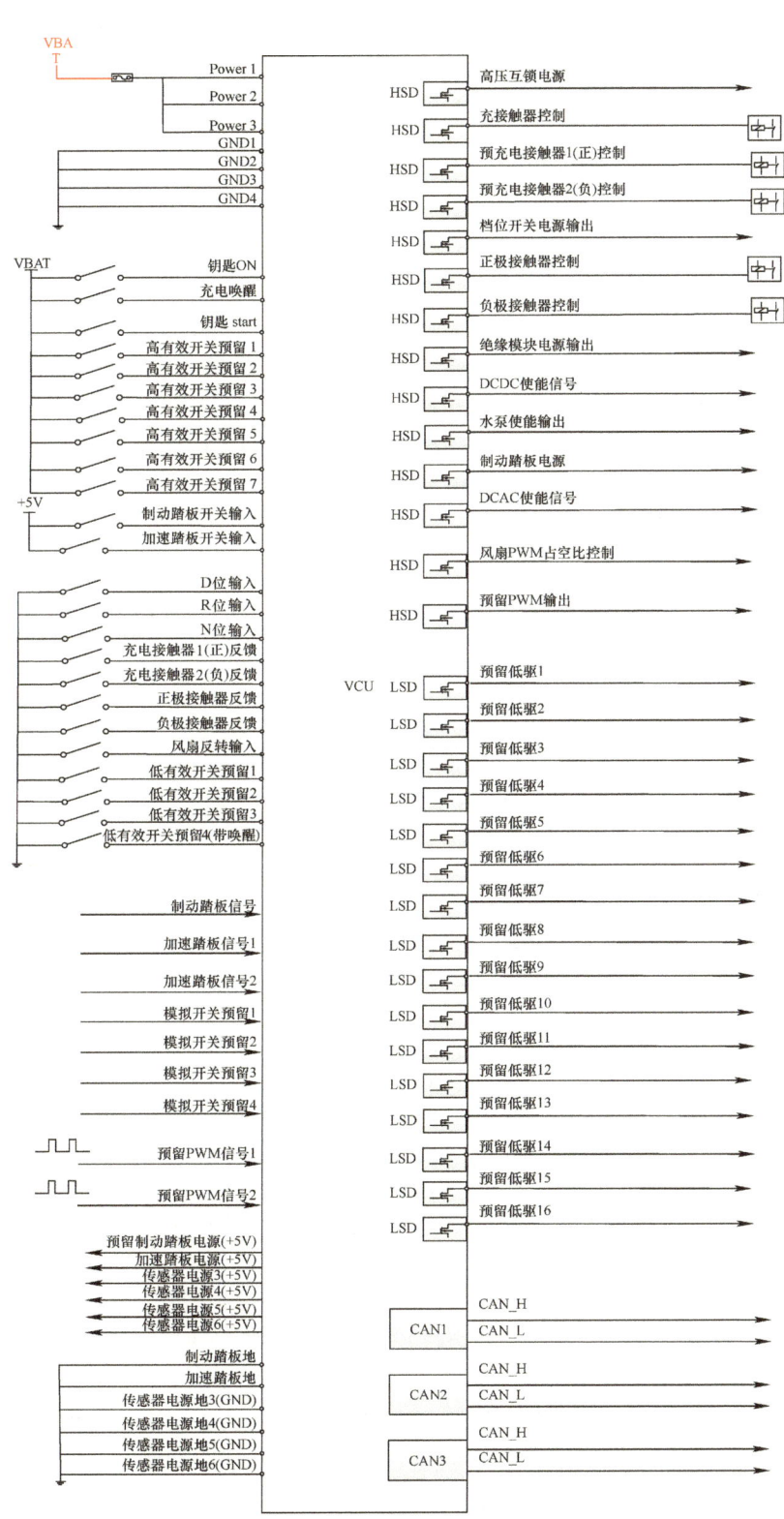

图 4-59　电气原理图

表 4-20 设计需求

序号	名称	负载参数
1	钥匙 ON（带唤醒功能）	3V 以下为低电平，6V 以上为高电平
2	充电唤醒（带唤醒功能）	3V 以下为低电平，6V 以上为高电平
3	钥匙 start	3V 以下为低电平，6V 以上为高电平
4	制动踏板开关输入	2V 以下为低电平，4V 以上为高电平
5	加速踏板开关输入	2V 以下为低电平，4V 以上为高电平
6	高有效开关预留 1~7	3V 以下为低电平，6V 以上为高电平

整车控制器采集开关量输入信号，根据开关需要提供的湿润电流大小以及功耗要求选择电阻的阻值和封装。为防止开关短路时形成注入电流，将开关上拉到 VB_SW，根据 MCU I/O 口的输入电流要求选择限流电阻的阻值，根据滤波电路 RC 常数选择滤波电容的容值，同时在入口端使用 ESD（超高静电放电）电容。

设计方案如图 4-60 所示。

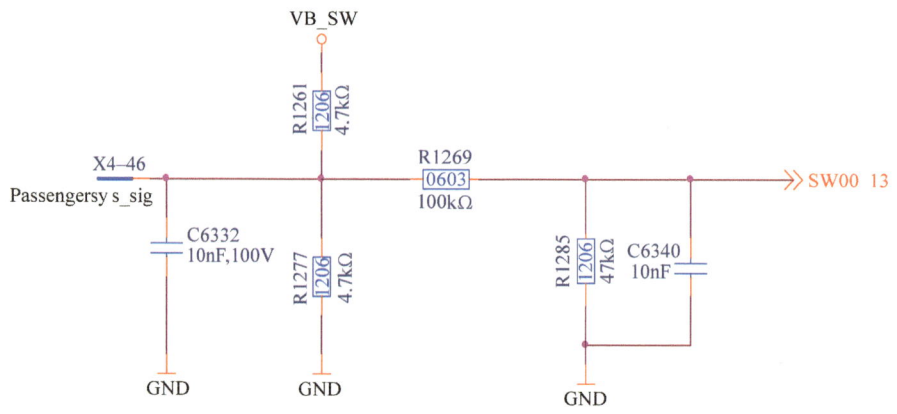

图 4-60 设计方案原理图

端口电容作为接插件端口的防静电电容，根据外部信号是高有效还是低有效选配上拉电阻 R1261 或下拉电阻 R1277，R1269 与 R1285 组成分压电路，R1269 与 C6340 组成 RC 滤波电路，同时 R1269 具备外部信号流入单片机端口的限流作用。

开关输入高低有效通过分别贴片下拉、上拉电阻实现，硬件预留全功能电路，左端为外部信号的输入，右端为单片机采集引脚。单片机引脚内部有对电源和对地的钳位二极管，所以单片机引脚处的电压范围为 −0.7~4V。

根据电路设计需求，3V 以下为低电平，6V 以上为高电平，配置 R1285 的阻值为 47kΩ，硬件滤波时间达到 $T = 2.2RC = 2.2 \times (R1269//R1285) \times C6340 = 0.7ms$。

湿润电流为 $I = 27.5V/R1261$ 或 $I = 27.5V/R1277 = 5.85mA$，

$V_{ILmax} = (1.3V/R1285) \times (R1269 + R1285) = 4.07V > 3V$，满足 3V 以下为低电平的要求。

$V_{IHmin} = (1.8V/R1285) \times (R1269 + R1285) = 5.63V < 6V$，满足 6V 以上为高电平的要求。

ESD 电容选择：根据电路设计需求，2V 以下为低电平，4V 以上为高电平，配置 R1285 的阻值为 82kΩ，硬件滤波时间达到 $T = 2.2RC = 2.2 \times (R1269//R1285) \times C6340 = 0.99ms$。

湿润电流为 I=27.5V/R1261 或 R1277=5.85mA。

V_{ILmax}=(1.3V/R1285)×(R1269+R1285)=2.89V＞2V，满足 2V 以下为低电平的要求。

V_{IHmin}=(1.8V/R1285)×(R1269+R1285)=3.995V＜4V，满足 4V 以上为高电平的要求。

2. 模拟信号采集电路

VCU 有 7 路模拟量输入信号，见表 4-21。

表 4-21　7 路模拟量输入信号

序号	名称	类型
1	制动踏板信号	电压型 0~5V
2	加速踏板信号 1	电压型 0~5V
3	加速踏板信号 2	电压型 0~5V
4	模拟开关预留 1~4	电压型 0~32V 兼容电阻型

模拟信号输入电路，根据输入信号类型，信号采集电路也不同。

图 4-61 中的设计，兼容模拟信号为电阻型和电压型。

在电压输入方案中，电压范围为 0~16V，电路中的上拉电阻不贴。

在电阻输入方案中，内部通过 4.7kΩ、1% 精度电阻上拉到 5V。根据功耗要求选择电阻的阻值和封装。

根据滤波电路 RC 常数及 AD 输入精度的要求选择限流电阻和滤波电容。

设计方案如图 4-61 所示。

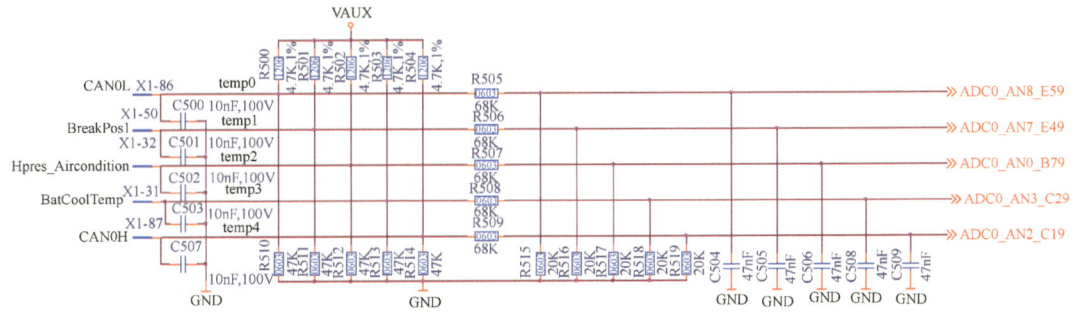

图 4-61　设计方案原理图

模拟信号的采集容易受到干扰，在 PCB 设计中，滤波电路需要靠近 MCU 的 AD 采集口，并保证滤波电容接地回路比较完整。

AD=[32V/(R505+R515)]×R515，如 AD 等于 5V，限流电阻 R505 为 68kΩ，则 R515 = 12.6kΩ，取 12kΩ。

4.4.2.6　电路仿真

在进行原理图设计时，可以对一些电路模块进行仿真分析，确定设计的功能完好或者信号高频状态下的稳定性。利用电路仿真，可以在设计开发阶段对电路设计进行验证，避免了由于原理设计错误造成损失，节省了前期的验证成本。目前比较常见的电路仿真软件为 NI 公司的 Multisim，软件操作简单，界面简洁。

下面以 Multisim10 为例介绍其基本操作。图 4-62 所示是 Multisim10 的用户界面，包括菜单栏、标准工具栏、主工具栏、虚拟仪器工具栏、元器件工具栏、仿真开关、状态栏、电路图编辑区等组成部分。

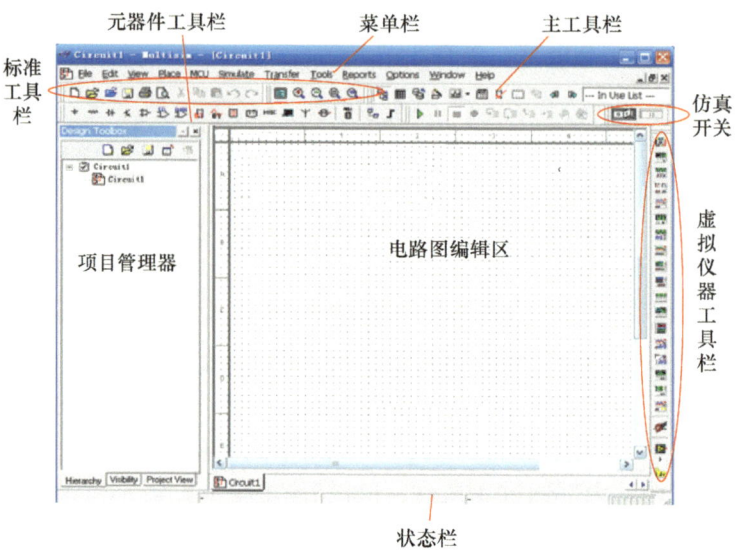

图 4-62 Multisim10 用户界面

Multisim10 仿真的基本步骤为：
1）建立电路文件。
2）放置元器件和仪表。
3）元器件编辑。
4）连线和进一步调整。
5）电路仿真。
6）输出分析结果。
具体方式如下：

1. 建立电路文件

具体建立电路文件的方法有：
1）打开 Multisim10 时自动打开空白电路文件 Circuit1，保存时可以重新命名。
2）菜单"File/New"。
3）工具栏"New"按钮。
4）快捷键 <Ctrl+N>。

2. 放置元器件和仪表

Multisim10 的元件数据库有主元件库（Master Database）、用户元件库（User Database）、合作元件库（Corporate Database），后两个库由用户或合作人创建，新安装的 Multisim10 中这两个数据库是空的。

放置元器件的方法有：

1）单击菜单"Place Component"。
2）单击元件工具栏："Place/Component"。
3）在绘图区右击，利用弹出菜单放置。
4）快捷键 <Ctrl+W>。

放置仪表可以单击虚拟仪器工具栏的相应按钮，或者采用菜单方式。

下面以晶体管单管共射放大电路放置 +12V 电源为例进行说明。单击元器件工具栏放置电源按钮（Place Source），得到图 4-63 所示界面。

修改电压值为 12V，如图 4-64 所示。

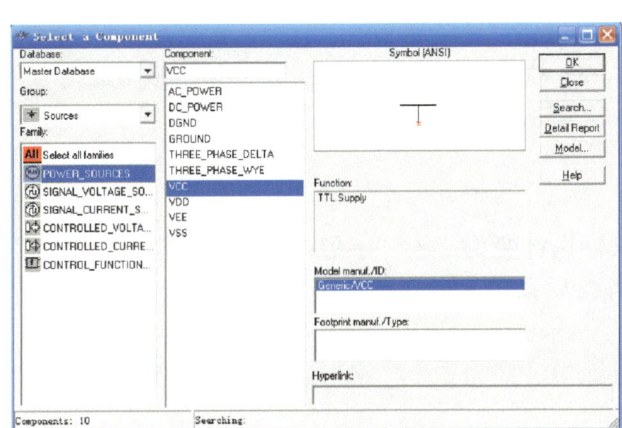
图 4-63 放置电源

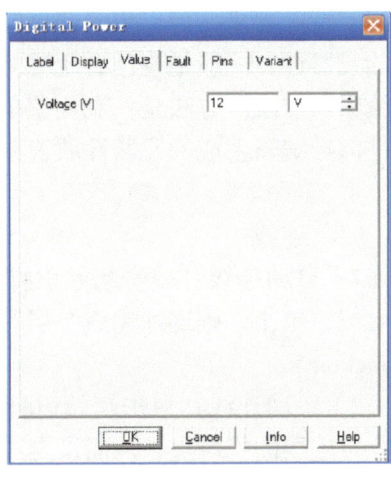
图 4-64 修改电压源的电压值

同理，放置接地端和电阻，如图 4-65 所示。

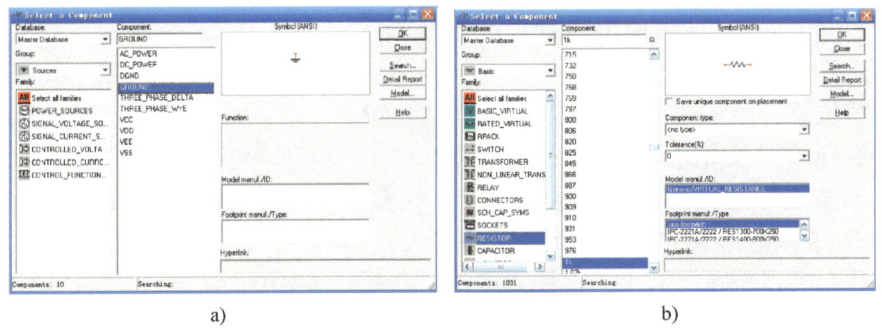

图 4-65 放置接地端和电阻
a) 放置接地端　b) 放置电阻

图 4-66 所示为放置了元器件和仪器仪表的效果图，其中左下角是函数信号发生器，右上角是双通道示波器。

3. 元器件编辑

（1）元器件参数设置

双击元器件，弹出相关对话框，选项卡包括：

1）Label：标签、Refdes 编号。由系统自动分配，可以修改，但须保证编号唯一性。

2）Display：显示。

3）Value：数值。

4）Fault：故障设置。Leakage 漏电，Short 短路，Open 开路，None 无故障（默认）。

5）Pins：引脚。各引脚编号、类型、电气状态。

（2）元器件向导（Component Wizard）

对特殊要求，可以用元器件向导编辑自己的元器件，一般是在已有元器件基础上进行编辑和修改。方法是：利用菜单"Tools/ Component Wizard"，按照规定步骤编辑。用元器件向导编辑生成的元器件放置在 User Database（用户数据库）中。

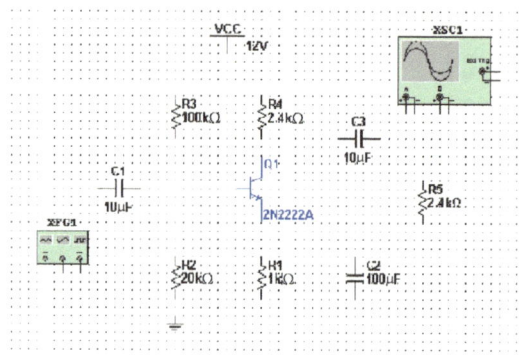

图 4-66　放置元器件和仪器仪表

4. 连线和进一步调整

（1）连线

1）自动连线：单击起始引脚，鼠标指针变为"十"字形，移动鼠标指针至目标引脚或导线，单击，则连线完成。当导线连接后呈现丁字交叉时，系统自动在交叉点放置节点（Junction）。

2）手动连线：单击起始引脚，鼠标指针变为"十"字形后，在需要拐弯处单击，可以固定连线的拐弯点，从而设定连线路径。

3）关于交叉点 Multisim10 默认丁字交叉为导通，十字交叉为不导通。对于十字交叉而希望导通的情况，可以分段连线，即先连接起点到交叉点，然后连接交叉点到终点；也可以在已有连线上增加一个节点（Junction），从该节点引出新的连线。添加节点可以使用菜单"Place/Junction"，或者使用快捷键 <Ctrl+J>。

（2）进一步调整

1）调整位置：单击选定元件，移动至合适位置。

2）改变标号：双击进入属性对话框更改。

3）显示节点编号以方便仿真结果输出：在菜单"Options/Sheet Properties/Circuit/Net Names"中选择"Show All"。

4）导线和节点删除：右击，选择 Delete，或者单击选中，按键盘 <Delete> 键。

图 4-67 所示是连线和调整后的电路图。图 4-68 所示是显示节点编号后的电路图。

5. 电路仿真

基本方法：

1）按下仿真开关，电路开始工作，Multisim 界面的状态栏右端出现仿真状态指示。

2）双击虚拟仪器，进行仪器设置，获得仿真结果。

图 4-69 所示为示波器界面。双击示波器，进行仪器设置，可以单击 Reverse 按钮将其背景反色。使用两个测量标尺，显示区给出对应时间及该时间的电压波形幅值，也可以用测量标尺测量信号周期。

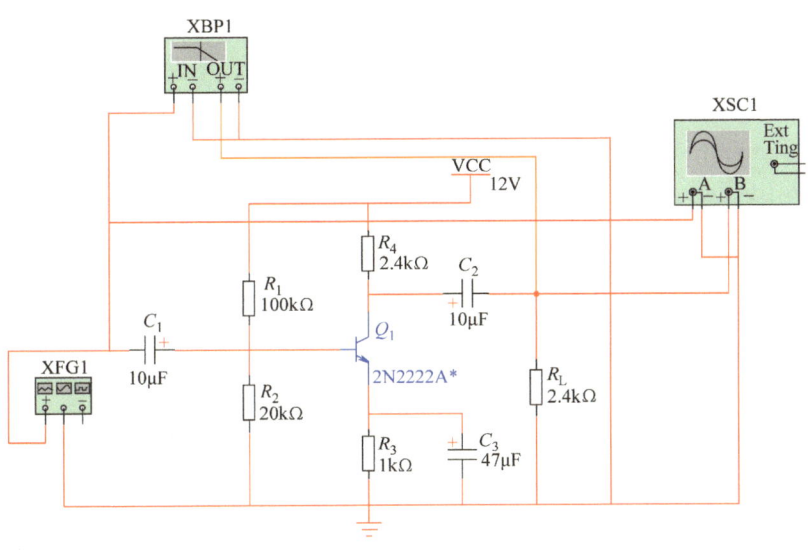

图 4-67 连线和调整后的电路图

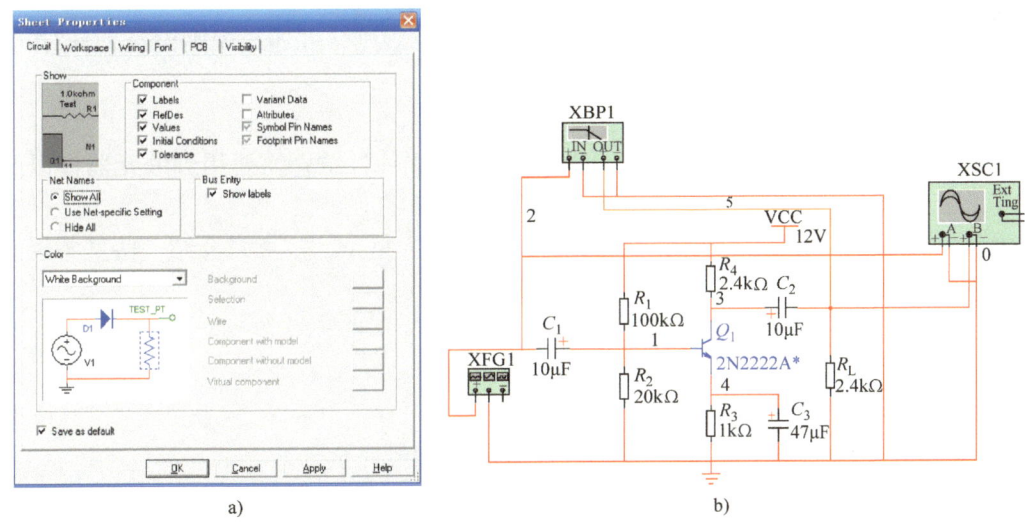

图 4-68 电路图的节点编号显示
a）显示节点编号对话框　b）显示节点编号（1~5）后的电路图

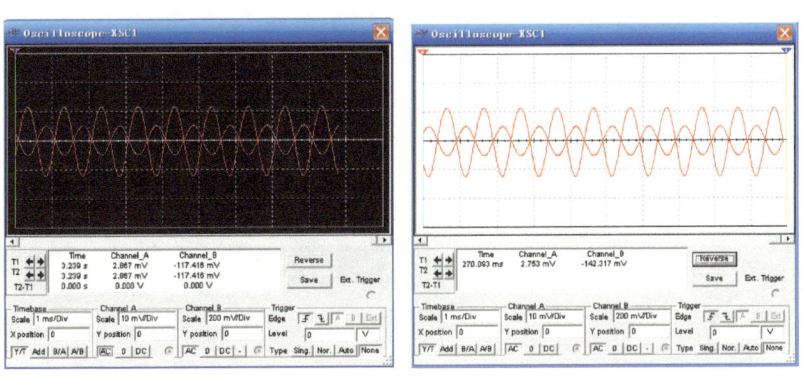

图 4-69 示波器界面（右图为单击 Reverse 按钮将背景反色）

6. 输出分析结果

使用菜单命令 Simulate/Analyses，以上述单管共射放大电路的静态工作点分析为例，步骤如下：

1）菜单 Simulate/Analyses/DC Operating Point。
2）选择输出节点 1、4、5，单击 ADD、Simulate。

4.4.2.7 PCB 布局与布线

在完成整车控制器的原理图设计后，就可以开始进行 PCB 布线设计。PCB 的设计软件与原理图的设计软件相同。PCB 设计的软件使用步骤如下：

1）创建一个 PCB 文档：File → NEW → PCB → SAVE ALL。
2）PCB 参数设置（包含 PCB 的尺寸、导线宽度、布线层数）：右击 PCB 的空白处，选择 options → Board options，选取设置相应的参数并设置电路板大小、形状等。
3）将元件选中并拖入到 PCB 板框内，检查元器件封装是否合适后，手工布局。布局时要用到元器件的选择、旋转、排列和封装的更换与查找。
4）手工布线：将 PCB 显示的所有网络通过手工布线连接起来。
5）设计规则检查：为所设计的电路板设置相应的规则，并通过规则检查工具对间距、网络连接、元器件距离等进行检查。
6）保存并输出生产文件与坐标文件。

最终交付给电路板生产厂家的就是 PCB 的生产文件，结合需要用到的元器件以及坐标文件，工厂即可交付给我们最终所设计的产品。

关于电路板布局布线一般规则，内容知识体系庞大复杂，本章只介绍一些基本规则供参考：

1）总的连线尽可能短。
2）交叉线最少，过孔最少。
3）地线层和电源层没有连线。
4）高电压、大电流信号与小电流、低电压的弱信号完全分开。
5）模拟信号与数字信号分开。
6）高频信号与低频信号分开。
7）高频数字信号的间隔要大。
8）在可能情况下，减小电源地层与信号层层距布线。
9）增加线间距，减少平行走线长度。
10）增加线宽度，降低其特性阻抗。
11）重要信号间，可采用平行地线的方法隔离。
12）尽可能少折线，不走 90°。
13）少走过孔。
14）重要的线不要从插座脚间穿过，频率高的线也应尽量避免。

4.4.2.8 整车控制器的测试验证

在整车控制器的硬件开发工作完成之后，需要对产品进行测试验证。按照产品开发的阶段，我们把产品的测试验证分为功能参数测试、环境适应性试验验证、可靠性验证以及产品的下线功能检测及老化试验。

1. 功能参数测试

功能参数测试主要在产品设计完成后所生产的第一批次的样品中进行，对整个产品的每一部分功能进行测试，查看其是否满足设计需求。验证每一部分电路模块是否达到设计的功能。在功能参数测试之前，需要编制功能参数测试大纲，规定出需要测试某一电路模块的参数指标以及是否符合的判断标准。下面以某整车控制器部分电路设计为例说明如何编写功能参数测试大纲，以及如何进行功能参数测试。

数字量输入采集电路原理图如图4-70所示。

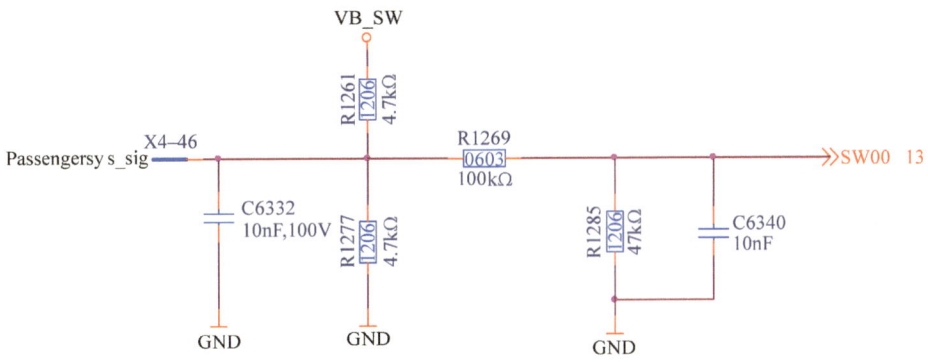

图4-70 输入采集电路原理图

针对上述模块原理图所编制的测试条目与测试过程说明见表4-22。

表4-22 测试条目与测试过程说明

序号	测试目的	测试步骤	测试数据记录	备注
1	数字量采集电平变化限值（0→1）	供电电源为12V 单片机相应端口配置为高阻态 利用直流电源向接插件端口输入电压信号，从低到高调节输入的电压值，通过CAN工具观察数字量变化时刻输入的电压值		
2	数字量采集电平变化限值（1→0）	供电电源为12V 单片机相应端口配置为高阻态 利用直流电源向接插件端口输入电压信号，从高到低调节输入的电压值，通过CAN工具观察数字量变化时刻输入的电压值		
3	数字量采集漏电流与灌电流	供电电源为12V 单片机相应端口配置为高阻态 在高有效数字量采集端口输入12V，在接插件端口串联万用表测量此时数字量端口进入内部电流的电流值 在低有效数字量采集端口输入0V，在接插件端口串联万用表测量此时数字量端口流出控制器外部的电流值		
4	数字量端口悬空电平	供电电源为12V 单片机相应端口配置为高阻态 利用万用表测试数字量输入端口的电平状态		
5	数字量对电源短路	供电电源为12V 单片机相应端口配置为高阻态 将所有的接插件端口对电源短路，持续时间（60±10）s，恢复后测试数字量采集功能是够正常		
6	数字量对地短路	供电电源为12V 单片机相应端口配置为高阻态 将所有的接插件端口对地短路，持续时间（60±10）s，恢复后测试数字量采集功能是够正常		

2. 环境适应性试验验证

环境适应性试验验证是验证整车控制器在使用过程中抵抗各种环境对其影响的能力。由于控制器的环境试验验证体系已经发展得十分成熟，需要进行的验证试验都有相关的法律法规，在产品验证时按照相应的法规标准进行试验验证即可。现阶段整车控制器需要进行的环境适应性验证主要包括 5 点功能参数检查、电性能试验、电磁兼容试验、气候类试验、机械类试验等。

（1）5 点功能参数检查

5 点功能参数检查是产品功能参数测试的延伸。经过功能检查后我们对整车控制器在常温状态下所表现的功能以及相关的参数有了充分的了解，通过 5 点功能参数检查，可以获取整车控制器在不同电压以及不同温度条件下功能参数的变化，为后续的环境试验中控制器功能是否良好提供判断依据。5 点功能参数检查主要包括以下条件：U_{max}、T_{max}；U_{min}、T_{min}；U_{max}、T_{min}；U_{min}、T_{max}；U_{nom}、T_{nom}。

（2）电性能试验

电性能试验主要模拟整车控制器在车上运行时所能遇到的各种电气情况。因为几乎车上所有的电气元件均会连接到蓄电池正极和负极，所以整个电源线上的电气情况十分复杂。某一个器件的损坏可能会影响相同线路上的其他电器设备。现阶段整车控制器需要进行的电性能试验标准见表 4-23。

表 4-23 整车控制器电性能试验标准

序号	试验条目	参考标准	备注
1	正常工作电压	ISO 16750-2：2012	
2	过电压	ISO 16750-2：2012，4.3.2	
3	叠加交流电压	ISO 16750-2：2012，4.4	
4	供电电压缓升和缓降	ISO 16750-2：2012，4.5	
5	供电电压的瞬间跌落	ISO 16750-2：2012，4.6.1	
6	对电压骤降的复位性能	ISO 16750-2：2012，4.6.2	
7	反向电压	ISO 16750-2：2012，4.7	
8	电源偏移和地偏移	ISO 16750-2：2012，4.8	
9	开路试验	ISO 16750-2：2012，4.9	
10	短路试验	ISO 16750-2：2012，4.10	
11	绝缘电阻	ISO 16750-2：2012，4.12	
12	绝缘耐电压	ISO 16750-2：2012，4.11	

（3）电磁兼容试验

电磁兼容试验也是产品性能验证试验中比较重要的一项，它是从磁场的角度考察控制器的设计是否满足要求。电磁兼容试验主要分为发射与抗扰两大类，现阶段整车控制器需要进行的电磁兼容试验标准见表 4-24。

表 4-24 整车控制器电磁兼容标准

序号	试验条目	参考标准	备注
1	传导发射电压法	CISPR 25：2016，6.3	
2	传导发射电流法	CISPR 25：2016，6.4	
3	辐射发射	CISPR 25：2016，6.5	
4	沿电源线的瞬态发射	ISO 7637-2：2011，4.3	
5	辐射抗扰	ISO 11452-2：2014，6.1	
6	沿电源线的瞬态抗扰度	ISO 7637-2：2011，4.4	
7	沿信号线的瞬态抗扰度	ISO 7637-3：2016，4.5	
8	大电流注入	ISO 11452-4：2011，6.1	
9	静电放电	ISO 10605：2008	

（4）气候机械类试验

气候机械类试验是车辆在不同区域、不同路况运行条件下所经历的温度、湿度、机械等外界条件，通过一系列的试验验证整车控制器在负载运行环境条件下能够满足功能参数要求的能力。现阶段气候机械类试验标准见表 4-25。

表 4-25 气候机械类试验标准

序号	试验条目	参考标准	备注
1	低温存储	ISO 16750-4：2010，5.1.1.1	
2	低温运行	ISO 16750-4：2010，5.1.1.2	
3	高温存储	ISO 16750-4：2010，5.1.2.1	
4	高温运行	ISO 16750-4：2010，5.1.2.2	
5	温度梯度	ISO 16750-4：2010，5.2	
6	温度循环	ISO 16750-4：2010，5.3.1	
7	温度交变	ISO 16750-4：2010，5.3.2	
8	冰水冲击	ISO 16750-4：2010，5.4.2	
9	浸没	ISO 16750-4：2010，5.4.3	
10	盐雾试验	ISO 16750-4：2010，5.5	
11	湿热循环	ISO 16750-4：2010，5.6.2.2	
12	湿热交变	ISO 16750-4：2010，5.6.2.3	
13	稳态湿热	ISO 16750-4：2010，5.7	
14	混合气体腐蚀	ISO 16750-4：2010，5.8	
15	防尘试验	ISO 16750-4：2010，5.10	
16	防水试验	ISO 20653	
17	随机振动	ISO 16750-3：2012，4.1	
18	机械冲击	ISO 16750-3：2012，4.2	
19	自由跌落	ISO 16750-3：2012，4.3	

3. 可靠性试验

可靠性试验是指通过一系列试验验证产品的设计寿命或可靠性参数是否满足设计的要求。可靠性试验往往伴随着较长的验证周期。整车控制器通过环境适应性试验验证后，表明其具有在不同环境条件下正常工作的能力，而可靠性试验则着重验证在产品的整个生命周期内可能出现的问题。以产品失效机理为核心，通过不同的试验组合对产品进行全方面的验证。某知名整车厂对产品的可靠性测试验证流程如图 4-71 所示。

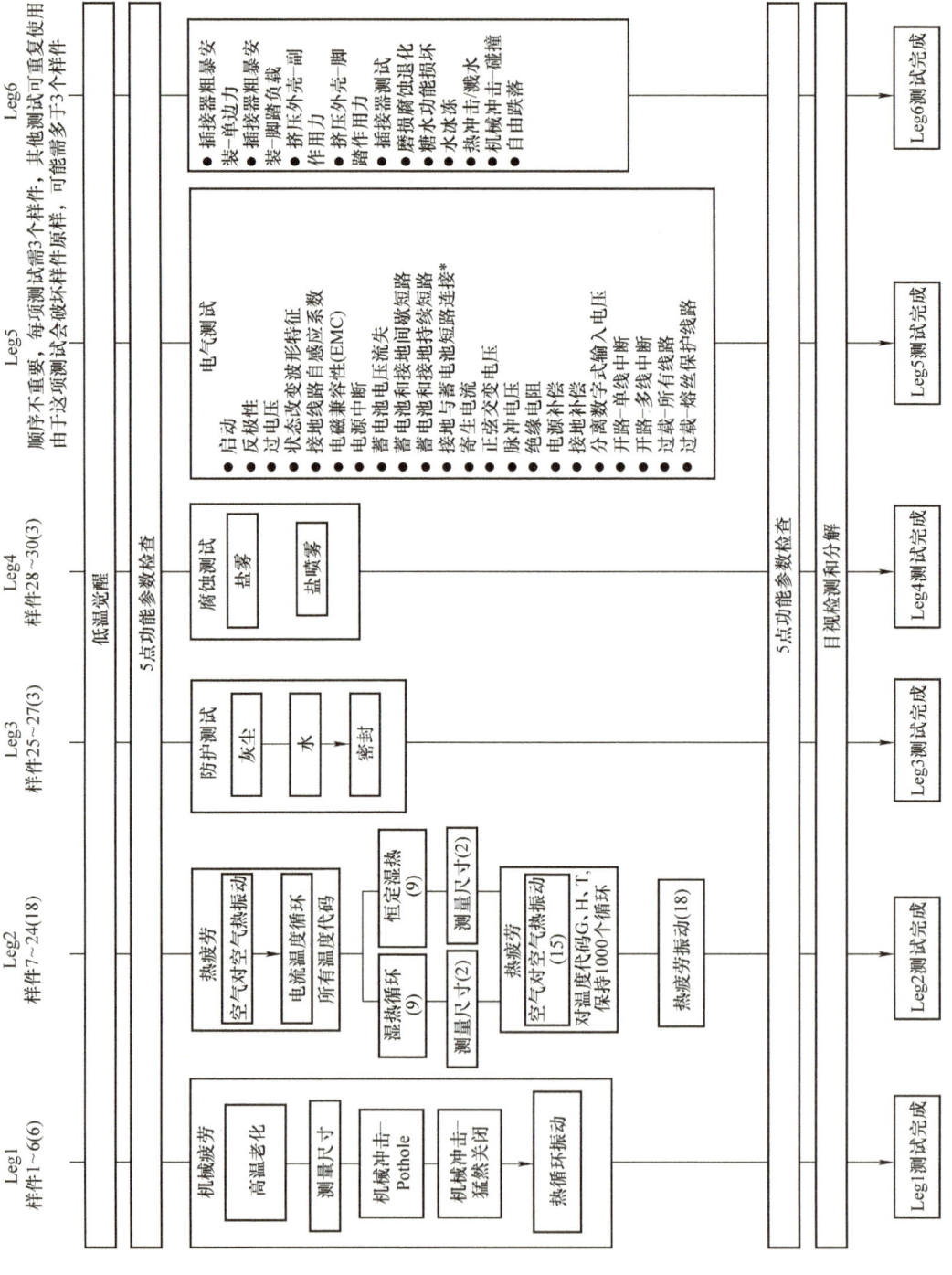

图 4-71 可靠性测试验证流程

4. 产品的下线功能检测及老化试验

产品的下线功能检测及老化试验均发生在产品达到量产状态下，是在生产线完成产品的生产组装后所需要进行的测试。下线功能检测会针对每一个生产完毕的产品进行功能参数的自动化测试，以表明所生产的产品符合相应的功能参数要求。老化试验用于筛选因生产工艺、物料等原因导致出现可靠性问题的产品。

4.5 整车控制策略

4.5.1 概述

VCU 开发主要采用 "V" 流程，所有的控制策略与仿真模型都是利用框图化的基本模块建立起来的，主要包括根据用户需求进行系统框架的设计、基于系统框架进行模型开发和自动代码生成、底层开发与代码集成、模型在环测试、硬件在环测试、实车标定试验验证，如图 4-72 所示。

汽车电控系统的开发过程分级层次较强，具有软件开发从宏观到微观逐级开发，硬件测试从微观到宏观逐级验证，软件开发与硬件测试交叉进行、互相支持的特点。在汽车电控系统开发流程体系的发展过程中，V 流程逐渐成为被认可的开发模型。

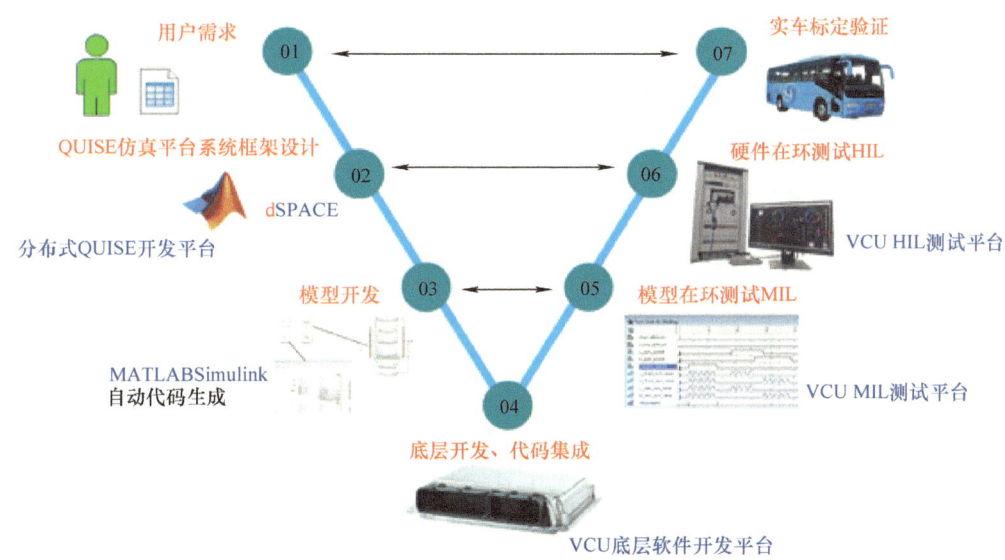

图 4-72 整车控制器开发 V 流程

图 4-72 所示为应用层采用模型开发的整车控制器开发 V 流程。随着微控制器存储空间的增大及运行速度的提高，以及模型自动代码生成的效率媲美于 C 代码，模型开发已经成为汽车电子软件的首选开发方式，在国际上成为主流。

4.5.1.1 软件需求开发

软件开发的第一步即定义功能需求，完整准确的需求定义和输入是后续软件开发的指导。软件开发需求一般包括与其他 ECU 的接口（包括电气接口与通信接口）、应用程序的功能需求、诊断标定需求等。软件开发需求最终以文档形式体现，如通信协议、诊断协议、引脚定义等。常见的需求开发工具有 ReqMan、Stimulus、Rhapsody、Rotation DOORS 等，可以完成需求定义、需求分析，并在整个开发过程中对需求的变更进行跟踪管理。

4.5.1.2 系统框架设计

针对汽车行业 ECU 软件架构的研究，应用最为广泛、认可度最高的当属 AUTOSAR 架构。AUTOSAR 架构的核心思想在于将微控制器及 ECU 进行抽象，使得应用层软件可以独立于具体的微控制器及 ECU，同时配置了标准的服务程序。由于 AUTOSAR 是一个非常完整的体系，在开发过程中，需要针对 VCU 的硬件资源及用户功能需求，分析所需的基础软件模块，设计出符合实际需求的软件架构。完成软件总框架设计以后，还需要设计应用层程序的框架。应用层框架设计应满足逻辑清晰、功能划分清楚、耦合度低等要求。良好的应用层架构可以有利于实现各子模块的独立开发和测试，方便软件升级更新，在调试和维护过程中，可以更加快速地定位和解决软件问题。支持 AUTOSAR 架构的系统级开发工具有 dSPACE 开发的 Systemdesk、博世开发的 ISOLAR-A、Vector 开发的 PREEvisoni 以及恒润科技的 EAS.SwcDeveloper 等。

4.5.1.3 模型开发

模型开发阶段需要首先完成接口定义与流程图文档，按照接口定义文档做好输入输出的接口，按照流程图进行编程，实现功能需求。

采用 C 代码编写的汽车电子软件要求遵守 MISRA-C 规则，规范 C 语言用于汽车电子软件的限定使用集合，提高软件可靠性，降低软件安全风险。同样，采用模型开发汽车电子软件也需要遵守一定的模型规则，避免在嵌入式软件中随意使用 Simulink 而导致代码质量下降、不安全风险增大等不良影响。

模型编程规则一般采用 MATLAB 的 MAAB（Mathworks Automotive Advisory Board）规则，或者参考 MAAB 规则制定的符合自身使用的模型编程规则。MAAB 规则适用范围为采用 MATLAB、Simulink、Stateflow 等工具搭建的控制逻辑。MAAB 详细制定了数百条规则，规定了允许使用的模块、语法使用等，其规则又分为强制使用、强烈推荐和推荐三个等级。强制使用的规则是编程中必须遵守的，强烈推荐的规则需要尽力去满足，推荐的规则可以提升软件产品质量，但是不遵守不会导致软件产品产生严重问题。在进行模型开发之前，详细阅读并熟悉 MAAB 规则是必备的。

4.5.1.4 代码集成

应用层采用模型开发，在开发及测试完成后，需要生成 C 代码，并集成到工程中，与底层的 C 代码联合编译，最终生成刷写程序文件 s19。因此，在联合编译之前，需要完成底层代码编写，完成底层与应用层接口代码，并在工程中调用生成的函数，实现全部 C 代码的整合与编译。

由 Simulink 模型生成 C 代码，可以采用 MATLAB 自带的 Embedded Coder 工具，也可以采用第三方工具，如 dSPACE TargetLink。

编译通过后，程序可刷入 VCU 中，进行后续 HIL 台架测试及实车测试等。除了功能实现，还应关注代码生成后所占用的 Flash 与 RAM 资源，程序执行占用的 MCU 负载率等性能指标，防止代码超出 MCU 承载范围，从而引起 VCU 功能执行的不确定性。

4.5.1.5 模型在环

模型开发完成后，可以进行模型在环（Model In Loop，MIL）测试，MIL 测试分为单元测试和集成测试。

图 4-73 所示为 MIL 测试示意图，通过对被测模型施加激励信号，观测被测模型的输出是否与期望值一致，来判定模型是否正确。

简单的 MIL 测试可以采用 Simulink Signal Builder 等工具来产生输入信号，用 Scope 来观察输出信号。除此之外，也有一些商业软件可以实现 MIL 测试，如 MES、Mx-suite、TPT 等。

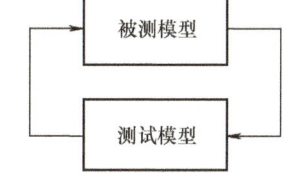

图 4-73 模型在环测试示意图

4.5.1.6 硬件在环

硬件在环试验（Hardware In Loop，HIL）指由硬件控制器与模拟器间形成一个进行数据、信号交流的闭环测试系统。在 HIL 测试阶段，ECU 为已经刷入程序的成品状态，而外部接口依靠实时仿真系统来进行模拟。

HIL 测试系统一般由以下几部分组成：

1）实时仿真主机，可以下载车辆模型，调用各个板卡资源等。
2）I/O 板卡，输出或采集数字信号、模拟信号。
3）CAN 通信板卡，模拟车辆其他 ECU 的通信，与被测 ECU 通信。
4）程控可调电源，为目标 ECU 及 HIL 台架提供低压直流电源。
5）故障注入通道，实现自动故障注入或手动故障注入。
6）模拟负载，可以实现上拉或者下拉负载，为 ECU 输出提供所需负载。
7）上位机，与实时仿真主机通信，控制测试操作，观测测试结果。

在 HIL 测试阶段，除了测试 ECU 的正常功能外，还需要测试微控制器的负载率、报文发送周期漂移等关键性能，以及基础软件提供的 CCP 标定和 UDS 诊断功能等，通过模拟注入各种故障，调整输入信号来测试 UDS 的数据流和 DTC 设置等功能。

在 HIL 测试领域，最著名的当属德国 dSPACE 提供的设备，除此之外，美国 NI 的设备也有一定的市场占有率。HIL 测试的关键在于模型的准确性、测试用例的完整性以及自动化程度。

4.5.1.7 台架与实车标定测试

VCU 开发的最后一个阶段就是台架与实车测试，按照功能需求定义在台架和实车上进行测试，并根据测试的结果标定参数，优化控制效果，使 VCU 达到预期的功能需求。

在实车测试阶段，需要实时观测 VCU 内部的变量，并实时修改参数值，以获取不同的控制效果，达到优化控制效果的目的，此过程称为标定。VCU 的标定采用 CCP 协议，在应用层生成代码时，将需要测量的数据和标定的参数（包括参数、曲线、MAP 等）生成 A2L 文件，通过 INCA 或 CANape 等软件载入 A2L 文件，实现在线测量数据，并实时调整参数的需求。

基于 CAN 总线的标定协议（CCP）是一个连接开发工具和 VCU 的软件接口协议，该协议定义了模块标定、数据采集和存取 Flash 中运行数据的方法。在整车控制器中，CCP 可实现以下功能：

1）实时在线测试。
2）各传感器检测与标定。
3）报警或出错值的调整。

与 CCP 参数标定方式类似但功能不同的故障诊断（UDS），定义了具体故障类型以及 Flash 刷写等功能的接口协议，该协议定义了故障等级以及相应的故障代码，且在符合汽车开发体系架构（AUTOSAR）中，CAN 刷写 Bootloader 即通过 UDS 协议来完成程序更新。因此 UDS 在整车控制器中实现了以下功能：

1）工程师现场实时故障诊断。
2）整车故障状态参数和问题的提取。
3）CAN 刷写用户程序。

总之，V 流程开发能够大大缩短 VCU 的开发周期，节约开发成本，并能够保证代码的高质量和控制系统的可靠性，同时为未来新的控制功能提供了可视化接口平台。

4.5.2 基本功能设计

在电动汽车中，VCU 是核心控制部件，是整个车辆的中枢系统。它根据加速踏板、制动踏板开度、当前档位等驾驶人操作信息，以及当前电池的 SOC 等信息，计算出主驱动电机的输出转矩等参数信息，从而保证车辆的正常行驶。VCU 的功能设计直接影响着电动汽车的动力性、经济性、可靠性和整车的辅助系统功能。本节将介绍 VCU 的基本功能设计，包括 VCU 软件总体设计原则、接口设计、上下电功能设计、驱动踏板转矩解析、充电功能设计。

4.5.2.1 VCU 软件总体设计原则

在设计 VCU 软件时，需要保证以下设计原则。
（1）合适性
VCU 软件体系结构要适合 VCU 软件的功能性需求和非功能性需求。

（2）结构稳定性

用户界面设计、数据库设计、模块化设计、数据结构与算法设计等，均是在体系结构确定之后进行的。因此需要保证体系结构在一定时间内保持稳定，注重软件体系结构的设计，当正常控制需求发生变化时，要保证只能对软件做部分程序代码的修改而不改变软件的体系结构。

（3）可拓展性

可扩展性是指在软件中添加新功能的能力。

（4）可复用性

为了保证在不同类型的纯电动汽车及多能源系统车辆上的兼容性，VCU体系结构需要具有良好的复用性，因此需要设计出一种通用的体系结构模式，例如AUTOSAR体系架构、OSEK体系架构。

4.5.2.2 接口设计

按照软件需求的角度，VCU的电气接口不仅包括来自VCU插件的外部电气信号，还包括来自VCU内部的采样及驱动信号。表4-26列出了VCU的主要电气接口信号。

表4-26 VCU主要电气接口信号

信号	信号类型	输入/输出
钥匙ON	数字量	输入
钥匙START	数字量	输入
VCU电源正负极	供电引脚	输入
接触器反馈（电池组正极/负极/充电/预充接触器）	数字量	输入
接触器控制（电池组正极/负极/充电/预充接触器）	数字量	输出
踏板信号（加速/制动）	模拟量	输入
踏板开关信号（加速/制动）	数字量	输入
档位信号	数字量	输入
整车CAN高/低	通信	/
踏板电源（加速/制动）	供电引脚	输出
绝缘模块电源输出	数字量	输出
档位开关电源输出	数字量	输出
高压互锁电源输出	数字量	输出
各附件使能信号（按需求自定义）	数字量	输出
风扇PWM占空比控制	PWM	输出

除了电气接口，VCU与外部的主要接口就是CAN通信接口。VCU接收车上其他VCU的信号反馈，并对其发出控制指令。通信接口最终以通信协议的形式体现，需要确定信号及其发送/接收节点。通信接口具体设置由车辆的VCU种类、数量及车载网络结构决定。

4.5.2.3 上下电功能设计

应基于各整车模式下的功能需求，引导整车高压系统进行上下电控制，以实现用户的功能需求。本节规范了整车高压系统上下电过程，明确各高压控制器在高压上下电过程中所需要进行的动作。如图 4-74 所示，动力蓄电池包内的 K_1 为主负继电器，K_3 为主正继电器，K_2 为预充继电器，R_1 为预充电阻；VCU 负责控制高压系统上下电；BMS 负责控制 K_1、K_2、K_3；MCU 负责主动放电。

1. 高压系统上电过程

高压系统上电过程示意图如图 4-75 所示。

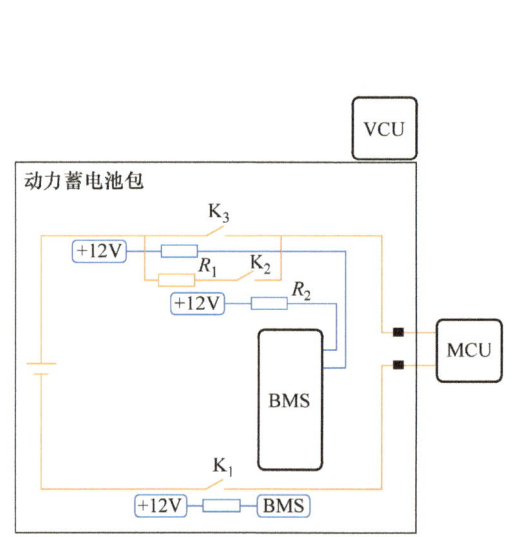

图 4-74　上下电过程控制示意图

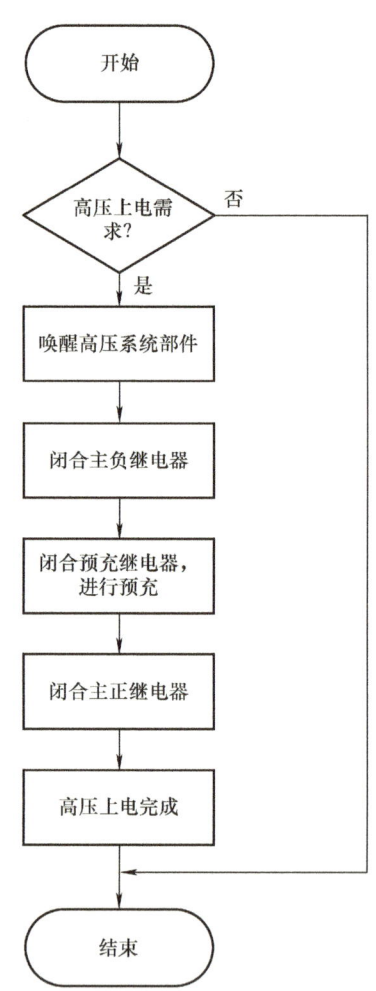

图 4-75　高压系统上电过程示意图

高压系统上电控制主要包括以下几部分：

（1）基于整车模式判断高压上电需求

VCU 基于整车模式判断是否有高压上电需求，当处于行驶模式、快充模式、慢充模式、远程控制等模式时，判断整车需要进行高压上电。

（2）高压系统部件唤醒控制

VCU 唤醒高压系统部件（包括 BMS、MCU 等高压部件），各部件进行初始化，初始化完成后上报各自状态。VCU 命令 BMS 进行高压上电控制。

（3）闭合主负继电器

BMS 检测继电器状态并进行上报；BMS 控制主负继电器闭合；BMS 反馈主负继电器处于闭合状态。

（4）高压系统预充电控制

BMS 闭合预充继电器，对高压负载电容进行预充控制；检测动力蓄电池侧电压和高压负载侧电压并进行实时比较，当高压负载电压达到一定阈值时（一般为动力蓄电池电压的 90% 以上），认为预充电完成。

（5）闭合主正继电器

BMS 控制闭合主正继电器。

（6）高压系统上电完成

BMS 断开预充继电器，并反馈高压系统上电完成状态给 VCU；VCU 控制高压部件进行使能，高压部件可以进入工作状态。

2. 高压系统下电过程

高压系统下电过程示意图如图 4-76 所示。

高压系统下电控制主要包括以下几部分：

（1）基于整车模式判断高压下电需求

VCU 基于整车模式判断是否有高压下电需求，当整车无高压上电功能需求时，判断整车需要进行高压下电；VCU 控制进行高压下电引导，命令高压部件停止使能，各高压部件停止工作。

（2）断开主正继电器

BMS 控制断开主正继电器，使高压负载与动力蓄电池断开。

（3）高压系统主动放电控制

MCU 控制逆变器进行主动放电控制，当高压负载侧电压低于安全电压阈值（60V）时，认为主动放电完成。

（4）断开主负继电器

BMS 控制主负继电器断开，并反馈状态给 VCU。

（5）高压系统下电完成

VCU 判定高压系统下电完成。

（6）高压系统部件休眠控制

VCU 断开各高压系统部件唤醒信号，高压系统部件进入休眠状态。

4.5.2.4　驱动踏板转矩解析

踏板转矩解析是整车动力学控制的第一步。如图 4-77 所示，驾驶人根据路况和车辆行驶状态，对加速

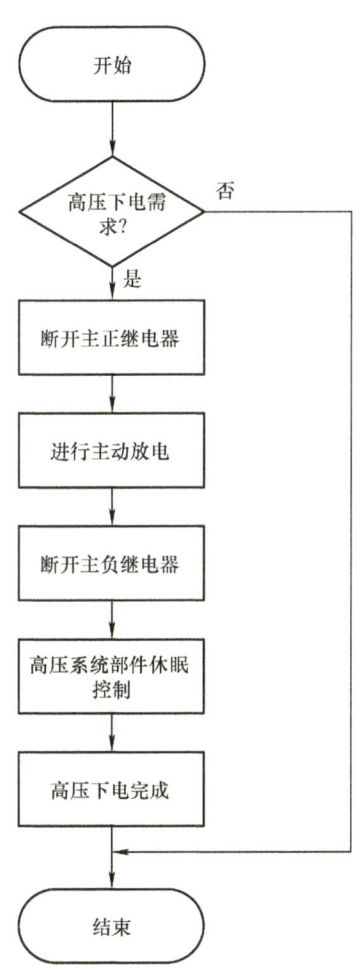

图 4-76　高压系统下电过程示意图

踏板、制动踏板进行操作，整车控制器的 AD 模块对输入踏板信号进行数据采集，采集到的模拟信号通过相应的数据处理进行解析，可以得到车辆处于加速、减速还是匀速的运行状态，以及车辆的速度和加速度，进而计算得到应该输出的转矩，驱动车辆行驶。

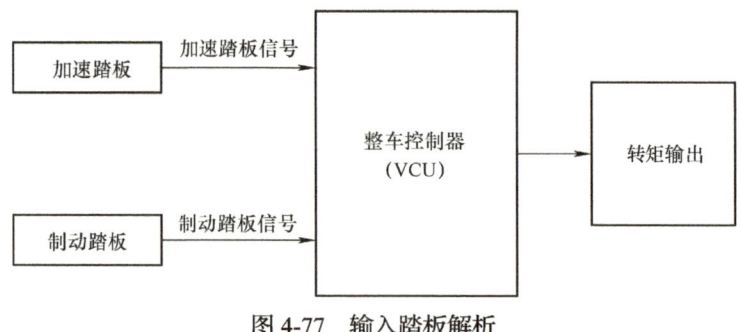

图 4-77　输入踏板解析

4.5.2.5　充电功能设计

1. 简介

（1）术语与缩略语

充电（Charging）指的是将交流或直流电网（电源）调整为校准的电压/电流，为电动汽车动力蓄电池提供电能，也可额外为车载电器设备供电。

按电动汽车供电设备输入特性不同分类，充电可分为直流充电和交流充电，其中交流充电为电动汽车供电设备连接交流电网（电源）；直流充电为电动汽车供电设备连接直流电网（电源）。

（2）充电模式

GB/T 18487.1—2015《电动汽车传导充电系统　第1部分：通用要求》中规定了四种充电模式。

1）充电模式1：电动汽车连接到交流电网（电源）时，在电源侧使用了符合GB 2099.1—2008 和 GB 1002—2008[17] 要求的插头插座。在电源侧使用了相线、中性线和接地保护的导体，不应使用模式1对电动汽车进行充电。

2）充电模式2：电动汽车连接到交流电网（电源）时，在电源侧使用了符合GB 2099.1—2008 和 GB 1002—2008 要求的插头插座，在电源侧使用了相线、中性线和接地保护的导体，并且在充电连接时使用了缆上控制与保护装置（IC-CPD）。

3）充电模式3：电动汽车连接到交流电网（电源）时，使用了专用供电设备，并且在专用供电设备上安装了控制导引装置。

4）充电模式4：电动汽车连接到交流电网或直流电网时，使用了带控制导引功能的直流供电设备。模式4用于电动汽车连接到直流供电设备的情况，以及永久连接在电网（电源）的设备和通过电缆与电网（电源）连接为其供电的设备。模式4可直接连接至交流电网或直流电网，仅连接方式C适用于模式4。

（3）连接方式

在 GB/T 18487.1—2015[18] 中还规定了车辆充电的三种连接方式。

连接方式A：电动汽车和交流电网连接时，使用和电动汽车永久连接在一起的充电电缆和供电插头，如图4-78所示。

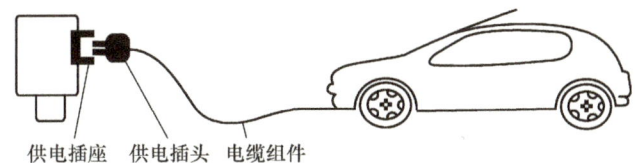

图4-78　连接方式A

连接方式B：电动汽车和交流电网连接时，使用带有车辆插头和供电插头的独立的活动电缆组件，如图4-79所示。

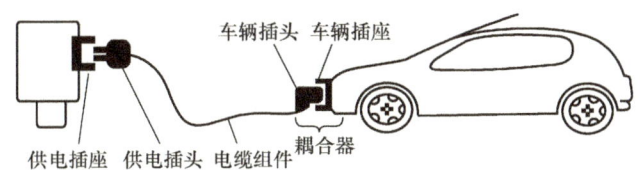

图4-79　连接方式B

连接方式C：电动汽车和交流电网连接时，使用了和供电设备永久连接在一起的充电电缆和车辆插头，如图4-80所示。

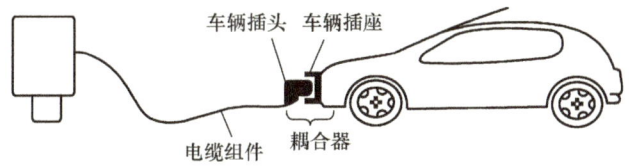

图4-80　连接方式C

2. 系统框图与导引电路

（1）充电控制系统框图

交流充电的系统框图如图4-81所示。

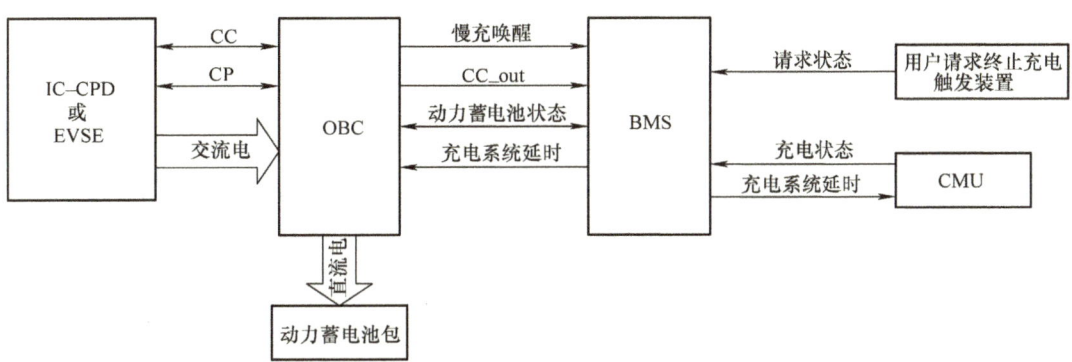

图4-81　交流充电系统框图

直流充电系统框图如图 4-82 所示。

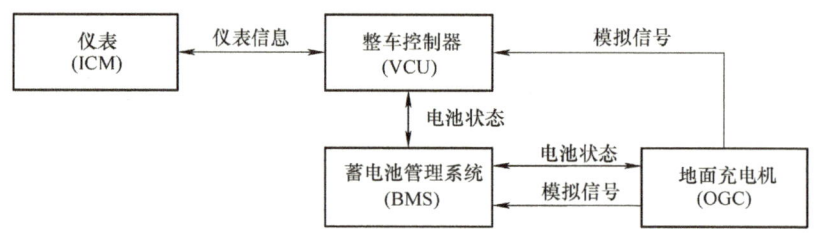

图 4-82　直流充电系统框图

（2）充电控制导引电路原理图

综合前面的充电模式与连接方式，在 GB/T 18487.1—2015 中允许使用的控制导引电路原理图如图 4-83~图 4-87 所示，其中图 4-83~图 4-86 为交流充电控制导引电路原理图，图 4-87 为直流充电控制导引电路原理图。

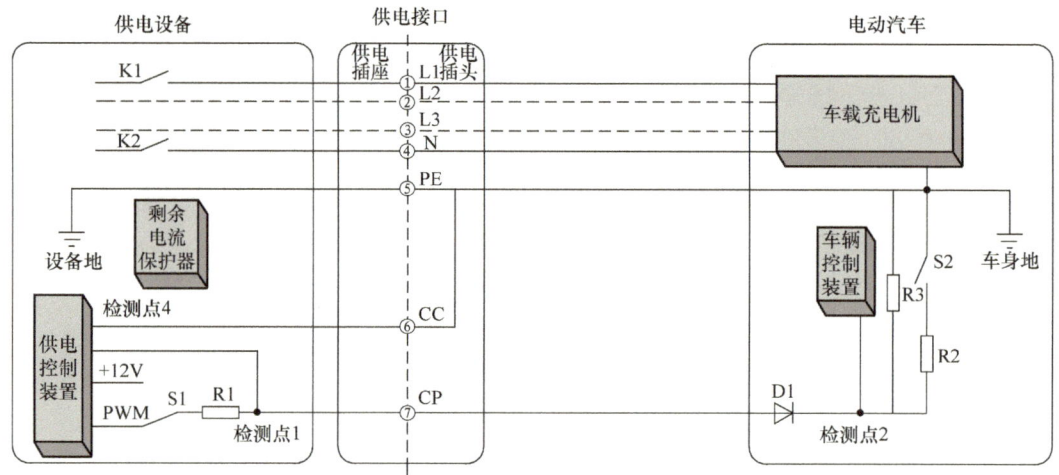

图 4-83　充电模式 3 连接方式 A 的控制导引电路原理图

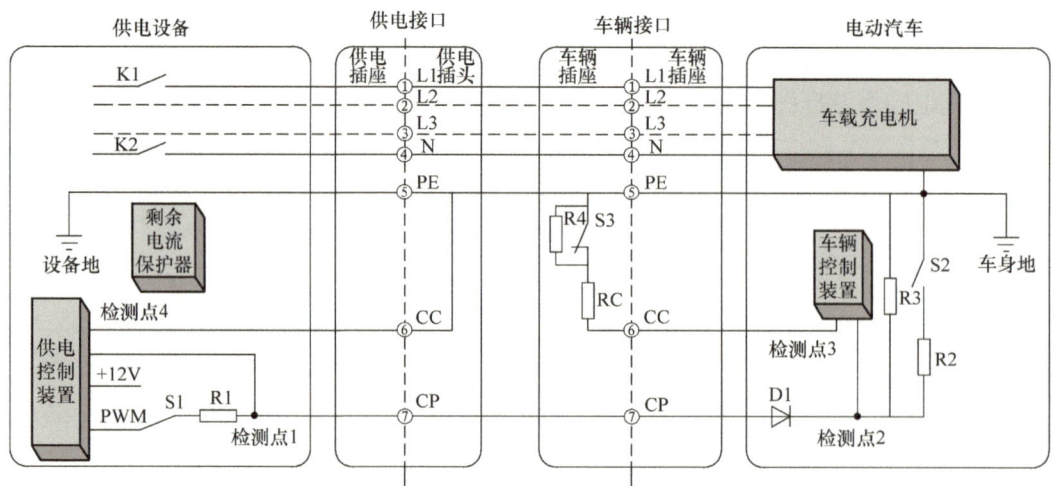

图 4-84　充电模式 3 连接方式 B 的控制导引电路原理图

第4章 整车网络化控制系统设计

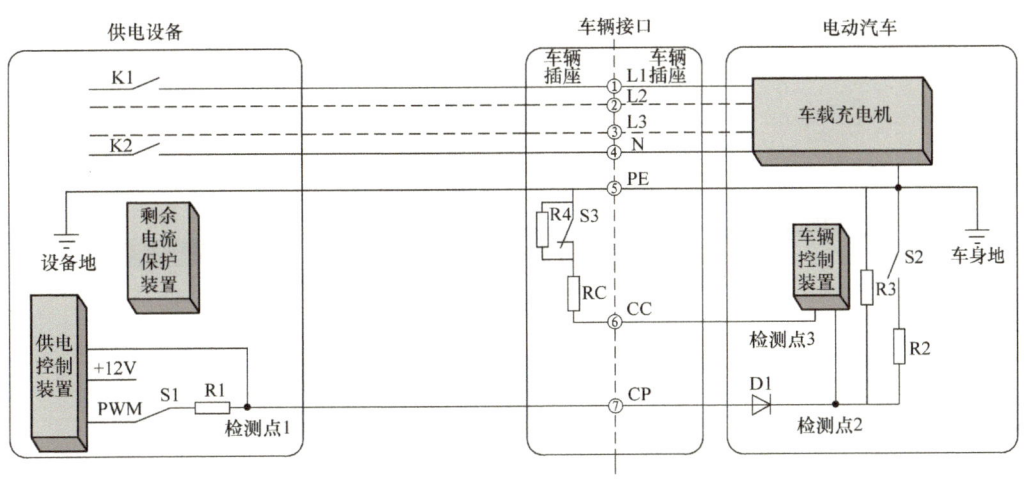

图 4-85　充电模式 3 连接方式 C 的控制导引电路原理图

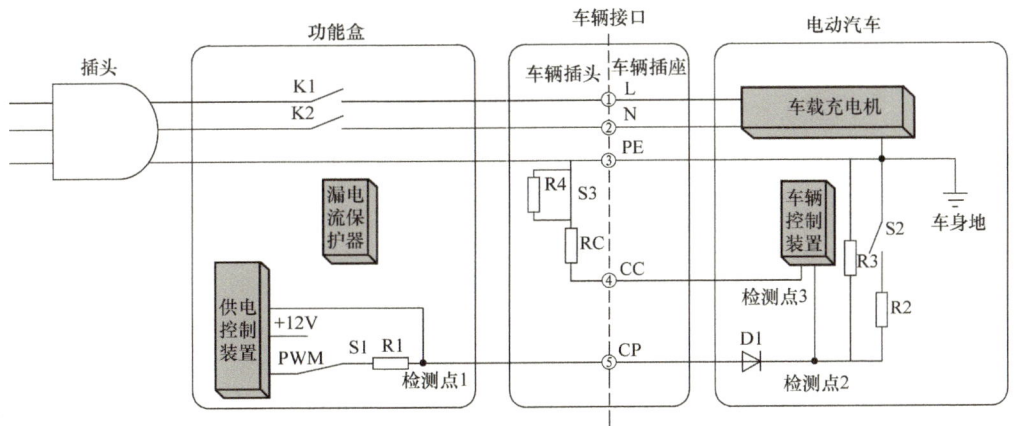

图 4-86　充电模式 2 连接方式 B 的控制导引电路原理图

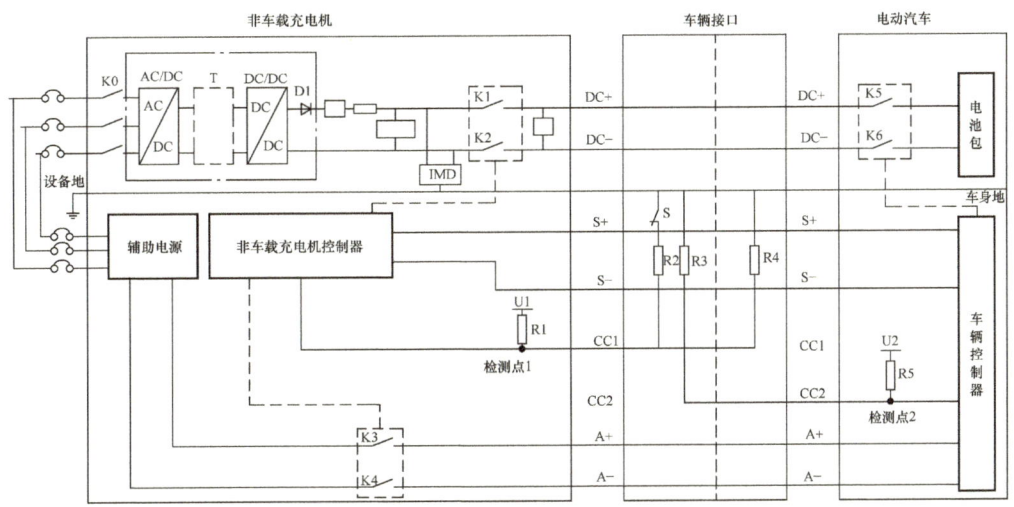

图 4-87　直流充电控制导引电路原理图（充电模式 4 连接方式 C）

463

（3）交流充电连接过程与控制时序

1）控制时序图。交流充电连接过程和控制时序如图 4-88 所示。

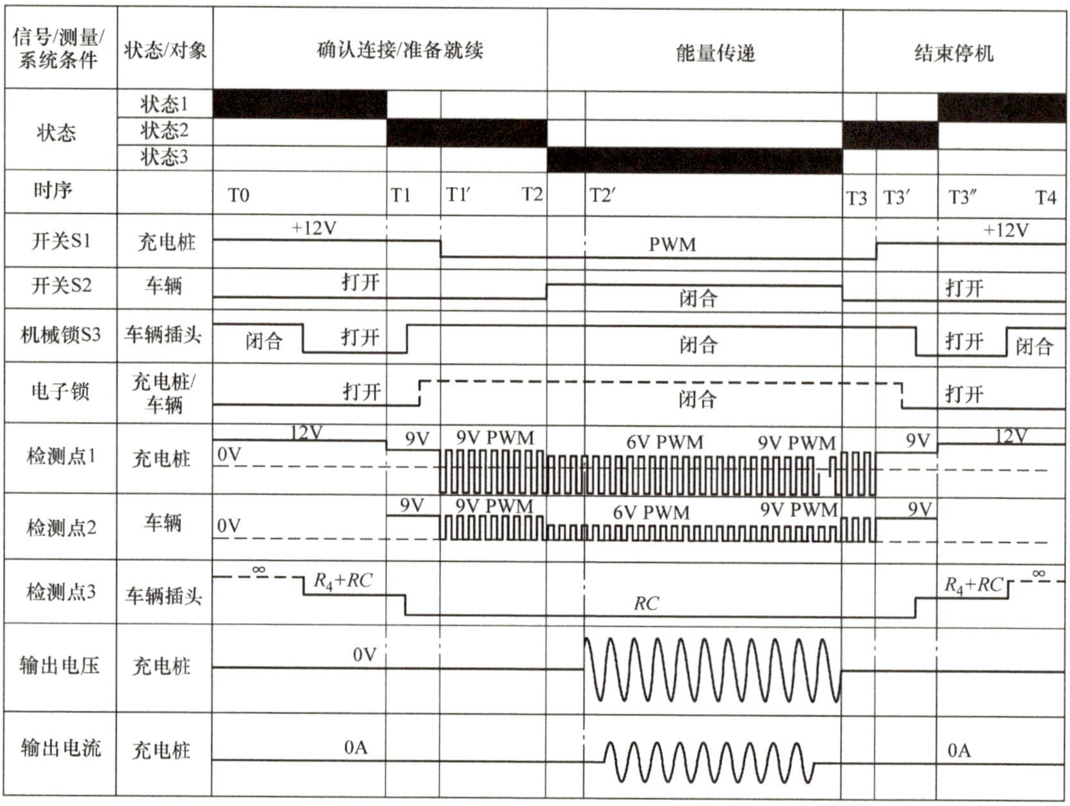

信号/测量/系统条件
状态/对象
确认连接/准备就续
能量传递
结束停机
状态
状态1
状态2
状态3
时序
T0
T1
T1′
T2
T2′
T3
T3′
T3″
T4
开关S1
充电桩
+12V
PWM
+12V
开关S2
车辆
打开
闭合
打开
机械锁S3
车辆插头
闭合
打开
闭合
打开
闭合
电子锁
充电桩/车辆
打开
闭合
打开
检测点1
充电桩
0V
12V
9V
9V PWM
6V PWM
9V PWM
9V
12V
检测点2
车辆
0V
9V
9V PWM
6V PWM
9V PWM
9V
检测点3
车辆插头
∞
R_4+RC
RC
R_4+RC
∞
输出电压
充电桩
0V
输出电流
充电桩
0A
0A

图 4-88　交流充电连接过程和控制时序图

2）控制时序说明。交流充电控制导引电路状态转换如图 4-89 所示。

未连接
状态1 12V
连接(1.1)
未连接(2)
连接
状态2 9V
EV闭合S2后再打开，以向充电设备发送信号(11)
EV打开S2(10)
EV准备就绪
状态3 6V
状态0
异常状态
非6V,9V,12V
充电设备终止PWM
充电设备停止充电(9)
EV响应(10)
充电设备发出PWM(3.2)
状态1′ 12V PWM
连接(1.1)
未连接(2)
状态2′ 9V PWM
EV闭合S2,然后充电设备闭合交流供电回路(4)
EV停止充电(7)然后充电设备断开交流供电回路(8.1)
状态3′ 6V PWM
充电过程中(6)
未连接PWM
充电设备准备就绪
充电(5)

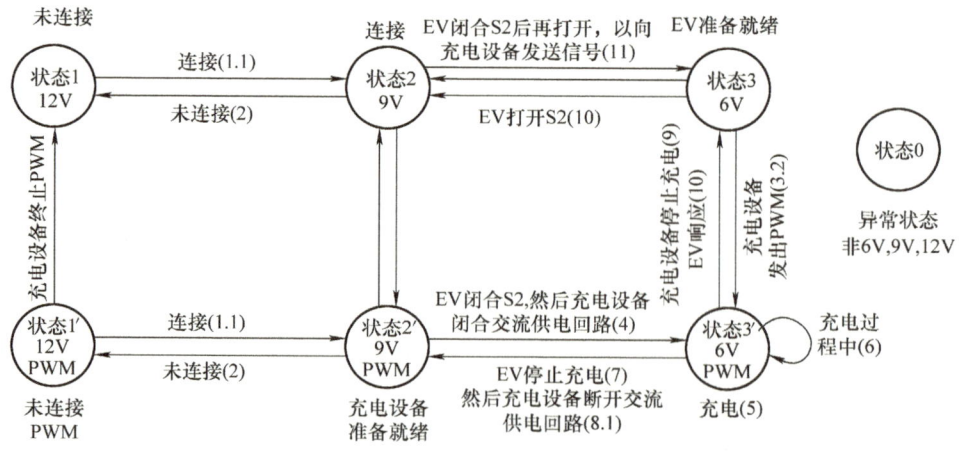

图 4-89　交流充电控制导引电路状态转换图

3）交流充电确认阶段控制。

① 车辆插头与车辆插座插合，使车辆处于不可行驶状态。

② 车辆需通过测量检测点 3 与 PE 之间的电阻值来判断车辆插头与车辆插座是否完全连接。

③ 车辆控制装置通过测量检测点 2 的 PWM 信号判断充电连接装置是否已完全连接。

④ 车载充电机自检完成，且没有故障。

⑤ 动力蓄电池自检完成，确认无故障且处于可充电状态。

4）交流充电系统的启动控制。

① 当电动汽车和供电设备建立电气连接后，OBC 检测 CP 信号的占空比确认供电设备的最大供电能力，并通过 CC 信号的电阻值确认电缆的额定容量。

② OBC 最大允许输入电流设置取决于供电设备的可供电能力、充电线缆载流值、动力蓄电池允许充电的最大电流和车载充电机额定电流的最小值。

5）交流充电结束阶段控制。

① 充电正常结束。当动力蓄电池充满或用户发起了停止车辆充电的请求时，BMS 控制 OBC 将充电电流降至 1A 以下随即断开 S2，BMS/VCU 引导车辆下电流程。

当用户操作充电桩或者充电设备停止充电时，充电桩或者 IC-CPD 引导 CP 或者 AC 电不在充电正常范围内，BMS 检测到上述变化后，停止车辆充电。

② 充电异常结束。当 CC、CP、AC 等信号不在正常允许充电范围内时，充电停止；当车辆发生高压下电故障时，充电停止。

（4）直流充电连接过程与控制时序

1）控制时序图。直流充电连接过程和控制时序如图 4-90 所示。

2）直流充电确认阶段控制。

① 车辆插头与车辆插座插合，使车辆处于不可行驶状态。

② 当 VCU/BMS 检测到检测点 1 的电压值为 4V 时，判断车辆接口完全连接。

③ VCU/BMS 与充电桩控制装置在握手阶段和参数配置阶段按照 GB/T 27930—2015 的要求进行 CAN 通信。

3）直流充电系统的启动控制。在充电阶段，VCU/BMS 向充电桩实时发送动力蓄电池充电需求参数，调整充电电流下降时应按照 GB/T 18487.1—2015 的规定进行处理。

在充电过程中，VCU/BMS 需要持续监测 PE 针是否断线。

4）直流充电结束阶段控制。

① 充电正常结束。

当动力蓄电池充满或收到充电桩发送的"CST"时，VCU/BMS 发送"BST"引导整车下电，确认电流变为小于 5A 后断开 K5/K6。

② 充电异常结束。

- 当车辆与充电桩发生通信丢失时，充电停止；
- 当车辆监测到 PE 断针时，充电停止；
- 当车辆发生高压下电故障时，VCU/BMS 发送"BST"引导整车下电，确认电流小于 5A 后断开 K5/K6；

- 其他在 GB/T 27930—2015 中规定的异常下电情况。

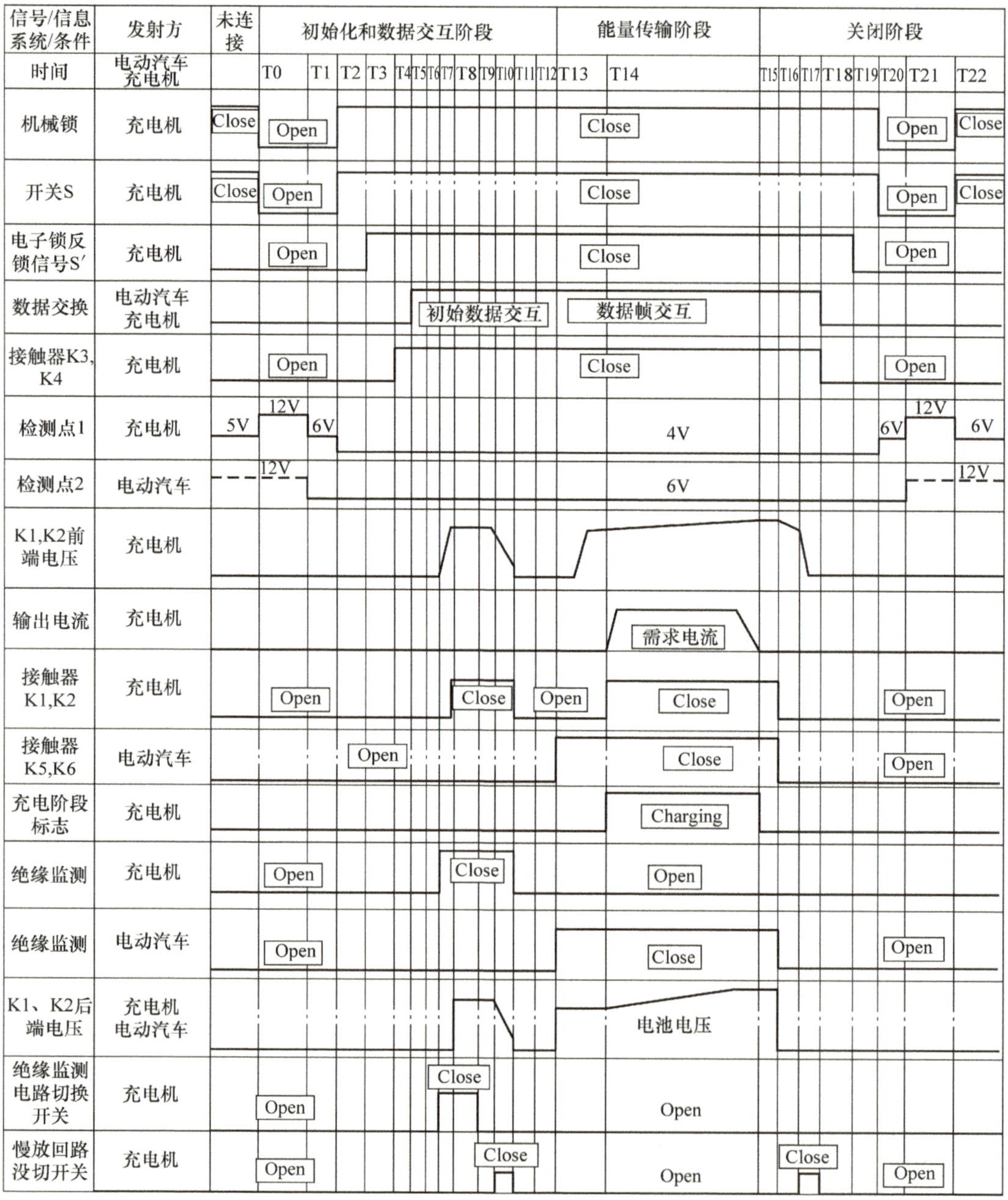

图 4-90 直流充电连接过程和控制时序图

4.5.3 动力学控制

在电动汽车中，VCU 是核心控制部件，是整个车辆的中枢系统，其中的动力学控制是确保汽车正常行驶的关键。VCU 根据加速踏板、制动踏板开度，当前档位和转向盘转角等驾驶人操作信息，以及当前动力蓄电池的 SOC 等信息，计算出主驱动电机的输出转矩等参数信息，从而驱动车辆行驶，使得汽车拥有优越的动力性，经济性和行驶稳定性。因此，VCU 的动力学控制设计直接影响着电动汽车的动力性、经济性、可靠性和整车的辅助系统功能。

本节针对整车控制器的动力学部分，从动力性、经济性和稳定性三个方面进行分析。

4.5.3.1 动力性

整车控制器的动力性特征通过不同的控制策略得以实现，主要包括整车驱动系统控制、档位控制和驱动转矩控制。

1. 整车驱动系统控制策略

纯电动汽车的整车驱动系统由电机和电机控制系统组成，并通过 CAN 总线方式与整车网络通信。

1）VCU 通过采集到的踏板开度信号和档位等信号，经过计算，得出最后的转矩信息。转矩信息通过 CAN 总线由 VCU 发送到 MCU，MCU 收到相应的控制信号后，执行对应的动作。

2）根据汽车的运行状况，电机运转模式分为电动模式和发电模式。电动模式下整车运行在驱动状态，汽车属于行驶状态；发电模式下整车运行在滑行或制动状态，实现制动能量的回馈。

3）电机控制系统在运行状态下，MCU 实时向 VCU 上报状态信息和故障信息，并在系统出现故障时做出及时处理。VCU 接收到 MCU 的各项信息后，会根据信息的内容对整车系统做出合理的控制。

2. 整车档位控制

在传统汽车上，通过换档可以改变发动机的动力输出方向或者改变车辆传动比，以实现车辆前进和倒向行驶的切换，同时在不同传动比的档位之间切换时，改变车辆的转矩输出特性，通过适时的档位切换，还可以提高车辆的动力性和经济型。

对于电动汽车，一般在传动系统上不配备变速器，而是配备了一个单级减速器，故多采用电子换档器进行整车档位的控制。

（1）档位设置

电动汽车采用的电子换档器一般设置 P 位（驻车档）、R 位（倒车档）、N 位（空档）、D 位（前进档）这 4 个最基本的档位。部分车型可能在 D 位的基础上增加了 E 位（经济档）、S 位（运动档）。档位设置如图 4-91 所示。

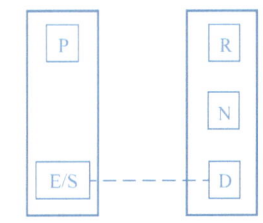

图 4-91　电动汽车档位设置

1）P 位。P 位一般位于变速杆上，当处于该档位时，车辆减速器会被机械锁止，提供辅助驻车的功能。一般只有在车辆静止时才可挂入 P 位，否则会损坏减速器。部分电动汽车无 P 位锁止机构，在 P 位时会采用将车轮抱死等方式进行辅助驻车。

2）R 位。R 位为车辆向后行驶的档位，此时驱动电机旋转方向与正常行驶时相反。对于具备蠕行功能的车辆，R 位时驾驶人一松开制动踏板，车辆即开始向后行驶。

3）N 位。当车辆处于该档位时，驱动电机无法输出动力，减速器也不会提供辅助驻车。

4）D 位。D 位为前进档，当车辆位于该档位时，驱动电机正向旋转。对于具备蠕行功能的车辆，D 位时驾驶人一松开制动踏板，车辆即开始向前行驶。

5）E 位。E 位为经济档，当车辆处于该档位时，驱动电机正向旋转，动力输出较平缓，具有较好的经济型。

6）S 位。S 位为运动档，当车辆处于该档位时，驱动电机正向旋转，动力输出响应灵敏，具有较好的动力性。

（2）档位控制

图 4-92 所示为档位控制系统，包含以下几个部分。

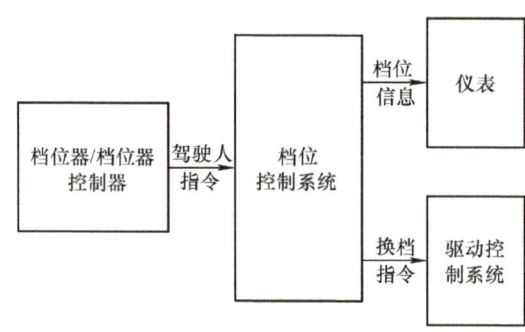

图 4-92　档位控制系统

1）档位器：将用户的换档操作转化为电信号，并通过 CAN 总线发送给档位控制系统，同时具备背光灯等功能，可在变速杆上显示当前档位。

2）档位控制系统：接收驾驶人换档输入以及档位判断所必需的车辆状态信息，进行档位判断及相关处理。该部分工作一般由整车控制器承担。

3）仪表：进行档位显示以及相关故障信息的显示，以提醒驾驶人。

4）驱动控制系统：接收档位信息，并根据不同档位调整驱动电机的动力输出。该部分工作一般由驱动电机控制器或整车控制器承担。

（3）档位控制策略

图 4-93 所示的档位控制策略主要包含以下几个部分。

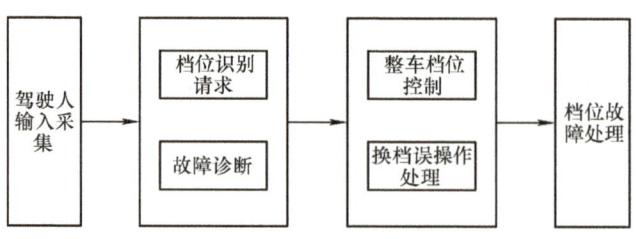

图 4-93　档位控制策略

1）驾驶人输入采集：驾驶人操作换档时，档位器可将驾驶人的换档操作转化为电信号。

2）档位识别请求：对于部分档位控制系统，档位器通过硬线和档位控制系统相连，档位控制系统采集档位器输出的电信号，并根据当前整车的档位和车辆状态信息，判断出驾驶人的档位请求（即驾驶人想切换至哪个档位）。在档位请求识别的部分，一般的档位控制系统都具备故障诊断功能。对于其他档位控制系统，档位控制器通过CAN总线和档位控制系统相连，档位控制器完成了档位请求识别和故障诊断的工作，直接把档位请求发送给档位控制系统。

3）整车档位控制：档位控制系统综合判断驾驶人档位请求、车辆上电状态、车辆可行驶状态、驱动电机转速、驱动电机旋转方向、车速、制动踏板状态等车辆状态信息，得出整车档位。若驾驶人的换档操作不符合正常换档逻辑，档位控制系统判断出现换档误操作，忽略驾驶人的误操作，并通过仪表声音等方式提醒驾驶人。

4）档位故障处理：若发生影响换档功能的故障，档位控制系统应选择合适的故障处理方法，并通过仪表声音等方式提醒驾驶人。

3. 整车驱动转矩控制

驱动转矩控制单元为车辆核心动力控制单元，为车辆提供牵引力，其提供的转矩大小、波动频率、变化快慢等直接影响到用户驾驶舒适性。因此，转矩控制功能不仅是对驾驶人意图的解析，更是提高驾驶舒适性以及实现安全驾驶的保证。

图4-94所示为加速踏板转矩解析图，以起步时为例。图中，最外侧实线为电机外特性曲线。在车辆起动过程中，电机直接响应大转矩会导致传动系统冲击，为了避免传动系统损坏，加速踏板100%开度曲线由三部分组成。

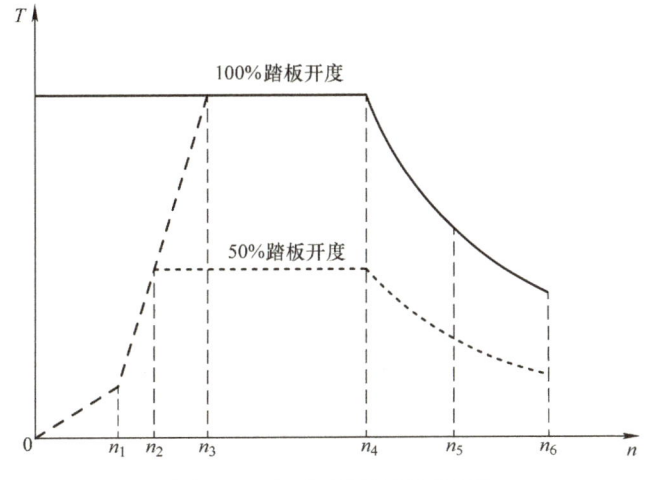

图4-94 加速踏板转矩解析图

1）0—n_1段。转矩在该段过0点，以小斜率缓慢加载，补偿传动系统内间隙，防止出现齿轮碰撞等问题。

2）n_1—n_3段。此时传动系统内部间隙已经被补偿，但考虑到电机转矩响应速度，以及转矩突变仍会造成冲击，转矩在该段以较大斜率进行加载，一直加载到外特性曲线为止。

3）n_3—n_6段。按照电机外特性曲线进行响应。

除100%踏板开度外，其他踏板开度也按照上述三部分加载。以50%开度为例：0—n_1段以较小斜率加载；n_1—n_2段以较大斜率加载，直到转矩达到该开度下的最大转矩，此时即为最大转矩的50%；n_2—n_6段，按照先恒转矩、再恒功率方式加载，保证各处转矩均为外特性曲线对应转矩的50%。

（1）系统框图

驱动转矩控制如图4-95所示。转矩控制系统为目标转矩的决策者，其输入信号为加速踏板、制动开关、档位器等，输出信号为目标转矩。

(2) 工况介绍

驱动转矩由四部分构成，分别为蠕行转矩、行驶转矩、零转矩以及跛行转矩。

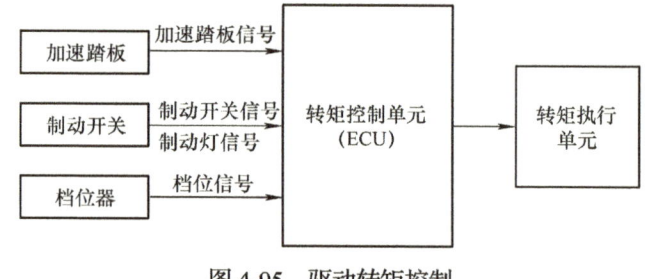

图 4-95 驱动转矩控制

1) 蠕行工况：车辆在前进或后退档位未踩加速踏板前提下也能按照某个车速行驶，驱动该车辆行驶的转矩在此定义为蠕行转矩，该工况定义为蠕行工况。定义该功能主要是避免车辆在拥挤道路行驶时用户频繁踩加速踏板和制动踏板导致的车速不稳定及能量损耗等。

2) 行驶工况：车辆输出转矩主要根据加速踏板开度信号、实际车速信号以及档位信号决定，驱动该车辆行驶的转矩在此定义为行驶转矩，该工况定义为行驶工况。

3) 零转矩工况：零转矩又分为正常零转矩和故障零转矩。在 P/N 档位，或驾驶人误操作（无故障）等原因导致的需求转矩为零（车辆无需重新上下电），在此定义为正常零转矩，该工况定义为正常零转矩工况；车辆故障导致无法正常行驶（车辆需重新上下电且 Ready 后才能恢复正常），此时输出需求转矩为零，在此定义为故障零转矩，该工况定义为故障零转矩工况。

4) 跛行工况：车辆因加速踏板故障而不能正常行驶时，且在允许的功率范围内可以使驾驶人平稳安全地到达附近维修站或者回家，驱动该车辆行驶的转矩在此定义为跛行转矩，该工况定义为跛行工况。定义该功能主要是方便用户能及时将车辆送至维修点。

(3) 转矩处理

1) 转矩限制：车辆在行驶过程中因最高车速、电池温度、电机温度、整车故障等原因会进行一定程度转矩限制，以确保车辆在安全的驾驶状态下行驶。

2) 转矩滤波：为了提高车辆在行驶过程中的驾驶人舒适性，需要对输出的转矩进行一定程度滤波，即削峰填谷，以确保输出转矩的平稳性。转矩滤波示意图如图 4-96 所示，根据不同的转矩区间大小进行不同程度的滤波处理。

(4) 转矩使能

根据车辆当前状态（车辆是否处于一种安全的驾驶状态或车辆是否有其他安全控制机制参与工作）确定当前驾驶人需求转矩是否输出，是转矩输出的安全管控模块。

4.5.3.2 经济性

电动汽车的经济性很大程度上通过制动能量回收体现，制动能量回收功能是在保证电动汽车行驶稳定的前提下，为了减少整车能量浪费，将电动汽车 D/S/E 位滑行或制动时的一部分能量回收（图 4-97），将机械能经驱动电机转化为电能，存储到动力蓄电池内，或提供给整车用电设备使用，实现制动能量的转换与回收，同时仪表对能量回收信息进行显示。

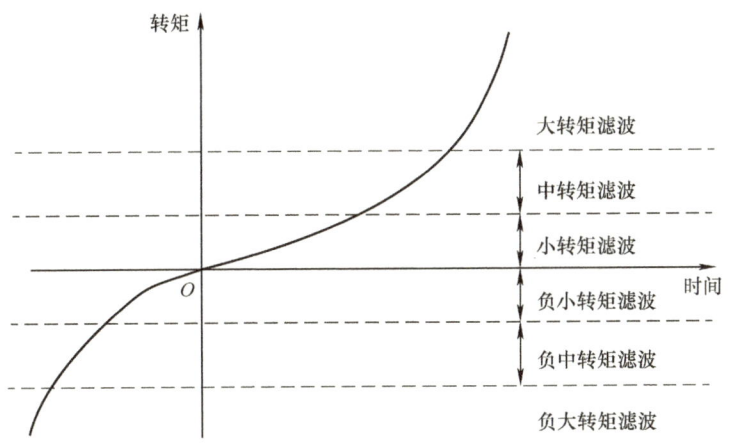

图 4-96 转矩滤波示意图

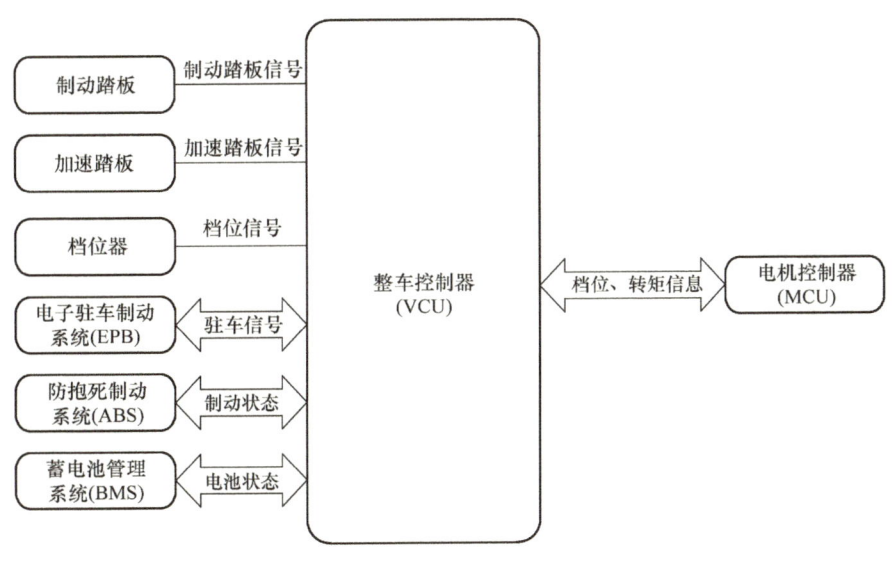

图 4-97 回收转矩控制框图

1. 制动能量回收控制策略

图 4-98 所示为制动踏板转矩解析图。图中，最外侧实线为 100% 踏板开度下的制动转矩响应，以从车速为 v_1 开始制动为例，制动转矩分为三部分。

1）v_1—v_3 段，开始制动。此时电机处于恒功率区，按照电机外特性反向加载转矩，直到达到最大转矩。

2）v_3—v_4 段。此时按照外特性，一直以最大制动转矩进行制动直到车速达到 v_4，v_4 由卸载车速 v_5 和预定的卸载斜率确定。

3）v_4—v_5 段。当车速减到 v_5 时，不再加载制动转矩。考虑到电机响应存在一定间隙，不能在车速减为 0 时再停止加载，防止电机反转导致倒车。v_5 一般定在 3~10km/h。

除 100% 踏板开度外，其他踏板开度也按照上述三部分加载。以 50% 开度为例，按照先恒功率、再恒转矩方式加载制动转矩，保证各处转矩均为外特性曲线对应转矩的50%，最后按照卸载斜率减速至 v_5 后卸载。

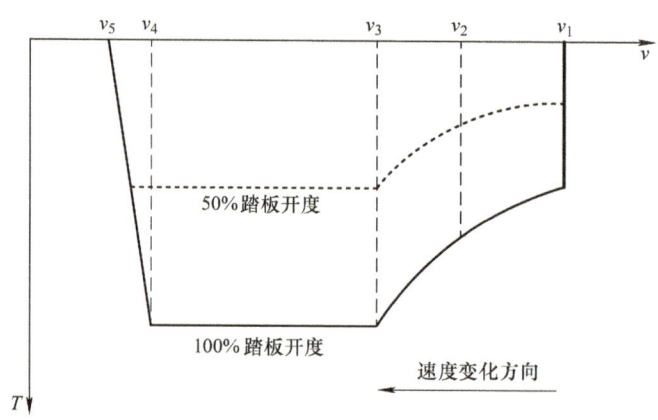

图 4-98 制动踏板转矩解析图

2. 工况介绍

能量回收由两部分组成，分别为滑行能量回收、制动能量回收。

（1）滑行能量回收

车辆在行驶过程中、驾驶人松开加速踏板且未踩制动踏板；当车速大于一定值时，车辆进行滑行能量回收，将机械能经驱动电机转化为电能，存储到动力蓄电池内，或提供给整车用电设备使用。

（2）制动能量回收

车辆在行驶过程中，当车速大于一定值时，驾驶人踩制动踏板，车辆进行制动能量回收。制动能量回收也可以将机械能经驱动电机转化为电能，存储到动力蓄电池内。制动能量回收同时也增加了制动力，使车辆更快停止。

3. 功能介绍

（1）能量回收强度调节

能量回收的强度可依据驾驶人驾驶习惯进行调节，一般按能量回收强度分为3级（强、中、弱）。能量回收强度可通过中控设置并记忆，也可通过档位器的 B+、B- 进行设置。

（2）能量回收点亮制动灯

车辆进行能量回收时，当减速度或转矩达到一定值时，需点亮制动灯，对后车进行提示。

（3）能量回收转矩限值

车辆进行能量回收时，需考虑电池允许最大回馈转矩、电机允许最大回馈转矩、电机控制器当前允许最大制动转矩限值等，能量回收的需求转矩不能超过限值转矩。

（4）禁止能量回收

当车辆 ABS 介入、动力蓄电池允许回馈功率低、动力蓄电池单体电压高以及车辆发生一些影响能量回收的故障时，车辆应禁止能量回收。

（5）能量回收仪表显示

车辆能量回收等级、禁止能量回收时，能量回收功率应通过仪表进行显示。

4.5.3.3 稳定性

电动汽车的稳定性控制由电子稳定控制（Electronic Stability Control，ESC）系统来实现。ESC 系统属于主动安全系统，如图 4-99 所示，其主要功能是能够在汽车处于失稳状态或即将进入失稳状态时，主动干预车辆的驱动或制动，使车辆恢复稳定行驶。

图 4-99　ESC 系统的作用

ESC 系统在车辆行驶过程中，实时采集车轮轮速传感器、偏航率传感器、转向盘转角传感器等传感器信号，以及通过 CAN 总线接收车辆的实时驱动力、加速踏板开度等信息。当 ESC 系统判断车辆的运行轨迹与驾驶人期望的行驶轨迹偏差较大时，就会主动进行干预。对于传统的燃油车而言，ESC 系统会通过请求发动机控制单元（Engine Management System，EMS）控制电子节气门开度或者控制喷油量来调节转矩大小和扭矩变化的快慢。同样地，对于电动汽车而言，ESC 系统会请求整车控制单元（VCU）或者驱动电机控制单元（Motor Control Unit，MCU）控制转矩。和传统燃油车不同的是，由于驱动电机的转矩响应非常迅速，因此转矩响应不再有快慢之分。

由于汽车电子技术的飞速发展，VCU 或者 MCU 接收的转矩请求也越来越多，如 ESC 系统请求的转矩、自适应巡航系统（Adaptive Cruise Control，ACC）请求的转矩、再生制动系统（Regenerative Braking System，RBS）请求的转矩、自动泊车系统请求的转矩，加上由驾驶人控制踏板请求的转矩，因此 VCU 或者 MCU 应当对这些转矩进行仲裁，确定转矩响应的优先级，以保证车辆在各种工况下能够正常的输出驱动转矩，如图 4-100 所示。

ESC 系统由于涉及行车安全，因此在进行整车转矩链设计时，应当把 ESC 请求转矩置于最高的优先级。例如，当 ACC 系统处于激活状态时，同时 ESC 系统也处于激活状态，VCU 或者 MCU 应优先响应 ESC 系统请求的转矩。

不同驱动系统构型下的 ESC 系统也有所不同，例如分布式驱动电动汽车可以靠驱动电机输出转矩的协同控制实现操纵稳定性的改善，具体实现方法详见第 3 章。

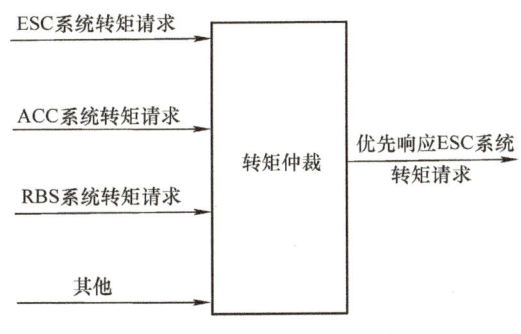

图 4-100　转矩仲裁控制示意图

4.5.4 常用控制方法

4.5.4.1 PID 控制

PID 控制是基于输出反馈的控制设计方法，由比例单元 P、积分单元 I 和微分单元 D 组成。其中比例控制可以减小稳态误差，但会降低系统的相对稳定性；积分控制可消除稳态误差，但可能增加超调；微分控制可加快惯性系统响应速度以及减弱超调趋势[19]。PID 控制器简单易懂，使用中不需精确的系统模型等先决条件。但随着工程系统的日益复杂化和对控制要求的精确化，传统 PID 控制器对于非线性、时变及多变量系统的鲁棒性还不够强，因此又引入了智能 PID 控制，既保持了 PID 控制器的结构简单、适用性强和整定方便等优点，又通过智能技术在线调整 PID 控制器的参数，以适应被控对象特性的变化。目前，PID 控制器仍是工业控制中应用最为广泛的控制器。

PID 控制方法通常用于纯电动汽车的位置及速度控制的场合，如车速巡航控制、电机调速、无离合电子同步控制等。

4.5.4.2 模糊控制

模糊控制是在所采用的控制方法上应用了模糊数学理论，使其进行确定性的工作，对一些无法构造数学模型的被控过程进行有效控制[20]。模糊控制方法包括模糊化、逻辑推理和反模糊化。

1）模糊化是把输入变量映射到一个合适的响应论域的量程，将精确的输入数据变换成适当的语言值或模糊集合的标识符。

2）逻辑推理一般采用 if A then B 形式的条件语句来描述，调整和校准模糊规则是模糊控制中的关键问题。

3）反模糊化是模糊系统的重要环节，是将模糊推理中产生的模糊量转化为精确量[21]。

模糊控制可解决多变量、非线性系统的控制，其最大优势是可以将经验引入规则库，实现基于规则库的逻辑推理，但规则库的设计合理性较难界定。

模糊控制方法通常用于纯电动汽车的复杂动力底盘系统控制领域，如基于多变量的自动换档控制、基于多目标优化的四轮分布式驱动控制等。

4.5.4.3 滤波方法

滤波方法是指对信息混淆、干扰进行相应处理，通常包括低通滤波、高通滤波及卡尔曼滤波方法等。滤波电路常用于滤去整流输出电压中的纹波，一般由电抗元件组成，如在负载电阻两端并联电容器 C，或与负载串联电感器 L，以及由电容、电感组合而成的各种复式滤波电路[22]。一阶滤波器通常由一个电阻和电容组成，其特性可用一阶线性微分方程表示；二阶滤波器则是在一阶基础上增加一个电感，其特性可用二阶线性微分方程表示，随着阶数的提高，可得到更好的滤波效果。低通滤波可容许低于截止频率的信号通过，而超过设定临界值的高频信号则被阻隔、减弱，高通滤波与之相反。卡尔曼滤波是一种利用线性系统状态方程，通过系统输入输出观测数据，对系统状态进行最优估计的算法[23]。因为观测数据中包括系统中的噪声和干扰的影响,所以也可看作是滤波过程。

滤波法通常用于纯电动汽车的实时控制信号采样场合,如无干扰的踏板信号采样、电池 SOC 状态的估计等。

4.5.5　故障诊断功能设计

当纯电动汽车出现异常状态时,如何保证用户及车辆的安全成了一大问题,这就要求在汽车行驶过程中或充电过程中,车辆各控制器对各零部件的工作状态进行实时检测、实时诊断、实时判别及实时处理,这个过程统称为故障管理。纯电动汽车的控制器主要包括整车控制器、动力蓄电池控制器、电机控制器、充电机控制器等。零部件控制器实时监测自己的工作状态并进行故障诊断和一定的处理,也可以将诊断出的故障状态上报给整车控制器进行统一故障管理。整车控制器则实时监测整车各个部件的状态并进行故障诊断和故障处理。

动力蓄电池系统的状态监控包括单体电压采集、总电压/电流采集、温度采集、绝缘检测、高压互锁检测、碰撞检测、高压上下电过程检测、充电过程检测等。动力蓄电池控制器对上述这些状态进行实时检测,当诊断出上述状态出现异常时,比如电压、电流、温度等过高或过低等,动力蓄电池控制器应能进行相应的故障检测、故障处理,并将相应的故障等级上报。

电机系统的状态监控包括直流/交流电压检测、直流/交流端电流检测、电机本体/电机控制器/IGBT 的温度检测、电机转速检测、电机转矩检测等。电机控制器对上述这些状态进行实时检测,当诊断出上述状态出现异常时,比如电机温度过高、电机转速过高等,电机控制器应能进行相应的故障检测、故障处理,并将相应的故障等级上报。

整车控制器需要从整车的角度监控车辆的运行状态,包括加速踏板状态检测、制动踏板状态检测、档位状态检测、蓄电池电压状态检测、通信状态检测等。当诊断出上述状态出现异常时,比如加速踏板超限、档位信号同时无效、通信丢失等异常状态时,整车控制器应能进行相应的故障检测、故障处理。

4.5.5.1　故障等级划分

纯电动汽车的整车电控系统结构比较复杂,电气零部件比较多,包括各种传感器、执行器、控制器、CAN 线、高低压线等,从整车控制的角度来看,故障来源多,类型复杂,因此需要对纯电动汽车的故障进行分类。可以根据对车辆行驶或性能影响的程度进行等级的划分。

GB/T 32960.3—2016《电动汽车远程服务与管理系统技术规范　第 3 部分:通信协议及数据格式》[24] 中对最高报警等级进行了如下规定。

最高报警等级为当前发生的故障中的最高等级值,有效值范围为 0~3,具体值的含义如下:

1)"0"表示无故障。

2)"1"表示 1 级故障,指代不影响车辆正常行驶的故障。

3）"2"表示2级故障，指代影响车辆性能，需驾驶人限制行驶的故障。

4）"3"表示3级故障，为最高级别故障，指代驾驶人应立即停车处理或请求救援的故障。

具体等级对应的故障内容由主机厂自行定义，主机厂也可以对上述故障等级进行细分，举例如下。

1）1级故障代表不影响车辆正常行驶的故障，可以细分为影响车辆功能但不影响车辆行驶的故障（比如禁止能量回收故障），不影响车辆功能也不影响车辆行驶的故障（比如车速信号CAN丢失故障、电池电压不准确故障）。

2）2级故障代表限制车辆性能的故障，比如限转矩故障（如电机过温故障、加速踏板超限故障）、限车速故障（如真空压力传感器故障）、限充电功率故障（如充电机过温故障）。

3）3级故障代表明显影响驾驶人安全，行车过程中需要停车的故障，可以细分为立即断高压故障（如碰撞故障）、断高压故障（如高压互锁断开故障）、零转矩故障（如加速踏板完全失效故障、档位信号同时无效故障）。

主机厂根据上述故障等级的原则，对纯电动汽车的各个故障进行故障等级分类并处理。

4.5.5.2 故障灯显示

电池控制器、电机控制器、整车控制器等通过检测相关信号并进行故障处理后，可发出控制指令给仪表或其他显示装置，仪表或其他显示装置会执行相关指示灯控制信号。通过控制指示灯的熄灭、点亮、闪烁等来提醒驾驶人目前整车的状态，以便使驾驶人能更好地判别和操作整车。

GB/T 4094.2—2017《电动汽车操纵件、指示器及信号装置的标志》中对电动汽车指示灯的显示装置及显示颜色等进行了规定，其中包括故障灯的显示要求，具体见表4-27。

表4-27 国标规定的故障灯的显示要求

序号	标志	表示功能	信号装置颜色
1		动力蓄电池故障信号装置	红色
2		驱动电机故障信号装置	红色
3		系统故障信号装置	红色

4.5.5.3 故障警示

除了上述故障灯显示外,主机厂还可以通过故障报警音、文字提醒、语音提醒等方式对驾驶人进行提醒或警示。

故障报警音可与故障等级相对应,根据故障等级来确定声音的模式、声音的频率和次数等。比如3级故障为严重故障,则故障报警音可以1Hz的频率持续报警;1级故障为不影响车辆行驶的轻微故障,则故障报警音可以2Hz的频率报警1次。频率、报警次数等可由主机厂自由设计,也可以独立于故障等级进行单独控制。

故障文字提醒或语音提醒也可与故障等级相对应,根据故障等级来确定文字提醒或语音提醒的持续时间。比如3级故障为需要停车的故障,则文字提醒或语音提醒为"车辆马上下电,请立即靠边停车"等类似提示,且可一直持续;1级故障为不影响车辆行驶的轻微故障,则文字提醒或语音提醒为"车辆无回收,请检查车辆"等类似提示,只需提示一次,一旦有高级别的故障即会被高级别故障的提示所代替,如无高级别故障则可翻滚显示其他故障。文字提醒或语音提醒也可独立于故障等级进行单独控制。

4.5.5.4 UDS 协议简介

早期车辆普遍采用K线通信进行诊断,遵循 ISO 14230 标准,又称为 KWP2000(Key Word Protocol 2000),物理介质为单线K线,通信方式为串行传输,最大通信速率为 10.4kbit/s。随着 CAN 总线在车辆上的广泛使用,由于 CAN 通信速率最高达 1Mbit/s,较K线有很大的提升,因此诊断服务也逐渐变为采用 CAN 通信,相应的诊断服务标准也应运而生。统一诊断服务(Unified Diagnostic Service,UDS)遵循 ISO 14229 标准,只定义了应用层的诊断服务,并不涉及网络通信机制。因此完整的诊断体系是由 UDS 与定义 CAN 网络实现的 ISO 15765 共同实现的。

表 4-28 对比了基于K线诊断与基于 CAN 总线诊断的性能,可以看出基于 CAN 总线的通信相比K线有全方位的优势。随着 CAN 总线的全面普及,基于 CAN 总线的诊断也随之广泛普及。

表 4-28 ISO 14230 与 ISO 15765 对比

通信总线	K 线	CAN 总线
通信速率	慢,最大 10.4kbit/s	快,最大 1Mbit/s
信号传输	单线传输	差分信号
数据传输	以字节为单位	以 CAN 帧为单位
底层通信错误及仲裁	由开发者处理	有完善的通信错误处理和总线仲裁机制
网络结构	单一	复杂
报文长度	最大 255B	最大 4095B

在 OSI 标准七层通信模型中,基于 KWP2000 的诊断,ISO 14230 分别定义了物理层、数据链路层与应用层。

而基于 UDS 的诊断,由多种不同的标准联合定义,应用层由 ISO 14229-1 与 ISO 16765-3 联合定义。ISO 14229-1 也称为 UDS,其实现与具体通信介质无关,只定义了各项诊断服务与数据体；ISO 16765-3 为 UDS 在 CAN 总线的使用定义了应用层的 CAN 标识符、定时处理及程序下载过程。

网络层由 ISO 15765-2 定义，主要内容为单包及多包报文的发送接收处理、多包流控制等。数据链路层由 CAN 总线标准 ISO 11898-1 定义，而物理层由用户自行定义，可以采用高速 CAN 网络 ISO 11898-2，也可以采用低速 CAN 网络 ISO 11898-3。在实际应用中，VCU 与车辆通信采用高速 CAN 网络，因此其物理层由 ISO 11898-2 定义。

表 4-29 对比了 K 线诊断与 UDS 诊断在 OSI 七层通信模型中的标准体系，正是由于 UDS 协议相对通信方式的独立性，其应用场景及适应性被大大扩展，在 CANFD 或者以太网通信普及使用以后，仍然可以适用 UDS 诊断协议。

表 4-29　K 线诊断与 UDS 诊断对应 OSI 各层的标准

	OSI 分层	K 线	UDS 诊断
1	应用层	ISO 14230-3	ISO 14229-1/ISO 16765-3
2	表示层		
3	会话层		
4	传输层		
5	网络层		ISO 15765-2
6	数据链路层	ISO 14230-2	ISO 11898-1
7	物理层	ISO 14230-1	ISO 11898-2/ ISO 11898-3

UDS On CAN 需要定义三个 ID，VCU 接收两帧，分别称为物理寻址、功能寻址，VCU 发送一帧。物理寻址是唯一的，当诊断仪按照物理寻址 ID 发出请求时，对应的 VCU 将做出响应。而功能寻址是多个 VCU 共享的。当诊断仪按照功能寻址 ID 发出请求时，多个 VCU 将做出响应，以实现对多个 VCU 同时发送指令的目的。

在 UDS 诊断中定义了三个模式：默认模式、扩展模式和编程模式。其中编程模式是用于进行程序下载，本章着重阐述非编程模式。默认模式下 VCU 可响应一些简单的服务请求，例如读取数据流、读取故障码信息、清除故障信息等，但是诊断仪请求一些需要进入扩展模式才能执行的服务时，需要首先进入扩展模式，例如写入数据、安全访问等。VCU 需要进入编程模式前，也需要首先进入扩展模式，再由扩展模式进入编程模式。图 4-101 所示为通过 UDS 的诊断会话控制服务（0x10）设置诊断会话模式的转换关系。

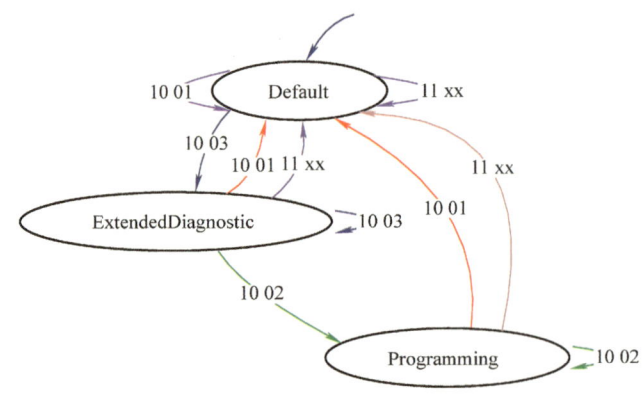

图 4-101　诊断会话模式转换图

为了避免一些重要的服务不被随意操作，UDS 制定了安全访问机制，例如写入数据、输入输出控制都是受到安全访问限制保护的。在进行这些操作之前，诊断仪需要先进行解锁操作，只有正确解锁，VCU 才会响应对应的服务请求。

基于 UDS 协议，主要实现的诊断功能包括通信管理、数据传输、读故障信息、在线编程和功能/元件测试。除在线编程外，又以数据传输与读故障信息最为常用，前者可以通过诊断设备实时读取 VCU 当前的数据流，监控 VCU 工作状态，后者可以将存储在 VCU 内部的故障码和故障发生时的快照信息读取出来，在完成维护后，还可以清除故障信息。

表 4-30 为 VCU 所支持的诊断服务列表，列表中不包含支持程序刷写的服务，在列表中定义了安全访问限制的服务以及默认模式与扩展模式的服务，对物理寻址、功能寻址支持的服务也做了定义。

表 4-30　VCU 支持的诊断服务

诊断服务列表		模式限制			寻址限制	
SID（Hex）	服务名称	默认	扩展	安全访问限制	物理寻址	功能寻址
10	诊断会话控制	√	√		√	√
11	电控单元复位	√	√		√	√
27	安全访问		√		√	
28	通信控制		√		√	√
3E	诊断设备在线	√	√		√	√
22	读取数据	√	√		√	√
23	读取内存	√	√		√	
2E	写入数据		√	√	√	
3D	写入内存		√	√	√	
14	清除诊断信息	√	√		√	√
19	读取 DTC 信息	√	√		√	√
2F	输入输出控制		√	√	√	

针对 DTC 读取服务，需要首先定义 DTC。DTC 编码规则遵循 ISO 15031 标准。为了便于快速识别故障码所属系统，将故障码分为 B（Body）、C（Chassis）、P（Powertrain）、U（Network）四组，其故障码分别以 B、C、P、U 开头。表 4-31 为故障码分组及各组对应 Hex 数值的范围。

表 4-31　故障码分组及各组对应 Hex 数值的范围

系统	故障码范围	Hex 数值	识别代号
车身（Body）	B0xxx~B3xxx	8xxx~Bxxx	B
底盘（Chassis）	C0xxx~C3xxx	4xxx~7xxx	C
动力（Powertrain）	P0xxx~P3xxx	0xxx~3xxx	P
网络（Network）	U0xxx~U3xxx	Cxxx~Fxxx	U

将 VCU 的故障编成故障码（DTC）表，通过应用层识别出故障并传递给底层，进而在底层实现故障码的存储。需要读取故障码时，诊断仪通过 14 服务请求，底层 UDS 模块

将读取的 DTC 上传给诊断仪。维护工作完成后，通过诊断仪将存储的故障码清除，以恢复无故障状态，准备记录未来发生的故障。

VCU 在存储故障码时，还将存储快照信息，将故障发生时刻 VCU 系统关键状态存储下来，以便在进行故障诊断时，可以通过读取故障发生时刻的系统状态来帮助服务人员判定系统状态及故障发生原因。

UDS 数据流包括诊断仪请求和 VCU 应答，其有效长度是不确定的，需要根据具体服务来确定，而 CAN 通信每一帧的数据长度最大为 8B。为了解决较长数据流传输的问题，ISO 15765 根据所需传输的数据长度分为单包和多包两种类型。

单包数据传输时，发送方只需发送一帧报文，简称为 SF（Single Frame），接收方接收到以后进行解析即可。当数据流不超过 7B 时，采用单包传输的方式。单包数据发送及接收的流程为，发送方的应用层（UDS）将数据流传递给网络层，由网络层组织成单包数据发送给接收方，接收方将接到的数据帧通过网络层解析成有效数据流，传递给应用层，完成数据的传输。首帧报文（First Frame，FF）中包含数据长度的信息，接收方接收首帧以后发出一帧流控制帧（Flow Control，FC），流控制帧的目的在于告知发送方接收方所能接收的连续帧的数量，以避免发送方连续发送过多数据，导致接收方没有足够缓存空间进行存储。发送方接收到流控制帧以后，将连续发送包含有效数据的连续帧（ConsVCUtive Frame，CF），直至达到接收方流控制帧中所规定的最大连续帧数量，等待接收方的下一个流控制帧，如此往复，完成全部数据流的传输。

多包数据传输时，通过发送方与接收方的对话，使接收方能够按照自身的接收能力进行数据接收，保证了数据传输过程的可控性。多包数据传输过程中通过发送方的网络层进行分包，再由接收方的网络层进行组包，将包含在 FF 及 CF 中的有效数据流进行组包，从而实现较长的数据流通过 CAN 进行传输的目的。

ISO 15765 定义了四种不同的识别代号，并将第一个字节的高四位作为识别代号，以区分该数据帧是否属于 SF、FF、CF、FC。

表 4-32 为这四种数据帧的报文类型结构。其中 SF 的第一字节 Bit3-0 表示数据长度（Data Length，DL），代表实际有效的数据流字节数，该数字范围为 1~7；多包数据的字节数较长，因此在 FF 中采用 12 位来表示数据长度（DL），可表示范围为 1~4095，后续六个字节为数据流的前 6 字节。

表 4-32 数据帧报文类型结构

识别代号	Byte1		Byte2	Byte3	Byte4	Byte5	Byte6	Byte7	Byte8
	Bit7-4	Bit3-0							
SF	0	DL	Data						
FF	1	DL		Data					
CF	2	SN	Data						
FC	3	FS	BS	STmin	Reserved				

CF 利用第一字节的低四位作为顺序号（Sequence Number，SN），SN 从 1 开始，每发送一帧 SN 加 1，直至最大值 15。在 SN 达到 15 以后，SN 从 0 开始重新计数，直至全部 CF 发送完毕。SN 的作用在于连续发送多包数据时，接收方必须按照 SN 递增 1 进行校验，避免连续的数据帧出现丢失或者顺序错误。

FC 的第一字节第四位为流状态控制（Flow Status，FS）。

1）当 FS 为 0 时，允许发送方开始发送 CF。

2）当 FS 为 1 时，发送方将处于等待中，接收方将继续发送 FC 报文以维持等待或变更为其他状态。

3）当 FS 为 2 时，表示接收方已经无法接收数据，数据传输将被取消。

FC 的第二字节为 BS（Block Size），用以告知发送方持续发送 CF 的帧数，若数据未传输完毕，发送方单次发送的 CF 帧数必须等于 BS。

FC 的第三字节为 STmin，代表发送方的两帧 CF 最大允许间隔时间，其取值范围为 0~127ms。

4.5.6 整车控制器参数标定功能设计

标定参数主要包括踏板参数、转矩参数及电机参数。踏板参数包括制动踏板信号来源、上下限、电制动开度比例，加速踏板上下限及冗余上下限。转矩参数包括参考转矩、制动能量回收激活转矩、蠕行激活转矩、滑行能量回收激活转矩、车速及转速限制激活转矩。电机参数包括车速计算比例因子、最大充放电功率、二级故障时 VCU 设置的充放电功率。

标定方法依据欧洲 ASAP 组织发布的 CCP（CAN Calibration Protocol）。ASAP（德文：Arbeitskreis zur Standardisierung von Applikationssystemen）即标定系统标准化组织，最早是由德国部分整车厂发起成立的，包括奥迪、宝马、戴姆勒奔驰、保时捷和大众。欧洲的汽车开发测试系统制造商以及 VCU 制造商也加入了该组织。ASAP 致力于软硬件系统在各层的数据交换实现标准化，从而使测量与标定工具可以实现通用，降低工具开发成本，促进行业进步。CCP 属于 AUTOSAR 架构中的服务层，是以 CAN 通信为基础的应用层协议，为 VCU 提供标定与数据采集服务。

ASAP 接口定义如图 4-102 所示，分为 ASAP1、ASAP2 和 ASAP3 接口。VCU 通过 ASAP1 接口与测量标定系统连接，测量标定系统所需的数据库通过 ASAP2 接口获得，而 ASAP3 接口用于测量标定系统与自动化系统的连接。ASAP1 接口又分为 ASAP1a 和 ASAP1b，其中 ASAP1a 定义的是 VCU 与测量标定系统的物理与逻辑接口，而 ASAP1b 定义的是测量标定系统的软件驱动接口。

在 VCU 端实现 CCP 功能需要关注的是 ASAP1a 与 ASAP2 接口。VCU 需要植入符合 ASAP1a 规范的软件驱动来配合标定工具实现 CCP 通信，而标定工具所需的数据库文件为 A2L 格式（符合 ASAP2），需要在应用层开发过程及软件编译过程对需要测量的数据和标定的参数进行特殊处理，生成 A2L 格式的文件并赋予正确的 VCU 地址，才能实现数据测量与参数标定的功能。

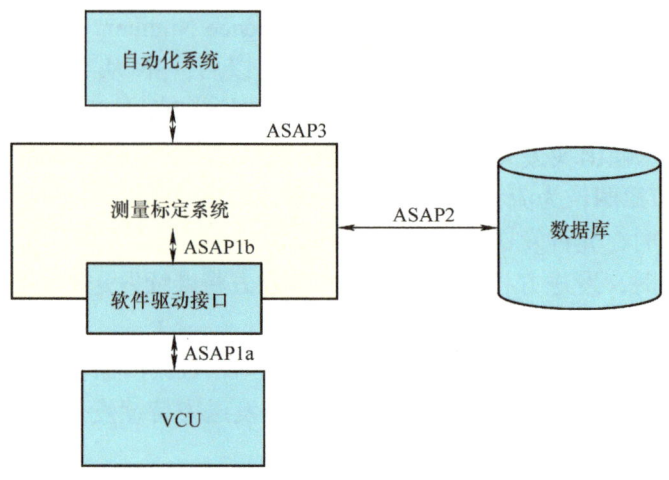

图 4-102　ASAP 接口定义

如图 4-103 所示，CCP 的通信机制是主 - 从机制。在同一路 CAN 网络上，一个 CCP 主设备可以与一个或多个 CCP 从设备实现逻辑连接。每一个 VCU 有其单独的逻辑地址，主设备通过逻辑地址与其中的某一个 VCU 建立逻辑连接，所有的 CCP 指令必须在建立连接的基础上才能实现。主设备与从设备的具体通信方式为主设备发送命令，从设备应答，以一问一答的方式实现。

CCP 需要规定两个 ID：一个为 VCU 接收，一个为 VCU 发送。这两个 ID 只有在使用标定工具时才会被激活，其余时候总线上是不存在的。

标定工具发送、VCU 接收的报文称为 CRO（Command Receive Object），VCU 发送、标定工具接收的报文称为 DTO（Data Transmission Object）。其中，DTO 虽然只有一个 ID，但是根据不同的类型，又分为三种，如图 4-104 所示。主设备发送 CCP 命令以后，VCU 将反馈命令接收及执行结果，将反馈 CCP 指令的报文称为 CRM-DTO（Command Return Message）；CCP 配置好所需采集的数据以后，VCU 将持续发送测量数据，将周期性发送测量数据的报文称为 DAQ-DTO（Data AcQuisition）；另外，还存在 VCU 主动向标定工具报告内部状态变化的触发报文 EM-DTO（Event Message）。

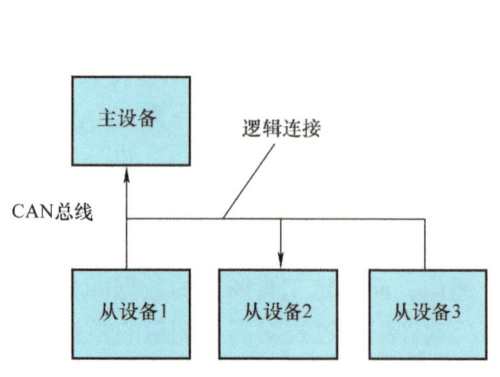

图 4-103　CCP 主设备与从设备的通信流

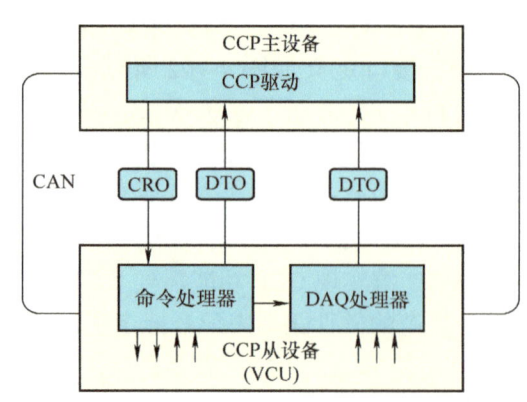

图 4-104　CCP 主从设备通信报文

CCP 规定了 11 条必选命令与 17 条可选命令，根据 VCU 测量数据及标定参数的需求，将可选命令进行简化，实现其中的 5 条即可。实际最终在 VCU 端实现的 CCP 指令列表见表 4-33。

表 4-33 CCP 指令列表

CCP 命令	编码	反馈超时时间 /ms	备注
CONNECT	0x01	25	
GET_CCP_VERSION	0x1B	25	
EXCHANGE_ID	0x17	25	
SET_MTA	0x02	25	
DNLOAD	0x03	25	
UPLOAD	0x04	25	
GET_DAQ_SIZE	0x14	25	
SET_DAQ_PTR	0x15	25	
WRITE_DAQ	0x16	25	
START_STOP	0x06	25	
DISCONNECT	0x07	25	
SELECT_CAL_PAGE	0x11	25	可选命令
SET_S_STATUS	0x0C	25	可选命令
GET_S_STATUS	0x0D	25	可选命令
BUILD_CHECKSUM	0x0E	30000	可选命令
GET_ACTIVE_CAL_PAGE	0x09	25	可选命令

在 VCU 中，将需要标定的数据（const 类型）存在 Flash 预留给标定数据的区域里。这些参数的初始值存在 Flash 中，同时在 RAM 中也有相应的预留区域。RAM 在初始化时值是随机的，因此在上电初始化时，需要将 Flash 中的数值复制到 RAM 中。而程序运行时，直接从 RAM 中获取参数值，如图 4-105 所示。

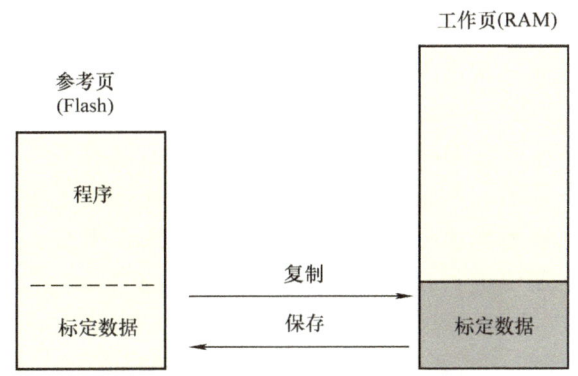

图 4-105 VCU 参考页与工作页

将 VCU 中参数存储的 Flash 部分称为参考页，将 RAM 称为工作页。显然，在 VCU 工作时，只需要修改工作页中的参数值，即可实现参数值变更，达到在线标定的目的。

在开始标定前，需要检查工作页和参考页数据是否一致。如果工作页和参考页不一致，则需要上传工作页的数据，以对比具体是哪些参数不一致，以便在标定工具中展示出来。以下为标定数据的流程：

1）标定工具通过逻辑 ID 与 VCU 建立连接，命令为 CONNECT。

2）标定工具请求将标定初始化标志置为 0，命令为 SET_S_STATUS，参数为 CAL=0。

3）标定工具请求 VCU 计算参考页与工作页的 checksum，具体命令为 SET_MTA 与 BUILD_CHECKSUM，其中 SET_MTA 为设置起始地址，CHECKSUM 的区域大小在 BUILD_CHECKSUM 命令中传递。

4）如果 CHECKSUM 不一致，则循环执行 SET_MTA 与 UPLOAD，将工作页的数据上传至标定工具，并在标定工具中展示当前工作页的参数值；校验一致则跳过此步骤。

5）标定工具请求将标定初始化标志置为 1，命令为 SET_S_STATUS，参数为 CAL=1，代表已经准备好可以进行标定。

6）在标定工具上修改参数值，将自动执行 SET_MTA 与 DNLOAD 指令，将参数值下载至设定的工作页地址，从而实现参数标定。

7）标定结束，可以执行 DISCONNECT 指令，或直接移除标定工具即可。

4.5.7 重编程（Bootloader）功能设计

在样件开发、测试及装车过程中，不可避免地需要对应用程序进行更新。在实验室环境下，可以方便地采用仿真器进行软件更新；但是 VCU 在装车以后，由于安装位置问题，同时为了满足 IP67 的防护等级要求，VCU 壳体需要进行密封。因此拆壳进行程序更新将变得极为困难，且不便于后期维护。VCU 的通信接口为 CAN 通信，因此开发基于 CAN 通信的 Bootloader 可以很好地解决程序更新维护的问题[25, 26]。

4.5.7.1 上电流程

如图 4-106 所示，VCU 上电以后的引导程序驻留于 Flash 中的 Bootloader 区域，在 VCU 上电以后，首先进入 Bootloader 程序，根据预设条件判断是否需要进行应用程序更新。如果需要，则停留在 Bootloader 程序中，与上位机进行通信，直至完成应用程序的更新；若不需要更新应用程序，则跳转至应用程序起始地址，开始执行应用程序。BootLoader 程序与应用程序是完全独立的两个程序，但是为了正确地进行程序更新操作，应用程序中也需要进行部分匹配工作，才能与 Bootloader 程序配合完成程序更新[27, 28]。

在执行应用程序更新时，需要上位机与 VCU 之间进行通信，以传递指令和数据，理论上能够完成程序刷新，可以自行定义通信协议和刷写流程。但是因为在更新程序时会影响整车通信网络及正常的功能，所以需要对刷写流程和协议进行统一管理，使全车 VCU 均遵循同样的刷写流程和协议，解决刷写程序时出现的问题。目前国际上普遍采用符合 UDS 规范的 Bootloader 刷写流程。采用 UDS 规范具有以下特点：

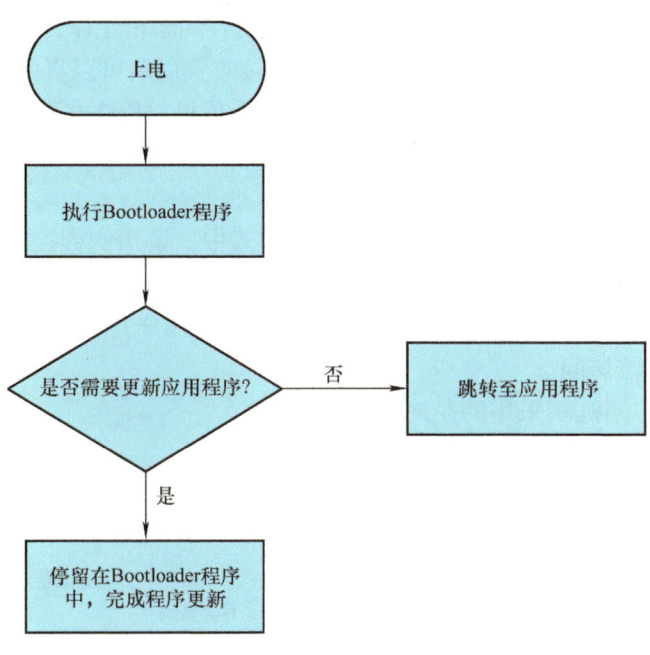

图 4-106　VCU 上电后的程序执行顺序

1）UDS 协议支持多包传输，在传输数据时有较高的效率。
2）有安全加密机制，防止非法侵入和刷写。
3）有校验机制，确保应用程序传输过程的准确性。
4）指纹读写机制，记录程序更新的操作历史。
5）前处理机制，禁止 DTC，并释放总线带宽资源用于程序更新。
6）后处理机制，在完成程序更新后，可以恢复正常工作状态。
7）诊断仪支持 UDS，因此可以通过诊断仪实现程序更新。

4.5.7.2　地址分配

设计 Bootloader 首先需要做好 Flash 地址分配的工作。Bootloader 通过刷写器直接刷入 Flash 中，而 APP 程序通过 Bootloader 刷入 Flash，在 Flash 中 Bootloader 将永久性驻留，并且其地址必须与 APP 程序分开，防止 Bootloader 程序被擦除或损坏，使得 VCU 失去正常 Bootloader 的功能。

在微控制器上电后，将首先执行 Bootloader 程序，再根据 Bootloader 程序执行情况决定是否跳转至应用程序。为了避免指针意外跳转导致触发 Flash 操作函数（擦除、编程），Bootloader 程序中的 Flash 操作函数地址被放置于 RAM 中。在开始编程前，首先通过上位机下载 Flash 驱动至 RAM 中对应的地址，以实现编程过程。编程结束后，RAM 中的 Flash 驱动将被清除（重新上电后 RAM 中的数据也将自动丢失），以保证 Flash 的安全性。

4.5.7.3　S19 文件解析

由于单片机的存储空间及计算资源有限，直接将程序文件发送给单片机，由单片机进行解析会非常困难。因此由上位机完成编译后的程序文件的解析工作，将程序文件解析为含有起始地址、长度的数据块，分块传给 VCU；VCU 接收到以后可以直接根据地址将数据写入对应 Flash 中，因此需要完成 Bootloader 刷写，需要上位机对程序文件进行正确的解析。

4.5.7.4 安全密钥

为了保护 VCU 不受非法访问侵入，在编程模式中，调用例程控制、请求下载等服务，需要通过安全访问。在非编程模式下，采用一级安全访问；在编程模式下，则采用二级安全访问。其目的在于将正常 UDS 诊断服务与程序更新区分开，减小密钥泄露的概率，保护程序更新不被非法访问。

UDS 的安全访问机制采用的是对随机种子进行加密的机制。由上位机向 VCU 发起请求，VCU 生成一个随机种子返回给上位机。上位机和 VCU 采用相同的算法，依据随机种子生成密钥，上位机将密钥发给 VCU，VCU 比对密钥结果：如果结果一致，则解锁成功；如果结果不一致，则解锁失败。具体流程如图 4-107 所示。

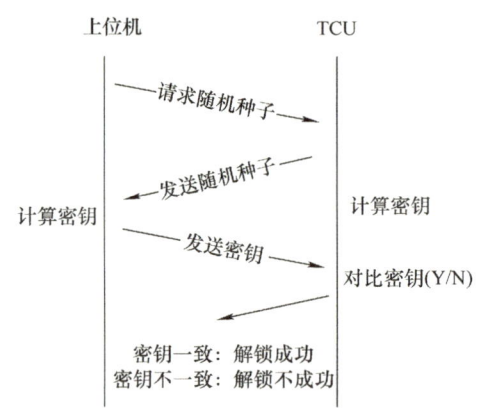

图 4-107 安全密钥解锁过程

为了保证安全密钥不被破解，首先要求随机数生成无规律，重复率低。因此由单片机生成随机数，一般选用 32 位随机数，以保证重复率低。可以采用定时器进行计数，在需要生成随机数的时候，取出计数值，再通过一定的算法作用于该计数值，使得其最终结果呈现出随机性。以下为生成随机数的过程。

1) 在 1ms 的定时中，对 32 位无符号计数值 T 进行不间断周期性累加。
2) 需要生成随机数的时候，将 T 的值赋给 T_1，即 $T_1=T$。
3) T_1 做一次乘积运算 $T_1=(\text{UInt32})(T_1 \times 16807)$。
4) 此 T_1 即为生成的随机数。

常用的数据加密算法包括对称加密和非对称加密，一般有 AES128，RSA 等算法，可以对数据进行极其可靠的加密。只要密钥不丢失，理论上是无法实现暴力破解的。

4.5.7.5 UDS 流程设计

在微控制器的非易失性存储器中，存有两个重要的标志：

1) 请求重编程标志。当程序运行于应用程序中时，上位机下发命令请求编程，此操作将改变重编程标志。在微控制器复位以后，首先检测重编程标志，此时重编程标志有效，程序将进入 Bootloader 模式等待更新应用程序；完成应用程序更新后，请求重编程标志被重置为无效。

2) APP 程序有效标志。此标志用于确认微控制器中已经刷入了有效 APP 程序，防止在没有有效 APP 的情况下，跳转至应用程序导致程序指针指向未知，微控制器进入失控状态。此标志在 Bootloader 更新应用程序前，随同 Flash 擦除一同被擦除（APP 无效），在 APP 程序成功刷入以后此标志被更新为有效。

由此可知，微控制器上电以后，将检查重编程标志与 APP 有效标志。只有重编程标志无效以及 APP 有效标志为有效时，程序将跳转至执行应用程序；否则程序将进入 Bootloader 模式，等待 APP 程序的更新。

Bootloader 主流程如图 4-108 所示。如果在 APP 程序中需要进入 Bootloader 模式，则需要首先进入扩展模式，然后请求进入编程模式。微控制器在确认其当前状态允许复位的情况下，将重编程标志置为有效，并触发微控制器复位；复位后由于重编程标志为有效，程序将执行 Bootloader 流程，更新应用程序。

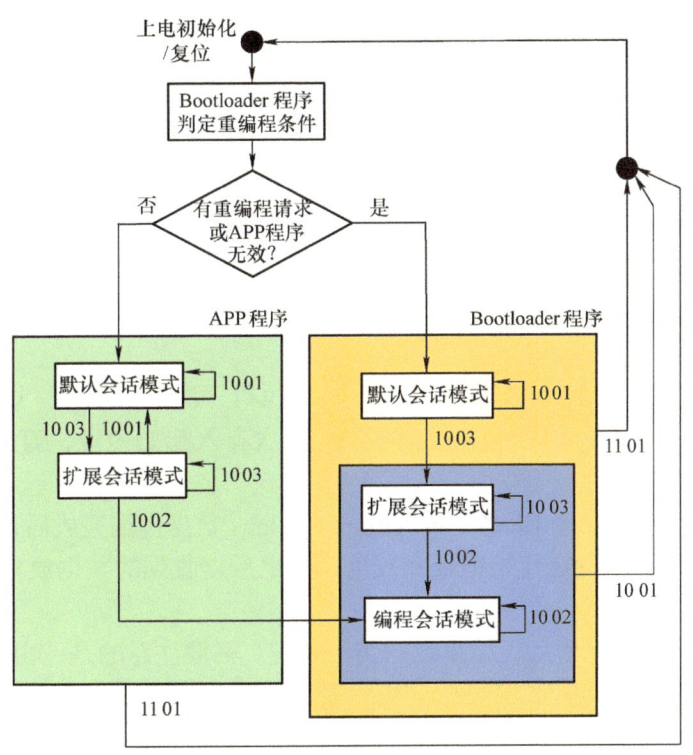

图 4-108　Bootloader 主流程

在 Bootloader 模式下，首先需要进入编程会话才能执行后续的操作。需要注意的是，如果从 APP 程序中请求进入编程会话，微控制器复位后将直接进入 Bootloader 模式下的编程会话。如果微控制器上电后直接进入 Bootloader 模式，则需要通过上位机的请求进入编程会话。在编程完成以后，将调用复位指令进行复位，微控制器复位后判断重编程标志及 APP 程序有效标志，跳转执行新的应用程序。

编程的流程共分为三大步骤：预编程流程、编程流程、编程后处理流程（或后编程流程）。

（1）预编程流程

预编程流程主要用于为编程流程准备环境。后续操作均需要在扩展会话模式下执行，因此首先请求进入扩展会话模式；进入扩展会话模式后，上位机请求检查编程条件是否符合，此条件主要出于安全性考虑。如果编程条件不符合，编程进程将被终止。编程条件符合的条件为车辆未点火，在电动汽车中即为未上高压。

（2）编程流程

编程流程实现Flash的擦除及应用程序文件传输及编程。

1）将编程环境准备好以后，VCU将重编程标志设置为有效；进入编程会话模式，首先需要解锁安全访问，否则之后的操作指令将被VCU拒绝；随后将写入编程日期等信息，方便后期的维护。

2）在下载APP程序前，首先下载Flash驱动，通过上位机解析Flash驱动文件，传输给VCU；VCU将Flash驱动下载至预留的RAM区域中；下载完成后执行文件校验，以保证Flash下载过程没有数据传输错误。

3）成功完成Flash下载后，VCU将擦除APP程序所在的Flash，并将APP程序有效标志擦除，使其变为无效，随后进入APP程序传输步骤。

4）全部数据传输完成后，VCU计算APP程序的校验值，并返回给上位机，上位机判定校验值是否一致，确保APP程序传输过程数据的正确性。

5）APP程序通过校验后，VCU将APP有效标志设置为有效状态，并清除RAM中的Flash，将重编程标志设定为无效，复位微控制器，完成编程操作。

传输Flash驱动及APP程序的流程：

1）Flash驱动一般只有一个Block，因此只要执行一次请求下载。设置当前块的起始地址和长度后，VCU持续接收数据，并将数据依次存入起始地址，直至数据传输完毕，上位机请求退出传输。

2）APP程序一般有多个Block，因此在一个Block数据传输完成后，需要执行下一个Block数据的传输，重新设定起始地址和长度，将之后接收到的数据放置在新设定的起始地址之后。

3）全部Block传输完毕后，结束数据传输流程。需要注意的是，由于UDS协议支持多包协议，上位机可以连续发送数据，提高了数据传输的效率，但是微控制器RAM资源有限，因此在传输数据命令时，每包数据不宜过长，一般不超过200B。

4）VCU接收完一包数据后写入目标RAM或Flash地址中，清空接收缓存，准备接收下一包数据。通过连续的数据包传输，完成一个Block的数据传输过程。

（3）后编程流程

后编程流程主要进行编程环境的恢复。编程流程结束后，车辆需要恢复正常工作状态，因此需要通过功能寻址允许正常报文的通信，以及恢复设置DTC。至此，编程流程全部完成，VCU开始执行新的应用程序。

4.5.7.6 程序文件校验

在Flash驱动及APP程序下载完成后，VCU发送文件校验值给上位机，上位机将接收到的校验值与自行计算的校验值进行比对：结果一致则校验通过；结果不一致则代表传输过程存在数据丢失或错误，终止程序刷写进程，以防止刷入错误的APP程序，导致

VCU 进入不可预知的状态。对传输内容进行校验，需要上位机及 VCU 采用同样的校验算法，并且由于一旦传输内容发生错误，而未被校验拦截，VCU 刷入错误代码的后果可能非常严重。因此需要寻找一种高可靠性、高效率的校验算法，以保证文件传输过程数据的准确性。

数据通信中，接收端需要检测在传输过程中是否发生差错，常用的技术有奇偶校验（Parity Check）、校验和（Checksum）和循环冗余校验（Cyclic Redundancy Check，CRC）。

4.5.7.7 应用程序的匹配

从 Bootloader 流程中可以看到，需要实现完整的 Bootloader 功能，不仅需要 Bootloader 程序，还需要应用程序也具备一定的功能，才能够顺利执行 Bootloader 流程。

应用程序至少需要进行以下的匹配工作：

1）植入 UDS 协议，且协议与 Bootloader 相匹配，物理寻址地址、功能寻址地址等需要一致。

2）UDS 功能至少需要实现诊断会话设置（支持进入编程模式）、检查编程条件是否满足、通过功能寻址禁止和允许设置 DTC、通过功能寻址禁止和允许正常报文通信、将 EEPROM 中的重编程标志激活等。

3）将应用程序地址定位于特定的 Flash 区间，并将复位向量重置于预设位置。

此外，为了保证程序编程的顺利执行，车辆其他的 VCU 至少要求支持 DTC 设置指令和通信控制指令。

4.5.7.8 Bootloader 测试

Bootloader 测试的流程如下。

1）使用仿真器刷入 Bootloader 程序。

2）使用上位机通过 CAN 刷写应用程序 1，刷写完成后，验证应用程序 1 的标志性功能，如特定报文，以验证从 Bootloader 刷写应用程序的功能。

3）使用上位机通过 CAN 刷写应用程序 2，刷写完成后，验证应用程序 2 区别于应用程序 1 的标志性功能，以验证从应用程序进入 Bootloader 并完成新的应用程序刷写的功能。

4）使用上位机通过 CAN 再次刷写应用程序 1。在刷写过程中，进行应用程序数据传输，断开 CAN 总线连接，并重启 VCU，重新下载应用程序 1。当验证在程序刷写失败时，VCU 能够恢复到 Bootloader 状态，等待下一次刷写。

4.5.7.9 Bootloader 上位机及操作示例

刷写程序需要 PC 端安装 Bootloader 上位机，通过 CAN 卡连接到 VCU。本小节所用的 CAN Bootloader 上位机是采用 Visual Studio 平台的 VB.Net 语言开发的，匹配瑞典 Kvaser CAN 卡，也可以根据 API 匹配常用的 PCAN、Vector 的 VN1630 等。

某企业 Bootloader 上位机主界面如图 4-109 所示。主界面上有连接总线和断开总线按钮，用于打开 CAN 卡通信，建立与 VCU 的通信通道。通过主界面分别载入 Flash 驱动文件和 APP 程序文件，在设置正确、VCU 上电并处于 Bootloader 模式下，单击开始下载按钮即可开始下载程序流程；直至程序下载完毕，VCU 重启运行应用程序结束。

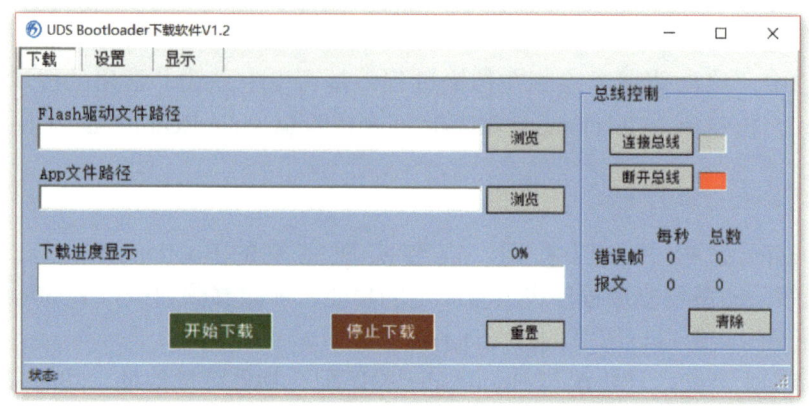

图 4-109　Bootloader 上位机主界面

上位机的第二个界面为设置界面，如图 4-110 所示。因为上位机做了设置记忆功能，所以在设置没有变更的情况下，只需设置一次即可。

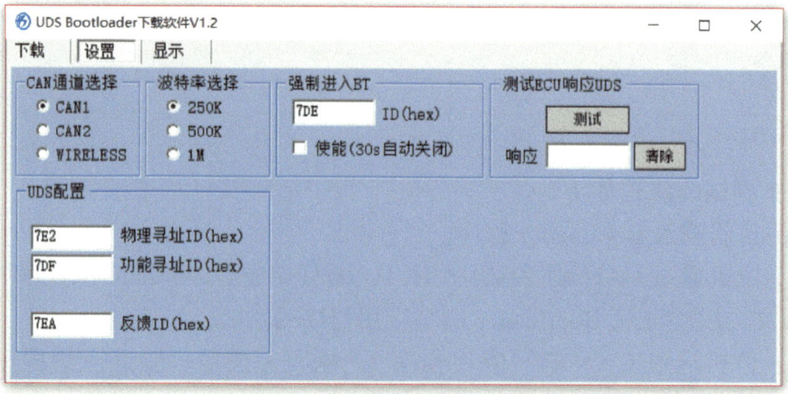

图 4-110　Bootloader 上位机设置界面

设置界面需要选择 CAN 卡的通道以及与 VCU 通信的比特率，选为 250K，此外需要配置物理寻址 ID、功能寻址 ID 和 VCU 的反馈 ID。该设置需要与 VCU 程序相匹配，设置完毕即具备下载程序的条件。

载入 Flash 驱动及 APP 程序后，上位机对文件进行解析，按照地址连续的原则提取各 Block 的信息，包括起始地址、数据、长度，并计算所有数据的 CRC32 校验值，如图 4-111 所示。在传输完成以后与单片机接收完成计算的 CRC32 校验值进行比较。在 s19 文件中 SRAM 的标定参数无需刷写，因此在解析 s19 文件时，只解析 Flash 区域即可，包括代码和标定参数。

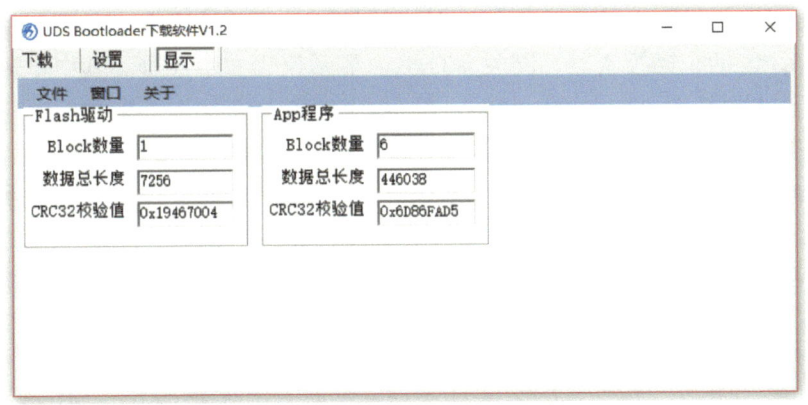

图 4-111　Bootloader 上位机显示界面

4.6　主要网络部件的设计与选型

4.6.1　概述

网络部件的设计与选型通常依据制定的整车电子电气架构方案而开展。如 4.2 节所述，目前纯电动汽车采用的电子电气架构方案类型主要包括分布式控制架构、域控制架构、集中式控制架构。

其中分布式控制架构的方案使用最为广泛和成熟，图 4-112 所示为国内某汽车企业采用的分布式控制架构系统。该类车载网络系统的主要网络部件通常包括车辆控制器（VCU）、网关、Tbox、显示仪表、中控屏等整车级控制监管单元，以及电机控制器、蓄

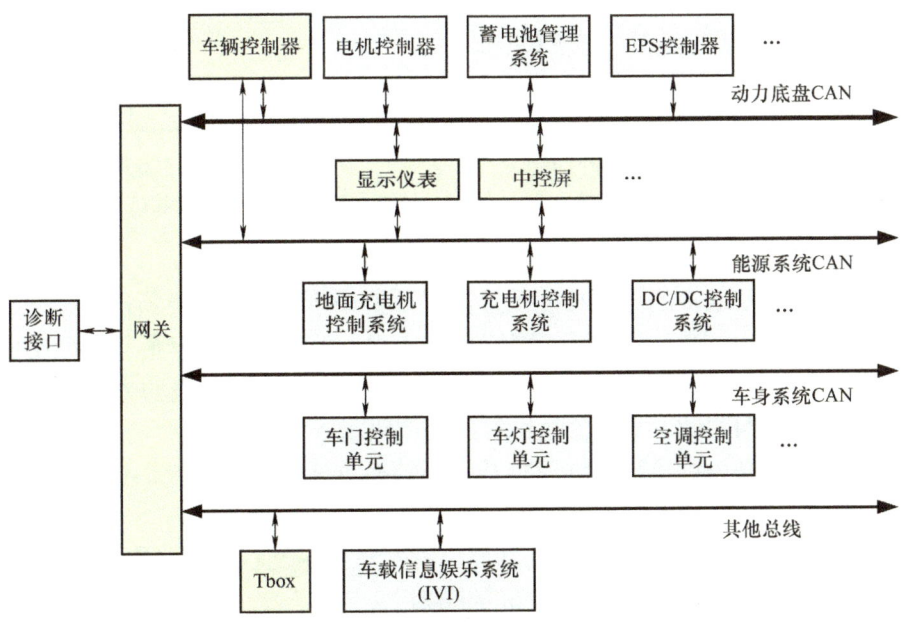

图 4-112　多总线分布式控制架构整车控制系统

电池管理系统、车门控制系统等具体部件总成的控制单元。这里主要介绍与整车级控制相关的网络部件，包括车辆控制器、网关、Tbox、显示仪表、中控屏。其中车辆控制器作为独立章节另行介绍。

域控制架构是下一阶段车载网络系统发展的重要方向，各大汽车企业正在竞相研发。目前仅有部分有实力的汽车公司推出了部分域控制器及域控制架构车载网络系统，但尚未大规模应用。

集中式控制架构则是域控制架构的升级版本，其技术开发难度更高，但相应也更具有前景。目前仅有极少数国外汽车企业在参与研制开发。

值得注意的是，正如在架构设计中所提到的，各汽车企业通常会根据具体车型需要、成本及个性化需求考虑，将部分网络部件进行功能整合，如将网关与仪表整合，将Tbox与中控屏整合，将网关、Tbox与中控屏整合等。由此，产生了各种各样的变型产品。为了便于介绍，本章仍以功能为主线来阐述主要网络部件的设计，并非基于具体实体产品，其中所举部分产品案例可能为整合后的一体化变型产品。

4.6.2 网关

4.6.2.1 概述

网关又称网间连接器、协议转换器，是实现纯电动汽车车内网络互联通信的关键装置。

如图4-113所示，基于成本、控制特性考虑，纯电动汽车电子控制系统通常采用多种车载网络互联组成。两种不同通信标准或协议的车载网络之间，需要采用网关实现网间机械/电气连接和协议转换。

网关是汽车内部通信局域网的核心，通过它可以实现各条总线上信息的共享以及实现汽车内部的网络管理和故障诊断功能，也可以用于新功能配置增加的系统转接接口。

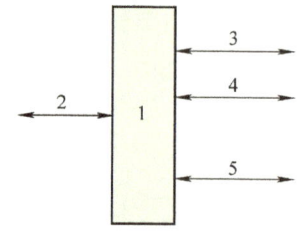

图4-113 车载网关示意图
1—网关 2—车载网络接口1 3—车载网络接口2
4—车载网络接口3 5—车载网络接口 n

当前，为满足日益增多的电控功能配置需求及整车诊断与程序更新需求，网关需要支持CAN、CANFD、以太网等多种通信网络。图4-114所示为某汽车企业车型中应用的网关，具备7路CAN/CANFD总线接口及7路以太网接口，分别涵盖动力域、底盘域、信息娱乐域、车身域、网联域、本地诊断域等的通信需求。

汽车网关实质上是一种承担网络连接及协议转换重任的电子装置，其具体任务主要包括3个方面：

1）报文路由，网关具有转发报文的功能，并对总线报文状态进行诊断。

2）信号路由，实现信号在不同报文间的映射。

3）网络管理，网络状态监测与统计、错误处理、休眠唤醒等。

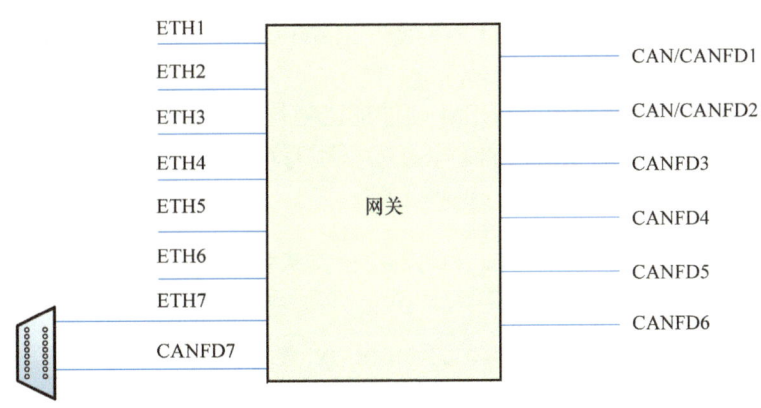

图 4-114　网关对外接口举例

4.6.2.2　网关设计要求

汽车网关的设计主要需要考虑功能需求、功能安全、信息安全、唤醒时间需求几个部分。

1. 功能需求

功能需求的任务主要是确定网关接口资源时，通常根据整车各控制域需要搭载的功能交互信号量及控制器通信总线协议，确定网关需要支持的通信接口，并满足相关标准和法规要求。

如某项目平台网关支持 7 路以上 CAN/CAN FD，满足最高 2Mbit/s CANFD 通信，项目还要求网关支持 7 路以太网（ETH）端口通信，其中 6 路通信速率为 100Mbit/s，使用 100BaseT1 通信；1 路应用于本地诊断和刷写，使用 100BaseTx 通信。

2. 功能安全

网关作为信号转发路径上的重要环节，一般还需要满足以下的功能安全要求。

1）使用车规级芯片。

2）支持利用 MCU 的内存分区保护功能对代码段/数据段进行保护。

3）支持硬件看门狗复位。

4）支持实时监控硬件、复位。

5）支持软件异常监控、复位。

6）电源管理模块按照 ASIL-B 要求设计，满足 ADAS-L3 等级的状态信号、转矩命令信号转发功能安全要求。

3. 信息安全

为抵御外部信号干扰、攻击，网关需要满足以下信息安全要求。

1）以太网网关不应存在未经声明的外围介质。

2）以太网网关需定义通过外围接口接入的存储介质上的文件类型和权限。

3）主板禁止调试接口暴露，无法避免暴露的则应考虑将调试接口改为测试 PIN 方式并分散布置。

4）主板禁止电路板存在用以标注关键芯片、端口和引脚功能的可读丝印；芯片间敏感数据通信线路应隐蔽。

5）芯片考虑安全加密，采用如 HSM 硬件加密模块或 SE 元件进行总线通信认证。

6）支持安全启动、安全存储、加解密、安全刷写功能。

7）网关供电需要满足特定要求，见表 4-34。

表 4-34　车载网关的供电需求特性

分类	描述	具体要求
供电唤醒	额定电压	典型工作电压 DC14V，输入供电范围 DC9~16V
	静态电流	< 1mA
	地漂偏移电压	< ±1V
	休眠唤醒	支持 IG 唤醒 支持网络唤醒（详见唤醒时间需求） 支持网关低功耗模式

4. 唤醒时间需求

对网关的唤醒时间有以下要求。

（1）网关启动机制

网关要有快速启动机制，如 CAN 总线通信初始化完成时间 $180ms \leqslant t \leqslant 600ms$，CANFD 总线初始化完成时间 $150ms \leqslant t \leqslant 300ms$，ETH 总线初始化完成时间 $t \leqslant 120ms$。

（2）路由时间机制

路由既支持一个源网段路由到一个目标总线，也支持一个源网段路由到多个目标总线，支持任意网段和任意方向的路由功能。汽车网关的路由时间机制要求见表 4-35。

表 4-35　路由时间机制要求

名称	内容	要求
支持报文路由	将完整的报文从源总线传输到目标总线	CAN-CAN 路由延时 ≤ 1ms ETH-ETH 路由延时 ≤ 1ms
支持信号路由	将源总线报文中的信号重新组合之后传输到目标总线	CAN-ETH 路由延时 ≤ 3ms CAN-CANFD 路由延时 ≤ 1ms

在汽车网关设计过程中，需要遵守的标准法规要求见表 4-36。

表 4-36　网关需要满足的主要法规、标准要求

序号	标准号	标准名称
1	ISO 26262：2011	道路车辆功能安全
2	GB/T 17619—1998	机动车电子电器组件的电磁辐射抗扰性限值和测量方法
3	GB/T 18655—2018	车辆、船和内燃机无线电骚扰特性用于保护车载接收机的限值和测量方法
4	GB/T 32960—2016	电动汽车远程服务与管理系统技术规范
5	ISO 11898：2003	道路车辆—控制器局域网

4.6.2.3 网关设计实例

通过车载网关,可以安全可靠地在车辆内的多个不同网络内互联和传输数据。它通过物理隔离和协议转换,在共享数据的功能域(动力总成、底盘和安全性、车身控制、信息娱乐、远程信息处理、ADAS)之间进行信息交互。

现代纯电动汽车采用的车载网络协议包括 CAN、LIN、K 线协议、FlexRay 和以太网等多种协议。网关的设计通常需要考虑上述多种协议的转换和网络接口。网关系统架构和网络接口定义是网关设计的主要内容。

以某汽车企业为例,其根据纯电动汽车车内网络互联需求,设计了包括高低速 CAN、LIN、K 线协议、FlexRay 和以太网协议接口的网关。

1. 网关功能架构

网关功能架构主要包括通信接口、信号保护、通信收发器、控制单元(内含通信控制器)等,如图 4-115 所示。

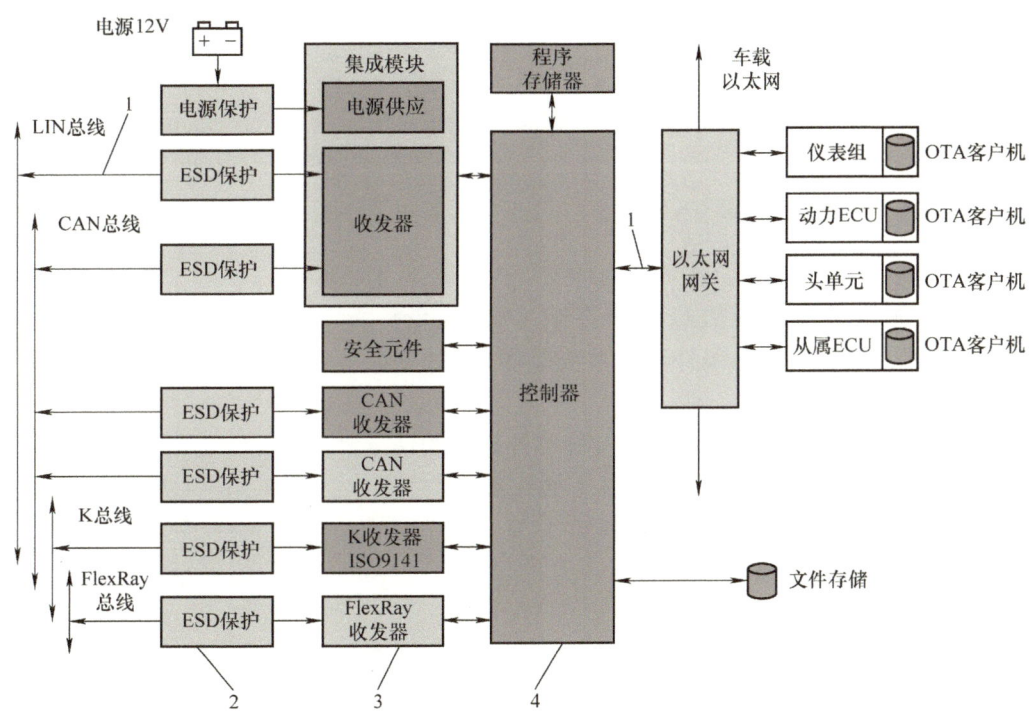

图 4-115 网关功能架构
1—通信接口 2—信号保护 3—通信收发器 4—控制单元

2. 网络接口定义

网络接口主要包括 CAN 接口高/低引脚、LIN 接口高/低引脚、K 接口引脚、以太网(ETH)接口高/低引脚等。某汽车企业的网关接口具体定义见表 4-37。

表 4-37 某汽车企业网关的接口定义

引脚	引脚名称	信号类型	线束走向
1	KL30	12V 电源线	蓄电池正极
2	KL30	12V 电源线	蓄电池正极
3	GND	数字地线	蓄电池负极
4	GND	数字地线	蓄电池负极
5	CAN1H	差分信号	CAN1 高
6	CAN1L	差分信号	CAN1 低
7	LIN1H	差分信号	LIN1 高
8	LIN1L	差分信号	LIN2 低
9	Flex1H	差分信号	Flex1 高
10	Flex1L	差分信号	Flex1 低
11	Flex2H	差分信号	Flex2 高
12	Flex2L	差分信号	Flex2 低
13	K	数字信号	K 线
14	L	数字信号	L 线
15	ETH1H	差分信号	ETH1 高
16	ETH1L	差分信号	ETH1 低
17	点火信号 KL15	12V 模拟信号	ON 档唤醒

4.6.3 Tbox

4.6.3.1 概述

Tbox 全称为车载远程信息处理终端（Telematics box），是实现纯电动汽车与车外环境系统远程/无线交换信息的关键装置。

如图 4-116 所示，要实现车辆车内与车外环境的信息交换，Tbox 通常有对内的通信接口（如车载网络接口）和对外的通信接口（如无线网络接口）等。

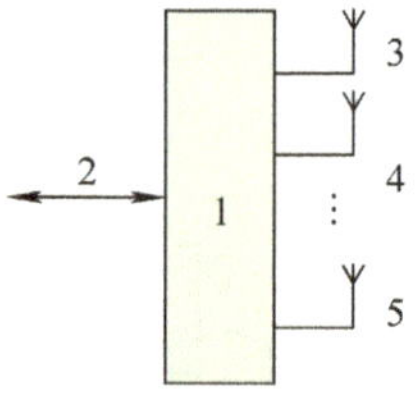

图 4-116 车载 Tbox 示意图
1—Tbox 2—车载网络接口
3—无线网络接口 1 4—无线网络接口 2
5—无线网络接口 m

Tbox 的主要功能可以概括如下：

1. 车内数据采集

Tbox 采集电动汽车动力蓄电池工作状态和运行状态相关的数据信息，如 BMS 通过 CAN 总线提供电池的总电压、电流，电池箱内的温度，SOC 等数据；整车控制单元通过 CAN 总线提供驱动转矩、能量管理、故障信息、车辆运行状态等数据信息。这就要求 Tbox 要完成与车用总线之间的通信。

2. 远程无线数据接收

Tbox 系统接收来自远程控制中心的信息，通过对报文的解析处理，执行相应的操作，实现对车辆的合理调度和便捷管理；同时 Tbox 还要采集来自 GPS 的信息，计算处理产生车辆运行的地理位置、时间等数据信息。

3. 数据发送

Tbox 系统将采集的监控数据发往远程控制中心，实现对电动汽车行车状态的监控。要求车载终端实现无线数据传输，并且能够实时在线，完成间断的、突发性的或频繁的数据传输。

4. 数据存储

Tbox 系统将采集的监控数据以规定的格式记录在存储介质上，时刻记录车辆行驶状态，实现电动汽车黑匣子技术。这一功能的实现要求车载终端能够进行海量存储，并且数据方便复制，以便科研人员的分析研究。

5. 数据管理

Tbox 系统可对应用过程中的信息进行管理，包括车辆信息管理、报警信息管理、预警信息管理、故障处理管理、故障预测与分析管理和报表管理等。

4.6.3.2 设计要求

Tbox 系统设计的核心目标是实现纯电动汽车与远程监控中心之间的信息数据交换，便于对行车状态的监控。因此 Tbox 的设计需要满足以下要求：

1）保证信息采集的完整性和准确性。
2）确保系统能够长时间稳定可靠工作。
3）确保信息安全。
4）确保数据存储能力。
5）良好的电子兼容性。

此外，要综合系统管理、结构安排、技术方案、模块性能、模块选型、技术支持及维修能力等多方面考虑，Tbox 系统的总体设计方案应满足系统的总体需求。

Tbox 设计需要满足相应的标准和法规见表 4-38。

表 4-38 Tbox 需要满足的主要法规、标准要求

序号	标准号	标准名称
1	ISO 26262：2011	道路车辆功能安全
2	GB/T 17619—1998	机动车电子电器组件的电磁辐射抗扰性限值和测量方法
3	GB/T 18655—2018	车辆、船和内燃机 无线电骚扰特性 用于保护车载接收机的限值和测量方法
4	GB/T 32960.1—2016	电动汽车远程服务与管理系统技术规范 第 1 部分：总则
5	GB/T 32960.2—2016	电动汽车远程服务与管理系统技术规范 第 2 部分：车载终端
6	GB/T 32960.3—2016	电动汽车远程服务与管理系统技术规范 第 3 部分：通讯协议及数据格式

4.6.3.3 Tbox 的设计与选型

Tbox 系统的设计主要包括系统架构设计、系统硬件设计和系统软件设计 3 个主要部分。

1. 系统架构设计

通常现代纯电动汽车的 Tbox 系统的总体结构框图如图 4-117 所示，主要包括终端控制器、车内通信模块、远程通信模块、导航采集模块、数据存储模块、数据处理模块及控制器。

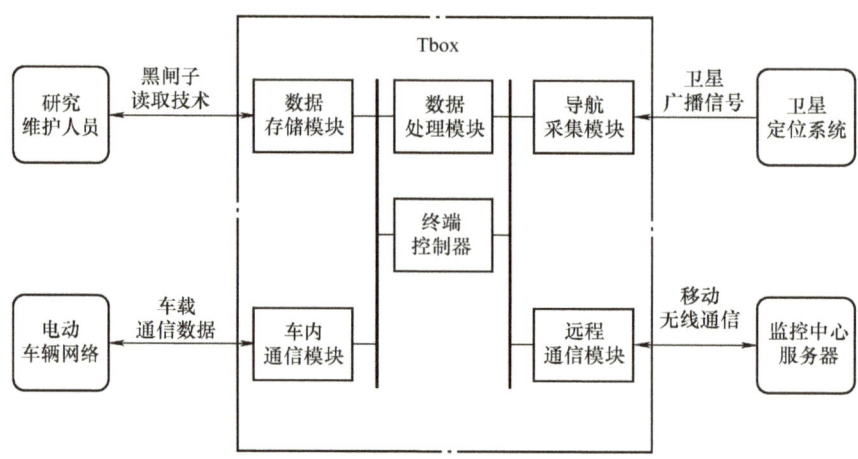

图 4-117 系统的总体结构框图

某汽车企业在具体设计中根据系统架构图，综合考虑成本及技术因素，确定了以下方案。

（1）车内通信数据

采用 CAN 总线接收车内行驶状况信息，如电池电压、电池电流、加速踏板开度等。

（2）远程通信模块

采用 GPRS 模块将处理器提取成功的数据发送到远程服务器，用户可以通过登录互联网接收数据。

（3）导航采集模块

采用 GPS 模块负责接收地理位置、时间等信息。

（4）数据存储模块

采用 SD 卡把处理器处理好的数据存储在车载终端本机上。

（5）数据处理模块及控制器

采用 ARM7 内核芯片、LPC2468 微控制器。

该 Tbox 系统的工作机制框图如图 4-118 所示。

2. 硬件电路设计

在硬件组成部分，采用车载 24V 供电，通过电源管理模块转换出系统所需要的 5V 和 3.3V 电源，CAN 总线接收车内行驶状况信息，GPS 模块负责接收地理位置信息，这两部分组成整个系统的信号输入部分；核心处理器采用工业级的 ARM7 内核芯片 LPC2468，主要负责接收信号输入，提取接收的信息组成系统所需的数据格式；GPRS 模块将微控制器内处理好的数据通过 GPRS 网络发送到远程服务器，同时 SD 卡把这部分数据存储在车载终端上。为了实现监控系统终端设备的各个功能，对硬件平台设计有以下要求：

1）具备大容量 SD 卡的加载功能，用于存储电子地图。

2）具备用户信息数据库和数字地图数据库的存储和管理功能。

3）具备状态指示灯：CAN 信号（2 个），GPS（1 个）、GPRS 信号（1 个）、SD 卡信号（1 个）、工作（1 个）。

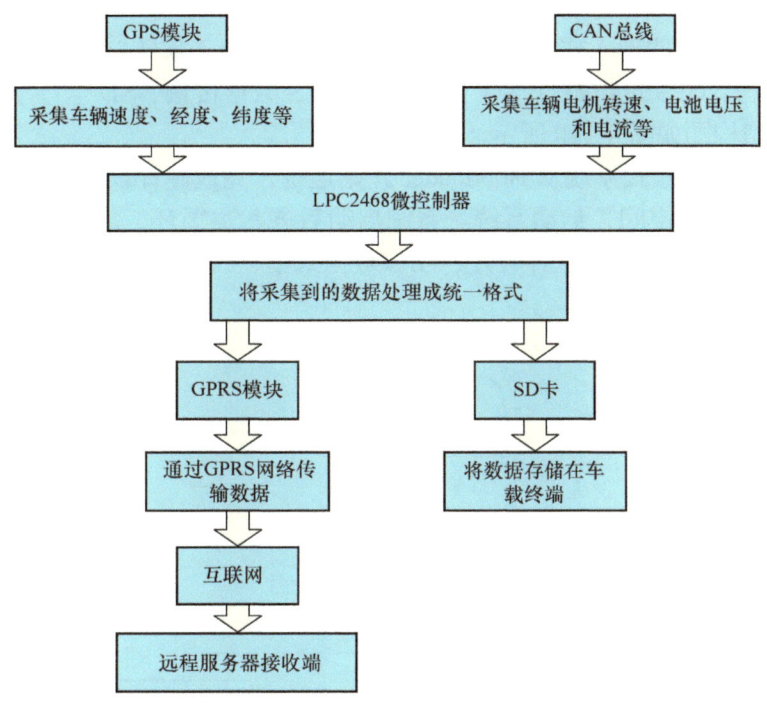

图 4-118 工作机制框图

根据系统要求，嵌入式车载终端系统硬件结构框图如图 4-119 所示。

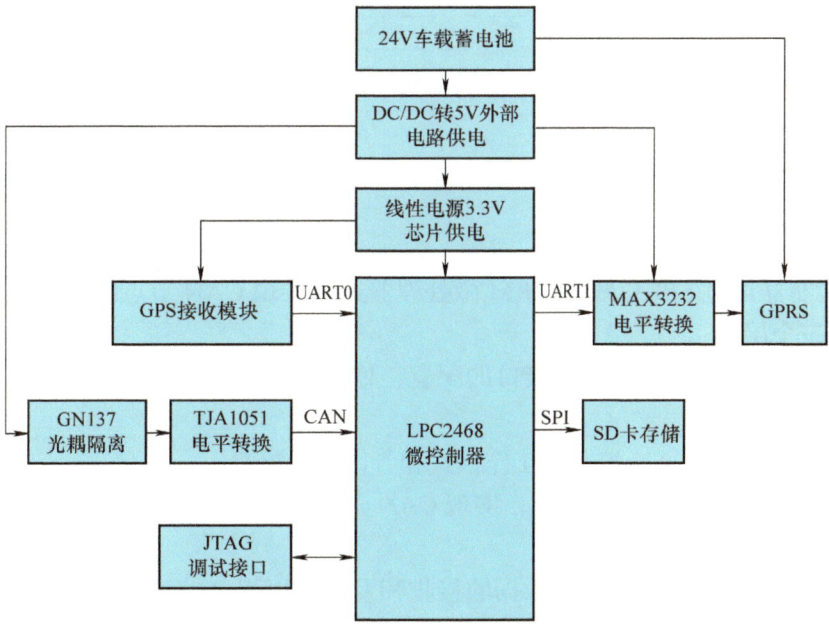

图 4-119 系统硬件结构框图

3. 软件系统设计

Tbox 是一个典型的嵌入式设备，按照系统的功能划分，软件总体设计包括 CAN 设备数据接收和处理、GPS 定位数据接收和处理、GPRS 数据传输、SD 卡行车数据存储等部分。软件总体架构图如图 4-120 所示。

系统上电后，嵌入式系统从 Bootloader 开始运行，完成硬件设备外部驱动的初始化，然后调用内存映像到空间，启动系统。系统启动后进入主循环，启动多线程，开始主要功能的实现，包括 CAN 节点软件收发、GPS 数据采集、GPRS 设备启用、数据处理及 SD 卡数据存储等。

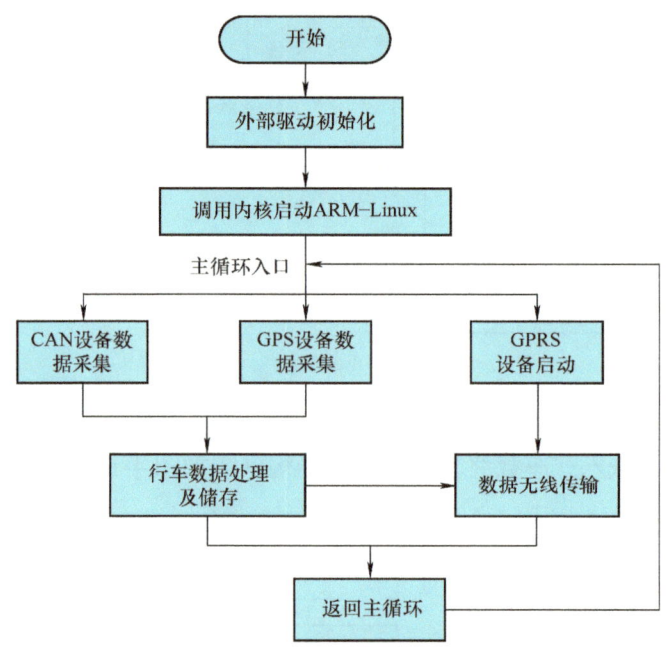

图 4-120　软件总体架构图

（1）CAN 节点软件设计

CAN 控制器通过 SPI 总线与 ARM 微处理器连接实现 CAN 节点的设计，驱动程序设计可以分为三个层次：

1）最底层是主控系统的 SPI 接口的配置，使其具有 SPI 驱动能力，完成 SPI 读写函数的实现。

2）中间层完成对 CAN 控制器工作模式和各寄存器配置。

3）最上层在相应配置的基础上，实现 CAN 正常的报文收发处理，并为应用层提供接口函数。

在 CAN 总线的通信中，所有数据的接收和发送都以报文帧为基本单位。定义与驱动相同类型的 CAN 报文帧结构：ID 为 CAN 报文帧标识符，data 数组为 CAN 报文帧的数据段，length 为数据长度。CAN 消息收发都是以 CAN 报文作为收发的基本单元。

（2）GPRS 无线传输软件设计

无线数据传输是电动汽车与远程监控中心之间的桥梁。一方面，智能车载终端系统通过数据采集模块发送过来的数据信息进行协议打包处理，并及时发送给远程控制中心；另一方面，终端系统接收来自远程控制中心的命令，对其进行分析处理并完成相应操作。无线传输的运作过程主要包括以下四个过程：

1）微控制器利用 AT 指令通过 GPRS 模块拨号，正确反馈及应答后，即建立起 GPRS Modem 和 GPRS 网络之间 GPRS 信道。

2）PPP 脚本拨号程序建立点对点链路上的通信连接，PPP 协议把最初不能保障正确的 GPRS 物理层连接重塑为无偏差的数据链路，实现系统对互联网的远程访问，继而获得 GPRS 网关分配的 IP 地址。

3）借助 IP 路由选择，实现系统与连在互联网上的任一终端进行数据交互。

4）正常接入网络后，通过网络编程实现数据交互，选择 TCP 作为传输层协议，以保证数据传输的可靠性。

（3）GPS 定位软件

GPS 定位的基本原理是根据高速运动的卫星瞬间位置作为已知的起算数据，采用空间距离后方交会的方法，确定待测点的位置。GPS 模块接收到 GPS 卫星信号，经微处理器解析，得到电动汽车地理位置消息。GPS 接收程序主要包括：

1）经纬度、时间基础数据接收处理软件。

2）位置、距离、速度等融合数据处理软件。

（4）SD 卡储存软件设计

车载智能终端存储软件自下而上可以分为 SD 卡驱动层、文件系统层和最上层应用层：

1）驱动层作为最底层，主要是面向微处理器和 SD 存储卡，完成 SD 卡控制器中有关寄存器的初始值设定并通过命令将其初始化。

2）文件系统层以底层数据块为基础，进行更高层次的操作，如完成文件的建立、清理和访问等，向最上层提供必要的应用接口函数。

3）最上层应用层则为用户读取数据函数接口层。

中通客车的车载 Tbox 如图 4-121 所示。

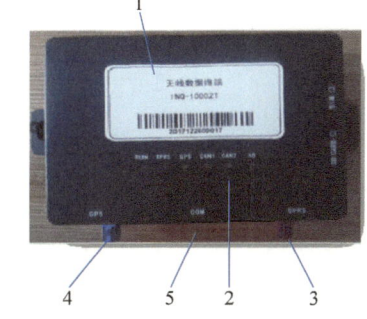

图 4-121　车载 Tbox
1—Tbox　2—车载网络接口　3—无线网络接口 1
4—无线网络接口 2　5—无线网络接口 m

4.6.4　仪表板

4.6.4.1　概述

车载仪表是为驾驶人提供所需汽车运行参数、故障、里程等信息的关键显示装置。车载仪表显示的直观与美观使得驾驶不仅是代步之必需，也成为舒适生活的一部分，而参数传递的准确与可靠性则直接关系到汽车行驶的安全。

车载仪表主要用于显示能量消耗、行车里程和动力、传动系统及行驶系统各机件的运行情况等综合信息，同时可以显示故障诊断的警告信息，使驾驶人及时了解汽车的运行状态，妥善处理各种情况。

4.6.4.2 设计要求

仪表设计的一般要求如下。

1. 安全性能要求

仪表在运行中应达到 GB/T 4208—2017 规定的 IP4X 防护等级，在对仪表正常维护过程中（包括更换灯泡和仪表）也应达到 IP4X 防护等级。

2. 电磁兼容性能

仪表在运行中应满足 GB/T 17619—1998 和 GB/T 18655—2018 的要求。

3. 耐振性能

仪表的耐振性能应满足 QC/T 413—2002 中 3.12 的规定。

4. 绝缘介电强度

如果连接到动力蓄电池的仪表由辅助供电系统供电显示，则仪表各互不连接的导电零部件之间及导电零部件对机壳之间应能承受表 4-39 规定的历时 1min 的试验电压。

表 4-39　蓄电池电压测试要求

动力蓄电池标称电压 U/V	试验电压 /V
< 48	500
48~110	1000
> 110	$2U$+1000（最小 1500）

5. 界面显示标准化要求

车载仪表显示内容包含表头（指针）显示和报警（指示灯）显示两部分，显示形式及要求需满足表 4-40。

表 4-40　仪表测试标准规范

序号	标准号	标准名称
1	GB 15082—2008	汽车用车速表
2	GB 4094—2016	汽车操纵件、指示器及信号装置的标志
3	GB/T 4094.2—2017	电动汽车　操纵件、指示器及信号装置的标志
4	QC/T 727—2017	汽车、摩托车用仪表
5	ISO 2575：2016	道路车辆—控制器、指示器和信号装置用符号
6	GB/T 19836—2005	电动汽车用仪表
7	ISO 26262：2011	功能安全标准

4.6.4.3 仪表界面的设计与选型

车载仪表的主要功能为信息显示，因此界面设计是其核心内容，本节主要讨论仪表界面的设计与选型。

1. 指针显示类

纯电动汽车车载仪表显示内容包括但不限于电机转速、车速、电流、电压和剩余电量等。

（1）荷电状态表

显示动力蓄电池剩余电量与总容量的百分比，用符号"SOC"表示。其与动力蓄电池的放电率、工作环境温度和电池的老化程度有关，当SOC低于某一规定值，应当报警。

（2）电压表

用来测量（显示）动力蓄电池的电压。在组合仪表的标度盘上应标示出恰当的工作电压范围，通常电压在300 V以上。

（3）电流表

电流表测量（显示）动力蓄电池的电流。在组合仪表的标度盘上应规定准确的0位置，对于具有再生制动功能的车辆，在标度盘0位置的两个方向上都应标示出正常工作电流的范围，负电流表示能量回收。

（4）转速表

用于显示电机的即时转速，一般在10000r/min以内。

（5）车速表

用于显示即时车速，一般在180km/h以内。

2. 指示灯显示类

报警及信号指示装置用来告知驾驶人有关电驱动系统和动力蓄电池正确操作条件的信息，习惯上称作某某报警指示灯。报警及信号指示首选光学和（或）声学信号。

电动汽车组合仪表中常用的报警指示灯有过热、超速、剩余容量、绝缘电阻、整车控制器打开、辅助蓄电池充电检测、停车指示、动力蓄电池充电指示、互锁监测，以及驱动控制器就绪、能量回馈故障、系统故障、动力蓄电池故障、运行准备就绪等。

下面对纯电动汽车组合仪表中必须显示的报警信号做简要的说明。

（1）过热

指示灯点亮，表示某设备温度过高（限值），此时如果继续行车将对车辆安全性或性能造成严重影响。

（2）超速

当电机超速时，最好用声信号连同光信号向驾驶人发出警告。

（3）剩余容量

当动力蓄电池剩余容量低于某个百分数，比如25%时，应通过信号装置提醒驾驶人。

（4）绝缘电阻

当绝缘电阻低于规定值时应通过信号装置提醒驾驶人。绝缘电阻包括动力蓄电池绝缘电阻、动力系统与车辆底盘之间的绝缘电阻、动力系统和辅助电阻之间绝缘电阻等。

（5）整车控制器打开

指示灯点亮，表示整车控制器已经准备就绪，踩下加速踏板即可向驱动系统供电。

（6）辅助蓄电池充电监测

车辆正常行驶过程中向辅助蓄电池充电时，如充电元件发生故障应通过信号装置提醒驾驶人。

（7）停车指示

当驾驶人离开车辆，如果驱动系统仍处于可行驶状态，应通过信号装置提醒驾驶人。

（8）动力蓄电池充电状态

当充电器向动力蓄电池充电时，指示灯点亮，表示当前处于充电状态，不可行车。

（9）系统故障

指电机系统故障。如果电机系统有故障，其控制器向整车控制器发送故障码，此时指示灯点亮。

（10）互锁监测

车辆互锁机构中任何一个互锁装置起作用将阻止车辆运行，应向驾驶人发出警告。

图4-122所示为纯电动汽车采用的仪表板。

图4-122　纯电动汽车仪表板
a）比亚迪电动汽车的仪表　b）中通电动客车的仪表
1—荷电状态表　2—电压表　3—电流表　4—转速表　5—车速表

4.6.5　中控屏

4.6.5.1　概述

中控屏是实现车辆信息显示与综合操控的触摸式电子设备，是现代纯电动汽车重要的人机接口装置。

随着汽车电动化、智能化、网联化、共享化程度越来越高，电动汽车内部设计安装一块具有人机交互功能的中控屏越来越有必要。中控屏的功能不仅包括车辆的信息显示、安全和娱乐服务，同时也可以实现对车辆系统的控制，实现人机对话，让驾驶车辆越来越便捷。中控屏及中控系统是未来智能网联汽车的大脑，是电动汽车的实时移动计算单元，是人与车、人与互联网、人与外界信息交换的枢纽节点。

中控屏可以实现远程升级，优化车辆的电控系统和车辆的电池管理系统，可以像手机一样进行不断的系统换代等，另外也可以在车上进行一些与自己相关的个性化设置。

中控屏一般包括三种操作方式：手势控制、语音交互、触控。整体屏幕通常分为功能选择区、信息显示区和车辆与空调控制区等。功能选择区主要包括车门解锁、电量管理、驾驶位记忆、车辆信息、蓝牙和 WiFi、主动安全开启、充电桩位置寻址、驾驶模式选择等功能。图 4-123 所示为某纯电动汽车中控屏。

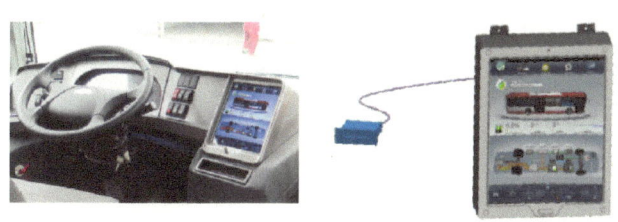

图 4-123　某纯电动汽车中控屏

信息显示区包括整车信息、音乐媒体播放、地图导航、日期显示、能量信息、网页、倒车影像以及连接手机通话等功能。

车辆与空调控制区主要包括车辆控制、驾驶人座椅与前排乘客座椅靠背调节、温度调节、前排座椅的空调调节和控制以及多媒体音量调节等功能。

当前，中控屏逐渐与 ADAS 和自动驾驶融合，作为人机接口可以控制及显示如碰撞预警、变道、自动泊车、车道偏离报警、智能互联、远程操控、人脸识别、自动驾驶等功能，以及对车速的限制设定等。

根据大型电动客车、家庭乘用车和商务车等车型结构及应用需求，电动汽车中控屏系统的产品类型有 T 型、立体型、主机与屏分开的分体型等。

4.6.5.2　设计要求

中控屏除了要满足用户定制需求外，还要满足基本的车辆属性需求及必要的法律、规范及标准要求，见表 4-41。

1）实时性。在驾驶过程中，用户的主要精力聚焦在驾驶行为上，只能用很少的精力与时间来操控车载中控屏。因此决定了中控屏的功能逻辑、信息布局和启动时间等都必须在极短的时间内以最好的方式呈现，毫秒级响应。

2）稳定性。车辆高速行驶时中控屏整机、信息显示和操作等要非常稳定，一般厂家要求在百位以下数量级为 10^{-6}。

3）操作的便捷性。电动汽车未来是交通中的主流车辆，简单易用的操作方式可保证各层次人群方便实用。

4）中控屏兼容性要好。硬件接口标准化能让更多的外界如传感信息易于接入，嵌入式操作系统兼容性要好，能让用户进行个性化的软件定制。

5）另外，中控屏大小、重量、显示画面、防水、防振、防尘、耐高温、耗电、电磁兼容等物理指标都要考虑在内，要符合汽车标准和要求。

表 4-41 中控屏需要满足的法规、标准要求

序号	标准号	标准名称
1	ISO 26262：2011	道路车辆功能安全
2	ISO 16750-1：2006	道路车辆 电气电子设备的环境条件和试验 第1部分：一般规定
3	ISO 16750-2：2012	道路车辆 电气电子设备的环境条件和试验 第2部分：电气载荷
4	ISO 16750-3：2012	道路车辆 电气电子设备的环境条件和试验 第3部分：机械负荷
5	ISO 16750-4：2010	道路车辆 电气电子装备的环境条件和试验 第4部分：气候环境
6	ISO 16750-5：2010	道路车辆 电气电子设备的环境条件和试验 第5部分：化学负荷
7	QC/T 413—2002	汽车电气设备基本技术条件
8	QC/T 29106—2014	汽车电线束技术条件
9	GB 8410—2006	汽车内饰材料的燃烧特性
10	GB/T 22630—2008	车载音视频设备电磁兼容性要求和测量方法
11	GB/T 28441—2012	车载导航电子地图数据质量规范
12	GB/T 17619—1998	机动车电子电器组件的电磁辐射抗扰性限值和测量方法
13	GB/T 18655—2018	车辆、船和内燃机无线电骚扰特性用于保护车载接收机的限值和测量方法

4.6.5.3 中控屏的设计与选型

电动汽车中控屏的主要功能配置如图 4-124 所示。表 4-42 列出了安凯客车推荐的中控屏功能配置模块的硬件选型，图 4-125 所示为安凯客车推荐的中控屏功能。

1. 系统功能配置

中控屏的主要功能配置及要求，如图 4-124 所示。

根据需要，中控屏功能及设计要求一般包括：

1) 终端设备要求：通过 GB/T 28046.2—2011 及 ISO 11452-4：2011 认证，通过 EMC 测试，工作温度范围为 -40~85℃。

2) 主处理器要求：车规级、多核异构。

3) 屏幕要求：防眩光、高亮度、支持高清分辨率。

4) 无线模块，主要包括：兼容北斗和 GPS，定位 2.5m 以内；4G 模块：4G 全网通，

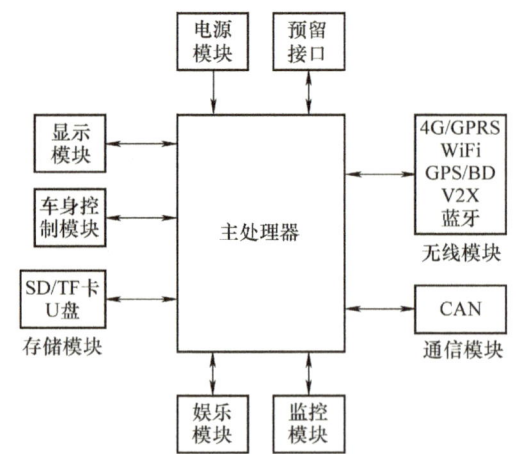

图 4-124 中控屏的主要功能配置示意图

向前兼容；WiFi 模块：支持 802.11bgn 协议；蓝牙模块：支持蓝牙 5.0 及以上；支持智能网联与车路协同 V2X。

5) CAN 模块，满足 ISO 11898 规范，高速、高可靠性通信网络。

6) 存储模块，满足数据读写。

7) 电源模块，浪涌范围为 9~36V。

8) 监控模块，主要包括视频类监控、安全信息类监控。

9) 娱乐模块，主要包括音频、视频编解码芯片的规格，支持多种音视频格式。

具体设计时，各设计开发单位可以根据具体需求，突出各自特色。如安凯客车是国内第一个将 12in 防眩光液晶大屏应用到第五代电动汽车上的企业，主要功能包括整车信息显示、车身控制、视频监控、远程监控、安全监控、能耗分析、驾驶评价、驾驶模式、专家诊断、智慧专家一路护航、多屏展示便民信息、免费 WiFi 共享，实现了对新能源客车故障进行智能诊断和车辆智能管理。操控性方面，采用人性化设计，首次将传统机械开关和操控模式融合至 12in 液晶触摸屏中，行车中几乎所有操作都可通过触摸屏完成，真正做到"屏随心动，车由 e 控"，极大提升了新能源客车驾驶乐趣和便捷性，让驾驶新能源客车成为一种极致的科技体验。为了进一步简化操作，安凯"e 控"系统自带了"节能""动力""正常""雪地"四种智能驾驶模式和相应的驾驶评价系统，可以实时评价驾驶状态的经济性能；还能根据不同驾驶习惯和路况，对客车的能量消耗做出智能化控制，在提升乘坐舒适度的同时，大幅提升了新能源汽车的运营经济效益。中控屏运行与设置界面如图 4-125 所示。

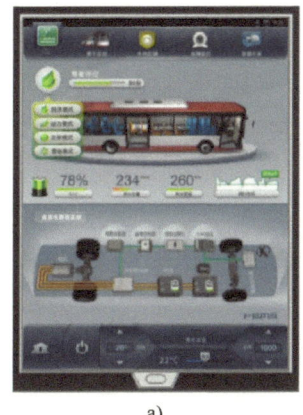
a)

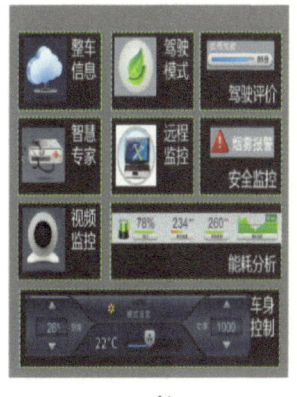
b)

图 4-125　中控屏运行与设置界面

a) 中控屏主页面　b) 中控屏子页面

2. 硬件选型

中控屏的主要功能及设计要求确定之后，在硬件设计时，设计研发者应综合考虑功能、性能、成本及自家配套资源等多种因素，开展硬件选型和规格参数定型。表 4-42 为安凯客车根据中控屏开发需要，推荐的中控屏硬件具体选型及规格参数。

表 4-42　技术特点及规格参数

技术特点	规格参数
处理器	飞思卡尔 i.MX6 系列
CPU	4 核汽车级处理器
内存	2G DDR3 + 16G ROM
屏幕	10.3in、12.1in 电容式触摸屏、防眩光、汽车级
显示比例	4∶3（竖屏）
分辨率	1024×768
工作电压	DC24V，允许浪涌范围 9~36V
工作温度	工作温度：-30~80℃ 存储温度：-40~85℃
抗振频率	150Hz
多屏显示	LVDS、HDMI、AV
操作系统	Android 4.2
CAN 总线	FLEXCAN 2 组
蓝牙	蓝牙 4.0
音视频	wm8962、vpu codec
FM	NXP TEF6621
摄像头	4 个探头（航空头），D1 分辨率：24FPS
3G/4G	WCDMA
定位	GPS/BD 双模定位
外部存储	SD 卡槽 2 组，最大支持 32G
背光调节	光敏传感器

3. 软件设计

中控屏的主要功能及设计要求确定之后，另一个重要任务是开展软件设计。软件设计任务主要包括软件结构规划、功能模块设计、功能集成设计等。

如图 4-126 所示，安凯 e 控的软件设计结构划分为应用层、协议层、网络层。其中应用层包含了显示、娱乐、导航、ADAS、云服务、控制及诊断等各种应用功能模块以及集成连接关系。协议层包含了协议解析、数据帧封装、拆分功能。网络层主要解决网络通信功能。

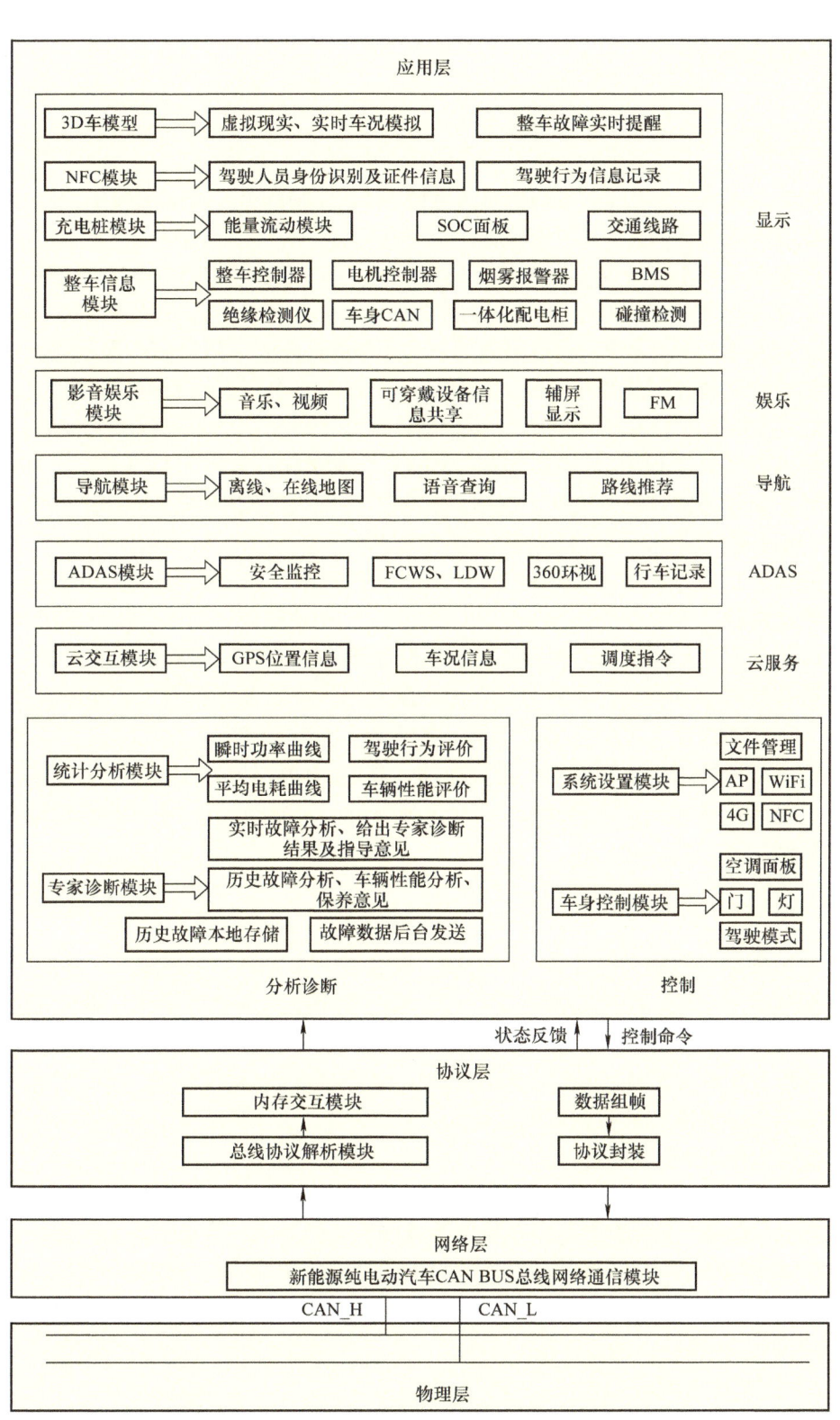

图 4-126　中控屏软件结构、功能模块及连接示意图

4.6.6 域控制器

4.6.6.1 概述

域控制器是实现区域内多功能集中式管理的电子控制设备，是实现纯电动汽车控制架构升级改造的关键装置。

随着汽车电子技术的快速发展，传统的分布式汽车控制系统中的 ECU 数量快速增长，如中级汽车 ECU 多达 60~100 个，系统控制成本和通信开销非常大，且各系统之间完全分离，很难做到有效的共享资源和互操作，硬件成本和软件成本都很高。受这些问题驱动，新的域控制架构及域控制器开始研发，以作为下一代汽车电子架构及控制装置。

汽车域控制器是把汽车电子各部分功能划分成几个域，然后采用强大的核心处理器去控制域内原来归属于各 ECU 大部分功能的集中式控制单元，简称为 DCU。

汽车域控制器通常可划分为动力总成域控制器、底盘控制域控制器、车身电子域控制器、智能/辅助驾驶域控制器、娱乐系统域控制器。

域控制器的功能是将更多分散的 ECU 功能进行集中，通过采用处理功能更强的多核芯片和高速成熟化、开放性的操作系统，实现汽车软件功能设计的平台化、标准化，并实现控制入口的有效缩减，提高信息安全性，以降低整车控制系统的复杂性及成本。

但域控制器本身对芯片计算能力、资源分配和外设丰富要求较高，需要开发新型的多核型、安全、外围接口丰富的新型处理器。如智能/辅助驾驶域控制器，要具备多传感器融合、定位、路径规划、决策控制、无线通信、高速通信等处理能力，并通常需要外接多个摄像头、毫米波雷达、激光雷达以及 IMU 等设备，完成图像识别、数据处理等数据采集和控制功能。

4.6.6.2 设计要求

将整车控制系统规划为能源域、动力域、底盘域、车身域、信息域等。功能关联性强的系统分配到同一个域。域控制器不仅可实现域内各功能的集中式管理、同时又可通过高速网络实现域间功能的协同式工作。芯片的计算能力要求较高，建议采用多核芯片，并将众多功能合理分配到各芯片。功能分割实现时，要严格保证功能隔离安全原则。

域控制器设计的内容及原则可以总结为：
1) 域控制架构的合理规划。
2) 域控制器功能的配置。
3) 高性能多核芯片的选型及控制器硬件设计。
4) 功能软件模块开发及与平台化软件的集成设计。
5) 多种传感器、执行器外设接口的设计。
6) 多种通信网络接口的设计。
7) 安全的无线更新（OTA）。
8) 域控制器测试及验证。

域控制器需要满足的法规、标准要求见表 4-43。

表 4-43　域控制器需要满足的法规、标准要求

序号	标准号	标准名称
1	ISO 26262：2011	道路车辆功能安全
2	ISO 16750：2006	道路车辆　电气电子设备的环境条件和试验
3	ISO 11898：2003	道路车辆　控制器局域网络
4	QC/T 413—2002	汽车电气设备基本技术条件
5	QC/T 29106—2014	汽车电线束技术条件

4.6.6.3　设计与选型

域控制器的设计与选型与其功能和定位有很大关联。比如车身域控制器主要实现智能座舱功能，相应的座舱域控制器供应商有伟世通的 SmartCore、博世的 AI car、布谷鸟的 Auto Canbin、东软睿驰的 C4-Alfus 以及华为的 HiCAR 等。自动驾驶域控制器的供应商主要包括伟世通的 DriveCore、大陆的 ADCU、TTTech 公司的 zFAS/iECU 等。

由于域控制器属于前装汽车产品，从设计到量产需要较长的时间跨度。现有供应商的域控制器产品大多数还在研发阶段。

与一级供应商不同，相对而言，半导体供应商如 TI、Freescale 提供了相应的高性能域控制器开发芯片和部分开放代码，可以供使用者学习开发，受到业界欢迎。

这里仅介绍一个域控制器开发及选型的例子。

某车辆采用了图 4-127 所示的域控制架构系统，主要包括动力域控制器、底盘域控制器、车身域控制器。各个域控制器不仅通过以太网接口连接实现跨域数据高速交换，而且通过各自总线实现域内系统的通信管理，如动力域控制器向上通过以太网实现与底盘域控制器、车身域控制器的数据交换，向下则通过 CAN 总线实现电池管理系统（BMS）、电机控制单元（MCU）等的数据交换，底盘域控制器则还需要通过 FlexRay 总线实现 Brake-by-wire（BBW）、Steer-by-wire（SBW）等的线控系统数据通信，车身域控制器则通过 LIN 总线实现车门、车窗的数据多路传输。

为了便于域控制器的设计，推荐选用芯片见表 4-44。

表 4-44　技术特点及规格参数

项目	内容
处理器	飞思卡尔 MPC5646xx 系列
CPU 字长	汽车级 32 位
CPU 频率	120MHz
代码存储	3MB
CAN	6 路
FlexRay	2 路
以太网	1 路
LIN	3 路

该芯片资源包含了以太网、CAN、FlexRay、LIN 等通信接口。基于该芯片的 DCU 可以通过以太网实现跨域数据交换，并可以通过 CAN 总线适配于动力总成域控制器、通过 FlexRay 适配于底盘控制域控制器、通过 LIN 适配于车身电子域控制器。基于该芯片的 DCU 可通用于一般纯电动汽车动力总成域控制器、底盘控制域控制器和车身电子域控制器的研发，如图 4-127 所示。

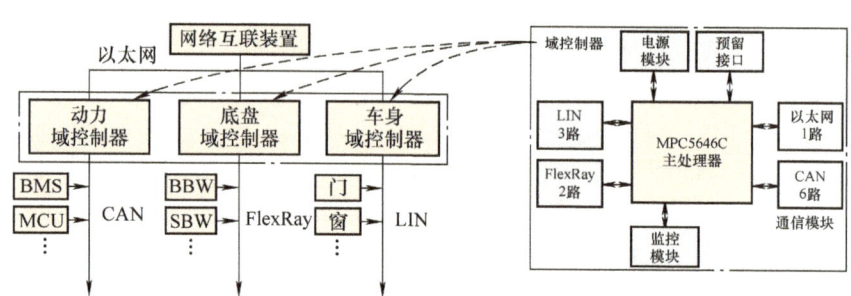

图 4-127　某汽车用域控制架构及域控制器

国外某汽车企业则开发了智能驾驶域控制器，由于需要处理大量的环境感知数据和路径规划决策功能，常规算力的控制芯片已经不能满足要求。该类域控制器需要基于高性能的多核控制芯片以及整合专用 GPU 芯片、专用 AI 芯片的高性能 SOC 开发，具体可参见相关资料。

参考文献

[1] 刘春辉，刘光晓.汽车车载网络技术详解 [M].3 版.北京：机械工业出版社，2019.

[2] 中国国家标准化管理委员会.电动汽车术语：GB/T 19596—2017 [S].北京：中国标准出版社.2017.

[3] 中国国家标准化管理委员会.电动汽车用驱动电机系统电磁兼容性要求和试验方法：GB/T 36282—2018 [S].北京：中国标准出版社.2018.

[4] 中国国家标准化管理委员会.电动汽车传导充电系统　第 2 部分：非车载传导供电设备电磁兼容要求：GB/T 18487.2—2017 [S].北京：中国标准出版社.2017.

[5] 中国国家标准化管理委员会.电动汽车远程服务与管理系统技术规范：GB/T 32960—2016 [S].北京：中国标准出版社.2016.

[6] 李震，刘敏.基于 Autosar 的整车电子电气架构设计方法 [J].机电一体化，2012，18（11）：73-76.

[7] PIAO X, PARK M. Enhanced utilization bound of Rate-Monotonic scheduling in Controller Area Networks[J]. Information Processing Letters, 2014, 114(11): 603-606.

[8] 徐晓琳. CAN 网络物理层研究及通信质量优化 [D]. 北京：北京理工大学, 2018.

[9] 吴惟诚, 潘继飞, 刘鑫. 基于上升沿波形配对的信号分选方法研究 [J]. 舰船电子工程, 2016, 36(12): 88-94.

[10] 冷令, 吴伟斌. CAN 总线网络建模及性能分析 [J]. 微型电脑应用, 2016, 6: 8-10, 24.

[11] 程倩. 计算机网络拓扑结构的分析及选择 [J]. 电子技术与软件工程, 2013, 16: 60.

[12] 钱义东. 双星形网络拓扑可靠性分析 [J]. 计算机工程, 2009, 35(16): 224-227.

[13] 张振德. CAN 总线星形网络拓扑结构研究与设计 [D] 北京：北京化工大学, 2009.

[14] ZHANG H, ZHAO P, GAO J, et al. The Analysis of the Properties of Bus Network Topology in Beijing Basing on Complex Networks[J]. Mathematical Problems in Engineering, 2013, (1): 127-148.

[15] SAXENA A. Topological defects and topological materials[J]. Integrated Ferroelectrics: An International Journal, 2016, 174(1): 1-7.

[16] 中国国家标准化管理委员会. 电动汽车非车载传导式充电机与电池管理系统之间的通信协议：GB/T 27930—2015 [S]. 北京：中国标准出版社. 2015.

[17] 中国国家标准化管理委员会. 家用和类似用途单相插头插座 型式、基本参数和尺寸：GB/T 1002—2008 [S]. 北京：中国标准出版社. 2008.

[18] 中国国家标准化管理委员会. 电动汽车传导充电系统 第 1 部分：通用要求：GB/T 18487.1—2015 [S]. 北京：中国标准出版社. 2015.

[19] 胡寿松. 模糊自动控制原理 [M]. 北京：科学出版社, 2007.

[20] 章卫国, 杨向忠. 模糊控制理论与应用 [M]. 西安：西北工业大学出版社, 1999.

[21] 崔涛, 赵莉. 模糊控制理论和应用的发展概况 [J]. 自动化仪表, 2002, 23(7): 1-3.

[22] 郑君里. 信号与系统 [M]. 北京：高等教育出版社, 1978.

[23] 黄小平. 卡尔曼滤波原理及应用 [M]. 北京：电子工业出版社, 2015.

[24] 中国国家标准化管理委员会. 电动汽车远程服务与管理系统技术规范 第 3 部分：通信协议及数据格式：GB/T 32960.3—2016 [S]. 北京：中国标准出版社. 2016.

[25] 司宝锋, 孟鹏花. 基于 CAN 总线的 Bootloader 设计 [J]. 仪表技术, 2010, 3: 30-32.

［26］汪春华，白稳峰，刘胤博，等．基于 CAN 总线 UDS 服务 BootLoader 应用开发 [J]．电子测量技术，2017，40（2）：166-170.

［27］T H, TAN T, ZHOU Y. Design and implementation of bootloader for vehicle control unit based on CAN bus [M]. Proceedings of the FISITA 2012 World Automotive Congress.，2013.

［28］陈彤，黄立梅．一种用于汽车电控单元 CAN Bootloader 的设计与实现 [J]．汽车实用技术，2016，9：156-160.

第5章 整车电力电子控制系统集成设计

电力电子技术指使用电力电子器件（如 IGBT、MOSFET 等）对电能进行变换和控制的技术，在当今各工业领域中都有广泛的应用。对于纯电动汽车而言，电力电子技术的主要应用场合包括 DC/DC 变换器、DC/AC 变换器、电机控制器等电力变换器，同时也涉及诸如绝缘监测等相关的功能性附件。整车电力电子系统包含了电动汽车中大多数高电压、高功率器件，是影响电动汽车综合性能的关键系统之一。随着近年来电动汽车产业的飞速发展，整车电力电子系统逐步展现出集成化的趋势，出现了"多合一"电力电子集成控制器产品。本章将从电动汽车电力电子控制系统的基础器件出发，介绍各类电力电子控制器的关键技术及评价方法，同时重点介绍电力电子控制系统的集成化设计技术，帮助相关从业人员熟悉并掌握整车电力电子系统的匹配及应用技术。

5.1 概述

5.1.1 车用微电子控制器

随着 20 世纪 70 年代微机的出现，过去的几十年里微电子技术发展极其迅速。现在对于微电子技术的研究及应用主要源于中央处理器（Central Processing Unit, CPU），并主要集中于微处理器、微控制器及数字信号处理器（Digital Signal Processor, DSP）等器件。

微处理器技术被认为是微电子技术发展的里程碑。微处理器是高度集成的通用结构中央处理器，能完成取指令、执行指令，以及与外界存储器和逻辑部件交换信息等操作，微处理器通常作为微控制器的 CPU 使用。微控制器不仅包括微处理器，还包括所有的资源如 ROM 或 EPROM、RAM、DMA、计时器、中断源、A/D 和 D/A 转换器及输入/输出接口等。随着汽车技术的发展，微控制器获得了迅速的发展，已经由传统的 4 位、8 位、16 位微控制器发展到基于 ARM、Power Architecture、MIPC 的 32 位微控制器，并通常包含多核架构，具备了更高的能效和更实时的处理功能，可以满足汽车电动化、智能化过程中对微控制器性能、功耗、安全性及可靠性不断增长的需求。DSP 是一种特殊的微处理器，是在模拟信号变换成数字信号以后进行高速实时处理的专用处理器，集成了多种便于数字运算和信号处理的硬件，其数字信号处理速度比普通的微处理器快得多，具有快速计算浮点数据的能力，在高性能驱动电机的复杂控制算法应用中具有很大优势[1]；但与通用微处理器相比，其他通用功能相对较弱。

通过把微电子器件和功率器件集成到同一芯片上（就像大脑和肌肉的集成），便形成了功率集成电路（Power Integrated Circuit，PIC），俗称"智能功率模块"，其目的是进一步减小体积、降低成本并改善其可靠性。PIC 包含功率模块、控制模块、硬件保护模块、信息传输模块和散热模块等。PIC 集成存在的主要问题是高电压和低电压器件的绝缘以及散热问题。

5.1.2 功率半导体器件

汽车功率半导体器件广泛应用于汽车电力电子系统中，并常常对这些系统的效率、成本和体积起着决定性作用。有源功率半导体开关如金属-氧化物半导体场效应晶体管（Metal-Oxide-Semiconductor Field-Effect Transistor，MOSFET）和绝缘栅双极型晶体管（Insulated Gate Bipolar Transistor，IGBT）常用于驱动电机、辅助电机、电磁阀、继电器、点火线圈等汽车负载的驱动。二极管常用于整流、为 DC/AC 变换器和 DC/DC 变换器中的 IGBT 和 MOSFET 提供续流路径以及抑制电压瞬变等。

5.1.2.1 功用与特点

功率半导体器件在汽车中应用的三种基本结构为低边开关、高边开关和半桥式开关，如图 5-1 所示。

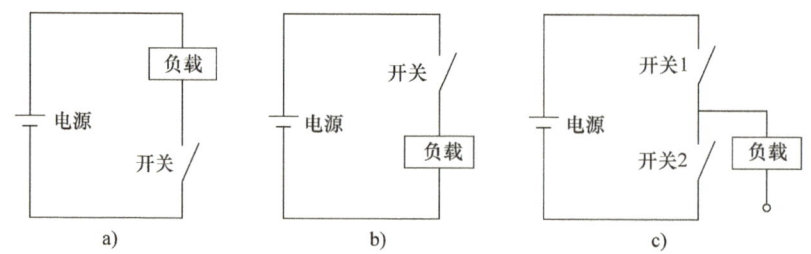

图 5-1 功率半导体器件在汽车中应用的三种基本结构
a）低边开关 b）高边开关 c）半桥式开关

1）在低边开关中，功率开关位于负载和电源负极之间，而电源负极通常连接到汽车底盘形成汽车电气系统的地，因为控制端以地为参考点，所以功率开关的控制简单而直接。

2）在高边开关中，功率开关位于负载和电源正极之间，这种结构提供了一个独特的优势——可以防止因疏忽而导致的负载对地短路。但其控制的复杂度和成本远大于低边结构，因为开关需要的控制电压高于电源电压。

3）半桥式结构用于构成H桥或三相桥式电路。H桥电路通常用于直流电机的双向控制和单相逆变器，三相桥式逆变器则用于驱动电机和辅助电机的控制。

一个理想的功率半导体开关应具有以下特点：

① 关闭时能阻隔正向或反向高电压。
② 导通时允许大电流通过。
③ 瞬间完成开关操作且没有开关损耗。
④ 易于控制。
⑤ 开关动作时电磁辐射低。
⑥ 可靠性高。
⑦ 成本低。

但实际上没有一个功率半导体器件具备所有这些理想特性[2]。在实际应用中，在特定的电压、电流和开关频率范围内，会有一种或几种类型的器件特性非常接近上述理想特性。而正是这些实际器件与理想器件的偏差（即非理想特性），在本质上决定了电力电子系统的性能和成本。实际上，功率半导体器件的工作状态都受到定义为器件工作范围的一系列限制值的约束，这些限制值包括额定电压、最大峰值电流和连续电流、最大功率损耗和器件最高结温等。

（1）电压限制

功率器件的额定电压应高于电力电子系统中规定的最大工作电压，因为汽车功率半导体器件的额定电压主要由汽车环境下这些器件承受瞬态过电压的能力决定，而非最大工作电压。

（2）电流限制

功率器件的额定电流主要与器件的功耗和结温有关。最大连续工作电流通常被定义为不超过最高结温时器件能够持续导通的电流。最大脉冲电流通常定义为器件在10μs脉冲条件下能够安全承受的峰值电流，这个值明显比连续工作电流高。随着半导体工艺及器件技术的进步，功率器件的连续电流和脉冲电流有时不再受结温限制，而是受到器件封装工艺的限制（比如键合线的电流承载能力限制）。

（3）最大功耗

功率器件在环境温度为25℃时，保持结温在最大允许值时的功率损耗。

（4）最高结温

功率器件正常工作时允许的最高结温，这是基于长期的可靠性数据得出的，超过该结温，将缩短器件的使用寿命。目前大多数功率半导体器件的最高结温为150℃，也有少数达到175℃甚至200℃的汽车用功率器件。

（5）开关频率

开关频率即功率器件导通状态与截止状态的切换频率，该参数的选取应在低损耗与高频率之间寻求平衡。以 IGBT 在电动汽车电机控制器的逆变应用为例，较高的开关频率有利于减少支撑电容两端的纹波电压，这就为支撑电容在电机控制器中的成本与体积的减少提供了条件，与此同时，当 IGBT 的开关频率上升至 20kHz 及以上时，人耳能听到的噪声会降低，这有助于改善用户对整车产品的体验。然而，IGBT 的开关损耗却与其开关频率成正比，较高的开关频率也为 IGBT 带来了更多的开关损耗，较多的损耗会降低应用设备的效率并提高温升。如果设计人员无法在达到低损耗指标的前提下满足高开关频率的设计需要，则应该选择开关损耗较低的功率器件，如 MOSFET。

5.1.2.2 类型

功率半导体器件可分为以下几种基本类型（图 5-2）：二极管、晶闸管、双极结型晶体管（Bipolar Junction Transistor，BJT）、MOSFET、IGBT 和门极关断晶闸管（Gate-Turn-Off Thyristor，GTO）[3]。此外，还有一些功率集成电路（Integrated Circuit，IC）和智能功率器件（集成了逻辑/模拟控制、诊断和保护功能电路的功率开关）。在现有的功率器件中，功率二极管作为自由开关使用，而其他功率器件都是外部可控的。在汽车电力电子系统中最常用的是功率二极管、低压功率 MOSFET 和高压 IGBT。

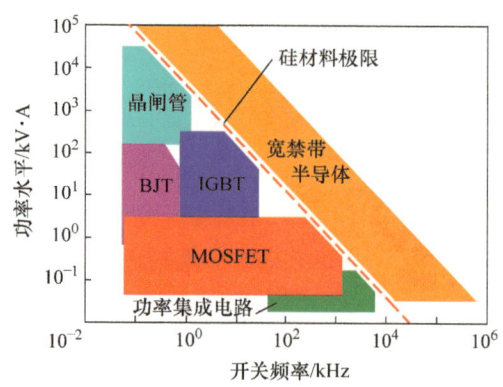

图 5-2 不同类型的功率半导体器件

1. 功率二极管

二极管是最简单的半导体器件，由一个 PN 结或肖特基结以及两个外接端子构成，主要用于电流单向流动的电路中。在汽车领域，功率二极管主要有以下应用：

1）将发电机输出的交流电整流成直流电。
2）与用在逆变器或变换器的 IGBT 或 MOSFET 反向并联，为负载电流续流。
3）反向偏置时抑制电压瞬变（稳压二极管）。

2. 功率 MOSFET

在额定电压低于 200V 的电力电子应用中，功率 MOSFET 是首选器件，因为它具有导通电阻低、开关速度快、易于控制、安全工作区（Safe Operating Area，SOA）宽和坚固耐用等优点。功率 MOSFET 在汽车领域中应用广泛，除了在传统燃油汽车的各种电磁阀驱动、电子节气门控制、起动发电机控制、各种辅助电机驱动等广泛应用之外，在电动汽车部件中也有应用，例如在动力电池电压低于 144V 的小型纯电动汽车中，用于驱动电机的三相桥式逆变器[4]。

3. IGBT

IGBT 是高电压（400~1200V）和中高电流（10~1000A）的汽车功率开关器件的首选，因为它比功率 MOSFET 有着更优越的电流传导能力。400~600V 的分立 IGBT 广泛应用于传统燃油汽车点火线圈的驱动器，而在电动汽车领域中则有更广泛的应用，包括 DC/DC

变换器、驱动电机以及非驱动电机的逆变器等。

4. 宽禁带半导体器件

由于硅基功率器件的性能已逼近其材料的本征极限,研究人员早在20世纪80年代就把目光转向宽禁带半导体器件,如碳化硅(SiC)、氮化镓(GaN)等。其中SiC器件的发展更快,在汽车领域的应用也相对更快。与传统硅基功率半导体器件相比,SiC器件具有以下主要优点:

1)高耐压:SiC的高击穿电场强度使得它的漂移区窄,因而它的比导通电阻小,这意味着SiC器件尺寸更小。

2)低损耗:SiC材料的电子饱和速度高,使得SiC器件导通电阻低,因而导通损耗低;SiC关断过程中不存在电流拖尾现象,因而开关损耗低。更低的开关损耗将允许更高的开关频率,随之带来的好处还有滤波电感器和电容器这样的无源元件可以更小、更便宜。

3)高工作温度:SiC器件较宽的带隙会导致较高的内在载流子浓度和较高的工作结温。原则上,SiC器件可以在高达300℃的结温工作。工作温度的提高将减少热管理系统的重量、体积、成本和复杂性。

另一方面,仍有一些技术和非技术障碍使得SiC材料和器件还未大规模商业化。技术障碍包括SiC晶圆的缺陷密度高、成本高等。目前SiC器件的成本是同等电压和电流的硅基器件的数倍。尽管如此,凭借着其高性能以及能降低系统其他部件成本的优点,SiC器件在汽车领域的应用越来越广,从车载充电机到DC/DC变换器都有应用,目前特斯拉公司已将SiC器件批量应用到了Model 3车型的大功率驱动电机控制器中。随着技术和工艺的进步,SiC器件的成本会逐渐下降,其应用也会越来越广泛。

5.1.3 整车电力电子系统架构及发展趋势

由电力电子器件组成的整车高压电气部件形成了纯电动汽车的高压"电控"总成。整车电力电子系统基本架构如图5-3所示。

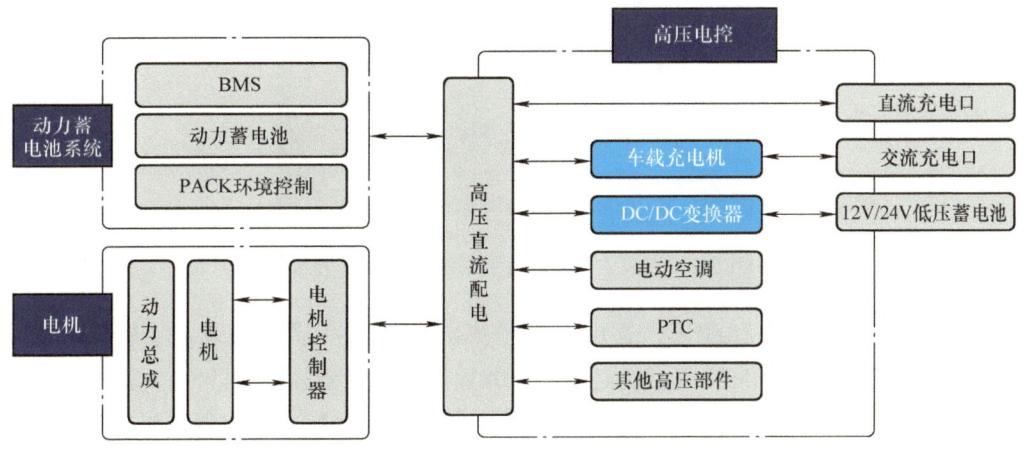

图5-3 纯电动汽车电力电子系统基本架构

对于乘用车，电力电子系统主要包括驱动电机控制器（Motor Controller Unit，MCU）、DC/DC 变换器、车载充电器（On Board Charger，OBC）；对于商用车，电力电子系统主要包括电机控制器、DC/DC 变换器、电子液压转向助力（Electro Hydraulic Power Steering，EHPS）油泵控制器、气泵控制器（Air-pump Controller Module，ACM），少量车辆配置车载充电器。实际应用时一般为集成应用，电力电子系统的主要集成方式有：

1）乘用车多合一控制器：主驱动电机控制器 +DC/DC 变换器 +OBC+ 电源分配单元（Power Distribution Unit，PDU）；主驱动电机控制器 +DC/DC 变换器 +OBC。

2）商用车辅件三合一控制器：EHPS 控制器 +ACM+DC/DC 变换器。

3）商用车辅件四合一控制器：EHPS 控制器 +ACM+DC/DC 变换器 +PDU。

4）商用车五合一控制器：EHPS 控制器 +ACM+DC/DC 变换器 +PDU+ 主驱动电机 MCU。

5）物流车三合一控制器：主驱动电机 MCU+DC/DC 变换器 +PDU。

6）物流车五合一控制器：主驱动电机 MCU+EHPS 控制器 +ACM+DC/DC 变换器 +PDU。

因不同整车厂车辆功能配置、技术路线不同，电力电子系统的集成方式也各有不同，以满足车辆功能定义、易于布置、安全可靠等为最终目的。

目前，国外纯电动汽车高压电气系统集成方面技术水平相对较高。日本各汽车公司连续多年不断推出了集成度与功率密度不断提升的产品，表现为器件与电路的封装集成，实现高压系统的小型化和高密度化。如丰田凯美瑞的集成控制器包括一套双向 DC/DC 变换器、两套电机控制器及高压控制电路，功率密度从最早的 11.7kW/L 发展到现在的 19kW/L。三菱 i-MiEV 采用了 DC/DC 变换器 + 车载充电机 +PDU 的集成组合方案，如图 5-4 所示，实现了高功率密度和小型化，易于车辆布置。

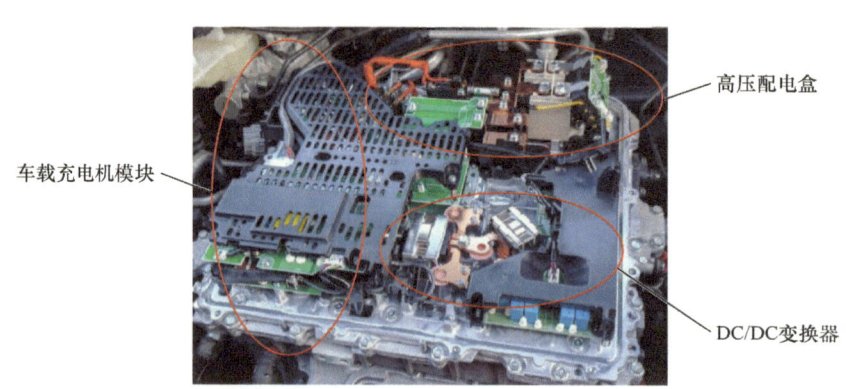

图 5-4　三菱 i-MiEV 高压系统集成组合方案

我国经过多年的发展和积累，在电力电子集成控制器产品方面取得了较大的技术进步，目前集成控制器产品的功率密度达到了 10kW/L、最高效率达到 98%，基本达到国际同类产品的先进水平，并批量应用于我国新能源汽车。图 5-5 所示为乘用车实车搭载的某电力电子集成控制器。

图 5-5 乘用车实车搭载的某电力电子集成控制器

在我国电力电子系统集成控制在电动客车上的应用也取得了较快发展，目前已经形成了较为丰富的产品体系。图 5-6 所示为某公司开发的高压系统电力电子集成控制器，具有高度的集成度、较高的功率密度。

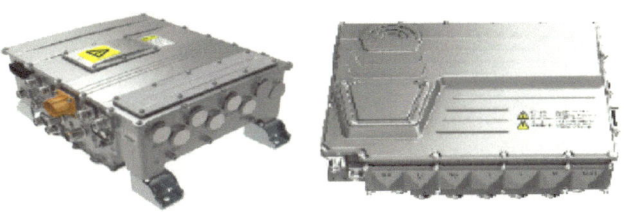

图 5-6 某公司开发的高压系统电力电子集成控制器

随着汽车节能高效、轻量化和高可靠性技术的发展，高压电控技术也朝着高功率密度、深度多元化集成、功能安全方向发展。

在电力电子功率器件方面，未来将持续加强高性能 IGBT 功率芯片和高可靠性功率模块的研究，它是实现车用控制器功率密度倍增的决定因素之一。在高性能 IGBT 芯片方面，以英飞凌、三菱、富士与飞兆为代表的半导体厂商推出了第五代硅基 IGBT 芯片，这类芯片具有沟槽栅、场终止层和载流子存储层，具有大电流、低压降、高开关速度、高可靠的特点，同时部分芯片集成了电流与温度测量的功能。以英飞凌为例，该公司推出了 12 英寸（in）晶圆铜表面金属化 IGBT 芯片，采用表面铜金属化工艺使得芯片正面铜线键合或银浆烧结成为可能，有利于增加芯片热容、降低芯片热阻、提高单芯片过电流能力，已成为 IGBT 芯片设计的重要发展方向。

在 IGBT 模块封装技术及产品方面，国际主流半导体厂商如英飞凌、富士、西门康、博世、电装等，相继推出适合于电动汽车应用的定制化车用 IGBT 模块。这类模块多采用超声波焊接、低温烧结等新型封装形式，极大地提高了模块的寿命。其中 Pin-fin 与压接结构的模块是当前电机控制器的主要应用类型，芯片双面焊接单面冷却与双面冷却的塑封结构在电机控制器总成功率密度方面更具有优势，是 IGBT 模块封装技术的主要发展方向。另一个发展方向是以 SiC 为代表的第三代宽禁带功率器件开始应用于车用电驱动系统，其良好的高温（结温 250℃以上）和高频特性（开关频率可达 100kHz）有望为车用变换器带来革命性的变化。

在电力电子集成控制器方面，从基础的物理模块集成向电路原理级深度集成方向发展，进一步提升功率密度、提高系统效率。开发 MCU 与驱动系统集成的技术方案，即将电机控制器、电机、变速器组成三合一集成产品，可以缩减 20% 的体积，减轻 20% 的重量，降低 30% 的成本，具有较高的性价比，并得到了各大汽车厂商和零部件厂商的青睐。

图 5-7 所示为著名的电力电子集成系统厂商及产品。

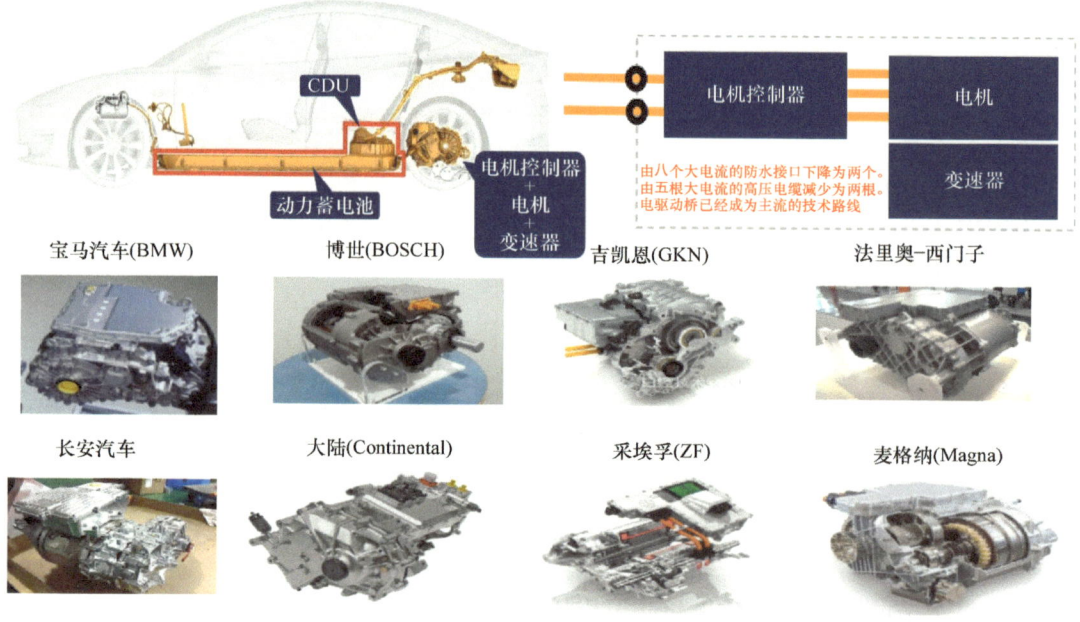

图 5-7　著名的电力电子集成系统厂商及产品

在功能安全方面，早在 2011 年，欧洲便推出了 ISO 26262《道路车辆　功能安全》，并率先在欧洲汽车整车及零部件开发中推行。虽然该标准未强制执行，但整车企业如大众、宝马、戴姆勒及主流零部件厂商如博世、法里奥 - 西门子、舍弗勒普遍采用该标准进行产品开发；美国部分整车企业及零部件企业要求强制执行该标准，美国机动车工程师学会（Society of Automotive Engineers, SAE）目前正在将 ISO 26262 转化为在北美推行的 SAE 标准；日本也在进行该标准的转化工作。我国部分企业也开始关注功能安全方面的实现，但研究技术处于跟随起步阶段。

总体而言，我国在电力电子集成控制领域的核心技术取得了较大进展，产品为国内市场新能源汽车广泛配套。然而由于工业基础薄弱、电力电子器件技术起步较晚，所示我国电力电子集成控制产品技术水平和竞争力仍然与国际先进水平存在差距，亟待加快电力电子控制器核心技术的突破，提高平台产品技术及产业化水平，提升新能源汽车核心零部件的自主创新能力与国际市场竞争力。

5.2 车载高低压电源变换器（DC/DC 变换器）

纯电动汽车的动力电池只能够提供电压相对稳定的高压直流供电，无法适配车载各用电设备不同的用电需求，因而需要配备车载电源变换器模块。其中车载 DC/DC 变换器将动力蓄电池的高压直流电转换成低压直流电，给车载用电设备供电并为辅助蓄电池充电。DC/DC 变换器在整个行车过程中一直处于工作状态，向各非动力单元车载用电设备直接或间接供电，包括行车电脑、车载多媒体、空调、前照灯、刮水器等辅助用电设备。

5.2.1 DC/DC 变换器的分类和组成

DC/DC 变换器的核心作用是将动力电池的高压电转换为低压电，为车载的所有低压用电设备进行供电，常见的低压供电平台包括 12V、24V、48V 等。对车载 DC/DC 变换器的基本要求包括：

1）动力蓄电池电压在整个工作电压范围变化时，同样能够输出稳定的直流电压，以便满足负载供电特性要求。

2）车载用电设备处于空载到满载宽范围的工作电流变化时，同样能够确保输出电压稳定，确保设备正常工作。

车载 DC/DC 变换器有隔离 DC/DC 变换器和非隔离 DC/DC 变换器两种。隔离 DC/DC 变换器是主流应用，非隔离 DC/DC 变换器则基本不使用。DC/DC 变换器实现从动力蓄电池高电压转换到低电压，而乘客和维修人员都可能会接触到车载低压用电设备，因此为了人体安全，车载 DC/DC 变换器都必须是隔离型的，实现输入高压侧和输出低压侧电气隔离，之间相互绝缘没有电气直接联系。按能量流方向，有单向车载 DC/DC 变换器和双向 DC/DC 变换器两种，单向 DC/DC 变换器是主流应用。

5.2.1.1 DC/DC 变换器的分类

DC/DC 变换器主要可以按照物理形态和冷却方式等进行分类。

1. 按照物理形态分类

（1）独立单元总成

DC/DC 变换器单独存在，独立安装在车身上，通过车载线缆与其他设备进行连接。该方式的优点是维护方便、相互之间功能清晰和不容易受干扰；缺点是成本较高、空间重量大。

（2）集成多合一总成

DC/DC 变换器和其他设备集成为多合一总成。常见的形式包括：

1）DC/DC 变换器与车载充电机集成二合一。

2）DC/DC 变换器、车载充电机和高压配电电源集成三合一。

3）DC/DC 变换器、车载充电机、高压配电和辅助驱动集成多合一。

集成多合一总成的优点是成本低、空间重量小；缺点是维护不方便、相互之间功能不清晰并容易相互干扰。

2. 按照冷却方式分类

（1）自然冷却方式

DC/DC 变换器热量传导到散热外壳，靠热辐射和热对流方式把热量耗散到车体以外，没有其他冷却措施。这种散热方式由于散热效果差，只能用于低功率场合。图 5-8 所示为自然冷却车载 DC/DC 变换器的外观；具体结构组成如图 5-9 所示，包括透气阀、散热壳体、固定支架、插接器、盖板、车载 DC/DC 变换器电路单元等部件。

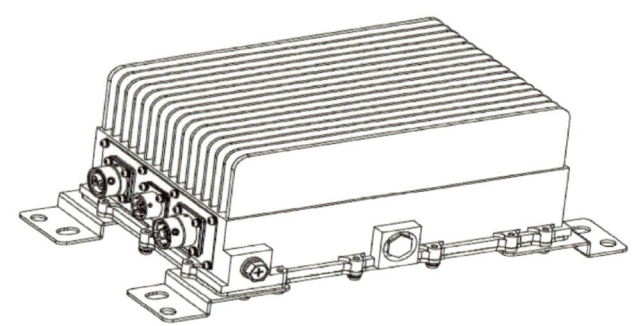

图 5-8　自然冷却车载 DC/DC 变换器的外观

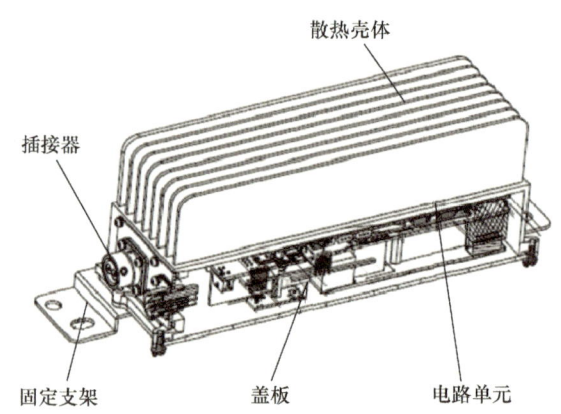

图 5-9　自然冷却车载 DC/DC 变换器的结构组成

（2）液冷方式

DC/DC 变换器的热量传导到外壳，外壳有液体循环冷却系统，通过液体循环，热量被带到散热器，并且耗散到车体以外。这种散热方式已经成为最主流的散热方式。图 5-10 所示为液冷车载 DC/DC 变换器的外观，具体结构组成如图 5-11 所示，包括透气阀、散热冷却液道、冷却液嘴、固定支架、插接器、盖板和车载 DC/DC 变换器电路单元等部件。

（3）风冷方式

DC/DC 变换器热量传导到散热外壳，由风扇散热系统通过风冷方式将热量耗散到车体以外。这种散热方式散热效果介于前两种之间，用于中小功率场合。图 5-12 所示为风冷车载 DC/DC 变换器的外观，其具体结构组成如图 5-13 所示，包括散热壳体、风扇组件、插接器、盖板、固定支架和车载 DC/DC 变换器电路单元等部件。

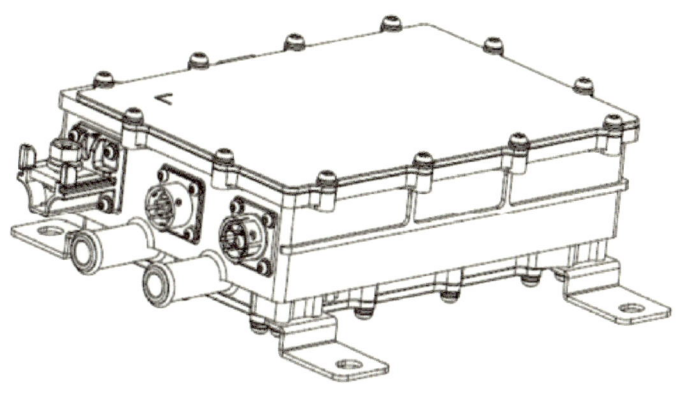

图 5-10 液冷车载 DC/DC 变换器的外观

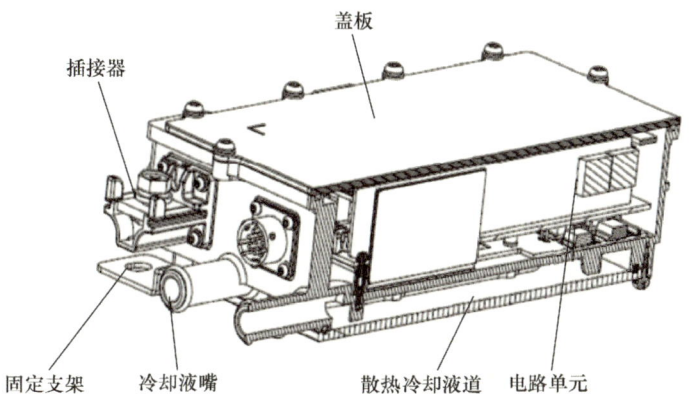

图 5-11 液冷车载 DC/DC 变换器的结构组成

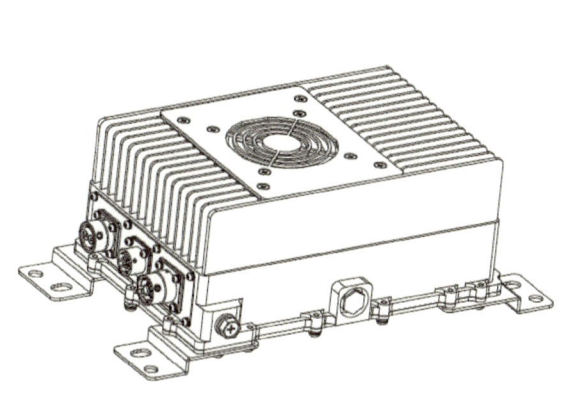

图 5-12 风冷车载 DC/DC 变换器的外观

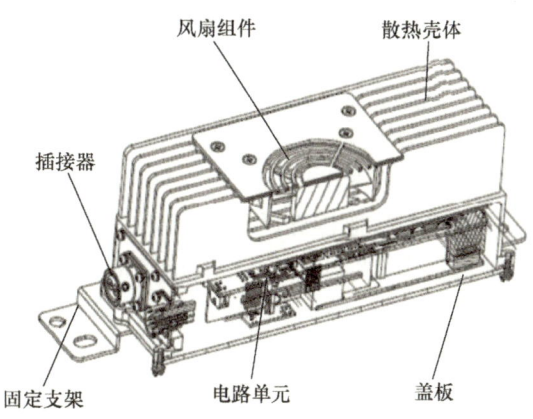

图 5-13 风冷车载 DC/DC 变换器的结构组成

5.2.1.2 DC/DC 变换器典型的系统构成

一个完整的车载 DC/DC 变换器，除了核心的 DC/DC 变换器，还包含相应的控制系统、外围滤波、缓起、各种保护、辅助供电和外部接口通信等其他部件。典型的系统构成如图 5-14 所示，高压输入一般接车载高压电池，低压输出一般接低压设备和低压辅助电池。

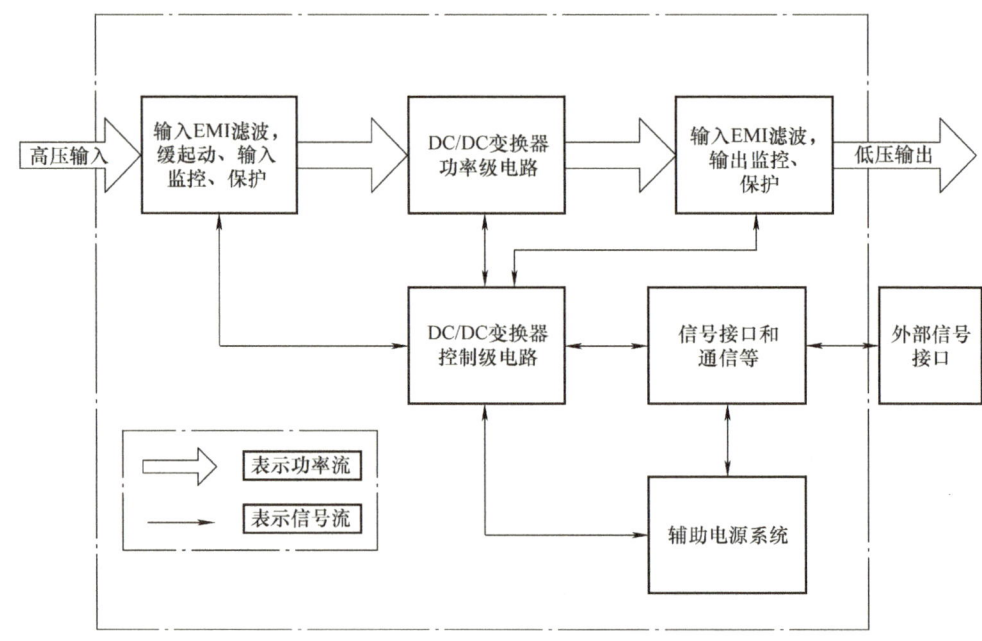

图 5-14 车载 DC/DC 变换器典型的系统构成

1. DC/DC 变换器功率级电路

功率级电路主要由储能元件和功率半导体器件按特定的电力电子拓扑组成特定功能的功率回路。其中储能元件包括电感、变压器、电容等；功率半导体器件主要包括可控硅、二极管和功率开关器件，如晶体管、MOSFET、IGBT 等。

2. DC/DC 变换器控制级电路

一个典型的 DC/DC 变换器控制系统的结构原理如图 5-15 所示，系统的核心为 DC/DC 变换器功率级电路，同时包含了相应的控制电路。控制电路的功能是为 DC/DC 变换器提供一个负反馈调节回路，以稳定变换器的输出。如图 5-15 所示，输出电压 $V(t)$ 经过采样电路与控制回路的给定参考值 V_{ref} 相比较，所得的偏差经过补偿放大环节，再经过控制脉冲宽度调制（Pulse Width Modulation, PWM）环节，得到驱动功率级开关器件的驱动信号。

当系统遇到扰动因素，如输入电压或者负载变化时，会使 DC/DC 变换器输出产生波动，通过负反馈回路的调节作用，可以达到稳定输出电压的目的。

负反馈回路调节器有多种实现方式，包括专用模拟电路和用微处理器（MCU）实现数字控制。

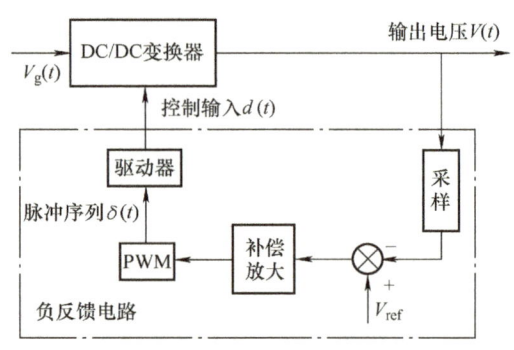

图 5-15 DC/DC 变换器控制系统的结构原理

3. 输入输出 EMI 滤波器

由于 DC/DC 变换器本身的工作特性，其工作过程中会产生相应的电磁噪声。为满足车载相关电磁兼容性（Electro Magnetic Compatibility，EMC）标准和要求，需要在变换器的输入输出端口增加合适的电磁干扰（Electromagnetic Interference，EMI）滤波器，以满足车载使用环境的要求。

4. 缓起电路

因为 DC/DC 变换器的输入端为高压直流电压，且 DC/DC 变换器输入滤波器有滤波电容存在，所以在高压直流电压加到 DC/DC 变换器输入时，会产生一个较大的冲击电流。该电流的大小和持续时间由输入回路的直流电压和输入回路阻抗共同决定。为控制此冲击电流过大对 DC/DC 变换器前级的相关开关器件和熔断器造成异常损坏，需要对其进行限制，故需要增加相应的缓起功能电路。常规缓起电路如图 5-16 所示，R_1 为缓起元件，限制输入回路的冲击电流，待直流电输入电容 C_1 电压缓起结束后，S1 闭合，完成缓起过程。

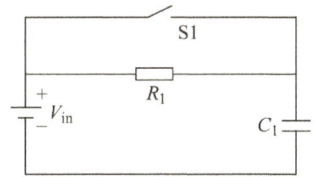

图 5-16 车载 DC/DC 变换器缓起电路

5. 保护电路

保护电路的主要作用是防止应用条件或环境异常对 DC/DC 变换器造成损坏，保护功能主要包括输入过/欠电压保护、输入过电流保护、输出过电流保护、输出过/欠电压保护、过温保护、输入反接保护等。

6. 辅助供电电路

DC/DC 变换器内部需要包含一个辅助供电系统，为相应的控制电路、通信、功率开关驱动、信号接口、风扇和指示灯等各个环节提供所需的辅助供电。

7. 信号接口电路

信号接口电路主要给整车其他部件和 DC/DC 变换器之间提供控制，引导和通信的接口，以实现对 DC/DC 变换器工作状态的调节和监控。该电路包括低压辅助供电、开关机控制、高压互锁、CAN 通信和故障输出等信号。

5.2.2 DC/DC 变换器的关键技术

DC/DC 变换器的核心功能主要由各种相关的功率拓扑电路来实现。功率拓扑电路种类繁多，主要由几种基本拓扑和相关的衍生拓扑组成。基本功率拓扑有三种：BUCK（降压型）、BOOST（升压型）和 BUCK-BOOST（反相升降压）。三种基本拓扑的电路结构、输入输出电压和占空比（Duty Cycle）的关系和主要工作波形如图 5-17 所示。

以上三种基本拓扑均为非隔离型拓扑，在基本拓扑电路中引入高频变压器后，形成各种相应的隔离型拓扑。由于车载 DC/DC 变换器的基本功能为将高压动力电池的高压转换为低压系统（12V、24V、48V 等）所需要的低压，高低压之间由于安全规定的考虑需要实现电气隔离，故车载 DC/DC 变换器电源系统需要采用隔离型拓扑来实现系统所需要的电气隔离。

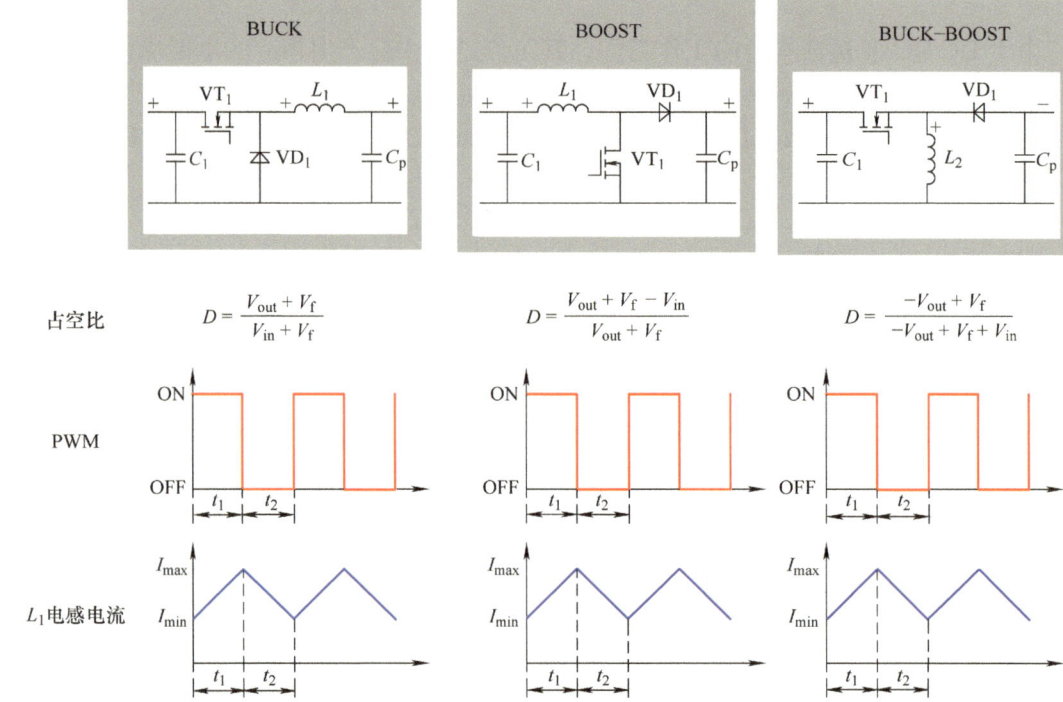

图 5-17 基本功率拓扑工作波形
注：占空比指的是晶体管占空比。

隔离型拓扑根据功率开关的控制方式进行类型区分，有以下三类基本隔离拓扑。

1. 脉宽调制型

此类型拓扑，通过控制调节功率开关的导通时间，即占空比或者脉宽，来实现对变换器输出特性的控制。

此类型的常见拓扑为正激变换器、反激变换器、全桥变换器、半桥变换器、不对称半桥、推挽变换器等。此外，结合一些软开关或无损吸收技术，拓展出相关的衍生拓扑，如有源钳位正激等，此处不再展开讨论。

2. 移相型拓扑

移相型拓扑（Phase Shift Modulation，PSM）通过控制调节功率开关之间的相对相位（固定占空比），来实现对变换器输出特性的控制。

此类型的常见拓扑为移相全桥变换器（PSFB）、移相半桥变换器（PSHB）等。

3. 谐振型拓扑

谐振型拓扑（Pulse Frequency Modulation，PFM）通过控制调节功率开关的开关频率（固定占空比），来实现对变换器输出特性的控制。

此类型的常见拓扑为串联谐振变换器（Series Resonant Converter，SRC）、并联谐振变换器（Parallel Resonant Converter，PRC）、串并联谐振变换器（Series Parallel Resonant Converter，SPRC，或 LCC Converter）和 LLC 谐振变换器等[5]。

常用于车载 DC/DC 变换器电源的几种典型的 PWM 和移相控制型隔离拓扑的电路结

构包括半桥（Half Bridge）变换器、全桥（Full-Bridge）变换器和移相全桥（Phase Shifted Full-Bridge）变换器，其原理和主要工作波形如图 5-18 所示。

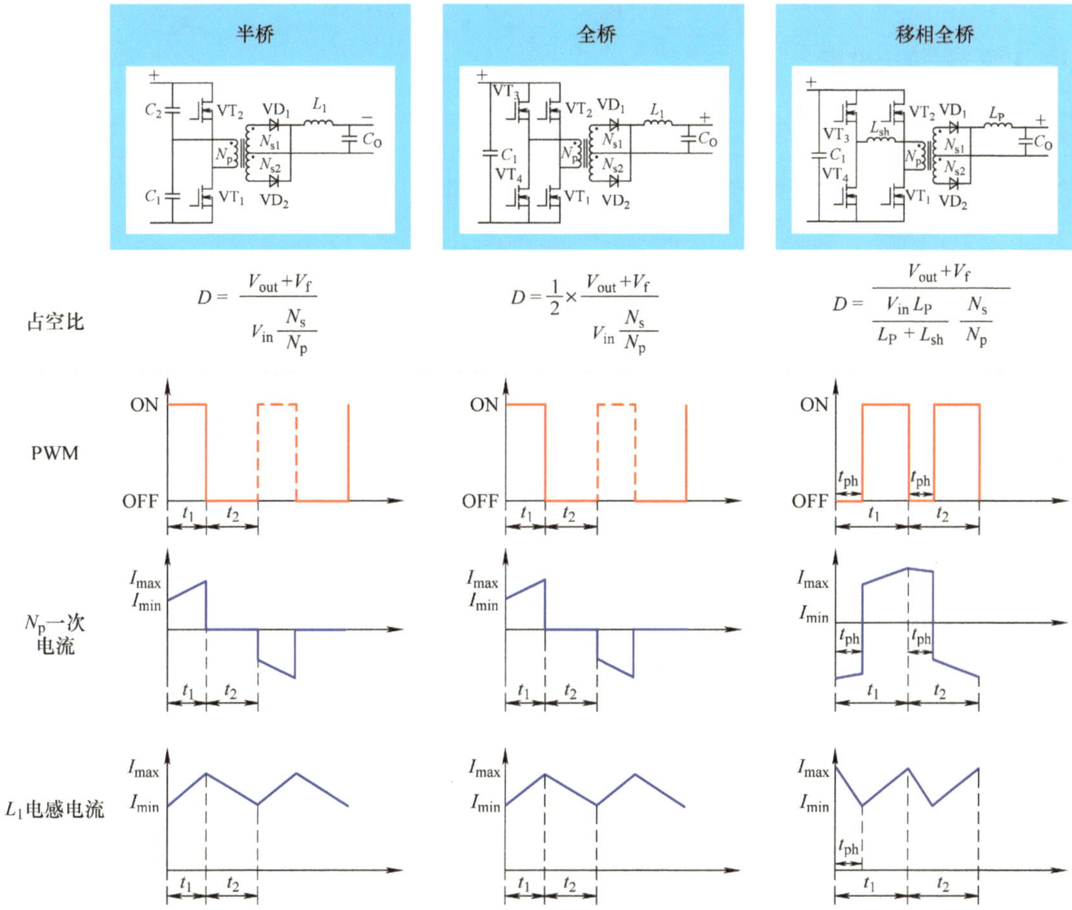

图 5-18 桥式电路工作波形

半桥 LLC 谐振拓扑的典型电路结构和原理如图 5-19 所示。

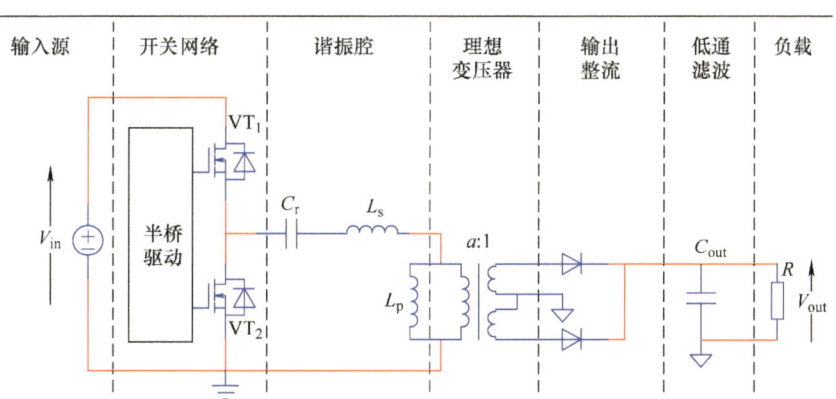

图 5-19 半桥 LLC 谐振变换器电路结构和原理

LLC 谐振变换器输入输出增益的基本公式为

$$\frac{V_{\text{out}}}{V} = \|M(j\omega)\| \tag{5-1}$$

式中 V_{out}——输出电压；
V——输入电压；
$M(j\omega)$——传输增益。

LLC 谐振变换器的正向传输增益公式（电压转换比）为

$$|M(x,k,Q)| = \frac{1}{2} \times \frac{1}{\sqrt{\left[1 + \frac{1}{K}\left(1 - \frac{1}{x^2}\right)\right]^2 + Q^2\left(x - \frac{1}{x}\right)^2}} \tag{5-2}$$

式（5-2）中：

$$f_{r1} = \frac{1}{2\pi\sqrt{L_s C_r}}; x = \frac{f}{f_{r1}}; K = \frac{L_p}{L_s}; z_R = \sqrt{\frac{L_s}{C_r}}; R_e = \frac{8}{\pi^2} a^2 R; Q = \frac{z_R}{R_e} \tag{5-3}$$

式中 f_{r1}——谐振腔 L_s、C_r 的谐振频率；
x——开关网络开关频率 f 的归一化系数；
K——励磁电感 L_p 和谐振腔谐振电感 L_s 的倍数；
R_e——理想变压器输出负载电阻 R 换算到变压器一次侧的等效负载电阻；
Q——谐振腔的品质因数。

LLC 谐振变换器输入输出增益的开关频率曲线（单位为 1）如图 5-20 所示。

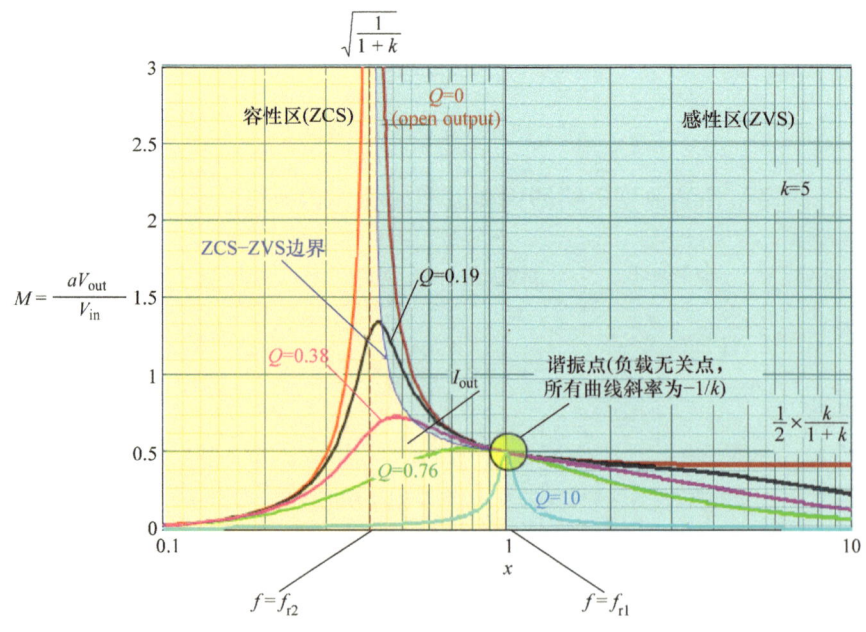

图 5-20 LLC 谐振变换器输入输出增益的开关频率归一化曲线

5.2.3 车载 DC/DC 变换器的性能评价

5.2.3.1 相关标准

车载 DC/DC 变换器有关标准明细见表 5-1。

表 5-1　车载 DC/DC 变换器有关标准明细

序号	标准
1	GB/T 2423.1—2008《电工电子产品环境试验　第 2 部分：试验方法　试验 A：低温》
2	GB/T 2423.2—2008《电工电子产品环境试验　第 2 部分：试验方法　试验 B：高温》
3	GB/T 2423.17—2008《电工电子产品环境试验　第 2 部分：试验方法　试验 Ka：盐雾》
4	GB/T 4208—2017《外壳防护等级（IP 代码）》（IEC 60529：2001，IDT）》
5	GB 14023—2011《车辆、船和内燃机　无线电骚扰特性　用于保护车外接机的限值和测量方法》
6	GB/T 17619—1998《机动车电子电器组件的电磁辐射抗扰性限值和测量方法》
7	GB/T 18488.1—2015《电动汽车用驱动电机系统　第 1 部分：技术条件》
8	GB/T 18488.2—2015《电动汽车用驱动电机系统　第 2 部分：试验方法》 GB/T 18655—2018《车辆、船和内燃机　无线电骚扰特性　用于保护车载接收机的限值和测量方法》 QC/T 413—2002《汽车电气设备基本技术条件》 GB/T 24347—2009《电动汽车 DC/DC 变换器》
9	ISO 10605 2008《道路车辆—静电放电产生的电干扰测试方法》
10	ISO 7637.2 2002《道路车辆—由传导和耦合引起的电气干扰测试方法》
11	EN/IEC 61000—4—2《电磁兼容性（EMC）试验和测量技术—静电放电抗扰度试验》
12	EN/IEC 60068—2—6《环境试验　第 2 部分：试验—试验方法 Fc：振动（正弦）》
13	EN/IEC 60068—2—27《环境试验　第 2 部分：试验—试验方法 Ea：冲击》
14	EN/IEC 60068—2—32《环境试验　第 2 部分：试验—试验方法：自由落体》
15	72/245/EEC　汽车 EMC 指令
16	GB/T 3767—2016《声学　声压法测定噪声源声功率级和声能量级　反射面上方近似自由场的工程法》
17	GB/T 6882—2016《声学　声压法测定噪声源声功率级和声能量级　消声室和半消声室精密法》

5.2.3.2 性能指标

1. 效率

DC/DC 变换器的效率是其输出功率与其输入功率的比值。

$$\eta = \frac{U_o I_o}{U_i I_i} \times 100\% \qquad (5\text{-}4)$$

式中　η——DC/DC 变换器的效率（%）；

　　　U_o——DC/DC 变换器的输出电压（V）；

　　　I_o——DC/DC 变换器的输出电流（A）；

　　　U_i——DC/DC 变换器的输入电压（V）；

　　　I_i——DC/DC 变换器的输入电流（A）。

DC/DC 变换器的输入功率用其输入端的电压和电流的测量值的乘积来计算，输入端电压应在其输入接线端子处（或接线电缆头部）量取。

DC/DC 变换器的输出功率用其输出端的电压和电流的测量值的乘积来计算，输出端电压应在其输出接线端子处（或接线电缆头部）量取。

如有附属设备（风扇、控制器等），则附属设备消耗的功率另行计算。

2. 额定输出电压

在规定的环境条件、负载状态和温升限度下，DC/DC 变换器规定的输出工作电压值。

3. 标称输入电压

在规定的环境条件、负载状态和温升限度下，DC/DC 变换器输入电压的标称值。

4. 额定功率

在规定的环境条件、额定电压和连续工作情况下，DC/DC 变换器达到稳定温度后可输出的最大功率。

5. 峰值功率

在规定的环境条件下和规定的时间内，DC/DC 变换器可连续工作的最大功率。

6. 质量比功率

DC/DC 变换器额定功率与其总质量（包括附属系统）的比值，单位为 kW/kg。

7. 体积比功率

DC/DC 变换器额定功率与其总体积（包括附属系统）的比值，单位为 kW/L。

8. 动态响应时间

系统受到一个激励后，由一种稳定的工作状态变换到另一种稳定状态所经历的时间。

9. 负载调整率

当输入电压不变，负载从零变化到额定值时，输出电压发生变化，通常用百分比表示。

10. 输入启动延时

在输入电压、控制信号满足的情况下，输出电压从零变化到稳定状态所经历的时间。

11. 静态电流

在 DC/DC 变换器不工作的情况下，DC/DC 变换器所消耗的电流（包括输入端、输出端）。

12. 输出电压调整范围

在 DC/DC 变换器正常工作的情况下，输出电压随控制信号所变化的范围。

13. 功能

1）接收控制信号，实现高压直流系统与低压直流系统之间的转换。

2）开通和关断输出功能。

3）调节输出电压到设定值。

4）具有故障检测功能，并可以把故障信息与整车共享。

5）可以在设定的工作环境下稳定工作。

6）具有保护功能：具有输入过电压、欠电压保护功能，输出过电压、过电流、短路保护功能，过温保护功能，具有高、低压绝缘隔离功能。

5.2.3.3 相关技术要求

1. 环境适应性

1）温度：DC/DC 变换器的工作环境温度和存储温度试验按 GB/T 18488.2—2015 的相关试验方法进行试验。试验过程中，DC/DC 变换器在正常工作状态。

2）湿度：DC/DC 变换器的湿度试验按 GB/T 18488.2—2015 中 9.3.1 的要求进行。试验结束后，按照 6.1.3 节的方法复测绝缘电阻，期间试验环境应保持不变。

恢复常态后，将输出电压设定为额定输出电压，DC/DC 变换器工作在额定功率条件下，检查是否能够正常工作。

3）盐雾：DC/DC 变换器的抗盐雾能力应能满足 GB/T 2423.17—2008 的有关规定。试验周期不低于 48h。试验后，DC/DC 变换器恢复 1~2h 后，应能正常工作。

2. 抗振性能

1）机械振动：DC/DC 变换器的振动试验按 GB/T 18488.2—2015 中 9.4 的规定进行。

2）机械冲击：DC/DC 变换器应能够通过 IEC 60068-2-27 中规定的试验。

3）跌落测试：DC/DC 变换器应能够通过 IEC 60068-2-32 中规定的试验。

3. 防护等级

DC/DC 变换器的产品防护等级应符合 IEC 60529-2001 中 IP55 要求。

4. 噪声

DC/DC 变换器工作噪声试验按 GB/T 6882—2016 中附录 E 的规定或 GB/T 3767—2016 附录 B 进行。

5. 高压安全

1）绝缘性能：在 DC/DC 变换器未工作的情况下，用 1000V 绝缘电阻表（或其他具有相同功能和精度等级的仪器）对 DC/DC 变换器中带电电路与地（外壳）之间的绝缘电阻进行测量。

2）耐电压性能：根据 GB/T 18488.1—2015 的试验电压要求设置试验电压，将试验电压加载于接线端子和地（外壳）之间。在加载过程中，施加的电压应从不超过试验电压全值的一半开始，然后以不超过全值 5% 的速度均匀地或分段地增加至全值。电压自半值增加至全值的过程时间不少于 10 s，全值试验电压应持续 1 min。

3）接地：用精度为 1/1000Ω 的万用表（或其他具有相同功能和精度等级的仪器）测量 DC/DC 变换器中能触及的金属部件与外壳接地点处的电阻。

4）电气间隙和爬电距离：电气间隙和爬电距离应满足 GB/T 18384.1—2015 中电气间隙和爬电距离的相关要求。

6. 壳体机械强度

DC/DC 变换器按照 GB/T 18488.1—2015 要求试验后，应不发生明显的塑性变形。

7. 额定功率

在规定的环境条件、额定电压和连续工作情况下，DC/DC 变换器达到稳定温升后可输出的最大功率应大于或等于铭牌中标出的额定功率值。

8. 峰值输出功率及持续时间

DC/DC 变换器的过载输出功率不小于其额定功率的 1.2 倍。

9. 电磁兼容

1）电磁干扰：按 GB/T 18655—2018 中第 3 章的测量方法进行测试。

2）电磁抗扰性：按 GB/T 17619—1998 的测量方法和规定的抗扰性电平要求测试。

10. 动态响应时间

DC/DC 变换器的动态响应时间应符合生产商和用户签订的供货文件。

11. 可靠性

可靠性试验循环工况曲线示例如图 5-21 所示，其中 i_P 表示输出功率（P）与额定功率（P_e）的比值；试验循环数据见表 5-2，每个循环试验时间为 5.5h。

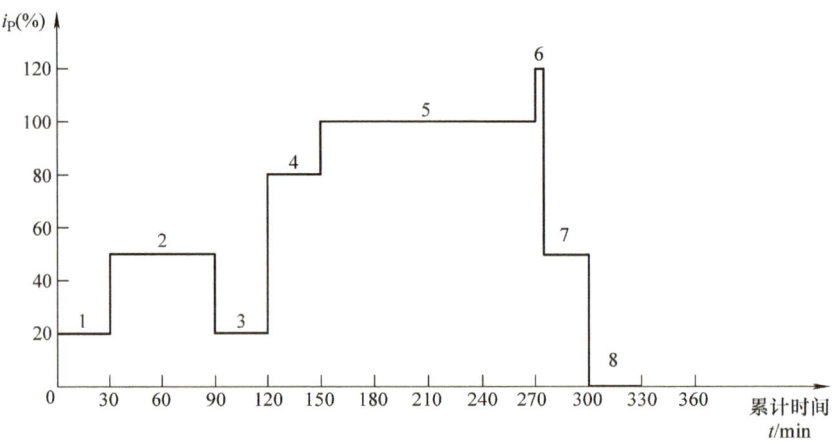

图 5-21　试验循环工况曲线示例

表 5-2　试验循环数据

工况序号	i_P（%）	工况时间 t/min	累计时间 t/min
1	20	30	30
2	50	60	90
3	20	30	120
4	80	30	150
5	100	120	270
6	120	6	276
7	50	24	300
8	0	30	330

12. 耐久性

DC/DC 变换器的耐久性要求应符合生产商和用户签订的供货文件。

13. 控制精度

1）电流控制精度：对于恒流输出特性的 DC/DC 变换器，在恒流输出电流下的相对误差不大于 2%。

2）电压控制精度：对于恒压输出特性的 DC/DC 变换器，在额定输出电压下的相对误差不大于 1%。

14. 外观质量
1）变换器外表面应平整，无明显的划伤、变形等缺陷，表面涂镀层应均匀。
2）铭牌、标志安装端正牢靠，字迹清晰。
3）零部件紧固可靠，无锈蚀、毛刺、裂纹等缺陷和损伤。

15. 电气压力
按 ISO 7637.2—2002 所规定的测试方法对 DC/DC 变换器进行传导免疫、传导辐射、反电压供电等电气压力测试，按照规定的测试方法测试后，变换器应能工作正常。

16. 抗温度冲击
DC/DC 变换器在不上电的情况下，应该能够经受 250 次及以上的温度循环的热冲击测试；测试结束后变换器能够正常工作。

17. 抗二氧化硫
DC/DC 变换器在不上电的情况下，并且线束端要装配好，置于 SO_2 浓度（体积分数）为（500±10%）$\mu g/m^3$ 与空气的混合气体中，相对湿度为 70%RH，气体交换率为 5 次 /h（即若试验箱体积为 200L，则空气流速为 1000L/min）。

一个测试周期包括：温度按照每分钟下降 2℃的斜率，下降到最低工作温度点，在最低工作温度保持 30min；温度按照每分钟上升 2℃的斜率，上升到最高工作温度点，在此温度下保持 30min；持续时间 250h，变换器应能通过此项测试，且其密封状态及接线端子状态良好。

18. 抗化学药品
DC/DC 变换器在装配良好的条件下，应该能在不同的温度下接受不同化学药品浸泡测试：20℃时汽油浸泡；60℃时电解液或风窗玻璃清洗剂浸泡；85℃时制动油、发动机润滑油、动力转向油、冷却液和发动机清洁剂等化学药品浸泡，试验结束后，变换器不应该有泄漏和机械损伤等。

5.2.4　DC/DC 变换器的匹配

车载 DC/DC 变换器的选择一般只要实现功率和电压上的匹配即可，重点需要关注的则是其产品的质量把控和可靠性验证。

在选用车载 DC/DC 变换器时，需要进行以下参数匹配。

1. 额定输入电压范围
通过前端动力电池的电压范围，即可确定 DC/DC 变换器的额定输入电压范围。

2. 额定输出电压
通过后端用电设备和蓄电池的工作电压范围，即可确定 DC/DC 变换器的额定输出电压范围。

3. 输出功率
DC/DC 变换器供给车载用电设备和蓄电池充电的总输出功率。

由于负载种类繁多特性复杂，DC/DC 变换器的核算非常关键也比较复杂。各用电设备都有自身工作的额定电压和额定电流，如果电动汽车中的用电设备经常处于非额定状态下工作，那么用电设备、蓄电池以及车载 DC/DC 变换器的寿命也会降低，甚至损坏。根据纯电动汽车车载电子设备的不同属性，如工作持续时间、工作环境等对整车低压负荷进行统一的核算得到总耗电功率（核算方法参考本书第 2 章低压负荷的相关内容）。为保证整车实际用电和电池的充放电平衡，DC/DC 变换器的容量应大于总耗电功率，这样就可以确定 DC/DC 变换器输出功率。

在设备使用过程中，若 DC/DC 变换器出现故障，则应根据设备上报的故障信息进行初步判断，然后再通过现场具体排查并确定故障原因。常见的故障排查见表 5-3。

表 5-3 DC/DC 变换器故障排查表

序号	故障描述	维修建议
1	CAN 通信故障	截取 CAN 通信报文，分析报文
2	输出电流传感器故障	更换 DC/DC 变换器
3	输出过电流故障	检查输出负载，排查是否负载存在过电流，如果无过电流负载，更换 DC/DC 变换器
4	输出过温故障	停止工作，待温度回落，如果温度回落后故障依然存在，更换 DC/DC 变换器
5	输入过电压故障	万用表检测输入电压，如果电压在范围内，故障依然存在，更换 DC/DC 变换器
6	输出过电压故障	检测输出电压，如果故障依然存在，更换 DC/DC 变换器
7	DC/DC 变换器自检故障	更换 DC/DC 变换器
8	温度传感器故障	更换 DC/DC 变换器
9	输入欠电压故障	检测输入电压，如果故障依然存在，更换 DC/DC 变换器
10	输出欠电压故障	检测输出电压，如果故障依然存在，更换 DC/DC 变换器

5.2.5 DC/DC 变换器的典型案例

某车载 DC/DC 变换器的详细组成如图 5-22 所示。

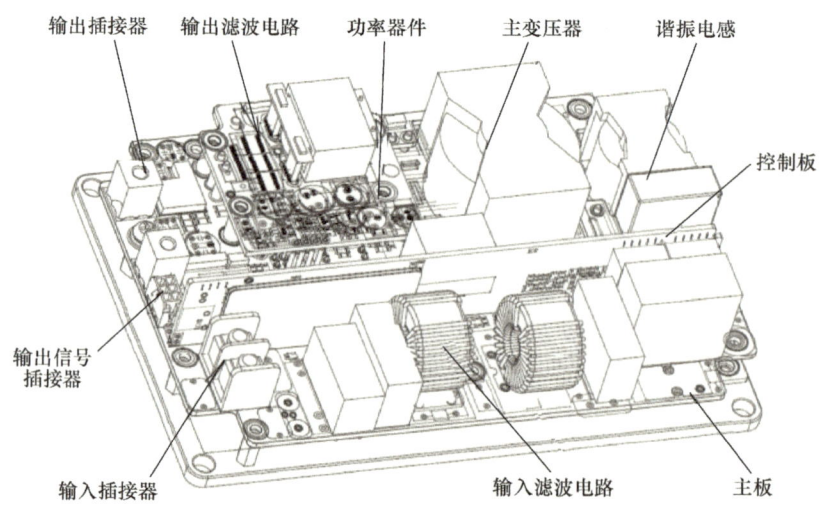

图 5-22 某车载 DC/DC 变换器电路单元结构组成

本实例主功率电路采用移相全桥拓扑，以满足较宽的输入电压范围，典型的输入范围为 200~250V 和 400~750V。同时输出级采用同步整流电路，以满足大电流的高功率应用，提升效率和改善热设计。

总体电路主要由输入滤波电路、主功率电路（功率管、电感和变压器组成）、控制电路、输出滤波电路和其他辅助电路组成。

在热管理方面，主功率器件全部贴底板散热，底板再贴到外壳散热器背面进行传导散热。

5.2.6　DC/DC 变换器的发展趋势

车载 DC/DC 变换器主要技术发展趋势集中在高可靠性、宽温度工作范围、防水防振等级、散热技术、高转换效率、高功率密度、减小体积和智能诊断等内容上，具体包括以下几个方面。

1. 集成化设计

早期的风冷、自然冷或者水冷的车载 DC/DC 变换器均带有独立的机箱外壳。这种方式在成本上、体积上都不具备优势。

车载 DC/DC 变换器今后将不再作为一个单一的部件，而是和驱动器或者配电单元、车载充电机一起集成，如二合一、三合一甚至多合一的需求越来越多。因此，车载 DC/DC 变换器的集成化、模块化设计将是今后的主流发展方向。

2. 电气性能提升

整车对于车载 DC/DC 变换器的功率密度要求不断提高，要求更高功率、更小体积。DC/DC 变换器功率和性能的提升有赖于以下技术。

（1）高频化

基于宽禁带半导体材料如碳化硅、氮化镓的新型高频功率半导体器件开发，如 SiC MOSFET、SiC IGBT 和 GaN MOSFET 等，使实现开关电源高频化有了可能。新型器件所带来的开关速度的提升和开关损耗的减小，能显著提升开关频率和整体效率。以车载 DC/DC 变换器为例，典型开关频率约 100kHz，采用新型器件后，典型开关频率可超过 1MHz，储能器件的体积可大大减小，从而使变换器的体积更小，功率密度更高。

（2）软开关技术

传统 PWM 开关电源按硬开关模式工作，开关损耗大。开关电源高频化可以缩小体积、重量，但开关损耗却更大。新的软开关技术不断涌现，选择合适的电路拓扑可实现更高性能。

（3）磁性元件平面化设计

新型磁性元件设计，如集成磁设计、平面化变压器，均可减小车载 DC/DC 变换器的尺寸、重量。

（4）数字化控制

目前数字信号处理技术日趋完善成熟，显示出越来越多的优点，如便于处理控制，避免模拟信号的畸变失真，减少杂散信号的干扰（提高抗干扰能力），便于软件调试和遥感、遥测、遥调，也便于故障自诊断、容错技术的植入。

3. 电磁兼容性能提升

车载 DC/DC 变换器的主功率开关管在高压下，以高频开关方式工作，开关电压及开关电流均为方波，从频谱分析可知，方波信号含有丰富的高次谐波，其产生的高频干扰最容易通过直流输出线传出。这些都是产生电磁干扰的来源。

目前在整车系统中，车载 DC/DC 变换器是一个主要的干扰源，必须不断提升 EMC 性能。在 DC/DC 变换器设计中，通过软开关技术和滤波器设计来优化 EMC 性能。

4. 通信需求

车载 DC/DC 变换器的信号通信从早期的模拟控制到 CAN 通信，支持在线升级、统一诊断服务（Unified Diagnostic Services，UDS）、特定帧 CAN 唤醒等，和整车控制器（Vehicular Controller Unit，VCU）的结合越来越紧密。

5. 结构优化

整车对于车载 DC/DC 变换器的振动和防护等级不断提升，特别是对于多合一的整机密封性设计要求提高。同时 DC/DC 变换器内部散热方案需要优化，从全灌胶改善为无胶化处理，从而实现轻量化设计。

5.3 用于辅助电机的车载逆变器（DC/AC 变换器）

辅助电机用车载逆变器（DC/AC 变换器）能够将动力蓄电池的高压直流电转换成交流电，多用于商用车领域。DC/AC 变换器向转向泵助力电机或制动泵助力电机等辅助电机进行供电，并对其进行有效控制。为保证车辆行驶过程中的可靠性，用于转向泵助力电机的 DC/AC 变换器在整个行车过程中始终保持工作，用于制动泵助力电机的 DC/AC 变换器则需要根据车辆制动气路中的压力状况确定其是否工作。

5.3.1 DC/AC 变换器的基本功能

车载 DC/AC 变换器大多是针对单一负载的，即一个 DC/AC 变换器控制一台辅助电机，它将母线直流电压逆变成三相交流电压，驱动电机将电能转化成机械能。其主要功能是为转向助力泵和制动系统气泵电机提供动力电源，并兼有控制、监测、故障报警以及和整车控制器进行信息通信的功能。该控制器是保证车辆的转向系统、制动系统正常工作的核心，同时也影响能量消耗，对车辆的安全性、可靠性和经济性都有较大影响。常见的电机负载为交流异步电机和永磁同步电机，但二者对应的 DC/AC 变换器的结构没有任何差别，一般包括如下三个模块。

（1）电子控制模块

电子控制模块主要包括硬件电路和相应的控制软件。硬件电路主要包括微处理器及其最小系统，对辅助驱动电机电流、电压、温度等状态的监测电路，各种硬件保护电路，以及与整车控制器等外部控制单元数据交互的通信电路。控制软件根据不同类型电机控制对象的特点实现相应的控制算法。

（2）驱动器模块

驱动器模块的主要功能是将微控制器对辅助驱动电机的控制信号转换为对 IGBT 功率模块的驱动信号，并隔离功率信号和控制信号。

（3）功率变换模块

功率变换模块的主要功能是对电机电流进行控制，将动力蓄电池的高压直流电逆变为三相交流电，以驱动交流电机工作。用于辅助驱动电机的 DC/AC 变换器的功率器件为 IGBT。

值得说明的是，DC/AC 变换器的低压供电需要由 DC/DC 变换器来提供，具体的接线如图 5-23 所示。

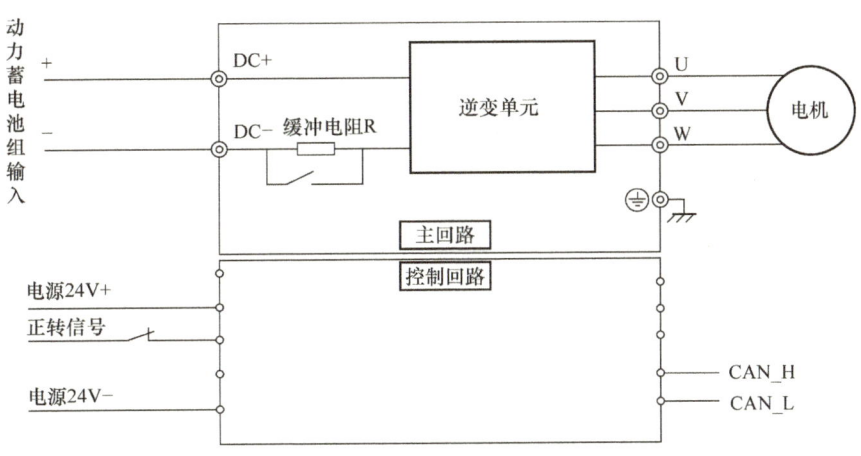

图 5-23　车载 DC/AC 变换器接线示意图

在 DC/AC 变换器低压正常工作的状态下，为其接入高压电，变换器开始自动预充；预充完成后，即可接受整车控制器与线束开关的控制进行相应的控制，同时通过 CAN 报文对状态进行反馈。

车载 DC/AC 变换器与工业变频器的工作状态有相似之处，均是以转速为控制目标，使被控电机按给定转速运行即可。但由于实际工况的限制，与工业变频器又存在一些需求上的差别，具体包括：

1）车载辅助电机及控制器的工作状态是相对固定的，一般不需要频繁地起停、加减速或者反转，相应地，对电机转速的稳定性要求较高。

2）转向泵助力电机的负载变化较为频繁且剧烈，对控制器的瞬态响应速度有较高要求，需要能够承受峰值载荷的瞬态冲击。

3）停车时制动气路中仍有气压，因而制动泵助力电机会存在带载起动的工况，极端条件下需要接近电机的满载功率起动。

4）车载 DC/AC 变换器的工作环境较为恶劣，需要能够在高低温、潮湿、大电磁辐射环境下保持正常工作状态。

5.3.2　DC/AC 变换器的关键技术

5.3.2.1　双闭环控制系统

经典的伺服电机控制系统一般是一个双闭环控制系统，其控制系统架构如图 5-24 所

示。图中所示的是一个永磁同步电机的控制系统,但双闭环的控制思路适用于各种类型的电机:

1) 外环是速度环,利用比例调节和积分调节(Proportional Integral,PI)控制器(或其他控制器),根据实际转速相对于目标转速的误差,产生交轴的参考电流(交轴参考电流与输出转矩相关)。

2) 内环是电流环,利用 PI 控制器根据实际电流相对于目标电流的误差,产生两相旋转坐标系下的参考电压,从而实现整个系统对电机转速的控制[6]。

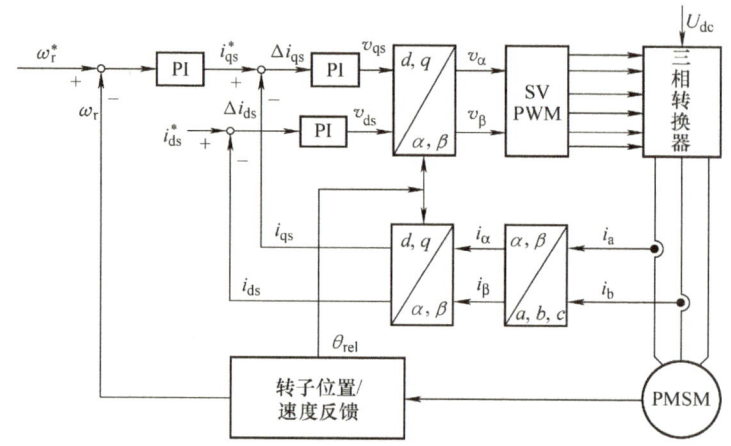

图 5-24 经典双闭环控制系统架构

5.3.2.2 PWM 逆变技术

在电机控制系统中,当电机工作在不同的速度和负载情况时,电机定子端电压的需求是不同的,这就要求向电机供电的电压型逆变器具有输出电压的调节功能。当三相电压型功率逆变器工作在方波模式下,其输出的基波电压幅值是不能改变的。为解决该问题,各种脉宽调制输出技术被提出,常见的包括正弦脉宽调制输出(SPWM)、空间矢量脉宽调制输出(SVPWM)和电流滞环脉宽调制输出(CHBPWM)。

SPWM 以正弦波作为逆变器输出的期望波形,以频率比期望波高得多的等腰三角波作为载波(Carrier Wave),并用频率和期望波相同的正弦波作为调制波(Modulation Wave),当调制波与载波相交时,由它们的交点确定逆变器开关器件的通断时刻,从而获得在正弦调制波的半个周期内呈两边窄中间宽的一系列等幅不等宽的矩形波。矩形波的面积按正弦规律变化,其基本原理如图 5-25 所示。

除 SPWM 之外,SVPWM 是另一种常用的脉宽调制方式。SVPWM 源于交流电机定子

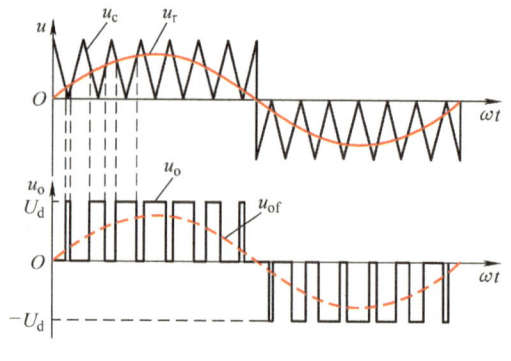

图 5-25 SPWM 原理图

磁链跟踪的思想，易于数字控制器实现，且有输出电流波形好、直流环节电压利用率高等优点。

式（5-5）给出了根据定子三相电压定义的定子电压矢量，其中引入的旋转矢量因子表示空间电角度，因而称为空间矢量电压。

$$U_s = \frac{2}{3}\left[u_a(t) + u_b(t)e^{j\frac{2\pi}{3}} + u_c(t)e^{j\frac{4\pi}{3}}\right] \quad (5-5)$$

式中 U_s——空间电压矢量（V）；
$u_a(t)$——A 相电压（V）；
$u_b(t)$——B 相电压（V）；
$u_c(t)$——C 相电压（V）。

当定子的三相电压为对称正弦电压时，式（5-6）定义的电压矢量是一个幅值与相电压峰值相等的空间矢量。矢量端点轨迹是一个圆，运动的角速度为相电压的角频率。

对于两电平型电压逆变器，电压空间矢量会随三个开关信号的变化而变化。三个开关信号有八种组合，对应 8 个基本的电压矢量，如图 5-26 所示。从图中可以看出，有两个零矢量。

根据电机学原理，电压的积分是磁链，而只有幅值不变且相角连续变化的电压空间矢量才能产生理想圆形的定子磁链。这在仅能输出有限个数电压矢量的逆变器供电的情况下是不可能实现的。但是通过快速、交替输出各电压矢量，从而引导定子磁链形成准圆形是可行的，这就是 SVPWM 的思路[7]。

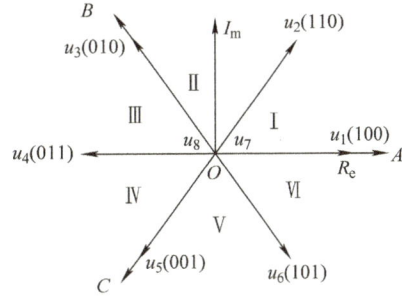

图 5-26 SVPWM 矢量分布图

由电机控制策略可以得到一个期望的定子电压空间矢量值 u_g，其作用时间为 t_g。接下来从八个基本电压矢量中做出选择，使其在作用时间内实际输出的电压空间矢量对时间的积分与 $u_g t_g$ 相等，即定子磁链的变化量相等。

具体操作时，如图 5-27 所示，首先根据 u_g 所处的空间扇区位置确定好准备使用的基本电压矢量（以 u_1、u_2 为例），记它们各自的作用时间分别为 t_1 和 t_2，则有

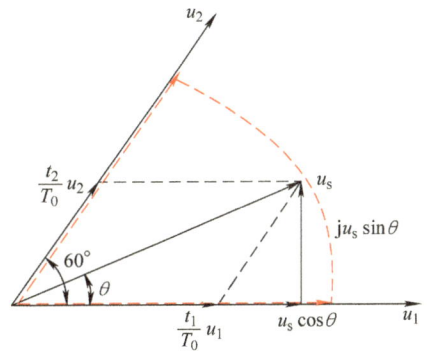

图 5-27 SVPWM 电压矢量合成图

$$u_1 t_1 + u_2 t_2 = u_g t_g \quad (5-6)$$

式中 u_1、u_2——基本电压矢量（V）；
t_1、t_2——基本电压矢量作用时间（s）；
u_g——目标电压矢量（V）；
t_g——目标电压矢量作用时间（s）。

据此解出 t_1 和 t_2，在 t_g 时间内除 t_1 和 t_2 之外的时间作用零矢量，即能产生想要的 SVPWM 输出。

实际上，以上两种调制方法输出的都是脉冲电流，如果需要控制逆变器输出交流电流，那么就需要采用电流控制型的 PWM 技术，例如 CHBPWM（电流滞环脉宽调制输出），这种技术的优点是电流响应速度快，且噪声能量被分散在广阔的频率范围内。

单相 CHBPWM 控制系统结构如图 5-28 所示。

系统给定的电流 i_a^* 与反馈电流值 i 经过置换控制器的作用得到了两个相反的控制信号，分别控制单向半桥电路的两个开关器件。滞环控制器的环宽为 $2h$，将给定电流与实际电流比较后，当电流偏差绝对值超出 h 后，滞环控制器的控制信号发生变化，否则开关信号保持不变。

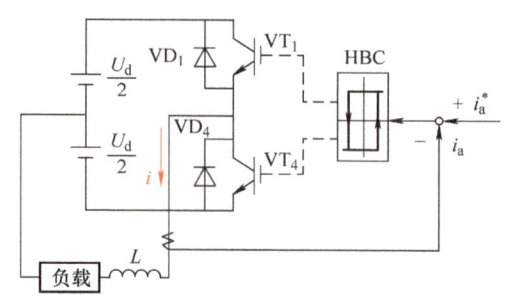

图 5-28　单相 CHBPWM 控制系统结构图

具体来说，当电流偏差大于 h 时，需要增加实际的负载电流。如果忽略开关器件的压降，那么式（5-7）成立。由于 R 很小，此时负载电流的导数为正值，当负载电流增大到与给定电流目标值相等时，输出仍保持不变，因而会使负载电流继续增大。

$$L\frac{di_a}{dt} = U_d - E_a - Ri_a \tag{5-7}$$

式中　L——相电感（H）；
　　　i_a——相电流（A）；
　　　U_d——直流侧电压（V）；
　　　E_a——负载侧的反电动势（V）；
　　　R——相电阻（Ω）。

当电流偏差低于 $-h$ 时，式（5-8）成立，此时电流的导数为负值。当负载电流增大到与给定电流目标值相等时，输出仍保持不变，因而会使负载电流继续减小。

$$L\frac{di_a}{dt} = -E_a - Ri_a \tag{5-8}$$

式中　L——相电感（H）；
　　　i_a——相电流（A）；
　　　E_a——负载侧的反电动势（V）；
　　　R——相电阻（Ω）。

不断重复这两种工况，输出电流会密切跟随给定电流，结果如图 5-29 所示。

5.3.2.3　无位置/速度传感器的电机控制技术

从图 5-24 可以看出，电机的转子速度或位置是实现其精确控制必不可少的测量参数。为获得精确的电角度和电角速度值，大多数电机上都安

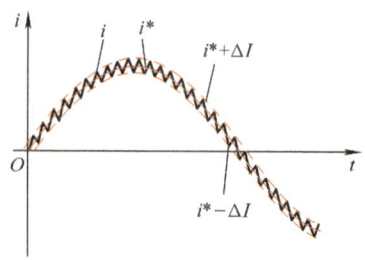

图 5-29　单相 CHBPWM 的控制过程

装了高精度的机械传感器,如光电编码器、旋转变压器等,用以提供电机的转速和位置信息。但是电动汽车的辅助驱动电机要与转向助力泵或制动泵匹配安装在一起,其安装尺寸的要求往往比较严格,很难留出足够的空间安装带机械传感器的电机。另外,出于对成本的考虑,均采用无位置/速度传感器的电机。这时 DC/AC 变换器的控制技术需要采用位置/速度估计算法对电机转子的位置和速度进行估计,以实现对电机的无位置/速度传感器进行控制[8,9]。

目前还没有一种单一的无传感器控制算法能够在全转速范围对电机进行有效控制,电机全转速范围无位置/速度传感器控制技术,通常是将低速运行控制算法和中高速运行控制算法相结合,在不同的转速阶段发挥不同控制算法的优势[10,11]。

5.3.3 DC/AC 变换器的性能评价

5.3.3.1 性能指标

1. 效率及能耗
DC/AC 变换器的效率参数包括控制器效率、电机效率及系统效率。
1)控制器效率为 DC/AC 变换器交流侧功率与直流侧功率的比值。
2)电机效率为电机输出机械功率和控制器交流侧功率的比值。
3)系统效率为控制器效率和电机效率的乘积。

2. 输入电压范围
在规定环境条件、负载状态和温升限度下,DC/AC 变换器正常工作所允许的输入电压范围。

3. 额定功率
在规定的环境条件、额定电压和连续工作情况下,DC/AC 变换器达到稳定温度后可输出的最大功率。

4. 质量比功率
DC/AC 变换器额定功率与其总质量(包括附属系统)的比值,单位为 kW/kg。

5. 体积比功率
DC/AC 变换器额定功率与其总体积(包括附属系统)的比值,单位为 kW/L。

6. 直流电压纹波
在规定的环境条件、额定电压和连续工作情况下,DC/AC 高压直流输入侧电压峰峰值,可由示波器测量获得。

7. 直流电流纹波
在规定的环境条件、额定电压和连续工作情况下,DC/AC 高压直流输入侧电流峰峰值,可由示波器测量获得。

8. 交流电压谐波畸变
在规定的环境条件、额定电压和连续工作情况下,DC/AC 交流电压中谐波含量所占的比例,可由功率分析仪测量获得。

9. 交流电流谐波畸变

在规定的环境条件、额定电压和连续工作情况下，DC/AC 交流电流中谐波含量所占的比例，可由功率分析仪测量获得。

10. 功能

1）接收控制信号，实现高压直流系统与高压交流系统之间的转换，对电机进行有效控制。

2）通过 CAN 或硬线开关开通和关断输出功能。

3）通过 CAN 进行程序更新和参数修正。

4）具有故障检测功能，并可以将故障信息与整车共享。

5）可以在设定的工作环境下稳定工作。

6）具有输入过电压、欠电压保护，输出过电流、短路保护，电机缺相、失速保护，模块过温及电机过温保护等保护功能。

5.3.3.2 相关技术要求

作为车载电源变换器模块，DC/AC 变换器与 DC/DC 变换器在多方面的技术要求上具有相似性，包括环境适应性、抗振、防护、高压安全、噪声、输出能力、电磁兼容、耐久性等方面，此处不再重复讨论。需要说明的是，根据 GB/T 18488.1—2015 的相关要求，对 DC/AC 变换器的测试需对该变换器对应的电机一同进行。特别地，DC/AC 变换器需要进行以下测试。

1. 效率测试

使用测试台架，在最低电压、额定电压和最高电压供电的条件下，使电机工作在额定转速状态，调整台架负载，记录不同负载条件下的工作电流值、DC/AC 变换器输入/输出功率、电机机械功率等，计算相关效率参数。

2. 转速控制精度测试

在规定的环境条件、额定电压和连续工作情况下，利用台架的转速测量装置测量电机实际允许转速，要求与额定转速的偏差不超过 0.5%。

3. 工作电流测试（过载测试）

根据 GB/T 18488.1—2015 的相关要求，在规定的环境条件、额定电压下，测试 DC/AC 变换器在额定电流、短时工作电流和最大工作电流下的持续工作时间。

4. 响应时间测试

根据 GB/T 18488.1—2015 的相关要求，在规定的环境条件、额定电压下，测试电机由静止状态加速至规定容差范围的期望值所经过的时间。

5. 可靠性

可靠性试验需按照 GB/T 29037—2012 的相关规定进行测试和评价。

5.3.4 DC/AC 变换器的匹配

在选用车载 DC/AC 变换器用电器时，需要进行以下参数匹配。

1. 额定输入电压范围

通过前端动力电池的电压范围，即可确定 DC/AC 变换器的额定输入电压范围；根据车载 DC/DC 变换器的输出电压范围，可以确定 DC/AC 变换器的低压供电电压范围。

2. 额定输出电压范围

根据被控电机的额定电压范围，即可确定 DC/AC 变换器的额定输出电压范围。

3. 输出功率及电流范围

根据被控电机的额定功率、峰值功率、额定电流、峰值电流，确定 DC/AC 变换器的输出功率及电流范围，一般车载 DC/AC 变换器的额定功率在 1.5~5.5kW，多数为 3kW 左右。

4. 电机类型

常见的助力电机有永磁同步电机或异步感应电机。针对不同的电机类型需要选择适配的控制算法，在控制软件方面需要进行区分。

在 DC/AC 变换器的使用过程中，需注意对带有高压的线束进行可靠的电气隔离，若设备发生故障，可根据故障信息具体排查并确定故障原因，必要时寻求供应商的技术服务。表 5-4 是 DC/AC 变换器故障排查表。

表 5-4 DC/AC 变换器故障排查表

序号	故障描述	维修建议
1	CAN 通信故障	截取 CAN 通信报文，分析报文
2	模块过温故障	停止工作，待温度回落，如果温度回落后故障依然存在，则更换 DC/AC 变换器
3	输出过电流故障	检查输出负载是否过大，检查电机是否存在短路现象
4	电机过温故障	停止工作，待温度回落，如果温度回落后故障依然存在，则检查温度传感器是否正常
5	输入过电压故障	用万用表检测输入电压，如果电压在范围内，故障依然存在，则更换 DC/AC 变换器
6	电机失速故障	检测负载是否过大或供电电压是否过低
7	DC/AC 自检故障	重新上电自检
8	输出缺相故障	检查负载端是否有断线、漏接现象
9	输入欠电压故障	检测输入电压，如果故障依然存在，则更换 DC/AC 变换器

5.3.5 DC/AC 变换器的典型案例

某电动商用车用 DC/AC 变换器模块实物如图 5-30 所示，其控制电路与驱动电路集成于同一块 PCB 上，IGBT 安装在 PCB 与散热铝板之间，依靠散热硅脂与底部散热铝板紧密贴合，可采用风冷或水冷散热。

本案例中的 DC/AC 变换器额定功率 5.5kW，工作电压范围为 400~800V，硬件兼容 1.5~5.5kW 各功率等级的辅助电机，IGBT 采用英飞凌公司的 FS75R12W2T4 模块，额定电流为 75A，最高耐压为 1200V，具有一定的功率冗余，以防止极端条件下模块损坏。控制芯片采用 TI 公司的 TMS320F28335，主频最高达 150MHz，可进行浮点数运算。

模块软件遵循经典电机双闭环调速控制理论进行设计，采用抗饱和积分数字 PI 调节器以及空间矢量脉宽调制技术。在无传感器控制策略方面，采用变压变频启动方式，利用电机启动后的反电动势对电机转子位置进行有效估计，从而对电机转速进行可靠控制。

图 5-30　某电动商用车 DC/AC 变换器实物

5.3.6　DC/AC 变换器的发展趋势

DC/DC 变换器对应内容中关于集成化、电磁兼容、通信和结构优化的发展趋势同样适用于车载 DC/AC 变换器，此外，车载 DC/AC 变换器近年来还有以下发展趋势。

1. 高安全性

功能安全体系在主驱控制器上已经广泛应用，其理念也渗入到 DC/AC 变换器的使用中。在硬件拓扑方面，基于多核微控制器和逻辑芯片实现独立的故障响应关断路径，对各功能安全传感器信号进行冗余采样设计，对微控制器和高压侧电路进行冗余供电设计；在软件算法方面，基于三层软件监控构架，对功能安全相关信号和算法进行监控，对传感器和 CAN 通信信号进行实时监控，对微控制器底层程序运行进行实时诊断和监控，从而确保控制单元的高安全性要求。

2. 模块化集成

除了 DC/DC 变换器中提到的多合一思想之外，目前将 DC/AC 变换器与相应的被控对象进行集成也成为可能的发展方向。这种集成方式可以有效减少线缆的使用，提升系统可靠性，尤其是在车载空调领域已经得到了广泛的应用。

3. 参数自学习

DC/AC 变换器需要针对不同的电机匹配特定的软件程序，因此带来了大量的人力成本。且在电机的实际使用过程中，其特性参数会逐渐发生变化，影响 DC/AC 变换器的控制效果。在线参数自学习技术能够自动匹配对应电机的特性参数，并在使用过程中对电机特性参数的变化进行响应。

4. 变频调速控制

随着市场对整车能耗数据的要求不断提升，电动汽车制造商正在从各个方面降低整车能耗。对用于辅助电机的 DC/AC 变换器，可以在负载要求相对较低的情况下适当降低辅助电机的工作频率,以降低能耗,即需要在辅助电机工作过程中采用变频调速的控制手段。

5.4 主驱动电机控制器

5.4.1 主驱动电机控制器的功能及原理

5.4.1.1 主驱动电机控制器的功能

主驱动电机控制器是控制驱动电机运行状态的装置,其与驱动电机组成的电机驱动系统是电动汽车的心脏。它从整车控制器获得整车的动力需求,从动力蓄电池获得直流电能输入,经过自身控制电路的计算和变换器的转换,输出驱动电机需要的交流电流和电压,使得电机的转矩和转速满足整车的要求。此外,整车的动能也能反过来经过电机系统进行能量回收,从而给动力蓄电池充电。主驱动电机控制器的功能框图如图 5-31 所示。

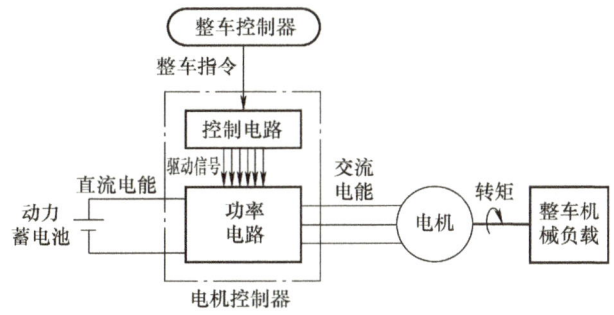

图 5-31 主驱动电机控制器的功能框图

主驱动电机控制器在汽车应用领域应具有以下基本功能:
(1)状态检测功能
通过传感器实时检测电机的转子位置、温度、相电流等状态参数,实时检测控制器的母线电压、母线电流、温度等状态参数。
(2)通信功能
与整车控制器进行通信,接收其下发的运行指令,并向其上报电机系统的状态。
(3)电机控制功能
根据整车指令并结合电机系统状态,计算出功率半导体器件的驱动信号,并驱动电机运行于整车期望的工作状态。
(4)诊断与保护功能
根据实时监测的电机系统状态诊断电机系统是否发生故障,并实施相应的故障保护措施。
上述功能只是控制驱动电机所需要的功能,而主驱动电机控制器在汽车应用领域还具有以下基本功能：

（1）具有多种控制模式

在汽车应用领域，驱动电机系统主要工作在转矩控制模式；但也具备转速控制模式，用于换档调速、防溜坡等工况；还具备快速放电模式，用于整车下高压电过程。

（2）具有四象限运行能力

电机控制器可以控制驱动电机在全部四个象限中（正转电动、正转发电、反转电动、反转发电四种工作状态）工作并可以快速切换，从而可以满足车辆行驶过程中前进、倒退、驱动、制动等各种不同的运行需求。尤其是出于提升续驶里程的需要，目前几乎所有的电动汽车都要求电机控制器具有能量回收功能（运行于发电状态）。

（3）有完善的软件功能

为满足汽车对控制器的通用要求，主驱动电机控制器一般都具备 CAN 通信、诊断（UDS）、引导加载（Bootloader）、标定等软件相关功能。

除了上述电动汽车应用领域的基本功能之外，针对不同的整车设计要求，主驱动电机控制器可能还会有更多的功能，比如高压互锁功能、CAN 唤醒功能、防溜坡功能、主动阻尼功能、主动短路功能等。

主驱动电机控制器主要由功率电路及散热系统（IGBT 或 MOSFET 等功率半导体器件 + 支撑电容 + 铜排 + 散热系统等）、驱动与保护电路（驱动芯片 + 栅极驱动 + 保护电路等）、控制电路及控制软件（微控制器 + 外围电路 + 控制软件等），以及结构件（箱体 + 支座 + 接插件等）等部件构成。图 5-32 给出了主驱动电机控制器的基本组成示例。

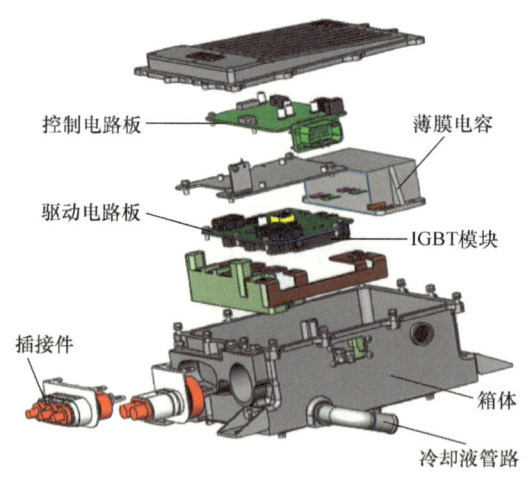

图 5-32　主驱动电机控制器的基本组成示例

电机控制器早期都是作为一个独立单元，通过外部线束与电机、动力蓄电池和整车控制器连接的。随着系统功率密度、成本和电磁兼容性能等各方面要求的提高，电机控制器越来越多地与其他相关零部件进行集成，如图 5-33 所示。其中电机控制器与电机和减速器的三合一集成，电机控制器与 DC/DC 变换器、DC/AC 逆变器等其他电控集成的方案比较常见，也有少数只将电机控制器和电机二合一集成，比如 48V 电机系统。

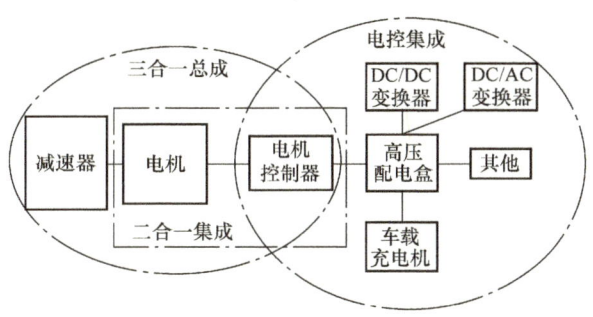

图 5-33 主驱动电机控制器的集成方式

5.4.1.2 不同类型电机的控制原理

主驱动电机控制器是驱动电机的控制单元,而电动汽车用驱动电机主要有直流电机、异步电机、永磁同步电机、开关磁阻电机等几种类型。不同类型的驱动电机,其控制原理也是有所不同的。下面介绍这几种常用驱动电机的控制原理。

1. 直流电机控制

直流电机分为励磁绕组式和永磁式直流电机。前者有励磁绕组且磁场可由直流励磁电流控制,而后者没有励磁绕组且永磁体的磁场是不可控制的。励磁绕组直流电机又可以进一步分为他励、并励、串励和复励等,如图 5-34 所示。

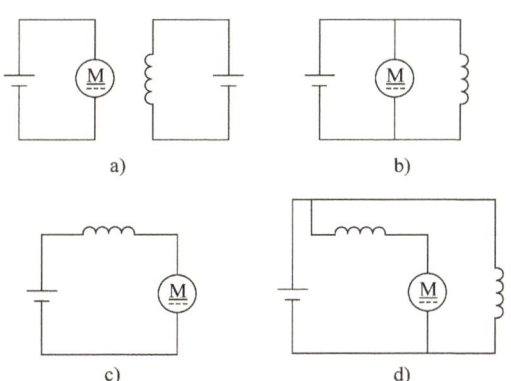

图 5-34 励磁绕组直流电机的种类
a)他励 b)并励 c)串励 d)复励

各种类型的直流电机虽然励磁方式有所不同,但工作原理基本相同。图 5-35 所示是直流电机的工作原理图。定子磁极产生的磁通与转子电枢绕组中电流之间的作用力产生转矩。通过电刷转换电枢绕组中的电流方向,使电枢旋转产生同一方向的转矩。转矩 T 与磁通 Φ 和电枢电流 I_a 的乘积成正比:

$$T = k_T \Phi I_a \quad (5-9)$$

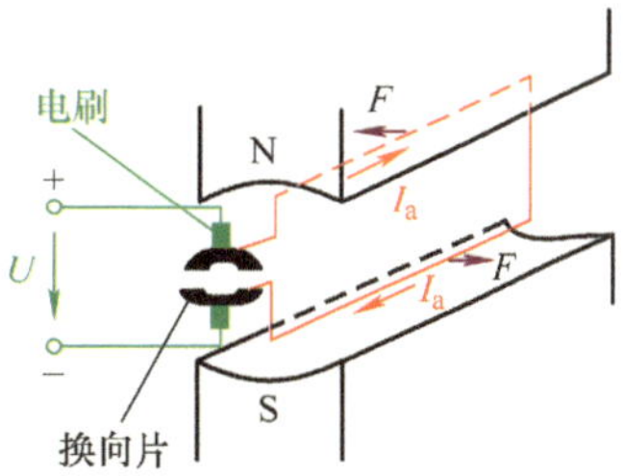

图 5-35 直流电机的工作原理图

式中　T——电机转矩（N·m）；
　　　k_T——转矩常数；
　　　Φ——电机磁通（Wb）；
　　　I_a——电枢电流（A）。

其中磁通：

$$\Phi = k_\Phi I_f \tag{5-10}$$

式中　Φ——电机磁通（Wb）；
　　　k_Φ——励磁常数；
　　　I_f——励磁电流（A）。

从式（5-9）和式（5-10）可以看出，通过施加励磁电流 I_f 可以建立磁通 Φ，而调节电枢电流 I_a 的大小，即可以成正比地调节直流电机输出转矩的大小。图 5-36 给出了电动汽车用直流电机驱动的双闭环控制典型系统框图，其中外环的 ASR 是自动速度调节器，根据转速指令与电机速度传感器输出值产生电机的电枢电流指令；内环的 ACR 是自动电流调节器，控制实际电枢电流跟随电流指令值。该调节器输出为电枢电压指令值 V_a，相应的控制依赖于占空比 δ 的变化。

$$V_a = \delta V_s \tag{5-11}$$

式中　V_a——电枢电压指令值（V）；
　　　δ——占空比；
　　　V_s——母线电压（V）。

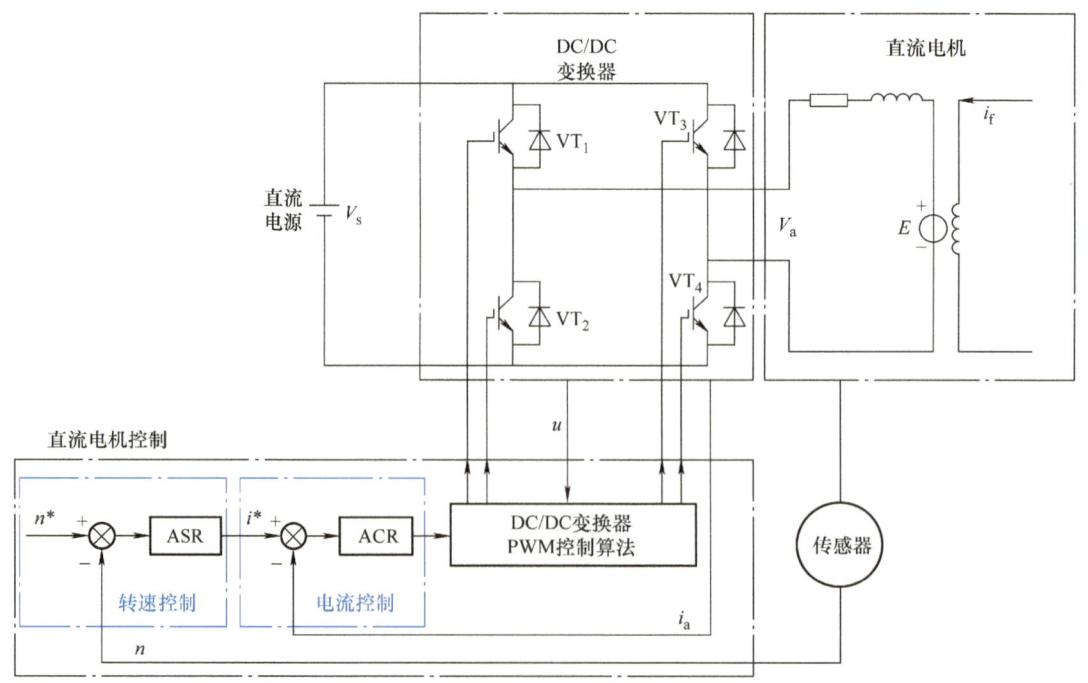

图 5-36　电动汽车用直流电机驱动的双闭环控制典型系统框图

$$I_\mathrm{a} = \frac{V_\mathrm{a} - E}{R_\mathrm{a}} \tag{5-12}$$

式中　I_a——电枢电流（A）；
　　　V_a——电枢电压指令值（V）；
　　　E——反电动势（V）；
　　　R_a——电枢电阻（Ω）。

$$E = K_\mathrm{e} \Phi \omega_\mathrm{m} \tag{5-13}$$

式中　E——反电动势（V）；
　　　Φ——电机磁通（Wb）；
　　　K_e——反电动势常数；
　　　ω_m——电机旋转角速度（rad/s）。

对于需要针对电机励磁电流 I_f 进行控制的系统，可以在图 5-36 的基础上再增加一个励磁电流的控制闭环。

直流电机的控制非常简单，因此在早期的电动汽车中应用较多。但换向器引起转矩波动并限制了电机的转速，而电刷带来摩擦与射频干扰（RFI）；而且由于磨损和断裂，换向器和电刷需要定期维护，这些缺点限制了直流电机在电动汽车驱动领域的广泛应用。

2. 异步电机控制

异步电机按转子构造可以分为绕线转子和笼型两种。由于绕线转子电机成本高、需要维护、缺乏坚固性，因而没有笼型异步电机应用广泛，特别是在电动汽车领域。

图 5-37 所示为异步电机的工作原理图。定子绕组内施加对称三相交流电流，使得定子中产生旋转磁场；转子导体切割定子旋转磁场产生感应电动势，从而在闭合的导体中产生电流；转子导体将受到电磁力的作用，从而形成电磁转矩。

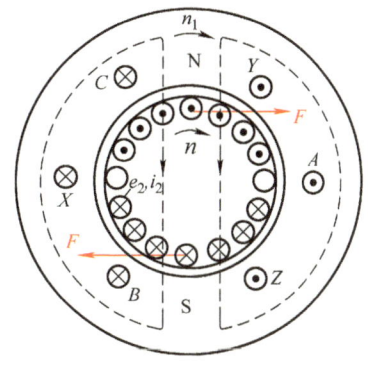

图 5-37　异步电机的工作原理图

采用常规方法调节异步电机的绕组 A、B、C 三相电流很难分别独立控制磁通和转矩，但采用图 5-38 所示的坐标变换将静止坐标系的三相电流（i_A, i_B, i_C）转换到同步旋转坐标系下的两相电流（i_M, i_T）之后，异步电机模型与直流电机等效，转矩和磁链的表达式类似。

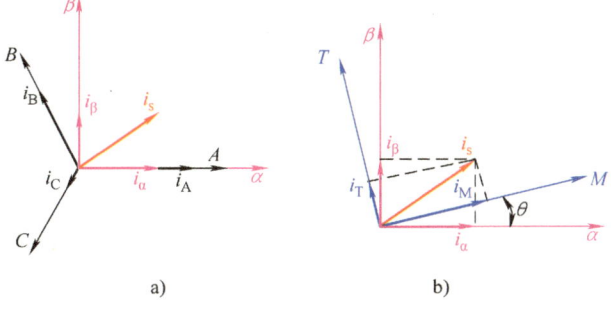

图 5-38　坐标变换示意图
a）静止三相坐标系（ABC）转换到静止两相坐标系（$\alpha\beta$）
b）静止两相坐标系（$\alpha\beta$）转换到同步旋转两相坐标系（MT）

转矩表达式如下：

$$T = 1.5 P_n \frac{L_m}{L_r} \psi_r i_T \tag{5-14}$$

式中　T——电机转矩（N·m）；
　　　P_n——磁极对数；
　　　L_m——励磁电感（H）；
　　　L_r——转子电感（H）；
　　　ψ_r——转子磁链（Wb）；
　　　i_T——T轴电流（A）。

其中转子磁链（稳态）：

$$\psi_r = L_m i_M \tag{5-15}$$

式中　ψ_r——转子磁链（Wb）；
　　　L_m——励磁电感（H）；
　　　i_M——M轴电流（A）。

经过坐标变换之后，定子电流中的励磁分量和转矩分量被分离出来，便于对转矩和磁通进行单独控制，从而实现矢量控制。i_M 对应直流电机的励磁电流 I_f，i_T 对应直流电机产生转矩的电枢电流 I_a。从静止三相坐标系到同步旋转坐标系的坐标变换是矢量控制的理论基础，采用矢量控制方法对异步电机进行控制与直流电机控制类似，即通过施加电流 i_M 建立磁通，调节电流 i_T 的大小即可调节电机输出转矩的大小。

异步电机的磁场定向是其矢量控制的关键。只有准确地知道转子磁通矢量空间位置，才能使MT同步旋转坐标系沿转子磁场方向定向，也才可能实现矢量控制。磁场定向方式有直接和间接两种。直接转子磁场定向即通过磁通检测或磁链估计来直接确定转子磁通的位置，但在低速时误差较大，因此直接磁场定向在实际应用中较少采用。间接转子磁场定向则是通过测量转子转速并计算出转差频率，从而间接获得转子磁通的位置。该方法相对简单，且没有低速问题，因此在实际应用中广泛采用。

基于间接磁场定向的典型异步电机控制框图如图5-39所示。异步电机需要在获得转子速度 ω_r 的基础上加上计算得到的转差频率 ω_{sl} 才能得出同步旋转速度 ω_e，从而进一步积分得到 θ_e 用于坐标变换。其中转差频率的计算不可避免地需要用到转子时间常数 T_r，而 T_r 与电机的状态（电流大小、温度等）有着密切的关系，这也导致异步电机控制的参数敏感性较强，难度较大。图中的两个PI调节器分别针对异步电机定子电流的励磁分量 i_M 和转矩分量 i_T 进行闭环控制。电流调节器的输出经过坐标变换后得到静止坐标系下的定子电压分量，该电压分量经过PWM计算单元后生成变换器的开关信号，进而驱动电机。而电流调节器的电流分量的指令值 i_M^* 和 i_T^* 则是根据转矩指令 T_e^* 以及电机转速 ω_r 和控制器母线电压 u_{dc} 决定的。

异步电机虽然控制相对复杂，但它除具有无换向器电机驱动的共同优点外，还具有结构简单、成本低、坚固等优点，而这些优点超过了其控制复杂的缺点，因而使得异步电机在电动汽车驱动中的应用较为广泛。

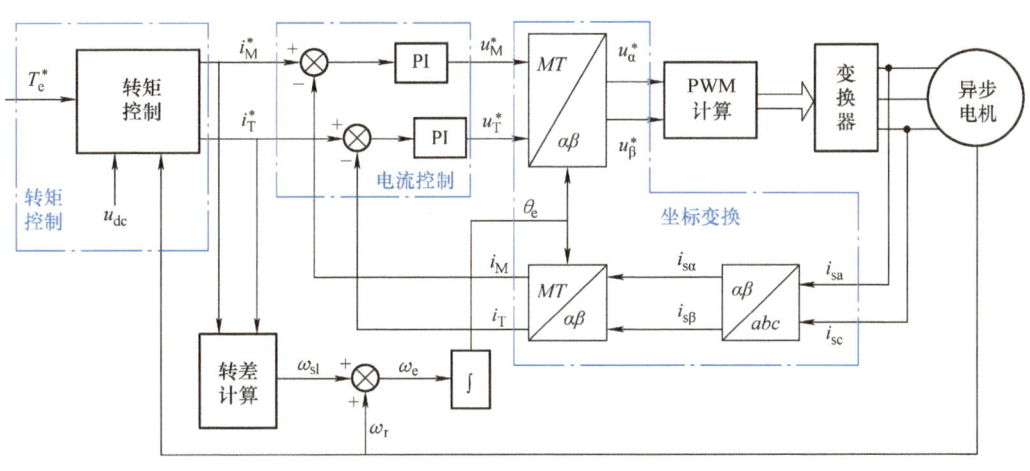

图 5-39 基于间接磁场定向的典型异步电机控制框图

3. 永磁同步电机控制

永磁同步电机是由永磁体励磁产生同步旋转磁场的同步电机。根据永磁体在转子上的安装位置，永磁同步电机又分为表面式和内置式。与表面式永磁同步电机相比，内置式永磁同步电机有较高的凸极率，可产生额外的磁阻转矩分量，这在恒功率运行时是很有用的；而且将永磁体嵌入转子可保持高速运行时的机械完整性，因此电动汽车领域主要应用内置式永磁同步电机。

图 5-40 所示是永磁同步电机的工作原理图。定子绕组内施加对称三相交流电流，使得定子中产生旋转磁场；转子上无须励磁绕组，采用永磁体建立主磁场；永磁体产生的磁场与定子旋转磁场相互作用产生转矩[12]。转矩表达式如下：

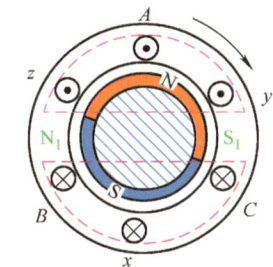

图 5-40 永磁同步电机的工作原理图

$$T=1.5P_n[\psi_m+(L_d-L_q)i_d]i_q \quad (5-16)$$

式中　T——电机转矩（N·m）；

　　　P_n——磁极对数；

　　　L_d——d 轴电感（H）；

　　　L_q——q 轴电感（H）；

　　　ψ_m——永磁磁链（Wb）；

　　　i_d——d 轴电流（A）；

　　　i_q——q 轴电流（A）。

与异步电机类似，采用坐标变换将静止坐标系的三相电流（i_A，i_B，i_C）转换到同步旋转坐标系下的两相电流（i_d，i_q）之后，永磁同步电机模型与直流电机等效，i_d 对应其励磁电流 I_f，i_q 对应产生转矩的电枢电流 I_a。因此，采用矢量控制方法对永磁同步电机进行控制也与直流电机控制类似，即通过施加电流 i_d 调节磁通，调节电流 i_q 的大小可以调节电机输出转矩的大小。当然，由于凸极率较高，电流 i_d 的改变也能一定程度上影响电机输出转矩的大小。

与异步电机控制相比，永磁同步电机需要安装转子位置传感器（大多采用旋转变压器）来准确检测转子位置，而异步电机只需要速度传感器即可。尽管无位置传感器技术在工业领域已有应用，但对于工作范围宽、精度要求高、NVH[噪声（Noise）、振动（Vibration）、声振粗糙度（Harshness）的英文缩写]性能要求高的汽车应用领域来说，位置传感器目前仍然需要保留。

图5-41给出了典型的永磁同步电机控制框图。对比异步电机的控制框图可以看出，永磁同步电机和异步电机的主要区别在于同步旋转坐标系位置角的获取，永磁同步电机可以直接通过位置传感器检测获得，而异步电机需要估算转差频率后才能计算获得，且转差频率的计算受电机参数的影响，因此永磁同步电机的控制相对更简单一些。

相比异步电机，永磁同步电机虽然成本稍高，但凭借其效率高、转矩和功率密度高、恒功率调速范围广等优点，在电动汽车领域得到了广泛应用[13,14]，目前已逐渐成为车用驱动电机的主流。

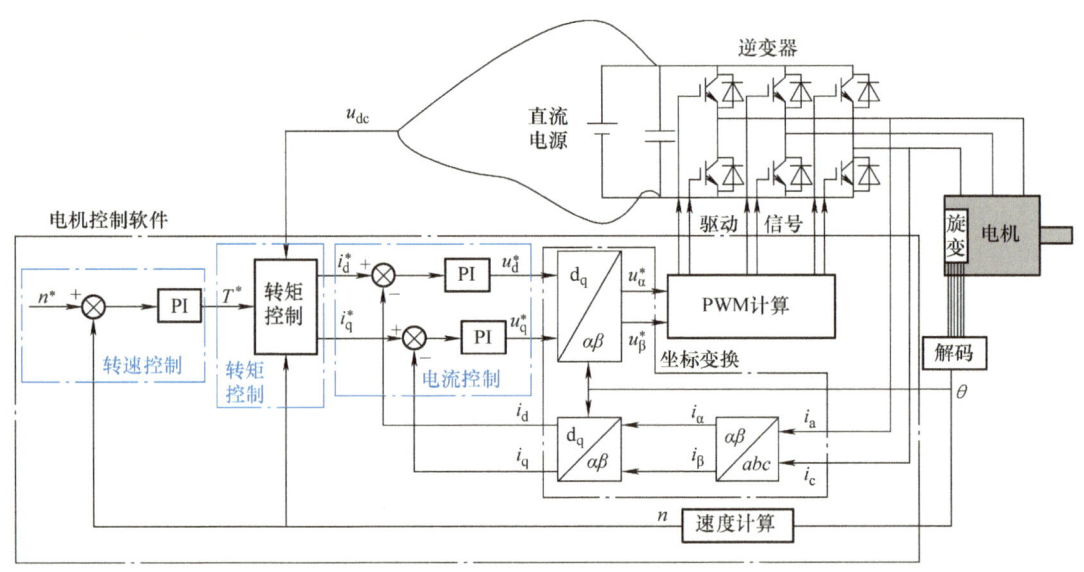

图5-41 典型永磁同步电机控制框图

4. 开关磁阻电机控制

开关磁阻电机具有结构简单、运行可靠、价格低廉等优点，因此在电动汽车领域也受到了关注。图5-42所示为四相8/6极开关磁阻电机，图中只画出了其中一相绕组的情况。因为定子和转子极是凸极结构，所以每相绕组的电感L随转子位置的变化而变化，如图5-43所示。

开关磁阻电机的运行遵循"磁阻最小原理"，即磁通总是沿着磁阻最小的路径闭合。如图5-42所示，当B相绕组受到激励时，为减小磁路的磁阻，转子顺时针旋转，直到转子极2与定子极B相对，此时磁路的磁阻最小（电感最大）。然后，切断绕组B的激励，给绕组A施加激励，磁阻转矩使转子极1与定子极A相对。转矩方向一般指向最近的一对磁极相对的位置。因此，根据转子位置传感器的反馈信号，相绕组按$B—A—D—C$的顺序导通，使转子沿顺时针方向连续旋转。

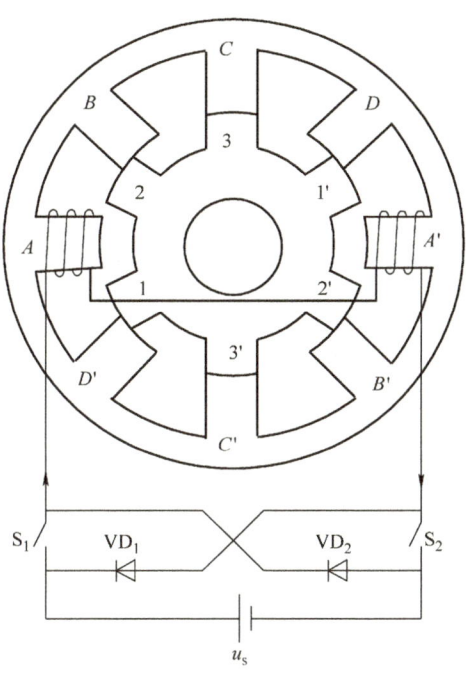

图 5-42 四相 8/6 极开关磁阻电机的工作原理图

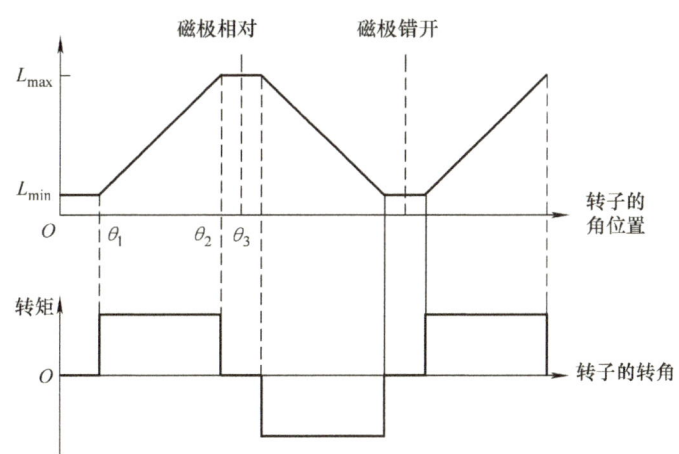

图 5-43 开关磁阻电机的电感与转子位置的关系曲线

若不考虑磁路饱和,电感与绕组电流大小无关,则开关磁阻电机的转矩为

$$T = \frac{1}{2}i^2 \frac{dL}{d\theta} \quad (5-17)$$

式中 T——电机转矩（N·m）；
i——相电流（A）；
L——相电感（H）；
θ——电机转角（rad）。

由式（5-17）可知，转矩的方向与电流的方向无关，仅取决于电感随转角的变化情况。在电感上升期，即 $dL/d\theta > 0$，产生正转矩，处于电动状态；在电感下降期，即 $dL/d\theta < 0$，产生负转矩，处于发电状态。通过控制定子电流导通的时刻、相电流脉冲的幅度和宽度，即可控制开关磁阻电机的转矩大小和方向。

开关磁阻电机的控制要求独特，因此直流电机、异步电机和永磁同步电机的控制方法都不再适用。图 5-44 给出了典型开关磁阻电机控制框图（图中只画出了其中 A 相绕组及其控制电路，其他绕组与之相同）。根据传感器提供的电机转子位置和电流以及外部的输入指令，选择合适的控制模式，向功率变换器发出一系列开关信号来控制功率变换器的主开关器件，从而实现对开关磁阻电机的高性能控制。

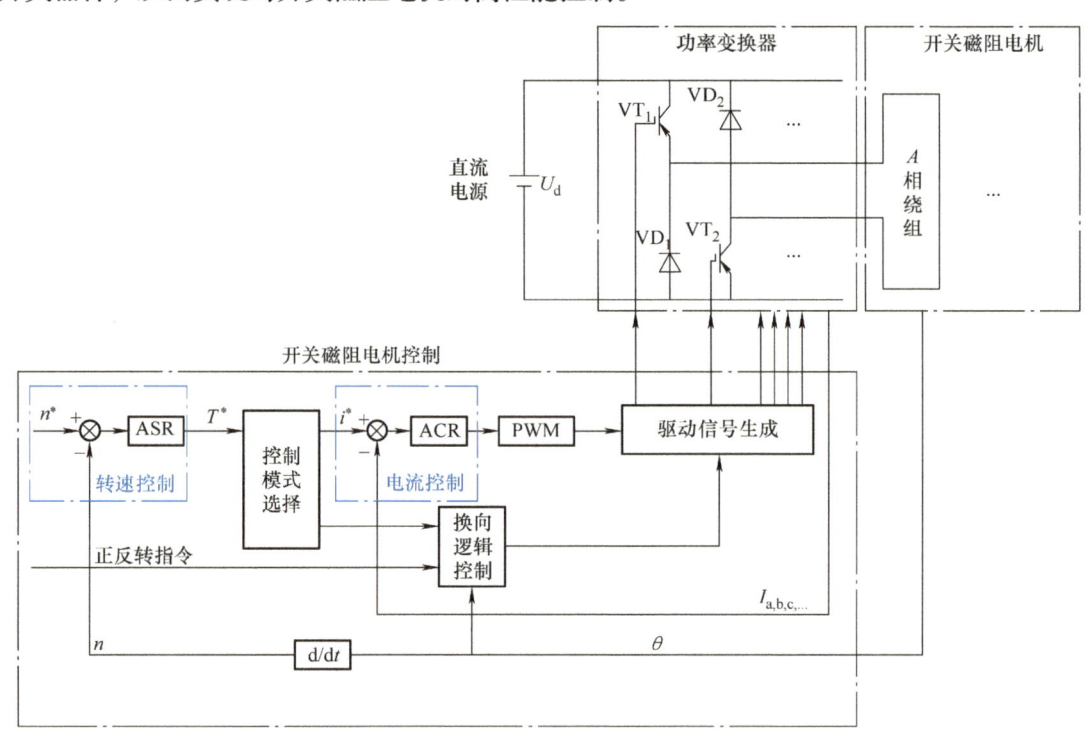

图 5-44　典型开关磁阻电机控制框图

开关磁阻电机以不使用永磁体、转子重量轻、可控制性优良等特点而备受人们期待；但由于结构和运行方式的特殊性，开关磁阻电机存在电机定子绕组利用率低、转矩脉动和噪声大等缺点，所以目前在电动汽车领域的应用还比较少。

5. 多相电机控制

多相电机在航空航天和航海等对安全性要求高的领域应用较为广泛，在汽车领域也开始得到应用。容错运行能力是多相电机比传统三相电机的一个重大优势，因其具有更多的相数，可以在电机发生一相甚至多相故障时，仍能继续稳定运行。多相电机除了容错能力强的优点之外，还有以下优点：可以使用低功率等级器件实现低压大功率驱动；转矩脉动频率增加且幅值减小，电机效率也有提升；具有更多的控制自由度，可以实现更高的控制性能。

多相电机主要包含多相异步电机和多相同步电机两大类。多相电机的基本控制原理与三相电机类似,不同点在于多相电机驱动系统的控制维度更高,需要同步控制各子空间的电流矢量,以保证定子各相电流的相位、幅值、谐波含量等满足一定的要求。

多相电机控制器的拓扑结构种类繁多,图 5-45 给出了多相电机控制器的几种常见拓扑结构。其中图 5-45a 和 b 所代表的单端式拓扑结构具有结构简单、控制方便、成本低廉等优点,在车用领域应用多一些。

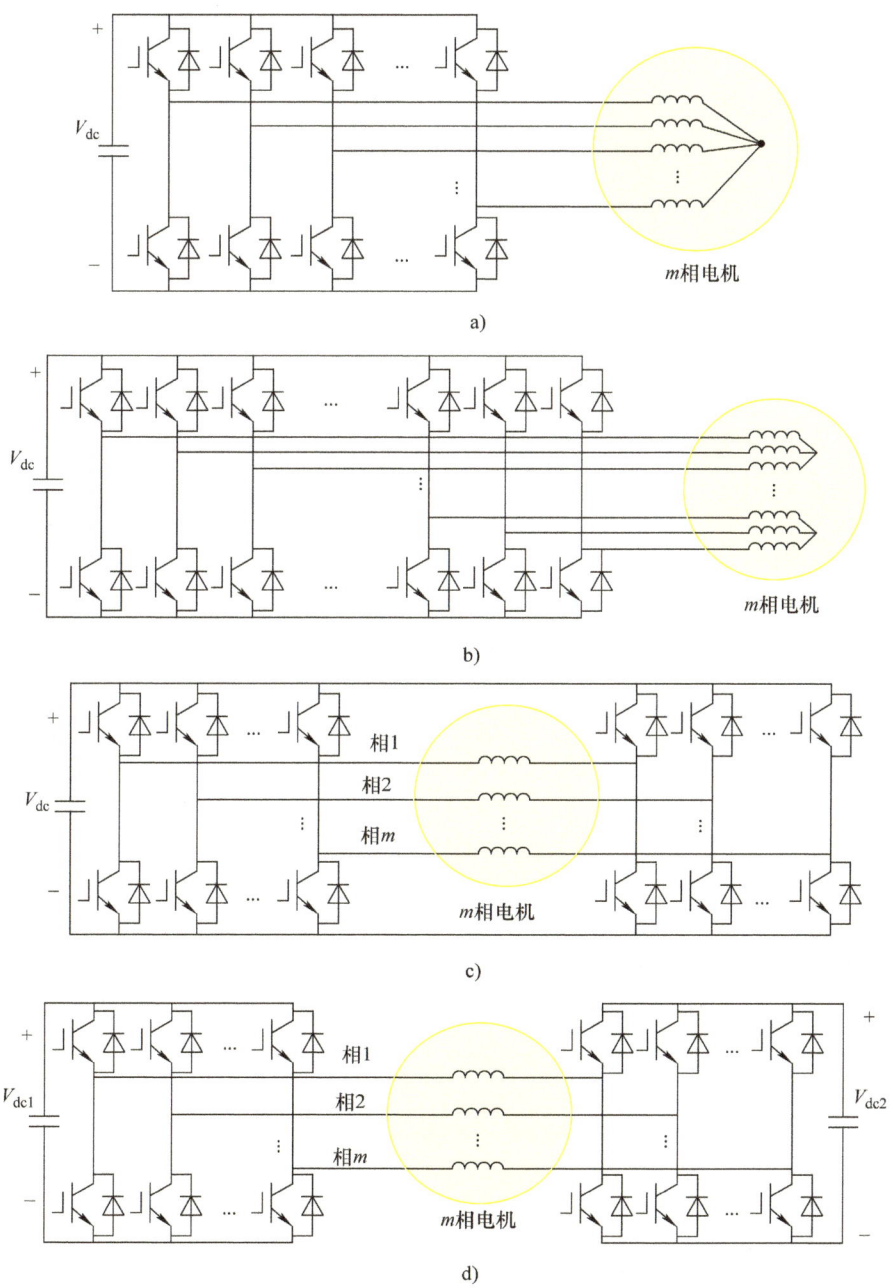

图 5-45 多相电机控制器的几种常见拓扑结构
a)单端单中性点式多相逆变器 b)单端多中性点式多相逆变器
c)单直流电源开绕组式多相逆变器 d)双直流电源开绕组式多相逆变器

多相电机的基础控制算法仍然是基于矢量控制、直接转矩控制和模型预测控制三大类，其中相对比较特殊的是容错控制。容错控制的目的是在电机故障状态下维持正常的转矩输出并尽量减少转矩脉动。电机驱动系统大部分故障最终会表现为断相故障或开关管失效故障，如图 5-46 所示，因此国内外大多数关于容错控制的研究都主要针对变频器的断相故障和开关管失效故障。容错控制策略种类繁多，在保持转矩稳定输出的同时，优化目标可以是电机的铜损小、各相电流的幅值均衡或电机输出的电磁转矩大等。

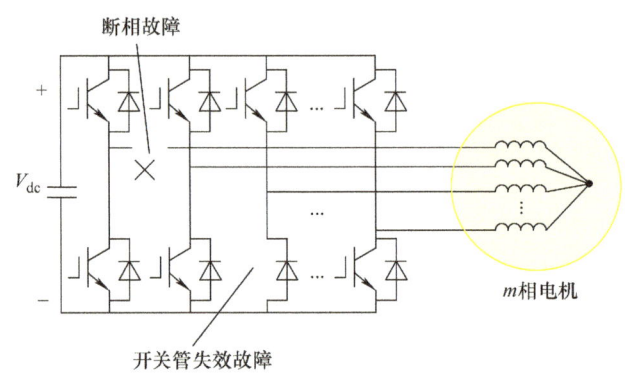

图 5-46　断相故障或开关管失效故障示意图

5.4.2　主驱动电机控制器的关键技术

主驱动电机控制器的常规设计内容包括功率电路设计、散热设计、结构设计、驱动电路设计、控制电路设计、电机控制算法设计、整车应用软件设计等。其中，功率器件驱动技术、热管理技术以及高效高精度控制技术，是达到高可靠性、高功率密度和高效率的关键技术。

5.4.2.1　功率器件驱动技术

驱动电路用于驱动、控制和保护功率半导体器件，是实现弱电控制强电的核心部件，对电机控制器的运行效率、可靠性和电磁兼容性等都有重要的意义。如图 5-47 所示，IGBT 开通和关断过程中电压和电流变化波形的斜率、尖峰等会受到驱动电路的影响，从而影响模块的损耗、安全和电磁干扰等性能。

驱动电路应满足以下要求：

1）驱动电源必须稳定可靠，车用大功率驱动中一般采用隔离电源。

2）驱动电路应提供控制电路与功率电路之间的电气隔离环节，一般采用光隔离、磁隔离或电容隔离。

3）驱动电路应使功率半导体器件工作在较理想的开关状态，在保证安全的条件下缩短开关时间，减小开关损耗。

4）驱动电路应具备功率半导体器件保护及故障输出功能。

5）驱动电路应有良好的电磁兼容性能和温度稳定性能。

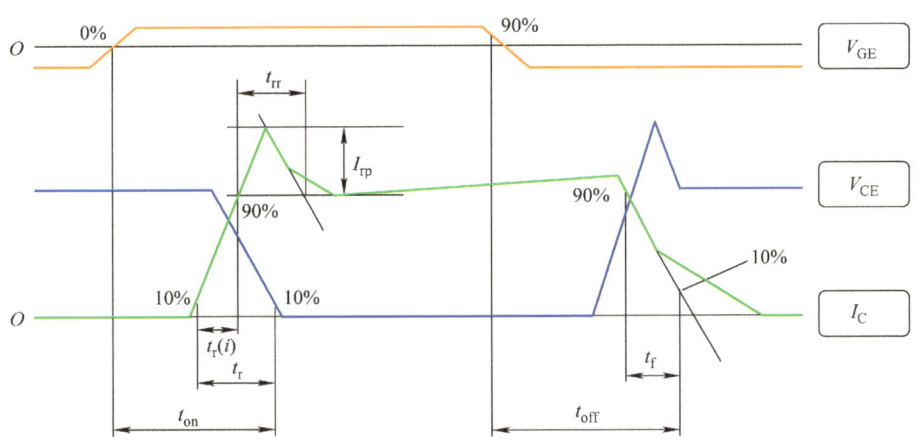

图 5-47　IGBT 开通和关断过程示意图

图 5-48 所示是驱动电路示例。控制单元输出的 PWM 信号输入到驱动芯片、电气隔离之后，经中间传输电路送入输出放大电路，再经过栅极驱动电阻与 IGBT 的门极相连。为了防止过电流和短路故障，还设有饱和压降检测和米勒箝位等保护电路。

功率半导体器件本身的特性决定了其关键指标如效率、可靠性和电磁兼容性不可兼得。另外，功率半导体器件参数随温度、负载等非线性变化的特性也给驱动电路的设计增加了难度。因此，驱动电路的设计需要结合器件自身特性，精确控制开通和关断过程，使得所驱动的功率半导体器件工作在效率、可靠性和电磁兼容性的最佳平衡点。

5.4.2.2　热管理技术

电动汽车驱动电机系统的功率从几十千瓦到几百千瓦不等，其主要的发热部件是功率半导体器件，需要对其进行高效率的冷却。除此之外，电容器、功率母排等部件的设计也需要考虑热管理方面的问题，因此需要从整个控制器的层面来进行热管理设计。一般可以从三个方面来设计。

1. 防止发生热损害

针对发热量最大的功率半导体器件设计高效的冷却系统，避免模块过热损害。冷却方式有风冷和水冷，目前主要采用水冷方式。图 5-49 所示为单面间接冷却 IGBT 模块的剖面示意图。功率半导体元器件的冷却是借助模块内部绝缘衬板以及散热基板，通过散热器冷却。因此，降低热阻与提高散热器能力至关重要。

采用图 5-50a 所示的直接冷却 IGBT 可以有效降低热阻，而图 5-50b 所示的双面冷却 IGBT 则可以将热阻降低一半左右。不同冷却方案配套的散热器结构差异较大，对电机控制器的内部结构布局也有一定影响，需要在设计时综合考虑。

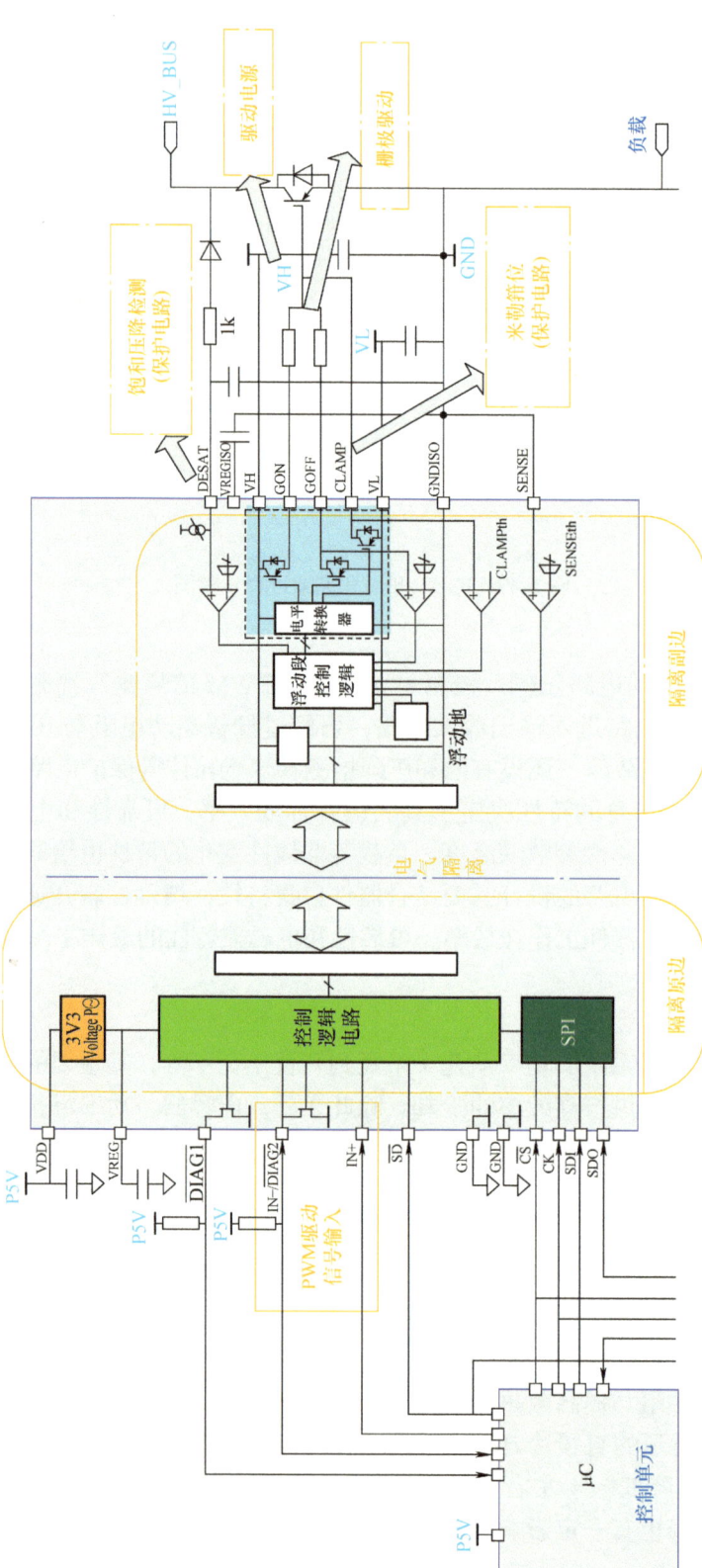

图 5-48 典型驱动电路示例

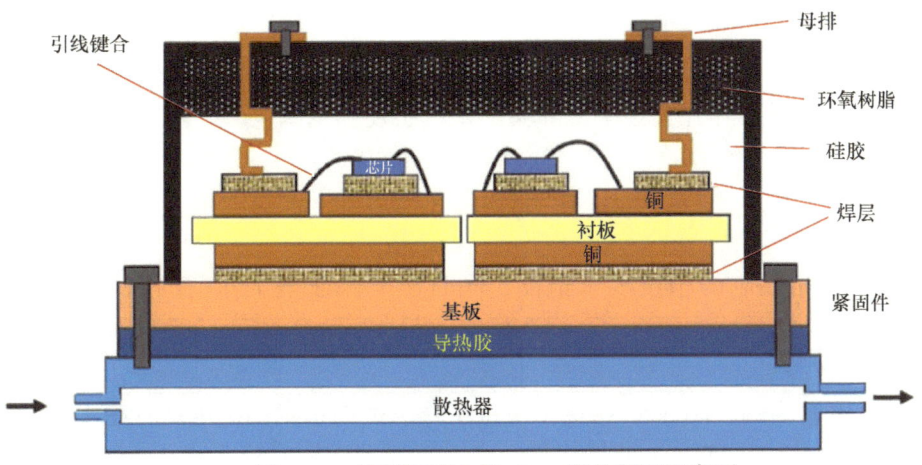

图 5-49　单面间接冷却 IGBT 模块剖面示意图

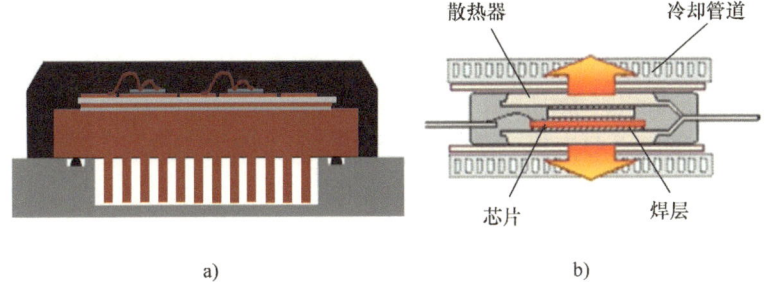

a)　　　　　　　　　　　　b)

图 5-50　新型冷却技术的 IGBT 模块

a）直接冷却 IGBT 模块剖面（丹佛斯）　b）双面冷却 IGBT

2. 避免过度设计

IGBT 模块有既定的可容许最大结温（T_{jmax} 在开关状态下一般为 150℃，非开关状态为 175℃），散热设计需要将模块结温控制在这个温度以下，但也不能留有过大的余量。因此需要计算出模块产生的损耗值，并通过建立较为准确的仿真模型计算得到较为精确的温升结果，如图 5-51 所示。

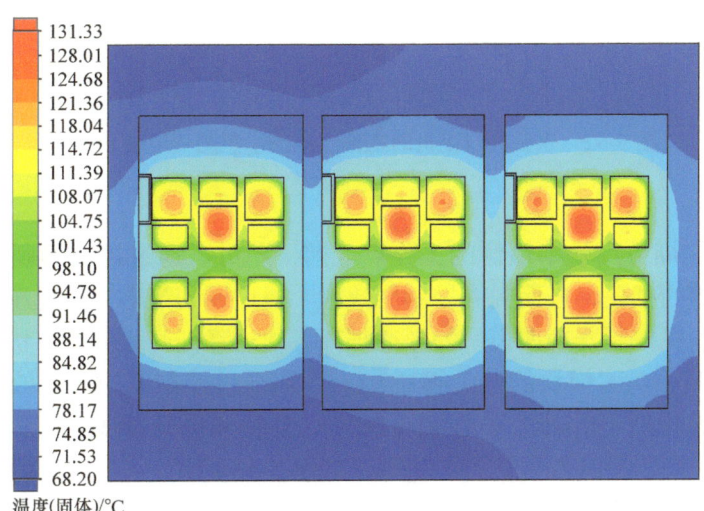

图 5-51　IGBT 模块温升仿真

3. 进一步优化热管理系统

除了统一规划电机控制器内部的温度区域划分和结构布置之外，还可以结合电机控制策略（比如适当地通过降开关频率或降功率来减小发热量），实现电机控制器的高效热管理。

5.4.2.3 高效高精度控制技术

电动汽车对转矩控制的精度要求很高，同时还要保证全工作范围内尽可能高效率运行。

1. 高精度转矩控制

以永磁同步电机为例，图 5-52 给出了电机工作点范围示意图（电动状态）。在低速下沿着最大转矩/电流比（MTPA）曲线运行，高速下需要弱磁时运行在由 MTPA 曲线、电流限制圆、最大转矩/电压比（MTPV）曲线以及横轴圈定的弱磁区范围内[15,16]。由于驱动电机的参数存在非线性变化，在不同电流工作点下存在较大的差异，这也给全工作范围内的高精度转矩控制带来困难。为此，一般通过实际台架测试，全面扫描电机工作点（d 轴和 q 轴电流组合），寻找到最优的工作点后离线制作成表格供在线查询，再通过增加电压闭环或者磁链闭环来提高对电机参数的鲁棒性[17]。

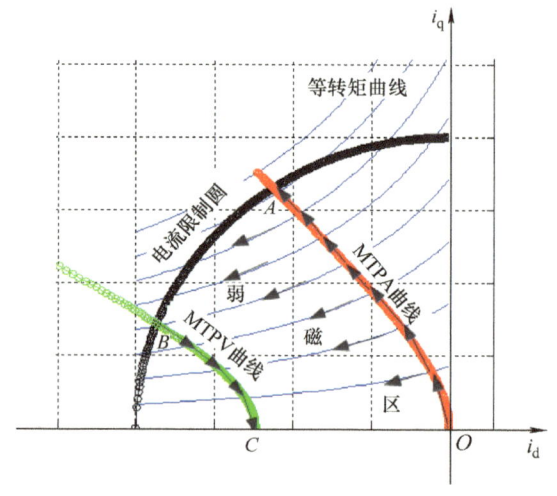

图 5-52 永磁同步电机的工作点范围示意图（电动状态）

2. 高效控制

在通过全面扫描得到效率最优的工作点之前，还可以通过控制器硬件和软件层面的优化来减小控制器的损耗，进而提高控制器效率。通过调制策略提高电压利用率可以减小相电流进而减小电机控制器功率模块的导通损耗，通过降低开关频率、优化驱动电路开通关断过程等可以减小功率模块的开关损耗[18]。车用电机控制器的最高效率一般可以做到 98% 以上，丰田普锐斯（Prius）采用双向 DC/DC 变换器提升母线电压、过调制策略等一系列措施，使其控制器最高效率达到了 99%，如图 5-53 所示。

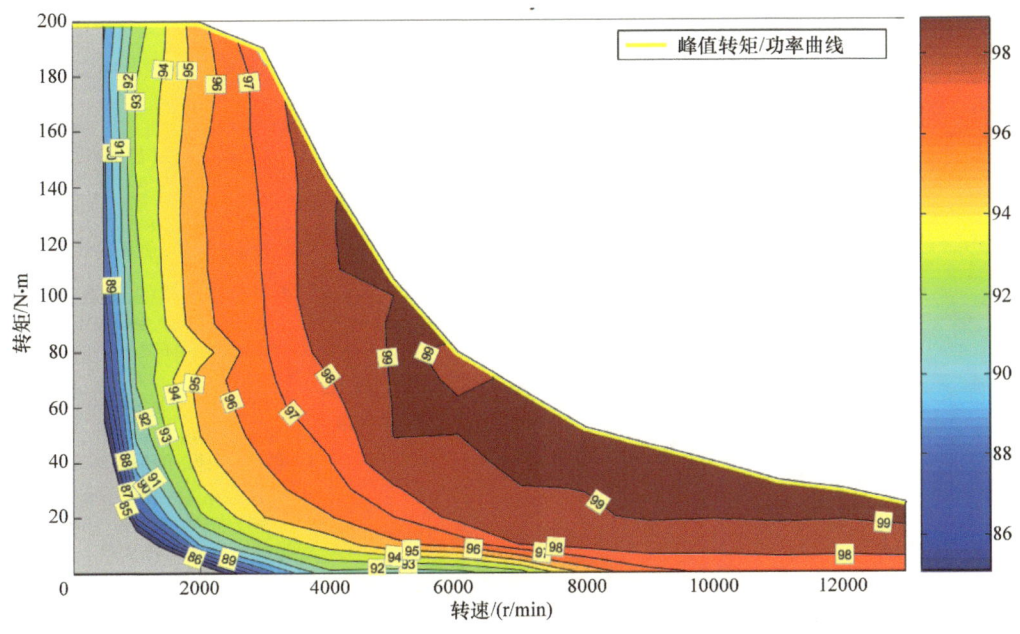

图 5-53　丰田普锐斯电机控制器效率（DC650V）

（资料来源：美国 Oak Ridge 实验室的《Evaluation of the 2010 Toyota Prius Hybrid Synergy Drive System》报告数据）

5.4.3　主驱动电机控制器的性能评价

显然对电机控制器进行评价很难绕开电机，往往是将控制器和电机作为系统进行评价。对驱动电机及其控制器的评价方法，国标 GB/T 18488—2015 给出了全面且详细的规定。表 5-5 给出了对 GB/T 18488.2—2015 的简要总结，读者可以据此对驱动电机及其控制器的评价方法有一个概况性的了解。详细的信息请参阅国家标准的内容。

表 5-5　车用电机及其控制器测试内容和方法的分析

测试项目分类	测试目的	测试内容	测试方法
机械结构参数	获得电机及控制器基本机械参数，确保驱动系统机械零部件能够安全可靠地工作	外观	观察
		外形和安装尺寸	量具直接测量
		质量	量具直接测量
		电机控制器壳体机械强度	施加压强检查是否有塑性变形
		液冷系统冷却回路密封性能	通入冷却液测量介质压力，同时检查是否有渗漏
		超速	1.2 倍最高转速运行 2min，观察电机是否有变形或紧固件松动
基本电气参数	获得电机及控制器的基本电气参数，确保其运行时的基本电气安全	驱动电机定子绕组冷态直流电阻	微欧计测量
		绝缘电阻	绝缘电阻表测量
		耐电压	冲击电压测试 工频耐压仪测试

（续）

测试项目分类	测试目的	测试内容	测试方法
温升试验	检测驱动电机及控制器温升特性及冷却系统效能	驱动电机绕组温升	台架试验，电机运行一段时间后断能，立即测量绕组电阻及冷却介质温度
		冷却介质温升	
		断能时刻绕组电阻	
输入/输出特性试验	检测驱动电机及控制器的输入/输出特性是否符合产品技术文件规定	工作电压范围	台架试验，记录不同工作电压下稳定的转速和转矩，绘制特性曲线
		转矩-转速特性曲线	
		效率	台架试验，测量控制器直流母线电压、电流等参数，电机电压、电流等参数，计算驱动电机、控制器及整个系统的效率
		控制精度（包括转矩和转速）	台架试验，记录10%~90%最高转速（转矩）范围内实际转矩（转速）与目标转矩（转速）的偏差
		转速响应时间/转矩响应时间	台架试验，记录驱动电机由静止状态加速至规定转速容差范围的期望值所经过的时间；堵转状态下，记录电机输出转矩从零加大至规定转矩容差范围的期望值所经过的时间
		控制器工作电流	台架试验，在产品技术文件的规定条件下，测量驱动电机控制器持续、短时及最大工作电流
		馈电特性	台架试验，使电机工作在馈电状态，按上述方法测试相关参数
安全性试验	检测电机驱动系统工作时的安全性指标是否符合要求	安全接地检查	毫欧表直接测量
		控制器保护功能	参照半导体变流器保护功能的测试方法
		支撑电容放电时间	记录支撑电容开路电压从切断时刻下降到60V经过的时间
环境适应性试验	检测电机驱动系统工作时能否适应不同工作条件的要求	低温试验	台架试验，-40℃低温贮存2h后于-40℃起动，恢复常态后检查系统能否正常工作
		高温试验	台架试验，85℃高温贮存2h，并测量绝缘电阻，恢复常态后检查系统能否正常工作，并测量绝缘电阻
		湿热试验	台架试验，40℃及90%~95%相对湿度下贮存48h，恢复常态后检查系统能否正常工作
		振动	在振动试验台上进行扫频振动和随机振动试验，之后检查是否有损坏或紧固件松脱，恢复常态后检查系统能否正常工作
		防水防尘	按电机及控制器防水防尘等级要求进行对应方法的试验
		盐雾	按规定要求将驱动电机及控制器安装在盐雾箱中试验，恢复常态后检查系统能否正常工作
		电磁兼容性	按照技术文件要求进行电磁辐射骚扰试验和电磁辐射抗扰性试验
可靠性试验	检测驱动电机及其控制器能否长时间可靠工作	可靠性	台架实验，根据驱动电机所应用的车辆类型确定转矩负荷循环，累计测试402h，记录并计算出平均首次故障时间等相关参数给出系统的可靠性评价

除了上述国标中的评价指标之外，对电机控制器还有一个比较常用的评价指标——功率密度（kW/L），即电机控制器的最大输出功率与其体积之比。在其他性能指标相当的条件下，功率密度更高的电机控制器往往代表着更高的设计水平。目前国内量产的乘用车电机控制器功率密度可以达到 15~20kW/L，国外先进水平可以达到 20kW/L 以上，采用 SiC 器件的电机控制器可达到 40kW/L 以上。

5.4.4 主驱动电机控制器的匹配与选型

5.4.4.1 主驱动电机控制器的匹配

主驱动电机控制器与驱动电机乃至整车的匹配主要包括动力性能、冷却系统、机械与电气接口、控制性能与软件功能匹配等多个方面。

1. 动力性能匹配

纯电动汽车的驱动电机要求在各个速度下均能产生转矩。图 5-54 表示的是车用驱动电机的转速-转矩曲线。驱动电机在中速以下时要求恒转矩特性，中速到高速时要求恒功率特性。如图 5-54 所示，转矩与转速的组合决定了电机的运转情况，坡路起步、高速巡航等不同状态，汽车行驶状态会发生很大变化。

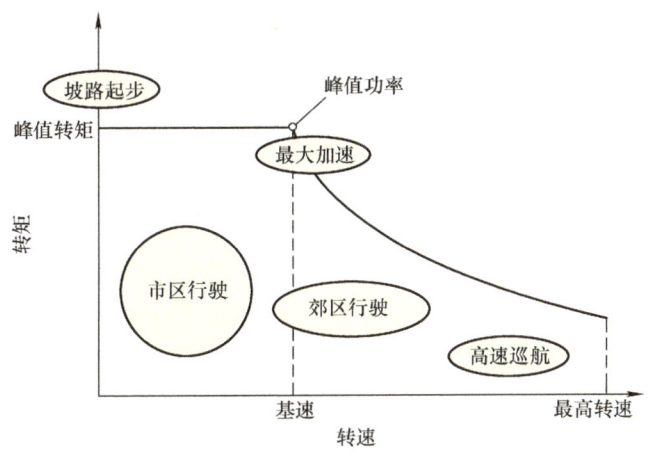

图 5-54　车用驱动电机转速-转矩曲线

图 5-54 所示的外特性曲线是该转速下电机能够输出的最大转矩，驱动电机在该曲线覆盖的整个区域内运转。图 5-55 所示为实际行驶状态的监测示例。

驱动电机的峰值转矩可以根据爬坡性能来设定，峰值功率可以根据加速性能决定（输出功率时间可以根据车辆加速时间目标值来确定，一般设定为 10~60s），额定功率可以由高速巡航速度和持续爬坡性能来设定。

在给驱动电机匹配主驱动电机控制器时，应保证能发挥出所搭配驱动电机的动力性能。主驱动电机控制器与驱动电机主要性能参数的匹配情况可以参考表 5-6。

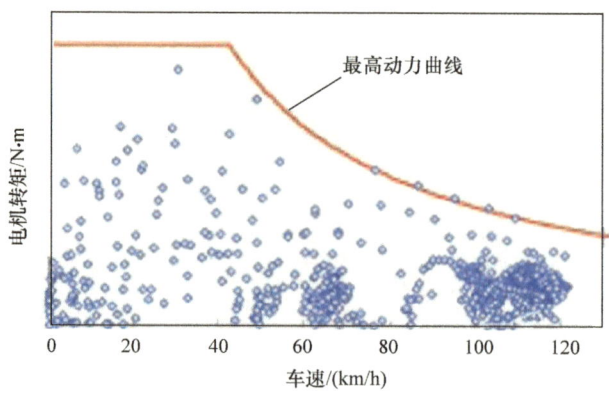

图 5-55 车用驱动电机实际行驶状态的监测示例

表 5-6 主驱动电机控制器与驱动电机主要性能参数的匹配情况

电机动力性能相关参数	说明	主驱动电机控制器相关参数
电机类型	直流/异步/永磁同步/其他	控制策略与位置传感器类型
额定母线电压	V	最高工作电压
工作电压范围	一般 0.75~1.25 倍额定电压	
最高速反电动势	V@r/min	功率器件与支撑电容耐压
最大工作转速	r/min	交流输出频率范围
电机极对数	—	
设计峰值功率 [对应转速]	kW[r/min]	峰值功率/峰值容量
设计峰值转矩 [对应转速范围]	N·m[r/min]	
峰值转矩持续时间	一般 10~60s，典型的为 30s	最大输出电流
最大定子相电流及持续时间	A[≥s]	
额定功率	kW	额定功率/额定容量
额定转矩	N·m	持续输出电流

2. 冷却系统匹配

主驱动电机控制器的冷却系统匹配需要考虑驱动电机的冷却方式及整车的冷却系统。

1）为简化整车冷却系统，主驱动电机控制器的冷却方式与匹配驱动电机的冷却方式一般相同。例如当电机为自然冷却时，电机控制器采用自然冷却或者强制风冷；当电机为水冷时，电机控制器也采用水冷；当电机采用油冷时，控制器一般还是采用水冷，因为冷却效率更高一些。

2）因为冷却液路一般将驱动电机与电机控制器串联起来，所以控制器与电机的进出水口的直径必须相同。

3）因为控制器的耐温性能低于驱动电机，所以冷却液先经过控制器再经过驱动电机。

4）除了控制器冷却液道相关尺寸之外，还需要提供冷却液道的压力流量特性（图5-56），以供整车冷却系统设计使用。

5）对于更细致的整车冷却系统设计来说，还需要提供驱动电机及电机控制器在各个工况点的损耗数据，这可以从效率 MAP 图中计算得出。

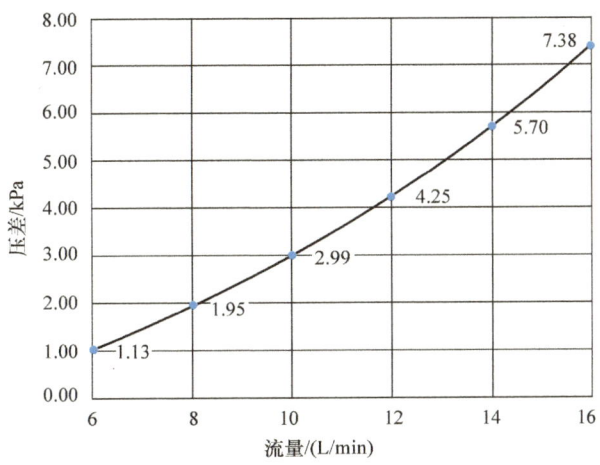

图 5-56 电机控制器冷却液道的压力流量特性曲线示例

3. 机械与电气接口匹配

主驱动电机控制器机械安装与电气连接,需要考虑与之连接的整车及其他零部件的特点和要求。

1)主驱动电机控制器一般要求安装在作为弹性体的车架上,对耐振动的要求相对较低,一般是 3g 振动加速度。如果要求将主驱动电机控制器安装在电机或者减速器之上,则对主驱动电机控制器的耐振动要求显著提升,一般是 10g 振动加速度。

2)主驱动电机控制器一般要求水平安装,如果需要倾斜角度甚至翻转安装,则需要从整体及内部零部件安装强度、可靠性、维护便捷性等多个方面进行校核,甚至修改设计。

3)为应对不同的车型安装需要,主驱动电机控制器的安装支架一般要求与控制器壳体非整体设计,以便于更换。

4)主驱动电机控制器的进出水口、直流母线、三相动力线、低压插接器的位置要满足整车布置和维护的要求。

5)主驱动控制器的旋转变压器处理电路的参数需要与对应驱动电机的旋转变压器变比匹配,否则可能降低位置角解码精度甚至引发故障。

6)主驱动电机控制器的电机温度采样电路参数需要与对应驱动电机的温度传感器型号匹配,常见的温度传感器类型为 PT100、PT1000、NTC 等。

7)主驱动电机控制器的弱电控制电源电压需要与整车低压供电电压一致,常见的有 12V 和 24V。

8)主驱动电机控制器的 CAN 电路终端电阻需要与整车匹配,一般为 120Ω 或者无终端电阻。

9)主驱动电机控制器与整车控制器或者其他零部件连接的 I/O(输入/输出)口接线(比如硬线使能、高压互锁等接线)有效电平需要匹配。

4. 控制性能匹配

一般来说,主驱动电机控制器的基本控制性能要求见表 5-7。但针对某些特殊的车型或应用场合要求，可能需要更高或者更多的控制性能要求。

1）高转速的电机可能要求主驱动电机控制器的交流输出频率达到 1000Hz 以上。

2）分布式驱动的车型可能要求具有更高的转矩控制精度和更快的转矩响应。

3）具有电控机械自动变速器（Automated Manual Transmission，AMT）等换档装置的总成，可能要求更高的转速控制精度和更快的转速响应。

4）主驱动电机控制器的开关频率一般在 4~12kHz 范围内固定即可，但更高的 NVH 要求或者 EMC 要求可能希望开关频率能够根据需要进行调节。

表 5-7　主驱动电机控制器基本控制性能参数

控制性能参数	参数要求
最高效率	一般 > 98%
交流输出频率范围	一般 0~800Hz
转矩控制精度	一般 ±5%
转矩响应时间	零转矩至峰值转矩一般可达 100ms 左右
转速控制精度	一般 ±1% 左右
转速响应时间	0~1000r/min 一般可达 100ms 左右
主动放电时间	国家标准要求 3s 以内，一般可到 1s 以内

除了上述控制性能方面，电动汽车对主驱动电机控制器提出了更多的性能要求。

1）安全性高。因为要保障乘员的生命安全，所以整车及零部件在安全性方面要求很高，包括高压安全、防水、阻燃等多个方面。高压安全参照国标 GB/T 18384—2015 进行设计，防水防尘等级一般要求达到 IP67，阻燃一般要求达到 V0 等级。

2）可靠性高。汽车的用途和性能决定了其故障率必须低而且寿命一般在 10~15 年，质量要求达到百级 $\times 10^{-6}$（PPM）。

3）环境适应性强。汽车的运行要求适应低温、高温、高湿、盐雾、振动、涉水、电磁干扰等各种环境。主驱动电机控制器作为电动汽车的动力控制单元必须具有很强的环境适应性，具体要求参见国标 GB/T 18488—2015。

4）舒适性好。汽车尤其是乘用车在舒适性方面要求很高，要求驱动电机系统必须具有振动小、噪声小等特点。除了驱动电机的 NVH 优化设计之外，主驱动电机控制器也需要从控制层面不断优化驱动系统 NVH 性能。

5）成本低。汽车作为复杂而又超大规模的民用产品，在保证性能和可靠性的同时还要求成本低。而电动汽车的价格还没有达到与传统燃油汽车全面竞争的阶段，主驱动电机控制器作为成本占比较大的零部件，还有待通过技术手段以及平台化、规模化来进一步降低成本。

5. 软件功能匹配

作为汽车对控制器的通用要求，主驱动电机控制器也需要具备诊断（UDS）、引导加载（Bootloader）、标定等软件相关功能。

针对不同的整车设计要求，可能对主驱动电机控制器还会有更多的功能要求，比如高压互锁功能、CAN 唤醒功能、防溜坡功能、主动阻尼功能、主动短路功能等。

5.4.4.2 主驱动电机控制器零部件选型的应用

由于主驱动电机控制器的关键性作用，在进行选用时不仅要关注其整体性能是否符合要求，还要对一些关键的零部件进行匹配选型。这里对功率半导体器件、支撑电容、微控制器等核心零部件的选择进行介绍。

1. 功率半导体器件选型

电动汽车的主驱动电机控制器基于功率半导体器件的全桥逆变拓扑，采用 SVPWM 调制的硬开关将直流电转换为幅值可变、频率可变的交流电来驱动交流电机（包括永磁同步电机和异步电机）。功率半导体器件有晶闸管、BJT、IGBT、MOSFET 等多种类型，其中 IGBT 以其输入阻抗高、通态电压低、阻断电压高、可承受电流大等特点，已成为主驱动电机控制器中功率半导体器件的主流。低压大电流功率 MOSFET 也有较为广泛的应用，随着技术的发展，高耐压的碳化硅 MOSFET 也逐渐在车用电机控制器领域得到应用。

如何选择合适的功率器件以适应不同的驱动电机及其控制器非常重要，主要考虑以下几个方面。

（1）尽量选用汽车级功率器件

电动汽车领域对功率器件的宽温度特性、复杂运行工况和高可靠性等要求，比工业领域要高很多。工业用功率器件与汽车用功率器件的对比见表 5-8。

表 5-8 工业用功率器件与汽车用功率器件的对比

参数	工业用	汽车用
环境温度 /℃	−40~85	−40~125
冷却液温度 /℃	−40~70	−40~105
功率器件结温 /℃	125	175
温度循环	100 次循环	1000 次循环
间歇工作循环（功率循环）	15000 次循环	30000 次循环
热疲劳循环（功率循环）	无要求	10000 次循环
振动加速度 /（m/s²）	100	200

注：引自《新能源汽车电机技术与应用》中的数据。

（2）选取合适类型的功率器件

主驱动电机控制器中的功率半导体器件根据不同的性能和成本需求，可能采用 IGBT 模块或 IGBT 分立器件（单管）、硅基 MOSFET 或碳化硅 MOSFET 等不同类型的器件，如图 5-57 所示。功率器件类型的选取会影响相应的驱动电路、散热结构等其他部件的选择方案，以及整个控制器的功率密度和成本。

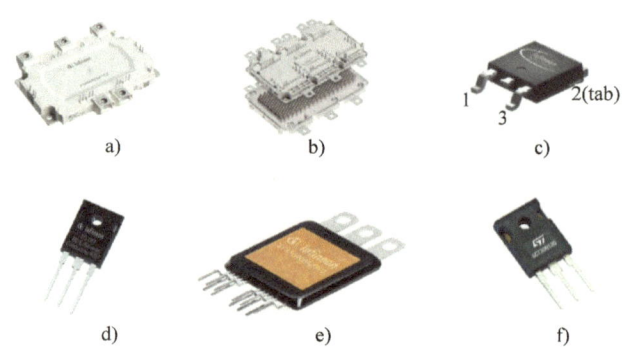

图 5-57　应用于汽车领域的不同类型功率半导体器件

a）IGBT 模块　b）Pinfin IGBT 模块　c）硅基 MOSFET　d）IGBT 单管
e）双面散热 IGBT 模块　f）碳化硅 MOSFET

IGBT 从早期普遍采用的普通 IGBT 模块发展到目前主流采用的 Pinfin IGBT 模块，双面散热 IGBT 模块也开始批量应用，电机控制器的功率密度也越来越高。也有少数厂商采用多个 IGBT 单管并联来实现大电流输出的方案（图 5-58b）。在 144V 母线电压以下的微型纯电动汽车中，采用 MOSFET 并联方案应用非常广泛，因为成本相对更低。

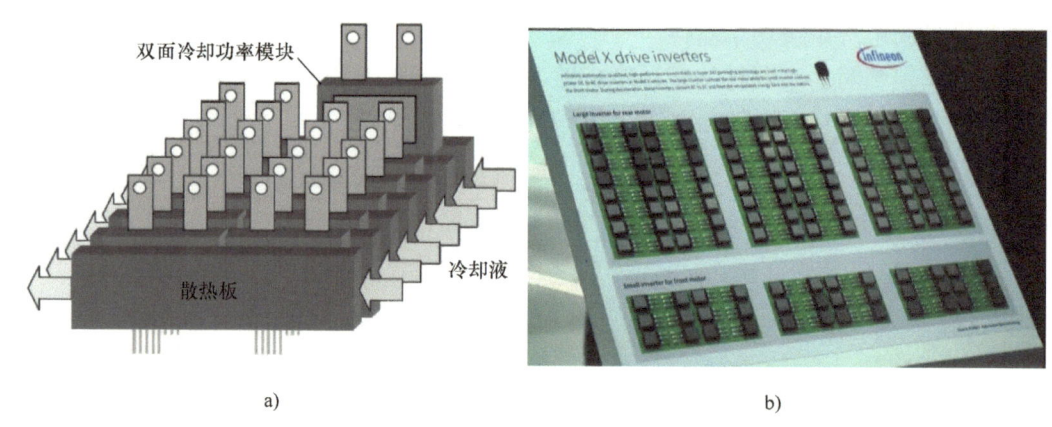

图 5-58　IGBT 的不同应用方案

a）丰田双面水冷 IGBT 模块模组　b）特斯拉 IGBT 单管并联方案

（3）确定电压规格

此处的电压规格一般是指其集电极-发射极电压 V_{CES}。在电压选取时不仅要考虑动力电池额定电压，还要考虑其充满电时的电压和电压波动，一般最大工作电压可取 1.2~1.25 倍额定电压。此外还要考虑关断时叠加在母线电压上的尖峰电压，而尖峰电压与关断时间和杂散电感有关。如果所匹配的驱动电机是永磁同步电机，还应考虑是否能够承受高速下的反电动势，耐压一般不小于电机最大反电动势的 1.2 倍。

车用领域的 IGBT 模块电压规格主要有 600V、650V、750V 和 1200V，乘用车的额定母线电压一般为 300~400V，选用 750V 及以下的电压规格。大功率商用车的额定母线电压一般为 500~600V，只能选用 1200V 电压规格。对于额定母线电压 144V 以下的微型电动汽车，一般选用 200V 及以下电压规格的 MOSFET。

（4）确定电流规格

功率器件的额定电流主要由电机的输出功率和功率器件并联数目决定。由于器件工作温度的限制，额定电流常通过电机的峰值功率或峰值转矩对应的交流电流峰值来计算。考虑到其他安全因素，所选功率器件的额定电流等级通常为交流电流峰值的 1.2 倍左右。当采用多个功率器件并联时，还要考虑均流问题。

2. 支撑电容器选型

支撑电容器是主驱动电机控制器中功率回路的重要元件，也占有较大体积，其作用是滤波和储能。主驱动电机控制器中的支撑电容器主要有电解电容器和薄膜电容器两种类型，如图 5-59 所示。早期的主驱动电机控制器主要采用电解电容器，但薄膜电容器凭借其耐压高、纹波电流大、低温特性好、寿命长等优点逐渐取代了电解电容器。电解电容器目前主要在母线电压较低、成本更低的微型电动汽车主驱动电机控制器中还有较多应用。下面主要针对薄膜电容器来介绍支撑电容器的选型。

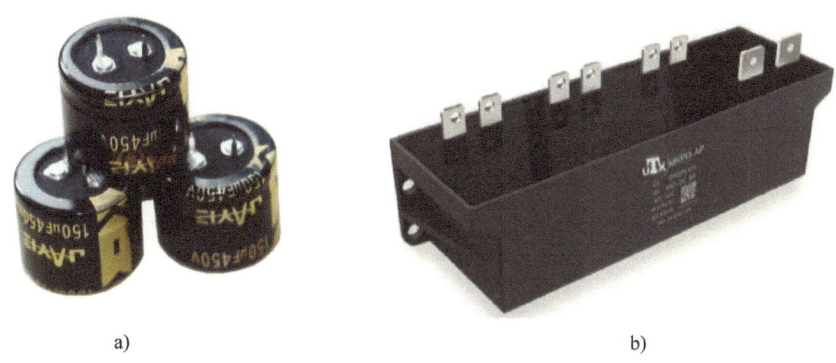

图 5-59 两种类型的支撑电容器
a）电解电容器 b）薄膜电容器

支撑电容器的选型主要考虑以下几个方面：

（1）额定电压

对于瞬间过电压，电容器都有一定的耐受能力，电解电容器过电压倍数（与额定电压相比）为最大 1.2 倍左右，薄膜电容器过电压倍数约为 1.4~1.6 倍。因此，选定支撑电容器的额定电压时主要考虑电机控制器母线电压的稳态值。电容器额定电压值应不小于额定电源电压（即动力电池标称电压）的 1.2 倍，同时不小于电源电压的最大值。

（2）标称电容量

电容器标称电容量的选择一般应满足使控制器电路中纹波电压（U_{ripple}）不大于电源电压的 5%。最小电容量可以根据下式估算：

$$C_{\min} = \frac{I_{\text{rms}}}{2\pi f U_{\text{ripple}}} \tag{5-18}$$

式中 I_{rms}——纹波电流有效值（A）；

f——纹波电流频率（Hz）；

U_{ripple}——纹波电压（V）；

$C_{\min}$——最小电容量（F）。

（3）纹波电流

纹波电流是指流过电容器的交流电流，它使电容器发热，过大的纹波电流引起的温升增高会影响电容器的寿命。电容器的额定纹波电流一般应保证电容器在额定电压及频率范围且在85℃的环境下长期可靠地工作。

（4）寿命

电容器的设计寿命应满足控制器的设计寿命要求。一般电解电容器的寿命为几千小时，而薄膜电容的寿命在几万小时以上，当然具体的寿命还要看电容器的温度和工作电压。图5-60给出了薄膜电容器预期寿命的典型曲线图，可以看出，工作电压/额定电压之比和电容器温度对预期寿命都有显著影响。

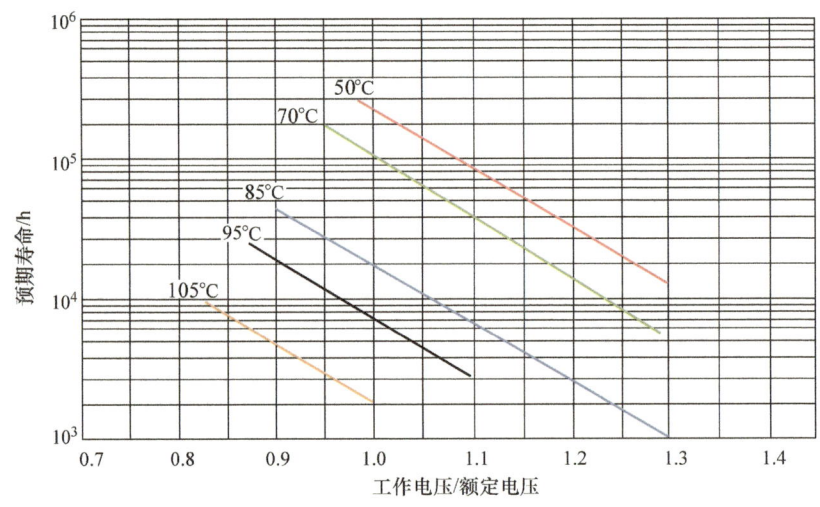

图 5-60 薄膜电容器预期寿命的典型曲线图

更多的参数选型请参见行业标准 SJT 11633—2016《电动汽车电机控制器用高压电容器选型规范》。

3. 微控制器选型

微控制器是整个主驱动电机控制器的中枢，在检测外界硬件平台和控制对象（电机）的状态信息基础上，通过各种算法进行决策、驱动功率半导体器件以及整个硬件平台，进而实现对控制对象快速、准确和稳定的控制。

微控制器的生产厂商和型号种类繁多，常用的微控制器厂商及其常用产品性能参数见表5-9。如何选择合适的微控制器非常重要，主要考虑以下几个方面。

（1）尽量选用汽车级微控制器

汽车级器件比工业级器件有着更好的性能、更强的温度适应能力和更高的可靠性等优势，而这些差异体现在产品的生产、管控以及测试等环节。对于高可靠性要求的主驱动电机控制器来说，应尽量选用汽车级微控制器。

（2）基本性能满足需求

与计算能力相关的内核数量和主频、与变量和代码量相关的存储空间、与输入状态参数采样相关的ADC通道、与输出驱动信号相关的PWM通道、与整车及其他零部件通信相关的通信接口等基本参数,至少满足单电机控制的需求,也有可能需要满足双电机控制的需求。

(3)其他考虑因素

除了性能之外,还有成本、封装等批量应用相关的因素需要考虑。随着功能安全标准的逐渐推广,对于微控制器也会有功能安全等级的要求。此外,逐渐增加的一些特殊功能要求(比如内置位置角解码功能、硬件加密、CAN-FD等)也是需要考虑的因素。

表 5-9　几种常用微控制器性能参数配置对比

对比项	德州仪器 DSP28335	飞思卡尔 MPC5643	英飞凌 TC1782	英飞凌 TC275
内核	32 位 CPU	32 位 e200z4	32 位 Tricore	32 位 Tricore
主频	150MHz	120MHz	180MHz	200MHz
内核数量	1 主核	2 主核	1 主核 +1 协处理器	3 主核 +2 校验核
浮点运算	支持	支持	支持	支持
Flash	512kB	1MB	2.5MB	4MB
SRAM	68kB	128kB	176kB	472kB
DMA 通道数	6	16	16	60
ADC 通道数	16	32	32	60
PWM	18	4×(2+1)	≥ 6	3×2+1
CAN	2	2	3	4
CAN-FD	不支持	不支持	不支持	支持
FlexRay	不支持	支持	支持	支持
加密方式	软件加密	软件加密	软件加密	硬件加密
功能安全等级	—	ASIL D	—	ASIL D

5.4.5　主驱动电机控制器的发展趋势

经过十几年的发展,主驱动电机控制器逐渐发展成熟,我国也已经涌现了一批较高水平的电机控制器企业。然而,目前电机控制器技术性能和成本等与规模产业化要求还有一定的差距。随着电动汽车产业的进一步发展以及材料、工艺等基础技术的不断突破,主驱动电机控制器还会不断地进行技术升级,其发展趋势主要包括以下四方面。

(1)功率密度进一步提升

功率半导体模块的散热是限制电机控制器功率密度的主要因素,IGBT 模块从早期的单面间接冷却方案到当前量产的单面直接水冷方案,并逐步发展到双面直接水冷方案,能显著提高冷却效率,功率密度会进一步提升至 20kW/L 以上。

(2)集成化设计水平进一步提升

随着系统功率密度、成本和电磁兼容性能等各方面要求的提高,电机控制器越来越多地与其他相关零部件进行集成化设计。其中电机控制器与电机和减速器的三合一集成、电机控制器与 DC/DC 变换器及 DC/AC 变换器等其他电控集成的方案比较常见。但目前的集成化设计大多属于物理集成,未来随着不同领域零部件企业之间不断深入合作,集成化设计水平会进一步提高。

（3）功能安全设计

随着汽车电子电气系统的复杂性和集成度不断提高，系统故障导致汽车安全事故的风险也随之增大。因此汽车行业制定了 ISO 26262《道路车辆功能安全》标准和认证来保证汽车具有足够的安全性。对于主驱动电机控制器来说，功能安全不仅体现在软件逻辑和硬件电路上，还体现在整个开发流程和管理的规范性上，需要进行全面细致的研究和贯彻实施。

（4）SiC 器件的广泛应用会带来电机控制器性能的全面提升

相比于现有广泛应用的 Si 基 IGBT 和 MOSFET，SiC 器件具有显著的优势，其高温特性可以让其具有更高的工作温度从而提高功率密度，高频特性可以提高控制带宽从而提升控制性能同时可减小支撑电容容量，高效特性可以提高控制器效率从而降低整车能耗。然而，SiC 器件相关技术目前还在快速发展中，单管电流并不大，但随着模块封装技术的进步和并联技术的应用，SiC 器件的应用会更为广泛。特斯拉公司采用每相四个单面冷却的 SiC 模块并联，在其量产的 Model 3 车型上实现了 SiC 电机控制器 165kW 的功率输出，功率密度达到 30kW/L 以上，如图 5-61 所示。此外，该电机控制器还实现了与电机和减速器的三合一集成设计，如图 5-62 所示。

图 5-61 基于 SiC 器件的 Model 3 电机控制器

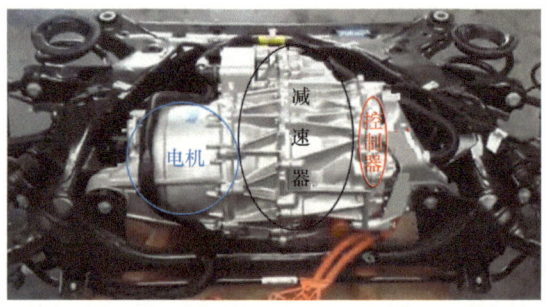

图 5-62 特斯拉 Model 3 车型的三合一总成

5.5 绝缘监控模块

5.5.1 绝缘监控模块的原理及功能

纯电动汽车是集成了高压系统和低压系统的产品，高压系统中的动力电池、电机、充电机、能量回收装置和辅助电池充电装置等都会涉及高压电器绝缘问题。这些高压部件的工作条件比较恶劣，振动、酸碱气体的腐蚀、温度及湿度的变化都有可能造成动力电缆及其他绝缘材料老化甚至破损，使高压系统对车身的绝缘强度降低。绝缘强度降低可能会造成如下问题：高压系统对车身的漏电流增加，可能会产生热积累，从而引发火灾；影响整车上其他高压部件或低压部件的正常工作；对人身造成高压触电风险等。

绝缘监控模块就是纯电动汽车上实时在线评估高压系统对车身的绝缘性能设备，该设备的主要功能包括实时上报设备自身运行状态，防止设备出现故障；实时监控高压系统母线对车身的绝缘阻值，并实时上报绝缘阻值；当系统发生绝缘故障时，应分级上报绝缘故障等级。

电动汽车绝缘监控模块用于监控高压电池正负极对车身接地的绝缘阻值，并按照绝缘报警等级要求进行报警，提醒驾驶人整车绝缘状态。绝缘监控模块典型应用拓扑如图 5-63 所示。

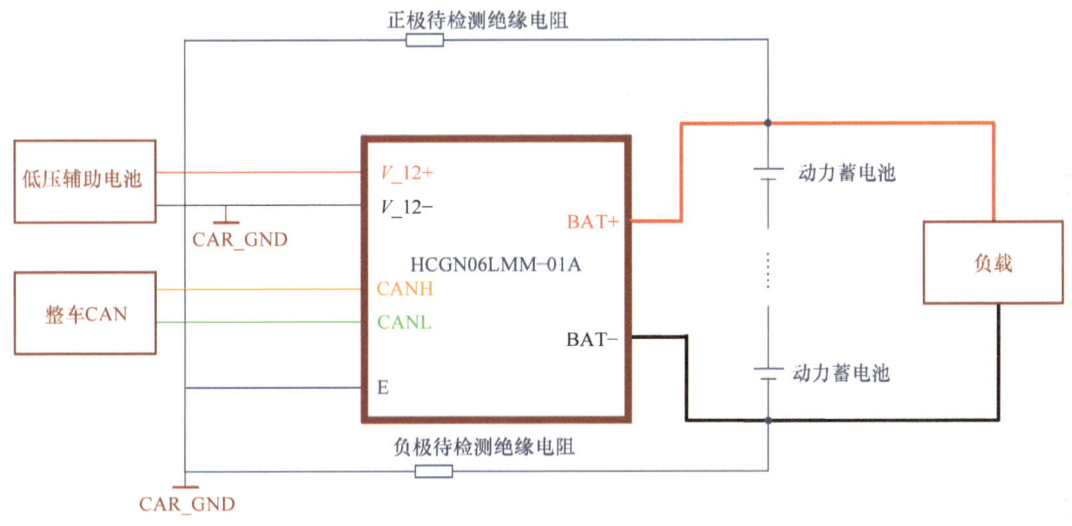

图 5-63　绝缘监控模块典型应用拓扑图

绝缘监控模块有多种实现方案，其核心思想是通过检测高压系统对车身的漏电流（或者通过 Ω/V，此单位也可换算成漏电流）判定高压系统对车身的绝缘情况。绝缘监控模块可通过以下方式实现对高压系统的绝缘监控。

5.5.1.1　辅助电源式（绝缘监控模块）

此方案是在漏电检测器中使用一个直流 110V 的检测用辅助蓄电池。蓄电池正极与待测高压直流电源的负极相连，蓄电池负极与车身实现一点连接，如图 5-64 所示。

1）在待测系统绝缘性能良好的情况下蓄电池没有电流回路，漏电流为零。

2）在电源电缆绝缘层老化或环境潮湿等情况下，蓄电池通过电缆绝缘层形成闭合回路产生漏电流，检测器根据漏电流的大小报警，并关断待测系统的电源。

这种检测方法不仅由于需要直流 110V 的辅助电源而增加了系统的复杂程度，而且还难以区分绝缘故障源是来自电源正极引线电缆还是负极引线电缆，还会增加漏电流。此外，因直流 110V 属于 B 级电压，该检测方法存在一定的安全风险。

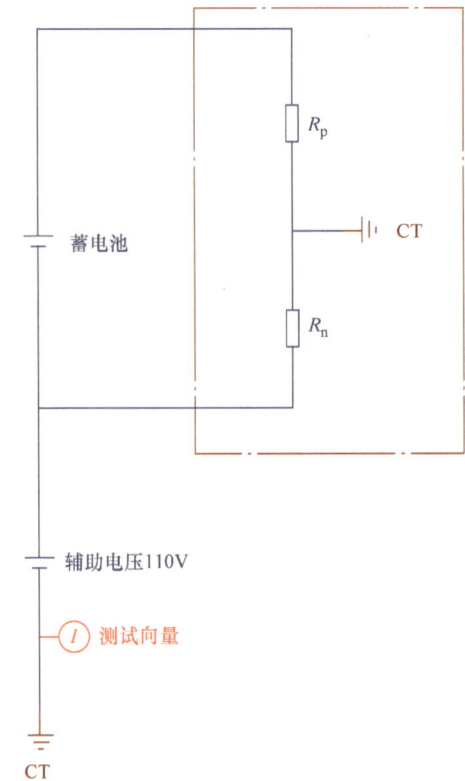

图 5-64 辅助电源式方案示意图

5.5.1.2 电流传感式（绝缘监控模块）

电流传感式（绝缘监控模块）是一种采用霍尔式电流传感器对高压直流系统进行漏电检测的方法。它将待测系统中母线正极和负极一起同方向穿过电流传感器，如图 5-65 所示。

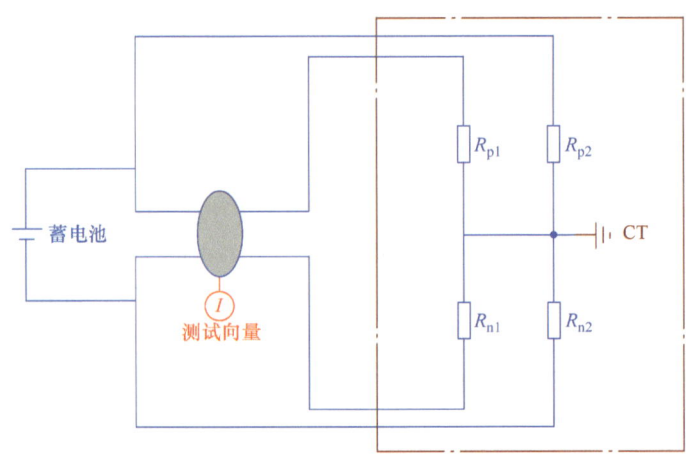

图 5-65 电流传感式方案示意图

当没有漏电流时或流进 R_{p1} 和 R_{n1} 的漏电流相等时，从电源正极流出的电流等于返回到电源负极的电流。因此，穿过电流传感器的总电流为零，电流传感器输出电压为零。

当发生漏电流 R_{p1} 和 R_{n1} 不相等时，电流传感器输出电压不为零。根据该电压的正负可以进一步判断产生漏电流的来源是来自电源正极引线电缆还是电源负极引线电缆。但是，应用这种检测方法的前提是待测电源必须处于工作状态，要有工作电流的流出和流入，它无法在电源空载状态（无 R_{p1} 和 R_{n1}）下评价电源的对地绝缘性能。此方案在 R_{p1} 和 R_{n1} 阻值等比下降时实际漏电流会增大，但是在传感器处无法测出。

5.5.1.3 桥式电阻式

桥式电阻式方案的基本原理是在直流正负母线和车体之间接入一系列电阻，然后通过电子开关或者继电器切换接入阻值的大小，测量在不同接入电阻情况下正负母线在被测电阻上的分压，最后通过解方程式计算出正负母线对地的绝缘电阻，如图 5-66 所示。这是目前在电动汽车上最常用的一种绝缘电阻检测方法，可以直接计算母线对车体的绝缘电阻值。但这一方法存在几个缺点：

1）该检测电路在动力电池组正负母线和车体之间接有电阻，该电阻值过大会导致测量结果不准确；若电阻值过小，该检测装置的接入不仅会降低车体的绝缘性能，还会增加电池的自放电率。

2）当正负母线对地绝缘电阻相等时方程式无解，此时绝缘电阻无法计算。

3）当动力电池组总电压过低或者动力电池组开路故障时，由于无法测量电阻上的分压，该方法也无法计算得到绝缘电阻。

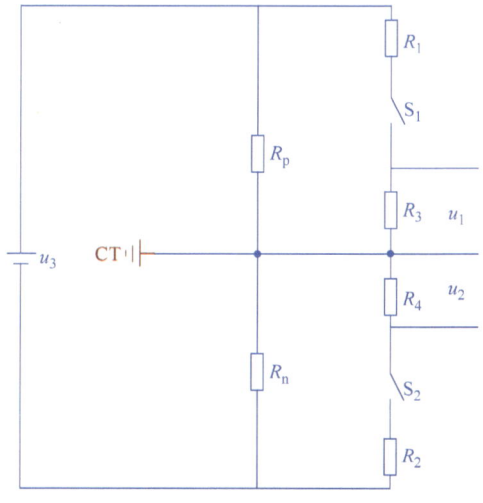

图 5-66　桥式电阻式方案示意图

5.5.1.4 低频电压注入式

电动汽车绝缘电阻监控模块采用的是电压注入式检测方法,如图 5-67 所示。该检测方法通过隔离变压器给被测点到车体之间加一个直流高压,通过高精度 A/D 转换测量分压电阻的电压,再通过软件计算得到电阻值。这种方法根本上解决了电动汽车蓄电池正负母线对地对称绝缘故障无法测量的缺点,并且在电池开路的情况下也能检测高压电路与车体之间的绝缘性能。

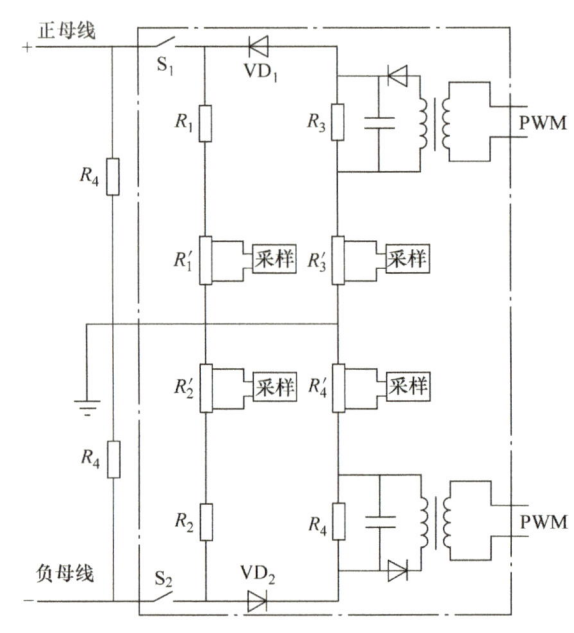

图 5-67 低频电压注入式方案示意图

5.5.2 绝缘监控模块的设计规则

绝缘监控模块的设计一般遵循以下规则:

1)电动汽车安装绝缘监控模块后,整车的绝缘阻值不能出现大幅下降而造成绝缘故障。绝缘监控模块可能会在高压电池正负对地之间串联比较大的电阻,此电阻与实际的绝缘电阻并联,会造成电动汽车绝缘阻值下降的情况,所以绝缘模块串联在高压正负与地之间的电阻不能过小。

2)绝缘监控模块需具备投切功能。按照绝缘监控模块原理的不同,绝缘模块会在高压电池正负对车身地之间串联比较大的电阻或需要注入 ±40V 左右的电压。当电动汽车存在两个或两个以上绝缘模块时,会造成绝缘阻值检测失真问题。为解决这一问题,需增加绝缘模块投切功能,即绝缘模块接收到关闭绝缘监测功能指令后,关闭绝缘检测功能,解决因绝缘模块串入电阻或注入的电压导致的整车绝缘问题。

5.5.3 绝缘监控模块的性能评价

5.5.3.1 绝缘监控模块设计参考标准

设计绝缘监控模块过程中若有更高的标准则按自定标准执行，在无标准的情况下，推荐参考的标准如下：

GB/T 18216.8—2015《交流 1000V 和直流 1500V 以下低压配电系统电气安全防护设施的试验、测量或监控设备 第 8 部分：工厂系统中绝缘监控装置》。

GB/T 18655—2018《车辆、船和内燃机 无线电骚扰特性 用于保护车载接收机的限值和测量方法》。

5.5.3.2 高低压电气间隙要求

UL 840—2012《Insulation Coordination Including Clearances and Creepage Distances for Electrical Equipment》节内容规定了带电部件与电底盘之间的爬电距离：

$$d \geqslant 0.125U+5 \tag{5-19}$$

式中　d——带电部件与电底盘之间的爬电距离（mm）；
　　　U——蓄电池两个连接端子间的标称电压（V）。

5.5.3.3 绝缘报警等级判定

如果人或其他物体构成动力电池系统与车身之间的外部电路，最坏的情况下漏电流不会超过 2mA，这是人体没有任何感觉的阈值（见 IEC 60479-1）。GB/T 38031—2020《电动汽车用动力蓄电池安全要求》中 6.1.2 节规定动力蓄电池绝缘电阻最小值是 100Ω/V（按动力蓄电池的标称电压计算），将 100Ω/V 换算成漏电流则应该为 10mA。因此绝缘监控模块的绝缘性能判定的两个阈值是 2mA 和 10mA。故绝缘报警等级判定如下：

1）当漏电流小于 2mA 时，无绝缘故障。
2）当漏电流大于等于 2mA 且小于 10mA 时，应上报绝缘故障等级为 1。
3）当漏电流大于等于 10mA 时，应上报绝缘故障等级为 2。

5.5.3.4 绝缘监控模块对被测系统泄漏电容 C_e 的适应性

由于被测系统对地存在泄漏电容 C_e，为保证绝缘模块测试的准确性，需根据泄漏电容 C_e 的大小调整信号注入时间。另外，绝缘监控模块须标明被测系统允许的最大泄漏电容 C_e。

5.5.4 绝缘监控模块的发展趋势

目前，绝缘监控模块主要起到监控和报警的作用，而具体的决策和执行则由整车控制器或其他控制模块负责。换言之，目前的绝缘监控模块实质上只是整车控制器下属的一个传感器。随着电动汽车技术的不断发展,整车的绝缘安全性能要求将会进一步提高,进而推动绝缘监控模块向集成化、智能化等方向不断发展。

1. 全范围高精度阻抗监测

目前常见绝缘监控模块的绝缘阻抗识别范围在 0~50MΩ,这是一个非常宽泛的区域,在这一范围内对绝缘阻抗保持高精度监测是非常困难的。多数生产厂家选择提高绝缘等级标准涉及的阻抗值周围的监测精度,以保证绝缘监控的功能。但实现全范围高精度阻抗监测有利于丰富绝缘监控模块的功能,使其从单纯的监控报警模块转变为监测控制模块,这将是绝缘监测模块的主要发展方向之一。

2. 与其他控制模块集成

目前绝缘监控模块大部分是单独的模块,但已经有部分供应商将其嵌入电池管理系统（Battery Management System，BMS）、整车控制器或高压信息采集系统等模块中,这一形式从成本和空间角度将具有较大优势。

3. 模块智能化

作为关系整车安全性的关键部件,绝缘监控模块不仅需要在发生绝缘故障时给出报警,还需要对绝缘故障进行定位,在复杂环境下分析绝缘故障产生的原因。未来的绝缘监控模块将具备独立分析问题、处理问题的能力,为整车的高压安全提供充分的保障,也为整车高压设计优化提供充分的参考数据。

5.6 电力电子系统集成设计技术

纯电动汽车车载电力电子系统主要由 DC/AC 变换器、DC/DC 变换器、高压配电系统等构成。除此之外,为了使上述各模块能够更加安全、可靠地运行,绝大多数纯电动汽车还加入了绝缘检测模块、高压采集模块等。在早期的纯电动汽车中,这些模块之间的联系并不紧密,甚至是相互分立的,模块自身的集成度也不够高。这在一定程度上给电力电子系统的布置与维护带来了负面影响。伴随着纯电动汽车的飞速发展,其对电力电子系统高集成度、高可靠性、高电磁兼容性的需求逐渐凸显出来,而这反过来推动了电力电子集成设计开发与产业化。

5.6.1 电力电子系统集成理论

电力电子系统集成是指将各个子模块有机地集中为一个统一的整体,以高效地实现纯电动汽车高压系统的功能。电力电子系统的集成并不是将各个子模块功能的简单相加或罗列,而是将各子模块功能进行科学配置、优化和综合,形成更强大的系统功能,从而满足纯电动汽车对于高压系统功能的要求,体现出系统集成的意义。

5.6.1.1 系统组成

对于纯电动客车,其典型的车载电力电子系统集成的电路模块包括 DC/AC 变换器和 DC/DC 变换器模块等,如图 5-68 所示。其中 DC/AC 变换器又可以分为主驱动 DC/AC 变换器、气泵 DC/AC 变换器和油泵 DC/AC 变换器。相对而言，主驱动 DC/AC 变换器的功率等级要远大于气泵和油泵 DC/AC 变换器的功率等级。DC/AC 变换器的作用是将动力蓄电池的直流电通过功率开关器件的通断控制逆变成所需的交流电，从而驱动电机工作。DC/DC 变换器的作用是将动力蓄电池的高压电转换为低压电，为车载的所有低压用电设备进行供电。

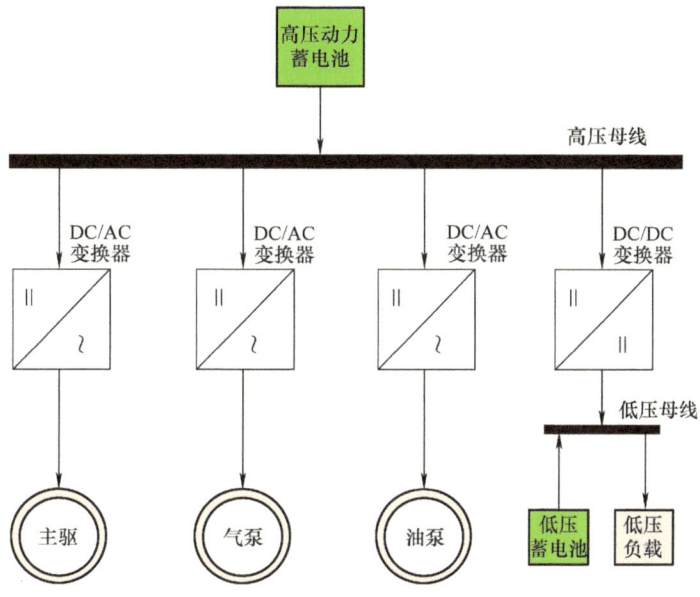

图 5-68　车载电力电子集成系统示意图

对于纯电动乘用车，其典型的电力电子系统集成的电路模块包括主驱动电机 DC/AC 变换器、DC/DC 变换器、车载充电 AC/DC 变换器等，如图 5-69 所示。

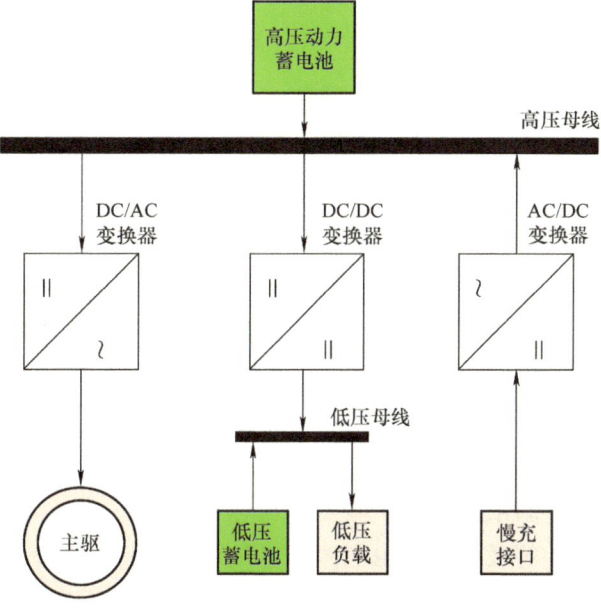

图 5-69　纯电动乘用车电力电子集成系统示意图

5.6.1.2 系统模型

要进行一个具体的系统设计，首先应建立该系统的数学模型。数学模型是系统动态特性的数学表达式，它反映了系统输入、内部状态和输出之间的关系。数学模型为系统的优化设计提供了依据，数学模型准确与否会直接影响系统的性能。

纯电动汽车的电力电子系统并联了多种不同性质的负载，为了简化分析，可以等效为两个负载并联的模型，如图 5-70 所示。2006 年，Emadi A. 等提出电动汽车的电机、电力电子变换器负载等采用严格的闭环控制时均是恒功率负载（CPL），并指出 CPL 会导致系统稳定域下降的问题。这里用负电阻等效模型代替 CPL。

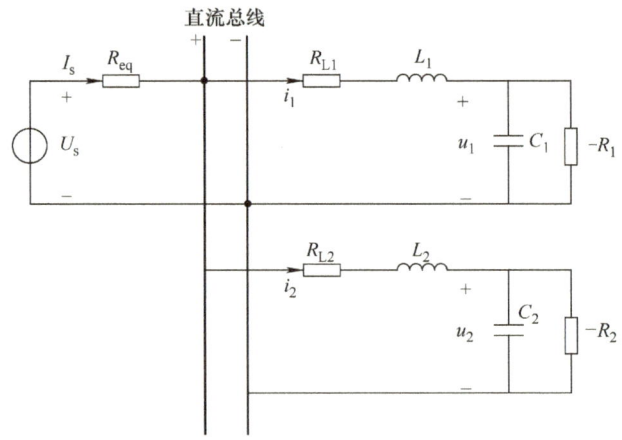

图 5-70　纯电动汽车的电力电子系统等效电路图

根据状态空间法，可以建立电力电子系统的状态空间模型：

$$\begin{bmatrix} \dfrac{\mathrm{d}i_1}{\mathrm{d}t} \\ \dfrac{\mathrm{d}i_2}{\mathrm{d}t} \\ \dfrac{\mathrm{d}u_1}{\mathrm{d}t} \\ \dfrac{\mathrm{d}u_2}{\mathrm{d}t} \end{bmatrix} = \begin{bmatrix} -\dfrac{R_{\mathrm{eq}}+R_{\mathrm{L1}}}{L_1} & -\dfrac{R_{\mathrm{eq}}}{L_1} & -\dfrac{1}{L_1} & 0 \\ -\dfrac{R_{\mathrm{eq}}}{L_2} & -\dfrac{R_{\mathrm{eq}}+R_{\mathrm{L2}}}{L_2} & 0 & -\dfrac{1}{L_2} \\ \dfrac{1}{C_1} & 0 & \dfrac{1}{C_1 R_1} & 0 \\ 0 & \dfrac{1}{C_2} & 0 & \dfrac{1}{C_2 R_2} \end{bmatrix} \begin{bmatrix} i_1 \\ i_2 \\ u_1 \\ u_2 \end{bmatrix} + \begin{bmatrix} L_1 \\ L_2 \\ 0 \\ 0 \end{bmatrix} U_{\mathrm{s}} \quad (5\text{-}20)$$

式中　i_1、i_2——支路 1 和支路 2 的输入电流（A）；
　　　u_1、u_2——支路 1 和支路 2 的输入电压（V）；
　　　C_1、C_2——支路 1 和支路 2 的滤波电容（F）；
　　　L_1、L_2——支路 1 和支路 2 的滤波电感（H）；
　　　R_{L1}、R_{L2}——支路 1 和支路 2 直流输入端的杂散电阻（Ω）；
　　　U_{s}——电池组开路电压（V）；
　　　R_{eq}——电源侧的等效电阻，由电池内阻和线路杂散电阻构成（Ω）；
　　　R_1、R_2——支路 1 和支路 2 的等效电阻（Ω），根据 $R=P/u^2$ 计算，其中 P 为负载功率（W），u 为直流输入电压（V）。

电路中的电感、电容、电阻等参数对于系统的性能影响很大。系统的稳定性是一项重要的性能指标，是指系统在正常运行状态下受到扰动后，经过一段时间能够恢复到原来的运行状态或者过渡到另一个新的平衡状态。系统稳定性的破坏，会造成大量负荷供电中断甚至整个系统崩溃，后果非常严重。

在分析参数变化对系统稳定性影响时经常采用根轨迹法。根轨迹是开环系统某一参数从零变到无穷时，闭环系统特征方程式的根在 s 平面上变化的轨迹。根轨迹是分析和设计线性定常控制系统的图解方法，使用十分简便。特别在进行高阶系统和多回路系统的分析时，应用根轨迹法比用其他方法更为方便，因此在工程实践中获得了广泛应用。通过应用根轨迹法分析电路中参数对于系统性能的影响，可以得到以下结论：

1）增大 R_{eq} 可以提高系统稳定性，减小 R_{eq} 将降低系统稳定性。
2）当支路电感值增加时，系统稳定性降低。
3）当支路电容值增加时，系统稳定性增加。
4）当负载功率增加时，系统稳定性降低。

5.6.1.3　基本要求

纯电动汽车的电力电子集成系统为整车提供电能支持，是整车电气系统的核心，应满足以下基本要求。

1）保证供电的安全可靠性。供电的中断将导致用电负荷停止运转，影响设备正常工作，严重时甚至导致整车故障，危及人身安全，造成严重的后果。因此，纯电动汽车的电力电子集成系统应满足可靠、持续供电的基本要求。

2）保证良好的电能质量。纯电动汽车的电力电子集成系统为驱动系统、辅助系统、低压系统等负载供电，良好的电能质量是负载正常运行的前提条件。交流电能质量包括电压质量、频率质量和波形质量三个方面，直流电能质量主要指电压质量。

3）保证系统运行的经济性。提高电力电子系统运行的经济性，降低电能在变换、输送、分配时的损耗，对于提高整车的经济性和续驶里程具有十分重要的意义。

5.6.2　电力电子系统集成设计

当前纯电动汽车中大功率电力电子部件众多，但因为它们的系统集成度低、可靠性差而不能相互协调稳定工作。将驱动电机控制器、车载充电器、DC/DC 变换器和电动空调等以电力电子变换电路为核心的电气设备集中布置，形成集成功率控制单元（Power Control Unit，PCU），统一设计系统的电路结构、驱动单元、控制单元、散热系统等，不仅可以节省材料，而且可以减小占用空间，并且集成功率控制单元具有新型的电路拓扑结构，集成度高，可靠性高，成本低。

5.6.2.1　总体设计方案

纯电动汽车集成控制器的高压原理如图 5-71 所示。集成控制器主要包括主驱动电机控制单元、DC/DC 变换器变换单元、辅助电机控制单元、高压配电单元以及绝缘检测单元等。

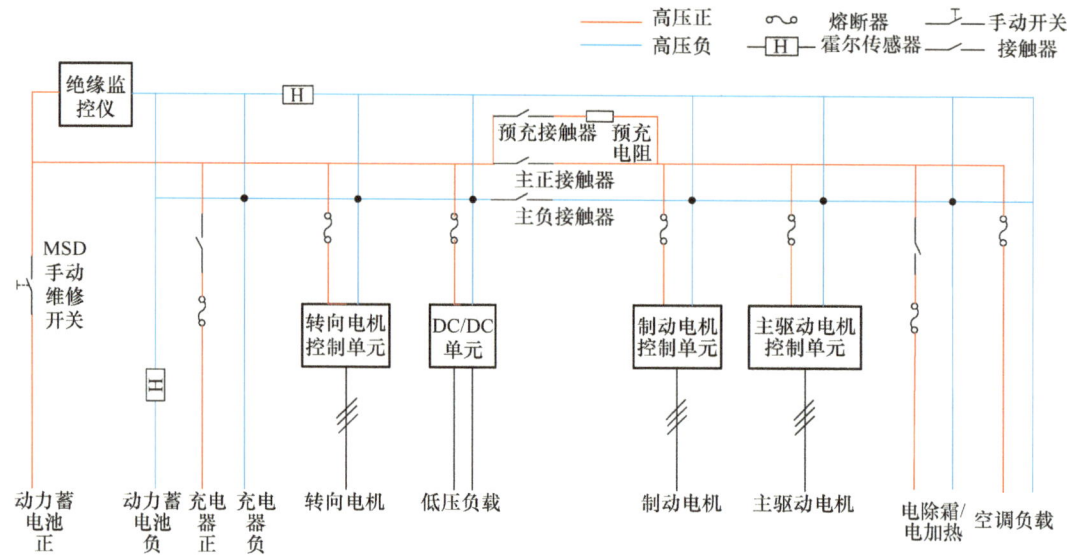

图 5-71 纯电动汽车集成控制器的高压原理

1. 主驱动电机控制单元

根据整车控制器控制指令，进行前进、后退、空档下的电动、发电等模式控制，配合电动汽车的整车控制系统实现主回路的开关、驱动/制动（巡航和换档）、驻车、故障报警和处理等功能。主驱动电机控制单元包括 DC/AC 变换器主电路、控制电路和 IGBT 驱动电路等。

2. DC/DC 变换器变换单元

将动力电池提供的高压直流电转换成低压直流电，为车载辅助蓄电池充电及车载低压用电器供电，满足车辆对低压用电的需求。DC/DC 变换器的直流输入端能承受较宽的电压范围，以确保可以与不同的动力蓄电池系统相匹配。DC/DC 变换器变换单元包括 DC/DC 变换器主电路、控制电路及开关管的驱动电路等。

3. 辅助电机控制单元

根据整车控制器控制指令，驱动整车高压辅助系统（包括制动系统和转向系统）正常工作，为这些高压部件提供符合需求的高压电，以实现车辆助力转向或制动等功能。辅助电机控制单元包括 DC/AC 变换器主电路、控制电路及 IGBT 驱动电路等。

4. 高压配电单元

主要作用是实现动力蓄电池高压电在各个高压子系统中的合理有序分配，车辆在行驶过程中，使各系统能够按照整车要求和驾驶人指令进行动作，确保整车的高压用电安全。针对电机、暖风、空调、DC/AC 变换器及 DC/DC 变换器等高压回路设置直流熔断器进行短路保护，具有智能化控制功能以及 CAN 通信与故障检测功能。高压配电单元主要包括各高压回路熔断器、接触器及其控制系统。

5. 绝缘检测单元

主要作用是检测电动汽车的高压电气系统对底盘之间的绝缘情况，实时反馈绝缘电阻阻值给整车控制器，整车控制器根据绝缘阻值进行分级处理（报警、限功率或断电），有效保护车辆和人员的安全。

集成控制器作为整车核心的功率控制单元，负责为整车的电气设备提供电源，具有十分重要的作用。集成控制器与其他外围设备的电气连接如图 5-72 所示。

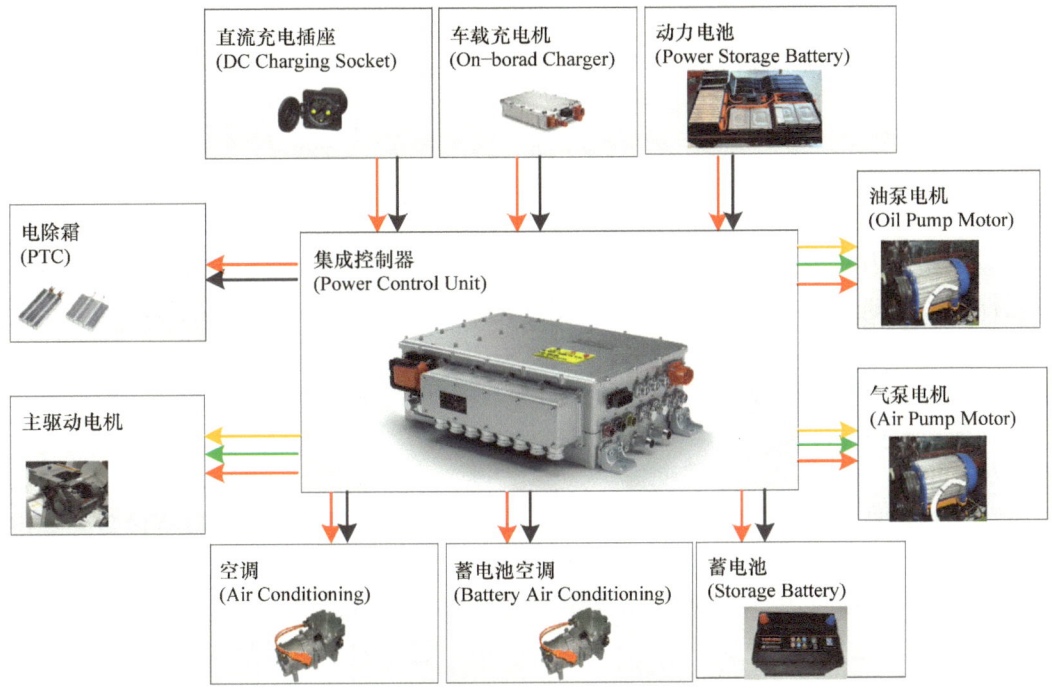

图 5-72　集成控制器及其外围设备的电气连接

5.6.2.2　设计原则和评价指标

1. 人机关系

集成控制器中的元器件布置关系到设备的操作、监视与维修。若布置合适，将会方便使用与维护。因此，在设计时应考虑后期维护操作的便利性。

2. 环境因素

设备运行的环境将影响设备的可靠运行，对于设备工作温度、储存温度、湿度等环境因素应有明确要求。

3. 设备安全

设计集成控制器时应考虑如下内容：

1）直接接触的防护。

2）设备必要的危险标志。

3）集成控制器内部应设置保护接地螺钉或保护接地母线。

4）装置的所有金属连接件应保证可靠的电连续性，各金属连接件与保护导体间的电阻值不得超过 0.1Ω。

5）电气间隙和爬电距离见表 5-10。

表 5-10 电气间隙和爬电距离　　　　　　　　　　（单位：mm）

额定绝缘电压 U/V	电气间隙	爬电距离	电气间隙	爬电距离
	额定电流 ≤ 63A		额定电流 > 63A	
$U \leq 60$	2	3	3	4
$60 < U \leq 300$	4	6	6	10
$300 < U \leq 660$	6	12	8	14
$660 < U \leq 800$	10	14	10	20
$800 < U \leq 1500$	14	20	14	28

4. 设备散热

集成控制器内部布设了大量的发热元器件，设备工作时内部温度将升高。保证设备内部元器件经过长期工作后，其内部温度不超过元器件中温度要求最低者的温度，是保证设备可靠使用的关键因素之一。设备的散热方式主要有自然散热、风冷散热、液冷散热及蒸发冷却等。对于防护式结构，可采用自然散热或强制风冷散热；对于密封式结构，可采用强制风冷散热或蒸发冷却。

5. 电磁兼容

集成控制器是一个完整的强、弱电的混合体，包括变换器及其控制器等设备，既包含了较高电压和电流的电路，同时还包含控制系统（此部分为典型的弱电电路）。强、弱电电路混合在一起，这对集成控制器的电磁兼容设计提出了很高的要求。

在集成控制器中，主电路中的高频开关电路以及滤波电路是系统内主要的电磁干扰源；控制用的接触器、继电器和印制电路板（Printed Circuit Board，PCB）也是典型的电磁干扰源。

在集成控制器中，电磁干扰的耦合途径包含辐射耦合以及传导耦合两种形式。辐射耦合主要以近场耦合为主，既存在以电容耦合形式出现的电场耦合，也存在以电感耦合形式出现的磁场耦合，也可能电场、磁场耦合同时存在。传导耦合主要以共地阻抗耦合以及共电源阻抗耦合方式出现。

由于集成控制器的内部空间十分有限，工艺人员从制造、产品美观等方面考虑，常将强、弱电电缆用扎带绑在一起，或放在同一线槽内，这极易产生电缆与电缆间的窜扰。当工作模式为高压小电流时，易发生电容耦合形式的电场耦合干扰；当工作模式为低压大电流或在电感线圈附近时，易产生互感耦合形式的磁场耦合干扰。实际上，通常电场耦合与磁场耦合同时存在。

传导耦合干扰的途径主要有两种。一种是因为集成控制器需要向多路负载供电，电源阻抗耦合使多路负载间产生相互干扰，如图 5-73 所示，电路 1 及电路 2 到电路 n，都从电源处获得能量，在公共电源阻抗 R_s 上会产生电压降。另外，电路 1 与电路 2 之间，可能会产生相互影响，干扰某些电路的正常工作。另一种是由于强电部分与弱电部分一般都以车身地为参考平面，所以极易形成地环路干扰。

有效地控制电磁干扰通常非常困难，因为电磁干扰方位

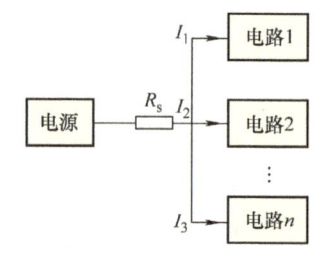

图 5-73 传导干扰电路示意图

与耦合通路的大量可能的组合涉及许多变量。由于电磁干扰情况固有的复杂性,若要及时、有效且经济地解决电磁干扰问题,弄清干扰源的特性及传播途径十分关键。

电磁干扰耦合途径有许多,在强、弱电混合的设备中主要包括地环路耦合干扰、场对电缆所产生的共模或差模电压的辐射电磁场耦合、电缆对电缆的电容与电感的差模耦合和电源线与供电电路的耦合,这五种耦合占到电磁干扰情况的95%。

1)地环路耦合干扰。如图5-74所示,如果 A、B 两点之间存在电位差,则在途中将存在地环路耦合干扰。

2)场对电缆所产生的共模电压辐射电磁场耦合干扰。从图5-74可知,在 $ABCD$ 及 $ABC'D'$ 中,由于存在交变电磁场,所以在闭合环路中产生感应电压,此电压有可能产生 I_1 及 I_2 的共模干扰电流。由于 I_1 及 I_2 大小不同,当共模电压转为差模电压时,可能对控制电路造成影响。

3)场对电缆所产生的差模电压辐射电磁场耦合干扰。由图5-74可知,在 $CDD'C'$ 环路中,由于存在交变电磁场,此环路中会产生感应电压,此感应电压将在 $CDD'C'$ 回路中产生差模耦合干扰。

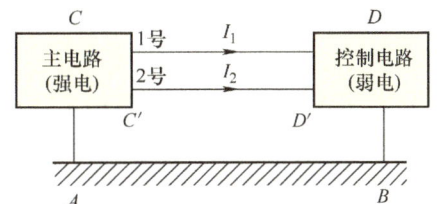

图5-74 场对电缆所产生的差模电压耦合干扰

4)电缆对电缆的电容与电感的差模耦合干扰。电缆与电缆之间的耦合干扰可分为电场和磁场耦合干扰,俗称线-线之间的"窜扰"。

5)电源线与供电电路的耦合干扰。外部输入端传入的其他用电设备产生的干扰,可能对装置内的电路产生干扰影响。

明确了电磁干扰耦合的模式后,针对以上五种耦合干扰,可以采用以下设计原则。

1)地环路耦合干扰。使控制电路悬浮地(频率不高时);采用平衡电路;使用隔离技术,如变换器隔离、光隔离等;增加共模扼流线圈;功率等级相差较大的地线回路不能有公共部分。

2)差模耦合干扰。使用双绞线;采用屏蔽电缆,且屏蔽层单端接地。

3)电缆与电缆之间的耦合干扰。使用屏蔽电缆,并注意屏蔽电缆的接地;使干扰源电缆远离敏感源电缆;干扰源电缆与敏感源电缆正交;功率等级不同的电缆不能绑扎在一起或放在同一线槽内。

4)电源线上的传导耦合干扰。增加滤波器,以抑制干扰的传输;共用一路电源输出向多路负载供电时,每路负载电路之间必须加强滤波,以防相互干扰。

5.6.2.3 关键器件的工作原理及选型

1. 接触器的原理及选型

接触器是用于远距离频繁地接通和分断交直流主电路和大容量控制电路的电器。由于纯电动汽车的高压系统广泛采用直流电系统,所以选用直流接触器控制主电路的接通和分断。

直流接触器一般分为节能型和非节能型两种。节能型在非节能型的基础上外加了一块小型的电流斩波电路板，除控制线圈外，具有一组桥式常开主触点，可带一组常开辅助触点，主触点回路有+、-极性。控制线圈也称为节能线圈，即触点吸合之后，线圈保持功耗极低，其工作原理与继电器工作原理类似：控制线圈通电，主触点和辅助触点（也可不带辅助触点）闭合；线圈断电，主触点和辅助触点断开。直流接触器内部连接如图5-75所示。

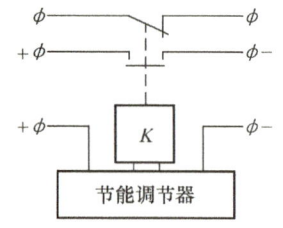

图5-75 直流接触器内部连接图

直流接触器工作原理如图5-76所示。线圈通电后，由于同极相斥的原理，线圈内部产生磁场，动铁心或动作机构被磁化，动铁心在线圈磁场作用下向上运动，动静触点接触，完成闭合；当线圈断电后，线圈内部磁场消失，复位弹簧使动铁心向下运动，动静触点分离而产生电弧。在电动汽车上推荐使用陶瓷密封结构的接触器，由于陶瓷腔体内部充满了高还原性的H_2，对冷却电弧有较大的帮助，同时陶瓷腔体外侧还有一个固定的永磁场，则电弧下的游离态电离子会在永磁场的作用下移动，电弧被拉长直到熄灭，完成断开，从而实现弱电控制强电的使用需求。

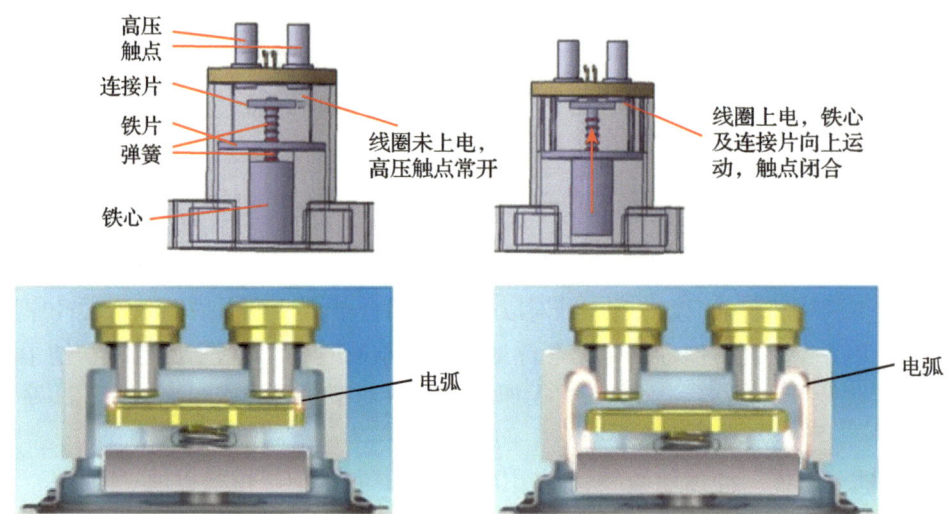

图5-76 直流接触器工作原理

接触器的选型应从其工作条件出发，主要考虑以下因素。

1）控制直流负载应选用直流接触器，接触器的使用类别由负载性质决定。

2）接触器的额定工作电压指接触器使用时的电压值，要求主触头的额定工作电压大于等于动力电池的最高电压。

3）接触器的额定工作电流指保证接触器正常工作的电流值，这个电流值应当是负载电路电流的1.2~1.5倍。

4）接触器短时过载电流应当满足负载正常工作时峰值电流值和持续时间的需求，接触器最大切断电流应当大于此回路中的短路电流，接触器应当满足负载冲击电流的需求，接触器短路电流承受时间需大于熔断器熔断时间，接触器承受反向电流次数、电流值及其持续时间需满足系统要求。

5）接触器的机械寿命需大于20万次，接触电器寿命需大于1000次。

2. 熔断器的原理与选型

熔断器是一种利用电流热效应原理来工作的电器。当电路的电流超过熔体本身额定的电流并持续一段时间时，熔体会产生大量的热量使自身熔断而产生电弧，通过石英砂灭弧，从而达到分断电路的目的。它广泛地应用于各种电路场所，如配电系统、控制系统等，起到短路和过电流保护作用。使用时，熔断器串联在所保护的电路中，当电路发生过载或短路故障时，如果通过熔断器电流达到或超过了某一定值，熔断器熔断，切断故障电流，起到保护作用。

熔断器主要由熔体管体、端子和石英砂组成。熔体的材料有两种：一种是低熔点材料，如铅锡合金、锌等；另一种是高熔点材料，如银、铜等。熔体常制成丝状或片状：丝状熔体多用于小电流场合；片状熔体一般用薄金属片冲压制成，通常带有宽窄不等的变截面，当熔体通过短路电流时，截面狭窄处因电阻较大、散热差，而先行熔断，从而使整个熔体变成几段掉落下来，造成几段串联短弧，有利于熄弧。

电气设备的电流保护直流熔断器主要有两种形式，即过载延时保护和短路瞬时保护。过载一般是指10倍额定电流以下的过电流，短路则是指超过10倍额定电流以上的过电流。但应注意，过载保护和短路保护不仅是电流倍数不同，而且实际差异很大。

从特性方面来看，过载需要反时限保护特性，短路则需要瞬时保护特性。从参数方面来看，过载要求熔化系数小，发热时间常数大；短路则要求较大的限流系数，较小的发热时间常数，较高的分断能力和较低的过电压。从工作原理分析可知，过载动作的物理过程主要是热熔化过程，而短路则主要是电弧的熄灭过程。

熔断器选型原则主要是熔断器额定电压与额定电流的确认，熔断器的选型主要考虑以下因素。

（1）熔断器的额定电压

熔断器的额定电压是熔断器长期工作和分断时能正常使用耐受的电压，一般熔断器的额定电压需大于动力蓄电池最高电压，否则在熔断器熔断时会出现持续飞弧和被电压击穿的危险。

（2）熔断器的额定电流

熔断器的额定电流是指通过熔断器的有效电流值。熔断器额定电流降容系数为

$$I_\mathrm{n} = \frac{I_\mathrm{RMS}}{K_\mathrm{e} K_\mathrm{v} K_\mathrm{t} K_\mathrm{f} K_\mathrm{a} A_2 A_3}$$

式中　I_RMS——熔断器持续工作电流（A）；

K_e——热连接系数；

K_v——风冷系数；

K_t——环境温度系数；

K_f——频率系数；

K_a——海拔系数；

A_2——电流周期性参数；

A_3——负载启停周期。

1）熔断器额定电流降容系数也可参考 ISO 8820-2：2005 附录 B.2.1 中的方法，直接使用倍数进行初选阶段。

2）确定熔断器的规格型号，"模拟"或者"试验"出该熔断器规格的熔断和保护参数，提交给用户方做评估或验证参考。

（3）熔断器的 I^2t 曲线

熔断器寿命计算参考熔断器负载电流波形及 I^2t 曲线。I^2t 曲线的一般形式如图 5-77 所示。

理论上，当通过电流为熔断器额定电流的 50% 时，熔断器能够保证持续工作。实际负载波形通常不是平稳的线性负载，针对不同的负载曲线，需根据式（5-22）进行计算：

$$I^2t = \int_0^{t_{1-2}} t \mathrm{d}t \qquad (5-22)$$

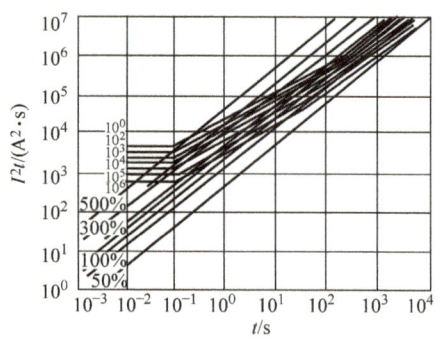

图 5-77　某品牌直流高压熔断器的 I^2t 曲线

式中　I——熔断器电流（A）；

　　　t——通过电流的时间（s）。

如果电流是周期性变化的，则选择任意几个周期计算 I^2t，计算所得 I^2t 曲线需在最下面一条曲线的下方区域。一般来讲，电流波动主要存在负载初步启动或者功率上升区域，可从负载启动、快速提高负载功率直至稳定，抓取从开始到负载稳定过程中电流波形。估算 I^2t 时同样要求 I^2t 曲线在图 5-77 下方的区域。

（4）熔断器的时间-电流特性曲线

熔断器型号初步确定后，需根据负载回路的冲击电流，结合熔断器时间-电流特性曲线，校核初选熔断器能否承受回路内的尖峰电流。

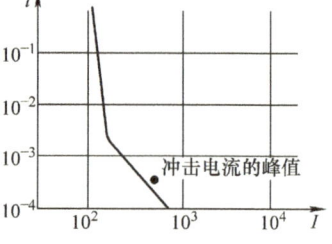

图 5-78　某品牌熔断器的时间-电流曲线

图 5-78 所示为初选某品牌 35A 熔断器的时间-电流特性。在此基础上，比对尖峰电流的持续时间及峰值。用示波器配合电流互感器测得负载的冲击电流波形。通过对比熔断器的时间-电流特性曲线及负载的实际冲击电流波形，确认实际的负载冲击电流是否超过初选熔断器对峰值电流的承受能力。若冲击电流值不超出熔断器时间-电流特性曲线，则可认为初选熔断器适用该负载的冲击电流；反之，若长时间超负荷使用，则容易导致熔断器的非正常熔断。

（5）熔断器的最大分断能力

最大分断能力指熔断器在故障条件下能可靠地分断的最大短路电流，它是熔断器很重要的技术指标参数。熔断器分断能力需大于保护回路中预期短路电流。预期短路电流通过动力电池电压与负载回路的导线电阻、电源内阻、连接端子或者转接点个数，可简单计算。线阻及电源内阻可通过计算或测量获得，连接端子一般取 3~5mΩ。

3. 线束设计及安装

集成控制器采用的高压线束应满足 QC/T 1037—2016《道路车辆用高压电缆》的标准

要求。在设计及安装时应注意以下事项：

1）最大限度地减少线束的节点。如需要分线，则要在外部通过连接器和电器控制总成来实现。

2）要充分考虑其维修性。仪表线束与底盘线束的对接、顶盖线束与仪表线束的对接、前围线束与仪表线束的对接、电控线束的诊断插口等一定要设计在容易检修到的地方。

3）对于大功率发电机，主电源一定不要使用易熔线。易熔线是保护一定截面积的导线，由于大功率发电机的输出电流较大，易熔线无法保护 10mm^2 以上的导线。因此，要防止因易熔线过热引起发电机的损坏。

4）线束穿过方钢的孔时，需加橡胶圈保护。线束要避开车架的尖角和锋利的切口处，不可将线束紧贴着较易将线束磨破的地方固定，须留有间隙且用金属固定线夹避开固定。

5）线束经过金属件棱角处应避免干涉。当有干涉时，要求线束与金属件不能直接接触，并在折角两边用金属固定线夹固定线束。

6）与电机部分相连接的分支线束，需将线束留有一定的运动长度，以防电机在振动时，将线束拉断。

7）插接器对插后，需在对插卡扣处、线束尾部涂中性的玻璃胶，严禁用酸性玻璃胶密封而造成早期插接器的腐蚀。插接器对插后要检查是否有端子被顶出或接触不良等现象。

8）插接器两端的线不可扎得过紧，须留有一定余量，以避免车辆振动时插接器受力导致端子接触不良。另外，还有利于维修时插拔插接器。

9）线束的接地点最好在底盘和仪表线束上分别引出。蓄电池的接地点、发电机的接地点、空调发电机的接地点、外搭铁的起动机的接地点等一定要设计在车架的同一侧，以减少因左右车架的连接电阻引起电压的损耗。

5.6.2.4 关键技术

1. 电气设计

集成控制器主要包括主驱逆变器、辅驱逆变器及 DC/DC 变换器的主电路和控制电路。在进行电路的电气设计时，首先应明确设计要求，从而确定主电路结构，根据电路的电气参数进行元器件的选型设计。主要设计内容包括：

（1）输入电压范围

要求主电路能够在一定输入电压区间内保持正常工作状态，通常这个电压波动区间由纯电动汽车的动力电池电压平台波动区间决定。

（2）输出特性

逆变器的输出负载是电机负载，DC/DC 变换器的输出负载是一些低压用电设备。主电路的输出特性要满足负载的使用要求，即根据负载特性设计主电路的输出特性。

（3）保护功能

主电路应具备内部保护功能（快速保护功能），以保障在其内部出现故障时能够迅速隔离故障，不影响其他系统的正常运行。应具备以下保护功能：控制电源掉电保护、输入过压保护、输入欠压保护、输出过流保护、输出缺相保护、短路保护和过温保护等。

2. 印制电路板设计

印制电路板（PCB）是电子产品的基石，经过良好设计的 PCB 电路板能够保证产品质量的可靠、稳定。

器件布局是设计 PCB 的第一步，合理的 PCB 布局不仅可以增加视觉美感，还可以提高产品的电磁兼容水平。首先要考虑印制电路板的尺寸大小，如果尺寸选择过大，会造成器件分布较散，器件直接的传输线有可能很长，造成阻抗增加，回路面积增大，抗噪声能力下降，同时成本也会增加；如果 PCB 尺寸选得过小，则器件会过于集中，器件散热变差，并且易发生线与线之间的窜扰耦合。

一般来说，进行整体布局时要遵守以下原则。

1）按照电路信号的流程安排各个功能电路单元的位置，使布局便于信号流通，并使信号尽可能保持方向一致。

2）以每个功能电路的核心元器件为中心，围绕它来进行布局。元器件应均匀、整齐、紧凑地排列，尽量减少和缩短各元件之间的引线和连接。一般电路应尽可能使元器件在同一方向排列。这样不但美观，而且便于批量生产。

3）在高频下工作的电路，要考虑元件之间的分布参数。尽可能缩短高频元器件之间的连接线，设法减小它们的分布参数和相互间的电磁干扰；易受干扰的元器件不能相互靠得太近，输入和输出元件应尽量远离。

4）对于信号线，特别是高频接口信号线，一定要防止信号线之间的耦合问题，在 PCB 设计初期，就要考虑它们之间的走线关系。

5）某些元器件或导线之间可能有较高的电位差，应加大它们之间的距离，以免放电引起意外短路，带高压电的元器件应尽量布置在调试时不易触及的地方。

6）质量超过 14g 的元器件，应使用支架来加以固定，热敏元件应远离发热元件。

7）对于电位器、可调电感线圈、可变电容器、微动开关等可调元器件的布局，应考虑整机的结构要求。若是机内调试，则应放在印制电路板上便于调节操作的地方；若是机外调试，其位置要与调节旋钮在机箱面板上的位置相适应。

8）PCB 上的输入/输出插接器，最好尽量在 PCB 板的同一侧布置。当高频电路与插接器之间有直接信号连接时，PCB 布局应如图 5-79a 所示。当高频电路与插接器之间无直接信号连接时，PCB 布局应如图 5-79b 所示。若电路中有模拟电路和逻辑电路，应将模拟电路和逻辑电路分开，如图 5-79c 所示。

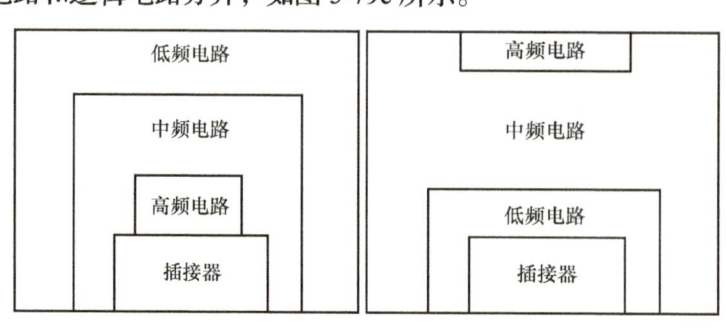
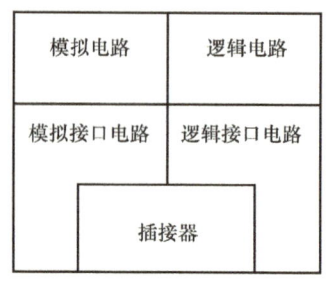

图 5-79　移相全桥 LLC 谐振变换器电路结构

设计良好的 PCB 板也需要一个良好的安装方式才能真正发挥作用。安装 PCB 板时，必须注意以下事项。

1）PCB 上的安装孔，其周围的印制线与紧固件之间的距离必须大于或等于 3mm，否则很难通过静电放电试验。

2）PCB 上裸露的金属元器件或管脚，必须与机箱外壳之间留有一定的间隙，此间隙应大于 3mm。

3）将 PCB 四周边框整平时，应注意不要将多层板的铜箔显露出来，以免给静电放电试验留下隐患。

4）PCB 插件面板应与机箱保持良好的接触，确保其导电时的连续性。不可在面板内侧面刷漆等。

5）当 PCB 周围存在强干扰源时，必须对 PCB 采用屏蔽措施，以保护 PCB 免受干扰；也可将强干扰源屏蔽起来，以减少其对外的干扰。

3. 散热设计

由于集成控制器功率等级的上升和集成度的提高，IGBT 等功率元件的体积发热热通量增大的趋势非常迅猛。尽管现在功率半导体能量转换效率已经很高了，但是高效的冷却系统设计仍然十分必要。IGBT 等功率元器件对于热负荷敏感度非常高，热量在功率元件处的累积将导致元器件和系统的温度迅速升高，严重影响 IGBT 的工作状态和系统的稳定。温度一旦超出了 IGBT 所允许的温度上限，则会导致 IGBT 烧坏，整个系统将会崩溃，这将给电动汽车带来十分恶劣的后果。为了获得和传统汽车一样甚至更强的动力输出，现代集成 PCU 功率等级越来越高，这样也就附带产生了更多的热量，然而采用传统空气冷却方法为大功率动力装置冷却是十分困难的。为了确保集成 PCU 工作稳定可靠，必须使用更高效的冷却系统，将其产生的热量散出，消除热量在功率元件中的累积，有效防止过高的温度损毁元器件。目前，热控制方法主要包括散热器散热、液冷板散热、热界面材料冷却、空调降温、热管换热、珀耳帖效应制冷和涡旋管冷却器等。

随着传热学的发展，如今使用比较频繁的散热冷却技术集中在被动的自然风冷技术和主动的强迫风冷技术、液体冷却技术以及一些新型冷却技术。自然冷却散热主要是通过热传导、对流和辐射等方式将电子器件产生的热量发散到四周媒介中去，从而达到冷却降温的目的。这种方法可靠性高、成本低，但是一般只能使用在热损耗值小于 $0.08W/cm^2$ 的电子产品中。强迫风冷技术使用风扇来产生强制空气对流来散发热量，其散热能力一般可达到 $1.0W/cm^2$。强迫风冷设计因简单、使用方便、成本低廉而得到了广泛的使用。一些集成度很高的设备，例如超大型电子计算机和军事航天航空领域等电子产品中使用的大热流密度芯片越来越多，此时，仅仅依靠传统冷却方式，如风冷技术，已经无法满足散热降温的要求了，这时液体冷却技术等到了更多的应用。液体冷却技术的散热热流密度一般可以达到 $45kW/m^2$。液体比热容大、散热效率高，但是结构相对复杂，一般对密封性要求较高。

4. 电磁兼容设计

纯电动汽车大功率变换器的主电路和控制电路都是 EMI 噪声源。就电磁噪声的本质而言，主电路产生的 EMI 与控制电路中的 EMI 没有本质区别。然而就其发生的机理和分布特征而言，主电路和控制电路产生的电磁噪声有各自的特点。主电路具有高功率密度、高电压、高电流变化率，因此产生的电磁噪声强度大；主电路中功率器件的开关频率不是很高，通常是十几千赫兹到几百千赫兹；主电路的噪声源主要是功率半导体开关器件，并且以传导干扰和近场辐射干扰为主。控制电路是低电平系统，但是却能产生很高的瞬时电压，如果处理不当，则会产生很大的干扰；控制电路的噪声频率通常很高。

（1）DC/AC 变换器电路

DC/AC 变换器输出的具有陡峭边沿的电压脉冲中包含有大量高频谐波，变换器与电机之间的连接电缆存在杂散电容和电感，这些分布参数受到谐波的激励会产生减幅振荡，在电机的输入端造成电压过冲现象。同时，电机内部绕组也存在杂散电容，输入端的过冲电压在绕组中产生尖峰电流，使其在绕组绝缘层不均匀处引起过热，甚至烧坏绝缘层，影响电机的可靠性，大大缩短了电机的寿命。为解决上述问题，在逆变器的输出端增设 EMI 滤波器，通常为低通 LC 滤波器，如图 5-80 所示。其中阻尼电阻 R_d 是为了防止可能由变换器谐波引起的滤波器谐振。高 du/dt 的影响可以通过低通滤波器旁路到地。

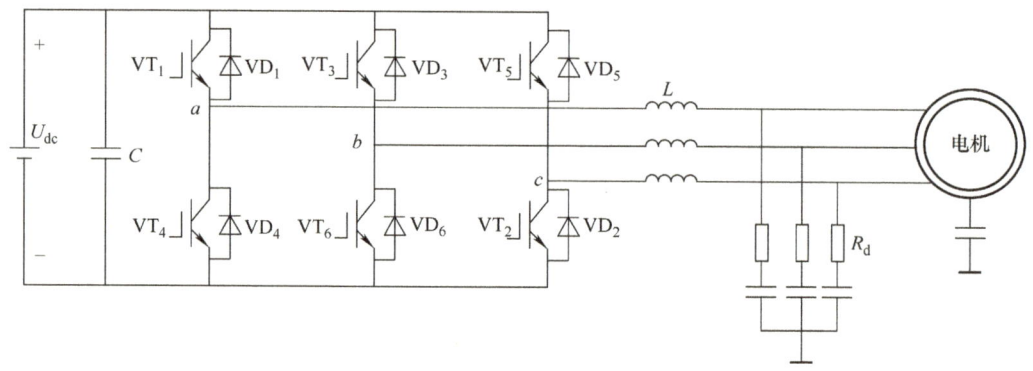

图 5-80　EMI 滤波器位置

（2）DC/DC 变换器电路

由于 DC/DC 变换器本身的工作特性，其工作过程中会产生相应的电磁噪声。为满足车载相关 EMC 标准和要求，需要在变换器的输入、输出端口增加合适的 EMI 滤波器，以满足车载使用环境的要求。

（3）开关器件

常用的大功率可控器件有 IGBT、功率 MOSFET 等，它们本质上都是一个开关，因此在开通和关断过程中会产生瞬态的电压和电流浪涌，并通过分布参数形成宽带的电磁干扰。开关器件开通、关断过程中的 di/dt、du/dt 越来越高，在它们的激励下，系统中的寄生电感、寄生电容容易形成谐振，频率可达数十兆赫兹。

为了抑制高频开关管的骚扰，可采取以下措施。

① 在开关管两极之间并联 RC 吸收电路，以吸收和避免产生高频振荡。

② 在输入、输出回路中，插入高频滤波器，以抑制高频的干扰。

③ 输入、输出导线采用金属外壳屏蔽起来，以抑制高频噪声向空间传播。

④ 将输入、输出导线双绞，以减少差模辐射干扰和磁场干扰。

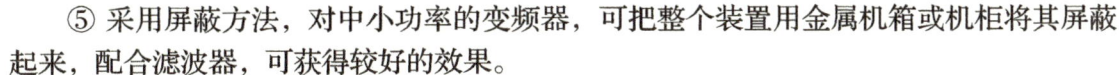

⑤ 采用屏蔽方法，对中小功率的变频器，可把整个装置用金属机箱或机柜将其屏蔽起来，配合滤波器，可获得较好的效果。

（4）PCB 的电磁兼容设计

PCB 布线设计的合理性对模块功能的实现有很大影响，若设计不当，会产生如串音（指从另外的信号路径干扰某一信号路径）和电磁耦合等干扰。因此，在设计 PCB 板时应注意以下问题。

1）数字电路与模拟电路分开布置、分开供电。若 PCB 的数字电路与模拟电路采用同一个电源供电、用公共的地线，由于数字电路工作时在电源和公共地线上出现的高频扰动会通过地线耦合到模拟放大器的输入端，经放大器放大后会造成计量的严重失误，甚至引起误动作。因此在设计时最好把数字电路和模拟电路的电源分开，在 A/D 转换器芯片处再把模拟地和数字地连接。如果数字电路和模拟电路用同一电源，将数字电路与模拟电路仅通过单点共地，以避免公用地线引起的耦合。

2）加宽 PCB 中的电源线和地线。尽量加宽 PCB 上电源线和地线的线宽，以减小传导阻抗造成的各芯片间的电位差。

3）强电区域与弱电区域严格分离。强电部分的连线与弱电连线之间最小距离不小于 0.8cm，可以有效地减少串音耦合的干扰。

4）通信部分采用与中央控制模块完全隔离的独立的电源供电。还有一些需要考虑的其他措施，如将数据线联系密切的芯片集中布置在一块板上，以减少总线的长度；减少平行走线的数量和长度，并在板面允许的情况下尽量加大线宽和线间的距离，以减少信号传输线的阻抗和寄生电容。

（5）软件中的电磁兼容设计

为保证硬件电路的稳定性和可靠性，软件的抗干扰设计也同样重要。因为不论采取多少防范措施，仍不能控制电路内部不受到任何干扰。控制电路以微处理器为核心，电磁干扰会导致指令码或数据码的个别字位跳变，造成程序执行错误等影响。如干扰使得程序计数器发生跳变，产生程序跑飞或进入死循环等现象；反之，指令码被当作数据码，就可能破坏 RAM 存储器中的数据，最终使得软件系统崩溃。

软件设计中常采取的抗干扰措施有：

1）增加看门狗（Watchdog）监视程序。为防止程序由于受到偶然的干扰运行出现错误，导致中央处理器进入死循环或跑飞，在硬件中加设 Watchdog 定时复位电路。控制单元正常工作时，程序定时给 Watchdog 复位；当程序跑飞后，Watchdog 不能定时复位而产生溢出，迫使中央处理器自复位，使装置恢复正常工作。

2）软件陷阱和指令冗余。除采用硬件 Watchdog 外，常用的提高软件抗干扰的方法还有指令冗余和软件陷阱的方法。指令冗余使在 SJMP、LJMP、LCALL、JH 等决定程序流向的指令前插入几条空操作指令，或在各程序模块间无代码的空间设置单字节的空操作指令、返回指令；软件陷阱的方法是设计一个专门的出错处理程序模块，在程序因干扰发生错误时，设法把程序引导到出错处理程序。

3）无扰动的重恢复技术。软件复位后的初始化部分分为冷启动和热启动（再次复位），通过设置上电标志加以区分。冷启动是指正常的上电复位启动，这种情况要对控制单元中央处理器和 I/O 接口电路进行全面的初始化。热启动是在程序出现错误时，由 Watchdog 或复位指令、出错处理程序等引起的复位启动，这时只要对部分 I/O 接口重新初始化即可。

4）软件模块设置功能和任务标志。每个功能模块和任务模块方便设置标志字，程序模块或任务入口必须判断标志字正确后才执行。若标志不正确，模块会向调度管理程序发出出错信号，经校验标志并确定是程序跑飞，调度管理程序将取消该任务或闭锁该功能。在某些关键控制程序的出口，还应设置校验标志，以防止这类程序执行过程中出现错误。

5）采用容错技术对数据进行有效的保护。软件设计时，应在不同的数据存储器空间设置重要数据的保护存储单元，备份软件中所有的标志字、部分计量数据、故障状态、开关状态及重要事件发生时间等重要信息。对于需要较长时间保护的数据，还需在数据存储区设立非易失性存储单元，保证掉电时数据不丢失。在程序取重要操作数时，应当从存放同一数据的不同存储单元中取出数据，比较无误后才进行后续操作。

6）控制单元的自检，包括中央处理器、AC/DC 变换器、程序和数据存储器、指示灯、I/O 接口等的自检。在程序不同位置对重要的输出口初始化，防止干扰影响硬件出口的状态。

7）采用平滑技术，克服由于电磁干扰造成的计算误差和计量结构的分散性。在控制单元中，电压、电流的有效值计算多采用均值平滑滤波。

5. 结构设计

集成控制器的结构设计包括轻量化设计、冷却设计、密封设计等。

（1）轻量化设计

对集成控制器的质量进行调整，一方面可以有效地减少材料的使用量；另一方面还可以减少整车的质量，降低运行损耗。合适的材料能够有效降低设备质量，铝合金具有较强的刚度，并且在结构设计上能更好地实现铸造和机械加工，具有持久耐腐蚀、较高导热性等特点，而且作为金属材料可以回收循环使用，可以有效地减少资源浪费。

在制作设备的铝制外壳时，通常采用压力铸造的方法。压铸是将液态金属或半液态金属在高压作用下，以高速度填充到压铸件模的型腔中，并在压力下快速凝固而获得铸件的一种方法。压铸时常用压力是从几兆帕至几十兆帕，填充起始速度在 0.5~70m/s；压铸时的熔料温度，铝合金一般是 610~670℃，模具温度一般为合金温度的 1/3。压铸过程如图 5-81 所示。

（2）冷却设计

具有良好冷却效果的冷却液回路的模具是缩短成型周期、提高生产率最有效的方法。如果不能实现均一的快速冷却，会使塑件内部产生应力而导致产品变形或开裂。因此应根据塑件的形状、壁厚及塑件的品种，设计与制造出能实现均一、高效的冷却液回路。在进行冷却装置设计时应遵循以下原则。

1）冷却液孔的数量应尽可能多，直径应尽可能大。

2）各冷却液孔至型腔表面的距离应相等，一般保持在不小于 10mm 左右范围。距离太近，则冷却不均匀；太远，则效率低。孔直径一般取 8~12mm，孔距最好为孔直径的 3~5 倍。孔边至镶针或顶出机构边沿至少 3~5mm 以上。

3）液孔通过镶块时，注意加 O 形环，防止镶套管漏水。
4）液孔不能与任何物体干涉。
5）液孔距顶针孔、入子孔、螺钉孔等不宜太近，要不小于 5mm。
6）液路应便于加工，尽量避免从成型面打孔。

冷却液道设计如图 5-82 所示。

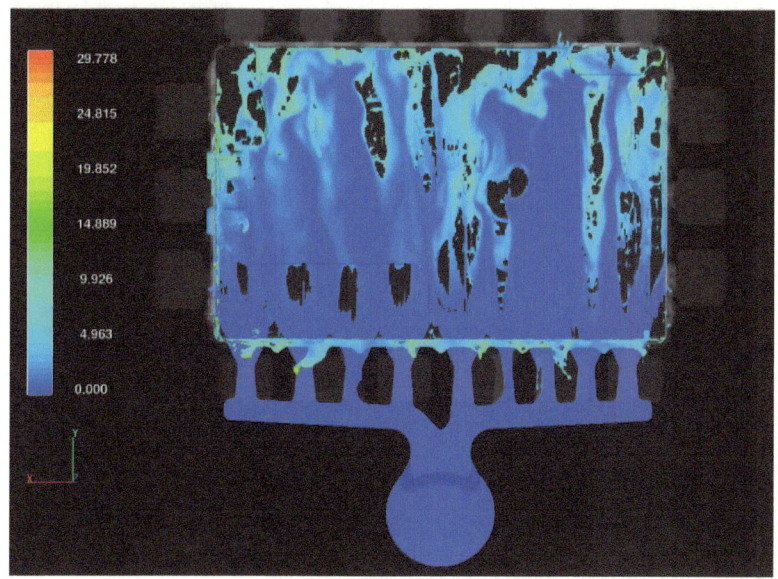

图 5-81　压铸过程示意图

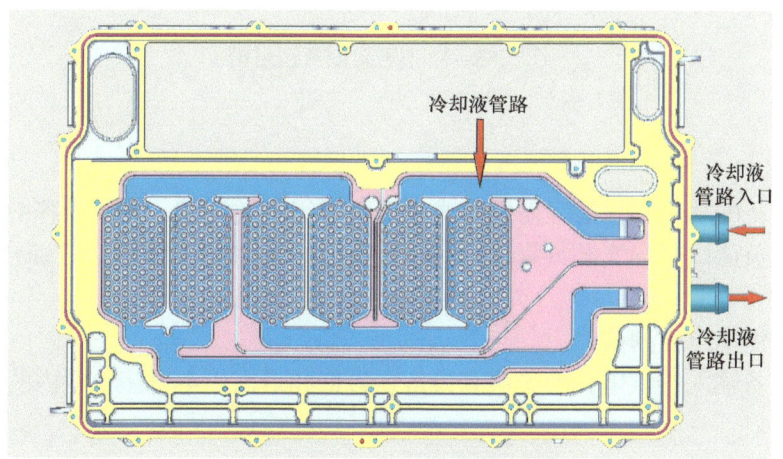

图 5-82　冷却液道设计示意图

（3）密封设计

电气设备外壳防护等级根据 IP 标准进行分类。IP 标准由欧洲电子技术标准化委员会提出，电气设备外壳防护等级被分成很多类，根据不同的号码，能够迅速方便地确定产品的防护等级。集成控制器的使用环境较为恶劣，外壳防护等级相应地要求较高，一般要求 IP67 等级，即能够防护灰尘吸入（整体防止接触、防护灰尘渗透），防护短暂浸泡（防浸）。

集成控制器的外壳存在多个接口，不是一个完整密闭的系统，为了保证设备的防护等级，必须进行密封设计，包括密封圈和密封槽等。密封圈设计时要考虑压缩量，选择合适的材料等。密封圈的压缩量与拉伸量是由密封沟槽的尺寸来保证的，沟槽设计与选择对密封装置的密封性和使用寿命的影响很大。密封沟槽设计包括确定沟槽的形状、尺寸、精度和表面粗糙等。沟槽设计原则是：加工容易，尺寸合理，精度容易保证。图 5-83 所示为典型的 M 形密封圈及对应的密封槽设计图。

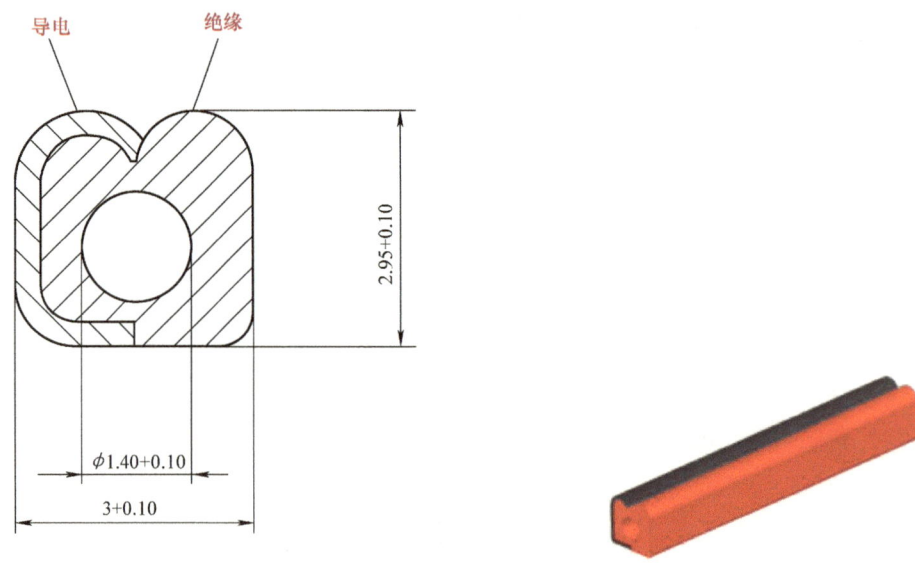

图 5-83　M 形密封圈及密封槽

5.6.2.5　测试方案

为验证设备的功能和性能，需要对成品设备进行相关测试。测试内容主要包括电气负荷试验、机械负荷试验、气候负荷试验、化学负荷试验、EMC 试验、三综合带载试验等。

1. 电气负荷试验

（1）直流供电电压测试

对待测设备输入端供电，检验待测设备在最低和最高供电电压范围内的功能是否满足设计要求。

（2）过电压测试

将待测设备放置在加热箱中加热，向待测设备施加过电压持续一段时间，检验待测设备的功能是否满足设计要求。

（3）叠加交流电压测试

通过在直流电源上叠加交流分量的方法，模拟直流电源的纹波电压对待测设备的承受能力和工作状态的影响，检验待测设备功能是否满足设计要求。

（4）供电电压缓降和缓升测试

向待测设备输入端施加缓慢上升和缓慢下降的直流电压，模拟蓄电池充放电过程对待测设备的承受能力和工作状态的影响，要求试验结束后待测设备的功能可以自动恢复到正常运行。

（5）供电电压瞬态变化测试

将瞬态脉冲试验信号加到待测设备的输入端，模拟电路中的瞬态冲击影响，要求试验结束后待测设备的功能可以自动恢复到正常运行，且存储器设备在试验中和试验后均可正常工作。

（6）反向电压测试

向待测设备施加反向电压并持续一段时间，以检验待测设备对供电电压反接的抵御能力，要求试验结束后待测设备的功能可以自动恢复到正常运行。

（7）参考接地和供电偏移测试

为检验待测设备所有电路组件在供电偏移时的可靠运行情况，对待测设备的电源线及地线进行偏移测试，向每条接地/供电线路及各个接地/供电线路之间分别施加正向和反向的供电偏移量。要求待测设备在测试中及结束后均能正常工作。

（8）开路测试

在待测设备正常运行过程中，断开待测设备的任一接口线路，再恢复连接，要求试验结束后待测设备的功能可以自动恢复到正常运行。依次对所有接口线路进行重复测试。同时，为确保待测设备遭受多条线路突然断路情况下功能状态能达到规定要求，还应对多线断路的情况进行测试，同样要求待测设备在试验结束后可以自动恢复到正常运行。

（9）短路保护测试

将待测设备接通电源，负载电路处于工作状态。要求待测设备的输出端能够承受短路电流，且在切断短路电流后恢复到正常工作状态。

（10）耐电压测试

过电压通过电场引起的 DUT 部件间的漏电流，可能对绝缘性能带来负面影响。本测试着重于绝缘系统并检验绝缘材料承受因断开感性负载产生高电压的能力，仅对含有电感元件（如继电器、电机、线圈）或连接到电感负载电路的系统/组件有要求。按要求进行湿热循环试验后，将系统/组件在室温中静置一段时间，按要求对待测设备持续施加正弦电压。要求试验结束后待测设备的功能可以自动恢复到正常运行，试验时不得出现击穿和闪络现象。

（11）绝缘电阻测试

按要求进行湿热循环试验后，将系统/组件在室温中静置一段时间，按要求对待测设备持续施加正弦电压。测量带有电绝缘的端子间的电阻值；测量在带有电绝缘的端子间和带有电传导的壳体间电阻值；在塑料外壳的情况下，测量在端子和包裹外的电极间的电阻值，要求绝缘电阻大于 $10M\Omega$。

2. 机械负荷试验

（1）机械强度测试

分别在控制器壳体的三个方向上缓慢施加相应压强（不低于 10kPa）的砝码，其中砝码与壳体的接触面积最少不应低于 5cm×5cm，检查壳体是否有明显的塑形变形。测试完成后，目测壳体不发生明显的塑形变形，且待测设备的功能可以自动恢复到正常运行。

（2）振动测试

将被测试样品固定在振动试验台上并处于正常安装位置，在不工作状态下进行试验，同时应将与产品连接的软管、插接器或其他附件安装并固定好。振动测试分为扫频振动测试和随机振动测试，依据标准 GB/T 18488.1—2015 的规定进行试验。测试结束后，检验待测设备是否因振动导致失效和损坏；检验箱体、支脚强度，振动后是否有裂纹、断裂的机械损伤；检验整机上安装插件、元器件、连接铜排、线束、紧固件等振动后安装点是否有松动、脱落等现象；要求待测设备的功能可以自动恢复到正常运行。

（3）机械冲击测试

测试内容依据标准 GB/T 2423.6—1995《电工电子产品环境试验　第 2 部分：试验方法　试验 Eb 和导则：碰撞》。试验结束后，检验待测设备是否因受车身或车架冲击导致的失效和损坏，要求待测设备的功能可以自动恢复到正常运行。

3. 气候负荷试验

（1）恒温测试

包括低温贮存测试、高温贮存测试、低温工作测试及高温工作测试。高低温贮存测试：将非工作状态的待测设备放置于环境试验箱内，分别置于高温 85℃条件和低温 -40℃条件，持续一段时间后，要求待测设备的功能可以自动恢复到正常运行。高低温工作测试：将待测设备低压上电，放置于温度试验箱中，持续一段时间，要求待测设备在试验中及结束后均能正常运行。

（2）温度梯度测试

将待测设备放置在试验箱中，以 5℃温度梯度从 20℃降到 -40℃，然后以 5℃温度梯度从 -40℃升到 85℃，如图 5-84 所示。每步都要等到新的温度稳定后才能启动电源使待测设备工作，在调温过程中待测设备处于关闭状态。在 T_{min} 和 T_{max} 间的每个温度点，待测设备应保持正常功能，在试验中及试验后待测设备均能正常运行。

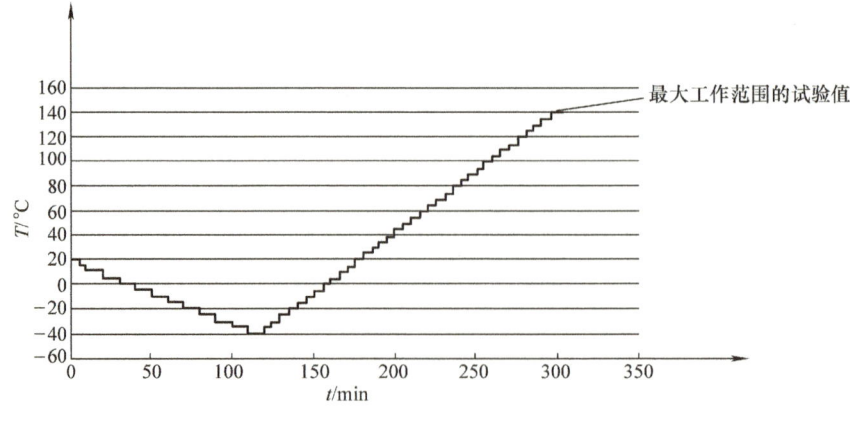

图 5-84　温度梯度试验示例

（3）温度循环测试

包括规定变化率的温度循环测试和规定转换时间的温度循环测试。规定变化率的温度循环测试通过模拟待测设备工作室周围温度的变化，检验待测设备的承受能力和工作状态的变化，如控制器暴露在热浸透温度时，会有一个短暂的温度峰值叠加在温度曲线的高温阶段上，在此期间应维持控制器功能状态。规定转换时间的温度循环测试通过模拟车辆中大量的慢温度循环，对应实际车辆温度循环，用较快的温度变化率及更宽的温度变化范围，验证因老化和不同的温度膨胀系数导致的材料裂化和密封性能。本试验将导致机械缺陷，要求不带电工作。

（4）冰水冲击测试

模拟控制器在车辆运行中，由冰水引起的热冲击，例如冬季车辆在有水路面驾驶时，冰水溅落到控制器表面，引起控制器箱体材料破裂或者密封圈失效。要求在试验中及结束后待测设备能够正常运行。

（5）耐盐雾测试

为验证控制器箱体材质及表面涂层在冬季道路上抵御盐雾和盐水侵蚀的能力，按GB/T 2423.17—2008《电工电子产品环境试验 第2部分：试验方法 试验Ka：盐雾》，将待测设备放置在盐雾箱内持续一段时间，要求测试结束后待测设备能够自行恢复正常状态，待测设备外壳、插接器表面、金属支架、紧固件、铭牌等要求没有明显锈蚀。试验结束后，在自来水下冲洗5min，再用蒸馏水或去离子水冲洗，然后晃动或者用气流干燥去掉水滴。清洗用水的温度不得超过35℃，清洗后放置1h。

（6）湿热循环测试

为验证待测设备在高湿条件下是否会引起电气故障，以及待测设备内温度下降时，外部高湿气体是否会被吸入，按照GB/T 2423.4—2008《电工电子产品环境试验 第2部分：试验方法 试验Db 交变湿热（12R+12h循环）》进行温热循环测试。试验结束后要求待测设备可以自动恢复到正常运行。

（7）稳态湿热测试

验证待测设备在高湿条件下，是否会引起电气故障。将待测设备放置在试验箱中，并连接好高低压线束。调节试验箱温度，将温度由常温上升至（40±2）℃，温度变化速率应不大于1K/min，达到温度稳定的平均时间应少于5min，且在这一过程中控制器不可出现凝露。调节试验箱内相对湿度到RH（85±3）%，时间要求在2h之内；稳定后开始计算试验持续时间，向待测设备供给低压电源，持续带电21天；最后1h带电运行。要求在试验中及结束后待测设备能够正常运行。

（8）防尘、防水测试

验证控制器外壳的防护性能是否能够达到GB/T 4208—2017《外壳防护等级（IP代码）》（IEC 60529：2013）中IP67/8指标要求。IPX6的防尘测试将待测设备放置于防尘试验箱中，被试外壳在试验箱体内，壳体压力用真空泵保持低于大气压，抽气孔应连接到专为试验设置的孔上。压差不得超过2kPa持续8h。IPX7的防水测试为短时浸水试验，将待测设备安装支脚朝下全部浸入水中，外壳的最低点应低于水面1m，水面在外壳顶至少0.15m，持续时间30min。IPX8的防水测试为持续潜水试验，由供需双方协商，试验条件比 IPX7 规定的更为严酷。试验后，控制器壳体内部要求无明显的灰尘沉积，并且无进水情况。

4. 化学负荷试验

集成控制器应对规定的化学负荷试验具有耐受能力，即在规定的温度条件下进行规定时间的试验后材料没有发生特性变化。化学试剂的型号和供应商可由供需双方协商，试验方法可以参考 GB/T 28046.5—2013《道路车辆　电气及电子设备的环境条件和试验　第 5 部分：化学负荷》。要求试验后待测设备所有功能能够恢复到正常运行，标志和标签保持清晰可见。

5. EMC 试验

集成控制器的 EMC 试验包括辐射发射测试、电源线传导发射测试、控制与信号线传导发射测试、辐射抗扰度测试、大电流注入测试、电源线瞬态传导抗扰度测试、信号线瞬态传导抗扰度测试及静电放电测试等。测试方法和要求主要参考以下标准：

ISO 7637-2：2011《道路车辆　传导和耦合产生的电气干扰　第 2 部分：仅沿电源线的电气瞬时传导》（中文译名）

ISO 7637-3：2016《道路车辆　由传导和耦合引起的电骚扰　第 3 部分：除电源线外的导线通过容性和感性耦合的电瞬态发射》（中文译名）

ISO 10605：2008《道路车辆　静电放电产生的电气干扰的试验方法》（中文译名）

ISO 11452-2：2019《道路车辆　部件测试方法检测来自窄带辐射电磁能量的干扰　第 2 部分：电波暗室》（中文译名）

ISO 11452-4：2011《道路车辆　部件测试方法检测来自窄带辐射电磁能量的干扰　第 4 部分：线束激励方法》（中文译名）

GB/T 18655—2018《车辆、船和内燃机　无线电骚扰特性　用于保护车载接收机的限值和测量方法》

GB/T 18387—2017《电动车辆的电磁场发射强度的限值和测量方法》

GB/T 21437.2—2008《道路车辆　由传导和耦合引起的电骚扰　第 2 部分：沿电源线的电瞬态传导》

GB/T 21437.3—2012《道路车辆　由传导和耦合引起的电骚扰　第 3 部分：除电源线外的导线通过容性和感性耦合的电瞬态发射》

GB/T 19951—2005《道路车辆－静电放电产生的电骚扰试验方法》

GB/T 29259—2012《道路车辆　电磁兼容术语》

GB/T 6113.1—1995《无线电骚扰和抗扰度测量设备和测量方法规范》（系列标准）

5.6.3　电力电子系统集成设计案例

本节将以宝马 i3 的电力电子控制系统为例，介绍其集成设计方案。

宝马 i3 的电机控制器采用两片英飞凌 TC1797 的 32 位双系统作为系统平台，以确保系统的高性能和可靠性，其电机控制器硬件电路实物如图 5-85 所示。

图 5-85　宝马 i3 电机控制器硬件电路实物

变换器采用英飞凌 650V/800A 的 FS800 系列 IGBT。针对它 120kW 的功率而言，变换器搭载的电容仅为 450V/475μF，因为在电池端还有额外的电容并联。

整套电力电子系统原理如图 5-86 所示。

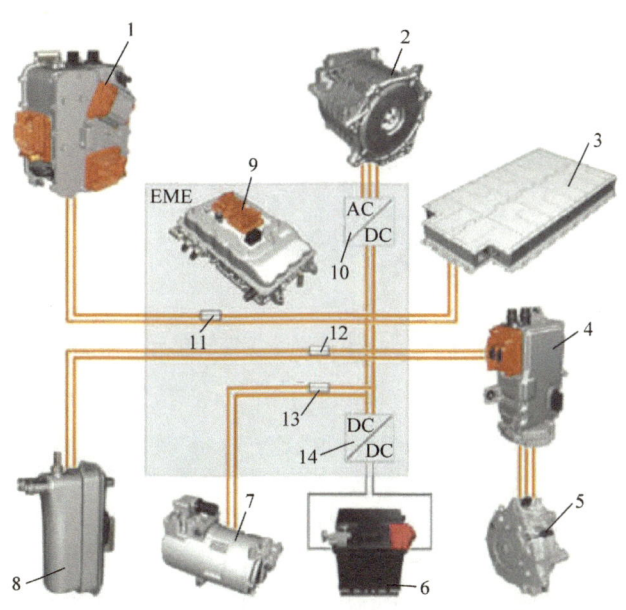

图 5-86　宝马 i3 整套电力电子系统原理

1—车载充电电子装置　2—电机　3—动力蓄电池　4—增程电机控制器 REME　5—增程电机　6—12V 蓄电池
7—电动制冷剂压缩机　8—电气加热装置　9—主电机控制器（整体）　10—电机电子装置内的双向 DC/AC 变换器
11、12、13—导线内的过电流熔丝　14—主电机控制器内的 DC/DC 变换器

其中，电机电子伺服控制系统是一个安装在铝壳内的功率电子装置。在该铝壳内具有电机电子伺服控制系统控制单元、DC/DC 变换器、DC/AC 变换器、充电电子装置等组件。整个电力电子控制器被称为电机电子伺服控制系统。电机电子伺服控制系统在电动汽车内安装于电机上，带有其集成组件的整个铝壳也被称为驱动单元。

维修时可以单独更换电机电子伺服控制系统和电机。为此，必须事先拆卸带电机和电机电子伺服控制系统组成单元的后桥，随后脱开电机和电机电子伺服控制系统。电机电子伺服控制系统的铝壳在保养时禁止打开。针对混合动力汽车（PHEV），电机电子伺服控制系统与电机分开供货，因此在供货时根据电机进行校准。

电机电子伺服控制系统通过液体冷却，并集成在一个独立的低温冷却循环中。根据当前的冷却需求控制电动冷却液泵。冷却液此时吸收最大约 85℃ 的温度（回流）。在总线端接通时，电机电子伺服控制系统的功率电子电路生效。以这种方式，通过 DC/DC 变换器给高压车载网络（电动空调压缩机和电控辅助加热器）以及 12V 车载网络供电。如果由于此时形成的热量而识别出冷却需求，则打开冷却液泵。

在高压蓄电池充电期间，充电电子装置内的功率电子装置生效。由于在充电电子装置内转换的电功率大，此时也会形成热量，该热量必须排出，因此充电期间电机电子伺服控制系统内出现相应高温时也会打开电动冷却液泵。

电机电子伺服控制系统控制单元通过多个插接器与车辆连接在一起，方案如图 5-87 所示。

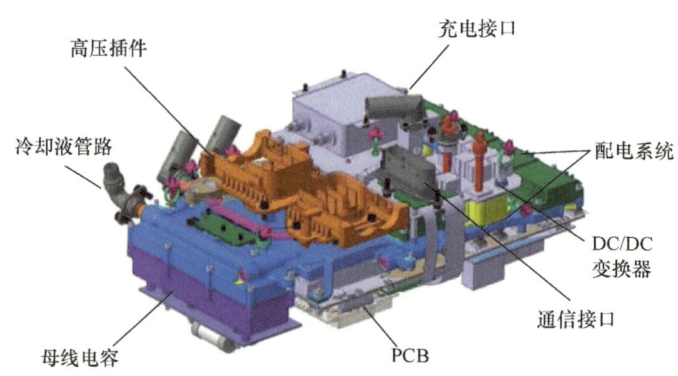

图 5-87　电机电子伺服控制系统控制单元方案图

参考文献

［1］康拉德·莱夫．BOSCH 汽车电气与电子［M］．孙泽昌，等译．北京：北京理工大学出版社，2014．

［2］孙仁云，付百学．汽车电器与电子技术［M］.2 版．北京：机械工业出版社，2011．

［3］钟再敏．汽车电子系统［M］．北京：北京理工大学出版社，2018．

［4］陈清泉，孙逢春，祝嘉光．现代电动汽车技术［M］．北京：新华出版社，2004．

［5］王志福．电动汽车电驱动理论与设计［M］．北京：机械工业出版社，2017．

［6］邹国棠．电动汽车电机及驱动：设计、分析和应用［M］．樊英，王政，王伟，等译．北京：机

械工业出版社，2018.

［7］袁登科，徐延东，李秀涛. 永磁同步电动机变频调速系统及其控制 [M]. 北京：机械工业出版社，2015.

［8］张永昌，张虎，李正熙. 异步电机无速度传感器高性能控制技术 [M]. 北京：机械工业出版社，2015.

［9］刘金琨. 滑模变结构控制 MATLAB 仿真：先进控制系统设计方法 [M]. 3 版. 北京：清华大学出版社，2015.

［10］林燕强. 永磁同步电机无传感器矢量控制研究 [D]. 杭州：浙江大学，2016.

［11］王子辉. 永磁同步电机全速度范围无位置传感器控制策略研究 [D]. 杭州：浙江大学，2012.

［12］SAADAOUI O, KHLAIEF A, ABASSI M, et al. A sliding-mode observer for high-performance sensorless control of PMSM with initial rotor position detection[J]. International Journal of Control, 2017, 90（2）：377-392.

［13］FOO G, RAHMAN M F. Sensorless sliding-mode MTPA control of an IPM synchronous motor drive using a sliding-mode observer and HF signal injection[J]. IEEE Transactions on Industrial Electronics, 2010, 57（4）：1270-1278.

［14］KIM S Y, HA I J. A new observer design method for HF signal injection sensorless control of IPMSMs[J]. IEEE Transactions on Industrial Electronics, 2008, 55（6）：2525-2529.

［15］ATHEER H A, ZHU Z Q, REN Y. Reduction of torque and flux ripples in space vector modulation-based direct torque control of asymmetric permanent magnet synchronous machine [J]. IEEE Transactions on Industrial Electronics, 2017, 32（4）：2976-2986.

［16］MATTHIAS P, SILVERIO B. Optimal state reference computation with constrained MTPA criterion for PM motor drives [J]. IEEE Transactions on Power Electronics, 2015, 30（8）：4524-4535.

［17］YOON Y D, LEE W J, SUL S K. New flux weakening control for high saliency interior permanent magnet synchronous machine without any table [C]. Piscataway：IEEE European Conference on Power Electronics and Applications, Aalborg, Denmark, 2007：1-7.

［18］贺益康，许大中. 电机控制 [M].3 版. 杭州：浙江大学出版社，2010.

第6章 整车热管理系统设计

整车热管理系统根据车室与部件的工作环境需求,进行温度控制调节,提供舒适的乘坐环境和合理的部件工作环境。

与传统燃油汽车相比,动力系统的改变对电动汽车的整车热管理系统提出了一系列新要求:

① 没有发动机余热可供利用,热管理系统需要具有制热功能[1]。

② 动力电池的运行温度对其性能影响突出,为保证动力电池的高效安全运行,动力电池的温度控制是热管理系统的重要内容[2]。

③ 为保证电机及控制器高效可靠运行,需对其进行有效冷却[3]。

因此,电动汽车整车热管理系统主要包括车室空调(制冷、制热、除雾等)、动力电池温控、电机及控制器散热等功能。

本章首先综述电动汽车整车热管理系统的组成、设计要求以及发展方向,然后介绍热管理系统负荷计算方法以及系统设计流程,最后介绍整车热管理系统的控制技术。

6.1 概述

6.1.1 整车热管理系统组成

6.1.1.1 车室空调

空调系统主要由蒸汽压缩式制冷剂循环系统和空调风系统组成。制冷剂循环系统包括压缩机、冷凝器、储液干燥器、膨胀阀、蒸发器、调节阀、管路和制冷剂等。空调风系统包括风道、风机、空气过滤器、调节风阀、进风口、回风口和送风口等,如图 6-1 所示,其功能是对车室内的空气进行降温、升温,以及对风窗玻璃的除霜、防雾。

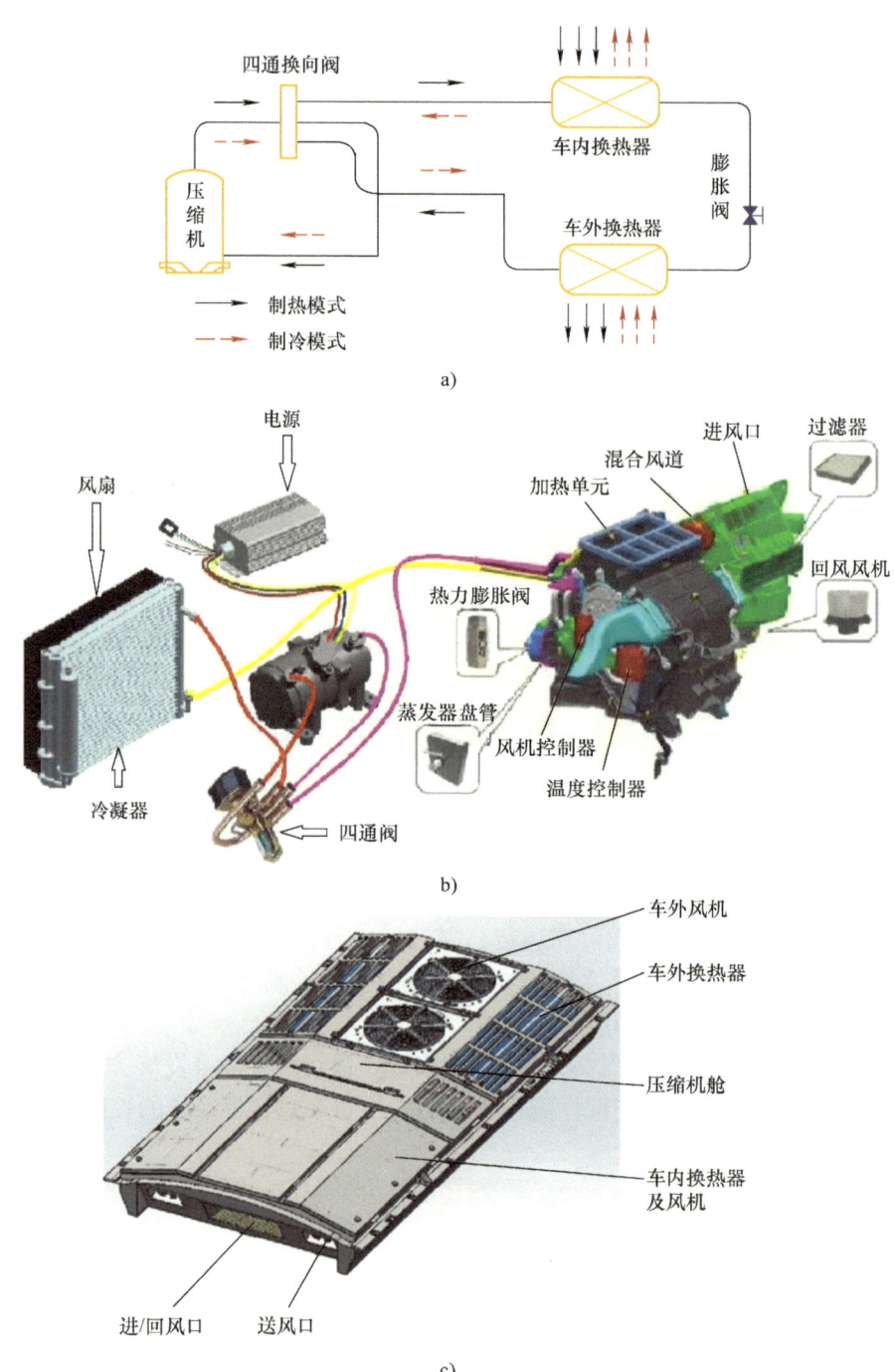

图 6-1 电动汽车空调

a)制冷剂循环系统基本原理 b)乘用车/物流车空调实物 c)客车空调实物

图 6-1a 所示为制冷剂循环系统工作原理。低温、低压的气态制冷剂经压缩机压缩成高温、高压的气态制冷剂排出后，经密闭的管路进入冷凝器。在冷凝器中经过散热冷凝成中温、高压的液态制冷剂后，流入储液干燥器内进行干燥、过滤，再经过膨胀阀节流降压后变成低温、低压的制冷剂进入蒸发器。在蒸发器内吸收热量后，蒸发成低温、低压的气态制冷剂重新进入压缩机，开始下一个循环。夏季工况时，车外换热器充当冷凝器，车内换热器充当蒸发器，对车室空气进行降温，达到制冷的目的；冬季工况时，车外换热器充当蒸发器，车内换热器充当冷凝器，对车室空气进行加热，达到供热的目的；通过向风窗玻璃输送经空调系统处理的冷空气或热空气，达到除霜、防雾的目的。

与传统燃油汽车不同，电动汽车没有发动机余热可以利用，需考虑冬季供热需求。根据电动汽车冬季制热方式，可分为单冷空调系统加电辅助加热、蒸汽压缩式热泵系统、准二级压缩（补气增焓）热泵系统等形式。

1. 单冷空调系统加电辅助加热

该方案采用传统单冷型制冷系统满足车室制冷需求，采用电辅助加热满足车室供热需求，系统原理如图 6-2 所示。常用的电加热方式为高效热敏陶瓷加热元件加热。PTC 是利用 $BaTiO_2$ 材料热敏电阻的正温度系数（Positive Temperature Coefficient，PTC）特性开发出的加热元件。热敏电阻材料的电阻在一定温度下会快速升高，利用此特性制成恒温加热元件。

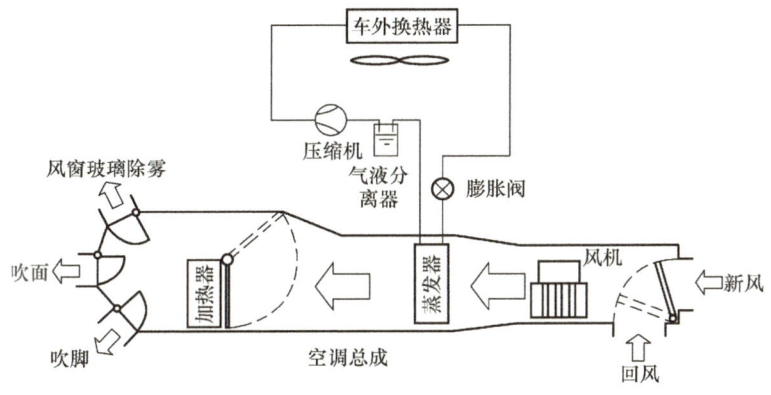

图 6-2 单冷空调系统加电辅助加热

2. 蒸汽压缩式热泵系统

蒸汽压缩式热泵系统在传统蒸汽压缩式制冷循环的基础上，通过四通换向阀（图 6-3a）或三换热器系统形式（图 6-3b）进行制冷和制热运行模式的切换。

电动客车空调目前主要采用四通换向阀的双换热器系统，通过四通换向阀实现制冷、制热和蒸发器除霜三种模式切换。图 6-3a 中，黑色箭头所示为夏季制冷模式系统流程：制冷剂在车内换热器中蒸发吸热后进入压缩机，被压缩成高温高压蒸汽后流经车外换热器，冷却后被膨胀阀节流，成为温度较低的两相状态，流回车内换热器。红色箭头所示为冬季制热模式的系统流程：通过四通换向阀改变制冷剂流向，制冷剂在车外换热器中蒸发吸热，在车内换热器中冷凝放热。处于制热模式运行一定时间后，车外换热器（蒸发器）的霜层达到一定厚度，需进入蒸发器除霜模式，蒸发器除霜模式的系统流程与夏季制冷模式的系统流程一致，如图 6-3 中黑色箭头所示。

电动乘用车空调目前主要采用三换热器系统，通过电动二通阀或电动三通阀实现制冷、制热、除湿和蒸发器除霜模式的切换。夏季制冷（以及冬季蒸发器除霜）工况时，图 6-3b 所示电子阀关闭，三通阀 ab 通道开启，由压缩机、车外散热器、制冷膨胀阀、车内蒸发器和气液分离器构成制冷循环；冬季制热工况时，电子阀开启，三通阀 ac 通道开启，由压缩机、车内冷凝器、制热膨胀阀、车外换热器和气液分离器构成制热循环；除湿工况时，电动二通阀关闭，电动三通阀 ac 通道开启，空调风系统先经过车内蒸发器降温，将空气中的水蒸气凝结排出，再经过车内冷凝器加热回温后送回车室内，达到除湿的目的，如图 6-3b 中蓝色所示。

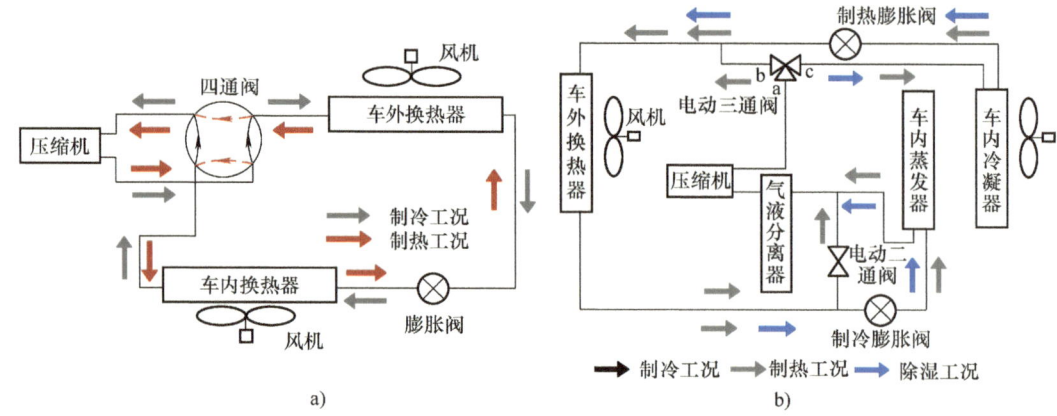

图 6-3 蒸汽压缩式热泵系统
a）采用四通阀的双换热器系统 b）采用三通阀的三换热器系统

3. 准二级压缩（喷射补气）热泵系统

准二级压缩热泵系统通过压缩机压缩腔内部的制冷剂喷射，提高压缩过程中的制冷剂循环量，降低压缩机排气温度，可有效提升低环境温度条件下的系统制热性能。准二级压缩热泵系统最常用的两种构型：带经济器（中间换热器）的准二级压缩热泵系统和带闪发器的准二级压缩热泵系统[4]。系统构型及系统压焓图如图 6-4 所示。

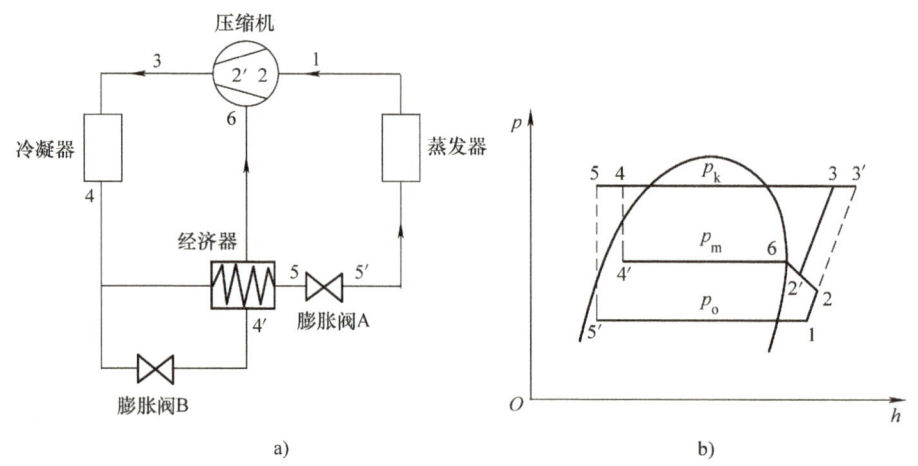

图 6-4 准二级压缩热泵系统
a）带经济器系统 b）带经济器系统 p-h 图

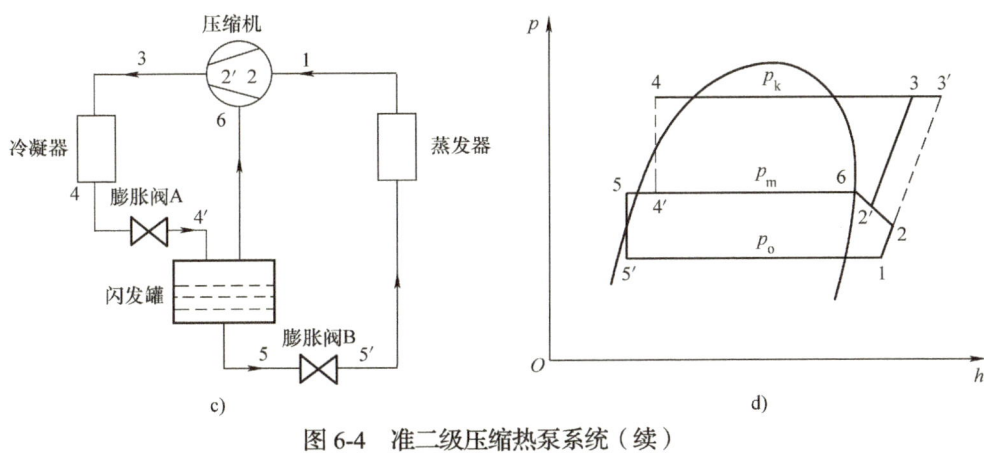

图 6-4 准二级压缩热泵系统（续）
c）带闪发罐系统　d）带闪发罐系统 $p\text{-}h$ 图

图 6-5 所示为目前应用于电动汽车热泵空调系统的准二级压缩热泵系统原理。系统采用带经济器（中间换热器）的形式，通过启闭补气支路的电磁阀来实现准二级压缩模式与单级压缩模式之间的切换，使系统兼顾正常制冷/制热和低温制热工况。

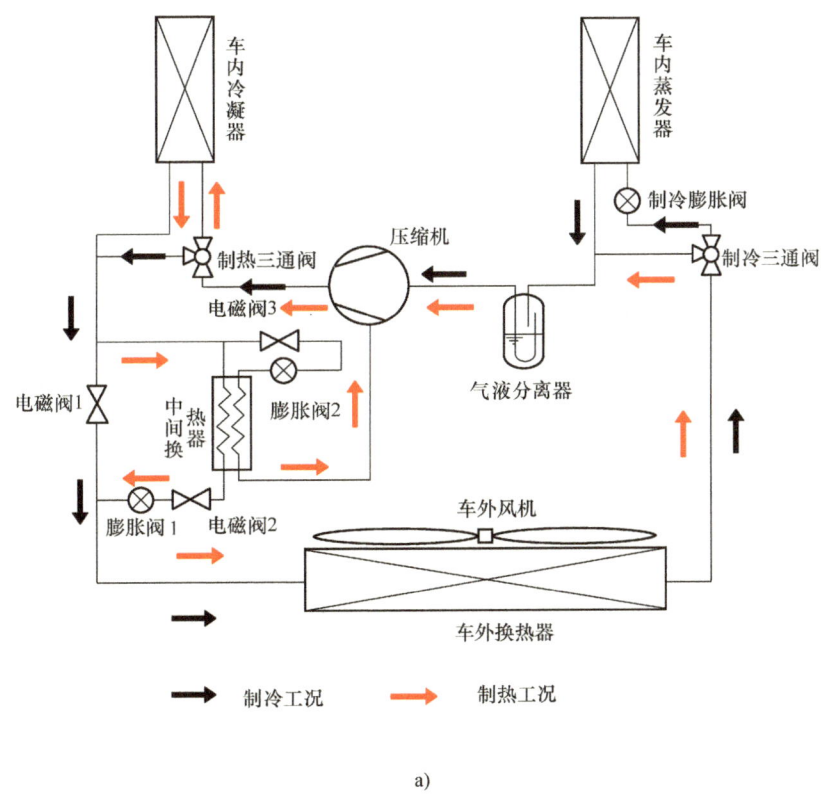

a)

图 6-5 准二级压缩热泵系统
a）乘用车

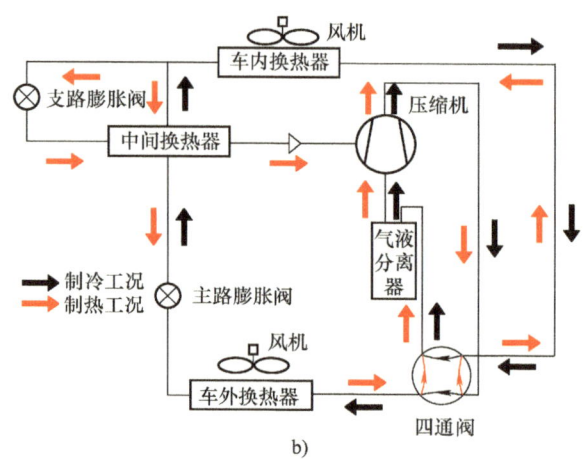

b)

图 6-5 准二级压缩热泵系统（续）
b）商用车

6.1.1.2 动力蓄电池温控

1. 动力蓄电池产热原理

动力蓄电池是纯电动汽车的重要部件，也是制约纯电动汽车发展的关键部件。环境温度对动力蓄电池的安全及性能有重要影响。动力蓄电池需要在一定的温度范围内才能正常工作。几种典型的动力蓄电池特性及许可的工作温度范围见表 6-1。

表 6-1 动力蓄电池性能参数[5]

参数	铅酸蓄电池	镍氢蓄电池	锂离子蓄电池
能量密度/（W·h/kg）	30~50	60~120	110~200
快速充电时间/h	8~16	2~4	2~4
电压/V	2	1.25	3.6
自放电率（室温）(%)	5	30	3
运行温度范围/℃	−20~60	−20~60	0~45

动力蓄电池在充放电过程中，内部发生了复杂的化学反应。以锂离子蓄电池为例，充电时，其正极生成锂离子，通过电解液运输，穿过中间隔膜到达负极，嵌入负极的碳层中。放电时，嵌在负极碳层中的锂离子脱出，再运动回正极。动力蓄电池充电时，其内部的化学反应可表示为如下形式。

正极反应：

$$LiMO_2 \rightarrow Li_{1-x}MO_2 + xLi^+ + xe^-$$

或

$$Li_{1+y}M_2O_4 \rightarrow Li_{1+y-x}M_2O_4 + xLi^+ + xe^-$$

负极反应：

$$nC + xLi^+ + xe^- \rightarrow Li_xC_n$$

电池反应：

$$LiMO_2 + nC \rightarrow Li_{1-x}MO_2 + Li_xC_n$$

或

$$\text{Li}_{1+y}\text{M}_2\text{O}_4 + n\text{C} \rightarrow \text{Li}_{1+y-x}\text{M}_2\text{O}_4 + \text{Li}_x\text{C}_n$$

式中 M——Co、Ni、Fe、Mn 等。

动力蓄电池充放电过程发生的化学反应往往伴随热量的产生，尤其在高温环境下使用或在大电流充放电时，化学反应剧烈，会产生很高的热量。如果蓄电池的散热速率小于其内部产热速率，则其温度升高，可能引发热失控，出现漏液、放气和冒烟等现象。严重时蓄电池可能发生剧烈燃烧，甚至爆炸。在一定温度范围内，锂离子蓄电池内部能发生的热行为见表6-2。这些放热反应是导致蓄电池不安全的因素。因此，保持蓄电池工作在合理温度范围内，对蓄电池的安全非常重要。

表6-2 锂离子蓄电池体系中的热行为[6]

温度范围/℃	化学反应	热量/(J/g)	说明
110~150	Li_xC_6+ 电解质	350	钝化膜破裂
130~180	PE 隔膜熔化	-190	吸热
160~190	PP 隔膜熔化	-90	吸热
180~500	$\text{Li}_{0.3}\text{NiO}_2$ 与电解质的分解	600	释氧温度 $T=200$℃
220~500	$\text{Li}_{0.45}\text{CoO}_2$ 与电解质的分解	450	释氧温度 $T=230$℃
150~300	$\text{Li}_{0.1}\text{MnO}_4$ 与电解质的分解	450	释氧温度 $T=300$℃
130~220	溶剂与 LiPF_6	250	能量较低
240~350	Li_xC_6 与 PVDF	1500	剧烈的链增长
660	铝的熔化	-395	吸热

注：电解质为PC/EC/DMC（1:1:3）+LiPF_6（1mol）。

当动力蓄电池在安全温度范围，即允许温度范围内运行时，温度过高或过低都不利于动力蓄电池的性能发挥。温度过高，动力蓄电池内阻减小，效率提高，但同时又会加快其内部有害化学反应的速率，缩短其循环寿命。表6-3总结了目前锂离子动力蓄电池的容量衰减与运行温度的关系。温度过低时（例如低于0℃），由于电解液受冻凝固等原因，动力蓄电池的充放电能力都会下降。对于冬季气温低于-20℃的地区，动力蓄电池基本不能放电或放电深度较浅。另外，还需要保证蓄电池包内部的温度分布均匀，过大的温度梯度会导致动力蓄电池包中各单体的寿命不一致，通常单体电池间的温度差异不应大于5℃[7]。

表6-3 部分锂离子动力电池容量衰减与温度的关系[8]

材料	放电区间	循环速率	循环次数	循环温度/℃	容量衰减（%）
C/LiFePO$_4$	3.6~2.0V	3C/1	600	45	25.6
				25	14.3
				0	15.5
				-10	20.3
C/LiFePO$_4$	90%DOD	C/2	757	60	20.1
			2628	15	7.5
MCMB/LiFePO$_4$	3.8~2.7V	C/3	100	55	70
				37	40
				25	很小

(续)

材料	放电区间	循环速率	循环次数	循环温度/℃	容量衰减（%）
$C/LiNi_{0.8}Co_{0.15}Al_{0.05}O_2$	100%DOD	C/2	140	60	65
				25	4
$C/LiCoO_2$	4.2~2.0V	C/9~C/1	300	55	26.7
				25	10.1
$C/LiMn_2O_4$	4.2~2.5V	C/1	500	45	51
				21	28

由于动力蓄电池内部会产热，为维持动力蓄电池温度在一定范围内，就要对其进行散热。不同类型动力蓄电池的散热形式不同，常见的动力蓄电池类型如图6-6所示。动力蓄电池包由动力蓄电池模块组成，动力蓄电池模块由电芯组成，电芯的类型包括圆柱形电池、方形电池和软包电池。

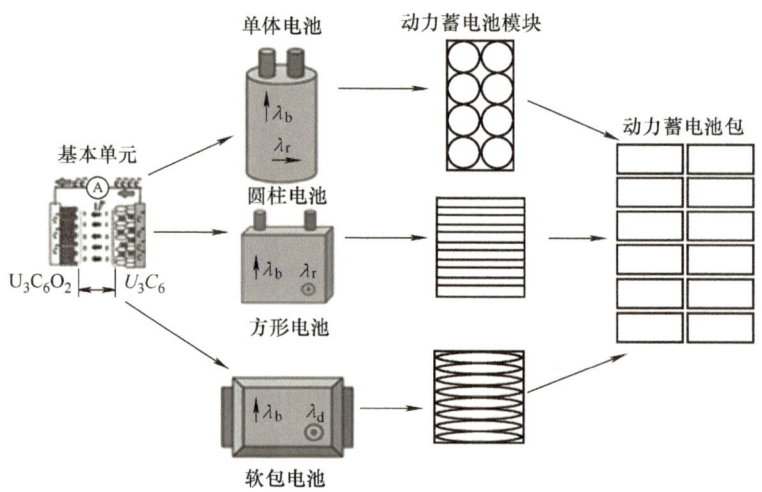

图6-6 常见的动力蓄电池类型

2. 动力蓄电池散热

常用的动力蓄电池的散热方式包括风冷式散热、液冷式散热和制冷剂直接冷却散热等。

（1）风冷式

风冷式散热是指利用空气横掠动力蓄电池组来带走动力蓄电池热量。所用空气可以是车室内的空气，也可以是空调制冷后的空气。根据空气在动力蓄电池组外的流动成因不同，分为自然对流和强制对流。根据气流组织方式不同，可分为串行通风和并行通风，如图6-7所示。

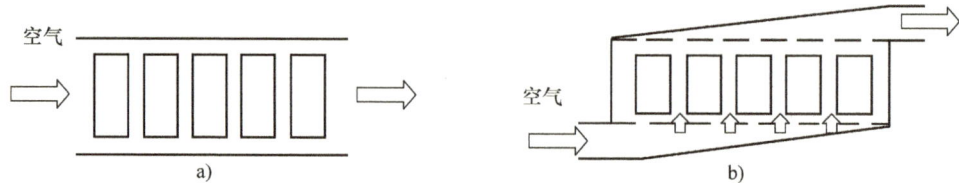

图6-7 风冷式动力蓄电池散热
a）串行通风方式 b）并行通风方式

① 串行式通风的气流顺序通过各单体电池,空气不断被加热,因此后面单体电池的散热效果比前面差。

② 并行式通风的气流平行通过各单体电池,散热更均匀。

（2）液冷式

液冷式散热是指利用冷却液带走动力蓄电池热量。根据动力蓄电池与冷却液接触方式的不同,分为直接接触式与间接接触式两种。

① 直接接触式的冷却液一般是电绝缘且热导率高的液体（例如硅基油、矿物油）,能很好地解决模块温度均衡性问题。但由于绝缘液体黏度较大,流速不高,限制了换热效果[5]。

② 间接接触式冷却液在管道内流动,没有绝缘要求,可以选择热导率高的液体,换热效果好,但在温度均衡性方面不如直接接触式。

对于方形电池和软包电池,一般采用液冷板式散热,结构如图6-8a所示。液冷板插入两个动力蓄电池模块之间,层叠式组装在一起。冷却液在进水集管内分成多个流道并行进入每个冷板,然后在出水集管内汇合流出。对于圆柱形电池,可采用图6-8b所示管带式液冷散热结构,液冷系统采用串行流道,液冷板安装于单体电池间隙。

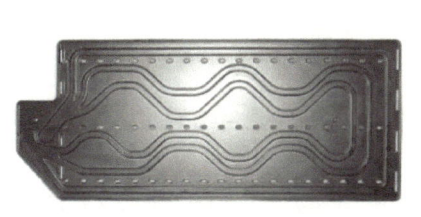
a)
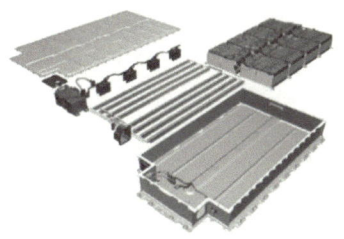
b)

图6-8 液冷散热
a）板式　b）管带式

（3）制冷剂直接冷却

制冷剂直接冷却散热系统的结构如图6-9所示。液冷板内部流动的是制冷剂,相当于制冷系统的蒸发器。冷板与动力蓄电池模块直接接触,通过制冷剂蒸发吸热。

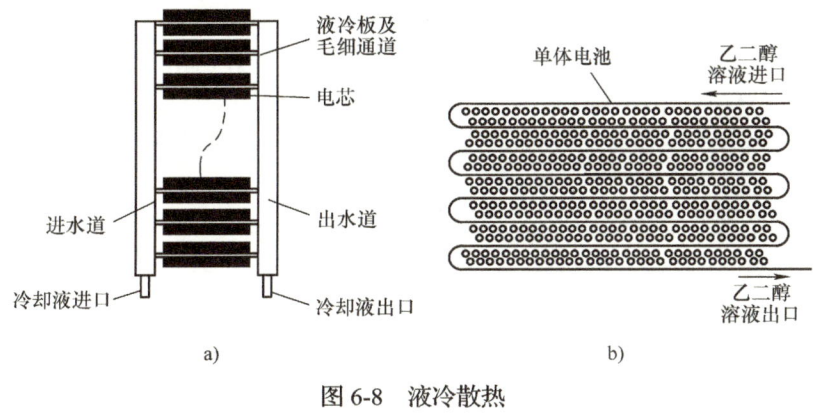

图6-9 制冷剂直接冷却散热

动力蓄电池表面与外界间的热量传递方式主要包括导热和对流换热。对于间接接触的液冷板式换热,动力蓄电池表面与冷板之间接触,其热量传递方式主要是导热,根据傅里叶公式有

$$Q = \frac{2}{\delta}\lambda A(T_m - T_b) \qquad (6\text{-}1)$$

式中　Q——电池散热量（W）；
　　　λ——冷板的热导率[W/(m·K)]；
　　　δ——冷板厚度（m）；
　　　A——换热面积（m²）；
　　　T_m——电池模块表面的平均温度（K）；
　　　T_b——冷板温度（K）。

对于风冷式散热和直接接触式液冷散热，电池表面与流体之间的热量（Q）的传递方式为对流换热，可用牛顿冷却公式表示为

$$Q = \alpha A(T_m - T_f) \qquad (6\text{-}2)$$

式中　α——对流换热系数[W/(m²·K)]；
　　　A——换热面积（m²）；
　　　T_f——冷却流体温度（K）。

3. 电池预加热

在寒冷环境中，大多数电池的能量密度和功率密度都会降低，车辆性能严重衰退。因此，低温下需进行电池模块预加热。

电池的预加热方式主要有空气预加热、电预加热和相变材料预加热等。

（1）空气预加热

空气预加热是指采用温度较高的空气通过对流换热对电池进行预加热。对于纯电动汽车，预热空气可直接取车室空气或间接通过电预加热获取。图6-10所示为利用车室空气对电池进行预加热的系统原理。

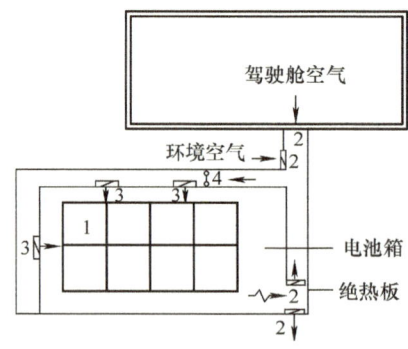

图6-10　空气预加热[9]

（2）电预加热

电预加热是指利用电流通过电阻值不为零的导体所产生的焦耳热来直接预加热电池。根据提供电流的电源不同，可分为内部电源预加热和外部电源预加热。

① 内部电源预加热是利用电池在充放电过程中的内部产热量来进行预热，可通过充电-放电多次循环来对蓄电池进行预热。

② 外部预加热是在低温环境下通过充电桩供电对电池模块进行预加热，预加热元件可以是PTC或电热膜。

按照封装材料不同，电热膜可分为金属电热膜、无机电热膜（包括碳纤维电热膜、油墨电热膜等）和高分子电热膜。电热膜的预加热功率依靠加载的电压调节。如果条件允许，电热膜预加热功率范围较宽，可实现大范围调节，但需要配备可调节电压范围的电源。电预加热元件的布置位置可以在电池底部或电池侧面，如图6-11所示。

根据电流种类不同，动力蓄电池预加热还可分为直流电预加热和交流电预加热。交流电预加热又分为高频交流电预加热和低频交流电预加热。

① 低频交流电预加热经济性高，但设备较重，不适合普通电动汽车使用。

② 高频交流电预加热所需能量不能由动力蓄电池提供，因此只能在混合动力汽车上使用，由发动机提供电能。

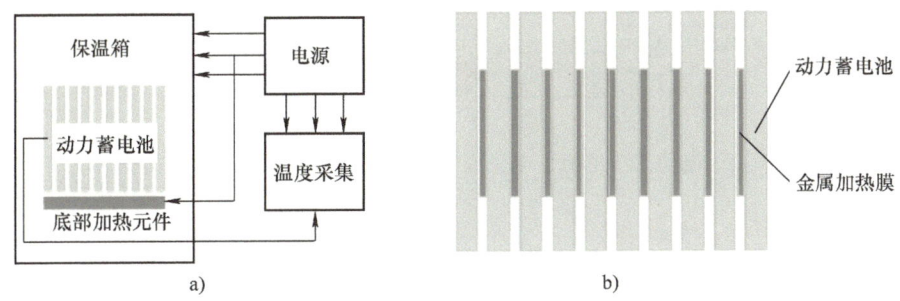

图 6-11　电预加热元件的布置[9]

a）底部 PTC 预加热　b）金属膜侧面预加热

（3）相变材料预加热

相变材料（PCM）在相变过程中温度保持不变或变化范围很小，但能吸收或释放大量潜热。利用 PCM 熔化吸热可对动力蓄电池进行冷却，利用其凝固放热可对动力蓄电池进行预加热。根据其结构形式，可分为直接沉浸式和夹套式两类，直接沉浸式即把动力蓄电池模块直接浸在 PCM 中的结构。夹套式即在电芯外部包裹一层 PCM，形成一个稍大的电芯，进而组成动力蓄电池模块。

6.1.1.3　电机及控制器散热

电机是电动汽车的驱动装置，是电动汽车的核心部件之一。高压电源经过电机控制器和三相换流器整流成三相电信号，并直接与电机的三相接口相连。电机工作时，绕组与转子都会产生大量焦耳热，同时电机控制器的半导体元器件也会产生一定热量。

构成电机及其控制器的励磁绕组、永磁体和半导体器件等均有一定耐温极限。一般来说，电机内部的励磁绕组要求温度不高于170℃，控制器的半导体器件要求温度不高于225℃，过高的温度还可能导致永磁体退磁。此外，电机及控制器的工作效率也受温度影响。因此，需要对电机及其控制器进行有效冷却。

电机的冷却液温度一般要求低于80℃，电机控制器的冷却液温度一般要求低于70℃[3]。两者温度区间较接近，因此在冷却系统设计上，一般采用电机和电机控制器串联冷却回路的方式。从散热器出来的冷却液先经过电机控制器外壳，再经过电机外壳，从而保证各部件的正常工作。图6-12所示为电动汽车电机、电机控制器及相关冷却系统的布置方式。

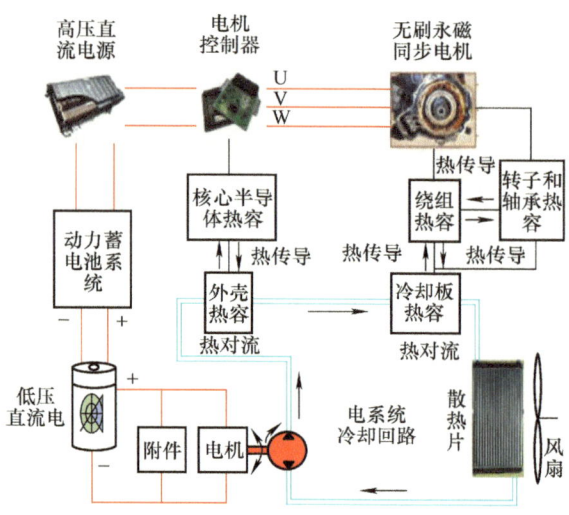

图 6-12　电动汽车电机、电机控制器及相关冷却系统布置方式[10]

6.1.1.4　一体式热管理系统

为最大限度提高电动汽车的电能利用效率，一体化热管理系统将电动汽车整车的冷热需求对象（动力蓄电池模块、电机、控制模块和车室环境控制系统）综合考虑，同时具备车室制冷、制热、动力蓄电池温控、电机及控制器散热等全部或部分功能。

根据车室空调与动力蓄电池/电机温控的不同组合形式，可构成不同的一体式热管理系统，如车室空调+动力蓄电池温控并联式热管理系统（图 6-13）和车室空调+电机冷却串联式热管理系统（图 6-14）。

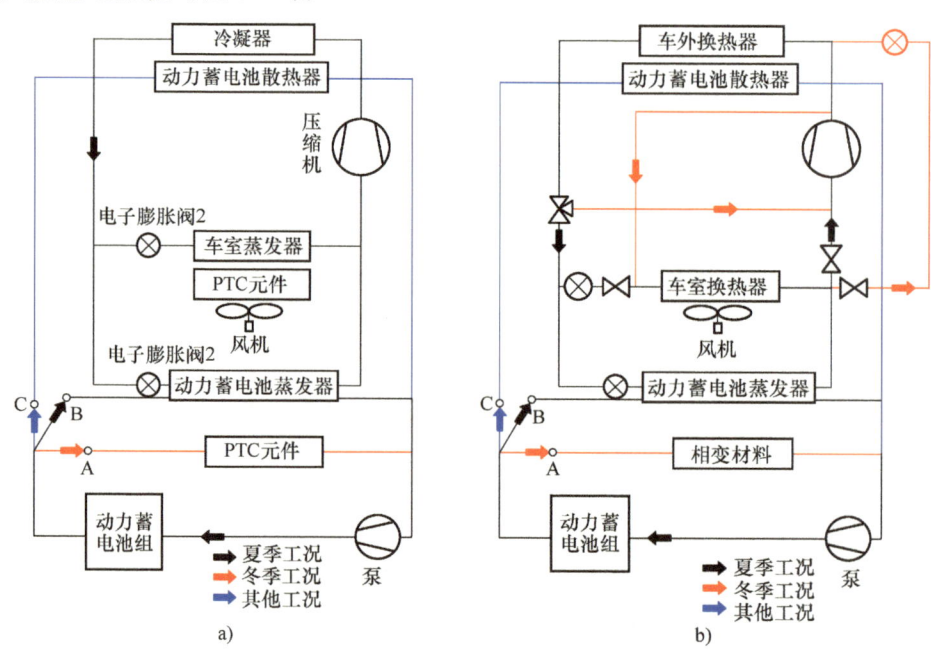

图 6-13　车室空调+动力蓄电池温控并联式热管理系统[11]
a）电辅热一体式　b）蓄热材料一体式

图 6-13a 所示为电辅热一体式热管理系统，其工作原理为：夏季，当动力蓄电池和车室都需要冷却时，采用双蒸发器系统；冬季则采用电加热方式对动力蓄电池和车室进行加热。采用一个三通阀控制动力蓄电池温度：

① 三通阀在位置 A 时，为动力蓄电池包提供最大加热量，保证其在低温环境时的正常启动和高效率工作。

② 三通阀位置在 B 时，利用并联的蒸发器为动力蓄电池提供必要的冷量。

③ 三通阀位置在 C 时，利用车身前部的动力蓄电池散热器进行自然散热。

图 6-13b 所示为蓄热材料一体式热管理系统。采用液体工质对动力蓄电池冷却或加热，采用相变材料为储能材料。车室环境控制通过具有制冷/制热功能的热泵系统实现：

① 夏季，动力蓄电池的散热采用与车室蒸发器并联的动力蓄电池蒸发器来实现。

② 冬季利用相变材料回收动力蓄电池废热，在动力蓄电池需要预热时再释放出来。

图 6-14 所示为车室空调+电机冷却串联式热管理系统。通过布置在压缩机吸气端的电机散热器对电机进行冷却。夏季工况时，车内换热器蒸发后的低温制冷剂流经电机散热器，对电机进行降温；冬季工况时，从车外换热器流出的制冷剂在电机散热器中进一步吸热，达到回收电机预热的目的。

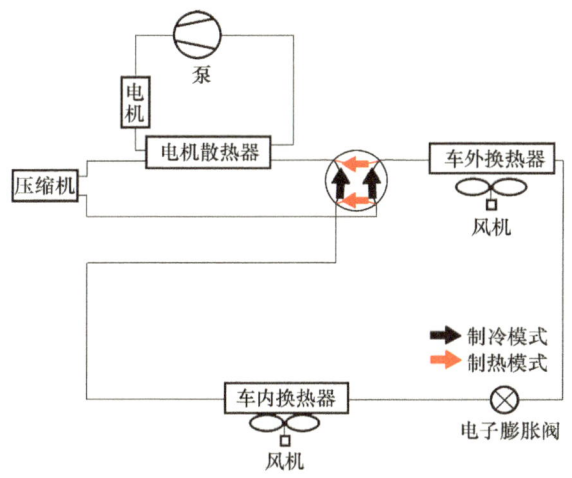

图 6-14 车室空调+电机冷却串联式热管理系统

6.1.1.5 系统控制

1. 控制系统的组成

热管理控制系统由操作面板、系统综合控制器、压缩机变频器、风机变频器、DC/DC 变换器、传感器、高压接触器和线束等组成。

驾乘人员或系统调试人员通过操作面板给出系统工作模式等操作指令，同时通过操作面板可显示系统的数据信息、设定信息和故障信息等。图 6-15 所示为常见的商用车空调系统操作面板，显示的内容主要有：

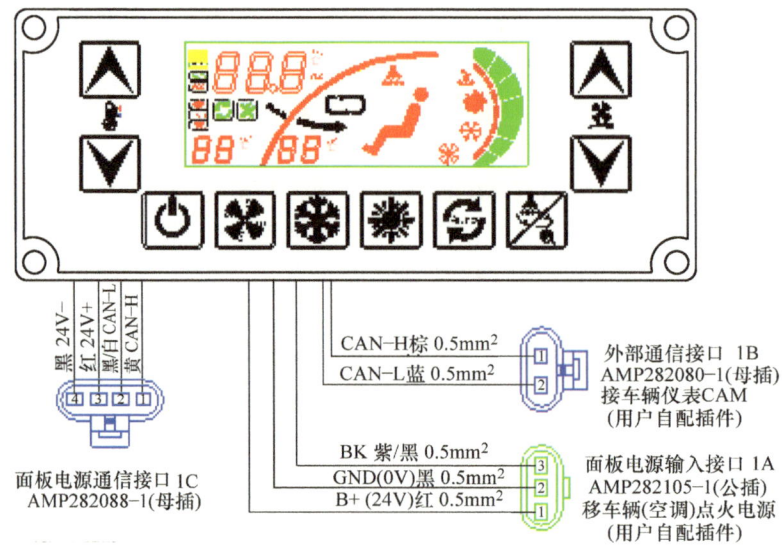

图 6-15　商用车空调系统操作面板

① 空调系统的内外温度、设定温度、设定的风量、制冷制热通风等工作模式、内外循环和故障信息等；动力蓄电池系统加热指示。

② 电机系统冷却指示。

③ 查询系统工作电压、工作电流、除霜温度、工作时间和系统瞬时功率等。

操作面板通过内部 CAN 发送操作指令给热管理综合控制器（有些系统合二为一），通过外部 CAN 发送信息给整车仪表等控制器，通过收集整车动力蓄电池电量状态和整车控制器或远程控制系统的操作指令。

有些车辆将操作面板功能集中到中控屏或仪表板，不同车辆在设计上有所差异。

图 6-16 所示为热管理综合控制器示意图。综合控制器采集温度传感器等模拟量信号，以及欠电压、过电压和过温等开关量信号。控制器通过内部 CAN 总线或 RS485 总线收集系统功能需求命令和关注的数据信息，进行逻辑开关控制和频率控制，并进行故障诊断。根据所要满足的功能，有 PWM 输出控制、继电器输出控制和 AVI 输出控制等。控制器根据控制逻辑发送控制信号控制接触器、DC/DC 变换器、压缩机、风机、动力蓄电池温控和电机散热执行部件。

电动汽车热管理系统相关的变频器有空调压缩机变频器、冷凝风机变频器、蒸发风机变频器和动力蓄电池水泵变频器等。上述变频器均采用速度控制模式。图 6-17 所示为某型号压缩机变频器的原理。

① 对于乘用车，压缩机变频器与压缩机一体化设计。

② 对于商用车，压缩机变频器一般是一个独立部件。

对于冷凝风机和蒸发风机变频器，有些商用车空调用独立部件来控制，而有些系统没有这个部件，采用低压风机，因此仅需要一个驱动模块来控制。

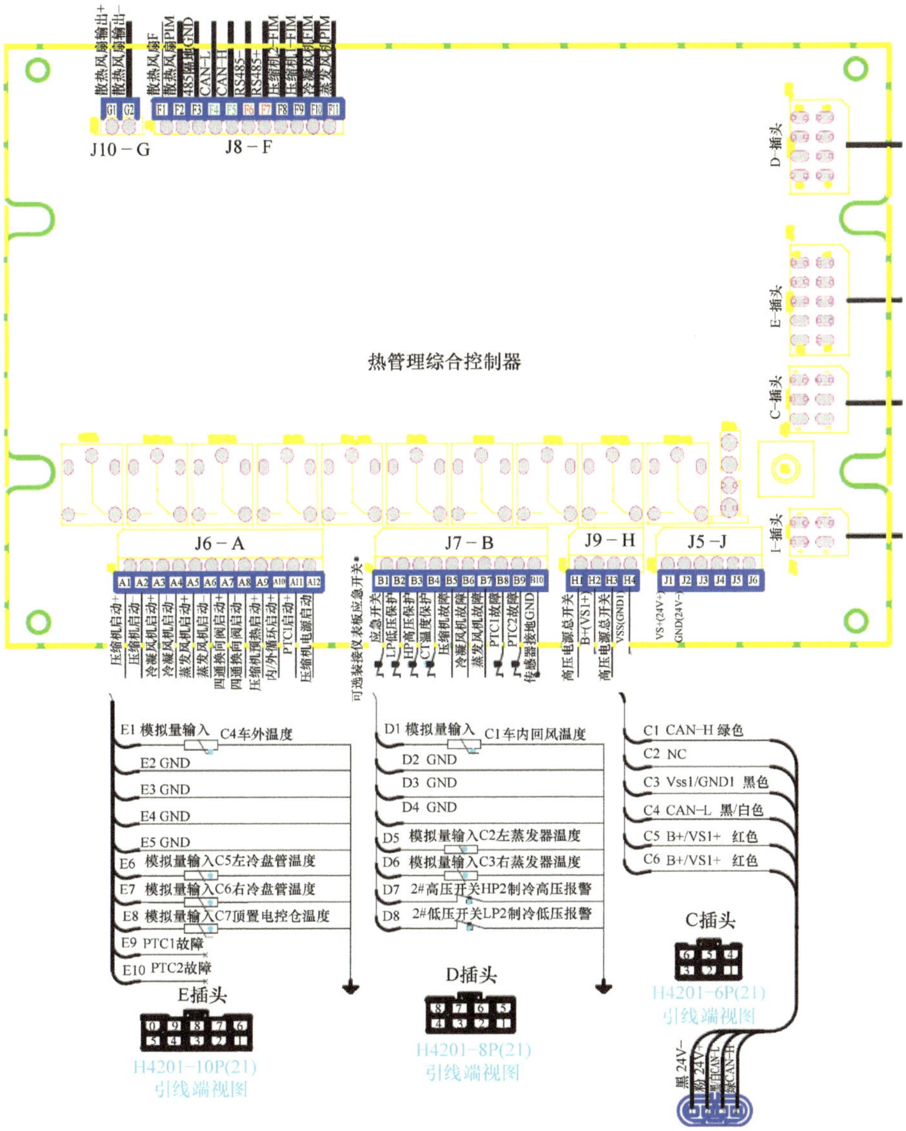

图 6-16 热管理综合控制器

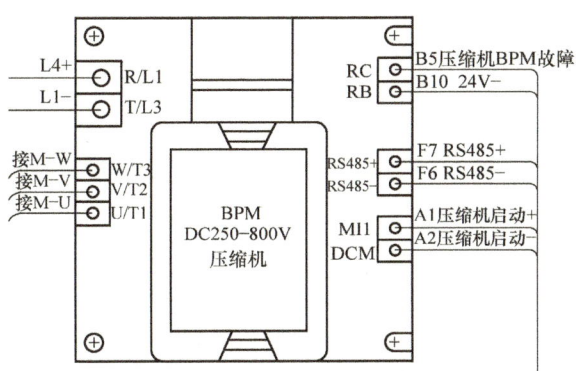

图 6-17 某型号压缩机变频器原理

有些空调蒸发风机、冷凝风机采用的是 DC48V 或 DC24V，乘用车用的是 DC12V。考虑若车载 DC/DC 变换器功率不满足使用要求，则需要系统单独选配 DC/DC 电源。此外，有些动力蓄电池温控系统采用 PTC 加热时，为保证高压安全选用的是低压 PTC 元件，进行系统设计时需要根据系统功率匹配进行 DC/DC 变换器选型。有些蒸发风机、冷凝风机调速需要调整 DC/DC 变换器电压来实现。有些需要恒压输出，则增加调速模块来实现调速。图 6-18 所示为某款车用空调系统选用的 DC/DC 电源。

电动汽车热管理系统用到的传感器主要有温度传感器、电流传感器、湿度传感器和压力传感器等。部件主要有温度开关、压力开关、高压接触器（图 6-19）、预充接触器（图 6-19）、缓冲电阻和熔断器等。应根据工作电流进行选型。

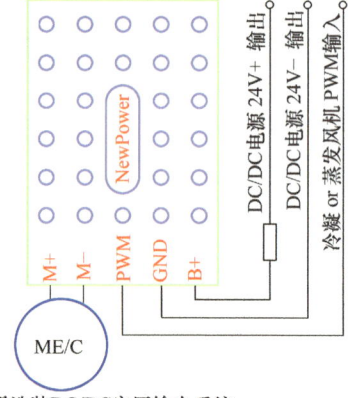

*如果选装DC/DC定压输出系统，风机单独配装无级调速模块，则电源和风机接无级调速模块对应的端子

图 6-18　风机电源专用 DC/DC 变换器

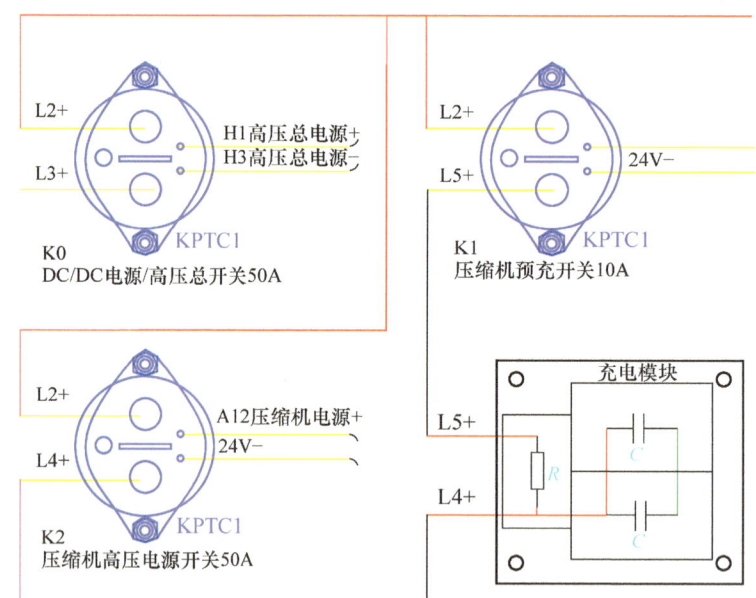

图 6-19　高压接触器和预充电模块

可以将空调压缩机控制器、DC/DC 变换器、热管理综合控制器和接触器等部件进行一体化集成设计。

2. 系统方案及工作原理

图 6-20 所示为整车一体化热管理系统常用方案，具体有如下四种工作模式。

1）热管理控制系统通过 CAN 总线获取 BMS 的动力蓄电池温度信息和 BMS 的指令，控制压缩机和 PTC 辅热 + 冷凝风机 + 动力蓄电池温控系统水泵实现动力蓄电池加热；

BMS 请求充电机能量提供给压缩机和 PTC 辅热 + 冷凝风机 + 动力蓄电池温控系统水泵。

2）热管理控制系统通过 CAN 总线获取电机的温度信息和 VCU 的指令，控制压缩机和 PTC 辅热 + 冷凝风机 + 电机驱动系统水泵实现电机散热；动力蓄电池提供能量给压缩机和 PTC 辅热 + 冷凝风机 + 动力蓄电池温控系统水泵。

3）热管理控制系统通过 CAN 总线获取 BMS 的动力蓄电池温度信息和 BMS 的指令，热管理系统控制压缩机和 PTC 辅热 + 冷凝风机 + 动力蓄电池温控系统水泵实现动力蓄电池冷却；动力蓄电池提供能量给压缩机和 PTC 辅热 + 冷凝风机 + 动力蓄电池温控系统水泵。

4）热管理控制系统采集温度信息，通过 CAN 总线获取 BMS、VCU 或远程指令，控制压缩机和 PTC 辅热 + 冷凝风机 + 蒸发风机实现车室热管理；动力蓄电池提供能量给压缩机和 PTC 辅热 + 冷凝风机 + 蒸发风机。

在实际工作过程中，上述模式可以任意组合。

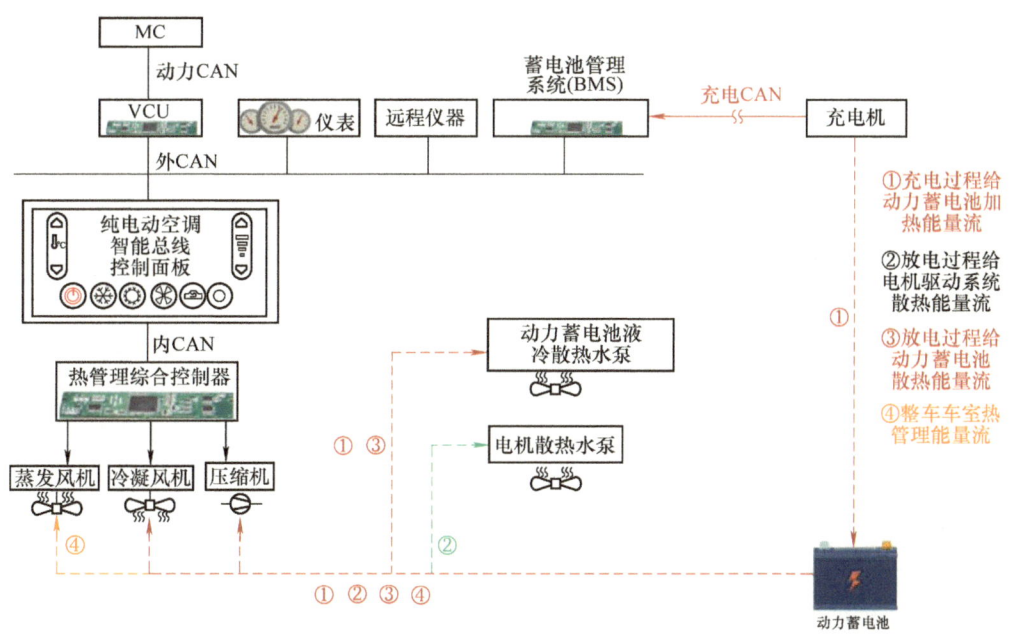

图 6-20　整车热管理控制系统方案

6.1.2　热管理系统设计要求

6.1.2.1　车内热湿环境设计要求

汽车车室是驾乘人员在旅途过程中的生活空间。车室环境主要包括车室内热湿环境、空气环境、照明环境、色彩环境、噪声与振动环境。进行热管理系统设计时，主要考虑车室的热湿环境。

乘用车与商用车车内热湿环境设计技术标准分别见表 6-4 和表 6-5。

表 6-4 乘用车车内环境设计技术标准[12]

技术指标	技术指标数值	
	夏季	冬季
车内温度 /℃	24~28	18~20
车内相对湿度（%）	40~65	> 30
车内气流速度 /（m/s）	0.3~0.4	0.2~0.3
新风量 /（m³/h）	20~25	15~20

表 6-5 商用车车内环境设计技术标准[13]

技术指标	基本条件	技术指标数值	
		夏季	冬季
车内温度 /℃	—	24~28	14~20
车内温度分布 /℃	走道地板上方 1m 高度前、中、后部温差	1~3	1~3
	乘员头部与足部温差	2~5	2~5
车内相对湿度（%）	—	40~65	> 30
车内气流速度 /（m/s）	—	0.3~0.4	0.2~0.3
额定乘员数人均制冷（热）量 /kW	不小于	0.56	0.56
人均送风量 /（m³/h）	不小于	80	20
新风量 /（m³/h）	—	20~25	15~20

空调的其他性能指标如下：

1）空调的能效和经济性：包括能效比、季节能效比、制冷量、制热量、循环风量、除湿量、输入功率和使用寿命等。

2）车内噪声：降低噪声是改善舒适性的重要措施，车内的最大噪声应控制在 50dB 以下。

3）车内温度场分布：温度在垂直方向的不均匀度最好控制在 2℃ 左右，这是由人体各部位对同一温度的感觉不同决定的。而在水平方向的空气温度不均匀度最好控制在 1.5℃ 以内，这是根据汽车空调实验结构综合考虑后决定的。

4）风口布置位置及风口风速差值：不舒适感与空气的流动方向和吹风的部位有关，后面吹来的气流比前面吹来的气流更让人感到不适。风口的布置位置应尽量避免直吹令人感到不舒服的位置。各出风口的风速差不宜超过 2m/s，否则会引起车内温度场、速度场分布不均匀，出现气流涡旋。

5）车内新鲜空气换气量：为防止人体缺氧，产生疲劳、头疼和恶心等症状，车内每位乘客所需新鲜空气量为 20~30m³/h，二氧化碳体积分数（φ_{CO_2}）应保持在 0.1% 以下。

6.1.2.2 车窗除霜防雾设计要求

车室环境是驾乘人员安全与舒适的重要保证。由于车身保温性能的局限性，车室环境受风、霜、雪、雨等气候和季节变换影响很大。"内热外冷"时，车室内外温差会造成前风窗玻璃内表面结雾,严重影响风窗玻璃可视性。对于电动汽车,如果沿用传统燃油汽车新风除雾思路,采用以高压电预加热或热泵为热源的除雾系统,那么在易结雾的冬季将车外低温空气预加热至除雾热风时能耗较高,会大大减小电动汽车的续驶能力。因此,电动汽车在充分保证前风窗玻璃防雾的条件下,应尽量采用回风系统,这也对电动汽车的除霜、防雾提出了更高的要求。

电动汽车应设置前风窗玻璃除霜(雾)系统[14],以确保在寒冷(潮湿)天气条件下及时恢复风窗玻璃的能见度。

① 除霜试验开始后 20min,至少将 A 区 80% 面积的霜除净。
② 试验开始后 25min,至少将 A′ 区 80% 面积的霜除净。
③ 试验开始后 40min,至少将 B 区 90% 面积的霜除净。

A、B 和 A′ 区域的确定如图 6-21 所示。

除雾试验开始后 10min,至少应将 A 区 90% 面积和 B 区 80% 面积的雾除净。

除霜(雾)出口气流速度为 5~8m/s,停车时仅除霜(雾)系统满负荷工作时,驾驶人头部位置噪声不大于 65dB(A)。

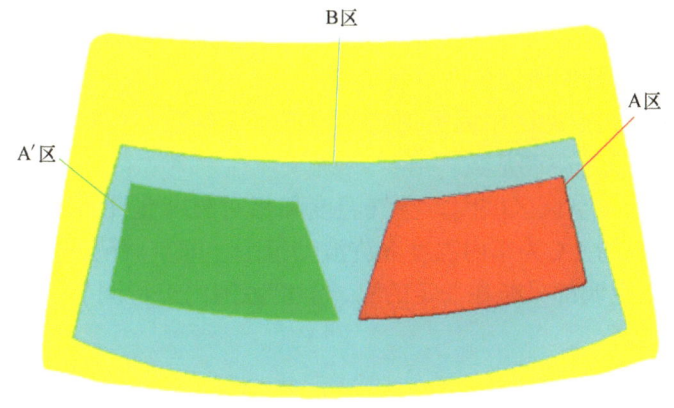

图 6-21 电动汽车前风窗玻璃 A 区、B 区和 A′ 区的确定

6.1.2.3 整车制冷性能测试条件要求

汽车空调的整车制冷性能主要通过汽车车室的降温试验确定。整车制冷性能降温试验的测试条件见表 6-6。空调系统目标降温性能参考值见表 6-7。

表 6-6 整车制冷性能降温试验的测试条件[15]

项目	室内	室外静态	室外行驶
试验环境温度 /℃	38±1.0	≥ 35	≥ 35
相对湿度(%)	50±5	40~75	—
太阳辐射强度 /(W/m^2)	1000±25	≥ 800	≥ 800
风速 /(m/s)	—	≤ 2	≤ 5
路况	—	—	平坦硬实的公路;路面纵坡不大于 1%,长度不少于 40 km

表 6-7 整车空调全负荷降温目标参考值[15]

项目	规定时间 /min	温度指标 /℃
怠速	30	≤ 24
车速 40km/h 时	45	≤ 23
车速 60km/h 时	20	≤ 22
车速 100km/h 时	20	≤ 21

6.1.2.4 控制系统设计要求

除上面提到的性能参数,控制系统设计还需要考虑的参数如下。

1. 车内降温升温的速率

车内降温升温的速率是评价舒适性的重要参数之一。车内温度下降或升高过快,都会造成人体不适,严重时会引起感冒。因此,考虑到效率和人体健康等因素,一般夏季车内的降温速率应保持在 1.5℃/min 左右。

2. 空调基数和空调精度

为维持车内相对湿度恒定所需消除的多余湿量,称为湿负荷。车内热负荷的确定要以一定的车内、车外空气计算参数为原始数据,其确定过程详见 6.2.1 节。通常用空调基数和空调精度两组计算参数来衡量车内空气状态。

① 空调基数是指在空调区域内需保持的空气温度基数与相对湿度基数。例如车内所要求的温度为 25℃,就是空调基数。

② 空调精度是指在空调区域内,空气温度和相对湿度允许的波动幅度。例如车内温度为 25℃±1℃,这里的 1℃为车内温度允许波动范围,即空调精度。

任何形式的汽车空调都只能在一定的温、湿度范围内进行调节。调节的范围越小,要求汽车空调的精度越高。

3. 制冷剂压力

制冷剂压力过高或过低,都会造成空调失效。

① 制冷剂压力过低会导致制冷剂泄漏。

② 制冷剂压力过高会导致过热,甚至发生爆炸。

4. 动力蓄电池电量

作为电动汽车的电动空调,首先要保证电动汽车的正常运行,当电动汽车的动力蓄电池电量过低时,为保证电动汽车的行驶功能,必须相应调整电动空调的功能:

① 在冬季需要制热时,只要电量低于一定值,就关闭空调功能。

② 在夏季需要制冷时,当电量低于一定值时,关闭压缩机,只保留风机开启。

5. 压缩机工作最低温度

为保证电动压缩机的正常运行,需要设置压缩机工作的最低温度。一旦低于最低温度就关闭压缩机,否则会造成压缩机损坏或寿命缩短。

6. 压缩机工作频率

根据不同车型制冷量需求设置压缩机工作频率范围。控制系统根据允许工况给出压缩机目标工作频率。根据下列计算公式进行计算比对，根据车型空调系统权重进行选择：

目标频率1=压缩机最小频率＋设定风量影响因素×（压缩机最大频率－压缩机最小频率）

目标频率2=缩机最小频率＋目标温度与当前温度差影响因素×（压缩机最大频率－压缩机最小频率）

目标频率3=压缩机最小频率＋整车动力蓄电池电量影响因素×（压缩机最大频率－压缩机最小频率） （6-3）

7. 冷凝风机工作频率

根据不同车型压缩机的需求来设置冷凝风机工作频率范围。控制系统根据允许工况给出冷凝风机目标工作频率。根据下列计算公式进行计算比对，根据车型空调系统权重进行选择，一般在目标频率1和目标频率2中进行选择：

目标频率1=冷凝风机最小频率＋设定风量影响因素×（冷凝风机最大频率－冷凝风机最小频率）

目标频率2=冷凝风机最小频率＋目标温度与当前温度差影响因素×（冷凝风机最大频率－冷凝风机最小频率）

目标频率3=冷凝风机最小频率＋整车动力蓄电池电量影响因素×（冷凝风机最大频率－冷凝风机最小频率） （6-4）

8. 蒸发风机工作频率

根据不同车型对风量不同的需求来设置蒸发风机工作频率范围。控制系统根据允许工况给出蒸发风机目标工作频率。根据下列计算公式进行计算比对，根据车型空调系统权重进行选择，一般在目标频率1和目标频率2中进行选择：

目标频率1=蒸发风机最小频率＋设定风量影响因素×（蒸发风机最大频率－蒸发风机最小频率）

目标频率2=蒸发风机最小频率＋目标温度与当前温度差影响因素×（蒸发风机最大频率－蒸发风机最小频率）

目标频率3=蒸发风机最小频率＋整车动力电池电量影响因素×（蒸发风机最大频率－蒸发风机最小频率） （6-5）

9. PTC启停温度

制热条件下采用PTC实现辅热时，需要设计PTC工作的启停温度。只要符合这个温度条件，就进行辅助加热。

10. 设定温度与风量

为满足不同用户对温度及风量的需求，空调系统应能在一定范围内调节目标温度，同时能以不同等级设置目标风量的大小。合适的温度范围设计以及风量大小设置能节约能耗，也能满足不同用户的需求。

11. 设定温度极值

根据制冷和制热条件给出设定目标温度的极值（最大和最小）。

12. 时间参数

空调系统时间参数设置包括制热、除霜时间的设定，除湿时间的设定，新风时间的设定等。

13. 空调类别

可设定空调为单冷、冷暖（热泵）、冷暖（PTC 辅热）、冷暖（热泵和 PTC 辅热）模式。这些设置不同，控制逻辑也不一样。

14. 热管理系统工作电压

工作电压有高压直流电压、控制电源电压和风机工作电压等。

15. 热管理系统总耗电量

控制系统总耗电量和累计耗电量也是电动空调运行的一个指标。

1）空调实时耗电功率 P，根据空调面板计算，计算周期 1s，计算方法：

$$P=UI/1000 \tag{6-6}$$

式中　P——空调实时耗电功率（kW）；
　　　U——空调顶部控制器传送高压电源电压（V）；
　　　I——空调顶部控制器传送空调总电流（A）。

例如：空调高压电源电压 U=545V，空调总电流 I=18.6A，则实时耗电功率

$$P=UI/1000=545×18.6/1000=10.137≈10.1\text{kW}$$

2）空调累计耗电量 E，计算周期 1s，永久存储写入周期 6min（0.1h），计算方法如下。

临时能耗 E_6：

$$E_6=\frac{\sum P}{360}×0.1 \tag{6-7}$$

累计耗电量 E：

$$E=E_{\text{OLD}}+E_6 \tag{6-8}$$

式中　E_6——空调 6min 累计耗电量（kW·h）；
　　　$\sum P$——空调 6min 实时耗电功率累计值（kW），$\sum P =P_1+P_2+\cdots+P_{360}$；
　　　E——空调累计耗电量（kW·h）；
　　　E_{OLD}——上次存储累计耗电量（kW·h）。

面板显示为当前永久存储耗电量，set（x）=A·BC。

16. 热管理系统工作电流

热管理系统单独采集电流用于计算系统总耗电量。电流传感器选型见表 6-8。

表 6-8　电流传感器信号参数

电流传感器的类型	电源电压	测量范围	信号范围	传送精度要求
空调总电流传感器	DC 24V	DC 0~50A	DC 0~5V	0.2A
空调漏电流传感器	DC 24V	DC 0~20mA	DC 0~5V	0.1mA

结合上面提出的参数和故障信号采集，进行逻辑判断和目标参数计算，应用后续章节中提出的控制方法进行控制。

6.1.3 整车热管理系统发展趋势

对于电动汽车，整车热管理系统在实现车室环境控制的同时，还要满足换热器除霜、车窗玻璃除雾和动力蓄电池温控等需求。汽车面临的环境气候条件复杂多变，全气候条件下的节能、环保与智能化，是电动汽车整车环境控制及热管理技术的主要发展趋势。

6.1.3.1 全气候条件下的高效节能运行

为满足电动汽车更好的环境适应性，对整车热管理系统提出了更高的要求。因此，发展先进的热管理技术，引入热管等高效散热元件，发展全气候高效动力蓄电池，综合考虑整车热管理需求、车外环境参数与热管理系统各热源和热汇，保证热管理系统始终处于最佳运行状态，提高系统综合能源利用率，实现全气候、宽温区条件下的高效运行，是整车环境控制及热管理技术的一个重要发展方向。

6.1.3.2 环保工质替代

HFC-134a 是目前乘用车空调广泛采用的制冷工质，其全球变暖潜值（GWP）值高达 1430，被《京都议定书》列入受控温室气体中。

电动汽车空调替代制冷剂的主要选择准则包括：

① 制冷剂满足环保（ODP 为零，GWP 要低）和安全性要求。
② 具有良好的热力学性能。
③ 能适应热泵运行温区并满足制热需求。
④ 制冷剂生产与替代综合成本要低。

HFC-134a 制冷工质的替代物包括 HFO-1234yf、R744 和 R445a 等。HFC-134a 及其主要替代物的基本物性对比见表 6-9。

表 6-9 HFC-134a 及其主要替代物的基本物性[16]

制冷工质的替代物	分子式	标准沸点 /℃	临界温度 /℃	临界压力 /MPa	燃烧等级	GWP_{100}
HFC-134a	CF_3CH_2F	−26.16	101.1	4.067	A1	1430
HFO-1234yf	$C_3H_2F_4$	−29.45	94.7	3.382	A2L	4
R744	CO_2	−78.4	31.1	7.38	A1	1
R445a	R1234ze/R134a/R744（质量分数分别为 85%/9%/6%）	−21.5	104.7	4.497	A2L	130

寻找并采用 GWP 更低的工质来替代现有的 HFCs 制冷剂，是目前汽车空调领域的迫切任务。对于纯电动汽车，既要考虑制冷工质的制冷性能，又要考虑制热性能。

① HFO-1234yf 物性与 HFC-134a 相似，几乎可以直接替代。
② CO_2 具有良好的低温制热性能，在冬季能满足车室供暖需求，是一种很好的替代方案。但 CO_2 系统压力高、成本高，夏季高温制冷性能不佳。开发适用于环保工质的热管理系统及关键部件，制定相关标准，是当前电动汽车热管理技术的重要发展方向之一。

6.1.3.3 智能化控制技术

智能化环境控制技术也是电动汽车整车环境控制及热管理的一个重要发展方向。通过先进的温湿度传感器、结雾探测器、室内空气品质检测器、空调系统能耗分析系统和人体舒适度感官评价反馈系统，检测人体皮肤温度、前风窗玻璃的结雾状况和车内有害气体浓度，自动调控汽车空调的送风量、送风部位和送风方式，保证人体舒适性和车辆驾驶安全性。基于云服务和其他数据处理技术，通过云端实时进行系统的运行调节，满足更加人性化的使用需求。

6.2 负荷计算

6.2.1 车室空调负荷

6.2.1.1 冷负荷

汽车空调的冷负荷可通过理论计算或经验估算获得。在理论计算中，汽车空调的总冷负荷 Q_c 主要由车身（车顶、侧壁、玻璃、地板等）导热得热 Q_{cc}、玻璃日照辐射得热 Q_{rc}、乘客人体散热 Q_{pc}、车内仪器设备发热 Q_{ec} 和新风负荷 Q_{fc} 等构成：

$$Q_c = Q_{cc} + Q_{rc} + Q_{pc} + Q_{ec} + Q_{fc} \tag{6-9}$$

1. 理论计算法

由于汽车车身结构具有厚度小、质量轻、蓄热系数小的特点，当外界环境变化时，车室内表面的响应较快。不同材料的传热系数相差较大，传热系数大的钢骨架在连接车室内外表面的同时，还在两者之间直接传递热量，形成"热桥"。传热系数在汽车运动与静止两种状态下差别较大。运动时，车身外表面空气对流换热系数成倍增大，导致车身动态传热系数大于静态传热系数，使车身内外侧空气压力不平衡程度加剧，空气泄漏增加。这些热工特性使汽车得热量转化为冷负荷过程中存在着衰减和延迟现象。

计算汽车空调负荷时，宜考虑车身结构的吸热、蓄热和放热效应。目前，理论计算主要采用冷负荷系数法或谐波反应法。

① 冷负荷系数法对于车身、车顶、底盘和车窗的传导得热引起的冷负荷，通过逐时冷负荷温差使计算简化。

对于车窗日射得热和照明、人体及设备得热引起的冷负荷，通过冷负荷系数使计算简化。这时，冷负荷温差和冷负荷系数等参数都是通过查取经验值来确定的。

② 谐波反应法以谐波法为基础，将车外空气综合温度视为周期性外扰，考虑温度的衰减和相位的延迟，可体现温度和传热的动态变化。

这里简要介绍采用谐波反应法计算空调冷负荷。

1）室外空气综合温度 $T_e(t)$ 可表示为周期性函数：

$$T_e(t) = T_e + T_e(t) = T_e + \sum_{n=1}^{m} A_n \cos(\omega_n t - \varphi_n) \tag{6-10}$$

设车内空气温度平均值为 T_a，则车外空气温度波动引起的车内空气温度波动 $\Delta T_n(t)$ 为

$$\Delta T_n(t) = \sum_{n=1}^{m} \frac{\Delta T_{e-n}}{v_n} \cos(\omega_n t - \varphi_n - \varepsilon_n) \tag{6-11}$$

车身导热量包括车内外温度差形成的稳定传热量 Q_{ccs} 和外扰温度波动值引起的车内表面温度波动产生的附加不稳定传热量 Q_{ccw}。

$$Q_{cc} = Q_{ccs} + Q_{ccw} = K(T_e - T_a) + a_n \sum_{n=1}^{m} \frac{T_{e-n}}{v_n} \cos(\omega_n t - \varphi_n - \varepsilon_n) \tag{6-12}$$

式中　T_e——综合温度的平均值（℃）；
$\Delta T_n(t)$——温度波动值（℃）；
　　n——谐波阶数；
　　A_n——第 n 阶扰量的波幅；
　　ω_n——第 n 阶扰量的波动频率；
　　φ_n——第 n 阶扰量的相对延滞；
　　v_n——第 n 阶扰量的衰减度；
　　ε_n——第 n 阶扰量的相对延滞；
　　K——传热系数［W/（m·K）］；
　　a_n——换热系数［W/（m²·K）］。

注意：利用谐波法计算通过车身结构的得热量只需取 3~4 阶谐波即可达到较高的计算精度。谐波的阶数越多，计算精度越高。

2）阳光辐射包含直射辐射和散射辐射两部分。太阳光透过大气层直接辐射强度 I_{dh} 为

$$I_{dh} = I_0 P \csc\beta \tag{6-13}$$

与正南向夹角为竖直面上的直接日射强度 I_{dv} 为

$$I_{dv} = I_{dh} \cos\beta \cos(\alpha - \varepsilon) \tag{6-14}$$

倾斜角为 Ψ 的斜面直接日射为

$$I_\Psi = I_{dh}(\sin\beta\cos\Psi + \cos\beta\sin\Psi) \tag{6-15}$$

式中　I_0——太阳常数，为 1353W/m²；
　　P——大气透射率，一般取 0.65~0.75；
　　β——太阳高度角（°）；
　　α——太阳方位角（°）。

水平面上太阳的散射强度 I_{sh} 为

$$I_{sh} = 0.5 I_0 \sin\beta \frac{1 - P^{\csc\beta}}{1 - 1.4\ln P} \tag{6-16}$$

斜面上太阳的散射强度 $I_{s\Phi}$ 为

$$I_{s\Phi} = \cos^2\frac{\Phi}{2}I_{sh} \tag{6-17}$$

式中　Φ——斜面与水平面的夹角（°）。

玻璃辐射热量 Q_{re} 为

$$Q_{re} = CAu(\tau_d I_d + \tau_s I_s) \tag{6-18}$$

式中　A——车窗玻璃面积（m^2）；
　　　C——玻璃窗遮阳系数，$C=0.06$；
　　　u——单层校正系数，$u=1$；
　　　τ_d——透过玻璃的太阳直射投射率，$\tau_d=0.84$；
　　　τ_s——透过玻璃窗的太阳散射投射率，$\tau_s=0.08$。

3）乘客人体散热 Q_{pc} 计算如下：

$$Q_{pc} = Q_{dr} + 116nn' \tag{6-19}$$

式中　Q_{dr}——驾驶人人体散热量，一般取 170W；
　　　n——乘员数；
　　　n'——群集系数，取 0.89。

4）车内设备负荷根据车内设备的功率确定或取经验数据，经验值的热负荷 Q_{ec} 为

$$Q_{ec} = (0.6 \sim 0.7)Q_{ex} \tag{6-20}$$

式中　Q_{ex}——经验值，取 100W。

5）新风负荷 Q_{fc} 为

$$Q_{fc} = L_f\rho(h_{out} - h_{in}) \tag{6-21}$$

式中　L_f——新风量（m^3/h）；
　　　ρ——空气密度（kg/m^3）；
　　　h_{in}——车内空气焓值（J/kg）；
　　　h_{out}——车外空气焓值（J/kg）。

按人体卫生要求，一般每位乘员所需的新风标准为 20~30m^3/h。车辆行驶过程中，在门、窗等密封位置会产生漏风现象，漏风会带走部分车内空气，同时外界的新风会补充进车内，成为车内的热负荷来源。漏风量可视为一部分新风补充量。

2. 经验估算法

设计时，常采用一些经验估算的方法简化计算车室负荷。

(1) 乘员估算法

根据汽车所乘坐乘员的额定人数来确定空调的制冷量。换言之，就是在已知汽车所乘坐乘员的额定人数的条件下，确定该人数在表 6-10 中相对应的阶段，并选择这一阶段内每人所需的制冷量，最后将该值与额定乘员数相乘，得到汽车空调的制冷量。这种方法在对轿车和客车车型的空调选型中应用较广。

空调系统的制冷量 = 每人所需制冷量 × 乘员人数

表 6-10　乘员人数与制冷量的关系[17]

乘员人数	每人所需制冷量 /W
< 9	850
9~15	750
16~30	600
31~37	575
38~47	550
48~55	515
56~65	500

（2）车型估算法

根据不同的车型，在选择汽车空调时参考表 6-11 所列车型制冷量的数值，估算出所选车型所需的制冷量。

表 6-11　不同车型制冷量参考表[17]

车型	制冷量 /kW
轿车	3.0~9.3
货车	3.5~6.0
微型客车	7.0~10
轻型客车	12~14
中型客车	18~24
大型客车	26~40

实际上，在空调选型过程中，可对同一车辆采用乘员估算法和车型估算法分别进行估算，从而得到一个比较准确的估算值。

6.2.1.2　热负荷

在冬季工况下，为保证车室内适宜的温度环境，需要向车室提供充足的热量。保证车室温度维持在设定的温度所需提供的热量，称为热负荷。电动汽车由于没有发动机余热可供利用，多采用 PTC 电加热/热泵加热的方式为车室供热。车室热负荷设计为车室供热系统供热容量提供依据。

电动汽车空调的计算热负荷可通过稳态条件下的理论计算或经验估算获得。理论计算中，热负荷 Q_h 主要由车身（车顶、侧壁、玻璃、地板等）传热耗热量 Q_{ch}、冷风渗透耗热量 Q_{oh}、新风负荷 Q_{fh}（包含前风窗玻璃除霜、除雾耗热量 Q_{mh}）、乘客人体散热 Q_{ph} 和车内仪器设备发热 Q_{eh} 等构成：

$$Q_h = Q_{ch} + Q_{oh} + Q_{fh} + Q_{ph} + Q_{eh} \tag{6-22}$$

1. 车身传热耗热量 Q_{ch}

在对车室内温度变化要求不严格的情况下，车身导热按一维稳态传热过程计算，即假设在计算的时间内，车内、外空气温度和其他传热过程参数都不随时间变化。基本计算公式如下：

$$Q_{ch} = KF\Delta T \tag{6-23}$$

式中 K——车身结构的传热系数,各部分车身围护结构主要由多层均质材料组成,车身结构可拆分为若干部分,每部分分别按多层平壁传热计算[W/(m²·K)];
  F——车身结构的传热面积(m²);
  ΔT——车室内外传热温差(℃)。

其中,车室内外传热温差 ΔT 为

$$\Delta T = t_{wi} - t_{wo} \tag{6-24}$$

式中 t_{wi}——冬季空调车室内空气计算温度(℃);
  t_{wo}——冬季空调车室外空气计算温度,参考各地冬季采暖室外空气计算温度,取历年平均不保证5天的日平均温度(℃)。

其中,传热系数 K 由下式确定:

$$K = \cfrac{1}{\cfrac{1}{\alpha_{in}} + \sum \cfrac{\delta_i}{\lambda_i} + \cfrac{1}{\alpha_o}} \tag{6-25}$$

式中 α_{in}——车室内侧表面的对流放热系数[W/(m²·K)];
  α_o——车室外侧表面的对流放热系数[W/(m²·K)];
  $\sum \dfrac{\delta_i}{\lambda_i}$——车身结构各层材料的导热热阻之和(m²·K/W);
  δ_i——第 i 层车身材料的厚度(m);
  λ_i——第 i 层车身材料的导热系数[W/(m·K)]。

当车室内的风速为 0.25~0.3m/s 时,车室内侧表面的对流传热系数 α_{in} 可按以下公式计算:

当 $\Delta t_b \leqslant 5℃$ 时,

$$\alpha_{in} = 3.49 + 0.093 \Delta t_b \tag{6-26}$$

当 $\Delta t_b > 5℃$ 时,

$$\alpha_{in} = b \Delta t_b^{0.25} \tag{6-27}$$

式中 Δt_b——车室内表面温度与车室内的空气温度差(℃);
  b——常数,其值与车内空气流动和温差有关,当自然循环时,b 取 2.67~3.26。

此外,车室内风速大于 0.5m/s 且小于 3.0m/s 时,α_{in} 可取 8.7~29W/(m²·K)。

车室外表面与室外空气之间的表面对流换热系数 α_o 与汽车行驶速度、风速和风向等因素有关。由于汽车行驶速度变化范围较大,车室外壁面的流场不稳定,因此很难精确计算。一般 α_o 按以下公式计算:

$$\alpha_o = 1.163(4 + 12\sqrt{v}) \tag{6-28}$$

式中 v——汽车车速与风速的叠加速度沿车室外壁面方向的分量(m/s)。

由式(6-28)可知,汽车车速越高,车室外侧表面换热系数 α_o 值越大。计算时,可取汽车车速为 40km/h。

2. 冷风渗透耗热量 Q_{oh}

计算冷风渗透耗热量的常用方法有缝隙法、换气次数法和百分数法,这里使用换气次数法,计算公式如下:

$$Q_{oh}=0.278n_k V_n \rho (h_{in}-h_{out}) \quad (6\text{-}29)$$

式中　Q_{oh}——预加热门窗缝隙渗入的冷空气耗热量（W）；

　　　n_k——车室的换气次数，次/h，取值范围 0.5~1.0；

　　　V_n——车室的内部体积（m³）；

　　　ρ——空气密度（kg/m³）；

　　　h_{in}——车内空气焓值（J/kg）；

　　　h_{out}——车外空气焓值（J/kg）。

3. 新风负荷 Q_{fh}

$$Q_{fh}=L_f \rho (h_{in}-h_{out}) \quad (6\text{-}30)$$

式中　L_f——新风量（m³/h）；

　　　ρ——空气密度（kg/m³）；

　　　h_{in}——车内空气焓值（J/kg）；

　　　h_{out}——车外空气焓值（J/kg）。

按人体卫生要求，一般每位乘员所需要的新风标准为 20~30m³/h。车窗玻璃除霜、除雾所需风量，约占总风量的 10%~15%。L_f 取两者中的较大值。

4. 乘客人体散热 Q_{pc}

冬季乘车人员作为高温热源，向车内散发热量，但一般散热量不大且不稳定，为简化计算，可取 Q_{pc}=0W。

5. 车内仪器设备发热 Q_{eh}

可忽略不计，或根据车内设备的功率确定，或取经验值，经验值的热负荷计算如下：

$$Q_{eh}=-(0.6\sim0.7)Q_{ex} \quad (6\text{-}31)$$

式中　Q_{ex}——经验值，取 100W。

6.2.2　动力蓄电池温控负荷

6.2.2.1　电池散热负荷

电池在充放电过程中的产热量主要分为反应热、极化热、副反应热和焦耳热四部分，受充放电过程中的电化学过程影响很大，电化学过程的总热效应通常通过测量来获得。如果通过实验测得电池在工作时间内的总产热量为 Q_b，则电池的平均产热速率 q 为

$$q=\frac{Q_b}{t} \quad (6\text{-}32)$$

式中　q——平均产热速率（W）；

　　　Q_b——电池工作时间内的总产热量（J）；

　　　t——电池工作时间（s）。

如果无法直接测得电池的总产热量，则在假设电池内部发热均匀的前提下，电池的平均产热率 q 可用如下模型计算：

$$q=I\left[(U_{OC}-U)-T\frac{dU_{OC}}{dT}\right] \quad (6\text{-}33)$$

式中　I——电流（A）；

　　　U_{OC}——开路电势（V）；

　　　U——电池端电压（V）；

　　　T——温度（K）。

为简化计算，也可用下列的方法分别计算出反应热、极化热、副反应热和焦耳热，最后相加得到总产热率。

1. 反应热 q_r

由于电池在充放电过程中会进行化学反应，在化学反应的过程中就会产生热量。一般来说，在充电时，化学反应会吸收热量，需取负值，而放电时化学反应会放出热量，需取正值，反应热可由下式计算

$$q_r = \frac{Q_1 I}{nF} \quad (6\text{-}34)$$

式中　q_r——反应热（W）；

　　　Q_1——电池的总反应热（J/mol）；

　　　I——电池电流（A）；

　　　n——反应级数，取 1 或 2；

　　　F——法拉第常数，9.6485×10^4 C/mol。

2. 极化热 q_p

电池会因负载电流的通过而发生极化，在极化过程中就会产生热量，在充放电过程中这部分热量均取正值。极化热可由下式计算

$$q_p = R_p I^2 \quad (6\text{-}35)$$

式中　q_p——极化热（W）；

　　　R_p——极柱热阻（Ω）。

3. 副反应热 q_s

电池内存在副反应，典型的副反应是电解液的分解和自放电。副反应热一般较小，可忽略。

$$q_s = \frac{Q_2 I}{nF} \quad (6\text{-}36)$$

式中　q_s——副反应热（W）；

　　　Q_2——电池副反应热（J/mol）；

　　　I——电池电流（A）。

4. 焦耳热 q_j

焦耳热主要由电池内阻产生。电池内阻主要包括电子内阻（包括导电极耳、集流体、活性物质间的接触电阻）和电解质的离子内阻（含电极与隔膜）。内阻焦耳热在电池充放电过程中始终为正值，该部分热量是电池充放电过程中生热量的主要部分。

$$q_j = R_e I^2 \quad (6\text{-}37)$$

式中　q_j——焦耳热（W）；

　　　R_e——电池内部热阻（Ω）。

因此，电池的总产热率可表示为

$$q=q_r+q_p+q_s+q_j \quad (6-38)$$

6.2.2.2 电池预热负荷

在寒冷环境中，大多数电池能量和功率都会降低，车辆性能严重衰退。因此，低温下实现电池组预热非常重要。电池预热量的大小可用下列公式计算

$$Q_a=c_p m \Delta T \quad (6-39)$$

式中　c_p——电池的比热容 [J/(kg·℃)]；

m——电池的质量（kg）；

ΔT——电池温升（℃）。

电池的比热容可用各组成材料的比热容根据质量加权平均来计算

$$c_p = \frac{1}{m}\sum_{i=1}^{n} c_i m_i \quad (6-40)$$

式中　c_p——电池的比热容 [J/(kg·℃)]；

c_i——电芯中第 i 种材料的比热容 [J/(kg·℃)]；

m_i——电芯中第 i 种材料的质量（kg）；

m——电芯的质量（kg）。

6.2.3 电机及控制器散热负荷

图 6-22 所示为三相无刷永磁同步电机工作原理。其中，I_{sA}、I_{sB}、I_{sC} 分别是 U、V、W 三相电流。经过式（6-41）[10] 的坐标变换得到励磁电流 I_{sd} 和转矩电流 I_{sq}，其中 θ 是电角度。

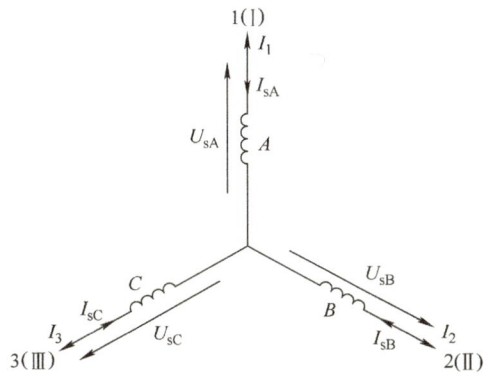

图 6-22　三相永磁电机的工作原理

$$\begin{bmatrix} I_{sA} \\ I_{sB} \\ I_{sC} \end{bmatrix} = \sqrt{\frac{2}{3}} \begin{bmatrix} \cos\theta & -\sin\theta \\ \cos(\theta-\frac{2}{3}\pi) & -\sin(\theta-\frac{2}{3}\pi) \\ \cos(\theta+\frac{2}{3}\pi) & -\sin(\theta+\frac{2}{3}\pi) \end{bmatrix} \times \begin{bmatrix} I_{sd} \\ I_{sq} \end{bmatrix} \quad (6-41)$$

电机散热量计算公式如下：

$$\phi_s = \int (R_s \times I_{sd}^2 \times R_s \times I_{sq}^2) dt \tag{6-42}$$

式中　R_s——电机的绕组电阻。

R_s 是一个温度函数：

$$R_s = R_{s0}[1+\psi(T-T_0)] \tag{6-43}$$

式中　R_{s0}——电机额定绕组电阻（Ω）；
　　　ψ——定子绕组电阻修正系数；
　　　T——电机绕组温度（℃）；
　　　T_0——参照温度（℃）。

电机绕组产生的热量，一部分用于自身温度升高，一部分传递给电机外壳和电机转子，如下式：

$$\phi_s = \int (m_w \times C_w) dt + \int \left(\frac{\lambda}{\delta}\right)_{wp} \times A_{wp} \times (T-T_p) dt + \int \left(\frac{\lambda}{\delta}\right)_{wr} \times A_{wr} \times (T-T_r) dt \tag{6-44}$$

式中　m_w——绕组质量（m）；
　　　C_w——绕组比热容［J/(kg·℃)］；
　　　$(\lambda/\delta)_{wp}$——绕组-外壳传热系数［W/(m²·K)］；
　　　A_{wp}——绕组-外壳传热面积（m²）；
　　　T_p——外壳温度（℃）；
　　　$(\lambda/\delta)_{wr}$——绕组-转子传热系数［W/(m²·K)］；
　　　A_{wr}——绕组-转子传热面积（m²）；
　　　T_r——转子温度（℃）。

由式（6-41）~式（6-44）可知，电流越大，温度越高，电机的散热量越大，温差越大，散热量越大，最终需要的冷却液温度就越低。要使冷却液温度更低，就要增加冷却液的流量，增大水泵的功率。

电机散热负荷计算时，需要用到的电机主要部件热物性参数见表6-12。

表6-12　电机主要部件热物性参数

部件	项目	参数
电机绕组	材料	纯铜
	密度/(kg·m^{-3})	8960
	材料热值/(J·kg^{-1}·℃$^{-1}$)	420
	导热率/(W·m^{-1}·K^{-1})	379
电机外壳	材料	铸铝
	密度/(kg·m^{-3})	2700~2840
	材料热值/(J·kg^{-1}·℃$^{-1}$)	880
	导热率/(W·m^{-1}·K^{-1})	164
电机转子	材料	环氧基树脂
	密度/(kg·m^{-3})	2700
	材料热值/(J·kg^{-1}·℃$^{-1}$)	1000
	导热率/(W·m^{-1}·K^{-1})	150

（续）

部件	项目	参数
电机控制器外壳	材料	碳素钢
	密度/（kg·m^{-3}）	7400
	材料热值/（J·kg^{-1}·℃$^{-1}$）	46.5
	导热率/（W·m^{-1}·K^{-1}）	48.9

电机的发热量可根据电机的效率简化计算，计算公式如下：

$$\phi_s = P_e(1-\eta_e)X \tag{6-45}$$

式中 P_e——电机额定功率（W）；
η_e——电机效率；
X——电机负载系数。

6.3 热管理系统设计

在进行热管理系统设计时，首先根据电动汽车实际运行工况选择合适的系统形式，进而对系统进行参数匹配计算，确定系统关键部件的相关参数，最后根据参数匹配结果对系统关键部件进行选型。以下将分别介绍车室空调系统、动力蓄电池温控系统、电机及控制器散热系统的设计流程。

6.3.1 车室空调系统设计

6.3.1.1 电动汽车空调系统形式确定

电动汽车车室空调系统由压缩机、车外换热器、车内换热器和节流元件等构成。根据电动汽车冬季制热方式可将其分为单冷空调加电辅热系统、蒸气压缩式热泵系统和准二级压缩（喷射补气）热泵系统等形式。表6-13所示为常用电动汽车空调系统性能对比，表6-14和表6-15所示为两种常用制冷剂的系统性能对比理论计算。在进行电动汽车热泵空调系统设计时，应综合考虑车型结构、能效要求、主要营运地区以及生产成本等因素，选择合适的系统形式。

表6-13 系统性能对比

系统形式	优点	缺点
单冷空调加电辅热系统	制热性能稳定，适用温度范围广	能效比较低（略低于1）
蒸气压缩热泵系统	能效比较高，与制冷空调采用同一系统，不需要做大幅度改进	制热性能随环境温度降低而衰减
准二级压缩（喷射补气）热泵系统	制热效果较好，适用于低温环境	结构相对复杂，控制要求高

表 6-14 制冷性能对比理论计算

车外进风温度 /℃	车内进风温度 /℃	COP_R410a（等熵压缩）	COP_R410a（系统效率 $\eta=0.6$）	COP_R134a（等熵压缩）	COP_R134a（系统效率 $\eta=0.6$）
30	27	4.62	2.77	4.98	2.99
35	27	3.96	2.38	4.32	2.59
40	27	3.41	2.05	3.78	2.27
45	27	2.93	1.76	3.31	1.99

表 6-15 制热性能对比理论计算

车外进风温度 /℃	车内进风温度 /℃	蒸汽压缩式热泵系统				准二级压缩系统			
		COP_R410a（等熵压缩）	COP_R410a（系统效率 $\eta=0.6$）	COP_R134a（等熵压缩）	COP_R134a（系统效率 $\eta=0.6$）	COP_R410a（等熵压缩）	COP_R410a（系统效率 $\eta=0.6$）	COP_R134a（等熵压缩）	COP_R134a（系统效率 $\eta=0.7$）
0	20	3.36	2.02	3.67	2.20	4.86	2.92	5.18	3.11
−5	20	2.95	1.77	3.21	1.93	4.45	2.67	4.72	2.83
−10	20	2.60	1.56	2.83	1.70	4.10	2.46	4.33	2.60
−15	20	2.31	1.39	2.50	1.50	3.79	2.27	4.01	2.41
−20	20	2.06	1.24	2.22	1.33	3.53	2.12	3.72	2.23
−25	20	1.84	1.10	1.98	1.19	3.30	1.98	3.47	2.08

注：进行准二级压缩系统制热性能计算时，补气比取 0.2~0.3。

6.3.1.2 电动汽车空调系统参数匹配

1. 确定热力循环状态压焓图

在制冷技术中，常用压焓图表示制冷剂热力循环过程中气液两相状态制冷剂的变化过程。压焓图用符号 p-h 表示，其纵坐标表示制冷工质的绝对压力 p。在压焓图中包括一个临界状态点、两条状态分界线、三个区域和六组等参数线等信息，利用压焓图就可确定系统循环中的四个重要工作点的状态：压缩机吸气状态、压缩机排气状态、冷凝器出口状态和蒸发器入口状态。对应状态点和热力过程在 p-h 图中的表示形式，如图 6-23 所示，具体步骤如下。

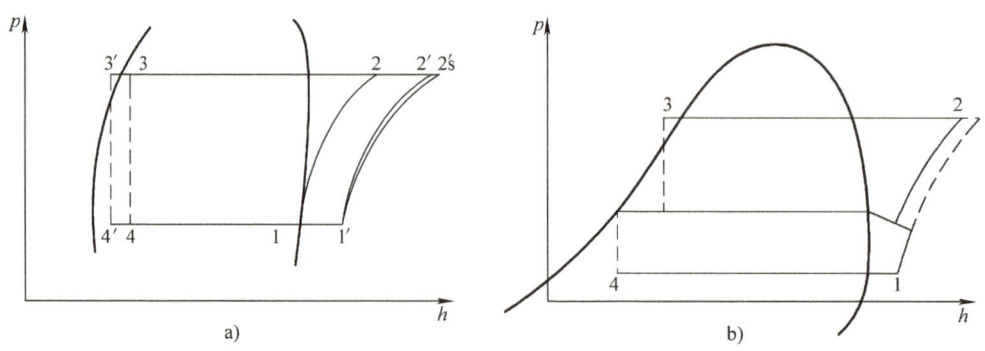

图 6-23 制冷循环压焓图
a) 基本循环 b) 喷射补气循环

1）确定制冷工质，例如乘用车常用 R134a，商用车常用 R407c 或 R410A。

2）根据制冷剂侧的蒸发温度和冷凝温度，查对应工质热物性表，确定系统蒸发压力和冷凝压力，在 p-h 图上画出两条与 h 轴平行的等压线。

3）确定过冷度，指冷凝器出口的制冷剂压力对应的饱和温度与制冷剂实际温度的差值。实际中大多采用冷凝器出口温度与中部平均温度的差值。图中 2~3 代表理想蒸发器中的过程，3′ 即增加过冷度后的真实点。

4）4′ 是真实蒸发器入口点，是通过 3′ 作等焓线得到的。

5）1 是理想压缩机吸气点，由于存在过热度，得到 1′。

6）压缩过程可近似看作一个等熵过程，从压缩机入口 1′，经过等熵线得到与冷凝等压线的交点 2′，考虑压缩机压缩过程的损耗，得到实际排气点 2′s。

2. 确定热力循环计算工况

在进行电动空调的工况计算时，可参考传统空调的工况点，确定电动空调系统的热力循环工况。表 6-16 所示为电动汽车空调循环计算参考工况。

表 6-16 电动汽车空调循环计算参考工况　　　　　　（单位：℃）

车外进风温度	车内进风温度	蒸发温度	冷凝温度	过热度	过冷度
35	27	0	50	5	5
45	27	0	60	5	5
0	20	−5	50	3	3
−20	20	−25	50	3	3

3. 确定系统部件容量

在确定系统循环中工况点的参数后，计算电动压缩机所需排量和功率。

$$V_h = 1.67 \times 10^4 \times \frac{Q v_1}{q n \lambda} \quad (6\text{-}46)$$

式中　V_h——压缩机排量（mL）；

　　　Q——实际选用的冷、热负荷，参照 6.2.1 节中 Q_c 和 Q_h 计算；

　　　v_1——吸气状态点的比容 [J/（kg·℃）]；

　　　q——单位制冷/热量（W/kg）；

　　　n——压缩机转速（r/min）；

　　　λ——输气系数，一般取 1.145。

对应不同的系统形式，选用的系统冷、热负荷应做相应调整。对于一体式热管理系统，需根据车室空调、动力蓄电池温控、电机及控制器散热等能量综合利用情况，兼顾冷负荷与热负荷需求，选取其中较大者作为负荷计算值：

$$Q_a = K Q_e \quad (6\text{-}47)$$

式中　Q_a——实际选用的系统负荷（W）；

　　　Q_e——计算出的车室平均负荷，计算过程参照 6.2.1 节；

　　　K——修正系数，$K=1.05\sim1.15$。

单位制冷剂能力（单位为 kW）：

$$q=h_1-h_3 \text{（制冷工况）}$$
$$q=h_{2's}-h_3 \text{（制热工况）} \quad (6-48)$$

制冷剂流量（单位为 kg/s）：

$$G=Q_a/q \quad (6-49)$$

单位压缩功（单位为 kJ/kg）：

$$W=h_{2's}-h_{1'} \quad (6-50)$$

压缩机压缩功率（单位为 kW）：

$$P=WG \quad (6-51)$$

压缩机轴功率（单位为 kW）：

$$P_e=P/\eta_e \quad (6-52)$$

车外换热器单位换热量（单位为 kJ/kg）：

$$q_o=h_{2's}-h_3 \text{（制冷工况）}$$
$$q_o=h_{1'}-h_3 \text{（制热工况）} \quad (6-53)$$

车内换热器热负荷（单位为 kW）：

$$Q_{hi}=Gq \quad (6-54)$$

车外换热器热负荷（单位为 kW）：

$$Q_{ho}=Gq_o \quad (6-55)$$

6.3.1.3 系统部件选型

根据式（6-52）计算得到的压缩机轴功率选择压缩机容量，根据式（6-54）和式（6-55）计算得到的换热器负荷选择换热器的换热量和与之匹配的节流元件等部件。

1. 电动压缩机

目前，电动汽车空调系统广泛采用电动涡旋式压缩机。图 6-24a 所示为电动涡旋式压缩机结构。图 6-24b 所示为涡旋式压缩机的工作原理，其由动、静涡旋盘偏置 180°啮合形成若干对月牙形压缩腔。在吸气、压缩、排气工作过程中，静涡旋盘固定在机架上，动涡旋盘由偏心轴驱动并由防自转机构制约，围绕静涡旋盘基圆中心做偏心平动。待压缩的制冷剂气体通过滤芯吸入静涡旋盘的外围，随着偏心轴旋转，气体在压缩腔内被逐步压缩后由静涡旋盘部位的轴向孔连续排出。

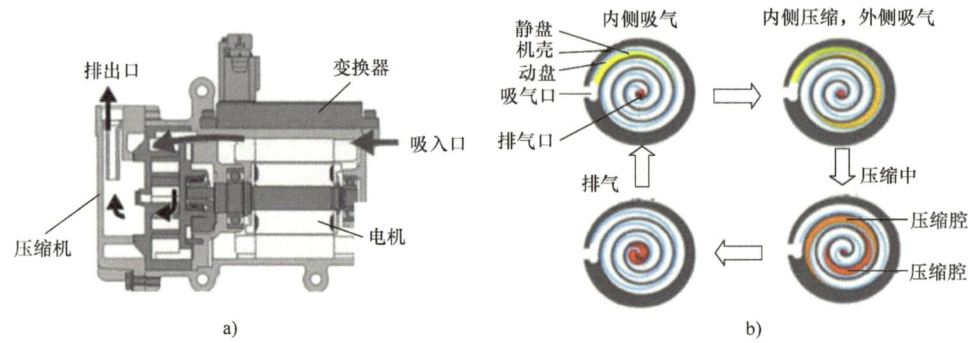

图 6-24 电动涡旋式压缩机
a）结构　b）工作原理

喷射涡旋压缩机在普通涡旋压缩机的基础上增加了喷射口，整个工作过程同样可划分为吸气、压缩、排气三个阶段。喷射口的位置一般选在中间压缩段，即吸气结束到排气开始之间的位置。在涡旋压缩机压缩过程中，制冷剂通过喷射口进入压缩腔内。制冷剂喷射过程并不是在瞬间完成的，而是一个连续的喷射过程。随着压缩机动盘的旋转，一般制冷剂喷射将持续 $3\pi/2\sim2\pi$。图 6-25 为制冷剂喷射涡旋压缩机喷射过程，该压缩机涡旋圈数为 2.58，最大转角 6.35π（1143°），图中所示喷射口为单圆孔形式。

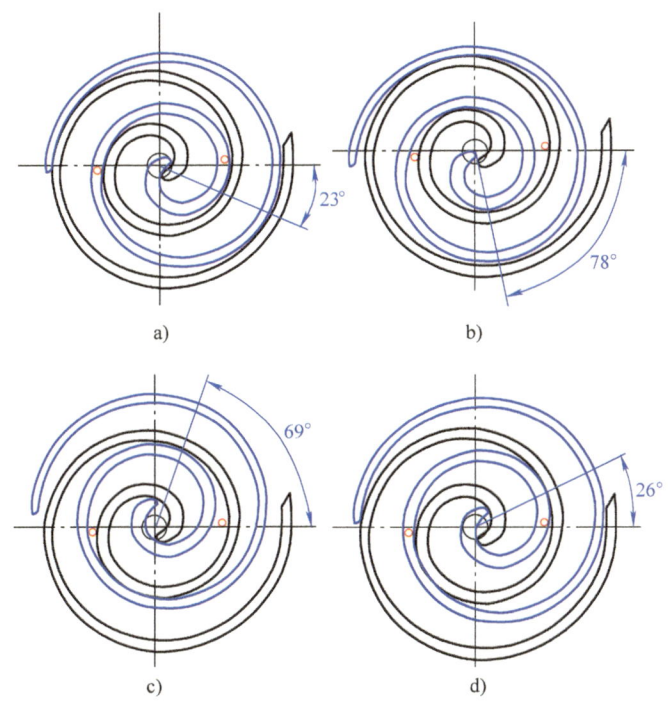

图 6-25 喷射涡旋压缩机喷射过程
a）喷射口开始开启　b）喷射口完全打开　c）喷射口开始闭合　d）喷射口完全闭合

喷射涡旋压缩机的喷射口位于静盘涡旋体旁，通过动盘在旋转过程中覆盖喷射口来实现制冷剂喷射口的闭合。由图 6-25 可以看出，当压缩机旋转角为 360° 时吸气腔完全闭合，进入压缩阶段，此时喷射口完全被动盘涡旋体覆盖；随着动盘的转动，当旋转角到 383° 时，喷射口逐步打开，进入喷射过程，直到喷射口完全开启；经过一定旋转角度后，喷射口再度被动盘涡旋体覆盖，逐步闭合，直至 694° 喷射口被动盘涡旋体完全覆盖，喷射口完全闭合，喷射结束。整个喷射过程持续 1.72π，而整个压缩机压缩过程也只进行 2.2π。在压缩机压缩过程中，制冷剂喷射贯穿压缩机压缩过程的绝大部分。

通常用容积效率、等熵效率和机械效率三个参数来描述制冷剂气体在压缩机中的性能，三个参数的定义分别如下：

$$\eta_{vol}=60\frac{q_{m-suc}v_{suc}}{V_{suc}n} \quad (6-56)$$

式中　η_{vol}——压缩机的容积效率；
　　　q_{m-suc}——吸气流量（kg/s）；
　　　v_{suc}——吸气比容（m³/kg）；
　　　V_{suc}——有效压缩容积（m³）；
　　　n——转速（r/min）。

$$\eta_{is} = \frac{h_{is-com} - h_{in-com}}{h_{out-com} - h_{in-com}} \tag{6-57}$$

式中　η_{is}——压缩机的等熵效率；
　　　h_{in-com}——压缩机入口焓（J/kg）；
　　　h_{is-com}——理想过程下压缩机出口焓（J/kg）；
　　　$h_{out-com}$——实际过程下压缩机出口焓（J/kg）。

$$\eta_{mech\&mot} = \frac{W_{com-ei}}{W_{com-in}} = \frac{q_m(h_{out-com} - h_{in-com})}{UI} \tag{6-58}$$

式中　$\eta_{mech\&mot}$——压缩机的机械效率；
　　　W_{com-ei}——压缩机的机械功率（W）；
　　　W_{com-in}——压缩机输入的电功率（W）；
　　　U——压缩机的输入电压（V）；
　　　I——压缩机的输入电流（A）。

涡旋压缩机制冷剂质量流量计算：

$$q_r = \eta_{vol} \frac{V_h n}{60 v_s} \tag{6-59}$$

式中　q_r——压缩机制冷剂质量流量（kg/s）；
　　　V_h——压缩机的理论排气量（m³/s）；
　　　v_s——压缩机的吸气口制冷剂比容（m³/kg）。

排气温度计算：

$$T_{dis} = T_{suc} \left(\frac{p_{dis}}{p_{suc}} \right)^{\frac{n-1}{n}} \tag{6-60}$$

式中　T_{dis}——排气温度（K）；
　　　T_{suc}——吸气温度（K）；
　　　p_{dis}——排气压力（Pa）；
　　　p_{suc}——吸气压力（Pa）；
　　　n——多变指数。

压缩机功率计算：

$$P = q_r(h_{out-com} - h_{in-com}) \tag{6-61}$$

式中　P——压缩机功率（W）。

表 6-17 和表 6-18 所示为电动汽车用压缩机的型号参数表。在选型过程中，排量、转速和制冷量范围为主要选型参数。

表 6-17 乘用车空调用压缩机型号参数（数据来源：上海海立股份有限公司）

参数	EVS16	EVS24	EVS27	EVS34	EVS36
制冷剂	HFC-134a，HFO-1234yf				
排量 /mL	16	24	27	34	36
电压	DC（150~450V）或 DC（350~750V）				
通信协议	CAN2.0 或 LIN				
环境温度 /℃	-40~80				
转速范围 /（r/min）	1500~6000				
制冷量 /W	660~2670	990~4010	1110~4510	1460~5820	1550~6170
压缩机总长 /mm	253	275	280	282	282
重量 /kg	6.0	7.0	7.1	7.2	7.3

表 6-18 商用车空调用压缩机型号参数（数据来源：上海海立股份有限公司）

参数	EVS27	EVS34	EVS36	EVS42
制冷剂	HFC-407c			
排量 /mL	27	34	36	42
电压	DC（150~450V）或 DC（350~750V）			
通信协议	CAN2.0 或 LIN			
环境温度 /℃	-40~80			
转速范围 /（r/min）	2000~6000			
制冷量 /W	3110~9300	3920~11710	4150~12400	4840~14460
压缩机总长 /mm	280	282	282	303
重量 /kg	7.2	7.6	7.6	8.9

2. 蒸发器和冷凝器

（1）蒸发器的作用与结构

汽车空调换热器的材料从全铜发展到全铝，结构从管片式向管带式发展，乘用车用蒸发器主要向层叠式（板翅式）发展，冷凝器主要向平行流动式发展。由于提高了翅片散热面积和热交换效率，减薄了管片厚度，增加了管子内肋片及翅片开切口等措施，使热交换器的尺寸和质量都大幅度减小。

蒸发器在汽车空调中的作用是降温和除湿，在与空气进行换热的过程中，会有水蒸气凝结现象，在设计过程中需要注意与设计其他类型换热器不同的地方。图 6-26 所示为目前汽车空调系统应用较多的层叠式蒸发器，是一种流道为 U 形的板式换热器，冲压成型的流路板两两焊接，构成制冷剂流道。

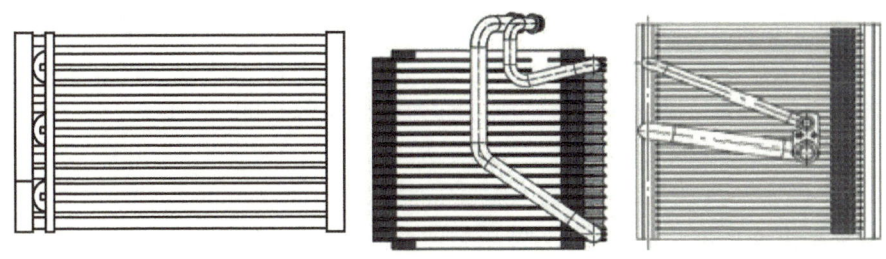

图 6-26 层叠式蒸发器

平行流式换热器拥有高效的传热性能和紧凑的结构形式,已经成为汽车空调系统冷凝器的主流结构形式,在蒸发器中也逐步得以应用,如图 6-27 所示。它是由多根多孔扁管和铝箔百叶窗翅片焊接成的整体。扁管两端分别插入左右集流管的压槽内,根据集流管上是否有隔板,分为单元和多元两种形式。

① 单元平行流换热器集流管上无隔板,制冷剂从一端直接平行流向另一端。

② 多元平行流换热器集流管有隔板分开,每个分段槽数不一样。

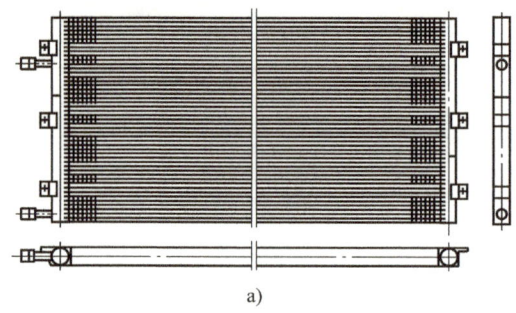

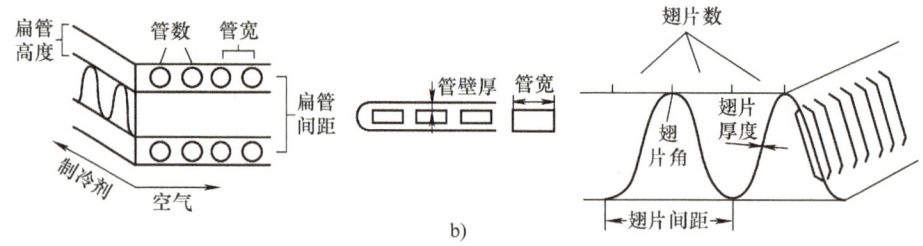

图 6-27 平行流换热器

a)整体结构　b)扁管和翅片结构

商用车空调常用管翅式换热器的结构如图 6-28 所示。管翅式换热器的基本传热元件为翅片管,翅片管由基管和翅片组合而成。基管通常为圆管,也有椭圆管和扁平管。翅片的表面结构有平翅、间断翅、波纹翅和穿孔翅等。

图 6-28 管翅式换热器

(2)蒸发器设计计算

蒸发器换热量:蒸发器换热量参照 6.2.1 节计算。

蒸发温度 t_0 与平均传热温差 Δt_m:蒸发温度通常比被冷却的空气出口温度低 6~8℃,平均传热温差为 11~13℃[18]。受静液高度和流动阻力的影响,蒸发温度并不是定值。

传热系数:直接蒸发式空气冷却器,湿空气与水膜表面之间进行能量交换,既有显热交换,又有潜热交换。

蒸发器的总换热量与显热换热量之比,称为析湿系数,即

$$\xi = \frac{\phi}{\phi_s} = \frac{h_1 - h_2}{C_p(t_1 - t_2)} \quad (6\text{-}62)$$

式中　ϕ——显热换热量(W);

　　　ϕ_s——总换热量(W);

　　　C_p——空气比热[J/(kg·℃)];

t_1、t_2——空气进出口温度（℃）；

h_1、h_2——空气进出口焓值（J/kg）。

传热系数 K 为

$$K = \left[\frac{1}{\alpha_{a.e}} + R_f + \frac{\tau}{\alpha_r} \right]^{-1} \tag{6-63}$$

式中　$\alpha_{a.e}$——湿工况下空气侧当量换热系数，$\alpha_{a.e}=\xi\alpha_a$ [W/(m²·K)]；

　　　R_f——外边面污垢热阻（m²·K/W）；

　　　α_r——制冷剂侧换热系数 [W/(m²·K)]；

　　　τ——肋化系数。

层叠式蒸发器传热系数与压降计算：空气侧传热系数以百叶窗翅片为主体，采用 j 因子公式计算[19]。当蒸发器表面为干工况（壁面温度高于空气露点温度）时：

$$\alpha_a = j_{Cpa} M_{a\max} \rho_a Pr_a^{-2/3} \tag{6-64}$$

$$j = Re_a^{-0.49} \left(\frac{\theta}{90}\right)^{0.27} \left(\frac{F_p}{L_p}\right)^{-0.14} \left(\frac{F_l}{L_p}\right)^{-0.29} \left(\frac{T_d}{L_p}\right)^{-0.23} \left(\frac{L_l}{L_p}\right)^{0.68} \left(\frac{T_p}{L_p}\right)^{-0.28} \left(\frac{\delta_f}{L_p}\right)^{-0.05} \tag{6-65}$$

式中　Re_a——空气侧雷诺数，$Re_a = M_{a\max} L_p / \mu_a$，$M_{a\max} = M_a A_y / A_c$，$A_c$ 为空气侧最小流通面积，A_y 为迎风面积；

　　　α_a——空气侧换热系数 [W/(m²·K)]；

　　　j——传热因子；

　　　C_{pa}——空气比热 [J/(kg·℃)]；

　　　M_a——质量流速（kg/s）；

　　　ρ_a——空气密度（kg/m³）；

　　　Pr_a——空气侧普朗特数；

　　　θ——翅片开窗角度（°）；

　　　L_p——百叶窗间距（m）；

　　　F_p——翅片间距（m）；

　　　L_l——百叶窗长度（m）；

　　　T_p——扁管间距（m）；

　　　δ_f——翅片厚度（m）。

当蒸发器表面处于湿工况时，采用 Kim 和 Bullard 提出的关联式[20]：

$$\alpha_a = j \frac{\rho_m V_c C_{pa}}{Pr^{2/3}} \tag{6-66}$$

$$j = Re_a^{-0.512} \left(\frac{\theta}{90}\right)^{0.25} \left(\frac{F_p}{L_p}\right)^{-0.171} \left(\frac{F_l}{L_p}\right)^{-0.29} \left(\frac{T_d}{L_p}\right)^{-0.248} \left(\frac{L_l}{L_p}\right)^{0.68} \left(\frac{T_h + F_h}{L_p}\right)^{-0.28} \left(\frac{\delta_f}{L_p}\right)^{-0.05} \tag{6-67}$$

当蒸发器表面为干工况（壁面温度高于空气露点温度）时，空气侧压降摩擦因子 f 为

$$f = 3.208 Re_a^{-0.384} \left(\frac{L_p}{F_p}\right)^{-0.196} \tag{6-68}$$

$$\Delta P_{\mathrm{a}} = \frac{f}{2}\frac{F_{\mathrm{l}}}{D_{\mathrm{a}}}\rho_{\mathrm{am}}v_{\mathrm{a,max}}^2 \qquad (6\text{-}69)$$

式中 D_{a}——空气侧当量直径, $D_{\mathrm{a}} = \dfrac{2F_{\mathrm{p}}F_{\mathrm{h}}}{F_{\mathrm{p}}+2\sqrt{F_{\mathrm{p}}^2/4+F_{\mathrm{h}}^2}}$ (m);

F_{h}——翅片高度 (m);

ΔP_{a}——空气侧摩擦压降 (Pa);

v_{a}——空气侧流速 (m/s)。

当蒸发器表面处于湿工况时, 采用 Kim 和 Bullard 提出的关联式[20]:

$$\Delta P = f\frac{G^2}{2\rho_{\mathrm{a}}}\frac{A}{A_{\mathrm{c}}} \qquad (6\text{-}70)$$

$$f = Re_{\mathrm{a}}^{-0.798}\left(\frac{\theta}{90}\right)^{0.395}\left(\frac{F_{\mathrm{p}}}{L_{\mathrm{p}}}\right)^{-2.635}\left(\frac{F_{\mathrm{l}}}{L_{\mathrm{p}}}\right)^{-1.22}\left(\frac{T_{\mathrm{d}}}{L_{\mathrm{p}}}\right)^{0.832}\left(\frac{L_{\mathrm{l}}}{L_{\mathrm{p}}}\right)^{1.97} \qquad (6\text{-}71)$$

在蒸发器中, 制冷剂从两相进入过热区。对于过热区采用式 (6-49) 进行计算。层叠式蒸发器中, 制冷剂两相传热系数由 Gungor 和 Winterton 的关联式计算[21]:

$$\alpha_{\mathrm{r}} = \psi\alpha_{\mathrm{l}} \qquad (6\text{-}72)$$

$$\alpha_{\mathrm{l}} = 0.023Re_{\mathrm{l}}^{0.8}Pr_{\mathrm{l}}^{0.4}\frac{\lambda_{\mathrm{l}}}{D_{\mathrm{r}}} \qquad (6\text{-}73)$$

$$Re_{\mathrm{l}} = \frac{M_{\mathrm{r}}(1-x)D_{\mathrm{r}}}{\mu_{\mathrm{l}}} \qquad (6\text{-}74)$$

$$\psi = 1+3000B_{\mathrm{o}}^{0.86}+1.12\left(\frac{x}{1-x}\right)^{0.75}\left(\frac{\rho_{\mathrm{rl}}}{\rho_{\mathrm{rv}}}\right) \qquad (6\text{-}75)$$

$$B_{\mathrm{o}} = \frac{q}{M_{\mathrm{r}}h_{\mathrm{fv}}} \qquad (6\text{-}76)$$

式中 ψ——两相传热修正系数;

α_{l}——纯液体对流换热系数 [W/(m²·K)];

B_{o}——沸腾数;

q——热流量 (W);

h_{fv}——汽化潜热 (J/kg)。

两相区摩擦阻力损失由 Zhang 和 Webb 的关联式计算[22]:

$$\Delta P_{\mathrm{r}} = \Delta P_{\mathrm{r,lo}}\phi_{\mathrm{lo}}^2 \qquad (6\text{-}77)$$

式中,

$$\phi_{\mathrm{lo}}^2 = (1-x)^2 + 2.87x^2\left(\frac{p_{\mathrm{sat}}}{p_{\mathrm{c}}}\right)^{-1} + 1.68x^{0.8}(1-x)^{0.25}\left(\frac{p_{\mathrm{sat}}}{p_{\mathrm{c}}}\right)^{-1.64} \qquad (6\text{-}78)$$

$$\Delta P_{\mathrm{r,lo}} = 2f_{\mathrm{lo}}\frac{M_{\mathrm{r}}^2 L}{D_{\mathrm{r}}\rho_{\mathrm{l}}} \qquad (6\text{-}79)$$

$$f_{\text{lo}} = \frac{16}{Re_{\text{l}}} \qquad Re_{\text{l}} < 2100$$

$$f_{\text{lo}} = \frac{0.25}{\left(0.86859\ln\dfrac{Re_{\text{l}}}{1.964Re_{\text{lo}} - 3.82}\right)^2} \qquad Re_{\text{l}} > 2100 \tag{6-80}$$

式中 ϕ_{lo}——两相压降修正系数；

$\Delta P_{\text{r,lo}}$——全液体压降（Pa）；

p_{sat}——饱和压力（Pa）；

p_{c}——制冷剂临界压力（Pa）；

f_{lo}——全液摩擦因子。

（3）冷凝器设计计算

采用全封闭式压缩机的制冷系统的冷凝器换热量根据下式计算：

$$\phi_{\text{k}} = \phi_0(A + Bt_{\text{k}}) \tag{6-81}$$

式中 ϕ_{k}——冷凝器换热量（W）；

ϕ_0——蒸发器换热量（W）；

t_{k}——冷凝温度，适用范围 $28\text{℃} \leqslant t_{\text{k}} \leqslant 54\text{℃}$；

A、B——修正系数，与制冷剂种类相关。

制冷剂进入冷凝器的换热分为三个区域：过热蒸汽冷却、饱和蒸汽冷凝和冷凝液体过冷。由于过热区和过冷区的换热量都比较小，可认为制冷剂的温度等于冷凝温度 t_{k}。冷凝器中，制冷剂与冷却介质的平均传热温差为：

$$\Delta t_{\text{m}} = \frac{t_2 - t_1}{\ln\dfrac{t_{\text{k}} - t_1}{t_{\text{k}} - t_2}} \tag{6-82}$$

式中 Δt_{m}——对数平均温差（℃）；

t_1、t_2——冷却剂进出口温度（℃）。

一般地，对于风冷式冷凝器，冷凝器温度与空气进口温度差值取 10~16℃，空气进、出口温差不宜大于 8℃。

冷凝器的传热面为肋片管，传热系数为：

$$K = \left[\frac{1}{\alpha_{\text{a}}} + (R_{\text{c}} + R_{\text{p}})\frac{A_{\text{o}}}{\overline{A}} + \frac{\tau}{\alpha_{\text{r}}}\right]^{-1} \tag{6-83}$$

式中 K——翅片管总传热系数 [W/(m²·K)]；

α_{a}、α_{r}——空气侧和制冷剂侧对流换热系数 [W/(m²·K)]；

A_{o}——肋管总外表面面积（m²）；

$\overline{A}$——基管平均表面面积（m²）；

τ——肋化系数。

下面计算平行流冷凝器传热系数与压降。空气侧传热系数采用式（6-64）和式（6-65）计算。空气侧压降摩擦因子 f 采用式（6-68）和式（6-69）计算。制冷剂在扁管内经过过热、两相、过冷三个相态。

过热时，制冷剂侧传热系数采用 Ditus-Boelter 公式计算[23]：

$$\alpha_r = 0.023 Re_r^{0.8} Pr_r^{0.3} \left(\frac{\lambda_r}{D_r}\right) \quad 10^4 < Re_r < 1.2 \times 10^5 \quad (6\text{-}84)$$

式中　α_r——制冷剂侧传热系数 [W/(m²·K)]；
　　　Re_r——制冷剂侧雷诺数，$Re_r = D_r M_r / \mu_r$；
　　　Pr_r——制冷剂普朗特数；
　　　λ_r——制冷剂导热系数 [W/(m·K)]；
　　　D_r——制冷剂侧当量直径（m）；
　　　M_r——制冷剂质量流量（kg/s）；
　　　μ_r——制冷剂黏度（Pa·s）。

两相区制冷剂侧冷凝传热系数采用 Yang 和 Webb 的关联式计算[24]：

$$\alpha_r = \frac{Nu_r \lambda_r}{D_r} \frac{(1-x)^{0.8} + 3.8 x^{0.76}(1-x)^{0.04}}{Pr_r^{0.38}} \quad (6\text{-}85)$$

$$Nu_r = 0.0265 Re_r^{0.8} Pr_r^{1/3} \quad (6\text{-}86)$$

$$Re_r = \frac{D_r M_r}{\mu_r}\left[(1-x) + x\left(\frac{\rho_{rl}}{\rho_{rv}}\right)^{0.5}\right] \quad (6\text{-}87)$$

式中　Nu_r——制冷剂侧努赛尔数，$Nu_r = \alpha_r D_r / \lambda_r$；
　　　x——干度；
　　　ρ_{rl}——制冷剂饱和液体的密度（kg/m³）；
　　　ρ_{rv}——蒸汽密度（kg/m³）。

过冷区内，制冷剂传热系数采用 Petukhov-Popov 实验关联式计算[23]：

$$Nu_r = \frac{Re_r Pr_r (f_r/8)}{1.07 + 12.7 (f_r/8)^{1/2}(Pr_r^{2/3} - 1)} \quad (6\text{-}88)$$

式中　$f_r = (1.82 \lg Re_r - 1.64)^{-2}$。

平行流冷凝器在汽车中一般水平放置，忽略重力压降。过热区和过冷区仅考虑摩擦压降。扁管中沿程压降采用 Blasius 关联式计算[25]：

$$\begin{aligned} f &= \frac{16}{Re_r} & 0 < Re_r \leq 2500 \\ f &= 0.079 Re_r^{-0.25} & 2500 < Re_r \leq 20000 \\ f &= 0.046 Re_r^{-0.2} & Re_r > 20000 \end{aligned} \quad (6\text{-}89)$$

$$\Delta P_{rf} = 4f \frac{L}{D_r} \frac{\rho_r v_r^2}{2} \quad (6\text{-}90)$$

两相区扁管中摩擦压降采用 Yang 和 Webb 的摩擦因子关联式[24]：

$$f = 435 Re_r^{0.12} f_l \quad (6\text{-}91)$$

$$\Delta P_{rf} = 4f \frac{L}{D_r^3} \frac{Re_r^2 \mu_{rl}^2}{2\rho_{rl}} \quad (6\text{-}92)$$

式中　f_l——制冷剂液态摩擦因子。

集流管中局部压降：

$$\Delta P_{\mathrm{rf}} = \xi \frac{M_{\mathrm{r}}^2}{2\rho_{\mathrm{r}}} \qquad (6\text{-}93)$$

式中 ξ——局部阻力系数。

对于商用车常用的管翅式换热器，制冷剂侧传热系数计算过程与平行流式类似，空气侧传热系数采用下式计算[18]：

$$\alpha_{\mathrm{a}} = C_1 C_2 \left(\frac{\lambda_{\mathrm{a}}}{d_{\mathrm{a}}}\right)\left(\frac{L}{d_{\mathrm{a}}}\right)^n Re_{\mathrm{a}}^m \qquad (6\text{-}94)$$

$$d_{\mathrm{a}} = \frac{2(s_1 - d_{\mathrm{o}})(e - \delta)}{(s_1 - d_{\mathrm{o}}) + (e - \delta)} \qquad (6\text{-}95)$$

式中 d_{a}——空气通道断面的当量直径（m）；
Re_{a}——空气侧雷诺数；
s_1——管间距（m）；
e——翅片节距（m）；
d_{o}——铜管外径（m）；
δ——翅片厚度（m）；
n——系数，$n = -0.28 + 8 \times 10^{-5} Re_{\mathrm{a}}$；
m——系数，$n = 0.45 + 0.0066 L/d_{\mathrm{a}}$；
C_1——与气流状况有关的系数，$C_1 = 1.36 - 0.00024 Re_{\mathrm{a}}$；
C_2——与结构尺寸有关的系数，$C_2 = 0.518 - 0.02315 L/d_{\mathrm{a}}$；
L——沿流方向肋片长度（m）；
λ_{a}——空气平均导热系数[W/(m·K)]。

式（6-94）适用于顺排管束，错排列时应乘以 1.1~1.15 的修正系数。

一般情况下，换热器厂商根据用户需求的制冷剂类型、换热量以及流动阻力限制等参数设计合理方案。表 6-19~表 6-21 所示为以 R134a 为工质的电动汽车（乘用车）热泵系统用换热器的性能参数。

表 6-19 车外换热器性能参数（数据来源：杭州三花研究院有限公司）

示意图	参数	制冷工况（冷凝器）	制热工况（蒸发器）
	进口风速/（m/s）	4	3.5
	进口干球温度/℃	38	-5
	相对湿度（%）	50	40
	制冷剂进口压力/MPa	1.5	0.082
	过冷（热）度/℃	8	3
	换热量/kW	15	2.55
外形尺寸：722mm×405mm×25mm	风阻/Pa	95	78
迎风面积：0.262m²	制冷剂流阻/kPa	75	49

表 6-20　车内冷凝器性能参数（数据来源：杭州三花研究院有限公司）

示意图	参数	数值
外形尺寸：227mm×157mm×34mm 迎风面积：0.0316m²	进口风速 /（m/s）	3.5
	进口干球温度 /℃	30
	相对湿度（%）	50
	制冷剂进口压力 /MPa	1.52
	进口过热度 /℃	25
	出口过冷度 /℃	5
	换热量 /kW	4.5
	风阻 /Pa	172
	制冷剂流阻 /kPa	18

表 6-21　车内蒸发器性能参数（数据来源：杭州三花研究院有限公司）

示意图	参数	数值
外形尺寸：279mm×283mm×40mm 迎风面积：0.0654m²	进口风速 /（m/s）	1.9
	进口干球温度 /℃	27
	相对湿度（%）	50
	制冷剂进口压力 /MPa	1.52
	阀前过冷度 /℃	5
	出口过热度 /℃	5
	换热量 /kW	4.55
	风阻 /Pa	90
	制冷剂流阻 /kPa	71

3. 节流装置

汽车空调系统的其他部件还包括节流装置、管路等。汽车空调用节流装置分类及特点见表6-22。

表 6-22　节流装置分类及特点[26]

分类	特点	备注
热力膨胀阀	利用制冷剂温度升高或降低时压力的变化，实现制冷剂流量的自动控制	按照结构与工作方式分为内平衡式膨胀阀、外平衡式膨胀阀和H型膨胀阀，在制冷系统中广泛应用
电子膨胀阀	由电子控制器依据压力、温度变化信号输出控制指令，实现制冷剂流量的自动调节，对过热度控制的精确性和灵敏性较高	按照驱动方式分为电磁式膨胀阀、电动式膨胀阀，是膨胀阀未来发展的方向
节流孔管	节流孔口固定的节流装置，不能对制冷剂流量进行调节和控制	结构简单、节约能量、成本低，因此在制冷系统中有大量应用

图 6-29a 所示为内平衡式热力膨胀阀工作原理。通过蒸发器出口气态制冷剂的过热度控制膨胀阀开度。感温包放置在蒸发器出口管道上,和膜片上部通过毛细管相连,感受蒸发器出口制冷剂温度,膜片下面感受到的是蒸发器入口压力。

① 如果空调负荷增加,液体制冷剂在蒸发器提前蒸发完毕,则蒸发器出口制冷剂温度升高,膜片上压力增大,推动阀杆使膨胀阀开度增大,进入蒸发器中的制冷剂流量增加,制冷量增大。

② 如果空调负荷减小,则蒸发器出口制冷剂温度降低,以同样的作用原理使阀开度减小,从而控制制冷剂的流量。

图 6-29b 所示为外平衡式热力膨胀阀工作原理。其原理与内平衡式相同,区别在于内平衡式膨胀阀膜片下面感受到的是蒸发器入口压力,而外平衡式膨胀阀膜片下面感受到的是蒸发器出口压力。

图 6-29c 所示为 H 形膨胀阀,其内部通道呈 H 形,有四个接口与制冷系统连接,其中两个接口与普通热力膨胀阀相同,一个连接储液干燥器,一个连接蒸发器进口。另外两个接口,一个连接蒸发器出口,一个连接压缩机进口。感温包直接处在蒸发器出口的制冷剂气流中。该膨胀阀取消了 F 形热力膨胀阀中的感温包、毛细管和外平衡接管,提高了调节灵敏度,结构紧凑,抗震可靠。

图 6-29d 所示为电子膨胀阀,利用被调节参数产生的电信号,控制施加于膨胀阀上的电压或电流,进而达到调节供液量的目的。

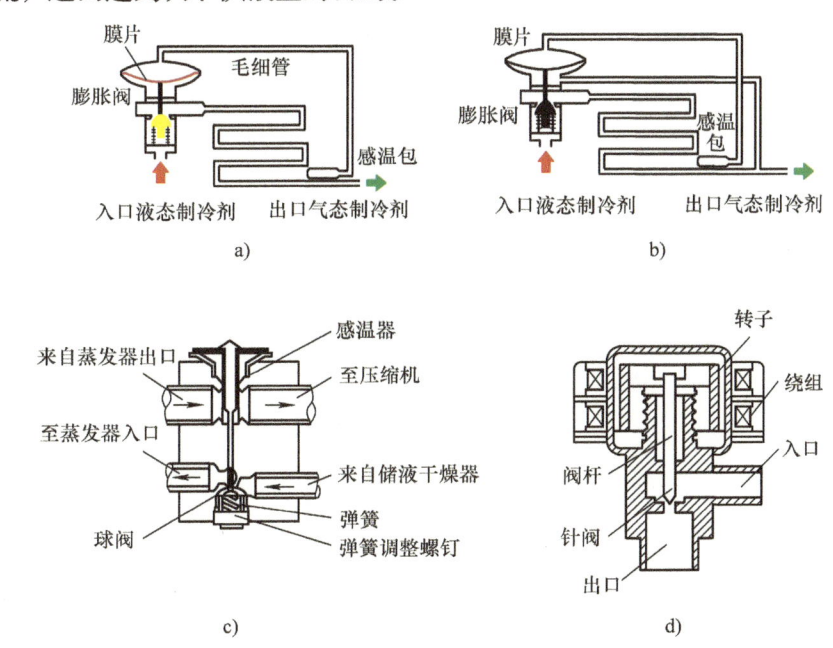

图 6-29 膨胀阀
a)内平衡式热力膨胀阀 b)外平衡式热力膨胀阀 c)H 形膨胀阀 d)电子膨胀阀

一般认为制冷剂在膨胀阀中等焓节流,即

$$h_{\text{out}} = h_{\text{in}} \tag{6-96}$$

式中 h_{out}——膨胀阀出口焓值（J/kg）；
h_{in}——膨胀阀进口焓值（J/kg）。

膨胀阀的流量特性：

$$q_{\text{m}} = C_{\text{D}}A\sqrt{2\rho_{\text{in}}\Delta p} \qquad (6\text{-}97)$$

式中 q_{m}——通过膨胀阀的流量（kg/s）；
C_{D}——膨胀阀的流量系数；
A——膨胀阀流通面积（m^2）；
ρ_{in}——膨胀阀入口流体密度（kg/m³）；
Δp——膨胀阀前后压差（Pa）。

乘用车空调常用的节流装置是铝质 H 形膨胀阀，如图 6-30a 所示。商用车常用的节流装置为热力膨胀阀或电子膨胀阀，如图 6-30b 所示。

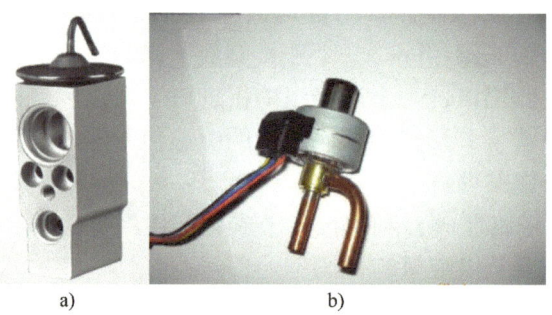

图 6-30 膨胀阀实物
a）H 形膨胀阀 b）电子膨胀阀

表 6-23 是电子膨胀阀选型参考。电子膨胀阀主要的结构参数为通径，主要根据制冷剂种类、额定制冷量等选型。

表 6-23 电子膨胀阀选型参考（数据来源：浙江盾安人工环境设备股份有限公司）

通径/mm	名义容量R134a/kW	名义容量R410a/kW	最高工作压力/MPa	工作环境温度/℃	工作介质温度/℃	驱动电压/V	最大动作压差/MPa
1.3	2.7	4.0	4.2	−40~125	−40~80	DC9~16	3.5
1.6	4.2	6.2					
1.8	5.6	8.3					
2.0	7.0	10.4					

4. 其他部件

整车热管理系统通常还包括电磁阀、电子水泵和电子风扇的配件。电磁阀用于车用空调或热管理系统的制冷剂回路，主要功能是实现系统流路的自动通断控制，改变介质流向。电子水泵主要用于二次冷却回路，其功能在于提高液体介质的工作压力，克服系统阻力，促进介质的不断循环，并可根据系统需求进行流量调节，满足系统实时冷却需求。表 6-24 是电磁阀选型参考，其主要选型参数为口径和 K_{v} 系数。表 6-25 是车用电子水泵选型参考，其主要选型参数为扬程和流量。

表 6-24 电磁阀选型参考（数据来源：浙江盾安人工环境设备股份有限公司）

口径 /mm	K_v 值	最高工作压力 / MPa	工作介质温度 /℃	驱动电压 /V	最大动作压差 / MPa
10	1.4	4.2	−40~80	DC12/24	3.5
6	0.54				

表 6-25 车用电子水泵选型参考（数据来源：浙江盾安人工环境设备股份有限公司）

额定功率 /W	额定电压 /V	工作电压范围 /V	最大扬程 /m	最大流量 /（L/min）
17	12	6~14	2.5	25
37	12	9~16	7	30
55	12	9~16	8	35
80	12	9~16	10	50
120	24	18~30	13	55

6.3.2 动力蓄电池温控系统设计

6.3.2.1 动力蓄电池温控系统形式的确定

目前，常见的电动汽车动力蓄电池液冷温控系统如图 6-31 所示。其温控策略为：当动力蓄电池温度低于正常工作温度范围时，进入预热模式；当动力蓄电池温度处于正常工作温度范围内时，不需要预加热也不需要冷却；当动力蓄电池温度高于正常工作温度范围时，进入散热模式。当车外环境温度低于动力蓄电池温度一定范围时，动力蓄电池散热器向车外环境直接散热。当车外环境温度较高时，利用制冷系统的动力蓄电池蒸发器散热。

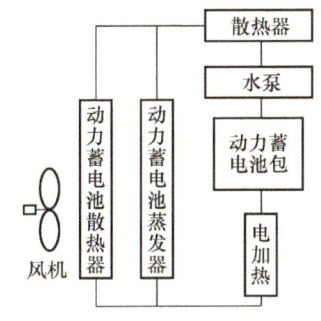

图 6-31 液冷式动力蓄电池温控系统

6.3.2.2 动力蓄电池温控系统的参数匹配

1. 冷却回路流量计算

动力蓄电池散热器的作用是通过冷却介质循环将动力电池工作过程中产生的热量带走，使动力蓄电池保持在正常的工作温度范围内。

电动汽车常用的工况是在平直路面行驶及爬坡，加速过程虽然功率大但时间较短，因此按照平直路面行驶及持续爬坡过程动力电池的产热量来计算动力蓄电池散热器冷却回路的流量，计算公式如下：

$$m = \frac{Q_b}{C(T_1 - T_2)} \tag{6-98}$$

式中 Q_b——动力蓄电池包散热负荷，参见 6.2.2.1 节（W）；
　　C——冷却介质的比热容 [J/(kg·℃)]；
　　T_1——进口水温（℃）；
　　T_2——出口水温（℃）。

2. 水泵扬程计算

水泵扬程是水泵在工作过程中所提供的资用压力，用以克服回路中的沿程阻力和局部阻力。

冷却回路水泵所需扬程：

$$H_p = h_f + h_d + h_m + h_b + h_s \qquad (6\text{-}99)$$

式中　H_p——水泵扬程（mH_2O）；

　　　h_f——冷却水管路系统总的沿程阻力（mH_2O）；

　　　h_d——冷却水管路系统总的局部阻力（mH_2O）；

　　　h_m——换热器阻力，取动力蓄电池散热器和动力蓄电池蒸发器中的阻力较大者，由换热器厂家提供（mH_2O）；

　　　h_b——动力蓄电池包内换热器的阻力，由动力蓄电池包厂家提供（mH_2O）；

　　　h_s——安全余量（mH_2O）。

冷却水管路系统沿程阻力：

$$h_f = \sum \lambda \frac{l}{d} \frac{v^2}{2g} \qquad (6\text{-}100)$$

式中　l——管长（m）；

　　　d——管径（m）；

　　　v——断面平均流速（m/s）；

　　　g——重力加速度，取 $9.8 m/s^2$；

　　　λ——沿程阻力系数，也称达西系数，与管内粗糙度和流动状态有关。

冷却水管路局部阻力是流体在局部地方，由于管径的改变（突扩、突缩等）、流动方向的改变（弯管）以及流经阀件而产生的额外能量损失。局部阻力按下式计算：

$$h_d = \sum \xi \frac{v^2}{2g} \qquad (6\text{-}101)$$

式中　ξ——局部阻力系数，可查水力相关表格计算获得。

3. 预加热回路加热功率计算

当汽车冷起动或充电时，动力蓄电池产热量较小甚至不产热。这时，如果外界环境温度过低，则会导致动力蓄电池的温度低于正常工作温度范围，需要对动力蓄电池组进行预加热。由于电动汽车动力蓄电池组温度低于 0℃ 时无法工作，冷起动或充电时动力电池的预加热通常需要外接电源来实现。

所需预加热源的功率与预加热时间有关，可用下式计算

$$P_h = \frac{Q_a}{\eta t_h} \qquad (6\text{-}102)$$

式中　t_h——预加热时间（s）；

　　　η——预加热膜热量吸收率；

　　　Q_a——动力蓄电池预热负荷（W），计算过程参见 6.2.2.2 节。

6.3.2.3 动力蓄电池温控系统部件选型

动力蓄电池温控系统的主要部件有水泵、动力蓄电池散热器、动力蓄电池蒸发器和预加热器等。

1. 水泵的选型

根据水泵的工作环境、条件，水泵正常运行必需的性能参数，以及被输送介质的物理、化学性能全面考虑水泵系统中的水泵技术性能指标、水泵材质选用、电机匹配、密封可靠性及节能、使用维护等综合经济指标的要求，在定型的水泵产品中选择出最合适的水泵类型和型号规格。

基于下列水泵选型条件，综合考虑扬程和流量对水泵进行选型。

1）工艺要求给出水泵的额定、最小、最大三种流量，选水泵时应以最大流量为依据。在没有给出最大流量时，通常以额定流量的 1.1 倍作依据。

2）选水泵用的扬程值应注意到最低吸入液面和最高送液高度，同时留有余量。一般选水泵的额定扬程为装置所需扬程的 1.05~1.1 倍。

3）在给出工艺过程中水泵进口介质的额定、最低和最高温度时，应以最高温度为依据。

4）根据工艺特点及装置设备布置要求，提出水泵必需汽蚀余量初值。再根据选定水泵的汽蚀曲线，确定其必需汽蚀余量值及设备安装高度，最后计算出装置汽蚀余量。

5）动力蓄电池温控回路冷却液常采用乙二醇溶液，水泵过流零部件和轴封等应耐乙二醇腐蚀性要求。

2. 换热器选型

根据 6.2.2.1 节计算得到的动力蓄电池散热负荷，对动力蓄电池散热器和动力蓄电池蒸发器进行选型。其中，动力蓄电池散热器多为平行流换热器，动力蓄电池蒸发器多为板式换热器。根据换热量及流动阻力要求选择合适的换热器（参照 6.3.1.3 节）。

3. 电加热膜选型

根据式（6-102）计算得到预加热回路电预加热功率，选择电加热膜。

6.3.3 电机及控制器散热系统设计

6.3.3.1 电机及控制器散热系统形式确定

电机及控制器散热通常采用风冷加水冷的联合冷却方式，如图 6-32 所示。其散热策略为：电机或电驱动控制器均小于 45℃时，水泵和散热器风扇都不工作，电驱动系统依靠风冷冷却。电机或电驱动控制器有一个温度在 45~70℃时，水泵工作，散热器风扇不工作。电机或电驱动控制器有一个大于 70℃时，水泵、散热器风扇同时工作。

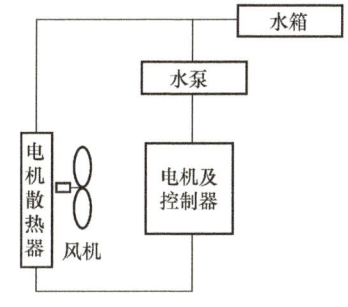

图 6-32 电机及其控制器散热系统

6.3.3.2 电机及控制器散热系统参数匹配

电机及控制器散热器的作用是通过冷却循环将电机及控制器工作过程中产生的热量带走，使电机及控制器保持正常的工作温度范围。

电动汽车常用的工况是平直路面行驶及爬坡，加速过程虽然功率大但时间较短，因此按照平直路面行驶及持续爬坡过程电机及控制器的产热量来计算电机散热器冷却回路的流量，计算公式如下：

$$m = \frac{\phi_s}{C(T_1 - T_2)} \quad (6\text{-}103)$$

式中 ϕ_s——电机及控制器散热负荷，计算过程参见 6.2.3 节（W）；
C——冷却介质的比热容 [J/（kg·℃）]；
T_1——进口冷却液温度（℃）；
T_2——出口水温（℃）。

6.3.3.3 电机及控制器散热系统部件选型

电机及控制器温控系统的主要部件有水泵、电机散热器和风机等。

根据电机及控制器冷却回路沿程阻力与局部阻力的总和确定水泵扬程，综合考虑扬程和流量对水泵进行选型（参照 6.2.2 节）。

根据 6.2.3 节计算得到的电机及控制器散热负荷，对电机散热器进行选型，根据换热量及流动阻力要求选择合适的换热器（参照 6.3.1.3 节）。

6.4 热管理控制系统设计

6.4.1 空调控制方法

电动空调的控制过程如图 6-33 所示，现在大多数汽车空调的控制系统根据设定温度和车室温度的温差只输出一定的压缩机转速。而在一些中央空调系统中，调节的控制量只有出口风量值。压缩机转速和内外风机的风量在热泵空调中都起到了重要作用，压缩机的转速决定了制冷量，同时内外风机的风量应与实时变化的制冷量匹配，既保证制冷效率，又避免能量浪费。根据电动空调的特点优化控制算法，根据压缩机转速实时匹配相应的室内风机风量和室外风机风量，综合优化空调系统的舒适性和节能效果。

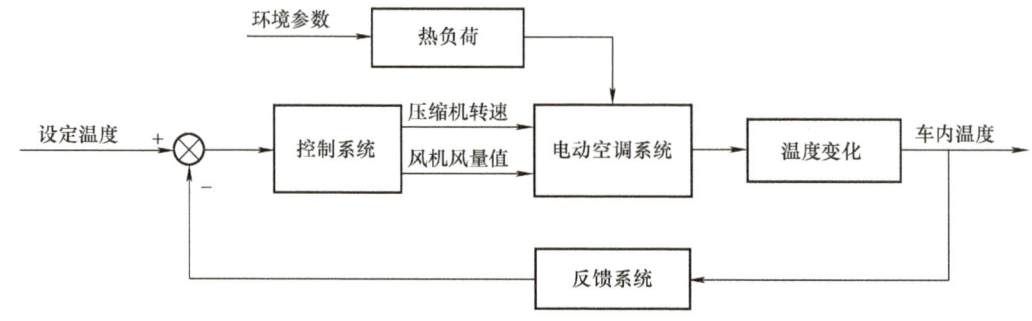

图 6-33 电动汽车热泵空调控制过程

6.4.1.1 控制方法选择

传统的 PID 控制具有原理简单、使用方便、稳定性和鲁棒性较好等特点,是过程控制中应用最广泛的一种控制方法,其调节过程的品质取决于 PID 控制器各参数的调整[16]。由 PID 控制器各环节的作用可知,比例控制作用动态响应快,系统误差一旦产生,控制器立即有控制作用,使被 PID 控制的对象向减小误差的方向变化。控制作用的强弱取决于比例系数 K_p。对于具有自平衡能力的被控对象存在静态误差。

① 加大 K_p 可减小静态误差,但 K_p 过大会导致系统超调增大,使系统的动态性能变化。

② 积分控制作用能消除静态误差,但积分作用具有滞后特性,积分中作用太强会使被控对象的动态品质变坏。

③ 微分控制作用可加快系统的响应,减小超调量,但微分控制作用对干扰非常敏感,使系统对干扰的抑制能力下降。

虽然 PID 控制可得到较好的稳态精度,但控制参数需要建立在被控对象精确的数学模型上,不适于控制非线性系统。在空调控制中单独采用 PID 控制是无法将车室温度调节到设定值的。

模糊控制系统属于自动控制系统,是以模糊数学、模糊语言形式的知识表示和模糊逻辑的规则推理为理论基础的非线性控制,属于以计算机控制技术构成的一种具有反馈通道的闭环结构的数字控制系统。它与众不同的地方在于控制器为智能型模糊控制器,是结合传统且基于规则的专家系统。它与基于被控过程数学模型的传统控制理论有很大差别,当被控过程十分复杂,甚至"病态"时,模糊控制就具有很强的实用性。在空调系统的控制中,由于系统的滞后性和非线性使其非常适于采用模糊控制进行控制。但模糊控制也存在稳态误差大的问题,这会造成车室内温度与设定值有一定偏差,影响乘客舒适性。同时,由于汽车行驶工况多变,影响车室最终温度的参数较多,同一种模糊控制规则可能造成不同的控制效果,因此单独采用模糊控制方法是不能得到满意控制效果的。

空调系统是一个典型的非线性、迟滞系统,从上面的分析可知单独的模糊控制和 PID 控制都不是理想的空调控制算法。如果将模糊控制和 PID 控制结合,则既有模糊控制灵活性和适应性强的特点,又有 PID 控制器高精度的特点,可得一种较理想的空调控制方法——模糊-PID 复合控制方法。在控制过程中设置一个温差阈值,当超出阈值范围时,采用模糊控制,让空调系统迅速调节室内温度到设定温度附近。此时,温差进入阈值范围内,改用 PID 调节压缩机的转速,利用 PID 无稳态误差的特点,减少超调,让室内温度能缓慢接近设定温度,避免温度上下跳动,造成能量浪费。在采用模糊-PID 法调节压缩机转速时,应根据实时转速估算制热量,以调节风机的风量。

6.4.1.2 电动空调模糊方案

采用模糊控制方案用于控制压缩机转速,将模糊控制器设计为两输入、输出的模型,把车内温度与设定温度的差值和温差变化率作为模糊控制器的两个输入,以压缩机的转速作为输出。模糊控制器的结构如图 6-34 所示。

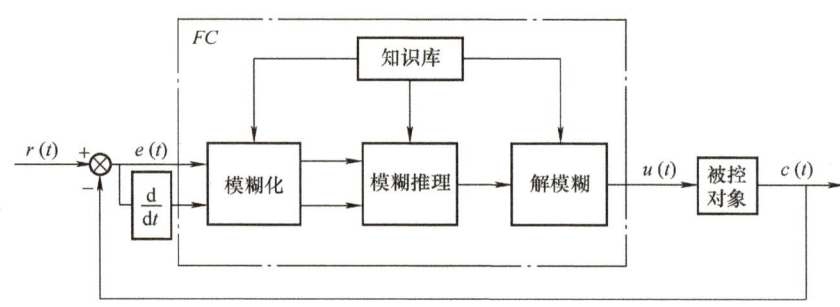

图 6-34 模糊控制器的结构

根据模糊控制原理,对模糊控制器的两个输入进行模糊化[28],即对温差及其变化率进行模糊化。对温度差进行模糊化,根据经验,温差基本论域取 [-3,11],模糊元素为:

$$\{-3,-2,-1,0,1,2,3,4,5,6,7,8,9,10,11\}$$

模糊集取 6 个等级:

$$\{NB,NS,Z,PS,PM,PB\}$$

由于本书采用模糊控制与 PID 控制复合控制,温差在 [-1,1] 时为 PID 控制,在设计模糊控制器时不考虑 PID 控制,在复合控制模块再进行条件判断。这样设计有利于简化控制器的设计。在模糊控制器中建立的温差隶属函数曲线,如图 6-35 所示。

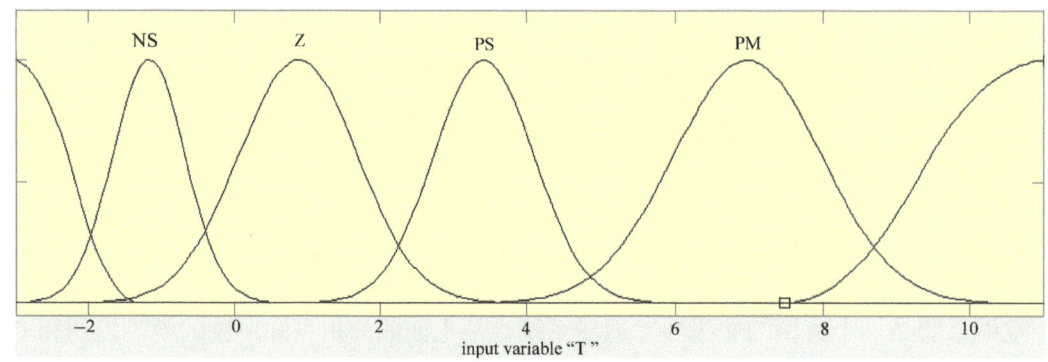

图 6-35 温差隶属函数曲线

对温差变化率进行模糊化,根据经验,温差变化率基本论域 [-0.1,0.1],模糊元素为:

$$\{-0.1,-0.08,-0.06,-0.04,-0.02,0,0.02,0.04,0.06,0.08,0.1\}$$

模糊集取 5 个等级:

$$\{NB,NS,Z,PS,PB\}$$

在温差变化率的模糊化中同样不考虑 PID,在模糊控制器中建立的温差变化率隶属函数曲线,如图 6-36 所示。

最后对模糊控制器的输出进行模糊化,即压缩机转速,在前文选型中确定了压缩机的型号,压缩机转速在 1000~5000r/min。根据压缩机厂商建议,不宜工作在最高或最低转速,因此这里压缩机转速基本论域为 [1300,4800],模糊元素为:

$$\{1300,1500,2000,2500,3000,3500,4000,4500,4800\}$$

模糊集取 7 个等级：

$$\{Z,PS,PM,PB,BS,BM,BB\}$$

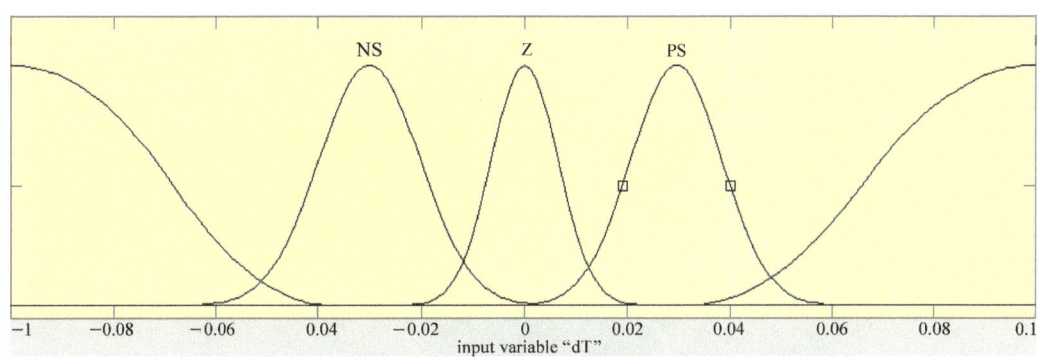

图 6-36　温差变化率隶属函数温度曲线

建立压缩机转速隶属函数曲线，如图 6-37 所示。

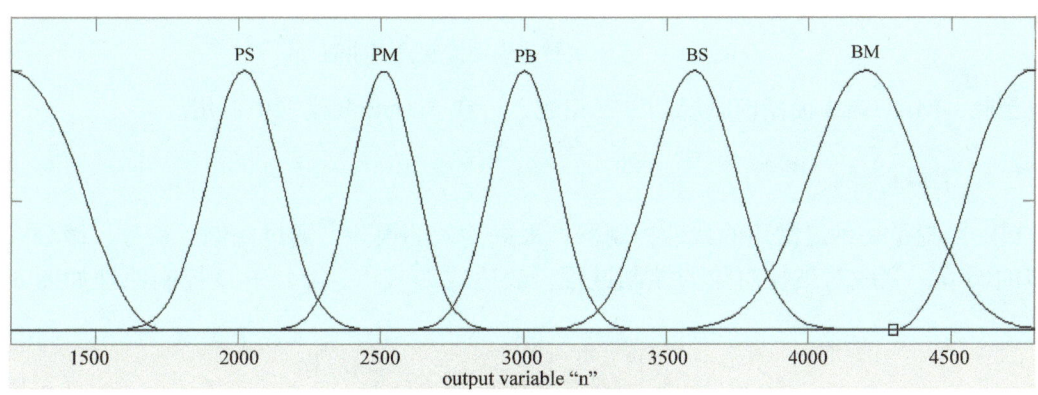

图 6-37　转速隶属函数曲线

在完成模糊化确定隶属函数后，就要进行模糊规则的制定。模糊规则的制定源于实际，根据大量的实践经验得出。当温差和温差变化率都较大时，应迅速升高车内温度，压缩机电机以较大转速输出。当温差较小时，压缩机电机应以较小转速运行。要根据仿真结果对模糊规则进行适当调整，以得到较节能高效的控制方法。模糊控制规则见表 6-26，其中转速控制规则 30 条。

表 6-26　转速模糊控制规则

温差变化率	温差					
	NB	NS	Z	PS	PM	PB
NB	Z	PS	PM	PB	BS	BS
NS	PS	PM	PB	BS	BS	BM
Z	PM	PB	BS	BS	BM	BB
PS	PB	PB	BS	BS	BM	BB
PB	BS	BS	BM	BM	BB	BB

根据工程经验，推理方法采用马丹尼最大 - 最小推理方法，解模糊方法采用面积重心。这样就完成了控制策略的制定，把控制策略加入到控制系统中就可实现对电动空调系统的控制。图 6-38 所示为压缩机的转速模糊控制输出曲面。

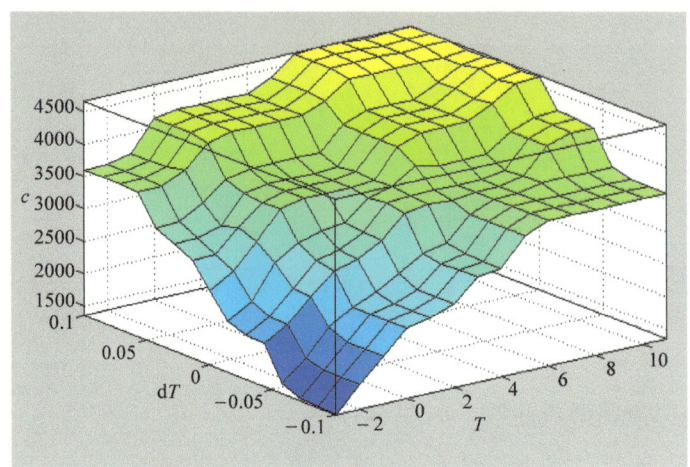

图 6-38　压缩机转速模糊控制输出曲面

至此，MATLAB 模糊控制规则设置完成，可在 Simulink 模型中调用。

6.4.1.3　PID 控制设计

PID 控制是一种最常用的线性控制器，根据输入的误差，通过比例、积分、微分三个环节的调节，完成对被控对象的控制过程，表达式如式（6-40），PID 控制原理如图 6-39 所示。

$$u(t) = K_p \left[e(t) + \frac{1}{T_i} \int_0^t e(t) \mathrm{d}t + T_d \frac{\mathrm{d}e(t)}{\mathrm{d}t} \right] \quad (6\text{-}104)$$

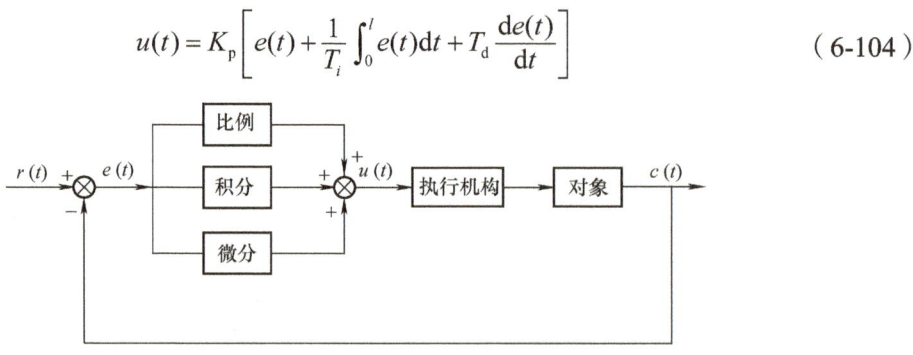

图 6-39　PID 控制原理

各矫正环节的作用如下。

① 比例环节：成比例的反映控制系统的偏差信号 $e(t)$，一旦有误差，立即产生控制作用，以减小偏差。

② 积分环节：用于消除稳态误差，提高系统的无差度。积分作用的强弱取决于积分时间常数 T_i，T_i 越大，积分作用越弱，反之越强。

③ 微分环节：反映偏差信号的变化趋势（变化速率），并能在偏差信号变得太大之前，在系统中引入一个有效的早期修正信号，从而加快系统的动作速度，减少调节时间。

在汽车空调的 PID 控制过程中，以设定温度与实际温度的差值 $e(t)$ 作为输入，压缩机转速部分值作为输出。空调压缩机是由一定转速范围限定的，压缩机不宜工作在最高转速点。本书中空调压缩机最大转速取 4800r/min，根据温差阈值调整 K_p，使它不高于 4800r/min。三个参数的具体值要在模型中不断调试，选择最佳结果。

6.4.1.4　风机转速控制

现在的汽车空调风量基本分为 3~6 个档位，驾驶人根据车室内的舒适度人工调节，控制量包括车室内风机的风量控制。风机的风量应与当前的制热量匹配，才能达到更高的效率和舒适度。如果风量过高，则会造成能量浪费，同时车室内的乘客会有吹风感，舒适性差。如果风量太小，则会影响车室内换热器散出的热量与车室内进行热量交换，导致室内换热器温度升高。压缩机的排气压力升高。在其影响下吸气压力也会升高，对压缩机非常不利，容易造成高压保护。有研究表明，当风量为额定风量的 40% 时，排气温度为 102℃。风量为额定风量的 30% 时，排气温度已达 115℃，对压缩机工作极为不利。因此本书采用变风量的方式连续调节风机的风量，采用变频器根据制热量连续调节风机的转速，从而调节车室内风机风量。通过前面的模糊 -PID 控制压缩机的转速，然后计算出当前的制热量，再根据经验公式（6-105），计算当前需求的风量。

$$L = \frac{3.6Q}{\rho c(t_n - t_s)} \tag{6-105}$$

式中　L——换热器空气侧体积流量，即送风量（m³/s）；

　　　Q——换热器制热量（W）；

　　　ρ——换热器入口空气密度（kg/m³）；

　　　c——空气定压比热容 [kJ/(kg·℃)]，可取 c=1.01；

　　　t_n——出风温度（℃）；

　　　t_s——送风温度（℃）。

6.4.1.5　复合控制模型

图 6-40 所示为电空调压缩机转速和风量控制流程。首先根据温差进行压缩机转速控制，判断温差是否在 [-1,1] 内。如果不在，则采用前文设计的模糊控制模块，以获得更好的动态过程。如果在，则采用前文设计的 PID 控制模块，以获得更好的稳态特性。经过数据处理决定采用哪个转速为输出转速。然后根据输出的转速估算出当前的制热量。最后根据前面的风量控制公式对风量进行计算。

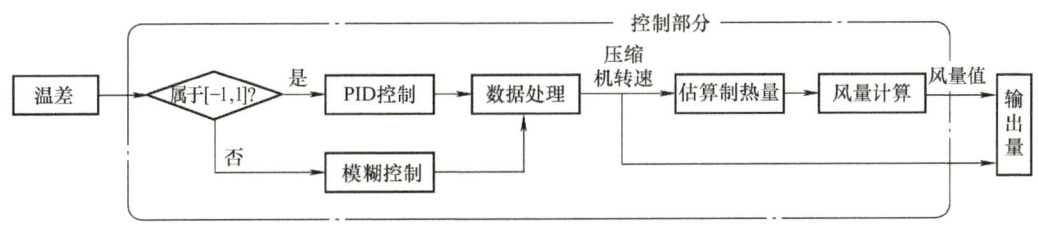

图 6-40　电空调压缩机转速和风量控制流程

可在压缩机转速计算中加入 SOC 要求。一般情况下，为保证车辆的动力性，当 SOC 低于 20% 时，夏季制热时会停止压缩机，只允许室内鼓风机开启，进行通风。冬季制热时则直接停机。

6.4.2 蒸发器除霜控制

在使用热泵空调制热时，室外换热器不断从环境中吸收热量，导致室外换热器温度下降。在不同环境压力和湿度下，空气的露点不同。随着制热的进行，当室外换热器的温度降到当前露点温度时，空气中就会有水分析出，并吸附在室外换热器表面。当室外换热器温度进一步降低，直至低于 0℃ 时，就满足了结霜的条件，换热器表面会形成霜层，且结霜时会呈现不规则和不确定性的特点。结霜对热泵系统形成好坏两方面的影响。好的一面是结成的霜会增加换热器表面的粗糙度，能在一定程度上提高换热系数；坏的一面是结霜后如果不及时除霜，就会使霜层越来越厚，当换热器的缝隙被结成的冰堵住后，室外风机就无法使空气流通，导致室外换热器温度降低，从而造成制热能力下降。随着时间的推移，当室外换热器温度低到一定的程度时，就会对压缩机的安全造成影响，轻者压缩机停转，重者压缩机直接损坏[29]。

6.4.2.1 复合除霜系统原理

相对于传统的逆循环除霜法和热气旁通除霜法，复合除霜法结合了它们的优势，将两种除霜方法整合在一套除霜系统中。如图 6-41 所示，在系统开启制热后，除霜控制部分就会实时检测系统状态，决定是否进行除霜。在不需要除霜时，系统按正常逻辑制热。当满足除霜要求后，立刻进入复合除霜模式。进入除霜模式后，首先进入旁通除霜模式，模式切换控制部分动态检测旁通除霜的除霜效果，判断旁通除霜是否已经进入"疲惫"状态，然后选择最佳时机切换至逆循环除霜模式，以弥补除霜后期的能量需求，这样也会减小直接进入逆循环除霜模式造成的冲击过大问题。在霜层不严重的情况下，若旁通除霜可满足除霜需求，则不需要切换。在复合除霜时，除霜控制模块不断检测除霜效果是否达到结束除霜的要求。当满足要求后，结束除霜，并恢复到制热模式，然后系统再次进入循环检测，这就是热泵系统制热的整个流程。下面对复合除霜进行具体分析。

1. 热气旁通除霜阶段

控制器发出除霜指令后，热泵系统吸合除霜电磁阀，进入旁通除霜阶段。该阶段与单一的旁通除霜相同，压缩机产生的热量和室外换热器吸收的热量一部分被除霜电磁阀分配到室外换热器，利用这些热量来抑制霜层的生长，并融化一部分霜层。具体的旁通除霜模式循环如图 6-42 所示。制冷剂从压缩机排出后，一部分通过四通阀进入室内换热器，经过室内换热器冷凝放热，然后进入膨胀阀蒸发，最后流入室外换热器。另一部分通过除霜电磁阀直接进入室外换热器，与前一部分制冷剂混合一起进入室外换热器，然后通过四通阀，经过气液分离器的分离，再次流回压缩机，进入下一次循环。

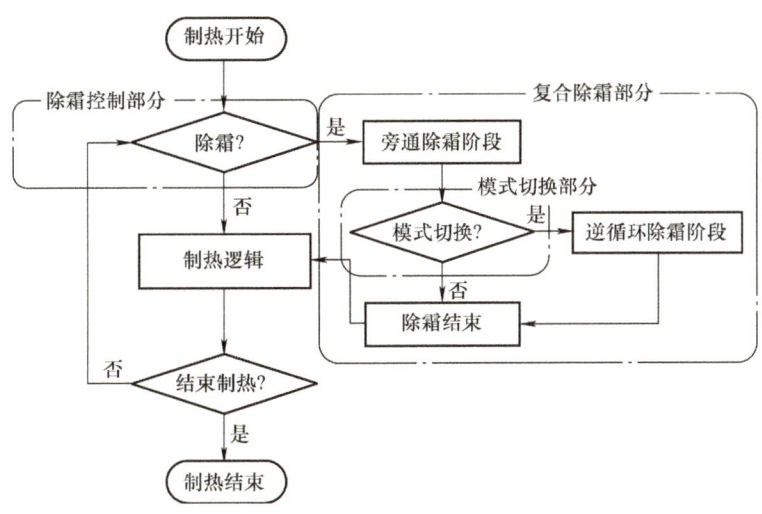

图 6-41 制热流程

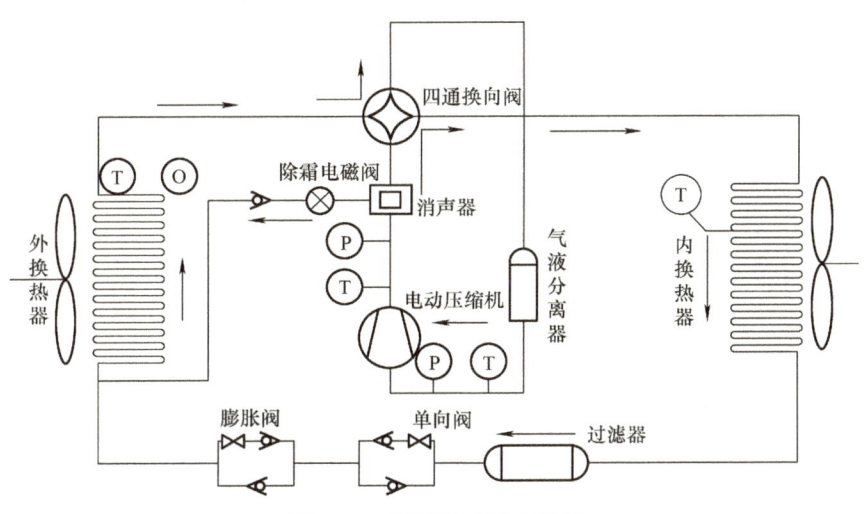

图 6-42 旁通除霜模式循环

在制热模式下,室外换热器充当蒸发器。室外换热器有一个两相区和一个过热区,换热系数可根据两相区的计算公式得到。但在旁通除霜模式下,室外换热器的入口除了从膨胀阀流出的制冷剂外,还有通过除霜电磁阀直接进入室外换热器的制冷剂。从除霜电磁阀流出的制冷剂刚经过压缩机压缩,全是气体,这会增大室外换热器中制冷剂的流速,无法应用制热时的换热系数计算公式,可根据下式两相区的平均换热系数来计算。

$$\alpha_{tp}(x) = \frac{3.0}{X_{tt}^{2/3}} \alpha_t \quad (6\text{-}106)$$

式中 $\alpha_{tp}(x)$——两相区制冷剂局部换热系数 [W/(m²·K)];

X_{tt}——Martinelli 数;

α_t——制冷剂液相的换热系数 [W/(m²·K)]。

$$X_{tt} = \left(\frac{\mu_l}{\mu_v}\right)^{0.1}\left(\frac{1-x}{x}\right)^{0.9}\left(\frac{\rho_v}{\rho_l}\right)^{0.5} v \qquad (6\text{-}107)$$

式中 μ——制冷剂的动力黏度（Pa·s）；
$\quad\quad x$——制冷剂干度；
$\quad\quad \rho$——制冷剂密度（kg/m³）。
下标 L、v 分别表示液相和气相。

$$\alpha_L = 0.023 Re_L^{0.8} Pr_L^{0.4} \frac{\lambda_L}{d_L} \qquad (6\text{-}108)$$

式中 Pr_L——液相制冷剂的普朗特数；
$\quad\quad Re_L$——液相制冷剂的雷诺数；
$\quad\quad \lambda_L$——液相制冷剂的导热系数 [W/(m²·K)]。

$$Re_t = \frac{(1-x)G_r d_L}{\mu_L} \qquad (6\text{-}109)$$

式中 G_r——制冷剂的质流密度 [kg/(m²·s)]。

由上述公式可知，局部换热系数与干度有关，两相区制冷剂的平均换热系数 α_{tp} 需要在该换热器的干度范围内积分获得：

$$\alpha_{tp} = \frac{\int_{x_L}^{x_o} dx}{\int_{x_L}^{x_o} 1/\alpha_{tp}(x) dx} \qquad (6\text{-}110)$$

式中 x_L——两相区进口制冷剂干度；
$\quad\quad x_o$——两相区出口制冷剂干度。

除霜过程中，室外换热器消耗的能量可分为两部分：一部分相变热 Q_1，用于将两相区的制冷剂加热至 0℃；另一部分用于将换热器表面的霜层融化成水所需的热量 Q_2。实验表明，Q_2 的值可近似看作除霜消耗的总能量。

霜层的总质量为：

$$M = \iiint \rho dxdydz = \rho v \qquad (6\text{-}111)$$

化霜所需热量为：

$$Q_s = \int (Mh) dt + Mr = A\delta\rho(c_p\Delta t + r) \qquad (6\text{-}112)$$

式中 M——传热单元表面霜层的总质量（kg）；
$\quad\quad \rho$——霜层的密度（kg/m³）；
$\quad\quad A$——霜层的面积（m²）；
$\quad\quad v$——传热单元表面上霜层的体积（m³）；
$\quad\quad \delta$——霜层的厚度（m）；
$\quad\quad c_p$——霜层的平均比容 [kJ/(kg·K)]；
$\quad\quad \Delta t$——化霜前后的温差（℃）；
$\quad\quad r$——霜层的溶解度（kg/kg）；
$\quad\quad h$——传热单元表面霜层的焓值（kJ/kg）。

在旁通除霜的后期，霜层厚度和压缩机功率是影响除霜效率的主要因素。当霜层厚度相同时，除霜效率与压缩机功率成正比关系。参考压缩机的理论输入功率公式：

$$W_{\text{comp}} = M_{\text{m}} \frac{k}{(k-1)} P_s v_s \left[(P_s / P_d)^{\frac{k-1}{k}} - 1 \right] \quad (6\text{-}113)$$

式中　P_d——压缩机排气压力（Pa）；
　　　P_s——压缩机吸气压力（Pa）；
　　　k——多变指数，一般取 1.2775；
　　　v_s——压缩机的吸气比容（m^3/kg）。

从以上计算可以看出，压缩机的输入功率主要与压缩比及制冷剂流量有关。随着除霜的进行，进入换热器中的热蒸汽融霜后冷凝成液体，没有外部热量使其吸热气化，于是液态制冷剂进入压缩机之前就会流入气液分离器中，从而导致制冷剂流量越来越小。

另外，由于在旁通除霜循环中仅在旁通电磁阀中产生了少许压降，吸气压力与排气压力差较小，导致 P_s/P_d 不断变小，由式（6-113）可知压缩机的输入功率衰减严重。由于压缩机输入功率减小，制冷剂又无法从外界吸收热量气化，压缩机的吸气过热度会一直维持在 0℃ 左右，不断有制冷剂流入气液分离器中。

压缩机的排气温度计算公式：

$$T_d = T_s \left(\frac{P_d}{P_s} \right)^{\frac{k-1}{k}} \quad (6\text{-}114)$$

式中　T_d——压缩机排气温度（K）；
　　　T_s——压缩机吸气温度（K）。

通过上面的分析可以看出，随着旁通除霜的进行，压缩机输入功率衰减，压缩比减小，导致其排气温度越低，除霜缓慢，使室外换热器的温度上升也变缓，压缩机吸气温度较低，形成恶性循环，出现除霜后劲不足的现象。在霜层较厚时，排气温度会从 80℃ 下降到 30℃，这样的排气温度难以满足除霜要求，这正是旁通除霜存在的弊端。

2. 逆循环除霜阶段

旁通除霜存在后劲不足的问题，因此控制系统在检测到除霜能力下降时会及时停止旁通除霜，关闭除霜电磁阀，停止压缩机，吸合四通换向阀，然后开启压缩机，此时进入逆循环除霜阶段。逆循环除霜的本质是将制热模式转换到制冷模式，但停止室内风机，利用制冷剂从室内吸收的热量来除霜。这种除霜模式下，室外换热器充当冷凝器，室内换热器充当蒸发器，停止室内风机是为减少室内温度波动，同时避免冷风带来的不舒适感。逆循环除霜模式下的制冷剂流向如图 6-43 所示。

从能量角度来分析，该除霜模式下除霜热量 Q_n 主要组成为：

$$Q_n = Q_{y1} + Q_{sh} \quad (6\text{-}115)$$

式中　Q_{y1}——逆循环除霜过程中的压缩机耗能（kJ）；
　　　Q_{sh}——逆循环除霜过程中从车室内吸收的热量（kJ）。

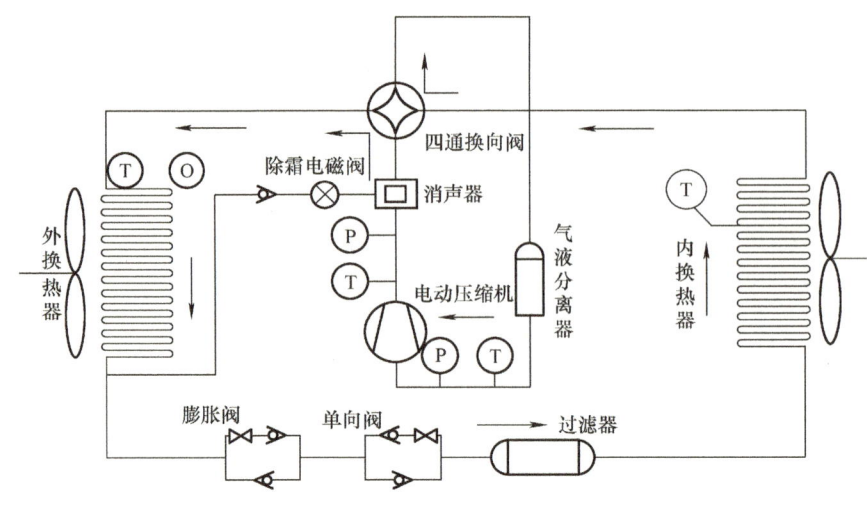

图 6-43　逆循环除霜模式下的制冷剂流向

6.4.2.2　复合除霜起止时刻控制策略

要实现高效除霜，首先要有一个准确的除霜控制系统，知道最佳的除霜开始时刻，并能准确检测除霜状态，完成除霜后迅速切换回制热模式。否则仅有好的除霜方法，却经常工作在误除霜状态，也是难以提高除霜效率的。

完美的除霜控制方法是根据系统的状态实现"按需除霜"。这里的"按需"指当室外换热器的结霜降低了系统制热效率时，就应及时切换到除霜模式，否则不仅会减少制热量，还会使霜层积累过多，造成除霜困难，严重情况下会损坏压缩机，造成安全事故。同时，"按需"也指避免在无霜状态下错误判断，进入除霜模式，这显然会造成能量浪费，影响车室舒适性，导致制热能效比下降。除霜检测系统之所以要准确实现"按需除霜"，是因为除霜占到制热总能耗的10.2%，且其中有27%的除霜能量是在误除霜过程中浪费的。总之，复合除霜法也要以一个准确的除霜检测方法为前提。

结霜是一个很复杂的过程，影响因素众多，包括环境的温度、湿度和风速等，因此要建立一个准确的数学变量来控制除霜是比较困难的，但仅仅通过经验设定一个除霜时间或一个除霜温度又难以满足要求。通过测量或观测的手段造价太高，且电动汽车运行环境复杂，难以准确测量。

除霜控制策略从结霜的机理出发，从温度、湿度和时间三个方面考虑控制策略。霜层的产生源于制热过程中室外换热器的温度不断降低，当温度达到当前空气湿度的露点时，空气中就会有水分析出，并附着在换热器表面。随着室外换热器温度的降低，析出的水分就会减少。当换热器的温度低于0℃时，水分开始结霜。但空调是一个复杂的系统，必然存在很多不确定因素。当前空气压力、温度和湿度测量值的误差，上次除霜的遗留霜层或水珠等都是影响其准确性的因素，因此还要附加一个时间因素。根据经验，两次除霜时间间隔不能少于25min。这一方面能避免除霜过于频繁影响制热舒适性，另一方面能避免无法进入除霜状态，影响制热效率。

根据以上分析，除霜开启及结束的控制逻辑设计如下。

（1）除霜开始的判断条件

盘管温度 = 当前温度下空气湿度的露点值 −3℃（除霜温度在 −10~ −3℃之间）；机组制热时间大于25min（刚开启时不检测除霜）。当同时满足以上条件时，控制系统发出指令，机组进入除霜状态。

（2）除霜结束的判断条件

翅片管温度 $T_c \geq 30℃$；除霜时间 $\geq 5\text{min}$。当满足以上任何一个条件时，控制系统发出指令，结束除霜。

需要说明的是，在开启空调的第一时间，为保证迅速将室内温度提升到较舒适的值，冬季刚开空调时不检测除霜，直接进入制热模式。应选择可测量绝对湿度的传感器。如果选择的是相对湿度传感器，则通过计算得到当前的除霜温度，用测得的相对湿度HR乘以当前温度下的饱和空气湿度，得到空气的含湿量，进一步求得空气的露点温度，该温度减3℃即为除霜温度。如果此值大于0℃，则不进入除霜。例如长沙冬季的温度基本在5℃，湿度为60%，6.761×60%=4.0566，其对应的温度为 −3℃，则除霜盘管温度取 −6℃。如果湿度为35%，6.761×35%=2.336，对应的温度为 −10℃，则除霜盘管温度取 −10℃。

6.4.2.3　复合除霜模式切换控制策略

除霜控制系统实时检测系统状态，满足除霜条件后，立刻发送除霜指令。进入除霜模式后，采用复合除霜的方法进行除霜。首先，除霜电磁阀动作，进入旁通除霜模块。此时，除霜模块要准确检测除霜状态，选择最佳时刻切换至逆循环除霜阶段。

旁通除霜后劲不足，因此要充分利用其前期高效除霜阶段。

① 如果模式切换指令发送过早，旁通除霜还处在高效阶段，则无法利用旁通除霜压缩机的储能，对逆循环除霜同样会有较大的冲击和波动，就失去了复合除霜的意义。

② 如果模式切换指令发送过晚，旁通除霜的压缩机储能早已耗尽，则会延长除霜时间或造成除霜不彻底，从而造成下次除霜过早到来或下次除霜困难。

切换时刻的控制重点在于研究旁通除霜的动态特性，研究除霜效率下降的情况下各参数的变化情况。

在旁通除霜后期，除霜效果明显降低，压缩机过热度保持在0℃左右，因此压缩机的进气压力变化较大，但在不同工况下的变化值不同，需要大量实验测量。除霜的目的就是提高室外换热器的温度，融化霜层，因此室外换热器的温度变化是除霜状态的明显变化量。因为换热器的温度不如盘管温度准确，所以选择盘管温度作为判断依据。一方面是温度大小，另一方面是变化速率。同时实践表明，除霜的时间不能过长，否则会影响室内的舒适性。本书采用盘管温度 T_{pan}、盘管温度变化率 ΔT_{pan} 以及旁通除霜运行时间 t_{chu} 三个参数作为控制复合除霜模式切换的判据。

根据除霜的需求和旁通除霜的特点，本书将这三个参数分为两组，旁通除霜时间作为高优先级分析数据，然后在不同除霜时间下对翅片温度及其变化速率进行分析，从而决定切换与否。图6-44所示为不同初始条件下进行5min旁通除霜的室外换热器温度变化情况。在工况1下，霜层厚1mm，旁通除霜可满足热泵蒸发器除霜需求。在工况2下，霜层厚3mm，在200s前除霜速度较快，除霜效果较好，但后期效果明显下降。在工况3下，霜层厚5mm，在100s前除霜速度较快，除霜效果较好，但后期效果明显下降，最后的翅片温度也很低，会对后面的制热和下次除霜形成阻碍。

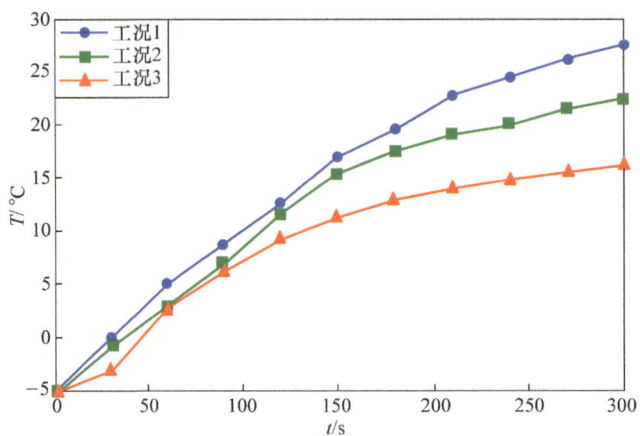

图 6-44　不同霜层厚度旁通除霜盘管温度变化对比

根据以上分析，在旁通除霜的1min内，室外换热器温度上升基本较快，除霜的最大时间为5min，因此本书在2min、3min和4min三个段对室外盘管的温度及其变化速率进行判断，从而决定切换与否。复合除霜的模式切换控制逻辑设计总结如下：

1）当除霜时间 $1\text{min} < t_{chu} \leq 2\text{min}$ 时，盘管温度 $T_{pan} < 5℃$ 且温度变化率 $\Delta T_{pan} < 0.1(℃/s)$，则在2min时切换除霜模式。

2）当除霜时间 $2\text{min} < t_{chu} \leq 3\text{min}$ 时，盘管温度 $T_{pan} < 15℃$ 且温度变化率 $\Delta T_{pan} < 0.08(℃/s)$，则在3min时切换除霜模式。

3）当除霜时间 $3\text{min} < t_{chu} \leq 4\text{min}$ 时，盘管温度 $T_{pan} < 20℃$ 且温度变化率 $\Delta T_{pan} < 0.05(℃/s)$，则在4min时切换除霜模式。

采用此切换控制逻辑，既能充分利用旁通除霜，减小直接进行逆循环除霜的压缩机冲击和室内温度波动，又能避免旁通除霜后劲不足的问题，基本可达彻底除霜的目的，减小对下次除霜的影响。

在除霜阶段，为迅速结束除霜，压缩机的转速取额定转速3500r/min。在旁通除霜阶段，室内风机风量取最小值，室外风机风量取最大值。在逆循环除霜阶段，室内风机停转，室外风机风量取最大值。在除霜阶段，室内风机减小风量或停转是为减少室内不舒适感，室外风机风量取最大值是为利用高速的风将融化的霜层或水珠吹走，防止温度下降会再次结霜。

复合除霜与旁通除霜和逆循环除霜的四通阀和电磁阀的控制见表6-27。

表6-27　除霜系统控制模式

控制模式	复合除霜	旁通除霜	逆循环除霜
四通阀	适时换向	不换向	换向
电磁阀	适时开闭	打开	关闭

6.4.3 空调除湿控制

当空气较湿润时,会造成体感温度相较大气温度更冷或更热。冬天当风窗玻璃温度低于空气露点温度时,车窗玻璃结雾会影响驾驶人视线,也需要进行除湿[30]。适当的除湿不仅能降低汽车电动空调的能耗,也能减少对人身的伤害,使人的感受更加舒适。在汽车电动空调中,除湿控制是通过改变压缩机的工作频率实现的,其控制逻辑见表6-28。

表6-28 电空调除湿控制逻辑

回风温度 > t_1	压缩机工作频率为高速工作频率的100%
回风温度 ≤ t_2	压缩机工作频率为高速工作频率的90%
回风温度 ≤ t_3	压缩机工作频率为高速工作频率的80%
回风温度 ≤ t_4	压缩机工作频率为高速工作频率的70%
回风温度 ≤ t_5	压缩机以低速工作频率运行
回风温度 ≤ t_6	自动退出除湿状态,系统恢复常态工作

6.4.4 开关逻辑控制

空调制冷启动顺序更改为:先1档启动冷凝风机,延时10s后1档启动蒸发风机、压缩机。按1档运转30s后再转到空调目标档运行。

空调制热启动顺序更改为:先1档启动冷凝风机、压缩机,同时输出四通换向阀。延时10s后或化霜温度传感器大于40℃后,1档启动蒸发风机,按1档运转30s后,再转到空调目标档运行。

故障复位的更改:当同一故障连续3次故障复位后仍重复出现,则应对故障进行锁定,空调不再重新启动,直至空调关闭后才能消除故障锁定(不适用于CAN故障)。

不同的厂家设计的逻辑略有区别,但控制的先后顺序是一致的。

6.4.5 参数标定及故障诊断

热管理系统标定方面实际应用中一般是通过专用上位机软件和CAN卡将表6-29所示的参数下载到热管理系统控制器(操作面板或综合控制器)中。图6-45所示为比亚迪某款客车热管理系统参数标定上位机软件界面。

表6-29 比亚迪某款客车热管理系统参数标定

标定项目	可标定范围	关联项
制冷最高可调温度/℃	-40~50	面板温度调节
制冷最低可调温度/℃	-40~50	
制热最高可调温度/℃	-40~50	
制热最低可调温度/℃	-40~50	
压缩机最高(机1%)	1~100	压缩机1AVI、压缩机1PWM、多段速 RS485/IP1、IP2
压缩机最低(机1%)	1~100	
冷凝风机最高(机1%)	1~100	冷凝风机AVI、冷凝风机PWM
冷凝风机最低(机1%)	1~100	

（续）

标定项目	可标定范围	关联项
蒸发风机最高（机1%）	1~100	蒸发风机AVI、蒸发风机PWM
蒸发风机最低（机1%）	1~100	
空调模式	0~100	0：单冷+PTC 1：热泵+PTC 2：单冷 3：热泵 4：单冷+PTC+动力电池冷却 5：热泵+PTC+动力电池冷却 6：单冷+动力电池冷却 7：热泵+动力电池冷却
PTC最高温度/℃	-40~50	A.11-PTC启动输出
空调容量参数	0~100	空调冷/热量计算
制热除霜时间/min	1~100	环境温度C3
除湿时间/min	1~100	热泵模式
空调节点数/台	1~100	—
制热除霜风机工作时间/min	1~100	热泵模式
压缩机最低工作温度/℃	-40~50	制冷模式
压缩机最高（机2%）	1~100	压缩机1AVI、压缩机1PWM、多段速
压缩机最低（机2%）	1~100	
冷凝风机最高（机2%）	1~100	冷凝风机AVI、冷凝风机PWM
冷凝风机最低（机2%）	1~100	
蒸发风机最高（机2%）	1~100	冷凝风机AVI、蒸发风机PWM
蒸发风机最低（机2%）	1~100	
膨胀阀最大开度（%）	0~100	RS485/IP3
膨胀阀最小开度（%）	0~100	
漏电电流报警值/mA	0~100	空调停机、面板故障
动力电池冷却启动最高温度/℃	0~100	车内温度C1（当温度大于该温度时，暂不启动动力电池冷却系统，保证空调快速降温）
动力电池冷却系统目标温度/℃	0~100	D.6水温温度、膨胀阀开阀比例
动力电池冷却出水最低温度/℃	0~100	D.6水温温度

图6-45 热管理系统参数标定上位机界面

热管理系统故障诊断主要是靠采集传感器信号或 CAN 总线信号实现，不同故障除发送整车外，都有对应的处理方式，见表 6-30。

表 6-30　比亚迪某款客车热管理系统部分故障

故障内容	工作要求
系统低压保护故障	制热除霜及其后 20s 内不检测故障 制冷时：关压缩机、冷凝风机。蒸发风机继续工作 制热时：关压缩机、蒸发风机和冷凝风机 安装有 PTC 且已经启动 PTC 时，蒸发风机应继续工作
系统高压保护故障	制冷时：关压缩机。蒸发风机、冷凝风机继续工作 制热时：关压缩机、蒸发风机和冷凝风机 安装有 PTC 且已经启动 PTC 时，蒸发风机应继续工作
系统温度保护故障	关压缩机、蒸发风机和冷凝风机
压缩机变频器故障	压缩机没有启动及每次压缩机启动的 10s 内不检测故障，制冷时，关压缩机、冷凝风机。蒸发风机继续工作；制热时，PTC 不工作时，关压缩机、冷凝风机和蒸发风机。PTC 工作时，关压缩机、冷凝风机，蒸发风机继续工作
冷凝风机变频器故障	冷凝风机没有启动及每次冷凝风机启动的 10s 内不检测故障。制冷时，关压缩机、冷凝风机，蒸发风机继续工作；制热时，PTC 不工作时，关压缩机、冷凝风机和蒸发风机。PTC 工作时，关压缩机、冷凝风机，蒸发风机继续工作
变频器 3 故障	蒸发风机没有启动及每次蒸发风机启动的 10s 内不检测故障，压缩机、蒸发风机、冷凝风机和 PTC 均应关闭 车外温度处显示：顶部空调序号
CAN 故障	10s 内收不到相互交换发送的数据则自动执行关机命令
PTC1 故障	空调热泵系统及 PTC2 不工作时，关闭 PTC1，延时 10s 关闭蒸发风机 空调热泵系统工作或 PTC2 工作时，关闭 PTC1
PTC2 故障	关闭 PTC2，空调热泵系统及 PTC1 不工作时延时 10s 关闭蒸发风机
压缩机过温	制热时：关压缩机、蒸发风机和冷凝风机 制冷时：关压缩机和冷凝风机
高压过电压故障	关压缩机、蒸发风机和冷凝风机
高压欠电压故障	关压缩机、蒸发风机和冷凝风机
压缩机过载	关压缩机、蒸发风机和冷凝风机
压缩机过流	关压缩机、蒸发风机和冷凝风机
蒸发器故障	关压缩机、蒸发风机和冷凝风机
冷凝器故障	关压缩机、蒸发风机和冷凝风机
排气故障	关压缩机、蒸发风机和冷凝风机
制热除霜模式	关闭蒸发风机和换向阀
车内温度传感器故障	制冷时：压缩机、冷凝风机停止，蒸发风机继续工作。制热时：全部停止
车外温度传感器故障	自动模式下设定温度默认为 22℃，可继续工作
盘管温度传感器故障	制冷时：压缩机、冷凝风机停止，蒸发风机继续工作。制热时：全部停止
进气温度传感器故障	动力电池温控逻辑需要信号
出气温度传感器故障	动力电池温控逻辑需要信号
换板进气温度传感器故障	动力电池温控逻辑需要信号
换板出气温度传感器故障	动力电池温控逻辑需要信号
进气压力故障	动力电池温控逻辑需要信号
蒸发盘管进口温度传感器故障	判断除霜条件
蒸发盘管出口温度传感器故障	判断除霜条件

参考文献

[1] 谢卓. 电动车热泵空调及其自动控制系统研究 [D]. 上海：上海交通大学，2006.

[2] 欧阳东. 纯电动汽车热泵空调与电池交互热管理系统研究 [D]. 广州：华南理工大学，2013.

[3] BENNION K，THORNTON M. Integrated vehicle thermal management for advanced vehicle propulsion technologies[R]. Colorado：National Renewable Energy Lab，2010.

[4] 俞丽华，马国远，徐荣保. 低温空气源热泵的现状与发展 [J]. 建筑节能，2007,35：54-57.

[5] 饶中浩，张国庆. 电池热管理 [M]. 北京：科学出版社，2015.

[6] 田爽. 锂离子电池的热特性研究 [D]. 天津：天津大学，2008.

[7] PESARAN A. Battery thermal models for hybrid vehicle simulations [J]. Journal of Power Sources，2002，110（2）：377-382.

[8] 凌子夜，方晓明，汪双，等. 相变材料用于锂离子电池热管理系统的研究进展 [J]. 储能科学与技术，2013，2（5）：451-459.

[9] ZHANG X，KONG X，LI G，et al. Thermodynamic assessment of active cooling/heating methods for lithium-ion batteries of electric vehicles in extreme conditions[J]. Energy，2014，64：1092-1101.

[10] 王庆年，韩彪，王鹏宇. 电动汽车冷却系统设计及电机最优冷却温度控制 [J]. 吉林大学学报（工学版），176（01）：1-6.

[11] ZHANG T，GAO C，GAO Q，et al. Status and development of electric vehicle integrated thermal management from BTM to HVAC [J]. Applied Thermal Engineering，2015，88：398-409.

[12] 环境保护部. 乘用车内空气质量评价指南：GB/T 27630—2011[S]. 北京：中国环境科学出版社，2012.

[13] 中华人民共和国交通运输部. 客车空调系统技术条件：JT/T 216—2020[S]. 北京：人民交通出版社，2020.

[14] 全国汽车标准化技术委员会. 电动汽车风窗玻璃除霜除雾系统的性能要求及试验方法：GB/T 24552—2009[S]. 北京：中国标准出版社，2010.

[15] 全国汽车标准化技术委员. 汽车空调制冷系统性能道路试验方法：QC/T 658—2009[S]. 北京：中国计划出版社，2010.

[16] 韩欣欣，薛庆峰，田长青. 汽车空调用制冷工质 [J]. 制冷与空调，2017（10）：40-47.

[17] 方贵银，李辉. 汽车空调技术 [M]. 北京：机械工业出版社，2002.

[18] 彦启森，石文星，田长青. 空气调节用制冷技术 [M]. 北京：中国建筑工业出版社，2010.

[19] CHANG Y J，WANG C C. A generalized heat transfer correlation for louver fin geometry [J]. International Journal of Heat & Mass Transfer，1997，40（3）：533-544.

[20] KIM M H，Bullard C W. Air-side performance of brazed aluminum heat exchangers under dehumidifying conditions [J]. International Journal of Refrigeration，2002，25（7）：924-934.

[21] GUNGOR K E，WINTERTON RH S. Simplified general correlation for saturated flow boiling and comparisons of correlations with data[J].Chemical Engineering Research and Design，1987（65）：148-156.

［22］吴业正.制冷原理及设备[M].西安：西安交通大学出版社，2010.

［23］YANG C Y, WEBB R L. Friction pressure drop of R-12 in small hydraulic diameter extruded aluminum tubes with and without micro-fins [J]. International Journal of Heat & Mass Transfer，1996，39（4）：801-809.

［24］DIDI M B O，KITTEN N，THOME J R. Prediction of two-phase pressure gradients of refrigerants in horizontal tubes [J]. International Journal of Refrigeration，2002，25（7）：935-947.

［25］朱亮亮，丁亚东，段少勇.汽车空调膨胀阀常见故障分析与排除[J].制冷与空调，2017，31（1）：81-85.

［26］王瑶.纯电动汽车空调系统仿真及控制算法优化［M］.北京：北京理工大学出版社，2012.

［27］周志超.乘用车电空调系统仿真及控制算法优化［M］.北京：北京理工大学出版社，2014.

［28］林洪良.基于复合除霜技术的电动汽车用热泵空调控制策略研究［M］.北京：北京理工大学出版社，2012.

［29］程恰，周国梁，兰娇，等.新型电动汽车热泵系统除湿再热性能实验研究［J］.制冷学报，2018（5）：105-111.

第 7 章 车身结构及轻量化

纯电动汽车动力系统约占整车整备质量20%~30%，比同类型传统燃油乘用车整备质量约重150~300kg，比同类型传统燃油大客车约重2000~3000kg[1]，这对纯电动汽车的能耗和续驶里程产生重要影响。为提高纯电动汽车的续驶里程，开展车身结构的轻量化设计十分重要。相关研究表明，纯电动汽车每减少100kg，续驶里程可提升10%~11%，同时还可以减少20%的动力蓄电池成本。

车身结构轻量化是集成应用结构、材料、工艺技术和综合考虑成本、性能等因素的结果。在保证基本性能的基础上，通过减轻车身质量，可以实现降低能耗、提高续驶里程、改善制动性能、保持行驶安全、降低成本的目的。实现车身轻量化的主要技术途径包括应用轻质材料及其成形工艺、使用结构优化技术。

本章结合轻量化共性技术、行业发展现状及主要进展，力争较为系统地归纳总结纯电动汽车车身结构特点与趋势，介绍结构优化设计方法与流程、用材体系、板料成形与连接工艺等技术。

7.1 纯电动汽车车身结构及发展趋势

7.1.1 纯电动乘用车与燃油乘用车的差异

表 7-1 给出了由于底盘及动力系统的不同而造成的传统燃油乘用车和纯电动乘用车车身结构的差异。早期的纯电动乘用车是在传统燃油乘用车的基础上通过动力总成电动化进

行改制的，因此其车身结构与传动燃油乘用车基本一致，仅对动力总成的车身安装结构进行适应性设计。随着纯电动乘用车技术的不断发展，其车身结构也发生了很大改变。传统燃油乘用车与纯电动乘用车车身结构对比如图7-1所示。正是因为纯电动乘用车采用动力蓄电池包、电机和减速器为主的新型动力系统架构，才使其需要采用不同于传统燃油车的车身结构，并逐步发展成纯电动乘用车全新的车身构型，特别是在整车总布置和碰撞安全性、疲劳耐久性设计等方面有较大差异。

表7-1 传统燃油乘用车与纯电动乘用车的差异

车型类别	车身	底盘
传统燃油乘用车（沃尔沃 XC60）		
纯电动乘用车（雪佛兰 Bolt）		

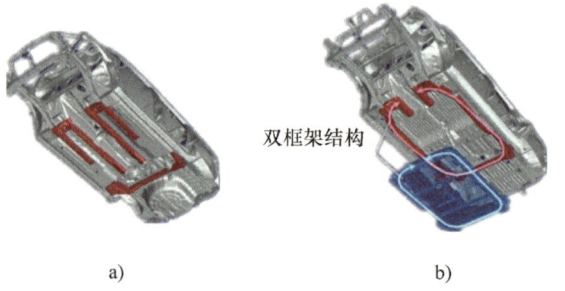

图 7-1 传统燃油乘用车与纯电动乘用车车身结构对比
a) 传统燃油乘用车车身 b) 纯电动乘用车车身

7.1.1.1 动力系统布置

与传统燃油乘用车相比，纯电动乘用车需额外考虑动力蓄电池的空间布局。此外，还需要合理布置充电机总成、直流变换器总成、整车控制器总成、电加热器等，以及在机舱内增加安装以上部件的电气支架。

7.1.1.2 碰撞安全性设计

① 纯电动乘用车车身结构除了需要考虑乘员安全保护外，还需要考虑对动力蓄电池系统和其他高压器件的保护，动力蓄电池系统周围须设计合理的吸能区与刚性区。

② 纯电动乘用车车身前舱结构空间得到极大释放，使得纵梁设计实现平直化成为可能，从而提升正面碰撞载荷传递效率。蔚来汽车 ES 8 车型的前舱结构示意如图7-2所示。

③ 纯电动乘用车质量增加较多，碰撞初始动能大，碰撞吸能形式和特性与传统燃油车差异较大。

④ 纯电动乘用车地板纵梁向外侧移动或者完全取消，前纵梁与门槛梁搭接处成为车身薄弱点，是重要的设计位置。

7.1.1.3 疲劳耐久性设计

① 纯电动乘用车动力蓄电池包安装点周围区域是车身结构疲劳耐久风险位置，易出现疲劳破坏。

② 纯电动乘用车动力蓄电池包质量较大，造成整车质心位置下移、后移，后悬架载荷增大，车身与后悬架连接点位置疲劳耐久问题较传统燃油车显著。

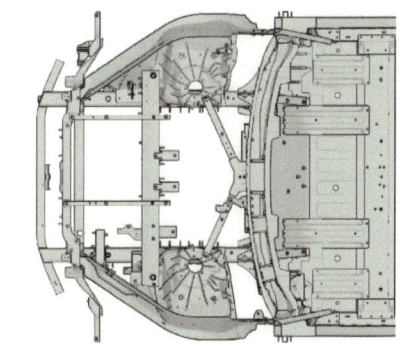

图 7-2　蔚来汽车 ES 8 车型的前舱结构示意
（图片来源：上海蔚来汽车有限公司）

③ 纯电动乘用车车身地板太高，中通道位置降低或完全取消，有地板局部模态频率过低和座椅安装点刚度不足的风险。

④ 纯电动乘用车的车身后部将成为刚度薄弱区域，门框角落位置易出现应力集中。

7.1.2　纯电动乘用车车身结构特点

现阶段主流的纯电动乘用车车身与传统燃油车车身相比，其上车体结构基本一致，主要差异在于纯电动乘用车具有区别于传统燃油乘用车的下车体，是动力蓄电池系统主要的安装与承载部件。图 7-3 所示为典型的纯电动乘用车下车体框架与传统燃油车下车体框架的对比。下面分别说明纯电动乘用车车身地板纵梁、侧面碰撞结构、前纵梁、地板和车身后部的结构设计特点。

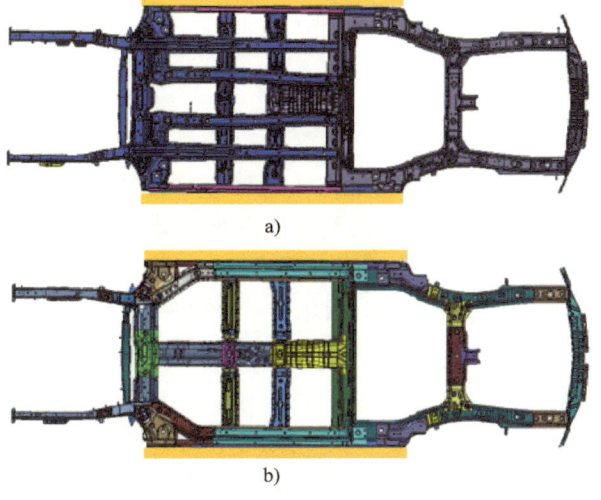

图 7-3　典型的纯电动乘用车下车体框架与传统燃油车下车体框架的对比
a) 传统燃油车下车体框架　b) 纯电动乘用车下车体框架

7.1.2.1 地板纵梁正面碰撞结构设计特点

下面通过对基于传统燃油乘用车开发车型和正向开发纯电动乘用车车型来介绍地板纵梁正面碰撞结构设计特点。纯电动乘用车的地板纵梁的变化如图7-4所示。

1. 基于传统燃油乘用车开发车型

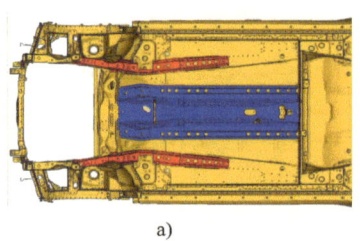
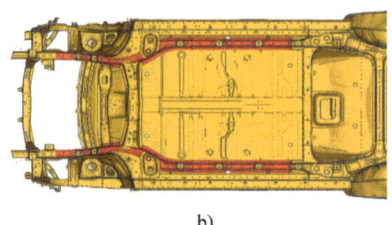

图 7-4 纯电动乘用车的地板纵梁的变化
a) 传统燃油乘用车地板纵梁　b) 纯电动乘用车地板纵梁

依据某车型开发经验，地板纵梁向外偏移角度应控制在25°以内，从而保证正面撞击载荷传递路径，避免产生应力集中点。此外，前纵梁和门槛梁需随形搭接，从而减少应力集中。

2. 正向开发纯电动乘用车车型

全新正向开发的纯电动乘用车结构，特别是全铝车身结构，一般倾向于完全取消地板纵梁的设计，从而保证动力蓄电池系统充分利用左右门槛的空间。动力蓄电池系统的宽度可达车身结构宽度的70%以上，以增大动力蓄电池系统的能量，提升续驶里程。

图7-5所示为特斯拉Model X的前纵梁。该结构通过平直化设计和增大截面面积，使正面碰撞吸能性能明显提升。同时，纵梁截面力合力点下移，降低了弯折风险。此外，通常在前壁板和地板搭接处布置加强结构，以利于偏置碰撞载荷从纵梁向门槛梁传递，提升结构整体安全防护性能。

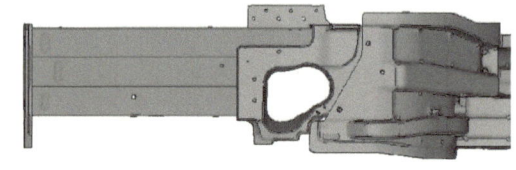

图 7-5 特斯拉 Model X 的前纵梁

7.1.2.2 侧面碰撞结构设计特点

纯电动乘用车车身结构侧面碰撞安全设计以对动力蓄电池系统的安全防护为主，而且要满足较为苛刻的要求，主要是由于动力蓄电池系统的体积决定了车身两侧的碰撞变形区空间有限。设计原则是，确保汽车在50km/h的侧面碰撞（GB 20071—2006《汽车侧面碰撞的乘员保护》）和32km/h的侧面柱碰（GB/T 37337—2019《汽车侧面柱碰撞的乘员保护》）工况下，车身结构碰撞吸能区域在动力蓄电池模组之外，从而为动力蓄电池模组提供有效的刚性区。

依据某车型开发经验，对于保留地板纵梁的车型，通常门槛梁宽度>140mm，地板纵梁宽度>80mm，同时动力蓄电池框边梁与模组间距、门槛梁距离之和>50mm，可有效保证侧面碰撞和侧面柱碰安全防护要求。对于没有地板纵梁的车型，侧面碰撞载荷主要靠门槛梁承担，门槛梁宽度>160mm，截面为异形截面，动力蓄电池框与内部模组之间以及与门槛梁之间设置一定的间隙作为碰撞缓冲区。动力蓄电池边框两侧缓冲区如图7-6所示。

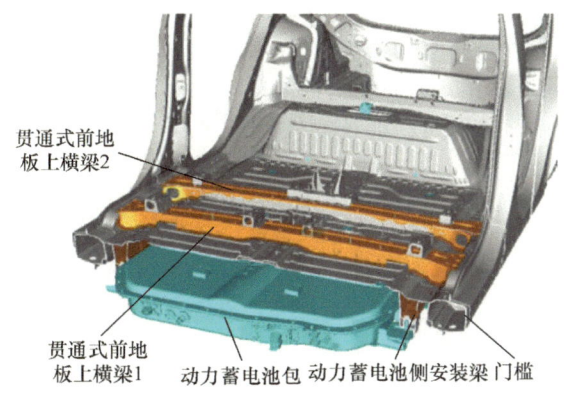

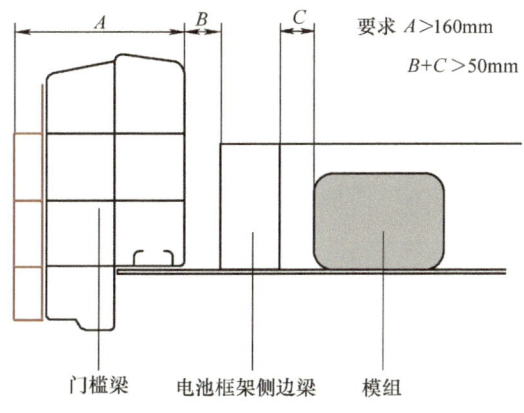

图 7-6 动力蓄电池边框两侧缓冲区

7.1.2.3 前纵梁根部结构设计特点

对于纯电动乘用车，前纵梁根部是车身结构的薄弱点，前纵梁后段一般采用抗拉强度较高的热成形钢或者铸造铝合金。另外，需在前纵梁根部增加支撑结构件，一方面提升车身扭转刚度，另一方面避免在碰撞时发生弯折。前纵梁与门槛梁的过渡结构须平滑设计，否则易发生疲劳开裂。

7.1.2.4 地板结构设计特点

纯电动乘用车的动力蓄电池系统布置导致地板抬高和中通道高度降低，地板纵梁外移或者取消，对地板中间抵抗变形能力与座椅安装点强度均有一定的影响。为提升地板局部模态频率和座椅安装点刚度，前地板设计横向贯通通道；座椅安装结构应增加板厚，以提高断面刚度；座椅横梁需增大截面，并优化布置位置，必要时应在地板上增加局部加强件。

7.1.2.5 车身后部结构设计特点

同样，纯电动乘用车车身结构后部也应对动力蓄电池形成足够的保护，以保证在后面碰撞 50km/h 和追尾碰撞 80km/h 的情况下对动力蓄电池系统的安全防护。后碰加强结构应保持完整传力路径，后纵梁前端应与门槛梁后端形成搭接。必要时门槛梁后端内部设计加强件以避免溃缩变形。考虑到动力蓄电池空间的最大化设计诉求，在满足布置空间要求的前提下，动力蓄电池后侧要尽量向后加长。雪佛兰 Bolt 车身后部结构如图 7-7 所示。

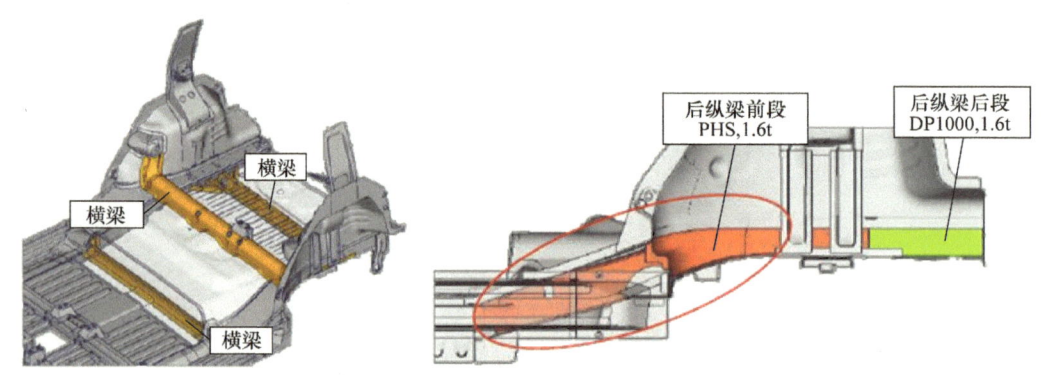

图 7-7 雪佛兰 Bolt 车身后部结构

7.1.3 典型的纯电动乘用车车身结构

纯电动乘用车的车身结构形式基本一致，区别主要在车身用材方面。从用材方面分类，纯电动乘用车的车身结构可以分为钢制车身、钢铝混合车身、全铝车身和铝塑混合车身四大类。这四大类车身目前都得到了应用，各具优势。

7.1.3.1 以钢为主的纯电动乘用车车身结构

目前纯电动乘用车多采用钢制车身，该种方案制造成本低，具有较长的续驶里程和较高的碰撞安全性。通常情况下，车身结构主体应用大量的先进高强度钢、热成形钢等轻量化材料，车门等开闭件采用铝合金以实现轻量化。

此类代表性的车型包括日产 Leaf、雪佛兰 Bolt 以及江淮 iEV 系列等大部分国内自主品牌车型。图 7-8 所示为雪佛兰 Bolt 车型的车身用材示意图。该车身应用高强度钢比例达到 68%，其中，低合金高强度钢比例为 24%，先进高强度钢比例为 23%，超高强度钢比例为 9%，热成形钢比例为 12%，铝合金比例达到 14%。通过结合先进的结构设计、材料匹配等，雪佛兰 Bolt 车身结构具有优异的性能，白车身的模态、刚度和轻量化系数见表 7-2 和表 7-3。整车碰撞安全性见表 7-4，56km/h 正面刚性壁障碰撞试验成绩为四星，62km/h 侧面可移动壁障碰撞试验成绩为五星，32km/h 侧面柱碰试验成绩为五星，翻滚测试成绩为五星。

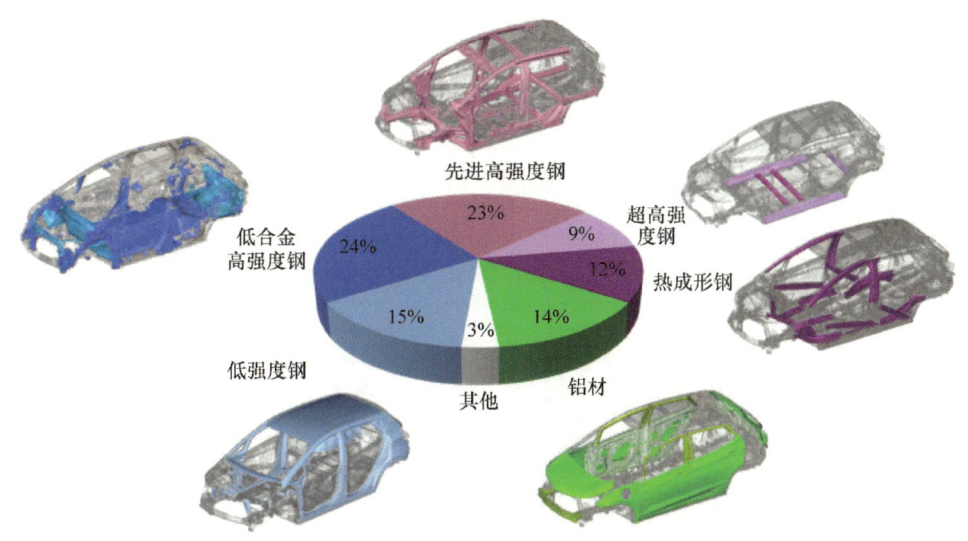

图 7-8 雪佛兰 Bolt 车型的车身用材示意图

表 7-2 雪佛兰 Bolt 白车身弯曲和扭转模态频率

车身种类	弯曲模态 /Hz	扭转模态 /Hz
白车身	40.1	59.9
白车身加动力电池	30.9	33.3
内饰车身	30.4	28.7

表 7-3 雪佛兰 Bolt 白车身扭转刚度和轻量化系数

车身种类	扭转刚度 /[kN·m/(°)]	轻量化系数
上一代架构	17.7	4.54
2016 款白车身	18.5	4.22
2016 款白车身+动力蓄电池	24.5	4.05

表 7-4 雪佛兰 BOLT 的 NHTSA 安全测试结果

		测试星级
总成绩		★★★★★
正面碰撞		★★★★
	主驾侧	★★★★★
	前排乘客侧	★★★★
侧面碰撞		★★★★★
	侧碰前排	★★★★★
	侧碰后排	★★★★
	侧柱碰	★★★★★
翻滚测试		★★★★★
	动态 Tip 结果	无 tip
	翻滚概率	9.7%

7.1.3.2 钢铝混合车身

为实现更好的轻量化效果，部分电动汽车企业采用钢铝混合车身结构，代表车型有爱驰 EV U5、特斯拉 Model 3 等。爱驰 EV U5 的车身用材示意图如图 7-9 所示。爱驰 EVU5 上车身使用钢制材料，在 A 柱、B 柱、侧围上框等部位使用热成形钢，下车身以铝合金为主。铝板材应用于前围板、地板等覆盖件；铝型材应用于前防撞梁、前后纵梁、散热器横梁、门槛梁、车架横梁等主要载荷路径上；铝合金真空压铸应用于接头部位，如减振塔、前纵梁后段、后纵梁前部等。

图 7-9 爱驰 EV U5 的车身用材示意图

特斯拉 Model 3 车身用材示意图如图 7-10 所示。特斯拉 Model 3 在其车身后部（后侧围及后地板等）应用铝合金，其余部位采用钢制材料。

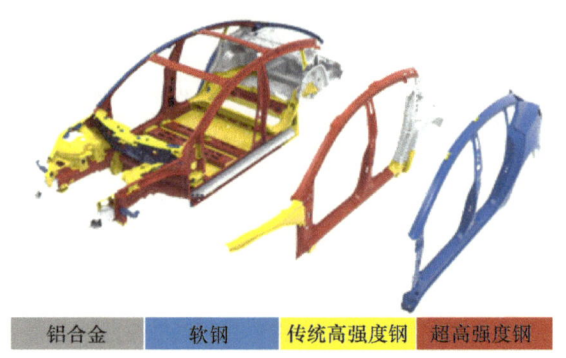

图 7-10 特斯拉 Model 3 车身用材示意图

钢铝混合纯电动车身结构形式与传统燃油乘用车基本一致，主要在前地板处的结构存在一定的差异，下车身动力蓄电池安装结构与钢制车身结构也基本类似。图 7-11 所示为特斯拉 Model 3 下车身结构示意图。动力蓄电池系统侧安装点集成在门槛梁上。对于侧面柱碰工况下动力蓄电池的安全性设计，在钢铝混合车身前地板上面设计有左右贯通式前地板横梁。特斯拉 Model 3 侧面柱碰结构示意图如图 7-12 所示。

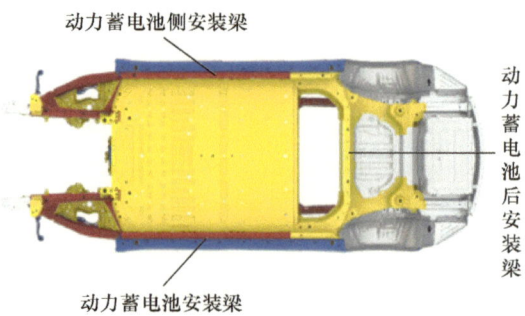

图 7-11 特斯拉 Model 3 下车身结构示意图

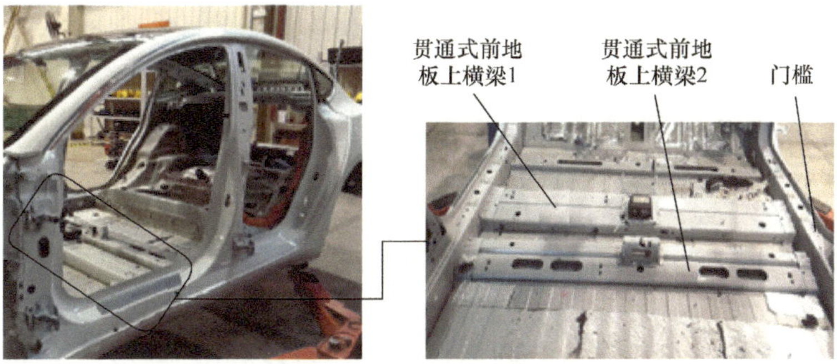

图 7-12 特斯拉 Model 3 侧面柱碰结构示意图

7.1.3.3 全铝车身

为了满足进一步轻量化的需求，部分电动汽车在其纯电动乘用车上采用全铝车身结构，代表车型有特斯拉 Model S、蔚来 ES8、捷豹 I-Pace、奇瑞小蚂蚁等车型。根据铝合金应用的情况，可将纯电动乘用车全铝车身分为两类：第一类以特斯拉 Model S、蔚来 ES8、捷豹 I-Pace 为代表，在车身上应用冲压铝合金、挤压铝合金以及铸造铝合金三种形式的铝合金材料，称为复合式全铝车身（图 7-13a）；另外一类以奇瑞小蚂蚁为代表，在车身上应用挤压铝合金、冲压铝合金两种形式的铝合金材料，称为挤压框架式全铝车身（图 7-13b）。

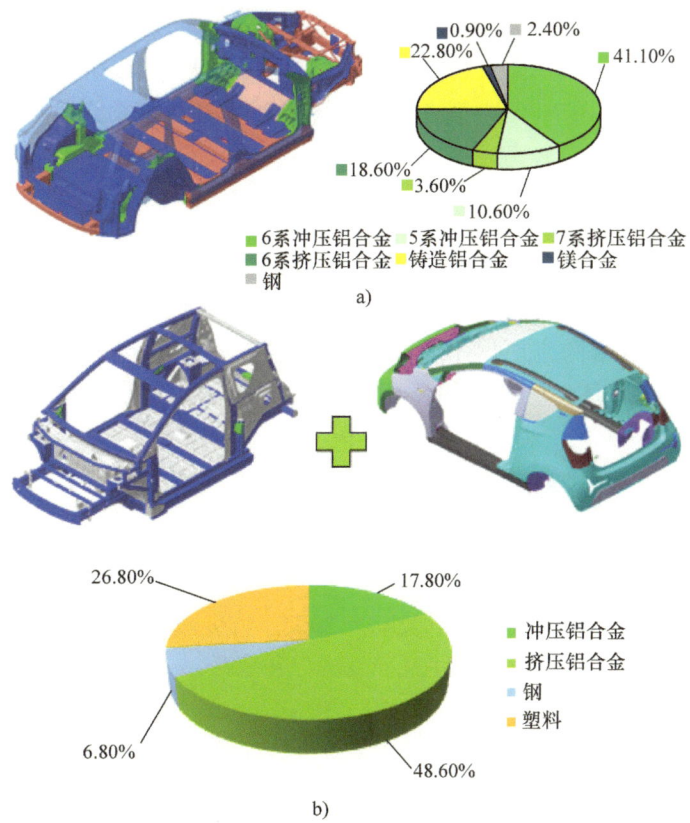

图 7-13 复合式全铝车身与挤压框架式全铝车身的对比图
a) 复合式全铝车身　b) 挤压框架式全铝车身

由于挤压框架式全铝车身在铰接接头处一般采用两个或三个挤压铝合金件对接，由T形熔化极惰性气体保护焊（MIG焊）或非熔化极惰性气体保护电弧焊（TIG焊）的方式连接而成，所以接头的铰接点刚度低，且焊接处强度衰退，通常为母材的75%左右。这种"木桶效应"直接导致整个车身性能不高。随着纯电动汽车车身技术的发展，下车身框架结构形式基本趋于一致，通常由挤压铝合金件和铸造铝合金通过焊接或铆接方式拼接而成。挤压铝合金件通常采用平直梁，梁截面形状可根据碰撞压溃或抗弯刚度需求灵活设计，以实现载荷的合理控制。铸造铝合金件具有较高的刚度，适合作为车身框架的铰接接头。典型的铝合金下车身框架结构如图7-14所示。可以看出，动力蓄电池安装框架的四个铰接点采用铸造铝合金件设计，其余部位采用挤压铝合金件设计。

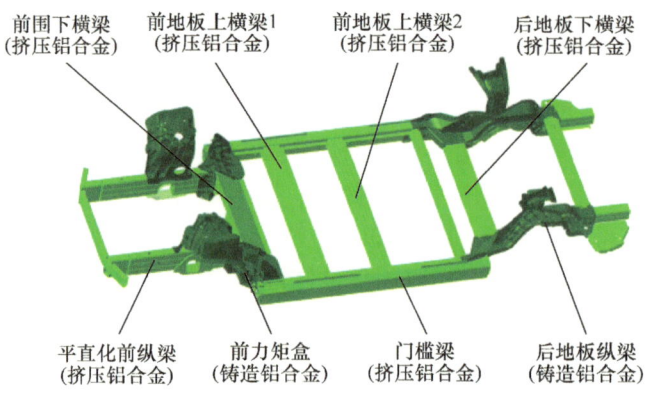

图7-14 典型的铝合金下车身框架结构示意图

7.1.3.4 铝塑混合车身

铝塑混合车身一般由碳纤维乘员舱上车身和铝合金下车身构成，轻量化水平最高，代表车型有宝马i3、i8。由于碳纤维原材料成本以及碳纤维增强复合材料零部件制造成本较高，所以铝塑混合车身结构应用得不多。宝马i3的车身结构示意图如图7-15所示，其动力蓄电池安装结构和侧面柱碰工况下的动力蓄电池安全结构与全铝车身的基本一致。

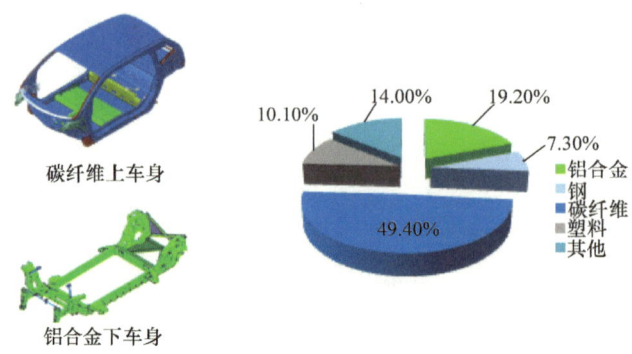

图7-15 宝马i3车身结构示意图

7.1.4 纯电动乘用车车身结构的发展趋势

纯电动乘用车经过多年的发展，车身结构技术从基于传统燃油乘用车平台适应性改装到全新正向开发阶段，为此积累了较为丰富的结构技术。未来纯电动乘用车结构发展将会呈现以下趋势：

（1）整车结构模块化设计

模块化设计是将车身分为前端、乘员舱、后端、闭合件等相对独立的模块。各模块发挥不同的作用，实现不同的性能。以宝马i3为例，其乘员舱模块采用碳纤维材料，具有高刚度和高强度特性，耐撞性优异，实现了极致轻量化；车身前后端模块应用了铝合金材料，其中前纵梁采用了多边形断面设计，碰撞吸能特性优异；闭合件模块则应用热塑性塑料，成本低廉，外观质量好，且能实现较高轻量化。

（2）关键部件集成化设计

通过部件集成化设计，可将一个复杂结构或多种功能的部件替代多个普通部件，能够简化工艺、提升性能，达到轻量化和降低成本的目的。例如，传统燃油乘用车的门槛由门槛内板、门槛外板、内加强板和多个局部加强件组成，而特斯拉 Model 3 的门槛则仅采用了一根挤压铝型材，便具有更高的强度和更好的耐撞性。再如，传统车的 C 柱上接头需采用十个左右的钣金件进行点焊连接，而特斯拉 Model X 仅采用了一个薄壁铸铝件，刚度更高，且避免了点焊造成的局部强度下降。

（3）多材料综合应用

目前，纯电动乘用车车身轻量化材料体系的主流构成仍然是高强度钢和铝合金。随着轻质材料技术的不断进步，特别是铝合金、碳纤维等成本的不断降低，混合材料车身将是未来纯电动乘用车车身的发展方向。纯电动乘用车车身材料发展趋势如图 7-16 所示。根据车身用材来优化车身结构和连接工艺，将合适的材料、正确的结构、合理的工艺、可行的连接方式用在车身适当的位置，可实现高性能和轻量化的车身。

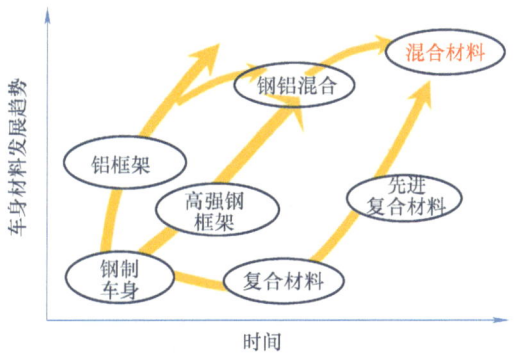

图 7-16 纯电动乘用车车身材料发展趋势

7.1.5 纯电动客车与传统燃油客车的车身结构差异

传统燃油客车通过发动机驱动整车，动力驱动系统通常布置在车身后部，油箱及气瓶布置在中部，车身后部载荷较多一些，且发动机系统占用车身较多空间。由于发动机舱对密封性的要求不高，所以对车身结构布置的要求也相对低一点。传统燃油客车与纯电动客车的车身骨架如图 7-17 所示，其差异如下：

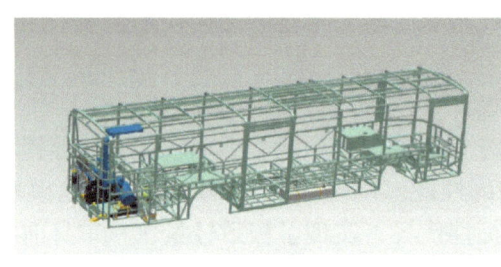

a)

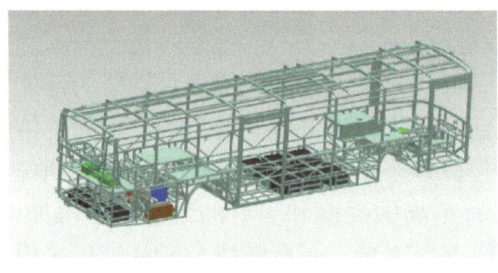

b)

图 7-17 传统燃油客车与纯电动客车车身骨架
a）传统燃油客车 b) 纯电动客车

（1）载荷分布差异

纯电动客车与传统燃油客车相比，首先是质心位置的变化。质心位置的前移或上移带来的是车身结构的变化，强度分布须重新进行设计。基于传统燃油车平台开发的纯电动客车的骨架重量一般增加 10% 左右，主要由于动力蓄电池重量大并且相对集中，导致其安装部位须局部加强。传统燃油客车与纯电动客车车身骨架强度的分布见表 7-5。

表 7-5 传统燃油客车与纯电动客车车身骨架强度的分布

车型	前段	前桥	中段	后桥	尾段
传统燃油客车	弱	强	弱	强	强
纯电动客车	弱	强	强	强	弱

（2）结构性差异

传统燃油客车的动力系统集中分布在车辆后部，但纯电动客车的动力蓄电池包、高压控制部件等需要单独分割出独立的舱体进行布置，并针对不同部件特性的需要进行密封、通风、防水处理，在结构上需要满足的功能要求更多，因此结构上更复杂。高低压部件的分开布置，在结构上差异性大。此外，纯电动客车为降低能耗，提高能耗利用率，在车身的密封性能、隔热性能上要求更高，在车身结构上需要做特殊的设计。

从结构特点来看，纯电动客车基本是全承载车身，由前围骨架总成、后围骨架总成、左右侧围骨架总成、顶盖骨架总成五大片组成，并与底架总成构成整体，共同承载受力。

车身骨架要保证力流传递的连续性,即采用"封闭环"设计,尽可能做成"大环",最差也要形成"小环",如窗立柱与顶盖弯梁对齐、侧舱立柱与截面梁对齐,并能满足 GB 7258—2017、GB 13094、GB 17578 等标准要求。此外,针对纯电动客车动力蓄电池防碰撞的要求,车身侧围动力蓄电池箱必须设计有防撞结构,大部分客车选用防撞横梁的结构,即将一根足够强度的横梁安装在电池箱内侧,可自由拆卸,不影响电池拆装;当车辆受外力冲击时,可以有效地保护电池,防止电池受冲击变形后发生起火燃烧。

从用材体系来看,纯电动客车的车身骨架一般采用屈服极限大于 345MPa 的锰钢,部分非承重梁采用屈服极限大于 235MPa 的锰钢。车身骨架选用方形管焊接,根据车身造型、各部位承载要求、各位置应力范围等合理选用管型。车身造型一般影响前后围骨架、顶盖骨架,故根据造型需要可部分选用异形管。例如:前围 A 柱、顶盖骨架边纵梁、车身主体部位特别是应力集中的部位采用无缝钢管,其他部位可采用焊管,其管型大小可根据应力情况合理选用,一般诸如侧围窗立柱、侧围门立柱、底架截面梁、悬架固定梁、电机尾纵梁等可选用较大管型,以确保强度。还可结合 CAE 分析及试验验证,确保车身强度,从而合理调整管型及车身的结构,同时进一步实现轻量化设计。

7.2 纯电动汽车车身结构优化设计

结构优化技术是轻量化技术中最为直接且成本最低的手段之一,在车身结构开发的不同阶段,均可引入结构优化技术,从而达到提升性能和减轻重量的目的。不同汽车企业在产品开发中应用结构优化技术的顺序不尽一致。当前,国内外知名汽车企业技术研发中心大多建有整车集成与优化中心,推动结构优化技术在整车和部件中的应用。在汽车车身结构优化中,可以考虑车身结构刚度、强度、碰撞安全、NVH 和疲劳耐久等性能,同时也可以考虑质量、体积或者成本等。通过建立相应的结构优化设计模型,而联合数值仿真和数值最优化方法进行求解,从而获得最优设计。

7.2.1 结构优化设计主要方法

结构优化[2-4]按照变量类型可分为拓扑优化、形状优化和尺寸优化三种。其中,拓扑优化多用于概念设计阶段,形状优化和尺寸优化设计主要应用于详细设计阶段。

7.2.1.1 拓扑优化

拓扑优化是一种较为高级的结构优化技术,是指在一定的设计空间内,通过优化材料的分布使结构性能达到规定要求的一种结构优化设计方法,是有限元分析和结构优化高度融合的一种设计方法。拓扑优化具有较大的设计自由度,往往能提供创新设计构型,因此常应用于概念设计阶段。在结构拓扑优化领域,较为常用的是连续体拓扑优化方法,主要包括变密度法、渐进结构优化法和水平集法等。

1. 变密度法

变密度法[5]是较为常用的一类拓扑优化设计方法,引入单元相对密度作为设计变量,通过相应的材料插值模型，建立材料参数和单元相对密度之间的函数关系，进而控制单元刚度矩阵和整体刚度矩阵的变化，直至在需要材料用量下使得结构性能达到最优，最终获取材料的最优分布。

从工程应用角度而言，变密度法与有限元模型具有天然的联系，可以处理具有极为复杂几何构型的材料分布问题，已经作为主流的拓扑优化设计方法嵌入主要的结构优化设计平台中。值得一提的是，由于变密度法存在应力奇异现象，且拓扑优化主要用于概念设计阶段，所以在设计初期阶段主要面向刚度及模态等性能的拓扑优化设计，可在后续详细设计阶段开展面向强度性能的优化设计。图7-18所示为近几年典型车身结构拓扑优化设计。

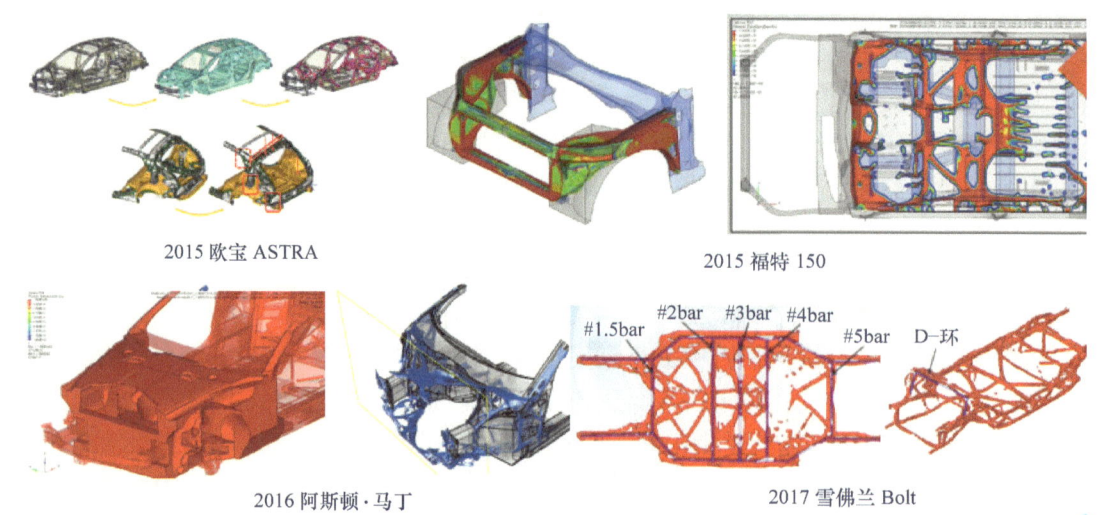

图7-18　近几年典型车身结构拓扑优化设计

近年来，基于变密度法的等效静态载荷方法（Equivalent Static Loads，ESLs）及其改进方法逐步应用于面向碰撞安全的结构拓扑优化设计[6]。该方法通过将非线性碰撞分析与拓扑优化设计分离，可直接借助于标准的拓扑优化设计，大大降低了材料非线性、几何非线性和接触非线性对拓扑优化设计的挑战。

2. 渐进结构优化法

渐进结构优化法[7]是根据一定的优化准则，逐步去除无效结构或者低效结构的材料，从而使得结构性能趋于最优的一种方法。渐进结构优化的一般过程是重复进行多次有限元分析，依据结构响应并结合给定的材料演化策略，在低应力区删除一定比例的材料，或在高应力区添加一定比例的材料，直至获得最优的材料分布。相比于密度法，渐进结构优化方法无需较多的数学理论支撑，直接利用物理概念和有限元分析进行拓扑优化设计。由于其概念简明、易于编程等特点，目前已被应用于考虑不同性能的结构拓扑优化设计。然而，该方法缺乏设计平台支撑，因此目前在汽车企业应用较少。

3. 水平集法

水平集法[8]起初是作为研究界面在速度场中演化的一种方法，结构拓扑优化水平集法通过零水平集描述材料边界，结合目标函数（应变能、模态频率等）并融合结构界面信息构造速度函数,利用材料界面的演化、移动和融合实现结构拓扑变化,直至结构性能达到最优。相比变密度法和渐进结构优化法,结构拓扑优化水平集方法具有跟踪拓扑结构变化、计算稳定、优化边界清晰光滑等特点。尽管当前水平集方法已经嵌入某些商业软件平台,然而由于计算复杂及难以处理复杂几何构型,在汽车结构拓扑优化中应用较少。

7.2.1.2 尺寸优化

尺寸优化是在保持结构的形状和拓扑结构不变的情况下,通过优化部件截面尺寸或者最佳材料性能组合关系,从而实现结构性能最优。设计变量可以是杆的截面积、板材的厚度、复合材料分层厚度或者材料方向角度。由于该类型设计变量易于表达,在结构优化过程中,有限元分析基本不需要重新划分网格,直接借助于灵敏度分析和相应的数值最优化方法即可完成尺寸优化。在尺寸优化建模中,质量和体积是最常见的目标函数,即实现结构的轻量化目标,其约束条件可以是单元应力约束、整体应变能约束、节点位移约束、整体加速度约束及模态约束等。图7-19所示为某碳纤维车轮铺层方向尺寸优化设计。

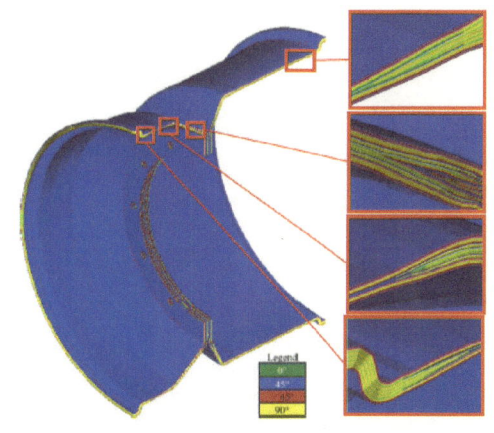

图7-19 某碳纤维车轮铺层方向尺寸优化设计

7.2.1.3 形状优化

形状优化是在保持结构的拓扑关系不变的情况下,通过优化结构设计域形状和内边界尺寸,直至获得性能最优的理想的结构几何形状。形状设计对边界形状的改变没有约束,与尺寸优化相比,其初始条件得到了一定的放宽,应用的范围也得到了进一步扩展。在形状优化中,其设计变量为边界点的坐标,考虑网格的变化,有基向量法和摄动向量法两种方法可以使用。在汽车车身结构优化中,主要用于接头形状优化设计。

7.2.2 典型结构优化设计平台

目前,已经形成若干商业化结构优化设计平台,可为汽车结构优化设计提供主要支撑。现有的结构优化设计平台可分为专用型结构优化设计平台和通用型优化设计平台两类。其中,专用型结构优化设计平台在内核中直接嵌入典型结构性能与特定结构参量的灵敏度信息,并提供特定的几种梯度型数值优化方法,从而实现设计变量的更新直至设计问题收敛。通用型优化设计平台往往既包含梯度优化算法也包含智能优化算法,需要借助于第三方结构分析求解器或者代理模型,从而完成相应的设计过程。通用型优化设计平台能够用来处理汽车结构尺寸优化问题,然而对于拓扑和形状优化问题处理起来较为烦琐,需要工程技术人员开发一定的程序接口。表7-6给出了目前汽车结构优化中较为常用的几种优化设计平台及其功能特点。

表 7-6 常用的几种优化设计平台及其功能特点

软件平台	功 能	特 点
Altair Optistruct	提供的优化方法主要面向静态、模态、频响等结构性能优化，算法可支撑较大规模的设计变量，设计变量可为单元密度（拓扑变量）、节点坐标（形状变量）和属性（板材厚度、形状尺寸、面积及惯性矩等）	● 包含多种设计变量以及合并的设计变量 ● 强大的优化算法 ● 多种工况下合并优化 ● 多目标优化分析 ● 可设置临界约束，加快优化计算效率 ● 采用可调整的收敛精度 ● 稀疏矩阵求解器，速度快，所需磁盘空间小 ● 优化后模型可输出给 CAD 软件进行二次设计 ● 多种制造加工约束定义 ● 自动报告生成功能
Tosca	提供结构拓扑优化、形状优化、钣金加强筋优化、钣金厚度优化等优化设计求解器，并且兼容主流结构有限元软件、疲劳寿命分析软件等的求解器	● 优化过程对载荷和约束条件没有数量限制 ● 被优化区域内支持实体、膜、板、壳等单元，非优化区域支持求解器所支持的所有单元类型 ● 支持材料非线性、几何大变形和接触非线性优化分析 ● 可以定义加工工艺约束，包括拔模、铸造、冲压、对称约束等 ● 支持频率响应和热固耦合场的拓扑优化 ● 可以对优化区域边界的外部及附近区域进行接触定义 ● 支持并行计算求解
Genesis	提供了丰富的优化设计功能，包括拓扑优化、形状优化、尺寸优化、形貌优化、自由尺寸优化和自由形状优化等，并支持混合优化	● 相比其他软件，GENESIS 只需很少的迭代次数，即可提供更好的优化效果 ● 提供 SMS 特征值求解器的求解速度是传统 Lanczos 方法的 2~10 倍，SMS 能够求解超过 2000 万自由度的问题 ● 提供 BIGDOT 优化算法，可以求解超过 300 万个设计变量的大规模优化模型 ● 内置了快速、可靠、准确的有限元分析，优化效率更高
Hyperstudy	提供试验设计（DOE）、近似模型、优化设计、随机性研究等	● 所有主流的 CAE 求解器，如 RADIOSS、ABAQUS、Nastran、LS-Dyna、DesignLife 和 Fluent 等都可以同 Hyperstudy 进行优化
Isight	提供数值优化、全局搜索法、启发式优化法和多目标多准则优化算法	● 可以将数字技术、推理技术和设计探索技术有效融合，并把大量的需要人工完成的工作由软件自动化处理 ● 操作性能灵活，参数映射自传递能力强，流程并联，流程嵌套
SFE-Concept	提供建立基于隐式全参数化拓扑描述方法模型的算法，内置自动刨分网格工具。可以进行尺寸、形状、拓扑优化的封闭式循环处理	● 通过隐式关系可以实现一个变量所有相关特征的自适应变化，并保证相互连接关系 ● 只需对影响点位置、线形、截面形状等参数进行局部的修改，与之相关联的所有部件就会随之自动更新，确保整个系统的拓扑完整性，因此可快速地进行任意复杂的设计方案变更

7.2.3 车身结构优化的一般流程

在车身结构开发的各个阶段，均可以采用结构优化技术，达到提升性能或者减轻重量的目的。如图 7-20 所示，在设计阶段的早期，主要集中在车身结构全局性能和概念设计优化，而在设计阶段的后期，则主要偏向于局部性能优化和质量优化。一般而言，不同的汽车企业往往有不同的开发规范，结构优化技术应用的途径也不尽一致。沃尔沃车身结构开发过程中优化技术的应用情况如图 7-21 所示。以第二代沃尔沃 XC60 的开发过程为例，在设计早期主要关注基础车型上提升碰撞安全性能及 NVH、刚度等性能，而后期则主要以轻量化为主。

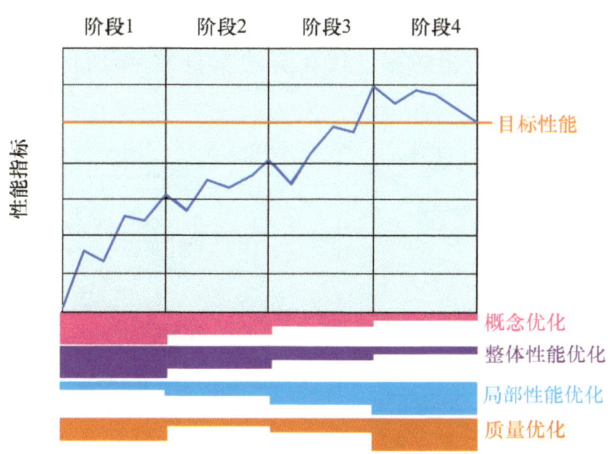

图 7-20　汽车车身结构开发中的结构优化应用情况

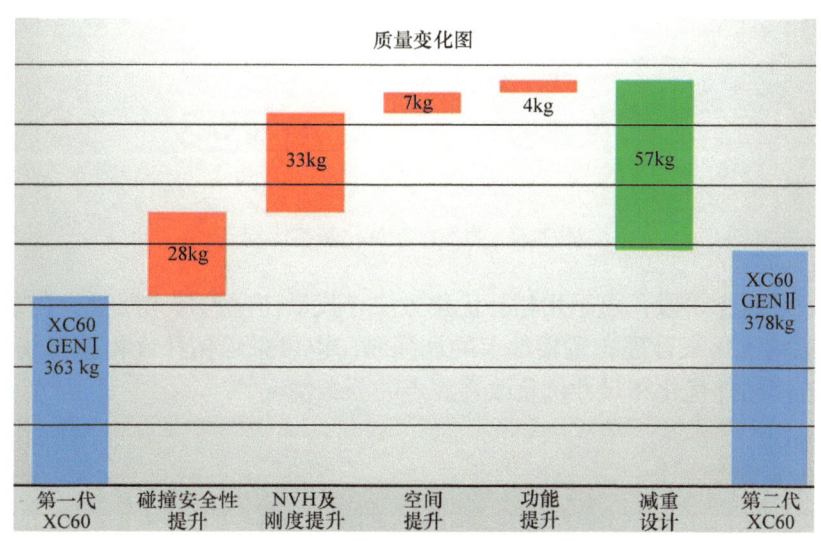

图 7-21　沃尔沃车身结构开发过程中优化技术的应用情况

依据工程经验，首先应该建立相应的优化设计模型，即明确设计目标、设计约束和设计变量。设计目标既可以是单一目标，也可以是多目标。其中，从工程角度出发，为提高设计效率，多目标优化设计问题可以转换成单一目标优化设计问题进行求解。

设计约束在设计初期则主要是质量或者体积约束，在详细设计阶段则主要是性能约束，具体包括刚度、强度、模态及碰撞安全等。拓扑型设计变量主要在车身结构开发的早期进行约束，形状型设计变量主要用于车身结构接头优化，尺寸型设计变量主要用于车身板材厚度优化。在实际车身结构设计中，须结合尺寸优化、形状优化和拓扑优化技术进行优化设计，以更好地发挥三者方法的各自优势。无论是拓扑、尺寸优化设计，还是形状优化设计,汽车结构优化基本流程均如图 7-22 所示。

工程设计人员应在单次性能模拟的基础上,结合所构造的优化设计模型定义相应的优化设计问题,并选用相应的数值优化算法进行求解,直至获得最优设计。值得说明的是,设计效率主要决定于单次数值分析效率、优化算法本身效率及计算机硬件环境等。

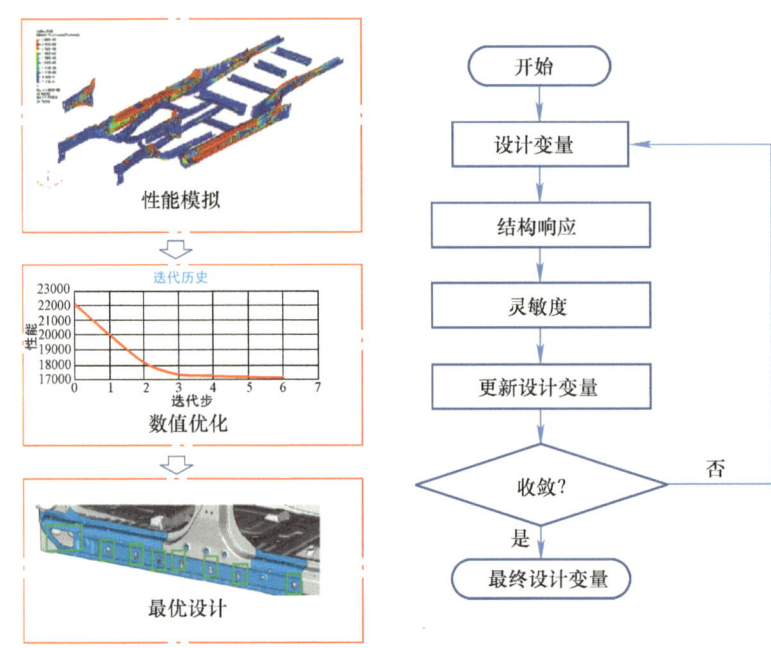

图 7-22 汽车结构优化基本流程

在车身设计概念阶段,可采用拓扑优化方法寻找最佳碰撞传力路径。在车身设计的后期,可采用形状优化来合理布置板件上的加强筋,也可采用拓扑优化进行部件局部减重,还可以结合应用拓扑优化和尺寸优化改善焊点的分布情况。

7.2.4 车身结构优化典型实例

7.2.4.1 工程案例 1

图 7-23 所示为开展尺寸优化设计的某款纯电动大客车的车身骨架。首先,依据工程经验遴选初始设计变量,如图 7-24 所示;其次,开展刚度与模态频率等性能的灵敏度分析,确定最终设计变量,如图 7-25 所示。在此基础上,构建式(7-1)所示的尺寸优化设计模型。

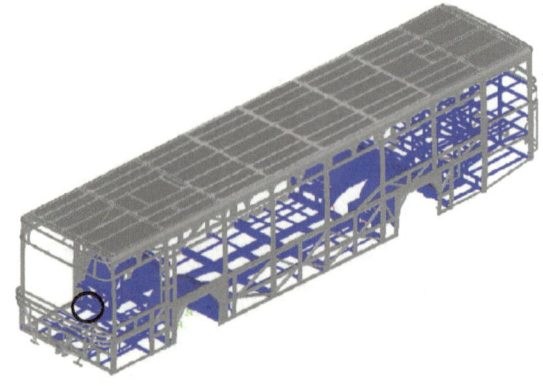

图 7-23 某款纯电动大客车的车身骨架

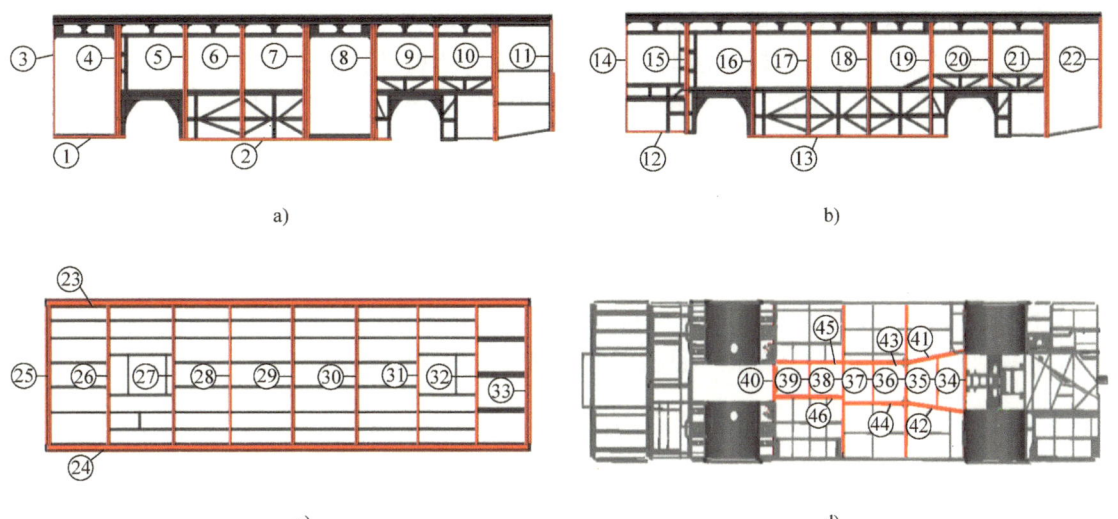

图 7-24　依据工程经验遴选初始设计变量
a) 右侧围　b) 左侧围　c) 顶围　d) 底架
①~㊻—客车车身骨架部件

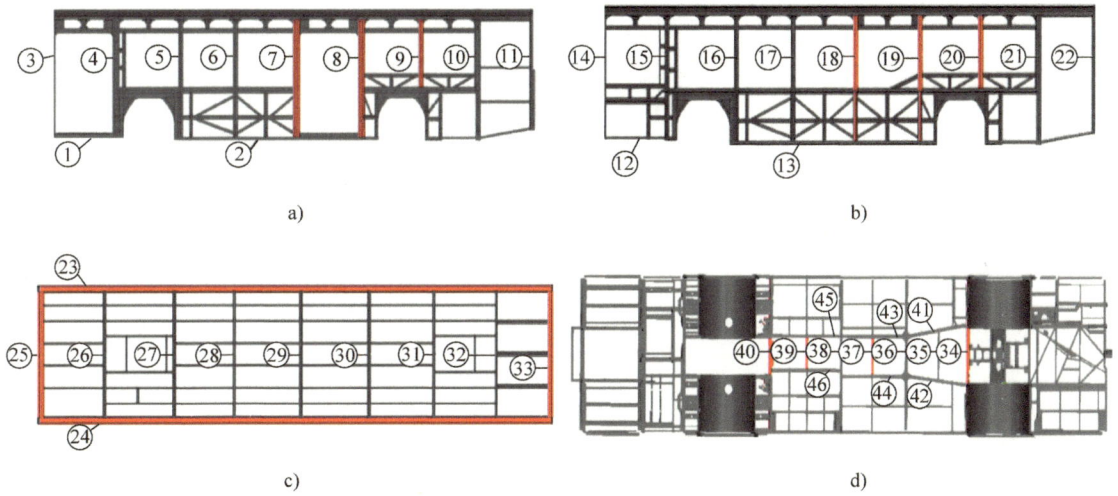

图 7-25　确定最终设计变量
a) 右侧围　b) 左侧围　c) 顶围　d) 底架
①~㊻—客车车身骨架部件

Find $\boldsymbol{X} = [X_1, X_2, \cdots, X_{14}]$

Min $Mass$

s.t. $\begin{cases} \lambda_b \geqslant \text{Target1 Hz},\ \lambda_t \geqslant \text{Target2 Hz} \\ u_b \leqslant \text{Target3 mm} \\ u_t \leqslant \text{Target4 mm} \\ X_1 = X_4, X_2 = X_5, X_3 = X_6 \\ 2\text{mm} \leqslant \boldsymbol{X} \leqslant 6\text{mm} \end{cases}$ （7-1）

在刚度和模态分析的基础上,优化以一阶弯曲频率、一阶扭转频率、弯曲刚度和扭转刚度为约束,质量最小为目标,借助于相应的梯度优化设计算法,可获得相应的最优化设计。值得说明的是,对于设计人员来说,最重要的是需要依据工程经验建立相应的优化设计模型。

7.2.4.2 工程案例 2

车身骨架结构优化技术路线如图 7-26 所示。该项目采用车身参数化建模和多目标优化技术对某 B 级纯电动乘用车车身进行轻量设计的技术路线,最终实现减重 30kg,减重率高达 7.8%,其中 65% 的重量是通过车身骨架的结构优化实现的。

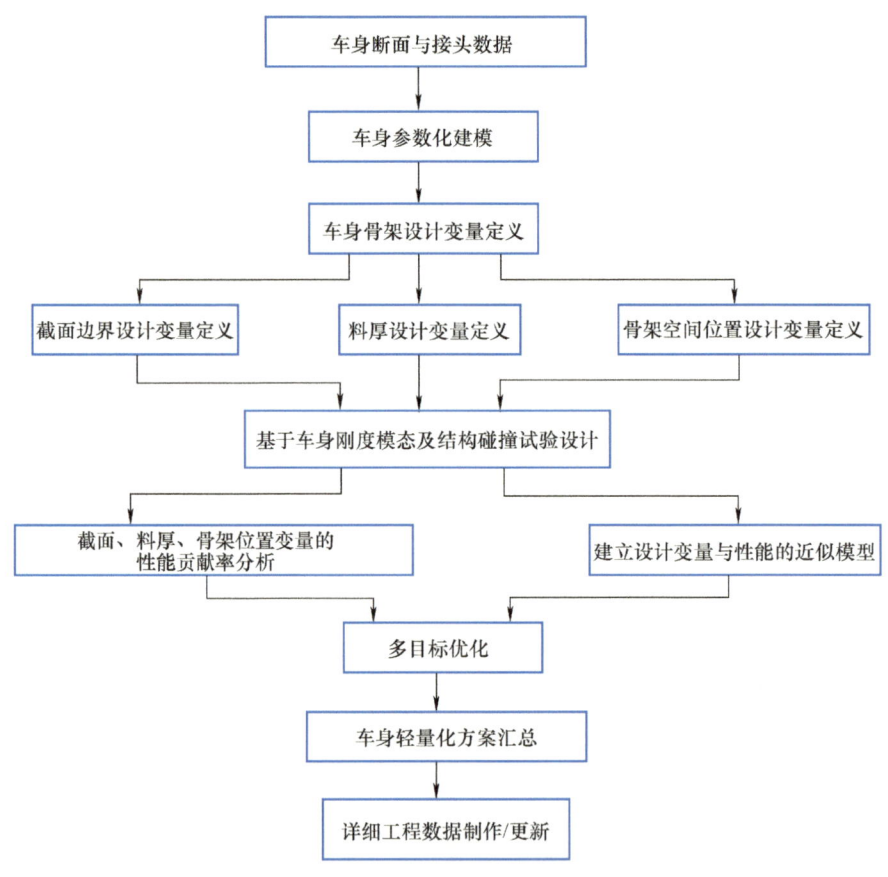

图 7-26 车身骨架结构优化技术路线

车身骨架的优化工作从车身断面与接头草图数据输入开始,基于 SFE-Concept 软件平台搭建参数化建模,借助灵敏度分析和经验库定义设计变量,包括骨架空间位置、截面边界尺寸和料厚等;然后针对车身刚度模态及结构碰撞的相关性能指标,利用高性能计算机开展高达上百个样本点的仿真计算,通过分析骨架位置变量、截面及料厚对性能的贡献率,建立设计变量与性能的近似模型,基于 Isight 软件开展多目标优化,获取最优解集;最后制定的详细工程数据需要通过强度耐久性能、NVH 性能和碰撞安全性能的虚拟验证。优化后的车身结构示意图如图 7-27 所示。

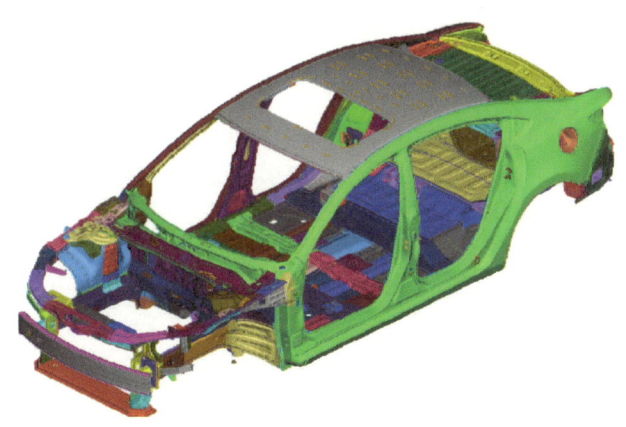

图 7-27　优化后的车身结构示意图

7.3　纯电动汽车车身材料

7.3.1　常见材料及属性

7.3.1.1　高强度钢

汽车车身用高强度钢材料有冷成形钢和热压成形钢两大类[9,10]。对承受较大荷载的车身结构，选用更高强度级别的钢材，以达到轻量化、降低成本和节约资源的目的。表 7-7 和表 7-8 给出了纯电动乘用车车身常用的高强度钢的材料性能、特点及典型应用。

7.3.1.2　铝合金

铝合金是工业中应用最广泛的一类有色金属结构材料，其中的铸造铝合金和变形铝合金也大量应用于纯电动乘用车的车身结构中，以满足轻量化要求[9,10]。表 7-9 给出了纯电动乘用车常用的铝合金的材料性能、特点及典型应用。

7.3.1.3　镁合金

镁合金是以镁为基础，加入铝、锌、锰、稀土元素或其他元素而组成的合金[9,10]。相比其他轻质合金，镁合金由于独特的材料特点，目前也逐步应用于车身内饰件中。表 7-10 给出了纯电动乘用车常用的镁合金材料性能、特点及典型应用。

7.3.1.4　非金属材料

非金属材料[11]分为有机材料和无机材料两大类，其中有机材料包含塑料、弹性体、复合材料等。在汽车产品的发展历程中，非金属材料以其低密度、高比强度的优势在轻量化材料中占有非常重要的地位。与车身轻量化相关的非金属材料主要包括塑料和复合材料。常用的塑料（通用塑料和工程塑料）材料及性能见表 7-11，常用纤维及性能见表 7-12，常用纤维复合材料及性能见表 7-13。

表 7-7　纯电动乘用车车身常用的高强度钢的材料性能、特点及典型应用（一）

合金种类	高强度钢牌号	力学性能≥						优点	缺点	典型应用
		屈服强度/MPa	抗拉强度/MPa	伸长率A_{80}(%)	r_{90}[①]	n_{90}[②]	BH值			
冷成形钢	加磷高强度钢							高强度、冷成形性好、耐冲击抗疲劳	冷轧形钢的样式一般为开口截面，使得截面的自由扭转刚度较低。在受弯时容易出现扭转，受压时容易出现弯扭屈曲，抗扭性能较差	车门外板、发动机舱盖、顶盖等外覆盖件横梁、纵梁等加强件
	HC180P	180~230	280~360	34	1.6	0.17	—			
	HC220P	220~270	320~400	32	1.3	0.16	—			
	HC260P	260~320	360~440	29	—	—	—			
	HC300P	300~360	400~480	26	—	—	—			
	烘烤硬化钢							良好的成形性能		
	HC140B	140~200	270~340	36	1.8	0.20	35			
	HC180B	180~230	290~360	34	1.6	0.17	35			
	HC220B	220~270	320~400	32	1.5	0.16	35			
	HC260B	260~320	360~440	29	—	—	35			
	HC300B	300~360	390~480	26	—	—	35			
	低合金高强度钢							具有良好的成形性能和较高的强度		车身内部加强件、B柱加强件、汽车座椅、滑道、安装架、横梁等
	HC260LA	260~330	350~430	26	—	—	—			
	HC300LA	300~380	380~480	23	—	—	—			
	HC340LA	340~420	410~510	21	—	—	—			
	HC380LA	380~480	440~580	19	—	—	—			
	HC420LA	420~520	470~600	17	—	—	—			
	HC460LA	460~580	510~660	13	—	—	—			
	HC500LA	500~620	550~710	12	—	—	—			
	HC550LA	550~700	620	11	—	—	—			

① 应变硬化指数。
② 塑性应变比。

表 7-8 纯电动乘用车车身常用的高强度钢的材料性能、特点及典型应用（二）

合金种类	高强度钢牌号	力学性能≥					优点	缺点	典型应用
		屈服强度/MPa	抗拉强度/MPa	伸长率 A_{50}(%)	r_{90}	n_{90}			
冷成形钢	双相钢								
	HC250/450DP	250~320	450	28	—	0.16	具有较高的强度、良好的成形性、抗碰撞性能等特点	冷轧形钢样式一般为开口截面，使得截面的自由扭转刚度较低。在受弯时容易出现扭转，受压时容易出现弯扭屈曲，抗扭性能较差	车身内部加强件、B柱加强件、外门槛、防撞梁、横梁、纵梁等
	HC290/490DP	290~390	490	26	—	0.15			
	HC340/590DP	340~440	590	22	—	0.14			
	HC420/780DP	420~550	780	15	—	—			
	HC500/780DP	500~650	780	12	—	—			
	HC550/980DP	550~720	980	9	—	—			
	HC650/980DP	650~900	980	8	—	—			
	HC700/980DP	700~920	980	8	—	—			
	HC820/1180DP	820~1150	1180	5	—	—			
	增强双相钢								
	HC330/590DH	330~430	590	26	—	0.16	断后伸长率、加工硬化指数高		形状复杂的加强件、B柱等
	HC440/780DH	440~550	780	18	—	0.13			
	HC700/980DH	700~850	980	13	—	—			
	复相钢								
	HC570/780CP	570~780	780	11	—	—	具有良好的弯曲和拉伸翻边性能		对扩孔性能要求较高的加强件
	HC780/980CP	780~950	980	7	—	—			
	HC900/1180CP	900~1100	1180	6	—	—			
	马氏体钢								
	HC700/980MS	700~960	980	4	—	—	较高的抗拉强度和较高的屈强比		形状较为简单的梁类零件，如门槛、防撞梁等
	HC950/1180MS	950~1200	1180	4	—	—			
	HC1030/1300MS	1030~1300	1300	4	—	—			
	HC1150/1400MS	1150~1400	1400	3	—	—			
	HC1200/1500MS	1200~1500	1500	3	—	—			
	HC1350/1700MS	1350~1700	1700	3	—	—			
	相变诱导塑性钢								
	HC380/590TR	380~480	590	28	—	0.20	较高的均匀伸长率和抗拉强度	冷轧形钢样式一般为开口截面，使得截面的自由扭转刚度较低。在受弯时容易出现扭转，受压时容易出现弯扭屈曲，抗扭性能较差	双相钢无法满足使用条件的复杂结构件
	HC400/690TR	400~520	690	26	—	0.19			
	HC420/780TR	420~570	780	23	—	0.16			
	淬火配分钢								
	HC600/980QP	600~850	980	15	—	—	优越的加工成形性能		形状复杂结构件、防撞梁、B柱加强件等
	HC600/980QP-EL	600~850	980	20	—	—			
	HC820/1180QP	820~1100	1180	8	—	—			
	HX820/1180QP-EL	820~1100	1180	14	—	—			
热压成形钢	PHS1200	900~1200	1200	6	—	—	组织均匀、强度大、尺寸精度高等	局部屈曲性能弱	形状复杂的结构件、AB柱加强件等
	PHS1500	950~1250	1500	5	—	—			
	PHS1800	1100	1800	5	—	—			
	PHS2000	1200	2000	5	—	—			

表 7-9 纯电动乘用车常用的铝合金的材料性能、特点及典型应用

合金种类		合金牌号	合金代号	力学性能≥			优点	缺点	典型应用
				抗拉强度/MPa	断后伸长率（%）	布氏硬度HBW			
铸造铝合金	Al-Si合金系	ZAlSi7Mg	ZL101	135~225	1	45~70	良好的力学性能、物理性能、耐腐蚀性能和中等切削加工性能	淬火、时效强化效果很差，不能进行热处理强化	广泛用于结构件，如壳体、缸体、箱体和框架等
		ZAlSi7MgA	ZL101A	195~295	2	60~80			
		ZAlSi12	ZL102	135~155	2	50			
		ZAlSi9Mg	ZL104	150~240	1.5	50~70			
		ZAlSi5Cu1Mg	ZL105	155~235	0.5	65~70			
		ZAlSi5Cu1MgA	ZL105A	275~295	1	80			
		ZAlSi8Cu1Mg	ZL106	175~265	1.5	60~80			
		ZAlSi7Cu4	ZL107	165~275	2	65~100			
		ZAlSi12Cu2Mg1	ZL108	195~255	—	85~90			
	Al-Cu合金系	ZAlCu5Mg	ZL201	295~335	2	70~100	良好的切削加工、焊接性能	铸造性能和耐腐蚀性能较差	在航空产品上应用较广
		ZAlCu5MgA	ZL201A	390	8	100			
		ZAlCu10	ZL202	104~163	—	50~100			
		ZAlCu4	ZL203	195~225	3	60~70			
		ZAlCu5MnCdA	ZL204A	440	4	100			
		ZAlCu5MnCdVA	ZL205A	440~470	2	100~120			
		ZAlR5Cu3Si2	ZL207	165~175	—	75			
	Al-Mg合金系	ZAlMg10	ZL301	280	9	60	优良的力学性能、耐腐蚀性	合金熔炼和铸造工艺较复杂	底架、减振器支架以及空间框架等结构件
		ZAlMg5Si	ZL303	143	1	55			
		ZAlMg8Zn1	ZL305	290	8	90			
	Al-Zn合金系	ZAlZn11Si7	ZL401	195~245	1.5	80~90	自然时效倾向大，不需要热处理就能得到的强度	耐腐蚀性能差，密度大，铸造易产生热裂	用作压铸仪表壳体类零件
		ZAlZn6Mg	ZL402	220~235	4	65~70			
变形铝合金	AlSiMg合金	6016	T4	210	105	26	成形性好	有限的烘烤硬化性能	车门、行李箱等车身面板、保险杠、车轮的轮辐、轮毂罩、轮外饰罩、制动器总成的保护罩、消声罩、防抱死制动系统、热交换器、车身构架、座位、车厢底板等结构件以及仪表板等装饰件
		6111	T4	290	160	25	没有表面拉伸花纹缺陷	略弱的抗腐蚀性	
	AlMg合金	5754	O/H111	215	110	23	良好的耐蚀性、焊接性及加工成型性	深拉伸后易出现表面拉伸花纹缺陷	
		5182	O/H111	270	140	24	耐蚀性好；优良的焊接性，冷加工性较好		

表 7-10　纯电动乘用车常用镁合金的材料性能、特点及典型应用

合金种类	合金牌号	合金代号	ASTM牌号	热处理状态	力学性能≥ 抗拉强度/MPa	力学性能≥ 塑性延伸强度 $R_{p0.2}$/MPa	力学性能≥ 断后伸长率 A_{81}(%)	工艺	优点	缺点	典型应用
铸造镁合金	ZMgZn5Zr	ZM1	ZK51	T1	235	140	5	砂型及金属型单铸试样	密度小，比强高；尺寸稳定性高、自动化生产能力和高的模具寿命、疲劳极限高，能承受较大的冲击载荷，具有良好的导热性、切削加工性和减振性	耐蚀性差，对应力集中敏感	门框、仪表板、座椅框架、移动式车顶架、后掀门架、车门内侧、安全气囊外壳、加油箱盖、车灯外壳、引擎盖、车顶板、前置架支撑组件、车身骨架、反射镜架、座椅安全带零部件、空调机外壳、转向架、锁架外壳、方向盘、轮圈、刹车及离合器踏板托架、操纵杆零部件、ABS框架、托架等
铸造镁合金	ZMgZn4RE1Zr	ZM2	ZE41	T1	200	135	2.5	砂型及金属型单铸试样			
铸造镁合金	ZMgRE3ZnZr	ZM3	EZ30M	F	120	85	1.5	砂型及金属型单铸试样			
铸造镁合金	ZMgRE3Zn3Zr	ZM4	EZ33	T1	140	95	2	砂型及金属型单铸试样			
铸造镁合金	ZMgAl8Zn	ZM5	AZ91B	F	145~230	7~100	2	砂型及金属型单铸试样			
铸造镁合金	ZMgAl8ZnA	ZM5A	AZ91A					砂型及金属型单铸试样			
铸造镁合金	ZMgNd2ZnZr	ZM6	KZ30Z	T6	230	135	312	砂型及金属型单铸试样			
铸造镁合金	ZMgZn8AgZr	ZM7	ZQ81M	T4/T6	265~275	110~150	4	砂型及金属型单铸试样			
铸造镁合金	ZMgAl10Zn	ZM10	AZ91S	F	145~230	85~130	1	砂型及金属型单铸试样			
铸造镁合金	MgAl2Mn	—	AM20	F	150~220	80~100	8~25	压铸			
铸造镁合金	MgAl5Mn	—	AM50	F	180~230	110~130	5~20	压铸			
铸造镁合金	MgAl6Mn	—	AM60	F	190~250	120~150	3~12	压铸			

表 7-11　纯电动乘用车常用的塑料材料及性能

类别	代号	塑料性能 密度/(g/cm³)	拉伸强度/MPa	断裂伸长率(%)	拉伸模量/GPa	冲击强度/(kJ/m²)	热变形温度/℃
通用塑料	LDPE	0.91~0.925	7~16	90~800	0.45	不断裂	38~50
通用塑料	HDPE	0.941~0.965	20~40	15~300	1.2	不断裂	60~80
通用塑料	PP	0.90~0.92	20~40	200~700	1.2~1.7	不断裂	90~120
通用塑料	PVC-U	1.4~1.6	35~55	2~40	2.5	22~108	—
通用塑料	PS	1.04~1.09	>40	50	2	12~16	—
通用塑料	ABS	1.03~1.07	35~55	25	1.7~3	70~75	87~98
工程塑料	PMMA	1.18	70	3~5	3.3	10~16	80~102
工程塑料	POM	1.42	57	15	3.2	100	88
工程塑料	PC	1.2	62	130	2.2	不断裂	125
工程塑料	PA6	1.13	55	140	2	12	68
工程塑料	PA66	1.15	60	150	2	15	70
工程塑料	PBT	1.31	60	4	1.7	17	62

表 7-12 纯电动乘用车常用的纤维及性能

材料种类		纤维性能				优点	缺点	典型应用
		密度 /(g/cm^3)	抗拉强度 /GPa	弹性模量 /GPa	线胀系数 /(10^{-6}/℃)			
玻璃纤维	E 玻璃纤维	2.6	3.4	73	5	密度低、机械强度高、蠕变倾向低、吸湿性低、绝缘性好、耐热性强、抗腐蚀性好	回收利用率低，无碱性玻璃纤维（E 玻璃纤维）耐无机酸性能差，有一定的脆性，耐磨性较差（SMC 复合材料除外）	车身壳体、硬壳车顶、地板、车门、散热气护栅板、前端板、阻流板、行李舱盖板、遮阳罩、翼子板、前照灯反光镜、座椅托架、前端安装支架、底板护板等
	S 玻璃纤维	2.53	4.4	86	4			
	C 玻璃纤维	2.52	2.4	70	6.3			
	ECR 玻璃纤维	2.72	3.44	73	5.9			
	AR 玻璃纤维	2.68	3	73	6.5			
碳纤维	T-300	1.76	3.5	230	−0.6	碳纤维同时具有密度小、比强度高、比模量高、耐高温、耐腐蚀、耐疲劳、抗蠕变、导电、传热和热膨胀系数小等优异性能	加工难，修复性差，抗剪切能力弱	车身覆盖件，框架，例如前罩、前后保险杠、车门、底板、顶盖等零部件
	T-700	1.8	4.8	230	−0.6			
玄武岩纤维（推广应用）		2.5	2.9	89	5.5	强度高、热稳定性好、磨损低、摩擦系数稳定、价格适宜、环保	稳定性控制难度较大	车身覆盖件、座椅、备胎仓等
芳纶纤维（kevlar 49）		1.45	3.8	131	−2	尺寸稳定性好、电绝缘性佳、吸能性较好、阻燃性好、导电和导热水平低、耐磨、耐酸、碱腐蚀性能好	吸湿性强、抗压性能差、价格高	用于制造承受拉力负荷、具有防护功能的部件
天然纤维（黄麻）		1.42	0.6	17.34	—	低密度、节能加工	耐磨性低	内饰部件、底板蒙皮

表 7-13 纯电动乘用车常用的纤维复合材料及性能

材料种类	复合材料性能				优点	缺点	典型应用
	密度 /(g/cm^3)	抗拉强度 /MPa	弹性模量 /GPa	纤维含量（%）			
LFT（Long Fiber reinforced Thermoplastics，长纤维增强热塑性材料）	1.15~1.30	80~120	5~7	40	密度低、韧性高、翘曲小、耐化学品性好、加工性好、可回收再利用	表面质量稍差、耐磨性较差	后背门内板、仪表板骨架、前端框架、门里板、座椅骨架等
GMT（Glass Mat Thermoplastics，玻璃纤维毡增强热塑性塑料）	1.15~1.3	200~250	8~10	40	密度低、强度高、耐冲击性能好	成本较高	防撞梁、底护板等
BMC（Bulk Molding Compound，团状模塑料）	1.85~1.90	50~70	8~12	15~20	生产效率高、适合批量生产	回收利用率低	车灯反光罩等
SMC（Sheet Molding Compound，片状模塑料）	1.7~2.0	120~150	10~14	30	强度高、表面质量好、适合批量生产	回收利用率低	后背门内板、备胎舱、发罩板、硬壳车顶、翼子板等
RTM（Resin Transfer Mokding，树脂传递模塑料）	1.4~1.7	200~280	10~16	30	生产效率较低、适合小批量生产	回收利用率低	发罩、行李舱盖板、翼子板等

7.3.2 不同材料在纯电动乘用车车身部件中的典型应用

车身结构部件按照功能不同可分为覆盖件、碰撞安全结构件和一般结构件；按照轻质材料的使用类型不同，可分为高强度钢结构件、铝合金结构件、镁合金结构件和复合材料结构件。因高强度钢部件较为常见，本文主要介绍铝合金部件，镁合金部件和复合材料部件。

7.3.2.1 铸铝合金结构件

铝合金铸件的特点是设计自由度高，通过集成设计可以替代多个钢板冲焊件，且具有较高的强度和刚度，多用在车身骨架连接处。典型零件有铝合金减振塔、铝合金三角梁、前纵梁后段、后纵梁连接板等，白车身中采用铝合金铸件的典型部位如图7-28所示，奥迪A6减振塔和奥迪Q5前舱三角梁分别如图7-29和图7-30所示。为保证零件性能，多采用真空压铸的生产方式，典型的铸造铝合金牌号有AlSi10MnMg、AlSi10Mg、AlMg5Si2Mn、AlSi9MnMgZn等。

图7-28 白车身中采用铝合金铸件的典型部位

图7-29 奥迪A6减振塔

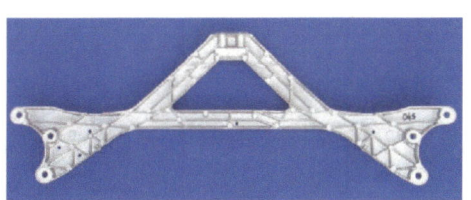

图7-30 奥迪Q5前舱三角梁

7.3.2.2 镁合金结构件

镁合金铸件用于转向盘骨架已较为普遍，部分车型采用了镁合金铸造的仪表板横梁（Cross Car Beam，CCB）和座椅骨架。在车身上量产的镁合金压铸件主要是尾门内板和前端框架。车身上典型的压铸镁合金件如图7-31所示。由于镁合金的密排六方结构，使得对它进行压力加工困难，所以在车身上主要采用压铸镁合金结构件，形变镁合金应用相对较少。

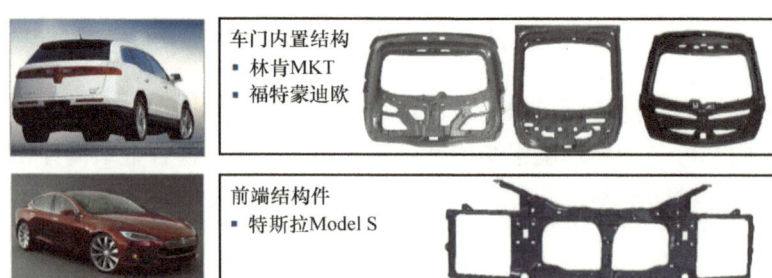

图 7-31 车身上典型的压铸镁合金件

7.3.2.3 复合材料结构件

在轻量化要求下，许多金属车身零部件逐渐被非金属复合零件替换，典型零件如塑料前端模块、塑料翼子板、塑料后背门、塑料后地板、全景天窗框架等。复合材料在雷诺 EOLAB 车型上的使用如图 7-32 所示。在 A00 级小型纯电动汽车领域，部分车型采用全复合材料的外覆盖件方案，如奔驰 SMART、东风风神 E30 和奇瑞小蚂蚁等。典型非金属零部件用材及减重效果见表 7-14。

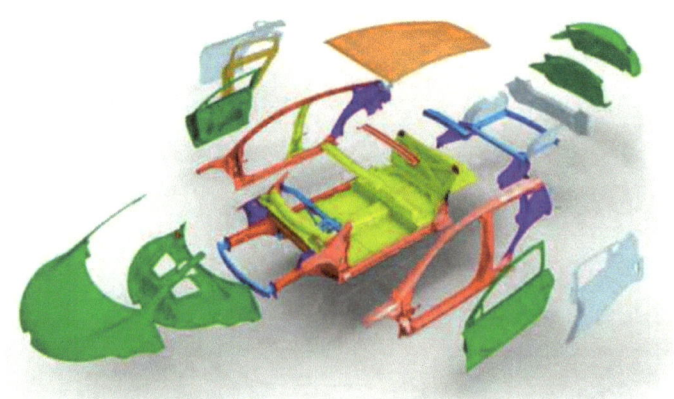

图 7-32 复合材料在雷诺 EOLAB 车型上的使用
绿色—玻璃纤维增强材料 黄色—连续纤维增强材料

表 7-14 典型车身非金属零件用材及减重效果

序号	零件名称	材料牌号	相对于钢制件的减重效果
1	前端模块	PP+LGF30 或 PA6+LGF30	25%~40%
2	翼子板	PPO+PA 或 PP+EPDM+T30	30%~40%
3	后背门外板	PP+EPDM+TD30	35%~50%
4	后背门内板	SMC 或 PP+GF30	
5	蓄电池托盘	PP+LGF40/PP+LGF30	20%~30%
6	发动机罩内/外板	PP+EPDM+T30	30%~40%
7	后保险杠	GMT	25%~30%
8	门内板模块	PP+LGF30	30% 左右
9	全景天窗框架	PP+LGF40 或 PBT-GF30	20%~30%

7.3.3 纯电动乘用车车身选材原则

在对车身零件进行选材时,需要综合考虑零件性能、轻量化需求和成本等多方面的因素。在性能要求方面,由于车身覆盖件和车身结构件的要求不同,在选材时的侧重点也不同。

7.3.3.1 车身覆盖件的性能要求和选材原则

1. 抗凹性

抗凹性是反映车身覆盖件使用性能的重要指标之一。覆盖件的抗凹性取决于材料的屈服强度、零件厚度以及材料弹性模量、零应变等因素。此外,应变硬化指数也间接影响零件的抗凹性。应变硬化值越大,板材成型性越好,塑性变形均匀,应变强化的效果明显。目前,在钢制车身中,为得到较高的屈服强度,外罩板、车门外板等覆盖件多采用烘烤硬化钢制造,以提高外板抗凹性;对于铝质车身覆盖件,在涂装烘烤后,由于时效作用,材料的屈服强度得到提升,同时也有较好的抗凹性。

2. 表面质量

车身覆盖件直接决定整车的外观质量,因此车身覆盖件外板的质量要求都很高。对于钢板件,表面质量要求达到 FD[⊖] 水平,表面粗糙度(Ra)一般可达 0.6~1.3μm,有时对表面粗糙度的要求甚至更高;对于铝板,也有类似的高表面质量要求。此外,当采用烘烤硬化钢板和铝板作为外观件时,还需注意材料的时效性,以保证在限定的周期内完成零件冲压,避免在材料过时效后,冲压时产生拉伸应变痕,影响外观质量。

当采用非金属材料生产车身覆盖件时,应严格控制模具状态,以保证塑件的外观质量。当采用非在线喷涂材料生产翼子板、后背门、外罩等零件时,还应特别注意涂装后与白车身的色差。

3. 制造工艺性

冲压成形的车身覆盖件的结构特点和材料性能需求见表 7-15。

表 7-15 冲压成形的车身覆盖件的结构特点和材料性能需求

零件	结构特点	成形方式	冲压特点	材料主要性能指标
顶盖、发动机罩外板、行李舱盖外板、前后门外板	平面尺寸大、拉伸深度小、型面曲率小,零件大部分区域塑性应变小	浅拉延	变形量不大(≤10%)表面易产生面畸变	伸长率、屈服伸长、n 值
翼子板、侧围外板	由复杂的空间曲面组成,成形时坯料各部分变形状态复杂且差异很大,各处应力不均匀	胀形-拉延	高平面应变,绝大部分处于"拉-拉"应变,也存在一定的"拉-压"应变	伸长率、屈服强度、n 值、r 值
发动机罩内板、门内板、行李舱盖内板	形状复杂,多结构加强筋,各部分变形状态复杂	胀形-拉延	冲压深度大,各区域变形不均匀	高延伸率、高 r 值

⊖ 表面质量分为 FA、FB、FC、FD 级,其中 FD 为最高等级。

非金属覆盖件在制造时一般采用注塑和模压两种方式，由于非金属材料不同于金属材料的高的收缩率和大的线膨胀系数，零件的尺寸精度控制一直是非金属外覆盖件生产的难点，所以需结合成形模拟软件进行仿真分析，选择合适性能的非金属材料。

4. 耐蚀性和耐老化性能

车身覆盖件都是用户在使用过程中可见的零件，在长期使用过程中难免存在恶劣的使用环境，有可能破坏汽车的外观质量，并有可能影响零件使用寿命。因此，对于金属制件应重点考虑零件的腐蚀问题，而对于非金属制件则应考虑零件的老化变形问题。

为避免和减缓金属零件腐蚀，除了对车身零件结构进行优化设计采用可靠的涂装方式外，对于车身覆盖件选择高耐蚀性能的钢板也是有效手段之一，特别是在结构设计和涂装过程受到限制的部位，具体方案有热浸纯锌钢板（GI）、热浸合金化镀锌钢板（GA）、热浸锌铝镁钢板（ZM）等。

针对非金属制件，应选择热膨胀系数低、光老化、环境老化性能好的原材料用于生产车身覆盖件。

7.3.3.2 车身结构件的性能要求和选材原则

1. 强度和碰撞安全要求

在纯电动乘用车车身持续轻量化以不断提高续驶里程的形势下，市场对车身结构件（特别是车身下车体）的强度和碰撞安全性也提出了更高的要求，因此车身高强度钢的使用比例也相应有所提高。为满足碰撞法规中正碰、偏置碰、侧碰、后碰和翻滚等安全性要求，在车身结构设计过程中，应从以下几方面综合考虑强度和安全性设计要求：

① 在车身纵梁的前部采用抗拉强度低于 590MPa 的钢板，设置溃缩结构，以尽可能多地吸收碰撞能量，从而减小乘员受力，保证人员生命安全。

② 设置铝合金前防撞梁，增强碰撞吸能效果。

③ 控制或限制传力路径上零件的变形过程和形式，以避免变形零件过多地侵入乘员舱，对乘员造成伤害。像车身的前纵梁、A柱、B柱等部件，一般采用抗拉强度下限超过 780MPa 的超高强度钢甚至热成形钢，以提高结构强度。

④ 在多材料混合车身结构中，可充分利用碳纤维材料强度高的优势。选择碳纤维＋高强度钢的复合零件结构形式，既可满足轻量化要求，也能尽可能地满足强度和安全性要求。

⑤ 为保证纯电动汽车底板下动力蓄电池包的碰撞安全，在动力蓄电池包与车身侧围、车身后部的有限空间内，需要对车身底部门槛区域和车身后部采用更高强度的材料进行加强，或增加专门的零件用于有效吸能。特斯拉 Model 3 的门槛吸能铝型材结构如图 7-33 所示。

2. 轻量化和刚度要求

车身模态和刚度是评价车身性能的重要指标，包括一阶扭转模态、一阶弯曲模态、弯曲

图 7-33 特斯拉 Model 3 的门槛吸能铝型材结构

刚度和扭转刚度等。这些指标除与车身结构设计形式相关外，还主要与材料的弹性模量和板厚直接相关。为提高车身的模态和刚度，可通过增加车身加强件或增加料厚，以及优化结构断面和接头的设计来实现。但是，增加料厚不利于车身的轻量化，因此目前很多企业采用板厚灵敏度分析的方法，在初始设计的基础上进行轻量化。一般先进行白车身料厚灵敏度分析，依照对模态和刚度影响从大到小的顺序将零件进行排序，对于影响较小的零件，应适当减薄厚度，并提高零件材料的强度等级，以保证碰撞安全性和刚强度水平。此外，铝铸件和整体注塑的复合材料零件可以通过集成化设计替代原有冲焊钣金结构，从而实现更好的局部刚度。

3. 耐蚀性要求

车身结构件虽然不如覆盖件的表面质量要求高，但对于下车体零件而言，因为它们处于贴近路面恶劣的腐蚀环境，所以为了提高耐腐蚀能力，通常对前后纵梁、门槛外板等下装零件采用表面镀锌处理。

7.3.3.3 不同车身材料的减重效果和成本分析

针对纯电动乘用车车身的选材，在满足轻量化和性能指标的同时，还应合理地控制成本。国外统计的不同车身材料方案的轻量化效果和成本比较见表7-16。从表中可以看出，成本是影响轻质材料使用的主要因素。在电动汽车的轻量化要求越来越迫切的形势下，建议在车身选材过程中参考产品定位差异，选择合适的材料。如对于高端车型，利润空间较大，成本压力相对较小，可采用铝合金为主+部分复合材料的车身结构，以最大限度地减重；在中端车型中采用超高强度钢为主，结合辊压成形、热成形等多种制造工艺，仅在部分开启件零件上采用铝合金或复合材料，工艺相对成熟，成本可控；在低端车型中，为追求性价比，严格控制成本，可提高高强度钢的使用比例，采用成熟的、成本相对较低的轻量化方案，如前端模块、蓄电池托盘等零部件可采用塑料材质。

表 7-16 不同车身材料方案的轻量化效果和成本比较

材料	价格/(元/kg)	与传统钢板相比减重比例（%）
高强度钢	6.24~11.7	10~20
铝合金	23.4~39	30~50
镁合金	78~156	40~60
碳纤维复合材料	312~624	60~70

除以上方面外，近年来国内外越来越重视从材料全生命周期的能耗和 CO_2 排放量的角度对车身用材进行评价，同时国内外相应的法规也在制定中，这将是未来电动汽车车身材料选择需要重点考虑的因素。

7.3.4 纯电动乘用车车身用材发展趋势

车身用材的不断进步是支持未来纯电动汽车高性能车身的必要条件，先进的车身材料也一直是汽车和原材料行业研究的热点。

7.3.4.1 车身用钢板的发展趋势

在传统覆盖件用钢板方面,研究和应用的重点主要集中于成形性更好的薄钢板和更高的耐蚀性镀层钢板的开发上,如 DC07[○-] 和 DX57D+Z[○-] 两种更高成形性的钢板;在车身结构件用材方面,先进高强度钢仍然是主要研究的重点。冷成形先进高强度钢主要是第三代超高强度钢的开发;在热成形钢板方面,主要是采用多种技术手段,不断提升材料的抗拉强度。国内首次量产的 2000MPa 热成形钢零件如图 7-34 所示,2000MPa 热成形钢板已经在量产车上得到应用。

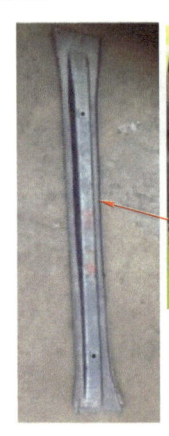

北汽新能源ARCFOX品牌LITE车型
门防撞梁(单排座、无B柱)

图 7-34 国内首次量产的 2000MPa 热成形钢零件

此外,针对主机厂降低成本的需求,钢厂也在开发更多低成本的产品。如采用短流程的紧凑式带钢生产技术(Compact Strip Production,CSP) 或连续式带钢生产技术(Endless Strip Production,ESP) 工艺生产热轧高强度钢薄钢板,以替代同强度级别的冷轧产品,部分产品的厚度已经可达到 1mm。针对热成形工艺,可通过调整钢板的成分组成,适当降低热成形温度,以降低能耗和节约成本。

7.3.4.2 车身用铝合金的发展趋势

在纯电动车型中,汽车用铝板的用量呈增加趋势。对于车身用铝板,开发和研究的方向主要有以下几个方面:
① 提高铝板的烘烤性能和包边性能。
② 更好的成形性能。
③ 提高铝板的强度和碰撞吸能性能。
④ 适应多材料混合车身涂装、连接方式的铝板。
⑤ 铝合金板的热(温)冲压成形技术及相应的板材。

在车身用铝型材方面,型材产品已相对成熟,近期研究的热点在于通过成分体系的设计和组织的优化,使其具备更好的吸能能力,同时改善表面质量,以满足多材料防腐以及连接工艺的要求,如提高型材面与结构胶的兼容性。此外,在车身用铝合金压铸件方面,材料研究的方向主要集中在新材料开发和新工艺应用两个方面。

○- 材料牌号。

7.3.4.3 车身用镁合金材料的发展趋势

车身用镁合金发展的重点方向主要是提高镁合金的强韧性，以满足汽车大多数零部件的性能要求。近年来，通过采用添加稀土元素的方法可以获得性能良好的镁合金，合金体系也从二元、三元向多元化发展。当前，变形镁合金已在车身做应用尝试，韩国浦项钢铁公司（POSCO）和雷诺三星汽车公司（Renault Samsung Motors）合作开发的后座椅支撑如图 7-35 所示。然而，高成本及复杂的制造工艺严重制约了变形镁合金的大量应用。

图 7-35　POSCO 和 Renault Samsung Motors 合作开发的后座椅支撑

7.3.4.4 车身用复合材料的发展趋势

复合材料在乘用车车身上的应用已相对成熟，但是受价格成本及材料本身性能的制约，通常也只用于制造特定的零部件。同时，随着行业回收利用法规日益严格，热固性的 SMC 材料在车身上的使用呈下降趋势，新车型更多地采用热塑性的 PP、PA 等材料，并且逐步从短纤维增强复合材料向长纤维增强复合材料、连续纤维增强材料方向发展。当前，主要通过调整复合材料的组分和配方，以提高模量和冲击韧性，并适当降低材料密度，实现轻量化的效果。在改性材料方面，通过天然纤维的添加，如亚麻纤维增强塑料、剑麻纤维增强塑料等，也是近年来研究的热点，可用于制造塑料覆盖件。

碳纤维增强复合材料（CFRP）仍然会是未来一段时间内的热点，更先进和低成本的制造技术的开发，如三维编织碳纤维复合材料的研发，使车身中碳纤维零件的使用比例增加成为可能。此外，玄武岩纤维增强复合材料有优于玻纤增强材料的力学性能，低于碳纤维的成本，其应用关注点已经逐步从航空航天转向汽车零件，如在车身上替代碳纤维零件和原有的玻纤增强零件。

7.3.5 典型纯电动客车车身部件

7.3.5.1 车身侧围结构

在传统燃油客车的基础上，通过将 3mm 和 2mm 壁厚的普通型钢（Q345C）替换为

2mm 和 1.5mm 壁厚的高强度钢（QSTE700TM），从而发展出面向纯电动客车的侧围结构。在设计中充分考虑结构性，梁结构中分为主梁和辅梁，其中主梁包括窗立柱、门立柱、裙立柱、顶边梁、中部横梁、底边梁，辅梁即为主梁以外的梁。纯电动客车典型的右侧围骨架如图 7-36 所示。

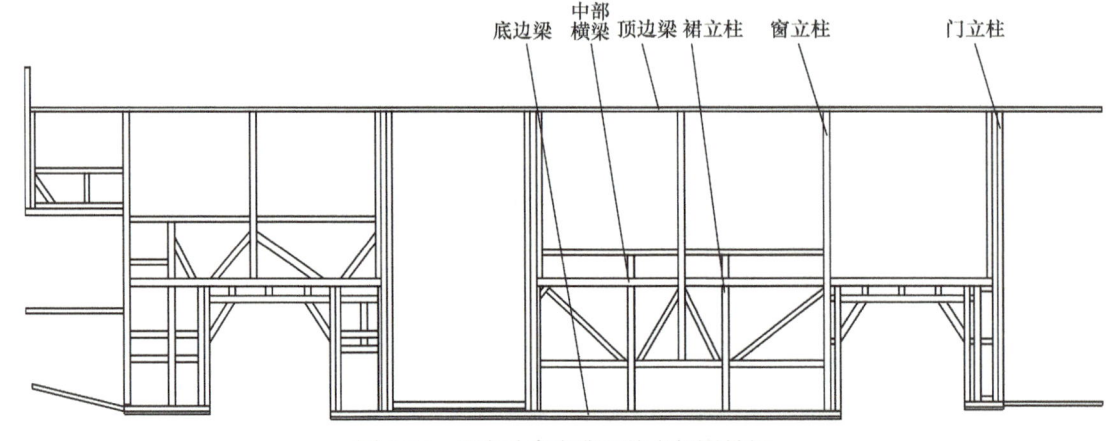

图 7-36　纯电动客车典型的右侧围骨架

当采用顶置动力蓄电池包时，电池区域内的封闭环结构中的主梁（窗立柱和裙立柱）一般仍采用 3mm 的高强度钢型材，同时将主梁门立柱由单管结构改为并管结构，在减重的同时可以提高局部结构刚度与强度。门立柱两种结构如图 7-37 所示。

图 7-37　门立柱两种结构
a）单管结构　b）并管结构

在传统燃油客车车型中，辅梁通常采用厚度为 2mm 的普通钢型材，而在纯电动车型中一般选用 1.5mm 厚的高强度钢型材。此外，在不影响功能使用的前提下，也可适当缩小型钢规格，同样可达到减重的目的。

7.3.5.2　动力蓄电池防撞机构

纯电动客车较多采用在整车中部或者尾部底置动力蓄电池包，这种布局容易因动力蓄电池受到碰撞造成安全事故，为此需要设计防撞机构对动力蓄电池进行安全防护。考虑强度要求和安装方便性，防撞机构可采用焊接与螺栓连接形式，主要由固定座、固定座加强板、防撞梁及连接螺栓等组成。典型侧围防撞梁结构如图 7-38 所示。其中，固定座采用 5mm 厚的钢板冷弯成形，背面预埋焊接螺母，固定座与侧围骨架裙立柱满焊连接；固定座加强板为 5mm 厚的三角形平板，与固定座及侧围骨架裙立柱满焊连接；防撞梁采用规格为 40mm×40mm×3mm 的型钢结构，通过螺栓与固定座相连接。

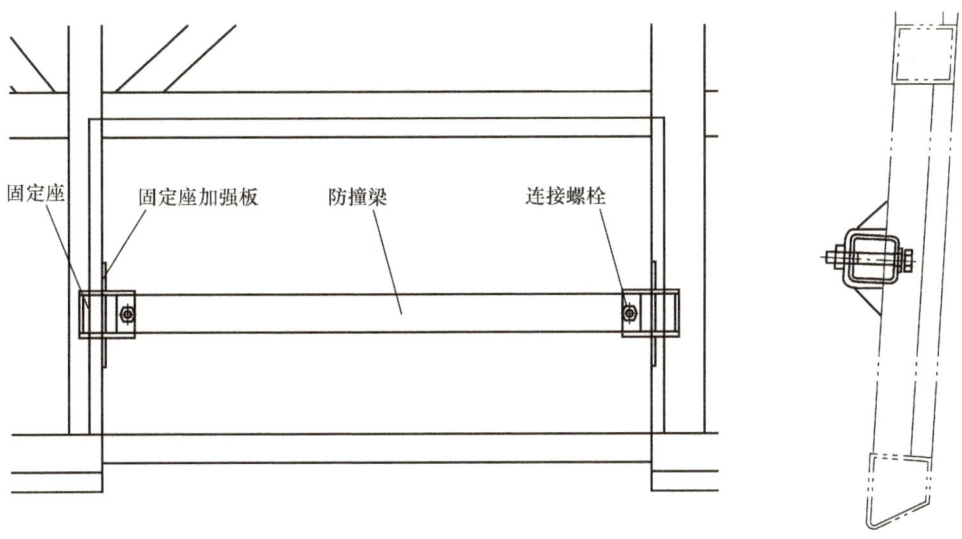

图 7-38 典型侧围防撞梁结构

7.3.5.3 顶盖骨架

在设计顶盖骨架结构时,需充分考虑整车抗侧翻变形性能,同时考虑承载空调与内饰的需要,通常采用结构功能一体化设计,即空调安装、内饰安装、天窗安装与灯具安装一体化设计。某城市客车顶置动力蓄电池安装结构如图 7-39 所示。每组电池具有单独的托架,车顶焊接预埋螺栓后涂胶、密封,增加胶垫,最后通过螺栓固定电池托架,同时必须保证电池托架安装后的平面度及倾斜度。电池托架所用型材规格为矩形管 KQJ-40×30×2-Q345C,槽型梁材质为热板 RB-A-5.0-Q235A。

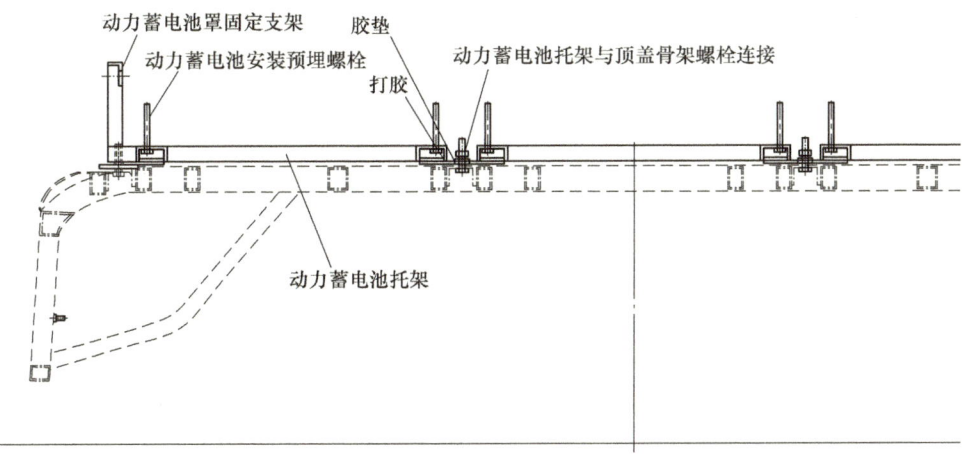

图 7-39 某城市客车顶置动力蓄电池的安装结构

7.3.5.4 地板骨架

纯电动客车下层骨架主要是指底架总成。底架总成可分为城市和城间两种类型。城间底架总成主要由上层地板骨架、驾驶区段底架、前桥段底架、中段底架、后桥段底架、尾二舱段底架及尾一舱段底架等组成。底架轻量化的原则是在合理的骨架结构设计的前提下，采用结构优化及材料轻量化措施达到减重的目的。

下面以上层地板骨架为例说明车身底架的轻量化。典型 8m 电动城间车上层地板骨架如图 7-40 所示，与侧围骨架主立柱对接处为封闭结构，其全部零件采用高强度钢材料以减小壁厚。乘员区地板骨架主要包括封闭环连接梁、外侧连接梁、辅助支撑梁及通道两侧连接梁。封闭环连接梁（件 4、件 7）的一般规格为 KQJ40×30×2，外侧连接梁（件 2、件 8）的一般规格为 KQJ30×20×2，位于封闭环连接梁及外侧连接梁之间的辅助支撑梁（件 3、件 10）的一般规格为 KQJ30×20×2，通道两侧连接梁（件 5）的一般规格为 KQJ40×30×2，便于座椅埋板安装。中间通道处地板骨架主要包括通道横梁及纵梁。通道横梁及纵梁（件 6、件 9）的一般规格为 KQJ40×20×2，便于地板对缝打钉。

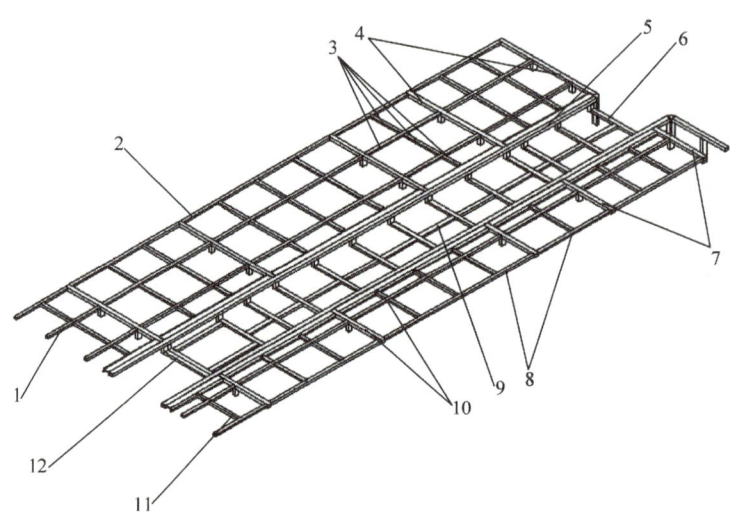

图 7-40 典型 8m 电动城间车上层地板骨架

1—左侧乘员区地板骨架　2、8—外侧连接梁　3、10—辅助支撑梁　4、7—封闭环连接梁　5—通道两侧连接梁
6—通道横梁　9—通道纵梁　11—右侧乘员区地板骨架　12—中间通道地板骨架

7.3.5.5 典型车身覆盖件

纯电动客车的车外覆盖件与车内外封板采用的材料多选用 1mm 厚的钢板，轮拱上封板采用的是 3mm 厚的钢板，散热器舱封板因特殊需要而采用 1.5mm 厚的钢板。近年来，随着轻质材料的应用，部分内外封板由钢材替换为铝材。车内封板更换为铝封板后，立面采用 1.5mm 厚的铝板，水平面采用 1mm 厚的铝板。车外封板更换铝封板，采用 1.5mm 厚的铝板。值得注意的是，铝封板多采用粘接/铆接工艺，其设计原则和安装工艺与钢封板存在很大差异。

① 铝封板搭接如图 7-41 所示，铝封板与骨架的搭接量要多于钢封板，搭接量参考值

范围为 30~40mm。

② 铝封板 Z 形密封止口如图 7-42 所示，铝封板与骨架搭接时，还需设计一个 Z 形的密封止口以连接骨架与封板。

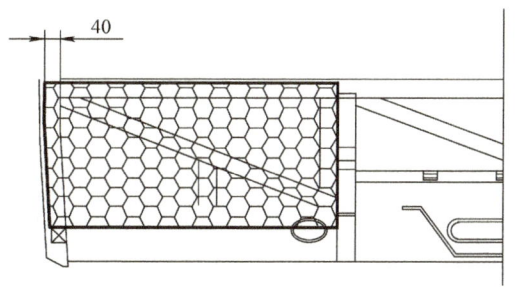

图 7-41　铝封板搭接

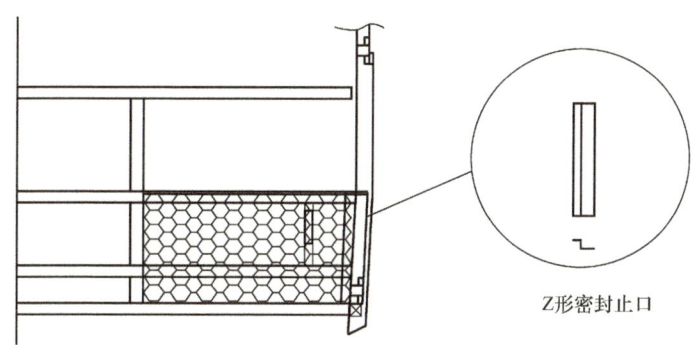

图 7-42　铝封板 Z 形密封止口

7.3.5.6　铝车身典型车身部件

由于铝合金的力学性能与钢有一定的差异，为保证足够的刚度和强度，纯电动客车的铝车身型材需要做一定的加强处理，因工艺需要需增加连接板等，相对铝车身减重效果通常为 25% 左右。钢型材多为矩形空腔结构，铝型材多为异形或矩形带加强筋结构，截面厚度一般为 5mm。材质选择物理性能与成形性能都较好的 6 系铝型材。铝型材和钢型材的截面如图 7-43 所示。钢车身拼装多采用焊接工艺，铝车身拼装多采用铆/螺接工艺。铝车身连接工艺如图 7-44 所示，铝车身连接实例如图 7-45 所示。

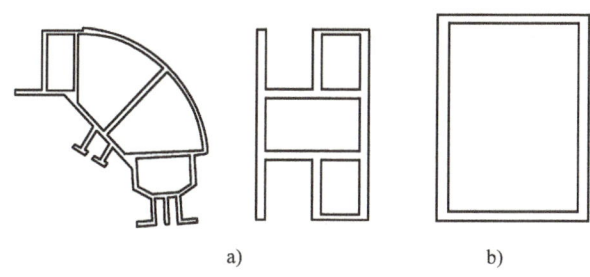

图 7-43　型材截面
a) 铝型材截面　b) 钢型材截面

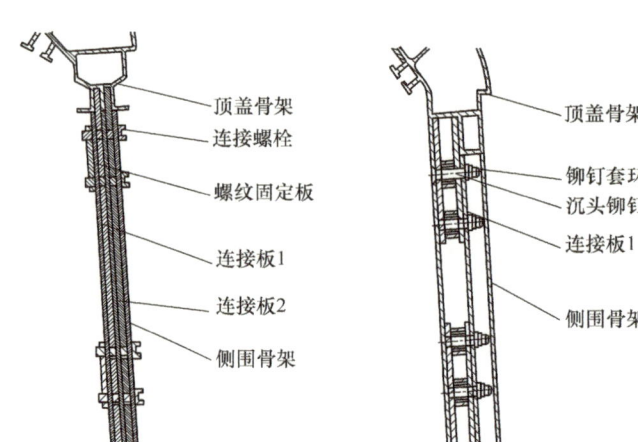

图 7-44 铝车身连接工艺
a) 螺栓连接结构 b) 铆接结构

图 7-45 铝车身连接实例

随着全新客车承载理念的普及，以复合车顶结构、钢铝复合底架、超轻量化客车车身及轻量化零部件综合应用的超轻量化客车已成为客车企业追求的目标。其中，对于铝骨架集成装饰件及功能件，复合集成化设计已成为未来发展的方向。铝车身集成化如图 7-46 所示，侧围骨架集成内饰包层柱与侧窗下沿装饰件，窗立柱与窗下沿铝型材，经特殊喷砂、电泳处理后，颜色与内饰颜色保持一致；窗下沿带折边，可直接安装侧围装饰件。

7.3.5.7 车身选材原则

一般情况下，客车车身选材的原则包括以下五方面。

① 保证整车的刚度与强度：优先选用比刚度高的材料。

② 轻量化：优先选用厚度薄、质量轻的材料。

图 7-46 铝车身集成化设计

③ 性价比：优先选用性价比高的材料，如 3mm 以上的钢板尽量选用热板。

④ 通用性：选材应尽量通用，保持较高的结构模块化程度。

⑤ 工艺性：选材应考虑工艺生产的需要，选用工艺性较好的材料。

表 7-17 给出了某品牌纯电动客车目前在用的车身骨架材料。在纯电动客车轻量化需求牵引下，QStE700TM⊖ 的用量在不断增加。鉴于高强度钢优良的成形稳定性、折弯性能和表面质量等优势，StE700TM⊖ 高强度钢未来将会占据纯电动客车用轻量化材料的主导地位。

表 7-17 某品牌纯电动客车目前在用的车身骨架材料

材料牌号	屈服强度/MPa	抗拉强度/MPa	延伸率	厚度/mm	适用标准	用途
Q235A	≥250	≥400	≥26%	1.5	GB/T 700	线束固定梁
Q345C	≥410	≥510	≥21%	2~10	GB/T 1591	钢车身骨架本体
QStE700TM	≥700	≥750	≥10%	1.5~3	Q/BQB 310	高强度钢车身骨架
铝 6061-T6	240	260	10	5~15	GB/T 6892	铝车身主结构
铝 6005A-T6	200	250	8	5~15	GB/T 6892	特殊难成型铝结构

对于铝车身，因为 6061-T6 铝型材具有良好的物理性能以及易成形的特点，所以在铝车身设计时一般会被优先选择。对于车身覆盖件以及车身内外封板，则应根据其具体使用位置以及使用环境采用不同的材质及厚度。比如，可以采用 1mm 厚的钢板、0.8mm 厚的钢板、1mm 厚的铝板、1.5mm 的铝板与 2mm 厚的铝板。车身封板及覆盖件材质及用途见表 7-18。

表 7-18 车身封板及覆盖件材质及用途

材料牌号	厚度/mm	用途
冷板 A-Q235A	0.8	车内外封板
冷板 A-Q235A	1.0	车内外封板
镀锌板 DC51D+Z	1.0	侧围及顶盖蒙皮
镀锌板 DC51D+Z	0.8	顶盖蒙皮
铝板 5052	1.5	侧围及顶盖蒙皮
铝板 3A21-0	1.0	车内外封板
铝板 3A21-0	1.5	侧围及顶盖蒙皮
铝板 3A21-0	2.0	前中门踏步封板

7.3.5.8 纯电动客车车身用材发展趋势

与纯电动乘用车一致，纯电动客车的发展仍以多材料车身为主要方向，客车车身材料的发展趋势如图 7-47 所示。表 7-19 列举了目前客车在用材料的部分材质参数信息。目前纯电动客车车身仍采用了以高强度钢、铝、镁合金为主，工程塑料和碳纤维为辅的混合材料应用形式，同时各种材料的使用比例也随着技术发展和时代的要求发生了变化，以期做到物尽其用，实现性价比与轻量化的统一。可以肯定的是，客车的轻量化研究仍会不断地向前推进，新材料与新工艺将会在客车车身上应用更加广泛。

⊖ 材料牌号。

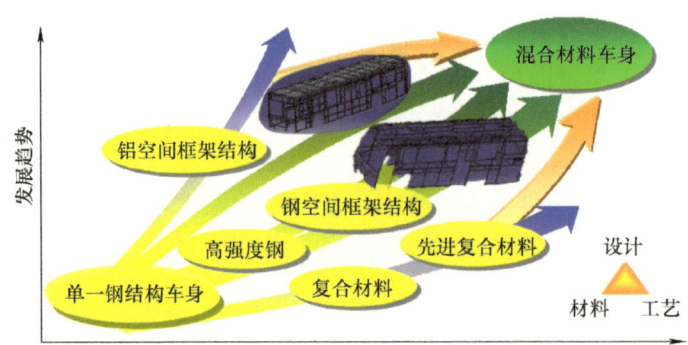

图 7-47 客车车身材料的发展趋势

表 7-19 目前客车在用材料的部分材质的参数信息

序号	材料	抗拉强度/MPa	密度/(g/cm³)	厚度/mm
1	钢材	400~750	7.85	0.5~10
2	铝合金	≥510	2.72	1~15
3	镁铝合金	≥290	1.8~3	1~15
4	工程塑料	100	1~2	2~5
5	复合纤维	3500	1.5~2	5~15

7.4 纯电动汽车车身工艺

纯电动汽车车身工艺主要包括轻质材料成形工艺及结构连接工艺。轻质材料成形工艺主要包括高强度钢、铝合金、镁合金和复合材料的成形工艺，结构连接工艺主要包括机械连接、热连接、胶粘连接及复合连接等。

7.4.1 材料成形工艺

高强度钢成形工艺、铝合金成形工艺、镁合金成形工艺和纤维增强复合材料成形工艺分别如图 7-48~图 7-51 所示。

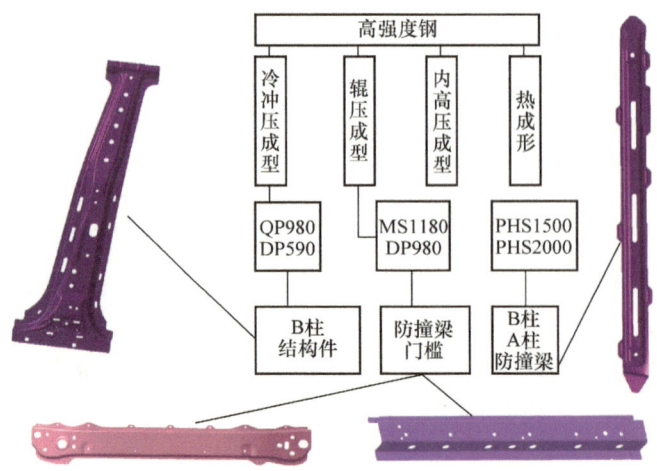

图 7-48 高强度钢成形工艺

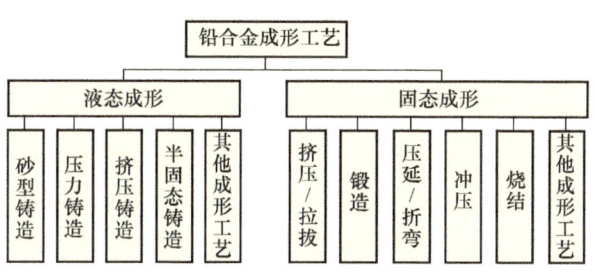

图 7-49　铝合金成形工艺

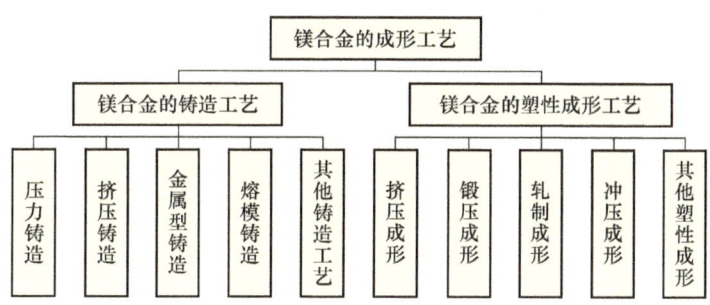

图 7-50　镁合金的成形工艺

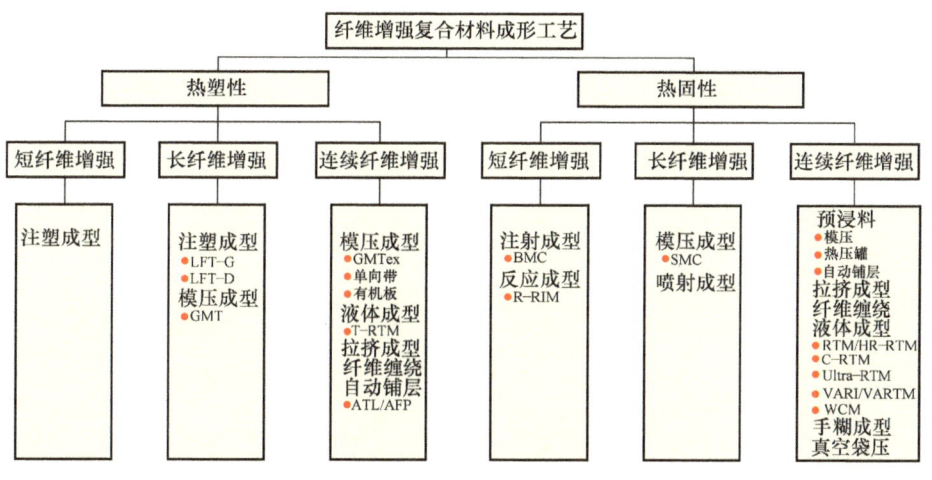

图 7-51　纤维增强复合材料成形工艺

7.4.2　连接工艺

7.4.2.1　机械连接工艺

机械连接工艺是指利用紧固件将零件连接起来的过程和方法。针对不同连接工况，须制定不同的连接方案，一般可以根据连接工况不同划分为厚实体结构工况、框架型材工况和板壳结构工况。机械连接工艺在连接强度、刚度、耐久可靠性、耐腐蚀性、工艺性、经济性等方面有较高的要求。机械连接类型及应用见表 7-20。

7.4.2.2　热连接工艺

热连接工艺是指将两块金属的连接接口处的金属熔化后以再凝固的方法连在一起的工艺，例如工业中常见的焊接。热连接工艺是指通过加热/加压（或者两者并用），加或不加填充材料，使两分离的金属表面实现原子间的结合，形成永久性连接的一种工艺方法。常见的焊接方法有弧焊、搅拌摩擦焊和激光焊接等，几种焊接方法的特点及应用领域见表 7-21。

表 7-20　不同机械连接的类型及性能

连接类型	连接工艺及特点	代表产品	性能	典型应用
普通螺栓连接	螺栓在工作过程中需要配合同等级或较高性能等级的螺母，通过旋合螺母将力矩转化为预紧力从而起到紧固作用；在连接中主要起到承受剪力和拉力的作用	按螺栓头部类型分为六角螺栓、双头螺栓、沉头螺栓 按制作精度分为粗制螺栓、精制螺栓、高强度螺栓	粗制螺栓性能等级一般为 4.6 或 4.8，仅在剪力小的工作平台上得到应用 精制螺栓孔径与螺杆直径相同，螺栓穿入螺孔时应用锤击打入 高强螺栓性能等级一般为 8.8 级以上，由高强度钢制造而成。高强度螺栓应施加预拉力，靠摩擦力传递外力	广泛应用于底盘、框架等承载部位，常见的连接部位包括设备基座连接、厚钢板连接等
中低强度拉铆连接	中低强度拉铆连接通常采用普通抽芯铆钉，由铆体和钉芯两部分组成。铆接时，铆钉钉芯由专用铆枪拉动，使铆体膨胀，起到铆接作用	抽芯铆钉按类型分为开口型、沉头型、大帽沿型、密闭型、双（多）鼓型、灯笼型 铆钉按照头部形状分为半圆头、沉头、平头、扁平头、无头	沉头型抽芯铆钉用于要求平滑美观的铆接件的铆接 大帽沿抽芯铆钉铆接后具有更大的接触面积，从而具有更强的力矩强度，能承受更高的径向拉力 密闭型抽芯铆钉适用于有防水要求的场合，具有抗高剪力、防振动、抗高压等优点 双/多鼓型抽芯铆钉铆接时，管壁折叠变形，与铆接件贴合的面的变形较普通开口型膨胀式扩孔的变形更大。铆接后，盲端形成两个/多个大鼓在孔内，增加填充孔能力 灯笼型抽芯铆钉铆接后形成三个折脚，夹紧力强	电动汽车铝制型材板连接，门框、蒙皮、内饰等位置的连接，如图 7-52 所示
高强度拉铆连接	高强度拉铆连接通常采用结构型铆钉，在单向拉力的作用下，钉杆拉伸向上，使钉杆尾端较粗部分进入钉套中，将钉套逐渐挤压增粗并填满钉孔	内锁型拉丝铆钉、外锁型拉丝铆钉、海马钉、环槽铆钉、BOM 钉等	海马钉拉铆具有较高的抗剪性能，适用于表面要求较高、铆接强度要求较高、对密封性能有要求的铆接领域 环槽铆钉连接后具有较高的抗剪性能以及高抗震性能 BOM 钉包括钉杆和钉套两个部件，采用特有的环槽锁紧、环槽断裂技术。在外界拉力下，拉伸钉杆挤压钉套产生塑性变形，靠变形部位夹紧基材实现可靠的紧密连接。BOM 钉连接后具有较高的抗剪性能、抗拉性能以及高抗震性能	应用在需要高强度连接的部位，如骨架型材、底盘等，典型应用如图 7-53 所示
普通拉铆/压铆造型连接	拉铆造型是通过拉铆枪在拉铆螺母/柱的螺纹端施加拉力，使得铆体部分发生翻边变形，翻边与法兰面一起夹持板材；而压铆造型是通过板材两边模具对压铆螺母/柱施压，使其嵌入板材，从而形成一个连接造型	M3~M12 拉/压铆螺母及拉铆螺柱	拉/压铆螺母/柱通常适应厚度为 0.5~6mm 的铆接型材，通常使用的材料有铝合金、铜合金、碳钢和不锈钢；其安装灵活，可以实现自动安装；由于拉铆造型连接的特殊性，螺纹保证载荷略低于标准螺母 8 级标准，而压铆螺母/柱螺纹保证载荷可达 8 级及标准	动力蓄电池包边框、仪表盘、车门等部位

(续)

连接类型	连接工艺及特点	代表产品	性能	典型应用
厚铝实体连接	铝合金厚实体连接通常需要采用螺纹嵌套以提高结构局部的连接强度，安装时使用工具将螺纹嵌套旋入工件基体后形成一个符合国际标准的高精度内螺纹	螺纹嵌套按照使用功能不同主要分为普通型螺纹嵌套、紧锁型螺纹嵌套和自攻型螺纹嵌套	普通型螺纹嵌套和紧锁型螺纹嵌套在自由状态下，螺纹嵌套的直径大于安装螺纹直径，安装时螺纹嵌套被压缩收紧，安装完成后螺纹嵌套靠张力弹回原状，使得螺钉和基本内螺纹之间形成弹性连接，消除螺纹制造误差，具有连接强度高、抗震、抗冲击和耐磨损的功能，并能分散应力保护基体螺纹，大大延长了基体的使用寿命 自攻螺纹嵌套内外都有螺纹，并且具有螺纹切削刃和储屑槽或沉槽。该产品能够嵌入塑料、铝合金、铸铁、铜等较软材料内，使产品外螺纹全部嵌入基材内成为一体，从而形成较高强度的内螺纹孔	广泛应用于原基体上的脱扣或乱牙螺纹的修复
接地拉铆造型连接	车身等电器接地通常采用接地专用紧固件进行接地传导，安装时通过与板材紧密连接形成一个可靠的接地点	汽车上常用的有钢制搭铁螺栓与铝制搭铁螺栓	对于传统车身钣金接地连接，通常采用钢制搭铁螺栓。这种搭铁螺栓通过与相匹配的螺母等配件旋合固定在钣金上。接地性能满足行业规范 对于电动汽车铝板接地连接，通常采用铝制搭铁螺栓。这种搭铁螺栓通过拉铆原理对铝板进行锁紧，同时形成两处密封区域，杜绝电化学腐蚀。接地性能满足行业规范	广泛运用于车身接地连接
普通铝型材造型连接	普通铝型材造型连接主要用于电动汽车骨架型材，通过压铆方式在型材两端进行锁紧，从而在局部形成一个可靠的螺纹结构	按类型分为法兰型套筒、无法兰型套筒、支撑套筒等	铝螺纹采用加长方式提升连接强度，等效螺纹等级10级 压铆套筒两端与型材形成高强度铆接，转动力矩超过标准安装力矩20%以上 对于常用M8、M10法兰型套筒，在2mm厚的6系铝型材上可承受15kN的拉脱力，并且具有3kN以上的推出力 压铆套筒在连接口面与型材紧密镶嵌形成密封区域，可以达到IP67密封等级	广泛用于电动汽车型材造型连接、防撞梁、动力蓄电池包等部位

a)　　　　　　　　　　　b)　　　　　　　　　　　c)

图 7-52　抽芯铆钉在电动汽车上的应用

a) 不同铝板间连接　b) 焊接部位加强　c) 局部刚度加强

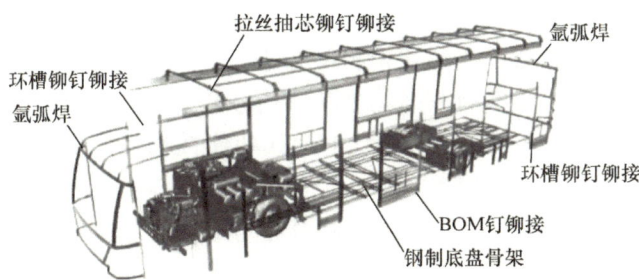

图 7-53　某车型车身六大片骨架结构

表 7-21　几种焊接方法特点及应用领域

热连接方法		工艺及特点	性能（优/缺点）	应用领域
弧焊	手弧焊	依靠人工手持焊枪进行焊接，操作简单、轻便	焊接时暴露于大气之中，焊接后的性能较差，且焊接质量不稳定	手弧焊配用相应的焊条可适用于大多数车身碳钢、不锈钢、铸铁、铜、铝、镍及其合金的连接
	埋弧焊	在焊接过程中通过熔敷加料来隔绝大气的影响，从而获得高质量的焊缝。该方法易实现自动化	具有无辐射和低噪声等优点；应用受焊接位置、焊接件形状和板厚限制；需要焊缝自动跟踪装置，对装配精度要求较高	埋弧焊已广泛应用于碳钢、低合金结构钢和不锈钢的焊接。由于熔渣可降低接头冷却速度，某些高强度结构钢、高碳钢等也可采用埋弧焊焊接
	钨极气体保护电弧焊	在焊接过程中通过惰性气体保护来实现隔绝大气的影响，从而获得高质量的焊缝	焊接工艺性能好，明弧，能观察到电弧及熔池，电弧燃烧稳定；焊接过程无飞溅，焊缝成形美观；容易调节和控制焊接热输入，适合于薄板或对热敏感材料的焊接等	可以用于几乎所有金属的连接，尤其适用于焊接铝、镁这些能形成难熔氧化物的金属
	搅拌摩擦焊	利用高速旋转的焊具与工件摩擦产生的热量使被焊材料局部塑性化。当焊具沿着焊接界面向前移动时，被塑性化的材料在焊具的转动摩擦力作用下由焊具的前部流向后部，并在焊具的挤压下形成致密的固相焊缝	焊接质量高，可靠性高，效率高，成本低；焊接接头的力学性能优良，抗疲劳性能好	多应用于轻金属及其合金的焊接，特别是应用于对生产现场有环保清洁要求的场合
	激光焊	利用大功率相干单色光子流聚焦而成的激光束为热源进行焊接	焊接时间短，速度快，能量高效被利用，热影响区极小，基本无变形；焊接密闭性强，强度高，一般高于母材；焊点小，能量密度高，焊缝（点）美观	几乎适用于各种金属，包括碳钢、不锈钢、铝合金、铜合金、钛合金以及高熔点、高硬度、特种合金材料等；非常适合于微型零件和可达性差的部位的焊接，如车顶盖激光焊、行李舱盖激光钎焊及车架激光焊接等

7.4.2.3　胶接工艺

胶接是利用胶粘剂在连接面上产生机械结合力、物理吸附力和化学键合力而使两个胶接件连接起来的工艺方法，主要有非结构型和结构型两种形式。

① 非结构型胶接主要是指表面粘涂、密封和功能性粘接，典型的非结构胶包括表面粘接用胶粘剂、密封和导电胶粘剂等。

② 结构型胶接是将结构单元用胶粘剂牢固地固定在一起的粘接现象，其中所用的结构胶粘剂及其粘接点必须能传递结构应力，在设计范围内不影响其结构的完整性及对环境

的适应性。

胶接连接常见的应用形式有搭接、套接和嵌接。胶接接头的几种形式如图 7-54 所示。按照胶接的工艺，胶接前会对材料进行表面处理，其主要工序包括：清洗除油和除锈；喷砂或机械加工，使胶接面具有一定的粗糙度，然后使用设备将需要胶接的部位进行涂胶，最后使用设备对胶接部位进行压装。为获得较好的胶接效果，增大胶接面积，提高接头抗冲击和抗剥离能力是设计胶接接头的一般原则。

胶粘设计要考虑胶接件材料的种类和性质（金属或非金属、刚性或柔性等）、接头使用环境（受力状况、温度、湿度、介质等）、许可的胶接工艺条件（固化温度、压力等），以及胶粘剂的价格等。

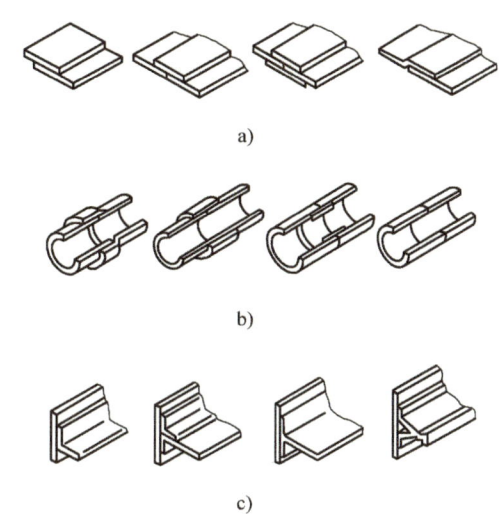

图 7-54　胶接接头的几种形式
a) 板材搭接形式　b) 管材套接与斜对接形式　c) 型材对接形式

胶接具有如下优点：

① 接载荷分布均匀，不易产生应力集中现象，其疲劳强度比铆接高几十倍。

② 胶接变形小，避免了铆接时受冲击力和焊接时受高温的作用，使得工件不易产生变形，故常用于金属薄板、轻型元器件和复杂零件的连接。

③ 胶接物理性能好，具有良好的密封、绝缘、耐腐蚀等特性，还能得到具有特殊性能（如导电等）的连接，例如有助于材料的阻尼振动，提高减振性能。当然，胶接也具有一些缺点，例如剥离强度低，在湿热、温度变化或冲击工况下失效快，有机胶粘剂易燃且有毒等。

7.4.2.4　胶铆复合连接工艺

胶铆复合连接是指胶接与铆接的复合连接技术。采用胶铆连接的目的一般是出于破损和安全的考虑，以便得到比只有机械连接或只有胶接时更好的连接安全性和完整性。

胶铆复合连接可以兼有机械连接和胶接之长，存在互补的可能性，也可能兼有两者之短。在胶接连接中采用紧固件加强，一方面可以阻止或延缓胶层损伤的发展，提高抗剥离、抗冲击、抗疲劳和抗蠕变等性能；另一方面也有孔应力集中带来的不利影响，且增加了重量和成本。此外，胶接和机械连接的应力集中不在同一部位，胶接连接的应力集中发生在被胶接件端部的胶层和附近的复合材料，机械连接的应力集中发生在孔附近。采用混合连接，一方面使被胶接件端部局部应力集中得到缓和，同时又产生新的应力集中源。采用混合连接是比较复杂的问题，主要与胶接件和被胶接件的强度有关，与紧固件的数量、大小和位置等也有关系。

胶接在汽车工业中的应用较为广泛，尽管胶粘有诸多优点，但也有其固有的缺点。比如在相对恶劣的环境下,粘胶剂的连接效果容易受温度和湿度的影响,以及胶接破坏形式是突然性开裂,失效时承受的载荷将瞬间为零(脆性断裂)等。这使得胶接在车身结构中应用时存在着安全隐患,故一般将胶铆复合连接应用于车身结构。例如捷豹 Jaguar XJ 全铝车身、宝马 5 系、宝马 7 系车身中普遍使用了胶铆复合连接。新宝马 5 系铝质防火墙和钢质地板间过渡区域的胶铆复合连接实例如图 7-55 所示。

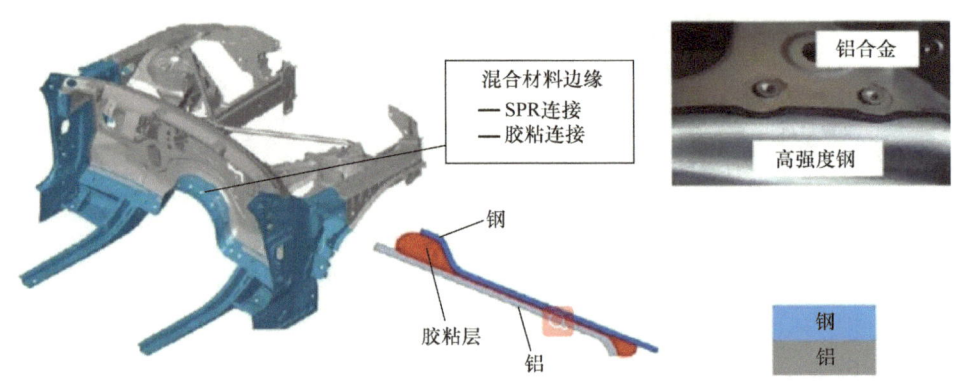

图 7-55　新宝马 5 系铝质防火墙和钢质地板间过渡区域胶铆复合连接实例

从目前国内外胶铆的技术发展及应用现状来看,胶铆复合连接的接头强度、刚度、疲劳特性、吸能特性等方面的性能和机理仍有待进一步发展。随着近年来汽车轻量化的需求以及复合材料的应用推广,胶铆复合连接技术因其较适合于非金属与金属以及非金属与非金属间的连接,可能会在未来展现出广阔的应用前景。

7.5　动力蓄电池系统的轻量化技术

动力蓄电池系统是纯电动汽车的关键核心部件,在质量一定的情况下,其能量密度在一定程度上决定了纯电动汽车的续驶里程,对其进行轻量化设计,有利于降低整车重量,进而为增加电池模组或降低整车能耗提供空间。动力蓄电池系统由电芯、模组、箱体以及其他结构件组成,本节仅从动力蓄电池箱体结构设计方面介绍轻量化技术。

7.5.1　动力蓄电池箱体轻量化

动力蓄电池系统的主要配件是动力蓄电池箱体(简称电池箱),它作为动力蓄电池的载体,对保护动力蓄电池的安全起到关键作用,而动力蓄电池箱体还必须具备一定的密封性能、防腐性能、抗震性能和耐冲击性能。

7.5.1.1　成形工艺

铝合金电池箱体的制造工艺主要有压铸、挤压、拼焊和冲压。其中,压铸和拼焊的强度较高,一般用于动力蓄电池下箱体。采用压铸工艺的铝合金箱体可以比传统的箱体减重

10%~30%。冲压、拼焊铝一般用于动力蓄电池包的上盖。

7.5.1.2 接合方式

据统计，纯电动乘用车动力蓄电池包的质量约为150~400kg，有机硅导热灌封胶的使用量大约为20~50kg。现阶段，各厂家生产的有机硅灌封胶均采用氧化铝、硅微粉等导热填料来生产，满足电动汽车动力蓄电池板要求的胶的密度通常为1.8~2.2g/cm^3。如果将胶的密度降至1.6g/cm^3以下，则同等体积填充下，胶的质量可减少10%~30%。以50kg灌封胶用量计算，则可降低5~15kg。

7.5.1.3 结构优化

通过对动力蓄电池系统配件进行合理的结构设计，减少材料的使用量，并结合CAE仿真分析，可在配件安全性能不变的情况下达到轻量化目的，比如配件采取中空化、复合化、薄壁化等措施。另外，通过电芯尺寸设计和动力蓄电池包的重新排布可使动力蓄电池箱体体积不变而放置更多数量的电芯，从而提高动力蓄电池系统的能量密度。

以某款动力蓄电池箱体为例，其动力蓄电池包CAE优化步骤如图7-56所示。通过CAE技术进行仿真分析与轻量化设计后，动力蓄电池箱总质量为56.33kg，相较于原结构的61.72kg，总质量减轻8.7%。在此基础上，各个工况下的最大应力、最大形变和柔度均降低了25%~30%，其CAE仿真结果原始结构和优化后结构如图7-57所示。

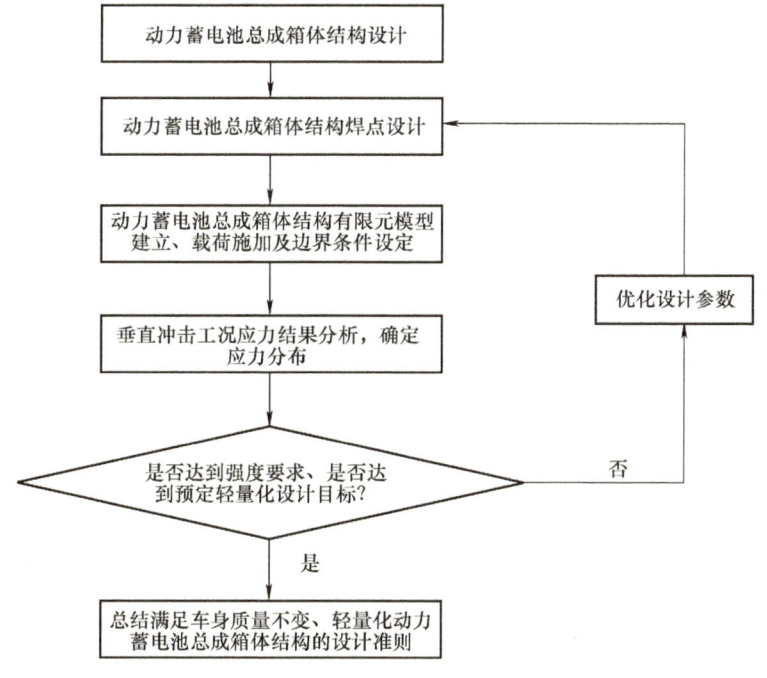

图7-56 某动力蓄电池包CAE优化步骤

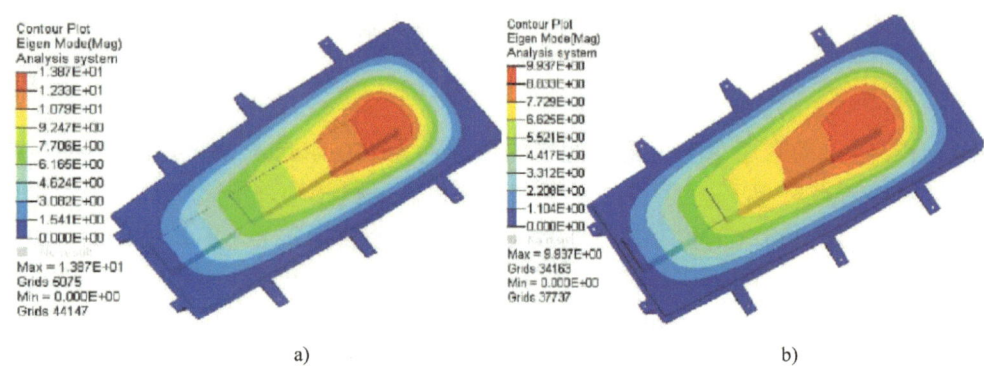

图 7-57 动力蓄电池包优化前后的 CAE 仿真结果云图对比
a）原始结构　b）优化后结构

7.5.2 动力蓄电池箱新材料应用

在降低动力蓄电池箱体质量的过程中，也可选取高强度、低密度性能的材料，这样既能保证其基本的力学性能，又降低了质量。除了常见的高强度钢、铝合金等金属材料外，随着材料学科的发展和轻量化需求的牵引，以下所述的新型材料逐渐被用于动力蓄电池箱体的设计。

7.5.2.1 聚双环戊二烯（PDCPD）工程塑料

PDCPD 是一种热固性树脂，又被称为塑料钢，是一种新型的工程塑料。PDCPD 与同类材料的性能对比见表 7-22。PDCPD 材料的重量约为 SMC 材料的 60%，其常规的力学性能、可靠性能与 SMC 材料相近，抗冲击性相对更好，可以在动力蓄电池箱体上应用，达到轻量化的目的。在零件成型过程中，通过添加各类助剂（如阻燃剂、增强剂等），可提高动力蓄电池箱体在发生热失控时的安全性能。

表 7-22 PDCPD 与其他同类材料性能参数对比

材料	密度/（g/cm³）	拉伸强度/MPa	拉伸模量/GPa	弯曲强度/MPa	弯曲模量/GPa	屈服应变
PDCPD	1.03	46.8	1.90	70	1.88	4.7
ABS	1.05	29.6	1.90	52	1.82	2.0
FRP	1.43	72.3	8.08	92	6.07	1.3
SMC	1.84	32.34	9.90	82	6.79	0.6

相较于传统注塑或者热压成型产品，PDCPD 材料具有耐冲击性能好、膨胀系数低、耐高温、低温性能好等优点，可以在低温寒冷地区进行推广应用。聚双环戊二烯的聚合原理如图 7-58 所示。成型后的聚双环戊二烯材料的结构如图 7-59 所示。从材料结构来看，该材料为窝状多孔结构，使得材料具备了质轻、韧性好、可靠性高的特性，因而该材料在动力蓄电池箱体上的应用成为可能。

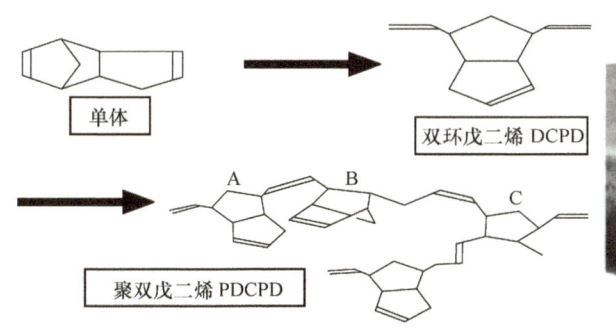
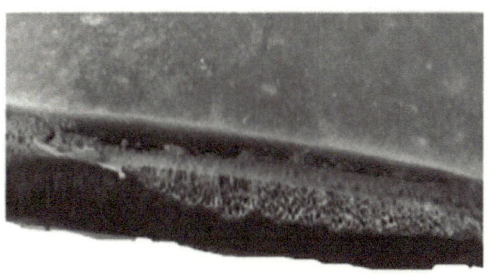

图 7-58　聚双环戊二烯的聚合原理　　　　图 7-59　聚双环戊二烯材料的结构

7.5.2.2　泡沫铝

泡沫铝是通过对金属铝或者铝合金中添加化学物质，再经过发泡处理后生成的材料。通过发泡处理，可以使金属基体中产生大量连通或者不连通的孔洞，这种方式虽然在一定程度上降低了铝的刚度、强度等力学特性，但是却大大提高了铝的绝缘、吸能等性能，而且还保持了金属的可焊性，同时也使得铝的导电率大大降低。泡沫铝材料主要分为开孔泡沫铝和闭孔泡沫铝，两种材料的内部结构形式不同，开孔泡沫铝结构和闭孔泡沫铝的结构分别如图 7-60 和图 7-61 所示。开孔泡沫铝的内部孔隙相互连通，也称为通孔泡沫铝；闭孔泡沫铝是指由不连续的孔壁将各个相邻封闭孔隙隔离得到的固体结构。因为两者具有不同的特性，所以它们应用的工程领域也有所不同。

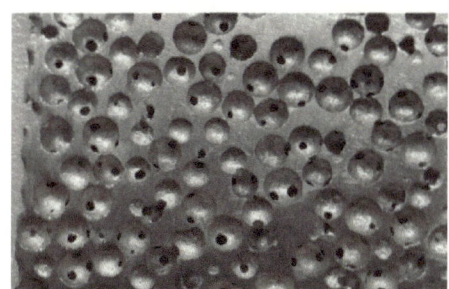

图 7-60　开孔泡沫铝结构　　　　图 7-61　闭孔泡沫铝结构

泡沫铝材料虽然具有缓冲、吸能、质轻、吸声等优点，但是相对于铝和铝合金而言，其弹性模量低且表面粗糙，不能单独用作承载材料。在动力蓄电池箱体上应用时，为了克服材料本身的缺陷，通常将其他板材与泡沫铝材料组合成夹芯结构。夹层架构示意图如图 7-62 所示。泡沫铝夹层板不但有较高的比强度、比刚度，而且还具有轻质、吸能等特点，避免了泡沫铝强度低的缺陷。

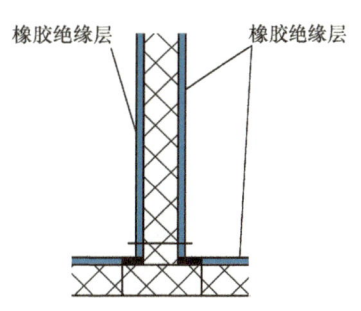

图 7-62　夹层架构示意图

7.5.2.3　SMC 碳纤维增强复合材料

SMC（Sheet Molding Compound）复合材料作为最先进的外壳制造材料，有着与其他非金属材料和金属材料所无法比拟的优势。由于 SMC 复合材料具有优异的电绝缘性能、机械性能、热稳定性和耐腐蚀性能，以及质量轻、工程设计较为灵活、成本低等优点，迅速成为目前较受欢迎的动力蓄电池包壳体的轻量化替代材料。北汽 C30、C33，广汽 A3X、A51，以及吉利帝豪 EV450、前途汽车 K50、广汽新能源传祺 GE3 530、长安第二代逸动 EV 等车型的动力蓄电池包壳体均使用了 SMC 复合材料。图 7-63 所示为湖南三合汽车新材料有限公司研发的轻量化动力蓄电池箱。

图 7-63　湖南三合汽车新材料有限公司开发的轻量化动力蓄电池箱

参考文献

[1]《世界汽车车身技术及轻量化技术发展研究》编委会. 世界汽车车身技术及轻量化技术发展研究 [M]. 北京：北京理工大学出版社，2019.

[2] 韩旭. 基于数值模拟的设计理论与方法 [M]. 北京：科学出版社，2016.

[3] 林程，王文伟，陈潇凯. 汽车车身结构与设计 [M]. 2 版. 北京：机械工业出版社，2016.

[4] 陈吉清，兰凤崇. 汽车结构轻量化设计与分析方法 [M]. 北京：北京理工大学出版社，2017.

[5] BENDSOE M P, SIGMUND O. Topology Optimization Theory, Methods, and Applications [M]. 2nd ed. Berlin：Springer, 2004.

[6] BAI Y C, ZHOU H S, LEI F, et al. An improved numerically-stable equivalent static loads (ESLs) algorithm based on energy-scaling ratio for stiffness topology optimization under crash loads [J]. Structural and Multidisciplinary Optimization，2019, 59, 117-130.

[7] HUANG X, XIE Y M. Evolutionary topology optimization of continuum structures：methods and applications [M]. England：John Wiley & Sons Ltd, 2010.

[8] WANG M Y, WANG X M, GUO D M. A level set method for structural topology optimization [J]. Computer Methods in Applied Mechanics and Engineering，2003, 192, 227-246.

[9] 弗兰克·亨宁，埃尔韦拉·穆勒. 轻量化手册 [M]. 北京永利信息技术有限公司，译. 北京：北京理工大学出版社，2015.

[10] 韩维建，张瑞杰，郑江，等. 汽车材料及轻量化趋势 [M]. 北京：机械工业出版社，2017.

[11] 杜善义. 先进复合材料与航空航天 [J]. 复合材料学报，2007, 24(1)：1-12.